U0901286

1. 1998年5月4日，中共中央总书记、国家主席江泽民在庆祝北京大学建校一百周年大会上讲话

鲍效农摄

2. 1998年7月，国务院总理朱镕基为高等学校师生和出席第七次全国高校党建会议的代表作形势报告

鲍效农摄

3. 1998年5月，国务院副总理李岚清在“面向21世纪的高等教育—大学校长论坛”开幕式上发表讲话

鲍效农摄

4. 教育部部长陈至立到西北农业大学视察时与学生亲切交谈

董翠娣供稿

5. 教育部副部长吕福源到湖南省岳阳县慰问教师抢险突击队员

赵书生摄

6. 教育部副部长韦钰和北京大学师生在一起

陈国珠供稿

7. 教育部副部长张天保在湖南岳阳地区视察农村教育

林仕梁供稿

8. 教育部副部长周远清在新疆医科大学考察

李建聪供稿

9. 教育部副部长张保庆在湖北省冒雨视察高校筒子楼改造情况

张燕军供稿

10. 在1998年特大洪水中，镇赉县是吉林省受灾最重的县之一，但该县的抗灾复学工作做得井井有条。图为1998年秋季开学后，镇赉县五棵树镇的灾区学生在帐篷教室里专心致志地上课

樊世钢摄

11. 1998年9月10日，教育部和中央电视台联合举办了以“为了灾区的孩子”为主题的教育系统大型赈灾义演晚会。图为晚会现场

张学军摄

12. 山西省太原市兴华街小学学生踊跃为灾区捐款

赵太生摄

13. 北京昌平一中学生在学校新购置的天文望远镜前听老师讲天文知识

《北京教育年鉴》编辑部供稿

14. 海南省文昌市迈号中学学生在学校植物园上劳动技术课

海南省教育厅供稿

15. 在全国及省、市发明比赛中，浙江省杭州市艮山中学学生的小发明作品有170多项获奖。图为艮山中学副校长陈欢庆在指导学生开展小发明活动

朱强尔摄

16. 安徽省合肥市45中学学生在做物理实验

王 鹰摄

17. 西藏自治区拉萨市的小学教师在四川师范学校进修

刘全聚摄

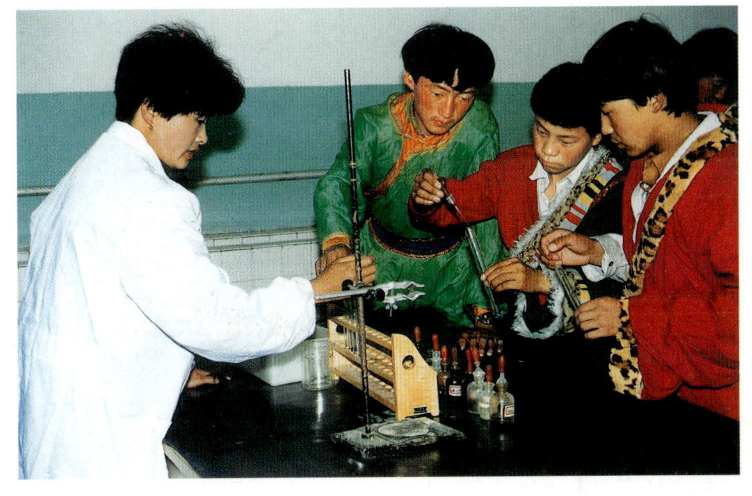

18. 青海省海西蒙古族藏族自治州民族师范学校学生在上实验课

青海省教委供稿

19. 北京农业学校蔬菜专业学生在学校农场上植保课
《北京教育年鉴》编辑部供稿

20. 河北省迁安市职教中心教师在给农学专业的学生讲解识别农作物种子的知识
王　鹰摄

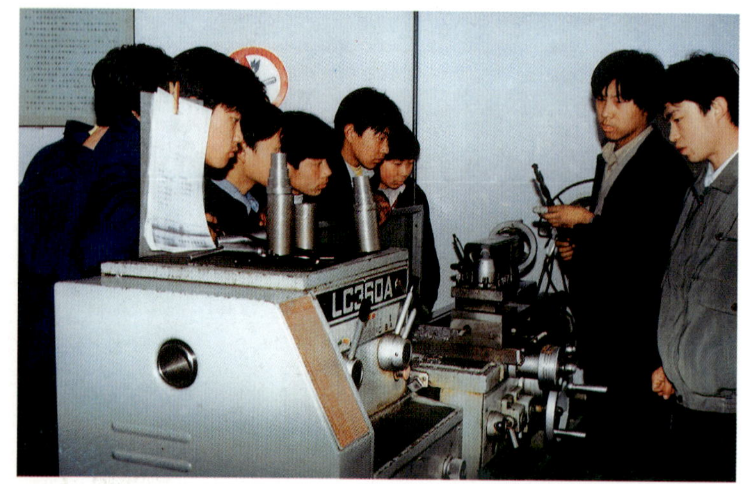

21. 山东省平度县职教中心注重强化学生的实践技能。图为学生们在实习工位上进行实际操作
山东省教委供稿

22. 四川省女子职业中学将教学与社会实践相结合。图为该校学生在商店进行市场调查

四川省教委供稿

23. 江苏省武进市奔牛镇成人教育中心学校校园一角

江苏省教委供稿

24. 河南省息县夏庄镇成人教育学校教师在田间开展扫盲

刘全聚摄

25. 1998年8月，由武汉市部分高校教职工组成的抗洪抢险突击队奋战在长江大堤上

鲍效农摄

26. 暑假伊始，北京大学爱心社“'98爱心万里行”分成三路奔赴内蒙古、宁夏、广西的贫困地区，开展关于法律、卫生、教育等文化知识的宣传、扶助、咨询活动。图为即将出征的大学生

王　鹰摄

27. 1998年，天津大学举行首次硕士学位研究生着装授予学位仪式

天津市教委供稿

28. 华南理工大学学生在进行机房操作实践

广东省高教厅供稿

29. 在中央民族大学举行的1998届毕业典礼上，来自我国鄂伦春族、哈尼族、维吾尔族、侗族的6位学生，分别成为本民族在民族经济专业、民族语言文学专业和民族学专业的第一位博士生

鲍效农摄

30. 1998年12月20日，距澳门回归还有整整一年，中央民族大学学生聚集在倒计时牌前，欢呼雀跃，盼望澳门早日回到祖国怀抱

王　鹰摄

31．由设在青岛的4所高校合并组建的青岛大学，是山东省规模最大的综合性大学。图为校园俯瞰

山东省教委供稿

32．北京大学高新技术产业蓬勃发展，形成“以学业带动产业，以产业带动学业”的良性循环机制。北大方正集团已成为全国高校最大的校办产业

刘全聚摄

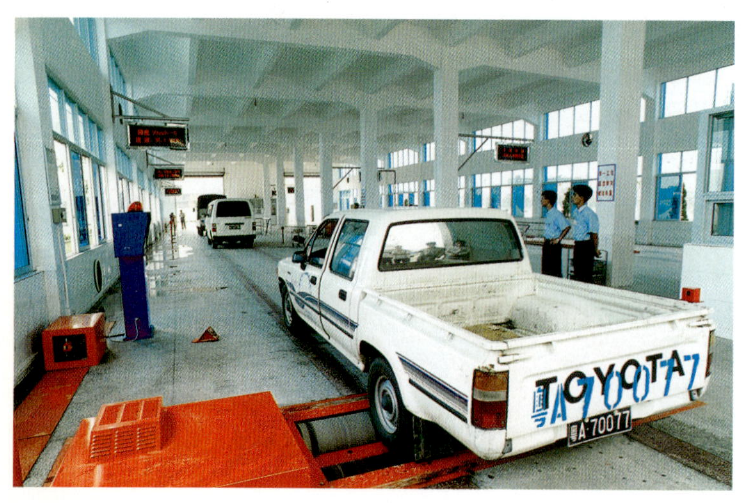

33．华南理工大学的科研成果迅速转化为生产力，该校研制的汽车检测系统已在生产中广泛应用

广东省高教厅供稿

34. 太原理工大学机械电子工业系“螺丝钉之家”的学生们以弘扬雷锋精神、无私奉献自我，便民利民为宗旨，几年来坚持为群众义务修理自行车、三轮车，被誉为“校园里的徐虎”

赵太生摄

35. 澳大利亚墨尔本大学幼儿园园长、教师在天津幼儿师范学校附属幼儿园观摩幼儿教学活动

天津市教育局供稿

36. 广东省潮州市举办“六一”幼儿现场作画。瞧，他们画得多起劲

潮州市教育局供稿

37. 福建元洪师范学校为提高学生的身体素质开展各种体育活动。图为教师和学生一起做操

韩树民摄

38. 北京市西城区大木仓小学是体育传统项目学校。图为该校棒球队在开展活动

王　鹰摄

39. 浙江省临安市石镜小学在保证课堂教学质量的同时，以“琴棋书画舞”为主体的活动开展得有声有色。图为校萌芽队队员在练弹琵琶

朱强尔摄

《中国教育年鉴》编辑部

主　　编　郑树山
副 主 编　牟阳春　康　宁
编　　辑　喻晓宪　阎　蕾
特约编辑　吴伯康　陈　陵　孙溶溶　荣文珂

中国教育年鉴

（1999）

《中国教育年鉴》编辑部

人民教育出版社

图书在版编目(CIP)数据

中国教育年鉴 1999/《中国教育年鉴》编辑部编. —北京:人民教育出版社,1999

ISBN 7-107-13294-6

Ⅰ.中… Ⅱ.中… Ⅲ.教育事业-中国-1999-年鉴 Ⅳ.G52-54

中国版本图书馆 CIP 数据核字(1999)第 36590 号

人民教育出版社出版发行

(北京沙滩后街 55 号 邮编:100009)

山东新华印刷厂德州厂印装 全国新华书店经销

1999 年 12 月第 1 版 1999 年 12 月第 1 次印刷

开本:787 毫米×1092 毫米 1/16 印张:69.75 插页:11

字数:1 500 千字 印数:1~5 000 册

定价:120.00 元

编辑说明

一、《中国教育年鉴》是中华人民共和国教育部编纂的全国性专业年鉴和综合性资料著作。它是各级教育行政部门、各级各类学校执行党和国家的教育方针政策与法律法规、做好教育工作的经验总结，是中国教育事业不断改革和发展的真实记录。

二、编纂本书是为教育管理决策、教育科研提供资料；为教育战线沟通信息、交流经验开辟园地；为宣传中国教育改革发展成果设立窗口；并为热心关注和研究中国教育的读者提供可靠依据。

三、根据1998年教育部机构改革后职能配置和机构设置情况，年鉴的栏目设置有所调整。本卷年鉴的基本栏目有：党和国家有关教育工作的重要文件，党和国家领导人有关教育工作的重要讲话，国家教育行政部门负责人的讲话或专文，全国教育年度工作方针计划，教育综合管理，基础教育，职业教育与成人教育，高等教育，师范教育，民族教育，学校体育、卫生、艺术与国防教育，电化教育，教育考试，干部管理与教师工作，教育财务、审计与基本建设，国际交流和与港、澳、台合作，语言文字工作，教材建设与教学仪器研究，教育科研、学术活动，教育报刊，各省、自治区、直辖市教育（按行政区划顺序排列），香港特别行政区教育情况介绍，文件选编，资料汇编，教育大事记等。

四、按目前国际国内通例，当年的年鉴反映上一年教育工作的基本情况，某些多年才能完成的工作任务，主要记述当年此项工作的进展情况。

五、本年鉴的撰稿单位是教育部各司局、直属单位，各省、自治区、直辖市教育行政部门。审稿为同级主管负责人。

六、本年鉴的全国性统计数字，由统计部门提供，引用应以此为准。某些条目中的数字，因统计口径不一，可能有不尽一致之处，望读者使用时注意。

七、台湾省、澳门地区教育事业发展数据暂缺。

八、在年鉴编纂过程中，虽力求做到内容全面系统，资料准确无误，文字简明精炼，但由于我们水平所限，因而仍会有需要改进之处，欢迎读者批评指正。

《中国教育年鉴》编辑部

1999年6月

目 录

Contents

Science and Technology. Teacher Training and Adult Education. Special Education.

江泽民总书记在庆祝北京大学建校一百周年大会上的讲话

（1998 年 5 月 4 日）

今天，参加庆祝北京大学建校一百周年的隆重集会，我感到十分高兴。首先，我代表党中央、国务院、并以我个人的名义，向北京大学的全体师生员工，表示热烈的祝贺！向全国高等院校的师生员工和广大从事教育工作的同志们，致以亲切的问候！向参加这次庆典的嘉宾们，表示诚挚的欢迎！

一百年前，在列强入侵、民族危亡的历史关头，中国发生了戊戌变法。一批爱国志士喊出了兴学图强的口号。北京大学在这种历史背景下应运而生。大家知道，在我们的民族尚未掌握自己命运的情况下，单靠兴学显然难以图强。但是，北京大学和一些高等学府的相继创建，标志着中国现代教育事业的开端，也标志着中国人民带着寻求新知识、挽救民族危亡的强烈愿望进入 20 世纪。

在 20 世纪的百年中，中华民族的命运发生了历史性的转折和巨变。本世纪上半叶，中国人民在中国共产党的领导下为实现民族独立和解放，经过百折不挠的斗争，终于胜利地建立了新中国。本世纪下半叶，中国人民在党的领导下又为实现国家的繁荣富强，经过艰辛的探索，终于成功地走上了建设有中国特色社会主义的正确道路。伟大的改革开放和现代化建设事业，正在向世界展示出中华民族全面振兴的灿烂前景。

一个世纪以来，北京大学随着时代的步伐前进，成为享誉中外的著名学府。北京大学有着光荣的革命传统，是新文化运动的中心和五四运动的策源地，最早在我国传播马克思主义和科学、民主的思想。中国共产党的主要创始人和一些早期的著名活动家，新文化运动的先驱和一批著名的进步学者，都曾在这里工作或学习过。毛泽东同志在北大工作期间，通过阅读传播马克思主义的著作和具体了解十月革命，思想迅速地朝着马克思主义的方向发展。北京大学作为我国重要的教育学术文化阵地，为祖国培养了一代又一代优秀人才，在社会科学和自然科学领域创造了许多重大成果，为我国的革命、建设和改革事业作出了重要的贡献。

鲁迅先生说过：“北大是常为新的，改进的运动的先锋，要使中国向着好的、往上的道路走。”北大在长期发展和斗争历程中形成的爱国、进步、民主、科学的光荣传统，显示的不断钻研、求实、创新、向上的优良学风，生动地体现了中国人民自强不息、开拓进取的民族精神，也是北大永葆生机的重要动力，这种优良传统和精神动力，要永远发扬光大。

此时此刻，我不由想起了五十多年前在大学里度过的岁月。那时候，中国正处在山河破碎、民不聊生的悲惨境地，中国人民正在进行抵抗外来侵略，推翻反动统治，争取自身解放的斗争。虽然环境十分恶劣，条件十分艰苦，但广大爱国进步的青年发奋学习，追求真理，积极投身人民革命运动的洪流。半个世纪过去了，我在那段生活中学到的科学文化知识、做人的道理和确立的人生理想，至今仍然受用。大学时代，对人的一生会产生深远的影响，希望风华正茂的同学们要千万珍惜。

21世纪正向我们走来。全国各族人民正在党的领导下，坚定不移地高举邓小平理论伟大旗帜，全面推进建设有中国特色社会主义事业，决心把我们伟大的祖国建设成为富强、民主、文明的社会主义现代化国家。为了实现这个宏伟目标，我们必须紧紧围绕经济建设这个中心，坚持不懈地实施科教兴国战略。

当今世界，科学技术突飞猛进，知识经济已见端倪，国力竞争日趋激烈。邓小平同志反复教导我们，科学技术是第一生产力。必须尊重知识，尊重人才。他的这些重要思想是我们实行科教兴国战略的理论基础。全党和全社会都要高度重视知识创新、人才开发对经济发展和社会进步的重大作用，使科教兴国真正成为全民族的广泛共识和实际行动。

我们的大学应该成为科教兴国的强大生力军。教育应与经济社会发展紧密结合，为现代化建设提供各类人才支持和知识贡献。这是面向21世纪教育改革和发展的方向。大家要继续解放思想，深化改革，面向现代化，面向世界，面向未来，在教育和科研战线上努力开创人才培养、知识创新的生机勃勃的新局面。

为了实现现代化，我国要有若干所具有世界先进水平的大学。这样的大学，应该是培养和造就高素质的创造性人才的摇篮，应该是认识未知世界、探求客观真理、为人类解决面临的重大课题提供科学依据的前沿，应该是知识创新、推动科学技术成果向现实生产力转化的重要力量，应该是民族优秀文化与世界先进文明成果交流借鉴的桥梁。

同志们，朋友们，今天是五四青年节。79年前，北京大学的爱国青年发起了具有划时代意义的五四运动。五四运动的精神，最根本的就是中华民族的爱国主义精神。当代中国的广大青年，要继续继承和发扬五四运动的光荣传统，努力担当起振兴中华的历史使命，创造出无愧于时代和人民的业绩。

在这里，我向北大同学和所有高等院校的大学生，向全国各界青年提出几点希望。

希望你们坚持学习科学文化与加强思想修养的统一。首先要刻苦学习，掌握现代科学文化知识。这是成材的重要前提。要学有专长，同时努力拓宽知识面，用人类社会创造的一切优秀文明成果丰富和提高自己。求知与修养相结合，是中华民族的一个优秀文化传统。没有好的思想品德，也不可能把学到的知识真正奉献给祖国和人民，也就难以大有作为。青年时期注重思想修养，陶冶情操，努力树立正确的世界观、人生观、价值观，对自己一生的奋斗和成就将会产生长远而巨大的作用。

希望你们坚持学习书本知识与投身社会实践的统一。要健康成长，不仅要学习书本知识，而且要向社会实践学习，自觉地投身于火热的改革开放和现代化建设实践。人民群众的社会实践，是知识常新和发展的源泉，是检验真理的试金石，也是青年锻炼成长的有效途径。青年人要立志到祖国和人民最需要的地方去，到条件最艰苦的地方去，磨炼意志，砥砺品格，把学到的知识用于实践，在实践中继续学习提高。艰辛知人生，实践长才干。这是古往今来许多人成就一番事业的经验总结。

希望你们坚持实现自身价值与服务祖国人民的统一。青年人富有遐想和抱负，憧憬着美好的未来。这是青年的特点，也是优点。但需懂得，个人的抱负不可能孤立地实现，只有把它同时代和人民的要求紧密结合起来，用自己的知识和本领为祖国为人民服务，才能使自身价值得到充分实现。如果脱离时代，脱离人民，必将一事无成。波澜壮阔的改革开放和现代化建设，为全国各族青年展示才华，实现志向，提供了广大的舞台。生长在这样的时代是幸福的。广大青年一定要虚心向革命先辈和人民群众学习，在为祖国的竭诚奉献中焕发出青春的绚丽光彩。

希望你们坚持树立远大理想与进行艰苦奋斗的统一。青年人要有理想，还要有实现理想的坚定信念和脚踏实地、百折不挠的奋斗精神。建设有中国特色社会主义，实现中华民族的振兴，是非常艰巨的事业。我国还处在并将长期处在社会主义初级阶段，在前进的道路上必将会遇到许多这样或那样的困难与挑战。广大青年一定要深刻认识我们的国情，要有坚韧不拔的充分思想准备，取得成绩时不盲目乐观，遇到困难时不气馁悲观。创业维艰，奋斗以成。历史的胜利与成功，永远属于具有崇高理想、坚定信念的艰苦奋斗的人们。

再经过半个世纪的努力，到建国一百周年时，我国的社会主义现代化将会胜利地得到基本实现。到那时，无数志士仁人梦寐以求的振兴中华的理想将变成现实，中国人民将过上中等发达水平的富裕文明生活，中华民族将对人类作出更大的贡献。

祖国的未来是无限美好的，青年的未来也是无限美好的。祖国和民族的希望寄托于青年。希望广大青年和全国人民一道，在党的基本理论和基本路线指引下，同心同德，勇于开拓，向着新世纪前进，向着现代化的光辉目标前进，向着中华民族的伟大复兴前进！

李鹏总理在第九届全国人民代表大会第一次会议上的政府工作报告（节录）

（1998 年 3 月 5 日）

一、关于过去五年的政府工作

……

过去的五年，经济发展保持良好势头，国家经济实力显著增强。1997 年国内生产总值达到74 772亿元，按可比价格计算，平均每年增长 11%。顺利完成了“八五”计划，提前实现了本世纪末国民生产总值比 1980 年翻两番的目标。制定和实施“九五”计划和 2010 年远景目标纲要，开局良好。在经济发展过程中，一度出现某些领域过热、物价涨幅过高的问题。通过深化改革，加强和改善宏观调控，既保持了经济的快速增长，又有效地抑制了通货膨胀。去年经济增长 8.8%，商品零售价格涨幅为 0.8%，这种“高增长、低通胀”的良好态势，是多年来没有过的。农村经济全面发展，农业增加值平均每年增长 4.5%。各级政府重视农业，加强农业的政策逐步得到落实，调动了广大农民的积极性。多渠道增加农业投入，积极推广先进适用技术，加强水利设施和农田基本建设，农业综合生产能力有较大提高。1997 年粮食产量达到 49 250万吨，比五年前增加5 000万吨，粮食生产上了一个新的台阶。现在，我国已初步形成比较完备的粮食储备体系。肉、禽、蛋、奶、水产品、水果和蔬菜等农产品产量都有大幅度增加。城乡市场副食品供应充足，花色品种齐全，丰富了人民群众的物质生活。乡镇企业保持了较快增长的态势，不断为农村经济发展增添新的力量。工业增加值平均每年增长 15.3%，产业结构和产品结构出现了积极的变化。1997 年钢产量达到 1 亿吨以上，发电装机容量达到 2.5 亿千瓦。运输邮电业迅速发展，五年铁路正线铺轨总里程 11 344公里，高速公路增加4 083公里，电话交换机总容量达到 1.1 亿门。主要生产资料和消费品出现了供求基本平衡或供大于求的格局，长期以来困扰我们的商品紧缺现象已经根本改观了。五年全社会固定资产投资累计完成近 10 万亿元。投资结构进一步改善，基础产业和基础设施建设加快，中西部地区投资得到加强，经济和社会发展取得新的成就。一大批重点建设项目建成投产，京九、南昆铁路全线投入运营，长江三峡和黄河小浪底水利水电枢纽工程顺利截流。一批重大项目正在建设。新发现和探明了一批矿产资源。我国经济发展中长期存在的能源、原材料、交通、邮电等基础产业和基础设施的“瓶颈”制约，得到明显缓解，增添了持续发展的后劲。

以建立社会主义市场经济体制为目标的改革取得重大突破，新的宏观调控体系框架初步建立，市场在资源配置中的基础性作用显著增强。五年来，按照中国共产党第十四次全国代表大会确定的改革目标，大步推进了财政、税收、金融、外汇、计划、价格和投融资等体制改革。新的财税体制已经建立并且运行正常，中央和地方财力都有较大增加。政策性金融和商业性金融初步分开，中央银行的调控和监管职能开始增强。人民币汇率顺利并轨，汇价保持稳定，实现了在经常项目下的可兑换。以指导性计划为主的计划调控方式不断完善，价格进一步放开，绝大部分消费品和生产资料的价格已经由市场决定，市场机制对增加供给、调节需求、丰富人民生活所起的作用越来越明显。在投融资领域进行了改革，推行项目法人责任制、资本金制度和招标制度，投资风险约束逐步加强，企业筹资渠道进一步拓宽。国有企业改革力度加大，在积极试点的基础上稳步推进，改革的方向、目标、方针和重点已经明确，对解决难点问题进行了多方面的探索，积累了可贵的经验。在市场竞争中涌现出一批有实力的大型企业和企业集团。有的亏损企业经营状况好转，有的已经扭亏为盈。农村经济、社会保障、商品流通、对外贸易、城市住房等方面的改革，都有新的进展。以公有制为主体、多种所有制经济共同发展的格局进一步展开，国民经济市场化、社会化程度明显提高。深化改革为国民经济和社会发展不断注入新的活力。

对外开放继续扩大，形成了全方位、多层次、宽领域的开放格局。五年来，我国年进出口总额由1655亿美元增加到3251亿美元。出口商品结构明显改善，工业制成品特别是机电产品所占比重稳步上升。利用外资大幅度增长，外商直接投资实际金额五年累计1858亿美元。外商投资项目质量有所提高，技术含量比较高、投资金额比较大、符合国家产业政策的项目逐年增多。对外工程承包和劳务出口逐年增加，旅游业持续增长。国际收支状况良好，国家外汇储备由194亿美元增加到1399亿美元，对我国发展对外经济合作，抵御国际金融风波的冲击，发挥了重要作用。经济特区和上海浦东新区继续发展，全国对外开放的地区和行业进一步扩大，科技、教育、文化等方面的国际合作与交流不断加强。五年来，我国缔结或者参加国际条约187个。对外开放的扩大，为更好地利用国际国内两个市场、两种资源，优化经济结构和提高国际竞争力，促进国民经济持续快速健康发展，创造了有利条件。

科技教育文化事业在改革中前进，社会主义精神文明建设取得新的成绩。五年来取得一大批重要科技成果，其中一些达到或接近国际先进水平，我国整体科技实力进一步增强。授予专利权22.4万件，知识产权进一步得到保护。科技工作面向经济建设主战场，集中力量解决了一批重大和关键技术问题，不少科技成果得到推广和应用，为国民经济和社会发展作出了重要贡献。积极推进了高技术研究及其产业化，研制开发出一批我国权利人拥有知识产权的高新技术和高新技术产品。基础研究在一些前沿领域取得可喜的进展。国家优先发展教育的战略决策逐步落实，教育投入随着国家财力的增强而不断增加，社会力量办学也为发展教育事业作出了贡献。占全国人口65%的地区基本普及九年义务教育，青壮年文盲率下降到6%。教育结构进一步调整，职业教育和成人教育迅速发展，中等职业学校的在校生占高中阶段教育总人数的56%以上。数以亿计的城乡劳动者接受了不同形式和不同程度的岗位培训、技术和专业培训。高等教育稳步发展，管理体制改革有了良好开端，教育质量和办学效益有所提高。五年共培养本科和专科毕业生687万人，研究生17.5万人，留学回国人员逐年增多，为各条战线输送了大批专业人才。文学艺术、新闻出版、广播影视等事业繁荣发展，创作出一批思想性和艺术性较高，受到群众喜爱的优秀作品。广播和电视的人口覆盖率都达到了85%以上。哲学社会科学研究进一步开展。加强了图书馆、博物馆、科技馆、文化馆、档案馆等公益性文化事业建设。全民健身运动广泛开展，中国运动员在世界重大体育比赛中取得了优秀成绩。思想道德建设得到加强。广大干部群众深入学习邓小平理论，进一步提高了建设有中国特色社会主义的自觉性。普遍进行了以为人民服务为核心、集体主义为原则的社会主义道德教育，以及民主法制教育和纪律教育。大力弘扬爱国主义、集体主义、社会主义和艰苦创业精神，开展讲文明、树新风等多种形式的群众性精神文明创建活动，宣传各个领域的先进模范人物，对提高全民族的思想道德水平，树立良好的社会风尚，产生了积极作用。

……

二、关于1998年政府工作的建议

……

第五，积极发展科技教育文化事业

科技、教育、文化工作的根本任务，是提高全民族的思想道德素质、科学文化素质和创新能力。这是我国现代化事业发展的需要，也是适应世界科技革命和经济竞争新形势的要求。

科技工作要注重在社会生产、流通、消费和环境保护等领域，大力推广先进适用技术。促进科技成果尤其是信息技术成果的商品化，完善社会化科技服务体系，使科技进步更好地为经济和社会发展服务，为人民生活服务。加快高技术产业化步伐，用高新技术改造传统产业，注重解决产业结构调整和可持续发展所面临的关键技术问题，办好国家高新技术产业开发区。积极推进科技体制改革，加快科研机构的改革，促进科技与经济密切结合。加强企业和科研院所、高等院校之间的联合，逐步使企业成为技术开发的主体。集中必要的力量，在基础研究的优势领域取得进展。鼓励发明创造，提高创新能力，保护知识产权。大力开展科普活动，增强全民科技意识。

今年，基本普及九年义务教育的地区要增加到全国人口的72%，再扫除350万青壮年文盲。积极发展中等、高等职业教育和成人教育，开展多种形式的岗位和技术培训。进一步发展和引导社会力量办学。大力推进高等教育管理体制改革，通过共建、调整、合作、合并等形式，合理配置和充分利用教育资源，提高教育质量和办学效益。实施全面素质教育，加强思想品德教育和美育，改革教学内容、课程体系和教学方法，以适应社会对各类人才的需要。继续改革完善教育投资体制，多渠道增加教育投入。加强教师队伍建设，提倡尊师重教，改善教师的工作和生活条件。

用邓小平理论武装广大干部和群众，在全社会形成共同理想和精神支柱，是思想建设的一项根本性任务。要广泛开展群众性的精神文明建设活动，大力倡导社会公德、职业道德和家庭美德，宣传各个领域的先进典型，提高全民族思想道德水平。繁荣和发展文学艺术、新闻出版、广播影视等事业，积极开展哲学社会科学研究，充分发挥思想宣传工作者、文学艺术工作者和社会科学工作者的积极性和创造性。加强文化基础设施建设，进一步解决边远和民族地区看电视、听广播的问题。改革文化管理体制，加强文化市场管理，继续开展“扫黄”、“打非”斗争，促进城乡文化市场健康发展。

朱镕基总理在国家科技教育领导小组第二次会议上的讲话（节录）

（1998 年 10 月 28 日）

贯彻落实党的十五大的战略部署，使经济建设切实转变到依靠科技进步和提高劳动者素质的轨道上来，必须落实科教兴国战略。教育和科技要走改革创新之路，全面提高全民族的素质和创新能力。

发展教育事业从工作上要注意把握好几个关系：既要增加数量，更要注重质量，在全面提高教育质量时，要注重提高教师素质特别是中小学教师的素质，对教师是否具备执教资格，也要有科学的考核办法；在对学生进行德、智、体、美全面发展培养的同时，特别要对学生加强马列主义、毛泽东思想和邓小平理论的教育，使学生讲理想、讲道德，培养学生振兴中华的爱国主义情操；在实施教育的发展与改革时，要更加注重教育体制、学校管理和教学方法的改革，决不能只顾铺摊子。高等学校不在多，重在精。

高举邓小平理论伟大旗帜，开创高等学校党的建设工作新局面

——李岚清副总理在第七次全国高校党的建设工作会议上的讲话（1998年7月3日）

第七次全国高校党的建设工作会议今天开幕了。这次会议是在党的十五大之后，全党全国各族人民高举邓小平理论伟大旗帜，满怀信心地迎接二十一世纪的机遇和挑战的新形势下召开的。会议的主要任务是：研究高等教育战线如何深入贯彻党的十五大精神，兴起学习马列主义、毛泽东思想特别是邓小平理论的新高潮；研究进一步贯彻落实《中国共产党普通高等学校基层组织工作条例》,加强高校领导班子建设和民主集中制建设，表彰党的建设和思想政治工作做得好的先进院校。这次会议对于进一步加强高校党的建设和思想政治工作，推动高等教育的改革和发展，有着重要意义。

近年来，高校党的建设工作取得了明显成绩。各地区、各部门和高校党组织坚持不懈地抓高校党的建设和思想政治工作。加强了党对高等学校的领导，始终坚持社会主义办学方向，全面贯彻党的教育方针。高校党的思想建设、组织建设和作风建设上了一个新台阶，基本走上了制度化、规范化的健康发展轨道，高校领导班子建设得到加强，干部队伍素质不断提高，大学生中党员比例逐步增加，为保证和推进高等教育的改革、发展和稳定作出了积极的贡献。我愿借此机会，向高校广大党务和思想政治工作者，以及关心和支持这方面工作的社会各界人士致意慰问。下面，我讲几点意见。

一、用邓小平理论武装广大师生，是加强高校党建工作的根本任务

《中共中央关于在全党深入学习邓小平理论的通知》(中发［1998］11号)已下发并公开发表，高校党组织要按照该《通知》要求，认真贯彻落实，兴起学习邓小平理论的新高潮。

党的十五大的一个重大历史贡献，是把邓小平理论确立为党的指导思想，在党章中明确规定:中国共产党以马克思列宁主义、毛泽东思想、邓小平理论作为自己的行动指南。党的十五大要求把邓小平理论作为统领全局、贯穿各项工作的灵魂，号召全党、全国各族人民高举邓小平理论伟大旗帜，把建设有中国特色社会主义事业全面推向二十一世纪。这是我们党总结近二十年改革开放和社

会主义现代化建设的成功经验作出的历史性决策。实践证明，作为毛泽东思想的继承和发展的邓小平理论，是指导中国人民在改革开放中胜利实现社会主义现代化的正确理论。只有把马克思主义同当代中国实践和时代特征结合起来的邓小平理论，而没有别的理论能够解决社会主义的前途和命运问题。邓小平理论是当代中国的马克思主义，是马克思主义在中国发展的新阶段。教育战线贯彻党的十五大精神，首先也是最重要的，就是深入开展学习邓小平理论的活动，用邓小平理论武装广大师生的头脑，用邓小平理论指导高校党的建设和各项工作，推动高等教育的改革和发展。这是进一步办好高等学校，培养跨世纪的社会主义现代化事业的建设者和接班人的根本保证。

深入学习邓小平理论，最重要的，是全面、正确领会和掌握邓小平理论的科学体系和精神实质，特别要认真学习邓小平同志运用马克思主义的基本原理，研究新情况、解决新问题的科学态度和创造精神。邓小平理论坚持解放思想、实事求是，在新的实践基础上继承前人又突破陈规，开拓了马克思主义的新境界。实事求是是马克思列宁主义的精髓，是毛泽东思想的精髓，也是邓小平理论的精髓。实事求是，是无产阶级世界观的基础，是马克思列宁主义的思想基础。实事求是，从根本上说，就是坚持运用辩证唯物主义和历史唯物主义的基本原理和基本观点，观察世界，观察社会，客观地、全面地、辩证地认识和分析历史和现实问题，正确认识和把握人类社会发展规律。邓小平同志是坚持辩证唯物主义和历史唯物主义的光辉典范。例如，在“文化大革命”以后，我们党面临着如何正确评价毛泽东同志和毛泽东思想的重大问题。正是邓小平同志领导全党总结建国以来的历史经验，坚持科学地评价毛泽东同志的历史地位和毛泽东思想的科学体系，根本否定了“文化大革命”的错误实践和理论，同时，坚决顶住了否定毛泽东同志和毛泽东思想的错误思潮。随着国内形势的发展和国际局势的变化，越来越显示出这个重大决策的魄力和远见。邓小平同志在“文化大革命”结束后，中国面临向何处去的重大历史关头，冲破“两个凡是”的禁锢，带领全党作出了把工作重点转移到社会主义现代化建设上来等一系列拨乱反正的重大决策，提出改革开放的重大方针。党的十一届三中全会以来形成的一整套符合中国国情的理论、路线和政策，归根到底，都是坚持和运用马克思主义的辩证唯物主义和历史唯物主义的结果。学习邓小平理论一定要全面、正确领会和掌握邓小平理论的科学体系和精神实质，全面、正确领会和掌握党的十五大精神，把全国各族人民的智慧和力量凝聚到实现党的十五大确定的任务上来，运用邓小平理论的基本原则、基本方法，来提高思想认识和解决问题的能力。

深入学习邓小平理论必须端正学风。要坚持理论联系实际，学以致用。目前，改革正处于攻坚阶段，发展正处在关键时期。面对亚洲金融风波的影响，以江泽民同志为核心的党中央果断采取了一系列正确措施，使我国保持了社会政治稳定和经济持续发展。但是必须看到，我们面临的任务非常艰巨，国际局势也会出现种种新情况，我们还会遇到可以预料或难以预料的困难和风险。这一切都要求我们更加自觉地学习邓小平理论，以中国改革开放和现代化建设的实际问题和我们正在做的事情为中心，紧密结合高校特点，有针对性地开展学习。要把深入学习邓小平理论同学习党的十五大精神结合起来，同学习党的基本知识和党课教育结合起来，同高等教育改革和发展的实践结合起来，同解决高校师生的现实思想问题结合起来，使我们的学习和工作达到党的十五大要求的新水平。在学习形式上，可以多种多样，提倡个人自学和重点辅导相结合。要注意培养学习骨干，组织他们先学一步，带动广大师生搞好学习。在兴起学习邓小平理论热潮中，务必讲求实效，反对形式主义，切忌走过场。

在高校学生中深入持久地开展学习邓小平理论的活动，要做到"三进"，就是使邓小平理论进教材、进课堂、进学生头脑。也就是采取行之有效的办法，使广大青年学生真正学好和用好邓小平理论。党中央和江泽民总书记对"三进"工作十分重视和关心，今年4月中央政治局常委会议专门讨论了高校开设邓小平理论课和"两课"改革问题。江泽民总书记在会上再次强调，要加强对大学生进行邓小平理论的教育。根据中央的要求，教育部会同中央宣传部发出了《关于普通高等学校开设"邓小平理论概论"课的通知》。不久前，中央宣传部、教育部又印发了《关于普通高等学校"两课"课程设置的规定及其实施工作的意见》。希望各地区、各高等学校认真贯彻执行。有关部门要加强对高校"两课"改革特别是开设邓小平理论课工作的指导。做好"三进"工作，必须有一支马克思主义理论水平高的师资队伍。授课教师既要掌握邓小平理论的科学体系，又要懂得中国国情，有实践体验，要对社会主义初级阶段的主要特征、党的基本路线、基本纲领和建设有中国特色社会主义道路有深刻的理解，能够从理论与实际的结合上进行有说服力的讲授，不能照本宣科。有条件的高等学校，可以把高水平的理论课教师集中起来讲授邓小平理论课，以提高教学水平。近几年，各地区都在这方面积累了一些好的经验。例如，北京大学党委组织12位知名教授为全校学生讲授邓小平理论课，受到普遍欢迎，取得了很好的效果。这些讲课的教授不仅熟知邓小平理论，而且有丰富的学识和实践体验，他们围绕改革开放和现代化建设中的重大课题，针对大学生所关注的问题，以邓小平理论为指针，敢于和善于作深入浅出的讲授和研讨。北京大学的做法值得各高校借鉴。上海等地高校也有类似的好经验。总之，要通过总结和推广好的经验，使学习和应用邓小平理论在各高等学校蔚然成风。

二、大力加强青年教师工作，培育德才兼备的高素质师资队伍

现在的青年教师是二十一世纪高等学校的希望。他们要在下个世纪工作三十多年，他们的思想政治素质、业务水平以及综合素质如何，直接关系到青年学生的培养、高等学校的发展乃至国家经济和社会的健康发展。谁掌握了更多的高素质青年，谁就能赢得未来，这是我们面对二十一世纪遇到的最大挑战。按照一般规律，青年人精力最旺盛，思维最敏捷，富有创新和挑战精神。二十几岁到三十几岁，是产生重要发明创造的黄金时代。江泽民总书记在不久前召开的中国科学院第九次院士大会和中国工程院第四次院士大会上，特别强调培养青年人才的问题。他还列举很多例子，外国的科学家象哥白尼、达尔文、爱迪生、爱因斯坦，以及中国历史上许多著名文人学士，都是在青年时期作出辉

煌的成就。马克思、恩格斯写《共产党宣言》时也很年轻。毛泽东、邓小平以及中国的一些政治家、思想家都在二三十岁时就出类拔萃，担当大任。我们要在思想上真正解决对青年人不放心的问题。不要总认为他们不行，还太“嫩”，更不能像鲁迅笔下的“九斤老太”，认为一代不如一代。现在大家反映高等学校师资队伍有一个断层的问题，这既是挑战，也是机遇。在这种情况下，我们就更要特别注意培养青年教师。这已是一项不容迟缓的紧迫任务。

要千方百计创造使青年人才脱颖而出的环境和条件。对青年人政治上要信任，工作上要放手使用，既要严格要求，更要倍加爱护，不能求全责备，吹毛求疵。中老年教师对我国的高等教育和科研事业作出了巨大的贡献，并将继续作出巨大贡献。但是，“长江后浪推前浪，一代新人换旧人”，这是不可抗拒的自然规律。我们要有对民族的未来高度的责任感和博大的胸怀，把培养和提携青年教师、帮助他们成长作为最重要的事情之一，自己主动当“导演”，把青年人推上前台，给他们压担子，使他们在实践中担当重任，增长才干。要以“青出于蓝而胜于蓝”为自己最大的欣慰。

青年教师对学生的影响特别重要。他们与学生之间年龄相差不大，可以说是同代人，学生的今天就是他们的昨天，他们最能与学生沟通，彼此有共同语言，学生也经常以他们为参照对象，愿意听他们的意见。加强对青年教师的工作，也是直接或间接地对学生的教育。特别要高度重视培养、吸收青年教师中的积极分子入党，在坚持标准的前提下，尽快改变一些学校忽视青年教师入党和党员比例过低的现象。要把工作着力点放在对入党积极分子的教育培养上，确保新党员质量。这是当前高校党的组织建设中一项重要而紧迫的任务。

一般地说，青年教师在生活上困难多一些，要帮助他们排忧解难，切实解决实际问题。现在最突出的仍然是房子问题，不安居怎能乐教？这件事我们抓了四年多。中央财政拿出 100 亿元，加上动员各地方、各部门配套资金共 600 亿元，城镇教师住房面积已经从 1994 年的人均 6.95 平方米提高到目前的人均 8.5 平方米。总的情况有了明显的改善，但是矛盾还比较大，高校青年教师的住房困难仍然比较突出。这件事还要继续做好。在房改过程中，青年教师近期购房仍有困难，校园内的宿舍也不允许出售。我们打算结合房改，把这部分宿舍逐步改建为“青年教师公寓”，让无力购房的青年教师在一定年限内租用。同时，对高校的“筒子楼”进行改造，使青年教师能住上单元房。北京大学、清华大学已经对“筒子楼”进行了改造，这是很好的做法。国务院打算拨款 20 亿元，力争在本世纪末消灭部委属高校的“筒子楼”和教师住宅的危房。其他地方高校也要积极采取措施，为广大青年教师提供较好的居住条件。我们决不能小看解决生活问题。衣食住行是最基本的生活需要，只有安居才能乐教，这也是做好思想政治工作和其他工作的重要条件。各高校都要将此事当成一件大事来抓。

三、开展生动活泼的思想政治工作，培养全面发展的优秀大学生

我们对青年大学生总的要求，是培养他们成长为德智体和美育等方面全面发展的，有理想、有道德、有文化、有纪律的社会主

义现代化事业的建设者和接班人。江泽民总书记在庆祝北京大学建校一百周年大会上讲了“四个统一”：坚持学习科学文化与加强思想修养的统一；坚持学习书本知识与投身社会实践的统一；坚持实现自身价值与服务祖国人民的统一；坚持树立远大理想与进行艰苦奋斗的统一。这“四个统一”指出了青年人才成长的重要途径，具有极大的现实针对性。既对青年人提出了殷切希望，又提出了很高的要求。只有坚持“四个统一”，才能使我们的青年学生成长为建设有中国特色社会主义事业所需要的人才。这也为高等学校党的建设和思想政治工作提出了重要任务。高等学校负责党建工作的同志，要以高度的政治敏感性和责任感，深刻领会和认真落实江泽民总书记的重要讲话精神，大力培养跨世纪的全面发展的高素质接班人。当前加强高校思想政治工作的一个重要任务，是要充实思想政治工作队伍和加强思想政治工作队伍建设，选拔那些政治上强、思想作风好、理论和业务水平高的优秀教师专职或兼职做思想政治工作，充分发挥政治辅导员的重要作用。要建立使教师特别是青年教师乐于做思想政治工作的激励和轮换机制。

当代青年特别是大学生有很多优点。他们风华正茂，朝气蓬勃，热情奔放，聪慧敏感，富有正义感和人生追求，充满强烈的时代气息。不足之处是，有些人存在着思想认识上的片面性和心理上的脆弱性，不能对事物作出全面的、客观的判断。这部分人当事业和生活顺利时就兴高采烈，受到挫折或看到阴暗面时就灰心丧气。还有一些人由于受到外界的不良影响，在人生观和价值观方面发生了问题，不能正确处理国家、集体和个人三者之间的利益关系，个人利益至上。因此，要切实加强对青年学生的思想政治工作，引导他们发扬优点，克服缺点，坚定政治信念，加强思想修养，投身社会实践，树立远大理想，自觉艰苦奋斗，在全心全意为祖国人民服务的实践中实现自身价值，健康成长。

高等学校深入学习邓小平理论，开展思想政治工作，要符合青年学生的特点，根据新情况和新形势，采用灵活多样的形式，做到生动活泼、喜闻乐见。学校的思想政治工作要坚持“以科学的理论武装人，以正确的舆论引导人，以高尚的精神塑造人，以优秀的作品鼓舞人”，着眼于提高大学生的思想道德素质和科学文化素质，培养“四有”新人。在这方面不少学校已经积累了一些好的经验，包括在课堂上多采用“启发式”教育，组织健康的文娱体育活动，组织青年学生参与社会实践、调研、参观，就重大事件和课题举行演讲比赛、大学生论坛和报告会，充分利用电影、电视、广播、报刊等多种教育手段，对学生进行思想政治教育等等。实践证明，这些活动都收到了好的效果。其中有许多活动是学生自己组织的，“自己教育自己”是一种好形式。例如，去年香港回归祖国，高等学校纷纷举办各种演唱会、演讲会、比赛、论坛，使大学生受到了一次生动的爱国主义教育，大学生的爱国热情空前高涨。丰富多采的校园文化活动，是课堂教育不可替代的有益补充。今后还要继续抓住一切有利时机，利用各种生动有效的形式，进一步做好学校思想政治教育工作。今、明两年有几件大事，都是做思想政治工作的大好机会：今年是党的十一届三中全会召开20周年，明年是“五四运动”80周年，建国50周年，澳门将回归祖国，也是二十世纪的最后一年。各高校都要抓住这些重大活动的纪念和庆祝时机，进行形式多样、生动活泼的思想政治教育。所有这些活动都要按照党中央和国务院的部署，根据各校的实际情况，提前做好准备。

要在高等学校中加强形势教育。各级党政领导要关心青年学生的成长，关心高等学校党的建设工作，关心高等教育的改革和发展。党政和有关部门主要负责同志要亲自联系高校，经常到高校调查研究，解决实际问题。要利用领导同志掌握全局、了解实际的优势和领导艺术，定期地到高等学校去作形势报告，分析国际国内形势，通报经济社会发展的情况和任务，阐明各项重要的方针政策，包括结合国际形势及时阐明我国的立场和外交政策，回答师生们关注的热点、难点问题，解疑释惑，引导广大师生正确观察形势，正确认识前进道路上的困难和风险，深刻理解党的方针政策和任务，明确方向，增强信心。一个好的形势报告，作用很大，可以使人终生难忘，终身受益。据我了解，这几年，凡领导同志到高校作形势报告的，都受到热烈欢迎。我们希望各级领导干部特别是主要领导同志，要主动到高等学校去，向广大师生作形势报告，通报情况，交流思想，帮助高校更好地开展党建工作和思想政治工作。

在高等学校提倡人文科学知识的教育，是进行全面素质教育、使学生在德智体和美育等方面全面发展的重要内容和手段，也是开展思想政治教育、提高教育质量的重要基础。不论是学什么学科的，都应当有人文知识的多方面修养，包括要懂一些哲学、历史、文学、艺术等方面的知识。特别是理工科学生，更要注意拓宽这方面的知识面。没有一定的哲学和人文知识的积累，对辩证唯物主义和历史唯物主义的一些内容就很难真正理解；不懂得中国和世界历史，就很难把握世界发展的大趋势和增强爱国主义情感。作为一个即将在新世纪担当重任的青年学生，不注重全面发展，就很难应付未来工作环境提出的各种挑战。

要进一步加强对高等学校中共青团以及学生会和学生社团工作的领导。做好这方面的工作，对加强高校党的建设和思想政治工作很重要。要坚持上好党课，培养学生入党积极分子队伍。要在政治上爱护、关心和培养他们，使他们成为党的工作的有力助手，并将他们当中符合条件的优秀分子及时发展入党，壮大学生党员队伍。抓好学生骨干队伍建设，非常重要，这也是我们党在高校工作中的一个好传统，应当继承和发扬。

四、适应新的形势，加强高等学校党委和领导班子自身建设

加强高校党委和领导班子建设，是适应新情况和新形势，面向新世纪的关键所在。没有一个高素质的能打硬仗的领导班子，就很难开创学校工作的新局面。高素质首先是指政治素质。邓小平同志强调，党的各级干部，首先是领导干部，要重视马克思主义的理论学习，从而加强我们工作中的原则性、系统性、预见性和创造性。高等学校的领导同志要提高理论学习的自觉性，认真学习邓小平理论，掌握马克思主义的基本立场、观点和方法，正确处理实践中遇到的各种矛盾和问题。高校的领导同志都非常忙，不少同志是领导工作和教学、科研“双肩挑”。越是这样，越要处理好工作与学习的关系，不然很容易就把学习冲掉了。没有科学理论作指导，思想和工作水平很难提高。高校所有领导同志

都要千方百计挤出时间钻研邓小平理论，要锲而不舍地坚持下去，有条件的要带头作学习辅导报告、形势报告，亲自部署和组织邓小平理论学习工作。

领导干部学习理论，更要注重有良好的学风，带头理论联系实际。当今世界，科学技术突飞猛进，知识经济已见端倪，综合国力竞争日趋激烈。我们国家正在实施科教兴国战略，全面推进改革开放和现代化建设。这些都对高等学校提出了前所未有的挑战和要求。在新形势下发展高等教育，必须解决好一些涉及全局的重要问题。我们要加快推进经济体制和经济增长方式的根本性转变，就要解决好知识创新和教育、科技与经济脱节的问题；要在我们这样一个发展中国家的国情下，解决好怎么样不断满足经济社会发展以及广大人民群众对教育日益增长的需求的问题；要在发展社会主义市场经济的条件下，解决好广大师生的世界观、人生观和价值观问题；要在不断提高高等教育水平，争取多出人才、出好人才的同时，解决好大量毕业生的就业问题，等等。所有这些问题都要靠我们在实践中探索解决。邓小平理论是我们解决问题的强大思想武器和行动指南。但书本当中不可能都有现成的具体答案，要靠我们掌握科学的方法论，做出开创性的工作，避免盲目性、片面性和绝对化，不断提高理论水平和工作水平。

高校领导干部都要通过努力学习邓小平党建理论，提高自身素质，在改造客观世界的同时努力改造主观世界。要加强思想政治修养，以身作则，严于律己，为广大师生做出表率。领导班子要增强凝聚力、感染力和号召力。领导班子成员之间要相互尊重，相互支持，密切合作。特别是一把手要搞好领导班子的团结，善于团结与自己意见不同的人一道工作。

坚持和完善党委领导下的校长负责制，既要发挥党委的领导作用，也要发挥校长的负责作用。要注意总结这方面的经验。各项工作要逐步规范化、制度化。党委要正确发挥领导作用，管方向，管大事，不要事无巨细，都由党委讨论决定。要明确分工，恪尽职守，发挥各方面的积极性。今后配备高校领导班子，思路要开阔一些，一方面要从学校自身选拔，另一方面可以与党政机关或其他方面相互交流。在高校相对集中的省市，可以独立设置党委教育工作部门；在政府机构改革中，原来党委教育工作部门与政府教育行政部门合署办公的，原则上应明确党委教育工作部门的牌子不撤，一套人马，两块牌子，一把手在两边任职。对党建和思想政治工作，要有相应的内设机构、人员编制和经费保证。

五、抓改革促发展，进一步办好高等学校

党的十五大提出，要“优化教育结构，加快高等教育管理体制改革步伐，合理配置教育资源，提高教学质量和办学效益”。这是跨世纪时期高等教育改革与发展的基本方向和重大任务。要通过改革，逐步形成新的高等教育管理体制，使高等教育进一步适应建立社会主义市场经济体制和国家经济社会发展的需要。大家要继续解放思想，深化改革，面向现代化，面向世界，面向未来，努力开创人才培养、知识创新和教育改革与发展的生机勃勃的新局面。

要继续推进高校管理体制改革。建国初

期所建立起来的国家集中计划、中央和地方政府分别办学并直接管理的高等教育管理体制，在历史上曾发挥过重要作用。半个世纪过去了，国际和国内形势都发生了巨大变化，我国经济和社会已跨入了一个新的发展阶段。原来条块分割、部门办学、自成体系的高等教育管理体制和布局结构，已经不能适应新的情况，日益显露弊端。主要是力量分散、低水平重复设置高等学校及专业，教育资源不能得到合理配置和充分利用，办学效益不高；单科性院校过多，人才培养模式比较单一；高等教育的结构和布局不合理，学校缺乏必要的办学自主权，缺乏生机和活力。解决这些问题的根本出路，在于加快和深化改革。近几年，高等教育管理体制改革和布局结构调整已经迈出了重要步伐。已有400多所高等学校通过共建、调整、合作、合并等方式进行改革，办学情况有所改善。今后几年，还要大力继续推进这一改革，基本理顺关系，形成比较合理、相对稳定的高等教育管理体制格局。

高等教育管理体制改革和布局结构调整的目的，是提高教育质量和办学效益。要继续贯彻“共建、合作、合并、调整”的方针。要通过合作、合并来实现互补，发挥学科的综合优势，防止用外延扩张式的办学由专科性高校变为综合性或多科性的高校，从而造成更大的浪费和办学条件的恶化。要逐步实行中央和省两级办学、以省为主的办学模式。除少数关系国家发展全局的高校，以及行业性强、需要由中央管理的高校继续由国家有关部门直接管理外，多数高校包括大部分现在为国家部门所属的高等学校，要改由地方管理或以地方为主与中央共建，主要为地方经济和社会发展服务。

高校党委要做改革的“火车头”，带动加快改革步伐，做好深入细致的思想政治工作，保证改革的顺利进行。要在推进高等教育管理体制改革的同时，积极搞好学校内部改革，努力提高教育质量和办学效益。改革力度加大，相当多的学校调整、合并、划转，学校内部改革不断深化，必然涉及更多的利益关系调整，会出现一系列的矛盾和问题。我们必须高度重视，精心组织，周密部署，做深入细致的工作。在调整和改革中，要确保思想不散，秩序不乱，人员妥善安排，教学、科研正常运转。特别要注意维护高校稳定，避免出现大的动荡。

党的十五大制定了我国改革开放和现代化建设跨世纪发展的宏伟目标，展现了我们国家光辉灿烂的前景。加强高等学校党的建设和思想政治工作，加快高等教育改革和发展，对于胜利实现党的十五大提出的战略任务具有重大意义。高等教育战线的同志要增强历史的责任感和时代的紧迫感，振奋精神，扎实工作。让我们高举邓小平理论伟大旗帜，在以江泽民同志为核心的党中央领导下，同心同德，开拓前进，为创造我国高等教育事业改革与发展的新局面，为祖国光明美好的未来努力奋斗！

在国家教委 1998 年教育工作会议上的讲话

（1998 年 1 月 16 日）

朱　开　轩

现在，我就 1997 年与本届政府五年的工作情况、教育战线学习贯彻十五大精神和 1998 年的工作安排，讲几点意见。

1997 年的工作与五年回顾

1997 年是我国实施“九五”计划的第二年，也是香港顺利回归和党的十五大胜利召开的具有重大历史意义的一年。在这一年中，教育战线全体干部、师生在党中央和国务院的领导下，积极进取，共同努力，较好地完成了各项工作。在本届政府即将届满之际，还有必要在总结 1997 年工作的同时，对十四大以来五年的教育工作作一个简要的回顾。

1992 年邓小平同志视察南方谈话和党的十四大之后，教育战线高举邓小平理论伟大旗帜，坚决贯彻中央关于教育工作的各项方针政策和认真实施《中国教育改革和发展纲要》方面取得了很大进展。主要是：

一、党中央确立“科教兴国”战略，绘制了教育改革和发展的宏伟蓝图，国家教委会同各级教育部门分步骤、认真组织“蓝图”施工

——以《中国教育改革和发展纲要》和《〈纲要〉实施意见》以及《全国教育事业“九五”计划和 2010 年发展规划》为标志，党中央绘就了我国 90 年代乃至下世纪初教育改革和发展的蓝图，并确定“科教兴国”战略。党的十五大充分肯定了既定的教育工作方针和思路，进一步明确了跨世纪我国教育发展的目标和改革的方向。

——为动员全党全社会认真实施《纲要》，党中央和国务院于 1994 年及时召开了全国教育工作会议。《纲要》的颁布和全教会的召开，对这五年教育事业的长足发展起到了决定性的作用。

——五年来，我们始终把落实《纲要》作为教育工作的根本任务，精心设计，精心施工。各项工作有计划分步骤实施，每年重点解决一两个关系教育全局和关键的重大问题。对普及九年义务教育、扫除青壮年文盲、素质教育、发展职业教育和成人教育、高教管理体制改革、高校招生并轨改革、高校党建、高校科研、教育教学改革以及师资队伍建设、教职工住房等重要工作，通过连续召开一系列重要会议，采取切实措施予以推进。教育经费总量逐年增加，1997 年预计达到

2 700亿元，比上年约增长20%，较1992年的867亿元增长约210%，并以立法形式确立了教育投入体制。1997年中，针对教育的一些热点、难点问题，组织广泛研讨，发表了一批重要文章，引起较强反响，起到宣传改革、引导舆论的作用。

二、教育法制建设取得了历史性进展，初步形成了有中国特色教育法律法规体系的基本框架，教育逐步走上了依法治教的轨道

——国家教委把加快教育法制建设作为转变政府职能的重要方面，1993年提出我国教育法律法规体系的总体框架及教育立法进度表，确立我国教育法律法规体系由教育法律、教育行政法规和教育部门规章三个层次构成。

——一年一个法，有序颁行。1995年国家已颁布作为教育工作根本大法的《教育法》；除早先通过的《学位条例》与《义务教育法》以外，这五年国家还颁布了《职业教育法》与《教师法》；《高等教育法（草案）》已于1997年国务院原则通过并将提交全国人大常委会审议。国务院还颁布了《教学成果奖励条例》、《残疾人教育条例》、《教师资格条例》和《社会力量办学条例》等。目前，我国主要教育法律已达5项，教育行政法规16项，教育行政规章总计200余件。在加强立法工作的同时，教育执法与监督工作也得到加强。

三、确立了基本普及九年义务教育、基本扫除青壮年文盲作为我国教育发展的"重中之重"，"两基"工作取得重大进展

——从社会主义初级阶段的国情与提高民族素质的高度出发，确立"低重心"的教育发展战略，把"两基"作为"重中之重"，提出"积极进取、实事求是"的指导思想和"分区规划、分类指导、分步实施"的原则，并认真组织实施。

先后召开全国"两基"督导工作会议，东部9省市、中部12省、西部9省区共三个"片会"和全国"普九"工作汇报会以及每年一次扫盲工作现场会，对"两基"工作坚持不懈，认真部署。另一方面，在财政部大力支持配合下，顺利实施了"国家贫困地区义务教育工程"和两个世界银行贫困地区贷款项目，加大了贫困地区义务教育的投入。1997年又有400个县（市、区）和其他县级行政区划单位通过"普九"验收，覆盖1.8亿人口；完成403万扫盲任务。

现在，全国通过"普九"验收的县（市、区）和其他县级行政区划单位总数已达到1 882个。京、津、沪、江苏、广东、浙江六省市已实现"两基"，东北三省和山东、河北、山西、福建则在全省范围内基本完成扫除青壮年文盲任务。到1997年底，全国65%的人口地区普及了九年义务教育，比1993年增长了47%，提前一年完成第二阶段"普九"任务；初中毛入学率达到87%，比1992年增长15%；全国青壮年文盲率下降到6%，比1992年下降4个百分点。

——实施"两基"与贯彻"两全"相结合，素质教育有新的突破。近年来，国家教委努力推动各地探索实施素质教育，1997年召开全国中小学素质教育经验交流会，总结推广了汨罗、烟台等地大面积推进素质教育的经验，对实施素质教育工作作了全面部署，并颁发《关于当前积极推进中小学实施素质教育的若干意见》。目前全国范围内积极探索实施素质教育的热潮正在兴起。

四、积极发展职业教育和成人教育，宏观教育结构进一步趋向合理

——1996年召开了全国职业教育工作会议，国家颁布了《职业教育法》，职业教育开始走上依法治教轨道。职业教育实行政府统筹、依靠全社会兴办的多元办学体制。中等职业教育发展迅速，截止1997年，中等职业学校招生数和在校生数均已占到高中阶段的56%以上，分别比1992年增长了6%和9%。积极发展高等职业教育的思路进一步理顺，确立了“三改一补充”、走内涵发展道路的工作方针，努力办出高职特色，探索培养能扎根于基层和生产第一线的实用性和应用性高层次人才的新路子。城市教育综合改革进一步深化，农村“三教统筹”和农科教结合工作有新的起色。

——以岗位培训和继续教育为重点的成人教育有很大发展。五年间参加各类岗位培训及继续教育的职工、干部累计达1.76亿人次；全国已有80%以上的乡镇和40%以上的行政村建立了成人文化技术学校，初步形成了县、乡、村三级农村成人教育培训网络，五年间培训农村劳动者累计达3亿人次以上。同时，对成人学历教育进行了改革，加强了管理，全国15个省市开展了成人高等教育学历文凭考试试点；成人高、中等教育自学考试制度趋向完善。

五、高等教育稳步发展，高等教育改革，特别是高教管理体制改革和招生并轨改革取得突破性进展，教育质量和办学效益有了一定提高

——积极推进高教管理体制改革。适应经济体制改革需要，高等教育逐步淡化和改变学校单一的隶属关系，合理配置教育资源，优化布局结构，增强为地方和区域经济服务的力度，不断探索中央和省级政府两级管理、以省级政府统筹为主的高等教育管理体制，这是我国高等教育改革在90年代难度最大、力度最大、进展也最大的一项全局性改革。1994年以来，国务院和国家教委先后在上海、南昌、北戴河，明天将在扬州，连续召开全国高教体制改革座谈会。截止1997年，全国30个省（自治区、直辖市）、48个中央部委涉及400余所高校积极进行以“共建”、“联合”、“合并”、“转制”、“协作”等五种形式为主的管理体制改革。目前，全国普通高等学校的数量已从1992年的1 053所减至1 020所（其中民办高校20所），成人高等学校的数量从1992年的1 256所减至1 107所。普通高校校均本专科生规模从1992年的2 070人提高到1997年的3 100人，生师比从7∶1提高到10∶1，办学效益得到提高。

同时，高等教育规模也在宏观调控中稳步发展。五年中，全国高等学校招生数和在校生数平均每年分别以8%和10%的速度增长。现在，全国高等教育在校生总数达608万人，比1992年的376万人增加62%；其中研究生18万人，增长85%；普通高校本专科生317万人，增长45%；成人高校本专科生273万人，增长84%。此外，自考制度的设立，为千百万社会青年和在岗人员开辟了自学成才、接受高等教育的广阔道路，仅1997年报名参加自学考试的人数约500万，取得本专科学历文凭人数近30万人。从1992年到1997年，培养本专科和研究生总数为800多万人。

——普通高校招生并轨改革平稳顺利完成，高校实行缴费上学制度。按照有利于考生公平竞争和高校公正选拔，有利于高校组织教学和提高教育质量，有利于加强学籍管理和毕业生就业制度改革的原则，从1994年的47所逐步扩大到1997年所有高校平稳实现并轨。同时，初步建立了高校奖学金、贷学金、勤工助学及学费的“减、免、缓”政策等多元化资助体系。

——教育教学工作不断加强。1992年起，国家教委先后在一些基础较好、办学水平较高的高等学校建立了180个文、理科基础科学人才培养基地和工科基础课程教学基地。1994年，国家教委启动并组织实施《高等教育面向21世纪教学内容和课程体系改革计划》。1995年在52所高等学校开展了加强大学生文化素质教育试点工作。逐步开展或完善普通高教、成人高教以及研究生教育的教育评估制度，1996年33所试办研究生院转正，1997年110所文革后新建的高等学校通过了教学合格评估。一批优秀教材和422项优秀教学成果先后于1994年、1997年得到表彰。专业目录正在不断调整并拓宽，1997年公布的研究生专业目录中二级学科已从原来的654种调整为381种；自考生专业目录从410种减到234种；正在修订中的本科专业目录也将从1993年的500多种拟再调减50%左右。更为可喜的是一场教育思想观念的大讨论正在高教战线展开，它将有力地推动高等教育的改革和发展。所有这一切，都是希望能把一个高水平高质量的高等教育带入21世纪。

——高校“211工程”建设工作进展顺利，近百所高校部门预审完成，大部分高校已经立项，正在组织认真实施。高校科技体制改革顺利进行，高校科技工作取得了很大成就。全国高校已建立100个国家重点实验室，27个国家工程（技术）研究中心，250所高校进入“中国教育科研计算机网”并同国际“因特网”相连接，开展各级各类科研课题43万项，科技成果转化取得显著经济和社会效益。

——出国留学工作也取得较大进展，全面实行了国家公费出国留学制度改革。五年来，我国各类出国留学人员近12万人，留学回国人员近3万人。1994年以后，每年国家公派留学回国人员已超过当年派出数。五年中我国高校累计接收了各类来华留学人员达18万人。

六、教师队伍建设取得显著成绩，教师待遇有所提高

——《教师法》的颁布使师资队伍的建设逐步健康发展。1995年，国务院颁布《教师资格条例》，随即在全国开始施行教师资格制度。这对保证教师队伍的起点素质、保障教师的地位和权益、规范并拓宽教师来源渠道具有重要意义。1996年召开的师范教育工作会议确立了面向21世纪我国师范教育改革和发展的重要思路。教师学历合格率逐年提高，我国小学教师、初中教师、高中教师学历合格率分别由1992年的83%、56%、49%提高到1997年的93%、84%、60%。

——按照“关、转、招、辞、退”五字方针和分区规划、分步实施的原则，解决民办教师问题取得突破性进展。1997年民办教师比例已降到12%，较1992年下降16个百分点。京、津、沪、江苏、浙江等省市已全部解决民办教师问题，2000年全国基本解决民办教师的目标预计可以实现。

——教师地位与待遇得到进一步提高。各地相继出台了一系列提高教师待遇的措施，使教师工资不低于或略高于公务员的平均工资。国务院办公厅从1994年以来，分别在大连、昆明、北京和刚刚在南京召开的全国教职工住房建设经验交流会，大大推进了教职工住房建设。从1993年到1997年，教职工住房建设投资595亿元，竣工面积9 100万平方米，共计建设成套住宅122万套。其中1997年分别为160亿元、2 322万平方米、近30万套。目前全国城镇教职工平均居住面积达到8.2平方米，比1992年增加了2平方米。过去一度出现的教师流失现象初步得到遏止。

七、教育系统社会主义精神文明建设取得显著成绩，高校党建和学校德育工作得到进一步加强和改进，广大师生员工精神面貌发生可喜变化

——国家教委党组把精心部署学习邓小平理论，用邓小平理论武装教育战线广大干部、师生，用邓小平教育思想指导和推进教育改革和发展，一直作为教育战线的一项根本任务。1994年成立了国家教委“邓小平理论研究中心”，正在组织起草“邓小平教育思想学习纲要”，使整个战线和高校邓小平理论的学习活动不断向纵深发展。

——认真学习和贯彻《中共中央关于加强社会主义精神文明建设若干重要问题的决议》，贯彻落实《中共中央关于进一步加强和改进学校德育工作的若干意见》和《爱国主义教育实施纲要》。五年来，与中组部、中宣部连续召开了三次全国高校党建工作会议。高校“两课”教学与改革取得重要进展。1997年还成功召开了全国中小学德育工作会议。社会主义、爱国主义、集体主义教育在各级各类学校得到进一步加强，“四个一百工程”正在实施。

——广大师生员工对党的十四大以来的路线、方针、政策高度共识并衷心拥护，对党的十五大胜利召开和取得的伟大成果感到欢欣鼓舞，对以江泽民同志为核心的党的第三代领导集体高度认同，精神面貌发生可喜变化；高等学校连续保持了八年稳定，这不仅为整个教育战线改革和发展的顺利进行，也为全社会的良好政治形势做出了贡献；广大教师积极投身教育教学改革，涌现出了以王思明、田沛发、刘让贤、黄静华等为代表的一大批先进模范人物和河北农大等一批先进集体。

五年来，教育领域的其他各项事业也都程度不同地得到较大发展。回顾五年，我国教育不断适应经济体制改革和社会发展要求，保持了教育重大方针、政策、工作思路的连续性和教育战线政治稳定的局面，使教育事业健康、稳步、协调发展。教育事业取得的成绩是全党高度重视教育，全社会尊师重教、各行各业大力支持教育的结果，是各级教育部门在党中央、国务院和各级党委、政府的领导下，带领全战线广大干部、师生团结一致，坚定地贯彻执行教育大政方针，艰苦奋斗、不断进取的结果。

五年的工作中有许多带根本性、指导性和规律性的经验值得我们认真总结。主要是：第一，努力坚持以邓小平理论和邓小平教育思想为指导，这是建设有中国特色社会主义教育事业的理论基础，是当前和今后我国教育改革和发展的思想武器。第二，各级党委和政府，首先是党政主要领导同志亲自抓教育，努力保证“科教兴国”战略和教育优先发展战略地位的落实，并在全社会形成共识，这是保证我国教育事业顺利发展的关键。第三，坚持教育的社会主义方向，认真贯彻教育方针，遵循教育规律，不断提高教育质量和办学效益。第四，从社会主义初级阶段的基本国情出发，正确处理基础教育、职业教育、成人教育、高等教育等各级各类教育之间的关系，确立正确的事业发展方针，逐步树立规模、结构、质量、效益内在统一的全面发展观。第五，坚持以改革促发展，努力适应社会主义市场经济体制和社会主义现代化建设的需要，不断深化教育体制改革和教育教学改革；正确处理改革、发展、稳定的关系。第六，努力完善以政府投入为主，多渠道筹措教育经费的教育投入体制。第七，按照实事求是、一切从实际出发的思想路线，促进宏观教育决策的科学化，坚持因地制宜、分区规划、分类指导。第八，加强教育法制建设，教育工作必须走依法治教道路。

五年来教育工作取得的成就与积累的经验，为教育事业“九五”计划后几年的顺利实施和我国21世纪教育事业的发展奠定了坚实的基础，是今后进一步前进和发展的重要保证。同时，我们也应当清醒地看到，教育工作中仍然存在许多矛盾和困难：现代化建设和人民群众对教育需求与社会主义初级阶段教育不发达的矛盾比较突出；切实落实教育优先发展战略地位与实际教育投入短缺的矛盾十分尖锐；教育体制改革仍不能适应经济体制改革加快发展步伐的迫切要求；教育观念、教学内容和方法的改革与“三个面向”的要求相比差距还较大；一些早已确定、实践证明是行之有效的决策和措施，还需要加大工作力度狠抓落实；面临新形势、新机遇、新任务，在改革和发展中还需要进一步解放思想，拓宽思路。我们要高度重视存在的问题，认真研究，在今后的工作中扎扎实实地加以解决。

学习贯彻党的十五大精神，加快教育改革和发展步伐

党的十五大是我们党在世纪之交召开的一次承前启后、继往开来的具有划时代意义的跨世纪盛会，大会确立了邓小平理论作为我们党的指导思想，十五大报告是指导我们把建设有中国特色社会主义事业全面推向21世纪的政治宣言和行动纲领。十五大报告重申了教育在社会主义现代化建设和社会主义文化建设中的重要地位和作用，进一步明确提出了教育改革与发展的战略目标和任务，是教育事业健康发展、全面推向21世纪的行动指南。高举邓小平理论伟大旗帜，学习贯彻十五大精神，解放思想，实事求是，加快教育事业改革和发展的步伐，是当前和今后一个时期教育战线的头等大事。如何贯彻好十五大精神，继续推进教育事业的改革和发展，各地教育部门和社会各界思想活跃，已经提出了许多重要的建设性意见，这是全社会关注教育的重要体现。这里，我就教育战线如何贯彻十五大精神，正确认识和处理好几个问题谈一点意见。

（一）要有更大的历史责任感和紧迫感

党的十五大报告讲教育，是历次党代会讲教育问题最多、最全面、最深刻的一次。我理解，这既是中央对教育工作的高度重视，也是对既定教育大政方针的充分肯定；但更重要的是中央在世纪之交的历史时刻，把一个更加艰巨而光荣的历史任务交给了我们。

十五大报告指出：社会主义初级阶段一个重要的特征，就是它是“由文盲半文盲人口占很大比重、科技教育文化落后，逐步转变为科技教育文化比较发达的历史阶段”。这是一个贯穿初级阶段全过程的历史性艰巨工程和伟大事业，需要我们这一代人、几代人甚至十几代人为之努力奋斗。十五大确定了在本世纪末、下世纪初叶，我们要在实现第九个五年计划和完成第二步经济发展战略目标的基础上，使大多数国有大中型骨干企业

初步建立现代企业制度，保持国民经济持续快速健康发展，努力实现第三步经济发展战略目标，建立起比较完善的社会主义市场经济体制；届时，澳门也将回归祖国；同时，我们还将面临着十分激烈的国际经济竞争和新技术革命的挑战。所有这些对教育事业的改革和发展都提出了更高、更紧迫的要求，殷切期待着我们“培养同现代化要求相适应的数以亿计高素质的劳动者和数以千万计的专门人才，发挥我国巨大人力资源的优势”，这是关系21世纪中华民族的振兴和社会主义事业成败的全局性的重大问题。教育如何进一步促进经济和社会的发展？要把一个什么样的教育带入21世纪？这是时代迫切需要我们回答的问题。

本世纪只剩下最后三年了，教育工作者面对加快建立教育新体制和促进教育事业全面发展的艰巨任务，必须要有强烈的历史责任感和紧迫感：一是对于在实践中证明行之有效、十五大再次明确肯定的教育工作的方针、政策，我们必须毫不动摇地坚决贯彻执行；二是对于思路与方案已经明确，正在努力解决的问题，要以只争朝夕的精神和坚持不懈的努力，加大工作力度和进度，坚持全面落实；三是对于在改革中不断出现的新情况、新问题，要研究新思路、找出新办法、不断推进教育改革和发展，把一个崭新面貌的教育带入21世纪。

(二)坚持从初级阶段这个最大的实际出发

党的十五大进一步全面、系统地论述了社会主义初级阶段理论，确定了党在社会主义初级阶段的基本路线和基本纲领。同经济、政治、文化工作一样，教育工作要解决种种矛盾，澄清种种疑惑，认识为什么必须实行现在这样的路线、方针、政策，而不能是别样的路线、方针、政策，也必须从社会主义初级阶段这个最大的实际出发。

一是要准确把握教育所处的基本国情。江泽民同志曾经指出，“我们的基本国情之一，就是在经济比较落后的条件下办大教育。”经过四十多年特别是近二十年的发展，我国生产力水平有了很大提高，教育事业也有了很大发展，但是“穷国办大教育”这个基本国情尚未根本改变；我国教育事业已经有了一定基础，但从总体上看还比较落后，教育发展远不能适应现代化建设和人民群众的需求这个基本矛盾并未根本解决。这是确定我国教育工作的路线、方针和政策的基本出发点和立足点，教育战线的同志务必要保持清醒的头脑。**二是思想方法要全面，正视困难，抓住机遇，脚踏实地，稳中求进。**江泽民同志在十五大报告中讲前一百年，后一百年，这是因为历史上有过很多深刻的经验教训，告诫我们对改变现实要有紧迫感，但决不能让胜利冲昏头脑，不要重犯急性病。我们必须正视教育工作的难度和复杂性，把握与估量主客观因素，继续坚持“稳中求进”的正确方针。既要着眼于未来，使教育尽快适应社会主义市场经济发展和科学技术进步的迫切需要，又要按照当前的实际确定教育改革和发展的阶段性目标；既要充分看到发展我国教育事业实际存在的任务艰巨、但条件不足这一不利因素，又不能被困难所吓倒，对于经过努力可以达到的目标，决不能放松，脚踏实地，抓紧抓好，突出重点，鼓励前进。**三是要坚持发展教育同经济建设、社会进步相结合。**社会主义初级阶段的根本任务是发展生产力。“社会主义现代化建设必须依靠教育，教育必须为社会主义现代化建设服务”，这个基本方针，在任何情况和任何条件下决不能动摇，这也是衡量教育工作是否把握正确方向的重要标志。十五大以后，面对新的经济体制框架、新的经济增长格局、新的所有制结构和国有企业的改革，促进教育、科技和经济的紧密结合，已经成为教育改革和发展要迫切解决的首要课题。教育部门在这个问题上必须保持最大的注意力，下最大的气力，否则就抓不住教育工作的主要矛盾，就不能说是坚持了初级阶段理论。

（三）全面把握教育工作的发展方针

从现在起到下世纪的前十年，是我国实现第二步战略目标、向第三步战略目标迈进的关键时期，是实现经济体制和经济增长方式两个根本性转变的关键时期。制定一个什么样的教育工作发展方针以便同经济社会发展战略相适应，这是关系现代化建设全局的重大问题。十五大报告十分明确地提出："发挥各方面的积极性，大力普及九年义务教育、扫除青壮年文盲，积极发展各种形式的职业教育和成人教育，稳步发展高等教育。"这是一个总结了我国多年来教育事业发展经验并根据我国现阶段的教育国情提出来的正确方针，是一个立足于培养数以亿计高素质的劳动者和数以千万计的专门人才、面向21世纪教育事业发展的积极方针，也是当前教育战线统一思想、正确处理教育内部各类教育事业发展关系的基本准则。

如何正确理解、全面把握十五大提出的教育工作发展方针？我认为，应该在三方面努力达到共识：**首先，要正确处理各级各类教育发展的相互关系**。近二十年我国教育改革和发展实践的一个重要成果，也是被十五大报告充分肯定了的一条符合我国国情的教育发展的重要思路，即要在满足现代化建设和人民群众多方面教育需求的同时，现阶段仍要坚持教育低重心发展的战略，确立"两基"为教育事业发展的"重中之重"，坚持本世纪末基本实现"两基"目标不动摇，坚持对"两基"优先投入的方针不动摇。同时，要认真研究当前经济结构和产业结构调整以及国有企业深化改革的形势对发展职业教育和在岗、转岗、下岗人员技术培训提出的要求，积极面向市场，面向企业，面向基层，培养和培训大批适应生产第一线需要、具有较高素质的中高级实用性人才，这是职业教育和成人教育的一项重要任务。中央提出高等教育采取稳步发展的方针是多年来高等教育发展历史经验的深刻总结；稳步发展并不是不发展，而是强调发展速度应适当，不可大起大落，要大致适应国家社会主义现代化建设发展规模与速度的要求，同高等教育的现实基础相协调，并处理好同基础教育、职业教育、成人教育等各类教育发展的关系。**其次，要正确处理发展规模、结构、质量、效益的相互关系**。《纲要》实施意见确定的"高等教育要走内涵发展为主的道路，使规模更加适当，结构更加合理，质量和效益明显提高"的原则，就体现了协调发展、稳中求进的精神。从当前宏观经济形势来看，我国国民经济正在从粗放型向集约型发展方式转变，教育发展特别是高等教育的发展，同样也应与经济发展的趋势相适应，进一步改变长期以来单纯追求数量扩张的发展方式，坚持规模、结构、质量和效益的内在统一，即：在适度发展规模的同时，把重点放在调整结构，优化资源配置，提高质量和效益上来。**第三，要正确处理政府办学为主和调动社会各方面积极性的关系**。改变政府包揽办学的格局，充分发挥社会各方面的办学积极性，这是改革开放以来，党和国家关于教育办学体制改革的重要内容。随着经济体制改革的深入以及群众多样化的教育需求，社会力量办学将成为推动我国教育事业发展的一支重要力量。全面理解和认真贯彻“积极鼓励，大力支持，加强管理，正确引导”十六字方针，鼓励社会力量办学健康有序的发展，是新形势下教育工作需要探讨的重要课题。当前，从教育事业的整体格局和长远规划出发，要切实研究和制定一些具体政策，使社会力量办学与国有企业改革、技术改造、再就业工程和广大农村脱贫致富奔小康的需要结合起来，把重点放在兴办学前教育、职业教育和成人教育上。社会力量举办基础教育，要同薄弱学校建设和布局结构调整，满足一部分群众的择校愿望结合起来。社会力量举办高等教育要从实际出发，根据需要与可能，应以满足群众不同层次、不同形式、包括“自考助学”在内的各种高中后教育的需要为主；举办民办高等学历教育仍要符合办学条件并依法审批。

（四）切实加快教育改革的步伐

教育发展的根本出路在改革。改革开放以来，我国教育事业之所以取得前所未有的辉煌成就，一个很重要的原因，就是在逐步确立社会主义市场经济体制的进程中，我们坚定不移地对教育体制进行了改革。党的十五大在经济体制改革上又有了新的重大突破，这对深化教育改革提出了进一步的要求。十五大报告指出，要“深化科技和教育体制改革，促进科技、教育同经济的结合”、“解决科技和教育体制上存在的条块分割、力量分散的问题”、“优化教育结构，加快高等教育管理体制改革步伐，合理配置教育资源”，这是今后一个时期教育体制改革的主要任务。教育战线要集中力量实现教育体制改革的新突破，必须在一些重大问题上形成共识。

首先，要正确认识经济体制和教育体制改革的相互关系。实践证明，教育体制、特别是高等教育体制的深化改革，同经济体制改革的顺利进行并取得成功密切相关。十五大报告把教育体制改革放在“经济体制改革和经济发展战略”部分，就是对如何认识经济体制改革与教育体制改革关系的科学回答。历史地看，1952 年的院校调整就是当时建立计划经济体制的前奏。改革开放以来，中央对经济、科技和教育体制改革也是同时部署、同步进行的，1984、1985 年，中央相继作出了关于经济、科技、教育三项体制改革的决定。十四大在提出建立社会主义市场经济体制和十五大对深化经济体制和科技体制改革进行一系列重大部署的同时，也提出了将经济体制改革、科技体制改革和教育体制改革全面地、有机地结合起来的迫切要求。因此，在进一步研究推进深化教育体制改革时，我们必须深刻理解十五大关于建立社会主义市场经济新的理论突破和重大决策以及对深化教育体制改革的要求，在调查研究和科学论证的基础上，提出与其相适应相配套的教育改革方案，推动教育体制改革不断适应经济体制改革的要求。

其次，要正确认识市场经济与教育功能的相互关系。市场经济是以市场为基础配置资源的。十五大报告指出：“坚持和完善社会主义市场经济体制，使市场在国家宏观调控下对资源配置起基础性作用”，其中，资源包括人力资源、物质资源和信息资源。十五大报告又指出：“人才是科技进步和经济社会发展最重要的资源”。这就是说，与教育有直接关系的人力资源的配置以及目前正在不断发育的人才与劳动力市场必将对教育提出新的要求。教育体制改革要适应社会主义市场经济的要求，必须注意在资源配置过程中市场机制所发挥的基础性作用，围绕市场对劳动力与人才当前和长远需求合理配置教育资源，调整教育结构，满足经济建设对专门人才和高素质劳动者的需求。但同时也要看到，市场经济不可能覆盖教育的全部功能，我国是社会主义制度的国家，还要着眼于公有制经济为基础的国家根本利益与长远利益的需要，重视教育在社会主义文化建设中基础工程的地位和在社会主义精神文明建设中的特殊历史使命。教育不仅服务于经济发展需要，而且，还应服务于社会主义民主政治，服务于精神文明建设，服务于受教育者身心的全面成长。教育具有的这种基础性、长期性、文化性的内在本质特点，必然要求教育遵循自身的发展规律。所以，在教育体制改革的进程中，既不能照搬西方发达国家在比较成熟的市场经济条件下的某些运行模式，也不能简单套用正在探索之中的我国经济体制改革的某些做法。

第三，要正确认识当前经济社会环境对教育改革进程的影响。经济、科技、教育体制的改革必须相互配套、协调推进。近年来，我们一直力图分步骤、有计划地根据经济社会改革的步伐推进教育体制改革，并已经在一些领域取得了重要突破。但是我们既要看到经济体制改革的逐步深化对教育改革提出的迫切要求与出现的良好机遇，也要看到当前我国还处于从计划经济向市场经济转轨的过程中，市场经济不够规范，法制体系不很完善，政府职能还未理顺，原有计划经济的利益格局还在调整之中，新的管理手段和方法尚未完全建立起来。在推进教育体制改革中，对于一些失范现象，在没有建立依法约束机制的情况下，各级政府及其教育行政部门运用某些宏观调控的行政管理手段加以调整和指导，这应视为转轨过程中一定时期内的必要措施。随着教育的制度化环境的日趋完善，现行的某些教育行政管理手段将进一步被法制、经济、评估等手段替代，高等学校办学自主权和省级政府对包括高等教育在内的各级各类教育的统筹管理权一定会得到进一步扩大与不断加强；我们要自觉地加快朝着这一方向积极探索的步伐。

第四，在加快各级各类教育体制改革步伐的同时，要不失时机地把教育教学改革、大力推进素质教育及时摆到重要议事日程上来。五年来我们在教育改革中逐步形成的基本思路是：教育思想和教育观念的改革是先导，体制改革是关键，教学改革是核心，提高人才培养的质量、数量和办学效益是根本目的。五年来我们的工作所以取得一定的成绩，正是因为我们确定并力求坚持了这一符合我国国情和教育事业改革实际的基本思路。

（五）加强党和政府对教育工作的领导

党的十五大以后，教育改革和发展的时机更加紧迫，任务更加艰巨，但情况也比较复杂，迫切需要加强党和政府对教育工作的领导。

党和政府对教育工作的领导，我认为，主要体现在以下三个方面：**一是要坚决贯彻党的教育方针，坚持教育的社会主义方向**。十五大报告指出，“建设有中国特色社会主义，必须着力提高全民族的思想道德素质和科学文化素质，为经济发展和社会全面进步提供强大的精神动力和智力支持。培育适应社会主义现代化要求的一代又一代有理想、有道德、有文化、有纪律的公民。”这不仅是教育部门的事,更需要全党全社会的共同努力。我国教育的根本任务决定了我们要责无旁贷地担负起提高青少年思想道德和科学文化素质，构建青少年乃至全民族共同理想和精神支柱的责任。我们需要在各级党委和政府的领导和支持下，在全社会共同创造一个有利于坚持用邓小平理论武装青少年，坚持用党在社会主义初级阶段的基本路线、基本纲领教育青少年，坚持用建设有中国特色社会主义的共同理想凝聚青少年，致力于提高青少年的思想道德素质和科学文化素质的良好育人大环境。**二是各级政府要加大教育投入,确保4%的目标逐步实现**。近几年来,国家财政性教育经费投入的总量尽管有较大幅度的增加,但占国民生产总值的比例呈下滑趋势,离4%的目标尚远,投入滞后严重制约着教育事业的发展，问题的确比较严重，社会各界也十分关注。学习贯彻十五大精神,“切实落实教育优先发展的战略地位”,关键是加大对教育的投入。各级教育部门要多出思路、多想办法，除积极依靠各级党委和政府认真依法落实近几年已出台的各项投入政策之外，在力争解决好这一问题上要有所突破。**三是要处理好改革、发展、稳定的关系，把握好正确的舆论导向,及时疏导各种教育热点问题**。社会各界对教育问题有不同的看法和议论是正常的，我们一方面要充分肯定积极探索的热情，虚心听取各方面意见，吸取智慧，群策群力，不断改进我们的工作，丰富和完善教育改革和发展的思路。另一方面也要以十五大精神为准绳，把教育界内外的思想认识统一到十五大精神上来，把各方面的利益和要求统一到全面推进建设有中国特色社会主义教育的伟大事业上来。各级教育行政部门要采取主动，积极组织教育专家、一线教师和各界热心教育的人士，进行广泛深入的研讨，积极探索教育热点、难点问题的成因以及解决问题的有效途径和办法,加强引导,力求对一些重大的问题形成共识；注意调动各方面的积极因素，为改革出谋划策，保持社会稳定，创造良好的舆论氛围，形成推动教育改革和发展的合力。

（下略）

学习党的十五大精神
深化对教育战略地位的认识

陈 至 立

党的十五大高举邓小平理论伟大旗帜，描绘了中华民族未来发展的宏伟蓝图。在跨世纪的政治宣言和行动纲领中，以江泽民同志为核心的党中央从社会主义初级阶段的基本国情出发，站在中华民族前途命运的高度，对教育在社会主义现代化建设全局中的战略地位作出了具有时代特征和深远影响的精辟论断。这是十五大一个突出的理论贡献，是对马克思主义教育理论特别是邓小平教育理论的重大发展。面对知识经济时代的到来，进一步深化对教育战略地位的认识，对于我们统一思想，转变观念，深化改革，自觉地以邓小平理论指导教育工作实践，落实科教兴国战略和开创教育工作新局面，具有重要的现实意义。

一、教育的本质和功能决定了教育的战略地位

马克思主义认为，教育是物质资料生产和人类自身生产的重要手段，是无产阶级取得自身解放的有力武器和培养一代新人的重要途径，是促进人的全面发展和最终消灭三大差别的根本措施。邓小平同志深刻指出，“科学技术是第一生产力”，“科学技术人才的培养，基础在教育”，全面论述了教育与发展社会生产力和实现现代化的关系，丰富和发展了马克思主义，为教育优先发展的战略地位奠定了理论基础。

教育作为人类社会所特有的社会现象，其本质是培养人的社会实践活动，它贯穿于人类历史的整个过程和社会生活的各个领域，并使人类社会得以延续和发展，因此，教育具有基础性、全局性、先导性的战略地位。

教育在人类社会中始终具有基础性的地位。历史唯物主义认为，人类的进步离不开物质资料的再生产和人类自身的再生产。而“人本身是他自己的物质生产的基础，也是他进行的其他各种生产的基础”（《马恩全集》第26卷Ⅰ，人民出版社1972年6月版，第300页）。因此，“要改变一般的人的本性，使他获得一定劳动部门的技能和技巧，成为发达的和专门的劳动力，就要有一定的教育或训练”（《马恩全集》第23卷，人民出版社1972年9月第1版，第195页）。教育对于生产力的推动作用，不仅体现在认识和利用自然资源并使之转化为生产、生活资料，而且

体现在生产工具、生产工艺、生产管理的改进的过程中。教育将人类世世代代所积累的丰富的经验和知识加以整理、保存、传递和发展。马克思曾举例指出，学生在一小时之内就可以学会二项式定理，这同最初发现这一定理所需要的劳动时间是无法相比的。正是教育将前人积累的经验和知识的精华传递给新的个体生命，使之可以尽快地站在前人的肩上，去创造新的历史，从而推动人类社会不断向前发展。

教育通过人的培养和知识的传递与人类的生产实践和社会生活发生着广泛的、普遍的联系。早在原始社会，人类就通过言传身教来传递经验知识。古巴比伦和古埃及已有儿童到神殿去学习典籍的记载。古希腊的雅典出现了柏拉图的“阿加德米”和亚里士多德的“吕克昂”形式的学校；斯巴达的国家军事化教育更是古今闻名。我国的夏、商、周也有所谓的“庠”、“学”和“序”。到了盛唐，培养官僚的学制和录用官吏的科举制度已十分完备。中世纪的欧洲，教会在各地开设寺院学校，宗教改革推动了庶民学校的普及，学校成为城镇必不可少的组成部分。文艺复兴导致了大批大学的诞生。工业革命后许多国家建立了公共教育制度，使教育产生了质的飞跃。事实说明，教育与生产力发展紧密相联，先进的教育又极大地促进生产力的发展。教育在社会发展的历史长河中起着承前启后、继往开来的基础性作用。

教育在国家、民族生存与发展中具有全局性的地位。教育是立国之本。一个国家或民族的教育，对于统治阶级意志的贯彻，社会意识的整合，政治法律制度的创设和实施，科学技术的发展，经济的增长与社会文明的进步，都起着整体性的促进或制约的作用。教育与政治、经济、文化等各方面有着极为紧密和深刻的本质联系，对国家或民族的生存与发展的全局产生着关键性的影响。如我国的汉代太学的发展和察举制度的建立，为汉朝国家政治的稳定、国家的发展起了重要作用。第二次世界大战后许多亚洲国家均把教育作为消灭贫困、促进经济发展的重要手段，促进了社会、经济、政治和民族文化的全面发展。有关研究报告指出，教育是促进日本经济发展的强有力的重要因素，“战后经济发展的速度非常惊人，为世界所注视。造成此情况的重要原因，可归结为教育的普及和发达”。又如，韩国60年代在制定经济发展规划时也制定了以培养科技人才为重点的教育规划，大力培养科技人才从而保证了经济的起飞。正是由于现代国家经济实力的增强已从依靠人口数量转到依靠人口质量，从依靠体力劳动转向更多地依靠智力开发，教育在国家和民族生存与发展中的战略地位也愈来愈显著，因此，各国对教育的重视程度也越来越高，教育也越来越成为影响国家综合国力和国际竞争力的关键因素。

马克思主义认为，文化是人类社会生产与生活的产物，但同时又是人类生产和社会生活得以继续进行和发展的必要条件。教育是衡量一个国家和民族社会文明程度的重要标志。它继承和发展着人类的文明成果；传播、保存、融合、发展着民族的文化；是民族形成、生存及发展的生命机制。教育作为一种精神生产，对人们的社会心理、风俗习尚、道德规范、文化传统有至关重要的影响，成为整个文化建设的基础。中国有尊师重教的优良传统，中华民族几千年文化发展史表明，教育在形成民族文化心理、凝聚民族精神中有着不可替代的战略地位。在社会主义初级阶段，教育在保证社会主义政治方向，弘扬民族文化精神，建设高度文明国家中的战略地位更加显示出全局性的意义。

教育在人的全面发展和社会发展中具有先导性地位。人的发展是个体社会化的过程。从自然的人转化为社会的人的根本途径在于教育。人的自然遗传只是为人的发展提供潜在的基础，其个性的发展、潜质的显现、性向的确定、兴趣爱好的养成均离不开后天教育的引导和影响。什么样的教育往往塑造什么样的人。马克思指出教育与生产劳动相结合“是造就全面发展的人的唯一方法”（《马恩全集》第23卷，第530页）。人的全面发展是人在德智体美劳诸方面和谐发展并获得高度统一。教育是人不断进步的阶梯；是不断挖掘人的潜力，并决定其未来发展方向的关键因素。

生产力的发展直接影响着教育的发展，也促进了人类知识的专业化。而历史上教育的每一次重大变革，都孕育着文化的发展和科技的创新，为社会不断开辟出广阔的发展前景，对重大科技的发明和传播，对新的产业的诞生、经济结构的变化和社会结构乃至人们的生活方式的变革等都产生了巨大的深远的影响。

农业经济时代，教育以劳动者的言传身教方式，传授简单劳动技能和经验，社会发展缓慢。在农业经济社会后期，与教育紧密相联系的科学技术知识的积累、传递和发展，产生了蒸汽机技术和电气技术，开辟了工业经济时代的新纪元。在工业经济社会中，教育以其越来越大的规模，越来越完善的系统和组织，越来越清晰和明确的教育思想，培养了大批的熟练劳动者和专门技术人员，为社会化大生产不断注入新的活力，推动着社会生产力水平迅速提高，教育的功能和作用也从中获得拓展和强化。值得注意的是，70年代以来，许多发达国家在完成面向全体国民的义务教育后，高等教育迅速发展。现代高等教育体系的完善，为经济增长和社会发展形成了显著的推动力，不仅产生了一批站在国际学术前沿具有高深造诣的著名专家学者，培养出大批高层次专门人才，构建了新的科学知识体系，而且直接为扶植、培育高新技术产业，加速科技创新向现实生产力的转变作出了巨大贡献，揭开了以知识为基础的经济时代的序幕。

21世纪，知识经济将在国际经济中占主导地位。知识经济以知识的生产和利用为核心，以人力资本和技术为动力，以高新技术产业和服务业为支柱，以科学研究和技术创新体系为后盾。这种知识密集型、智慧型的新经济形态，使生产力系统的结构和功能发生根本性变化，引起社会生产力的巨大飞跃，对人类历史进程将产生极为深远的影响。知识的传播、创新和运用的最有效方式是教育。邓小平同志深刻地分析生产力诸因素时指出：“历史上的生产资料，都是同一定的科学技术相结合的，同样，历史上的劳动力，也都是掌握了一定的科学技术知识的劳动力。我们常说，人是生产力中最活跃的因素。这里讲的人，是指有一定的科学知识、生产经验和劳动技能来使用生产工具，实现物质资料生产的人。”因此他明确提出，“抓科技必须同时抓教育”。可以预见，在21世纪，教育即知识的传播、创新和运用，将成为经济发展的基石。人类历史发展表明，正确认识和把握教育的战略地位，国家就发展，社会就进步，民族就昌盛。这是人类历史发展中不以人的意志为转移的客观规律。

二、教育已成为衡量社会文明程度和现代化程度的重要标志

尽管在不同的社会阶段，在不同的国家和地区，教育战略地位的体现不尽相同，但随着历史的发展，各国都日益重视教育在国家、民族发展中的战略地位，并形成了越来越清晰的共识，概括起来有以下几个方面的特征。

教育居于优先发展的地位。首先，教育优先发展，即坚持教育在国家发展战略和规划中居于重要地位，在促进社会的整体协调发展中发挥关键作用。教育发展已成为各国政治和社会发展中的重要课题。各国制定了一系列教育法律和政策，促进了教育的改革和发展，许多国家的首脑纷纷把教育列为国家的首要发展目标，力图通过教育的发展提高国民素质和科技水平，从而带动整个经济和社会的发展。因此，在国家的发展战略中，教育发展政策已成为社会各个方面改革和发展政策的重要基础。换句话说，在国家宏观政策或重大决策中，教育因素的合理定位和充分发挥将是保证规划和政策成功实施的必要前提。

第二，教育优先发展，即坚持把教育放到经济发展、社会进步的先行位置并适度超前发展。面对日趋激烈的国际竞争，面对人口、能源、环境等一系列关系到人类命运的重大课题，教育的作用愈加重要。教育不仅成为发达国家保持领先地位的法宝，同时也是发展中国家奋起直追的捷径。“教育先行”成为70年代后一个突出的世界性现象。正如联合国教科文组织编写的《学会生存》指出的那样：“多少世纪以来，特别在发动产业革命的欧洲国家，教育的发展一般是在经济增长之后发生的。现在，教育在全世界的发展正倾向先于经济的发展，这在人类历史上大概还是第一次。”各国的经济发展和社会进步表明，谁对教育的客观规律和战略地位认识深刻，谁就在激烈的国际竞争中把握了发展的契机，就居于主动地位。国民受教育程度的普遍提高和专门人才的适度储备是国家未来发展的潜在的基本动力，在一定的条件下，将驱动经济发展、综合国力的质的飞跃。一些发达国家从70年代起注重加强科学教育，加快高等教育的发展，同时采取措施吸引高层次专门人才，在社会中形成了宽厚的高科技人才层，储备了大量的知识和人才，使其在90年代迅速进入知识经济阶段，在世界经济竞争中抢占了新技术产业的制高点，实现了经济的增长。

第三，教育优先发展，即坚持把教育作为促进社会全面进步的坚强基石。在现代社会中，普及义务教育程度和国民受教育年限已成为衡量综合国力的重要指标之一，成为人才选拔和劳动力评价的标准。教育发展的意义，不仅在于经济目标的实现和物质文明的改善，还在于是精神文明高度发达的标志，是社会全面发展、民族不断创新的根本保证。归根到底，是为了促进人的全面发展，提高全民族的思想道德和科学文化水平，社会主义教育在这一点上应该体现出更大的优势。

教育投资成为重要的生产性投资，在经济增长中起着越来越重要的基础作用和推动作用。随着经济结构的调整，产业的升级，教育在经济增长中的作用日益凸现。据对大多数国家数据的分析，教育发展综合指标与人均国民生产总值呈高度正相关的关系。世界银行的一份研究报告指出，新兴工业化国家的经济增长率，在工业化初期，约58%归功

于较高的小学入学率，约35%归功于有形投资，中学入学率的作用居第三位。据国外教育经济学家分析，在传统工业中，小学水平的熟练工作人员占66%，中学水平的占4%～8%，只有1%～2%受过大学教育；而在现代工业中，中学水平的要占60%，受过大学教育的工程技术人员占劳动者的比例达到20%～40%。

人力资本理论把教育投资看作是经济活动中最有效益的投资。而近期的经济研究进一步表明，经济系统的知识水平和素质已成为生产函数的内在部分，是生产率提高和经济增长的内在动力之一。从经济发展史看，教育和科技的投资对经济增长的贡献率越来越大。据测算，教育和科技对经济增长的贡献率在农业经济时代不足10%，在工业经济时代后期达到40%以上，到知识经济时代将达到80%以上；教育的发展促进了经济和科技的发展，同样，经济和科技的发展又要求教育进一步发展。新的科技革命使劳动的复杂程度提高，脑力劳动者比重增加，从事科学技术研究和经济管理的人员比重提高，作用不断增强，教育在社会再生产和经济增长中的地位不可替代。为此，发达国家延长了义务教育年限，普及了普通中等教育、中等职业技术教育并大力发展高等教育，终身教育迅速发展，教育体系日益完善。

在知识资源的占有、配置、生产、使用成为经济增长重要因素的知识经济时代，教育作为知识传播、创新的载体，其作用是不言而喻的。知识的生产、学习、创新将成为人类最重要的活动。基于这一点，世界经合组织1996年度报告认为：对知识的投资是经济长期增长的关键，教育将是知识型经济的核心。

教育的思想、观念、结构、体系的深刻变革已成为世界性潮流。在新世纪即将来临之际，教育制度、体系将发生深刻变革，教育思想、观念也在不断创新。教育资源与其他的社会资源有机融合，构成了结构合理、优势互补的教育资源配置体系。各级各类教育之间的比例基本合理，教育的科类、层次、布局与经济结构、产业结构和技术结构相互适应。相对完善的教育法律体系和制度的形成已成为政治制度建设中的重要内容。教育不仅体现为完备的学校教育制度，而且形成满足社会成员多样化需求、开放融通和协调运行的终身教育体系。教育在国家法制和民主建设中具有普遍和广泛的作用。

学校及教育工作者在社会生活中的地位显著提高并在国家制度中得到有力保障。学校作为社会的思想文化中心、知识传播中心和知识创新中心，其地位和作用得到各国法律的确认和保障。教师享有特殊的政策待遇，教师职业成为令人尊敬的职业，居于社会较高地位。同时，教师的资格、水平和风范等也受到了社会成员高标准的严格衡量。第二次世界大战以后，教师的地位和作用受到了普遍的重视。联合国教科文组织确定了“世界教师日”，制定了《教师地位的建议书》，要求各国提高教师的地位和作用。世界各国均为提高教师的待遇和质量采取有力措施，许多国家建立了有关教师的奖励和授勋制度。

上述基本特征不仅反映出教育在社会生活中的特殊重要作用和人们对于教育的战略地位的认识程度，而且也反映出社会的进步程度和现代化程度。从一般意义上说，教育的战略地位的落实程度是与社会经济的发展程度相对应、相协调的；教育战略地位的基本特征之间也是相互联系、相互促进的。

同时，教育战略地位也常出现相对于经济、社会超前发展的形态。20世纪中叶以来的实践表明，教育与人力资源开发的战略地位是否受到重视，并不完全取决于一国自然资源的丰缺程度，也并非经济实力足够强了，才能有条件发展教育和落实教育的战略地位。有些国家和民族，物质生产虽不发达，社会财富虽不富裕，但奋发图强，卧薪尝胆，优先发展教育，最终实现了民族振兴，成为教育兴国的典范。有的国家在经济极端困难的情况下普及义务教育，实现人力资源的有效开发，在较小国土面积、较高人口密度、资源匮乏的条件下实现了经济高速增长和劳动生产率的极大提高。我国也有少数贫困县经过扎扎实实的工作，先于某些经济条件和地理环境都较好的地区实现了“两基”目标，在脱贫致富和持续发展上，呈现出越来越大的后劲。

教育战略地位的重要性在更大的时空范围内显现得更为突出。在一个独立自主、幅员广阔、人口众多的大国，教育战略地位的确立，对国家民族前途命运的影响是关键性的、极其深远的，这种作用，在社会历史进程中，必将更加反映出其深刻的规律性。教育在社会经济发展中的关键战略地位，需要我们进一步深刻认识并服从它、利用它，只有这样，我们才有更清晰的前瞻性，更大的主动权。如果不这样认识问题和处理问题，则将受到历史的惩罚。

三、教育优先发展战略地位的确立和落实，是实现中华民族伟大复兴的必然选择和必由之路

党的十五大报告指出：“培养同现代化要求相适应的数以亿计高素质的劳动者和数以千万计的专门人才，发挥我国巨大人力资源的优势，关系二十一世纪社会主义事业的全局。要切实把教育摆在优先发展的战略地位。”江泽民同志在纪念北京大学建校一百周年大会上再次号召全党，为了实现现代化目标，“我们必须紧紧围绕经济建设这个中心，坚持不懈地实施科教兴国战略”。切实落实教育战略地位是实施科教兴国战略的核心，要“真正成为全民族的广泛共识和实际行动”，还需要全党和全社会的共同努力。

确立教育的战略地位是解放和发展社会主义生产力，增强综合国力的根本措施。我国作为一个世界上人口最多的发展中国家，要摆脱贫穷和落后，实现现代化，解决目前存在的产业结构不合理、技术水平落后、劳动生产率低、经济增长中资源消耗大等问题，实现经济增长方式由粗放型向集约型的转变，实现经济社会的持续发展，最终要依靠科技进步和人力资源的有效开发、使用以及劳动者整体素质的提高。从根本上说，教育是综合国力各构成要素中起关键作用的基础性要素。因此，是否把教育摆在优先发展的战略地位，直接关系到我国跨世纪宏伟目标能否实现。

当今世界，国际经济竞争的趋势正在使科技和教育成为21世纪最为重要的发展领域。联合国1994年《世界科学报告》指出：“科学永远是财富之源，今天穷国和富国的差距就是掌握知识多少的差距。”目前，我国创新能力和国际先进水平的差距有拉大的迹象，1996年，我国国民生产总值排世界第七位，而科技国际竞争力却排世界第28位。90年代初，我国每万美元国内生产总值能耗为美国的3倍、日本的9倍。这与我国教育科技发展水平不高有密切关系。发达国家均已

普及了10年～12年的教育，我国目前普及九年义务教育的人口覆盖率为65%，攻坚任务还十分艰巨；发达国家研究与开发人员的主体是博士生，我国目前仍以本科生为主，研究生仅占三分之一；发达国家经济增长中的技术贡献率为60%～80%，我国近期才达到35%。据国际管理开发研究所1997年度国际竞争力报告统计结果，我国科学教育状况在46个对比国中排名第34位，教育体制满足国家经济竞争力的程度排名第40位。我们即将迎来以知识经济为最重要特征的21世纪，但目前我国科技和教育的竞争力状况都仍然令人十分担忧。要尽快缩小同发达国家的差距，在下世纪国际竞争中取得主动，实现我国现代化建设“三步走”的战略目标，教育就必须首先提供足够的人才资源和智力支持，就必须要适度超前发展。这既符合我国社会主义初级阶段的基本国情，也是迎接下世纪中华民族伟大复兴的必然选择。

改革开放20年来，教育事业的蓬勃发展为我国的现代化事业全面推向21世纪打下了坚实基础。但是我们也要清醒地看到，我国教育水平总体上还比较落后，还不能适应社会主义现代化建设和建立社会主义市场经济体制的需要，教育的规模、结构、效益、质量，总体上还不能适应人民群众对教育日益增长的需求和知识经济时代对教育现代化的需要，特别是对教育战略地位的落实，距离邓小平同志的教诲和党中央的要求，离现代化宏伟目标的要求还有不小的差距。我们要以江泽民同志“五四”讲话精神为指导，充分认识知识经济时代教育的核心地位和教育在科教兴国中的光荣使命。

高举邓小平理论的伟大旗帜，落实科教兴国战略。邓小平同志关于科学技术是第一生产力、基础在教育的科学论断，为我们党实施科教兴国战略奠定了理论基础，成为指导我国教育改革和发展的强大思想武器。在知识经济即将到来的新的历史条件下，以江泽民同志为核心的党中央，从中国社会主义初级阶段的基本国情出发，科学地把握当今世界经济和科技发展的趋势，以对教育战略地位的全新认识，站在世纪之交国家民族的未来命运的高度，号召“全党全社会都要高度重视知识创新、人才开发对经济发展和社会进步的重大作用，使科教兴国战略真正成为全民族的广泛共识和实际行动”。这是在社会主义现代化建设的实践中，对邓小平理论及其教育思想的重大发展，标志着我们党对教育战略地位的认识达到崭新的阶段。知识经济时代的到来，使我们面临严峻的挑战和难得的机遇，科技和人才日益成为国家繁荣和民族振兴的决定性因素和最重要的资源，教育将发挥以往时代从未有过的关键性作用，并为处于工业化发展阶段的我国提供了迎头赶上的历史契机。广大的干部和教育工作者，应当高度关注这一时代变革，深刻理解党中央提出的科教兴国的战略，紧紧抓住历史机遇，在新的历史条件下进一步深化对教育战略地位的认识，摈弃一切落后于时代的陈腐观念，真正把发展教育作为振兴经济和促进社会全面发展的必然选择和动力来源，像邓小平同志那样高瞻远瞩，着眼于全局与未来，重视和支持教育工作，使科教兴国真正成为全党和全社会的广泛共识和实际行动。

加大教育改革和发展的步伐，努力提高教育质量和水平，培养高素质劳动者和创新人才。江泽民同志在“五四”讲话中强调指出：“教育应与经济社会发展紧密结合，为现代化建设提供各类人才支持和知识贡献。这是面向二十一世纪教育改革和发展的方向。”为了我国下个世纪的长远发展，我们必须坚持本世纪末实现“两基”的目标不动摇，不断提高国民整体素质和整个社会的知识化程度；职业教育和成人教育的发展，必须突破原有的模式，以开放式、多样化的办学形式广泛吸纳初高中毕业生和再就业人员，迅速造就规模宏大的技术业务熟练的劳动者队伍。要积极地稳步发展高等教育，坚持以内涵为主的发展道路，积极拓宽渠道，大力发展高等职业教育，以满足产业结构调整和高新技术产业发展对一线技术人才的需求。为了迎接知识经济的挑战和实现我国的现代化，必须把建设若干所具有世界先进水平的一流大学作为重大和紧迫任务，使其在知识创新能力的提高和创新人才培养方面作出更大贡献。高等学校应该成为科技创新和高新技术产业化的生力军，要主动深入经济建设主战场，根据国家和区域经济发展需求，多层次、多形式地开展产学研联合，并发挥优势，创办高新技术产业，营造一批像北大方正集团式的高科技企业，开辟新的产业领域和知识经济增长点，使高校成为国家和企业的成果之源、效益之源、创新之源。要进一步深化教育体制改革，优化教育资源，调整布局结构，简政放权。加强教育教学改革，进一步更新教学内容与方法，大力开展以创新精神为核心的素质教育，全面提高各级各类教育的质量和水平。

目前，我国已经拥有 1 100 万人的教师队伍，这是我国教育事业今后发展重要的支柱和基础。但是，教师队伍的整体素质还不适应跨世纪教育发展的需要和迎接 21 世纪知识经济挑战的需要。因此，建立一支具有良好师德、素质优良、结构合理、充满活力的教师队伍是当前教育工作最紧迫的任务之一。要采取切实措施，形成培养、稳定、吸引优秀人才的教师队伍优化机制。要加强对关键岗位的中青年拔尖人才的培养；建立和完善教师继续教育制度和培训网络，更新教师知识结构，全面提高教师素质。要依法建立教师队伍管理的科学模式及教师资源开发的新的体制，积极推行教师聘任制，科学设岗，竞争选聘，稳定学科带头人和骨干教师队伍，使整个师资队伍水平上一个新台阶。

坚持社会主义方向，充分发挥教育在社会主义精神文明建设中的重要作用。确立和落实教育战略地位是增强民族凝聚力，构筑共同理想，坚持社会主义方向的有力保障。中华民族精神支柱、共同理想以及民族的凝聚力，是进行社会主义现代化建设，实现跨世纪发展宏伟目标的最宝贵的精神力量和社会资源。而教育对于形成有利于现代化建设的共同理想、价值观念和道德规范，推进社会主义精神文明建设和民族凝聚力的形成，有着独特的作用。我们的爱国主义传统、民族团结的传统、历史文化传统和革命传统要靠教育来传播、弘扬、光大。教育在提高新一代和全社会的思想道德和科学文化水平方面负有重要的使命。教育在培养人才、知识创新、科学研究、社会服务方面，有着引导、示范、辐射的责任。教育在培养全社会的健康、科学、文明的生活方式，提高社会道德水准方面都发挥着重要作用。学校是对青少年进行民主法制教育的主渠道，因此，学校在社会主义民主法制建设中具有不可替代的地位。特别是在世界范围思想文化激荡加剧的情况下，我们更要发挥自己的优势，坚持社会主义方向，重视并发挥教育在社会主义物质文明和精神文明建设中的基础作用。

加大教育投入，完善教育投入体制，保证教育优先发展战略地位的落实。教育投入是教育发展的物质基础，是落实教育战略地位的具体体现。教育投入不足一直是长期困扰和严重制约教育事业发展的“瓶颈”。解决教育投入不足问题已成为社会各界十分关注的热点问题。最近，国务院明确宣布今后三年内不建楼堂馆所，省下钱支持科技和教育。这一决定令人振奋。我们相信，在党中央和国务院的关心支持下，教育投入问题一定会有重大突破，国家财政性教育支出占国民生产总值4%的目标一定能够实现。同时，我们要研究在社会主义市场经济条件下，开拓和利用社会资源，建立发展教育事业的有效机制，为人民群众提供更多更好的受教育机会；进一步调整学校布局和结构，优化教育资源配置，杜绝浪费，大力纠正不正之风，提高教育经费使用效益，使人民群众满意、放心。

落实教育在现代化建设中的战略地位，是一项宏大的社会系统工程。在知识经济已见端倪的时候，我们要以新的时代视角不断加深对教育战略地位的重要作用和丰富内涵的认识。同时，教育战线必须清醒地意识到，只有为经济发展和社会进步作出更大的贡献，教育的地位和作用才能够进一步得到落实。我们要进一步解放思想，深化改革，在科教兴国的伟大事业中建功立业，为实现中华民族的伟大复兴作出历史性贡献。

认清形势，深化改革，推动基础教育事业蓬勃发展

——在第五届国家督学会议暨全国教育督导先进集体、先进工作者表彰会上的讲话（1999年1月10日）

吕　福　源

这个会议开得非常好，大家的讲话热情奔放，生动活泼，畅所欲言，求真务实，使我很受感染，很受鼓舞。国家督学和督导工作者把全部精力都献给了教育事业，发言中充分体现了对教育事业的热爱，对督导工作的热爱。会上，至立、柳斌同志代表教育部讲了话，郭振有同志作了工作汇报，一会儿王文湛同志还要讲话。我对教育工作不是很熟悉，所以一直强调我的发言是大会的讨论发言。这并不是谦虚，是求真务实。这次机构改革中，督导不但没有被取消，反而独立出来了。今天看这一步是非常正确、非常重要的。

经过九个月的调研，我想谈谈对基础教育的一些感受和认识，也提出一些问题。这些都是和督导工作有关的，供同志们进一步研讨。

到教育部后，我感到改革开放20年来，教育取得了重大成就，这一点全国公认，世界公认。与“文革”期间上大学不考试，交白卷就可以上大学的情况对比，20年的变化是巨大的。这个成绩是邓小平同志拨乱反正及邓小平教育理论指导的结果。进入90年代，特别是近五年来，教育改革的步伐越来越大，教育取得的成就也越来越大，调研中感到至少有以下重大的成果。

第一，由于党中央、国务院和小平同志的高度重视，在教育投入上发生了以往不可比拟的变化。按全口径对教育的投入算，1991年是700多亿元，到1994年就翻了一番，达到1 400亿元，到1997年已经是2 500多亿元，每隔三年翻一番。根据我国国民经济增长和我们以往对教育的投入水平，这种对教育投入的增长速度，可能在全世界也是罕见的。我个人认为，全党全社会对教育的重视不是停留在口头上，而是实实在在地行动起来了。这是非常重要的。我认为最辉煌的成果就是“两基”工作，“两基”震动了全世界。中国搞这么大规模的义务教育，有这样一个成就，怎么评价也不过份。一些外国朋友谈，这样的事也只有在中国，在共产党领导下才能够做到。“两基”在《面向21世纪教育振

兴行动计划》中已被列为跨世纪的工程，原来我们提的是到2000年达到两个85%，现在看，这个目标可以实现，但“两基”工作不能停在这个目标上，必须跨世纪。要进一步提高全民族素质，“两基”成果一定要巩固住，这一点要坚定不移，从中央（包括教育部）到地方各级政府，大家都下定决心，克服各种困难，做好这项工作。

第二，实施素质教育是整个社会观念上的转变，这应该说是前进了一大步。从“文革”时期不考试上大学到恢复考试，是一个进步。但后来的发展，由于诸多因素的影响和制约，也强化了考试，到现在提出要全面向素质教育转变，这都是重大的进展。现在素质教育在全社会得到了普遍的认同，虽然还有许多问题要解决，但在人们的思想观念上已经发生了很大的变化。这方面柳斌同志作了大量的、全面的论述。我认为，我们搞全面的素质教育，可以使我国教育和世界教育的差距大大地缩短；而如果我们不坚决改变“应试教育”倾向，就会贻误整个民族。实施素质教育是一个很了不起的事。

第三，整个教师地位的提高。在“文革”和以后的一个时期，大学毕业生都是不愿当教师的，教师地位在社会上是比较低的。而现在教育成了热门行业，即使非师范专业的毕业生也踊跃当教师。这是由于党中央、国务院提倡“尊师重教”，采取了一系列的措施，提高教师住房、工资及其他福利待遇，提高教师社会地位的结果。尽管现在还有拖欠教师工资的现象，但总的说来，与其他各行各业的工作比较起来，教师的地位的确是大大提高了。这也不是一句空话，在我们这样一个国家，能够做到这样一点，也是了不起的。

第四，在教育领域进行了一系列重大改革，立了法，逐步实行依法治教。我觉得《教育法》、《义务教育法》、《教师法》等一系列法律的颁布实施，就把我们有关教育改革的工作通过法律的形式固定下来，对于推进教育改革，对于教育事业走向21世纪，都是极其重要的基础。

我们在基础教育、高等教育等方面进行了一系列改革，得到了全国的赞同，改革的成绩是巨大的。虽然有的时候我们这么庞大的系统的改革，其效果好象离人们的要求还不够，但我们改革本身的力度是够大的，去年和前年的改革，步子都非常大。在我们这样一个国家，能做到这一点是相当不容易的。比如在孩子们整体的教育内容上，德智体美劳比较全面地得到了加强，办学条件得到改善。我到广东、宁夏、湖南、湖北，走了一些最贫困的地区，看到最好的房子是学校，这表明了一种民族的意愿。教师队伍建设也得到了加强，我们有一支庞大的教师队伍，虽然这支队伍还有好多有待提高的地方，但能够把2亿中小学生的教育撑起来，也是很了不起的。

我们这个督学会议正逢世纪之交，在我们走向21世纪时回顾这些成就非常重要。我们要从两个方面去总结。我在下面进行调研时也听到，一方面，地方同志列举了这些成绩，但也听到了不少的批评。我认为批评多一点是好事，一个受批评多的领域和部门很可能是最有希望的。批评会使我们的整个工作更全面、更务实。我到各地听取批评的同时也作了认真思考，感到很有收获。大家提的很实际，得出的结论是，我们每取得一项重大成就的同时，那个成就里也给我们提出了新的重大的课题。

譬如：教师地位提高了，住房和工资条

件好了，但是现在大家又批评教师队伍变得队伍庞大、质量下降。新教师进来之后，知识并没有更新，有些人还达不到当教师的资格。缺乏教师应有的思想道德素质。现在基础教育领域大约有1000万教师，建设和管理这支队伍，目前我们还没有建立一个有效的竞争机制，大锅饭的成份比较多。如不及早采取措施，这个队伍可能会退化、甚至会制约基础教育向前发展，这是非常危险的。

关于素质教育大家提的也很多。素质教育是对的，但到底怎么搞？素质教育的主要内涵是什么？它的方向和目的是什么？能不能巩固住？这些问题都需要深入研究。

对“两基”工作人们都称赞。但同时也指出“两基”工作中存在着非常大的问题，面临着巨大的阻力，如果不解决好，就可能出现我们不愿看到的局面，象辍学，还有“复盲”等，使“两基”出现滑坡。刚才金汉杰同志讲，我们的“两基”大堤存在着“管涌”，搞不好就会把“两基”冲垮了。我觉得他比喻得很形象，因为“两基”的成绩是巨大的，但是目前主要体现在量的方面。在质上，我们还得下功夫。实现“两基”不光是简单的达标。也有的同志提出，“两基”的面主要在农村。农村的“两基”究竟怎么搞？不是简单地扫盲、“普九”就可以了。接受扫盲和九年义务教育的人必须也应该在当地经济建设中发挥作用。如果做不到这一点，就说明我们的工作还没有做好。我在大连调研时听到一些反映，现在接受完九年义务教育后的孩子不愿务农，不懂务农，搞不了农业科技项目和农村的改革，反过来又看不起农村的工作。大事做不来，小事又不肯做，这样的学生还不少。扫盲也有类似情况。这样的结果会影响农民对教育投入的积极性。

实际上中央一直强调要十分重视这个问题，我想引用一下十五届三中全会《中共中央关于农业和农村工作的若干决定》中，关于农村教育工作这段话，我认为讲的很深刻。“发展农村教育事业是落实科教兴农方针，提高农村人口素质的关键，教育是最根本的，必须从农村长远和我国现代化建设的高度来充分认识农村发展教育的重要性和紧迫性。积极推进农村教育综合改革，统筹安排基础教育、职业教育和成人教育，进一步完善农村教育体系。”三教统筹的问题提出来，然后下一段就讲“两基”，“九年义务教育，抓紧实施农村尤其是少数民族和贫困地区的义务教育，切实解决学龄儿童尤其是女童的辍学问题。农村中小学要注重全面实施素质教育，在适当时间增加农业和其他实用技术。”完全按我们的课本操作，看起来吻合度不够。“根据各地经济发展水平，面向社会需求，合理调整中等教育结构，积极发展多种形式的职业教育，办好农业高等、中等专业学校，大力发展卫星电视广播教育，为农村培养农业专业人才。”

这段话我理解主要是关于九年义务教育，同时也要十分重视农村成人教育，加大扫盲的力度，紧密结合生产实际，组织农民学习先进实用的种植、养殖和农产品加工技术，对农民要加强岗位培训，提高知识水平、专业技能和安全生产知识。通过多种方式使农民学习和掌握商品知识和市场营销管理方面的知识。“两基”工作也要注意这些问题，这都是写进三中全会决定中的。可见“两基”工作不光与基础教育，同时与成教、职教都有关系。

这里也提出一个根本性的问题，我们要想解决目前改革中存在的问题，我觉得解的不是一元一次方程，它和劳动、用人制度的改革联系在一起的，是一个系统工程。只从一个方面去解决问题，要想改变局面，是十分困难的，它要方方面面共同努力。教育改革的难度就在于此。单靠教育部门自己去努力，往往不奏效。

现在推行素质教育，大家也说，高考不改革，一切都难推进，高考怎么改呢？教育体系整个结构不改革，高考要改革也步履艰难！为什么呢？现在全国有1.4亿小学生，有6000万中学生，只有大约270万本科大学生，这样一个教育体系，这样一个结构上的决定因素，要改变考试制度，怎么变？终究是一小部分人上大学。这个结构不变，高考很难有根本的变化，它决定了应试教育仍有相当大的市场，它决定了素质教育要非常困难地向前推进。这确实是一个系统工程。要想从根本上改变，必须做系统的考虑，每一个方面都要做，也包括社会用人制度。打个比方，这叫多元非线性连立方程组，还没有精确解，只能拿出近似解，不断逼近精确解。

现在根据国务院领导的指示精神，教育部门提出了一系列重大的举措，要调整教育结构。目前一个重大的举措就是要发展高等职业教育，使尽可能多的高中毕业生接受高等职业教育。而要让高等职业教育有生命力，就要使高职毕业生毕业后有符合社会需求的、好的质量，同他的待遇相关的用人制度也要有相应的改革。别的国家里也有这样的情况。从中等职业学校到高等职业学校毕业后，如果愿意返回读硕士、博士，这条道路也应该有，这条路打通了，结构调整也就好办了。不然的话，我们推行素质教育还是受到根本的制约。

可能会有这样随着改革不断深入而提出的一些新的问题，所以每一个巨大的成就后面都有非常深刻的问题需要进一步解决。这是我们要研究的一个很主要的问题。如不认真研究，采取回避态度，我们整个工作要不了多久就会出现被动。

现在推进“两基”的难度越来越大。我听到的方方面面的反映，包括市长、省长都讲得比较坦率，认为不可小看后面的“两基”，要比前边的难度、复杂度大得多，一定要有充分的思想准备。所以，教育部在过去总结的三大成就基础上，提出了三大行动计划。跨世纪“两基”工程、跨世纪素质教育工程和跨世纪园丁工程。“两基”和素质教育的实施都要靠教师，师资素质如果不提高，整个教育要改革发展是很困难的。而我们现有的师资培训基地、教材和手段都是十分薄弱的。包括现在的师范院校，要改革的地方都很多，师范教育结构也要调整。这里有一个跨世纪的培训问题。这个工作如果做得不好，要牵制全局，对全面推行素质教育，提高“两基”的水平和质量都将产生影响。

教育改革是系统工程，要一环扣一环，哪一环掉了，整体改革就要受到影响。教育体系结构要调整，思想观念要转变，全社会的观念要转变，高考要改革，师资队伍要优化，教材要改变，教学要改革，要培养学生的动手能力。我们学生的动手能力很差，没有一定的劳动技能，孩子们也不能顺利地走向社会。高中生毕业问题也很大，高中毕业生没上大学的很多，一部分人就不了业，没有出路，怎么办？我们不能说，那就不归我们管了，一推了之，实际上是推不出去的。这些都反映出我们基础教育不改革是不行的。改革原有的教材体系、老的教学方法势在必行，因为它已经滞后于经济建设的需要和社会发展的需求。如果一个孩子经过十二年的学习，由于学习内容陈旧，又不联系经济建设的实际，连就业都十分困难，人们反过来就会对我们教育提出问题：你还要投入吗？投入产出的效果如何呢？因此，在走向21世纪时，必须坚定不移地搞好改革，搞好基础教育改革，才有出路。要清醒地认识到，教育改革是一个非常庞大的系统工程；同时改革必须是符合客观规律，循序渐进式的，不能大起大落，大起大落孩子们受不了，1 000万教师受不了，整个社会受不了。

这里说到督导工作，从汉语来说，是又“督”又“导”，“督”是检查监督、督促，“导”是指导、引导。“督”与“导”都很重要。要大量地分析、研究基础教育改革中出现的问题，提出积极的建议，而不能只是简单地指出存在的问题。在教育部机构改革后，部内搞基础教育工作的人数非常少，因此改革要靠地方。好多省就人口和土地面积来说，在世界上也算是大的国家，要下放权限，究竟怎么放？要研究。各地要根据当地情况，根据国家总体要求和宏观调控的要求，不断地出新思想。靠我们教育部这一小部分人出新的思想，让全国都照着去做，这恐怕不符合实际。所以我非常希望我们国家督学也积极参与地方的教育工作。督导要面对整个教育、整个基础教育，才能起更大的作用。前一段因为历史的特点，工作重点主要放在“两基”上，但实际上整个基础教育工作督导都要介入，尤其是实施素质教育，不少省市都把实施素质教育作为政府行为来进行，并发布了法规。督导更要加强。

整个教育体系从改革开放以来，取得了巨大的成就，建立了一个非常好的、符合中国过去20年发展的教育体系，保证了经济建设和社会发展的需要，这是无疑问的。但是在当前，我们走向21世纪的时候，教育发展受到来自五个方面不断的冲击，当然也可以叫推动力。

第一个冲击是，来自人民群众对教育的高质量、高标准、多层次的需求。现在人们对教育的要求比过去要高得多。现在是六个大人对一个孩子，这可不得了。这样一种人口结构上的变化，给我们的基础教育带来了重大的课题。别的国家没有这样一种情况。从客观上说，民族的发展，计划生育是一项基本国策，必须这么做。但做了以后，产生了“六个大人一个孩子”的现象。人们的要求都非常高，稍微搞得不好，甚至六个人一齐都要提抗议。由于这几年我们物质生活水平的提高，文化水平的提高，对教育的要求也提高了。我们想用一个简单的模式来满足这些要求，恐怕做不到。这个要求还在不断的发展。所以也有些同志说：改革开放20年来，供求关系发生了变化，其他行业供大于求，唯有教育供不应求。教育没有满足人民的需求，我个人认为这也是一种动力，我们必须按照人民的需要，把基础教育，包括高等教育改革工作做得更好。

第二个冲击是，我国的经济建设和社会发展也在不断地对基础教育、高等教育提出越来越高的要求。我们虽然基本上满足了过去20年的需要，但在走向新世纪之际，这个问题变得非常突出。这些年经济建设发展的速度比教育发展得快。经济建设的成就，经济的巨大增长，连续20年这样好的增长，在世界上是独一无二的。但这种快速增长，对教育提出了非常大的挑战。我们对这样一种建设，不能及时地、保质保量地提供人才，特别是高素质人才，这个矛盾非常尖锐。我前不久去上海。因为原来我是在汽车工业工作的，上海的同志让我参观两个项目，一个是上海别克轿车。这个项目投资15亿7千万美元，还有一个排气净化的装置，那是一个26亿人民币总投资的项目，专门用电子计算机来控制，给发动机供油的，叫电喷技术。上海别克厂是近几年建成的，刚引进的加工技术是全世界最先进的。这是一种叫啄木鸟式的生产线，过去大家都习惯于车、钳、洗、刨、磨，一道工序、一道工序都看得很清楚，现在这个看不清楚，一个毛坯进来后，机器上象啄木鸟式的，啄几下就加工完了。高速运转机床，原来每分钟几千转，现在是一万多转，根本看不出个数来，而且柔性极强。原来讲投资生产线时不大批量生产就要赔钱，这种工厂的概念是不需要大批量生产，中小批量就能赚钱。这样工厂的工人、管理人员要想搞好生产，对人的素质的要求是相当高的，因为管理的思想已经出现了新方式，叫做精益加捷敏的生产方式，新技术和设备集成度高，柔性化，产品换型快。电喷设备的工厂也复杂得很，全都是1997年世界最先进的设备。目前是找大学生顶关键岗位。可见目前教育滞后于经济建设和发展的形势，这对我们形成了一个极大的冲击力，教育已经不改不成了。我们高中的教育三十年前不也是那个体系吗？现在是受冲击了，我们职业教育也受冲击了，我们搞教育的同志也应经常到工业建设区域看一看，看一看人才需求的发展趋势，按市场需求来改革教育，全国各地一些新的大型的生产基地在设备和技术上与国外同类企业是处在一个水平上，现在都需要大量的人。上海别克从两万申请者中选1 700多人。但我们的教育跟不上形势的发展。我想引用十五大江总书记的一段话："培养现代化相适应的数以亿计的高素质的劳动者和数以千万计的专门人才，发挥我国巨大的人力资源的优势，关系21世纪社会主义的全局。"能不能培养出这两部分人才，关系到21世纪，至少是21世纪前十年我们国家经济的发展。现在好多地方正是由于缺乏人才，整个生产进展缓慢，出现了故障也无法排除，还要请外国技术人员来，一费时，二费钱。一些技术历时几年消化不了，技术人员素质上不去，工人的素质跟不上，有些研究生又不肯去研究这些问题，所以从投入到实现生产能力一拖多年，产量一直上不去，投了上百个亿，多少年了，产量一直上不去，干赔钱，连银行的利息都交不起。钱好借，买技术、买设备也很快，人才买不来，也借不到，成了重大制约因素。这一点，还没有被充分认识。小平同志有一段很重要的讲话，他说，"我们要在科学技术上赶超世界先进水平，不但要提高高等教育质量，而且首先要提高中小学教育质量，按照中小学生所能接受的程度，用先进的科学知识来充实中小学的教育。"朱镕基同志在中央经济工作会议上也有一段话，"现在的教育质量，远远不能适应国家发展的需要，尤其是中小学的教育质量亟待提高。现阶段我国能上大学的是少数，绝大多数人读完中小学就要就业。因此中小学的教育质量，直接关系到广大劳动者的素质。"我理解这些提法都是强调教育发展要适应经济建设和社会发展需要的问题。我们必须认真对待这个问题。

第三个冲击是，现代科学技术迅速发展，教育要适应这个趋势。比如计算机，国外很多发达国家，利用计算机技术，可以模拟各种物理、化学现象，表达复杂的数学关系，用计算机可以直观、形象地表达出先前无法表达、只能让学生想象的东西。可以把最优秀的教师、最优秀的课本拿来，进行大量的学习，或者开展网上教育，并不比课堂差。计算机联网、远程教育这些技术正在改变学习主要靠学校和课堂的概念，正在教育领域引起一场深刻的变革，我们必须给予足够重视。科学技术的迅速发展也要求我们改变现有的课程体系，比如，电子计算机或信息学，一定要努力尽快成为初中、高中的必修课。教材也要迅速更新，跟上科技新发展。电视、电话、空调、音响设备、冰箱、微波炉、傻瓜相机已经进入家庭，它们的原理并不复杂，但是按老教材教，这些新的、天天碰到的东西，书本上没有，孩子们会对此知之甚少，读了十二年书，在家里还是科盲，怎么得了。如果我们还是老的学校教育模式，一动不动，就会在这种处境中走下坡路。

第四个冲击是，全世界都在批评自己的教育没有跟上社会发展的需要，都在研究进一步改革的方案，完善教育体系，世界各国的教育改革也是对我们很大的推动力。我们必须研究全世界的改革，吸取好的经验，不要坐视不管。但别国的东西不一定要照搬。去年六月我在美国访问时想找一些好的教材，带回来参考，但反复看了之后，觉得那些教材翻译过来，直接搬到我们国家课堂上，大概是不灵。因为孩子们的生活环境、社会环境不一样，不能简单地照搬。所以，我们吸收国外的经验必须经过认真地研究和消化，这是非常重要的工作。我们这么大一个国家，2亿多中小学生，而全欧洲的中小学生，再加上北美洲的、日本的中小学生，还没有2亿多。因此，我们要认真地研究别国的经验，但是要以我们的实践为主，洋为中用，借鉴先进经验，走有中国特色的路。

第五个冲击是，21世纪对教育的需求。我们的教育是为了明天作准备的，是为综合国力形成打基础的，二十一世纪初期的特点是科学技术突飞猛进，知识经济已见端倪，国力竞争日趋激烈，创新精神和创新人才对于国家和民族的发展繁荣成为战略制高点。21世纪前10年中国的经济建设对我们有哪些要求，我们在研究改革的时候要做到有一定的前瞻性，老是往后看不行，这就使教育改革变得复杂。我们面临的情况也比较复杂，我们还要进一步论述素质教育，还要开筹备全教会的座谈会，研究在改革开放以来的第三次全教会上，我们应该拿出什么样的指导思想和思路，来使我们的教育有个比较好的状态进入21世纪，这是相当重要的。

上述五个方面，是冲击，更确切地说是推动力。推动我们去不断深化改革，加快基础教育事业的发展。

如果我们可以把当代科技的迅速发展和经济建设、社会发展的推动及人民群众对高质量的教育的需求归结为现代化的推动，那么，这五个推动力实际上早已被概括在小平同志所讲的三个面向之中，那就是面向现代化，面向世界，面向未来。这是为基础教育的题词。在走向新世纪的时候，认真学习邓小平同志三个面向的理论，加快改革步伐，全面推进基础教育，全面加强督导工作，意义深远。我们做督导工作，更有必要从更深入的层面去研究基础教育的发展规律。

现在初步预计在6月中旬召开全教会，目前一直在筹备，在考虑这些问题。我们的前期小组准备做点工作，拿出一个初步的东西，供大家讨论。我们不想闭门造车，要广泛征求意见，因为第三次全国教育工作会议的重要性是不言而喻的。在世纪之交能够召开全国教育工作会议，表明了党中央、国务院对教育工作的重视，对于我们教育事业的发展也是重大的机遇。如果我们在这次会上对教育改革和发展的方针和政策提的比较恰当，就能把整个教育事业推进到一个新的局面，把已有的问题解决好。

最后，我认为督导是一个极其重要的、具有中国特色的、符合中国实际的一个经验。没有督导，基础教育就没有这么好的局面，这是毫无疑问的。我们比较坚定地支持督导办从基础教育司分离出来，也是基于这样一个共识。

希望同志们在会后对基础教育有更多的思考和研究。

出国留学工作 20 年

——纪念邓小平同志关于扩大派遣留学人员讲话 20 周年

韦　钰

1978 年，我国在“文化大革命”的废墟上步入改革开放的新时期。改革开放时期的出国留学工作也在这一年开始起步。

1978 年 6 月 23 日，当时任中共中央副主席的邓小平同志在听取清华大学工作汇报时指出：“我赞成留学生的数量增大，”“这是五年内快见成效，提高我国水平的重要方法之一。要成千成万地派，不是只派十个八个。”“要千方百计加快步伐，路子要越走越宽。”邓小平同志的这段话是他为中国改革开放事业设计的宏伟蓝图的一个重要组成部分，被出国留学界称之为“小平同志关于扩大派遣出国留学人员的重要讲话”；对开创改革开放时期的出国留学工作具有划时代的意义。

20 年前的中国，百废待兴，广袤的大地上涌起改革开放的浪潮。在实现工作重心转移之时，首要的任务是必须发展教育和科技，尽快培养急需人才，改变人才严重匮乏的状况。正是基于这样的现实，邓小平同志亲自抓科技和教育，并作出了向国外扩大派遣留学人员的重大决策。在历史的抉择面前，中国没有走封闭的道路。教育部坚决贯彻邓小平同志的指示精神，在当年就面向全国公开招考，并在小平同志访美前向美国派出了 50 余名留学人员。邓小平同志在 20 年前关于扩大派遣留学人员的讲话，凝聚了他对国际形势和国内形势，对历史与现实的深刻思考：

第一，源于对当时国际形势的正确判断。邓小平同志说：“粉碎‘四人帮’以后，特别是党的十一届三中全会以后，我们对国际形势的判断有变化，对外政策也有变化，这是两个重要的转变。”“世界战争的危险还是存在的，但是世界和平力量的增长超过战争力量的增长。”“由此得出结论，在较长时间内不发生大规模的世界战争是有可能的，维护世界和平是有希望的。”“当前世界上主要有两个问题，一个是和平问题，一个是发展问题。”邓小平同志以他深邃的洞察力对世界形势作出的正确判断，是他大力倡导扩大派遣留学人员的重要国际背景。因为没有一个良好的国际环境，大批向外派遣留学人员是不可能的。

第二，源于坚定不移搞现代化建设的决心。邓小平同志说：“我们当前以及今后相当长一个历史时期的主要任务是什么？一句话，就是搞现代化建设。能否实现四个现代化，决定着我们国家的命运、民族的命运。”“我们从八十年代的第一年开始，就必须一天也不耽误，专心致志地、聚精会神地搞四个现代化建设。”“靠空讲，不能实现现代化。必须有知识、有人才，科学技术人才的培养基础在教育。”邓小平同志在坚定地要搞现代化建设的同时，也明显地看到了由于“文化大革命”的原因而造成的当时人才匮乏的现状，因而他大力倡导向外大批派遣留学人员。

第三，源于必须对外开放的理论。邓小平同志说：“总结历史经验，中国长期处于停滞和落后状态的一个重要原因是闭关自守。经验证明，关起门来搞建设是不能成功的，中国的发展离不开世界。”“所以，要实现四个现代化，就要善于学习，大量取得国际上的帮助。要引进国际上的先进技术、先进装备，作为我们发展的起点。”“我们最大的经验就是不要脱离世界，否则就会信息不灵，睡大觉，而世界技术革命在蓬勃发展。”“发展经济，不开放是很难搞起来的。”小平同志在反复强调对外开放重要性的同时，强调要把派遣留学人员作为实行对外开放的一个强有力的手段，因为只有派人出国留学，才能真正学习外国先进的科学技术和人类创造的一切文明成果。

今天，当我们纪念邓小平同志扩大派遣留学人员的讲话20周年的时候，我们更深刻地领略到他伟大的胸襟、胆识，更加感到邓小平大力倡导派遣留学人员的正确性和深远的历史意义。

（一）

20年来，我国出国留学人员近30万人，其中国家公派留学人员4.7万人，单位公派留学人员9万多人，自费出国留学人员15万多人。我国出国留学人员分布在世界上100多个国家和地区，其中赴美国留学的人数最多，其次是日本，还有加拿大、澳大利亚、英国、法国、德国和俄罗斯等。留学的学科覆盖了几乎所有学科，例如理工科的通讯、电子、计算机、自动控制、材料科学、航空航天等；农林医师学科的农学、畜牧、渔业、林学、医学等；文科的文学、语言学、艺术、社会学、法学、教育学、历史等；管理学科的经济学、商业管理和管理工程等。改革开放以来20年的留学人员派遣规模和强度不仅在中国历史上，就是在世界范围内也是前所未有的。新时期的出国留学已经成为我国人才培养的一条重要渠道。

多年的留学工作实践，正反两方面的经验和教训，使我们对出国留学工作规律和特点的认识逐步加深，出国留学的政策也不断得到完善。党的十四届三中全会通过的《关于建立社会主义市场经济体制若干问题的决定》从建立社会主义市场经济体制和培养高层次人才的需要出发，提出了“支持留学，鼓励回国，来去自由”的出国留学方针。这个方针中的三句话是对过去出国留学工作的总结和提炼，内涵深刻，核心点统一到鼓励回国上，从而理顺了为公民出国留学提供方便与学成后为国家建设做出贡献之间的关系。这个方针的提出，标志着我国出国留学工作已走向成熟。

为了适应大量派遣留学人员工作的需要，1979年以来，我国在留学人员较集中的国家设立了40多个教育处（组）。他们努力为留学人员服务，保护留学人员在外的合法权益，对留学人员进行爱国主义教育和管理工作，为推动出国留学工作的发展起到了重要作用。

经过不断实践和提高，“国家留学基金管理委员会”于1996年成立，并重点调整和完善了国家公费出国留学政策，在江苏、吉林两省进行改革试点后，1996年起对国家公费出国留学实行了“个人申请、专家评审、平等竞争、择优录取、签约派出、违约赔偿”的新办法，并以此取代了过去层层计划分配名额的作法，录取工作实行公开化和平等竞争的原则，派出前录取人员需与留学基金委签订资助出国留学协议书，明确双方的权利和义务。留学人员不能履行协议，未按规定的期限和要求回国工作时，须按协议的规定偿还全部资助费用和违约金。截止1997年，签约派出的国家公费留学人员1 135人，到期回归率达到90%，履约率（包括逾期未归人员按协议缴纳了出国留学费用的）达到100%，改革之后的留学效益明显提高，在社会上产生了积极的反响。另外，国家留学基金委还同有的地方、部委共同设立了合作派出项目，使国家公费出国留学的成功作法向单位公派辐射，通过正确的导向作用带动单位公派留学工作的开展。

自费出国留学是出国留学工作的一个重要方面。20年中，通过自费渠道出国留学的人数超过国家公费和单位公派之和。80年代末和90年代初，自费出国留学发展迅速，人数增加很快。为了适应这种需要，在政策上体现“支持留学”的方针，我们从1990年到1993年两次调整自费出国留学的政策，逐渐理顺了自费出国留学的政策，1993年7月《关于自费出国留学有关问题的通知》发布后，我国公民申请、办理自费出国留学的渠道已经畅通，自费出国留学的政策已经满足了社会的需要。

（二）

20年来，留学回国人员已达10万人，他们正在我国社会主义建设的各条战线上发挥着积极的作用。

他们中有的回国后献身于教育事业，开设新课程，编写新教材，悉心培养博士生、硕士生和本科生等不同层次的人才，填补了国内一些学科和专业的空白，创建了新学科、新专业，使我国的一些学科领域和人才培养水平达到了国际水平；他们中有的回国后在科研上做出国内或国际一流的研究成果。在国内，他们是国家自然科学奖、国家科技进步奖、国家自然科学基金、国家“863计划”、国家“攀登计划”、各级跨世纪人才计划等国家级科研项目参与者和奖项获奖者，成为名符其实的学术学科带头人。在国外，他们的许多成果发表在国际一流刊物上，为SCI等国际检索刊物多次摘录并引用。有些留学回国人员还把他们所掌握的高新技术变成产品，推向市场，产生了很好的经济效益和社会效益；他们中有的回国后从事社科领域的研究工作，吸取国外优秀的文化成果，结合中国国情，在社科领域的研究和探索中，为中国的经济建设和社会发展提出了许多有益的建议和改革思路；他们中有的回国后把自己在国外学习和掌握的先进管理知识运用到教学、科研和行政管理上，许多人已成为高等院校、科研院所和各级政府部门的主要负责人。还有不少人回国后主动到基层，到边远地区，到贫困山区，默默耕耘，为地方经济的振兴和发展做出了贡献；他们中有的回国后投身到大中型企业，有的创办实业，组建公司，把自己在国外所学的金融、期货、证券、贸易、旅游、经营管理、工商管理等方面知识和实践经验运用到国内，产生了很好的经济效益和社会效益。

据统计，在中国工程院的院士中，近十几年回国的留学人员占到50%以上；在经过专家的严格评审，跻身教育部“跨世纪优秀人才计划”的人选中，有三分之二以上是近几年学成回国的留学人员；在参与国家人事部等七部委的“百千万人才工程”、团中央的“中国青年科学家奖”、中科院的“百人计划”、国家自然科学基金委的“国家杰出青年科学基金”、“优秀中青年专项人才基金”、国家科技部的国家重大科技攻关项目、“863计划”等工程和计划的人员中，近年来学成回国的人员均占到这些工程、项目和计划等人数的半数以上的比例。

留学回国人员能在改革开放事业中做出这样的成绩，首要的是国内已经形成有利于人才成长的大环境。邓小平同志不仅大力倡导多派留学人员，而且非常重视留学回国工作。1992年邓小平同志南巡时，语重心长地对留学人员说：“要做出贡献，还是回国好”，并要求有关部门对留学人员“回来后要妥善安排”。这体现了党和国家对广大在外留学人员的信任和关怀，对推动整个留学回国人员工作产生了重大的深远影响。我国改革开放事业的不断深化，为广大留学人员回国服务提供了报效国家的广阔天地。各部门、单位为留学回国人员开展工作做了许多工作，创造了有利于留学回国人员工作的环境和条件。特别是我们的老专家、老教授及有关领导能够尊重知识，慧眼识才，大力推荐优秀留学人员回国工作，发挥了“伯乐”作用。中国留学服务中心开发建立了“中国留学服务信息网”，为广大海外留学人员回国服务提供政策咨询和人才需求信息；广大留学回国人员艰苦奋斗，不讲条件，脚踏实地，埋头工作，从中国的国情出发，把自己学到的知识和自己的聪明才智最大限度地运用到实际工作中去，因而创造出无愧于时代的业绩。

（三）

到目前为止，在外的留学人员还有20万人。他们是国家的宝贵财富，是重要的智力资源，是国家建设的一支可贵力量。

在外留学人员回国报效的热情和潜在的为国服务优势在80年代就已经表现出来。从80年代后期开始，教育部进行了一系列帮助支持在外留学人员了解、关心并参与祖国建设事业的工作。近几年来，教育部还牵头组织或与有关部门、单位联合资助、支持了一些有影响的留学人员为国服务活动，诸如资助留学人员短期回国参加国际会议，组织专门的学术讨论会和其他形式的为国服务活动。

为了加大支持留学人员为国服务的力度，国家教委（现教育部）1997年全面实施“春晖计划”，拨出专项经费，创造必要条件，积极引导在外留学人员以多种方式为国服务。仅在不到两年的时间里，“春晖计划”就资助600多名在外留学人员回国参加高水平的重要学术会议；参加国家科技和教育重点重大计划项目的合作研究；参与国家级科研基地和人才基地建设；参与面向21世纪的重大教育教学改革计划以及重点项目建设，联合培养博士生；参与联合攻关，为科研机构、企业解决关键技术问题；合作开发高科技产业及拓展国际市场等。

留法学者支持西部建设项目产生了非常

好的社会反响，收到了实实在在的效果。1997年7、8月，留法学者分农业、医药、生物化学和基础研究与高新技术4个小组，深入到甘肃省的70多个部门和单位及定西、榆中等贫困地区，围绕干旱农业、品种改良、沙漠地质、石油化工、生物医药、核能应用研究等方面对甘肃科技、经济有影响的攻关项目进行了对口交流，开展咨询服务，洽谈合作，共拟定56份合作研究与开发项目和2项重要建议书。这些项目中，既有我国在西部地区十分重要的高科技项目，也有对当地农业发展、农民致富十分需要的项目，如留法学者参与立项的“岷归”、“蕨菜”的科研与开发项目。重要建议书为“定西旱农区集水增产稳产技术体系研究”和“调整陇南小麦条锈菌易变区的种植结构，脱贫致富，治理我国小麦重大病害”。此外，留法学者还为近1 000人举办了一系列学术报告会和专题讲座，与甘肃方面就合作培养研究生、回国讲学等达成合作意向。教育部对52个项目拨出科研启动经费200万元予以支持。同时，甘肃省、农业部、国家自然科学基金委分别拨出30万、60万、86万支持有关项目。目前各项目人员正根据各自计划，在甘肃和法国合作开展项目研究和攻关工作。

同样，有关部门和地方也在鼓励、支持在外留学人员为国服务工作方面采取了一些具体措施和方法，对推动全国的留学回国工作和动员在外留学人员为部门、地方的经济建设服务起到了很好的作用。

（四）

当我们纪念邓小平同志关于扩大派遣留学人员讲话20周年之时，出国留学工作在走过20年的发展历程后即将跨入一个新的世纪，可以说任重道远。

当前，世界范围内科学技术迅猛发展，知识经济已见端倪，国力竞争日趋激烈，挑战和机遇并存。实施科教兴国战略，是迎接挑战，抓住机遇的关键之所在。最近一个时期以来，中央和国务院领导多次强调实施科教兴国的重要性，并对做好这项工作提出了新的要求。江泽民总书记提出“全党和全社会都要高度重视知识创新、人才开发对经济发展和社会进步的重大作用，使科教兴国真正成为全民族的广泛共识和实际行动”。他还在两院院士大会上强调“要加速知识创新，加快高新技术产业化，关键在人才，必须有一批又一批的优秀年轻人脱颖而出”。朱镕基总理宣布实施科教兴国战略是本届政府最大的任务，国家科技教育领导小组已经召开第一次会议讨论有关工作。因此，今后的出国留学工作必须紧紧围绕为实施科教兴国战略服务这样一个主题，增加紧迫感和使命感，努力在培养创新人才和开发海外智力资源工作方面开创新局面。

面向21世纪，今后的出国留学工作将根据实施科教兴国战略的需要，继续坚持改革和对外开放，继续向国外派出留学人员，继续沿着邓小平同志提出的教育要“三个面向”的方向前进，努力使出国留学工作为国家的发展服务。

要利用出国留学的渠道培养创新人才。在国家公费出国留学工作中，要继续完善改革工作，在条件成熟时，扩大派遣留学人员的数量，扩大派出研究生的数量，并提高国家公费出国留学人员的费用标准。同时，要根据实际需要和可能，再增设一些派出项目，例如“学术、学科带头人出国留学项目”、

"优秀拔尖青年人才出国深造项目"等，把派出工作的重点放到为国家培养青年创新人才上来。单位公派出国留学也应按照上述思路作必要的调整。要继续支持我国公民以自费方式出国留学，并根据实际需要，理顺有组织自费出国留学的渠道，为迎接知识经济的挑战积累强有力的后劲。

要在更高的层次上进一步做好留学回国工作。当务之急是把邓小平同志提出的"要做出贡献，还是回国好"变为广大在外留学人员的实际行动，动员和引导他们在知识经济到来的时代，肩负起历史的责任感，学成归国，在新世纪的大舞台上一显身手。在国内要继续创造尊重知识，尊重人才，有利于留学回国人员施展才能的环境，使创新人才尽快成长。在资助留学回国人员，特别是优秀尖子人才回国工作方面加大力度，对留学回国人员中很快成长为相关学科领域的将帅之才，要重点扶植，鼓励他们贡献才智，努力争取几年内在留学回国人员中展现出一些"顶尖"级人物。

要大力开发海外智力资源。目前在外留学人员中人才济济，他们是宝贵的智力资源。广大留学人员热爱自己的祖国，希望中华民族繁荣富强。我们将根据国家建设的需求和广大在外留学人员的报国热情，进一步采取有力措施，加大对优秀尖子留学人员短期参加科技开发、合作等的资助。教育部将继续实施"春晖计划"，同时支持和鼓励各部门、地方设立项目基金，全方位为在外优秀尖子留学人员短期回国服务提供方便，逐步使更多的急需人才、创新人才将自己创业的立足点由国外转到国内或"哑铃式"发展。

总之，在世界范围内，继农业经济、工业经济之后，一个知识经济的时代已经到来。它给人类发展带来的不仅是严峻的挑战，而且提供了人类知识创新的广阔空间和舞台，我们相信，在党中央、国务院的领导下，在多方面的大力支持、配合下，出国留学工作一定能在知识经济时代发挥应有的作用，广大留学人员一定能在知识创新中有所作为。

当我们纪念邓小平同志关于扩大派遣留学人员讲话20周年的时候，我们更加深切缅怀邓小平同志在人才培养战略上的丰功伟绩。我们要高举邓小平理论的伟大旗帜，继承他的遗志，把出国留学工作与我国政府提出的科教兴国战略更紧密地联系起来，站在更新的高度推动这项事业的发展，使出国留学工作为我国的改革开放和现代化建设做出新的更大的贡献。

认真贯彻十五大精神
积极推进职业教育发展与改革

张　天　保

1997 年，围绕着贯彻职教法和 1996 年全国职教会精神，各地、各部门制定了一系列法规和政策，采取了许多有力措施。职业教育的发展与改革，取得了可喜的成绩。这一年，我国中等职业学校在校生和招生数分别增长 7.7%和 8.3%，其中职业高中招生数增长 14%，扭转了前一年度负增长的局面；高等职业教育正在兴起，职业教育的教育教学改革和基本建设等也都有了可喜的进展。

1998 年，是贯彻落实党的十五大精神的第一年，因而也是很重要、很关键的一年。十五大高举邓小平理论伟大旗帜，对教育工作做了全面、充分、深刻的论述，是把我国教育事业推向 21 世纪的行动指南。我国经济体制和经济增长方式的根本转变，科学技术进步和社会化生产水平的提高，国有企业改革步伐的加快，区域经济的发展和经济结构调整力度的加大、社会再就业工程的实施等，给职业教育的发展与改革带来了挑战和机遇。面对新情况、新问题，我们必须认真学习和贯彻十五大精神，认真学习领会邓小平理论，解放思想，振奋精神，积极推进职业教育的改革与发展，使职业教育更好地适应社会主义现代化建设的需要。

一、坚持积极发展的方针，实现职教发展目标

经过近 20 年的努力，我国中等职业学校的招生数和在校生数在高中阶段学生总数中所占的比例均已超过 56%，从根本上改变了中等教育结构单一的局面。这是我国教育改革取得的一项突出成绩。1995 年以来，尽管中等职业教育仍保持了一定的发展速度，但普通高中招生数和在校生数增加得更快。如果在今后三年中，两类教育保持目前的发展速度，到 2000 年时，中职占高中阶段的比例不仅达不到 60%，还可能下降到“八五”中期 55%左右的水平，达不到《纲要》和《规划》的要求，也不符合中央积极发展职业教育的方针。在九年义务教育进一步普及的情况下，初中毕业生升入高中阶段学习的学生增加是必然的。在各种因素作用下，出现了所谓“普高热”。普高和职高的学生都应该增加。作为教育行政领导部门，应该积极加以引导，扭转比例结构上职教下滑的趋势。某些岗位出现中职毕业生不适应要求的状况是存在的，但认为大范围内中职毕业生已不适应要求，而压缩职高的比例，不符合初级阶段的国情。到本世纪末，中等职教在高中阶段所占比例全国平均达到60%左右，普及高中阶段教育的城市可达到70%的目标，是《中国教育改革和发展纲要》实施意见、国家“九五”计划和2010年远景目标纲要所确定的，不能随意更改。而且，从建立合理的人才结构、基本国情及世界多数发达国家的经验等方面看，这一目标都有科学的依据，决不能动摇。为了促进职业教育的发展，当前要加强以下三个方面的工作。

1.要进一步提高全社会对职业教育重要地位和作用的认识，特别是各级政府、教育部门和其他有关部门领导的认识，进一步加大各级政府对职业教育工作的统筹力度　教育行政部门要根据《纲要》及其实施意见的要求，合理安排中职与普高的招生计划，加强对教育结构比例的宏观调控，严格管理招生工作。同时，应加强对职业教育的宣传，以增进全社会特别是企业、学生及家长对职业教育的了解。调动行业、企事业及各种社会力量兴办职业教育、录用职业学校毕业生的积极性，调动广大学生报考职业学校的积极性。要组织力量开展调查研究，表彰宣传做出突出成绩的职教毕业生典型事迹，用事实来增强职业教育的吸引力。

2.要加强分类指导　在巩固和发展基础较好的地区和城市职业教育的同时，着力加强中西部地区和农村地区职教的发展。要从当地实际出发，选择合适的办学路子，使职业教育在经济发展、农民致富方面发挥重要作用。一批教育改革实验县，如湖南邵阳地区等已经创造了很好的经验，希望认真加以总结和推广。近几年，国家教委召开过多次会议，形成了若干文件。各地应认真落实这些会议、文件的要求，进一步采取措施，加快农村地区和中西部地区的职教发展。

3. 职业教育自身要练好“内功”　通过进一步深化改革，加强基本建设和科学管理，调整职教结构布局，努力提高教育教学质量和办学效益，增强职业教育的活力和吸引力。今明两年，是实现职教发展目标的关键之年。希望大家增强紧迫感，坚定信心，努力奋斗，认真抓好各类职教的发展工作。

二、深化职业教育办学体制和运行机制改革

党的十五大在经济体制改革上又有新的重大突破，从而对深化教育改革提出了进一步的要求。多种所有制经济的进一步发展，公有制实现形式的多样化，按劳分配与按生产要素分配的结合，劳动力市场的完善，产业结构的调整和机构改革等，都将对职业教育产生重要的影响。我们必须认真研究这些新的情况，采取相应的措施，推进教育体制的改革。几年来高等教育体制改革取得明显的进展，高教管理体制向着适应社会主义市场经济体制方向迈出了重要步伐。高教改革中的许多经验值得借鉴。目前的职业教育体制，特别是计划经济下形成的中专教育体制，尚不适应社会主义市场经济的要求。职业教育是与经济建设联系最紧密的教育领域，要适应社会主义市场经济建设需要，必须进行办学体制、管理体制和运行机制改革。我们要解放思想，积极探索，迈出更大步伐。只要是有利于促进职业教育适应经济和社会发展需要，有利于促进职业教育发展，有利于职业教育资源优化配置的办学体制改革，我们都应大胆试验，并不断总结经验。今年，要重点抓好以下几方面的改革或改革试点：

1. 大力推进普通中专招生和毕业生就业

制度的改革 对于中专招生并轨改革，国家教委与国家计委已经联合下发了文件，这次会议还要研究如何落实，希望各地积极推进这项改革。近两年，已有一些省市实行了中专招生并轨改革，实践证明效果是好的。这一改革的目的，是为了改革中专由政府包得过多的状况，实行学生缴费上学，从而也为推进在国家方针政策指导下，实行毕业生面向市场、自主择业的就业制度奠定基础，使中专教育能更加适应社会主义市场经济发展的需要。实行这项改革不仅不会影响中专的发展，而且会给中专带来更大的活力。这项改革，要按新人新办法、老人老办法的原则进行。各地应根据本地实际，制定相应的配套政策和措施，积极创造条件，加快改革的步伐，力争在1998年全国大部分省市实行招生并轨，到2000年，全国基本实现中专招生的并轨。

2.要积极促进职业教育办学体制的改革

随着市场经济体制的建立和完善，职业教育不能再靠政府包揽。从职业教育的特点和我国国情出发，也必须在政府的统筹下，广泛发动行业、企事业及公民个人、社会团体等各种社会力量兴办职业教育。各地应根据职教法的规定，制定具体办法，落实企业兴办职业教育的职责和义务。根据各方面的成功经验，应该继续大力倡导各种形式的联合办学。联办各方应明确各自的权利和义务，使各方真正成为办学的主体。积极探索公办职业教育的多种实现形式。要热情鼓励和支持发展多种形式的社会力量办学，欢迎境外组织和个人依法捐助我国职业教育或与我有关组织联合举办职业教育机构。多年来，中专学校主要由部门举办和主管，发挥了行业兴办职业教育的优势，但也不同程度的存在着服务面向窄、资源潜力得不到充分发挥的局限。随着政府机构的改革和职能转变，中专办学遇到了一些问题和困难。各地、各有关部门应认真研究和探索中专办学和管理体制的改革问题，以适应新的形势，克服条块分割的限制，拓宽服务面向，增强其发展活力。在这方面可以适当借鉴高校“共建”、“联合”、“合并”、“协作”等体制改革的经验，加强部门与地方、部门与部门之间的合作，提倡多种形式的联合办学。

3.要调整学校和专业布局，优化配置职业教育资源 目前，我国职业教育仍存在严重的分散办学和重复办学问题，造成投资效益不高和资源的浪费。随着产业结构的调整，专业设置需要适应新的情况。各地、各部门应加强对职业教育的统筹规划和管理，合理进行布局结构的调整，可以将一些规模小、条件差、布局不合理的学校适当撤并，以扩大校均在校生规模，提高办学效益。要探索和鼓励三类中等职业学校之间的融通和资源共享，逐步统一和规范学制。江苏等地组建区域化职教集团，青岛市合并5所中专建成1所高水平综合性职业学校的经验，应该认真总结推广。

4.要进一步深化职业学校内部的管理体制改革 为增强办学活力，要扩大学校的办学自主权，中等以下职业学校实行校长负责制，强化校长的法人地位。有条件的职业学校应建立具有各办学主体代表和承担实际职责的校董会，研究决策学校发展的重大事项。要建立健全学校管理的规章制度，稳步推进后勤工作社会化的改革，积极运用现代化管理手段，加强对学校的科学管理和严格管理，努力提高工作效率，增强学校主动适应市场经济的内在活力。

5. 要大力推进职业教育的教学改革，努力提高教育质量和办学效益 职业教育经过近20年的迅速发展，已初具规模。要巩固和发展这一成果，必须把改革和提高提上重要日程。要通过深化教育教学改革，提高教学的质量和效益。提高质量的核心是要办出特色，使职业教育培养的人才适应经济发展和社会进步提出的新的更高的要求。为此，在人才培养上应加强以下几个方面的工作：(1) 要切实加强德育，使学生具备良好的思想政治素质；(2) 要加强职业技能训练，加强动手能力的培养，使学生掌握过硬的专业技术和技能；(3) 要及时调整更新教学内容，使学生掌握生产和服务领域的先进知识和技术；(4) 要加强综合职业能力和全面素质的培养，增强学生的就业适应能力和发展能力。提高职业教育的质量，最重要的前提条件是要有高水平的师资和良好的实验实习条件。职业教育的教师不仅要有较高的理论水平，更要有较强的动手能力。因此，今后我们应该下大力气建设一支双师型的职教师资队伍。培养学生的动手能力，不能靠纸上谈兵，而必须在实践中磨炼。因此，必须给职业学校配备满足教学和实习需要的、尽可能先进、实用的仪器设备，必须建设好生产实习基地，经营好学校的产业。希望各地把师资和实验实习基地建设放在学校建设的重要位置，争取用几年的时间，使教学和实习条件能有较大的改善。

三、积极发展高等职业教育

发展高等职业教育，培养生产第一线技术应用、技术管理和服务的实用性人才，是我国改革开放和经济建设、社会发展的迫切需要。积极推动高等职业教育的发展，不仅是职业教育发展的一项迫切任务，也是高等教育改革和发展的重要组成部分。根据我国实际，现阶段高等职业教育的发展要坚持“三个有利于”的指导思想：有利于高等教育结构的调整和已有教育资源的合理利用；有利于中等教育结构的调整和中、高等职业教育的相互衔接；有利于培养基层和农村需要的高级实用人才，为区域经济和科教兴业第一线服务。高等职业教育的发展要以内涵发展为主，应充分利用现有的高等教育资源，坚持“三改一补”的原则。根据上述指导思想和原则，在发展高等职业教育的过程中，要特别强调以下两点：一是一定要充分利用现有高等教育的资源，而不要盲目再建新校。各地要把推动专科向高职方向改革，放到重要的位置。专科是不同于培养研究型人才的另一种类型的高等学校，不能办成本科压缩型。专科只有通过改革专业方向和培养目标，真正办出高职的特色，才能受社会的欢迎，才有发展的活力。李岚清同志最近在全国高等教育管理体制改革经验交流会上明确指出，高等职业教育还要发展，有一部分大专和成人高校要通过改革转成正规的高等职业学校。我们要认真落实岚清同志的这一指示。二是要进一步研究、明确高等职业教育的性质，真正在办出高职特色上下功夫。高等职业教育是培养生产第一线应用人才的教育，其主体虽然是专科层次，但有较强的职业针对性，要求学生实践动手能力强，上岗适应快。只有认清自己的特色，真正办出特色，才能赢得社会信誉，获得健康发展。因此，办高职不能只抓数量，一定要把讲求质量、办出特色放在重要位置。

四、加大贯彻实施《职业教育法》的力度

《职业教育法》确定了职业教育的重要战

略地位，明确了各方面兴办职业教育的职责，确立了职业教育的体系，规定了实施职业教育的保障措施。认真贯彻落实职教法，大力推进依法治教，是我国职业教育工作中的一项重要任务。去年底，国家教委组织的对浙江、福建、辽宁、山东等 4 个省贯彻执行《职业教育法》情况的检查表明，各地对贯彻职教法很重视，取得了可喜的进展和成效。但是，贯彻执行《职业教育法》任务还相当艰巨。首先，各地要加速职教法的地方配套法规建设，逐步完善职业教育的法规体系。作为国家立法，职教法是职教法规体系的母法，只能就重大问题作出原则规定。因此，还需要各地、各部门根据当地实际情况制定配套的法规和条例。实施职教法一年多来，不少省市已相继出台了有一定力度的促进职教改革和发展的法规和政策措施。但是，这项工作的步伐还要加快，力度还要加大。特别是在加大政府统筹力度、落实经费筹集渠道和办法、落实企业兴办职业教育的职责和任务等方面，还需要各地制定行之有效的措施。其次，还要加强各级人大对政府执法的监督，加强上级对下级政府的检查，加强职教法的执法检查，建立并强化法律监督制度。要加强有关教育部门对各级职业教育机构的检查与督促，推动职教法的贯彻落实。今年，国家教委还将对部分省、自治区、直辖市贯彻落实职教法的情况进行检查。第三，教育战线要带头落实职教法，切实在教育战线内部形成依法改革和发展职业教育的良好空气。只有这样，才能谈得上有法可依、依法治教。

（摘自张天保同志在 1998 年全国职教工作座谈会暨中等专业学校招生工作会上的讲话）

加速高教管理体制改革势在必行

周　远　清

经过多年的改革探索，我国高等教育管理体制改革工作取得了较大进展，积累了不少成功经验。目前，共建学校已发展到100所，其中实行中央部委与地方政府（包括省、市两级）共建共管的学校89所，部与部共建的学校3所，省市共建的学校8所；有181所学校合并调整成74所；中央部委划转地方的学校已有8所；实行学校间合作办学的学校发展到228所；实行企业、科研单位与学校协作办学的学校发展到217所，涉及企业和科研单位近5 000家。改革正保持着良好的发展势头，正在不断地向前发展。如果说，近几年高教管理体制改革是一个起步、探索阶段，那么，党的十五大以后，我国高教管理体制必将进入加大改革力度、加快改革速度的新阶段。

一、关于高教管理体制改革的形势

我国高教管理体制改革，从1985年《中共中央关于教育体制改革的决定》发表算起，已经经历了十几年的探索。随着经济体制改革的不断深化，社会主义现代化建设的不断发展，高教管理体制改革的任务也就日益紧迫。特别是1994年国家教委在上海召开高等学校管理体制改革座谈会以来，在党中央、国务院的关心、支持下，在李岚清副总理亲自推动和领导下，经过各级政府和部门、特别是教育行政部门以及广大教育战线同志们的共同努力，高教管理体制改革迈出了重要步伐，取得了明显的进展，在某些方面取得了突破性进展。主要体现在以下几个方面：

第一，形成了一套符合社会主义市场经济体制改革方向和适应新时期社会主义现代化建设需要的、符合高等教育自身发展规律的高等教育管理体制改革的思路。这个思路主要包括：

1. 淡化和改变学校单一的隶属关系。在原有的管理体制下，学校是主管部门的附属机构，服务面向单一，束缚了高等学校职能的充分发挥。在管理体制改革中，通过学校主管部门与学校所在地的地方政府或其他部门实行多种形式的联合等，逐步淡化原有的单一的隶属关系，扩大学校的服务面向，逐步面向社会自主办学，并多渠道筹集办学经费。

2. 加强省级人民政府的统筹。在原有的管理体制下，中央各部门、单位在各地所办的300多所院校，与学校所在地的政府及当地经济建设很少有直接的关系。通过管理体制改革，地方政府把本地区的所有高等学校统一纳入所在区域经济、社会发展的整体规划，在国家宏观政策指导下，加强统筹，更多地支持中央部门和单位在本地区所办的院校办学，并充分发挥这些院校在地区经济建设和社会发展中的作用。这些院校也转变观念，主动地把学校的发展和改革纳入所在地区经济和社会发展的整体战略，在为部门、行业服务的同时，首先考虑如何更好地为所在地区的建设服务，为区域经济发展做贡献。

3. 变条块分割为条块有机结合。条块分割是原有管理体制中的主要弊端。通过深化改革和结构布局的调整，建立有效机制，打破条块分割，逐步变条块分割为条块结合。

上述思路是从改革的实践中总结出来的，又反过来指导全国的高等教育管理体制改革，成为在新的历史条件下，高教管理体制改革的基本指导思想。这些指导思想符合社会主义市场经济体制改革的走向，适应社会主义现代化建设的要求，符合高等教育自身发展的规律，积极推动了我国高教管理体制改革的不断发展。

第二，找到了改革的有效机制和途径，使高教管理体制改革迈开了较为坚实的步伐。

在改革的实践中，逐步形成了推进管理体制改革的若干可操作的途径：(1) 积极推进中央部门与地方政府共同建设、共同管理高等学校；(2) 积极开展学校与学校之间的多种形式的合作办学；(3) 积极创造条件，促进部分学科互补的或一些规模较小、科类单一、设置重复的学校进行合并；(4) 鼓励企业、企业集团、科研单位积极参与高校的办学和管理；(5) 积极促进那些专业通用性强、地方建设又需要的中央部门所属院校转由所在的省、直辖市、自治区政府领导和管理。1994 年 12 月国家教委在上海召开了全国高等教育体制改革座谈会，使大家对改革的指导思想取得了基本的共识，并规范地提出了在实践中形成的五种改革形式，即共建、联合、合并、协作和划转。近几年来，这五种形式的改革有了长足的进展，取得了许多重要的成绩。

共建，作为高教管理体制改革中一个非常重要的机制和途径，已经取得了较大的进展和显著的效果。在形式上，多数是部委与省(直辖市)共建共管原部委所属的学校，也有一些是部委与学校所在城市共建或与省、市共建。广东省是全国推进共建最早的地区，为全国的高教管理体制改革起到了带头和示范作用。省政府对共建学校的经费投入逐年增加，学校也为广东省的经济建设和社会发展作出了贡献。1994 年，在福建省政府的支持下，国家教委与厦门市开始共建厦门大学。市政府把厦门大学的发展列入厦门市教育和科技发展整体规划，增加了经费投入，出台了不少支持学校发展的政策。厦门市在学校办了工学院、医学院，福建省在学校办了政法学院和艺术学院。国家教委则支持厦门大学在培养高层次人才、科学研究等方面为厦门市多作贡献，并委托厦门市政府行使对厦门大学的部分行政管理权。目前已有北京、上海、天津、江苏、湖北、四川、山东、辽宁、吉林等近 20 个省市，机械部、农业部、冶金部、卫生部、中国航空工业总公司等 10 多个部委(总公司)参与了对有关院校的共建。并且，还出现了一些县市与大学共建校内二级学院的新形式。例如，江苏省金坛市政府与东南大学共建“东南大学金坛学院”、湖北省仙桃市政府与华中师大共建“华中师范大学仙桃学院”等。这些形式不仅对学校和县、市双方都有利，而且为高等教育的发展和体制改革提供了新鲜经验。共建以双方的需求为基础，体现了双方对共建共管权利与义务的一致性。一方面增强了地方政府对高校建设和改革的责任感，增加了投入，为学校建设和发展注入了新的活力；另一方面加强了高校与社会之间的联系，有效地调动了高校为地方服务的积极性，促进了高校所在地区经济、科技和社会的迅速发展。实践证明，共建是淡化学校单一隶属关系，加强省级政府统筹、促进条块有机结合的有效机制和重要途径。

合作办学已在各地普遍开展。例如，广州石牌地区 6 校、上海西南地区 7 校等等的多校合作办学的形式已初具规模，正在形成一种资源共享、优势互补、学科交叉、共同提高的新型的学校群。近年来，两所学校之间的合作办学更加活跃。北京商学院与北京轻工业学院的合作办学就是很典型的例子。这两所学校分属内贸部和轻工总会，在隶属关系和投资渠道不变的情况下，两校实行合作办学，诸如：联合招生、部分班合班上课、互聘教师、图书馆共用、计算机联网、联合举办运动会、文化节等。浙江省的杭州大学与电子工业部的杭州电子工程学院的合作办学也很有成效。合作办学这种形式，对于打破原来学校各自封闭办学，改善高等教育的结构和学校的学科氛围，提高学校的办学水平和效益也是一种有效的机制和途径。

合并，是联合办学的最高形式，目前已取得了较大成果。高等学校的合并是一件难度很大，又为社会各方面所关注的事情。近几年，高校合并主要有两种类型：一类是科类相同、重复设置，结构、布局不合理的学校进行合并。例如河北省对本省高教结构、布局进行调整，实施“同类项合并”，将 15 所院校调整为 5 所，而且是实质性合并，省里一把手二把手亲自抓，合并是成功的。另一类是科类不同的高校，为了增强实力，使科类更加综合而进行合并，例如南昌大学、扬州大学、延边大学、广西大学等。合并的学校中，多数是同一个主管部门所属学校进行合并，也有不同主管部门所属学校进行合并。例如，上海市属上海城建学院与原属国家建材总局的上海建材工业学院并入同济大学。三校合并分两个步骤，首先是建材总局将建材学院划转给上海市，然后上海市将这两所市属学院以共建的方式并入同济大学。这种模式集划转、合并、共建于一身，较好地解决了在地方政府统筹管理的情况下，中央部委属院校与地方院校有机地结合起来进行管理体制改革和布局结构调整，为管理体制改革提供了一种新的模式。目前，类似的合并还有很多。在已经合并的高校中，出现了一批实质性合并比较成功的学校，在全国高教界产生了比较大的影响。这些学校合并后，办学水平和实力得到显著提高，给学校带来了生机。通过合并，高校数量有所减少，一些地区高校重复设置、单科性学校过多、办学规模过小的状况开始有所改善，高校布局结构调整出现了较好的势头。合并加上共建，仅这两项到目前为止所涉及的范围就已经超过了 1952 年院系调整涉及的范围。通过合并，中国又重新拥有了文、理、工、农、医等各学科门类齐全的综合性大学。可以预计，经过 10 年左右的发展，通过合并组建一些综合性、多科性大学，将会引起中国重点大学格局的变化。从这个意义上说，合并是一项战略性措施，适当组建一批多科性、综合性大学，包括几所高层次的综合性大学，对中国的高等教育势必产生深远的影响。

划转的试点正在逐步取得进展。中央部委所属的学校划转省、自治区、直辖市人民政府管理后，根据地方经济和社会发展的需要，调整原有的学科和专业结构，在主要为地方服务的同时，满足部门、行业对部分人才的需求。这种方式对加强地方政府统筹，逐步改变中央部门和地方政府同在一地重复办学、严重浪费教育资源的现象以及调整高校布局结构具有重要作用。划转的学校目前虽还不多，但毕竟已经起步，并取得了成功的经验。划转涉及拨款体制改革，需要财政拨款体制进行配套改革才能更好地开展。

协作办学普遍开展。参与协作办学的有上海宝山钢铁公司、第一汽车制造厂、中国海外集团有限公司、长江计算机集团公司等近五千家大中型企业和科研单位。仅重庆大学就与长安集团、攀枝花钢铁公司等20多个企业集团开展了协作办学。华东理工大学自从与石化总公司实行共建以后，走出了困境，学校出现了新的发展势头。清华大学成立了“大学与企业合作委员会”，有96家国内外企业参与了学校办学。还有部分学校进入了企业集团。企业参与办学的积极性有明显提高，形成了企业支持高等学校和产学研紧密结合的良好势头。

第三，高教管理体制改革已在全国范围广泛开展起来。

目前，全国已有30个省、自治区、直辖市和48个中央部委不同程度地开展了高教管理体制改革，有的地方已经取得全面的进展。例如，自上海市被确定为全国高教管理体制改革试点单位以来，已经进行了共建、合并、合作、划转等多种形式的探索，取得了很大的进展和一定的突破。到目前为止，上海市政府已对中央部委在沪的复旦大学、上海交通大学等7所高校实行了共建，去年已兑现各项政策性补贴近1.4亿元。中央部委属院校已有2所划转给上海市。有3所上海市的委（局）管理的学校划转给了上海市教委管理。此外，上海市的西南地区和东北地区正在形成上海交大等7校和复旦大学等8校的合作办学网络。通过合并调整，全市普通高校数量从1993年的51所减至目前的39所，校均规模从2600人提高到3900人。广东省、江苏省、机械工业部等省部的改革也取得了重要进展。还有西北、西南地区几个省份动作也比较快，步伐也比较大。贵州省把省属的13所大学合并调整成为7所；宁夏自治区将宁夏大学、宁夏工学院、银川师专、宁夏教育学院等四校合并组建宁夏大学；青海省把青海畜牧兽医学院与青海大学合并组建新的青海大学，同时将青海教育学院并入青海师范大学。这些地方的改革对全国的改革产生了重要的影响和促进作用。

第四，随着经济体制、政治体制以及教育体制等各方面改革的不断深化以及舆论宣传的正确导向，人们对高教管理体制改革的认识也在不断深化，传统的部门所有、地方所有、固有的单一隶属观念以及条块分割的思想观念受到冲击，思想观念正在发生变化。

当然，我们在看到成绩的同时也要充分认识到存在的差距。从目前高校设置的总体情况看，原有的体制所带来的问题还远未解决，改革的任务还十分艰巨，发展十分不平衡。不少地区和部门还在观望等待，或者为困难所制约，政府干预力度不够，不少学校特别是主要领导，对管理体制改革缺乏深刻的理解，行动迟缓；从国家教育行政部门来说，规划统筹也不够，推动还不够有力。

纵观目前全国高教管理体制改革的形势，应该说正处在一个十分有利的时期。几年来的改革探索积累了比较丰富的经验，打下了良好的基础并保持着良好的发展势头；改革形成了一套明确的发展思路并探索到了一系列有效的机制和途径；人们的思想观念正在朝着有利于深化改革的方向转变等等。尤其重要的是，党中央、国务院对高教管理体制改革十分重视，并寄予厚望。党的十五大明确提出：要“优化教育结构，加快高等教育管理体制改革步伐，合理配置教育资源，提高教学质量和办学效益。”并且指出：“有条件的科研机构和大专院校要以不同形式进入企业或同企业合作，走产学研结合的道路，解决科技和教育体制上存在的条块分割、力量分散的问题。”我们应该认真学习、深刻领会并切实贯彻党的十五大报告精神。应该清醒地认识到，高等教育管理体制改革是党中央的决策和部署，是我国经济、政治体制改革的重要组成部分；这项改革虽然取得了一些成绩，但从总体上说仍然滞后于经济体制改革的步伐，十五大要求我们加快这项改革。所以，我们应该抓住当前的有利时机，采取积极可行的措施，大力推进高等教育管理体制改革。

二、关于高等学校合并调整工作

1.要更加积极地推动高等学校合并调整工作

高等学校合并调整是高教管理体制改革和布局结构调整的重要内容。高教管理体制改革和布局结构调整的一个具体目标是高等学校的数量要减少，规模效益要提高，结构布局要更加合理。目前，全国有2127所高等学校（含成人高校），我们希望能通过管理体制改革实行各种形式的联合，较大幅度地减少大学的数目。在现有的高校中单科性院校过多，而且有相当一部分学校重复设置，办学规模过小，办学效益太差，造成教育资源的很大浪费。现在本科院校低于2000人规模的有147所，大概占本科院校的24.5%，将近1/4；普通专科学校低于1000人规模的有108所，占专科学校的25.5%；成人高校低于300人规模的有447所，其中低于100人规模的有197所。必须通过学校合并，调整改善结构布局，优化资源配置，提高办学的质量和效益。既要积极推动部分规模小的单科性院校并入规模较大的院校，也要积极支持同层次、不同科类、互补性强的学校合并。在部属院校集中的城市，应积极推动专业通用性强的部门院校与地方院校合并。这里，需要强调几点，一是要把合并与共建这两种改革形式紧密结合起来，进一步探索“共建合并”这种形式，特别是部委属院校与地方院校的合并；二是要通过合并，形成一批科类较为综合的多科性大学和多科性高等专科学校，包括职业技术学院；三是通过合并调整，全国还要形成若干所规模大、层次高、学科门类较为齐全的综合性大学。同时，要更加积极地推动高等学校合并调整，必须加大政府干预的力度，采取一些必要的行政手段和措施。

2.合并的院校要真正进行实质性的合并

所谓高等学校实质性合并，是指参与合并的高等学校按照合并后的新的目标，进行具有实质性内容的合并和调整。实质性合并的标志是五个方面的统一：（1）统一的学校主体。学校合并后，只有一个学校主体，一个法人单位。合并后的学校应确立统一的学校主体，确定统一的校名。并入的学校应撤销原建制和法人资格。合并后的学校有的可以有几个校区，但各校区不能作为一个独立的主体，不具有法人资格，而且距离不能过远。(2)统一的机构和领导。学校合并后，只能有一套统一的行政领导机构和一套统一的领导班子。合并后的学校应根据新的需要，按照精简、高效的原则统一进行机构和领导班子的调整，不能机构重叠，人员冗繁，政出多头。更不能是“独联体”式的。(3)统一的管理制度。学校合并后，必须统一管理制度，包括人事与行政管理制度、财务管理制度、教学管理制度、后勤管理制度等。例如，应统一校历、统一教学管理、统一财务标准等。(4)统一的发展规划。学校合并后，应作为一个统一的整体，制定统一的发展战略和发展规划，特别是基建的发展规划。(5)统一的学科建设。学校合并后，应在新的学校领导班子的统一领导下，根据新的学校发展规划，进行学科、专业、课程的调整与建设，促进相同学科的深度融合，并根据需要合理调整师资结构，优化教学、科研的资源配置，提高资源使用效益，提高教学质量和科研实力。

实质性合并是学校合并成功的唯一正确的途径，只有进行实质性合并，才能达到优化资源配置，改善布局结构，提高质量和效益的目的。合并成功的学校，都是实质性合并的学校，这是一条重要经验。实践证明，凡是真正进行实质性合并的高校，学科专业结构得到了优化，办学条件有所改善，有限的教育资源充分发挥了作用，产生了“1+1>2”的合并效应，提高了教学水平和办学效益。长期磨而不合，可能给学校今后的发展带来后患，甚至于影响队伍的稳定。合并过程中，主管部门必须加强领导，学校的班子思想要统一，行动要坚决。

3.要避免层次相差很多的学校以及距离相隔很远的学校进行合并

层次相差很多的学校以及距离相隔很远的学校进行合并，会给学校今后的发展留下许多问题。一般不应把专科和师范院校合并掉，削弱专科和师范教育，造成两类教育的不稳定，更要防止搭车升格的现象。否则，改革就很难取得成功。今后，学校的合并调整，原则上不应将高等专科学校升格为本科院校；有师范院校参与合并的，学校要继续承担并确保完成师范教育的任务。

三、关于深化高等教育管理体制改革的几个问题

1.进一步明确高等教育管理体制改革的目标

高等教育管理体制改革的目标是：争取到2000年或稍长一点时间，基本形成中央和省级人民政府两级管理、分工负责，以省级人民政府统筹为主，条块有机结合的新体制。到下世纪初，除少数有代表性的重要学校以及行业性强、地方政府不便管理的学校继续由中央政府有关部门直接管理外，相当数量的现属中央部门管理的学校，要转由地方管理或与地方共同管理。要在改革的实践过程中不断增大学校的办学活力，通过深化改革和立法，逐步形成国家统筹规划、宏观管理，学校面向社会依法自主办学的局面。

下一步改革，要把成人高校的改革和调整与普通高校的改革和调整结合起来，统筹考虑。成人高校的改革与调整，要主动适应成人教育形势变化的要求，既要办好一批基础条件较好、教育质量高、有长期社会需要

的成人高等学校，也要打破条块分割，条条分割，促进部分规模小、重复设置的成人高校的调整和合并。要因地制宜地推进市（地）级教育学院与当地师范院校的合并；管理干部学院有条件的也可以与普通高校合并。

在普通高等学校布局结构调整方面要实现下述目标：

（1）从我国国情出发，按照全国性（面向全国招生）、区域性（面向大区或数省招生）、地方性（面向本省、本地区招生，个别特殊专业也可面向数省招生）三类不同的服务覆盖面，来规划学校布局。前两类学校由中央政府有关部门直接管理或与省级政府共建、共管；后一类学校由省级政府管理。

（2）按照社会对人才规格需求的差异性建立起合理的高等学校类型结构：少数既是教学中心又是科研中心的教学科研型学校，要以本科教育为基础，同时承担研究生教育；以本科教育为主的学校，主要承担本科教育任务，其中部分学校适当承担研究生教育；高等专科学校和职业技术学院，主要培养在第一线从事生产、服务和管理的各类实用型、技能型人才（其中高等师范专科学校主要培养中小学教师）。

（3）逐步形成综合性院校（指文、理、工、农、医等各大门类学科较为齐全的学校）、多科性院校和单科性院校较为合理的布局。

我们设想，能否到2002年，首先建立起新体制的基本框架，然后，再用3至5年左右的时间不断地巩固和完善，使新体制基本确立。

2. 全面制定全国和各省、自治区、直辖市以及中央部委高等教育管理体制改革的规划和实施方案

为了使改革的目标能够有计划、有组织、有步骤地实现，特别是使改革能够在“九·五”期间取得新的更大的突破性进展，必须统一部署，统一要求，有计划地制定规划和实施方案，以便分步实施。当务之急，就是以省级政府统筹为主，各有关部门主动配合，因地制宜地制定出各省、自治区、直辖市高教管理体制改革与布局结构调整的规划和实施方案。省级政府及其教育行政部门要把高等教育的改革与发展纳入本地区社会、经济发展的总体规划，认真研究分析本地区所有高等学校包括设在本地区的国家教委直属高校和其他部委所属的高校的布局、结构，进行统筹规划，在同有关部委、总公司、行业总会等充分协商的基础上，提出共建、划转、合并高等学校的建议方案。中央有关部委和行业公司、总会等学校主管部门，要从社会主义市场经济体制改革的全局出发，从机构改革、职能转变的实际出发，区别不同情况，对所属高等学校的管理体制改革作出全面的规划和具体实施方案。对于国家建设和行业发展有全局性影响的少数骨干学校以及某些行业性很强、地方需要量不大和不便管理的学校，要继续管好办好，促其面向社会依法自主办学；对于专业通用性强、地方建设有需要的学校，要从实际出发，区别不同情况，或划转地方，或采取共建等联合办学方式进行管理体制改革。无论地方还是部门的规划，都要把成人高校的改革与调整考虑进去，与普通高校的改革与调整结合起来，进行通盘规划。要加大成人高校改革与调整的力度。

这几年，有些地方和部门已经制订了改革的具体规划，并且取得了很好的效果。但是，还有一些地方和部门没有制订具体规划，有的虽提出了初步设想，但停留在纸上，尚

缺乏深入的调查研究和详细、科学的论证，需要进一步加强地方与部委之间的广泛接触和磋商。制定规划和实施方案的工作还要抓紧进行，已经制定规划的也还有必要对规划进行不断充实和完善。

3.要加强对高等教育管理体制改革的领导

我国现行的高教管理体制已经运行了几十年，形成了许多根深蒂固的观念，也形成了一定的利益格局，许多问题积重难返，推进改革的难度很大。鉴于高教管理体制改革是一项十分复杂的社会系统工程，涉及许多深层次的重大问题，如关系到中央、地方政府很多部门、行业、单位的管理权限、利益分配以及财政拨款体制、人事制度等重大问题，牵动面很大，许多问题的决策属于政府行为，需要中央有关部门和地方政府的主要领导亲自把握方向、进行协调才能处理得好。因此，应切实加强对高教管理体制改革工作的领导。国务院正在建立协调领导小组，并建立管理体制改革专项资金，用于支持国家教委和其他中央部委属院校的合并和划转。希望各省、自治区、直辖市政府和有关部门把如何落实高教管理体制改革的目标和任务列入重要议事日程，组织专门力量，进行研究和部署。最近，湖北省成立了高教管理体制改革工作领导小组，组成了专门的班子，并建立了湖北省高教管理体制改革专项资金，使湖北省对高教管理体制改革的领导大大加强。我们也希望各地方和部门的领导同志特别是主要领导同志要亲自过问高教管理体制改革中的重大事情，对高教管理体制改革给予更多的关心和支持。

4.高教管理体制改革既要积极又要稳妥

高等教育管理体制改革要注重调查研究，坚持实事求是的原则，注重实效，防止片面性，避免形式主义。对高等学校的划转和合并，态度要积极，步子要稳妥，实施前要深入调查研究，充分酝酿和科学论证，对于条件成熟的，应加大行政力度尽快实施，在人、财、物等方面尽可能一步到位。对共建、合作、协作等各种形式的联合办学，都应有实质性的内容，不能仅仅停留在表面形式上。无论哪种形式的改革，都应坚持实事求是，因地制宜，因校制宜，要防止那种不重实效，简单、片面和形式主义的做法。改革不能搞“一哄而起”、“一刀切”，要从实际情况出发，区别不同情况，采取不同形式进行。

本世纪只剩下最后3年的时间，高教管理体制改革的任务还十分艰巨。我们对改革一定要有紧迫感，要紧紧抓住当前深化改革的有利时机，按照党中央的部署和岚清同志提出的“共建、调整、联合、合并”的八字方针，加快高教管理体制改革的步伐，把高教管理体制改革全面推向一个新的阶段。

（本文系周远清同志于1998年1月17日在全国高等教育管理体制改革经验交流会上的讲话）

关于中国教育经费问题的回顾与思考

张 保 庆

现在，我们正站在跨世纪的门坎上。孕育着21世纪人类社会深刻变化的各种信息正扑面而来，既令人高兴、振奋，又使人感到急迫和隐忧。科教兴国，是以江泽民同志为核心的党中央为保证我国社会主义现代化建设持续、快速、健康发展，迎接21世纪激烈竞争与挑战而制定的一项基本战略。实施科教兴国战略，事关国家兴衰成败，民族的生存与发展。当前为此需要做的工作很多，而极为紧迫的，则是要进一步研究解决好科教发展的外部条件——经费投入问题。围绕教育经费的不足与困难，近些年来社会各界和专家、学者从不同角度，仁者见仁，智者见智，发表了许多看法和建议。在此，我们也以本文参加讨论。希望通过对改革开放以来我国解决教育经费投入和管理实践的总结与回顾，提出今后进一步解决这一问题的一些初步思路和意见，与读者共商。

解决教育经费投入问题的历史回顾

一、党的十一届三中全会以来，我国在解决教育经费投入问题方面实现了三大转变。

1. 在对教育经费投入的认识方面，实现了由一般到重点的转变。建国以来，我国的教育事业，与旧社会相比，无疑发生了天翻地覆的变化。但由于客观条件的局限和“左”的思想的干扰，在改革开放以前的大多数年代里，全社会对教育工作的认识，对教育投入的认识，往往只停留在一般化的水平上，谈不上是“重视”或“重点”，更谈不上是“战略重点”。自党的十一届三中全会以来，党中央、国务院和小平同志，始终高瞻远瞩地重视教育事业，把改革发展教育作为关系到社会主义建设全局和社会主义历史命运的根本问题。小平同志曾深刻指出：“**我们国家要赶上世界先进水平，从何着手呢？我想，要从科学和教育着手**”。“**搞好教育和科学工作，我看这是关键。没有人才不行，没有知识不行……现在要抓紧发展教育事业**”。“**忽视教育的领导者，是缺乏远见的、不成熟的领导者，就领导不了现代化建设。各级领导要像抓好经济工作那样抓好教育工作。**”“**我们要千方百计，在别的方面忍耐一些，甚至于牺牲一点速度，把教育问题解决好。**”他还多次表示要当教育工作的“后勤部长”。江泽民同志一贯高度重视、关心教育工作。他在党的十四大提出，“**必须把教育摆在优先发展的战**

略地位”，“各级政府要增加教育投入”。在1995年党中央国务院召开的全国科技工作大会上，江泽民同志提出**要实施科教兴国发展战略**；在党的十五大报告中，江泽民同志再次重申，**“要切实把教育摆在优先发展的战略地位”**。这些年来，**李鹏同志、朱镕基同志和李岚清同志等党和国家的领导人，都对教育的改革发展和解决教育经费不足的问题作出了一系列重要指示**。在邓小平理论的指引下，在党中央、国务院的关怀和支持下，中央各有关部门和地方各级党委、政府的领导，对教育工作的认识，对教育经费投入的认识，均实现了重大转变。在各级财力尚有困难的情况下，中央有关部门和地方各级党委、政府的大多数领导，都能把对教育经费的投入列为本级财政支出的重点，千方百计不断增加教育经费投入的总量。与此同时，社会各界对教育重要性的认识也在不断深化。全社会主动关心教育，积极支持教育，尊师重教的风气正在全国形成，“百年大计，教育为本”的思想，已逐步成为全党和全国人民的共识。这种认识上的转变，在我国教育史上是史无前例的，已经并正在变成强大的精神、物质力量，成为办好教育的一个最重要的条件。

*2. 在解决教育经费投入的思路方面，实现了由一元向多元的转变。*教育经费投入不足，一直是困扰我国教育事业发展的一个关键问题。在改革开放以前，由于实行的是集中统一的计划经济，再加上对国情认识上的错位，对教育经费的投入长期坚持的是单一的国家投资政策。这种政策的直接结果，既导致国家财政负担的不断加重，又造成教育经费投入的严重不足。一方面教育投入的短缺，制约了教育事业的发展，致使教育发展相对落后，拖了经济建设的后腿；另一方面，为了促进和保证经济的增长，又必须发展教育，但国家又拿不出更多的钱来。在过去这种旧的教育经费投入模式下，国家财力既难以支撑庞大的教育体系，却又苦于找不到别的出路。于是在解决教育经费投入的思路方面，就只能在一种怪圈中打转。

党的十一届三中全会以后，伴随着改革开放的伟大实践，从领导到群众开始逐步认识到，在我们这样一个经济尚欠发达的国家，要举办并发展全世界规模最大的教育，单靠国家投资是绝对行不通的。于是从中央到地方的各级教育行政部门，开始从穷国办大教育这一国情出发，积极探索扩大教育经费投入的新途径。通过调研起草《义务教育法》、《中国教育改革和发展纲要》、《纲要实施意见》、《教育法》、《教师法》、《职教法》、《高教法》等一系列重大实践，随着基础教育、职业教育、成人教育和高等教育各项相关改革的不断深化，经过对各地这些年成功经验与做法的总结与消化，教育部门和计划、财政部门对解决教育投入的思路有了质的突破和发展，逐步完成了由一元的政府投资，向由国家、社会、学校、集体与个人多元投资方向的转变。解决教育经费投入问题的这种观念、思路上的转变，既是教育适应社会主义市场经济的必然结果，同时也为在中国的具体国情下，较好地解决教育经费投入问题开拓了光辉的前景。

*3. 在解决教育经费投入的实践方面，实现了重大转变，走出了一条多渠道筹措的新路子。*它大致经历了以下三个阶段：

第一阶段自十一届三中全会到1985年。这一时期，我国的社会主义建设重心实现了重大转移，国家的经济运行体制发生了重大变化，中央与地方财政的收入支出格局也与以往有了很大的不同。这种变化，客观上要求必须调整教育发展的“重心”，改变教育经费投入的来源结构，建立新的教育经费分担机制，以适应教育发展的需要。在这种大背景下，1985年，中共中央颁布了《关于教育体制改革的决定》，确定了“低重心”的教育发展战略，改革了教育管理体制，特别是对基础教育开始实行“分级办学、分级管理”，地方各级政府成为筹措基础教育经费的直接责任者。这种办学体制的改革，调动了地方政府办教育的积极性，为实行多渠道筹措教育经费的路子迈出了关键的一步。

第二阶段是1985年到1992年。基础教育“分级办学、分级管理”体制实行后，各地把实现“一无两有”问题（即：实现校校无危房、班班有教室、人人有课桌坐凳）作为发展基础教育的突破口。在这一过程中，地方各级政府充分调动广大群众办教育的积极性，广泛开展了各种形式的捐资、集资办学活动，陆续出台了一系列增加教育经费投入的具体政策与措施。与此同时，随着宏观教育结构的调整，各项教育改革的深化，在高等教育、职业技术教育、成人教育等领域，围绕着解决经费投入不足的问题，各地也先后创造出了许多成功的经验。在国务院的领导下，原国家教委及时总结推广了各地的成功做法，并在此基础上逐步形成了我国教育经费的六条主要来源渠道，即以财政拨款为主，辅之以征收用于教育的税（费）、对非义务教育阶段学生收取学费和对义务教育阶段学生收取杂费、发展校办产业、支持集资办学和捐资助学、建立教育基金（简称为“财”、“税”、“费”、“产”、“社”、“基”）的多渠道筹措教育经费的新路子。新路子带来了新变化，使我国教育经费投入总量有了迅速的增加，大大改善了办教育的物质条件。据统计，仅在1985年—1991年，全国通过这条新路子就在政府财政预算内拨款之外，另筹措资金1000多亿元，用以新建中小学校舍2.75亿平方米，改造破旧校舍1.6亿平方米，消除中小学危房4.23亿平方米，使中小学危房比重由80年代初的16%下降到3%以下。在广大农村城镇，第一次出现了最好的房子是学校的喜人局面。如果这项工作仍沿循由政府出资的老路子，恐怕几十年也难以完成。这一阶段的实践充分证明，在发挥国家财政投入主渠道作用的同时，通过多渠道筹措教育经费，是符合我国国情的发展教育的一条成功之路。

第三阶段是自1992年到现在。这一时期的重点是进一步健全完善多渠道筹措教育经费、保证教育经费稳步增长的机制，并把这种机制用法律的形式确定下来。我国的教育投入虽在实践中逐步形成了多渠道筹措的新路子，但各渠道经费来源并不稳定，多渠道的相关政策也不规范，各地在具体执行方面也不尽统一和平衡。近些年来，在国务院的领导下，国家教委会同中央有关部门，对多渠道筹措教育经费机制的各个方面，作了进一步的研究和完善，并建议在相关的文件和法律条文中加以体现和规范。1993年中共中央、国务院印发的《中国教育改革和发展纲要》，1994年国务院印发的《〈纲要〉实施意见》，1995年颁布的《中华人民共和国教育法》，均对保证教育经费六条来源渠道的支出、增长与管理，做出了明确的规定。至此，可以说我国的教育经费筹措和管理初步迈上了规范化、法制化的轨道。

二、九十年代以来在解决教育经费投入

问题方面的具体成果。

1.研究提出了与我国国情和教育事业改革发展基本适应的教育经费投入指标。

——**提出并确定了国家财政性教育经费支出占国民生产总值的比例本世纪末应达到4%的目标。**

长期以来，我们的教育发展计划只有数量规模，而没有相应的条件和投入保障机制，从而极大影响了教育发展计划的实现。针对这一情况，在八十年代末，国务院委托原国家教委成立了专门的“教育经费研讨小组”，着手研究我国教育经费的投入机制与指标问题。经过研讨小组和有关专家的反复研究论证，参照国际通用的把公共教育支出（相当于我国的财政预算内教育拨款）占国民生产总值的比例，作为衡量一国政府对教育经费投入水平的主要指标的惯例，考虑到90年代初我国财政性教育经费已接近国民生产总值3%及世界发展中国家在八十年代中期平均已达4%的实际情况，并根据当前和今后一个时期支撑我国教育事业改革发展的基本需要，向党中央、国务院提出了“**我国财政预算内教育拨款在国民生产总值内应有一个比例，这个比例在九十年代中期或到2000年应达到发展中国家4%的水平**”的建议。党中央、国务院反复研究并采纳了这个建议。期间，根据国务院有关部门的意见，将我国公共教育支出的计算口径扩大为国家财政性教育经费支出（与国际口径相比增加了三项计算支出：城乡教育费附加、企业办学支出和校办产业减免税部分用于教育的支出）。此指标正式列入《纲要》，之后在《教育法》中又作出了相应规定。4%目标的确立，在我国的教育史上具有划时代的意义，既有利于确保教育改革发展目标的如期实现，也有利于保证教育经费投入和财政投入主渠道作用的落实。事实上，如何实现4%目标，已成为当前和今后一个时期研究制定教育经费投入具体政策的基本出发点。

——**明确了“三个增长”规定，保证财政投入主渠道作用。**

为保证财政投入的主渠道作用，国家教委会同中央计划、财政部门，在工作实践中逐步形成了“**中央和地方政府财政预算内教育拨款的增长要高于同级财政经常性收入的增长，在校学生人均教育费用要逐步增长，保证教师工资和学生人均公用经费逐年有所增长**”（即“**三个增长**”）的决策。“三个增长”的要求，在《纲要》和《教育法》中均得到了相应体现。这不仅进一步明确了教育经费投入的财政主渠道地位，而且也便于各级政府操作，有利于对教育经费投入情况的检查与监督。

——**规范了教育费附加计征比例，开征了地方教育附加费，进一步扩大了教育经费来源。**

征收城乡教育费附加，是国家为发展基础教育而制定的一项特别扶持政策。为适应税制改革的要求并不断加大对义务教育的投入，避免在操作上的混乱，防止加重城乡居民的负担，根据国家教委的建议，经商中央有关部门同意，并报经国务院批准，自1994年以来，全国对城市教育费附加一律按“增值税、营业税、消费税”的3%计征，对农村教育费附加则统一为按上年农民人均纯收入的1.5%—2%（包括在5%的总提留范围之内）征收。与此同时，又进一步明确规定了城市教育费附加由税务部门组织征收、农村教育费附加由乡镇政府组织征收。后来，对一些经济欠发达地区的农村教育费附加的征管办法，又调整为乡征县管。由于规范了计征比例并落实了征收部门，就基本保证了城乡教育费附加的稳定征收和增长，从而使城乡教育费附加目前已成为财政预算拨款之外的第二大财政性教育经费来源，特别是农村教育费附加，已成了目前农村中小学办学经费的重要来源。据初步统计，1996年和1997年，全国共征收城乡教育费附加240亿元和269亿元，比1990年的55.79亿元分别增加了3倍和4倍多。城乡教育费附加占财政性教育经费支出总额的比例，也由1990年的8%提高到1996年和1997年的10%左右。

为体现和落实地方政府举办教育责权相统一的原则，自1995年以来，又以法律的形式规定："省、自治区、直辖市人民政府根据国务院的有关规定，可以决定开征用于教育的地方附加费"。按照此规定，各地陆续开始征收地方教育附加费。1997年全国征收的这种附加费总计约达19亿元。

——初步建立起了非义务教育成本分担机制。

长期以来，我国一直实行不交学费的制度，不仅加重了政府的财政负担，而且也不利于激发学生学习的自觉性。因此，自1994年以来，原国家教委逐步加大了对上学收费制度的改革，形成了"**义务教育阶段不收学费，非义务教育阶段按培养成本收取一定比例费用**"的思路。这既是缓解教育经费短缺的需要，也是进一步深化教育改革，转变办学机制和社会消费观念的要求。这些年以来各地在核定非义务教育学生生均培养成本的基础上，相继制定了非义务教育学校培养成本的分担标准和办法。特别是高等学校的收费改革工作，已在全国普遍展开，并于去年全部完成。与此同时，与收费改革制度相配套的奖学金、贷学金、勤工助学、特困生补助等配套政策也在实践中不断得到完善。1997年，全国各类学校学、杂费收入总计约320亿元，对弥补学校办学经费不足，起到了一定的缓解作用。

——校办企业和勤工俭学收入逐步增加，成为弥补学校办学经费不足的一条重要渠道。

学校发展校办产业、开展勤工俭学和社会服务，既是我国改革、开放政策的必然结果，也是推动教育更好地面向经济主战场，促进教育改革，转变教育观念，提高人才培养素质，加快产、学、研结合和科研成果转化，弥补学校办学经费不足的一条有效措施。1992年以来，在中央有关部门的支持下，通过对校办产业实行税收减免和建立校办企业周转金制度，进一步促进了校办产业和勤工俭学工作的发展。据不完全统计，1997年，全国校办产业和勤工俭学、社会服务收入用于教育的支出总计已达99亿元。

——农村集资办学工作进一步趋向规范。

依靠人民，充分调动广大群众办教育的积极性，是发展我国农村教育的一条成功经验。由于多种原因，"八五"初期农村用于校舍危房改造的集资活动与"七五"相比，曾受到了一定影响，危房比例有所回升。针对这种情况，国家教委和国务院有关部门在调查研究基础上，及时建议中央将农村集资办学审批权回放到县一级，同时对集资对象、范围、原则和资金使用办法作出了更为严格限定。这些措施，保护了广大农民办教育的积极性，遏止了加重农民负担现象的产生，稳定了农村中小学校舍改造的经费来源。

——积极利用外资，支持教育的发展。

正确地接受境外捐款，合理适度地利用外资，是当前情况下解决我国教育改革发展经费不足的一项补充性措施。自改革开放以来，原国家教委积极、慎审地接受境外友好机构、个人和港、澳、台同胞对我国教育的捐款与赠款，累计共达数亿美元；与此同时，又在国家计委和财政部的大力支持下，先后使用世行贷款14批共14多亿美元。这些捐款、外资的利用，对缓解我国教育经费的短缺局面，支持各类教育的发展，发挥了积极的作用。

上述的这些政策和措施，促使全国教育经费投入整体水平明显增加，保证了教育物质条件的不断改善，从而迎来了我国教育改革发展的最好时期。“八五”期间，全国财政性教育经费支出共达4800亿元，年均增长在20%左右。1996年全国财政性教育经费支出为1672亿元，比1995年增加了18%。1997年这项支出达到1863亿元，比1996年增长了11%。

2.进一步建立和完善了教育经费管理制度和办法。

——建立了全国教育经费年度需求计划编制制度。

自1994年开始，在财政部的支持下，全国开始建立教育经费年度需求计划编制制度。教育经费年度需求计划，由各级教育行政部门编制，交同级财政部门审核，经当地人大批准后执行。这是我国教育经费管理制度的一项重要改革。这项改革，当前虽在有些部门和地方尚未完全落实，但通过不断推进，对于全面了解各级教育经费的供需情况，掌握经费收支差距，保证财政投入主渠道作用到位，都具有积极的意义。

——建立了全国教育经费监测制度。

各级政府的教育投入是否按照法律和政策规定落实到位，必须要有相应的监督机制。为此，1995年国家教委和国家统计局正式建立了教育经费执行情况监测制度。监测的主要内容，是《纲要》、《教育法》中关于教育投入规定的执行情况。监测制度还规定，当政府的教育投入没有达到法律规定的要求时，国家监测系统可及时向国务院报告，必要时向全国人大提出报告，责成有关方面采取措施予以解决。同时，为使社会各界了解和监督政府对教育的投入情况，从1995年开始，国家监测系统又定期将监测结果向社会公开发布。实践证明，教育经费监测制度是监督各级政府执行关于教育投入的法律和政策规定，促进各级政府切实落实教育优先发展的战略地位的一项有效措施。

——规范了各类学校收费管理办法。

在广泛调查研究的基础上，1996年国家教委、国家计委、财政部联合制定了《义务教育学校收费管理暂行办法》、《普通高级中学收费管理暂行办法》、《中等职业学校收费管理暂行办法》和《高等学校收费管理暂行办法》。这四个收费管理办法对四类学校的收费标准、审批权限及收费管理与监督工作作出了明确规定，是在当前情况下，规范并加强学校收费管理，防止乱收费现象，保证收费工作有序进行的一个有效措施。

——对教育专项经费实施项目管理。

这些年来中央财政陆续设立了一些教育专项资金。为切实发挥教育专项资金的宏观调控功能，保证其使用效益，国家教委自90年代初对这些专项资金开始探索实行项目管理。通过项目的选择与立项、论证与评估、执行与监督、总结与评价的全过程的跟踪与管理，充分发挥了教育专款的导向作用，有力地促进了既定目标的分步实施。其中最大的有两个项目:“211工程”和“贫困地区义务教育工程”。“贫困地区义务教育工程”,是国家为促进贫困地区义务教育发展、推动贫困地区的“两基”工作而采取的一项重大措施。这是我国有史以来中央教育专项资金投入最多,规模最大的一项全国性教育工程,各级政府资金投入累计总量超过百亿元。“211工程”,是旨在面向21世纪,集中力量,重点办好一批高校和学科的国家重大建设项目。这项工程由国家教委、国家计委和财政部共同负责,中央拨出专项基金27.55亿元,加上各方面的配套资金,预计总投入亦可上百亿。目前这两项工程都正在按照既定的原则,稳步健康地向前发展。通过对专项经费实施项目管理的实践,既提高了经费的使用效益,也为各级教育经费管理的进一步改革积累了经验。

——**开始探索改革高等学校拨款机制**。

为充分发挥财政拨款手段的宏观调控职能,理顺政府与高等学校之间的关系,使高等学校真正成为面向社会自主办学的法人实体,建立起主动适应经济建设和社会发展需要的自我发展、自我激励、自我约束的运行机制,近几年来按照“统筹规划、合理安排,保证重点、提高效益和公平、透明”的原则,国家教委通过在其直属学校试行“基金制”的做法,开始探索、改革政府对高等学校的拨款制度。从“基金制”拨款方式改革试点情况看,这种拨款制度有利于增强政府对高等学校的宏观指导,有利于促进高等学校通过自我改造和挖潜,提高规模效益和办学质量。

——**进一步加强了学校的财务管理**。

改革开放以来,国家教委会同财政部曾先后制定了一些学校财务管理的规章和制度。但是,随着财税管理体制的改革和新财务会计制度的颁布实施,原来的有关制度和办法已不能适应现实学校财务活动的要求,必须重新制定学校财务管理制度。为此,财政部和国家教委经过联合调查研究,制定并印发了《中小学校财务制度》和《高等学校财务制度》。这些新财务制度的颁布,有利于促进学校依法多渠道筹集办学经费,有利于学校合理编制预算和科学调配学校资源,有利于加强学校资金管理,防止国有资产流失。

3. 通过深化改革,不断提高教育经费使用效益。

效益和投入是一个问题的两个方面。提高效益就是增加投入。近几年来,国家教委在教育经费管理工作方面的一个重要指导思想,就是在不断转变观念的基础上,从投入和效益的两个方面同时狠下功夫。一方面千方百计不断增加教育的投入,另一方面又要千方百计把现有的经费用好,用出效益。注意采取多种措施,向管理要效益,向改革要效益。

——**调整教育经费的支出结构,注意向基础教育倾斜,使各类教育经费的分配比例日趋合理**。

为突出重点,保障教育系统内部各类教育的协调发展,这些年国家教委对教育经费的宏观支出结构逐步进行了调整,教育经费的分配进一步向基础教育倾斜。1991年—1995年,全国用于基础教育的经费支出总计达3 176亿元,为1985年—1990年1 322亿元的2.4倍。在1996年的预算内教育经费总支出中,小学和初中教育约占54%,职业教育约占11%,普通高等教育约占19%。1997年的支出分配也大致上维持了这一比例。实践证明,这种分配格局比较合理,也与各类教育事业发展规模和目标大致适应。

——**进一步调整了大中小学的规模与布局。**

近些年来，在国务院的领导下，在李岚清同志的亲自推动下，国家教委和各级教育行政部门，积极推进高等教育管理体制改革，狠抓了大中小学规模与布局的调整工作，并取得了阶段性成果。1996年全国普通小学校均在校生达到210人左右，比1990年的校均150人增加了60人，校均规模提高了40%；普通中学校均在校生718人，比1990年的523人增加了195人，校均规模提高了37%。与此同时，通过共建、调整、合作、合并等办法，全国普通高等学校的数量从1992年的1 064所减到1997年的1 020所；同期成人高校的数量也减少了近100多所。从而使普通高校校均在校生已由1992年的2 070人增加到1997年的3 100人；高校的生师比也由7：1提到10：1。学校规模效益的提高，也可以说是办学经费投入的增加，使有限的资金发挥了更大的作用。

当前在教育经费方面存在的主要问题和矛盾

不言而喻，自改革开放以来，特别是自党的十四大以来，我们在增加教育经费投入和改进经费管理方面，**均取得了前所未有的巨大成就，在某些方面也可以说实现了重大突破**。但同时，还必须清醒地看到在此方面仍存在不少严重的困难和矛盾，其中有的还相当严峻和急迫。

一、切实落实教育优先发展的战略地位与实际教育经费投入短缺的矛盾仍然十分尖锐，教育事业改革发展对投入的需求同经费实际供应的差距依然十分突出。

从现实情况看，我国的“两基”工作虽有很大进展，但在一些省、自治区和贫困地区，落实“两基”还相当困难。即使是已实现了“两基”的地区，其总体质量仍是比较低的，还必须不断巩固和提高。许多贫困地区还缺少中小学校舍，相当多的地方特别是一些偏远农村的中小学，其办学条件还远远没有达到教育行政部门规定的最低要求；大多数高等学校的办学条件近年来虽有较大改善，但其教学、科研设备仍然相当落后，许多高校的供电、供水、供暖、供气设施严重老化，基础实验室条件和通讯设备十分陈旧；全国各类学校目前还有危房2 000万平方米；学校公用经费普遍紧张；在教师工资待遇、医疗及离退休费用等方面，仍存在一系列问题；教职工的住房问题尚未得到基本解决；有的地区拖欠中小学教师工资的情况依然相当严重。现实情况要求，必须进一步保障经费供给，加大教育投入。

从本世纪末最后几年教育面临的主要任务来看，为保证中国跨世纪发展的大局，我们必须进一步缓解现代化建设和人民群众对教育需求与社会主义初级阶段教育发展水平不高的突出矛盾，努力建立起与小康社会相适应的教育体系；较快改变教育改革滞后于经济体制改革的状况，努力推动并基本完成包括高校管理体制在内的一系列改革；要千方百计在全国实现基本普及九年义务教育和基本扫除青壮年文盲的战略目标；要大力发展职业教育，积极发展成人教育，稳步发展高等教育，积极推进素质教育，不断提高教育质量，搞好“211工程”的建设；要大面积提高各级各类教师的素质，进一步改善全国约1 500万教职工的工作、生活条件和工资待遇，要负担1 700万左右新增各类教育人口的基本支出……这些均要求总体的教育经费投入必须有大幅度的增加。如果教育经费投入严重不足的问题再长期得不到根本缓解，就势必会影响“科教兴国”战略的落实和整个社会主义现代化事业的进程。

从下一个世纪初的长远发展看，为了迎接知识经济时代的到来，使我国能够掌握21世纪国际激烈竞争与挑战的主动权，教育在全局上必须尽快实现现代化，其诸多方面，必须适度优先、加快、超前发展；我们必须全面提高国民素质和民族创新能力；必须培养同现代化要求相适应的数以亿计的高素质劳动者和数以千万计的专门人才；必须改革、创立学校新的课程体系；必须进一步提高各级各类教师的水平，积极培养高层次创造人才；必须加快高校高新技术的产业化；必须构建以多媒体网络化等现代信息技术为依托的开放式教育体系和社会化的终身教育体系；必须大力发展高等职业教育，积极稳妥地扩大高等教育规模；必须尽快在全国完成一批重点高校和学科的建设，并在此基础上，争取再用一段时间，在我国建成若干所世界一流大学；同时，教育观念、教学内容和方法必须适应“三个面向”的要求，彻底完成高等教育管理体制和办学体制改革。……

诚然，我们在教育经费投入方面存在的困难，是前进道路上的困难，是事业快速发展带来的困难，是我国经济改革过程中暂时出现并正在不断克服的困难，也是我国社会主义初级阶段特征的必然反映。但教育毕竟是一个国家所有事业的基础，加上教育周期较长的自身规律，迫使我们在解决教育经费投入不足的问题时，必须得未雨绸缪，必须得站得高一些，看得远一些。所谓“越穷越要办教育、越困难越要支持教育”的道理就在于此。在此方面，近几年来世界上不少国家已采取了令人瞩目的举动。我们也必须得有所作为。

二、已出台的筹措教育经费的法律规定和政策措施难以得到全面落实。

近年来已颁布的有关法律规定和中央、国务院已出台的关于增加教育投入的不少政策，落实起来举步维艰。如《纲要》和《教育法》规定的逐年提高国家财政性教育经费占国民生产总值的比例，本世纪末达到4%的目标，至今还没有一个切实、严肃的操作实施方案，致使这一目标近年来不但没有日益逼近，反而呈停滞或下滑之势。例如，1990年这一比例为3.04%，1992年为2.73%，1993年为2.54%，1996年为2.46%。1997年虽略有回升，也只有2.50%左右。又如《教育法》提出的教育经费“三个增长”要求，在有的年份全国平均没有达到，少数的省、自治区甚至连续几年都未做到。1995年全国有16个省、1996年全国有21个省（自治区、直辖市）没有兑现。1997年财政预算内教育拨款达到《教育法》规定增长比例的，全国也仅有12个省、自治区、直辖市，全年全国预算内教育经费的增长，仍低于同期财政收入的增长。中央出台的征收城乡教育费附加的政策，落实的情况近年来虽然有所好转，但相当多的地区从未做到足额征收，目前全国的实征数平均也只占到应征数的50%左右，而且在有些地方还时常发生被挤占、挪用、截留、拖延拨付和顶抵预算内拨款的现象。《教育法》规定的地方教育附加费政策在一些省、自治区并未实施；关于校办产业的税收优惠政策近年来不但没有进一步落实，反而却在紧缩。鼓励社会各界捐资、投资教育的法规和政策措施至今也未见出台。……**事实上，没**

有按法律规定和政策要求，保证经费的增长，是形成近几年教育经费投入问题得不到较好解决的一个重要原因。

三、在国家财税体制和收支格局发生重大变化的情况下，没有及时采取调整措施，确保教育经费的重点投入。

主要反映在三个方面：一是近几年来，各级财政在预算执行过程中，每年均有一笔数量相当大的超收收入和预算外收入，而各地在支配这些收入的时候却往往没有或基本没有考虑教育，从而造成了教育投入的主渠道作用——政府财政拨款，在实际工作中，不但没有不断强化，反而有弱化的趋势。具体表现形式是：中央主管部门和一些地方政府，虽然年初在安排财政预算时，也为教育略微增加了一点，但由于对在当年财政运行过程中的大量超收收入和预算外收入基本没有考虑教育，结果到年底一算帐，财政支出中教育经费的增长往往低于同级财政经常性收入的增长。二是中央和省、自治区、直辖市政府本级财政的支出结构，没有及时进行调整。应当说，这些年来，县和县以下各级政府本级财政支出中教育经费所占比例是不低的。但中央和省级本级财政支出中，对教育的投入比例却一直偏低，不能适应教育改革发展的实际需要。三是在国家宏观财政收入方面也确实存在一些实际困难。这些年来，国家预算内财政收入增长滞后于经济增长，预算内财政收入占国内生产总值的比重逐年下降。据了解，1990 年全国的财政收入尚占国内生产总值的 15.84%，此后连年下降，到了 1996 年和 1997 年，已下降到 11%左右。尽管形成这种状况的原因较为复杂，但在客观上确实削弱了国家财政的宏观调控能力，从而也影响了财政主渠道对教育投入的增长幅度。

四、教育经费的使用效益有待进一步提高。

应当承认，目前我国的教育经费既有严重短缺的一面，也存在着使用效益不高的问题。从总体上讲，目前不少学校的规模仍然偏小，在一些高等专科和本科院校中这一现象则更为明显；由于教职工队伍编制的调整、整顿工作尚未完成，致使一些学校的教师平均工作量负荷偏低，师生比不尽合理。学校行政和后勤管理人员过多。一些教育部门及其直属的一些事业单位，人浮于事的现象也比较严重。这些一直想解决、而始终未能彻底解决的问题，造成学校人员经费支出比重普遍过大。教育管理体制改革和学校布局调整工作，这些年虽有很大进展，但还远没有彻底完成，这就造成在一些地区教育资源利用率不高，尚未实现优化配置，学校布局也不尽合理，“条块分割”的状况未得到根本扭转。不少学校的教学仪器、设备和图书资料利用率不高，重复建设，低水平重复，追求“小而全”和外延发展的现象仍然存在。再者，有些学校的办学质量不够理想，这实质上是一种更大的浪费。这种“既缺经费却又浪费、既没钱却又乱花钱”的状况，无疑进一步加重了经费投入不足的矛盾。同时，在教育经费使用管理方面，近年暴露出的问题也不少。“重分配轻管理”、“重数量轻效益”的现象依然存在，对教育经费的审计与监督的力度不够，一些教育部门和学校内部财务管理制度不健全，浪费与不合理开支的现象也时有发生。

五、教育经费的管理体制不顺，事权与财权相统一的原则，尚未落实。

长期以来，不能较好解决教育经费投入

不足和经费管理问题的一个重要原因，是按照我国现行的财政管理制度，在编制每年预算时既难反映教育经费需求的总量，社会各方面又无法进行有效的监督。在预算科目设置上，国家用于教育的拨款，一直分散在不同部门的不同科目之中。例如事业费，过去各级政府，报请人代会审议的是包括文教、科技、体育、卫生等领域事业费的大类预算，而教育事业费只有到财政部门进行二次分配时方能确定。近几年，在人代会和教育行政部门的坚持下，财政部门编制预算时，开始将“教育事业费”预算作了单独反映，其他关于“教育基建投资”等经费的年度预算，仍不能单独报经政府和人代会审议批准。另外，教育事业费预算也并不是根据教育事业发展计划制定的。多年来财政部门采用的通用办法，是按一定的比例从同级财政收入中切出一块，并未完全考虑教育事业发展的实际需求。再者，切出的教育经费也一直主要由财政和计划部门负责分配，教育部门发言权很少。这种事权与财权不统一的现象，使教育行政部门难以对有限的经费作出科学的统筹安排，也无法运用财政手段更加有效地对教育的改革发展进行调控，从而在客观上降低了经费使用的宏观效益，影响了办学效率。1994年6月，李鹏同志在党中央、国务院召开的全国教育工作会议上指出：**“要改革国家教育经费管理体制……使教育事权和财权相统一。”**同年在国务院颁发的《纲要实施意见》中也明确：**“为实现事权和财权的统一，要进一步改革教育经费管理体制。”**1995年3月，由全国人大审议通过的《教育法》又专门规定**“各级人民政府的教育经费支出，按照事权与财权相统一的原则，在财政预算中单独列项”**。关于改革教育经费管理体制的这些法律和政策规定，由于有关部门态度不坚决，至今仍不能得到全部实现。

面向未来的思考与建议

党的十五大绘制了把我国社会主义事业全面推向21世纪的宏伟蓝图，也为进一步解决我国教育经费投入问题指明了方向。最近，江泽民总书记在庆祝北京大学建校一百周年大会讲话中指出：**“当今世界，科学技术突飞猛进，知识经济已见端倪，国力竞争日趋激烈。”**要**“使科教兴国真正成为全民族的广泛共识和实际行动。”**朱镕基总理在九届人大一次会议后举行的记者招待会庄严宣布：**“科教兴国是本届政府的最大任务”。他要亲自担任国家科技教育工作领导小组组长，并决心把精简机构、分流人员、制止重复建设节省下来的钱用到科教兴国的伟大事业上来。**今年6月9日，在国家科技教育领导小组举行的首次会议上，朱镕基同志指出，**要加大对科技和教育的投入**。据了解，教育部成立之后，即把解决好教育经费投入问题当做头等大事来抓。部党组已多次开会研究，决心在此方面能够有所突破。为此，已向中央、国务院领导提出了建议。根据中央、国务院领导的指示，回顾过去，展望未来，笔者认为，为进一步解决好我国的教育经费投入问题，应抓紧采取并实施以下几个方面的对策。

一、关键是进一步统一并提高各级党政主要领导的认识。

自1985年以来，党中央、国务院对解决好教育经费问题的态度是坚定的，政策也是明确的。当前在教育经费投入方面存在的种种问题，固然有多方面的因素，但关键还在于认识。思想上不重视，认识上不统一，特别是有些中央部门和地方党政主要领导同志认识上的不到位，无疑是一个最重要的原因。主要表现：**一是有一些领导同志站得不高，看得不远**。这些同志至今仍不能从时代和全局的高度来认识、对待教育问题，对改革发展中国教育的重大意义仍若明若暗，若重若轻、若即若离。这些同志没有清醒地看到实施科教兴国战略对国家和民族未来的深远意义，没有清醒地看到教育在实现我国经济体制和经济增长方式两个根本性转变中的重要作用，没有清醒地看到教育是世界经济形态由工业经济向知识经济转变过程中的一个关键因素，没有清醒地看到人力资本已经越来越成为一个国家的最重要的财富。二十一世纪国际上的各种激烈竞争，说到底是知识的较量，是人才的较量。科技发展也好，知识经济也好，创新思维与创新人才培养也好，技术创新、知识创新也好，说到底，其源头是教育，其基础是教育。这些同志没有深刻认识、正确处理教育、科技和经济三者之间的辩证统一关系，科教要兴国，国也要兴科教。教育固然要为经济服务、适应经济发展的需要，但经济发展同样也要支持并依靠教育，要提供必须的经费保障。虽然从总体上讲，我国进入知识经济时代尚有待时日，但务必抓紧准备，创造条件，积极推动，有所作为。在费用投入方面，对创造和传播知识的教育和科研领域，必须明显加大比重。对教育投入的实质，就是对生产的投入，对社会进步的投入，对经济的投入，对国家基础建设的投入，也是对未来的投入。科教兴国是全社会的责任。要实施这项战略，必须舍得下本钱、多投入。思想认识方面实际存在的这种差距，就导致有些领导同志的具体行动，并没有真正转到“科教兴国”的轨道。因此，当教育的需求同其他事业发生矛盾时，不是下狠心坚决支持教育，却往往去“挤”教育。对其它工程，他们可以多花几亿、几十亿，甚至更多。唯独对教育，多花上一些钱，就心痛的不得了。不到迫不得已，就是舍不得拿出。在这种情况下，教育投入不足的问题又如何能得到较好较快解决呢！**二是少数领导同志有短期行为**。他们要急于做出“政绩”，看到教育工作周期长，见效慢，花钱多，“出力不讨好”或者“出力不能马上见好”，态度就慢慢变得不那么热情了，决心也就自然变得不那么坚决了。**三是还有一些领导同志，对教育工作缺乏感情，缺乏热情**。对于解决教育经费紧缺问题，缺乏紧迫感、使命感。他们虽也讲教育重要，也讲要解决教育投入严重不足的问题，但往往是讲得多，干得少，虚的多，实的少；弹性要求多，刚性规定少。一到了解决实际问题，或议而不决，或决而不行，应付、推诿、扯皮，停留在口头上，落实在字面上，不动真格的。违背了小平同志强调的“**不仅要抓，并且要抓紧、抓好，严格要求，少讲空话，多干实事**”的原则。**四是有些部门和地方的领导同志认为，教育已抓了这么多年了，教育的投入已经不少了，该松一口气了，该抓一抓别的工作了**。这种想法究竟对不对？实际情况是否如此？本文前边已有充分论述，笔者在这里就不再赘述了。种种情况表明，在我国的具体国情下，能否真正解决好教育经费投入不足的问题，**说到底还是一个思想认识问题，关键还是取决于各级党委、政府领导特别是一二把手的态度与决心**。思想上真重视了，认识上真到位了，解决问题的方法与措施也就会有了。因此，当前的一个首要问题，是在十五大精神的指引下，进一步提高社会各界对教育工作的认识，尤其要不断深化各级党政主要领导对解决教育经费不足问题重要性的认识。

二、要有所为、有所不为。应按轻重缓急，采取切实可行的措施，有步骤地调整政策，扩大财源，大幅度提高教育经费投入总量。

1. 时间不容再作无谓的争论，当前的首要问题，是坚决采取措施，督促各级政府和有关部门完全落实已出台的筹措增加教育经费的各项法律规定和政策措施。各级政府都应当依法保障教育经费的“三个增长”，推动4％目标的逐步实现；各级有关部门应当尽快落实教育经费在各级财政预算中单列的规定；城乡教育费附加要足额征收，严格管理，并及时划拨教育部门使用；严格执行教育行政部门参与年度教育预算编制工作的规定；加强地方教育附加费的开征工作。地方政府可以开征地方教育附加费，在《教育法》中已有明确规定，这是目前增加地方财政性教育经费比较有潜力的一个财源。由于种种原因，这项规定远远没有落实。希望各有关部门共同努力，加强这一方面的工作力度。另外，校办产业和勤工俭学企业减免税用于教育的收入，目前已成为我国财政性教育支出的一项重要财源。为此，对校办产业和勤工俭学企业，应该继续执行税收优惠政策。在具体操作上，可考虑采用“先征收、后返还”的办法。但据了解，由于有关部门认识上的不一致，导致这项政策在执行方面存在着种种问题，影响了上述产业与企业的发展，希望能尽快解决。企业办学是中国的一种特色，关系几百万人的上学问题。因此，在对待企业与学校的分离方面，建议采取慎重态度，应区别情况，不同对待。学校从企业分离出来后，相关的办学经费一定要得到保证，要有相应的替代办法。要借鉴国际惯例，鼓励教育捐赠，对一切教育赠款应全部免予纳所得税。上述政策和措施，有的是法律早已规定了的，有的是中央、国务院早已经明确了的，只要能真正落实，就可保证教育经费投入在总量上的不断增长。

2. 从现在到2000年的这一段时间内，一个压倒一切、应当争取解决的问题，是要千方百计实现4％的目标。在今后的三年内，虽然国家百端待举，各行各业均急需用钱，但对实现4％决不能动摇。众所周知，国家财政性教育经费支出占国民生产总值的比例，到本世纪末应达到4％的目标，是我国在新形势下解决教育经费问题的一项重大突破，是党中央、国务院的郑重决策，并以法律形式得到了确认。这个目标自向国际国内公布以来，已受到世界各国的关注，也得到国内各界的广泛认同。党中央、国务院的领导一贯十分重视此目标的实现。李鹏同志在1996年“两会”期间曾明确重申：**“各级政府要认真落实《中国教育改革和发展纲要》规定的逐步提高国家财政性教育经费支出占国民生产总值的比例，本世纪末达到4％。从国务院总理、副总理、国务院各部门以及各级政府，都要按照《纲要》的规定，保证对教育的投入，做得好不好，有没有达到要求，欢迎大家监督。”**朱镕基同志、乔石同志、李岚清同志前些年也曾对此作过多次重要指示。由于种种因素，我们失掉了一些时间和时机，使原本并不难实现的目标变得日益严峻起来。面对这种形势，正确的对策，应该是提高认识，坚定信心，真干实干，狠抓落实，用实际工作弥补已损失的时间，下定决心向这一目标逼近，而不能像有些同志所表现的那样，不是鼓劲而是泄气，不是坚定而是动摇，不是务实真做而是热衷于无谓的争论。为此，建议采取如下政策和措施：

——**从今年开始，要进一步强化财政主渠道作用，提高中央和省级政府本级财政支出中教育经费支出的比例**。建议自1998年至2000的三年内，中央本级财政支出中教育经费支出的比例，每年按同口径能比上一年增加一个百分点，到2000年时与1997年相比，争取共提高三个百分点左右。同时保留并增加目前每年由中央安排的各项教育专款。目前省级政府本级财政支出中教育经费支出所占比例普遍偏低，各省之间很不平衡，且近三年还呈下降趋势。为此建议今后三年，省级政府本级财政支出中教育支出的比例，每年平均增长2个百分点；省以下各级政府本级财政支出中对教育经费的支出，建议每年平均也能增长2个百分点。从最近几年各地区财政预算内教育经费支出安排的具体情况来看，要做到这一点，应该说不会有太大困难。令人感到极为振奋的是，今年7月3日，朱镕基总理在为高等学校师生代表作形势报告时，已明确表示：自今年起，中央本级财政中教育经费的支出，将每年增加一个百分点。这充分体现了新一届国务院领导落实“科教兴国”战略的决心。现在的主要问题是看省级领导的态度与决心了。

——**通过“省”和“挤”的办法，千方百计增加对教育的经费投入**。由于我国的具体国情，各级财政部门在每年的预算执行过程中，都有大量的超收收入和预算外收入。而中央有关部门和各地对这些收入进行再分配时，往往都基本上没有考虑教育。**建议从今年起，各级财政每年的超收收入和财政预算外收入，一律按不低于年初确定的教育经费预算占财政支出的比例，切块划出用于教育**。根据党的十五大的要求，今后几年要落实勤俭治国的精神，政府机关不新建楼堂馆所。刚刚闭幕的九届人大会议决定在今后三年内要完成政府各级机构改革，精简机构与人员，同时制止重复建设。这些改革措施的顺利完成，肯定会节省大量的财政支出。建议从由此而省出的经费中，调整出一部分用于教育。

——**对目前我国现行城、乡教育费附加进行调整，加大征收管理力度**。从总的情况来看，如果这两项附加能够征收得好，应该是每年财政性教育经费来源中最具有潜力的因素，但目前的实征情况很不理想。形成这种状况的原因是比较复杂的，其中费的权威性不够、征收征管不严、征收体制没有理顺是主要原因。鉴于上述情况，从提高两费征管的权威和规范国家财政收入的大局考虑，建议在近期国家调整税种时，能将“两费”改为“税”。当然在改税时要认真考虑所改税种和税基，确保在改税后，用于教育的投入与原两费相比，能更加稳定、且能逐年增加。

——**转变对教育投资的观念，在今后几年内尽可能多地增加对教育的投入**。在今后一个时期内，为扩大内需，保证我国经济增长的适当速度，国家正在大规模地增加对基础设施建设的投资。在此方面，不但不能把对教育的投资看成是消费性投资，而且还应把培养未来人才的教育，当作是国家一种事关人力资本、效益很高的基础建设。为此，建议在今后几年内，从中央和地方的扩大内需的基建投资中，要考虑大幅度增加对义务教育、高等教育、素质教育和信息教育等方面的投入。

——**采取措施，尽快实现事权、财权的统一**。建议首先要将中央本级财政支出中的教育经费支出（含事业费、基建费及各种专项费用），能一揽子划给教育部统筹安排、管理。同时也要逐步把省和省以下各级政府本级财政支出中的教育经费支出划交同级教育行政部门统筹安排、使用。

1997年，我国财政性教育经费支出为1 863亿元，占国内生产总值的2.5%左右。如果今后三年国内生产总值平均按目前的幅度增长，到2000年预计可达10万多亿；届时若财政性教育经费支出按4%计算，总额应达4 000亿左右。只要目前财政性教育经费中除政府预算内拨款的其他来源能按正常比例逐年增长，再加上认真实施本文提出的上述建议，笔者认真算过，到2000年实现4%的目标还是大有希望的。期间若出现了特别的因素，到2000年，实现4%出现了缺口，建议能发行一期教育债券或采取适当利用国际金融贷款办法予以补足。总之，只要各方面真能做到千方百计，齐心协力，尽力而为，就不会把实现4%目标的任务带入21世纪。

3. 从长远讲，教育经费的投入必须在确保“稳定增长”、“按需投入”上狠下功夫。为此，随着我国社会主义市场经济体制的确立和完善，随着国家财政管理体制的改革与深化，随着国家财力的日益增强和人民群众收入的逐步增加，可以考虑逐步采取以下进一步的政策和措施：

——**首先要坚决扭转国家财政收入占国民生产总值比例偏低的状况**。无论从哪个方面讲，目前我国财政收入占国内生产总值的比例都过低，可能是世界上比例最低的国家之一。这势必削弱政府的调控能力，也肯定会影响对教育经费的投入。这种状况必须改变。俗话讲“水涨船高”、“大河没水小河干”。只有国家财政收入的蛋糕做大了，用于教育的部分才会有较大幅度的增加。

——**进一步转变观念，建立并健全保障教育经费能稳定增长、按需投入的机制**。这些年，为解决教育经费投入不足的问题，从中央到地方，从计划、财政部门到教育部门，从学校到社会各界，几乎年年都要谈论，年年都要研究。虽然这充分体现了各方面对教育工作的重视和关心，但这毕竟代替不了实际的决策和结果，也不是长久、稳定之计。在新的形势下，必须积极探索并尽快建立起一种可靠、有效的机制，使教育经费的投入，不因领导的变化而变化，不以人为的因素而波动。例如，可考虑在总结这些年经验的基础上，**尽快制订、颁布《教育投入法》**，进一步明确、规范并加强教育经费的投入、使用和监督。再如，可研究**开征一种目的税——教育税**，取代目前各种名目的教育费附加、地方教育附加费及其他类似项目，变二级税费为一级税，同时适当拓宽税基。这不仅有利于增加教育经费，也有利于教育经费体制的管理与改革。……笔者相信，再经过一段实践，到下个世纪的前几年，我们一定能够把这种机制建立起来。

——**进一步建立并完善教育经费的分担机制，彻底改变由国家“包办”教育的状况，加快实现办学主体和投资主体的多元化**。这是一篇大文章，在某种程度上将决定我国教育事业的活力和未来。根据我国的具体国情，在下个世纪的相当长时间内，应当进一步强化政府在义务教育经费负担方面的责任与行为，今后义务教育所需费用主要也应当继续由各级政府承担。要进一步研究规范农村地区特别是经济欠发达农村地区义务教育投入的分担机制，必须逐步改变目前在有些地方存在的把义务教育经费责任层层下放的不利做法，中央财政应加大对农村义务教育的经费扶持力度。在此基础上，中央、省、地

(市)、县和乡各级政府在义务教育方面的经费承担责任应进一步清晰化、具体化。要把义务教育中教师的工资和离退休、医疗待遇、工作生活条件、校舍改造、办学公用经费与仪器图书购置等主要费用的来源渠道，逐步一一分解落实到各级政府并加以固化；对非义务教育阶段的经费，应逐步建立政府、社会、家庭、个人合理分担的机制。职业技术教育和成人教育则必须逐步建立起符合自身特点的解决经费的路子。政府除给予必要的奖励与扶持外，原则上，这两类教育的办学经费应由办学者和受益者合理承担；高等教育情况较为复杂，考虑到我国的具体国情，在今后一个时期内，国家还必须为主给予大力支持，同时，逐步扩大地方政府在高教方面的责任，加大学生、家长对教育成本的分担力度，增大高校自筹经费的比例。高等教育从根本上讲，应是有偿教育，应付较高的学费。为此，要更加积极地引导公民个人消费。要使每个公民理解并接受这样一种观念：今后家庭的最大消费开支应一是购房，二是供应子女上大学。要创造机会，允许一部分学龄青年以不同方式自赚学费上大学。要允许高校按自身的办学质量、声誉及学科专业的社会需求情况，在较宽松的合理幅度之内自行确定收费标准。同时，辅之以建立教育储蓄、贷学金、奖学金、助学金、特困生补助、勤工俭学等配套措施。整个非义务教育阶段缴费上学的力度，随着公民收入水平的提高、学生个人和家庭承受能力的增强，要进一步扩大，可考虑在下个世纪的前10年，将此阶段上学缴费的力度由目前占经常性教育成本的20%左右扩大到50—60%左右。同时，要充分发挥社会各方面的办学积极性，积极处理好政府办学和社会力量办学的关系。在坚持社会主义办学方向、贯彻党和国家教育方针的前提下，办学体制应与国家的经济体制和教育经费的筹措机制相适应，更加积极大胆地鼓励个人、团体、行业、企事业单位自筹资金依法办学。学前教育、成人教育和职业技术教育，应主要由社会力量来办；普通高中教育，要尽快实现办学主体的多样化；在高等教育的办学体制方面，要允许并积极鼓励社会力量参与，逐步形成新的办学格局。总之，必须通过改革，逐步改变目前在办学体制方面主要由国家包办的局面，形成以国家为主体，国家、集体、个人多元化办学，国立、公立、私立多类学校并存的新格局，从而在经费投入体制上，较好解决当前存在的各种问题和矛盾。

——**调整、重构财政性教育经费来源的格局**。经过本世纪内的丰富实践，随着市场经济体制的最终确立和教育重大改革的完成，到下个世纪初的时候，我们完全有可能对现行的“财、税、费、产、社、基”的六条来源渠道，作出进一步调整。例如，届时可根据教育改革发展的实际需要，调整并确立从中央到地方各级政府分担教育经费的大致比例。对“税”、“费”，完全有可能根据现在专家学者们的建议，加以重构。随着我国高校在创立高新技术产业方面作用的进一步发挥，本世纪末和下个世纪初，一定会以高校为依托，按照现代企业制度，组建一批高科技产业集团。届时“产”的状况肯定会发生重大变化。另外，小康社会的到来，必将改变社会集资办学的形式、内容和方法。我国目前的各种教育基金及金融机构并未得到高度重视与关注，更谈不上充分开发和利用。相信在人民收入水平不断增长的情况下，在此方面将会有更大的作为。总之新发展必然带来新变化。到下个世纪的初期，构成目前教育财政性经费来源的因素，有的要强化，有的可能会萎缩，当然也会增加一些新的渠道，应当及时研究和重构。

三、进一步深化各项教育改革，加强教育经费管理，努力提高经费的使用效益。

1. 积极推进各项相关的教育改革，向改革要经费、要效益。李岚清同志多次指出，**"解决我国的教育经费问题，一是要千方百计加大投入，二是要通过改革，提高办学的质量和效益，把我国的教育办成效益最高的教育"**。今后，各级教育行政部门和各级各类学校，都应坚决按照十五大报告的要求，**"优化教育结构，加快高等教育管理体制改革的步伐，合理配置教育资源，提高教育质量和办学效益"**，精心在用好教育经费、提高办学效益上做文章。在此方面的重点是高等教育。在党中央、国务院的领导下，高等教育管理体制改革要进一步加大力度，加快步伐，争取到2000年的时候，全国要基本完成高等教育管理体制改革。届时将较彻底地改变、纠正过去在计划经济体制下形成的"条块分割"、重复办学、重复建设、专业偏窄且重复设置，规模偏小、教育资源分散，不能合理配置，从而影响整体办学质量与效益的弊端。同时，到"十·五"的时候，应争取完成全国各类学校布局与规模的调整工作；高校后勤工作将是制约我国高等教育发展的一个重要矛盾，必须沿着社会化的方向，大力推进这方面的改革。要积极深化包括用人制度在内的校内管理制度改革，完成各类学校教职工编制的整顿、调整工作，做好教职工的竞争上岗、优化组合、减员增效工作，克服人浮于事的现象，进一步提高学校特别是本专科高等学校的师生比，使同等的教育投入发挥更大的效益。

就教育本身来讲，一方面要处理好基础教育、职业技术教育、成人教育和高等教育的关系，另一方面又要处理好每一类教育内部发展规模、结构、质量、效益的相互关系，坚持四者之间的内在统一。一定要进一步转变办学观念，改革教学内容和方法，在适当扩大发展规模的同时，必须切实把重点放到调整结构，提高质量与效益上来。

2. 进一步加强和改进教育经费的管理与监督审计工作，向管理要经费、要效益。在条件成熟时，进一步改革教育经费的管理体制。例如，在高等教育方面，可组建中央与地方高校拨款机构，按市场经济的原则，统筹安排教育经费，使经费的调配能更好地体现国家的意志，使教育的投入能发挥更大的效益。建立符合中国国情的教育评价管理体系。评价经济行为，应该有经济指标。同样，评价教育行为也应该有效益指标。为此，各级教育经费的管理机构，均应该抓紧研究，争取在21世纪开始时，制订出各类学校的教育成本标准、规模标准和人员配备标准，从而建立起比较科学、比较完整的学校经费管理、核算和使用效益评价制度。同时，要加强教育经费管理队伍的建设。在今后几年内要抓紧对教育系统现有的各级经费管理人员进行一次全面地培训和考核，然后通过平等竞争、优化组合、下岗交流等方式，建立起一支能适应社会主义市场经济和教育改革发展需要、合格称职的教育理财队伍。

四、建议加强对各级党委和政府主要领导在解决教育经费问题方面的考核工作。

在我国现行的财政管理体制下，能否确保教育经费的足够投入，说到底还是取决于各级党委和政府主要领导的态度、决心和行动。因此，建议在今后一个时期内，要把能否认真落实教育经费的稳定增长、按需投入，重视不重视及时解决教育投入不足的问题，做为对他们任期目标责任制的一项主要考核内容，并采取一票否决制。从而从根本上纠正有些部门、地方的负责同志不认真执行国家的有关法规政策，改变在增加教育经费方面实际存在的“口头上重视，行动上不落实”、“有口惠而实不至”的倾向。

“沉舟侧畔千帆过，病树前头万木春。”21世纪是人类历史上一个波澜壮阔的世纪，也是中华民族梦寐以求实现振兴腾飞、雄立于世界民族之林的世纪。机不可失，时不我待。我们坚信，在以江泽民同志为核心的党中央领导下，经过各方面的共同努力，当2000年到来的时候，教育的经费投入问题一定会得到较为满意的解决。我国的教育事业在下个世纪一定会得到更加生动蓬勃的发展，一定会创造出史无前例的光辉业绩，一定会为中华民族的腾飞乃至为全人类的繁荣与发展，作出自己无愧的贡献！

光辉的典范　历史的丰碑

——深切缅怀邓小平同志对教育的关心与支持

国家教育委员会

1998年2月19日，是敬爱的邓小平同志离开我们整整一年的日子，全党和全国各族人民正沉浸在对邓小平同志丰功伟绩的追忆之中，全国教师和教育工作者更是怀着无比崇敬的心情，深切地缅怀他对教育工作的关心与支持。邓小平同志对新中国的教育事业一贯高度重视，对教育工作倾注了满腔的热情和心血。特别是20年前，他率领第二代党中央领导集体，为教育界带来了一个阳光明媚的春天，老中青几代知识分子获得了新生，一批又一批青年人重新得到了系统学习深造的机会，如今已经成为全国各行各业的骨干和跨世纪的专门人才。邓小平同志作为中国共产党第一代领导集体的重要成员和第二代中央领导集体的核心，总是从社会主义现代化的战略全局和中华民族的历史命运角度来考虑教育发展与改革，做出了一系列正确的战略决策，他高瞻远瞩地提出的一系列光辉论断，包括从战略高度抓紧发展教育事业，正确处理教育与经济、科技的关系，教育要承担起发展社会主义物质文明和精神文明的双重历史使命，切实落实党的知识分子政策，重视教师队伍的建设，“教育要面向现代化，面向世界，面向未来”等等，曾经指引我国教育事业走出困境、取得显著的成就，在实践中逐步形成了指导建设有中国特色社会主义教育体系的教育理论思想，这一理论思想作为邓小平理论的重要组成部分，如今已经成为我们教育界最宝贵的精神财富。在此，谨以本文表达全国教师和教育工作者对邓小平同志深深的怀念和衷心的崇敬之情。

一

从新中国建立到“文化大革命”前夕，邓小平同志在不同的领导岗位上始终十分关心教育工作，为新中国教育事业的建设和发展做出了重要的贡献。

（一）直接领导西南地区的教育工作

新中国成立后，任中共中央西南局第一书记的邓小平同志负责领导西南全区的政权建设、社会改造和经济恢复等各项工作，在百废待兴的日子里，他十分关心西南地区的教育工作。1950年4月，邓小平同志和刘伯承同志一起创办了西南人民革命大学，邓小平同志在百忙之中经常抽时间到西南革大与师生和校领导座谈，了解情况。他出席了第一期学员毕业典礼并作了《到实际工作中去接受考验》的报告，号召学员们在实际工作中接受锻炼和考验，在第二期学员开学典礼上又作了《目前的形势和任务》的报告，鼓励学员们为“建立强大的经济力量”而努力学习。邓小平同志还要求西南局领导同志关心和支持西南革大工作，把西南革大的讲课任务当作是一项政治工作，要认真准备，不能推诿。在他的带动下，西南局许多领导同志到西南革大讲课或作报告。邓小平同志还亲自过问西南革大的日常工作和教学计划，要求面对建国后大规模经济建设的需要培养干部和专业人员。根据这一意见，西南局决定将西南革大向正规化的人民大学过渡，邓小平同志亲自审定了实施计划的方案。1953年10月以后，西南革大进行了调整，成立了西南政法学院、西南俄文专科学校，有的系并入了西南党校、四川财经学院。西南革大及其6所分校在1950年至1953年间共培训干部近十万人，为西南地区的党政机关和社会团体输送了一大批骨干力量，同时也为西南地区旧教育制度的改造和新中国教育事业的发展积累了经验。

在西南地区贯彻中央政府关于对旧有教育事业接管和改造的工作方针的过程中，邓小平同志始终强调党对教育事业的领导，1950年在听取青年团西南工委工作汇报时指出：现在全党对城市经济工作、工厂工作的重要性已经普遍认识到了，但对学校工作的重要性还缺乏认识。如果继续忽视学校工作，我们就会犯历史性的错误。他尖锐地提问，不重视教育工作，中国的建设，二十年后靠谁？在1951年1月18日西南局第一次宣传工作会议上，邓小平同志指出：“学校教育工作搞不好，关系重大。”要求“领导机关一定要建立对于学校教育的领导”，党的各级组织都要重视学校教育工作。针对当时学校中存在的某些不信任、不尊重教师和知识分子的倾向，邓小平同志指出：办好学校，关键要依靠教师，充分相信、团结、依靠和尊重绝大多数教师和知识分子，调动他们的积极性。当他看到一份青年团内部刊物中有“依靠学生，团结教师，办好学校”的提法后，立即严肃地指出这个提法是错误的，学生在学校中处于受教育、学知识地位，而且在完成学业后就要离开学校，与工人在工厂中的地位与作用不同，不能简单地套用“依靠工人，团结职员”的口号，正确的提法应当是“依靠教师，办好学校”。1952年1月，邓小平同志针对有些学校出现的“左”的倾向，指示西南局的同志“对教授、科学家及高级知识分子，应采取保护的政策”，“禁止采用简单粗暴的方法”，充分体现了邓小平同志在指导学校工作中实事求是的作风。

（二）积极参与和贯彻中央的教育宏观决策

1952年7月，邓小平同志调到中央工作，先后担任政务院副总理兼财政部长、中共中央秘书长、中央组织部长。1956年9月中共八大后，又当选为中共中央政治局常委、总书记，成为以毛泽东同志为核心的中国共产党第一代领导集体的重要成员。在这一时期，邓小平同志积极参与了中央的教育宏观决策，在许多重大问题上提出过非常重要的主张，有些至今仍然具有重要的指导意义。1952年10月，在代中央起草的关于教育部的综合报告中，邓小平同志提出，教育必须为国家的经济建设服务，教育计划要与国家经济建设密切配合。在1954年4月和7月，政务院两次政务会议讨论教育工作时，他都提出要加强对学生的纪律教育，要普遍提高教师、知识分子的工资待遇，反对搞平均主义。1956年党的八大后，围绕着工作重心转移和开始全面建设社会主义的总政策、总任务，邓小平同志提出要通过教育，培养大批的各方面的建设人才，提高广大劳动者的文化水平和觉悟。同年9月23日，他在中共八届三中全会所作的《关于整风运动》的报告中还指出，为了建设社会主义，必须建设一支宏大的工人阶级的知识分子队伍。为此，必须运用革命的精神培养新的知识分子，革新和加强学校的思想政治教育和劳动教育，加强从工人农民中培养知识分子的工作。

1958年，在"大跃进"的环境气氛下，各地相继出现了"教育大跃进"、不顾客观条件而大办学校的现象。1958年4月，根据毛泽东同志的指示，邓小平同志在主持中央书记处讨论教育工作时作了重点发言，"我们的方针是，一要普及，二要提高，两者不能偏废。只普及不提高，科学文化不能很快进步；只提高不普及，也不能适应国家各方面的需要。""我们在任何时候都要坚持'两条腿走路'，做到在普及基础上的提高和在提高指导下的普及。"针对当时普遍存在追求高指标的风气，他强调"现在主要不是抓指标，而是抓措施"，"学校要保证提高教学质量，否则就不能说是成功的"，"学校应该挖掘教学潜力，多招学生，但是不要因此而降低质量。学生人数多，又能保证质量的，才是好学校。"到了60年代初期，中央开始纠正"大跃进"中"左"的错误，决定对国民经济实行"调整、巩固、充实、提高"的方针（简称"八字方针"），邓小平同志对于教育事业调整工作也十分关心，他在1961年上半年中央书记处会议上重申，科学教育水平并不决定于数量，主要是质量。如果讲普及，那是普通教育的任务，高等教育是提高水平。这几年不管从哪几个方面都要步子放慢，进行调整。少办些学校，把它办好，并且主张教育经费要专款专用。

1961年，在贯彻执行"八字方针"的过程中，教育部根据中央的指示，草拟了《教育部直属高等院校暂行工作条例（草案）》（即"高教60条"），同年7月，邓小平同志在北戴河主持召开中央书记处会议，对"高教60条"文稿进行逐条讨论和修改。在会议上，邓小平同志就教育问题作了不少重要指示。如在培养目标的表述上，《草案》对毕业生的政治要求原来是"全心全意为人民服务"，邓小平同志认为"这个要求太高，可能做不到"，于是，改为"愿意"为人民服务。1961年9月，毛泽东同志在庐山召开中央工作会议，审议了这一条例。9月15日，中央政治局通过了"高教60条"，正式发布试行。在邓小平同志主持和指导下制定的"高教60条"在总结建国以来高等教育工作经验特别是1958年至1960年经验教训的基础上，针对当时学校教学质量降低、忽视知识分子作用及劳动过多等主要问题，规定了高等学校必须以教学为主，努力提高教学质量；积极参加科学研究；正确执行党的知识分子政策和百花齐放、百家争鸣的方针；实行党委领导下的以校长为首的校务委员会负责制；做好总务工作，保证教学和生活的物质条件；以及改进党的领导方法和领导作风，加强思想政治工作等。"高教60条"颁布后，得到广大教师和知识分子的欢迎和拥护。根据中央制订"高教60条"的工作精神，教育部又拟定了《全日制中学暂行工作条例（草案）》（"中教50条"）和《全日制小学暂行工作条例（草案）》（“小教 40 条”），1963 年 3 月经中央书记处批准颁发，教育部还于同年制订下发了《高等学校培养研究生工作暂行条例（草案）》（“研究生 30 条”），在调整时期形成了比较全面的教育法规性文件系列。其中，“高教 60 条”在 1978 年经教育部修改，定名为《全国重点高等院校暂行工作条例（试行草案）》试行，对拨乱反正时期的高等教育也起了重要的指导作用。

60 年代初期至“文化大革命”前，邓小平同志坚持用马克思主义实事求是的思想分析教育工作中的各种问题，在主持中央书记处工作时亲自参与教育调整工作，主持制订教育法规性文件，学校恢复了正常教学秩序，学生学习质量明显提高，学术研究开始活跃起来，一批质量较高的教材陆续编印出版。60 年代初期教育调整工作的顺利进展，使我国教育事业进入了一个稳定发展的阶段。

二

1973 年 3 月，中共中央恢复了邓小平同志国务院副总理的职务。1975 年 1 月，邓小平同志担任中共中央副主席、国务院副总理、中央军委副主席、中国人民解放军总参谋长。1975 年 1 月四届人大召开后，在毛泽东、周恩来同志的提议下，邓小平同志主持中央党政军的日常工作，同“四人帮”进行了针锋相对的斗争，对“文化大革命”以来所造成的严重混乱局面进行大刀阔斧的整顿。“文化大革命”结束后不久，恢复了党内外一切职务的邓小平同志主动向中央提出分管教育和科技工作，亲自指挥了教育界的拨乱反正，以恢复高考制度为突破口，亲自指导了我国高等教育制度的全面恢复和调整，使我国社会主义教育事业重新走上健康发展的轨道。

（一）“文化大革命”中第一次复出，大力整顿教育战线

邓小平同志在“文化大革命”期间第一次复出不久，就旗帜鲜明地提出要整顿教育，核心是重新确立教育在国家经济建设和现代化中的基础地位。1975 年 9 月 15 日，邓小平同志在全国“农业学大寨”会议上指出，各方面工作都要整顿，文化教育要整顿，科学技术队伍也要整顿。9 月 26 日，他在听取科学院工作汇报时又指出：“要后继有人，这是对教育部门提出的问题。大学究竟起什么作用？培养什么人？有些大学只是中等技术学校水平，何必办成大学？……我们有个危机，可能发生在教育部门，把整个现代化水平拖住了。”针对当时教育战线的混乱局面和社会上“读书无用”的风气，邓小平同志多次批评说，“现在相当多的学校学生不读书，这也不符合毛泽东思想。毛泽东同志反对的是教育脱离实际、脱离群众、脱离劳动，并不是不要读书，而是要读得更好。毛泽东同志给少年儿童的题词是‘好好学习，天天向上’嘛。”“一点外语知识、数理化知识也没有，还攀什么高峰？中峰也不行，低峰还有问题。”

1975 年，教育部积极贯彻邓小平同志全面整顿特别是整顿教育的指示精神，多次召开干部教师座谈会和汇报会，针对“四人帮”对教育工作的干扰破坏明确提出质疑，例如，教育在国民经济中的重要地位、建国后十七年教育路线的性质究竟是什么？1972 年的教育工作是不是资产阶级教育路线的“回潮”？我国二千五百万知识分子是否大多数都是资产阶级知识分子？问题的矛头直指“四人帮”在教育战线推行的极“左”路线。在邓小平同志的直接支持和具体指导下，《论总纲》、《工业二十条》和《科学院汇报提纲》等

一系列有关全面整顿的重要文献相继制定，与此同时，教育部根据邓小平同志关于教育整顿的指示精神，起草了向国务院的教育工作汇报提纲文稿，提出了教育整顿的具体措施。在汇报提纲起草过程中，邓小平同志多次指示，实现四个现代化是全党工作的大局，教育在现代化建设中处在基础地位，教育工作关系到整个现代化的水平。他说："形势大好，形势逼人。要看到逼人的一面，要头脑清醒，要端正路线，要有干劲搞四个现代化。二十五年发展远景，关键是我们教育部门要培养人。科学研究工作后继有人问题，中心是教育部门的问题。"

邓小平同志主持领导的全面整顿工作是在"四人帮"干扰破坏的情况下进行的。"四人帮"把邓小平同志整顿教育工作说成是"复辟"，是"资产阶级教育路线回潮"。1975年底，教育工作汇报提纲尚未完稿，包括教育整顿在内的全面整顿就被迫中止。1976年，邓小平同志被又一次错误地打倒，但是，邓小平同志主持全面整顿工作中显示出的胆识和魄力，赢得了全党和全国人民尤其是广大教育工作者的信赖和爱戴。

（二）"文化大革命"结束再次复出后自告奋勇抓教育，指挥教育界的拨乱反正

"文化大革命"结束后不久，在全国人民的强烈要求下，1977年7月，党的十届三中全会通过决议，恢复了邓小平同志党内外的一切职务。邓小平同志主动提出分管教育和科技工作，得到中央的支持。当时，"四人帮"虽然被打倒了，"文化大革命"也已经结束，但是，极"左"思潮还远远没有被清算，"两个凡是"还紧紧地禁锢着人们的头脑，教育事业的恢复与整顿工作十分被动。不冲破"两个凡是"，不推翻"两个估计"，教育事业的恢复与整顿就无从谈起。1977年8月4日，刚刚复出的邓小平同志在北京召开科学和教育工作座谈会，邀请三十多位著名科学家和教育工作者出席，在前四天的座谈中，邓小平同志不仅认真地听取了大家的发言和讨论，还多次插话，并在8月8日发表了著名的《关于科学和教育工作的几点意见》（"8·8讲话"）。他说："我自告奋勇管科教方面的工作，中央也同意了。我们国家要赶上世界先进水平，从何着手呢？我想，要从科学和教育着手。"接着，邓小平同志首先谈了对十七年的估计问题，"毛泽东同志在文化大革命以前的大部分时间里，对科学研究工作、文化教育工作的一系列指示，基本精神是鼓励，是提倡，是估计到我们知识分子中的绝大多数是好的，是为社会主义服务或者愿意为社会主义服务的。……对全国教育战线十七年的工作怎样估计？我看，主导方面是红线。十七年中，绝大多数知识分子，不管是科学工作者还是教育工作者，在毛泽东思想的光辉照耀下，在党的正确领导下，辛勤劳动，努力工作，取得了很大成绩。特别是教育工作者，他们的劳动更辛苦。现在差不多各条战线的骨干力量，大都是建国以后我们自己培养的，特别是前十几年培养出来的。"

1977年9月3日，《人民日报》社邀请了六位省部级科教部门负责人进行座谈，分析了"两个估计"的出台背景，认为"两个估计"严重挫伤了广大教育工作者的积极性，伤害了他们的感情，是教育工作的障碍，必须彻底否定。《人民日报》社连夜以《情况汇编·特刊》的形式（题为"（1971年）全教会《纪要》是怎样产生的"）报到中央，这个材料很快得到邓小平同志的批复。9月19日，邓小平同志就教育战线拨乱反正问题专门找教育部领导谈话，提出要彻底否定“两个估计”，他指出：“（1971 年全教会）《纪要》引用了毛泽东同志的一些话，有许多是断章取义的。《纪要》里还塞进了不少‘四人帮’的东西，对这个《纪要》要进行批判，划清是非界线。我们要准确地完整地理解毛泽东思想体系。……‘两个估计’是不符合实际的。怎么能把几百万、上千万知识分子一棍子打死呢？我们现在的人才，大部分还不是十七年培养出来的？”又说：“建国后的十七年，各条战线，包括知识分子比较集中的战线，都是以毛泽东同志为代表的路线占主导地位，唯独你们教育战线不是这样，能说得通吗？”他尖锐而恳切地指出了当时教育部门个别同志思想不解放，希望“教育部要争取主动。”并强调：“我知道科学、教育是难搞的，但是我自告奋勇来抓。不抓科学、教育，四个现代化就没有希望；就成为一句空话。抓，要有具体政策、具体措施，解决具体的思想问题和实际问题。你们要放手去抓，大胆去抓，要独立思考，不要东看看，西看看。把问题弄清楚，该怎么办就怎么办。该自己解决的问题，自己解决；解决不了的，报告中央。教育方面的问题成堆，必须理出个头绪来。”

由于“左”的思想的影响，拨乱反正、落实知识分子政策等重大问题的解决一度比较迟缓，邓小平同志看到后十分焦急，组织一些老同志在北京大学、清华大学和北京师范大学进行有关拨乱反正和领导班子建设的调查，邓小平同志审阅了调查报告并作了批示，还约见了北京大学和清华大学的党委书记和校长谈话。在这些批示和谈话中，邓小平同志以马克思主义者的非凡胆略和科学态度，冲破了“两个凡是”的思想禁区，首先选择了推翻“两个估计”这一牵动教育界拨乱反正和思想解放的突破口，使教育战线成为当时全国最早拨乱反正的战线之一。邓小平同志充分肯定了建国后十七年教育工作的成就，肯定了知识分子是工人阶级的一部分，在教育战线重新确立了“解放思想，实事求是”的马克思主义思想路线。在很短的时间内，全国各地教育界以及各单位知识分子的大量冤假错案被纠正平反，仅清华大学就平反了 1 800 多起冤假错案。教育战线开始全面地进行恢复和调整，广大知识分子从心底发出欢呼：知识分子的春天来了！教育的春天来了！科学技术的春天来了！

（三）恢复高等学校招生考试制度，建立学位制度，拨正人才培养的轨道

1966 年 6 月 13 日，中央通知当年的高校招生工作推迟半年。五天后，《人民日报》发表社论，提出把高考制度“扔进垃圾堆”。从此，高校停止了招生。后来，在千百万青年“上山下乡”的同时，大学教师也被“下放”到“五七干校”，大学名存实亡。1972 年，在高考被废除六年后，没有任何文化考试的推荐选拔的大学招生制度开始实行，进入大学的学员文化基础参差不齐，有的人甚至不具备基本的文化知识基础，大学教学活动难以进行，还要受到政治运动的冲击。到 1976 年，高考制度已经整整废除了十年，国家出现了严重的人才断档，广大群众对依旧实行推荐选拔的大学招生制度非常不满，“人民来信”如雪片般飞向教育部。一些老同志也给邓小平同志写信，认为恢复高考制度迫在眉睫。当时，教育部虽然意识到问题的严重性，但“两个凡是”尚未冲破，单靠教育部门是难以改革大学招生制度和恢复高考制度的。1977 年，邓小平同志在正式复出之前已经开始筹划改革高等学校招生制度和恢复高考制度的问题。5月24日，邓小平同志在与王震等同志谈尊重知识、尊重人才时指出："办教育要两条腿走路，既注意普及，又注意提高。……要经过严格考试，把最优秀的人集中在重点中学和大学。"7月29日，他在一次对教育工作的谈话中说，重点大学既是办教育的中心，又是科学研究的中心。

1977年6月29日，教育部在太原召开粉碎"四人帮"后的第一次全国高等学校招生工作座谈会。虽然，会议在落实1972年周恩来总理关于高等学校招生指示上有所进展，但是，在"两个凡是"阴云的笼罩下，仍未能突破不合理的招生规定。1977年8月8日；邓小平同志在科学和教育工作座谈会上认真听取了与会代表反映的对教育科技现状的忧虑和意见，当清华大学党委负责同志谈到清华大学教学质量很差，许多人只有小学水平，入学后还得补习中学课程时，邓小平同志尖锐地指出，那就应该称做"清华小学"、"清华中学"。随后，中国科学院系统和武汉大学等高校的一批老教授和老专家情绪激动地希望国务院下决心改革高校招生制度，邓小平同志插问："今年是不是来不及改了？"大家回答，今年改还来得及，最多晚一点。邓小平同志当即决定，"既然大家要求，那就改过来。"他明确表示："今年就要下决心恢复从高中毕业生中直接招考学生，不要再搞群众推荐。从高中直接招生，我看可能是早出人才、早出成果的一个好办法。"邓小平同志的讲话赢得了在场 教育家和科学家们长时间的热烈掌声。

座谈会结束后，教育部根据邓小平同志的指示，立即于8月13日在北京召开了第二次全国高等学校招生工作会议，一年之中召开两次高校招生工作会议是教育部门前所未有的，而且，会议时间之长也是创记录的。但由于8月12日开幕的党的十一大未能纠正"文化大革命"的错误理论，对刚刚起步的教育拨乱反正产生了很不利的影响，高考招生制度改革一度陷入徘徊状态。这时，邓小平同志及时指明了方向，9月初在对《人民日报》社《情况汇编》的批复中彻底否定了"两个估计"。9月19日，他在同教育部主要负责同志谈话时深刻地阐述了立即恢复高考制度的原因、招生的政策和标准问题，"1971年全教会时，周恩来同志处境很困难。1972年，他和一位美籍中国物理学家谈话时，讲要从应届高中毕业生中直接招收大学生。在当时的情况下，提出这个问题是很勇敢的。……为什么要直接招生呢？道理很简单，就是不能中断学习的连续性。十八岁到二十岁正是学习的最好时期。"要求教育部门大胆解放思想。邓小平同志"9·19谈话"给了参加招生工作会议的同志极大鼓舞，许多人连夜打电话、拍电报和写信，把邓小平同志讲话精神传到四面八方。就在邓小平同志这次谈话后，历时38天、旷日持久的1977年第二次高校招生会议立刻结束，恢复高考已成定局。

随后，邓小平同志对教育部起草的招生文件亲自进行了修改和审定，他认为文件中的政审条件太繁琐，说："政审，主要看本人的政治表现。政治历史清楚，热爱社会主义，热爱劳动，遵守纪律，决心为革命学习，有这几条，就可以了。总之，招生主要抓两条：第一是本人表现好，第二是择优录取。"10月5日，中央政治局会议讨论通过了招生工作的文件，邓小平、叶剑英等中央领导同志接见了出席招生工作会议的同志。10月12日，国务院批转了教育部根据邓小平同志的指示精神制定的《关于1977年高等学校招生工作的意见》和《关于高等学校招收研究生的意见》两个文件，宣布当年立即恢复高考。1977年冬天，570万考生走进了曾被关闭十年之久的考场。当年全国高等学校录取新生27.3万人；1978年，610万人报考，录取40.2万人。77级学生于1978年春天入学，78级学生秋天入学，两次招生仅相隔半年。此外，据27个省、自治区和直辖市的不完全统计，1978年共有6.35万人报考研究生，210所高等学校和162所研究机构共录取1.07万名研究生，还有26所重点高等学校在港澳台地区招收研究生。

1979年11月初，邓小平同志提出："要抓紧培养、选拔专业人才，才能搞好四个现代化。"明确指示"要建立学位制度，也要搞学术和技术职称。"在短短三个月后，1980年2月12日，第五届全国人民代表大会常务委员会第十三次会议就通过了《中华人民共和国学位条例》，这是新中国颁布的第一部教育法律，于1981年1月1日起施行，为近十多年来我国初步形成多种层次、多种形式、学科门类基本齐全的高等教育体系提供了法律保证。

恢复高考制度是邓小平同志再次复出后的一项重要决策，也是对"文化大革命"拨乱反正的一个重要标志，标志着我党开始从"以阶级斗争为纲"转向以经济建设为中心、重视知识、重视人才的正确方向上来，重新确立了选拔人才的公平、公正和平等竞争的原则，改变了当时年轻一代的沉闷的精神状态，调动了亿万青少年学习知识的积极性，广大教师也精神振奋，整个教育界的风气和社会风气为之改变。建立学位制度标志着我国开始进入依法办教育的新阶段。20年过去了，77、78和79级大学生已经成为各行各业的骨干力量，我国培养的1 000多万大专以上的毕业生（其中研究生30万人），正在我国社会主义现代化建设中发挥十分重要的作用。继学位条例之后，我国陆续颁布了《义务教育法》、《教育法》、《教师法》、《未成年人保护法》和《职业教育法》等法律，近期还要审议高等教育法，已经初步建立起全国的教育法律法规相互配套的体系框架。

三

1978年12月，党的十一届三中全会开辟了改革开放和社会主义现代化建设的历史新时期，确立了邓小平同志为我党第二代领导集体核心的地位。邓小平同志作为改革开放和社会主义现代化建设的总设计师，创立了建设有中国特色社会主义理论，确立了党在经济、政治、教育、科技等方面的一整套方针政策。在这一时期，邓小平同志高度重视发展教育事业，强调教育对经济发展及科技进步的基础作用和前提条件，他以伟大战略家的目光提出"教育要面向现代化，面向世界，面向未来"的指导方针，改革教育体制，制定中长期教育发展的规划目标，将中国教育的发展与改革融入中国改革开放和现代化建设的总体设计之中。

（一）从社会主义现代化建设的战略高度抓紧发展教育事业

党的十一届三中全会后，面对世界经济、科技竞争的形势和我国经济实力薄弱、资源不足、人口众多的基本国情，邓小平同志确定了建设有中国特色社会主义的理论，他明确指出，社会主义的根本任务是发展生产力，科学技术是第一生产力。"我们要实现现代化，关键是科学技术要能上去。发展科学技术，不抓教育不行。”“我这里说的关于教育、科技、知识分子的意见，是作为一个战略方针，一个战略措施来说的。从长远看，这个问题到了着手解决的时候了。”“现在看来，同发达国家相比，我们的科学技术和教育整整落后了二十年。”“从长远看，要注意教育和科学技术。否则，我们已经耽误了二十年，影响了发展，还要再耽误二十年，后果不堪设想。”邓小平同志从来不是就教育论教育，而是始终从社会主义现代化战略和中华民族的根本命运的高度重视教育，强烈地意识到把我国沉重的人口负担尽快转化为巨大的人力资源优势的必要性和紧迫性，他提出，“我们国家，国力的强弱，经济发展后劲的大小，越来越取决于劳动者的素质，取决于知识分子的数量和质量。一个十亿人口的大国，教育搞上去了，人才资源的巨大优势是任何国家比不了的。有了人才优势，再加上先进的社会主义制度，我们的目标就有把握达到。……如果现在不向全党提出这样的任务，就会误大事，就要负历史的责任。”

邓小平同志把教育看作是全党全社会的大事，“教育事业，决不只是教育部门的事，各级党委要认真地作为大事来抓。各行各业都要来支持教育事业，大力兴办教育事业。”他认为，要想真正确立教育的战略地位，关键在领导。“教育要狠狠地抓一下，一直抓它十年八年。我是要一直抓下去的。我的抓法就是抓头头，抓方针。重要的政策、措施，也是方针性的东西，这些我是要管的。教育方面有好多问题，归根到底是要出人才、出成果。”“抓科技必须同时抓教育。从小学抓起，一直到中学、大学。我希望从现在开始做起，五年小见成效，十年中见成效，十五年二十年大见成效。”“我们不是已经实现了全党全国工作重点的转移吗？这个重点，本来就应当包括教育。一个地区，一个部门，如果只抓经济，不抓教育，那里的工作重点就是没有转移好，或者说转移得不完全。忽视教育的领导者，是缺乏远见的、不成熟的领导者，就领导不了现代化建设。各级领导要象抓好经济工作那样抓好教育工作……各级党委和政府，对教育工作不仅要抓，而且要抓紧、抓好，严格要求，少讲空话，多干实事。”1992年，邓小平同志在视察南方与各地党政负责同志谈话时再次指出：“经济发展得快一点，必须依靠科技和教育。”

邓小平同志从教育事业必须与国民经济发展的要求相适应的角度强调教育与生产劳动相结合，这是对马克思主义教育思想的重大发展。在1978年全国教育工作会议上，邓小平同志指出：“为了培养社会主义建设需要的合格的人才，我们必须认真研究在新的条件下，如何更好地贯彻教育与生产劳动相结合的方针。马克思、恩格斯、列宁和毛泽东同志都非常重视教育与生产劳动的结合，……现代经济和技术的迅速发展，要求教育质量和教育效率的迅速提高，要求我们在教育与生产劳动相结合的内容上、方法上不断有新的发展。”并且对学校教育与生产劳动相结合的组织工作作了具体部署。特别重要的是，邓小平同志具有远见地指出，“我们不但要看到近期的需要，而且必须预见到远期的需要；不但要依据生产建设发展的要求，而且必须充分估计到现代科学技术的发展趋势。……国家计委、教育部和各部门，要共同努力，使教育事业的计划成为国民经济计划的一个重要组成部分。”在邓小平同志的一贯倡导下，在以后历年全国国民经济和社会发展的五年计划和中长期规划中，教育事业的发展都占有重要的位置。而且，有关“教育必须为社会主义现代化建设服务，必须与生产劳动相结合”的方针被列入1995年颁布的《中华人民共和国教育法》第五条，成为国家教育方针的重要组成部分，为我国教育事业改革与发展奠定了基本方向。

邓小平同志还就增加教育投入作了一系列明确的指示。1980年1月16日，邓小平同志在中央召集的干部会议上对比国内外教育情况时说，“还有一个重要的比例，就是经济发展和教育、科学、文化、卫生发展的比例失调，教科文卫的费用太少，不成比例。……像埃及这样的国家，人口只有四千万，按人口平均计算，他们在教育方面花的钱，也比我们多几倍。”提出要大力增加教育投资。1986年6月18日，邓小平同志会见海外华人时说：到本世纪末，“国家总的力量大了，那时办事情就不像现在这样困难了。比如，拿出国民生产总值的百分之五办教育，就是五百亿美元，现在才七八十亿美元。如果拿出百分之五去搞国防，军费就可观了，但是我们不打算这样搞，因为我们不参加军备竞赛，总收入要更多地用来改善人民生活，用来办学。”1988年邓小平同志再次提出：“我们要千方百计，在别的方面忍耐一些，甚至牺牲一点速度，把教育问题解决好。”邓小平同志关于优先发展教育、增加教育经费的战略思想，对党中央、国务院确立我国教育优先发展的战略地位有着重要的指导作用。80年代末，国务院委托国家教委成立了“教育工作研讨小组”，研究我国教育经费与对策问题，经过反复讨论，1993年中共中央和国务院正式印发了《中国教育改革和发展纲要》，确定“逐步提高国家财政性教育经费支出占国民生产总值的比例，本世纪末达到4%”。1995年全国人大颁布的《中华人民共和国教育法》规定了“国家财政性教育经费支出占国民生产总值的比例应当随着国民经济的发展和财政收入的增长而逐步提高”的条款，依法保障教育经费的水平。

回顾改革开放近20年来的历程，邓小平同志关于教育与经济、政治和科技关系的重要论述，已经构成建设有中国特色社会主义理论的基本组成部分，对于我国正确认识建设社会主义的客观规律和发展道路具有至关重要的意义。在邓小平理论指引下，全党全社会对教育战略地位的认识在逐步提高。1982年9月，党的十二大首次把教育做为实现二十年翻两番的重要保证、提高到全党三大战略重点之一的地位。1987年10月，党的十三大进一步明确提出把发展科学技术和教育事业放在首要位置，使经济建设转到依靠科技进步和提高劳动者素质的轨道上来。1992年10月，在党的十四大上，以江泽民同志为核心的第三代党中央领导集体号召“必须把教育摆在优先发展的战略地位，努力提高全民族的思想道德和科学文化水平，这是实现我国社会主义现代化的根本大计”。党中央和国务院于1993年发布了到本世纪末的《中国教育改革和发展纲要》，1994年召开了全国教育工作会议，进一步动员全党全社会认真实施《纲要》，1995年在全国科学大会正式提出了“科教兴国”的发展战略，1996年在制定国民经济和社会发展“九五”计划和2010年远景目标的过程中，又制定了我国中长期教育发展目标和改革的总体思路。1997年9月，在党的十五大上，江泽民同志代表党中央强调指出，“发展教育和科学，是文化建设的基础工程。……要切实把教育摆在优先发展的战略地位。”重申了实施科教兴国的跨世纪伟大战略。党的十一届三中全会以来的实践表明，邓小平同志始终从战略高度抓教育、依靠科学和教育进行现代化建设的重要思想得到了全党全国人民衷心的拥护，对于近年来党中央、国务院及各级政府制定教育重大决策以及跨世纪宏观规划，都起到了极其重要的指导作用。

(二)将教育改革纳入改革开放和现代化建设的总体设计

党的十一届三中全会以后，我国教育界经过拨乱反正，呈现一片生机，许多教育工作者就教育改革展开了讨论并提出各种意见和建议。当时，我国教育体制存在的问题主要有：在教育事业管理权限的划分上，政府有关部门对学校主要是高等学校统得过死，使学校缺乏应有的活力，而政府应该加以管理的事情又没有很好地管起来。同时在教育结构、教育思想、教育内容和教育方法上都存在着不同程度脱离经济和社会发展需要的问题。面对这一情况，邓小平同志在1982年8月指出，我们国家很有希望，现在关键是培养人才问题。要解决人才问题，必须从教育着手。"为有利于人才的培养，我国的教育制度必须进行改革。

在邓小平同志的指导下，党的十二届三中全会通过的《中共中央关于经济体制改革的决定》指出："随着经济体制的改革，科技体制和教育体制的改革越来越成为迫切需要解决的战略性任务。中央将专门讨论这方面的问题，并作出相应的决定。"1984年，邓小平同志再次明确表示，在中央经济体制改革的十条决定中，最重要的是第九条，"尊重知识，尊重人才"八个字，事情成败的关键是能不能发现人才、用好人才。1984年下半年，党中央很快把教育体制改革问题提上了议事日程，邓小平同志多次听取教育部门的汇报，对教育体制改革的构想和一些重大方针政策问题提出了重要意见。1985年，邓小平同志在全国科技工作会议上重申，"改革经济体制，最重要的、我最关心的，是人才。改革科技体制，我最关心的，还是人才。"把教育体制改革与经济和科技体制的改革紧密地联系起来，一直是邓小平同志关于教育体制改革的重要思路。同年5月19日，全国教育工作会议在北京召开，邓小平同志出席了闭幕式，表示对教育工作的支持和对全国教育工作者的慰问。

邓小平同志说："教育体制改革的决定草案，我看是个好文件。现在，纲领有了，蓝图有了，关键是要真正重视，扎扎实实地抓，组织好施工。"邓小平同志系统地论述了教育的重要战略地位和体制改革的重要性，要求各级党委和政府把教育工作认真抓起来。这次会议没有合影留念，邓小平同志提议把钱省下来搞教育，闭幕式只有短短的18分钟，邓小平同志讲话也只用了13分钟。这短短的十几分钟，凝聚了邓小平同志几十年来对教育的思索，体现了他重视优先发展教育的历史责任感。

1985年5月27日，中共中央发布关于教育体制改革的决定，确立了教育必须为社会主义建设服务，社会主义建设必须依靠教育的指导思想，在教育体制改革上作出了一系列重大决策，包括有步骤地实行九年制义务教育，把发展基础教育的责任交给地方；调整中等教育结构，大力发展职业技术教育；高等教育与社会需要更好地结合，改革高校招生计划和毕业生分配制度，扩大高校办学自主权；实行多种渠道解决教育经费的方针等，将教育改革纳入改革开放和现代化建设的总体设计之中。

（三）加强社会主义精神文明建设，培养和造就社会主义事业的建设者和接班人

近十多年来，邓小平同志站在社会主义历史命运的高度，反复强调要坚持社会主义办学方向，处理好坚持改革开放与坚持四项基本原则的关系，造就一代又一代社会主义事业的建设者和接班人。

邓小平同志认为，“共产主义的思想、理想、信念、道德、纪律，革命的立场和原则，人与人的同志式关系”的培养和形成，离不开公民素质的提高。他积极倡导，“我们在建设具有中国特色的社会主义社会时，一定要坚持发展物质文明和精神文明，坚持五讲四美三热爱，教育全国人民做到有理想、有道德、有文化、有纪律。这四条里面，理想和纪律特别重要，我们一定要经常教育我们的人民，尤其是我们的青年，要有理想。”“革命的理想，共产主义的品德，要从小开始培养。”1980年5月26日，邓小平同志书赠《中国少年报》和《辅导员》杂志：“希望全国的小朋友，立志做有理想、有道德、有知识、有体力的人，立志为人民作贡献，为祖国作贡献，为人类作贡献。”

改革开放初期，邓小平同志就及时告诫全党全社会，“我们要在中国实现四个现代化，必须在思想政治上坚持四项基本原则。这是实现四个现代化的根本前提。”他认为，要实现社会主义现代化，就必须有一个长期的安定团结的政治局面，“真正要巩固安定团结，主要地当然还是要依靠积极的、根本的措施，还是要依靠发展经济、发展教育，同时也要依靠完备法制。经济搞好了，教育搞好了，同时法制完备起来，可以在很大程度上保障整个社会有秩序地前进。”他号召教育战线的同志都要“经常地、自觉地以大局为重，为提高人民和青年的社会主义觉悟奋斗不懈”。1980年1月16日，邓小平同志强调，“我们一定要在全党和全国范围内有领导、有计划地大力提倡社会主义道德风尚，热爱社会主义祖国，提高民族自尊心，还要进行坚持社会主义道路、反对资本主义腐蚀的革命品质教育。现在有一部分青年有忽视政治的倾向，全党必须看到这个问题的严重性，一定要分析原因，找出办法，认真有效地加以解决。”1985年，邓小平同志再次指出：“不加强精神文明的建设，物质文明的建设也要受破坏，走弯路。光靠物质条件，我们的革命和建设都不可能胜利。”

面对改革开放时期各种社会思潮，邓小平同志提出，“当前的精神文明建设，首先要着眼于党风和社会风气的根本好转。”他认为，“端正党风，是端正社会风气的关键。……改善社会风气要从教育入手。教育一定要联系实际。”1986年1月，邓小平同志在中央政治局常委会上强调：“搞四个现代化一定要有两手，只有一手是不行的。所谓两手，即一手抓建设，一手抓法制。”1986年冬，有少数人借政治体制改革问题鼓吹推行包括多党制在内的西方资产阶级政治制度，攻击人民民主专政。一些鼓吹资产阶级自由化的头面人物还到一些大学进行煽动，直接挑动学生闹事。针对这些情况，邓小平同志尖锐地指出：“学生闹事，大事出不了，但从问题的性质来看，是一个很重大的事件。”“几个学生上街影响不了大局。问题在于我们思想战线上出现了一些混乱，对青年学生引导不力。这是一个重大失误。”邓小平同志要求用中华民族的历史来教育青年，坚决改变这种引导不力的软弱状态，“要加强各级学校的政治教育、形势教育、思想教育，包括人生观教育、道德教育。”

根据邓小平同志的思想，1986年，党的十二届六中全会通过了关于社会主义精神文明建设指导方针的决议，力图解决物质文明建设与精神文明建设的失衡问题，端正党风和社会风气。但是，由于当时党内有一些领导人对邓小平同志关于精神文明重在建设的思想认识不足，加之对西方意识形态的渗透防范不严，从而一度导致资产阶级自由化思潮的泛滥。1989年的春夏之交我国发生的政治风波，严重破坏了安定团结的政治局面，干扰了社会主义现代化建设。对此，邓小平同志在组织全党对改革开放十年进行反思时多次深刻地指出：“十年最大的失误是教育，这里我主要是讲思想政治教育，不单纯是对学校、青年学生，是泛指对人民的教育。对于艰苦创业，对于中国是个什么样的国家，将要变成一个什么样的国家，这种教育都很少，这是我们很大的失误。”

党的十四大以来，邓小平同志关于加强社会主义精神文明建设的思想越来越得到全党的重视。1996年，党的十四届六中全会通过了关于加强社会主义精神文明建设的决议，根据邓小平理论对十多年来社会主义精神文明建设历史经验进行了总结，体现了党对社会主义精神文明规律的深刻认识。1997年，党的十五大提出，建设有中国特色的社会主义文化，在主要内容上与社会主义精神文明是一致的，把提高全民族的思想道德素质和科学文化素质、向经济发展和社会全面进步提供强大的精神动力和智力支持、培育适应社会主义现代化要求的一代又一代“四有”公民作为我国文化建设的根本任务。

（四）尊师重教，身体力行，为教育当后勤部长

1977年5月24日，邓小平同志指出：“一定要在党内造成一种空气：尊重知识，尊重人才。要反对不尊重知识分子的错误思想。”在同年“8·8讲话”中明确表示“我们要把从事教育工作的与从事科研工作的放到同等重要的地位，使他们受到同样的尊重，同样的重视”。邓小平同志全力呼吁要造成全党全社会尊师重教的浓厚空气，努力为教师创造必要的工作条件。提出“一个学校能不能为社会主义建设培养合格的人才，培养德智体全面发展、有社会主义觉悟的有文化的劳动者，关键在教师”。“搞教育是很光荣的，要鼓励大家热心教育事业”，“人民教师是培养革命后代的园丁。他们的创造性劳动，应该受到党和人民的尊重。”“我们要提高人民教师的政治地位和社会地位。不但学生应该尊重教师，整个社会都应该尊重教师。”

在相当长的一段时间里，我国中小学教师的物质生活待遇和社会地位偏低，他们的辛勤劳动未能得到社会的足够重视。邓小平同志了解这一情况后说：“现在小学教员的工资太低。一个好的小学教员，他付出的劳动是相当繁重的，要提高他们的工资。将来，有些教得很好的小学教员，工资可以评为特级。”“中小学教师中也有人才，好的教师就是人才。要珍惜劳动，珍惜人才，人才难得呀！”他要求有关部门“要研究教师首先是中小学教师的工资制度。要采取适当的措施，鼓励人们终身从事教育事业。特别优秀的教师，可以定为特级教师”。邓小平同志在提出恢复大学教师职务制度的同时，主张实行中小学教师职务制度。根据这一指示精神，教育部从批准北京市三名小学教师评为特级教师开始，建立了小学教师可以评高级教师的制度，大大地调动了教师的积极性。1980年2月，邓小平同志在人民大会堂接见全国大中小学及幼儿教师代表15 000千人，并与优秀教师座谈。从此，各省、直辖市和自治区的领导干部在节日看望慰问教师形成风气。1985年，我国规定每年9月10日为教师节，全社会尊师重教蔚然成风。

邓小平同志十分重视改善教师的生活待遇，切实为教师队伍建设办实事。他说："要调动科学和教育工作者的积极性，光空讲不行，还要给他们创造条件，切切实实地帮助他们解决一些具体问题。""限于国家的经济力量，我们一时还难以较大地改善教职员工的物质生活待遇，但是必须为此积极创造条件。各级党委和教育行政部门，首先要在可能范围内，尽力办好集体福利事业。"在教师的工资待遇上，他主张"不能搞平均主义，不能吃大锅饭。"邓小平同志号召："对于终身为教育事业服务的人，应当鼓励。""对于优秀的教育工作者，应该大张旗鼓地予以表扬和奖励。"以促进教师学习先进、奋发向上、热心从事教育事业。1987年，国家副主席王震同志作为中国中小学幼儿教师奖励基金会的理事长到中央有关部委募集资金。邓小平同志听说后非常赞成，他还风趣地说："'王胡子'要钱，应该给，他是为人民办好事。"

邓小平同志对落实党的知识分子政策、改善教师和知识分子的待遇，心情是十分迫切的，他呼吁"各级党政负责同志，要经常深入学校，倾听广大师生的意见和呼声，为他们排忧解难"。并表示："我们不论怎么困难，也要提高教师的待遇。"要分阶段地解决教师和知识分子的待遇问题，让教师和知识分子感到温暖和有希望。邓小平同志还要求各级党委和政府为教师和知识分子创造必要的工作条件，使他们能够一心一意地从事科研和教学工作。他说："科研、教育的后勤部门，工作量大，政策性强，十分重要。大学里应当有一批热爱本职工作、勤勤恳恳为教学和科研服务的人，把这方面的工作管起来，使教学和科研人员能够集中精力做好业务工作，不要让他们为了设备和工作条件问题到处奔跑。"1978年3月，邓小平同志在全国科学大会上表示："我愿意当大家的后勤部长，愿意同各级党委的领导同志一起，做好这方面的工作。"在1985年全国教育工作会议上，邓小平同志又一次表示："什么叫领导？领导就是服务。几年前，我曾说过，愿意给教育、科技部门的同志当后勤部长。今天，我还是这个态度。"他还说："我们这些人能做的工作，只是为大家创造条件。有了干扰，就排除它一下。发现有什么东西束缚了大家，帮助大家想点办法，解放出来。"改革开放以来，邓小平同志一直在关心着教育战线的广大师生员工，甚至对办好师范教育、加强在职教师培训、提高教学业务水平、安排生活困难教师补助、解决教师两地分居、教师住房、办好学校食堂、幼儿园、托儿所等具体问题，也都做过明确的指示。邓小平同志的身体力行，对调动广大教师献身事业、报效祖国的积极性，对近年来正在逐步形成尊师重教的社会风尚起了十分重要的作用。1993年，国家颁布了《教师法》，规定"教师的平均工资水平应当不低于或者高于国家公务员的平均工资水平，并逐步提高"。同时在教师内部建立激励和奖励机制，对教师住房采取优先和优惠政策，使全国城镇教职工家庭人均居住面积从1992年的6.6平方米增加到1996年的8平方米。

（五）"教育要面向现代化，面向世界，面

向未来”

1983年9月7日，景山学校成立20周年之际，该校师生写信恳请邓小平同志题词。10月1日，邓小平同志题写了“教育要面向现代化，面向世界，面向未来”。“三个面向”是邓小平同志思考已久的问题，这是在拨乱反正工作基本结束、教育事业开始进入正常运行轨道的关键时期，邓小平同志对全国教育事业发展与改革提出的卓有远见的战略部署，是我国教育深化改革和健康发展的指导方针，也是邓小平教育理论思想的重要组成部分。

教育要面向现代化，就是面向我国的社会主义现代化。1987年2月28日，邓小平同志指出：“我们干四个现代化，人们都说好，但有些人脑子里的四化同我们脑子里的四化不同。我们脑子里的四化是社会主义的四化。他们只讲四化，不讲社会主义。这就忘记了事物的本质，也就离开了中国的发展道路。”在邓小平教育理论思想中，培养“四有”新人是社会主义建设的必然要求和重要保证，因而也是社会主义教育事业的根本目标，在贯彻教育“三个面向”方针的过程中，始终贯穿着培养“四有”的社会主义建设者和接班人的内容，必须使教育结构、教育方法、教育内容、教育手段以及教育体制能够主动适应社会主义现代化建设的需要。邓小平同志曾经提出，“今后国家将努力开辟新的途径，增加新的行业，以便更有效地为四个现代化服务。我们制订教育规划应该与国家的劳动计划结合起来，切实考虑劳动就业发展的需要。”他还就各级各类学校发展的比例、调整专业设置、安排基础理论课程和进行教材改革，制定加速发展电视、广播等现代化教育手段的措施、尽快提高教学水平和质量等方面都作过明确的指示。关于教育要面向世界，邓小平同志认为，国际竞争，归根到底就是人才的竞争，提出“把尽快地培养出一批具有世界第一流水平的科学技术专家，作为我们科学、教育战线的重要任务”。要参与国际范围内经济和科技的激烈竞争，就必须立足本国培养大批高素质的劳动者和专门人才，注意吸收一切人类文明的先进成果，学习世界上一切先进的教育方法。邓小平同志曾经深情地说，“我们也希望中国出现一大批三四十岁的优秀的科学家、教育家、文学家和其他各种专家。”“也只有有了成批的杰出人才，才能带动我们整个中华民族科学文化水平的提高。”同时，教育还应面向未来。这是因为教育周期比科技开发和经济活动的周期都要长，教育的效益往往在十几年或几十年后才逐步显现出来，直接影响着一代人甚至几代人。邓小平同志高瞻远瞩地看到未来社会的发展和进步与教育和科技密切相关，把发展教育作为关系社会主义现代化建设全局的根本问题，把国家的未来和民族的命运始终寄托在下一代的身上。1984年2月，邓小平同志在上海视察时说：“计算机的普及要从娃娃做起”，早在十多年前就对信息技术对现代化建设及其教育事业的影响提出了对策。1985年他在全国教育工作会议上深刻地指出：“现在小学一年级的娃娃，经过十几年的学校教育，将成为开创二十一世纪大业的生力军。中央提出要以极大的努力抓教育，并且从中小学抓起，这是有战略眼光的一着。”1989年10月30日，中国青少年发展基金会成立，向社会宣布救助失学儿童的希望工程。1990年9月5日，邓小平同志题写“希望工程”四个字。1992年6月10日和10月6日，希望工程收到了署名“一个老共产党员”的3 000元和 2 000 元两笔捐款，都是救助广西百色地区失学儿童的。经希望工程工作人员多方查找，终于发现这位“老共产党员”就是邓小平同志。他不仅从战略高度指导着中国教育，而且在退休后还关心着祖国下一代的成长，从自己的稿费中省出一些钱支持教育，以实际行动关心和支持教育事业。

教育要面向现代化，面向世界，面向未来，就需要改革教学方法，更新学校教材，这是学习世界科学技术最新进展和成果的重要途径。邓小平同志非常重视各级学校的教材编写工作，1977 年他就敏锐地指出：“关键是教材。教材要反映出现代科学文化的先进水平，同时要符合我国的实际情况。”同年 7 月 29 日，邓小平同志就教材问题做过专门的指示，“要进口一批外国教材（自然科学的），要结合本国的国情编写教材，要组织一个很强的班子，编大中小学教材，要进口日本的、英国的、美国的、法国的、西德的自然科学教材，结合我们自己的实际编好教材，以后就按新教材来上课。今年实行起来有困难，从明年招生开始，今年要抓学校的改进，把教师好好调整一下，教材要组织专门班子编写。要编几种教材，以供选择。”9 月 19 日，邓小平同志再次指出：“看来，教材非从中小学抓起不可，教书非教最先进的内容不可，当然，也不能脱离我国的实际情况。”根据邓小平同志的指示，中央拨给教育部 10 万美元专款，开始从美国、英国、西德、法国、日本等国家引进大、中、小学教材，以供我国编写教材参考。至 1978 年 2 月，进口的外国教材已达 2 200 册，其中小学教材占 15%，中学教材占 20%，大学教材占 65%。1978 年 2 月 5 日，教育部请示中央要从各地抽调一批人员来加强人民教育出版社的力量，编写好教材。邓小平同志对这个报告十分重视，2 月 10 日批示：“编好教材是提高教学的关键，要有足够的合格人力加以保障。所提要求拟同意。”同时，又亲自指示有关方面马上解决编写人员的办公和住宿用房问题。1978 年，邓小平同志进一步指出：要“按照中小学生所能接受的程度，用先进的科学知识来充实中小学的教育内容”。在邓小平同志的关怀下，人民教育出版社从全国 18 个省、市、自治区选调了 200 多人参加中小学各科全国通用教材的编写工作，集中到北京分成 12 个编写组，还聘请了叶圣陶等 45 位国内知名专家担任编写各学科教材的顾问，并成立了教材编审领导小组。1978 年 9 月，全国中小学开始使用新编教材。1983 年，邓小平同志还在百忙之中专门为课程教材研究所题写了所名，充分反映了他对教材建设的关心与支持。

教育要面向现代化，面向世界，面向未来，还包含了邓小平同志一贯倡导的“请进来、走出去”的方针。70 年代后期，一些华裔学者要求回国参加社会主义建设。邓小平同志知道后说：“我们要创造条件，盖些房子，做好安置他们回国的准备工作。他们回国总要有个家，总要有必要的工作条件吧！接受华裔学者回国是我们发展科学技术的一项具体措施，派人出国留学也是一项具体措施。我们还要请外国著名学者来我国讲学。同中国友好的学者中著名的学者多得很，请人家来讲学，这是一种很好的办法，为什么不干？”“要利用外国智力，请一些外国人来参加我们的重点建设以及各方面的建设。”80 年代初期，每当有海外知名学者来华讲学，邓小平同志尽量抽出时间亲自会见，感谢这些专家教授对我国科教事业的帮助，听取他们对我国经济和科教事业的建议。在对外开放中，邓小平同志一方面主张学习国外的先进技术和经验，另一方面，他十分注意保证社会主义的政治方向。他说："我们执行对外开放政策，学习外国的技术，利用外资，是为了搞好社会主义建设，而不能离开社会主义道路。"在邓小平同志的指导下，改革开放20年来，我国同世界上154个国家建立了教育交流与合作关系，向60多个国家派遣了近千名汉语教师，从40多个国家和地区聘请了5.8万多名外籍教师、专家学者来华任教或短期讲学，支持和帮助我国的现代化建设。随着我国改革开放和经济的快速发展，世界也关注着中国，近十多年来共有21万外国留学生来到我国，学习我国的语言文化和科学技术。我国与国际组织的教育合作也非常活跃。1980年春天，邓小平同志在北京会见了世界银行行长麦克纳马拉先生，中国从此恢复了在世界银行的合法席位，1981年利用世界银行贷款的第一个项目就是教育项目，而邓小平同志则是这一合作的奠基人。15年来，中国已经利用世界银行贷款吸纳教育资金达26亿美元。1992年到1996年的5年间，联合国开发总署投入700万美元，在我国执行"大学管理人员培训与研究项目"和促进5省贫困地区九年义务教育项目；联合国人口基金投入590万美元，同我国进行"大学人口学培训与研究"等合作项目；联合国儿童基金会在80年代以来援助我国教育项目的基础上，1996—2000年间，再投入2 000万美元，用于实施"促进贫困地区初等教育"和"发展远距离教育"等项目。

邓小平同志从我国社会主义现代化建设的需要出发，提出要广泛地学习世界各国的先进经验和技术。1978年，邓小平同志提出："我赞成留学生的数量增大，……要成千成万地派，不只是派十个八个。"在封闭了十年之后，中国准备大量派遣留学生出国学习，这在当时引起了国内外的广泛关注。改革开放后，从1978年到1996年，我国共派遣留学人员近30万人，分布于103个国家和地区，数量之多，分布之广，在中国历史上是空前的。对于出国留学人员，邓小平同志要求尽力创造他们回国工作的各方面条件，并表示不管他们过去的政治态度怎么样，都可以回来，回来后妥善安排。邓小平同志曾说："我们的留学生有几万人，如何创造他们回来工作的条件，很重要。……这些人不回来，实在可惜啊！""要做出贡献，还是回国好。"一字一句，充满了他对海外学子的无限厚爱和深切关怀。近20年来，越来越多的海外学子积极响应祖国的号召，学成后回国服务，留学人员回国人数已达9万人，为国家的科技进步和经济建设做出了重要贡献。党的十四大以来，留学人员回国总数以每年13%的速度递增，特别是全面实行国家公费出国留学制度改革后，每年国家公派留学归国人数已超过当年派出数，近5年学成归国的留学人员达2.4万余人。据统计，在中国工程院院士中，有157人是近10多年来回国的留学人员，占中国工程院院士总人数的51.6%。中国科学院院士中，有95%是建国后历年回国留学人员。江泽民同志在党的十五大报告中继续强调："积极引进国外智力。鼓励留学人员回国工作或以适当方式为祖国服务。"把引进国外智力和做好留学人员工作作为遵循邓小平理论实施科教兴国战略和可持续发展战略的重要工作之一。

党的十五大确立了邓小平理论作为党的指导思想的重要地位，邓小平理论是毛泽东思想的继承和发展，是当代中国的马克思主义，是马克思主义在中国发展的新阶段。在全党全国人民学习贯彻邓小平理论和党的十五大精神的形势下，全国教师和教育工作者深深地体会到，邓小平教育理论思想是邓小平理论的重要组成部分，是把建设有中国特色的社会主义教育事业全面推向21世纪的行动指南。邓小平教育理论思想从我国社会主义初级阶段的基本国情出发，全面地阐明了教育与经济发展和社会进步之间相互依靠、不可分割的辩证关系，明确了教育在社会主义现代化建设事业中的重要战略地位。邓小平同志作为改革开放和社会主义现代化的总设计师，以伟大战略家的眼光提出“教育要面向现代化，面向世界，面向未来”的指导方针，将我国教育发展和改革融入改革开放与社会主义现代化建设的总体设计之中。邓小平同志坚信“中华民族教育事业空前繁荣的新局面，一定会到来”。他在生命的最后几年还一再号召全党全社会通力合作，为加快发展我国教育事业多做实事。邓小平同志把自己光辉的一生，都奉献给了他深情爱着的伟大祖国和人民，全国人民和教育界的广大干部师生都由衷地崇敬和爱戴邓小平同志。

当前，我们要在以江泽民同志为核心的党中央的领导下，高举邓小平理论的伟大旗帜，全面部署和组织教育界贯彻党的十五大精神，兴起深入学习领会邓小平理论特别是邓小平教育理论思想的新高潮。各级各类学校和教育管理部门要从实际出发，进一步抓好马克思主义理论课和思想品德课的建设，大力推进邓小平理论编进教材，进入课堂，用邓小平理论武装和教育广大学生。教育界广大干部和教职员工决心，以理论学习来推动教育实践，并且在实践中不断深化理论学习，扎扎实实地做好本职工作，促进我国教育事业的改革和发展，共同开创面向21世纪的社会主义教育事业新局面。

敬爱的邓小平同志，我们永远怀念您！

中华人民共和国高等教育法

（1998 年 8 月 29 日第九届全国人民代表大会常务委员会第四次会议通过）

第一章　总　　则

第一条　为了发展高等教育事业，实施科教兴国战略，促进社会主义物质文明和精神文明建设，根据宪法和教育法，制定本法。

第二条　在中华人民共和国境内从事高等教育活动，适用本法。

本法所称高等教育，是指在完成高级中等教育基础上实施的教育。

第三条　国家坚持以马克思列宁主义、毛泽东思想、邓小平理论为指导，遵循宪法确定的基本原则，发展社会主义的高等教育事业。

第四条　高等教育必须贯彻国家的教育方针，为社会主义现代化建设服务，与生产劳动相结合，使受教育者成为德、智、体等方面全面发展的社会主义事业的建设者和接班人。

第五条　高等教育的任务是培养具有创新精神和实践能力的高级专门人才，发展科学技术文化，促进社会主义现代化建设。

第六条　国家根据经济建设和社会发展的需要，制定高等教育发展规划，举办高等学校，并采取多种形式积极发展高等教育事业。

国家鼓励企业事业组织、社会团体及其他社会组织和公民等社会力量依法举办高等学校，参与和支持高等教育事业的改革和发展。

第七条　国家按照社会主义现代化建设和发展社会主义市场经济的需要，根据不同类型、不同层次高等学校的实际，推进高等教育体制改革和高等教育教学改革，优化高等教育结构和资源配置，提高高等教育的质量和效益。

第八条　国家根据少数民族的特点和需要，帮助和支持少数民族地区发展高等教育事业，为少数民族培养高级专门人才。

第九条　公民依法享有接受高等教育的权利。

国家采取措施，帮助少数民族学生和经济困难的学生接受高等教育。

高等学校必须招收符合国家规定的录取标准的残疾学生入学，不得因其残疾而拒绝招收。

第十条　国家依法保障高等学校中的科

学研究、文学艺术创作和其他文化活动的自由。

在高等学校中从事科学研究、文学艺术创作和其他文化活动，应当遵守法律。

第十一条 高等学校应当面向社会，依法自主办学，实行民主管理。

第十二条 国家鼓励高等学校之间、高等学校与科学研究机构以及企业事业组织之间开展协作，实行优势互补，提高教育资源的使用效益。

国家鼓励和支持高等教育事业的国际交流与合作。

第十三条 国务院统一领导和管理全国高等教育事业。

省、自治区、直辖市人民政府统筹协调本行政区域内的高等教育事业，管理主要为地方培养人才和国务院授权管理的高等学校。

第十四条 国务院教育行政部门主管全国高等教育工作，管理由国务院确定的主要为全国培养人才的高等学校。国务院其他有关部门在国务院规定的职责范围内，负责有关的高等教育工作。

第二章 高等教育基本制度

第十五条 高等教育包括学历教育和非学历教育。

高等教育采用全日制和非全日制教育形式。

国家支持采用广播、电视、函授及其他远程教育方式实施高等教育。

第十六条 高等学历教育分为专科教育、本科教育和研究生教育。

高等学历教育应当符合下列学业标准：

(一)专科教育应当使学生掌握本专业必备的基础理论、专门知识，具有从事本专业实际工作的基本技能和初步能力；

(二)本科教育应当使学生比较系统地掌握本学科、专业必需的基础理论、基本知识，掌握本专业必要的基本技能、方法和相关知识，具有从事本专业实际工作和研究工作的初步能力；

(三)硕士研究生教育应当使学生掌握本学科坚实的基础理论、系统的专业知识，掌握相应的技能、方法和相关知识，具有从事本专业实际工作和科学研究工作的能力。博士研究生教育应当使学生掌握本学科坚实宽广的基础理论、系统深入的专业知识、相应的技能和方法，具有独立从事本学科创造性科学研究工作和实际工作的能力。

第十七条 专科教育的基本修业年限为二至三年，本科教育的基本修业年限为四至五年，硕士研究生教育的基本修业年限为二至三年，博士研究生教育的基本修业年限为三至四年。非全日制高等学历教育的修业年限应当适当延长。高等学校根据实际需要，报主管的教育行政部门批准，可以对本学校的修业年限作出调整。

第十八条 高等教育由高等学校和其他高等教育机构实施。

大学、独立设置的学院主要实施本科及本科以上教育。高等专科学校实施专科教育。经国务院教育行政部门批准，科学研究机构可以承担研究生教育的任务。

其他高等教育机构实施非学历高等教育。

第十九条 高级中等教育毕业或者具有同等学力的，经考试合格，由实施相应学历教育的高等学校录取，取得专科生或者本科生入学资格。

本科毕业或者具有同等学力的，经考试合格，由实施相应学历教育的高等学校或者经批准承担研究生教育任务的科学研究机构录取，取得硕士研究生入学资格。

硕士研究生毕业或者具有同等学力的，经考试合格，由实施相应学历教育的高等学校或者经批准承担研究生教育任务的科学研究机构录取，取得博士研究生入学资格。

允许特定学科和专业的本科毕业生直接取得博士研究生入学资格，具体办法由国务院教育行政部门规定。

第二十条 接受高等学历教育的学生，由所在高等学校或者经批准承担研究生教育任务的科学研究机构根据其修业年限、学业成绩等，按照国家有关规定，发给相应的学历证书或者其他学业证书。

接受非学历高等教育的学生，由所在高等学校或者其他高等教育机构发给相应的结业证书。结业证书应当载明修业年限和学业内容。

第二十一条 国家实行高等教育自学考试制度，经考试合格的，发给相应的学历证书或者其他学业证书。

第二十二条 国家实行学位制度。学位分为学士、硕士和博士。

公民通过接受高等教育或者自学，其学业水平达到国家规定的学位标准，可以向学位授予单位申请授予相应的学位。

第二十三条 高等学校和其他高等教育机构应当根据社会需要和自身办学条件，承担实施继续教育的工作。

第三章 高等学校的设立

第二十四条 设立高等学校，应当符合国家高等教育发展规划，符合国家利益和社会公共利益，不得以营利为目的。

第二十五条 设立高等学校，应当具备教育法规定的基本条件。

大学或者独立设置的学院还应当具有较强的教学、科学研究力量，较高的教学、科学研究水平和相应规模，能够实施本科及本科以上教育。大学还必须设有三个以上国家规定的学科门类为主要学科。设立高等学校的具体标准由国务院制定。

设立其他高等教育机构的具体标准，由国务院授权的有关部门或者省、自治区、直辖市人民政府根据国务院规定的原则制定。

第二十六条 设立高等学校，应当根据其层次、类型、所设学科类别、规模、教学和科学研究水平，使用相应的名称。

第二十七条 申请设立高等学校的，应当向审批机关提交下列材料：

（一）申办报告；

（二）可行性论证材料；

（三）章程；

（四）审批机关依照本法规定要求提供的其他材料。

第二十八条 高等学校的章程应当规定以下事项：

（一）学校名称、校址；

（二）办学宗旨；

（三）办学规模；

（四）学科门类的设置；

（五）教育形式；

（六）内部管理体制；

（七）经费来源、财产和财务制度；

（八）举办者与学校之间的权利、义务；

（九）章程修改程序；

（十）其他必须由章程规定的事项。

第二十九条 设立高等学校由国务院教

育行政部门审批，其中设立实施专科教育的高等学校，经国务院授权，也可以由省、自治区、直辖市人民政府审批；设立其他高等教育机构，由国务院授权的有关部门或者省、自治区、直辖市人民政府审批。对不符合规定条件审批设立的高等学校和其他高等教育机构，国务院教育行政部门有权予以撤销。

审批高等学校的设立，应当聘请由专家组成的评议机构评议。

高等学校和其他高等教育机构分立、合并、终止，变更名称、类别和其他重要事项，由原审批机关审批；章程的修改，应当报原审批机关核准。

第四章　高等学校的组织和活动

第三十条　高等学校自批准设立之日起取得法人资格。高等学校的校长为高等学校的法定代表人。

高等学校在民事活动中依法享有民事权利，承担民事责任。

第三十一条　高等学校应当以培养人才为中心，开展教学、科学研究和社会服务，保证教育教学质量达到国家规定的标准。

第三十二条　高等学校根据社会需求、办学条件和国家核定的办学规模，制定招生方案，自主调节系科招生比例。

第三十三条　高等学校依法自主设置和调整学科、专业。

第三十四条　高等学校根据教学需要，自主制定教学计划、选编教材、组织实施教学活动。

第三十五条　高等学校根据自身条件，自主开展科学研究、技术开发和社会服务。

国家鼓励高等学校同企业事业组织、社会团体及其他社会组织在科学研究、技术开发和推广等方面进行多种形式的合作。

国家支持具备条件的高等学校成为国家科学研究基地。

第三十六条　高等学校按照国家有关规定，自主开展与境外高等学校之间的科学技术文化交流与合作。

第三十七条　高等学校根据实际需要和精简、效能的原则，自主确定教学、科学研究、行政职能部门等内部组织机构的设置和人员配备；按照国家有关规定，评聘教师和其他专业技术人员的职务，调整津贴及工资分配。

第三十八条　高等学校对举办者提供的财产、国家财政性资助、受捐赠财产依法自主管理和使用。

高等学校不得将用于教学和科学研究活动的财产挪作他用。

第三十九条　国家举办的高等学校实行中国共产党高等学校基层委员会领导下的校长负责制。中国共产党高等学校基层委员会按照中国共产党章程和有关规定，统一领导学校工作，支持校长独立负责地行使职权，其领导职责主要是：执行中国共产党的路线、方针、政策，坚持社会主义办学方向，领导学校的思想政治工作和德育工作，讨论决定学校内部组织机构的设置和内部组织机构负责人的人选，讨论决定学校的改革、发展和基本管理制度等重大事项，保证以培养人才为中心的各项任务的完成。

社会力量举办的高等学校的内部管理体制按照国家有关社会力量办学的规定确定。

第四十条　高等学校的校长，由符合教育法规定的任职条件的公民担任。高等学校的校长、副校长按照国家有关规定任免。

第四十一条　高等学校的校长全面负责

本学校的教学、科学研究和其他行政管理工作，行使下列职权：

（一）拟订发展规划，制定具体规章制度和年度工作计划并组织实施；

（二）组织教学活动、科学研究和思想品德教育；

（三）拟订内部组织机构的设置方案，推荐副校长人选，任免内部组织机构的负责人；

（四）聘任与解聘教师以及内部其他工作人员，对学生进行学籍管理并实施奖励或者处分；

（五）拟订和执行年度经费预算方案，保护和管理校产，维护学校的合法权益；

（六）章程规定的其他职权。

高等学校的校长主持校长办公会议或者校务会议，处理前款规定的有关事项。

第四十二条 高等学校设立学术委员会，审议学科、专业的设置，教学、科学研究计划方案，评定教学、科学研究成果等有关学术事项。

第四十三条 高等学校通过以教师为主体的教职工代表大会等组织形式，依法保障教职工参与民主管理和监督，维护教职工合法权益。

第四十四条 高等学校的办学水平、教育质量，接受教育行政部门的监督和由其组织的评估。

第五章 高等学校教师和其他教育工作者

第四十五条 高等学校的教师及其他教育工作者享有法律规定的权利，履行法律规定的义务，忠诚于人民的教育事业。

第四十六条 高等学校实行教师资格制度。中国公民凡遵守宪法和法律，热爱教育事业，具有良好的思想品德，具备研究生或者大学本科毕业学历，有相应的教育教学能力，经认定合格，可以取得高等学校教师资格。不具备研究生或者大学本科毕业学历的公民，学有所长，通过国家教师资格考试，经认定合格，也可以取得高等学校教师资格。

第四十七条 高等学校实行教师职务制度。高等学校教师职务根据学校所承担的教学、科学研究等任务的需要设置。教师职务设助教、讲师、副教授、教授。

高等学校的教师取得前款规定的职务应当具备下列基本条件：

（一）取得高等学校教师资格；

（二）系统地掌握本学科的基础理论；

（三）具备相应职务的教育教学能力和科学研究能力；

（四）承担相应职务的课程和规定课时的教学任务。

教授、副教授除应当具备以上基本任职条件外，还应当对本学科具有系统而坚实的基础理论和比较丰富的教学、科学研究经验，教学成绩显著，论文或者著作达到较高水平或者有突出的教学、科学研究成果。

高等学校教师职务的具体任职条件由国务院规定。

第四十八条 高等学校实行教师聘任制。教师经评定具备任职条件的，由高等学校按照教师职务的职责、条件和任期聘任。

高等学校的教师的聘任，应当遵循双方平等自愿的原则，由高等学校校长与受聘教师签订聘任合同。

第四十九条 高等学校的管理人员，实行教育职员制度。高等学校的教学辅助人员及其他专业技术人员，实行专业技术职务聘任制度。

第五十条 国家保护高等学校教师及其他教育工作者的合法权益，采取措施改善高等学校教师及其他教育工作者的工作条件和生活条件。

第五十一条 高等学校应当为教师参加培训、开展科学研究和进行学术交流提供便利条件。

高等学校应当对教师、管理人员和教学辅助人员及其他专业技术人员的思想政治表现、职业道德、业务水平和工作实绩进行考核，考核结果作为聘任或者解聘、晋升、奖励或者处分的依据。

第五十二条 高等学校的教师、管理人员和教学辅助人员及其他专业技术人员，应当以教学和培养人才为中心做好本职工作。

第六章　高等学校的学生

第五十三条 高等学校的学生应当遵守法律、法规，遵守学生行为规范和学校的各项管理制度，尊敬师长，刻苦学习，增强体质，树立爱国主义、集体主义和社会主义思想，努力学习马克思列宁主义、毛泽东思想、邓小平理论，具有良好的思想品德，掌握较高的科学文化知识和专业技能。

高等学校学生的合法权益，受法律保护。

第五十四条 高等学校的学生应当按照国家规定缴纳学费。

家庭经济困难的学生，可以申请补助或者减免学费。

第五十五条 国家设立奖学金，并鼓励高等学校、企业事业组织、社会团体以及其他社会组织和个人按照国家有关规定设立各种形式的奖学金，对品学兼优的学生、国家规定的专业的学生以及到国家规定的地区工作的学生给予奖励。

国家设立高等学校学生勤工助学基金和贷学金，并鼓励高等学校、企业事业组织、社会团体以及其他社会组织和个人设立各种形式的助学金，对家庭经济困难的学生提供帮助。

获得贷学金及助学金的学生，应当履行相应的义务。

第五十六条 高等学校的学生在课余时间可以参加社会服务和勤工助学活动，但不得影响学业任务的完成。

高等学校应当对学生的社会服务和勤工助学活动给予鼓励和支持，并进行引导和管理。

第五十七条 高等学校的学生，可以在校内组织学生团体。学生团体在法律、法规规定的范围内活动，服从学校的领导和管理。

第五十八条 高等学校的学生思想品德合格，在规定的修业年限内学完规定的课程，成绩合格或者修满相应的学分，准予毕业。

第五十九条 高等学校应当为毕业生、结业生提供就业指导和服务。

国家鼓励高等学校毕业生到边远、艰苦地区工作。

第七章　高等教育投入和条件保障

第六十条 国家建立以财政拨款为主、其他多种渠道筹措高等教育经费为辅的体制，使高等教育事业的发展同经济、社会发展的水平相适应。

国务院和省、自治区、直辖市人民政府依照教育法第五十五条的规定，保证国家举办的高等教育的经费逐步增长。

国家鼓励企业事业组织、社会团体及其他社会组织和个人向高等教育投入。

第六十一条 高等学校的举办者应当保

证稳定的办学经费来源，不得抽回其投入的办学资金。

第六十二条 国务院教育行政部门会同国务院其他有关部门根据在校学生年人均教育成本，规定高等学校年经费开支标准和筹措的基本原则；省、自治区、直辖市人民政府教育行政部门会同有关部门制订本行政区域内高等学校年经费开支标准和筹措办法，作为举办者和高等学校筹措办学经费的基本依据。

第六十三条 国家对高等学校进口图书资料、教学科研设备以及校办产业实行优惠政策。高等学校所办产业或者转让知识产权以及其他科学技术成果获得的收益，用于高等学校办学。

第六十四条 高等学校收取的学费应当按照国家有关规定管理和使用，其他任何组织和个人不得挪用。

第六十五条 高等学校应当依法建立、健全财务管理制度，合理使用、严格管理教育经费，提高教育投资效益。

高等学校的财务活动应当依法接受监督。

第八章　附　　则

第六十六条 对高等教育活动中违反教育法规定的，依照教育法的有关规定给予处罚。

第六十七条 中国境外个人符合国家规定的条件并办理有关手续后，可以进入中国境内高等学校学习、研究、进行学术交流或者任教，其合法权益受国家保护。

第六十八条 本法所称高等学校是指大学、独立设置的学院和高等专科学校，其中包括高等职业学校和成人高等学校。

本法所称其他高等教育机构是指除高等学校和经批准承担研究生教育任务的科学研究机构以外的从事高等教育活动的组织。

本法有关高等学校的规定适用于其他高等教育机构和经批准承担研究生教育任务的科学研究机构，但是对高等学校专门适用的规定除外。

第六十九条 本法自1999年1月1日起施行。

面向 21 世纪教育振兴行动计划

（教育部 1998 年 12 月 24 日制定
国务院 1999 年 1 月 13 日批转）

中国共产党第十五次全国代表大会提出了跨世纪社会主义现代化建设的宏伟目标与任务，对落实科教兴国战略做出了全面部署。为了实现党的十五大所确定的目标与任务，落实科教兴国战略，全面推进教育的改革和发展，提高全民族的素质和创新能力，特制定本行动计划。

在改革开放和现代化建设新时期，邓小平同志反复强调，实现社会主义现代化，科技是关键，教育是基础。在世纪之交的重要时刻，江泽民同志又深刻指出，“当今世界，以信息技术为主要标志的科技进步日新月异，高科技成果向现实生产力的转化越来越快，初见端倪的知识经济预示人类的经济社会生活将发生新的巨大变化。”在即将到来的 21 世纪，以高新技术为核心的知识经济将占主导地位，国家的综合国力和国际竞争能力将越来越取决于教育发展、科学技术和知识创新的水平，教育将始终处于优先发展的战略地位，现代信息技术在教育中广泛应用并导致教育系统发生深刻的变化，终身教育将是教育发展与社会进步的共同要求。当前，许多国家政府都把振兴教育作为面向新世纪的基本国策，这些动向预示未来教育将发生深刻的变革，我们应当及早准备，迎接新的挑战。

党的十一届三中全会以来，我国的教育事业取得了显著成就，普及九年义务教育和扫除青壮年文盲的工作取得历史性进展；职业教育和成人教育迅速发展；高等教育规模稳步扩大；教育体制和教学改革逐步深化，办学条件和教育质量有了提高；教育法规体系基本框架已初步形成，所有这些为 21 世纪教育事业的振兴奠定了坚实基础。但是，我国教育发展水平仍然偏低，教育结构和体制、教育观念和方法以及人才培养模式尚不能适应现代化建设的需要。在当前及今后一个时期，缺少具有国际领先水平的创造性人才，已经成为制约我国创新能力和竞争能力的主要因素之一。因此，顺应时代要求，振兴我国教育事业，是实现社会主义现代化目标和中华民族伟大复兴的客观需要。我们要高举邓小平理论伟大旗帜，认真遵循邓小平同志关于“教育要面向现代化，面向世界，面向未来”的战略指导方针，抓住机遇，深化改革，锐意进取，把充满生机活力的中国教育推向 21 世纪。

《面向21世纪教育振兴行动计划》，是在贯彻落实《教育法》及《中国教育改革和发展纲要》的基础上提出的跨世纪教育改革和发展的施工蓝图。要全面规划，突出重点，抓住关键，重在落实。行动计划的主要目标是：到2000年，全国基本普及九年义务教育，基本扫除青壮年文盲，大力推进素质教育；完善职业教育培训和继续教育制度，城乡新增劳动力和在职人员能够普遍接受各种层次和形式的教育与培训；积极稳步发展高等教育，高等教育入学率达到11%左右；瞄准国家创新体系的目标，培养造就一批高水平的具有创新能力的人才；加强科学研究并使高校高新技术产业为培育经济发展新的增长点作贡献；深化改革，建立起教育新体制的基本框架，主动适应经济社会发展。到2010年，在全面实现“两基”目标的基础上，城市和经济发达地区有步骤地普及高中阶段教育，全国人口受教育年限达到发展中国家先进水平；高等教育规模有较大扩展，入学率接近15%，若干所高校和一批重点学科进入或接近世界一流水平；基本建立起终身学习体系，为国家知识创新体系以及现代化建设提供充足的人才支持和知识贡献。

一、实施“跨世纪素质教育工程”，提高国民素质

1. 2000年如期实现基本普及九年义务教育、基本扫除青壮年文盲的目标，是全国教育工作的“重中之重”。“两基”已进入攻坚阶段，要确保全国目标的实现。普及义务教育工作的重点和难点在中西部地区，在“十五”计划期间继续实施“国家贫困地区义务教育工程”，重点放在山区、牧区和边境地区。

进一步加强教育督导工作，健全督导机构，完善督导制度，保证“两基”的质量和素质教育的顺利实施。

2. 实施“跨世纪素质教育工程”，整体推进素质教育，全面提高国民素质和民族创新能力。改革课程体系和评价制度，2000年初步形成现代化基础教育课程框架和课程标准，改革教育内容和教学方法，推行新的评价制度，开展教师培训，启动新课程的实验。争取经过10年左右的实验，在全国推行21世纪基础教育课程教材体系。

3. 加强和改进学校的德育工作。继续加强爱国主义、遵纪守法和社会公德教育，进行中华民族优秀传统和革命传统教育，实施劳动技能教育以及心理健康教育，培养学生具有良好的道德、健康的心理和高尚的情操。

4. 体育和美育是素质教育的重要组成部分，要加强体育和美育工作。要使学生有健强体魄。美育不仅能培养学生有高尚情操，还能激发学生学习活力，促进智力的开发，培养学生创新能力。到2001年，通过发布《学校艺术教育工作条例》、深化教育改革和器材配备等工作，初步建立大中小学相互衔接的、较为科学合理的体育、艺术教育体系，保证学校体育和艺术教育教师的数量和质量，提高教学水平。

5. 实施素质教育，要从幼儿阶段抓起，要用科学的方法启迪和开发幼儿的智力，培养幼儿健康的体质、良好的生活习惯、活泼开朗的性格与求知的欲望。

重视特殊教育，努力为广大残疾少年儿童提供受教育的机会，培养他们自主自强的精神和生存发展的能力。

6. 继续扩大内地学校培养少数民族学生的规模，促进各民族素质的共同提高。基础教育阶段，要继续办好内地为边疆少数民族办的教学班（校），适当扩大培养规模。内地高等学校要为培养少数民族的优秀专门人才做出更多贡献。要重视加强民族地区“双语”教育教学和师资培养培训工作。

7.建立和完善有关语言文字工作的法规体系，全面推进学校语言文字工作，各级各类学校特别是中小学、师范院校要继续把说好普通话、写好规范字、提高语言文字能力作为素质教育的重要内容。加强汉语言文字和少数民族语言文字信息处理的宏观管理，依法努力提高全社会的语言文字规范化意识，到2010年在全国实现文字应用基本规范化，使我国语言文字的应用更加适应社会主义经济、政治和文化建设的需要。

二、实施“跨世纪园丁工程”，大力提高教师队伍素质

8.大力提高教师队伍的整体素质，特别要加强师德建设。3年内，以不同方式对现有中小学校长和专任教师进行全员培训和继续教育，巩固和完善中小学校长岗位培训和持证上岗制度。加强中小学教师继续教育的教材建设。中小学专任教师及师范学校在校生都要接受计算机基础知识培训。2010年前后，具备条件的地区力争使小学和初中专任教师的学历分别提升到专科和本科层次，经济发达地区高中专任教师和校长中获硕士学位者应达到一定比例。要加强和改革师范教育，提高新师资的培养质量。实力较强的高等学校要在新师资培养以及教师培训中做出贡献。

9. 重点加强中小学骨干教师队伍建设。1999、2000年，在全国选培10万名中小学及职业学校骨干教师（其中1万名由教育部组织重点培训）。通过开展本校教学改革试验、巡回讲学、研讨培训和接受外校教师观摩进修等活动，发挥骨干教师在当地教学改革中的带动和辐射作用。

10. 实行教师聘任制和全员聘用制，加强考核，竞争上岗，优化教师队伍。2000年前后，要通过提高生师（包括职工）比、下岗、分流富余人员等途径，优化中小学教职工队伍，提高办学效益。同时，要拓宽教师来源渠道，向社会招聘具有教师资格的非师范类高等学校优秀毕业生到中小学任教，改善教师队伍结构。

认真解决边远山区和贫困地区中小学教师短缺问题。要进一步完善师范毕业生的定期服务制度，对高校毕业生（包括非师范类）到边远贫困的农村地区任教，采取定期轮换制度，并享受国家规定的工资倾斜政策。鼓励各级政府机关公务员到中小学任教。

三、实施“高层次创造性人才工程”，加强高等学校科研工作，积极参与国家创新体系建设

11.高等学校要跟踪国际学术发展前沿，成为知识创新和高层次创造性人才培养的基地。要重视培养高层次创造性人才的团结、协作和奉献的精神。要从国内外吸引一批能够领导本学科进入国际先进水平的优秀学术带头人。按照“选到一个聘任一个”的原则，国家给予重点资助，学术带头人在国家政策允许的范围内享有人员聘用和经费使用的自主权。

12. 造就一批具有世界先进水平的中青年学术攻坚人才，使高等学校知识和技术创新基地尽快取得创新成果。从1998年起，在全国高等学校的重点学科中，设立一批特聘教授岗位，面向国内外公开招聘特别优秀的中青年学者进入岗位，设立专项奖金并鼓励地方政府和学校相应设岗奖励。

13. 全国高等学校以竞争选优方式分批

精选万名骨干教师，采取国家拨款与自筹经费相结合的办法增强科研经费支持力度，提高科研、教学质量及设备装备水平。

设立高等学校优秀青年教师科研和教学奖励基金。从1999年起每年评选百名35岁以下取得重大科研和教学成果的青年教师，连续5年加大支持其科研和教学工作的力度。

14. 高等学校实行国家重点实验室和开放实验室访问学者制度，实现重点学科的开放效益，提高师资队伍的整体水平。国家设立专项基金，用于实验室业务费用。

15. 进一步提高高等学校博士生培养质量，增设博士专项奖学金。从1999年开始，每年评选百篇具有创新水平的优秀博士论文。对于获奖后留在高等学校工作的博士，连续5年支持其科研、教学工作。要稳妥扩大高等学校博士后流动站的数量和规模。

16. 加强国际学术交流。除按现有留学基金制度继续派遣短期访问学者外，由国家资助，选拔大学系主任和研究所、实验室骨干作为高级访问学者，有针对性地到国外一流大学进行研修交流。邀请海外知名学者特别是世界一流大学的教授任国内大学客座教授，来华进行短期讲学和研究。还要采取各种措施鼓励留学人员回国服务，或以其他方式为提高我国高等学校的教学质量和科学水平贡献力量。

四、继续并加快进行“211工程”建设，大力提高高等学校的知识创新能力

17. 1995年启动的“211工程”，重点建设一批高等学校和一批学科，已经为我国创新人才的培养和国家创新体系的建设奠定了重要基础。“九五”期间，进入实质性建设阶段。要保证2000年切实完成“211工程”首期计划并在此基础上启动二期计划，以进一步提高高校知识创新能力和科学研究水平。

“211工程”二期计划建设资金仍采取国家、部门、地方和高等学校共同筹集的方式。其中，中央专项投入部分的力度至少与首期计划持平，主要用于加大已立项的重点学科建设力度。同时加强项目管理，提高资金使用效益。

五、创建若干所具有世界先进水平的一流大学和一批一流学科

18. 建设世界一流大学，具有重大的战略意义。按照江泽民同志在北京大学百年校庆大会上讲话的精神，“为了实现现代化，我国要有若干所具有世界先进水平的一流大学。”经过长期的建设和积累，我国少数大学在少数学科和高新技术领域已达到和接近国际先进水平，拥有一批高水平的教授，尤其是本科生培养质量较高，为创建世界一流大学创造了条件。

19. 国际上一流大学都是经过长期的建设形成的。一流大学建设要有政府的支持、资金的投入，但更重要的是学校领导、教师、学生长年累月辛勤奋斗的结果。特别是学生毕业以后在国家的各个建设岗位上乃至在国际上体现出了公认的信誉。同时这种学校集中有一大批知名的学者教授。因此，办成一流的大学，需要有一定的历史过程，要经过社会实践的考验。对此，既要有雄心壮志，又必须脚踏实地。要相对集中国家有限财力，调动多方面积极性，从重点学科建设入手，加大投入力度，对于若干所高等学校和已经接近并有条件达到国际先进水平的学科进行重点建设。今后10—20年，争取若干所大学和一批重点学科进入世界一流水平。

六、实施“现代远程教育工程”，形成开

放式教育网络，构建终身学习体系

20．现代远程教育是随着现代信息技术的发展而产生的一种新型教育方式，是构筑知识经济时代人们终身学习体系的主要手段。充分利用现代信息技术，在原有远程教育的基础上，实施“现代远程教育工程”，可以有效地发挥现有各种教育资源的优势，符合世界科技教育发展的潮流，是在我国教育资源短缺的条件下办好大教育的战略措施，要作为重要的基础设施加大建设力度。

21．以现有的中国教育科研网（CERNET）示范网和卫星视频传输系统为基础，提高主干网传输速率，充分利用国家已有的通信资源，进一步扩大中国教育科研网的传输容量和联网规模。2000年，全国全部本科高等学校和千所以上中等学校入网，并争取计算机网络进入5万名高校教授家中。利用中国教育科研网建立全国大学生招生远程录取、计算机学籍管理、毕业生远程就业服务一体化的信息系统。

22．继续发挥卫星电视教育在现代远程教育中的作用，改造现有广播电视教育传输网络，建设中央站，并与中国教育科研网进行高速连接，进行部分远程办学点的联网改造。2000年，争取使全国农村绝大多数中小学都能收看教育电视节目。要运用优秀师资力量和现代教育手段，把教育电视节目办好，重点满足边远、海岛、深山、林牧等地区的教育需求。

23．改变落后、低水平重复的远程教育软件开发制作模式，发挥政府宏观调控作用，利用各级各类学校教育资源的优势，通过竞争和市场运作机制，开发高质量的教育软件。要重点建设全国远程教育资源库和若干个教育软件开发生产基地。同时注意引进国外优秀现代远程教育软件。

24．教育部对全国现代远程教育工作实行归口管理，负责组织制订全国“现代远程教育发展规划”并组织实施。“现代远程教育工程”将实行短期国家支持、长期自力运行的发展策略。采用先进的信息技术手段，结合中国的实际情况，不断提高现代远程教育的水平。

为推动现代远程教育的发展，按国际惯例对现代远程教育网络运行费用实行优惠，并依法对境外捐赠设备、进口设备的关税给予减免。

25．建立和完善继续教育制度，适应终身学习和知识更新的需要。有条件的高等学校要开设继续教育课程，建设继续教育基地。要依托现代远程教育网络开设高质量的网络课程，组织全国一流水平的师资进行讲授，实现跨越时空的教育资源共享，向各行业的管理人员和专业人员提供多种继续教育课程。要发挥高等教育和中等专业教育自学考试制度的优势，不断扩大社会成员的受教育机会。

七、实施“高校高新技术产业化工程”，带动国家高新技术产业的发展，为培育经济新的增长点做贡献

26．高等学校要在国家创新工程中充分发挥自身优势，努力推动知识创新和技术创新，加快技术开发，围绕经济建设中的共性关键技术开展科技攻关，为改造传统产业、调整产业结构、加强农业和农村工作、培育国家经济发展新的增长点服务。

加强产学研合作，鼓励高等学校与科研院所开展多种形式的联合、合作，优势互补，讲求实效。促进高等学校、科研院所和企业在技术创新和发展高科技产业中的结合。鼓励企业在高等学校建立工程研究中心、生产力促进中心等技术集成与扩散的示范中心，开发高新技术产品。鼓励高等学校向企业转让技术，或利用现有中小企业兴办高新技术企业，探索企业与高校从立项到投产“一条龙”的全面合作。

27. 在高校周围形成高新技术企业群已成为知识经济发展的成功经验。要创造条件在高等学校周围，特别是高等学校集中的地区建立高新技术产业化基地，发展科技园区，成为有目的地吸引国外高新技术企业、引进国外高新技术最新成果的窗口，并发挥科技开发“孵化器”的作用。加强对教师和学生的创业教育，采取措施鼓励他们自主创办高新技术企业。

28. 高等学校兴办高新技术企业，对于带动高新技术产业的发展，形成新的经济增长点，发挥了重要的动力和辐射源的作用，成为培养创新人才的实践基地，也为社会提供了新的就业机会。今后，要按照现代企业制度方式，组建一批以高校为依托的高科技产业集团。

29. 建立健全高等学校高新技术产业化的保障机制。教育部成立高校科技产业发展资助机构，用于资助高校有开发前景的重大科技项目。通过控股、参股和信贷等方式，重点支持包括高校在内的科技产业和科技开发活动。同时，尽快组建一批专门为高校科技成果转化服务的中介机构。允许技术生产要素参与收益分配，对科技成果转让的收益应依据国家有关规定提取一定部分，按贡献大小分配给有关研制开发人员。要研究建立创业投资基金，鼓励符合条件的高科技企业上市，促进高新技术产业的发展。

八、贯彻《高等教育法》，积极稳步发展高等教育，加快高等教育改革步伐，提高教育质量和办学效益

30. 切实落实《高等教育法》关于“高等学校应当面向社会，依法自主办学，实行民主管理”的规定，扩大高校办学自主权。为使更多的高中毕业生有接受高等教育的机会，根据各地的需求和经费投入及师资条件的可能，在采用新的机制和模式的前提下，2000年高等教育本专科在校生总数将达到660万人。招生计划的增量将主要用于地方发展高等职业教育，研究生在校生规模应有较大的增长。高等教育入学率由1997年的9.1%（新口径），提高到2000年的11%左右。普通高等学校生师比由1997年的10：1提高到2000年的12：1，独立设置的普通高校平均在校生规模达到4 000人左右。

31. 加快高等教育体制改革步伐，深化高等教育改革。继续实行“共建、调整、合作、合并”的方针，今后3—5年，基本形成中央和省级政府两级管理、分工负责，在国家宏观政策指导下，以省级政府统筹为主的条块有机结合的新体制。除少数关系国家发展全局以及行业性很强需由国家有关部门直接管理的高等学校外，其他绝大多数高等学校由省级政府管理或者以地方为主与国家共建。中央财政继续拨款鼓励和推进管理体制改革，调整和优化高等学校布局。鼓励和支持社会力量办学。

32. 积极发展高等职业教育，是提高国民科技文化素质、推迟就业以及发展国民经济的迫切要求。对于学历高等职业教育，除对现有高等专科学校、职业大学和独立设置的成人高校进行改革、改组和改制，并选择部分符合条件的中专改办（简称“三改一补”）发展高等职业教育之外，部分本科院校可以设立高等职业技术学院，基本不搞新建。

挑选30所现有学校建设示范性职业技术学院。发展非学历高等职业教育，主要进行职业资格证书教育。要逐步研究建立普通高等教育与职业技术教育之间的立交桥，允许职业技术院校的毕业生经过考试接受高一级学历教育。

高等职业教育必须面向地区经济建设和社会发展，适应就业市场的实际需要，培养生产、服务、管理第一线需要的实用人才，真正办出特色。主动适应农村工作和农业发展的新形势，培养农村现代化需要的各类人才。要通过试点逐步把高等职业教育的招生计划、入学考试和文凭发放等方面的责权放给省级人民政府和学校，省级人民政府在国家宏观指导下，对本地区高等职业教育的现有资源进行统筹。加快发展高等职业教育的步伐，探索多种招生方法，中等职业学校毕业生中有一定比例（近期3%左右）可进入高等职业学校学习；普通高中毕业生除进入普通高等学校外，多数应接受多种形式的高等职业教育，提高素质。

33. 加大招生和毕业生就业制度改革力度，有计划、有步骤地推进高等学校招生考试制度的改革。要从有利于中小学实施素质教育、高等学校公平选拔合格人才、扩大高等学校办学自主权和社会稳定的原则出发，进行高考科目、内容、方法和制度的改革试点，增加对学生能力和综合素质的考核份量，探索适合不同地区和学校特点的高等学校招生、考试、评价的方法和制度。进行高等职业教育“学校面向市场自主办学，学生自谋职业”的试点。到2000年左右，建立起比较完善的由学校和有关部门推荐、学生和用人单位在国家政策指导下通过人才劳务市场双向选择、自主择业的毕业生就业制度。

要通过多种形式对高校特困生给予资助，保证经高考录取和已在校的家境贫寒的学生不因经济困难而辍学。国家继续安排资金资助特困生，地方财政和学校相应配套资助。同时，积极开展高校学生贷学金等多种助学制度的试点工作，探索社会主义市场经济条件下资助经济困难学生的有效途径。

34. 积极推进高等学校的教学改革，改革教育思想、观念、内容和方法。要大力推进高等专科教育的人才培养模式的改革，特别是改革课程结构，加强实践教学基地和“双师”型教师队伍建设。本科教育要拓宽专业口径，增强适应性，今后3—5年，将专业由200多种调整到100多种。继续推进“面向21世纪教学内容和课程体系改革计划”，并建成200个文、理科基础性人才培养基地、100个各科类基础课程教学基地和20个大学生文化素质培养基地，使之成为具有国内先进水平的教学示范基地。积极稳步发展专业学位研究生教育，进一步完善专业学位体系，培养大批高层次应用性人才。

35. 大力推进高等学校内部管理体制改革。逐步推行聘任制，减少冗员，精简高校职工队伍，使学生与教职员工之比、学生与职工之比、专任教师与职工之比均有较大提高；加速学校后勤工作社会化改革，精简分流富余人员。高等学校招生计划的扩大要同学校后勤工作社会化的进度挂钩。选择若干条件较好的城市组建企业化经营管理的高校后勤生活服务集团公司，从事学生公寓物业管理以及学校后勤生活服务。争取3—5年内，大部分地区实现高校后勤工作社会化。

九、积极发展职业教育和成人教育，培养大批高素质劳动者和初中级人才，尤其要加大教育为农业和农村工作服务的力度

36.依据《教育法》和《职业教育法》，要努力建立符合我国国情特点的职前与职后教育培训相互贯通的体系，使初等、中等和高等职业教育与培训相互衔接，并与普通教育、成人教育相互沟通、协调发展。设立职业教育课程改革和教材建设基金，实施课程改革和教材建设规划。依托普通高等学校和高等职业技术学院，重点建设50个职业教育专业教师和实习指导教师培养培训基地，地方也要加强职业教育师资培训基地建设。

继续实施初中后教育的分流，从各地实际出发，积极发展中等职业教育。全国高中阶段职业教育与普通教育之间应保持现有比例，努力达到《中国教育改革和发展纲要》提出的目标。极少数尚未普及九年义务教育的地区，对不能升入初中的小学毕业生应实行职业技术培训；高中阶段教育结构已基本合理的地区，要把职业教育工作重点放到提高质量和效益上来。经济比较发达的地区可发展部分综合高中，推迟到高三年级分流。要对中等职业教育的社会需求进行科学预测，按照“先培训，后上岗”的原则，对各类新就业人员进行时限和形式不同的职业教育和培训。中等职业教育要改革专业和课程结构，实行弹性选课制度，提高培养质量，使毕业生能够适应未来社会产业结构和就业市场变化的需要，努力在各地办出一批有较高社会声誉的职业技术学校。

37. 成人教育要以岗位培训和继续教育为重点，通过建立现代企业教育制度和职业资格证书制度，采取灵活多样的办学形式，使各类下岗和转岗人员都能接受不同层次和年限的职业培训或正规教育，为再就业工程服务，并使之规范化、制度化。积极为企业经营管理和财务管理人员进行在职培训。促进企业、学校与政府其他业务部门之间的合作。开展社区教育的实验工作，逐步建立和完善终身教育体系，努力提高全民素质。

根据不同学科、专业和行业发展趋势，加强专业技术人员继续教育工作，健全教育、考核、使用相结合的制度，建立继续教育基金，促进继续教育基地和网络的建设。还要加强公务员培训教育，健全培训机制，建设高素质的专业化的国家行政管理干部队伍。

38.加大职业教育与成人教育办学体制、管理体制、运行机制及招生就业制度改革的力度。适应社会主义市场经济体制的建立和发展，鼓励社会力量在政府的指导下办各种形式的职业教育和成人教育。职业教育和成人教育要走产教结合的道路，调整学校布局，优化资源配置，加强创业教育和职业道德教育，实行更加灵活的教学模式，努力办出特色，更好地为地区经济和社会发展服务。

认真贯彻党的十五届三中全会精神，深化农科教相结合和各类教育统筹的综合改革，促进农村普通教育、成人教育和职业教育的协调发展，充分发挥农村教育在农村现代化建设中的积极作用。扫盲工作要与农村实用技术培训相结合，切实巩固脱盲的成效，把脱盲与脱贫结合起来。今后3—5年，使全国大多数农村地区义务教育阶段的毕业生或肄业生能够在从业前后接受一定方式的职业技术培训，包括“绿色证书”培训，使一部分人掌握一两项生产致富的实用技术，适应农村经济社会发展和农民致富奔小康的需要，特别要采取多种教育和培训形式，为乡镇企业和农村产业升级提供充足的、适用的技术和管理人才。

十、深化办学体制改革，调动各方面发展教育事业的积极性

39. 认真贯彻国务院对社会力量办学实行“积极鼓励，大力支持，正确引导，加强管理”的方针，今后3—5年，基本形成以政府办学为主体、社会各界共同参与、公办学校和民办学校共同发展的办学体制。

要制定有利于吸纳社会资金办教育和民办学校发展的优惠政策。民办学校的教师和学生，在评定职称、业务培训、升学考试、社会活动等方面享有与公办学校教师、学生的同等待遇。国家设立社会力量办学表彰奖励基金，对有突出贡献的集体和个人给予表彰。

40. 社会力量办学要纳入依法办学、依法管理的轨道。社会力量办学不以营利为目的，鼓励滚动发展。要完善法规建设，充实学校设置标准，健全管理体制，加强校容管理，严格财务审计，不断提高教育和管理水平，鼓励现有学校发挥规模效益。

要保证社会力量举办的教育机构自主办学的法人地位，高等教育机构可面向社会自主招生，依法自行颁发非学历教育学生的结业证书，也可组织学生参加国家举办的自学考试或学历文凭考试，取得国家承认的学历证书。

41. 公办学校办学体制改革，要在政府教育行政部门的指导下进行试点。基础教育阶段要与改造薄弱学校相结合，高等教育阶段主要以地方高校和成人高校为对象，探索多种形式的办学模式。在推进办学体制改革中，按照教育法律法规，学校产权必须明晰，国有教育设施不得挪作他用，国有和公有资产不得流失。

十一、依法保证教育经费的“三个增长”，切实增加教育的有效投入

42. 落实科教兴国战略，必须转变把教育投资作为消费性投资的观念，要切实把发展教育作为基础设施建设，把教育投资作为一种基础性的投资，千方百计增加教育投入。各级财政要认真落实已出台的筹措教育经费的各项法律规定和政策，特别是要保证做到《教育法》规定的教育经费的“三个增长”（即各级政府教育财政拨款的增长要高于同级财政经常性收入的增长，在校学生人均教育经费逐步增长，教师工资和学生人均公用经费逐步增长）。要按照《教育法》和《中国教育改革和发展纲要》的规定，逐步提高国家财政性教育经费占国民生产总值的比例，努力实现4%的目标。

逐步提高中央本级和省级财政支出中教育经费支出所占的比例。自1998年起，中央本级财政按同口径每年提高1个百分点，2000年，将此比例提高3个百分点左右，除按原有政策保留目前每年由中央安排的教育专项外，上述增量部分主要用于振兴行动计划中中央财政支持和资助的项目。同时，各省、自治区、直辖市财政支出中教育经费所占的比例，也应根据各地实际每年提高1—2个百分点。

认真贯彻《国务院办公厅转发财政部关于进一步做好教育科技经费预算安排和确保教师工资按时发放通知的通知》（国办发〔1998〕23号）的精神，从1998年起，各级财政每年超收部分和财政预算外收入，应按不低于年初确定的教育经费占财政支出的比例用于教育。

加强对城、乡教育费附加的征管工作，以确保足额征收并由教育行政部门商财政部门统筹安排使用。积极支持勤工俭学、校办产业的发展，并对其继续实行税收优惠政策。

在中国中小学幼儿教师奖励基金会的基础上，建立中华教育发展基金会，多渠道筹集教育经费。

43.加快高校筒子楼建设和危房的改造，争取到2000年基本解决高校青年教师住房困难。中央部委所属高校此项工程所需资金，中央财政予以专项支持，其余部分由学校及其主管部门分担，改造后的筒子楼作为高校的公寓和周转用房。

44.利用银行贷款，进一步加快中央部委高校的教职工住房建设。为解决高校教师住房困难、稳定高校教师队伍，在2000年前建设银行基础设施贷款中，安排一部分用于中央部委所属高校住房建设，以支持利用学校自用土地，加快新建“经济适用型”住房，资金不足部分，应多渠道筹措解决。同时，要继续加强中小学教师的“安居工程”的建设。

45.各级教育部门必须采取各种措施深化教育改革，完善拨款制度，精简机构和冗员，提高经费使用效益。同时，加强对教育经费的审计与监督。

十二、高举邓小平理论的伟大旗帜，加强高等学校党的建设和思想政治工作，把高等学校建设成为社会主义精神文明建设的重要阵地

46.高等学校的德育工作要以马列主义、毛泽东思想和邓小平理论为指导，按照江泽民同志对全国青年和大学生提出的坚持“学习科学文化与加强思想修养的统一、学习书本知识与投身社会实践的统一、实现自身价值与服务祖国人民的统一、树立远大理想与进行艰苦奋斗的统一”的要求，贯彻落实《中共中央关于进一步加强和改进学校德育工作的若干意见》，坚持社会主义办学方向，完善德育工作体系，教育引导学生坚定政治信念，加强思想修养，树立远大理想，投身社会实践，自觉艰苦奋斗，立志振兴中华，把培养“四有”新人的战略任务落到实处。

47.认真组织实施普通高等学校公共马克思主义理论课和思想品德课（简称“两课”）课程设置新方案，加快邓小平理论“进教材、进课堂、进学生头脑”工作的步伐，用邓小平理论武装大学生。要加强“两课”课程体系和教材建设的研究，把理论研究基地建设好。加强“两课”教师的培训工作，提高他们的政治和业务水平，提高思想理论教育的实效。

48.加强高等学校中华民族优秀传统教育、人文科学教育和艺术教育，通过增设选修课、举办专题讲座和各种知识性、文艺性业余活动等多种方式，提高学生的文化素质。

49.加强高等学校的哲学社会科学研究。要在马克思列宁主义、毛泽东思想和邓小平理论的指导下，紧密结合国民经济和社会发展的重大理论和实践问题组织研究，发挥高等学校“思想库”、“人才库”的优势。要进一步加大高校哲学社会科学研究的投入，设立理论研究和教学优秀成果奖，提高高等学校哲学社会科学的研究水平和参与重大决策的能力。

加强教育科学研究。要统筹规划，突出重点，促进研究成果向实际应用的转化，为教育宏观决策科学化、民主化服务，为教育改革和发展的实践服务，为繁荣教育科学服务。

50.高等学校党组织要切实加强党的建设，加强和改进党对思想政治工作的领导。要在党委的统一部署下，建立和完善校长及行政系统为主实施的德育管理体制，加强高等学校思想政治工作队伍的建设，使高等学校在社会主义精神文明建设，维护生动活泼、安定团结的政治局面中发挥重要作用。

国家教委1998年工作要点

一、指导思想

高举邓小平理论伟大旗帜，认真学习党的十五大精神，全面贯彻十五大提出的教育工作的各项战略目标和任务，切实落实教育优先发展的战略地位，进一步深化教育改革，加快教育事业发展的步伐。

坚定不移地贯彻落实十五大确定的教育事业发展方针，坚持“全面适应、积极探索、加快改革、有所突破”和“规模、结构、质量、效益内在统一、相互协调”的深化教育改革与发展的思想，进一步理顺体制、搞活机制、优化资源、增加投入；继续抓紧落实《中国教育改革和发展纲要》及其实施意见，推动实施《全国教育事业“九五”计划和2010年发展规划》，不断开拓和丰富工作思路，努力探索和建立适应社会主义市场经济和社会全面进步，符合教育发展规律的教育体制和运行机制。

坚持“解放思想、实事求是”的思想路线，重视研究探索并切实解决教育改革与发展中的新情况、新问题，进一步加强教育的分区规划和分类指导，正确处理好改革、发展、稳定的关系。抓住机遇，振奋精神，求真务实，埋头苦干，为把一个健康、协调、持续发展的具有中国特色的社会主义教育全面推向21世纪而努力。

二、重点工作

1. 全面部署和组织教育战线学习贯彻十五大精神和邓小平理论，兴起学习邓小平理论的新高潮。结合教育改革和发展的实际，研究提出教育战线及本部门、本单位贯彻十五大精神的工作重点、改革思路和基本措施；制定并下发《邓小平教育思想学习纲要》，用邓小平理论武装教育战线广大干部和师生，坚决把思想认识高度统一到十五大精神上来，推动和深化教育战线学习邓小平理论；按照高等学校马克思主义理论课和思想品德课新的课程设置方案，进一步抓好“两课”建设，大力推进邓小平理论“进教材、进课堂、进头脑”工作。

2. 坚持“两基”为“重中之重”的发展方针，继续大力普及九年义务教育，扫除青壮年文盲，坚定不移、扎扎实实地作好“普九”和扫盲工作，大力推进素质教育。积极做好已实现“两基”地区的巩固与提高工作，“两基”工作立足中部地区十三省（市），重点投向西部地区九省（区），加大实施“国家贫困地区义务教育工程”的投资力度并切实提高效益，全面完成“普九”第二阶段目标，使全国实现“两基”的地区人口覆盖率达到72%；坚持“两基”“并举并重”的方针，力争中部地区六省（市）按规划完成扫盲验收工作，已经验收达标的地区重点要抓好巩固、提高工作，继续扫除剩余文盲，实现全国扫除青壮年文盲年度350万人的目标；贯彻落实《关于当前积极推进中小学实施素质教育的若干意见》，分区分类大力指导推进素质教育工作，积极推广大中城市薄弱学校建设的成功经验。

3. 认真筹备召开第五次全国高等教育工作会议，加大高等教育改革力度，稳步发展高等教育。认真组织好《高等教育法》的审议、颁布和宣传、实施工作；制定并实施《关于加快高等教育管理体制改革与布局结构调整工作的意见》，继续贯彻“共建、调整、联合、合并”八字方针，加快高等教育管理体制改革的步伐，深入研究部门办学管理体制改革问题，使高等学校发展规模和布局调整与优化宏观教育结构、合理配置教育资源紧密结合，使高等教育规模更加适当，教育质量和办学效益进一步提高；大力推进、不断深化以“面向21世纪教学内容和课程体系改革计划”为重点的高等教育教学改革；在加强宏观管理的基础上，积极探索高等教育办学体制、投资体制、内部管理体制改革，不断扩大高等学校的办学自主权。

4. 根据产业结构调整、区域特色经济发展和社会再就业的迫切需要，积极发展各种形式的职业教育和成人教育，进一步加快职业教育和成人教育改革。切实加强政府对职业教育的统筹规划，会同有关部委认真研究劳动就业制度和职业教育相配套的改革思路和措施，全面进行中专招生收费并轨改革，通过“三改一补充”的途径和形式，因地制宜地积极发展高等职业教育，努力提高质量，加快建设一批高质量、有特色的示范性中等职业技术学校和高等职业学校；探索新形势下行业、地区、企业的岗位培训、继续教育、社会化培训以及对下岗人员再就业培训的新机制，研究发展社会力量办学的宏观思路、运行机制和支持、鼓励、规范、发展的改革措施。

5. 切实落实教育优先发展的战略地位，积极推动国家财政性教育经费支出占国民生产总值4%得到逐步落实。继续努力加大教育投入体制改革力度，力争从财政超收收入和预算外收入中划出适当比例用于教育，切实抓好城乡教育费附加的足额征收和合理使用，推动地方教育附加费的开征工作，抓紧落实教育经费预算单列，加强研究并正确引导市场经济条件下的教育消费，进一步研究建立合理的教育经费分担机制，改进对教育经费的管理，不断提高教育经费的使用效益。

6. 认真筹备并开好第七次全国高等学校党的建设工作会议、第五次全国高等教育工作会议、全国教育法制工作会议和全国“两基”工作会议。

三、其他主要工作

1. 以十五大精神为指导，进一步加强高等学校党建和中小学德育工作，认真研究新形势下普通高等学校党委领导下的校长负责制的运行机制和工作特点，抓紧做好跨世纪高等学校领导班子的建设，重点抓好党政一把手后备干部的培养；落实《关于进一步加强高等学校社会主义精神文明建设的若干意见》、《中小学教师职业道德规范》和《关于加强对中学生进行党的基本知识教育的意见》，加强马列主义、毛泽东思想和邓小平理论对高等学校哲学社会科学研究和教学的指导，加强对师生的思想政治教育和形势政策教育，加强各级各类学校校园精神文明建设和教师职业道德建设，重点推进高等学校“安全文明校园建设”；会同有关部门，加大学校内部治安和周边环境综合治理的力度，及时发现并处理好各种热点问题和突发事件，确保教育战线安定团结和稳定的局面。

2. 加快《教育法》等配套法规建设；积极推进《教师职务条例》、《教育督导条例》的颁布工作以及对《学位法》、《师范教育条例》等的修改、送审工作，争取若干项法规得到颁布实施；进一步加大教育行政执法及监督检查力度，积极推进地方教育立法工作。

3. 完成1998年全国高等学校招生计划的宏观目标；协同有关部门，加强对地方教育发展规划的指导，加强对中央部门和地方高等教育发展规划的协调；修订《高等学校设置条例》，研究制定《高等教育机构命名规定》，着手清理整顿高等教育机构名称；加快教职工住房建设和住房改革的步伐；研究指导全国高等学校校园建设规划，完善各级各类学校建设标准体系；做好在京委属单位的办公业务用房和职工生活用房的建设工作。

4. 积极做好义务教育阶段课程和高中部分课程教学内容、教学要求的调整工作，力争调整后的课程方案于1998年秋季在大多数省（区、市）开始实施，同时着手研究制订面向21世纪的中小学课程体系；重点推进综合高中和特色高中的办学模式改革；建立健全中小学校、教师和学生的评价体系；对各地逐步建立和完善非义务教育阶段缴费上学制度提出指导性意见；进一步推进城市幼儿园办园体制改革试点。

5. 贯彻落实《普通中小学校督导评估指导纲要》，逐步建立普通中小学校督导评估制度；开展以减轻学生过重课业负担、加强薄弱学校建设等为主要内容的专项督导检查；逐步开展对县级政府教育工作和教育行政部门的督导评估。

6. 积极适应不同职业特点和就业需求，多渠道、多形式、多层次举办相互衔接和沟通的职业教育；进一步深化职业教育的体制改革和教学改革，大力推动“两种证书”制度；深化成人教育教学以及成人学历教育招生制度的改革；加强农村成人教育网络建设，办好一批示范性乡镇成人学校。

7. 坚持并巩固高等学校招生并轨改革的方向和成果，加强并完善对计划形式和收费标准的管理，加大高等学校奖、贷、助、补、减、免等多元化配套资助体系的力度，进一步深化高等学校毕业生就业制度改革，加快研究并推进研究生教育实行收费制度的改革；完成本科专业目录修订和颁布工作，并全面修订教学计划，研究和完善高等教育评估体系，重点抓好高等学校本科教学评估；大力推进理科、文科人才培养基地和工科基础课程基地的建设；继续支持产学研合作教育试点工作，大力推进加强大学生文化素质教育的试点；加强对“211工程”建设项目（包括重点基建项目）的管理和公共服务体系的建设，协调和集中各方面的资源，切实抓好“211工程”立项学校的学科建设和队伍建设，形成一批标志性成果；在积极完善中考、会考的基础上，大力推进高考科目设置和录取方法的改革，进一步扩大试点，及时总结推广成功的改革经验；充分发挥直属高等学校咨询委员会的作用，改进、加强直属高等学校常规管理工作，做好直属高等学校基本建设总体扩建和校园总体规划设计的论证和审批工作。

8. 制定并颁布《学位与研究生教育评估暂行办法》，修订实施《关于授予具有研究生毕业同等学力的在职人员硕士、博士学位的规定》；完成第七次学位授予权审核工作，增列部分博士、硕士学位授予单位和授予博士、硕士学位的学科、专业；深化教学改革，加强研究生导师队伍建设；积极推进专业学位设置试点工作。

9. 加强重点研究基地建设，参与国家重点基础研究发展规划项目，围绕国家和地区经济发展的重大目标，开展科技攻关；加强高等学校知识产权保护，促进学校和企业的合作，开展技术开发、技术创新，为企业提供技术支持，努力为地方经济发展服务；加强信息基础设施建设和信息人才培养，建立和完善适应市场经济、符合科技规律和适合教学环境的科技管理制度；切实抓好高等学校社会科学研究规划的立项、管理和跨世纪人才培养计划的实施，组织好第二届全国高等学校人文社会科学研究优秀成果评奖。

10. 调整并进一步明确高等学校后勤工作改革的总体思路，并扩大试点；进一步完善市场经济条件下校办产业改革发展的目标和措施，研究制定《委属高等学校校办产业产权界定暂行办法》；加强对大学出版社工作的指导，进一步搞好学校实验室建设；抓好委属企业的整顿、改组、改革工作。

11. 继续做好对国务院办公厅下发的《关于解决民办教师问题的通知》和《关于保障教师工资按时发放有关问题的通知》的贯彻落实工作；组织落实《关于"九五"期间加强中小学教师队伍建设的意见》和《面向21世纪高等学校教师队伍建设纲要》，启动"国家教委21世纪园丁计划"，在部分省(区、市）开展教师资格认定的试点工作；大力推进教育人事制度改革，在部分地区和高等学校开展高等学校全员聘任制和教育职员制度的改革试点；落实《关于"九五"期间全国中小学校长培训指导意见》，修订并组织实施《全国中小学校长岗位培训指导性教学计划》；组织第六次全国模范教师和教育工作者表彰奖励活动；进一步总结支教工作经验。

12. 积极推进师范教育结构、布局调整，探索以独立设置的各级各类师范院校为主体、非师范类院校共同参与、职前职后相沟通的基础教育师资培养培训体系；继续做好中央财政设立师范教育补助专款和地方各级政府相应设置师范教育专项基金工作；采取有力措施，全面推进中小学教师继续教育工作；组织实施"高等师范教育面向21世纪教学内容和课程体系改革计划"，进一步完善教学质量评估制度。

13. 进一步总结、推广城市、农村和企业教育综合改革的成功经验。在继续抓好实验城市、县、企业和地区联系点工作的同时，在更大的范围、更高的层次上推进教育综合改革实验，进一步加强各级各类教育统筹的力度，探索新形势下面向经济建设主战场，促进城市和农村教育与当地经济建设和社会全面进步更加紧密结合的新路子。

14. 分类指导推进民族地区"普九、普六、普四"工作，着手制定全国民族教育2000—2010年发展规划；加强教育扶贫攻坚工作，进一步搞好沿海内地经济发达地区对民族贫困地区的教育对口支援，搞好内地高等学校与民族地区高等学校的对口支援协作，加强教育援藏工作；改革双语教学，加强民族文字教材的建设。

15. 抓好《学校体育工作条例》和《学校卫生工作条例》评估细则的制订以及《“九五”期间农村学校体育、卫生工作意见》的实施工作，并对部分省（区、市）进行专项检查；组织落实《初中毕业生升学体育考试工作实施方案》；继续开展体育和艺术骨干教师培训，推进农村学校艺术教育实验工作；建立经常性学生体质监测与信息网络，促进学校健康教育教学质量的提高；研究制定高等学校军事理论课教学评估体系和高级中学学生军事训练检查评估办法。

16. 继续推进国家公费出国留学选拔与管理体制的改革，支持、鼓励更多的优秀出国留学人员回国工作或以适当方式为国服务，落实措施，注重实效；进行来华留学工作的改革，积极稳妥地发展来华留学工作，努力推动对外汉语教学和汉文化的传播；加强我国重点大学与国外著名高等学校之间的交流和科研方面的“强强合作”；进一步促进与有关国家及港澳台地区的教育交流与合作。

积极开展与教科文组织在教育领域的合作，争取外来经费，支持西部地区开展教育脱贫服务工作；做好我国出席1998年世界高等教育大会的准备工作。

17. 认真落实电教单位机构改革方案；规划建设多媒体交互式远距离教育网络并启动示范工程；开展全国广播电视大学的教学评估；完成对各级教育电视台的重新审核登记。

18. 继续加强教育宣传工作，把握正确的宣传方向，大力宣传教育改革和发展中涌现出的好典型、好经验，做好对教育热点、难点问题的正确引导，形成有利于促进教育改革和发展的良好社会舆论环境，不断提高教育宣传工作的实效；大力加强教育科学研究、政策调研和决策咨询工作，进一步推进教育决策和教育宏观管理的科学化、民主化。

19. 坚持“一手抓战线，一手抓机关”的方针，扎扎实实抓好国家教委机关和直属单位广大党员干部学习邓小平理论工作，以思想政治建设为重点，加强机关、直属单位领导班子和驻外干部队伍的建设与管理，切实做好后备干部队伍的培养规划工作，大力推进直属机关基层党组织建设，切实加强经常性的思想政治工作；继续开展创建“三优一满意”活动，强化全心全意为人民服务的意识，不断改进工作作风；进一步精减、压缩会议和文件，努力提高工作效率；初步完成机关信息网络建设，尽快实现办公自动化；加强国有资产的管理和保值增值工作；进行机关和直属单位住房改革，深化机关后勤改革，不断提高后勤服务的质量和水平；努力改善机关及其工作人员的办公、学习和生活条件。

继续抓好离退休老干部工作，结合国家教委的实际情况，认真贯彻中央和国务院的有关政策，及时研究并努力解决老干部工作中的实际问题。

20. 认真落实《中共中央、国务院关于党政机关厉行节约制止奢侈浪费行为的若干规定》和国家教委为贯彻这个规定下发的《实施细则》以及一系列关于廉洁从政的文件规定，加强党性党风党纪教育，强化监督制约机制，从严治标，着力治本，认真查处违法违纪案件，坚决制止和纠正各种行业不正之风。

全面贯彻落实《审计法》和《教育系统内部审计工作规定》，加强教育审计队伍建设，切实提高教育审计工作质量；进一步加强对各项教育经费的征收、筹集、管理、使用情况的审计监督。

国家教委 1998 年教育工作会议

国家教委 1998 年教育工作会议于 1998 年 1 月 16 日在南京召开。会议的主要任务是:全面总结和回顾国家教委 1997 年工作及党的十四大以来五年中教育改革与发展的工作成就和经验;全面部署教育战线学习贯彻党的十五大精神和邓小平理论,以及 1998 年各项重点工作;表彰第四批完成“两基”任务和首批实现普及初等义务教育县(市、区)。

出席会议的有:各省、自治区、直辖市、计划单列市和新疆生产建设兵团教委以及国务院有关部委教育司局负责同志,全国教育工会有关领导,国家教委领导、机关部分司局主要负责同志,以及新闻单位的代表,共计 100 人。

国家教委党组书记、副主任陈至立主持会议。国家教委主任朱开轩作工作报告。报告分三部分:一、1997 年的工作与五年回顾;二、学习贯彻党的十五大精神,加快教育改革和发展步伐;三、关于国家教委 1998 年的工作。朱开轩在报告中强调作好五个方面的工作:(一)用十五大精神统一教育战线党员、干部和师生的思想,大力推进学校党的建设、精神文明建设和德育工作;(二)进一步完善教育法律法规体系基本框架,全面推进依法治教工作;(三)继续坚定不移地贯彻“两基”为“重中之重”的方针,坚持巩固与提高相结合,打好“两基”攻坚战,1998 年要为本世纪内完成“两基”任务奠定好基础;(四)切实加快职业教育、成人教育改革步伐,进一步调整宏观教育结构和布局;(五)高等教育继续走稳步发展的道路。

陈至立在会上就贯彻落实会议精神强调三点意见:(一)教育战线要深入学习十五大精神,形成学习邓小平理论新高潮;(二)珍惜近年来教育工作的宝贵经验,并在实践中不断丰富和发展;(三)加强调查研究,改进工作作风,扎实工作,狠抓落实,加快教育改革和发展步伐,努力完成 1998 年的各项任务。国家教委副主任柳斌、周远清在会上分别就基础教育、高等教育有关问题发表了意见。

会上,公布了经省级人民政府评估验收、国家教委审查通过的第四批 400 个实现“两基”县(市、区)和其他县级行政区划单位名单,以及首批 51 个基本普及初等义务教育县(市、区)和其他县级行政区划单位名单。同时,对全省实现“两基”的浙江省政府赠发锦旗。

会议期间,与会代表结合朱开轩和陈至

立的讲话及国家教委对1998年教育工作的部署，就各地在教育改革和发展进程中出现的新情况和新问题进行了交流和研讨。会后，各与会单位及时传达会议精神，提出并制定了贯彻落实措施。

撰稿　张文忠

审稿　牟阳春　孙胜伟

国家科技教育领导小组成立

1998年3月19日，朱镕基总理在九届全国人大一次会议举行的记者招待会上宣布：科教兴国是本届政府最大的任务，是跨世纪的基本国策。中央已经决定，成立国家科技教育工作领导小组。

6月9日，国家科技教育领导小组召开第一次会议，讨论并通过了国家科技教育领导小组职责、会议制度和办公室设置等事项，审议并原则通过了中国科学院关于开展“知识创新工程”试点的汇报提纲，讨论了1998年实施科教兴国战略的工作要点和安排。听取了中国科学院院长路甬祥、科技部部长朱丽兰、教育部部长陈至立的工作汇报。会议确定国家科技教育领导小组的主要职责是：研究、审议国家科技和教育发展战略及重大政策；讨论、审议科技和教育重要任务及项目；协调国务院各部门与地方之间涉及科技或教育的重大事项。组成人员：组长朱镕基、副组长李岚清，成员：曾培炎（国家发展计划委员会主任）、盛华仁（国家经济贸易委员会主任）、陈至立（教育部部长）、朱丽兰（科学技术部部长）、刘积斌（国防科学技术工业委员会主任）、项怀诚（财政部部长）、陈耀邦（农业部部长）、路甬祥（中国科学院院长）、宋健（中国工程院院长）、徐荣凯（国务院副秘书长）。小组下设办公室，负责办理日常事务性工作。会议决定，在适当时候，国务院将召开全国知识创新工程工作会议、第三次全国教育工作会议。并决定进一步采取措施，缓解科学家和高校教师住房困难问题。朱镕基总理在会上指出，我们要深入贯彻江泽民同志关于知识经济和建立创新体系的重要批示精神。知识创新非常重要，要结合国民经济发展的需要和已经具备的条件进行整体规划，集中力量，重点突破。国家要在财力上支持知识创新工程的试点，要加大对科技和教育的投入。

10月28日，国家科技教育领导小组召开第二次会议，听取并讨论了教育部拟订的《面向21世纪教育振兴行动计划》，原则通过了这个计划。朱镕基总理在会上指出，贯彻落实党的十五大的战略部署，使经济建设切实转变到依靠科技进步和提高劳动者素质的轨道上来，必须落实科教兴国战略。教育和科技事业要走改革创新之路，全面提高全民族的素质和创新能力。还要求科技部从现在开始着手制定科技发展“十五”计划和今后的15年规划，加快科技体制改革和科技事业发展。

12 月 31 日，国家科技教育领导小组召开第三次会议，听取并审议科技部关于全国技术创新工作会议筹备工作和科技型中小企业创新有关问题的汇报，确定了将于 1999 年召开全国技术创新工作会议和全国教育工作会议的有关事项。朱镕基总理强调指出，要用社会主义市场经济的办法促进科技成果转化，形成科技与经济结合、产学研结合的有效新机制。

国家科技教育领导小组的成立，充分体现出党中央、国务院对科教兴国的重视。

撰稿　阎　蕾

审稿　牟阳春

制定《面向 21 世纪教育振兴行动计划》

在党的十五大对跨世纪教育工作提出新的要求之后，1998 年，江泽民同志在北京大学百年校庆和两院院士会议上又号召全党和全社会都要高度重视知识创新、人才开发对经济发展和社会进步的重大作用，使科教兴国真正成为全民族的广泛共识和实际行动。朱镕基同志在 1998 年九届人大第一次会议后明确宣布把实施科教兴国战略作为本届政府最大的任务，国务院成立了国家科教领导小组，全面领导科技和教育工作。党中央和国务院的这些重大决策，在全社会引起了强烈反响，全国教育战线欢欣鼓舞。这一切，使教育工作面临着前所未有的机遇，也赋予教育工作崭新的任务。为进一步落实党中央和国务院的战略决策，把教育工作提高到一个新的水平，为 21 世纪落实科教兴国战略作出新的贡献，1998 年 4 月，教育部开始着手《行动计划》的制定工作。

教育部党组认真学习了党的十五大精神特别是关于科教兴国的战略部署，传达了党中央和国务院领导的多次重要讲话精神，根据国家科教领导小组第一次会议的要求，成立了由部党组主要负责同志牵头的调研小组，研究和论证跨世纪教育事业为科教兴国服务的总体思路和工作重点。教育部召开十多次专题座谈会，进行了一系列调研活动，广泛听取了教育界、科技界、经济界及社会各界近百名专家代表的意见，教育部有关司局、部分省市教育部门和有关教育科研单位提交了数十份专题调研报告和背景材料。调研小组在起草《行动计划》的过程中，以邓小平教育理论和党的十五大精神为指导，总结了改革开放以来中国教育发展与改革的历史成就和经验，分析了 90 年代以来不同发展水平国家宏观教育改革和发展的重大趋势，为制定《行动计划》提供了多方面的论证和参考。李岚清同志始终关心和亲自指导《行动计划》的起草工作，多次批示并直接听取汇报，作了明确的指示。教育部党组召开十余次不同范围的会议，对《行动计划》稿进行了专门讨论。在数易其稿的基础上，完成了《行动计划》（草案）和一系列附件。1998 年 10 月 28 日，这一计划经国家科教领导小组第二次会议审议原则通过。会后，教育部根据朱镕基同志、李岚清同志的指示和领导小组各成员提出的意见建议，对《行动计划》进行了认真的修改。1998 年 12 月初，报送国务院领导审阅，李岚清同志作了重要批示。而后，教育部又将新的修改稿送国家科教领导小组各成员及有关部门审改，并召开部分省、自治区、直辖市教委主任、教育厅（局）长会议听取意见。12月下旬，教育部收到大部分的反馈意见，对《行动计划》进一步作了修改，形成向国务院上报的送审稿。1999年1月13日，国务院向各省、自治区、直辖市人民政府、国务院各部委和各直属机构发出《国务院批转教育部面向21世纪教育振兴行动计划的通知》，要求“各级人民政府和各有关部门要切实把教育摆在优先发展的战略地位，充分认识全面振兴教育事业的重要性，认真实施《面向21世纪教育振兴行动计划》，把生机勃勃的中国教育带入21世纪。”

《面向21世纪教育振兴行动计划》，是在贯彻落实《教育法》及《中国教育改革和发展纲要》的基础上提出的跨世纪教育改革和发展的施工蓝图。主要目标是：到2000年，全国基本普及九年义务教育，基本扫除青壮年文盲，大力推进素质教育；完善职业教育培训和继续教育制度，城乡新增劳动力和在职人员能够普遍接受各种层次和形式的教育与培训；积极稳步发展高等教育，高等教育入学率达到11%左右；瞄准国家创新体系的目标，培养造就一批高水平的具有创新能力的人才；加强科学研究并使高校高新技术产业为培育经济发展新的增长点作贡献；深化改革，建立起教育新体制的基本框架，主动适应经济社会发展。到2010年，在全面实现“两基”目标的基础上，城市和经济发达地区有步骤地普及高中阶段教育，全国人口受教育年限达到发展中国家先进水平；高等教育规模有较大扩展，入学率接近15%，若干所高校和一批重点学科进入或接近世界一流水平；基本建立起终身学习体系，为国家知识创新体系以及现代化建设提供充足的人才支持和知识贡献。

为实现上述目标，《行动计划》提出了采取的主要措施。措施包括：实施“跨世纪素质教育工程”，提高国民素质；实施“跨世纪园丁工程”，大力提高教师队伍素质；实施“高层次创造性人才工程”，加强高等学校科研工作，积极参与国家创新体系建设；继续并加快进行“211工程”建设，大力提高高等学校的知识创新能力；创建若干所具有世界先进水平的一流大学和一批一流学科；实施“现代远程教育工程”，形成开放式教育网络，构建终身学习体系；实施“高校高新技术产业化工程”，带动国家高新技术产业的发展，为培育经济新的增长点做贡献；贯彻《高等教育法》，积极稳步发展高等教育，加快高等教育改革步伐，提高教育质量和办学效益；积极发展职业教育和成人教育，培养大批高素质劳动者和初中级人才，尤其要加大教育为农业和农村工作服务的力度；深化办学体制改革，调动各方面发展教育事业的积极性；依法保证教育经费的“三个增长”，切实增加教育的有效投入；高举邓小平理论的伟大旗帜，加强高等学校党的建设和思想政治工作，把高等学校建设成为社会主义精神文明建设的重要阵地。

《行动计划》的实施，旨在教育更加主动为社会主义现代化建设服务，真正担当起科教兴国的重任，培养同现代化要求相适应的数以亿计高素质的劳动者和数以千万计的专门人才，全面提高民族素质和创新能力。实施《行动计划》，应本着“全面规划、突出重点、抓住关键、重在落实”的原则，使21世纪的中国教育提高到一个新的水平。

撰稿　张　力

审稿　谈松华

《邓小平教育理论学习纲要》出版

江泽民同志在党的十五大报告中号召全党:“要重视学习,善于学习,兴起一个学习马列主义、毛泽东思想特别是邓小平理论的新高潮。”并提出要从总体上领会邓小平理论的基本观点和基本精神,要从各自工作的领域对理论的有关内容进行系统钻研和深刻理解。邓小平教育理论是邓小平理论的重要组成部分,是新时期中国社会主义教育事业发展的指导思想。为贯彻落实党的十五大精神,教育部编写了《邓小平教育理论学习纲要》,于 1998 年 6 月正式出版。

邓小平同志在探索中国社会主义现代化建设道路过程中,对新时期中国教育的战略地位、战略指导方针、教育方针和培养目标、教师的作用、教育的改革和发展,以及党对教育工作的领导等问题作了一系列重要论述,形成了具有鲜明中国特色和时代特征的教育理论。《邓小平教育理论学习纲要》系统地阐述了邓小平教育理论的科学内容。《纲要》共八章,八章的标题分别是:(一)我国社会主义教育事业发展的指导思想;(二)把教育摆在优先发展的战略地位;(三)教育要面向现代化,面向世界,面向未来;(四)坚持社会主义办学方向和教育方针,培养“四有”新人;(五)教师是培养合格人才的关键;(六)深化教育改革,促进教育发展;(七)各级领导都要重视教育,全社会都要支持教育;(八)学习和贯彻邓小平教育理论,全面开创社会主义教育事业新局面。

1998 年 5 月 25 日,中宣部、教育部联合发出《关于认真学习〈邓小平教育理论学习纲要〉的通知》,要求各级宣传部门、教育工作部门组织广大干部、党员认真研读邓小平同志原著,把《纲要》的学习纳入邓小平理论学习计划。教育部门和各高等学校党委中心组要带头学习,并组织好教育系统广大干部、党员特别是处级以上领导干部和系主任、党总支书记的学习,带动广大教职工的学习。大学生的学习可与马克思主义理论课、思想品德课的教学结合起来安排。各中小学校要认真组织全体党员学习领会《纲要》精神,同时组织好全体教职工的学习。

1998 年 6 月 11 日,中宣部、教育部在人民大会堂联合召开学习邓小平理论座谈会。中共中央政治局常委、国务院副总理李岚清出席座谈会并发表讲话,他指出,教育部编写的《邓小平教育理论学习纲要》的出版,是贯彻党的十五大精神,把学习邓小平理论特别是把学习邓小平教育理论不断引向深入的重要举措,为各级宣传部门、教育工作部门的广大干部、党员以及师生学习邓小平教育理论提供了重要的辅导材料。中共中央政治局委员、书记处书记丁关根，全国人大副委员长彭珮云出席了会议。教育部部长、党组书记陈至立主持座谈会。中宣部副部长白克明，中央文献研究室主任逄先知，中央党校常务副校长郑必坚，北京市委副书记李志坚，教育部邓小平理论研究中心主任、中国人民大学校长李文海等先后在座谈会上发言。

《纲要》出版之后，各地教育主管部门以多种形式开展了对《纲要》的宣传，组织对《纲要》的学习，将《纲要》的学习作为教育系统深入学习邓小平理论的一项重要措施加以落实。1998 年 12 月，教育部党组发出《关于集中组织高校干部和教师认真学习邓小平教育理论的通知》，要求进一步推动高校学习邓小平理论活动的深入。

撰稿　李成志

审稿　田心铭

改革开放 20 年中国教育事业的巨大成就

改革开放20年来，中国教育事业获得了空前的发展，取得了历史性的成就，为中国的改革开放事业和中国现代化建设事业作出了巨大贡献。

一、高举邓小平理论伟大旗帜，确立了教育优先发展的战略地位

改革开放以来，邓小平同志始终从中国现代化建设的全局和社会主义历史命运的战略高度来思考教育问题，他反复强调“教育是一个民族最根本的事业”，要尊重知识，尊重人才；强调“科学技术是第一生产力”、“科学技术人才的培养，基础在教育”教育的发展要与国民经济的发展相适应，全面论述了教育与发展社会生产力和实现现代化的关系，把确立教育的战略地位看成是解放和发展社会主义生产力，增强综合国力的根本措施。在邓小平理论指导下，新时期中国教育的改革和发展进入了历史上最好、最快的时期，教育优先发展战略地位的确立和落实，为实施科教兴国奠定了坚实基础。

以江泽民同志为核心的党中央从社会主义初级阶段的基本国情出发，对教育在社会主义现代化建设全局中的战略地位作出了具有时代特征和深远影响的论断，提出“培养同现代化要求相适应的数以亿计高素质的劳动者和数以千万计的专门人才，发挥我国巨大人力资源的优势，关系21世纪社会主义事业的全局，要切实把教育摆在优先发展的战略地位”。党中央、国务院高度重视教育工作，形成了新时期教育工作一系列方针与政策。江泽民同志在庆祝北京大学建校100周年大会上再次强调：“为了实现现代化，我们必须紧密围绕经济建设这一中心，坚持不懈地实施科教兴国战略”。新一届政府为落实科教兴国战略，成立了由朱镕基总理为组长的国家科教领导小组。教育战略地位的确立和“科教兴国”战略已日益深入人心。教育的改革与发展已成为各级政府规划经济与社会发展的中心和重要出发点。全党、全社会重视教育、关心教育的局面已经形成。

改革开放20年来，在邓小平理论的指导和党中央、国务院的关怀下，中国教育事业的改革与发展与社会主义现代化的进程，与人民群众对教育日益增长的需求紧密结合，为社会主义现代化建设提供了人才和智力贡献，为把中国的现代化事业全面推向21世纪打下了坚实基础。

二、全民受教育水平普遍提高，教育为现代化建设培养了大批专门人才和合格劳动者

——为把中国沉重的人口负担转化为人口资源优势，提高整个中华民族的素质，中国政府提出了要在本世纪末基本普及九年义务教育、基本扫除青壮年文盲的宏伟目标，坚持“两基”工作是21世纪中国教育发展的“重中之重”。到1998年底，全国已有73%的人口普及了九年义务教育，青壮年文盲率由1978年的18.5%下降到5.5%。基本改变了我国文盲、半文盲大国的状况，国民素质和社会文化程度明显提高。

——通过教育宏观结构的调整，有计划地实行小学后、初中后、高中后的三级分流。中等职业教育迅速发展。1998年中等职业教育在校生占高中阶段在校生总数的比例已经达到60.02%，20年来中等职业教育为经济建设培养了3 230.4万中等实用型技术人才。我国原有教育体系中最薄弱的环节得到补充和充实。

——以岗位培训和继续教育为重点的成人教育成绩显著。全国已经有80%以上的乡镇和40%以上的行政村建立了成人文化技术学校，初步形成了县、乡、村三级农村成人教育培训网络；数以亿计的职工和农民接受了各种形式的岗位培训和文化技术教育；高等教育自学考试制度建立以来，报考人数累计已达到2 000多万。

——高等教育在努力提高教育质量和水平的同时，形成了多形式、多层次的发展格局，培养了一大批专门人才。高等学校本、专科在校生由1978年的89.16万人，增加到1998年的623.09万人，大学毛人学率从1.4%提高到9.1%，高等职业教育迅速发展；20年来高等教育共培养本专科和研究生1 971.41万人，其中博士生4.49万人，硕士生43.26万人；以面向21世纪重点建设一批大学和学科为宗旨的“211”工程建设进展顺利；面向21世纪高等教育教学改革向纵深发展，对提高整个高等教育的质量与效益起到了积极作用。

——妇女和女童教育、少数民族教育、贫困地区教育和特殊教育得到空前发展。普通高校、中学和小学女学生占大中小学生总数的比例分别从1978年的24.1%、41.5%、44.9%提高到1998年的38.31%、45.67%、47.63%；少数民族学生占大中小学生总数的比例从4.2%、3.8%、5.3%提高到6.64%、7.13%、8.89%，已接近或超过少数民族人口占全国总人口的比重，内蒙古等八个主要少数民族聚居区的省（区）小学适龄儿童入学率达到98%，其中女童达到97.1%，全国有1万多所各类学校进行汉语和少数民族语言的“双语教学”，涉及少数民族语言60多种；多种形式的特殊教育不断扩大，特殊教育在校生从1978年的3.1万人增长到1998年的35.84万人；为改变贫困地区教育的落后面貌，中国政府实施了建国以来规模最大的“国家贫困地区义务教育工程（1995——2000)，为此，各级政府财政投入将超过100亿元。

三、中国教育体制改革取得重大突破

——从社会主义初级阶段的基本国情出发，正确处理基础教育、职业教育、成人教育、高等教育等各级各类教育关系，初步确立了以九年义务教育为基础、以普通高等教育为龙头、职业教育和成人教育共同发展的具有中国特色的社会主义教育体系的基本框架。

——打破了政府包揽办学的格局，逐步建立起政府办学为主与社会各界参与办学相结合的新体制，民办教育得到迅速发展。到

1998年，社会力量举办的各级各类学校已达5万多所，在校生约1 066万人，成为中国教育的有机组成部分。

——扭转了过去在教育管理体制上高度集中、统得过死的局面，初步形成了分级办学、分级管理的新体制，把义务教育的责任放到地方，极大调动了地方政府和人民群众的办学积极性。

——职业教育和成人教育在政府统筹管理下，发挥自己的特色，面向社会办学，取得了可喜的成绩。

——高等教育管理体制改革通过共建、调整、合作、合并等多种形式，初步打破了条块分割、重复办学的局面，已有640多所普通高校进行了管理体制的调整，中央和省两级管理、以省政府为主的新体制框架正在形成，高等教育的规模效益得到相应地提高。

——改变了高校招生和毕业生就业方面“统包”、“统分”状况，完成了高校招生收费并轨改革，大中专毕业生实行了“双向选择”、逐步走向自主择业的新体制。

——开展农村和城市综合改革，促进了教育与当地经济社会发展的紧密结合和教育整体效益的提高，农村的农业、科技、教育相结合以及各类教育的统筹改革，为农业和农村工作的发展作出了重大贡献。

——高等学校的办学自主权进一步明确，各级各类学校内部管理体制改革不断深化，进一步激发了学校的活力和教职员工的积极性。

四、中国教育不断扩大对外开放，形成了广泛的教育国际交流与合作的新格局，回国留学人员为现代化建设事业作出了重要贡献

20年来，中国已经与154个国家和地区建立了教育交流和合作关系，以开放的姿态大胆吸收和借鉴世界各国发展教育的先进经验，引进国外的先进教材和教学方法，对中国教育事业的发展起到了积极的促进作用。20年来，中国教育开放是前所未有的，已向100多个国家和地区派遣了近30万名留学人员，已有9.6万名留学人员学成回国。他们回国以后大多成为科研教学的骨干，对提高国家的科技和教育水平，促进经济社会发展起到了十分重要的作用。

五、教育投入、教育的基本条件、基础设施和师资队伍建设取得重大进展，为教育改革和发展提供了有力的保障

——教育投入是教育发展的物质基础，是落实教育战略地位的具体体现。20年来，中国政府用于教育的支出持续增长，财政性教育经费从1978年的81.24亿元增长到1997年的1 862.54亿元。同时，不断完善教育投入体制，改变了教育经费由政府拨款的单一渠道，逐步确立了多渠道筹措教育经费的新体制。在1997年，2 531.73亿元的教育经费中，非财政性教育经费已占到26.4%。

——教育基本建设成效显著，各级各类学校校舍得到较大范围的更新改造，学校办学条件有了大幅度的改善。

——建立了中国教育电视台，在各地形成了1 000多个教育广播电视台(站)，建设了与国际互联网相通的中国教育科研网，现代教育技术开始在各级各类学校中广泛应用。

——国家设立了教师节，颁布了《教师法》，使教师的社会地位得到空前提高，待遇得到较大改善，教师队伍的整体素质进一步提高；近年来，在国务院的高度重视下，各级政府都加大了教师住房建设的力度，教师住房工作实现了历史性的突破，城镇教师的人均居住面积达到 8.2 平方米，教师正在成为人们向往和羡慕的职业。

六、教育法制建设取得显著成就，基本形成了以《教育法》为核心，以教育专门法为骨干，内容较完备、结构较为合理的教育法规体系

1980 年以来，全国人大及其常委会先后制定了《学位条例》、《义务教育法》、《教师法》、《教育法》、《职业教育法》和《高等教育法》共计 6 部教育法律；国务院颁布了《普通高等学校设置暂行条例》、《高等教育自学考试暂行条例》、《社会力量办学条例》等 16 项教育行政法规；国务院教育行政部门发布了《中外合作办学暂行规定》、《民办高等学校设置暂行规定》、《教育行政处罚暂行实施办法》等 200 多件行政规章，基本形成了以《教育法》为核心，以教育专门法为骨干，内容较完备、结构较为合理的教育法律法规体系。到 1998 年底，在中国教育的各个领域都已建立了较为规范的法律关系：在保证教育优先发展的战略地位、保障学校的办学自主权、保护受教育者的合法权益等重要方面都已有法可依；对教育改革与发展中出现的热点、难点问题，正在逐步建立法制化、规范化的解决办法。教育法制工作已具备了坚实的基础，教育领域正在按照“依法治国”方略的要求，全面推动依法治教的进程。

撰稿　焦　新

审稿　康　宁

全国教育系统抗洪救灾

1998年我国发生了历史上罕见的洪涝灾害。湖北、江西、湖南、安徽、黑龙江、内蒙古、吉林、广西、福建、重庆10个省（区、市）受灾严重，给教育系统造成了巨大损失。据不完全统计，10个受灾省（区、市）受灾学校达5万所，损毁校舍面积300多万平方米，直接经济损失超过100亿元。

灾情发生后，党中央、国务院十分关注灾区教育工作。江泽民总书记、朱镕基总理、李岚清副总理等党和国家领导同志到灾区视察时，都到受灾学校了解灾情，慰问师生，并对抗灾复学工作作出指示；要求各级领导和有关部门采取有效措施，切实解决受灾学校的困难，力争使中小学秋季及时开学，保证灾区学生不停学、不辍学。国务院领导同志多次召开会议，就灾区教育问题进行专题研究、部署。8月26日，李岚清副总理召集国务院有关部门的负责同志，检查研究解决抗洪救灾中的防疫和教育问题，李岚清说，灾区中小学能否在9月1日按时开学，是灾区人民关心的一件大事，各地要采取措施，认真做好。截止1998年底，中央财政拨出教育救灾专款9.5亿元，主要用于重灾省中小学水毁校舍的修复、杂费减免和灾区大学生交通费补助及中央部委属高校灾区学生生活困难补助。同时，解放军和武警部队官兵捐款1.3亿元，支援灾区教育事业。

教育部党组非常重视灾区学校的恢复重建、按期开学工作以及灾区师生的生活学习。教育部党组书记、部长陈至立，党组副书记、副部长吕福源率教育部工作组先后到重灾区查看灾情、慰问师生。7月31日，教育部办公厅发出紧急通知，要求教育系统紧急行动起来，认真落实江泽民总书记、朱镕基总理和李岚清副总理等中央领导同志关于抗洪救灾的一系列重要指示精神，把抗洪救灾作为当前头等大事抓紧抓好。8月19日，教育部就洪涝灾区困难学生入学问题发出通知，要求各地切实做好洪涝灾区困难学生入学工作。8月24日，教育部发出通知，要求湖南等八省（区）教育部门采取切实措施，加强灾区学校卫生防疫工作。8月28日，中小学开学前夕，教育部又发出紧急通知，要求受灾地区教育行政部门千方百计，积极创造条件，因地制宜地做好中小学秋季开学的各项准备工作，力争使中小学秋季按期开学。提出要广泛开展全国教育系统赈灾募捐、对口支援活动。并会同财政部，紧急下达给灾区中央教育费附加1 550万元。1998年9月10日，由教育部、中央电视台联合主办，中国教育电视台协办的以“为了灾区的孩子”为主题的教育系统赈灾义演在北京举行。义演晚会上，中央和全国各地的教育部门、中外企事业单位、海外华人和留学人员、机关团体和个人纷纷打来电话或现场捐款。共筹集捐款3.4亿元。

面对特大洪涝灾害，受灾地区各级教育部门和各级各类学校在当地各级党委、政府的领导下，奋起抗洪救灾，力争将洪涝灾害造成的损失降低到最低限度。在抗洪斗争中，教育战线特别是受灾地区广大师生员工与人民解放军一起，奋战在抗洪第一线，涌现出许多先进人物和感人事迹。在党中央、国务院的领导和支持下，教育战线认真作好抗洪救灾和开学复课、重建校园工作，保证了学校正常开学和教学秩序的稳定。

撰稿　阎　蕾

审稿　牟阳春

教育综合管理

教育部1998年全国教育事业发展统计公报

1998年全国人民在党中央和国务院的坚强领导下,战胜了历史罕见的特大洪灾,抵御了亚洲金融危机的严重冲击,克服重重困难,继续保持了经济增长的良好势头。教育战线的全体干部、师生,团结一致,锐意进取,克服困难,开拓前进,使教育事业的改革和发展取得了显著的成绩。义务教育稳步推进,职业教育得到加强,高等教育改革取得显著成效,成人教育蓬勃开展。

义务教育

在各级党委和政府的重视和积极推动下,普及九年义务教育工作又有了较大进展,义务教育普及率显著提高,办学条件有一定改善。

到1998年年底,全国普及九年义务教育的人口覆盖率达到73%,"普九"验收的县(市、区)总数达到2 242个(含其它县级行政区划单位117个),9个省市已按要求实现"普九"。

全国小学60.96万所,比上年减少1.92万所。招生2 201.38万人,比上年减少260.66万人;在校生13 953.80万人,比上年减少41.57万人;毕业生2 117.44万人,比上年增加157.30万人。小学适龄儿童入学率(按各地相应学龄、学制计算)达到98.93%,比上年提高0.01个百分点,其中男女童入学率分别是99%和98.86%,性别差由上年的0.21个百分点下降到0.14个百分点。小学生辍学率0.93%,比上年下降0.08个百分点。小学五年巩固率为90.50%,其中女童五年巩固率为91.07%。

全国小学教职工644.56万人,比上年增加0.93万人。其中专任教师581.94万人,增加2.58万人。专任教师中,民办教师80.29万人,减少30.53万人,民办教师占教师总数的比重13.8%,比上年下降5.33个百分点。小学生师比24.0∶1,比上年的24.16∶1略有降低。

全国初中学校6.54万所,比上年减少0.08万所。招生1 996.25万人,比上年增加159.78万人;在校生5 449.73万人,比上年增加201.05万人;毕业生1 603.1万人,比上年增加139.79万人。其中普通初中6.39万所,招生1 961.36万人,在校生5 363.03万人,毕业生1 580.18万人;职业初中0.15万所,招生34.89万人,在校生86.70万人,毕业生22.92万人。初中阶段毛入学率

87.3%，比上年提高0.2个百分点。初中辍学率3.23%，比上年上升0.09个百分点。初中毕业生升学率50.7%。全国初中专任教师309.43万人，比上年增加7.26万人。专任教师中民办教师6.58万人，比上年减少3.4万人。民办教师占初中专任教师总数的比重为1.8%，比上年下降1.55个百分点。初中教师学历合格率83.4%，比上年增长2.9个百分点。生师比17.56：1，比上年有所提高。

全国普通中小学校舍建筑面积99 322.8万平方米，比上年增加5 090.08万平方米。其中危房1 006.2万平方米，危房率1.01%，比上年略有提高。初中理科实验设备、教学分组试验和图书达标学校占初中总校数的比例分别是：68.3%、64.6%和69.1%，分别比上年提高5.6、5.9和7个百分点。小学理科实验设备、教学分组试验和图书达标学校占小学总校数的比例分别是：42.4%、36.3%和59.2%，分别比上年提高3.8、4.4和6.7个百分点。

学前教育与特殊教育

学前教育和特殊教育继续稳步发展。

全国幼儿园18.14万所，比上年减少0.11万所，在园幼儿（包括学前班）2 403.03万人，减少115.93万人。由于适龄儿童减少，学前三年幼儿入园（班）率有所提高。幼儿园园长和教师共95.57万人，比上年减少0.61万人。

全国特殊教育学校1 535所，比上年增加95所；招收残疾儿童4.91万人，比上年增加0.3万人；在校残疾儿童35.84万人，比上年增加1.78万人。其中在盲聋哑学校就读的学生9.77万人，在弱智儿童辅读学校及辅读班就读的学生3.52万人，在普通学校特教班及随班就读学生22.55万人。残疾儿童毕业人数3.49万人。

高中阶段教育

全国高中阶段教育（包括普通高中、职业高中、普通中等专业学校、技工学校、成人中等专业学校、成人高中）共有学校3.88万所，招生930.61万人，在校学生共2 445.5万人。高中阶段职业教育（包括职业高中、普通中等专业学校、技工学校、成人中等专业学校）招生530.03万人，在校生1 467.87万人，分别占高中阶段招生和在校生总数的56.96%和60.02%。

全国普通高中1.39万所，与上年持平；招生359.55万人，增加36.94万人；在校生938万人，增加87.93万人；毕业生251.78万人，增加30.12万人。普通高中专任教师64.24万人，比上年增加3.73万人。生师比14.6：1，比上年的14.05：1略有提高。普通高中教师学历合格率63.49%，比上年增长2.76个百分点；普通高中图书达标率60.85%，比上年增长2.98个百分点；理科实验设备达标率62.71%，比上年增长2.98个百分点；实验室建筑面积达标率64.91%，比上年增长2.7个百分点；体育场馆面积达标率56.92%，增长2.28个百分点。

全国职业高中、普通中等专业学校、技工学校招生442.26万人，比上年增加26.43万人；在校生1 212.7万人，比上年增加124.48万人。

全国职业高中8 602所，比上年增加24所。招生182.68万人，增加2.34万人；在校生454.92万人，增加23.92万人；毕业生139.85万人，增加10.68万人。职业高中专任教师29.61万人，比上年增加1.38万人。

职业高中教师学历合格率 37.41%，增长 3.55 个百分点。职业中学实验室建筑面积达标率 40.39%，比上年增长 2.49 个百分点；体育场馆面积达标率 36.61%；理科实验设备达标率 35.01%，比上年增长 2.33 个百分点；教学实验分组达标率 34.29%，比上年增长 2.48 个百分点；图书达标率 41.98%，比上年增长 2.74 个百分点。

全国普通中等专业学校 4 109 所，比上年减少 34 所。招生 166.83 万人，增加 4.72 万人；在校生 498.08 万人，增加 32.66 万人。其中中等技术学校招生 134.89 万人，增加 5.32 万人，在校生 405.97 万人，增加 31.65 万人。中等师范学校招生 31.94 万人，减少 0.6 万人；在校生 92.11 万人，增加 2.02 万人。普通中等专业学校教职工 54.65 万人，比上年减少 0.71 万人。专任教师 27.85 万人，增加 0.21 万人。普通中等专业学校专任教师中具有本科以上学历的教师比例达到 69.49%，比上年增长 2.72 个百分点。生师比由上年的 16.84：1 提高到 17.88：1。其中中等技术学校从 17.62：1 提高到 18.88：1；中等师范学校从 14.26：1 提高到 14.51：1。

全国技工学校 4 395 所，招生数 57.86 万人，在校生 173 万人，毕业生 69.09 万人。技工学校教职工 30.95 万人，其中专任教师 15.34 万人。

全国成人高中 2 700 所，比上年增加 270 所。招生 41.03 万人，增加 5.26 万人；在校生 39.63 万人，减少 0.88 万人；毕业生 27.82 万人，增加 2.43 万人。其中职工高中 1 419 所，招生 32.96 万人，在校生 30.87 万人，毕业生 21.51 万人。农民高中 1 281 所，招生 8.07 万人，在校生 8.76 万人，毕业生 6.31 万人。

全国成人中等专业学校 5 068 所，比上年减少 45 所。招生 122.66 万人，在校生 341.87 万人，毕业生 122.14 万人。

全国中等自学考试报名人数 9.5 万人，取得中专毕业证书人数 1.15 万人。

高等教育

高等教育稳步发展，高等教育改革特别是高教管理体制改革取得突破性进展，教育质量和办学效益进一步提高。

高等学校布局结构调整取得重要进展，1998 年全国普通高等学校调整到 1 022 所。其中大学、学院 590 所，比上年减少 13 所；高等专科学校和职业技术学院 432 所，增加 15 所。全国培养研究生的单位 736 个，其中高等学校 408 个，科研机构 328 个。

全国招收研究生 72 508 人，其中博士生 14 962 人，硕士生 57 546 人。在学研究生 198 885 人，其中博士生 45 246 人，硕士生 153 639 人。毕业研究生 47 077 人。普通高等学校招收本专科生 108.36 万人，比上年增加 8.32 万人。其中招收本科生 65.31 万人，增加 7.34 万人，招收专科生 43.05 万人，增加 0.98 万人。本专科招生比例为 1：0.66，与上年的 1：0.73 相比，本科比重提高 1.05 个百分点。普通高等学校本专科在校生 340.87 万人，比上年增加 23.43 万人。其中本科在校生 223.46 万人，增加 24.84 万人；专科在校生 117.41 万人，减少 1.41 万人。本专科毕业生 82.98 万人。普通高等学校全日制本专科在校生平均规模由上年的 3 122 人提高到 3 335 人，平均每校增加 213 人。对研究生、留学生、进修生和夜大、函授生、成人脱产班等各类学生，按国家规定折合为本专科学生计算，生师比由上年的9.81∶1提高到11.6∶1。

全国普通高等学校教职工102.96万人，比上年减少0.19万人。其中专任教师40.72万人，增加0.27万人。专任教师中：教授3.67万人，副教授11.59万人，讲师15.45万人，助教7.84万人，教员2.17万人。

普通高等学校校舍建筑面积15 400万平方米，比上年增加1 026万平方米。按国家规定折合为本专科学生数计算，生均校舍建筑面积由上年的36.23平方米下降到32.5平方米。

全国成人高等学校962所，比上年减少145所。其中广播电视大学45所；职工高等学校567所，减少97所；农民高等学校3所；管理干部学院153所，减少8所；教育学院190所，减少39所；独立函授学院4所。全国成人高等教育招收本专科生（含电大普通班）100.14万人，比上年减少0.22万人。其中招收本科生11.32万人，专科生88.82万人。本专科在校生282.22万人，比上年增加9.8万人。其中本科在校生34.10万人，专科在校生248.12万人。

全国成人高等学校教职工20.39万人，比上年减少1.07万人。其中专任教师9.66万人，减少0.37万人。专任教师中：教授1 600人，副教授22 056人，讲师46 040人，助教21 811人，教员5 105人。

成人高等学校校舍建筑面积3 271.28万平方米，比上年增加110.05万平方米。生均校舍面积由上年的25.60平方米增加到27.10平方米。

全国高等自学考试报考人数1 091.09万人，取得毕业证书人数31.87万人。其中，取得本科毕业证书人数3.55万人；取得专科毕业证书人数28.32万人。

成人培训与扫盲教育

成人中初等技术培训教育蓬勃发展，扫盲工作基本完成年度规划目标，成人高等非学历教育有所发展。

全国成人技术培训学校46.48万所，比上年增加1.28万所。其中职工技术培训学校0.99万所，比上年减少0.1万所；农民技术培训学校45.49万所，比上年增加1.38万所。成人技术培训学校共培训结业8 682.41万人次。其中培训结业职工480.54万人次，培训结业农民8 201.87万人次。目前仍有6 293.11万人在校学习，其中职工310.09万人，农民5 983.02万人。成人技术培训学校教职工51.02万人，比上年增加4.73万人，其中职工技术培训学校教职工9.41万人，农民技术培训学校教职工41.61万人。成人技术培训学校专任教师19.56万人，比上年增加1.98万人，其中职工技术培训学校5.60万人，农民技术培训学校13.96万人。

全国各类成人高等学校非学历教育结业人数279.5万人次。其中证书教育27.03万人次，岗位培训222.20万人次，大学后继续教育9.56万人次，其他20.71万人次。

成人初等学校5.08万所，比上年减少0.2万所，招生225.74万人，减少59.99万人；在校生227.46万人，减少35.6万人。教职工5.65万人，减少0.35万人。其中专任教师1.87万人，减少0.38万人。

全国扫盲学校（班）结业人数320.89万人。扫盲教育教职工人数13.79万人，比上年减少1.31万人。其中专任教师4.49万人，增加0.31万人。

各类教育发展基本统计

1998年各级各类普通学校基本情况

单位：万人

	学校数（所）	毕业生数	招生数	在校学生数	教职工数	
					合 计	其中：专任教师
普通高等学校本专科	1 022	82.98	108.36	340.88	102.96	40.73
中等专业学校	4 109	129.31	166.83	498.08	54.65	27.85
技工学校	4 395	69.09	57.86	173.00	30.95	15.34
普通中学	77 888	1 831.96	2 320.91	6 301.03	462.13	369.71
职业中学	10 074	162.77	217.57	541.62	47.78	33.57
工读学校	82	0.32	0.30	0.61	0.27	0.15
小学	609 626	2 117.44	2 201.38	13 953.80	644.56	581.94
特殊教育学校	1 535	3.49	4.91	35.84	4.16	2.99
幼儿园	181 368		1 719.96	2 403.03	115.76	87.54

1998年各级各类成人学校基本情况

单位：万人

	学校数（所）	毕业生数	招生数	在校学生数	教职工数	
					合 计	其中：专任教师
成人高等学校	962	82.57	100.14	282.22	20.39	9.66
成人中等专业学校	5 068	109.93	110.61	305.06	23.16	12.73
成人中学	5 819	60.65	72.41	77.79	3.36	1.93
成人技术培训学校	464 850	8 682.41	7 488.42	6 293.11	51.02	19.56
成人初等学校	185 006	548.54	496.62	538.55	19.44	6.36

1998 年小学和初中毕业生升学率

单位：万人

年份	小学毕业生升学率			初中毕业生升学率			
	小学毕业生数	初级中等学校招生数	升学率（%）	初中毕业生数	初级中等学校毕业生数	高级中等学校招生数	升学率（%）
1997	1 960.1	1 836.5	93.7	1 442.4	1 463.3	721.6	49.3
1998	2 117.4	1 996.3	94.3	1 580.2	1 603.1	812.2	50.7

1998 年小学学龄儿童入学率和小学五年巩固率

单位：万人

年份	学龄儿童入学率			小学学生保留率		
	全国学龄儿童数	已入学学龄儿童数	入学率（%）	五年前小学一年级在校生	当年小学五年级在校生	保留率（%）
1997	13 346.7	13 202.5	98.9	26 241 948	23 227 977	88.5
1998	13 369.3	13 226.8	98.9	27 538 172	24 923 056	90.5

1998 年各级各类普通学校女学生和女教师数

单位：万人

	女学生		女专任教师	
	人数	占学生总数的比重（%）	人数	占专任教师总数的比重（%）
普通高等学校	130.59	38.31	14.78	36.28
中等技术学校	212.45	52.33	9.61	44.71
中等师范学校	60.20	65.35	2.64	41.59
普通中学	2 877.68	45.67	145.42	39.33
职业中学	259.69	47.95	13.78	41.05
工读学校	0.06	10.30	0.04	29.74
小学	6 645.57	47.63	284.61	48.91
特殊教育学校	12.98	36.22	1.99	66.41
幼儿园	1 114.94	46.40	82.67	94.43

1998年各级普通学校少数民族学生和少数民族教师数

单位：万人

	少数民族学生		少数民族专任教师	
	人　数	占学生总数的比重(%)	人　数	占专任教师总数的比重(%)
普通高等学校	22.64	6.64	2.32	5.70
中等技术学校	25.51	6.28	1.26	5.85
中等师范学校	9.47	10.28	0.62	9.70
普通中学	449.16	7.13	26.03	7.04
职业中学	22.86	4.22	1.64	4.89
工读学校	0.02	3.88	0.01	3.48
小学	1 240.19	8.89	53.69	9.23
特殊教育学校	0.80	2.23	0.15	4.92
幼儿园	82.57	3.44	3.12	3.56

1998年普通高等学校规模

单位：所

	学校数	300人及以下	301—500人	501—1 000人	1 001—1 500人	1 501—2 000人	2 001—3 000人	3 001—4 000人	4 001—5 000人	5 001人及以上
总计	1 022	13	21	80	147	150	209	136	75	191

1998年普通高校设置专业数

	合　计	哲学	经济学	法学	教育学	文学	历史	理学	工学	农学	医学
种数	779	9	35	26	19	108	16	75	381	52	58
点数	20 501	56	3 132	772	773	3 227	363	2 253	8 080	951	894

1998年普通高等学校工科分大类学生数

单位：人

	毕业生数	招生数	在校生数
总计	308 574	412 393	1 354 580
地矿	7 077	6 822	23 866
材料	12 705	17 101	59 131
机械	55 565	71 256	241 981
仪器仪表	6 439	7 194	25 979
热能核能	6 323	6 750	24 419
电工	32 453	40 599	136 775
电子与信息	73 437	113 667	345 290
土建	39 676	51 764	174 602
水利	3 937	5 195	16 758
测绘	1 800	2 107	6 845
环境	2 882	5 638	15 465
化工与制药	17 728	21 990	75 126
轻工粮食食品	9 090	12 968	40 374
农业工程	4 359	5 780	19 616
林业工程	1 658	2 013	6 678
纺织	4 785	5 502	19 137
交通运输	7 664	9 383	31 214
航空航天	1 282	1 882	6 727
兵器	309	292	1 359
公安技术	619	1 089	3 492
工程力学	731	876	3 163
管理工程	18 055	22 525	76 583

1998年普通高等学校学校数和教职工数

单位：人

	学校数（所）	教职工数						
		计	专任教师					
			小计	教授	副教授	讲师	助教	教员
总计	1 022	855 728	407 253	36 713	115 897	154 515	78 419	21 709
综合大学	72	133 961	64 060	7 457	19 732	23 704	10 165	3 002
理工院校	271	295 466	138 664	13 500	41 446	51 044	25 502	7 172
农业院校	49	44 626	20 354	1 751	5 768	7 362	4 294	1 179
林业院校	10	7 812	3 746	396	1 106	1 337	763	144
医药院校	118	94 487	42 498	5 618	11 765	14 874	8 342	1 899
师范院校	229	151 728	76 639	4 455	20 340	30 475	16 363	5 006
语文院校	15	10 507	4 974	412	1 392	1 890	1 018	262
财经院校	75	44 591	20 807	1 363	5 797	8 993	3 700	954
政法院校	25	14 192	5 522	385	1 348	2 431	1 098	260
体育院校	14	6 533	3 215	219	870	1 326	689	111
艺术院校	30	11 506	5 804	572	1 649	2 112	1 091	380
民族院校	13	10 192	4 897	283	1 292	2 082	999	241
短期职业大学	101	30 127	16 073	302	3 392	6 885	4 395	1 099

1998 年普通高校分科学生数

单位：人

	毕业生数	招生数	在校学生数	
			人数	%
总　计	829 833	1 083 627	3 408 764	100
哲　学	1 183	1 341	4 756	0.14
经济学	132 900	159 207	508 404	14.91
法　学	29 649	48 102	136 525	4.01
教育学	40 716	50 295	138 745	4.07
文　学	119 583	161 862	453 632	13.31
历史学	14 179	16 383	50 309	1.48
理　学	92 729	120 531	359 457	10.54
工　学	308 574	412 393	1 354 580	39.74
农　学	28 941	38 325	119 036	3.49
医　学	61 379	75 188	283 320	8.31

1998 年研究生数

单位：人

	毕业生数	招生数	在学研究生数
总　计	47 077	72 508	198 885
博　士	8 957	14 962	45 246
硕　士	38 051	57 300	153 110
研究生班	69	246	529

1998 年中等专业学校分类别情况

单位：人

	学校数（所）	教职工数					
		合　计	专任教师				
			计	高级讲师及以上	讲　师	助理讲师	教　员
总　计	4 109	546 542	278 475	45 177	120 256	100 007	13 035
中等技术学校	3 234	435 017	215 035	36 294	95 330	74 145	9 266
工业学校	1 061	176 856	84 517	14 658	37 910	28 429	3 520
农业学校	340	50 242	24 499	3 675	10 099	9 486	1 239
林业学校	53	9 055	4 201	817	1 904	1 368	112
医药学校	538	68 725	32 297	6 678	14 916	9 851	852
财经学校	590	67 157	34 707	5 357	15 985	12 151	1 214
政法学校	147	15 764	7 073	916	2 890	2 774	493
体育学校	178	15 080	8 064	1 211	3 863	2 623	367
艺术学校	166	16 566	10 520	1 748	4 282	3 654	836
其他学校	161	15 572	9 157	1 234	3 481	3 809	633
中等师范学校	875	111 525	63 440	8 883	24 926	25 862	3 769
其中：幼儿师范学校	61	7 594	4 067	627	1 610	1 603	227

1998年中等专业学校分科学生数

单位：人

	毕业生数	招生数			在校学生数
		合　计	招高中毕业生数	招初中毕业生数	
总　计	1 293 115	1 668 262	147 592	1 520 670	4 980 752
工　科	356 168	544 298	31 849	512 449	1 690 552
农　科	44 799	67 489	3 271	64 218	194 972
林　科	10 088	14 920	657	14 263	45 510
医药卫生科	126 285	167 279	4 271	163 008	493 576
财　经	212 121	198 564	22 472	176 092	656 962
管　理	131 878	197 906	18 684	179 222	551 060
政　法	42 376	55 160	29 516	25 644	125 135
艺　术	37 282	72 148	3 031	69 117	200 427
体　育	17 618	24 138	311	23 827	70 241
师　范	314 500	326 360	33 530	292 830	952 317
其中：幼儿师范专业	25 477	29 375	411	28 964	87 604
特教师范专业	2 143	2 207	315	1 892	6 753

1998年普通中学分城市农村学校数和学生数

单位：人

	学校数（所）	毕业生数		招生数		在校学生数	
		初中	高中	初中	高中	初中	高中
总　计	77 888	15 801 833	2 517 845	19 613 640	3 595 520	53 630 247	9 380 013
城　市	13 940	2 893 359	934 769	3 081 293	1 367 038	8 843 864	3 564 969
县　镇	19 898	4 262 615	1 228 499	5 087 299	1 713 380	14 033 550	4 504 608
农　村	44 050	8 645 859	354 577	11 445 048	515 102	30 752 833	1 310 436

1998年普通中学教职工数

单位：人

	教职工数						
	合　计	专任教师			行政人员	工勤人员	校办工厂、农场职工
		计	初　中	高　中			
总　计	4 621 252	3 697 100	3 054 658	642 442	480 442	400 133	43 577
教育部门办	4 134 663	3 351 636	2 777 752	573 884	425 160	326 951	30 916
其他部门办	336 429	247 462	190 270	57 192	45 228	40 364	3 375
集体办	100 922	65 848	65 435	413	2 577	23 445	9 052
民　办	49 238	32 154	21 201	10 953	7 477	9 373	234

1998年职业中学学校数和学生数

单位：人

	学校数（所）	毕业生数		招生数		在校生数	
		初中	高中	初中	高中	初中	高中
总计	10 074	229 245	1 398 488	348 927	1 826 773	866 962	4 549 166
城市	3 873	6 330	681 050	8 171	874 789	20 949	2 276 417
县镇	3 307	39 276	498 570	65 637	682 519	152 271	1 623 161
农村	2 894	183 639	218 868	275 119	269 465	693 742	649 588

1998年职业中学分办别教职工数

单位：人

	教职工数						
	总计	专任教师			行政人员	工勤人员	校办工厂、农场职工
		合计	初中	高中			
总计	477 756	335 687	39 570	296 117	71 408	56 764	13 897
教育部门办	397 735	288 090	38 064	250 026	56 401	44 087	9 157
其他部门办	59 198	36 615	242	36 373	10 933	8 943	2 707
集体办	5 723	2 022	941	1 081	378	1 477	1 846
民办	15 100	8 960	323	8 637	3 696	2 257	187

1998年小学分城镇农村的学校数和学生数

单位：人

	学校数（所）	毕业生数	招生数	在校学生数
总计	609 626	21 174 376	22 013 814	139 537 993
城市	32 632	2 942 751	2 765 234	18 505 771
县镇	83 842	4 087 279	4 148 464	26 637 234
农村	493 152	14 144 346	15 100 116	94 394 988

1998 年盲聋哑学校和弱智儿童附读学校基本情况

单位：人

	学校数（所）	毕业生数	招生数	在校学生数	教职工数	
					合计	其中：专任教师
总计	1 535	34 872	49 133	358 372	41 573	29 893
盲聋哑学校合计	1 062	9 723	16 928	97 649	30 868	21 415
盲聋哑学校	163	1 778	3 596	17 442	5 800	4 088
盲生部	0	198	625	2 198	922	676
聋哑生部	0	1 580	2 971	15 244	4 878	3 412
聋哑学校	871	6 041	10 535	60 011	22 769	15 859
盲校	28	432	582	2 560	1 362	875
普校附设及随班就读	0	1 472	2 215	17 636	937	593
盲生	0	482	621	4 320	304	211
聋哑生	0	990	1 594	13 316	633	382
弱智儿童校、班合计	473	25 149	32 205	260 723	10 705	8 478
弱智儿童辅读校、班	473	3 295	5 095	35 246	7 047	5 755
普校附设及随班就读	0	21 854	27 110	225 477	3 658	2 723

1998 年幼儿教育基本情况

单位：人

	园数（所）	在园幼儿	教职工数	
			合计	其中：专任教师
总计	181 368	24 030 344	1 157 630	875 427
教育部门办	31 741	9 226 311	325 624	260 542
其他部门办	19 154	2 913 114	303 152	169 847
集体办	99 649	10 183 109	419 548	369 590
民办	30 824	1 707 810	109 306	75 448

1998 年成人高等学校基本情况

单位：人

	学校数（所）	毕业生数	招生数	在校学生数	教职工数	教师数
总计	962	825 627	1 001 376	2 822 171	203 828	1 600
广播电视大学	45	169 176	178 450	482 804	49 579	145
职工高等学校	567	96 174	117 142	327 557	81 617	559
农民高等学校	3	424	402	878	253	0
管理干部学院	153	60 701	75 878	172 318	34 208	491
教育学院	190	66 217	82 185	212 005	36 851	381
独立函授学院	4	4 183	3 365	12 494	1 320	24
普通高等学校办		428 752	543 954	1 614 115		
函授部		244 814	307 695	962 588		
夜大学		90 081	110 735	363 895		
成人脱产班		93 857	125 524	287 632		

1998 年成人小学基本情况

单位：人

	学校数(所)	毕业生数	招 生 数	在校学生数	教职工数	兼任教师
成人初等学校合计	185 006	5 485 427	4 966 214	5 385 518	194 395	492 497
1. 职工初等学校	1 304	128 244	106 790	118 926	4 049	3 491
2. 农民初等学校	183 702	5 357 183	4 859 424	5 266 592	190 346	489 006
小学班	49 533	2 148 249	2 150 585	2 155 708	52 443	106 251
扫盲班	134 169	3 208 934	2 708 839	3 110 884	137 903	382 755

1998 年成人中等专业学校基本情况

单位：人

	学校数（所）	毕业生数	招 生 数	在校学生数	教职工数		兼任教师数
					合 计	专任教师	
总 计	5 068	899 949	864 840	314 651	914 100	231 620	35 213
广播电视中专学校	165	208 239	242 361	59 224	249 483	19 205	1 989
职工中等专业学校	2 026	321 456	316 499	158 312	299 898	88 883	15 161
干部中等专业学校	298	51 940	53 342	26 763	51 438	15 590	2 476
农民中等专业学校	421	76 314	75 928	42 262	68 467	18 856	3 170
函授中等专业学校	71	73 753	55 081	4 194	73 507	11 251	684
教师进修学校	2 087	168 247	121 629	23 896	171 307	77 835	11 733

1998 年成人技术培训学校基本情况

单位：人

	学校数(所)	毕业生数	招生数	在校学生数	教职工数	专任教师	兼任教师
成人技术培训学校	464 850	86 824 054	74 884 205	62 931 111	510 242	195 655	993 000
其中:教育部门办	405 156	73 088 010	62 626 890	53 466 942	398 322	143 566	814 402
其他部门办	59 694	13 736 044	12 257 315	9 464 169	111 920	52 089	178 598
一、职工技术培训学校	9 926	4 805 373	4 972 133	3 100 874	94 131	56 044	76 717
其中:教育部门办	3 591	1 025 381	881 927	786 204	36 310	23 992	20 289
其他部门办	6 335	3 779 992	4 090 206	2 314 670	57 821	32 052	56 428
二、农民技术培训学校	454 924	82 018 681	69 912 072	59 830 237	416 111	139 611	916 283
其中:教育部门办	401 565	72 062 629	61 744 963	52 680 738	362 012	119 574	794 113
其他部门办	53 359	9 956 052	8 167 109	7 149 499	54 099	20 037	122 170
其中:1. 县办农技培训学校	1 645	744 625	700 710	595 205	12 247	8 742	10 592
2. 乡办农技培训学校	42 817	27 124 997	23 605 936	20 021 351	122 567	62 156	207 330
3. 村办农技培训学校	410 462	54 149 059	45 605 426	39 213 681	281 297	68 713	698 361

1998 年成人中学基本情况

单位：人

	学校数(所)	毕业生数	招生数	在校学生数	教职工数	兼任教师
成人中学	5 819	606 491	724 120	777 863	33 627	36 229
1. 职工中学	1 590	231 038	350 084	338 681	19 219	16 420
高中	1 419	215 085	329 612	308 656	17 626	15 270
初中	171	15 953	20 472	30 025	1 593	1 150
2. 农民中学	4 229	375 453	374 036	439 182	14 408	19 809
高中	1 281	63 106	80 736	87 649	6 960	8 272
初中	2 948	312 347	293 300	351 533	7 448	11 537

教育法制建设

〔**制定颁布《高等教育法》**〕 1998年8月29日，第九届全国人大常委会第四次会议审议通过了《中华人民共和国高等教育法》，这是中国教育法制建设和高等教育事业改革与发展中的一件大事。建国以来，特别是改革开放20年来，中国高等教育事业取得了显著成就，已初步建立了一个学科门类齐全、形式多样，本、专科和研究生教育相互衔接，具有相当规模、较为稳定的高等教育体系。但是，一直缺少一部专门法律来保障、规范和促进高等教育事业的改革与发展，因此，《高等教育法》的颁布，对于依法保障高等教育的改革与发展，落实科教兴国战略具有重要的意义。

《高等教育法》最初的研究、起草工作可以追溯到80年代中期。当时的国家教委即分别委托北京大学和上海市高教局做前期的调研起草工作。1993年，原国家教委高等教育司、政策法规司牵头，成立了由教育理论专家、法律专家和高等教育行政管理人员组成的起草小组，对高等教育法的一些基本问题进行了深入的调查研究。在广泛征求了各方面，特别是高等学校的意见，十几次易稿后，于1996年5月形成了报送国务院的《高等教育法（草案）》（送审稿）。此后，原国家教委又配合国务院法制局对草案进行了历时近一年的反复修改，1997年6月，国务院第57次常委会讨论通过了修改后的草案稿，并将草案提交八届全国人大常委会审议。草案经八届全国人大常委会第二十七次会议初审后，又多次进行了修改。1998年3月，全国人大换届后，李鹏委员长曾亲自就《高等教育法（草案）》的有关问题进行调研，听取了有关方面的意见。经九届全国人大常委会进一步的修改后，在九届全国人大常委会第四次会议上，《高等教育法》得以顺利通过。

《高等教育法》是中国教育法律、法规体系的重要组成部分，它遵循《宪法》及《教育法》的基本原则，全面、具体地规范了中国高等教育领域的各种重要的法律关系，是保障中国高等教育事业进一步稳定、健康发展，并逐步建立适应社会主义现代化建设和社会主义市场经济要求的，具有中国特色的高等教育体制的重要法律保障。《高等教育法》分为总则、高等教育基本制度、高等学校的设立、高等学校的组织和活动、高等学校教师和其他教育工作者、高等学校的学生、高等教育投入和条件保障、附则等八个章节，六十九条。不仅全面规范了中国高等教育的基本原则与制度、重要的权利义务关系，而且针对中国高等教育事业改革与发展过程中的重要问题作了具体的规范，主要有：

一、明确高等教育的任务。《高等教育法》规定："高等教育的任务是培养具有创新精神和实践能力的高级专门人才，发展科学技术文化，促进社会主义现代化建设"，提出了着重培养学生"创新精神和实践能力"为特征的、新的高等教育人才培养模式，为今后高等教育教育教学改革明确了方向。

二、确立高等教育管理体制改革的方向。《高等教育法》规定："国务院统一领导和管理全国高等教育事业"，高等教育实行国务院与省、自治区、直辖市人民政府两级管理、分工负责的体制，明确由省级人民政府"统筹协调本行政区域内的高等教育事业，管理主要为地方培养人才和国务院授权管理的高等学校"，由"国务院教育行政部门主管全国高等教育工作，管理由国务院确定的主要为全国培养人才的高等学校。国务院其他有关部门在国务院规定的职责范围内，负责有关的高等教育工作"。这表明，将来除少数示范性的、主要为全国培养人才的高校以及行业性强、地方政府不便于管理的高等学校由国务院教育行政部门或有关部门管理外，大部分高等学校将逐步由地方政府管理或采取中央与地方共建的方式管理。中国的高等教育将依法形成在国家宏观政策指导下、以省一级政府管理为主的条块有机结合的新的管理体制。

三、明确以多种形式积极发展高等教育。《高等教育法》明确了国家"采取多种形式积极发展高等教育事业"，"鼓励企业事业组织、社会团体及其他社会组织和公民等社会力量依法举办高等学校"的原则。依据《高等教育法》所确定的原则和有关规定，今后中国高等教育领域将逐步形成以国家举办为主，企业事业组织、社会团体等各种社会力量举办为辅，高等学校与企业事业组织、社会团体及其他社会组织多种形式的合作办学为有益补充的多元化的办学格局。高等教育特别是高等职业教育将得到较快的发展。

四、规范高等学校内部的领导体制。《高等教育法》明确规定，国家举办的高等学校实行中国共产党高等学校基层委员会领导下的校长负责制。社会力量举办的高等学校和高等教育机构可以依据《社会力量办学条例》自主确定管理体制。

五、明确规定高等学校的办学自主权。《高等教育法》明确了"高等学校应当面向社会，依法自主办学，实行民主管理"的基本原则，规定高等学校在招生方案、学科专业的设置与调整、教学、科研开发与社会服务、对外交流合作、机构设置与人事、财产管理七个方面依法享有自主权。

六、保障高等教育的经费投入、改善办学条件。《高等教育法》规定："国家建立以财政拨款为主、其他多种渠道筹措高等教育经费为辅的体制"。规范了高校确定经费标准和筹措方式的原则与程序，明确国家要在校办产业、进口图书资料与教学设备等方面对高校继续实行优惠政策，鼓励高等学校通过与科研机构及企事业组织之间开展协作，提高教育资源的使用效益。

七、改善高校教师待遇，提高高校教师队伍素质。《高等教育法》明确规定："国家保护高等学校教师及其他教育工作者的合法权益，采取措施改善高等学校教师及其他教育工作者的工作条件和生活条件"，确定了教师资格制度、职务制度、聘任制度、教育职员制度、专业技术职务聘任制度等一系列高校人事制度的具体原则和基本内容，为促进高校教师队伍的优化，提高教师素质确立了基本规范。

八、明确规定对来自贫困家庭的高校学生完成学业提供帮助。《高等教育法》在总结以往经验的基础上，以法律的形式规定了四条途径：一是家庭经济困难的学生，可以向学校申请补助或者减免学费；二是国家设立奖学金并鼓励设立各种形式的奖学金和助学金；三是国家设立勤工助学基金和贷学金；四是允许高校学生在不影响学业的前提下，可以参加社会服务和勤工助学活动。

通过对上述主要问题和高等教育领域其他基本的权利义务关系的规范，《高等教育法》为中国高等教育事业进一步深入改革和持续、健康发展提供了全面、可靠的法律保障，也标志着21世纪中国高等教育事业将逐步走上规范化、法制化的轨道。

撰稿 王大泉

审稿 孙霄兵

〔**制定颁布《教育行政处罚暂行实施办法》**〕 1996年3月17日，《中华人民共和国行政处罚法》公布，并于10月1日起施行。为适应《行政处罚法》贯彻实施的需要，进一步规范教育行政处罚行为，保障和监督教育行政部门有效实施教育行政管理，保护公民、法人和其他组织的合法权益，原国家教委在调查研究的基础上，制定了《教育行政处罚暂行实施办法》。

根据《行政处罚法》第六十四条第二款的规定和国务院《关于贯彻实施〈中华人民共和国行政处罚法〉的通知》中对现行法规、规章进行清理的要求，原国家教委对已发布实施的教育规章和其他规范性文件进行了全面审查。初步统计和分析，现行的教育规章及其他规范性文件中所设定的处罚种类有五十种之多，其主要问题有：一是有些直接违反了《行政处罚法》的规定；二是有些种类的设定没有法律、行政法规的依据；三是处罚名称不规范，内容交叉重复；四是在适用条件、程序等方面缺乏具体的操作性。这些问题如不及时加以解决，将使《行政处罚法》难以贯彻、实施；同时，也将严重影响教育行政部门对教育行政处罚手段的正确有效运用。

在清理教育规章和其他规范性文件的基础上，根据原国家教委办公会提出的关于制定《教育行政处罚条例》的要求，1996年原国家教委政策法规司分别委托清华大学、上海市教委以及有关专家起草了关于教育行政处罚的规定。在此基础上，原国家教委起草了《教育行政处罚实施办法》，广泛征求了各地教育行政部门的意见，并就有关问题请示和听取了国务院法制局的意见。1998年3月6日，以国家教委令第27号形式发布了《教育行政处罚暂行实施办法》（以下简称《处罚办法》）。

《处罚办法》明确了教育行政处罚的基本原则，依法规定了教育行政处罚的种类和程序，共分五章36条，章名分别为：总则、实施机关与管辖、处罚种类与主要违法情形、处罚程序与执行、附则。其规范、调整的重点为：对教育行政处罚的种类和名称加以统一和规范；对法律、行政法规规定的处罚种类和主要违法情形加以明确，对适用的条件、幅度等规定加以细化；对教育行政处罚的程序加以具体规定。

教育行政处罚种类的设定，是制定《处罚办法》的关键问题。《处罚办法》规定了九种教育行政处罚种类和一个概括性条款。这些处罚规定分散在《教育法》等教育法律、法规、规章和其他规范性文件中，“处罚办法”依据《行政处罚法》的规定，对其加以列举和概括，有利于教育行政处罚种类的明确和规范。今后，教育行政处罚的实施，除法律、法规另有规定外，应当以《处罚办法》规定的行政处罚为依据。另外，依据《行政处罚法》第二十三条的规定，《处罚办法》明确要求，教育行政部门实施教育行政处罚，应当责令当事人改正或者限期改正违法行为。

《处罚办法》规定了实施教育行政处罚的主体。实施教育行政处罚的主体，除法律、法规另有规定外，应当是县级以上人民政府的教育行政部门。“法律、法规另有规定”，是指《义务教育法实施细则》中关于对相应的违法行为由城市的区人民政府、农村的乡一级人民政府进行处罚的规定，《社会力量办学条例》中关于劳动行政部门对其批准设立的教育机构的行政处罚权。另外，《处罚办法》还对教育行政部门委托实施行政处罚作出了规定。对授权实施教育行政处罚问题，应当依据有关法律、法规的规定办理。

《处罚办法》还对教育行政处罚的管辖、罚款处罚、教育行政处罚的程序、实施教育行政处罚的内部职责分工等作出了明确规定。

《教育行政处罚暂行实施办法》是一项重要的、涉及到教育行政管理各个方面的综合性的教育规章，将对教育行政处罚、教育行政管理起到规范作用。

撰稿　夏　娟

审稿　孙霄兵

教育纪检监察

〔**贯彻中纪委二次全会精神**〕　1998年2月10日，教育部党组发出《国家教委关于贯彻落实党中央1998年反腐败斗争工作部署的实施意见》，对教育系统党风廉政建设工作和反腐败斗争作出全面部署。2月16日，教育部党组召开部机关司、局长和直属单位领导会议，传达江泽民同志在中纪委二次全会上的重要讲话和会议精神。教育部党组书记、部长陈至立就加强部机关和教育战线党风廉政建设提出明确工作要求。

2月26日至28日，教育部纪检组、监察局在江西召开全国教育纪检监察工作会议，传达江泽民同志重要讲话和中纪委二次全会、国务院第六次反腐败工作会议精神，在总结1997年教育纪检监察工作的基础上，全面部署1998年的工作任务。从3月上旬起，各省、市、自治区教委先后召开教育纪检监察工作会议，结合本地区实际，把中央纪委二次全会精神和教育部党组关于深入开展反腐败斗争的具体部署贯彻到各地和各学校，为做好全年工作打下良好基础。

〔**领导干部廉洁自律工作**〕 1998年，教育部继续深入贯彻中央关于厉行节约、制止奢侈浪费八条规定，突出抓了四项工作：(1)根据中纪委要求，6月底前全面完成通讯工具清理工作，对不符合规定用公款安装的43部住宅电话全部纠正，对现有的13部移动电话实行集中管理，并制定发出《教育部住宅公务电话费用限额标准》和《教育部无线移动电话管理办法》；(2)严格会议审批，控制、压缩会议。对年初申报的56个会议压缩到39个，总计节约会议经费151万元。对批准召开的会议要求做到"四不准"，即不准赠送礼品和纪念品，不准组织高消费娱乐活动，不准以开会为名游山玩水，不准向企事业单位摊派会议费；(3)进一步严格控制出访团组，对年初申报的120多个出国（境）团组，经审核压缩到84个。10月中央办公厅、国务院办公厅下发通知后，又压缩了31个，总计减少出访232人，节约经费666.8万元；(4)建立和完善了公务活动和接待客饭标准等制度，除中央批准的北京大学百年校庆以外，其他庆典活动一律取消，并决定"三年内不扩建、新建和购买办公用房，也不准以维修名义变相装修办公楼。"

教育部党组及部机关各司局、直属单位和直属高校领导班子和司局（校）级以上领导干部都在规定时间内召开了专题民主生活会；95%以上的处级干部参加了廉洁自律专题民主生活会。经检查，绝大多数领导干部能认真遵守政治纪律和廉洁自律的规定，增强了廉洁从政的意识。不少单位根据新情况，修订和补充了本单位领导干部廉洁自律规定，进一步从制度上规范和制约领导干部的行为。

根据监察部的统一部署，在部机关内组织处以上干部学习了《中华人民共和国行政监察法》，并参加了监察部组织的《行政监察法》知识竞赛活动。

〔**查办案件工作**〕 据统计，1998年教育纪检监察机关共受理群众来信来访、举报电话91 942件（次），立案8 816件，结案7 754件，移送司法机关查处298件；给予党纪、政纪处分的党员干部5 448人，其中，有县（处）级干部138人，地（厅）级干部6人；免予处分1 407人。为国家挽回经济损失折合人民币6 474万元。在查处的案件中，招生考试、职称评定及中小学乱收费等具有教育行业特点违法违纪案件2 578件，占29.24%；贪污、受贿等经济类违法违纪案件2 363件，占26.8%；违反社会主义道德类案件691件，占7.84%；违反政治纪律案件585件，占6.64%；严重官僚主义失职渎职类案件225件，占2.55%。

〔**治理中小学乱收费**〕 1998年，各级教育行政部门继续把清理中小学乱收费作为纠正行业不正之风的一项重点工作来抓，认真贯彻执行"纠建并举"和"标本兼治，综合治理"方针，巩固成果，防止反弹，使国家有关治理中小学乱收费和择校生的工作目标，又得到了进一步落实。

中小学乱收费有较大幅度下降。据31个省（自治区、直辖市）教育行政部门的统计，1998年共查出各种违规收费3.43亿元，与1997年相比减少18个百分点，对清理出来的违规收费3.4亿元，已清退2.11亿元。清理各种违规"补习班"等2 435个，减少学生交费1 123.92万元。清理强制学生购买各种复习资料92.17万册，减少学生交费3 413.93万元。义务教育阶段公办学校择校生问题，得到了有效治理，到1998年底，全国有三分之二以上的省会城市已基本停止了招收择校生。

从全国来看，经过连续几年专项治理，中小学乱收费和招收择校生的势头已基本得到了遏制，大多数地方中小学收费工作已逐步纳入法制化、规范化的轨道，群众对治理中小学乱收费工作的满意程度也在不断提高。

〔**执法监察工作**〕 为了切实保证普通高校招生"公正、公开、公平竞争"原则的贯彻落实，教育部办公厅5月发出《关于加强1998年普通高等学校招生录取监察工作的通知》，要求各省、市、自治区招办和纪检监察部门强化对招生录取工作的管理，加强执法监察，督促检查招生工作各个环节的落实，保证招生工作质量和招生任务的顺利完成。招生考试和录取期间，教育部纪检组、监察局、高校学生司组成检查组，分别对安徽、山东等8个省（市）的录取工作进行巡视。

此外，教育部纪检组、监察局还会同教育部考试中心赴河南、陕西等省市对全国成人高等教育考试的考务工作进行巡视和检查。6月下旬，教育部纪检组、监察局赴山东对中专招生考试现场进行检查和巡视，并分别深入到江西、陕西、宁夏、山东4省区，对中专并轨后在招生考试问题上所出现的一些情况和问题进行了调研。

为了维护招生考试的严肃性，全国各级教育纪检监察机关进一步加大查处各类招生考试严重违纪问题的工作力度。其中由教育部纪检组、监察局直接查办或过问督办的考试招生严重违纪案件或问题10余件，如甘肃兰州中考试题泄密事件、四川省成都市自学考试试题泄密事件等，对有关违纪者和责任人进行了严肃处理。

〔**加强宏观指导**〕 为推动教育系统纪检监察工作的深入开展，教育部纪检组、监察局深入到部分教育纪检监察工作力量薄弱的省市，通过与教育行政部门领导直接交换意见，促使这些省市在教育纪检监察队伍建设和工作网络建设方面有了改进。5月在西安召开教育纪检监察调研工作表彰会，会上有25篇论文获"优秀调查与研究成果奖"，44篇论文获"调查与研究成果奖"。9月8日～25日，在国家高级教育行政学院举办了全国教育系统纪检监察干部培训班，对来自全国各省、市教育部门和高校的145名学员组织了为期三周的政治学习和业务培训。

为了总结、推广工作经验，宣传弘扬先进事迹，推动全国教育系统党风廉政建设和反腐败斗争的深入开展，经教育部党组同意，在全国教育系统开展了第二次表彰纪检监察工作先进集体和先进纪检监察干部的活动，对三年来涌现出的北京理工大学纪委、监察室等59个纪检监察工作先进集体和何立德等91名先进个人予以表彰。

撰稿　王新民
审稿　周冬成

机构改革

〔**教育部机构改革**〕 1998年3月，第九届全国人民代表大会第一次会议审议通过国务院机构改革方案，将原国家教育委员会更名为教育部，将国家语言文字工作委员会并入教育部，保留国家语言文字工作委员会的牌子。按照党中央、国务院有关机构改革的部署和要求，教育部及时实施了机构改革。

一、实施步骤与方法。教育部机构改革工作分两个阶段进行：第一，准备阶段。主要研究拟订教育部机构改革方案，重点是与其它部委协调职能分工问题、与中央机构编制委员会办公室协商教育部的职责、内设机构和编制数量等问题。第二，实施阶段。落实国务院批复的《教育部职能配置、内设机构和人员编制规定》(简称为“三定”规定)。经过动员学习、内设机构及职能的调整、人员定岗、人员分流四个环节的工作，从1998年10月开始，教育部及机关各司局按照新机构运行，机构改革工作告一段落。

二、教育部机构改革遵循的原则。(1)坚持“转变职能、简政放权”。进一步划清与省级政府的教育管理责权，进一步扩大高校的自主权。(2)坚持“事权一致、一件事情一个部门管”。重点解决职能司局的布局结构问题。调整司局职能，合理设置司局级机构，最大程度地减少机构重叠和职能交叉。(3)坚持“政事分开、理顺关系”。继续完善和健全教育行政决策和管理的支持服务体系，划清机关各司局与直属事业单位的职责分工，减少部机关事务性、辅助性、技术性工作。(4)坚持“精简、统一、效能”。抓住改革机遇，优化队伍结构，提高人员素质。在减少内设司处两级机构的同时，完成人员编制精简任务。

三、机构设置和行政编制。机构改革后，教育部内设司局级机构18个：办公厅、政策研究室、发展规划司、人事司、财务司、基础教育司、职业教育与成人教育司、高等教育司、教育督导团办公室、民族教育司、师范教育司、社会科学与思想政治工作司、科学技术司、高校学生司、体育卫生与艺术教育司、语言文字应用管理司、语言文字信息管理司、国际合作与交流司。继续保留机关党委、国务院学位委员会办公室、中国联合国教科文组织全国委员会秘书处3个司局级机构建制。仍保留设置纪检组(监察局)、离退休干部局。教育部行政编制为470名(包括部机关、国务院学位办、教科文秘书处)。

机构改革后，定岗人员职级结构基本合理，干部的学历层次有所提高，年龄结构也有所改善。同时，人员分流工作也平稳、顺利完成。

撰稿 王晓芜

审稿 钱一呈

〔**教育部职能配置与内设机构**〕 根据1998年7月21日国务院办公厅印发的《教育部职能配置内设机构和人员编制规定》，教育部职能配置与内设机构情况如下：

一、职能调整

(一) 划出的职能。

1. 经国务院授权的省、自治区、直辖市人民政府，可以审批设立实施专科学历教育的普通高等学校。

2. 普通高等学校序列中的高等职业技术学校和成人高等学校的指令性招生计划逐步改为指导性计划；成人高等学校毕业证书及发放办法，由各省、自治区、直辖市制订。

3. 中等专业学校招生计划由省、自治区、直辖市制订。

4. 将省属本专科院校的本专科专业设置审批权，下放给各省、自治区、直辖市教育行政管理部门。

5. 将省属本科院校学士学位授予单位的审批权和已定为硕士学位授予单位的省属高等学校的硕士学位授予点的审批权，下放给经国务院学位委员会批准授权的省、自治区、直辖市学位委员会。

6. 教育部直属高等学校学费的收费标准，由学校所在地教育行政部门审核后，报所在地省级人民政府批准。

7. 将组织中学生参加国际数、理、化、生物、信息等奥林匹克竞赛活动的审批工作，交给中国科学技术协会承担。

8. 在实行工资总额包干和执行高等学校编制管理有关规定的前提下，将教育部直属高等学校的内部用人制度、劳动工资和收入分配的管理、内部机构的设置以及在专业技术职务宏观结构调控下学校专业技术职务岗位设置与调整的审批权，下放给直属高等学校。

9. 将教育部直属高等学校副校级（不含副校级）以下领导职务任免管理权，下放给直属高等学校。

10. 已批准设立研究生院的高等学校及科研机构，可自行审批本单位相关专业的硕士学位授予点。

11. 将博士学位授予单位的博士生指导教师的审批权，下放给已批准为博士学位授予单位的高等学校和有关科研机构。

12. 教育部直属高等学校根据国家房改政策和教育部有关规定制定的学校住房制度改革办法，由学校报当地房改部门审批并报教育部备案。

(二) 划入的职能。

1. 将国家语言文字工作委员会并入教育部，对外保留国家语言文字工作委员会的牌子。

2. 学生思想政治工作由教育部负责，重大事项请示中央宣传部。

3. 将人事部承担的管理非教育系统出国留学人员派出的职能，交给教育部承担。

4. 在中央本级财政中，教育部直属院校的经费预算（含教育事业费、教育基建投资）确定后，由教育部安排；国家发展计划委员会在确定非教育部直属院校的基建投资项目时要征求教育部意见；中央教育费附加及各项教育专款的使用，由教育部、财政部共同提出方案、联合下达。

5. 有关国际援助和外国政府贷款中教育合作项目的立项、审批后的具体管理，教育部直属高等学校和直属单位申请的项目经批准后，由教育部负责指导执行；省、自治区、直辖市所属教育单位申请的项目经批准后，由教育部负责行业指导。

6. 各类职业技术学校的学历教育管理，由教育部指导。

二、主要职责

根据以上职能调整，教育部的主要职责是：

（一）研究拟定教育工作的方针、政策；起草有关教育的法律、法规草案。

（二）研究提出教育改革与发展战略和全国教育事业发展规划；拟定教育体制改革的政策以及教育发展的重点、结构、速度，指导并协调实施工作。

（三）统筹管理本部门教育经费；参与拟定筹措教育经费、教育拨款、教育基建投资的方针、政策；监测全国教育经费的筹措和使用情况；按有关规定管理国外对我国的教育援助、教育贷款。

（四）研究提出中等和初等教育各类学校的设置标准、教学基本要求、教学基本文件；组织审定中等和初等学校的统编教材；指导中等及中等以下各类教育的教育教学改革；组织对普及九年义务教育、扫除青壮年文盲工作的督导与评估。

（五）统筹管理普通高等教育、研究生教育以及高等职业教育、成人高等教育、社会力量举办的高等教育、成人高等教育自学考试和继续教育等工作。研究提出高等学校设置标准，审核高等学校的设置、更名、撤销与调整；制定学科专业目录、教学基本文件，指导高等学校教育教学改革和高等教育评估工作；负责“211 工程”的实施和协调工作。

（六）统筹和指导少数民族教育工作，协调对少数民族地区的教育援助。

（七）规划并指导高等学校的党建工作和各级各类学校的思想政治工作、品德教育工作、体育卫生与艺术教育工作及国防教育工作。

（八）主管全国的教师工作，制定各级各类教师资格标准并指导实施；研究提出各级各类学校的编制标准；统筹规划学校教师和管理人员的队伍建设工作。

（九）统筹管理各类高等学历教育的招生考试工作；制定各类高等学校招生计划；负责各类高等学历教育的学籍管理工作；归口管理高校毕业生就业制度改革，拟定高校毕业生就业政策，组织实施高校毕业生就业分配工作。

（十）规划并指导高等学校的自然科学和哲学、社会科学研究；宏观指导高等学校的高新技术应用研究与推广、科研成果转化和“产学研”结合等工作；协调并指导高等学校承担国家重大科研项目、国防科技攻关项目的实施工作；指导高等学校国家重点实验室、工程研究中心的发展建设。

（十一）统筹管理并协调、指导教育系统的外事工作，拟定出国留学和来华留学管理工作的方针、政策；规划并协调、指导对外汉语教学工作；指导我驻外教育机构的工作。负责协调同香港特别行政区及澳门、台湾地区的教育交流。

（十二）负责教育基本信息的统计、分析和发布。

（十三）拟定国家语言文字工作的方针、政策；编制语言文字工作中长期规划；制定汉语和少数民族语言文字的规范和标准并组织协调监督检查；指导推广普通话和普通话测试工作。

（十四）统筹规划学位工作，起草有关学位工作的法规；负责实施国家的学位制度；负责国际间学位对等、学位互认等工作；承办国务院学位委员会的有关具体工作。

（十五）负责协调“中国联合国教科文组织全国委员会”各委员单位及其他部门、机构与联合国教科文组织开展教育、科技、文化等方面的合作与交流；负责与联合国教科文组织总部、亚太地区办事处、驻京办事处的联系与交流；负责与我国驻联合国教科文组织常设代表团的联络并指导其工作。

（十六）承办国家科技教育领导小组交办事项。

（十七）承办国务院交办的其他事项。

三、内设机构

根据上述职责，教育部设18个职能司（厅、室）。

（一）办公厅

综合协调部机关重要政务、事务，负责文件运转和管理；负责部长办公会、部级工作会议等重要会议的组织安排并督办；负责新闻宣传以及文秘、档案、保密、信访、保卫等工作。

（二）研究室

负责教育改革与发展战略的研究并就重大问题进行政策调研；规划并起草综合性教育法律、法规草案。

（三）发展规划司

制定全国教育事业发展的中长期规划；负责全国教育基本信息统计、分析；负责高等学校管理体制改革和布局、结构的调整；拟定普通高等学校招生计划，研究提出各类高等学校设置标准，审核高等学校的设置、撤销和更名；负责教育部直属高等学校的有关工作；管理直属高等学校和直属单位的基建投资。

（四）人事司

负责直属高等学校、部机关与直属单位、驻外使（领）馆教育处（组）等干部人事、机构编制工作，规划并指导教师和教育行政干部队伍建设工作；协调并指导直属高等学校内部人事与分配制度改革。

（五）财务司

参与拟定教育经费筹措和管理的方针、政策；统计并监测全国教育经费投入情况和执行情况；编制直属高等学校和直属单位经费的预算和决算；负责直属高等学校和直属单位的国有资产管理并监督资本运营；负责有关工商税务、财务检查、内部审计等方面的协调工作。

（六）基础教育司

宏观指导基础教育工作和重点推动九年义务教育、扫除青壮年文盲工作，制定基础教育的基本教学文件及评估标准，指导教育教学改革；组织审定统编教材，规划教材建设工作；指导中小学电化教育、图书和教学仪器设备配备工作；指导中小学德育工作、幼儿教育工作、残疾少年儿童的特殊教育工作。指导社会力量举办基础教育各类学校及教育机构的工作。

（七）职业教育与成人教育司

统筹管理普通及成人中等职业学历教育、成人文化技术教育，编制中等职业教育的专业目录和教学指导文件；制定教学评估标准并指导实施工作；指导中等职业教育教学改革和教材建设；指导社会力量举办各类中等职业教育学校的工作以及职业证书考试。

（八）高等教育司

统筹管理各类高等教育，规划并指导高等教育教学改革，制定学科专业设置目录、教学指导文件、指导性教材建设规划、教学仪器和实验设备基本配备标准；指导社会力量举办高等学校的工作。

（九）民族教育司

指导并协调少数民族教育的特殊性工作；统筹规划并指导少数民族“双语”教学和教材建设；负责协调对少数民族地区的教育援助。

（十）师范教育司

指导普通师范教育和在职教师的培训工作；制定各级各类师范院校培养目标、规格及师范教育基本专业目录，指导师范教育教学改革和师资培训工作。

（十一）教育督导团办公室

承办教育督导团的日常工作，组织国家督学对各地中等及中等以下教育的督导评估和检查验收，宏观指导各地的督导工作。

（十二）社会科学研究与思想政治工作司

规划高等学校社会科学研究、马克思主义理论课和思想品德课建设工作并指导实施；负责高等学校党建、学生与教师的思想政治工作和稳定工作；规划并指导高等学校思想政治工作队伍的建设；负责直属高等学校和直属单位出版物的监督管理。

（十三）高校学生司

负责各类高等学校的招生及全国统一考试工作；负责各类高等教育学历和学籍管理工作；负责制定高校毕业生就业计划并组织实施，组织实施少量国家急需、应予保证的高校毕业生指令性分配计划。

（十四）科学技术司

拟定高等学校自然科学技术的发展规划；组织高等学校承担国家重大科技项目并指导实施；协调并指导高等学校国家重点实验室、工程研究中心及高等学校科技成果转化、高新技术产业发展和“产学研”结合等工作；负责教育系统信息化建设；在国家有关方针政策指导下和本部职责范围内，负责有关无线电管理工作；协调教育系统有关版权和专利等方面的工作。

（十五）体育卫生与艺术教育司

宏观指导学校体育、卫生健康和艺术教育工作，制定有关体育、卫生、艺术教育教学的指导性文件；协调大中学学校及学生参加国际体育竞赛和艺术教育等交流活动；规划并指导有关的专业教材建设、专业师资培训；指导并协调学校国防教育和学生军训工作。

（十六）语言文字应用管理司

拟定语言文字工作的方针、政策和中长期规划；监督检查语言文字的应用情况；指导语言文字改革；组织推行《汉语拼音方案》，指导推广普通话工作以及普通话师资培训工作。

（十七）语言文字信息管理司

研究并审定语言文字标准和规范，制定语言文字信息处理标准；指导地方文字规范化建设；负责少数民族语言文字规范化工作，指导少数民族语言文字信息处理的研究与应用。

（十八）国际合作与交流司

负责教育的国际合作与交流；统筹管理出国留学和来华留学工作；按有关规定管理教育援外和外援项目；规划并指导对外汉语教学工作；指导驻外使（领）馆教育处

(组）的业务工作。开展同香港特别行政区及澳门、台湾地区的教育交流工作。

撰稿 王晓芫
审稿 钱一呈

信访工作

〔**基本情况**〕 1998年教育部信访办公室共处理群众来信、来电21 200件；接待群众来访3 960多人，其中接待集体上访82批410多人。对群众信访反映强烈的教育热点、难点问题以及对教育改革的各种建议，编发信访摘报、简报、动态等41期；对重要信访案件，发公函请地方查处170多件，地方已反馈查处结果的130多件。

〔**信访情况和反映问题分析**〕 (1) 建议性信访上升幅度较大。1998年3月国家教委更名为教育部后，广大教育工作者和人民群众纷纷来信来访，对教育改革与发展提出建议和意见，教育部信访办全年共受理2 318件次，比上年上升32%。建议内容主要有：要求加快高校管理体制改革，加大实施素质教育力度，加强师资队伍建设，改善边远地区办学条件，改革高校招生考试制度，大力发展社会力量办学，改革教材内容，改进教学方法，以及进一步完善基层教育民主管理制度和妥善解决企业子弟学校的归属问题等。(2) 反映民办教师转正问题显著减少。全年共受理851件次，比上年减少24%。根据国务院和教育部关于2000年前基本解决全国民办教师转正的任务要求，各地加大了工作力度，使民办教师转正这个多年来反映较突出的问题趋于缓解。(3) 教育集资收费问题侧重点有所变化。全年反映各级各类集资收费问题1 538件次，占信访总量的6%左右，比上一年未见明显减少。但往年群众反映较强烈的中小学“择校生”高收费问题已得到有效遏制，收取学杂费不规范问题也有明显好转。1998年反映较多的问题是：补课收费，学校代收教育费附加，“捐资助学”，以及有些地区对大中专毕业生就业收取安置费、城镇增容费等。(4) 一些地区拖欠教师工资问题仍较突出。全年反映此类问题78件次，与上年大体持平。问题较多的省市依次为：辽宁、湖北、河南、黑龙江、江苏、湖南、河北、山东、重庆、安徽、吉林、陕西、内蒙古、四川等地。拖欠教师工资较严重的主要集中在一些省市的个别县（市）和少数乡镇。这些地方由于财政紧张，经常几个月甚至十几个月不能按期发放教师工资，教师的浮动工资、福利费等也被拖欠、克扣。造成教师工资拖欠的原因，有当地经济发展较慢，财政困难的因素，但也与当地领导重视不够有关。(5) 群众举报干部违纪问题仍不断。全年受理群众举报各级各类学校领导和教育行政部门干部违纪问题 2 549 件次，占信访总数的 11%，比上年略有减少。群众举报数量较多的是一些中学校长和乡镇教育部门领导。群众反映，应进一步改进和完善对学校领导的监督、约束机制，加强基层民主管理制度。此外，群众反映较多的问题还有大中专招生和毕业生就业，中小学教师严重体罚学生等。1998 年，群众信访也反映出一些新的情况。如：有些教师反映当地房改政策不合理；有些高校与地方合办的研究生班质量不高；由于计划生育工作已见成效，一些地方小学生源减少，学校被合并，小学生上学路途远、不方便问题日渐突出等。

〔**做好信访工作的主要措施**〕　(1) 抓住重点，及时向各级领导提供信访信息。教育部信访办对群众来信来访反映的教育热点问题，改革中的新情况、新问题，以及批评、建议等，定期进行综合分析和专题研究，通过编发信访摘报、简报、动态、要信简摘等多种方式，及时向教育部领导和部内各司局提供信访信息。(2) 认真做好“两会”期间的信访工作。为维护会议期间良好的社会环境，教育部信访办制订了相应的工作措施。在认真做好日常信访工作的同时，对有可能引发集体上访或在当地采取过激行为的来信、来电，及时与地方有关部门联系，避免了事态发展。(3) 努力维护“窗口”工作的良好形象。要求工作人员对来访群众，切实做到文明接待，坚持耐心细致的思想工作，努力让上访人员满意而去。对一般性的信访问题在做好转办、复信的基础上，发公函到地方请有关部门查办，并加强催办；对一些较急迫的问题，则及时通过电话联系落实，努力为群众排忧解难。(4) 及时、妥善处理集体上访问题。1998 年集体上访每批的人数不多，但却代表众多人的共同利益，且容易引发不安定因素。由于信访办思想上重视，认真接待，确有道理的，及时与中央有关部门或地方联系解决。因此，全年接待处理的 80 多批集体上访，没有出现在京滞留或采取过激行为的情况。(5) 深化改革，努力转变工作思路和工作方法。结合机构改革，组织信访干部及时学习党中央、国务院和教育部党组关于转变政府职能、精简机构、转变工作作风、提高工作效率的有关文件精神。在立足于对信访群众负责和保证工作质量的前提下，注意突出工作重点，并加强与地方的联系，促进基层加强信访工作，减少信访源。1998 年在信访量增大，信访办人员减少的情况下，由于采取了整改措施，仍较好地完成了全年的信访工作任务。

撰稿　郝广钧
审稿　牟阳春

社会力量办学情况

《教育法》、《高等教育法》、《中国教育改革和发展纲要》、《全国教育事业“九五”计划和2010年远景规划》等法律和国务院文件中，明确了国家对社会力量办学采取“积极鼓励、大力支持、正确引导、加强管理”的方针，确定了“基本形成以政府办学为主体、社会各界共同参与，公办学校和民办学校共同发展的办学体制”的改革目标。《社会力量办学条例》的颁布进一步把党和国家对社会力量办学的方针政策和社会力量办学应该遵循的基本原则全面、系统地确定了下来，极大地推动了社会力量办学的发展。

近年来，我国社会力量办学规模迅速扩大，办学水平逐渐提高。学校数量迅速增加，办学范围从成人教育、职业培训扩展到基础教育、普通高等教育和职业教育。据初步统计，到1998年初，全国社会力量举办的各级各类教育机构已有5万多所，其中幼儿园2万所，小学1 800所，普通高中1 700多所，职业中学700所，中等专业学校1 000多所。具有颁发学历文凭资格的民办高校22所，高等学历文凭考试试点学校157所，不具备这种资格的民办高等教育机构还有1 000多所。社会力量举办的各级各类学校和教育机构的在校生约1 066万人。

社会力量办学的法制建设取得了突破性进展。1997年出台了《社会力量办学条例》。按照八届人大22次常委会的决议，教育部正在积极配合全国人大教科文卫委员会起草《民办教育法》。社会力量办学的地方立法工作也取得了进展。截止1998年，已有黑龙江、山西、河北、陕西省及广州、成都、青岛、济南、福州、徐州等市人大颁布了《社会力量办学条例》，北京、上海、四川、吉林、河南、新疆等省、市、自治区政府颁布了《社会力量办学管理办法》。浙江、辽宁、湖南、广西、山东、安徽等省、自治区人大或政府正在起草社会力量办学的地方性法规和规章。

社会力量办学管理工作逐步得到加强。近几年来，教育部和地方教育行政部门加强了管理工作，加大了管理力度，做了大量工作，初步积累了一些经验。一些学校多方筹集资金，改善办学条件，涌现出一批办学指导思想端正、办学条件好、教育质量较高的学校和一批艰苦奋斗、无私奉献的先进办学者。社会力量办学秩序明显好转，发展势头从前几年学校数量的快速增加，开始转向规范办学、改善条件、提高质量。

在充分肯定社会力量办学所取得的成绩的同时，必须清醒地看到，社会力量办学在发展过程中还存在不少问题，贯彻《社会力量办学条例》，依法治教的任务十分艰巨，需要各级政府和教育机构继续做出不懈的努力，以共同推动社会力量办学事业走上健康发展的轨道。

撰稿　刘大为　曹志芳
审稿　郑富芝

支教工作

1996年9月，中共中央办公厅、国务院办公厅印发《关于转发中共中央组织部、国家教育委员会、人事部〈关于从党政机关和事业单位选派人员支援基层教育工作的请示〉的通知》指出：从党政机关和事业单位选派人员支援基层教育是党中央、国务院为实施"科教兴国"战略和保证到本世纪末实现"两基"、"两全"目标的重大举措，是实施素质教育工程的重要措施。

到1998年，全国31个省（自治区、直辖市）大都制定了贯彻落实中央《通知》的具体措施，有16个省（自治区、直辖市）成立了支教工作领导小组和支教工作办公室。全国各地共计派出第一期支教队员35 000多人。派出的支教人员有的担任教育薄弱县（乡）副县（乡）长，有的担任薄弱学校领导和教师，承担教学任务的人员数约占支教人员总数的60%。全国支教工作做得比较好的地区主要有广西、湖南、黑龙江、安徽、陕西、山西、四川、宁夏、青海等省区市。

中央国家机关共有64个单位根据实际情况，结合扶贫、锻炼培养青年干部等开展支教工作。这些单位及时制定了相应的政策和措施，有61个单位选派了支教人员，第一期支教队员共有225人。支教人员中直接从事教学工作的占支教人员总数的1/3左右。中央国家机关支教工作做得比较好的单位主要有：国家冶金工业局（原冶金工业部）、中央党校、教育部、国土资源部、交通部、中科院等。

支教工作开展以来，主要取得了以下成绩：（1）缓解了边远贫困地区师资不足的矛盾，提高了受援学校的管理水平和教育教学质量；（2）促进了当地政府保证教育优先发展；（3）帮助受援学校改善了办学条件；（4）提高了受援地区适龄儿童入学率，降低了受援学校学生辍学率；（5）推动了受援地区的扫盲工作；（6）促进了受援学校和受援地区的精神文明建设；（7）积极开展教、科、农三结合活动，为当地经济建设培养了实用型人才；（8）培养锻炼了一批青年干部和教师。

但支教工作也存在困难与问题，主要是：（1）各地发展不平衡，一些地区的党政领导对支教工作的重要性认识不到位，指导不力，关心、支持不够。一些受援单位，特别是教育落后、贫困地区受援单位的党政领导（包括教育行政部门领导），只希望支教人员带去资金和项目，对接纳支教人员积极性不高；（2）一些地区支教工作领导和工作机构不健全，没有正式任命领导干部，没有配备专职工作人员；（3）大部分地区没有支教工作专项经费；（4）许多单位反映，由于机关编制缩减、抽调人员支教非常困难，不少地方还反映支教时间每一轮2～3年太长，多数地区已将支教时间缩减为每轮2年，有的甚至1年、半年；（5）有些地区在选派第一期支教人员时缺乏调研，针对性不强，对选派条件把关不严。还有的地区没有把支教队员派往边远贫困地区的薄弱学校，而是派往县城中学。支教工作还难以覆盖交通、水电困难而急需支援的特困地区；（6）少数支教人员素质不高，不安心支教工作。

针对上述困难与问题，教育部支教办将进一步协助国务院秘书局协调各地、各部门做好支教人员选派情况的检查工作。并为1999年与中组部、人事部联合召开“全国支教工作经验交流会议”作准备，推动支教工作进一步开展。

撰稿 唐 筠

审稿 丁 焰

基础教育

管理工作

〔**普及九年义务教育**〕　1998年，全国实现“普九”的县〔市、区〕累计达到2 242个（含其他县级行政区划单位117个），人口覆盖率达到73%。北京、天津、上海、江苏、浙江、辽宁、吉林、广东、福建9省（直辖市）实现了“普九”。

1998年，全国小学适龄儿童入学率达98.9%，其中男童入学率99.0%，女童入学率98.9%，男女性别差下降到0.1个百分点；小学在校生辍学率为0.93%，比上年的1.01%有所下降，辍学率男童为0.95%，女童为0.92%，农村小学生辍学率为1.94%；小学毕业生升学率为94.3%，较上年又有提高。

全国初中阶段入学率为87.3%，初中在校生辍学率由上年的3.14%上升到3.23%，其中男生为3.55%，女生为2.86%，农村初中生辍学率由上年的5.25%下降到4.20%。

小学、普通初中专任教师学历合格率分别为94.6%和83.4%，小学、初中民办教师比重分别下降到13.8%和1.8%。

“普九”工作取得了显著成绩，但还有许多问题需要解决。已通过“普九”验收的地区，仅是达到现阶段的基本要求，还存在着标准低、基础薄弱、指标波动、地区之间发展不平衡等问题；一些地方产生松懈情绪，出现了削减“两基”的投入、辍学率有所回升等现象。为不断巩固“两基”成果，提高“两基”整体水平和质量，教育部于1998年8月向各省、自治区、直辖市人民政府发出《关于认真做好“两基”验收后巩固提高工作的若干意见》（以下简称《意见》）。《意见》进一步明确巩固提高工作的指导思想、基本内容、保障机制，要求各地继续坚持“两基”“重中之重”地位不动摇，坚持因地制宜，分类指导，抓好薄弱环节，扎扎实实巩固提高“两基”原有评估项目及指标要求。《意见》提出，省级人民政府和教育行政部门要立足于21世纪经济建设、社会发展以及人民群众对教育的需求，从本地实际和现有工作基础出发，实事求是地确定现阶段巩固提高的重点内容、基本要求和期限。大中城市、经济和社会发展条件较好、“两基”基础较稳固地区可逐步实现学校布局“合理化”，办学条件“标准化”，教育管理“规范化”，办学特色“多样化”。

撰稿　唐淑芬　高学贵

审稿　李连宁

〔**扫盲教育**〕　据统计，1998年全国共扫除青壮年文盲320.8万人。截止1998年底，经教育部抽查评估，已有北京、天津、上海、吉林、黑龙江、辽宁、江苏、广东、山东、浙江、山西、河北、福建、海南、湖南、河南、广西、湖北、安徽19个省（自治区、直辖市）达到现阶段国家规定的基本扫除青壮年文盲目标。全国累计约有2 400多个县（市、区）通过省级政府验收，青壮年文盲率降到5%以下。4月，教育部在北京召开"重点省（自治区）扫盲工作座谈会"，交流二、三片地区各省（自治区）扫盲工作进展情况，分析形势和问题，提出了扫盲工作的指导思想、措施和任务。

1998年，教育部组织第三届"中华扫盲奖"评奖活动，印发了《评选奖励实施意见》，组织评审委员会评选188名扫盲先进工作者和106个先进单位。并于9月8日在京举办第三届"中华扫盲奖"颁奖仪式。1998年，教育部和财政部联合组织全国扫除文盲工作先进地区评奖活动。8月，印发《奖励实施意见》，在各省（自治区、直辖市）推荐的基础上，经研究评选出河北、山西、浙江、福建、江西、河南、湖北、湖南、广西、海南、西藏等11个省（自治区）人民政府和100个县为扫盲先进单位。11月，教育部与财政部联合印发《关于表彰全国扫除文盲工作先进地区的决定》，财政部共拨奖励经费650万元。

撰稿　孙凤岐

审稿　王建国

〔**素质教育**〕　1998年，素质教育继续取得进展。一是将在中小学实施素质教育作为政府行为部署启动。为落实《关于当前积极推进中小学实施素质教育的若干意见》精神，各省政府及其教育行政部门都出台了有关政策措施，使素质教育形成区域性整体推进的局面。二是调整中小学教育教学内容，加强对教育教学过程管理。1998年初，原国家教委发出《关于推进素质教育，调整中小学教育教学内容、加强教学过程管理的意见》，要求省（自治区、直辖市）对现行中小学教育教学内容进行调整，并于1998年秋季开始执行。三是启动建立面向21世纪新的课程体系。教育部制定的《面向21世纪教育振兴计划》中，提出实施"跨世纪素质教育工程"，建立面向21世纪基础教育现代化课程体系的任务。在前期调查、论证、研究的基础上，准备在两至三年内主要完成部分国家课程标准、教材编写指南、有关评价体系以及教师指导手册等编拟工作。四是改革考试与评价制度。实行小学升初中就近免试入学；小学取消百分制，实行"等级制＋鼓励性评语"的评价制度改革；教育部1998年在全国7个地市组织了初中语文考试改革试验，取得效果。五是加强薄弱学校建设，缩小学校间办学水平的差距。主要措施有：在义务教育阶段取消重点中学；在资金投向、学校硬件和办学设施上向薄弱学校倾斜；加强学校领导和教师队伍建设，提高薄弱学校的管理和教学水平；小学升初中基本达到免试就近划片入学，使生源达到一定程度的均衡。六是加强实施素质教育法规建设。在加快课程、考试、评估制度改革的同时，将近年来实施素质教育的措施制度化、法制化。正在起草的法规有《中小学教育条例》、《教研室工作规程》、《学生用书管理办法》等。

撰稿　杨秀梅

审稿　朱慕菊

〔**颁发《中小学德育工作规程》**〕　为加强中小学德育工作，原国家教委于1998年3月16日颁发《中小学德育工作规程》（以下简称《规程》），自1998年4月1日起实行。

《规程》对中小学德育的内涵、与素质教育的关系、德育的作用以及德育工作的指导思想、遵循的原则、基本任务、实施途径、科学研究等作出了明确规定。《规程》提出教育行政部门应设立德育工作职能机构，中小学校的德育工作实行校长负责的领导管理体制，各级教育行政部门要努力培养造就中小学德育专家、德育特级教师和高级教师，并为中小学德育工作提供经费保证，实行"学校、家庭与社会"教育相结合等要求。

《规程》的颁发，有利于各地全面、科学地规划中小学德育工作，并保持中小学德育工作的稳定性。

撰稿　孙学策
审稿　王建国

〔**颁发《流动儿童少年就学暂行办法》**〕　为进一步贯彻落实《义务教育法》，积极解决流动儿童少年就学问题，1998年2月，原国家教委、公安部在总结部分地区试点经验的基础上，正式颁发《流动儿童少年就学暂行办法》（以下简称《暂行办法》），并发出通知，要求各地认真贯彻落实《暂行办法》。

《暂行办法》要求，流动儿童少年常住户籍所在地人民政府应严格控制义务教育阶段适龄儿童少年外流。凡常住户籍所在地有监护条件的，应在常住户籍所在地接受义务教育；常住户籍所在地没有监护条件的，可在流入地接受义务教育。流入地人民政府应为流动儿童少年创造条件，提供接受义务教育的机会，教育行政部门应具体承担流动儿童少年接受义务教育的管理职责；流动儿童少年就学，应保证完成其常住户籍所在地人民政府规定的义务教育年限。流动儿童少年常住户籍所在地乡级人民政府、县级教育行政部门、学校和公安派出所应建立流动儿童少年登记制度；流入地中小学应为在校流动儿童少年建立临时学籍。流动儿童少年父母或其他监护人应按流入地人民政府规定，送子女或其他被监护人入学，接受并完成规定年限义务教育。

原国家教委、公安部还要求各地根据《暂行办法》，参照中国户籍管理和地方流动人口管理政策，结合本地区实际情况，制订具体实施办法，挖掘潜力，广开思路，积极解决流动儿童少年就学问题。

撰稿　唐淑芬　高学贵
审稿　李连宁

〔**开展对口支援灾区教育活动**〕　1998年，长江中、下游，嫩江、松花江流域遭受特大洪涝灾害，使教育事业遭受巨大损失。据不完全统计，教育系统因洪灾直接经济损失达100多亿元。

为帮助灾区学校克服困难，重建校园，保证灾区孩子不因受灾而失学，教育部决定在全国非灾区、轻灾区教育系统开展对口援助重灾区教育活动，印发了《关于在全国教育系统开展对口援助灾区教育活动的通知》。教育部与部分省、直辖市教委（教育厅）协商，确定北京等11省、直辖市与受灾严重的内蒙古等7省、自治区之间开展重点对口援助，结成对子。具体安排是：北京市、山西省重点支援内蒙古自治区；江苏省、山东省重点支援江西省；上海市、四川省、广东省重点支援湖北省；广东省、上海市重点支援湖南省；天津市、辽宁省重点支援黑龙江省；河北省、辽宁省重点支援吉林省；浙江省重点支援安徽省。《通知》强调，上述已确定的援助省、直辖市在重点援助对口省、自治区的同时，还可援助其他受灾省、自治区、直辖市。各省、自治区、直辖市教育系统也可以对未列入重点对口受援的重庆、福建、广西等受灾省、自治区、直辖市开展对口援助活动。

撰稿　马建华

审稿　李连宁

〔**劳动技术教育**〕　劳动技术教育是中学教育中不可缺少的一个组成部分，是全面实施素质教育、提高学生劳动技能素质的重要途径，是落实教育与生产劳动相结合方针的重要措施。为进一步加强劳动技术教育，1998年6月，教育部办公厅发出《关于加强普通中学劳动技术教育管理的若干意见》，对劳动技术教育的组织领导、教师队伍建设、教学管理、基地建设和设备配置、督导评估等，提出要求。

《意见》要求省、自治区、直辖市教育行政部门要有人分管劳动技术教育，教研室要设专职劳动技术课教研员；地、市教育行政部门要有人负责或分管劳动技术教育，教研部门要逐步配备劳动技术课教研员。在教师队伍建设上，要求普通中学按照学校班级数并参照理、化、生等学科教师工作量标准，配备专、兼职劳动技术课教师。对已经在岗但达不到任职要求的教师，各级教育行政、教研部门要协助学校制定培训计划，分期分批地组织培训，逐步提高教学水平。要有计划地选拔和培养劳动技术学科的带头人，到下世纪初，各地、市都应有一定数量的劳动技术课骨干教师。在教学管理方面，要求学校建立劳动技术课成绩考核评定制度（期末和年终考核相结合），考核内容包括基本知识、实际操作、劳动态度等方面。考核结果要记入学生的成绩档案。在基地建设和设备配置上，要求农村学校有学农基地，城市学校有劳动技术课专用教室，暂无条件的，可由市（区）统一建立劳动技术教育中心。

为总结、宣传各地开展中小学劳动技术（劳动）教育的经验，推动中小学劳动技术（劳动）教育的开展，教育部基础教育司还对全国273所劳动技术（劳动）教育先进学校、92个先进集体、268名先进工作者进行了表彰。

撰稿　李树海

审稿　朱慕菊

〔**中小学信息化教育**〕　为落实1997年“全国实践教学与应用现代教育技术现场会”精神，部署实践教学与现代教育技术的应用，进一步加强中小学计算机教育，原国家教委在1998年印发的《全国实践教学与应用现代教育技术现场会会议纪要》中提出，要“加强领导，统一认识，理顺关系；统筹规划，加大投入；加强师资队伍的建设；加强管理，落实课程方案，建立健全和完善课程教材体系、提高教材质量；加强硬件和软件建设；加强实验和研究；建立和健全科学的评价体系与考核制度”等意见。据此，各地都加强了在学科教学中应用现代教育技术的研究和指导，有些地区还制定了中小学计算机教育发展规划。

全国中小学计算机教育研究中心通过“语文‘四结合’教学改革试验研究”和“计

算机与各学科课程整合研究”两个课题，以及国家“九五”重点科技攻关项目“全国计算机辅助教学软件的开发”的实施工作，召开了一系列全国性的研讨会，进行了较大规模的在学科教学中应用现代教育技术的试验与研究。

1998年9月，开始实施新的《中小学计算机课程指导纲要》。新的《指导纲要》突出了操作和应用，并针对不同地区在师资设备条件之间的差异，采用不同的模块与层次。按照新的《指导纲要》，有条件的地区都编写了适合本地区条件的新版本的计算机教材，全国中小学计算机教育研究中心也组织编写了DOS版、Windows32版、Windows95版三个不同版本的系列教材。

撰稿 王相东
审稿 朱慕菊

〔颁发第三届宋庆龄奖学金〕 1998年5月29日第三届宋庆龄奖学金颁奖仪式在北京举行。经过各地教育部门选拔、推荐，并报教育部和中国福利会批准，全国有305名在思想品德、科技、文化、艺术、体育等方面取得突出成绩的学生荣获第三届宋庆龄奖学金。其中男生134名、女生171名；中学生236名、小学生69名。有17个少数民族的40名学生入选。

撰稿 王新立
审稿 王建国

教学改革与教材建设

〔调整中小学教学内容〕 为全面贯彻国家教育方针，推进中小学实施素质教育，原国家教委于1998年1月发出《关于推进素质教育调整中小学教育教学内容、加强教学过程管理的意见》，要求各省教育行政部门根据本地实际情况，调整义务教育阶段教学内容和教学要求，并加强对教学过程的管理与指导。

各省、自治区、直辖市根据教育部文件精神，在对本地区教学、学生课业负担等情况进行调查研究的基础上，提出了删减教学内容、降低教学要求、改必学内容为选学内容等调整意见。调整后教学内容的量和难度有所降低，学生的学习负担有所减轻。从各省、自治区、直辖市调减情况看，小学平均节约90课时，初中为97课时。

教育部基础教育司组织有关专家对各省市的调整意见进行了审核。同时，教育部还组织力量对普通高中部分学科的教学内容和教学要求作了调整。1998年秋季开学后，各省（自治区、直辖市）的中小学将依据调整后的教学内容和教学要求组织教学，进行教育教学评价。这次义务教育阶段课程调整，改变了多年来由国家统一规定课程内容的做法，有利于学生发展和对社会、经济发展的适应性，是课程政策改革的一次有益尝试。

撰稿　杨秀梅

审稿　朱慕菊

〔调整普通高中数学、物理教学要求〕1998年，为积极推进素质教育，促进学生的全面发展，教育部发出《关于调整现行普通高中数学、物理学科教学内容和教学要求的意见》。上述两个学科教学内容和要求的调整是在不改变现行教学计划、教学大纲和教材体系的前提下，本着有利于减轻学生过重的课业负担，有利于深化普通高中的课程改革和稳定普通高中的教育教学秩序的原则，适当删减数学、物理学科部分教学内容和降低部分内容的教学要求。

现行普通高中数学教学内容调整范围是：

一、将以下教学内容改为不作考试要求的选学内容

1.《代数（上册）》第四章“4.6简单的三角方程”。

2.《立体几何》第二章“2.6球冠”中的“球冠的面积”。

3.《立体几何》第二章“2.12球缺的体积”。

4.《平面解析几何》第三章“3.3圆的渐开线”。

5.《平面解析几何》第三章“极坐标”第3.5节中的“三种圆锥曲线的统一的极坐标方程”和“3.7等速螺线”。

二、限制、降低以下教学与考试要求

6.在考查学生对函数性质的掌握和运用函数性质解决问题时，所涉及的幂函数 $f(x)=x^{\alpha}$ 中的 α 限于在集合 $\{-2,-1,-\frac{1}{2},\frac{1}{3},\frac{1}{2},1,2,3\}$ 中取值。

7.对三角函数中有关和差化积、积化和差的8个公式，不要求记忆。

8.在有关“不等式”的教学要求中，用“两个（或三个）正数的算术平均数不小于其几何平均数”这一性质解决问题时，不扩展到四个（或四个以上）正数的情况。

9.对立体几何中“异面直线上两点距离公式”，不要求记忆。

10.在“圆锥曲线”的教学中，不要求解有关两个二次曲线交点坐标的问题（两圆的交点问题除外）。

现行普通高中物理教学内容调整范围是：

一、删掉以下教学内容

高中一年级

1.动量。

高中二年级

2.产生持续电流的条件。电流强度。焦耳定律。

3.磁场，磁感线。电流的磁场，安培定则。

4.三相电路的星形接法和三角形接法。

5.三极管及其放大作用。学生实验：安装简单的收音机。

6.光的直进。光速。光速的测定方法。

高中三年级

7.物体受力分析。

8.电磁感应现象。

二、调整以下内容的教学要求

高中一年级

9.空气的湿度不要求学生用公式进行计算。

高中二年级

10. 不要求学生用公式计算有关光的全反射临界角的问题。

11.不要求学生计算有关半衰期的问题。

12.不要求学生利用透镜公式进行计算。

高中三年级

13.不要求对于两个或两个以上物体应用牛顿第二定律列方程联立求解。

14. 不要求学生用动量定理的公式进行计算。

三、必修课高中一年级第八部分“气体的性质”改为指定选修课（即必选课）的教学内容。

这次课程调整除江西省、山西省和天津市进行普通高中新课程方案试验的年级外，1998年秋季在全国普通高中的三个年级同时实施；从1999年开始，普通高中毕业会考和普通高校招生考试数学、物理学科的命题均要以此为依据。教育部要求各地加大宣传力度，有计划地对校长和教师进行培训，加强对教学的指导和管理，积极开展教学改革，提高教学质量和效益。

撰稿　刘月霞

审稿　朱慕菊

〔**中考语文考试改革试点**〕　为解决语文教学和语文学科考试内容与方法存在的问题，推进中小学实施素质教育，1998年4月10日，原国家教委基础教育司发出《关于中考语文考试改革试点工作的指导意见》，确定江苏省苏州市、湖北省荆门市、福建省莆田市、山东省烟台市、吉林省辽源市、上海市闵行区、北京市顺义县为全国中考语文考试改革试点单位。

《意见》提出，中考语文考试改革应符合国家的教育方针，体现义务教育阶段语文教育的性质与要求，符合语文学科的特点；命题要在教学大纲的范围内，着重考查学生的阅读和写作能力；试卷结构力求简约；要建立严格的审题制度，确保试题质量；抓好阅卷工作的常规管理，确保阅卷质量，坚持和完善试评制度，统一标准，统一要求，最大限度地减少作文阅卷的个人误差；同时要加强对阅卷过程的监控和质量的监督。1998年，试点地区的语文中考考试改革取得了效果，对促进全国中小学语文教学改革和课程改革，推进素质教育起了积极作用，也为在全国实行中考改革积累了经验。

撰稿　杨秀梅

审稿　朱慕菊

〔**中小学教材建设**〕　为展示中小学教材改革开放以来的建设成果，中小学教材审定委员会办公室在京成立全国中小学教材展示中心，并于3月27日正式开展。各有关部、委（局、办）及全国46家出版单位、教材编写单位150余人出席开展仪式。经审查通过的6套全套教材、75种单科教材，共计2 500余册教材全部参展。

3月27日～28日，中小学教材审定委员会办公室在京召开全国中小学教材建设座谈会。人民教育出版社、北京师范大学五四教材编委会、沿海版教材编委会的负责同志和数学、语文、外语等主要学科的主编及参加开展仪式的出版社负责同志参加会议。会上传达了李岚清和教育部领导对中小学教材建设的指示精神，通报了九年义务教育教材编写、审查、使用的情况；并对进一步加强中小学教材建设提高教材质量等问题提出了要求。

中小学教材审定委员会分别于4月和8月先后在长沙和北京召开中小学教材审定会议。全年审查小学语文、数学、社会、自然、中学英语、生物、历史、美术、音乐等9个学科43套课本、图册和挂图，共计总册数为326册，其中234册初审通过，86册经复审后通过，6册需重新送审。

为推进现代教育技术在教学中的应用，教材审定办从1998年开始组织审查电子音像教材。1998年音像电子教材审查工作会议分别于5月11日—17日、9月2日—7日在北京召开，会议审查了小学语文、小学数学，中学数学、中学英语，音乐等5个学科的258盒录音带、20个磁盘、2套光盘，审查通过的有235盒录音带，5个磁盘，一个光盘，需要复审的有23盒录音带，2盒磁盘，1个光盘，未通过的有10盒录音带，13个磁盘。

1998年春秋季，先后组织两次初中思想政治课教材审读会议，共审读江苏、湖北、辽宁、河南、吉林等省市和人民教育出版社编写出版的7套教材，于1998年9月新学期开始时按时使用。

1998年5月，还对人民教育出版社编写的《家庭电工》《农作物栽培》《电子制作技术》《缝纫》《英文打字》《园林花卉》《简单机械的维修和保养》等7本劳动技术教育课本进行了评审。

1998年12月，就中小学学生用书负担进行了调查，了解到小学一年级学生超过20本，初中学生均在35本左右，中小学学生用书负担较重。造成学生用书负担过重的原因主要是：(1) 来自中央各个部门的各种专题教育都要见诸课本，进入课堂。如国防、健康、环境、安全、法制、禁毒、人口、税务、血防、土地、绿化、青春期卫生教育、两史一情教育、四个“一百”知识读本、香港、澳门回归读本、推广普通话等专题教育读本达十七、八种之多。(2) 教辅资料如练习册、测试册等过多过滥。这其中既有学校要求学生购买的，也有家长给孩子购买的。通过调查，为切实减轻中小学学生过重负担，拟研究制定加强中小学学生用书的管理办法。

撰稿 臧爱珍
审稿 金学方

幼儿与特殊教育

〔**幼儿教育**〕 1998年，幼儿教育以贯彻落实《幼儿园管理条例》、《幼儿园工作规程》和《全国幼儿教育事业“九五”发展目标实施意见》为中心，推进事业发展，全面提高教育质量。

自1997年原国家教委印发《全国幼儿教育事业"九五"发展目标实施意见》后，据不完全统计，到1998年，全国已有26个省、自治区、直辖市制定了本地发展规划或发展指标，并加强了领导和管理，采取措施贯彻落实，推动了幼儿教育事业的发展。据统计，1998年全国幼儿园有18万多所，在园幼儿2 400多万人，学前三年（含学前班）入园率达到43.8%。

加强农村特别是边远、贫困、少数民族地区的幼儿教育。结合执行联合国儿基会"早期儿童发展"合作项目，广泛开展社会宣传，发动社区、家庭共同参与，建立灵活多样的学前教育形式，并组织进行贫困地区幼儿教育的经验总结和交流，进一步扩大了学前儿童受教育的机会，为发展全国边远贫困地区和少数民族地区的幼儿教育事业提供了有益的经验。1998年，西南、西北11个省的22个国家级贫困县的学前三年平均受教育率为39.9%，比实施项目前提高19.5个百分点，学前一年平均受教育率达66.7%，提高23.3个百分点。

积极推进城市幼儿园办园体制改革。对9个城市办园体制改革试点市工作情况进行调研，指导地方根据当地实际，逐步建立以社区为依托的、适应当地经济和社会发展的、多种形式、多种渠道的办园体制。1998年，组织拟订了《幼儿园课程标准》(征求意见稿)，征求意见后进行了修改，拟于1999年正式颁发。

撰稿　李渝红

审稿　朱慕菊

〔颁发特殊教育学校规程〕 为加强特殊教育学校内部规范化管理，全面贯彻教育方针，全面提高教育质量，教育部于1998年12月2日发布实施《特殊教育学校暂行规程》(以下简称《暂行规程》)，并从即日起开始实施。

《暂行规程》对特殊教育学校的办学方针、培养目标、学籍管理、教育教学工作、人事管理、学校日常管理、卫生保健及安全、学校建设及经费、学校、社会与家庭等方面作出具体规定。特殊教育学校实施教育必须从残疾儿童少年的身心特点和特殊教育的实际出发，强调培养残疾学生掌握一定的日常生活、劳动、生产的知识和技能，掌握补偿自身缺陷的基本方法，树立自尊、自信、自强、自立的精神和维护自身合法权益的意识，形成适应社会的基本能力；在教育教学方面，强调学校要重视培养学生良好的心理素质和卫生习惯，提高学生使用自身残存功能的能力等。

撰稿　王洙

审稿　王建国

〔残疾儿童少年义务教育〕 1998年8月，教育部颁发的《关于认真作好"两基"验收后巩固提高工作的若干意见》中提出："对特殊教育等薄弱环节应加大工作力度并实行倾斜政策"，"要把残疾与正常儿童少年同步接受义务教育纳入巩固提高规划，统筹安排"，"有条件的地方，可逐步扩大义务教育阶段残疾学生的免费范围"，强调要发展随班就读和特殊教育班以及特殊教育学校等多种办学形式，重视改善办学条件，深化教育教学改革，切实将特殊教育作为"两基"验收后巩固提高工作的重要组成部分。

为检查各地残疾儿童少年义务教育情况，1998 年 2 月，教育部基础教育司发出《关于开展〈残疾儿童义务教育“九五”实施方案〉中期评估的通知》，要求各省、自治区、直辖市教育行政部门对本地区 1996 年以来《残疾儿童少年义务教育“九五”实施方案》的落实情况，包括入学率指标完成情况、采取的各项措施等进行一次全面的评估。在各地评估的基础上，教育部基础教育司和中国残联教育就业部于 6 月～7 月对陕西、山西两省进行了重点评估。7 月，教育部办公厅发出《关于切实做好今年秋季开学残疾儿童少年入学工作的通知》，要求各地采取积极措施，确保新学年更多的残疾儿童少年顺利入学。

撰稿 王 洙

审稿 王建国

技 术 装 备

〔**教学仪器设备行业管理**〕 1998 年，全国共有 537 个工厂承担教学仪器设备生产任务。全部职工年平均人数为 72 124 人，其中工程技术人员 8 053 人。固定资产原价为 84 515万元。全行业共完成工业总产值（不变价）263 510万元，其中教学仪器设备总产值 151 237万元。利润总额完成10 261万元，税金总额完成14 022万元。

完成教学仪器设备产值（当年价）1 500 万元以上的省市有：江苏省、浙江省、上海市、山东省、福建省、湖北省、河南省、北京市、四川省、宁波市、辽宁省、广东省、江西省、湖南省、安徽省、河北省、山西省、天津市。

在行业管理方面：（1）完成对部分省市的 30 余家原国家教委教学仪器设备生产定点厂的复核验收工作。（2）完成 6 个教学仪器设备新产品的部级鉴定，通报了 1997 年省级新产品鉴定备案情况，审查了 1998 年 16 个省市上报的 77 家工厂研制的 345 个省级新产品的鉴定备案材料。(3)举办了第 36 届、37 届全国教学仪器设备展示订货会，两次会议总成交额 7.8 亿元人民币。（4）组织教学仪器设备行业向遭受洪涝灾害的地区紧急捐献教学仪器设备、学生用品的募捐赈灾活动，捐献物资及人民币共计 1 300 余万元。(5)完成了给三个公司的 11 个型号语言学习系统产品补发产品合格证工作。（6）完成了生产许可证（1 种）、换证（4 种）产品实施细则及检验单位报审表，上报全国生产许可证办公室。（7）组织完成了教学仪器检测站参加国家级计量认证的报名、申请工作，共有 11 个检测站（机构）提出申请，其中 2 个检测站已列入 1999 年上半年国家级认证计划。

(8) 审查了全国教学仪器标准化技术委员会上报的11个教育行业标准报批件。布置全国教学仪器标准化技术委员会的换届筹备工作。(9) 完成对江苏、浙江基础教育技术装备情况的调研工作，为教学仪器设备行业的改革和发展提出了建议。(10) 组织教学仪器设备行业有关管理人员和企业参加'98巴塞尔世界教具博览会。

在质量管理方面：1998年共安排58个品种，638个教学仪器设备产品的质量监督检测，产品检测平均合格率为84.64%。

1998年产品销售收入为233 940万元，出口交货值为3 201万美元，其中教学仪器1 571万美元。1998年技术改造更新措施投资计划为2 000万元，实际完成1 725万元。

撰稿 俞伟跃
审稿 金学方

教育督导

〔**教育部督导机构独立设置**〕 1998年7月21日，国务院发出《关于印发教育部职能配置内设机构和人员编制规定的通知》，教育督导团办公室独立设置，成为教育部内设18个职能司(厅、室)中的一个职能部门，主要职责是“承办教育督导团的日常工作，组织国家督学对中等及中等以下教育的督导评估和检查验收，宏观指导各地的督导工作”。

这次机构改革中，教育部重视建立健全教育督导制度，独立设置教育督导机构，具有重要意义，并将产生长远的影响：第一，它体现了党的十五大精神和九届人大一次会议精神，为落实依法治教提供了机构和制度保障。对加强教育战线执行教育法律法规的监督，维护教育法制统一，保证法令畅通，建立了有力的制约机制。第二，中央加强教育督导机构也顺应了地方教育督导机构迅速发展的要求。各省、自治区、直辖市各级党委、政府的领导都非常重视教育督导工作，把它作为依法治教，落实科教兴国战略，推动中等和中等以下教育改革和发展的有力助手。第三，中央加强教育督导机构，对地方教育行政部门加强教育督导机构，推动我国健全和完善督导制度建设将产生直接的影响。第四，对我国教育督导工作提出了新的更高的要求，标志着我国教育督导进入了一个新阶段。

〔**全国教育督导室主任会**〕 1998年3月23日～26日，教育部督导团办公室在广东省深圳市召开1998年度全国教育督导室主任会议。出席会议的人员有各省、自治区、直辖市和新疆生产建设兵团教育督导室主任，教育部华东、华北教育管理学院培训中心负责人等。会议总结交流了一年来各地学习贯彻党的十四届六中全会和十五大精神，开展督导评估工作取得的成绩和经验，研讨了建立健全教育督导制度的有关问题，部署了1998年教育督导工作。

会议确定，1998年教育督导工作的任务是高举邓小平理论伟大旗帜，贯彻十五大精神，实事求是，研究新情况，解决新问题，努力推动具有中国特色教育督导制度的不断完善和发展。一是要继续贯彻“两基”重中之重的方针不动摇，坚持“积极进取、实事求是、分区规划、分类指导”的原则，打好“二片”地区攻坚战，分类指导贫困地区“普初”、“普三”、“普四”的工作。二是要认真搞好“两基”巩固提高工作。要推广江苏省建立“两基”年审制度的经验，结合本地实际，制定出巩固提高的工作方案，积极采取措施，充实薄弱环节，不断改善实施义务教育的条件，提高“两基”水平。三是要根据原国家教委《关于开展素质教育区域实验工作的指导意见》确定省级实验县（市、区），认真抓好素质教育实验研究工作。四是要加强教育督导机构建设。教育督导部门要抓住机遇，积极开展工作，做好舆论宣传，求得教育督导机构的新发展。要认真贯彻原国家教委有关督学队伍建设的文件，认真抓好队伍建设，组织督导人员认真学习国家的法律、法规和政策，熟悉各级政府教育行政部门的教育工作和学校的教育教学管理，严格依法办事，忠实履行督学职责，加强廉政建设，努力构建教育督导工作的基本框架，使教育督导工作走上规范化制度化的轨道。

撰稿　程锦慧
审稿　郭振有

〔“构建督导评估机制，推动实施素质教育”实验工作〕 第三次“构建督导评估机制，推动实施素质教育”实验联系县工作研讨会，于1998年9月27日～29日在广东省番禺市召开。全国10个先期进行实验的县（市、区）教委主任和督导室主任参加了会议。北京、上海、山东三省（市）政府教育督导室应邀派代表参加。教育部副总督学王文湛出席会议并讲话。

会议总结交流了两年来实验县（市、区）的工作成果和经验，研究下一步深化实验工作的思路和做法。广东省番禺市在会上作了重点介绍，其余9个实验县（市、区）也都介绍了各自开展实验工作的情况。两年来实验工作主要取得了以下成果：

一、进一步提高了对《普通中小学校督导评估工作指导纲要（修订稿）》重要性的认识。10个实验县（市、区）在实践中认识到，在促进经济发展和社会进步的诸多政策中，“科教兴国”是战略决策；在教育改革和发展中，培养学生的综合素质和创新能力是最重要的任务之一。素质教育是知识经济的基础，而实施素质教育的保障措施之一是建立科学的督导评估机制。《指导纲要》是指导中小学校督导评估工作的法规性文件，是中小学办学的指南。

二、建立了“督政”与“督学”有机结合的督导评估机制，加大了督导评估工作力度。不少实验县（市、区）都实行了督导检查乡镇政府教育工作的制度，沈阳市和平区还建立了“同级督政”制度。“督政”强化了政府各有关部门的教育执法意识，极大地调动了各部门参与教育、支持教育的主动性和积极性，形成了有利于教育改革和发展的氛围。

三、完善了督导评估指标体系，使对政府、教育部门、学校的督导评估工作更加规范化、制度化、科学化。各实验县（市、区）都以教育的法律、法规、方针、政策为依据，制定了督导评估方案，就督导评估工作的目的任务、适用范围、组织分工、实施步骤等作出具体规定，要求凡以教育部门名义进行的检查评估，一律纳入综合督导评估或由督导室组织协调。

四、促进了党政主要领导、教育行政部门和学校办学思想的转变，推动基础教育从应试教育向素质教育转变，有利于提高教育质量和办学效益。10个实验县（市、区）克服了过去政府向教育部门、教育部门向学校、学校向教师层层下达升学指标的现象，以是否全面贯彻教育方针、是否面向全体学生、是否有利于学生全面发展作为衡量学校办学水平的标准。教育部门和学校、教师卸下了升学率的重负，大胆改革教学内容和方法，使学生主动自觉地学习，学校呈现出生动活泼的学习局面，教育质量和办学效益得到提高。

撰稿　于　芳
审稿　郭振有

〔**教育督导研究会会议**〕　1998年11月1日～3日，中国教育学会教育督导研究会在江苏省无锡市召开第二届代表大会及第四届年会。来自全国25个省、自治区、直辖市的50名教育督导工作者、教育理论专家、学者参加了会议。教育部副总督学兼督导团办公室主任郭振有、新任督导研究会理事长白景龙分别作了讲话。

会上，代表们听取了第一届理事会理事长郑启明的工作报告；交流了教育督导工作的经验和研究成果；参观了无锡市部分中小学校的教育工作；并就如何抓住机遇，推进教育督导制度建设和如何发挥教育督导研究会作用，积极开展教育督导科学研究，提高教育督导理论水平等问题进行了研讨。与会代表认为：四年来，教育督导理论的研究在督导实践中不断深入，并取得了一定成果；教育督导制度不断完善，督导机构和队伍得到加强；教育督导为推进我国中等和中等以下教育的改革和发展做出了贡献。

会议提出：今后教育督导研究会要围绕“关于建设有中国特色的社会主义教育督导制度的研究”总课题，采取多种形式开展研究工作。研究会和各团体会员单位要分别组织力量开展多种形式的学术研讨活动，提高教育督导水平。要利用督导实践和研究的成果，积极配合教育督导行政部门，加大关于完善教育督导制度，加强督导工作，健全督导机构，充实督导队伍，发挥教育督导作用等方面的宣传力度。

会议期间，公布了四年以来教育督导研究的优秀论文评选结果；进行了督导研究会理事会的换届改选工作，选举产生了教育督导研究会第二届理事会，常务理事，理事长、副理事长和秘书长、副秘书长。

撰稿　程锦慧
审稿　郭振有

〔**聘请第五届国家督学**〕　1998年5月8日，经教育部党组讨论通过，聘请了54位同志为第五届国家督学，其中民主党派特约教育督导员4位。54位国家督学分别来自全国31个省、自治区、直辖市以及中央国家机关有关部门。根据教育督导工作的需要，教育部党组增聘了上海市政协副主席谢丽娟为总督学顾问。截至1998年底，教育部共聘请四位总督学顾问。

教育部聘请的总督学顾问和国家督学，大多长期从事教育管理工作，具有大学以上或同等学历文化程度和丰富的教育工作经验，熟悉有关教育的法律、法规和政策，了解中等和中等以下教育工作，具有较高的政策水平及较强的管理能力。

教育部总督学顾问、第五届国家督学名单

教育部总督学顾问（按姓氏笔画排列）：

马长贵　陶西平　梁植文　谢丽娟（女）

教育部第五届国家督学（按姓氏笔画排列）：

马长冰　马振海　尹中川　王文才　王可植　王世福　王文湛　韦鹏飞　卢鸿德　白继忠　白景龙　安效珍　吕可英　纪登训（女）　许任之　刘治聪　仲哲明　张凤民　张　茵（女）　陈光亮　陈光旨　邹开华　阿合曹·克尤木　陈德珍　张永彪　李星万　李仁和　李家林　金长泽　杨金土　杨瑞敏（女）　杨　曼（女）　金汉杰　杨贵珠（女）　杨全玮　孟吉平　俞恭庆　郭振有　赵登昌　郝铁生　高玉琛　袁云亭　钱根珊　符鸿合　童明英　蒋国昌　温孝杰　游铭钧　覃立垣　戴居仁

特约教育督导员（国家督学）：

王金钟（民盟）　郑崇友（民盟）　赵光华（民进）　徐德骁（民进）

撰稿　程锦慧　廖　洁

审稿　郭振有

〔**教育督导法规建设**〕　各地十分重视教育督导法规建设，为推进教育督导制度建设做了大量的工作。山东省教委印发了《山东省普通中小学、幼儿园督导评估制度》，有针对性规定了全省各级教育行政部门要严格控制对中小学校、幼儿园的各种检查、评估。凡以各级教育行政部门名义进行的检查、评估，要纳入综合督导评估或由督导室组织、协调。并提出，今后，各级政府、教育行政部门奖惩学校（幼儿园），考核校（园）长，以及分配高一级学校的招生指标，都要以督导评估的结果为依据。北京市人民政府发布了《北京市教育督导规定》，对教育督导的性质、对象、任务，督导机构设置，督学职责，督导实施等都作了明确规定，反映了有中国特色的教育督导制度的基本框架。厦门市政府制定了《厦门市教育督导条例》分别就立法目的、立法依据、适用范围、解释权限以及教育督导的性质任务、职责权限、机构设置、队伍建设、条件保障、法律责任等作出了全面系统的规定，并突出了政府对教育督导的统一领导，强化了教育督导机构的权威性，严格了专职督学的选拔任用。这些地方性法规、制度，对加强和完善各地教育督导制度建设起到了积极作用。

撰稿　程锦慧　马书义

审稿　郭振有

〔**教育督导机构建设**〕　在中央和地方各级政府和教育行政部门的重视下，中央、省、地、县四级教育督导网络已经建立起来。在机构设置上，已有18个省、自治区、直辖市和占全国地（市）总数44.4%和占全国县（市、区）总数46.3%的督导机构称为人民政

府教育督导机构。西藏、广西等自治区分管教育的副主席兼任教育督导委员会主任或总督学。北京、湖北、安徽、福建、贵州、重庆、上海、湖南、新疆、天津、陕西、山东、甘肃、辽宁、海南等省、自治区、直辖市教委主任、副主任或正、副厅级领导兼任教育督导室主任或总督学，同时设若干名主任督学、副主任督学；6个计划单列市和新疆生产建设兵团教育督导室主任均为正、副厅级领导。全国目前有教育督导人员26 955人，其中专职督学8 102人，兼职督学16 122人（含教育部聘请的总督学顾问、国家督学及各级督导机构从民主党派、无党派人士中聘请的特约教育督导员1 744人）。

全国教育督导机构情况表

省级机构名称	地（市、州、盟）				县（市、区）			
	总数	已建数	占%	政府称谓	总数	已建数	占%	政府称谓
北京市人民政府教育督导室	12	12	100	12	6	6	100	6
天津市教育局督导室	13	13	100	6	5	5	100	3
河北省教育督导室	11	11	100	3	172	168	97.6	51
山西省人民政府教育督导室	11	11	100	4	119	118	99.1	30
内蒙古自治区教育厅督导室	12	12	100	1	101	98	97	11
黑龙江省人民政府教育督导室	17	17	100	10	293	293	100	135
吉林省人民政府教育督导室	9	9	100	9	60	60	100	60
辽宁省教育督导团	14	14	100	7	100	100	100	57
上海市人民政府教育督导室	16	16	100	15	4	4	100	4
江苏省教育督导室	13	13	100	1	111	108	97.3	63
浙江省人民政府教育督导室	11	11	100	9	88	88	100	52
安徽省人民政府教育督导团	17	16	94.1	5	105	91	86.7	30
福建省教育督导室	9	9	100	0	84	82	97.6	7
江西省教育督导室	11	11	100	0	99	95	98.9	23
山东省人民政府教育督导室	21	21	100	14	139	134	96.4	82
河南省教委督导室	18	18	100	3	158	158	100	38
湖北省人民政府督导室	12	12	100	12	101	101	100	101
湖南省人民政府督导室	14	14	100	11	122	122	100	96
广东省人民政府督导室	21	21	100	11	122	122	100	31
广西壮族自治区政府教育督导团	16	16	100	6	110	94	85.5	62
海南省教育厅督导室	2	2	100	0	20	20	100	0
重庆市人民政府教育督导室	2	2	100	0	42	42	100	37
四川省教委督导室	21	21	100	7	180	168	93.3	103
贵州省人民政府教育督导室	9	9	100	6	86	85	98.8	75
云南省教委督导团办公室	17	17	100	1	128	106	82.8	21
西藏自治区教育督导委员会	7	7	100	7	73	7	0.9	0
陕西省人民政府教育督导团	10	10	100	6	107	107	100	33
甘肃省人民政府教育督导办	14	14	100	5	86	86	100	43
青海省教委普通教育督导室	8	8	100	0	43	42	97.7	1
宁夏回族自治区教委督导室	4	4	100	0	24	23	95.8	0
新疆维吾尔自治区人民政府教育督导室	16	16	100	7	93	93	100	79
新疆生产建设兵团教育督导室	13	13	100	0	0	0	0	0
合　计	401	400	99.7	178	2 881	2 826	98	1 334

全国教育督导队伍情况表

名称	省、自治区、直辖市				地（市、州、盟）				县（市、区）			
	实有人数	专职督学	兼职督学		实有人数	专职督学	兼职督学		实有人数	专职督学	兼职督学	
			总数	特约			总数	特约			总数	特约
北京	18	15	40	12	81	77	88	22	25	20	11	0
天津	6	5	17	8	71	65	142	63	57	57	83	0
河北	4	4	23	0	48	41	21	11	567	330	306	14
山西	4	1	41	0	50	38	28	0	418	208	139	3
内蒙古	3	3	0	0	32	32	16	5	229	221	102	0
黑龙江	8	8	5	2	67	63	68	21	530	477	265	31
吉林	6	6	10	0	58	58	15	0	353	351	156	0
辽宁	5	5	0	0	73	68	35	29	384	362	104	6
上海	8	6	51	10	140	136	242	62	19	18	32	7
江苏	5	3	53	8	46	44	195	44	427	377	907	108
浙江	4	2	44	9	50	39	248	46	226	152	952	116
安徽	5	2	55	5	51	41	25	13	229	186	70	0
福建	12	10	0	0	57	47	51	21	427	427	238	92
江西	8	2	13	0	39	26	76	16	279	152	172	34
山东	6	6	16	0	69	40	108	2	556	242	420	23
河南	4	3	32	0	59	31	359	26	698	247	1 059	90
湖北	5	3	25	4	48	26	115	0	412	412	1 200	8
湖南	10	7	31	3	64	60	56	2	397	237	1 121	41
广东	5	4	32	8	65	56	130	79	271	245	672	113
广西	6	6	51	0	44	44	109	1	176	153	568	9
海南	4	0	12	1	4	4	7	0	34	34	37	0
重庆	8	7	12	5	8	6	33	5	179	153	315	17
四川	5	4	24	10	62	54	149	39	406	265	978	173
贵州	5	4	24	8	35	26	42	2	237	186	419	38
云南	5	4	35	9	23	10	80	14	134	61	256	5
西藏	7	2	2	0	17	0	2	0	0	0	54	0
陕西	4	4	38	2	49	44	80	2	425	278	359	22
甘肃	4	0	34	4	49	40	147	11	358	261	583	23
青海	13	10	19	4	28	21	108	4	153	120	196	5
宁夏	4	3	6	2	13	13	4	0	68	68	19	0
新疆	10	10	28	8	80	68	107	0	337	307	618	49
兵团	7	6	0	0	23	19	0	0	0	0	0	0
合计	208	155	773	122	1 603	1 337	2 886	540	9 011	6 607	12 411	1 027

注：教育部督导办人员8人（其中专职督学3人），兼职督学55人未计人。

撰稿　程锦慧　廖　洁

审稿　郭振有

〔**表彰奖励全国教育督导先进集体、先进工作者**〕 教育部办公厅于1998年7月印发了《关于认真做好1998年“全国教育督导先进集体”和“全国教育督导先进工作者”评选工作的通知》,宣布教育部和中国中小学幼儿教师奖励基金会联合表彰奖励全国教育督导先进集体和全国教育督导先进工作者。这是中国恢复教育督导制度以来,首次由教育部进行的评选奖励活动。通知规定,此次表彰奖励的“全国教育督导先进集体”主要在县(市、区)级教育督导机构中评选,工作成绩突出的地(市)级教育督导机构也可以评选。“全国教育督导先进工作者”在省及省级以下各级教育督导工作者中评选。对获奖的教育督导集体和教育督导工作者,分别授予“全国教育督导先进集体”、“全国教育督导先进工作者”的称号,颁发相应的奖章和证书。

在这次评选工作中,分别按照对教育督导集体和教育督导工作者的不同要求,制定了评选条件。为了加强对奖励工作的领导,教育部会同中国中小学幼儿教师奖励基金会组成领导小组,负责组织评审各省、自治区、直辖市推荐的奖励单位和人选。各省、自治区、直辖市高度重视首次评选工作,都建立了相应的评选领导小组,负责对本地区先进集体和先进工作者的审定和申报工作。各地在评选和申报工作中,正确引导,层层评选,逐级申报,坚持标准,严格程序,共报送先进集体材料60份,先进工作者材料108份。1998年12月,经教育部评审决定,授予湖南省汨罗市人民政府教育督导室等59个单位“全国教育督导先进集体”称号;授予李国风、纪登训、吴功森等108位同志“全国教育督导先进工作者”称号,颁发奖状、荣誉证书和奖金。

全国教育督导先进集体名单

北京市

东城区人民政府督学室　西城区人民政府督学室

天津市

河西区人民政府教育督导室　蓟县人民政府督导室

河北省

石家庄市教育督导室　高阳县人民政府教育督导室

山西省

永济市人民政府教育督导室　榆次市教育督导室

内蒙古自治区

赤峰市教育督导室　包头市教委督导室

辽宁省

沈阳市教育督学室　大连市教委督学室

吉林省

舒兰市人民政府教育督导室　农安县人民政府教育督导室

黑龙江省

哈尔滨市人民政府教育督导室　牡丹江市人民政府教育督导室　讷河市人民政府教育督导室

上海市

南市区人民政府教育督导室　闸北区人民政府教育督导室

江苏省

南京市教育督导室　无锡市教育督导室

浙江省

宁波市人民政府教育督导室　余杭市人民政府教育督导室

安徽省

马鞍山市教育督导室　蚌埠市教育督导室

福建省

永安市教育督导室　南平市延平区教育督导室

江西省

赣州地区教育督导室　泰和县人民政府教育督导室

山东省

青岛市人民政府教育督导室　招远市人民政府教育督导室

河南省

郑州市人民政府教育督导室　洛阳市教委教育督导室

湖北省

荆门市人民政府教育督导室　大冶市人民政府教育督导室

湖南省

汨罗市人民政府教育督导室　长沙县人民政府教育督导室

广东省

深圳市人民政府教育督导室　番禺市人民政府教育督导室

广西壮族自治区

南宁市教育督导室　田东县人民政府教育督导室

海南省

海口市教育局督导室

重庆市

九龙坡区人民政府教育督导室　荣昌县人民政府教育督导室

四川省

成都市人民政府教育督导室　阆中市教育督导室

贵州省

黔东南州人民政府教育督导室　安顺市人民政府教育督导室

云南省

昆明市五华区人民政府教育督导室　曲靖市麒麟区教育督导室

陕西省

咸阳市人民政府教育督导室　汉中市汉台区人民政府教育督导室

甘肃省

兰州市人民政府教育督导室　镇原县教育督导室

青海省

西宁市教育督导室

宁夏回族自治区

吴忠市教育督导室

新疆维吾尔自治区

乌鲁木齐市人民政府教育督导室　莎车县人民政府教育督导室

新疆生产建设兵团

农八师教委督导室

全国教育督导先进工作者名单

北京市

黄瑞安　杜声威　伍玉成

天津市

吴功森　高志清　王思敏

河北省

赵志文　贾向荣　刘　侃　周国柱

山西省

崔　毅　杨万生　郝东光　靳贵明

内蒙古

何炜元　马文举　姚满贤

辽宁省

苏　革　张洪彦　王世杰　郭淑琴（女）

吉林省

李国风　原国钧　敖春林　沈向群

黑龙江省

田宏夫　韩旭光　张宝臣　郭臣中

上海市

张　岚（女）　归顺康　卞毓身

江苏省

陈天中　朱培元　吴秀林　王益群　蔡　苓（女）

浙江省

吴国祥　赵仁曼（女）　朱启华　徐方林

安徽省

程　平　张庚冬　章钟涛

福建省

陈让涵　陈天球　廖纪华　李育彬

江西省

乔湘武　金安根　刘海涛

山东省

刘广侨　伍映兴　金树然　魏进路

河南省

徐国志　王同相　孙云章（女）　叶灵钧

湖北省

纪登训（女）　金升万　孙学智　罗万军

湖南省

王展经　荣铠锋　黄迈常　张子良

广东省

彭南玉　吴钟秀（女）　杨力群　黄梅发　龙伯达

广西

钟乃询　陈盛坤　梁钦经

海南省

翁育清

重庆市

杨光华　赵连忠　陈森亮

四川省

李克金　汪广永　肖尤嘉　罗永昌

贵州省

廖　锦　杨应学　覃仲怀

云南省

李晓南（女）　吴仕荣　彭　瑾

西　藏

张文和

陕西省

冯齐昌　余志升　王世生　吴年志

甘肃省

朱　进　尚双全　王承发　赵旭东

青海省

曾庆义　逯登鸿　先巴才让

宁　夏

魏宪明　赵连璧

新　疆

阿合甫·克尤木　司贤兰　刘大卫　尼亚孜·米吉提

新疆生产建设兵团

腊寂山

撰稿　程锦慧

审稿　郭振有

〔**表彰“两基”、“普初”工作先进县（市、区）**〕　为推动90年代全国基本普及九年义务教育和基本扫除青壮年文盲目标的实现，调动地方政府实施“两基”的积极性，根据原国家教委1996年印发的《普及九年义务教育和扫除青壮年文盲工作表彰奖励办法》，1998年教育部对在“两基”工作中做出突出成绩的县（市、区）进行了表彰奖励。

按照原国家教委1996年印发的《普及九年义务教育和扫除青壮年文盲工作表彰奖励1996年实施方案（草案）》的规定，对实施“两基”工作先进县（市、区）的表彰奖励工作分三次进行。1998年的表彰奖励工作为第二次。教育部办公厅于1998年6月2日发出《关于1998年“两基”、“普初”工作先进县（市、区）表彰奖励有关事项的通知》，要求：(1) 表彰奖励的“两基”和“普初”工作先进县（市、区，含其他县级行政区划单位），原则上从1997年原国家教委公布的第四批和1998年验收的第五批“两基”、“普初”县（市、区）中产生。(2) 为鼓励和推动“普初”工作，“普初”工作先进县（市、区）也可按国家公布的“普初”县（市、区）总数的10%的比例评选先进，同时进行表彰奖励。根据各省（自治区、直辖市）对各县（市、区）的考察和推荐，以及教育部督导团的审查，最后确定77个“两基”先进县（市、区）和11个“普初”先进县（市、区），教育部于1998年12月31日作出决定，对这88个县（市、区）进行表彰奖励。

这88个先进县（市、区）是在全国实施“两基”规划第二阶段目标中涌现出来的典型。这些县（市、区）认真贯彻《义务教育法》和《扫除文盲工作条例》，把“两基”（“普初”）工作摆在“重中之重”的地位，坚持依法治教，落实实施义务教育和扫盲工作的目标责任制，在保障教育经费投入，改善办学条件，加强教师队伍建设，提高教师的社会地位和待遇，在全社会形成重视教育的良好氛围等方面做出了突出成绩。

1998全国“两基”工作先进县（市、区）名单

河北省（4）

秦皇岛市山海关区　卢龙县　安国市　丰宁满族自治县

山西省（4）
阳曲县 大同县 陵川县 平遥县

内蒙古自治区（3）
乌海市海渤湾区 临河市 苏尼特右旗

辽宁省（1）
辽阳市宏伟区

吉林省（1）
前郭尔罗斯蒙古族自治县

黑龙江省（7）
呼兰县 五常市 穆棱市 肇州县 佳木斯市向阳区 嫩江县 肇东市

浙江省（1）
青田县

安徽省（3）
桐城市 阜阳市颍泉区 寿县

福建省（4）
福清市 南平市延平区 泰宁县 寿宁县

江西省（2）
贵溪市 泰和县

山东省（2）
肥城市 莱芜市莱城区

河南省（5）
西峡县 汝阳县 信阳市平桥区 遂平县 新郑市

湖北省（3）
竹溪县 武汉市东西湖区 赤壁市

湖南省（6）
祁东县 邵东县 澧县 浏阳市 湘阴县 祁阳县

广西壮族自治区（4）
象州县 灵山县 武鸣县 北流市

海南省（1）
文昌市

重庆市（2）
渝北区 忠县

四川省（5）
双流县 绵阳市游仙区 内江市东兴区 犍为县 剑阁县

贵州省（1）
福泉市

云南省（3）
陆良县 澄江县 弥渡县

陕西省（4）
武功县 兴平市 铜川市郊区 长安县

甘肃省（2）
天水市秦城区 张掖市

宁夏回族自治区（1）
平罗县

新疆维吾尔自治区（3）

乌鲁木齐县　阿克苏市　博乐市

新疆生产建设兵团（5）

12团　66团　102团　130团　143团

1998年全国“普初”工作先进县（市、区）名单

内蒙古自治区（1）

察哈尔右翼后旗

广西壮族自治区（2）

凌云县　罗城仫佬族自治县

贵州省（2）

印江土家族苗族自治县　关岭布依族苗族自治县

西藏自治区（2）

拉萨市城关区　洛扎县

甘肃省（1）

西和县

青海省（1）

贵南县

新疆维吾尔自治区（2）

昭苏县　库车县

撰稿　陈卫军

审稿　郭振有

〔**“两基”督导检查和评估验收**〕1998年是全国实施“两基”规划第二阶段的第二年。各地把“两基”作为“重中之重”，本着“积极进取，实事求是，分区规划，分类指导”的原则，认真实施本省“两基”规划，较好地完成了全年“两基”规划目标。

随着“两基”规划的实施，“两基”验收工作的重点逐步向中西部经济文化欠发达地区转移，任务越来越艰巨，难度越来越大。1998年验收的县（市、区），国家“八七”扶贫县就占30%。同时，中国又遭受特大洪涝灾害，既造成巨大经济损失，也给“两基”工作带来严重影响。但由于许多地方，特别是受灾严重的省明确提出“政府行为不松，投入不减，验收标准不降”，坚定不移地推进“两基”，使1998年全国“两基”工作克服了种种困难，取得了很大成绩。

1998年，各省（自治区、直辖市）认真组织各县（市、区）开展自查自评工作；同时各地（市）也在各县（市、区）自查的基础上进行了核查；省级人民政府组织了对各县（市、区）“两基”工作的评估验收。教育部组织以国家督学为主的督导检查组，对广西、海南、内蒙古、重庆、甘肃等5省（自治区、直辖市）进行了过程性的督导检查。第四季度集中对辽宁、吉林、福建三省实现“两基”进行了督导检查。在8个省（自治区、直辖市）共抽查67个县（市、区）、159个乡（镇、苏木）、596所中小学校和成人文化学校等。这些督导检查和评估验收推动了各省“两基”工作保质保量地进行。

经省级人民政府评估验收和教育部审查，1998年，全国有360个县（市、区）（含其他县级行政区划单位38个）基本达到教育部及省（自治区、直辖市）规定的现阶段普

及九年义务教育和扫除青壮年文盲的要求，被列入第五批实现“两基”县（市、区）名单，教育部于1999年1月8日予以公布，覆盖人口约占全国人口总数的8%。连同前四批教育部公布的名单，截止1998年底，全国实现“两基”的县（市、区）累计达到2 242个（含其他县级行政区划单位117个），人口覆盖率达到73%。此外，辽宁、吉林、福建三省所辖各县（市、区）均实现“两基”，成为继京、津、沪、苏、粤、浙之后全面实现“两基”目标的省级行政区划单位。

至此，一片地区9省（直辖市）有662个县（市、区）实现“两基”，所辖人口占一片地区人口总数的96%。二片地区13省（直辖市）有1 204个县（市、区，含其他县级行政区划单位28个）实现“两基”，所辖人口占二片地区人口总数的82%。三片地区9省（自治区）有378个县（市、区，含其他县级行政区划单位89个）实现“两基”，所辖人口占三片地区人口总数的42%。

撰稿 陈卫军
审稿 郭振有

附

全国第五批基本普及九年义务教育、基本扫除青壮年文盲县（市、区）名单

河北省（31）

行唐县 灵寿县 博野县 满城县 涞水县 易县 安新县 东光县 南皮县 大名县 永年县 曲周县 宁晋县 柏乡县 威县 邢台县 承德县 隆化县 宽城满族自治县 丰宁满族自治县 平泉县 景县 深州市 武邑县 宣化县 康保县 尚义县 赤城县 怀来县 阳原县 怀安县

山西省（23）

闻喜县 平陆县 吉县 汾西县 隰县 浑源县 广灵县 阳曲县 长子县 屯留县 武乡县 壶关县 灵石县 和顺县 寿阳县 宁武县 五台县 河曲县 偏关县 五寨县 柳林县 中阳县 离石市

内蒙古自治区（16）

牙克石市 科尔沁右翼前旗 开鲁县 通辽市 宁城县 镶黄旗 苏尼特左旗 察哈尔右翼前旗 化德县 武川县 土默特右旗 固阳县 达尔罕茂明安联合旗 东胜市 鄂托克前旗 阿拉善右旗

辽宁省（1）

朝阳县

吉林省（3）

靖宇县 通榆县 镇赉县

黑龙江省（18）

宾县 方正县 通河县 克东县 鸡西市麻山区 鹤岗市东山区 双鸭山市宝山区 伊春市上甘岭区 嘉荫县 七台河市新兴区、茄子河区 嫩江县 北安市 青岗县 明水县 望奎县 海伦市 呼玛县

安徽省（11）

长丰县 潜山县 枞阳县 太湖县 宿松县 颍上县 霍邱县 寿县 凤阳县 明光市 定远县

福建省（16）

平潭县 永泰县 罗源县 诏安县 长汀县

泰宁县　宁化县　安溪县　福鼎市　霞浦县　周宁县　福安市　柘荣县　屏南县　宁德市　古田县

江西省（9）

修水县　莲花县　于都县　安远县　会昌县　吉水县　吉安县　泰和县　乐安县

山东省（7）

汶上县　庆云县　夏津县　沾化县　无棣县　冠县　郓城县

河南省（35）

通许县　嵩县　长垣县　封丘县　原阳县　内黄县　濮阳县　范县　南乐县　襄城县　方城县　南台县　西峡县　淅川县　桐柏县　平顶山市石龙区　宝丰县　陕县　渑池县　太康县　郸城县　夏邑县　永城市　虞城县　柘城县　睢县　西平县　确山县　新蔡县　光山县　潢川县　商城县　息县　固始县　淮滨县

湖北省（14）

蕲春县　英山县　崇阳县　来凤县　建始县　恩施市　房县　南漳县　宜昌县　孝昌县　通城县　阳新县　咸宁市　郧县

湖南省（27）

衡阳县　耒阳市　邵阳市北塔区　邵东县　隆回县　洞口县　新宁县　邵阳县　城步苗族自治县　平江县　嘉禾县　宜章县　桂东县　汝城县　石门县　茶盘洲农场　桃江县　沅江市　道县　新田县　蓝山县　宁远县　涟源市　会同县　靖州苗族侗族自治县　张家界市武陵源区　慈利县

广西壮族自治区（11）

扶绥县　柳江县　柳城县　河池市　贺州市　来宾县　象州县　防城港市防城区　百色市　田东县　龙胜各族自治县

海南省（8）

屯昌县　保亭黎族苗族自治县　昌江黎族自治县　定安县　白沙黎族自治县　通什市　临高县　乐东黎族自治县

重庆市（11）

武隆县　永川市　开县　万州区天城管理委员会　丰都县　綦江县　荣昌县　江津市　合川市　璧山县　大足县

四川省（24）

乐山市金河口区　遂宁市市中区　射洪县　江安县　长宁县　南充市嘉陵区　南部县　广元市元坝区、市中区　剑阁县　仁寿县　德昌县　西昌市　名山县　雅安市　荥经县　平昌县　巴中市　内江市东兴区　攀枝花市仁和区　米易县　三台县　盐亭县　平武县

贵州省（3）

瓮安县　余庆县　天柱县

云南省（13）

华坪县　丽江纳西族自治县　保山市　绥江县　罗平县　元谋县　华宁县　通海县　建水县　蒙自县　石屏县　鹤庆县　巍山彝族回族自治县

陕西省（16）

乾县　礼泉县　淳化县　宝鸡县　千阳县　凤县　陇县　西乡县　略阳县　平利县　石泉县　神木县　商南县　耀县　安塞县　甘泉县

甘肃省（6）

临夏市　灵台县　合水县　天水市北道区　白银市平川区　永登县

青海省（3）

湟中县　湟源县　西宁市城东区

宁夏回族自治区（5）

灵武市　中宁县　中卫县　陶乐县　平罗县

新疆维吾尔自治区（13）

麦盖提县　博湖县　精河县　察布查尔锡伯自治县　霍城县　特克斯县　新源县　吉木萨尔县　奇台县　额敏县　和田市　哈密市　阿克苏市

新疆生产建设兵团（36）

1团　3团　7团　8团　9团　14团　15团　22团　23团　30团　32团　34团　35团　42团　61团　62团　63团　64团　87团　90团　土墩子农场　新湖总场　芳草湖农场　106团　128团　129团　136团　163团　186团　188团　火箭农场　红星一场　黄田农场　乌鲁木齐农场管理局养禽场　三坪农场　104团

〔**贫困地区初等义务教育评估验收**〕　国务院《关于〈中国教育改革和发展纲要〉的实施意见》提出：到2000年，占总人口10%的贫困地区重点普及五～六年小学教育（以下简称“普初”），占总人口5%左右的特别贫困地区普及三～四年小学教育（简称“普三”、“普四”）。贫困地区在本世纪内实现“普初”和“普三”、“普四”，是党中央、国务院提出的在本世纪末实现“两基”总体目标的一个组成部分，对于这些地区的经济发展、社会进步、民族团结、边陲稳定都具有重大意义。

为进一步规范贫困地区“普初”评估验收工作，加强指导，根据原国家教委1994年印发的《普及义务教育评估验收暂行办法》，教育部于1998年4月下发了《关于贫困地区普及初等义务教育评估验收工作的意见》，明确教育部计划公布名单的“普初”县（市、区），仅限于按省级规划在2000年前只能普及初等义务教育的县（市、区）；并对全国“普初”工作的指标要求、标准掌握、评估验收程序等提出要求。

有关省（自治区）对这项工作十分重视，从1996年起，有计划地对2000年前只能“普初”的县（市、区）进行评估验收。原国家教委已于1997年公布了首批51个普及初等义务教育县（市、区）的名单。1998年，有关省（自治区）在“两基”督导检查和评估验收工作中，有计划地把2000年前只能“普初”的县（市、区）作为检查验收的对象，制定“普初”验收规划，扎扎实实地开展“普初”评估验收。教育部在对有关省（自治区、直辖市）督导检查中，抽查了5个2000年前不能“普九”，而规划1998年实现“普初”的县（市、区）。截止1998年底，经省级人民政府评估验收和教育部审查，全国又有65个县（市，含其他县级行政区划单位4个）实现基本普及初等义务教育（教育部于1999年1月8日公布），覆盖人口占全国人口总数的1.2%。连同1997年公布的第一批实现“普初”县（市、区），累计达到116个（含其他县级行政区划单位9个），人口覆盖率达到2%。

全国实现“普初”的县（市、区）都在三片地区，覆盖人口占三片地区人口总数的7.63%，连同1997年公布的第一批实现“普初”县（市、区），占三片地区人口覆盖率达到12.64%。

撰稿　陈卫军
审稿　郭振有

附

全国第二批基本普及初等义务教育县（市）名单

内蒙古自治区（3）

卓资县　察哈尔右翼后旗　突泉县

广西壮族自治区（22）

马山县　天等县　大新县　三江侗族自治县　金秀瑶族自治县　忻城县　融水苗族自治县　德保县　靖西县　那坡县　田林县　乐业县　凌云县　隆林各族自治县　西林县　罗城仫佬族自治县　天峨县　凤山县　东兰县　巴马瑶族自治县　都安瑶族自治县　大化瑶族自治县

贵州省（10）

正安县　习水县　德江县　麻江县　榕江县　施秉县　三穗县　黄平县　晴隆县　兴仁县

云南省（8）

麻栗坡县　盐津县　云县　耿马傣族佤族自治县　镇康县　永德县　双江拉祜族佤族布朗族傣族自治县　勐腊县

甘肃省（6）

张家川回族自治县　夏河县　迭部县　康县　礼县　环县

青海省（5）

贵南县　共和县　海晏县　门源回族自治县　祁连县

西藏自治区（6）

达孜县　米林县　波密县　错那县　琼结县　贡嘎县

新疆维吾尔自治区（1）

和田县

新疆生产建设兵团（4）

北塔山牧场　107团　108团　110团

职业教育与成人教育

〔印发加快发展职业教育的《若干意见》〕 为推动《职业教育法》的贯彻执行，进一步落实职业教育的战略地位，指导职业教育改革和发展，原国家教委、国家经贸委、劳动部于1998年3月16日联合印发了《关于实施〈职业教育法〉加快发展职业教育的若干意见》(以下简称《意见》)。

《意见》要求各地要进一步提高认识，加强领导，落实职业教育的重要地位，把调整教育结构、发展职业教育摆到突出位置。《意见》明确了中国职业教育工作的奋斗目标和工作任务，指出：要进一步调整教育结构，推进以初中后为重点的不同阶段的教育分流，建立、健全职业学校教育与职业培训并举，并与其他教育相互沟通、协调发展的职业教育体系。到2000年，使各类中等职业学校招生数和在校生数的比例全国平均达到60%左右，普及高中阶段教育的城市可达到70%；要积极发展高等职业教育；通过多种形式，因地制宜地发展初等职业教育。进一步深化办学体制和管理体制改革，逐步建立、健全有中国特色、适应社会主义市场经济和社会进步需要的职业教育制度和有效的运行机制。要依法落实政府、行业、企业及社会各方面兴办职业教育的职责和义务，落实各部门对职业教育的管理和职责分工。要进一步加强职业教育内部建设，改善职业教育的整体基础和管理水平，提高教育质量和办学效益。《意见》强调，职业教育工作必须遵守大力发展、深化改革、优化结构、提高水平、分类指导、依法治教的指导方针。

《意见》要求各地因地制宜地实行以初中后分流为重点的小学后、初中后、高中后教育分流。职业培训是职业教育的重要组成部分，也是促进劳动就业的重要组成部分。要加强职业培训机构的建设，各级各类职业学校也要根据需要开展多种形式的职业培训。各地要根据需要，积极有步骤地发展高等职业教育。要逐步规范和理顺职业学校的学制。

《意见》指出，必须把办好农业职业教育放在重要位置。农村职业学校应坚持面向农村、面向农业、面向农民为主的办学指导思想，努力为发展高产、优质、高效农业服务，为农民脱贫致富服务，为农村产业结构调整服务。此外，《意见》还就推进办学体制改革，加强部门分工协作；贯彻产教结合的原则；加快招生和毕业生就业制度改革，推行两种证书制度；加强职业教育内部改革和建设；加强和改进德育工作；多渠道筹集职业教育经费等方面提出了具体要求。

撰稿　刘宝民

审稿　刘占山

〔**深化职业教育教学改革**〕 为促进职业教育适应我国社会主义现代化建设的需要，培养数以亿计的高素质劳动者和专门人才，根据科技进步和生产组织变化对人才培养提出的新要求，1998 年 2 月 16 日，原国家教委印发了《面向 21 世纪深化职业教育教学改革的原则意见》，指导和推动职业教育教学改革，提高教学质量和办学效益。各地认真学习贯彻文件精神，组织召开了一系列学习贯彻落实文件精神的会议，近 20 多个省、自治区、直辖市转发了文件或结合本地实际制定了落实文件的具体实施办法，推动了职业教育教学改革，教学质量和办学效益有所提高。

各地在推进职业教育教学改革的实践中认识到：职业教育必须培养同 21 世纪中国社会主义现代化建设要求相适应的，具备综合职业能力和全面素质的，直接在生产、服务、技术和管理第一线工作的应用型人才。在教学内容上应着重加强以下几个方面：第一，加强德育，提高学生的思想政治、职业道德和心理健康素质。第二，在打好扎实的专业知识基础上，要十分重视过硬的职业技能训练。同时，要学好必要的基础文化知识。第三，及时更新教学内容，学习相应的生产、服务、技术和管理领域的先进知识和技术。第四，加强综合职业能力和全面素质的培养。在教学指导思想上，进一步明确了必须更新教育观念，确立以能力为本位的教学指导思想。专业设置、课程开发必须以社会和经济需求为导向，从劳动力市场分析和职业岗位分析入手，科学合理地进行。教学工作必须贯彻产教结合的原则，坚持理论联系实际，教育与生产劳动相结合。要建设好符合教学要求的实习基地，切实加强实验、实习、职业技能训练等实践性课程和教学环节。在积极推行学业证书和职业资格证书制度上，进一步扩大试点范围，部分职业学校设立了职业技能鉴定站。在教学研究和教学实验方面也得到加强，涌现出一批有推广价值的职业教育成果。

职业教育的专业建设得到加强。专业建设进一步符合当地和行业发展的需要。根据专业建设的要求，开发出部分反映新知识、新技术、新工艺和新方法的课程和与之相配套的教材或多媒体课件。部门、行业组织在职业教育培养目标、专业标准和课程教材建设、教学研究和师资培训等方面的作用得到加强。

撰稿 窦现金

审稿 刘占山

〔**全面推进普通中专招生并轨改革**〕 改革开放以来，特别是进入 90 年代后，普通中专教育得到了长足发展，已经成为我国重要的教育资源和中等职业教育的骨干力量。截止 1998 年底，全国共有普通中等专业技术学校 3 234 所，在校生数为 406 万人，当年招生数为 134.9 万人，拥有专任教师 21.5 万人，师生比为 1∶18.9，校均规模达 1 255 人。

改革开放之初，普通中专招生计划形式由单一的国家任务计划变为国家任务和调节性计划两种形式。这在当时对于转变人们的教育观念，调动各方面的积极性，挖掘中专学校办学潜力，扩大办学规模，提高办学效益，具有一定的积极意义。近年来，随着我国社会主义市场经济体制的建立，现行的普通中专招生计划“双轨”制暴露出明显弊端。其突出表现是：国家任务招生计划部分，学生上学所需费用只由政府承担；两种计划录取分数线之间的差距越来越大，给学校招生、教学和管理等带来很大困难，影响普通中专教育质量的提高，也难以体现教育公平性原则；这种情况的存在，在客观上给社会上的不正之风，尤其是乱招生、乱收费提供了可乘之机，不利于招生管理。因此，实行普通中等专业学校招生并轨改革，统一招生计划、统一录取标准，学生缴费上学，是中专教育适应社会主义市场经济体制的必然要求。截止到1997年，全国已有近1/3的省市进行了普通中专招生并轨改革，为全面实行招生并轨创造了经验，打下了基础。据统计，1997年全国普通中专招生调节性计划已占招生计划总数的70%左右，发达地区已超过90%。其中绝大多数的委托培养学生都是自己缴费上学，自费生自主择业。这既为普通中专招生并轨改革创造了条件，同时也表明广大考生、考生家庭及社会对普通中专实行缴费上学，毕业后逐步在国家宏观就业政策指导下自主择业的就业方式，已经有了一定的思想认识和经济承受能力。普通中专实行招生并轨改革，只要收费标准合理，配套政策措施完善，招生制度健全，就一定能够得到招生学校、考生和考生家庭及社会各方面的理解、配合和支持，并使此项改革得以顺利实施。招生并轨改革的根本目的，就是改变普通中等专业学校由政府包得过多的做法，实行学生缴费上学，并在国家方针政策指导下，大多数毕业生在一定范围内自主择业的就业制度，贯彻教育公平性原则，全面提高教育质量，以促进普通中等专业教育的健康发展。

在部分省、直辖市已实行招生并轨改革并取得基本经验的基础上，1998年全国大部分省市都实行了普通中等专业学校招生并轨改革，到2000年，全国基本实现普通中等专业学校招生新旧体制的转轨。这是继全国普通高校招生并轨后全国普通中等专业学校招生和毕业生就业制度改革的重要举措。

撰稿 安 钢
审稿 刘占山

〔加快中西部地区职业教育改革与发展〕

为贯彻落实全国职业教育工作会议精神，加快中西部地区特别是西部地区、民族地区和边远贫困地区职业教育的改革与发展，原国家教委于1998年2月颁发了《关于加快中西部地区职业教育改革与发展的意见》,就以下几方面工作提出具体意见：

一、进一步提高对加快中西部地区职业教育发展重要性的认识，全国都应关心和支持中西部地区职业教育的发展。同时强调从根本上改变中西部地区职业教育的面貌。最根本的要靠调动本地各方面的积极因素，自力更生，艰苦奋斗。

二、要积极探索符合中西部地区实际的职教模式。在办学方向上，要坚持为当地经济建设和社会发展服务，特别是为农村经济建设服务，要放到重要位置。在教育结构上，要实行三教统筹，大力发展多层次多形式的职业教育。西部地区特别是农村地区和边远贫困地区，职业教育层次结构的重心不能急于求高，应以中等职业教育为重点，积极发展多种形式的初中阶段职业教育，广泛开展职前和职后的各种职业培训。在办学形式上，应该更加灵活。在资源配置上，要突出重点，努力提高投资效益。

三、要建立有效的职业教育运行机制。要

加大各级政府对职业教育工作的统筹力度，制定有关扶植政策促进职业教育的发展，要加强职业教育与科技、经济的结合，特别是农村要加强农科教结合，职教与扶贫相结合。

四、鼓励东部地区与中西部地区之间积极开展多层次、多形式的职业教育交流与合作，支持中西部地区的职业教育改革与发展。国家教委根据国务院关于组织经济发达地区与经济欠发达地区开展扶贫工作的精神和国务院确定的省与省之间的扶贫协作关系，组织东部地区与西部地区建立一对一的合作关系，共同研究、确定合作内容和项目，帮助西部地区发展职业教育。

撰稿 陈 光
审稿 刘占山

〔**职业中学校长持证上岗工作基本完成**〕

国务院《关于〈中国教育改革和发展纲要〉的实施意见》规定，争取1997年左右在全国实行中小学校长持证上岗制度。按照原国家教委规定的“今后新任命的校长，应取得岗位培训合格证书，持证上岗”的要求，1998年底，全国职业中学校长持证上岗工作已基本完成。总结各地区职业中学校长岗位培训工作，其主要做法和经验是：

一、领导重视是校长岗位培训工作顺利完成的保证。全国各省市、各地把职业中学校长岗位培训工作列入规划，成立职业中学校长岗位培训工作领导机构。如山东省成立了以分管省长为组长的全省中小学校长培训领导小组，下设培训办公室，省委组织部、省人事局、省教委联合下发文件，全省每年下达培训计划指标，落实到校到人，而且每培训一个职业中学校长，同时拨款700元。

二、制定职业中学校长培训政策措施，完善校长培训制度，明确职业中学校长培训工作的指导原则，落实培训计划，坚持职业中学校长要持证上岗。甘肃省拟定了分期分批培训计划，省教委规定：把职业中学校长岗位培训作为学校晋等达标的必备条件，校长不持证上岗，学校不能晋等。安徽省1997年下发文件，明确规定，职业中学校长1998年实行持证上岗，未持证的校长只能担任代理校长，不能晋升高一级职称，不能评优，并限期参加五年一轮的继续培训，作为下一任任职条件。这些措施进一步促进了校长培训工作的落实，加大了职业中学校长培训的力度。

三、高度认识职业中学校长岗位培训工作的重要性，保证培训质量。实行职业中学校长培训持证上岗制度是加强职业教育管理干部队伍建设的一项重要任务和措施。要不断规范化、制度化、科学化，特别是要做好校长培训工作，确保培训质量，使校长在思想政治、业务水平、管理能力等方面在原有基础上有较大提高，并不断增强市场意识、竞争意识、服务意识，逐步建立和完善一系列制度措施。山西省拿出60万元专款专用，并确定了两所学校作为校长培训基地。

四、通过培训，提高校长的思想政治和业务管理水平。一是学习马列主义理论，思想政治觉悟及理论水平明显得到提高；二是对党的教育方针、政策、法规的理解步入新的层次，从而增强按教育规律办事、依法治教的责任感；三是对现代化管理手段和管理技术有了了解，增强了科学化管理意识；四是解放了思想，更新了观念，明确了方向，决心将学校办出特色，办出水平。

五、适应职业教育改革和发展的需要，引

进竞争机制，拓宽用人渠道，选拔一批既懂教育，又懂经济，会经营、善管理的人才担任职业中学校长。江西省组织部、宣传部和省教委、人事厅、编委联合下发《关于公开招聘职业中学校长的意见》，并实行校长聘任制，聘期三年，聘任期间享受同级人员待遇。

撰稿　高　瑛
审稿　刘占山

〔**开展再就业培训**〕　为贯彻党的十五大及九届全国人大一次会议精神，推进再就业工程的实施，1998年4月，教育部发出《关于动员各类学校大力开展再就业培训的通知》，动员各类学校积极创造条件，主动地开展再就业培训。6月中旬在上海召开新时期成人培训暨再就业培训研讨会，交流总结各地教育行政部门开展再就业培训的情况和经验。如济南市成人教育局把再就业培训作为1998年全市成人教育工作的重点，并确定多所成人高中等学校和社会力量举办的学校，开展再就业培训，到1998年底已累计培训2.9万人，学员培训后的再就业率达到62.1%。北京市1998继续发挥教育资源的优势，全年完成转岗再就业培训9.6万人的任务。从各地开展的再就业培训情况来看，在按照实际、实用、实效的原则开展对下岗职工的职业技能培训的同时，普遍加强了对下岗职工的再就业观念的教育，帮助他们克服自卑、观望、等待的消极心理，改变传统择业观念，树立竞争就业和多形式就业的观念。1998年，全国已有绝大多数省、自治区、直辖市的教育行政部门有组织地调动各类学校的力量，面向下岗职工开展再就业培训服务，受到下岗职工和社会各界的欢迎和普遍好评。

撰稿　郭春鸣
审稿　黄　尧

〔**城市教育综合改革**〕　继1997年10月在长沙召开全国城市教育综合改革会议后，1998年各实验城市党委和政府，认真学习贯彻国务院副总理李岚清致会议全体代表信的精神，以及原国家教委党组书记、副主任陈至立“深入学习贯彻党的十五大精神，开创城市教育综合改革的新局面”的会议讲话，普遍把大力推进城市教育综合改革作为实施“科教兴国”战略，“实现两个根本性转变”的重大措施来抓，制定了具体改革方案。按照李岚清同志提出的“统筹经济、科技、教育体制改革，统筹城市教育、劳动、人事制度改革，统筹各级各类教育的改革和发展”的要求，着眼于教育体制改革，优化结构布局和资源配置，有力推进了教育综合改革，促进了教育与经济、科技的结合，进一步提高了教育质量和办学效益。

根据陈至立提出的关于开展省级教育综合改革的要求，江苏省进行了广泛的调查研究，制定了《江苏省教育综合改革方案》，并在增补30家教育综合改革实验企业的基础上，召开了以“深化企业教育综合改革，清理思路，适应企业改制需要”为主题的实验企业工作协作会议。安徽省教委在加强对实验城市工作指导的同时，加强了对全省城市教育综合改革的指导，重点实施了质量、效益、改革“三个工程”，在教育服务于经济、素质教育、“两基”、职业教育、党建和精神文明建设等方面有了突破性进展。南京市坚持解放思想、深化改革、推进发展、提高质量的指导思想，继续实施教育综合改革的“十项工程”，积极推进教育现代化。太原市制定了《中共太原市委、市政府关于深化城市教育综合改革的若干意见》，在办学体制和管理体制改革、学校布局结构调整、教育教学改革、学校领导班子建设、教育投入、师资队伍建设，以及加强领导、依法治教八个方面取得了新的进展。

城市教育综合改革研究会年会预备会于1998年11月在北京召开。参加这次会议的有20个会员城市和北京师范大学的代表，教育部城市与农村教育综合改革办公室负责同志也参加了会议。会议交流了长沙会议以来各地城市教育综合改革的经验和做法，研究了推动城市教育综合改革工作的思路和对策，讨论决定了“九五”国家课题研究工作等研究会有关事宜。

〔**企业教育综合改革**〕 随着中国经济体制改革的深入发展，企业教育与建立现代企业制度不相适应，与职工对教育的需求不相适应的状况日益突出。面对新的矛盾和问题，各实验企业贯彻党的十五大精神，本着有利于减轻企业负担、有利于企业教育发展的原则，在建立现代企业制度的大环境下，坚持开展教育综合改革，探索建立现代企业教育制度的途径和办法，取得了一批立足企业需要、面向市场和社会、充分发挥市场机制在教育资源配置中基础作用的典型经验。首都钢铁公司和中国葛洲坝水利水电工程集团公司两个实验企业是比较突出的典型。

首都钢铁公司根据《改革首钢教育体制，建立推进教育机制方案》，深入改革办学体制，优化教育资源配置。1998年初以来，在北京市和石景山区政府的统筹下，顺利地将在北京地区所办的2所中小学移交给区教委；根据需求变化，卫生学校已停止招生；首钢职工大学与工学院合并，成立首钢工学院；成立教育培训中心，组织和管理各级职工培训工作。一个以职工教育为主体，以首钢工学院、北京钢铁学校、首钢技工学校为主要依托的企业教育体系，正在建立和逐步完善。与此同时，初步建立起领导负责制、证书制、聘任制、奖励制、轮训制度、竞争机制、约束机制、应需机制、协调机制和投入机制10项制度，形成了人事、劳动、教育相互配套的教育运行机制。

中国葛洲坝水利水电工程集团公司努力构建与现代企业相适应的现代企业教育制度，按照“教企分离、法人治理、自主办学、独立核算”的构想，成立了具有独立事业法人资格的中国葛洲坝水利水电工程集团公司教育事业集团，其事业单位性质不变，实行在葛洲坝集团公司领导下的总经理负责制，履行葛洲坝集团公司教育行政管理职能，在民事活动中享有民事权利，独立承担民事责任，面向企业，面向社会，依法举办各级各类教育和提供教育服务，并参照有关规定收费，但不以赢利为目的。葛洲坝教育实业集团的成立，标志着葛洲坝教育初步形成了既充分依托企业，又独立于企业，主动服务企业、服务社会的具有独立法人资格的企业教育实体，初步建立起了与现代企业相适应的企业教育组织新形式。

1998年12月，教育部城市与农村教育综合改革办公室与企业教育改革研究会在天津碱厂联合召开了小型研讨会。与会代表交流了北京市教委、天津碱厂等一批开展企业教育综合改革成绩突出的部门和企业的经验。会议提出争取在2005年左右使约3/4的实验企业基本形成现代企业教育制度框架。实现这一目标，各实验企业要确定企业教育综合改革的年度和阶段任务，逐年落实。教育部城市和农村教育综合改革办公室将加强对企业教育综合改革的指导，充分发挥企业教育研究会的作用，分期分批进行阶段性评估检查。会议对修改《关于进一步推进企业教育综合改革工作的意见》(草稿)和筹备全国企业教育综合改革会议等项工作，进行了研讨并提出建议。

撰稿　李一扬
审稿　黄　尧

〔**农村教育综合改革**〕　1998年，随着农村改革的深化和农村经济社会的发展，农村教育综合改革不断深入，主要表现为农村教育的改革和发展方向进一步明确，各地的改革力度进一步加大，农村教育的战略地位进一步得到提高，农村各类教育事业有了较大发展，为农业和农村工作服务有了新的突破。1998年10月召开的党的十五届三中全会通过的《中共中央关于农业和农村工作若干重大问题的决定》，再次强调了我国农村教育在农业和农村工作中的战略地位，为农村教育的改革和发展指明了方向，提供了良好的发展机遇。《决定》指出："农业的根本出路在科技、在教育"，"发展农村教育事业是落实科教兴农方针、提高农村人口素质的关键"，要求"必须从农村长远发展和我国现代化建设全局的高度，充分认识发展农村教育的重要性和紧迫性。积极推进农村教育综合改革，统筹安排基础教育、职业教育和成人教育，进一步完善农村教育体系"。

为贯彻落实党的十五届三中全会精神，教育部发出《关于贯彻十五届三中全会精神，促进教育为农业和农村工作服务的意见》，要求教育战线认真学习和贯彻《中共中央关于农业和农村工作若干重大问题的决定》，充分认识教育特别是农村教育为农业和农村工作服务的重要性和紧迫性，牢固树立为农业和农村工作服务的思想，努力开创为农业和农村工作服务的新局面。文件发出后，全国各地在推动农村教育综合改革，促进教育为农业和农村工作服务方面，采取了一系列有力措施。北京、安徽等不少省（自治区、直辖市）制定了进一步加强农村教育综合改革工作的意见，湖南、江苏、黑龙江、福建、广西、陕西、新疆、北京等许多地方召开了推动农村教育工作的会议。许多省（自治区、直辖市）还根据当地实际，通过"工程"等形式，加大了综合改革的力度，如湖南省教委实施的"现代农业新技术推广示范工程"、湖北省教委实施的"成人教育扶贫攻坚年"、青岛市实施的"双五富民工程"等，都产生了良好的效果。

教育部城市与农村教育综合改革办公室于1998年6月23日～25日，在沈阳市召开了第六次全国经济发达地区农村教育综合改革研讨会。北京、天津、上海、重庆、沈阳、大连等17个城市从事农村教育综合改革工作的70多位代表参加了会议。会议就以下几个方面的问题进行了研讨：(1)目前农村教育发展现状、存在的主要问题及对策；(2)经济发达地区如何推进农科教结合，建立健全教育与经济相互促进、协调发展的运行机制；(3)如何借助大城市科技、教育力量推进燎原计划实施，加快综合改革步伐。

1998年6月27日～29日，教育部城市与农村教育综合改革办公室在哈尔滨市举办了全国北方片农村教育综合改革实验县干部培训班。参加这次培训班的有来自东北、华北和西北地区14个省、自治区、直辖市教委(教育厅)主管农村教育综合改革工作的处室负责人及所属全国农村教育综合改革实验县教育行政部门的负责人，共计124人。培训班要求各地进一步提高对深化农村教育综合改革的认识，加大改革力度，办好各级各类农村教育，更好地为当地经济建设和社会发展服务。培训班人员还参观了哈尔滨市呼兰县的教改现场，对呼兰县推进农村教育综合改革的经验给予了充分肯定。

撰稿　马建斌

审稿　黄　尧　张昭文

高等教育

普通高等学校发展改革

〔**高教管理体制改革**〕　1998年，高教管理体制改革继续按照“共建、调整、合并、合作”的八字方针和有关原则、政策，加大力度、加快步伐、全面推进，取得了突破性进展。一年中，全国有77所高校经合并调整为31所普通高校，其中参与合并的成人高校44所；有161所院校实行了划转，其中153所中央部门所属院校划转地方管理，8所省、市业务厅局所属学校划转省教委管理；有14所高校实行了共建，其中，由中央部委与省、直辖市共建的13所，由省与省内地级市共建的1所；有39所高校开展了合作办学，形成了10个合作办学体；另外撤销办学条件严重不合格的成人高校108所。

到1998年底，全国已有31个省、自治区、直辖市，50多个部委参与了改革，涉及高校640余所。(1) 高校合并情况。全国共有258所高校经合并调整为105所普通高校，净减153所；其中参与合并的成人高校共有63所。在原浙江大学、杭州大学、浙江农学院和浙江医科大学基础上合并组建的新浙江大学，标志着我国层次高、规模大、学科齐全的真正综合性大学的诞生。(2) 划转情况。全国共有177所高校进行了管理体制的划转，其中中央部门所属高校划转地方管理的161所，省（直辖市）业务厅局划转省（直辖市）教委管理的16所。(3) 共建情况。已实行共建的高校共有114所。(4) 合作办学情况。全国共有267所高校开展了校际间的合作办学，形成了172个合作办学体，总计411校次。

1998年，中央部委院校管理体制改革迈出了关键性步伐。根据国务院的决定，配合政府机构改革，由教育部起草实施意见并具体组织实施完成了原机械工业部等改组或组建为国家经贸委管理的9个国家局的所属93所普通高校、72所成人高校以及全部中专和技校的管理体制调整工作。在93所普通高校中，除中国矿业大学、华北矿业高等专科学校暂时仍由国家煤炭工业局管理外，其余91所普通高校都实行中央与地方共建。其中东北大学等10所高校划归教育部成为直属高校，其余81所普通高校，实行中央与地方共建，以地方管理为主。对成人高校、中专、技校，除4所管理干部学院就地并入部属普通高校（北京化工管理干部学院并入北京化工大学、北京煤炭管理干部学院并入中国矿业大学、北京冶金管理干部学院并入北京科技大学、成都冶金管理干部学院并入电子科技大学）和1所中专（北京煤炭学校）保留在煤炭工业局外，其余全部由部门管理改为地方管理。此项工作从3月开始酝酿，6月下旬启动，7月全面展开，8月基本完成，9月起，学校按新体制运转。此次调整，为改革部门办学体制开辟了新的途径，创造了良好模式，为今后进行中央部委院校的管理体制改革积累了实践经验。

1998年，参与高教管理体制改革的各类高等学校名单如下：

一、1998年合并高校名单

编号	合并后校名	参与合并的高等学校（含分校）	主管部门	批复时间
1	延安大学	延安大学	陕西省	1998年2月
		延安医学院		
2	中国人民公安大学	中国人民公安大学	公安部	1998年2月
		中国人民警官大学		
3	柳州职业技术学院	广西冶金工业职工大学	广西壮族自治区	1998年3月
		柳州市机电职工大学		
		柳州市工业职工大学		
		柳州市职工大学		
		柳州市教育学院		
4	上海商业职业技术学院	上海市财贸管理干部学院	上海市	1998年3月
		上海市供销职工大学		
		上海市第一商业局职工大学		
		上海市粮食局职工大学		
5	浙江海洋学院	浙江水产学院	浙江省	1998年3月
		舟山师范专科学校		
6	德州高等专科学校	德州师范专科学校	山东省	1998年3月
		德州教育学院		
		德州市直机关业余大学（已撤销）		
7	沈阳大学	沈阳大学	冶金部辽宁省	1998年3月
		沈阳工业高等专科学校		
8	襄樊学院	襄阳师范高等专科学校	湖北省	1998年3月
		襄樊职业大学		
		襄樊教育学院		
9	新疆医科大学	新疆医学院	新疆维吾尔自治区	1998年4月
		新疆中医学院		

10	淄博学院	淄博师范专科学校 淄博市职工大学 淄博教育学院	山东省	1998年4月
11	湖北民族学院	湖北民族学院 恩施医学高等专科学校	湖北省	1998年5月
12	中国矿业大学	中国矿业大学 北京煤炭管理干部学院	国家煤炭工业局	1998年5月
13	中南工业大学	中南工业大学 长沙工业高等专科学校	有色金属工业总公司	1998年6月
14	南宁职业技术学院	南宁职业大学 南宁市教育学院 广西电大南宁分校	广西壮族自治区	1998年6月
15	大同职业技术学院	大同高等专科学校 大同市教育学院	山西省	1998年6月
16	南京气象学院	南京气象学院 北京气象学院	中国气象局	1998年7月
17	北京科技大学	北京科技大学 北京冶金管理干部学院	冶金工业局	1998年7月
18	青岛建筑工程学院	青岛建筑工程学院 青岛冶金矿山职工大学	冶金工业局	1998年7月
19	云南财贸学院	云南财贸学院 云南经济管理干部学院	云省省	1998年7月
20	云南师范大学	云南师范大学 云南教育学院	云南省	1998年7月
21	电子科技大学	电子科技大学 成都冶金管理干部学院	信息产业部	1998年8月
22	浙江大学	浙江大学 杭州大学 浙江农业大学 浙江医科大学	教育部	1998年8月
23	华东师范大学	华东师范大学 上海教育学院 上海第二教育学院	教育部	1998年8月
24	晋中师范高等专科学校	晋中师范专科学校 晋中地区教育学院	山西省	1998年9月
25	忻州师范高等专科学校	忻州师范专科学校	山西省	1998年9月

		忻州地区教育学院		
		忻州职工大学		
26	华北矿业高等专科学校	华北矿业高等专科学校	河北省	1998年9月
		有色金属管理干部学院		
27	河北建材职工大学	耀华玻璃职工大学	河北省	1998年11月
		国家建材局管理干部学院		
		秦皇岛分院		
28	哈尔滨航空职工大学	哈尔滨飞机制造公司	航空工业	1998年11月
		职工工学院	总公司	
		东安发动机制造公司		
		职工工学院		
29	沈阳航空职工大学	沈阳飞机制造公司	航空工业	1998年11月
		职工工学院	总公司	
		黎明发动机制造公司		
		职工工学院		
30	西安航空职工大学	西安航空发动机公司	航空工业	1998年11月
		职工工学院	总公司	
		陕西航空工业职工大学		
		宝成通用电子公司职工工学院		
		陕西飞机制造公司职工工学院		
		飞行试验研究院职工工学院		
		（六三零研究所职工工学院）		
31	吉林建筑工程学院	吉林建筑工程学院	吉林省	1998年
		吉林省建筑职工大学		

二、1998年划转高校名单

编号	学校名称	原主管部门	现主管部门	批准时间
1	国家建材局管理干部学院	国家建筑材料工业局	北京市	1998年7月
2	山东建材工业学院	国家建筑材料工业局	山东省	1998年7月
3	洛阳工业高等专科学校	国家建筑材料工业局	河南省	1998年7月
4	西南工学院	国家建筑材料工业局	四川省	1998年7月
5	北京商学院	国内贸易部	北京市	1998年7月
6	北京物资学院	国内贸易部	北京市	1998年7月
7	天津商学院	国内贸易部	天津市	1998年7月
8	黑龙江商学院	国内贸易部	黑龙江省	1998年7月

9	南京经济学院	国内贸易部	江苏省	1998 年 7 月
10	杭州商学院	国内贸易部	浙江省	1998 年 7 月
11	郑州粮食学院	国内贸易部	河南省	1998 年 7 月
12	武汉食品工业学院	国内贸易部	湖北省	1998 年 7 月
13	重庆商学院	国内贸易部	重庆市	1998 年 7 月
14	四川烹饪高等专科学校	国内贸易部	四川省	1998 年 7 月
15	兰州商学院	国内贸易部	甘肃省	1998 年 7 月
16	化工部石家庄管理干部学院	化学工业部	河北省	1998 年 7 月
17	沈阳化工学院	化学工业部	辽宁省	1998 年 7 月
18	上海化工研究院职工大学	化学工业部	上海市	1998 年 7 月
19	南京化工大学	化学工业部	江苏省	1998 年 7 月
20	南京动力高等专科学校	化学工业部	江苏省	1998 年 7 月
21	连云港化工高等专科学校	化学工业部	江苏省	1998 年 7 月
22	青岛化工学院	化学工业部	山东省	1998 年 7 月
23	郑州工业大学	化学工业部	河南省	1998 年 7 月
24	武汉化工学院	化学工业部	湖北省	1998 年 7 月
25	北京机械工业学院	机械工业部	北京市	1998 年 7 月
26	机械工业管理干部学院	机械工业部	北京市	1998 年 7 月
27	燕山大学	机械工业部	河北省	1998 年 7 月
28	太原重型机械学院	机械工业部	山西省	1998 年 7 月
29	沈阳工业大学	机械工业部	辽宁省	1998 年 7 月
30	长春汽车工业高等专科学校	机械工业部	吉林省	1998 年 7 月
31	第一汽车制造厂职工大学	机械工业部	吉林省	1998 年 7 月
32	哈尔滨理工大学	机械工业部	黑龙江省	1998 年 7 月
33	哈尔滨轻型车厂职工大学	机械工业部	黑龙江省	1998 年 7 月
34	上海理工大学	机械工业部	上海市	1998 年 7 月
35	江苏理工大学	机械工业部	江苏省	1998 年 7 月
36	南京机械高等专科学校	机械工业部	江苏省	1998 年 7 月
37	中国重型汽车集团公司职工大学	机械工业部	山东省	1998 年 7 月
38	洛阳工学院	机械工业部	河南省	1998 年 7 月
39	郑州工业高等专科学校	机械工业部	河南省	1998 年 7 月
40	磨料磨具工业职工大学	机械工业部	河南省	1998 年 7 月
41	湖北汽车工业学院	机械工业部	湖北省	1998 年 7 月
42	第二汽车制造厂职工大学	机械工业部	湖北省	1998 年 7 月
43	汽车工业管理干部学院	机械工业部	湖北省	1998 年 7 月

44	湘潭机电高等专科学校	机械工业部	湖南省	1998 年 7 月
45	西安理工大学	机械工业部	陕西省	1998 年 7 月
46	甘肃工业大学	机械工业部	甘肃省	1998 年 7 月
47	华北煤炭医学院	煤炭工业部	河北省	1998 年 7 月
48	河北建筑科技学院	煤炭工业部	河北省	1998 年 7 月
49	开滦矿务局职工大学	煤炭工业部	河北省	1998 年 7 月
50	大同矿务局职工大学	煤炭工业部	山西省	1998 年 7 月
51	山西煤炭职工联合大学	煤炭工业部	山西省	1998 年 7 月
52	山西煤炭管理干部学院	煤炭工业部	山西省	1998 年 7 月
53	辽宁工程技术大学	煤炭工业部	辽宁省	1998 年 7 月
54	抚顺矿务局职工工学院	煤炭工业部	辽宁省	1998 年 7 月
55	阜新矿务局职工大学	煤炭工业部	辽宁省	1998 年 7 月
56	北票矿务局职工煤矿专科学校	煤炭工业部	辽宁省	1998 年 7 月
57	阜新煤炭职工医学专科学校	煤炭工业部	辽宁省	1998 年 7 月
58	舒兰矿务局职工大学	煤炭工业部	吉林省	1998 年 7 月
59	长春煤炭管理干部学院	煤炭工业部	吉林省	1998 年 7 月
60	黑龙江矿业学院	煤炭工业部	黑龙江省	1998 年 7 月
61	鸡西煤炭医学高等专科学校	煤炭工业部	黑龙江省	1998 年 7 月
62	鸡西矿务局职工工学院	煤炭工业部	黑龙江省	1998 年 7 月
63	鹤岗矿务局职工大学	煤炭工业部	黑龙江省	1998 年 7 月
64	双鸭山矿务局职工工学院	煤炭工业部	黑龙江省	1998 年 7 月
65	鸡西煤炭职工医学院	煤炭工业部	黑龙江省	1998 年 7 月
66	双鸭山煤矿教师进修学院	煤炭工业部	黑龙江省	1998 年 7 月
67	淮南工业学院	煤炭工业部	安徽省	1998 年 7 月
68	淮北煤炭师范学院	煤炭工业部	安徽省	1998 年 7 月
69	淮北矿务局职工大学	煤炭工业部	安徽省	1998 年 7 月
70	淮南矿务局职工大学	煤炭工业部	安徽省	1998 年 7 月
71	萍乡煤矿职工大学	煤炭工业部	江西省	1998 年 7 月
72	山东矿业学院	煤炭工业部	山东省	1998 年 7 月
73	中国煤炭经济学院	煤炭工业部	山东省	1998 年 7 月
74	新汶矿务局职工大学	煤炭工业部	山东省	1998 年 7 月
75	兖州矿区职工大学	煤炭工业部	山东省	1998 年 7 月
76	山东煤矿教育学院	煤炭工业部	山东省	1998 年 7 月
77	焦作工学院	煤炭工业部	河南省	1998 年 7 月
78	郑州煤田职工地质学院	煤炭工业部	河南省	1998 年 7 月

79	郑州矿务局职工大学	煤炭工业部	河南省	1998年7月
80	平顶山煤矿职工大学	煤炭工业部	河南省	1998年7月
81	焦作煤矿职工医学院	煤炭工业部	河南省	1998年7月
82	郑州煤炭管理干部学院	煤炭工业部	河南省	1998年7月
83	湘潭工学院	煤炭工业部	湖南省	1998年7月
84	佛山煤田职工地质学院	煤炭工业部	广东省	1998年7月
85	成都煤炭管理干部学院	煤炭工业部	四川省	1998年7月
86	西安矿业学院	煤炭工业部	陕西省	1998年7月
87	陕西煤炭职工大学	煤炭工业部	陕西省	1998年7月
88	陕西煤矿职工医科大学	煤炭工业部	陕西省	1998年7月
89	北京冶金管理干部学院	冶金工业部	北京市	1998年7月
90	包头钢铁学院	冶金工业部	内蒙古自治区	1998年7月
91	冶金工业部二冶职工大学	冶金工业部	内蒙古自治区	1998年7月
92	鞍山钢铁学院	冶金工业部	辽宁省	1998年7月
93	本溪冶金高等专科学校	冶金工业部	辽宁省	1998年7月
94	鞍钢职工工学院	冶金工业部	辽宁省	1998年7月
95	鞍钢职工医学专科学校	冶金工业部	辽宁省	1998年7月
96	冶金部鞍山冶金管理干部学院	冶金工业部	辽宁省	1998年7月
97	长春工业高等专科学校	冶金工业部	吉林省	1998年7月
98	哈尔滨工程高等专科学校	冶金工业部	黑龙江省	1998年7月
99	宝钢职工大学	冶金工业部	上海市	1998年7月
100	华东冶金学院	冶金工业部	安徽省	1998年7月
101	青岛建筑工程学院	冶金工业部	山东省	1998年7月
102	青岛冶金矿山职工大学	冶金工业部	山东省	1998年7月
103	武汉冶金科技大学	冶金工业部	湖北省	1998年7月
104	第一冶金建设公司职工大学	冶金工业部	湖北省	1998年7月
105	武汉冶金安全技术职工大学	冶金工业部	湖北省	1998年7月
106	重庆钢铁高等专科学校	冶金工业部	重庆市	1998年7月
107	第五冶金建设公司职工大学	冶金工业部	四川省	1998年7月
108	攀枝花冶金职工大学	冶金工业部	四川省	1998年7月
109	成都冶金管理干部学院	冶金工业部	四川省	1998年7月
110	西安建筑科技大学	冶金工业部	陕西省	1998年7月
111	北京服装学院	中国纺织总会	北京市	1998年7月
112	中国纺织机械工业总公司职工大学	中国纺织总会	北京市	1998年7月

113	中国纺织政治函授学院	中国纺织总会	北京市	1998年7月
114	天津纺织工学院	中国纺织总会	天津市	1998年7月
115	浙江丝绸工学院	中国纺织总会	浙江省	1998年7月
116	郑州纺织工学院	中国纺织总会	河南省	1998年7月
117	武汉纺织工学院	中国纺织总会	湖北省	1998年7月
118	西北纺织工学院	中国纺织总会	陕西省	1998年7月
119	中央工艺美术学院	中国轻工总会	北京市	1998年7月
120	北京轻工业学院	中国轻工总会	北京市	1998年7月
121	天津轻工业学院	中国轻工总会	天津市	1998年7月
122	轻工业管理干部学院	中国轻工总会	河北省	1998年7月
123	大连轻工业学院	中国轻工总会	辽宁省	1998年7月
124	景德镇陶瓷学院	中国轻工总会	江西省	1998年7月
125	郑州轻工业学院	中国轻工总会	河南省	1998年7月
126	西北轻工业学院	中国轻工总会	陕西省	1998年7月
127	北方工业大学	中国有色金属工业总公司	北京市	1998年7月
128	有色金属管理干部学院	中国有色金属工业总公司	河北省	1998年7月
129	沈阳有色金属职工大学	中国有色金属工业总公司	辽宁省	1998年7月
130	长春师范学院	中国有色金属工业总公司	吉林省	1998年7月
131	吉林电气化高等专科学校	中国有色金属工业总公司	吉林省	1998年7月
132	长春建筑高等专科学校	中国有色金属工业总公司	吉林省	1998年7月
133	东北轻合金加工厂工学院	中国有色金属工业总公司	黑龙江省	1998年7月
134	浙江经济高等专科学校	中国有色金属工业总公司	浙江省	1998年7月
135	铜陵有色金属公司职工大学	中国有色金属工业总公司	安徽省	1998年7月
136	南方冶金学院	中国有色金属工业总公司	江西省	1998年7月
137	山东铝业公司职工大学	中国有色金属工业总公司	山东省	1998年7月
138	长城铝业公司职工工学院	中国有色金属工业总公司	河南省	1998年7月
139	洛阳有色金属职工大学	中国有色金属工业总公司	河南省	1998年7月
140	衡阳有色冶金职工大学	中国有色金属工业总公司	湖南省	1998年7月
141	湖南有色金属职工大学	中国有色金属工业总公司	湖南省	1998年7月
142	桂林工学院	中国有色金属工业总公司	广西壮族自治区	1998年7月
143	西南铝加工厂职工大学	中国有色金属工业总公司	重庆市	1998年7月
144	成都有色地质职工大学	中国有色金属工业总公司	四川省	1998年7月
145	贵州铝厂职工大学	中国有色金属工业总公司	贵州省	1998年7月
146	昆明理工大学	中国有色金属工业总公司	云南省	1998年7月
147	云南有色金属职工大学	中国有色金属工业总公司	云南省	1998年7月

148	金川有色金属公司职工大学	中国有色金属工业总公司	甘肃省	1998年7月
149	白银有色金属职工大学	中国有色金属工业总公司	甘肃省	1998年7月
150	新疆有色金属工业公司职工大学	中国有色金属工业总公司	新疆维吾尔自治区	1998年7月
151	广州航海高等专科学校	交通部	广东省	1998年4月
152	集美大学航海学院	交通部	福建省	1998年8月
153	广元职工医学院	信息产业部	四川省	1998年7月
154	江西医学院	江西省卫生厅	江西省教委	1998年9月
155	江西中医学院	江西省卫生厅	江西省教委	1998年9月
156	赣南医学院	江西省卫生厅	江西省教委	1998年9月
157	上海纺织高等专科学校	上海市纺织控股集团	上海市教委	1998年10月
158	上海轻工业高等专科学校	上海市轻工控股集团	上海市教委	1998年10月
159	上海冶金高等专科学校	上海市冶金控股集团	上海市教委	1998年10月
160	云南财贸学院	云南省经贸委	云南省教委	1998年4月
161	云南经济管理干部学院	云南省经贸委	云南省教委	1998年4月

三、1998年共建高校名单

编号	学校名称	共建单位	签署协议时间
1	北京化工大学	教育部 北京市	1998年7月
2	北京科技大学	教育部 北京市	1998年7月
3	东北大学	教育部 辽宁省	1998年7月
4	合肥工业大学	教育部 安徽省	1998年7月
5	湖南大学	教育部 湖南省	1998年7月
6	吉林工业大学	教育部 吉林省	1998年7月
7	邵阳师范高等专科学校	湖南省政府 湖南省邵阳市	1998年1月
8	无锡轻工大学	教育部 江苏省	1998年7月
9	武汉工业大学	教育部	1998年7月

		湖北省	
10	西安医科大学	卫生部	1998 年 1 月
		陕西省政府	
11	西南林学院	林业部	1998 年 3 月
		云南省人民政府	
12	中国纺织大学	教育部	1998 年 7 月
		上海市	
13	中南工业大学	教育部	1998 年 7 月
		湖南省	
14	中南政法学院	司法部	1998 年 3 月
		湖北省政府	

四、1998 年合作办学高校名单

编号	合作办学学校	签署协议时间
1	山西大学 太原理工大学 山西医科大学 山西农业大学 山西财经大学 华北工学院 太原重型机械学院 太原电力专科学校 山西财税专科学校 太原师范专科学校 晋中师范专科学校 太原大学	1998 年 1 月
2	南昌职业技术师范学院 江西纺织工业大学 江西机械职工大学	1998 年 1 月
3	九江财经高等专科学校 华东冶金学院	1998 年 4 月
4	宜春医学专科学校 武汉大学	1998 年 6 月

续表

编号	合作办学学校	签署协议时间
5	中国药科大学 南京邮电学院 南京化工大学 南京经济学院 南京建筑工程学院 南京铁道医学院 南京机械高等专科学校	1998 年 6 月
6	景德镇陶瓷学院 上海轻工业高等专科学校	1998 年 9 月
7	景德镇高等专科学校 武汉大学	1998 年 9 月
8	江西中医学院 安徽中医学院 福建中医学院	1998 年 11 月
9	九江财经高等专科学校 解放军后勤工程学院 解放军空军雷达学院	1998 年 11 月
10	上饶师范专科学校 上饶教育学院(筹) 上饶医学分院	1998 年 12 月

撰稿 韩 军
审稿 纪宝成

〔**高等学校布局结构调整**〕 1998 年,高等学校布局结构调整取得了重要成果。(1)经过合并调整,综合性和多科性院校数量增加,单科性院校数量进一步减少;其中,新浙江大学的合并组建标志着真正的综合性大学的诞生。(2)中央部委所属院校、地方业务厅局所属院校进一步减少,地方管理或以地方管理为主的院校数量增加。(3)成人高校数量进一步减少。(4)职业技术学院、民办高校数量增加。(5)师范院校布局结构调整有较大突破,本科师范院校数量增加,师范专科学校数量有所减少;本科师范院校开始往地级市布局。

经过调整,到 1998 年底,全国共有普通高校 1 022 所,其中部委院校 263 所、地方院校 759 所,本科院校 595 所、专科院校 427 所;共有成人高校 956 所,其中部委所属 157 所、地方所属 799 所。共有民办高校 21 所,其中 1998 年批复设置 2 所(民办培正商学院和民办金华职业技术学院);共有职业技术学院 28 所,其中 1998 年批复设置 20 所。

一、普通高校分布情况

		其中	其中	其中	其中
	学校总数	部委院校	地方院校	本科院校	专科院校
总计	1 022	263	759	595	427
北京市	63	44	19	59	4
天津市	20	4	16	18	2
河北省	46	11	35	20	26
山西省	23	3	20	11	12
内蒙古	19	1	18	12	7
辽宁省	61	18	43	36	25
吉林省	41	11	30	25	16
黑龙江省	38	7	31	20	18
上海市	40	22	18	25	15
江苏省	66	24	42	40	26
浙江省	32	5	27	17	15
安徽省	34	4	30	19	15
福建省	29	2	27	11	18
江西省	31	6	25	14	17
山东省	49	7	42	31	18
河南省	51	4	47	18	33
湖北省	54	19	35	35	19
湖南省	47	11	36	19	28
广东省	43	7	36	26	17
广西	28	2	26	12	16
海南省	5	1	4	4	1
重庆市	22	11	11	16	6
四川省	43	12	31	21	22
贵州省	20	0	20	8	12
云南省	26	1	25	12	14
西藏	4	0	4	4	0
陕西省	42	19	23	32	10
甘肃省	17	3	14	10	7
青海省	6	0	6	4	2
宁夏	5	1	4	4	1
新疆	17	3	14	12	5

二、部委属高校情况

序号	主管部门	总计	普通高校数量			成人高校数量
			小计	层次		
				本科	专科	
	合计	420	263	220	43	157
1	中央办公厅	2	1	1	0	1
2	外交部	1	1	1	0	0
3	国家民族事务委员会	6	6	6	0	0
4	公安部	4	3	3	0	1
5	司法部	7	5	5	0	2
6	财政部	7	6	6	0	1
7	审计署	1	1	1	0	0
8	中国人民银行	15	11	4	7	4
9	对外经济贸易合作部	2	1	1	0	1
10	农业部	15	12	12	0	3
11	国家林业局	7	6	6	0	1
12	国家电力公司	32	14	5	9	18
13	水利部	8	4	2	2	4
14	建设部	7	7	7	0	0
15	国土资源部	8	6	6	0	2
16	铁道部	23	10	10	0	13
17	交通部	14	9	7	2	5
18	文化部	11	9	9	0	2
19	广播电影电视局	4	3	2	1	1
20	教育部	46	45	45	0	1
21	卫生部	11	11	11	0	0
22	国家体育总局	6	6	6	0	0
23	国防科技工作委员会	59	25	19	6	34
24	劳动和社会保障部	1	1	1	0	0
25	信息产业部	17	11	10	1	6
26	国家统计局	1	1	1	0	0
27	海关总署	2	1	0	1	1
28	中国气象局	2	2	2	0	0
29	中国民用航空总局	3	2	2	0	1
30	国家地震局	1	1	0	1	0
31	国家旅游局	3	2	1	1	1

续表

序号	主管部门	总计	普通高校数量			成人高校数量
			小计	层次		
				本科	专科	
32	新闻出版署	2	2	1	1	0
33	国家质量技术监督局	1	1	1	0	0
34	国务院侨务办公室	2	2	2	0	0
35	国家税务总局	1	1	1	0	0
36	国家煤炭工业局	2	2	1	1	0
37	国家烟草专卖局	1	1	1	0	0
38	国家药品监督管理局	3	3	2	1	0
39	国家中医药管理局	3	3	3	0	0
40	新华通讯社	1	1	1	0	0
41	中国科学院	4	1	1	0	3
42	中国建设银行	1	1	0	1	0
43	中国石油化工集团公司	19	5	3	2	14
44	中国石油天然气集团公司	21	8	6	2	13
45	中国包装总公司	1	1	1	0	0
46	中国建筑工程总公司	1	1	0	1	0
47	中国汽车工业总公司	1	1	1	0	0
48	中国共产主义青年团	1	1	1	0	0
49	中华全国供销合作总社	3	2	2	0	1
50	解放军总后勤部	6	3	0	3	3
51	民政部	1	0	0	0	1
52	安全部	1	0	0	0	1
53	最高人民检察院	1	0	0	0	1
54	最高人民法院	1	0	0	0	1
55	中共中央学校	1	0	0	0	1
56	科学技术部	1	0	0	0	1
57	国家计划生育委员会	1	0	0	0	1
58	国家环境保护局	1	0	0	0	1
59	中国工商银行	4	0	0	0	4
60	中国农业银行	3	0	0	0	3
61	中国人民保险公司	1	0	0	0	1
62	中华全国总工会	1	0	0	0	1
63	中华全国妇女联合会	1	0	0	0	1
64	中华全国新闻工作者协会	1	0	0	0	1
65	中国工程物理研究院	1	0	0	0	1

三、成人高校分布情况

地区	学校总数	其中：部委院校	地方院校
总计	956	157	799
北京市	73	34	39
天津市	42	5	37
河北省	31	7	24
山西省	30	2	28
内蒙古	17	0	17
辽宁省	52	10	42
吉林省	33	4	29
黑龙江省	55	10	45
上海市	41	6	35
江苏省	48	6	42
浙江省	28	4	24
安徽省	26	3	23
福建省	20	1	19
江西省	22	3	19
山东省	46	6	40
河南省	45	5	40
湖北省	48	11	37
湖南省	37	6	31
广东省	57	3	54
广西	16	0	16
海南省	4	0	4
重庆市	23	3	20
四川省	49	8	41
贵州省	14	2	12
云南省	15	2	13
西藏	0	0	0
陕西省	31	9	22
甘肃省	19	5	14
青海省	2	0	2
宁夏	5	0	5
新疆	27	2	25

注：新疆地方院校包括新疆生产建设兵团的3所成人高校

四、1998年批准的职业技术学院

序号	校名	建校基础名称	主管部门
1	柳州职业技术学院	广西冶金工业职工大学 柳州市机电职工大学 柳州市工业职工大学 柳州市职工大学 柳州市教育学院	广西壮族自治区政府
2	广西职业技术学院	广西农工商职工大学	广西壮族自治区政府
3	吉林交通职业技术学院	吉林省交通职工大学 吉林省交通学校	吉林省政府
4	上海商业职业技术学院	上海财贸干部管理学院 上海商业局一局职工大学 上海粮食局职工大学 上海供销职工大学	上海市
5	孝感职业技术学院	孝感教育学院 孝感卫生学校 孝感财贸学校 孝感机电工程学校	湖北省政府
6	武汉船舶职业技术学院	武汉船舶学校 武昌船厂职工大学	船舶总公司
7	黑龙江建筑职业技术学院	黑龙江建筑职工大学 黑龙江建筑学校	黑龙江省政府
8	泰州职业技术学院	泰州职工大学	江苏省政府
9	长沙航空职业技术学院	空军第二职工大学 长沙航空工程学校	总后勤部
10	包头职业技术学院	包头机械学校 国营内蒙古第一机械制造厂职工大学 国营内蒙古第二机械制造总厂职工大学	兵器总公司
11	株州职业技术学院	株州冶金工业学校	湖南省政府

续表

序号	校　名	建校基础名称	主管部门
12	黄河水利职业技术学院	黄河职工大学 黄河水利学校	水利部
13	荆门职业技术学院	荆门职业大学	湖北省政府
14	十堰职业技术学院	十堰职业大学	湖北省政府
15	成都航空职业技术学院	成都航空工业学校	航空总公司
16	民办金华职业技术学院		浙江省政府
17	日照职业技术学院	山东电大分校 日照经济学校	山东省政府
18	盘锦职业技术学院	盘锦师专(筹建) 盘锦电大分校 盘锦师范学校	辽宁省政府
19	南宁职业技术学院	南宁职业大学 南宁教育学院 电大南宁市分校	广西壮族自治区政府
20	大同职业技术学院	大同高等专科学校 大同市教育学院	山西省政府

撰稿　戴井岗　韩　军
审稿　纪宝成

〔**"211 工程"建设**〕　1998 年是"211 工程"承前启后的关键一年，工程建设进入全面建设阶段，并已取得初步成效。在工程建设中，突出了抓管理，抓学科，抓成果，为项目按时完成和"十五"期间的建设打下全面基础。

1998 年，"211 工程"部际协调小组办公室在 1997 年部署立项审核的基础上，又部署已通过"211 工程"预审的高等学校进行"211 工程"立项审核工作。同年，国家计委共批复 29 所高等学校"211 工程"建设项目可行性研究报告。至此，"211 工程"部署正式立项审核的高等学校共有 100 所，其中，已获正式立项批复的高等学校达到 61 所。"211 工程"中的两个公共服务体系建设项目，即中国教育和科研计算机网地区主干网和重点学科信息服务体系建设项目、中国高等教育文献保障体系建设项目"九五"期间的建设任务，也得到国家计委正式立项批复并开工建设。

为保证工程建设的顺利实施，确保工程建设达到预期目的，并取得重大成效，“211工程”部际协调小组办公室于1998年1月发布《“211工程”建设实施管理暂行办法》，对工程建设的组织实施、管理职责、建设资金、检查验收及项目评价等方面内容作出规定。“暂行办法”的发布对加强工程建设管理，使管理工作更加规范化、制度化等，具有重要意义。各有关主管部门和高等学校根据“暂行办法”的要求，也相应制订了本单位的“211工程”管理办法。

为进一步加强对“211工程”建设的领导，总结交流工程建设以来的进展情况和经验，部署今后的有关工作，“211工程”部际协调小组办公室于1998年6月和7月，分别在北京和上海召开“211工程”建设工作座谈会。教育部部长陈至立、副部长韦钰，国家计委副主任郝建秀到会并作讲话。会后，“211工程”部际协调小组办公室发出《关于对有关高等学校开展“211工程”中期检查工作的通知》，要求有关学校在正式立项建设一年以后开展中期检查工作。检查的主要内容包括：年度计划执行情况，标志性成果的预测及进展，建设资金到位及使用情况，需要调整、解决的主要问题等。文件要求进行中期检查工作的32所学校，到1998年年底已全部完成检查工作。

1998年8月，为及时了解“211工程”建设总体进展及有关标志性成果情况，为制订工程建设“十五”计划作准备，教育部“211工程”办公室在全国“211工程”学校范围内进行了一次调查。调查结果显示，工程建设的资金到位和资金完成情况良好，部分学校一批水平较高的标志性成果已初具规模，这为今后“211工程”的进一步建设奠定了较好基础。

1998年是围绕“211工程”而开展的中英高等教育合作项目的第三年。中英双方分别在伦敦和成都召开“中英高等教育公共服务体系建设研讨会”，双方针对全球性教育经费短缺情况下，如何最大限度地实现资源共享等问题，进行交流和研讨。教育部副部长韦钰参加了研讨会。

撰稿　郭新立　刘　宏

审稿　赵沁平　王亚杰　李　军

〔全国普通高等学校教学工作会议〕 1998年3月24日～26日，教育部在武汉召开第一次全国普通高等学校教学工作会议。会议总结了1992年第四次全国高等教育工作会议以来高等学校教学改革的经验，围绕“转变教育观念、深化教学改革、加强教学建设、提高教育质量”的主题进行研讨，提出了面向21世纪深化教学改革培养高质量人才的方针、政策、措施及“质量要升温，教学改革要突破”的行动口号。

教育部副部长周远清在开幕式上作主题报告。教育部部长陈至立在闭幕式上讲话，提出要深化教学改革，培养具有创新精神和创造能力的人才；强调提高教育质量是高等学校教学工作的首要任务；要求高教战线的广大干部、教师切实转变观念、增强信心、深化改革、狠抓落实，使高等教育教学质量上新台阶。

会议认为，近五年高等教育教学改革工作思路清晰，措施得力，操作平稳，成绩显著。21世纪高等教育改革将进入一个新的阶段。这一阶段高等学校教学改革的基本思路是：贯彻教育方针，更新思想观念，拓宽专业口径，改革内容方法，加强素质教育，提高教育质量。要加大改革力度，加快改革步伐，在教学改革的主要方面取得突破，即教育思想和观念改革有重大进展，教学改革取得一批实质性成果，新的教学管理机制基本形成，教学质量明显提高。力争经过一段时间的努力，培养和造就出一大批能够迎接时代挑战，能够全面适应21世纪中国现代化建设需要的社会主义建设者和接班人。

会议讨论了教育部《关于深化教学改革，培养适应21世纪需要的高质量人才的意见》、《关于进一步加强“国家基础科学人才培养基地”和“国家基础课程教学基地”建设的若干意见》、《关于进一步做好普通高等学校本科教学工作评价的若干意见》、《关于普通高等学校修订本科专业教学计划的原则意见》、《关于加强大学生文化素质教育的若干意见》以及参考性文件《高等学校教学管理要点》的“征求意见稿”，并提出了修改意见和建议。

撰稿　宋　毅
审稿　林蕙青

〔**调整专业结构**〕 高等学校专业设置管理办法自1993年实行改革后，扩大了地方、部委及高等学校专业设置的自主权，对于高等学校主动适应改革开放和社会主义现代化建设需要起了积极作用，但随着社会主义市场经济体制的建立，以及改革的深化，社会对人才的需求发生了较大变化，同时，由于高等学校在专业设置和招生方面存在一定程度的盲目性，以致造成不必要的重复设置和重复招生；一些科类的毕业生出现了就业困难问题。

为加强宏观调控和管理，理顺高等学校专业设置与招生就业工作的关系，教育部于1998年4月6日发出《关于加强专业结构调整力度，尽快缓解本专科毕业生供求矛盾的通知》，就高等学校专业设置、招生和就业等有关工作提出要求。一是调减长线专业。要求高等学校通过本科专业目录修订和现设专业的调整，切实调减一批办学条件较差，毕业生供求状况不好的专业。二是严格控制新设立专业。1998～1999两年，高等学校原则上不再新设专业布点已过多，社会吸纳能力有限的部分文科、财经、管理、法学类专业。三是控制长线专业招生数目。调减一批本专科专业的招生规模，按需适当增加师范、工科、医科专业的招生规模。四是要求加快专科专业的调整工作，从1998年起，本科院校暂不增设专科专业。五是提供信息服务，加强宏观指导。教育部拟于每年上半年公布高等学校本专科毕业生就业状况信息和经教育部备案或批准的年度新增本科专业名单。

《通知》发出后，教育部着手抓贯彻落实，调整1998年度本专科分专业招生计划。6月，分别召开省市、部委高校专业设置管理工作会议，进行具体部署。7月，发出通知，确定国际经济与贸易、财政学、金融学、法学、社会工作、编辑出版学、信息管理与信息系统、工程管理、工商管理、市场营销、会计学、财务管理、旅游管理、行政管理14种本科专业为1998年度和1999年度由教育部审批的专业。并要求各地、各部委及高等学校照此执行。

教育部上述举措得到了各有关部门的积极支持和通力合作，由于思想统一，措施到位，经多方努力，高等学校盲目设置专业的势头在一定程度上得到了抑制，为缓解毕业生供求矛盾创造了必要条件。

撰稿　陈田初

审稿　林蕙青

〔**颁布普通高校本科专业目录**〕1998年7月，教育部颁布修订后的《普通高等学校本科专业目录》(以下简称新目录)。为便于实施新目录，教育部组织编制并印发了《普通高等学校本科专业目录新旧专业对照表》、《普通高等学校本科专业设置规定》、《工科本科引导性专业目录》和《普通高等学校本科专业介绍》。新目录自发布之日起开始实施。

1998～1999年度普通高等学校本科专业设置备案和审批工作执行新目录，普通高等学校的招生计划和招生工作自1999年起执行新目录，在校生的培养和就业工作原则上仍按原专业执行。

新目录对需控制布点的专业加注了标识。加注标识的专业共62种。其中专业代码加有*者35种，为需一般控制设置的专业，由教育部负责审批；专业代码加有△者27种，为需从严控制设置的专业，原则上不再增加布点。

撰稿　张庆国　陈田初

审稿　林惠青

附

普通高等学校本科专业目录

01　学科门类：哲学

0101　**哲学类**

010101　哲学

010102*　逻辑学

010103*　宗教学

02　学科门类：经济学

0201　**经济学类**

020101　经济学

020102　国际经济与贸易

020103　财政学

020104　金融学

03　学科门类：法学

0301　**法学类**

030101　法学

0302　**马克思主义理论类**

030201*　科学社会主义与国际共产主义运动

030202*　中国革命史与中国共产党党

史

0303 **社会学类**（注：可授法学或哲学学士学位）

030301＊ 社会学

030302 社会工作

0304 **政治学类**

030401 政治学与行政学（注：可授法学或哲学学士学位）

030402 国际政治（注：可授法学或哲学学士学位）

030403＊ 外交学（注：可授法学或哲学学士学位）

030404 思想政治教育（注：可授法学或教育学学士学位）

0305 **公安学类**

030501 治安学

030502 侦查学

030503 边防管理

04 学科门类：教育学

0401 **教育学类**

040101 教育学

040102 学前教育

040103 特殊教育

040104 教育技术学（注：可授教育学或理学学士学位）

0402 **体育学类**

040201 体育教育

040202＊ 运动训练

040203 社会体育

040204＊ 运动人体科学

040205＊ 民族传统体育

05 学科门类：文学

0501 **中国语言文学类**

050101 汉语言文学

050102 汉语言

050103＊ 对外汉语

050104 中国少数民族语言文学（可注明藏、蒙、维、朝、哈等语言文学）

050105＊ 古典文献

0502 **外国语言文学类**

050201 英语

050202 俄语

050203＊ 德语

050204＊ 法语

050205＊ 西班牙语

050206＊ 阿拉伯语

050207 日语

050208△ 波斯语

050209＊ 朝鲜语

050210△ 菲律宾语

050211△ 梵语巴利语

050212△ 印度尼西亚语

050213△ 印地语

050214△ 柬埔寨语

050215△ 老挝语

050216△ 缅甸语

050217△ 马来语

050218△ 蒙古语

050219△ 僧加罗语

050220＊ 泰语

050221△ 乌尔都语

050222△ 希伯莱语

050223＊ 越南语
050224△ 豪萨语
050225△ 斯瓦希里语
050226△ 阿尔巴尼亚语
050227△ 保加利亚语
050228△ 波兰语
050229△ 捷克语
050230△ 罗马尼亚语
050231＊ 葡萄牙语
050232△ 瑞典语
050233△ 塞尔维亚—克罗地亚语
050234△ 土耳其语
050235△ 希腊语
050236△ 匈牙利语
050237＊ 意大利语

0503 **新闻传播学类**
050301＊ 新闻学
050302 广播电视新闻学
050303 广告学
050304 编辑出版学

0504 **艺术类**
050401 音乐学
050402 作曲与作曲技术理论
050403 音乐表演
050404 绘画
050405 雕塑
050406 美术学
050407 艺术设计学
050408 艺术设计
050409 舞蹈学
050410 舞蹈编导
050411 戏剧学
050412 表演
050413 导演
050414 戏剧影视文学
050415 戏剧影视美术设计
050416 摄影
050417 录音艺术
050418 动画
050419＊ 播音与主持艺术
050420 广播电视编导

06 学科门类：历史学

0601 **历史学类**
060101 历史学
060102＊ 世界历史
060103 考古学
060104 博物馆学
060105＊ 民族学

07 学科门类：理学

0701 **数学类**
070101 数学与应用数学
070102 信息与计算科学

0702 **物理学类**
070201 物理学
070202 应用物理学（注：可授理学或工学学士学位）

0703 **化学类**
070301 化学
070302 应用化学（注：可授理学或工学学士学位）

0704 **生物科学类**
070401 生物科学
070402 生物技术

0705 **天文学类**
070501 天文学

0706 **地质学类**
070601 地质学
070602 地球化学

0707 **地理科学类**
070701 地理科学
070702 资源环境与城乡规划管理
070703 地理信息系统

0708 **地球物理学类**
070801 地球物理学

0709 **大气科学类**
070901 大气科学
070902 应用气象学

0710 **海洋科学类**
071001 海洋科学
071002 海洋技术

0711 **力学类**
071101 理论与应用力学（注：可授理学或工学学士学位）

0712 **电子信息科学类**
071201 电子信息科学与技术（注：可授理学或工学学士学位）
071202 微电子学（注：可授理学或工学学士学位）
071203＊ 光信息科学与技术

0713 **材料科学类**（注：可授理学或工学学士学位）
071301 材料物理
071302 材料化学

0714 **环境科学类**
071401 环境科学
071402 生态学

0715 **心理学类**
071501 心理学
071502 应用心理学

0716 **统计学类**（注：可授理学或经济学学士学位）
071601 统计学

08 学科门类：工学

0801 **地矿类**
080101 采矿工程
080102 石油工程
080103 矿物加工工程
080104 勘查技术与工程
080105 资源勘查工程

0802 **材料类**
080201 冶金工程
080202 金属材料工程
080203 无机非金属材料工程
080204 高分子材料与工程

0803 **机械类**
080301 机械设计制造及其自动化
080302 材料成型及控制工程

080303 工业设计（注：可授工学或文学学士学位）
080304 过程装备与控制工程

0804 **仪器仪表类**
080401 测控技术与仪器

0805 **能源动力类**
080501 热能与动力工程
080502 核工程与核技术

0806 **电气信息类**
080601 电气工程及其自动化
080602 自动化
080603 电子信息工程
080604 通信工程
080605 计算机科学与技术（注：可授工学或理学学士学位）
080606 电子科学与技术
080607 生物医学工程

0807 **土建类**
080701 建筑学
080702 城市规划
080703 土木工程
080704 建筑环境与设备工程
080705 给水排水工程

0808 **水利类**
080801 水利水电工程
080802 水文与水资源工程
080803 港口航道与海岸工程

0809 **测绘类**
080901 测绘工程

0810 **环境与安全类**
081001 环境工程
081002 安全工程

0811 **化工与制药类**
081101 化学工程与工艺
081102 制药工程

0812 **交通运输类**
081201 交通运输
081202 交通工程
081203 油气储运工程
081204 飞行技术
081205 航海技术
081206 轮机工程

0813 **海洋工程类**
081301 船舶与海洋工程

0814 **轻工纺织食品类**
081401 食品科学与工程（注：可授工学或农学学士学位）
081402 轻化工程
081403 包装工程
081404 印刷工程
081405 纺织工程
081406 服装设计与工程（注：可授工学或文学学士学位）

0815 **航空航天类**
081501 飞行器设计与工程
081502 飞行器动力工程
081503 飞行器制造工程
081504 飞行器环境与生命保障工程

0816 **武器类**
081601 武器系统与发射工程
081602 探测制导与控制技术
081603 弹药工程与爆炸技术
081604 特种能源工程与烟火技术
081605 地面武器机动工程
081606 * 信息对抗技术

0817 **工程力学类**
081701 工程力学

0818 **生物工程类**
081801 生物工程

0819 **农业工程类**
081901 农业机械化及其自动化
081902 农业电气化与自动化
081903 农业建筑环境与能源工程
081904 农业水利工程

0820 **林业工程类**
082001 森林工程
082002 木材科学与工程
082003 林产化工

0821 **公安技术类**
082101 刑事科学技术
082102 消防工程

09 学科门类：农学

0901 **植物生产类**
090101 农学
090102 园艺
090103 植物保护
090104△ 茶学

0902 **草业科学类**
090201 草业科学

0903 **森林资源类**
090301 林学
090302 森林资源保护与游憩
090303 * 野生动物与自然保护区管理

0904 **环境生态类**
090401 园林
090402 水土保持与荒漠化防治
090403 农业资源与环境

0905 **动物生产类**
090501 动物科学
090502△ 蚕学

0906 **动物医学类**
090601 动物医学

0907 **水产类**
090701 水产养殖学
090702 海洋渔业科学与技术（注：可授农学或工学学士学位）

10 学科门类：医学

1001 **基础医学类**
100101 * 基础医学

1002 **预防医学类**
100201 预防医学

1003 **临床医学与医学技术类**

100301 临床医学
100302＊ 麻醉学
100303＊ 医学影像学
100304＊ 医学检验（注：可授医学或理学学士学位）

1004 **口腔医学类**
100401 口腔医学

1005 **中医学类**
100501 中医学
100502 针灸推拿学
100503 蒙医学
100504 藏医学

1006 **法医学类**
100601＊ 法医学

1007 **护理学类**
100701 护理学（注：可授医学或理学学士学位）

1008 **药学类**
100801 药学（注：可授医学或理学学士学位）
100802 中药学（注：可授医学或理学学士学位）
100803 药物制剂（注：可授医学或工学学士学位）

11 学科门类：管理学

1101 **管理科学与工程类**
110101＊ 管理科学
110102 信息管理与信息系统
110103 工业工程（注：可授管理学或工学学士学位）
110104 工程管理

1102 **工商管理类**
110201 工商管理
110202 市场营销
110203 会计学
110204 财务管理
110205 人力资源管理
110206 旅游管理

1103 **公共管理类**
110301 行政管理（注：可授管理学或法学学士学位）
110302 公共事业管理（注：可授管理学、教育学、文学或医学学士学位）
110303＊ 劳动与社会保障
110304＊ 土地资源管理（注：可授管理学或工学学士学位）

1104 **农业经济管理类**（注：可授管理学或农学学士学位）
110401 农林经济管理
110402 农村区域发展

1105 **图书档案学类**
110501 图书馆学
110502 档案学

〔**专科人才培养模式改革试点**〕 1998年，教育部发出《关于做好高等工程专科教育第四批（产学结合）专业教学改革试点工作的意见》，并举办了申报产学结合教学改革试点负责人培训班，本次申报产学结合教学改革试点学校共有56所，共申报试点专业97个；经专家对申报材料进行初审并赴申报单位实地考察，共确定53所学校的80个专业作为改革试点单位。

各有关学校申报教学改革试点的方案主要有以下特点：(1) 在专业教学改革的各个环节中，自始至终将社会需要和专业教学紧密结合，实现人才需求从产业中来，按照产业需求组织教学，最终培养出符合产业需要的人才的目的。(2) 试点专业名称从社会工业企业第一线、县乡等基层的实际需要中产生。教学计划打破学科系统性过强的状况，实现多种学科与技术的综合，切实突出针对性和应用性。(3) 在人才培养规格和教学计划的制订上，强调贯彻产学结合的思路，并落实到教学任务中去。(4) 按照“实际、实用、实践”原则改革专业教学内容、课程体系及教学模式，摆脱学科性模式的束缚，强调理论和实践的紧密结合。(5) 围绕工程岗位和工程对象的要求，加强实践教学环节和实习基地建设，加强双师型教师的培养。(6) 在教学实施中，吸引产业部门参与人才培养全过程，并分工负责完成，探索产学合作育人的途径和机制。

撰稿　王　伟

审稿　刘志鹏

〔**外语教学改革**〕 1998年大学外语教学改革进一步深化。(1) 进一步推动在北京大学、清华大学、复旦大学、上海交通大学、南京大学、东南大学、北京航空航天大学、北方交通大学进行的英语教学改革试点工作。各校在教学内容、教学方法、教学手段上进行了探索和改革，加强了写作与口语表达能力的训练，使用多媒体课件上课，学校自设适用于本校学生的水平考试等等。改革成效显著，学生在英语应用能力上都有不同程度的提高。(2) 大学英语试题库建设。经过250多位专家教授两年多的努力，完成了试题库的建库工作，并于1998年12月通过专家鉴定。(3) 修订《大学英语教学大纲》。该《大纲》是“面向21世纪大学英语教学改革”项目之一，经过努力，修订后的《大纲》已于1998年12月通过专家鉴定。(4) 大学英语四、六级考试改革。1998年四、六级考委会向高校推出大学英语考试成绩分析软件包，鼓励和指导各校充分利用考试数据，改进课堂教学。为进一步提高学生的口语能力，准备在部分高校进行口语考试的试点工作。

撰稿　刘向虹

审稿　钟秉林

〔**高等农林教育**〕 1998年，高等农林院校教学改革的重点是围绕调整本科专业目录和修订人才培养计划，继续推动各级教学改革项目研究和实践。到1998年年初，高等农林教育面向21世纪教学内容和课程体系改革22个项目进展顺利，已基本完成培养目标和规格研究，制定出改革方案。其中，正在进行方案试点和编著教材的项目占36%。为加强项目管理，做好项目协调统筹工作，成立了由教育部高教司、农业部科教司、国家林业局人教司、农林高校教学指导委员会管理组等有关负责同志组成的“‘面向21世纪高等农林教育教学内容和课程体系改革计划’工作协调指导小组”，并于4月23日～27日召开了“高等农林教育部分教改项目教学改革研讨会”，就部分系列课程教学内容和课程体系改革方案进行研讨。

为推动农林专科教育改革，1998年，高等农业专科学校积极探索发展高等职业教育的途径。4月16日～17日，“农业高等专科学校改革与发展研讨会”在邯郸市召开。会议重点交流研讨了农业专科学校探索发展高等职业教育的情况。会议认为，农业专科学校要积极承担发展高等职业教育的任务，努力探索高等职业教育的办学道路和教学规律。在实际办学中，要注重应用型人才的培养，重点做好专科专业的改造和教学内容的改革。

为进一步探索完善农林本科院校教学合格评价机制，教育部高等教育司委托专家组于5月18日～21日对湖北农学院本科教学合格评价后的整改情况进行考察试点，目的是总结研究教学整改工作中的经验和问题，检查学校整改方案的执行情况，推动学校巩固评建成果，进一步提高本科教学质量和办学水平。

撰稿 刘 超

审稿 林蕙青

〔**高等医药教育**〕 1998年，为贯彻《临床医学专业学位试行办法》，做好七年制高等医学教育的人才培养和授予毕业生临床医学硕士专业学位的工作，教育部、国务院学位委员会制定了《七年制高等医学教育基本培养要求及授予临床医学硕士专业学位试行办法》。七年制临床医学专业经过10年的试办，积累了文理医结合、与综合大学合作办学的经验，探索出一种新的高层次医学人才培养模式，是临床医学硕士专业学位的重要培养途径，即“七年一贯，本硕融通，基础宽厚，注重素质，整体优化，面向临床”。

由教育部、卫生部、中国医学科学院共同召开的“面向21世纪中国高等医学教育改革发展战略国际研讨会”于1998年6月1日～2日在北京举行。国内外医学院校校长、医学教育专家90余人参加会议。会议交流了近几年国内外医学教育、科技及医疗卫生事业的发展趋势与改革实践，探讨了中国高等医学教育今后10～15年改革发展的战略问题。

为进一步完善高等医学教育实践教学机制，原国家教委高等教育司和卫生部科技教育司联合发出《关于在全国范围内开展高等医学院校临床教学基地评审工作的通知》，布置1998～1999年临床教学基地评审工作。年内各省、自治区、直辖市已公布实施基地评审工作方案和评价指标体系。教育部高教司、卫生部科教司和国家中医药管理局科教司联合公布了第一批合格附属医院、教学医院名单。

为加强临床教学工作，提高临床教学质量，进一步推进高等中医教育临床教学改革，教育部高等教育司和国家中医药管理局科技教育司联合召开了全国高等中医教育临床教学工作会议，并形成《关于加强高等中医教育临床教学工作的意见》。

撰稿 范 唯

审稿 林蕙青

〔**大学生文化素质教育**〕 1998年，在加强大学生文化素质教育试点工作取得初步经验的基础上，教育部发出《关于加强大学生文化素质教育的若干意见》（以下简称《意见》）。《意见》强调：加强文化素质教育，是一种新的教育思想和观念的体现，各高等学校要确立知识、能力、素质协调发展、共同提高的人才观，明确加强文化素质教育是高质量人才培养的重要组成部分，必须将文化素质教育贯穿于大学教育全过程，实现教育整体优化，最终达到教书育人、管理育人、服务育人、环境育人的目的。

1998 年 5 月，教育部在四川大学召开第三次文化素质教育试点工作研讨会。会议总结近三年来试点工作的成绩和经验，分析了文化素质教育工作的形势和任务，明确加强大学生文化素质教育进入在全国普通高等学校普遍开展的阶段。为使这项工作在全国普通高等学校广泛开展，教育部决定采取两项重要措施：

第一，成立高等学校文化素质教育指导委员会。1998 年 10 月，教育部聘请有关高等学校从事文化素质教育教学、研究和管理工作的专家教授，成立高等学校文化素质教育指导委员会。指导委员会的主要任务是：受教育部委托，宣传加强大学生文化素质教育工作的意义和作用；为教育部制定有关文化素质教育工作政策、规划和措施提出意见和建议；研究文化素质教育工作中的理论和实际问题，组织开展文化素质教育经验交流，推动文化素质教育工作深入开展；研究制定大学生文化素质教育的基本要求和评价方法；研究文化素质教育基地建设工作，组织和参与文化素质教育基地建设的评估和验收工作。

第二，建立国家大学生文化素质教育基地。1998 年 7 月，教育部发出《关于申报国家大学生文化素质教育基地的通知》，通过学校申报，组织专家评审，教育部正式批准在全国普通高等学校建立 32 个国家大学生文化素质教育基地。基地建设的任务是：贯彻教育部《关于加强大学生文化素质教育的若干意见》的精神，协调基地校各院系和相关学校的文化素质教育工作；组织开展重要的文化素质教育活动；培训从事文化素质教育的师资队伍；开展文化素质教育理论与实践问题的研究；积极探索文化素质教育的途径和方法；总结和推广文化素质教育工作经验，发挥基地的示范和辐射作用。

撰稿 阎志坚

审稿 刘凤泰

〔**理科基地创建名牌课程**〕 1998 年，“高等理科教育面向 21 世纪教学内容和课程体系改革计划”项目进入了优化课程体系和教学内容的攻坚阶段。根据教育部《关于深化教学改革，培养适应 21 世纪需要的高质量人才的意见》和《关于进一步加强“国家基础科学人才培养基地”和“国家基础课程教学基地”建设的若干意见》精神，教育部高等教育司利用“国家基础科学人才培养基金”提供给教学改革研究的专项经费，并借助“国家理科基础科学研究和教学人才培养基地”，进行“国家理科基地创建名牌课程项目”及其立项工作。

“国家理科基地创建名牌课程项目”的研究内容，是由申请者结合“理科基地”基础课程教学内容和课程体系改革的实际需要，以创建名牌课程为目标，以一门课程或一个系列课程的教学内容与方法为主，自行拟定。在评审的基础上，教育部高等教育司正式批准 133 项申请，作为 1998 年度项目予以立项。批准立项的“国家理科基地创建名牌课程项目”将分年度执行，可连续申请，对按时完成年度计划、积极开展教师培训工作、创建成果较多的项目将给予连续资助。

教育部高等教育司提出，理科基地创建的名牌课程应该有一支结构合理，人员稳定，教学水平高，教学效果好的教师梯队；有一套完善的符合本校培养目标、培养规格和教学基本要求的教学计划、教学大纲和教案等；有先进的课堂教学或实践教学内容；有一套符合国家教学基本要求和本校教学大纲的高水平教材或教学参考书；有符合教学规律，能提高教学效率和培养出学生较强创新能力的多种教学方法；有一套科学的有利于学生创新能力培养的考试办法。

撰稿　李茂国

审稿　钟秉林

〔**计算机基础教学改革**〕 为实现教育部高等教育司1997年提出的“用三年左右的时间使大多数高等学校计算机基础教学水平上一个新台阶”的目标，到1998年，计算机基础教学水平有了明显提高。由清华大学等24所重点理工大学组成的“普通高等学校计算机基础教育研究协作组”，在高等学校的计算机基础教学改革与建设中起了示范带头作用。1998年，协作组与计算机基础课程教学指导委员会对24所成员学校贯彻落实教育部高等教育司制定的《加强工科非计算机专业计算机基础教学工作的几点意见》的情况进行了检查。从检查中看出：各校加强了领导，制订了发展规划；计算机文化基础和计算机技术基础的教学比较规范；环境和设施建设有明显改观，各校都已达到至少每10名学生配备1台微机的要求。

1998年，教育部高等教育司组织召开文理工农医各科类学校参加的计算机基础教学改革研讨会，交流了计算机基础教学改革与建设中的经验，研讨今后的改革方向。在此基础上，制订了《普通高等学校计算机基础教育教学基本要求（本科）》（征求意见稿），对所有学校非计算机专业的计算机基础教学内容提出了原则要求，包括基本概念、基本技能和基本知识等内容。

结合面向21世纪教学内容和课程体系改革计划的实施，已有《计算机文化基础》、《软件设计基础》、《计算概论——扣开信息社会的大门》等10多本教材出版。并已制订出计算机基础课程“CAI系列课件”10多件，开始在教学中试用。

撰稿　李志宏

审稿　钟秉林

〔**教学工作评价**〕 1998年，教育部发出《关于进一步做好普通高等学校本科教学工作评价的若干意见》。提出要建立高等教育宏观调控体系与评价制度；要在各类高等学校开展教学工作评价，形成制度，定期进行；同时对普通高等学校本科教学工作评价的目的、意义、原则、依据、组织领导、政策以及评价等进行规范。

加强评价专家队伍建设。1998年，建立了普通高等学校本专科教学工作评估专家委员会，同时组建专家库，制定专家工作规章制度。专家组织与专家队伍基本适应了评价工作的需要。

各科类普通高等学校本科教学工作评价方案逐步完善。先后研制、印发了综合大学、工科、农林、医药、财经、政法、外语、艺术8个科类“普通高等学校本科教学工作合格评价方案”、综合大学、工科、农林、医药等 4 个科类“普通高等学校本科教学工作优秀评价方案”、“普通高等学校本科教学工作随机性水平评价方案（实测稿）”。

1998 年汇总编辑了《普通高等学校基本工作状态数据集》，包括高校的队伍、规模、专业、生源、经费、资产（设备）、人才培养、毕业生、科研、生活条件等 10 个方面 328 项指标资料，为有关工作提供了依据。

评价工作全面展开。合格评价主要用于建校历史较短、基础比较薄弱的学校。目的是使学校达到国家基本的办学水平和质量标准。帮助学校进一步明确办学指导思想、加强教学基本建设、提高教学管理水平。被评学校由教育部确定。到 1998 年，主要是对文革后新建或升格的近 200 所高校进行合格评价，已评价学校 146 所（其中 123 所学校已下结论），评价结果：大约有 1/4 的学校没有一次通过合格评价。优秀评价主要用于办学历史较长、基础较好、工作水平较高的学校，主要目的是促进学校深化改革和办出特色。被评学校由教育部根据学校的申请确定。计划五年之内分期分批完成部分学校的评价工作。优秀评价 1998 年正式启动，已有 67 所高校申请参加优秀评价，并在认真进行自评自建。随机性水平评价主要适用于参加优秀和合格两类评价之外的学校。评价结论分为：优秀、良好、合格和不合格四种。被评学校由教育部采取随机抽样的方式确定。教育部高教司准备在 8 所不同科类的高校进行实测工作。

撰稿　胡秀荣

审稿　刘志鹏

〔**高校实验室工作**〕　据 1998 年不完全统计，全国（除西藏外）1 004 所普通高校中，有实验室 2.8 万个；使用面积 765.0 万平方米；共有实验室工作人员 10.6 万人；拥有教学、科研仪器设备 266.0 万台件；原值 203.8 亿元。

1998 年 10 月 9 日，教育部高教司在大连理工大学召开各省级教委主管实验室工作的处长会议，部署高校基础课教学实验室评估工作。截止 1998 年底，全国已有 27 个省、自治区、直辖市的 511 所大学的 3 446 个实验室开展了自评工作，有 23 个省级教委对 345 所学校的 1 981 个实验室组织了评估验收，合格实验室为 1 848 个。各地开展评估工作以来，有关部门对基础课教学实验室经费投入已达 14.7 亿元，其中学校投入 7.9 亿元；各级教育行政部门投入 6.8 亿元。不少学校通过评估改革了学校原有的“小而全”的实验室管理体制，合并了同类实验室，扩大了实验室规模，提高了实验室、仪器设备的使用效益，提高了实验教师的工作量。基础课教学实验室评估工作对改善高校办学条件，提高学生动手能力，培养高层次创造性人才起到了很好的作用。

1998 年，组织北京市高等学校实验室工作研究会完成了《高等学校精密贵重仪器设备效益评价办法（讨论稿）》的撰写工作，并继续组织高校贵重仪器设备向社会开放服务。据统计，1998 年度，由教育部、科技部、中国科学院、北京市科委、国家自然基金委共同建立的北京科学仪器装备协作共用网，对外共承接 2 225 项课题，测试样品 3 2067 个，提供对外机时 48 489 个。北京 7 所高校的 27 台仪器对外承接课题 665 项，测试样品 13 230 个，提供机时 16 747 小时。平均每台仪器承接外单位课题 25 项，提供机时 620 小时。为解决高档贵重仪器设备重复购置问题,提高仪器设备使用效益。1998年12月10日,科技部、教育部、中国科学院联合召开“质谱中心成立大会”。该中心依托中国科学院化学所,配置德国布鲁克公司生产的富利叶质谱仪,向全社会开放。科技部、北京大学、科学院化学所三家共出经费750万元,作为仪器购置费和三年仪器运行补贴费,并免费使用仪器设备。

撰稿 陈小平
审稿 刘凤泰

〔**发展高等职业教育**〕 到1998年,承担高等职业教育的学校除职业大学和职业技术学院外,还包括高等专科学校、成人高等学校、民办高等学校、普通高校中的职业技术学院和进行五年一贯制高职教育的中等专业学校等6类共350所院校,在校生约35万人。其中1998年批准成立的职业技术学院有21所。

根据中国的实际,确定现阶段发展高等职业教育的重点是以内涵为主,实行“三多一改”的发展方针。即多种渠道:主要通过高等专科学校、职业大学、职业技术学院、成人高等学校、民办高校以及部分办学条件较好的中专学校改制承办高等职业教育,部分本科院校特别是综合性大学,可以设立高等职业技术学院;多种模式:对于学历高等职业教育以高中后二至三年高等职业教育为主,同时,要积极探索初中后5年制高等职业教育的办学模式,专业设置应“宽”“窄”并存,学历教育与非学历教育并举;多种运行机制:除国有学校举办高等职业教育外,逐步实行“学校面向生源市场自主办学、学生不转户口、自谋职业”的办学机制,鼓励民办高等职业教育。一改:就是要以教学改革为工作重点,面向地区经济社会发展和就业市场的实际需要,努力培养生产、服务、管理第一线需要的实用人才,真正办出特色。

撰稿 李津石
审稿 刘志鹏

〔**按新的管理模式和运行机制举办高等职业教育试点**〕 为贯彻“科教兴国”战略,积极探索多种途径发展高等职业技术教育,1998年,教育部和国家计委对1999年普通高等教育年度招生计划安排进行改革,安排10万人专门用于部分省(市)试行按新的管理模式和运行机制举办高等职业技术教育。

此次试办高等职业技术教育的主要目的是:(1)促进高等教育更好地适应地方的经济建设和社会发展需要,加快培养面向基层、面向生产、服务和管理第一线职业岗位的实用型、技能型专门人才的速度,并缓解应届高中毕业生的升学压力;(2)积极探索以多种形式、多种途径、多种机制发展高等职业技术教育;(3)进一步扩大省级政府对发展高等教育的决策权和统筹权。

此次试办高等职业技术教育的主要内容和特点:(1)调整中央和地方的关系,扩大省级政府对高等教育的决策权和统筹权。国家负责高等职业技术教育的统筹规划、综合协调和宏观管理,制订基本统一的质量标准、管理办法,编制年度指导性招生计划,审定举办学校的资格,以及对试办情况进行监督检查。省级政府在国家宏观政策指导下,根据本地区经济、社会发展的实际需要确定年度招生计划、招生办法、收费标准、毕业生就业政策等，并负有改善办学条件、规范办学秩序的职责。(2) 改革现行的招生计划管理方式，变指令性计划为指导性计划。(3) 改革传统的专科人才培养模式，变专科教育为高等职业技术教育。(4) 探索用民办机制发展高等职业技术教育，实行教育事业费以学生缴费为主，地方财政补贴为辅的运行机制。(5) 毕业生不包分配，实行学校推荐，学生自主择业。

教育部根据“两基”普及情况、人均国内生产总值、办学条件、普通高中升学压力和就业状况等综合情况，确定1999年北京、天津、河北、辽宁、黑龙江、上海、江苏、浙江、福建、山东、河南、湖北、湖南、广东、四川等省（直辖市）进行此项改革试点。试点的招生规模一般按3 000～10 000人掌握。教育部还对试点工作提出了具体要求：(1)为保证必要的教学质量和办学声誉，承担此次试点任务的学校必须是具有高等学历教育资格的学校。(2) 承担此次试点任务的学校不再安排常规专科招生计划，以避免出现新的“一校两制”，影响招生并轨改革的成果。(3) 鉴于高等学校办学条件已经十分紧张，1999年招生计划的增量又比较大，各试点省市在落实试点高职的招生计划时要千方百计增加投入、挖掘潜力，同时也要量力而行，确保试点工作积极稳妥。(4) 针对社会热点过多集中在扩大规模上，此次试点一定要在深化教学改革上下功夫，要按照高职的特点抓紧专业、教材建设和师资队伍建设，办出真正得到社会认可的高职特色。

此次改革的意见和政策出台后，受到社会各界的欢迎和赞同，许多地方政府和高校纷纷要求参加试点工作。各试点省已按照教育部的要求周密计划，精心组织此项工作，以确保试点工作成功。教育部要求各试点省要高度重视，切实加强领导，通过实践摸索经验，为下一步高等教育改革和发展创造条件。

撰稿　季　平

审稿　纪宝成

〔**高等教育文献保障体系（CALIS）建设**〕　中国高等教育文献保障体系（China Academic Library and Information System，简称CALIS）是“211工程”公共服务体系的建设项目之一，是实现“211工程”建设总体目标的重要保障。经国家发展计划委员会批准，自1998年开始实施，2000年内鉴定验收。

CALIS是一个广域网环境下的文献信息共享服务系统，其目的是与正在建设的“中国教育和科研计算机网（CERNET）”相配合，使资源网与信息网协调发展，借助于现代化的技术手段，建立一个整体化、自动化、网络化、数字化的现代文献信息保障体系，提供高水平、高效率的文献信息服务，为“211工程”建设，为中国高等教育和科学研究与国际上同步发展提供基础条件。同时，CALIS作为全国文献资源保障体系的一个组成部分，还可以为中国的经济建设和社会发展作出贡献。

CALIS网络保障环境由“全国中心——地区中心——高校图书馆”三级构成。“九五”期间网络设施建设的任务是：建设1个管理中心（设在北京大学）、4个全国文献信息中心（文理中心设在北京大学，工程中心设在清华大学，医学中心设在北京医科大学，农学中心设在中国农业大学）、和7个地区中心（分别设在南京大学、上海交通大学、武汉大学、中山大学、西安交通大学、四川大学和吉林大学)，配备必要的网络设施和管理软件。并建设1个以“211工程”院校为主体的高校书刊联合目录数据库、7个地区级书刊联合目录数据库，有选择地引进一批外文文献数据库，自建一批有中国高校特色的文献数据库和若干重点学科专题公用数据库。

撰稿　李晓明

审稿　刘凤泰

教育部直属高校教育

〔**部属高校咨询委员会会议**〕　自教育部直属高校工作咨询委员会第八次全体会议以来，教育工作的形势发展很快，国家科技教育领导小组成立，明确宣布科教兴国是本届政府的最大任务;《中华人民共和国高等教育法》颁布；随着国务院机构改革方案的实施，一批撤并部门所属高校的管理体制进行了重大调整，教育部直属高校扩大到44所。与此同时，相当一批直属高校在校内管理体制改革方面进行了有益的探索，并取得了积极进展。为进一步认清形势，明确任务，总结经验，交流情况，推进直属高校管理体制改革和校内管理体制改革健康深入地开展，推动直属高校工作再上新台阶，教育部于1998年12月23日～25日在北京召开教育部直属高校工作咨询委员会第九次全体会议。

12月23日～24日，会议主要围绕部直属高校近几年来进行校内管理体制改革（包括校内机构和人员精简、院系调整和设置、人事制度和校内分配制度改革、后勤改革）的情况和经验，以及进一步推进和深化改革的思路进行了交流、咨询和研讨。教育部领导陈至立、吕福源、韦钰、周远清、张保庆、陈文博等出席会议并讲话。教育部有关司(室）的负责人到会通报工作情况。

12月25日，中共中央政治局常委、国务院副总理、国家科技教育领导小组副组长李岚清到会听取了北京大学、清华大学、浙江大学、四川大学等10余所直属高校咨询委员分别就创建世界一流大学、面向21世纪的中国高等教育、高教管理体制改革和校内管理体制改革等问题所作的专题发言。李岚清在讲话中强调指出：要准确把握21世纪的特征，深刻认识科教兴国战略的重大意义，十分明确高校在科教兴国战略中的重要作用；要正视我国教育事业尤其是大学存在的问题以及与经济和社会发展的需要不相适应的方面，勇于迎接新世纪的挑战；要理清21世纪我国高校改革发展的基本思路，尽快建立新的高等教育管理体制的基本框架，积极推进、深化校内管理体制改革，推动产学研结合，加速科技成果转化，为国家的现代化建设作出新的、更大的贡献。国家计委、科技部、财政部、人事部等有关部委负责人出席了会议。

会议推举清华大学校长王大中、吉林大学校长刘中树、华东师范大学党委书记陆炳炎为新一届咨询委员会执行主席，教育部发展规划司司长兼直属高校工作办公室主任纪宝成为秘书长。

撰稿　张爱龙

审稿　纪宝成

〔**“211工程”立项建设**〕　1998年，教育部44所直属高校中，有31所学校进行“211工程”国家立项建设。其中：第一批于1997年获国家计委批准立项进行“211工程”建设的有北京大学、清华大学、中国人民大学、南开大学、天津大学、复旦大学、上海交通大学、南京大学、浙江大学、西安交通大学10所高等学校；第二批于1998年获国家计委批准立项进行“211工程”建设的有华中理工大学、四川大学、兰州大学、北京师范大学、东北师范大学、东南大学、武汉大学、吉林大学、大连理工大学、同济大学、重庆大学、中山大学、厦门大学、华南理工大学、山东大学15所高等学校；1998年，国务院机构改革，从撤并的部委划归教育部部属的10所高等学校中，经国家计委批准立项进行“211工程”建设的有北京科技大学、东北大学、吉林工业大学、中国纺织大学、中南工业大学、湖南大学6所高等学校。

北京大学、清华大学被确定为全面进行重点建设的高等学校；其他29所高等学校中，约有190个学科被确定为“211工程”国家重点建设的学科。

31所高等学校中，国家计委批复的“211工程”建设项目计划总投资67亿元。其中，国家计委投资12.5亿元；财政部投资6亿元；主管部门投资14亿元；地方政府投资13.5亿元；学校自筹资金21亿元。中山大学、华南理工大学、厦门大学、山东大学等4所学校的“211工程”的重点建设资金主要由学校和学校所在地的地方人民政府承担。

项目建设总投资的使用为：用于“211工程”学科建设投资21亿元；教学与公共服务体系投资11亿元；基础设施建设投资8.5亿元；“211工程”配套设施项目投资26.5亿元。总建筑面积121万平方米。

截至1998年底，31所高等学校的“211工程”建设项目累计完成投资38亿元。其中：国家计委投入8亿元；财政部投入4亿元；教育部投入8亿元；地方人民政府投入6亿元；学校自筹投资完成12亿元。

累计完成的投资中，用于“211工程”学科建设10亿元；教学与公共服务体系6亿元；基础设施建设6亿元；“211工程”配套设施项目16亿元。

撰稿　张泰青

审稿　韩　进　逄广洲

〔**北京大学建校一百周年**〕　北京大学创立于1898年，初名京师大学堂，1912年改为现名，是中国近代以来第一所国立综合性大学。北京大学曾是中国新文化运动的中心，“五四”爱国运动的发祥地，马克思主义和民主科学思想在中国传播的最初基地。一百年来，北京大学培养了无数优秀的人才，创造了大量高水平的科研成果，在中国推进现代化的历史进程中具有重要的地位和作用，是一所在国内外享有良好声誉的著名高等学府。她的百年华诞是中国教育界的一件盛事。

北京大学的百年校庆得到党中央、国务院的亲切关怀和教育部、北京市政府的大力支持，也受到广大师生员工、海内外校友、国际友人以及社会的广泛关注。学校确定了百年校庆的宗旨，即“弘扬传统、繁荣学术、面向未来、促进发展”。围绕这一宗旨，学校进行了精心的筹划和准备，力图通过百周年校庆，展示北京大学的新成就、新面貌、新形象、以激励广大师生员工继往开来、再创下一个世纪的辉煌业绩。

1998 年 5 月 4 日，北京大学建校一百周年庆典大会在人民大会堂隆重举行。党和国家领导人江泽民、李鹏、朱镕基、李瑞环、李岚清和各界人士一起参加了庆典。中共中央总书记、国家主席江泽民发表了讲话。讲话总结了北大百年历史，并指出，要把我们伟大的祖国建设成为富强、民主、文明的社会主义现代化国家，就必须紧紧围绕经济建设这个中心，坚持不懈地实施科教兴国战略。全党和全社会都要高度重视知识创新、人才开发对经济发展和社会进步的重大作用，使科教兴国真正成为全民族的广泛共识和实际行动。江泽民在讲话中还向北大同学和所有高等院校的大学生，向全国各界青年提出了殷切希望。当晚中央电视台同北京大学在校园内举办了百年校庆庆典晚会。

百年校庆期间，北京大学还组织了“面向 21 世纪著名大学校长论坛”、北大图书馆新馆竣工仪式、“汉学研究”等 20 多个国际学术会议，百年纪念邮票首发式、“北京大学星”纪念雕塑揭幕等一系列活动。

撰稿　陈维嘉
审稿　纪宝成

〔组建新的浙江大学〕 为积极推进高等教育管理体制改革，建设面向 21 世纪，适应国家经济建设和社会发展需要，学科门类较齐全、具有世界先进水平的社会主义大学，浙江省政府和原国家教委经过一段时间的酝酿和论证，于 1997 年 11 月向国务院请示，拟对浙江大学、杭州大学、浙江农业大学、浙江医科大学实行合并，组建新的浙江大学。

1998 年 3 月，国务院办公厅函复浙江省政府和教育部，同意四校合并组建新的浙江大学。教育部、浙江省政府为加强对合并筹建工作的领导，成立了四校合并工作领导小组，陈至立任组长，刘枫、鲁松庭、周远清、张浚生任副组长；与此同时，成立了新的浙江大学筹建小组，张浚生任组长，潘云鹤任副组长。教育部和浙江省政府共同研究制定了《教育部、浙江省人民政府关于共建共管新的浙江大学的决定》，就新的浙江大学实行教育部和浙江省政府共建共管的体制作了具体、明确的规定。1998 年 9 月 15 日，新的浙江大学正式挂牌成立，张浚生任党委书记、潘云鹤任校长。国务院副总理李岚清出席成立大会并作重要讲话。

浙江大学、杭州大学、浙江农业大学、浙江医科大学有着共同的历史渊源，建国初期从同一母体——浙江大学分离出去，经过近半个世纪的发展，四校形成了各自的办学特色和优势。四校合并组建的新的浙江大学全日制在校学生 30 000 人，其中研究生 5 000 人；全校教职员工 10 000 多人，其中教授、副教授 2 400 人；学校学科门类齐全，覆盖了除军事学以外的十大学科门类；全校有一级学科博士点 18 个，二级学科博士点 106 个，博士后流动站 14 个，国家级重点学科 13 个，国家级重点实验室 10 个。合并后的浙江大学是中国目前学科门类最齐全、办学规模最大的一所高水平、高层次的综合性大学。

撰稿　陈维嘉
审稿　纪宝成

〔**东北大学等10所高校划归教育部管理**〕　1998年3月，九届全国人大第一次会议决定对国务院机构进行改革。原机械工业部、煤炭工业部、冶金工业部、化学工业部、国内贸易部、中国轻工总会、中国纺织总会、国家建筑材料工业局、中国有色金属总公司等9部门改组或组建为国家经贸委管理的9个国家局。这些部门所属的普通高校的管理体制相应地进行调整，实行中央与地方共建。

根据《国务院关于调整撤并部门所属学校管理体制的决定》和《国务院办公厅转发教育部等部门关于调整撤并部门所属学校管理体制实施意见的通知》精神，考虑到一些学校在人才培养、科学研究等方面的特点和作用，对原机械部等7部委所属的东北大学、北京科技大学、吉林工业大学、湖南大学、中南工业大学、中国纺织大学、北京化工大学、无锡轻工大学、武汉工业大学、合肥工业大学10所普通高等学校，在实施共建中与其他院校有所区别，自1998年9月起实行“中央与地方共建，日常管理以地方为主，重大事项以中央为主”的新的管理体制。教育部代表中央与各有关地方政府共建共管上述学校。教育事业费及基建投资均划转教育部负责管理。教育部将会同国家计委、财政部和国家经贸委，商学校所在省、直辖市制定管理办法。国务院要求各有关省、直辖市要加强对这些学校的领导，将这些学校的建设与发展纳入本地区经济社会发展规划之中。国家经贸委及其有关国家局在科学研究、信息沟通、与企业联系、扶持特色专业政策等方面对这些普通高校要继续给予关心和支持。

东北大学等10所学校自9月1日起成为教育部直属普通高等学校。9月5日，教育部在北京召开了上述10校领导干部会议，宣布按新的体制运转。10月6日，教育部办公厅就上述事项向各省级教育行政主管部门、教育部直属高校和部内有关单位发出通知。

撰稿　张爱龙
审稿　纪宝成

学位工作与研究生教育

〔**国务院学位委员会第十六次会议**〕　1998年6月17日～18日，国务院学位委员会第十六次会议在北京举行。国务院副总理、国务院学位委员会主任委员李岚清出席会议开幕式并讲话。李岚清在讲话中指出，作为科教兴国的重要组成部分，学位和研究生教育战线的广大教师、科研工作者和管理人员必须发奋努力，共同把高质量、高效益、能够满足我国现代化建设的研究生教育带入21世纪。教育部部长陈至立列席了会议。

会议审议批准了国务院学位委员会学科评议组第七次会议审核增列的博士、硕士学位授权点和部分新增学位授予单位名单。为做好具有研究生毕业同等学力人员申请硕士、博士学位工作，使申请者和政策执行者掌握较完整、准确的政策和办法，纠正偏差，会议审议通过了《关于授予具有研究生毕业同等学力人员硕士、博士学位的规定》，对同等学力人员申请学位工作的基本要求、申请和授予程序、质量标准、管理要求等做出明确规定，强调目标管理，实行对同等学力水平的认定。今后，国家主管部门审批新增同等学力人员硕士、博士学位授予单位，不再对授予学位人员的名单进行验收。

会议还对《关于对外国学位进行认定的意见》以及将《中华人民共和国学位条例》修改为《中华人民共和国学位法》等议题进行了讨论。

撰稿　卢晓斌

审稿　赵沁平　王亚杰　李　军

〔第七次博士、硕士学位授权审核工作〕

1998年6月，国务院学位委员会第十六次会议审议批准了第七次学位授权审核结果。第七次学位授权审核工作开始于1997年9月，整个工作历时近一年。

根据国务院学位委员会第十五次会议的决定，这次学位授权审核要贯彻“立足国内、适度发展、优化结构、相对集中、推进改革、提高质量”的基本方针；新增博士、硕士学位授予单位及其学科专业属于中国经济建设、科技教育、社会发展和国防建设所急需；新增博士点的学科专业主要是社会需求量大、目前全国尚无博士点或现有博士点偏少的学科、专业；新增硕士点的学科专业主要是直接服务于经济建设、科技教育和社会发展的学科、专业，兼顾地区和行业的发展的特殊需求；对高教管理体制改革成效显著的单位在政策上予以倾斜。这次审核实行限额评审，鼓励对现有博士、硕士点进行学科结构调整。在第六次审核试点的基础上，这次审核加快了按一级学科审核博士、硕士学位授权的进程。

在总结以往工作经验的基础上，按照坚持标准、严格要求、保证质量和公正合理的原则，这次审核改进了工作方式，加大了通讯评议的分量和权重。由国务院学位委员会统一组织的博士点、硕士点和一级学科点审核，按照单位申报、主管部门审核、国务院学位委员会统一组织通讯评议和学科评议组复审的程序进行。新增博士和硕士学位授予单位的审核，按照单位申报、主管部门审核推荐、国务院学位委员会办公室组织整体条件审核和学科评议组对申报的博士或硕士学科点进行审核的程序进行。

这次审核，新增博士学位授权点341个，调整已有博士点3个；新增博士、硕士学位授权一级学科点304个。新增硕士学位授权点1 469个，其中全国统一评审新增363个，北京市等16个省级学位委员会及军队学位委员会审批新增946个，有关单位自行审批新增160个；调整已有硕士点29个，其中全国统一评审调整8个，6省（市）学位委员会审批调整19个，有关单位自行审批调整2个；新增博士学位授予单位49个，新增硕士学位授予单位55个，这些单位共通过博士点62个，硕士点112个。

撰稿 任增林

审稿 赵沁平 王亚杰 李 军

〔**同等学力人员申请硕士、博士学位工作**〕 1998年6月，国务院学位委员会第十六次会议审议通过了《国务院学位委员会关于授予具有研究生毕业同等学力人员硕士、博士学位的规定》，并于同年7月发布实施。该规定注意总结吸收十多年工作的有益经验，继承以往工作的基本要求、基本做法，保持政策的连续性，坚持有利于多渠道促进我国高层次专门人才的成长，有利于规范化管理，有利于保证授予学位的质量。该规定对原有同等学力人员申请学位工作的文件作了以下几方面的修改：

一、关于申请人的资格、条件。提高了起点学历、学位的要求，实行逐级申请学位的政策。即申请硕士学位，必须已具有学士学位，申请博士学位必须已获得硕士学位。对申请人实践经验的要求，也比以前更明确，如：申请硕士学位的人员，要求在获得学士学位以后工作三年以上才可提出申请；申请博士学位的人员，要求在获得硕士学位以后工作五年以上才可提出申请。

在提高学位起点要求后，结合社会发展的新变化，适当调整了一些已不适应形势的规定。如：申请人已不再限制为“在职人员”，而是“同等学力人员”；申请人已担任的专业技术职务，不再成为影响申请人提出申请的因素。

二、关于申请人课程成绩的考核、认定。将过程管理改为目标管理，从概念上将这项工作的程序定义为同等学力水平的认定，重点放在认定申请人是否达到同等学力水平上。将课程考核、论文答辩纳入水平认定的范畴，达到同等学力水平，才授予学位。考虑到硕士学位的申请量较大，为保证质量，加入了宏观管理的环节，将课程水平的认定分解为学位授予单位组织的课程考试和国家组织的水平考试两个部分。学位授予单位按硕士生培养方案的要求，严格按相同专业在校研究生的考试要求及评卷标准，考核申请人的各门课程（包括外语），从制度上解决了异地考试的问题；国家统一组织外语科目和学科综合水平考试。

三、关于博士学位的申请和授予。在申请人的条件，主要是学术水平、科研成果方面提出了更高的要求，如：要求申请人“在教学、科研、专门技术领域做出突出成绩，在申请学位的学科领域独立发表过高水平的论文，或出版过高水平的专著，其科研成果获得国家级或省部级以上奖励”。

四、管理方式上也作了调整。国务院学位委员会办公室不再承担具体的对申请人水平的验收工作，而是通过评估、质量检查等方式对整个工作的质量进行监管；开展授予同等学力人员学位的单位，也不再分为验收单位和免验单位；而是按国家的统一规定开展工作，并接受评估检查，承担相应的责任。

撰稿 李丹阳

审稿 赵沁平 王亚杰 李 军

〔**专业学位工作**〕 全国首批在职攻读MBA学位人员于1998年春季入学，招生2 600人。6月10日～25日，国务院学位委员会办公室组织全国6所大学管理学院院长对美国MBA教育进行考察。全国MBA教育指导委员会对第二批MBA试点院校进行了检查和抽查。检查和抽查的目的是掌握情况、促进建设，为今后做好MBA教育的评估工作奠定基础；在国家自然科学基金和教育部社会科学基金资助下，开展了中国MBA教学案例的征集编写工作和校际MBA案例教学交流活动。由清华大学、复旦大学与加拿大西安大略大学合作，在北京和上海各举办一期MBA案例教学培训班。在开展MBA教育较早的学校中遴选高水平教师面向各试点院校举办11门MBA核心课程师资培训班。修订了MBA联考大纲。

1月，全国法律硕士专业学位教育指导委员会成立暨第一次会议及法律硕士专业学位试点工作研讨会在京召开。会议认为要适应依法治国的需要，加快培养高层次应用型法律专门人才。全国首批在职攻读法律硕士专业学位录取工作顺利结束，1 072名学员于秋季入学。10月，国务院学位委员会办公室和司法部法学教育司在武汉召开了全国法律硕士专业学位教育研讨会，会议明确提出要加强学科建设，提高管理水平，加快考试制度改革，加强评估工作，以保证和提高质量作为工作的出发点和归宿，在保证质量的前提下求发展。为了增加法律硕士专业学位研究生的培养力度，使试点单位布局进一步合理，批准复旦大学等9所院校为新增法律硕士专业学位试点单位。到1998年底，全国已有22所法律硕士专业学位试点单位。

为了做好教育硕士专业学位联考工作，在全国教育硕士专业学位专家指导小组秘书处成立了考务中心，并组织了全国攻读教育硕士专业学位的第一次联考；考试科目共4门，其中，外国语、教育学、心理学实行统一联合考试，一门专业课由各试点单位单独组织。批准首都师范大学等13所师范院校新增为教育硕士专业学位试点单位。启动了教育硕士专业学位科研工作，进行了科研课题的申报、审批和立项，着重对教育硕士专业学位的性质、功能、评估指标体系、课程体系、教师队伍建设、国际比较以及管理等问题进行研究。组织专家小组成员对原16所试点单位教育硕士培养、管理工作进行了检查。在上海、南京召开两次教育硕士专业学位工作会议，对1998年教育硕士专业学位的录取工作、教材、教学参考资料编写和举办研讨班工作做了布置，对新增试点单位人员进行了培训。

1998年，国务院学位委员会颁布《关于调整医学学位类型和设置医学专业学位的几点意见》和《临床医学专业学位试点办法》，确定了中国协和医科大学等20所高校开展培养和授予临床医学博士和硕士专业学位、哈尔滨医科大学等23所高校开展培养和授予临床医学硕士专业学位试点工作。各试点单位已开始按专业学位的各项要求开展工作。国务院学位委员会、教育部组织专家组，对七年制高等医学教育的培养目标、培养方式、考试标准及教学计划修订等问题进行研讨。国务院学位委员会、卫生部、国家中医药管理局联合召开第一次临床医学专业学位试点工作会议。会议确定了试点工作的各项方针政策，并统一规范授予临床研究生、在职临床医师、七年制医学生、临床医学专业学位的基本标准。

工程硕士专业学位教育进一步发展。新增16所高等学校开展培养工程硕士工作，增加培养工程硕士的工程领域6个。1998年底在学工程硕士生达5 690名。

12月17日，国务院学位委员会和教育部批准成立全国工程硕士专业学位教育指导委员会。指导委员会由来自高等学校、企业和国家有关管理部门的27位委员组成。

撰稿　李丹阳　黄宝印　付　诚　任增林
审稿　赵沁平　王亚杰　李　军

〔新批准授予国外和香港地区学位的合作办学项目〕　为充分发挥中外合作办学的效益，提高中国相应学科的办学水平，适应社会对高层次专门人才的需要，1998年，国务院学位委员会办公室新批准16项授予国外和香港地区学位的合作办学项目，名单如下：

清华大学与美国亚利桑那州立大学合作培养“高技术管理方向”MBA（第一期项目）；

中国人民大学与美国布法罗纽约州立大学合作培养MBA（第一期项目）；

北京工业大学与美国城市大学合作培养MBA（第一期项目）；

中国农业大学与美国科罗拉多大学合作举办国际经济、传媒与交流专业学士学位课程；

中国协和医科大学与美国北卡罗来纳大学合作培养护理学硕士（第一期项目）；

首都经济贸易大学与澳大利亚迪肯大学合作培养专业会计硕士（第一期项目）；

中国政法大学与美国天普大学合作培养法律硕士（第一期项目）；

天津财经学院与美国俄克拉荷马市大学合作培养MBA（第七期项目）；

大连理工大学与美国拉格斯大学合作培养MBA（第一期项目）；

上海海运学院与荷兰马斯特里赫特管理学院合作培养MBA（第三期项目）；

上海财经大学与美国韦伯斯特大学合作培养MBA（第二、第三期项目）；

复旦大学与挪威管理学院合办“变化管理”硕士课程（第二、第三期项目）；

复旦大学与香港大学合作培养MBA（第一期项目）；

南昌大学与法国普瓦提埃大学合作开设“企业管理”研究生课程（第二期项目）；

江西财经大学与美国纽约理工学院合作培养MBA（第一期项目）；

中山大学与法国国家企业管理教育基金会暨里昂第三大学合作举办国际贸易高级专业文凭课程（第一期项目）。

撰稿　卢晓斌
审稿　赵沁平　王亚杰　李　军

〔1997～1998学年度授予博士、硕士学位情况〕

单位：人

学科门类	博　士	硕　士
总　计	8 518（115）	41 789（3 457）
哲学	113	497（36）
经济学	446（2）	4 601（1094）
法学	245（4）	2 543（392）
教育学	109	813（108）
文学	243（4）	2 629（230）
历史学	190	689（24）
理学	2 246（28）	5 500（222）
工学	3 250（40）	17 837（876）
农学	416（19）	1 292（105）
医学	1 240（18）	3 983（370）
军事学	20	273
专业学位		1 132

注：括弧中数字为总数中授予同等学力人员博士、硕士学位的人数。

撰稿　吴　一
审稿　王亚杰

〔**国务院各部门分流人员学习和培训工作**〕　1998年，国务院进行机构改革。“带职分流，定向培训，加强企业，优化结构”是这次国务院机构改革进行人员分流安排的基本原则。学习和培训，是机构改革人员分流安排的重要途径。

7月11日，国务院办公厅转发了《人事部教育部关于国务院各部门分流人员学习和培训实施方案》。7月24日，教育部办公厅发出《关于积极做好国务院各部门分流人员学习和培训工作的通知》，要求承担学习和培训任务的有关高等学校，从建立社会主义市场经济体制和现代化建设的全局的战略高度，深刻认识分流人员学习和培训工作的意义，切实做好这项工作。

学习和培训的原则是：统一规划，形式多样，分类培训，按需施教。做到组织安排与个人选择相结合，统一安排与部门自行组织相结合，提高素质与社会经济发展需要相结合。通过采取灵活多样的学习和培训方式，满足分流人员的不同要求，使机构改革中尚未安排的人员都处于不同形式的培训中。力争用2～3年时间，全面完成分流人员的学习和培训任务。

学习和培训形式：由人事部和教育部统一组织的学习和培训形式主要有四种，(1)定向专业培训。主要是进行会计、金融、税务、法律、外语、工商管理等社会主义市场经济发展急需的专业知识的正规培训。具有高中毕业及其以上学历的分流人员均可报名，免试入学，培训合格者可获得专业培训证书。(2) 攻读硕士专业学位。主要是攻读工商管理硕士、法律硕士、教育硕士及有关工程领域的工程硕士等专业学位。具有国民教育序列大学本科毕业学历（一般要有学士学位）、2年以上工龄、年龄一般不超过45岁的分流人员均可报名，通过国家规定的入学考试和培养合格后，可获得相应专业的硕士专业学位。(3)研究生课程进修班。主要开设文、史、哲、经、法、理、工等学科100多个专业的研究生课程。具有大专以上学历的分流人员均可报名，免试入学，培训合格者可获得结业证书，其中具有学士学位者还可按国家有关规定以研究生毕业同等学力申请硕士学位。(4)研究生学历教育。1999年全国硕士、博士研究生招生总计划中，全国所有招生单位、专业均对分流人员开放，国家为分流人员单列计划。具有国民教育序列大学本科学历或大专学历并两年工龄、达到本科毕业同等学力的分流人员都可按有关条件报名，通过国家规定的研究生入学考试和培养合格后，可获得研究生毕业证书和学位。

凡纳入统一规划的学习和培训所需经费，由国家财政统一安排。

各种学习和培训形式，共安排国务院各部门分流人员3 000余人。主要集中在北京大学、中国人民大学、清华大学、北京外国语大学、对外经济贸易大学、中央财经大学等高等学校学习和培训。

撰稿　赵沁平　王亚杰
审稿　李　军

高校社会科学研究与思想政治工作

〔**第七次全国高校党建会**〕　1998年7月3日～5日，中组部、中宣部和教育部党组在北京召开第七次全国高等学校党的建设工作会议。会议的主题是：高举邓小平理论伟大旗帜，贯彻党的十五大精神，兴起学习邓小平理论新高潮，进一步加强高校党的建设，把有中国特色社会主义的高等教育事业全面推向21世纪。会议的主要任务是：进一步兴起学习马列主义、毛泽东思想特别是邓小平理论新高潮；以邓小平理论为指导，培育"四有"新人，加强中青年教师队伍建设，把高等教育的改革和发展全面推向21世纪；深入贯彻《中国共产党普通高等学校基层组织工作条例》，坚持完善党委领导下的校长负责制；总结交流近年来高校党建和思想政治工作的经验，表彰党的建设和思想政治工作先进高等学校。

胡锦涛、尉健行、李岚清和丁关根等中央领导同志会前亲切接见了全体与会代表并出席了大会开幕式。中共中央政治局常委、国务院副总理李岚清在开幕式上作了重要讲话。李岚清指出，教育战线贯彻党的十五大精神，就是用邓小平理论武装广大师生的头脑，用邓小平理论指导高校党的建设和各项工作，推动高等教育的改革和发展，这是进一步办好高等学校，培养跨世纪的社会主义现代化建设者和接班人的根本保证。学习邓小平理论要同学习党的十五大精神结合起来，同学习党的基本知识和党课教育结合起来，同高等学校改革和发展的实践结合起来，同解决学校师生的现实思想问题结合起来。要在高校学生中深入持久地开展学习邓小平理论活动，使邓小平理论进教材、进课堂、进学生头脑。李岚清同时指出，要大力加强青年教师工作，培育德才兼备的高素质师资队伍。要千方百计创造使青年人才脱颖而出的环境和条件，帮助青年教师解决生活中遇到的实际困难。要认真落实江泽民总书记提出的对青年学生的"四个统一"的要求，大力培养全面发展的高素质接班人。强调加强高校党委和领导班子建设，是适应新情况、新形势，面向新世纪，推进高等教育事业改革与发展的关键。高校党委要做改革的"火车头"，做好深入细致的思想工作，保证高校改革顺利进行。

会议期间，国务院总理朱镕基为出席会议的代表和1万余名京津地区高校师生作了形势报告，就广大师生所关心的克林顿访华和中美关系，东南亚金融危机对我国的影响和我国的对策，国有企业的改革与发展、科教兴国战略的落实等问题作了全面、深刻、生动的阐述。

教育部党组书记、部长陈至立代表中组部、中宣部和教育部党组作了《高举邓小平理论伟大旗帜,进一步加强高校党的建设,把有中国特色社会主义的高等教育事业全面推向二十一世纪》的报告。中组部副部长虞云耀和中宣部副部长白克明分别在会上作了讲话。

会议认真贯彻党的十五大精神,结合1998年的工作,对进一步加强高校党建的有关工作进行了深入研究和部署。指出要开拓教育改革新局面,必须有坚强的组织保证。加强高校党建工作是事关教育事业改革与发展兴衰成败的大事。教育部门和高等学校的各级领导及广大党员,要明确高校党组织的历史责任,承担起历史赋予的重任。要珍惜高校党建工作已有的成绩和经验,认真研究解决存在的不足和问题,努力实现以下奋斗目标:第一,高校领导班子建设切实加强。第二,高校党的基层组织建设进一步加强。第三,以邓小平理论武装党员和教育师生的工作取得实质性进展。第四,高校改革和发展事业取得明显进展。

会议明确指出,认真贯彻党的十五大精神,兴起学习邓小平理论新高潮,是当前高校党建工作的首要任务。要在教育战线特别是高等学校兴起学习邓小平理论的新高潮。学习邓小平理论必须同学习党的十五大报告紧密结合。要认真研读邓小平著作,注重理论联系实际,发扬优良学风。学习邓小平同志研究和处理问题的立场、观点和方法,研究新情况,解决新问题。邓小平教育理论是邓小平理论的重要组成部分,是具有中国特色和时代特征的当代中国的马克思主义教育理论,是教育工作者的宝贵精神财富和思想武器,是新时期中国社会主义教育事业发展的指导思想。邓小平教育理论是制定和贯彻党和国家的教育方针、政策的理论基础,是把建设有中国特色社会主义的教育事业全面推向21世纪的行动指南。教育战线必须把学习邓小平理论与学习邓小平教育理论很好地结合起来,联系实际,认真学习邓小平教育理论。各级领导干部要充分认识自己学习、研究、宣传邓小平理论的特殊使命,要做学习邓小平理论的表率。

会议强调,用邓小平理论教育广大青年特别是大学生,是关系改革开放前途和21世纪国家风貌的大事,是坚持党的基本路线一百年不动摇的长远大计,是基础性的思想建设。根据党中央的指示精神,教育部会同中宣部先后发出了《关于普通高等学校开设〈邓小平理论概论〉课的通知》和《关于印发〈关于普通高等学校“两课”课程设置的规定及其实施工作的意见〉的通知》,对高校以邓小平理论“三进”为主要任务进行教学改革和课程建设作出了新的部署。会议要求各地各高校要认真组织实施“两课”课程设置新方案,加快邓小平理论“进教材、进课堂、进学生头脑”工作步伐。为贯彻落实好“两课”课程设置新方案,各级党委要高度重视,把用邓小平理论教育大学生的工作放在十分重要的位置,切实加强对这项工作的领导。要认真按照中央指示精神,贯彻理论联系实际的原则,全面抓好“两课”教学改革和建设,大力改进教学方法,保证教学质量,切实加强师资队伍和教材建设。1998年秋季普遍开设“邓小平理论概论”课,是各高校的一项重要政治任务,一定要抓紧完成好。要把读原著、讲授、研讨和运用相结合这样一种很受学生欢迎的生动活泼、富有成效的教学方法加以推广,努力提高教学效果,使邓小平理论真正入脑入心,成为大学生思想和行动的指南。

会议从全面推进党的建设新的伟大工程和实施科教兴国战略的高度，深刻阐述了高校党建工作的重要性。提出要进一步贯彻落实《中国共产党普通高等学校基层组织工作条例》，加强高校党的基层组织建设，充分发挥高校各级党组织的领导核心作用、政治核心作用和战斗堡垒作用。要坚持和完善党委领导下的校长负责制。实践表明，坚持和完善党委领导下的校长负责制，重要的是要加强制度建设，提高决策的科学性，提高解决班子自身问题的能力；要把坚持集体领导和个人分工负责同坚持群众路线结合起来，集中大家的智慧，发挥群众的力量；要充分发挥集体的力量来领导和管理学校，解决好学校改革和发展中所涉及的办学方向、发展战略、办学模式、改革思路等关系全局的重大问题，切实保证学校各项改革和发展工作顺利进行。强调当前加强高校领导班子建设，关键在于不断提高高校领导干部的素质，要按照“社会主义政治家、教育家”的要求，加强党性修养和思想作风建设，要把用邓小平理论武装头脑放在更加突出的位置。要加大培养选拔跨世纪优秀年轻干部的工作力度。选好配强党委书记和校长，进一步优化高校领导班子结构。要充分发挥高校基层党组织和广大党员的作用，加强思想政治工作。

会议期间，中组部、中宣部和教育部党组表彰了北京大学、清华大学等37所党的建设和思想政治工作先进高校。上海市委教育工委、江苏省委教育工委、北京大学、清华大学和哈尔滨工业大学等单位在会上介绍了加强高校党的建设，推进邓小平理论“进教材、进课堂、进学生头脑”工作的经验。

参加第七次全国高校党建会的有各省、自治区、直辖市党委分管副书记，党委组织部、部分党委宣传部、高校工委的负责同志和各省、自治区、直辖市教委、教育厅的负责同志；部分高校的党委书记和校长；中央、国务院有关部委教育司（局）的负责同志及团中央、全国教育工会的负责同志等约300人。

撰稿 庞世娟

审稿 新 诺

〔**高校师生学习江泽民总书记在庆祝北京大学建校一百周年大会上的讲话**〕 1998年5月4日，中共中央总书记、国家主席江泽民在“庆祝北京大学建校一百周年大会”上作了重要讲话。江泽民同志在讲话中指出，全党和全社会都要高度重视知识创新，人才开发对经济发展和社会进步的重大作用，要紧紧围绕经济建设这个中心，坚持不懈地实施“科教兴国”战略；教育应与经济社会发展紧密结合，为现代化建设提供各类人才支持和知识贡献，高校应该成为“科教兴国”的强大生力军；当代中国的广大青年要继承“五四”运动的光荣传统，努力担当起振兴中华的历史使命，并向全国高校的大学生和各界青年提出了殷切的希望。

5月4日，教育部党组发出《关于深入学习江泽民同志在“庆祝北京大学建校一百周年大会”上的重要讲话精神的通知》。《通知》指出，江泽民同志的重要讲话，为面向21世纪中国教育事业的改革和发展进一步指明了方向，充分表明了党和政府高举邓小平理论伟大旗帜，紧紧围绕经济建设中心，坚定不移地实施“科教兴国”战略的信心和决心；集中体现了以江泽民同志为核心的党中央对教育事业的高度重视，对广大青年的亲切关怀，对跨世纪一代青年人的勉励和对祖国未来建设者和接班人的殷切期望，为当代青年的健康成长指明了正确的成长道路。《通知》强调，江泽民同志的重要讲话，对于全党和全国人民进一步提高和深化对“科教兴国”战略地位的认识；对于教育战线以十五大精神为指导，进一步解放思想，奋力开拓，努力开创教育工作的新局面；对于继承“五四”运动光荣传统，以邓小平理论为指导，培养跨世纪的社会主义事业的建设者和接班人，具有十分重大的意义。《通知》强调，认真学习、深刻领会、贯彻落实江泽民同志的重要讲话精神是推动教育事业改革和发展的思想武器，要求各地党委教育工作部门和各高等学校党委要把组织广大党员干部、师生员工认真学习、深刻领会江泽民同志重要讲话精神作为当前和今后一段时期的重要任务，深刻领会江泽民同志讲话的精神实质，深入进行以理想、信念与开拓、进取为核心的思想教育活动，统一思想，开拓进取，进一步推动我国教育事业的改革和发展，努力培养和造就适应社会主义现代化建设需要的“四有”人才。为配合学习，教育部编写出版了《科教兴国动员令——学习江泽民同志在庆祝北京大学建校一百周年大会上的讲话》。

各地党委教育工作部门和各高等学校党委精心组织，狠抓落实，把高校师生深入学习江泽民同志讲话精神同学习贯彻党的十五大精神，兴起学习邓小平理论特别是邓小平教育理论的新高潮结合起来；与以邓小平理论为指导，深化教育改革的工作结合起来；与教育战线纪念党的十一届三中全会召开20周年结合起来；与加强高校党建工作、德育工作、精神文明建设工作结合起来；与对广大党员干部、师生员工的理想、信念教育以及刻苦学习、勤奋工作、艰苦奋斗的教育结合起来。重点组织广大学生和青年教师进行学习，通过学习，使广大党员干部、师生员工进一步提高实施“科教兴国”战略对我国实现经济体制和经济增长方式的“两个根本性转变”以及对我国的繁荣昌盛和中华民族的全面振兴具有的重要作用的认识，进一步增强改革和发展教育事业的使命感、责任感和紧迫感；增强广大学生实践和实现江泽民同志在讲话中提出的坚持学习科学文化与加强思想修养的统一，坚持学习书本知识与投身社会实践的统一，坚持实现自身价值与服务祖国人民的统一，坚持树立远大理想与进行艰苦奋斗的统一的自觉性，坚定高举邓小平理论伟大旗帜，继承和发扬“五四”运动的光荣传统，走建设有中国特色社会主义道路的信心和决心。

撰稿 刘贵芹

审稿 靳 诺

〔**高校“两课”建设**〕 1998年6月10日，中宣部和教育部联合发出《关于印发〈关于普通高等学校“两课”课程设置的规定及其实施工作的意见〉的通知》。这次课程设置新方案的公布和实施，是继1985年以来“两课”课程设置的一次较大调整。近十多年来的实践表明，“两课”教学改革贯彻了理论联系实际的原则，突出了中国改革和建设的理论与实践的教育，收到了较好的效果，改革的总体指导思想是正确的。但是由于形势的变化，现行课程设置出现了一些不适应的情况。因此，教育部在调查研究基础上，充分汲取了1993年以来的教改经验，形成了深化高校“两课”教学改革，规范课程设置的意见。1998年4月，中央政治局常委会专门听取了教育部党组的汇报，研究了高校“两课”教学与改革问题，确定了“两课”课程设置新方案。根据中央的指示精神，教育部会同中宣部印发的文件中，对高校以邓小平理论“三进”为主要任务进行教学改革和课程建设作出了新的部署，决定在大学本科开设马克思主义哲学原理、马克思主义政治经济学原理、毛泽东思想概论、邓小平理论概论、思想道德修养、法律基础、形势与政策7门课程。文科专业还开设当代世界经济与政治课。要求全国所有普通高校原则上都要在1999年秋季入学的新生中开始实施新的课程方案。邓小平理论“三进”工作取得进展。1998年，教育部党组认真贯彻落实党的十五大精神，大力推动邓小平理论进教材、进课堂、进学生头脑（简称“三进”）工作。(1) 各级教育工作部门和高校对邓小平理论“三进”工作十分重视并切实加强领导。教育部党组明确提出，要把邓小平理论“三进”工作作为实施高校“两课”课程设置新方案的首要任务抓紧抓好。1998年4月28日，中宣部和教育部联合发出《关于普通高等学校开设邓小平理论概论课的通知》，要求全国所有普通高校从1998年秋季开始普遍开设“邓小平理论概论”课。教育部于5月召开各地教育工作部门负责人通气会，对高校邓小平理论“三进”工作作了动员和部署，并在同年12月召开了“部分省市高校学习邓小平理论座谈会”。(2) 各省（自治区、直辖市）教育工作部门重视和加强对教学工作的领导和指导。1998年秋季开学后，有的省（自治区、直辖市）逐校了解和检查邓小平理论概论课的开设情况并研究落实了体制、机制、政策和教学经费投入等问题，提出了加强课程建设、队伍建设的措施。一些省市加大了经费投入力度，许多高校明确提出把邓小平理论课作为精品课、重点课程建设的计划，给予重点扶持。(3) 各地各高校精心准备、周密安排，比较充分地做好了开设邓小平理论课的各项准备。按照邓小平理论“三进”工作的要求，教育部制定印发了《邓小平理论概论》课教学大纲，教育部社政司以及上海、江苏、湖北等省市编写或再版了相关教材。教育部举办了全国170多所高校“两课”教学部主任暑期讲习班，委托北京大学举办了培训班，各省市都分别组织了多种形式的培训活动。(4) 1998年下半年全国普通高校普遍开设《邓小平理论概论》课以来，呈现出较为良好的发展态势。全国大部分高校系统讲授《邓小平理论概论》课取得初步成效，许多教师能注意理论联系实际，对中国经济和社会发展中提出的重大问题和学生关心的热点问题有针对性地进行讲解，受到了大学生的欢迎。邓小平理论课从课堂教学向课外延伸和拓展，初步形成了课堂教学与学生社团活动、社会实践、学生党建团建工作相结合的多渠道、多层次理论教育格局。邓小平理论“三进”工作起步较早的一些地区和高校，“三进”工作进一步向深度和广度发展。

“两课”教材建设进一步加强。为促进教材编写工作上质量上水平，防止出现编写质量不高、过多过滥以至影响教学的状况，教育部发出《关于加强普通高等学校马克思主义理论课和思想品德课（公共课）教材建设及管理问题的通知》。文件指出，全国普通高等学校“两课”各门课程所需教材的编写审批出版工作，由教育部和各省（自治区、直辖市）教育主管部门分级进行管理，要加强对高校教材使用的指导和监督，制定相应管理办法，严格审批程序，在教学检查、教学评估和职称评定等重大问题上加强政策导向，把教师的注意力引导到教学和对教学中重点、难点问题的研究上来。同时要尊重高校在选用推荐教材方面的自主权。文件还提出，要有计划有组织地开展教材建设的科研工作。为配合“两课”课程设置新方案的实施，教育部组织编写的普通高校马克思主义理论课示范教材《邓小平理论概论》于1998年7月出版。一些省市也编写或再版了邓小平理论概论课的教材。

撰稿 徐维凡

审稿 顾海良 靳 诺

〔**形势与政策教育**〕 针对大学生的思想实际和所关注的问题，密切结合我国社会主义现代化建设和改革开放的实际以及国际形势，对大学生进行形势与政策教育，是做好高校思想政治教育工作，维护高校稳定的一个重要和有效的途径。1998年对大学生进行形势与政策教育得到进一步加强。年初，教育部印发了“1998年高校形势与政策教育教学要点”；3月举办了第一期全国普通高校形势与政策教育教学骨干教师培训班。针对高校师生普遍关心的国内经济形势、亚洲金融危机和高等教育改革与发展等问题，教育部与中共北京市委联合组织了两场首都高校师生形势报告会：7月初，国务院总理朱镕基作了关于国内经济形势的报告；5月19日，中国人民银行行长戴相龙作了关于亚洲金融危机与我国经济及金融形势的报告。各地、各高校在上半年结合九届全国人大一次会议和九届全国政协一次会议的召开、国内经济形势，以及亚洲金融危机及其影响、中美关系、海湾危机等内容普遍对大学生进行了形势与政策教育。

1998年秋季开学后，教育部党组发出《关于做好秋季开学后高校师生形势与政策教育和思想政治工作的通知》，要求对大学生进行抗洪精神、国内经济形势、国际形势与我国外交政策为中心内容的形势与政策教育教学工作；向各地、各高校印发了“1998年下半年高校形势与政策教育教学要点”；为基层从事形势与政策教育教学工作的干部教师提供了“形势与政策教育宣传提纲”；9月举办了第二期全国普通高校形势与政策教育教学骨干教师培训班，为各地培训了一批形势报告员；委托中宣部时事报告杂志社于9月中旬出版了两期以抗洪精神、国内经济形势、国际形势与我国外交政策为中心内容的《时事报告》（大学生版），为大学生提供时事政策学习资料。教育部与中共北京市委在北京组织了三场首都高校师生形势报告会：10月9日，在人民大会堂举办了首都大学生学习抗洪抢险英雄事迹专场报告会；11月12日，邀请国家发展计划委员会主任曾培炎作了国内经济形势的报告；11月23日，邀请外交部部长唐家璇作了国际形势和我国外交政策的报告。报告会后，将录音带复制发放到各地、各高校。各地、各高校在秋季开学以后，组织大学生认真学习、贯彻和落实江泽民总书记在抗洪抢险斗争中的一系列重要讲话精神，把党政军民在抗洪抢险斗争中所显示出的伟大抗洪精神作为新学期大学生形势与政策教育的第一课，以在抗洪抢险斗争中涌现出的一大批先进人物和英雄事迹作教材，利用报告会、座谈会，党、团组织生活会，观看音像资料等多种形式开展形势与政策教育，使抗洪抢险的伟大精神在广大大学生中大力弘扬，激发了大学生为现代化事业努力学习的热情。根据国内和国际形势出现的一些新的特点，特别是大学生普遍关注的我国国内经济运行状况和经济生活中的一些困难及热点问题，各地、各高校，以国内的经济形势、国企改革、农业农村问题和克林顿访华与中美关系、中日和平友好条约签订20周年与中日关系、中俄关系、中英关系、中欧关系等以及当前国际政治格局、国际经济形势特别是亚洲金融危机形势与我国的对策、印尼暴乱与我国的态度和政策等为主要内容，对大学生进行国内经济形势以及国际形势和我国外交政策教育，使广大大学生全面了解和正确认识国内经济和社会发展情况、党和政府所采取的措施，了解国际形势，正确理解我国政府在处理国际事务中的方针和政策，爱国热情得到很好的激发和引导。各地、各高校还充分利用纪念十一届三中全会召开二十周年这一有利时机，引导广大大学生深刻认识我国改革开放所取得的巨大成就，更加坚定对邓小平理论的信仰和对建设有中国特色社会主义事业的信心。

撰稿　刘贵芹
审稿　新　诺

〔**高校师生思想政治状况调查**〕　1998年是高校师生思想政治状况滚动调查的第七年，调查继续在京、津、沪、鄂、粤、陕、苏、赣8省市进行。调查采取问卷调查与座谈、访谈相结合的方式展开，83所高校的21 745名教师、学生参加了调查，4 200余名教师、学生参加了座谈、访谈。调查表明，高校师生思想的主流是好的，呈现出稳定、健康、积极向上的良好态势。广大师生对邓小平同志逝世后党和政府一年来的工作给予积极评价，对以江泽民同志为核心的党中央表示高度信任；拥护党的十五大确定的社会主义初级阶段的基本路线、方针和政策，对国家的政治经济发展形势以及把建设有中国特色社会主义伟大事业全面推向21世纪充满信心，学习邓小平理论的自觉性大大提高；对改革开放和社会主义现代化建设过程中出现的问题观察分析较客观、冷静；积极的人生观、价值观发挥着主导作用；爱国热情升温，为中华民族的伟大复兴而建功立业的使命感、责任感和紧迫感大大增强。广大教师职业道德意识有所增强，敬业精神有所提高，爱岗敬业，教书育人。广大学生积极进取，勤奋学习。同时，高校师生对腐败现象、下岗职工、社会治安、国企改革及贫富差距等问题表示极大关注和忧虑，对高教改革尤其是教学改革的呼声强烈。少数教师、学生对中国改革发展过程中的一些理论和实践问题存在模糊认识和困惑。

撰稿　陈　睿
审稿　新　诺

〔**党的十一届三中全会与高校社会科学研究发展研讨会**〕　1998年12月16日，教育部在北京举行“党的十一届三中全会与高校社会科学研究发展研讨会”，教育部部长、党组书记陈至立出席开幕式，为全国普通高校第二届人文社会科学研究成果奖获奖者颁发了奖励证书，并会见了教育部“跨世纪优秀人才培养计划（人文社会科学）”第一批入选者。研讨会的主题是：回顾和总结党的十一届三中全会以来高校人文社会科学研究所取得的成就和经验，研讨高校人文社会科学研究跨世纪发展的思路。

教育部副部长周远清在开幕式上作了题为《高举邓小平理论伟大旗帜，把一个充满生机与活力的社会科学研究事业带入21世纪》的讲话。周远清指出，党的十一届三中全会重新确立了解放思想、实事求是的思想路线，是高校人文社会科学研究事业恢复和发展的前提和保证。作为全国哲学社会科学研究的一支重要方面军，高校人文社会科学研究队伍已发展到21万人的规模，每年承担的研究课题1.8万项，每年出版学术专著6 000部，发表论文10万多篇。高校社会科学研究的重心正逐步转向经济建设主战场，为建设有中国特色社会主义经济、政治和文化作出了贡献，同时也为推动学科发展和营造良好的育人环境作出了贡献。高校人文社会科学研究经过20年的发展，已经形成了"一个贯彻、两个坚持、三个服务"的发展思路，即认真贯彻党的十五大精神，坚持以邓小平理论为指导，坚持理论联系实际，为党和政府决策服务，为两个文明建设服务，为高等教育的改革与发展和培养人才服务。在谈到今后高校人文社会科学研究改革与发展时周远清指出：高校人文社会科学研究要以邓小平理论为指导，进一步解放思想、转变观念。当前最重要的任务是深入学习、研究和宣传邓小平理论，要把改革开放和社会主义现代化建设的重大理论问题和现实问题作为重点研究课题，努力运用邓小平理论来认识和把握有中国特色社会主义经济、政治和文化建设的规律。高校学术研究工作要进一步增强主战场意识，着眼知识创新，走产学研相结合的道路。加快高校社会科学研究基地建设，发挥高校"思想库"、"人才库"的作用。积极开展国际学术交流，吸收和借鉴世界各国的有益经验。要切实加强高校马克思主义理论队伍建设，进一步贯彻落实党的"双百方针"，推进高校人文社会科学的繁荣和发展。

北京大学副校长何芳川、中国人民大学副校长杜厚文、复旦大学副校长施岳群、武汉大学副校长张清明等围绕高校社会科学研究20年回顾与展望的主题进行了发言。与会专家学者还就人文社会科学各学科的发展问题进行了研讨。

教育部人文社会科学研究专家咨询委员会委员、普通高等学校人文社会科学研究成果奖获奖者、教育部"跨世纪优秀人才培养计划（人文社会科学）"第一批入选者、教育部直属高校文科科研主管校长、处长及国务院有关部委教育司（局）、有关省市自治区教委主管文科科研工作的处长200多人出席了研讨会。

撰稿　田敬诚

审稿　阚延河

高校学生工作

〔**普通高校招生**〕 1998 年全国普通高校招生统一考试报名人数 320.2 万人，其中男 191.5 万人，女 128.8 万人；分科类报名情况（含兼报）：理工类 203.3 万人，文史类 93.4 万人，外语类 10.0 万人，艺术类 9.1 万人，体育类 6.4 万人。实际录取人数 115.6 万人（含电大普通专科班和军事院校招生数在内），其中男 67.1 万人，女 48.5 万人；理工类 78.8 万人，文史类 27.9 万人，外语类 3.8 万人，艺术类 3.4 万人，体育类 1.8 万人。录取比例为 36%。

巩固招生并轨改革成果，完善配套措施，进一步规范定向招生办法。定向招生来源计划必须报教育部审核后统一下达；定向范围各地招生部门可根据教育部的规定具体划定并向社会公布；定向生必须与有关部门单位签订具有法律效力的协议书且就业时一律不得改派。鼓励高等学校联合有关地方和单位设立与就业挂钩的专项奖学金，以满足艰苦地区和行业对毕业生的需求。

推进招生管理手段现代化，建设全国招生管理信息系统。1998 年高校招生录取期间，在天津及在津招生的部分高校之间，按现行方式录取的同时，通过教育科研网试行网上录取；并利用教育科研网，对 20 个省（自治区、直辖市）的录取情况进行远程动态查询试点。从 1998 年开始，即从计算机网上向各省（自治区、直辖市）下达招生来源计划。高校学生司、中国教育科研网网络中心、清华大学和有关单位人员成立普通高校招生计算机网上录取总课题组，加快实施网上录取工作。11 月在天津召开了总课题组第一次工作会议，形成指导以后开展这项工作的会议纪要。

强调执行国家招生计划和招生来源计划的严肃性。对录取期间确需调整招生名额的高等学校，须使用教育部统一印制的审批表，经其主管部门审批后由省级招办办理录取手续。重申各有关部门、地方和高校的领导（包括省、部级领导）不能擅自决定扩大招生计划，也无权特批未达到录取标准的考生。

认真开展招生执法监察工作，加强对招生工作人员和录取场所的管理。录取场所要封闭，录取政策和有关信息要透明。各级招生部门都要注意选派作风正派、工作认真、组织纪律性强的人员参加招生工作，高等学校一般不得派教师回原籍所在的省（自治区、直辖市）参加招生工作。所有参加招生工作的人员都应进行必要的培训，服从地方招生委员会的领导，公正选拔新生。还要求各地和各高校共同协商，妥善解决非第一志愿高分考生落选的问题。

进一步加强招生体检管理工作，与卫生部调研、修订招生体检标准，于 4 月联合发出加强招生体检管理的文件。要求省级招生部门聘请招生体检顾问，省级卫生部门要指定一所本省的终检医院，负责处理招生过程中的疑难问题。体检医院须是二级甲等以上医院或医疗单位（每年公布一次），主检医生必须由具有副主任医师以上职称的医生担任。在体检工作中严禁徇私舞弊、弄虚作假，若发现此类情况，要追究有关人员的责任，取消其所在单位的体检资格并三年内不能从事招生体检工作。高等学校要严格执行国家招生体检规定，不得自定标准，对符合招生体检标准的考生（含残疾考生）不得拒绝录取。

加强保送生招生管理工作。1998 年在黑龙江、河北、上海、湖北、四川五省市，试行保送生综合能力测试，取得了良好的效果。

在高考改革方面，做了大量工作。高校学习司与基础教育司、考试中心一道，向党组提交新一轮高考改革方案，包括高考科目改革、内容改革、形式改革和录取方式改革四方面。11 月 18 日，教育部党组讨论通过了《关于进一步深化普通高等学校招生考试制度改革的意见》，并报中央领导同志原则同意（教育部于 1999 年 2 月 13 日印发）。围绕高考改革方案的实施，听取有关省市有关方面的意见，并利用新闻媒体向社会进行宣传。批复同意广东省自 1999 年起试行高考“3＋X”科目设置，指导、协调有关准备工作。

撰稿　苟人民
审稿　瞿振元

〔**高等教育学籍学历管理**〕　针对社会上不法分子伪造、买卖学历、学位证书，干扰国家学历、学位证书制度，损害国家学历、学位教育声誉，对用人单位人事管理造成混乱，危害干部队伍和科技队伍建设的情况，教育部、公安部于 1998 年 5 月联合发出《关于加强学历、学位证书管理和严厉打击伪造、买卖学历、学位证书的通知》。要求各省、自治区、直辖市教育行政部门加强对所在地区中等和高等学校学历、学位证书的管理，严格按国家招生和证书管理的有关政策、规定发放学历、学位证书，杜绝无视国家招生规定，乱招生，乱办班，乱发学历、学位证书的现象发生。公安机关要协助印章和印刷企业建立健全验证登记等制度。对违章，非法承制印章和印刷各种学历、学位证书的，要依法予以查处。各地公安机关发现伪造、买卖学历、学位证书的，要迅速组织力量，采取有力措施，深挖细查制贩窝点和团伙，对违法犯罪分子依法从严惩处，典型事例要在宣传媒体曝光。通知发出后，各地公安部门积极采取行动，北京、广东、上海、湖北、湖南等地公安机关相继破获伪造、买卖学历、学位证书的团伙，依法作了惩处，有效遏止了伪造、买卖学历学位证书的行为。

撰稿　张浩明
审稿　王路江

〔**研究生招生**〕　1998 年全国共有 415 所高等学校、327 所科研机构和 7 所党校招收研究生。国家计划招生总规模为 70 000 名，实际录取 70 106 名，比上年实际录取数增长 13.2%。

1998 年全国报考硕士生的共 259 090 人，比上年增长 13.8%。实际录取 55 174 人。其中参加全国统考的有 40 096 人，在职人员单独考试的有 4 792 人，应届本科毕业生推荐免试的有 9 850 人，往年保留入学资格今年返回入学的有 436 人；从考生类别看，应届本科毕业生有 25 944 人，占 47%，在职人员 29 230 人，占 53%；从学科门类看，哲学 683 人，经济学 9 070 人，法学 3 854 人，教育学 1 264 人，文学 3 644 人，历史学 914 人，理学 7 709 人，工学 20 524 人，农学 2 205 人，医学 5 291 人，军事学 16 人。

1998 年全国报考博士生的共 27 018 名，比上年增加 13.3%，实际录取 14 932 人，比上年增长 18.0%。在录取的人员中，按招生方式分，参加公开招考的 12 482 人，提前攻读博士学位的 1 144 人，硕士博士连读的 1 306 人；按学科门类分，哲学 238 人，经济学 1 033 人，法学 477 人，教育学 199 人，文学 498 人，历史学 309 人，理学 3 214 人，工学 6 532 人，农学 662 人，医学 1 764 人，军事学 6 人。

1998 年招生工作有两个特点：

一、继 1997 年对博士生招生的管理办法进行改革取得预期成效后，1998 年对硕士生招生计划的管理办法也进行了改革。即在安排招生计划工作中，给各招生单位下达国家计划数的同时，一并下达其招生规模数，目的是更好地对全国研究生招生规模进行宏观控制，同时促进各招生单位对学科、专业进行优化调整，扩大招生单位的招生自主权。在执行招生计划的录取工作中，采取上封顶下保底的计划管理办法，即生源好的招生单位录取总数一般不得超过国家下达的招生规模数，因地理位置不好或专业艰苦、专业特殊而生源不足的招生单位，可以择优破格录取一些考生，完成国家计划数。从全国来讲，促进了优秀生源的合理流动。实践证明这个改革基本上是成功的，在各级招生管理部门和各招生单位的积极努力下，较好地解决了既保证招生质量又保证全国的录取规模这样一个矛盾。

二、在前两年工作的基础上，教育部进一步加大力度推进全国研究生招生计算机辅助管理工作，改进和完善招生过程中主要环节的计算机管理软件，使各项数据的采集和处理更准确、及时，同时加大了录取阶段的计算机辅助管理的监督力度，保证了新生的入学质量和招生工作的顺利进行。

撰稿　姜　钢
审稿　韩建华

〔**高校毕业生就业**〕　1998 年全国共有普通高等学校毕业生 106 万人（本专科生 101 万人，研究生 5 万人），其中教育部直属高校本专科毕业生 6.8 万人，截止到 6 月底派遣时，本科毕业生 5.8 万人，落实到具体单位 5.0 万人，落实率为 85.6%；专科毕业生 9 987 人，落实单位 4 163 人，落实率为 42%。教育部直属高校共有毕业研究生 1.7 万人（硕士生 1.3 万人，博士生 0.4 万人），截止到 6 月底派遣为止，落实率近 95%。中央其他部门所属院校共有毕业生 27.9 万人，就业落实率分别为研究生 91%，本科生 74%，专科生 44%。地方所属院校共有毕业生 69.6 万人，就业落实率分别为研究生 81%，本科生 70%，非师范类专科生就业落实率仅为 30%，师范类专科生在一些地区也出现难以安排的现象。

从总体看，研究生和本科生的落实情况与 1997 年同期相当，专科生比 1997 年略差。1998 年高校毕业生就业工作的主要特点是：

一、各级政府对就业工作的重视程度进一步提高。面对严峻的就业形势，党中央、国务院和地方各级政府都给予了密切关注。国务院于 5 月 17 日专门发出了《关于做好

1998 年普通高等学校毕业生就业工作的通知》，从总体上做了部署。各省、自治区、直辖市政府提出了落实国务院文件精神的工作意见和具体政策措施，有力地保证了1998 年毕业生就业工作的顺利进行。

二、以学校为基础的毕业生就业市场日趋成熟。

毕业生就业市场已成为毕业生就业的主要渠道。各高等学校和地方主管毕业生就业部门均举办了形式多样、行之有效的毕业生就业市场，高校举办或校际联办的各种毕业生就业招聘活动日趋成熟和完善。

三、信息服务工作得到加强。各高等学校和各地主管毕业生就业部门提前收集、整理毕业生生源和需求信息，及时提供给有关用人单位、高等学校和毕业生。毕业生就业信息服务工作得到加强，全国高校毕业生就业信息网已经开通，清华大学、上海交通大学、电子科技大学等高校也研制了毕业生信息查询系统，管理手段计算机化得到推广和普及。

四、毕业生就业指导迈上新台阶。为了适应社会主义市场经济体制的变化，各部门、各地方和各高校对毕业生就业指导工作的认识普遍提高，并加快了就业指导中心的建设步伐，适当加大了就业指导的投入，如清华大学、天津大学、上海交通大学、西安交通大学、华北工学院等学校已建立了功能较为完备的就业指导中心，很多高校将就业指导课列为必修课或选修课，多数学校开设了系列讲座，就业指导的内容越来越丰富。

1998 年毕业生就业工作存在的主要问题是：(1) 毕业生供需的结构性矛盾依然突出。从层次上看，本科以上的毕业生供不应求或基本持平，专科毕业生则明显地供过于求，中专生更为严重，各地积淀的毕业生数量逐年增多；从专业结构看，财经、文秘、管理等类的毕业生需求继续下降，供需矛盾越来越突出；(2) 一些地方尤其是一些中心城市，纷纷制定出台了限制非本地生源的地方保护性措施，对专科生和自费生限制增多，社会反响很大；(3) 现有的人事制度、户籍制度、工资制度已成为深化就业制度改革的阻力；(4) 毕业生就业中乱收费现象时有发生，群众反映十分强烈；(5) 毕业生与用人单位出现的仲裁案例越来越多；(6) 信息收集越来越困难，信息网络建设还满足不了当前的需要。

撰稿　荆德刚

审稿　王路江

高校科技工作

〔**高校科技工作主要数据**〕 1998 年全国高等学校理工农医学科领域科技工作主要数据指标如下：

一、科技人力

全国高校从事科技活动人员（不含从事Ⅲ级以上教育培训人员）27.4 万人，其中科学家和工程师 26.2 万人，占 95.7%；高级职称人员 11.3 万人，占 41.4%。研究与发展人员（即基础研究、应用研究、试验发展人员）23.8 万人，其中科学家和工程师 22.8 万人，占 96%；高级职称人员 9.8 万人，占 41.2%。全时研究与发展人员 13.9 万人，其中科学家和工程师 13.2 万人，占 95%；高级职称人员 6.1 万人，占 43.9%。

二、科技经费

1998 年，全国高等学校通过各种渠道共获得科技经费 82 亿元，比上年增长 16.3%，主要来自部门、省市和企事业单位委托项目以及国家自然科学基金、科技攻关计划、“八六三”高技术计划等各个层次，其中来自企事业单位的委托经费已经占总经费的 52.5%。

三、研究与发展机构

1998 年，全国经上级主管部门批准的高校从事研究与发展工作的机构有 1 500 个，研究与发展人员 2.5 万人，就读研究生 1.3 万人，其中博士生 6 400 人。

四、科技课题

1998 年，全国高等学校共承担各类科技课题 12 万项，其中研究与发展课题 10.2 万项，科技服务类课题 1.8 万项。当年投入课题经费 70.9 亿元，比上年增长 17.4%。研究与发展经费中用于基础研究的经费占 17.2%，应用研究占 57.8%，试验发展研究占 25%。

五、国际科技交流

1998 年，高校开展了广泛的国际科技交流活动。全年有 9 280 人次出席国际学术会议，交流学术论文 7 980 篇；有 1.24 万人次出席在国内召开的国际学术会议，交流论文 1.16 万篇。

全年共派遣 1 198 人出国攻读学位，其中攻读博士学位 777 人，攻读硕士学位 421 人。当年派遣进修访问学者 7 447 人次，接受进修访问学者 6 672 人次。

六、科技成果及技术转让

1998 年度全国高校共获国家级奖 193 项，占全国获奖总数 493 项的 39.1%。其中获技术发明奖 28 项，科技进步奖 165 项，分别占获奖总数的 43.1%和 38.6%。

1998 年，全国高校共出版科技专著 5 000部，在国外学术刊物上发表学术论文 2.1 万篇，鉴定科技成果 6 900 项，签订技术转让合同 4 200 多项，当年实际收入 5.4 亿元。

七、高校科技企业

1998 年，全国高校共创办科技企业

1 400多个，经营额 165.8 亿元，税后利润 10.8 亿元。

撰稿　张建华
审稿　谢焕忠

〔**高校十大科技进展**〕 1998 年 12 月 21 日在北京召开的教育部科学技术委员会全委会决定，自 1998 年起在高等学校开展评选“中国高等学校十大科技进展”活动。今后每年评选一次。全委会同时组织评选了首届“中国高等学校十大科技进展”。1998 年中国高等学校十大科技进展是：

一、我国在国际上首次克隆神经性耳聋疾病基因。湖南医科大学中国医学遗传学国家重点实验室成功克隆了以高频听力下降为主要特征的神经性耳聋疾病基因。

二、我国在国际上首家制备出一维纳米晶体。清华大学在国际上首次利用碳纳米管制备出氮化镓一维纳米晶体技术，同时提出了碳纳米管限制反应的概念，为一维纳米材料的制备开辟了一条崭新途径。

三、利用组织工程学的方法制备人耳廓形态软骨。上海第二医科大学在国际上首次应用组织工程技术方法在裸鼠体内形成了人耳廓形态软骨，该成果将为修复重建外科领域带来一场革命性的变化。

四、大型集装箱检测系统进入产品化。清华大学利用加速器产生的射线脉冲透过集装箱后进入阵列探测器，经一系列信号转换后形成透视图象，与报关单对照可判明有无走私疑点。该套技术主要性能指标达到或超过国外产品。

五、从四氯化碳催化热解制备金刚石。中国科技大学在国际上首次采用还原热解催化合成法制成金刚石微粉。该成果被国际权威学术杂志《化学与工程新闻》誉为“将稻草变黄金”的成果。

六、我国研制出全数字高清晰度电视系统。这是我国高科技领域的一项重大成果，完全拥有自主的知识产权。来自全国 9 家研究单位负责不同的专题工作，其中上海交通大学、浙江大学和天津大学 3 所高校占该项目经费总数的 68%，共获 24 项国家专利。

七、8%扑虱灵农药水面扩散剂。哈尔滨工业大学开发的扑虱灵农药水面扩散剂是一种根据当代超分子化学理论，针对稻飞虱类的生活习性而研制出的一种全新的农药新剂型与喷施方法，可提高劳动生产率 15～30 倍，防治率在 20 天内可高达 85%～98%。

八、铁精矿冷固结球团煤基直接还原新工艺。中南工业大学研究开发的以铁精矿结球团为原料生产直接还原铁的新工艺，属国际首创，是煤基回转窑直接还原技术的重大革新。

九、机车车辆整车流动振动试验台研制成功。西南交通大学采用轨道（滚轮）滚动和激振运动相结合，研制成功具有国际水平的全尺寸机车车辆运行动态模拟试验台——机车车辆整车滚动振动试验台，可进行全环境的机车车辆动态运行模拟。

十、点睛计算机辅助动画制作软件。北京大学方正集团公司开发的点睛计算机辅助动画制作软件是我国第一个自主开发的计算机辅助传统卡通动画制作软件。

撰稿　高润生
审稿　谢焕忠

〔**知识产权保护工作**〕 为加强教育行业

知识产权保护，适应高等学校知识产权保护工作的需要，组织专家编写了《知识产权概论》一书。同时开展对管理干部的培训工作。于1998年4月和11月在北京和重庆举办了两期管理干部知识产权培训班，120多所高校的有关人员参加了培训。

清华大学等6所大学于1997年被国家知识产权局确定为知识产权试点单位后，教育部又在1998年7月批复同意清华大学就“科技成果转化工作中作出贡献人员的利益分配问题”进行试点。

由教育部科技司组团，清华大学、中山大学、西安交通大学和科技部参加的知识产权考察团于1998年9月7日～10月1日对美国加州、堪萨斯州、德克萨斯州和华盛顿特区有关高校和企业的知识产权和技术转让工作进行了考察。

为配合全国人大对《促进科技成果转化法》执法检查工作，解决高校科技成果转化中的利益关系和知识产权问题，教育部科技司会同教育部科技发展中心起草了“教育部关于《促进科技成果转化法》实施情况汇报提纲”，并于9月7日向全国人大进行了汇报，全国人大有关领导认为高校在科技成果转化方面做了大量工作，还大有潜力可挖。

撰稿　杨东占

审稿　谢焕忠

〔**推动产学研结合，加速科技成果转化及产业化**〕　加速科技成果转化及产业化，提高科研工作面向经济建设需求的能力，以市场为导向进行研究开发，已经成为高等学校科研工作的重要任务。高等学校坚持产学研结合，寻求多形式的科技成果转化及产业化途径。

高等学校通过与企业合作，参与企业技术开发和技术进步工作，加速科技成果的转化及产业化。仅清华大学已与1 000多家大中型企业建立了合作关系。西安交通大学同企业合作，共同承担国家开发项目，先后与数百家企业建立了协作关系，该校与彩虹集团共同承担的高清晰度彩色显示管技术，已经建成了年产80万只的生产能力，正式投产后年产值可达到14亿元。据辽宁、江苏统计，与高校有合作关系的大中企业占该省企业总数的80%～90%，这表明高校已经成为企业发展的重要技术依托。

高等学校与地区开展全面合作，并签订合作协议，建立转化基金，开展成果转化、人才培训等工作，推动了区域经济结构调整。目前，大多数高等学校，特别是重点大学都与有关地区建立了长期合作关系。

高等学校积极参与53个国家级开发区建设，创办大学科技园区，依托开发区的良好政策环境，加速了高校科技成果的转化及产业化。在开发区中，高等学校通过人才流动、成果转化、合办企业、自主创办科技企业等方式，成为开发区产业发展的重要技术支撑，一批高校科技企业已成为开发区的骨干企业和利税大户，部分成为高技术发展明星企业。如北京大学方正、东北大学阿尔派等。同时在大学周围或在校园内先后创办了20多个大学科技园区，对高技术产品开发和企业的孵化，加快科技成果向社会的转移、辐射发挥了重要作用。

由清华大学、北京大学、上海交通大学、复旦大学、浙江大学、西安交通大学和南京大学等七校发起建立的高校科技协作网，利用多媒体手段综合显示高校的科技成果，为企业了解高校科技成果开辟了便捷高效的途径，已有30多所高校进入协作网，中心演示厅设在清华大学。1998年5月15日正式挂牌运营。

高等学校依据市场的需求，有选择地创办高科技企业，这些企业发展迅速，已经成为我国科技产业的一支不可忽视的力量，涌现了一批如北大方正、清华同方、清华紫光、复旦复华、东大阿尔派、西安交大开元、上海交大昂立、江中制药等备受关注的高科技企业。有些企业已经成为高科技产业发展的典范，如北大方正已成为国家确定的6个技术创新试点企业之一。

撰稿　武贵龙
审稿　谢焕忠

〔**科教兴农**〕 高等学校积极参与科教兴农工作，在推动农业科技进步、加速科技成果向农业领域转化方面做出了成绩。

在组织高校参与国家重点基础研究发展规划时，组织专家编写农业领域项目建议，以教育部名义向科技部报送了“我国北方农牧交错带农牧业生产力动力学研究”及“我国主要作物及其近缘种属抗逆遗传资源与重要抗逆基因功能的研究”两个项目，与国家自然科学基金委员会联合推荐了“江河系统水资源、水环境、水灾害形成转化规律和调控机理”项目。其中，“我国北方农牧交错带农牧业生产力动力学研究”被列入培植项目，其他项目也产生了积极的影响。

1998年10月25日～31日，教育部与农业部组织12位高校专家赴海南实地考察，就“建设海南热带农业高新技术产业化示范区”有关问题向海南省政府提出建议。

积极参与科技部组织的“21世纪16亿人口粮食安全关键技术”软课题研究，在储备的34个重点项目中，教育部作为推荐部门之一的有12个；积极参与了科技部组织的编制“农业新技术革命发展纲要”的前期研究工作，为年底启动的“农业科技发展纲要”的编制工作做了准备。

组织或配合有关部门，对高校承担的农业与社会发展领域“九五”科技攻关课题中共15项专题进行了中期评估。组织高校承担科技部农村与社会发展司、生物中心、生命中心等年度计划项目和“九五”滚动攻关计划，重点领域有：环境、人口与健康和生物技术，总经费约400万元。向国家科委农村科技司推荐教育部直属高校中青年农业科技骨干22名，入选我国500人中青年农业专家人才库。

撰稿　雷忠良
审稿　谢焕忠

〔**国家重点实验室和部门开放研究实验室工作**〕 1998年，受国家计委和科技部的委托，教育部科技司对依托在高校的49个世界银行贷款国家重点实验室和46个部门开放实验室进行了评估。开放研究实验室的评估重点是为了更好地了解和掌握实验室的总体运行情况，优胜劣汰，促进发展，在程序和内容上都进行了较大的减略。

根据国家重点实验室和部门开放实验室的有关管理办法，1998年对22个国家重点实验室、11个教育部开放研究实验室的领导班子进行了换届。对换届的33个实验室注意启用年轻有为的专家担任实验室领导工作，并使实验室领导班子的任期与国家评估的周期取得一致。

1998 年参加 1995～1996 年度评估的国家重点实验室获得了二次建设经费，按计划圆满完成了设备的更新改造任务并通过了验收。

撰稿 陈冬生
审稿 谢焕忠

〔**国家工程（技术）研究中心建设**〕 由国家计委利用世界银行贷款投资建设的 11 个国家工程研究中心，大部分建设项目进展顺利，设备招标采购过半，部分中心按国家要求正逐步转制为有限责任公司，在进入市场和产品经营过程中，正逐步进入良性循环。

国家计委于 1994 年在北京大学计算机研究所投资建设的电子出版新技术国家工程研究中心建设项目历经四年建设，业已完成，并转制进入北大方正集团公司方正研究院。经国家组织的验收专家委员会验收认为，该中心研究开发的高质量图象调频挂网算法与 ASIC 实现、电子分色机高端联网系统、彩色图像处理软件和拼版软件、报纸出版采编管理系统等成果具有领先水平，并全部在国内外市场大量推广使用，创造了良好的经济社会效益。

撰稿 董维国
审稿 谢焕忠

〔**基础研究工作**〕 积极参与《国家重点基础研究发展规划》的制定，组织项目的遴选和申报。根据科技部的部署和高等学校的实际情况，由高校或专家召开了一系列专家研讨会，提出 100 多个项目建议。在此基础上，科技司对重点项目进行组织、协调。最后，经专家评审，确定了向科技部推荐项目 42 项，其中教育部单独推荐 26 项，与其它部门联合推荐 16 项。经科技部组织的三轮评审，共选出 1998 年度启动的国家重点基础研究发展规划项目 15 项，其中由教育部申报并作为项目依托部门的 3 项：稀土功能材料和基础研究（首席科学家 北京大学严纯华教授），我国电力大系统灾变防治和经济运行的重大科学问题的研究（首席科学家 清华大学卢强教授），功能晶体材料的作用机理、分子及微结构设计和制备科学（首席科学家 南京大学闵乃本教授）。科技部还确定了 10 个培植项目，其中由教育部申报的 3 项。

继续做好“攀登计划”预选项目的过程管理工作，组织召开专家委员会年度工作会，协助专家委员会组织有关的学术活动，各项目进展良好。继续配合科技部进行的基础性研究所试点改革，对建在高校的两个试点研究所进行了验收。积极配合国家海洋局、中国科学院等部门，做好国家南极、北极、南沙科学考察与研究的组织、管理和协调工作。

由清华大学承担“八六三”高技术计划重大项目 10 兆瓦高温气冷实验堆工程进展顺利，主体建筑已经完工，三大设备安装就位，可望按原计划如期建成。

撰稿 陈冬生
审稿 谢焕忠

〔**信息化工作**〕 1998 年信息化工作，主要围绕推进“中国教育和科研计算机网”的建设，加快教育信息化进程，以适应未来科技、经济与社会发展对教育的全面需求。

中国教育和科研计算机网网络升级工

程，利用卫星，主干网各信道速率已提高到2M 以上，国际信道总速率已超过 8M。中国教育和科研计算机网的速率已上了一个新台阶。

由清华大学、北京大学、上海交通大学、西安交通大学、东南大学、华南理工大学、东北大学、华中理工大学、北京邮电大学、电子科技大学、浙江大学、重庆大学、吉林大学 13 所高等学校和科研院所承担的“九五”国家科技计划“计算机信息网络及其应用关键技术的研究”项目，圆满完成了合同规定的各项攻关任务，顺利通过国家级鉴定和验收，取得了一批实用化的成果，使中国教育和科研计算机网不但成为我国教育和科研事业的重要基础设施，也为我国其他计算机信息网络和信息基础设施建设起到了试验和示范作用。

撰稿　杨东占
审稿　谢焕忠

〔**优秀人才培养**〕1998 年从生命科学、地球科学和环境科学三个领域中选拔跨世纪优秀人才，共收到 69 所高校 112 个申请者的材料。

经过通信评审、综合评审，并经领导小组研究，确定 60 人为 1998 年“跨世纪优秀人才培养计划”基金获得者。截止 1998 年，已有 360 人入选该计划。

撰稿　高润生
审稿　谢焕忠

〔**科技委全委会**〕 教育部科学技术委员会于 1998 年 12 月 21 日～22 日在北京召开科技委全委会，会议的主要议题是：(1) 研讨贯彻落实《面向 21 世纪教育振兴行动计划》，提出若干工作意见。(2) 研讨正在筹备中的全国创新工作会议的工作设想和任务，研究发挥高校基础研究优势及组织参加重大基础研究策略。(3) 通报科技、教育方面的有关重大情况。共有近 60 名科技委委员参加了会议，教育部部长陈至立、副部长韦钰到会并作了讲话。国家计委、科技部以及教育部有关司局负责同志在会上通报了有关科技、教育方面近期工作和 1999 年工作思路。

撰稿　高润生
审稿　谢焕忠

〔**科研基金评审与管理**〕 1998 年度根据基金工作的需要，对专家库中评审专家的各项信息进行修订，部分学科补充了新专家，1998 年，基金评审专家库的专家为 5 万余人，进一步提高评审工作的科学性和公正性。根据国家科技发展的需要和国际上科技发展动态，邀请国内十几所重点大学数十名专家，对教育部基金优先资助领域进行修订。

随着国家和高校体制改革的发展，1998 年高等学校博士学科点专项科研基金评审工作分为理工、农、医和文科四口受理，原军工口不再单独受理。1998 年该基金共申请课题 1 437 项，申请总经费 8 989 万元。根据专家通信评审和专家会评审建议，理工、农、医（文科除外）共资助课题 460 项，使用经费 2 222.1万元（其中与国家地震局联合资助课题 5 项，使用经费 11.5 万元）。在 1998 年资助课题中，理工口有 362 项，农口有 34 项，医口有 59 项。

〔**科技成果转化**〕 努力争取高校科技成果在国家级各类科技开发计划中立项，并加强对立项成果的跟踪管理。1998年高校有56项进入国家重点新产品计划，占总数的3.74%，其中通过教育部申报的有16项，13项列入国家重点新产品计划；1998年高校有48项进入国家重点推广计划，占总数的18.4%，其中通过教育部申报的有17项，5项列入该计划；1998年高校有25项进入国家级星火计划，占总数的2.37%，其中通过教育部申报的有5项，4项列入该计划。北京邮电大学的项目"10G比特秒ATM交换系统"在国家重点新产品计划中得到了30万元的拨款。对得到经费支持的项目密切关注实施效果，严格管理。如会同科技部对河北农大重点推广计划项目"太合一号玉米"、"生化黄腐酸的应用"分别组织验收，对申报1999年国家级星火计划的项目"獭兔优种繁育及发展"进行考察，力争在该计划中得到支持。

组织高校力量，面向地方经济，为促进地方经济的发展服务。与农业部乡镇企业发展中心联合举办1998年全国高等院校科技成果与乡镇企业对接洽谈会，来自全国10个省市25所高校、9个技术单位及企业家代表共300多人到会，展示项目1 000余项。参与主办1998年太行之秋全国农业新成果、新技术、新产品交易会。参加中国重庆畜牧科技城开城典礼，应邀组织召开了科技城建设专家座谈会。此外，还参加昌平科技招商月活动，协助举办大专院校专场，积极跟踪探索"杭嘉湖模式"（科技开发实验区），以更好地推广其发展经验。

努力促进高校科技协作网工作。1998年5月15日，高校科技成果转化经验交流会召开，高校科技协作网同时挂牌成立。随后，落实了完善成果库，建立有效管理机制，扩大协作网知名度，完备查询系统等近期工作目标。

为大学科技园的健康发展积极探索新思路。研讨制定《关于发展我国大学科技园的几点意见（草稿）》，使大学科技园有了正确的定位，规范的管理，有效的机制，从而成为知识经济的生长点和可持续发展的支撑点。力争将大学科技园列入中欧信息合作项目—建立中国高新技术园区信息网络，陪同欧盟代表考察了清华大学科技园。参加中俄高新技术开发与合作研讨会，双方均希望在大学科技园的发展、大学科技成果转化等方面加强联系、合作与交流。

此外，还开展了多种形式的宣传、推广活动，在报纸上广泛宣传高校科技成果及转化成就，推荐高校科技人员参评由共青团中央、科技部、全国青联联合举办的第三届中国杰出（优秀）青年科技创业奖等。

〔**专利工作**〕 1998年全国高校专利申请量为1 445项，比上年增长11.8%，专利获授权860项，比上年增长11.1%，高校专利申请出现了近几年所未有的上升势态。教育部组织知识产权考察代表团于7月赴德国进行以专利为主的知识产权考察。配合国家知识产权局做好各项工作。加强对教育部直属高校专利工作的跟踪调查，编制科技成果及专利工作情况调查表，随时掌握部属高校专利申请情况。为多所高校办理发明专利提前审查申请。

〔**教育部科技进步奖**〕 经过两级专家的认真评审，1998年教育部科技进步奖共评出授奖项目644项，其中一等奖72项（项目附后），二等奖252项，三等奖320项。

教育部科技进步奖分设七类，即基础、应用、推广、发明、科普图书、科技专著和科技教材类。基础类为在自然科学基础研究和应用基础研究领域内取得的发现、阐明自然现象、特性或规律的科学研究成果；应用类为自然科学应用技术方面的研究成果；推广类为推广、应用已有的先进科学技术成果或在科技成果商品化、产业化过程中做出突出贡献的项目；发明类为利用自然规律首创的科学技术成果；科普图书类、科技专著类和科技教材类为自然科学领域内个人或集体编著的公开出版、发行的优秀图书和教材。根据教育部科技进步奖的有关规定，基础、科普图书和科技专著类奖每两年评审一次，其他各类每年评审一次。基础、推广、科技专著和科技教材类奖面向全国高等院校，其他各类奖只对教育部所属高校。

1998年教育部科技进步奖授奖项目中，基础类460项，应用类56项，推广类52项，发明类11项，科普图书类5项，科技专著类30项，科技教材类44项。据评审专家反映，这次授奖项目的总体水平普遍高于往年。在各类授奖项目中，基础类奖占授奖项目总数的69.9%，高等院校在基础理论研究和应用基础研究方面取得了丰硕的成果，一些获奖项目在学科上取得了突破性进展，学术上达到国际领先水平。在应用、推广和发明类授奖项目中，产生了一批自有知识产权、学术水平高、创新性强，并取得了明显的经济效益或社会效益的成果。

附

1998年教育部科技进步奖一等奖授奖项目

基础类：一等奖50项

序号	项目名称	主要完成单位
98-001	扬子北缘前寒武纪蓝片岩及有关榴辉岩研究	北京大学
98-002	无穷维 Teichmuller 空间中的几何	北京大学
98-003	高坝—地基—库水系统动、静力仿真模型研究	清华大学
98-004	铸件充型凝固过程的数值模拟研究	清华大学
98-005	跳过程、粒子系统与特征值估计	北京师范大学
98-006	混沌和时空混沌的控制与同步及非线性时空系统对注入信号的响应	北京师范大学　中国科学院理论物理研究所

98-007	生物医学高分子	南开大学　北京大学　武汉大学　南京大学
98-008	原子簇的结构规则和化学键	吉林大学
98-009	三维骨架微孔化合物单晶合成与制备	吉林大学
98-010	拟线性退化抛物方程的若干问题	吉林大学
98-011	含液晶体系的静态和动态行为及 PDLC 材料	复旦大学
98-012	萘系杂环生物性能染料的合成、光氧化及构效关系	华东理工大学
98-013	高分子系统的分子热力学	华东理工大学
98-014	卡茨当-罗斯蒂克胞腔理论	华东师范大学
98-015	超新星爆发的产物及其前身星的研究	南京大学
98-016	尿激酶原的蛋白质工程:结构和功能关系的研究	南京大学
98-017	中国海洋地理研究	南京大学　辽宁师范大学　华东师范大学　同济大学　中国科学院地理研究所　国家海洋局第二海洋研究所　中山大学　中国科学院海洋研究所　国家海洋环境监测中心
98-018	神经网络理论及其智能信息处理应用基础	东南大学　清华大学　北京大学　复旦大学　南开大学　上海交通大学　中国科学技术大学　华南理工大学　西南交通大学　西北工业大学　天津大学
98-019	计算机网络协议形式技术及其应用研究	东南大学
98-020	双水相分配技术的基础及工程研究	浙江大学
98-021	甲烷氧化偶联含氟稀土基催化剂的研究	厦门大学
98-022	微生物对天然纤维素的降解机制研究	山东大学
98-023	非线性光学晶体的结构和特性研究	山东大学
98-024	稀土—过渡族合金的内禀磁性、磁畴及反磁化机制	山东大学　北京三环新材料高技术公司　中国科学院物理研究所　北京科技大学
98-025	海洋与淡水环境中纤毛虫原生动物的基础生物学研究	青岛海洋大学
98-026	海态监测分析雷达的研究	武汉大学
98-027	硫化床燃烧的气动力、传热和 N_2O 生成机理	华中理工大学

	研究	
98-028	快速超高密度存储技术的理论与试验研究	华中理工大学
98-029	高分子力化学及辐照增容研究	四川大学
98-030	电力系统可靠性与规划的基础理论及算法研究	西安交通大学
98-031	应力腐蚀机理	北京科技大学
98-032	玉米赤霉烯酮与高等植物花发育调控	中国农业大学
98-033	中国栽培稻的起源与演化	中国农业大学　中国水稻研究所　广西农业科学院作物品种资源研究所　江苏农业科学院粮食作物研究所
98-034	岩石炮孔定向切缝控制爆破及能量利用综合机理实验研究	中国矿业大学（北京校区）
98-035	降钙素基因相关肽是神经—免疫系统相互调节的介导物质之一	北京医科大学
98-036	抗癌铂配合物与细胞相互作用的研究	北京医科大学
98-037	合成不同结构的寡核苷酸和锤头状酶性核酸断裂 RNA 的机理研究	北京医科大学
98-038	癫痫机制的神经分子生物学研究（二）—NMDA 受体及白介素 1 的作用	北京医科大学
98-039	正常与癌细胞的内质网结构及其合成的某些蛋白质	中国医科大学　中国协和医科大学
98-040	用海人酸癫痫模型研究癫痫反复发作的细胞分子机制	大连医科大学
98-041	液态模锻力学冶金学理论研究	哈尔滨工业大学
98-042	含夹杂非均匀介质的理论研究	哈尔滨工业大学
98-043	孤啡肽受体及阿片受体的信号传导机理研究	上海医科大学　中国科学院上海细胞生物学研究所
98-044	针刺对中风所致脑损伤的神经保护作用及其机制	上海医科大学
98-045	工程结构中分叉问题的分析与计算方法	上海大学　兰州大学
98-046	小麦异染色体系及近缘物种的细胞与分子遗传学研究	南京农业大学
98-047	量子力学表象与变换过展	中国科学技术大学
98-048	肝豆状核变性分子生物学研究	中山医科大学

98-049	秦岭造山带岩石圈结构、演化及其成矿背景	西北大学　中国地质大学　中国地质勘查技术院　西安地质矿产研究所　中国科学院地球物理研究所　河南省地质科学研究所　中国地质矿产信息研究院　中国地质科学院　中国地质科学院地质研究所　陕西省地矿厅　南京大学　四川省应用地球物理研究所　地矿部物化探研究所
98-050	土壤—作物系统水分动力学及农业节水的生物学基础研究	西北农业大学

应用类：一等奖5项

序　号	项　目　名　称	主要完成单位
98-450	THOCR-97 综合集成汉字识别系统	清华大学
98-451	钢纤维混凝土结构设计与施工规程(CECS38：92)	大连理工大学　哈尔滨建筑大学　空军工程学院　空军工程设计研究局　铁道部科学研究院　东南大学　武汉工业大学　北京科技大学　马鞍山矿山研究院　浙江省水利水电科学研究院　黑龙江省庆安钢铁有限责任总公司　张家口市四方台铁合金厂　杭州东岳钢纤维厂　浙江省嘉兴钢厂
98-452	巡航导弹末制导下视景象匹配技术研究	华中理工大学　航天工业总公司第三研究院三十五所
98-453	液膜溶解扩散焊的研究及应用	重庆大学
98-454	激光固化快速成型机与光固化树脂	西安交通大学

推广类：一等奖8项

序　号	项　目　名　称	主要完成单位
98-505	特种防伪印油及其印迹识别系统的研究	清华大学　海关总署科技装备司
98-506	新型工业结晶技术与设备	天津大学
98-507	超大型构件液压同步提升技术与设备	同济大学

98-508	"太合一号"玉米杂交种的推广	河北农业大学 河北省种业集团公司 河北省赞皇县种子公司
98-509	系列烟气流化床脱硫除尘一体净化装置及系统研究	山东工业大学
98-510	中国瘦肉猪新品质DIV系优良猪及其综合配套技术示范推广	华中农业大学
98-511	鼻内窥镜手术在全国的推广	中山医科大学
98-512	TY-Ⅱ型透平油专用滤油机	渝州大学

发明类：一等奖1项

序号	项目名称	主要完成单位
98-556	铸造金属陶瓷表面复合材料及其生产工艺	重庆大学

科技专著类：一等奖4项

序号	项目名称	主要完成单位
98-572	反应扩散方程引论	北京大学 科学出版社
98-573	相变原理	上海交通大学
98-574	SET《铁电体物理学》	山东大学
98-575	两参数马尔可夫过程论	湖南师范大学 长沙电力学院 湖南科技出版社

科技教材类：一等奖4项

序号	项目名称	主要完成单位
98-602	结构力学（第二版）	清华大学 高等教育出版社
98-603	IBM-PC 汇编语言程序设计	清华大学
98-604	无机化学（第三版）	大连理工大学 高等教育出版社
98-605	电子电路基础——高性能模拟电路和电流模技术（第二版）	北京航空航天大学 高等教育出版社

〔**技术市场**〕 做好技术市场工作，加强高校技术合同的管理，对高校技术合同管理人员进行培训，以各种形式推动和促进高校科技成果转化工作。

组织高校积极面向经济建设主战场，努力为地方经济建设服务。组织清华大学、北京大学等高校参加苏州与国内高校加强合作研讨会，推动高校和苏州市的全面合作，探索高校与地方紧密结合的新思路，会后参会高校纷纷与苏州市有关方面进行洽谈，在人才培养、技术培训、科技合作等方面取得了实质性进展。教育部副部长韦钰及教育部科技司、研究室、科技发展中心有关领导组成的考察团赴杭嘉湖科技开发实验区进行实地考察，总结杭嘉湖科技开发实验区成立十年来在推动高校科技成果转化方面所取得的成绩与经验。教育部科技司、科技发展中心在杭州组织召开了部分高校科技促进地方经济经验交流研讨会，推动高校科技为地方经济服务，进而为全国经济发展服务。

利用《中国高校技术市场》，向社会积极宣传高校科技信息，编辑、出版《高校技术市场论坛》专集，引导高校科技开发管理人员开展对技术市场工作的研究与探讨。参加并完成科技部组织的"我国科技成果转化服务体系及其运作机制研究"课题的研究，提出利用市场机制加速高校科技成果转化的对策等。

〔**校办产业**〕　1998 年高等学校校办产业生产经营持续发展，科技产业在高校校办产业中占了主导地位（各项指标均超过半数），但发展极不平衡。1998 年度全国有 29 个省、自治区、直辖市参加了本次统计工作，涉及 5 928 个企业（其中科技型企业 2 355 个）的基本数据。1998 年度 29 个省、自治区、直辖市校办企业收入排在前十位的为：北京市（121.28 亿元）、上海市（38.78 亿元）、江苏省（23.99 亿元）、辽宁省（16.21 亿元）、四川省（14 亿元）、广东省（10 亿元）、山东省（9.6 亿元）、陕西省（9.3 亿元）、黑龙江省（9.2 亿元）和浙江省（8.5 亿元）。

经营状况：1998 年全国高校校办产业销售（经营）收入 315.62 亿元（其中科技型企业销售收入 218.26 亿元，占总额的 69.15%），比 1997 年增加 19.72 亿元，增长率为 6.67%；销售收入排在前五位的为：北京市（121.28 亿元）、上海市（38.78 亿元）、江苏省（23.99 亿元）、辽宁省（16.21 亿元）和四川省（14 亿元），共计销售收入 214.26 亿元，占全国高等学校校办产业总销售收入的 67.89%。企业收入超过亿元的学校共计 52 所，排在前十位的学校是北京大学、清华大学、上海交通大学、东北大学、同济大学、西安交通大学、哈尔滨工业大学、石油大学（华东）、浙江大学、复旦大学。

1998 年实现利润总额为 25.89 亿元（其中科技型企业利润总额为 18.25 亿元，占总额的 70.49%），净利润为 22.62 亿元（其中科技型企业为 15.84 亿元，占总额的 70.03%）。利润总额突破亿元有 6 个省市，比 1997 年减少了 2 个省。这 6 个省分别是：北京市（7.16 亿元）、上海市（4.38 亿元）、四川省（1.88 亿元）、辽宁省（1.8 亿元）、江苏省（1.72 亿元）和黑龙江省（1.33 亿元），共计利润总额 18.27 亿元，占全国高校校办产业利润总额的 70.57%。

1998 年全国高校校办产业上交学校利润为 10 亿元（其中科技型企业为 5.36 亿元，占总额的 53.60%），上交学校利润占净利润的 45.25%；上交税金 13.49 亿元（其中科技型企业为 8.44 亿元，占总额的 62.57%）。另外 1998 年全国高校校办产业返还学校的各项费用 5.04 亿元（其中工资返还 3.16 亿元）。校办产业对学校总的回报为 15.04 亿元。

1996、1997、1998 年度全国高校科技企

业生产经营数据对照表

年度	科技企业（个）	销售收入（亿元）	利润总额（亿元）	上交税金（亿元）	上交学校（亿元）
1996	2 912	122.61	12.34	5.39	5.50
1997	2 564	184.87	18.20	6.87	5.81
1998	2 355	218.26	18.25	8.44	5.36

人员状况：1998 年末高校产业在册职工有 206 061 人，其中具有高级职称 17 994 人、中级职称 33 552 人。职工人数比 1997 年略有降低。全年职工工资总额 29.38 亿元。

1998 年度校办企业接纳学生实习人数达 42.65 万人，累计工时 2 582.4 万小时。校办企业还参加硕士、博士的培养工作，1998 年度参与培养博士生 704 名、硕士生 2 796 名（主要分布在科技型企业）。

资产状况：1998 年度的全国高等学校校办产业统计所包含的 5 928 个校办企业的注册资金为 96.73 亿元，资产总额 360.72 亿元，负债 198.71 亿元，所有者权益为 162.01 亿元，负债率为 55.09%。科技型企业 2 355 个，注册资金为 57.36 亿元，资产总额 238.90 亿元，负债 127.36 亿元，所有者权益为 111.54 亿元，负债率 53.31%。

撰稿　初庆春　刘　燕　周　静　杨健安　金　石
审稿　陈清龙

成人高等教育

〔**成人高校体制改革**〕 1998年成人高校体制改革，主要是从打破条条分割、条块分割和教育类别分割出发，积极进行调整。就地与普通高等学校合并的成人高校16所，其中与当地师范院校合并的教育学院6所，就地并入普通高等学校的管理干部学院5所；改制或合并改制为高等职业技术学校的成人高校23所；对于达不到应有办学标准的成人高校，撤销其建制的108所。到1998年底，参与体制改革的成人高校将近240所。

今后成人学历教育应主要通过大力发展函授、夜大（业余大学）、广播电视、自学考试等非脱产业余学习形式进行。

一、就地与普通高等学校合并的成人高校名单如下：

1 德州市直机关业余大学
2 淄博市职工大学
3 青岛冶金矿山职工大学
4 北京煤炭管理干部学院
5 北京冶金管理干部学院
6 成都冶金管理干部学院
7 有色金属管理干部学院
8 云南经济管理干部学院
9 云南教育学院
10 德州教育学院
11 襄樊教育学院
12 上海教育学院
13 上海第二教育学院
14 晋中地区教育学院
15 忻州地区教育学院
16 忻州职工大学

二、改制为高等职业技术学校的成人高校名单如下：

1 广西冶金工业职工大学
2 柳州市机电职工大学
3 柳州市工业职工大学
4 柳州市职工大学
5 柳州市教育学院
6 广西农工商职工大学
7 吉林省交通职工大学
8 上海供销职工大学
9 上海粮食局职工大学
10 上海商业局一局职工大学
11 上海财贸干部管理学院
12 孝感教育学院
13 武昌船厂职工大学
14 黑龙江建筑职工大学
15 泰州职工大学
16 空军第二职工大学
17 杭州职工大学
18 国营内蒙古第一机械制造厂职工大学

19 国营内蒙古第二机械制造厂职工大学
20 湘潭钢铁公司职工大学
21 黄河职工大学
22 南宁市教育学院
23 大同市教育学院

〔**撤销108所成人高校建制**〕 改革开放以来，成人高等学校数量得到较大发展，在社会主义现代化建设中为各行各业培养了大批专门人才，为中国的经济建设和社会发展作出了重要贡献。但由于种种原因，一部分成人高等学校的办学条件与国家规定的标准及所承担的任务差距很大。为深入贯彻党的十五大提出的关于加快高等教育管理体制改革步伐的精神，认真落实1998年年初召开的全国高等教育管理体制改革经验交流会议精神，根据国家关于高等学校设置的有关规定、全国高等学校布局结构调整的工作目标以及全国高等学校设置评议委员会二届三次会议提出的咨询意见，教育部决定撤销部分办学条件严重不符合国家规定的成人高等学校的建制。为此，教育部分别于1998年3月和9月发出《关于撤销平顶山高压开关厂职工大学等不合格成人高等学校建制的通知》和《关于撤销北京市纺织工业局职工大学等53所成人高等学校建制的通知》，对平顶山高压开关厂职工大学等52所成人高校和北京市纺织工业局职工大学等53所成人高校予以撤销。此外，有关主管部门还撤销了3所成人高校。撤销建制的成人高校名单如下：

1 平顶山高压开关厂职工大学
2 鸡西市教育学院
3 伊春市教育学院
4 黑龙江省农垦教育学院
5 鹤岗市教育学院
6 双鸭山教育学院
7 武汉市葛店化工厂职工大学
8 武汉市橡胶工业公司职工大学
9 南京汽车制造厂职工大学
10 广州机床研究所职工大学
11 吉林市教育学院
12 延边教育学院
13 枣庄矿务局职工大学
14 上海市卢湾区教育学院
15 上海市徐汇区教育学院
16 上海市长宁区教育学院
17 上海市静安区教育学院
18 上海市虹口区教育学院
19 海军舰船维修第二职工大学
20 海军舰船维修第三职工大学
21 中国银行职工大学
22 大庆市教育学院
23 沈阳矿山机器厂职工大学
24 陕西延河水泥机械厂职工大学
25 北京市法律业余大学
26 电力勘测设计职工大学
27 广州市橡胶工业总公司职工大学
28 石家庄市建材职工大学
29 洛阳市重工局职工大学
30 黑龙江省卫生管理干部学院
31 汉阳特种汽车制造厂职工大学
32 沙市市职工大学
33 荆沙纺织职工大学
34 武汉汽车配件厂职工大学
35 湘西仪器仪表总厂职工大学
36 湖南省卫生职工医学院
37 化工部石家庄职工大学
38 济南铸造锻压机械研究所职工大学

39 长春市机械工业职工大学
40 萍乡市职工大学
41 沈阳矿务局本溪职工大学
42 肥城矿务局职工大学
43 德州地直机关业余大学
44 西安农机厂职工大学
45 邮电部侯马职工大学
46 嘉兴毛纺织总厂职工大学
47 民丰造纸厂职工大学
48 长春航空机载设备公司职工工学院
49 中国建筑西南设计院职工大学
50 中国人民银行吉林省分行职工大学
51 辽阳石油化纤公司职工大学
52 重庆二轻工业职工大学
53 北京市纺织工业局职工大学
54 北内集团总公司职工大学
55 北京汽车制造厂职工汽车学院
56 北京市农业机械局职工大学
57 北京商贸职工大学
58 中国人民银行金融管理干部学院
59 天津市钟表职工大学
60 天津铁厂职工大学
61 华北测绘职工大学
62 冶金工业部二冶职工大学
63 包头市机械局职工大学
64 第四十七研究所职工大学
65 大连石油化工公司职工大学
66 沈阳有色金属职工大学
67 辽河石油勘探局职工大学
68 敦化农村成人高等专科学校
69 四平市教育学院
70 通化市教育学院
71 白城市教育学院
72 东北轻合金加工厂工学院
73 黑龙江纺织职工大学
74 双鸭山煤矿教师进修学院
75 黑龙江省黑河地区教育学院
76 黑龙江省林业教育学院
77 上海化工研究院职工大学
78 上海市化学工业职工大学
79 上海市交通运输局职工大学
80 上海市新闻出版局职工大学
81 上海对外贸易职工大学
82 上海业余科技学院
83 上海市黄浦区教育学院
84 上海市南市区教育学院
85 上海市普陀区教育学院
86 上海市闸北区教育学院
87 上海市杨浦区教育学院
88 金陵石油化工公司职工大学
89 南京化学工业（集团）公司职工大学
90 无锡市纺织工业职工大学
91 苏州市机械工业局职工大学
92 苏州市丝绸职工大学
93 南京市业余文科大学
94 衢州化学工业公司职工大学
95 郑州电缆厂职工大学
96 郑州纺织职工大学
97 洛阳矿山机器厂职工大学
98 广州市第一职工商学院
99 广东二轻职工大学
100 重庆市电信职工大学
101 重庆市北碚区职工业余大学
102 贵阳市教师进修学院
103 国营陕西柴油机厂职工大学
104 陕西职工体育运动技术学校
105 新疆广播电视师范大学

106 东风汽车公司职工大学

107 五七零三厂职工大学

108 中国纺织机械总公司职工大学

撰稿 王雪涛

审稿 纪宝成

〔**成人高等教育评估**〕 原国家教委在1995年发出《关于各类成人高等学校评估工作的通知》和《关于做好普通高等学校函授、夜大学教育评估工作的通知》。并于1995年8月召开"全国普通高等学校函授、夜大学教育评估工作会议",对评估工作做出部署。到1998年,评估工作全部结束,共评出优秀成人高校51所,举办函授、夜大学的优秀普通高校49所。

这次评估是对全国成人高等教育进行的一次全面、综合性检查。经各地方、部门精心组织实施和各有关学校共同努力,评估工作取得了成绩,达到了预期的评估目标:(1)总结了经验,肯定了成绩,明确了方向。在评估过程中,对成人高等教育办学历史作了回顾,对其推动中国经济、社会发展,全面提高从业人员的思想道德和科学文化素质的作用与功绩作出了科学评价。经过40多年的改革和发展,成人高等教育已成为向从业人员和社会公民实施高等教育的重要办学形式和重要办学基地。(2)提高了认识,转变了观念,端正了思想。通过评估,从学校到社会普遍提高了对成人高等教育地位作用的认识,不同程度地端正了部分学校中存在的以创收为目的的办学思想。(3)改善了条件,增加了投入。政府和高等学校分别增加了对独立设置成人高等学校和函授、夜大学教育的人力、财力、物力的投入,改善了办学条件,尤其重视对办学用房的投入,为提高成人高等教育质量提供了保证。(4)规范了办学行为,增强了质量意识。学校强化了管理,规范了办学行为,全面修订或完善了有关规章制度和教学文件,初步形成了成人高等教育规范化管理的新格局。各校普遍把提高教育质量摆到重要位置,加强了检查监督,质量意识得到明显增强。(5)培训了管理干部,交流了经验。这次评估标志成人高等教育进入了法制化、制度化、规范化建设的新阶段,奠定了今后成人高等教育进一步改革和发展的基础。

撰稿 张大也

审稿 刘志鹏

〔**成人高等教育教材建设**〕 1997年11月原国家教委正式启动成人高等教育面向21世纪百门课程教材建设工程。工程涉及各学科门类中使用量大、通用性强的一些主要课程,目的是通过控制主要课程的教学质量,把握住成人高等教育教学的总体水平,提高成人高等教育质量。为实施这项工程,教育部采取了以下措施:第一,加强组织领导,成立由教育部和国务院有关部委、省市教育部门的领导及成人教育的专家参加的成人高等教育教学业务指导委员会。第二,根据社会主义市场经济发展和现代化建设的需要,在调查研究和广泛征求意见的基础上,确定成人高等教育的培养目标,构建具有成人特色的成人高等教育课程体系。1998年,已完成工学、法学和经济学3个学科门类和公共课主要课程的设置方案。并将对医学、文学、教育学、管理学、农学等学科门类开展调研。经过努力,争取在本世纪末初步形成成人高等教育的课程体系。第三，制订各学科主要课程的教学基本要求等教学指导文件。第四，依靠水平高、质量有保证、有积极性的出版社，组织熟悉成人高等教育，在学术水平上有深厚造诣的专家教授编写课程教材，并推荐使用。第五，建立教学质量检测和评价制度。

经过努力，到1998年4月，制订了经济学、法学、工学和公共课主要课程共81门的教学基本要求。教育部在1998年6月已正式颁布实行。新教材计划在1999年秋季投入使用。

在教材建设工程中，教育部首先选择了非英语专业专科用的英语教材建设作为试点。从完成的教材看，质量较好。

撰稿　李　平

审稿　刘志鹏

师范教育

〔**概况**〕　1998年，各级各类师范院校以转变教育思想和更新教育观念为先导，以课程体系和教学内容改革为核心，注重以计算机为基础的现代教育技术的学习与应用，全面提高教育教学质量。教师培训工作在进行学历补偿教育，继续提高中小学教师学历合格率的同时，大力推动中小学教师继续教育工程。师范教育改革进一步深化，事业发展取得较大成绩。1998年，全国共有各级各类师范院校3 381所，在校生219.77万人。

1998年独立设置的各级各类师范院校基本情况

	学校数（所）	在校生数（万人）	招生数（万人）	毕业生数（万人）	专任教师数（万人）
高等师范学校	229	69.36	25.11	19.68	7.66
中等师范学校	875	92.11	31.93	30.58	6.34
教育学院	190	21.20	8.22	6.62	1.87
教师进修学校	2 087	37.10	12.16	16.82	4.63

1998年，高等师范学校教师高级职称比例为32.35%，教育学院教师高级职称比例为29.41%，中等师范学校教师高级职称比例为14.00%。

小学、初中、高中教师学历合格率分别为94.59%、83.43%、63.49%，比1997年分别提高1.53、2.94、2.76个百分点。

具有大专以上学历的小学教师占小学教师总数的比例为12.83%，具有本科以上学历的初中教师占初中教师总数的比例为11.38%，比1997年分别提高2.76和0.77个百分点。

撰稿　鹿旭忠

审稿　马　立

〔**修订中等师范学校《德育大纲》和《学生行为规范》**〕　1998年，教育部对原国家教委1990年颁发的《中等师范学校德育大纲》（以下简称《大纲》）和《中等师范学校学生行为规范》（以下简称《规范》）进行了重新修订，并于5月颁发试行。

修订工作始终以马列主义、毛泽东思想、邓小平理论为总纲，贯彻党的十五大、十四届六中全会精神以及中共中央《关于进一步加强和改进学校德育工作的若干意见》，参照中小学德育工作的有关文件精神，在保留原《大纲》和《规范》的基本框架和主体内容的基础上，吸取中师德育工作的成功经验和德育理论研究的最新成果，使修订后的《大纲》和《规范》定位准确、内容充实，对中师德育工作具有普遍、持久的指导意义。修订后的《大纲》基本保留了原《大纲》的框架，由绪言统领，依次是德育目标、德育内容、德育原则、德育实施途径，学生的思想品德评定、德育的领导与管理。《规范》修订以《大纲》为依据，做到在思想上、内容上与《大纲》高度一致，前后贯通。修订后的《规范》，也基本上保持了原《规范》的主要内容，二十条款保持不变，按照"思想政治、专业思想、道德品质、个性心理"编排，使《规范》与《大纲》中德育目标的排列顺序相同。

修订后的《大纲》和《规范》具有如下特点：(1) 时代性。《大纲》是规定国家对中师德育工作和中师学生在品德方面基本要求的纲领性文件，必须符合时代精神，体现时代特征。原"大纲"颁布以来，我们党对社会主义的本质及其规律的认识更加深化和完善，形成了党的指导思想邓小平理论。在《大纲》和《规范》修订中，始终坚持邓小平理论的指导，并把邓小平理论作为《大纲》的指导思想和德育内容的主要部分加以突出。根据中师的实际，提出了"环境教育"、"礼仪教育"、"安全教育"、"现代科技教育"等既符合时代特征，又符合素质教育要求的新内容。(2) 可操作性。在修改过程中及内容设置上，尽量删除一些要求过高，空洞而无实际意义的内容，代之以现实可行的新内容，努力使《大纲》和《规范》符合实际，具有可操作性。在"专业思想"条款中，根据中专招生并轨的实际，适时删除了"自觉服从分配"的内容，以"志愿到祖国需要的地方去"代之。在"道德教育"条款中，依据党的十四届六中全会决议，用"社会公德、职业道德、家庭美德"代替"共产主义道德"，使道德教育更明确。把"德育领导和德育工作队伍建设"改为"德育的领导与管理"，使教育行政部门和学校的职责更明确，便于操作。(3) 师范性和实效性。《大纲》和《规范》的目标设计、道德要求、内容规定，都力求做到从学生思想、心理和生理特点以及中师德育工作的实际出发，既考虑到德育理论高度的层次，又兼顾理论的具体化和形象化；既考虑德育的显性教育作用，又考虑德育的隐性教育作用；既考虑学校教育的作用，又考虑到家庭和社会教育的作用；既考虑到课堂教学渗透，又考虑其他教育途径不可忽视的作用，因而比较全面合理，具有较强的实效性和师范性。(4) 逻辑性和条理性。《大纲》和《规范》修订后，内在逻辑性增强。如原《大纲》德育总目标的叙述较为繁杂，现用"思想政治优良、专业思想牢固、道德品质高尚、个性心理健康"来代替，语言更精炼，内容更条理系统。

新修订的《大纲》和《规范》颁发试行后，推动了中等师范学校德育工作的开展，使中等师范学校德育工作逐步走向制度化、规范化和科学化的轨道。

撰稿　于兴国
审稿　马　立

〔中小学教师继续教育实验区工作〕 教育部师范教育司于 1998 年 5 月印发《关于加强中小学教师继续教育区域性实验工作的几点意见》，对承担中小学教师继续教育实验的 44 个地区提出以下意见：(1) 开展中小学教师继续教育区域性实验，对建立我国中小学教师继续教育制度具有重要意义。(2) 中小学教师继续教育区域性实验的目标是：通过实验，树立终身教育的思想，探索和改革中小学教师继续教育的模式，要在近几年内，力争在中小学教师继续教育的内容、途径、方法等方面取得一批具有典型意义，并易于推广的成果，为建立面向21世纪的中小学教师继续教育制度打好基础。(3) 中小学教师继续教育区域性实验的主要内容包括：继续教育的政策、模式及保障机制；中小学教师的成长规律与继续教育的课程建设和教育内容；继续教育基地建设；继续教育的评估标准；教师职前培养与职后培训相沟通的继续教育网络建设；培训、教研、电教、科研四位一体的继续教育模式；骨干教师、学科带头人和教育专家的继续教育；中小学教师的职业道德教育；现代教育技术的应用等。各实验区可结合实际，有重点地选择实验内容。(4) 中小学教师继续教育区域性实验采取科研管理的方法，周期暂定为3年。教育部将对实验中的成果进行论证和鉴定。(5) 各省(区、市) 教委是实施中小学教师继续教育区域性实验的直接领导者和组织者，各省(区、市)教委师范处要加强对实验区的业务指导，各级行政部门要高度重视实验工作，落实实验项目和经费，要发挥教师进修院校在中小学教师继续教育区域性实验中的主导作用，同时要与教研、电教和科研等有关部门密切合作。

教育部于1998年12月召开了中小学教师继续教育实验区工作会议，会议总结交流了实验区工作经验，部署了在中小学教师继续教育实验区先行启动《面向21世纪中小学教师继续教育工程》的有关工作。

撰稿　陈　武
审稿　马　立

〔**印发《中小学教师继续教育课程开发指南》**〕　教育部于1998年8月3日印发了《中小学教师继续教育课程开发指南》(以下简称《指南》)。《指南》共列出808门课程，对每门课程的目的要求、基本内容和教学建议等都做出规定。《指南》是中小学教师继续教育教学的指导性文件，体现了国家对现阶段中小学教师继续教育的基本要求，也是各地设计和开发地方继续教育课程的依据。《指南》分小学和中学两大部分，每部分由“公共必修与选修”与“专业必修与选修”两大类组成。其中，公共必修课为国家规定课程，其他均为推荐课程，供各地根据实际需要选用。“公共必修与选修”包括三类课程：(1) 思想政治教育和职业道德修养类；(2) 教育理论研究类；(3) 现代教育技术类。通过开设这些基础性课程，帮助广大中小学教师进一步提高思想政治和业务素质。“专业必修与选修”按照教师的成长规律及各个职级教师教育教学能力的不同要求，分为五类课程：(1) 教学大纲和教材分析类。这类课程主要为培训新教师开设，使新教师熟悉教学内容，尽快适应教学岗位要求。(2) 教学技能训练类。这类课程主要为培训初级教师开设，通过加强教学基本技能的培训，帮助初级教师胜任教育教学工作。(3) 学科教育理论研讨类。这类课程主要为培训初、中级教师开设，使具有一定教学经验的初、中级教师系统地掌握学科教育理论，进一步提高教育教学研究能力。(4) 教育教学专题研究类。这类课程主要为培训中、高级教师开设，帮助中、高级教师提高教育科研能力，指导他们对教育教学中的主要问题进行深入研究。(5) 知识更新与扩展类。这类课程属于提高性课程。旨在帮助教师扩展学科知识，提高教育理论水平和专业技能。同时，为小学教师设置了部分专科层次的课程，为中学教师设置了一些本科层次和研究生层次的课程，供各种学历层次的教师选修。《指南》把课程分为必修、限选和选修三种，必修课一般是指某一职级教师必须进修的基本课程，限选课一般为某一职级教师在一定范围内选修一门或几门课程。必修和限选课为该专业的主干课程，选修课则是根据教师的实际需求、兴趣与特长，着眼于教师个性发展而设置的课程。教育部要求各地以《指南》为依据，从本地实际出发，制定适应本地的课程方案，按需施教，以充分调动中小学教师的学习积极性。

撰稿 陈 武
审稿 马 立

〔**中等师范学校教育教学改革**〕 1998年2月27日～3月1日，教育部在黑龙江省召开了全国中师深化课堂教学改革研讨会，研讨了中等师范学校如何进一步解放思想，更新观念，深化教育教学改革；中等师范学校如何通过改革教学方法、教学手段和教学模式等措施，提高课堂教学质量和教学效益等问题。在此基础上，经过广泛调研和研讨，教育部师范教育司于1998年底发出《面向21世纪深化中等师范教育教学改革的几点意见》(以下简称《意见》)。《意见》就中等师范学校如何面向21世纪深化教育教学改革提出如下意见：第一，把转变教育思想，更新教育观念作为深化教育教学改革的先导。要深入研究，如何在加强文化知识学习的基础上，树立传授知识，培养能力，全面发展的辩证统一的素质教育观；如何克服忽视学生个性发展，树立因材施教，促进学生个性健康发展的教育观；如何克服教学思想、教学方法、教学手段和教学模式相对单一陈旧，树立在教师主导下，充分确立学生的主体地位，使学生生动、活泼、主动的学习，注重学生分析问题、解决问题、创造性思维和创造性能力培养的思想；如何克服忽视继续教育的思想，树立培养学生进行终身学习的观念等。第二，必须切实把德育摆在各项工作的突出位置，进一步加强和改进德育，提高德育工作的针对性和实效性。第三，积极探索面向21世纪小学教师的培养模式，进一步优化课程结构，稳步推进教学内容和课程教材体系改革。第四，进一步研究落实必修课在中师教学中的主体地位，高度重视和大力推进教学方法、教学手段和教学模式的改革，优化教学过程，加强对学生创造性思维和学习能力的培养。在教学方法改革方面，提倡百花齐放，百家争鸣。在教学手段改革方面：要大力推进以计算机为基础的现代教育技术理论与方法的普及和应用。第五，加强教学管理，深化教学管理改革，加速建立科学合理的教学评价体系。第六，进一步加强教育科学研究和教学改革研究，提高教育教学水平。第七，切实加强中等师范学校教师队伍建设，积极推进教师的继续教育，建立中师教师继续教育制度等。

撰稿 唐京伟
审稿 陈秀凤

〔**颁发《三年制中等师范学校课程计划》**〕 1998年，教育部对原国家教委1989年颁发的《三年制中等师范学校教学方案（试行)》(以下简称《教学方案》) 进行了修订，改名为《三年制中等师范学校课程计划》(以下简称《课程计划》)，并于5月颁发试行。

《课程计划》主要对原《教学方案》的如

下内容进行了修订：（1）调整中等师范教育的培养目标，使之更准确、具体。将培养目标定位为“培养德智体等全面发展的适应基础教育改革和发展需要的合格小学教师”，并细化为思想政治道德、文化科学基础知识与基本技能、教育科学基础知识与基本职业能力、体美劳基本要求等四个方面的质量要求。培养目标这样表述，体现了面向21世纪我国中等师范教育的性质和特点：既注重全面素质的提高，又注重专业素质的培养；既注重文化知识的学习，又注重基本能力的培养；既具有基础性、职业性，又具有导向性、时代

中等师范学校课程设置表

科目	周课时 \ 学年	一	二	三	各学科基本课时
必修课	思想政治	2	2	1	170课时
	语文	5	5	4	
	小学语文教材教法			2	530课时
	数学	5	5		
	小学数学教材教法			3	440课时
	物理	3	2		175课时
	化学		2	2	130课时
	生物学（含少年儿童生理卫生）	3			105课时
	计算机应用基础			3	90 课时
	历史		3		105课时
	地理			3	90 课时
	心理学	3			105课时
	小学教育学		2	2	130课时
	体育	2	2	2	200课时
	音乐	2	2	*限选	140课时
	美术	2	2		140课时
	劳动技术(周)	1(周)	1(周)	1(周)	90 课时
	周课时合计	27	27	22	2 690课时
选修课		1—2	1—2	5—8	220—380课时
活动课		2—3	2—3	2—3	200—300课时
教育实践课		1周	1周	6周	240课时

注：1. 每学年留出3周复习考试时间，因此，实上课周数为：一年级35周，二年级35周，三年级30周。

2. 各地可根据实际情况采取集中或分散等形式组织劳动技术课的教学。

3. 三年级时学生可根据需要任选音乐、美术一门。

性。(2) 规范中等师范教育的课程结构，明确各类课程的作用。《课程计划》规定“中等师范学校的课程由必修课、选修课、活动课和教育实践课组成。建立必修课、选修课、活动课和教育实践课的课程体系”，纠正了《教学方案》课程分类没有在同一逻辑层面上的混乱。同时，《课程计划》还分别准确阐述了每一类课程的地位作用、内容范围和指导要求。(3) 加强课程的综合安排，增加必修科目的基本内容和要求。《课程计划》用《课程设置表》统一安排了必修课各科目及其他三类课程的周课时。在《课程计划》“附录”中还补充了《必修科目的基本内容及要求》，对15门必修科目分别简要地明确它们的基本内容及要求，用以指导教学及修订各科教学大纲和教材。

《课程计划》与《教学方案》相比，具有如下特点：(1) 控制了必修科目的增多，只增加了“计算机应用基础”(共开设15门)；(2)减少了必修课周课时总数，3个学年依次减少为27、27、22，确保了选修课、活动课课时的安排；(3) 调整了必修科目的课时比例，相比《教学方案》，语文、历史、地理、生物、音乐、美术等科目的周课时有所减少，数学、物理、化学、小学教育学、心理学等其他科目的周课时基本未变，比重则相对提高；(4) 为压缩必修课总课时，将“教师口语”并入语文，“电化教学”安排为选修，“音乐”、“美术”三年级安排为限定选修一门；(5) 必修课安排尽量减少年级并开科目，照顾学科衔接，考虑文理科搭配；(6) 劳动技术课集中开设，有利于组织安排学习劳动技术和走出校门接触工农业生产实际。

根据《课程计划》精神，教育部师范教育司正组织修订中等师范学校15门必修课的教学大纲和教材，1999年新生将使用新教材。

撰稿　于兴国

审稿　马　立

〔制订《中等师范学校教学工作评估方案》〕　1998年5月，教育部师范教育司制订印发了《中等师范学校教学工作评估方案(试行)》(以下简称《评估方案》)。

《评估方案》的制定坚持如下原则：(1) 突出导向性。主要体现在三方面：一是促使中等师范学校将改革的重心转移到教学领域，全面客观地认识自身教学工作状况，突出教学工作的中心地位，深化教学改革，加强教学管理，提高教学质量和效益。二是促使各地政府、教育行政部门进一步重视教学工作，加大投入，加强教学基本建设和现代化建设，为教学改革提供可靠保障。三是保证国家对中等师范学校教学工作的宏观管理和指导。(2) 坚持科学性。《评估方案》遵循教育评价的基本理论和中等师范教育教学规律，坚持理论与实际相结合，教学过程评估和教学结果评估相结合，定性分析与定量分析相结合，现实性与前瞻性相结合，并采取纵横两个方面的比较策略，努力体现评估的科学化、规范化要求。(3) 体现灵活性。《评估方案》既考虑到面向21世纪中国中等师范学校教学工作发展的趋势，又考虑到不同地区的现有差异，留有可变通的弹性和余地，保证各地在具体评估操作中具有适度灵活性，便于调动广大中师的积极性。(4) 注重操作性。《评估方案》对每一项评估指标所涉及的集体内涵都作出较为明确的界定，在权重分配的基础上给出了可操作的评价标准，并对实际评估工作作了详细说明，使评估工作明确具体，易于操作。

《评估方案》覆盖了学校教学工作的各方面，基本反映了学校教学工作的动态过程。《评估方案》共设立5项一级指标，16项二级指标，39项三级指标。在“教学资源”一级指标中，主要反映教学的基本设施情况和教学人员的自然面貌；在“教学建设”的一级指标中，强调学校对国家规定的课程计划及其他教学基本文件的执行情况和中等师范学校职业特点的体现，对学校在教学工作中的改革与发展，特别是作为主渠道的课堂教学常规予以突出；在“教学管理”一级指标中，注重教学管理的科学性、规范性和管理职能的有效发挥程度；在“教学质量”一级指标中，既考虑到学生掌握基础知识的水平，又考虑到学生职业技能训练的效果，既考虑到在突出素质教育中注重全体学生德、智、体等方面全面提高，又促进学生个性生动活泼主动地发展，既注重学生在校学习情况，又兼顾用人单位对学生工作状态的综合评价；而“教学特色”一级指标的设立，是为了鼓励中等师范学校发挥其教学优势，挖掘教学潜力，开发资源，深化改革，办出特色。

《中等师范学校教学工作评估方案（试行）》颁发后，具体评估工作在各校自评的基础上，由各省（自治区、直辖市）统一组织进行，评估等级为优秀、合格、不合格三等。

撰稿　于兴国
审稿　马　立

〔**继续推进“园丁科技教育行动”**〕　教育部师范教育司会同国家环保局宣教司、中国科协青少年部于1998年在全国中等师范学校开展了以普及环境科学知识为主要内容的“园丁科技教育行动”，并为此发出《通知》，指出：“此项活动旨在向中等师范学校宣传可持续发展战略和环境保护的基本国策，普及环境保护知识，引导他们树立环境保护意识，培养他们进行环保启蒙教育的能力。”《通知》还强调：“在中等师范学校开展环保教育应贯穿并渗透于中等师范学校的各项教育教学活动之中。要注意根据必修课、选修课、课外活动和教育实践的特点对学生进行环保教育。”为推动此项活动的开展，教育部师范教育司会同国家环保局宣教司在1998年重点组织了以下活动：(1)开展环境教育读书活动，选择推荐有关环保书籍供广大中师生阅读。(2)委托《师范教育》编辑部举办了全国中师生环保知识竞赛活动。参加此次竞赛活动的共计400余所学校、11余万名学生。经过评比，共有80所学校获得了“竞赛组织奖”，21名教师获得了“优秀辅导奖”，928名学生获得了“个人优胜奖”。(3)举办中师骨干教师环境教育培训班，聘请有关国内外专家讲学，以提高广大教师的环境科学知识水平。此外，各级教育行政部门、环保局和科协也密切配合，从各地、校的实际出发，开展了多渠道、多形式、多层次、多内容的环境教育活动。

撰稿　唐京伟
审稿　马　立

〔**奖励世行贷款师范教育发展项目教改课题优秀成果**〕　“世界银行贷款师范教育发展项目”执行周期为1993年～1998年，贷款额度1亿美元，其中500万美元作为教学改革课题经费，用以支持16个项目省的高等师范教育改革。经过5年的努力，470个立项课题已全部结项，并产生了一批优秀成果。在各项目省教育行政部门认真评审的基础上，经“世界银行贷款师范教育发展项目教学改革课题优秀成果评审委员会”评审通过，教育部审核批准《九年制义务教育海南初中英语教学系统改革与研究》等10项课题获一等奖；《师专文科学生的自然科学与社会技术教育及智能综合培养研究》等20项课题获二等奖；《山区植物资源开发中学生物教师培养的研究》等30项课题获三等奖。获奖项目名单如下：

序号	课题承担单位	课题名称	获奖等级
1	海南师范学院	九年制义务教育海南初中英语教学系统改革与研究	一等奖
2	重庆师范学院	高师增设特殊师范教育课程培训实验研究	一等奖
3	绵阳师范高等专科学校	立足川西北大熊猫等珍稀动物自然保护区培养初中生物教师保护野生动物综合能力研究	一等奖
4	江西省教委	师范教育评估体系研究	一等奖
5	山东省教委	山东高师试题库建设	一等奖
6	湛江师范学院	体育与健康教育融为一体教育专业改革	一等奖
7	长春师范学院	跨世纪中国独生子女初中生品德与心理健康养成工程研究	一等奖
8	扬州大学师范学院	培养农村中学复合型(音乐、美术双专业)艺术师资的改革与研究	一等奖
9	福建省教委	福建省农村普通初中分流教学改革研究和推广	一等奖
10	驻马店师范高等专科学校	驻马店地区职业教育师资培训的探讨	一等奖
11	哈尔滨师范高等专科学校	师专文科学生的自然科学与社会技术教育及智能综合培养研究	二等奖
12	安徽省教委	安徽省基础教育中长期发展目标与师范教育改革	二等奖
13	邢台师范高等专科学校	“四三二一”系列育人计划	二等奖
14	包头师范高等专科学校	内蒙古中、西部地区工农业副产品开发利用的研究——发展职业技术教育、推动生物教学改革	二等奖
15	曲阜师范大学	高等师范院校教学系统评价指标体系研究	二等奖
16	九江师范高等专科学校	“校县共育”综合教育改革研究	二等奖
17	辽宁省教委	面向21世纪挑战，改革辽宁高师教育体系及办学模式的研究	二等奖
18	广西壮族自治区教育厅	师范专科学校开设劳动技术教育选修课教学方案的研究	二等奖
19	泰安师范高等专科学校	九年义务教育初中阶段数学教学	二等奖

续表

序号	课题承担单位	课 题 名 称	获奖等级
20	广西民族学院	关于培养教师壮汉双语能力,提高壮族地区初中数学质量的研究	二等奖
21	四川师范学院	川北地区女子义务教育现状及其改革研究	二等奖
22	商丘师范高等专科学校	中学植物标本制作方法、技术的研究	二等奖
23	龙岩师范高等专科学校	探索适应科技兴农需要的初中师资培养途径	二等奖
24	常熟高等专科学校	苏南发达地区师专教育改革综合实验研究	二等奖
25	佛山科学技术学院	师范院校计算机教学的研究与实践	二等奖
26	惠阳师范高等专科学校	珠江三角州地区开设青少年教育课程及辅修专业的实践与研究	二等奖
27	南阳师范高等专科学校	心理卫生教育对师专学生素质影响的比较研究	二等奖
28	安阳师范高等专科学校	开设化学专业劳动技术教育课并建立实验室	二等奖
29	吉林师范学院	关于韩忠亮教学方法的研究	二等奖
30	徐州师范大学	中学教师教学用语的现状要求及其训练途径的研究	二等奖
31	承德民族师范高等专科学校	山区植物资源开发中学生物教师培养的研究	三等奖
32	河北省教委	师专学科带头人和青年教师培养方法与途径研究	三等奖
33	大连大学师范学院	高师微型化学实验教学改革的中学微型化学实验研究与推广	三等奖
34	沈阳师范学院	面向21世纪高师课程体系改革研究	三等奖
35	长春大学	面向21世纪高师专科数学专业课程体系改革与课程建设	三等奖
36	四平师范学院	面向21世纪高师历史专科教育体系改革与课程建设研究	三等奖
37	佳木斯大学师范学院	21世纪师专地理专业可持续发展研究——以中国边境地区为例	三等奖
38	牡丹江师范学院	黑龙江省中学体育改革及对策研究	三等奖
39	绥化师范高等专科学校	高师生教育教学技术培养的研究	三等奖
40	江苏省教委	高师人才培养与效益研究	三等奖
41	盐城师范高等专科学校	物理教学法	三等奖
42	镇江师范高等专科学校	师专生教师职业技能训练基本要求及考核等级标准的研究	三等奖

续表

序号	课题承担单位	课 题 名 称	获奖等级
43	滁州师范高等专科学校	师范专科学校对学生进行班主任工作能力培养的研究	三等奖
44	淮南师范高等专科学校	初中教育协调发展教学法的实验研究	三等奖
45	南平师范高等专科学校	适应农村初中教育需要,深化师专课程体系改革	三等奖
46	赣南师范学院	山区农村初级中等教育改革对教师素质的要求	三等奖
47	上饶师范高等专科学校	培养教师基本功,提高经济落后地区初中教育教学质量的研究	三等奖
48	济南联合大学	高等师范专科学校《教育学》、《心理学》、《教材教法》课程改革研究	三等奖
49	济宁师范高等专科学校	物理科学方法教育的理论探讨与实践	三等奖
50	聊城师范学院	高师语言学科教学体系构建	三等奖
51	河南省教委	河南省师专特色课程体系的构建与实验	三等奖
52	洛阳师范高等专科学校	全程教育实习模式的研究	三等奖
53	南阳师范高等专科学校	“以校管为主”师专实验室管理改革研究	三等奖
54	信阳师范学院	深化高师院校生物学专科《生物学教学论》科的教学方法改革——探索发展学生能力的一般途径	三等奖
55	许昌师范高等专科学校	师专公修教育学教学改革的研究	三等奖
56	广西师范学院	培养适应多民族地区综合教育改革和经济建设需要的化学教师	三等奖
57	重庆师范学院	培养初中物理教师设计、制作与维修实验仪器能力的研究	三等奖
58	西昌师范高等专科学校	师专生物学教育专业“四和一”人才培养的研究——从单一专业基础教育转到农科教相结合的全面人才教育	三等奖
59	康定民族师范高等专科学校	为藏民族地区培养合格初中师资的途径和方法	三等奖
60	四川师范学院	农村中学化学微型实验研究与推广	三等奖

撰稿 林奇青

审稿 陈秀凤

〔**师范院校基础教育改革实验研究项目优秀成果评奖**〕 1998年，教育部师范教育司继续组织开展了全国师范院校基础教育改革实验研究项目优秀成果评选工作，奖励一批“八五”、“九五”期间成效显著、有推广价值的优秀科研成果。

本次评奖共有27个省、自治区、直辖市的276所师范院校申报成果共391项，经资格审查符合评审条件、提交专家评审的有339项。1998年11月30日～12月4日在北京举行了专家评审会。经评审通过，教育部审核批准：北京师范大学副教授刘兼申报的“21世纪中国数学教育发展——大众数学的理论与实践”等9项成果获一等奖；吉林省教育学院常家忠编审申报的“中小学现代科技教育研究”等44项成果获二等奖；大庆师范学校何长仁讲师申报的《运用现代教育技术深化课堂教学改革的研究》等57项成果获三等奖。

本次评选的获奖成果学术水平较高，部分成果为“八五”、“九五”期间哲学社会科学国家级重点科研项目、教育科学规划省部级重点研究项目；一些研究成果在国内居领先地位，理论上有所创新，研究方法科学，针对性强。这些成果为教育行政部门决策提供了科学依据，同时有效地指导推动了中小学教学改革。

1998年度全国师范院校基础教育改革实验研究项目优秀成果获奖名单如下：

序号	学校名称	项目主持人	项目名称	获奖等级
1	北京师范大学	刘　兼	21世纪中国数学教育发展——大众数学的理论与实践	一等奖
2	东北师范大学	张嘉玮	我国大中小学生心理健康及教育对策研究	一等奖
3	南京师范大学	朱小蔓	小学素质教育模式的理论与实践研究	一等奖
4	南京师范大学	屠美如	学前儿童艺术教育改革与研究	一等奖
5	北京师范大学	董　奇	学生元认知能力与自我监控能力展望、培养的理论与教育实验研究	一等奖
6	西南师范大学	张大均	中小学课堂教学心理的理论与实验研究	一等奖
7	山东师范大学	赵承福	双序结合整体教改实验	一等奖
8	东北师范大学	刘　强	农村中小学素质教育改革实验研究	一等奖
9	东北师范大学	李孝忠	中小学生创造力综合指标与成套测验的研制	一等奖
10	北京师范大学	刘艳虹	小学生听力与相关问题的系列研究	二等奖
11	华东师范大学	朱家雄	幼儿教育改革实验研究	二等奖
12	华东师范大学	葛大汇	学能组合测验《阅读》,《语言与表达》分测验编制与实测研究	二等奖
13	华东师范大学	袁运开	上海面向21世纪基础教育课程体系改革设想	二等奖
14	华东师范大学	马文驹	中小学心理健康教育	二等奖
15	东北师范大学	李筱琳	“小主人教育”整体改革实验	二等奖

续表

序号	学校名称	项目主持人	项目名称	获奖等级
16	东北师范大学	谢在皋	高中个性化教学的实验与研究	二等奖
17	华中师范大学	傅德荣	计算机辅助教学系统及其写作环境的研究	二等奖
18	华中师范大学	邓宗琦	建立特区基础教育改革实验基地的探索与实践	二等奖
19	华中师范大学	廖哲勋	九年义务教育活动类课程研究与实验	二等奖
20	华中师范大学	胡礼和	网络和多媒体在辅助素质教育方面的应用	二等奖
21	华中师范大学	杨小微	以发展学生主体性为主题的第三轮中小学整体改革实验	二等奖
22	西南师范大学	张诗亚	推进儿童哲学中国化，改进基础教育的实验研究	二等奖
23	北京教育学院	邓文虹	面向21世纪的中学数学教学系统——中学数学素质教育的实验研究	二等奖
24	河北师范大学	梁　仪	高效英语语感教学法改革实验	二等奖
25	山西师范大学	卫灿金	语文科学生思维发展与培养研究	二等奖
26	辽宁师范大学	魏华忠	孤独症儿童诊断与学校教育模式的实验研究	二等奖
27	辽宁师范大学	杨　骞	中小学学科教/学耦动系统的理论建构与实验研究	二等奖
28	辽宁教育学院	魏超群	中学数学学习水平的测量与评估	二等奖
29	长春师范学院	陈劳志	跨世纪中国独生子女初中生品德与心理健康养成工程研究	二等奖
30	吉林师范学院	金井平	中学生数学学习个案跟踪调查	二等奖
31	吉林省教育学院	张翼健	吉林省农村初等教育整体改革实验	二等奖
32	吉林省教育学院	常家忠	中小学现代化科技教育研究	二等奖
33	黑龙江农垦师范专科学校	傅道春	21世纪中学班主任的转型与培养	二等奖
34	南京师范大学	唐　淑	幼儿园课程研究	二等奖
35	南京师范大学	许卓娅	幼儿园音乐教学的理论与实践研究	二等奖
36	苏州大学	陶　洪	中学物理教材教法教学研究	二等奖
37	徐州师范大学	汪缚天	中学教师教学用语的现状、要求及其训练途径的研究	二等奖
38	南通师范专科学校	常　生	民间传统体育项目的开发与农村学校体育教学内容改革的研究	二等奖
39	浙江教育学院	卢真金	小学生良好非智力因素培养实验研究	二等奖

续表

序号	学校名称	项目主持人	项目名称	获奖等级
40	安徽师范大学	张履祥	优化学生心理素质结构，全面提高基础教育质量——小学素质教育模式的实验研究	二等奖
41	淮南高等师范专科学校	余本祐	初中教育协调发展教学法的实验研究	二等奖
42	福建师范大学	余文森	深入中小学指导开展教改试验与研究十年成果	二等奖
43	泰安师范专科学校	杜玉祥	初中数学差生转化实验研究	二等奖
44	河南师范大学	李明振	培养初中生非认知品质及学习策略全面提高数学教学质量的实验研究	二等奖
45	襄樊师范学校	柳树森	特殊教育与普通教育一体化实验研究	二等奖
46	湖南省教育学院	吴文德	心理教育与人的发展	二等奖
47	湖南省教育学院	肖汉仕	中学生心理素质教育与全面主动发展	二等奖
48	宁乡县教师进修学校	陈国良	协同教学与中小学教师心理素质发展实验研究	二等奖
49	华南师范大学	江琳才	中学生科学素质发展研究	二等奖
50	广西师范大学	王才仁	中学英语双重活动教学法的理论与实践	二等奖
51	柳州市教育学院	王为民	初中数学《问题系统引导实验教学》	二等奖
52	云南师范大学	张　锋	通过心理素质培养促进中小学生素质全面发展的实验研究	二等奖
53	云南教育学院	张保华	边疆民族地区历史教学方法改革实验	二等奖
54	东北师范大学	洪　俊	优化教学过程，提高中学思想政治课实效的改革实验	三等奖
55	东北师范大学	路海东	小学生学业自我效能感培养与提高的实验研究	三等奖
56	东北师范大学	唐恩辉	中学物理“走廊实验”研究	三等奖
57	首都师范大学	续佩君	物理教学中的能力测量	三等奖
58	河北师范大学	刘植义	通过教材建设，推进中学生物教学改革	三等奖
59	衡水师范专科学校	石国通	初中“科学方法”活动课实验研究	三等奖

续表

序号	学校名称	项目主持人	项目名称	获奖等级
60	晋中师范专科学校	韩士生	贫困地区农村初中“四环节”教改实验研究	三等奖
61	辽宁师范大学	马超山	中小学学习指导实验与研究	三等奖
62	辽宁教育学院	杨振德	中学人口教育评估	三等奖
63	辽宁教育学院	线亚威	幼儿园活动区教育实验研究	三等奖
64	抚顺市教师进修学院	朱正义	用雷锋精神培养社会主义事业接班人的理论与实践研究	三等奖
65	辽化教师进修学校	吴晓华	初中英语“三乐”教学法	三等奖
66	吉林师范学院	孙长顺	关于韩忠亮教学方法的研究	三等奖
67	吉林省教育学院	张翼健	语文教育民族化研究	三等奖
68	白城市洮北区教师进修学校	刘　彦	平面几何课堂教学过程优化	三等奖
69	梅河口市教师进修学校	刘健全	学习现状调查与学习指导研究	三等奖
70	克山师范专科学校	马向谦	差生问题理论与实践研究	三等奖
71	大庆师范学校	何长仁	运用现代教育技术深化课堂教学改革的研究	三等奖
72	密山市教师进修学校	李丽君	“在大语文教学观指导下改革课堂教学结构”的实验	三等奖
73	上海虹口区教育学院	邓梦萍	教学分层递进教学策略的开发和推广研究	三等奖
74	上海黄埔区教育学院	魏耀发	初中生学习方法指导的理论与实践探索	三等奖
75	苏州大学	郭彩琴	思想政治教育实效性研究	三等奖
76	南通师范专科学校	王瑞清	面向21世纪中学班主任职前职后培训的研究与实验	三等奖
77	盐城师范专科学校	沈贵鹏	师生互动对初中生学业成败影响的实验研究	三等奖

续表

序号	学校名称	项目主持人	项目名称	获奖等级
78	苏州教育学院	曾宗祥	促进正规基础教育阶段劳技课教学项目实验研究之一：中小学劳技课课程设置	三等奖
79	浙江教育学院	汪　潮	小学语文教学系列研究	三等奖
80	温岭教师进修学校	李卫民	小学语文新体系构建的研究	三等奖
81	淮南教育学院	邱章乐	以心理训练为突破口，带动素质教育的全面运转	三等奖
82	金寨师范学校	曾宪超	和谐教学	三等奖
83	福建师范大学	郑鸿霖	组织师范生到中小学指导生物学科课外科技活动	三等奖
84	厦门教育学院	蔡秀珍	制定与实施教学目标和评价，大面积提高教学质量	三等奖
85	福安市教师进修学校	陈　工	高坂小学复式班学生最优发展综合改革实验	三等奖
86	福州市鼓楼区教师进修学校	叶永光	小学学科素质教育课堂教学评价研究	三等奖
87	连城县教师进修学校	蒋宗尧	“三环节 三反馈”教学方式实验研究	三等奖
88	江西师范大学	余应源	语文教学科学化实验研究	三等奖
89	江西师范大学	魏　奇	在经济欠发达地区推进基础教育现代化建设的实验研究	三等奖
90	江西师范大学	吴正有	中小学教师评价的实验研究	三等奖
91	赣南师范学院	曾庆云	南方农村中学体育教学法	三等奖
92	济宁师范专科学校	张宪魁	物理科学方法教育的理论探讨与实践	三等奖
93	济南幼儿师范学校	张宏亮	幼儿园“素质教育奠基工程”实验研究	三等奖
94	南召县教师进修学校	张敬奇	学习困难儿童及教育	三等奖
95	襄阳师范高等专科学校	张增常	初中物理创造教育模式的构建与实验研究	三等奖
96	监利师范学校	王辉廷	优化育人环境，提高教育质量	三等奖
97	湖南师范大学	佘同生	小学语文“程序导学”实验	三等奖
98	湘潭师范学院	曾葡初	英语“输入-输出”系统实验的理论与实践模式	三等奖

续表

序号	学校名称	项目主持人	项目名称	获奖等级
99	湖南省教育学院	毛代胜	中学素质教育理论与实践	三等奖
100	资兴市教师进修学校	谢福胜	小学教师心育能力培养的实验研究	三等奖
101	华南师范大学	陈永芳	具有特色的“广东省中、小学生广播体操”的研究与创编	三等奖
102	惠阳师范专科学校	陈优生	珠江三角洲地区培养中学教师青少年成长指导能力的实践与研究	三等奖
103	广西师范大学	唐　力	中学化学程序启发教学模式的实验研究	三等奖
104	绵阳师范专科学校	魏传宪	“参与性教学”研究与实验	三等奖
105	内江师范专科学校	董国福	读启教学论	三等奖
106	四川教育学院	姚文忠	中学生心理素质教育与心理问题监护教育实验	三等奖
107	贵阳师范高等专科学校	钱贵晴	大中学校通用化成套微型化学实验仪器研究	三等奖
108	云南师范大学	张大群	云南佤族双语文教学实践与探索	三等奖
109	汉中师范学院	刘保民	中学生活动总量及合理结构的研究	三等奖
110	宁夏大学	古仁钦	中学化学微型实验研究	三等奖

撰稿　葛振江

审稿　陈秀凤

〔**高等师范教育教学改革**〕　1998年高等师范教育教学改革继续向深层次推进。在1997年原国家教委组织实施“高等师范教育面向21世纪教学内容和课程体系改革计划”（简称“高师教学改革计划”）的基础上，教育部师范教育司对各地上报的200项立项项目、10项委托项目的“立项项目任务书”和“委托项目任务书”进行审核，批准以上210项项目为“高师教学改革计划”教育部级立项项目，并于1998年4月发出《关于批准“高师教学改革计划”立项项目的通知》（以下简称《通知》），随《通知》发出《“高师教学改革计划”立项项目名单》、《关于“高师教学改革计划”部级立项项目开题工作的几点意见》、《“高师教学改革计划”实施细则》、《项目开题工作的几点意见》等配套文件。《通知》要求各省、自治区、直辖市教育行政部门和各有关高师院校对项目工作要加强领导和管理，组织好项目开题工作，扎扎实实搞好项目研究工作，以部级立项为重点，带动省（自治区、直辖市）和学校两级立项项目的研究。为加强对项目的管理尤其是相关项目之间的联系，师范教育司根据专题（专业）相近的原则设立12个专题（专业）组，分别聘请有关高师教学改革指导委员作为各组召集人，负责各专题（专业）组立项项目的联络、协调和经验交流等方面的工作，同时要求5月底前各专题（专业）组要召开大组开题会议。《开题工作的几点意见》对各项目和各专题（专业）组开题工作提出了要求。《实施细则》对项目的责权分工、工作程序、经费管理、终结验收、成果推广等作了具体规定。确定了组织实施“高师教学改革计划”采取分级立项、分级管理的办法，经原国家教委审批立项的项目由教育部进行综合管理，并提供部分经费、组织经验交流、成果鉴定等。各省、自治区、直辖市教育行政部门和各高师院校审批立项的项目，由批准部门管理，提供经费和成果鉴定，并报教育部备案。

按照《通知》要求，各专题（专业）组已于5月底前分别在云南师范大学、信阳师范学院、衡阳师范专科学校、四川师范大学、湘潭师范学院、四平师范学院、重庆师范学院、泰安师范专科学校、南京师范大学、湖南师范大学、湖北师范学院召开了大组开题会议。会上组织了参与项目研究的教师开展教育思想讨论和教育理论学习，把转变教育思想和教育观念作为项目研究的重要内容和预期成果的重要组成部分，落实转变教育思想、教育观念在教学内容和课程体系改革中的先导地位。承担教育部级立项项目的学校各自都召开会议，制定项目管理办法、措施等。教育部师范教育司还多次组织召开有关研讨会和座谈会，并进行了大量宣传工作。

1998年，“高师教学改革计划”210个项目已进入实质性研究阶段。教育部于4月底前给各项目学校下拨了专项经费。8月，师范教育司在北京举办了“面向21世纪高等师范教育国际研讨会”。会上，聘请了100多位国内的专家学者、教育理论工作者以及来自美、法、日及中国香港特别行政区的对师范教育颇有研究的专家，共同探讨了世纪之交中国师范教育的出路及对策，包括教师素质和培训模式，面向21世纪课程体系、教学内容、方法和手段的改革，高等师范教育体制改革等。教育部还专门成立了“高师教学改革计划”项目管理办公室，以进一步加强对此项目的管理工作。

为加强国家对高等师范教育的宏观指导和统筹管理，促进各级政府对高等师范院校教学工作的重视，增加投入，改善办学条件；为进一步加强教学的基础性建设、科学化管理和师资队伍建设，深化教学改革，全面提高教学质量，更好地为基础教育和当地经济建设服务，教育部即将研制《高等师范学校本科教学工作合格评估方案（试行）》，并拟于1999年至2001年对70年代以来设置的本科高等师范学校进行教学工作合格评估。

撰稿　李桂兰

审稿　马　立

民族教育

〔综述〕 1998年，以“两基”为重点，积极推动民族地区普及九年义务教育的进程。全国各级普通学校中少数民族在校生达到1 853.22万人，少数民族专任教师达到88.84万人。

各级普通学校少数民族学生和少数民族教职工数

单位：万人

	少数民族学生		少数民族教职工		少数民族专任教师	
	人数	占学生总数的比重(%)	人数	占教职工总数的比重(%)	人数	占专任教师总数的比重(%)
普通高等学校	22.64	6.64	5.03	4.89	2.32	5.7
中等技术学校	25.51	6.28	2.31	5.32	1.26	5.85
中等师范学校	9.47	10.28	0.97	8.7	0.62	9.7
普通中学	449.16	7.13	33.3	7.21	26.03	7.04
职业中学	22.86	4.22	2.3	4.81	1.64	4.89
工读学校	0.02	3.88	0.01	2.9	0.01	3.48
小学	1 240.19	8.89	62.82	9.75	53.69	9.23
特殊教育学校	0.8	2.23	0.19	4.53	0.15	4.92
幼儿园	82.57	3.44	4.29	3.7	3.12	3.56

各级普通学校少数民族在校学生总数比上年增加38.24万人，其中中等技术学校和普通中学分别增长1.8万人和45.23万人；普通小学的少数民族在校生人数比上年有所下降。全国各级普通学校中少数民族专任教师比上年增加2.09万人，其中，普通中学专任教师比上年增加1.34万人。

1998年国家实施的贫困地区义务教育工程在三片地区全面启动，加大了对民族教育的扶持力度，使民族地区办学条件得到逐步改善，学龄儿童入学率有所提高。内蒙古、宁夏、新疆、广西、西藏5个自治区和少数民族人口较集中的云南、贵州、青海3省的小学学龄儿童入学率达到98%，比上年提高0.44个百分点。但比全国小学学龄儿童平均入学率仍低0.9个百分点。全国民族自治地方有241个县级单位基本实现“两基”目标，占全国已基本实现“两基”目标2 242个县级单位的10.74%。

撰稿 杨祖湘
审稿 夏 铸

〔**义务教育**〕 1998 年 5 月,“国家贫困地区义务教育工程”在少数民族人口比较集中的“三片”地区(内蒙古、新疆、西藏、宁夏、广西、贵州、青海、云南、甘肃)正式启动。中央共投入 39 亿元,其中 24 亿元投向“三片”9 省区的 469 个贫困县。加上地方配套资金共 54.9 亿元。

“贫困地区义务教育工程”的实施,加速了少数民族地区普及义务教育的进程。1998 年,少数民族适龄儿童入学率大幅度提高,少数民族人口较集中的内蒙古、宁夏、新疆、西藏、青海、广西、贵州和云南 8 省(自治区),适龄儿童平均入学率达 98%,其中内蒙古自治区的入学率为 99.54%,已超过全国平均水平。在全国已实现普及九年义务教育的2 242 个县级单位中,民族自治地方有 241 个,占 10.74%。教育基础最薄弱的西藏自治区,有 17 个县(市、区)实现了普及初等义务教育的目标,小学适龄儿童入学率已达到 81.3%。

1998 年 7 月,教育部民族教育司在辽宁省召开全国民族教育处长会议。会议交流了各地发展民族教育,推进义务教育进程的情况和经验,分析了民族地区普及义务教育存在的困难和问题。会议认为,改革开放 20 年,民族教育取得了巨大成就,但与发达地区相比,民族地区教育基础还比较差,教育发展水平还比较低,因此,今后一个时期,民族地区仍然要把大力普及义务教育放在首要位置,中央和省(市、自治区)政府要继续加大对普及义务教育的投入力度,把普及义务教育的工作完成好。

撰稿 张 强 赵 卫

审稿 夏 铸 阿布都

〔**高校招收少数民族预科生**〕 为发展民族高等教育,培养少数民族高级专业人才,加快中西部地区经济和社会发展步伐,促进各民族共同繁荣,教育部发出文件,批准内蒙古自治区、云南省、重庆市等省、自治区、直辖市和教育部、水利部等国务院有关部委所属的 82 所普通高等学校 1998 年继续招收少数民族预科生。文件根据民族教育发展变化情况,重申了以下几项规定:(1)普通高等学校举办少数民族预科班,对少数民族考生降分录取,是党和政府为发展民族教育采取的一项特殊政策,各省、自治区、直辖市和各高等学校招生部门应严格执行国家有关规定,少数民族预科班只能录取少数民族考生。(2)高校民族班、预科班招生继续实行适当降分、择优录取的政策,降分幅度因具体情况而有所不同。(3)为保证教学质量,少数民族预科生入学后,要按照原国家教委和国家民委《关于重新颁布普通高等学校少数民族预科〈基础汉语〉、〈阅读与写作〉、〈数学〉和〈英语〉教学大纲的通知》,组织教学、考核。

1998 年,82 所普通高等学校共招收 7 000余名少数民族预科生。

撰稿 张 辉

审稿 夏 铸 阿布都

〔**举办中小学少数民族文字教材展**〕 中小学民族文字教材建设,是保证民族语文教学顺利进行的重要条件。近 50 年来,特别是党的十一届三中全会以后,少数民族文字教材建设取得了成绩。每年要使用 21 个民族 30 种文字编译出版的幼儿、中小学、师范、成人、职业技术教育及少数民族高等院校部分专业课教材 3 500 多种,印数达 1 亿多册,基本保证了双语教学对民族文字教材的需求，为民族地区培养了大批人才，为促进民族地区政治、经济、文化和教育事业的发展作出了贡献。

为宣传、展示20年来中小学少数民族文字教材建设所取得的成就，教育部民族教育司于1998年8月，在北京举办了全国中小学少数民族文字教材展，参加此次展示活动的单位有：内蒙古、新疆、广西、西藏、青海、吉林、四川、云南、贵州等省、自治区的民族文字教材编译、出版部门，21个民族的30种文字的中小学教材参展，教育部副部长张天保、国家民委副主任图道多吉参加开幕仪式并剪了彩。

撰稿　沙玛·加甲
审稿　达　莱

〔**教育援藏**〕 1998年1月，教育部民族教育司与西藏自治区教委组织调查组，对全国20个省市的33所内地西藏班(校)办学现状进行调查研究，并确定了培训内地西藏班(校)教师、教育行政管理干部和改善办学条件等项目方案。针对各地在办内地中师西藏班的工作中认识不够统一，学校管理不够到位的实际情况，组织办有西藏班的部分省市教委师范教育处长及内地10所中师西藏班校长赴西藏进行考察交流和培训。7月，在福建省三明市召开了内地西藏班(校)工作研讨会，就进一步提高教育质量和办学效益等问题进行了研讨和交流，取得了共识。1998年12月，教育部发出《关于转发西藏自治区教委〈关于1999年内地西藏班初中毕业生返藏参加统一考试有关事宜〉的通知》，要求认真作好此项工作。1998年，18个省(市)的内地西藏初中班招收新生1 855人；完成了1 211名内地西藏班初中毕业生的升学分流任务。有1 471名学生进入内地普通高等学校和中等职业学校学习，其中内地高校共录取西藏班高中毕业生308名。并下达内地西藏初中班扩招基建经费1 500万元。

〔**亚行开发银行援助民族教育项目**〕 1998年3月18日，教育部在北京召开“亚行开发银行技术援助民族教育司加强项目”总结交流会。参加会议的有9个省、自治区教育部门主管民族教育官员、项目中外专家、国内外有关机构的代表官员共50多人。

1996年，“亚洲开发银行技术援助中国国家教委民族教育司加强项目”开始实施。项目投入资金50万美元，实施内容：(1)开展发展中国少数民族教育的9个课题研究；(2)培训民族地区教育行政管理干部和师资；(3)加强民族教育管理信息网络建设。为保证项目顺利实施，建立了从国家教委贷款办、民族教育司到省教委、地州(盟)、县教育部门及学校的项目实施行政和业务网络系统。组织项目专家组就民族教育管理信息系统试点、民族教育政策法规、双语教育、民族地区教育综合改革和山区、牧区民族中小学寄宿制办学形式等9个课题进行认真研究，并形成了专题报告。项目实施地区涉及云南、广西、贵州、四川、内蒙古等省、自治区16个县的近百所中小学和民族中等师范学校，覆盖了中国民族教育发展的重点地区。研究课题突出了民族教育发展中急需解决的难点问题，如民族教育宏观政策制订、民族师范教育改革、民族师范学校校长培训、提高和改善民族教育行政管理干部的综合素质、民族寄宿学校建设和发展、民族中小学的“双语”教育、加强民族地区教师管理信息系统的建设、以渗透职业技术为重点，因地制宜，深化民族地区农村中小学教育综合改革等。1998 年，项目执行完毕，取得了成果。一是课题研究在理论上有深度，在实践上有可操作性，对民族地区有重要的借鉴意义，具有长远的积极影响。二是通过项目实施，组织培训了 70 余名省、地一级民族教育管理干部和 110 余名民族中等师范学校校长，使他们学到了先进的管理方式和方法，在提高民族教育的管理水平方面发挥了积极作用。三是加强了国际专家和国内专家之间的交流。四是该项目加强了民族教育管理网络建设，提高了民族教育的统计技术和手段。

撰稿　次仁多布杰　卢胜华

审稿　夏　铸　阿布都

学校体育、卫生、艺术与国防教育

体育、卫生教育

〔颁发《高等学校医疗保健机构工作规程》〕 根据国务院批准颁布的《学校卫生工作条例》和《医疗机构管理条例》的规定要求，为促进高等院校医疗保健机构的规范化管理，教育部于 1998 年 4 月 22 日颁发了《高等学校医疗保健机构工作规程》。

《规程》明确规定，高等学校医疗保健机构应坚持面向全体师生员工、贯彻预防为主的工作方针，树立为教学服务、为提高师生健康水平服务的工作宗旨。高等学校医疗保健机构的主要任务是：监测学校人群的健康状况；开展学校健康教育；负责学校常见病和传染病的防治；对影响学校人群健康的有害因素实施医务监督。其基本职责是：负责新生入学健康检查和学校各类人员的定期健康检查，对健康检查资料进行统计分析，并根据存在问题及时采取有效防治措施；对患病体弱学生实施医疗照顾及对因病不能坚持学习者提出休、退学处理意见；对学校社区内危重病例实施抢救，对不能处理的病例及时转上级医疗机构诊治；协助教务部门开设大学生健康教育课程或定期举办健康教育讲座；开展学校社区内医疗服务，做好各种常见病和多发病的诊治、控制工作；做好学校社区内传染病预防和管理工作；对学校教学卫生、体育卫生、劳动卫生、环境卫生、饮食与营养卫生等实施医务监督；协助学校有关部门对公费医疗进行改革和管理。《规程》还对高等学校医疗保健机构的管理、奖惩与处罚等方面的内容做了具体规定。

〔颁发学校体育、卫生两个《条例》的《检查评估细则》〕 国务院批准颁布的《学校体育工作条例》和《学校卫生工作条例》是规范学校体育卫生工作的重要行政法规。两个《条例》颁布已经 8 年，为加强执法检查，促进普通中小学和中等职业学校贯彻落实两个《条例》，1998 年，教育部颁发了《普通中小学和中等职业学校落实〈学校体育工作条例〉检查评估细则》与《普通中小学和中等职业学校落实〈学校卫生工作条例〉检查评估细则》。

教育部要求两个《条例》的检查评估以乡中心小学以上的完全小学、中学和中等职业学校为主要对象；检查评估应与日常体育卫生工作有机结合起来进行，以学校自查及县级教育行政部门复查为主，各省（自治区、直辖市）、市（地区）教育行政部门进行不定期的抽查；要把对体育卫生工作的检查评估作为实施《普通中小学校督导评估工作指导纲要（修订稿）》的重要内容，将两个《检查评估细则》的要点列入中小学督导评估方案，使之结合起来统筹安排；各省、自治区、直辖市教育行政部门应对本地区学校如何贯彻落实两个《条例》进行规划，并督促学校按照两个《检查评估细则》要求进行自查以及分期分批地对自查“合格”的学校进行抽查；教育部将根据各地检查评估工作开展情况，不定期地进行抽查，根据抽查结果对获“优秀”以上等级的学校及贯彻落实两个《条例》有突出成绩的地区或县进行表彰。

两个《检查评估细则》颁发后，各地教育行政部门对本地区学校如何贯彻落实两个《条例》及开展两个《条例》的检查评估进行了规划和部署，一些地区和学校已经开始进行自查。一些地方的实践表明，两个《条例》的检查评估将掀起学校体育卫生工作的新高潮，对全面实施素质教育、推动学校体育卫生工作的进一步开展发挥重要的作用。

撰稿 廖文科

审稿 杨贵仁

〔**灾区学校卫生防病工作**〕 1998年中国长江、嫩江、松花江流域发生历史罕见的洪涝灾害。由此造成的水源污染、生态环境的严重破坏，使灾区学校师生工作、学习、生活环境十分恶劣，各种传染病极易在学校传播和流行。为有效保护灾区广大师生的身心健康，确保大灾之年无大疫，教育部于1998年8月24日、26日先后发出《关于加强灾区学校卫生防病工作的通知》、《关于加强灾区学校卫生防病工作的补充通知》，对灾区学校的卫生防病工作进行部署，两《通知》明确要求：各地教育行政部门应在地方政府统一领导下认真做好学校卫生防病工作，要根据学校受灾恢复情况，提出改善学校环境卫生、饮水、饮食卫生的具体措施；受灾学校要组织专人在开学前搞好学校的环境卫生，对教学区、生活区、食堂、厕所等重点区域全面喷洒药物进行消毒；灾区学校应为学生提供开水或符合卫生标准的饮用水；各级各类学校应在开学后利用健康教育课开展一次以灾后卫生防病为专题的宣传教育活动，利用墙报、黑板报、校刊等办一期卫生防病专刊，血吸虫疫区的学校还应对学生进行预防血吸虫病的专题教育；教育部门所属的中小学卫生保健机构、高等院校校医院要在开学前下到学校，帮助学校开展卫生防病工作，督促学校落实各项卫生防病措施；各级教育行政部门要在开学前后组织一次卫生检查，尤其要对重点地区和学校进行认真检查督促，以保证各项卫生防病措施的落实；要加强疫情报告制度。

湖南、湖北、江西等受灾省（自治区）教育行政部门和学校按照上述部署，在开展灾后学校修复或重建工作的同时，都结合本省受灾情况对灾区学校的卫生防病工作进行了部署，提出了具体要求和措施，还派出了由省内高校师生组成的防病防疫小分队赴灾区学校开展卫生宣传教育和义诊送药活动，帮助学校清理脏污环境和消毒灭菌等。湖南省为了确保灾区学校学生饮水安全，在对学校的“改水”与卫生设施的配备提出要求的同时，还筹集下拨了200万元专项补助经费。由于受灾省（自治区）的教育行政部门和学校的高度重视，层层落实各项卫生防病措施，基本实现了大灾之年无大疫的目标。

撰稿 张 芯

审稿 杨贵仁

〔**推行中小学生、幼儿系列广播体操**〕为切实落实《学校体育工作条例》中关于学生每天有一小时体育活动时间的规定，促进中小学生和幼儿身心的健康发展，教育部组织创编了《中小学生、幼儿系列广播体操》。这套广播体操创编工作从1997年4月开始，历经创编、教学实验、科学论证、征求专家意见等过程，共用一年时间。创编委员会主任由原国家教委副主任柳斌担任，成员有专家、教授、优秀教师及专业编辑。《中小学生、幼儿系列广播体操》是建国以来首次由国家教育行政部门针对广大中小学生、幼儿不同年龄阶段身心发展特点组织创编的广播体操，由五套操组成。它在继承以往广播体操的优点的基础上，改变了以一拍一动为主的传统模式。为使这套操尽快得到普及和推广，教育部于1998年3月18日发出《关于推行〈中小学生、幼儿系列广播体操〉的通知》；3月27日在人民大会堂举行记者发布会，人大常委会副委员长何鲁丽出席并讲话。

〔**开展"健康地奔向21世纪"象征性长跑活动**〕 1998年9月，教育部、国家体育总局、国家广播电影电视总局、共青团中央联合发出通知，要求在全国高等学校、中等学校和小学中广泛开展主题为"为祖国而锻炼，健康地奔向21世纪"的象征性长跑活动。该长跑活动自1998年10月下旬开始，至2000年底结束。在每年的秋冬季节开展，每年跑100天，要求每天跑400～2000米。

1995年"全国学生体质调研"结果显示，中国学生体质健康方面还存在一些薄弱环节，特别是在肺活量和耐力方面问题比较突出。长跑活动简便易行，在不少地区和学校业已形成传统。适宜的长跑锻炼是提高人体呼吸系统和心血管系统的机能、提高肺活量、增强耐力素质的有效手段。坚持不懈地参加主题性集体长跑活动，还能很好地培养学生参加体育锻炼的习惯和坚韧不拔的意志品质，激发他们的集体主义、爱国主义精神，这对于青少年学生的健康成长具有非常重要的意义。联合通知要求各有关部门、团体要密切协作，相互配合，积极支持学校开展好这项活动；教育部门要牵头作好组织工作；各地要通过广播、电视、队日、团日等多种形式，大力宣传开展这项活动的意义，引导青少年学生积极、自觉地参加到长跑活动中来。联合通知还要求各地在组织长跑活动的过程中，要注意对学生进行体育保健、卫生和有关科学知识的教育，避免伤害事故的发生；要坚持实事求是，杜绝形式主义和弄虚作假等不正之风；有条件的地区和学校要结合象征性长跑活动，针对学生体质健康方面存在的问题开展科学研究。

〔**全面实施初中毕业生升学体育考试**〕原国家教委在1997年11月印发的《初中毕业生升学体育考试实施方案》中提出，从1998年开始，将初中毕业生升学体育考试作为初中毕业生升学考试科目，在全国实施。文件发出后，各省（自治区、直辖市）积极响应，转发文件，召开会议研究具体实施办法。

全国计入升学总分的分值，各省市基本都控制在30～45分之间，因残疾、伤病免考的学生计分，多数省控制在15～18分左右。考试的内容和项目大部分省市采取三项运动素质（耐力或速度、力量、弹跳或柔韧），并设立可供学生选择的几个项目的办法；有的省市根据本省体质调研反映出来的问题有针对性地确定项目，也有不少省市和地区尝试采用运动素质与教学内容相结合的题库抽签定项的办法。据调查，由于各地注意加强宣传，在组织体育考试的全过程中，严密组织、严格管理，使整个体育考试过程未出现意外事故，保证了第一年考试工作的顺利进行，并为以后继续实施打下了良好的基础。

撰稿　顾美蓉

审稿　杨贵仁

艺 术 教 育

〔在高校普及交响音乐〕 为贯彻李岚清副总理关于在大学生中普及交响音乐的指示精神，进一步加强学校美育和艺术教育，促进大学生素质的全面提高，教育部决定在普通高校开设“交响音乐赏析”选修课。教育部体育卫生与艺术教育司组织专家及音乐欣赏课教师，于1998年6月编写出《高等学校交响音乐赏析》教学大纲（试行），并在此基础上成立教材编写委员会，组织编写高等学校《交响音乐赏析》教材。同时还支持中国影视音像交流协会电影委员会等单位联合拍摄影片《交响音乐》，以电影形式推动高校交响音乐的普及。

为了推动普及交响音乐，教育部体育卫生与艺术教育司于1998年5月在北京、上海、天津、四川、湖北、陕西等省（直辖市）联合举办全国部分高校交响音乐周活动。百万大学生参与了此项活动，对高校交响音乐的普及起到了积极作用。

〔全国农村学校艺术教育工作经验交流会〕 1998年9月15日～17日，全国农村学校艺术教育工作经验交流会在湖北省潜江市召开。全国29个省（自治区、直辖市）的教育行政管理人员和46个县的教育局长共100余人参加了会议。会议的主要内容是：以县为单位交流各地农村学校艺术教育的工作经验；研讨农村学校艺术教育的管理，教育教学体系与模式、师资培养与培训、教学设备器材的配备以及农村学校艺术教育科学研究等问题；观摩潜江市农村中小学艺术教育现场。会议总结各地开展农村学校艺术教育工作的经验。这些经验是：(1) 提高各级领导干部对艺术教育地位和作用的认识，建立市（县）、镇、校三级艺术教育行政管理网络和教研机构，是开展农村艺术教育的关键。(2) 提高农村艺术教育课堂教学质量是推动农村中小学艺术教育的核心。课堂教育面向全体学生，是艺术教育的基础和主渠道，必须摆在突出的位置抓紧抓好。在此基础上结合农村实际，利用农村的有利条件，开展多种形式的课外艺术活动。(3) 配备艺术教师是开展农村学校艺术教育的重要环节。农村学校开展艺术教育最困难的是缺乏合格师资，实践表明，凡是农村艺术教育搞得好的地区，都是由于教师问题解决得好。各地在教师培养和培训方面都进行了积极的尝试。有的采取倾斜政策稳定现有艺术教师，录用社会艺术专业人员补充师资的不足；有的建立巡回教学制度（即在学区小学配齐艺术教师，由学区小学统一编排全区小学的艺术课程表，届时由学区小学的专职艺术教师按照课程表在学区内巡回教学）等，这些都有效地解决了农村艺术教师紧缺的问题，使农村艺术教育教学质量大幅度提高。(4) 增加经费投入，搞好器材设施建设，是农村学校开展艺术教育的物质基础。有的地区把艺术教育设施装备列入乡镇教育部门的工作计划；有的从当地教育局每年的教育经费中划拨艺术教育专款，并把艺术教育纳入"普九"验收的做法，都在一定程度上改善了艺术教育的教学条件，推动了艺术教育的发展。(5) 加强科学研究是发展农村艺术教育的必由之路。现行的教学内容和教材在一定程度上脱离农村的实际，制约了农村艺术教育的发展。许多地方在探讨农村中小学艺术教育的规律、方法、途径，加强教研工作方面，进行了有益的探索和尝试，并取得了一些阶段性的成果。一些地方建立起了市（县）、片、校三级艺术教育科研管理网络，有计划、有组织地开展教育科学研究；进行把艺术教育植根于农村，服务于农村的探讨；以及采取学、导、研、改的方式，分层次选定艺术教学改革试点的探讨等，对全面提高农村学校艺术教育发挥了积极作用。

〔**举办面向 21 世纪学校美术教育国际研讨会**〕 1998 年 10 月 7 日～9 日，由教育部体育卫生与艺术教育司主办，首都师范大学承办的"面向 21 世纪的学校美术教育国际研讨会"在北京召开。应邀参加会议的有来自美国、德国、俄罗斯、日本、韩国、香港特别行政区、台湾地区及大陆各省（自治区、直辖市）的大中小学美术教育工作者 100 多人。研讨会的主要内容有：介绍各国美术教育概况；总结 20 世纪美术教育的经验，研讨面向 21 世纪美术教育的内容、教育形式、教学体系与模式，师资培养与培训；展示中国美术教材与读物；观摩美术课及美术活动等。

改革开放以来，中国普通学校的美术教育有了很大发展，从小学、初中、高中到大学的美术教育体系已初步形成；美术教师队伍迅速扩大，素质有所提高；美术教材建设呈现初步繁荣局面；美术课教学质量有较大提高；中小学美术课外活动硕果累累，在国际上有较高声誉。与会各国代表对中国美术教育的发展表示赞赏，对与中国交流有浓厚兴趣。但是，从整体上看，中国的美术教育与飞速发展的形势仍有不小差距。在教育观念的更新，教学内容与教学形式的改革方面，都有学习别国先进经验的必要。通过这次会议，代表们广泛交流了国际美术教育信息，研讨了 21 世纪世界美术教育的改革方向与内容，促进了国际间的合作与交流，对中国学校美术教育的改革和发展也起到了积极的推动作用。

〔**全国中小学生文艺汇演结束**〕 由教育部、文化部、广播电影电视总局和共青团中央联合主办的全国中小学生文艺汇演活动，从1997年3月开始至1998年8月22日结束，历时一年半。这次汇演是遵照李岚清副总理1994年4月提出的“要引导学生开展课外艺术活动，定期举办文艺汇演和文艺比赛”的指示精神而举办的。汇演分三个阶段进行：第一阶段是征歌、评歌；第二阶段是由各地开展活动；第三阶段是调演与颁奖。据不完全统计，自1997年底至1998年6月全国有近1亿名中小学生参加了汇演。1998年6月3日，成立了汇演评委会，由22位在京音乐、舞蹈教育专家，文艺界专家，教育部艺术教育委员会委员和具有高级职称的中小学校优秀艺术教师组成。评委会主任由文化部副部长徐文伯担任，评委会下设声乐、舞蹈、器乐三个评审组。经过评委们认真、公正的评审，全国35个省（自治区、直辖市）及计划单列市上报的329个节目，有252个节目获声乐、舞蹈、器乐优秀节目等次奖。其中一等奖57个，二等奖90个，三等奖105个；优秀节目表演奖21个，优秀节目创造奖28个，获一等奖的节目同时获优秀指导教师奖，20个省（自治区、直辖市）获得优秀组织奖。

1998年8月17日、18日在北京举行了两场部分优秀节目调演，8月22日在中央电视台举办了颁奖晚会。参加调演的节目有39个，在京参加演出的人数达1000余人，节目覆盖了35个省（自治区、直辖市）及计划单列市。调演节目内容健康向上，风格清新明朗，体裁形式多样，质量普遍较高。

整个汇演活动取得了圆满成功。其参加人数之多、范围之广、规模之大是空前的，充分体现了汇演的广泛性、群众性和普及性。活动不仅展示了近年来中小学生艺术教育的成果，也提高了人们对艺术教育的认识，对今后学校艺术教育的深入开展起到了很强的辐射和推动作用。

撰稿　万丽君
审稿　杨　力

国防教育

〔**高校军事理论课教师培训**〕　1998年3月和8月，原国家教委学校国防教育办公室分别在武汉大学和大连理工大学举办“全国普通高等学校军事理论课教师培训班”，约200所大学的军事理论课教师参加了培训。培训内容以原国家教委、总参谋部、总政治部颁发的《高等学校学生军事训练教学大纲》和原国家教委统编教材《军事学教程》为基本依据，聘请地方高校和军队院校有关专家进行授课。培训过程中还组织全体培训人员就教学内容、教学形式、教学方法等进行研讨。通过培训，对于提高军事理论课教师队伍教学水平，培养军事课教学骨干，开展军事课教学法研究，拓宽视野，促进教学质量提高起到了积极的作用。

〔**高校军事理论课建设**〕 1998年，原国家教委学校国防教育办公室组织部分专家着手制定《高等学校军事理论教学指导纲要》。《纲要》对军事理论课基本内容和知识要点做了明确的规定，对军事理论课正规化建设将起重要作用。

为进一步加强对普通高等学校军事教学工作的宏观管理，促使各高校及其主管部门更加重视军事教学工作，推动军事教学基本建设和教学改革，原国家教委委托全国普通高等学校军事教学指导委员会制定了《普通高等学校军事课教学工作合格评价方案》。该方案将课程建设指导思想、教学条件、教学状态、教学效果作为评价学校军事教学工作的四个主要方面。此方案已征求部分高等学校和省市教委的意见，准备在1999年正式下发执行。

1998年原国家教委学校国防教育办公室组织专家制作了高等学校军事课试题库计算机软件。试题库的建立有利于军事理论课教学、考核的制度化、规范化，有利于教学质量的提高，拟通过专家鉴定后推广使用。

撰稿 谭 钢

审稿 杨 力

电化教育

〔**现代远程教育工程**〕 现代远程教育是随着现代信息技术的发展而产生的一种新型教育方式。它是构筑知识经济时代人们终身学习体系的主要手段。其主要任务是:(1)以现有教育和科研计算机网、卫星电视教育网为基础，充分利用国家已有的互联网及其他信息资源，构成覆盖全国城乡的现代远程教育网络;加速建设现代远程教育资源，逐步建立开放教育的管理办法，通过遍布全国的教学点和资源库，为社会成员提供高质量的学习支持服务。(2)开展大学后继续教育;发展多种行业和专业的继续教育，为城乡劳动者提供内容丰富的教育培训;进行教师培训;满足社会各方面学习者多层次、多方面的终身学习需求,逐步提高公民的科学文化素质。(3)提高各级各类学校运用现代教育技术的能力,提高教育质量。(4)运用电视教育等手段,推动解决老少边穷地区的教育问题,重点满足边远、海岛、深山、林牧等地区普及义务教育的要求;推动农科教统筹,为农民提供更多的实用技术培训;为基层传统行业职工转岗和再就业服务;促进当地经济社会发展。(5)通过试点,逐步扩大教育规模,提高社会成员受教育年限;充分发挥研究性大学的优势,努力把最好的教育资源及时送到最需要的地方去;促进函授教育,引入先进的教学手段,推动广播电视大学开放和教学现代化;积极探索发达地区实现高等教育大众化的途径。

1997年8月,清华大学远程教育网建成并开通试播，这是我国最早开展远程教育的高等学校。1997年12月8日,原国家教委发出通知，提出高等学校开展远程教育需经国家教委批准，远程教育传输系统由国家教委统筹规划，任何高校和公司不得自行建立远程教育传输系统。之后，成立了教育部现代远程教育规划专家组，拟定了《教育部现代远程教育规划设计原则》等文件。

1998年6月,教育部党组讨论并原则同意教育部电教办提出的《关于发展我国现代远程教育的意见》。文中提出发展我国现代远程教育的指导方针是:统筹规划，需求推动，扩大开放，提高质量。该文件上报国务院后，7月10日，李岚清副总理在文件上作了批示:“远程教育是利用现代信息技术发展高素质教育的一种教育方式,是一件很大的事,我们应作为一项重大工程来研究实施，请你们组织一些同志进行周密的研究，提出方案”。

8月，教育部电教办在北京召开高校现代远程教育试点工作研讨会，教育部副部长韦钰出席会议并讲话。会上，清华大学、湖南大学、浙江大学、北京邮电大学分别介绍了本校开展远程教育的情况。会议提出上述4所大学为现代远程教育试点学校。经教育部党组研究，同意这4所学校启动试点工作。

4所试点大学开设的现代远程教育专业如下：

研究生教育

清华大学：工程硕士、MBA

浙江大学：管理工程

湖南大学：建筑工程、计算机科学与技术、管理工程、机械电子工程

北京邮电大学：工程硕士、MBA

第二学位

清华大学：法律

高中毕业的本科教育

浙江大学：计算机科学和工程

湖南大学：建筑工程、计算机科学与技术、英语

北京邮电大学：电信工程、计算机通信工程

“专升本”教育

清华大学（与中央电大合作）：计算机科学与技术

湖南大学（与中央电大合作）：建筑工程

浙江大学：管理工程

撰稿 殷珞得 董爱平

审稿 王珠珠

〔中小学现代教育技术实验学校工作〕 为加快中小学教育现代化的进程，教育部基础教育司和电化教育办公室共同设立了全国现代教育技术实验学校。实验工作的总目标是：在全国基本普及九年义务教育的地区，设立1000所现代教育技术实验学校（其中在贫困地区和少数民族地区设立100所左右），在这些学校中，充分运用现代教育技术，促进基础教育的改革和发展，促进中小学全面实施素质教育，探讨新的更有效的教育、教学模式；从中遴选出100所示范校，使其教育技术发展水平逐步接近发达国家水平，带动全国教育技术工作全面发展。

通过实验要实现的具体目标是：(1)优化教学过程，探讨充分利用常规电教手段和计算机技术改革教学模式、教学结构和教学方法。(2)优化学生的学习资源，积极开发各类有效的音像和电子教材，合理配置现代教学设备，提高学习资源的利用率。(3)取得一批对促进教学改革，发展教育科学与技术具有突破性的科研成果。(4)形成一支掌握现代教育技术，具有较高业务能力的教师和管理干部队伍。(5)建立网络系统，加强实验学校之间的联系与合作，开展实验工作的资料与信息交流，实现资源共享。

1998年1月，433所学校成为教育部第一批现代教育技术实验学校。首批实验学校确认后，各地实验工作小组按照项目分工，认真组织落实实验工作。实验学校按照实验工作的总体部署，积极开展课题研究、知识和技能培训等实验工作。作为实验学校工作的重要组成部分，由教育部电教办牵头组织的全国教育科学“九五”重点课题《中国基础教育现代化工程实施策略研究》，分为28个子课题开展了研究，其中102所学校在国内第一流教育技术专家的指导下进行研究。到年底，实验工作已取得阶段性成果，主要表现在：实验学校领导和广大教师在思想观念上有了转变；实验学校工作带动了中小学教育技术的深入发展和更广泛的普及；对运用教育技术手段，促进素质教育的实施，形成新的现代教育模式，进行了初步探索等。教

育部将在1999年～2000年间继续确认一批实验学校，以树立不同地区、不同条件下以教育技术推动教育现代化的典型。

撰稿　李凤兰
审稿　王珠珠

〔**多媒体教学网络系统应用现场会**〕1998年10月8日～10日，教育部电教办、高教司、科技司、基础司、职成司等有关司局联合在解放军陆军参谋学院召开全国多媒体教学网络系统应用现场会。来自全国50多所高校、部分地区教育行政部门及部分成人高校、职业学校、普通中小学校的近200位负责同志出席了会议。教育部副部长韦钰、总参军训部副部长陈有元出席会议并讲话。与会人员听取了陆军参谋学院院长刘朝明关于该校开展多媒体教学方面的经验介绍，参观了该院的多媒体中心、网络中心，考察了教师制作多媒体课件的普及情况。

在参观和考察过程中，代表们边学习，边找差距。许多学校的同志讲，如果说网络，有的学校的网络并不差；如果说软件，许多学校也开发出了一些优秀的软件，但是，能够像陆军参谋学院这样将多媒体网络技术广泛应用于教学过程中，提高了广大教师的教学能力，是很多学校目前没有做到的。与会代表一致赞成教育部提出的“统筹规划，需求推动，扩大开放，提高质量”的现代远程教育发展方针，希望在国家宏观规划指导下，分级管理，分级负责，共同为推进教育信息化做出贡献。其中，教育部应该加快制定有关的方针政策，组织教育信息传输的主干网的建设，制定关键技术的标准，组织重点项目的攻关，包括教学素材库、试题库等的建设，同时为基层提供良好的指导和服务；省级教育行政部门应根据实际情况制定本省的规划，并作好教育信息化的指导服务；学校建网时，要进行充分论证，不能盲目发展，要鼓励学校间通过协作开发优质软件，实现资源共享。要强调各方面协调，特别是高校，要协调好教务处、网络中心、电教中心、信息中心、成教学院的关系，统一领导，分工合作。

会议还认为：教育信息化，关键在教师，必须加大教师队伍培训的力度。在培训教师应用现代教育技术时，一定要处理好应用优质软件和自己开发适用课件的关系。这是一个问题的两个方面。一是优秀的教师结合专业开发人员制作出供大面积使用的系列软件，这是非常必要的。它可以提高软件开发的效益和水平。二是教师自己开发的适用课件应该是教师教学个性的体现。因此前者和后者都不能偏废，应该互相补充，共同为提高教育质量服务。

撰稿　王珠珠　郑大伟
审稿　阮智勇

〔**卫星电视教育**〕1996年，中共中央办公厅、国务院办公厅发出《关于加强新闻出版广播电视业管理的通知》，明确教育电视台归口广播电视行政部门行业管理。同年，广播电影电视部和国家教委联合印发《关于教育电视台、教育电视收转台管理暂行办法》。1997年，广电部科技司、国家教委电化教育办公室又发出《关于核发教育电视台、教育电视收转台频率执照的通知》。据此，广播电影电视部从1997年下半年开始，对广播电台、电视台和教育电视台进行重新审核登记工作。截止到1998年底，全国地（市）级教育电视台的重新登记工作大部分已完成，广电总局正式批复的75座台已颁发了准播证与频率执照。县级教育电视台与部分地市级教育电视台的重新登记工作继续进行。

中国卫星教育电视现有3个卫星频道，每天向全国播送60多小时的教育节目。截止到1998年底，全国大部分省、地（市）级有线电视台转播了中国教育电视台的节目，教育电视台在地（市）级城市的有线覆盖率达80%左右。已初步建成以中国教育电视台为中心，以遍布全国的地方教育电视台、有线电视台和卫星地面接收站为依托的具有中国特色的、世界上规模最大的教育电视节目传输和接收网络。

据统计，中国教育电视台自开播以来共播出各类教育教学节目共10万多小时，取得了巨大的效益。通过中国教育电视台播出的电视课程，中央广播电视大学共培养毕业生近200万人；2000多万人接受继续教育与岗位培训；全国有70%的中小学教师通过卫星电视教育手段实现了学历达标；200多万中小学教师和校长收看各类继续教育课程和校长培训讲座。中国燎原广播电视学校给上亿农民送去了实用技术和致富信息，为农民脱贫致富、发展经济发挥了重要作用。

撰稿 章雪梅

审稿 卫功宜

〔**全国广播电视大学教育工作会议**〕1998年3月25日～28日，教育部电化教育办公室和中央广播电视大学在北京召开1998年全国广播电视大学教育工作会议。会议的主题是，高举邓小平理论旗帜，把充满生机和活力的电大教育带入21世纪。进一步落实《关于广播电视大学贯彻〈中国教育改革和发展纲要〉的意见》和“面向21世纪广播电视大学改革和发展的基本思路”，主动适应经济建设和社会发展需求办学，积极推进开放办学和教学现代化进程，在开放办学过程中，进一步深化改革，完善教学质量保证体系，全面提高教育质量，在现代远距离教育中发挥重要作用。

教育部副部长、中央广播电视大学校长韦钰出席会议，并在开幕式上作了题为《把一个充满活力的现代远距离教育带入新世纪》的讲话。讲话指出，发展教育要两条腿走路，要制订加速发展电视、广播等现代化教育手段的措施。教育要面向现代化、面向世界、面向未来是邓小平同志规划和发展中国教育的战略思想和方针。创办电大是邓小平教育理论的伟大实践，广播电视大学20年的成功实践，充分证明邓小平教育理论和他创办电大的重大决策是极其英明的。我们要加紧研究怎样高举邓小平理论旗帜，把生机勃勃的远距离教育带入新世纪。中央广播电视大学副校长于云秀作了题为《继续深化改革，全面提高教学质量，推进开放办学和教学现代化进程》的主题报告。教育部电教办主任宋成栋作了题为《坚持方向、珍惜机遇、练好内功、提高质量，争当现代远距离教育主力军》的总结报告。

全国44所省、自治区、直辖市、计划单列市及独立设置的广播电视大学校长出席了会议。会议期间，韦钰同志主持召开了现代远程教育工作座谈会，专题讨论了关于发展中国现代远距离教育的基本思路问题。广播电视大学、国家教育规划方面的专家、部分普通高等学校、函授大学的电教和网络技术等方面的专家代表也参加了座谈会。教育部成人教育司、中央广播电视大学的领导同志分别就中国成人高等教育的改革和发展、“注册视听生”教育试点和为“再就业工程”提供培训服务等问题作了专题报告和讲话。40所省级电大向会议提供了经验材料。上海、广东、江苏、甘肃、云南、吉林、沈阳和西安电大的代表分别就把好远距离教育质量关、加强教学全过程的质量控制、加强考试管理等方面的经验在大会发言。会议期间，代表们参观考察了中国教育科研网（CERNET）网络中心、清华大学远程教育中心、中央电大远研所CAI课件研究开发中心及电大系统计算机点对点通讯中枢和音像教材技审室等，看到了信息技术发展为远距离教育提供的有力的物质技术条件和电大自身开发计算机网络和多媒体课件的现状、潜力和优势。

代表们重点讨论了在电大跨世纪发展进程中如何深化教学改革，全面提高教育质量，完善教学质量保证体系的问题。认为须从以下几个方面加强教学全过程的质量控制：(1)努力从机制、队伍、投入等各个方面，把“以教学为中心”真正落在实处；(2)进行以面向21世纪的教学内容和课程体系改革为重点的教学改革；(3)采取系统共建的方式，抓紧进行多种媒体的教材建设工作；(4)加快适应开放和远距离学习的学习支持服务系统建设；(5)加强考试管理，严肃考风考纪；(6)加强队伍建设；(7)继续抓好教学评估工作；(8)加强远距离教育、教学研究。

代表们认真讨论了教学现代化问题。随着信息和知识经济时代的到来，远距离教育的内涵和形式会更新。广播电视大学将面临着信息技术、经济社会发展以及其他教育形式开展远距离教育的多重挑战，因此，必须加快教学现代化的步伐。教学现代化，一方面要充分利用并进一步开发现有媒体技术手段，用好广播电视、录音录像、电话和文字教材等媒体，加强教学媒体的一体化设计，另一方面要积极研究开发计算机网络、多媒体课件以及电视会议等交互式的远距离教育手段和技术。除硬件建设外，教学现代化的关键，还是课程和教学设计，对学生提供学习支持服务。中央电大要加强全国电大系统教学现代化，特别是网络和多媒体研究开发的规划、示范、协调、指导和人员培训，做到系统资源共建和共享，避免重复建设和盲目发展，并主动与其他教育形式相结合，在共同构建中国现代远距离教育网络的进程中，充分利用电大系统现有和在建的教学资源，努力争当主力军。

代表们还重点研究了为“再就业工程”提供培训服务的问题，认为各级电大都应该迅速行动起来，充分开发电大各种教育资源，有计划地开发适用面广的新教材，结合当地实际，联合其它教育形式，做好各项培训服务工作。代表们还具体讨论了法规建设、地市电大建设、教材建设和现代远距离教育等热点问题，达成了新的共识。

撰稿　张瑞麟

审稿　于云秀

〔省级广播电视大学教学评估〕 一、评估概况。1998年开展的广播电视大学教学评估是中国电大系统创建以来规模最大的一次全国性评估活动，是对电大高等专科教育的首次全面检查和评价。教学评估由教育部电化教育办公室和中央电大直接组织领导，全国所有44所省级电大及其所在地政府和教育主管部门全力投入的一次带政府行为的系统组织活动。

按照教育部电化教育办公室颁发的《关于开展广播电视大学教学评估工作的意见》，全国电大教学评估的具体目标是：通过考察省级电大高等专科教育的教学工作情况，检查电大的教学过程、教学管理、教学条件以及教学效果等；促进电大更好地利用现代教学手段和多种媒体进行远程开放教学，充分发挥电大系统教育资源的优势，深化教学改革；加强电大系统的教学指导，提高现代化教学管理水平，促进教学管理的科学化和规范化；改善教学条件，提高教学质量和效益；使电大高等专科教育更好地为中国经济建设和社会发展服务。评估对象是省级电大，评估范围主要是电大高等专科教育的教学和教学管理工作。根据将目标评估和过程评估、条件评估相结合、以过程评估为主的指导思想，确定了这次教学评估的主要内容由教学过程、教学管理、教学条件和教学效果4部分组成。

这次教学评估选择计算机应用、法律、财务会计和英语4个专业分别作为理工农医、社会科学、经济管理和教育文学4大学科群的典型代表，对4个参评专业的学生组织了分层、整群和等距相结合的抽样调查，共发放学生问卷33 323份。用光电扫描机录入计算机数据库的参评学生有效问卷20 883份，有效回收率63%。发放教师问卷7 009份，录入教师有效问卷4 878份，有效回收率70%。完成录入全国省级电大普查问卷44份。经过计算机运算处理和分析总结，形成了全国44份《省级电大教学评估自评报告》。

二、对电大教学和教学管理工作的基本评价。(1)总体评价。全国省级电大教学评估总指标得分为4.510分(高分5分)，其中最大值为4.733分，最小值为4.132分。这说明全国44所省级电大高等专科教育的教学和教学管理工作总体情况是好的和比较好的。(2)教学管理方面。4项一级指标中教学管理的得分最高，表明全国省级电大普遍对教学管理工作较为重视，制度比较健全，管理比较规范，初步形成了一套远距离教育的教学管理体系。(3)教学效果方面。指标得分为4.590分，对于规模较大的远程教育来说，这一结果说明全国电大高等专科教育的质量和教学效果是好的，是有基本保证的。(4)教学条件方面。省级电大之间在教学条件方面各地发展不平衡，差异较大，多数电大虽然基本达到了要求，但尚存在问题。队伍建设方面有明显改进，而在教学经费投入和教学基地、基础设施的建设方面仍有较多困难。(5)教学过程方面。全国省级电大教学过程的现状，总体来说保证了电大教育的教学要求以及培养目标的实现，但在适应远程开放教育的要求上还有一定距离，有待进一步强化。

三、评估的主要成果和收获。(1)有力强化了教学工作在全国各级电大工作中的中心地位。通过教学评估，全国省级电大普遍注重突出教学工作，注意围绕远程开放教育的教学来安排和做好其他方面的工作，在一些学校形成了“聚精会神抓教学，上下一心抓质量”的良好氛围。(2)极大推进了教学管理的制度化和规范化。在自评工作阶段，各省级电大都下大功夫对学校历年的教学文档资料进行重新整理、分类，并进行建章立制工作。据统计，在评估期间制定的有关政策、规定中，关于教学管理的规章和制度多达108项。(3)促进和加快了现代化教学基础设施的建设。教学评估开展前，由于多年教育经费投入不足，部分省级电大教学基础设施陈旧但却无力更新，本次教学评估中全国省级电大共建设和改造多功能学术报告厅、多媒体视听室、音像阅览室、网络教室和计算机实验室等教学基础设施163项；除购置电教、演播、实验设备之外，添置计算机2 000多台，图书20 000多册；新建校舍面积41 000平方米，计划划拨校舍2座，完成教学楼等6项工程。这些为电大教学现代化提供了必要的基础条件。(4) 加大对电大教育的投入，促进了电大教育事业的发展。本次教学评估为电大争取到一次集中的经费投入的机会，据不完全统计，自教学评估启动以来，全国44所省级电大除正常经费拨款以外共增加投入2.5亿元。其中，省级政府及教育主管部门新增拨款1.3亿元，省级电大以多种渠道自筹资金1.2亿元。(5) 促进和深化了电大系统的教育教学改革。在开展教学评估不足两年的时间里，各地政府和教育主管部门制订和发布了深化电大教育改革和发展的政策、法规及举措42项。各省级电大也提出131项有关系统建设、教材建设、队伍建设和支持服务体系建设等各方面的整改措施和意见，有效地推进了学校的全面工作，为电大教育的发展奠定了良好的基础。(6) 宣传了电大，提高了电大在各地政府及教育行政部门、部分普通高校和社会上的声誉、地位和影响，使电大教育得到更为广泛和有力的支持。(7) 为各地电大提供了相互交流、相互借鉴、相互学习的极好机会，又一次充分显示了电大系统的整体优势，增强了全国电大系统的凝聚力。(8) 锻炼了全国电大的教师、管理和技术人员队伍，一批可以胜任教育教学评估、擅长组织领导的骨干脱颖而出。

撰稿 张瑞麟

审稿 孙绿怡

〔**再就业培训**〕 一、中央电大同劳动和社会保障部等联合开展再就业培训 1998年，为贯彻落实中共中央、国务院召开的全国国有企业下岗职工基本生活保障和再就业工作会议和《中共中央国务院关于切实做好国有企业下岗职工基本生活保障和再就业工作的通知》，做好下岗职工再就业培训工作，中央广播电视大学同劳动和社会保障部培训就业司、中国就业培训技术指导中心联合开展再就业培训，举办远程再就业培训电视讲座。

合作开展再就业培训的内容是：(1) 形势政策教育。包括就业、再就业的形势，国家有关再就业、职业培训、职业技能鉴定、职业指导的政策、法律等。(2) 转变观念教育。通过宣传一批下岗职工再就业明星的事迹，帮助广大下岗职工转变就业观念。(3) 实用职业技能培训。陆续播出手工编织、烹饪技术、室内装修设计、实用护理技术、手工钩织、立体裁剪、客房服务、餐厅服务、初级美发、初级家电维修、市场营销、文秘、计算机录入、实用英文打字等，并对有从事个体经营、创办小企业意向的下岗职工开展创业能力培训。(4) 根据劳动力市场需求和再就业工作的需要，陆续制作、播出其他相应的再就业培训节目。培训对象是全国企业下岗职工和社会失业人员。播出方式为中央电视台第二套节目，每周三早播出；中国教育电视台每天上午播出不少于1学时内容。

劳动和社会保障部培训就业司负责指导检查远程再就业培训的实施，要求地方劳动部门加强对再就业培训工作的指导，加强与地方电大及各类参与再就业培训机构的联系，负责提供劳动力市场需求信息、有关的再就业政策等。中国就业培训技术指导中心负责远程再就业培训的组织协调工作；负责提供初级家电维修、市场营销、文秘、计算机录入等专业的录像带，并与中央电大合作制作国家有关再就业的形势、任务、转变就业观念、职业培训、职业指导等方面的政策、法律的宣传内容。

中央广播电视大学负责提供手工编织、烹饪技术、室内装修设计、实用护理技术、手工钩织、立体裁剪、客房服务、餐厅服务、初级美发、实用英文打字、创业培训等节目；根据需要制作新的再就业培训节目；负责落实播出频道及播出计划，并组织地方广播电视大学参与远程再就业培训工作。广泛动员地方各类培训机构，特别是企业再就业服务中心组织下岗职工学习收看电视再就业培训节目。充分利用各类再就业服务中心和有关培训机构的场地、设施，通过发行教材、辅导材料、录像带等形式开展远程再就业培训的电化教学，并进行必要的辅导等。职业技能节目播出后，由各地劳动部门和电大组织统一考试，对考试合格者由劳动部门颁发培训结业证书，作为在劳动力市场优先推荐就业的凭证。

节目播出后，受到下岗职工的欢迎。据不完全统计，有10余万人参加了各项培训。

二、广播电视大学开展再就业培训情况

1998年中央电大牵头，在全国电大教育工作会议上，全国44所省级电大校长共同签署了《关于“全国电大再就业培训行动”的意见》。《意见》明确了全国电大再就业培训行动遵循的原则：(1) 统一思想，树立为再就业服务的整体社会形象，把再就业培训与继续教育结合起来，满足人们知识更新，接受终身教育的需要；(2) 因地制宜，从实际出发，既针对社会的需要，又适应学习者的需求；(3) 教学资源共享，开发利用现有教学资源；(4) 重在社会效益，不以赢利为目的。其行动方式为：(1) 中央电大增设“再就业培训空中课堂”。“空中课堂”围绕择业观念、创业理念、职业技能、就业典型等方面展开。课程有：《认识自我》、《认识环境》、《创业投入核算》、《应聘策略》、《公共关系》、《家教》、《家政》、《计算机应用》、《烹饪》、《服装裁剪》、《美容美发》、《家庭装饰》、《家电维修》和《汽车维修》等；(2) 与劳动部门联合开展再就业培训。中央电大与劳动和社会保障部合作，组织职业技能和创业能力培训；(3) 为社会组织再就业培训提供多种媒体教材。中央电大挖掘自身电视教材资源，同时积极组织地方电大现有教材，编制适应再就业学习的多种媒体教材。中央电大已在中国教育电视台播出《再就业、创新业，路在脚下》为主题的再就业培训专题，将在中央电视台推出《再就业指南》等4个专题节目。

开辟培训新路子。上海电大较早承担了市劳动局下岗职工培训、考核大纲的制定和培训教材的编写任务。为使下岗女工获得有效的学习时间，提高培训效果，充分利用现有的培训网络，精心挑选了30个培训点组织开展培训。还与市劳动局合作开办“空中再就业培训学校”，主要内容是有关行业培训电视教育课程，包括已有的家庭服务员、推销员、美容师培训等项目和正在准备新的培训项目，如护理工培训等；再就业信息及各种就业政策；针对就业指导人员的电视培训，开办《就业指导初级培训》，包括就业形势、就业政策、就业指导技巧和就业指导实务。贵州电大利用系统教学网络和管理优势，适应社会需要和下岗职工转岗训练的迫切要求，将培训工作纳入经常化、正规化轨道，向全省电大发出《下岗职工再就业培训工程实施意见》，就全省电大开展再就业培训的性质、范围、项目设置、教学管理等方面作了部署；全省电大已推出计算机操作、家电维修、实用电工、美发美容等多个培训项目，免费招生，有数百名下岗职工参加学习。辽宁电大与辽宁电视台等联合组建辽宁开放大学，面向社会、面向下岗职工宣传再就业政策，发布有关信息，介绍再就业典型经验，该校与盘锦、葫芦岛等地市电大被辽宁省政府批准为首批下岗再就业培训试点院校之一。四川电大要求把下岗职工再就业培训作为重要政治任务来抓，为国分忧。还从学校经费中拨出10万元作为专项经费。乐山、绵阳、自贡、攀枝花等电大在当地免费开展以计算机应用为主要项目的培训，受到当地下岗职工的欢迎。现已开设《服装剪裁与缝制》、《财务会计实务》、《市场营销实务》、《市场营销策略》、《计算机应用基础》、《OFFICE办公应用》、《家电维修》等项目。大连电大与市劳动局联合成立“大连市再就业培训广播电视学校”。这是该市专门针对下岗职工再就业开设的第一个培训机构，所授课程均在大连教育电视台《电大导视》专题节目播出。首期播出的课程是约占劳动力市场需求量50%的市场营销员、家政服务员和计算机文字录入员专业。下岗职工免交报名、培训和考核费，凡参加培训经考核合格获得《技术等级证书》，有关部门作为劳动力资源登记备案，优先介绍就业。

帮助下岗职工树立正确的择业观。沈阳电大制定了再就业培训计划。把抓紧提高再就业人员的素质，使其学会新的就业技能，以适应市场经济发展需要作为首要任务，了解下岗人员的基础、特长与兴趣爱好，开展微机操作、家电维修、建筑施工、木工、水暖等培训。在培训中教育学员克服“一次分配定终身，一张文凭定岗位”的“铁饭碗”思想，树立“一专多能”意识，提高生存竞争能力，使他们认识到今后就业不存在“铁饭碗”，而是凭真本事吃饭；不只追求到全民企业，而能到合资企业、私营企业就职；有能力的可以干个体，也同样是给社会创造财富；当工人不一定只当固定工，也可以作临时工，甚至计时工、计件工。上海电大通过家政电视培训，帮助学员树立正确的择业观，克服家庭服务是“服侍人”、低人一等的错误观念，在电视授课中把“认清形势，转变观念，自强不息，再创新业”作为培训的主要内容，加强宣传引导。参加四川电大培训的下岗职工表示通过培训，不仅学到了技能，更重要的是增强了再就业的信心和勇气，转变了就业观念，将勇敢面对现实，自强不息、接受挑战、克服困难、走出困境，在新的岗位上努力工作、回报社会。电大教育工作者把千方百计为下岗职工提供再就业学习的机会，转变观念，提高生存竞争能力，解决燃眉之急作为义不容辞的责任。

提高下岗职工再就业上岗率。在电视培训中，坚持边培训，边职介，边就业，培训后上岗率有较大的提高，多数人在自强创业的奋斗中重新体认了人生；许多女工把学到的知识用于家政服务岗位上，受到用户的信任和好评。如上海电大学员吴金娣在家政服务岗位上创下了“要家政，找金娣”的声誉，使人们感到“学与不学就是不一样!”台湾用户称赞“上海的家庭服务水平就是高!”。河北邯郸电大开办“个体私营企业会计核算”培训，采用录像、面授辅导、业务操作相结合的教学方法，使学员迅速掌握并学以致用，有效地配合了税务部门的工作，已培训 3000 多人，收到了良好的社会效益。

撰稿　张瑞麟

审稿　孙天正　于云秀

〔**中国燎原广播电视学校**〕 中国燎原广播电视学校成立 8 年来，以农村实用技术培训为主要内容，以广播电视为主要手段，在 20 多个省（区、市）的许多地、县、乡、村实施了燎原广播电视教育，取得了显著成效，受到农民的欢迎。为进一步发挥燎校在推进农村教育综合改革和实施“燎原计划”中的作用，1998 年，教育部职业教育与成人教育司转发《中央电大关于全国燎原校贯彻十五届三中全会精神的意见》，《意见》指出，必须认真学习和贯彻党的十五届三中全会精神，实现全会确立的农业和农村跨世纪的发展目标，把农业和农村经济增长转移到依靠科技进步和提高劳动者素质的轨道上来。各级电大都要从建设有中国特色社会主义新农村的需要出发，按照农科教结合和三教统筹的原则，针对当前燎校工作中出现的新情况和新问题，进一步加强燎校的网络建设，扩大燎原广播电视教育的覆盖面，大范围推广适应农村的科学技术知识，大面积提高劳动者的素质。已经建立起来的燎原广播电视学校，要进一步巩固、提高；还没有建立燎校的县(市)，要依托广播电视大学或县级职业、成人学校尽快建立燎原广播电视学校。在有条件的乡镇和行政村，可以利用成人文化技术学校或其他成人和职业教育机构，建立燎校教学点，实行一套机构多种功能，充分发挥农村各类教育资源的作用，因地制宜开展多层次、多形式的教学活动。各级燎校都要重点做好地面接收、内容选编、组织收看、现场咨询、项目推广等工作，使学习者能够根据需要，通过选择接收电视节目、收看录像、参加培训等不同的学习方式，接受燎原广播电视教育。要在乡镇、村的支持下，探索新形势下，燎原广播电视节目下乡、进村、入户的新途径和新办法，逐步建立起便于下乡、进村、入户的教材运转机制和管理制度，按照教育资源共享的原则，为广大乡村干部和农民、县乡企业职工、在校学生以及城镇再就业人员的学习提供服务。在经济发达地区要争取做到燎原节目直接深入到户，在一般地区主要依靠乡镇和村农民文化技术学校，采用多种电教手段实施燎原教育，争取逐步做到燎原节目直接入户。

《意见》要求继续贯彻落实原国家教委办公厅《关于进一步加强燎原广播电视学校工作的意见》，要在地方教育行政部门的统筹安排下，切实落实燎原广播电视学校的办学经费，配合有关部门核准人员编制，在考核、晋级、职称评定等方面按照同层次教师待遇给予同等对待，以鼓励更多的人投身燎原广播电视教育。要求结合当前的新形式和新要求，着手开展燎校工作的阶段性检查工作，同时加强对燎原广播电视教育理论研究的指导，进一步开展交流和宣传等活动。

撰稿　张瑞麟

审稿　孙天正

教育考试

高考改革

〔**高考内容与形式改革研讨会**〕 1998年6月25日～26日，教育部学生司、基础教育司、考试中心共同召开高考内容与形式改革研讨会，高教、普教、招生部门三个方面的专家、教师、招考专职人员参加了会议，教育部副部长周远清出席会议并讲话。教育部考试中心提交了《关于高考内容与形式改革的建议报告》以及关于高考数学科、语文科、英语科考试内容与形式改革的报告。会议分析当前高考改革所面临的形势，讨论了高考改革指导思想，内容和形式改革的要求及高考改革的有关配套措施。会议认为高考改革进入了一个新的阶段，即内容和形式改革的阶段。高考内容与形式的改革是教育发展到一定水平的反映。高考改革要坚持三有原则，即有利于高等学校选拔人才；有利于中学实施素质教育；有利于高校扩大办学自主权。

在广泛征求意见的基础上，教育部考试中心会同教育部高校学生司和基础教育司制定了《高考内容和形式改革方案》，该方案待教育部党组讨论通过后，从2000年开始有计划、分步骤逐步实施。

〔**“3＋X”高考科目改革实验**〕 教育部于1998年6月23日批复广东省，同意广东省从1999年起进行普通高考科目改革试验。新的高考科目设置高中阶段开设的全部文化课，其中：语文、数学、外语为必考科目，在广东省招生的高等学校根据本校（专业）的具体情况，提出相应的加试科目，加试科目必须从物理、化学、政治、历史、地理和生物6科中选择一科或几科。为使改革试验顺利进行，要求广东省高校招生委与招生学校协调做好选择科目的工作。

考生根据自己的志愿，参加所报考的高等学校（或专业）规定的科目考试，兼报不同专业必须兼考相应科目，新的高考科目设置简称为“3＋X”。高考各科试题由教育部单独命制，考试大纲由教育部考试中心公布。高考日期与全国统一招生考试同步。

为做好广东省“3＋X”试点单独命题工作，教育部考试中心在广东省进行了调研，了解高三学生选科情况及生物、地理教学现状，并对学生水平进行测试。经与广东省高校招生委办公室多次协商，决定在高考科目改革的基础上，进行部分学科考试内容的改革。提出为广东省命题的实施意见：（1）各科命题根据普通高校对新生的文化素质要求，依据中学教学大纲及“调整意见”，但不拘泥于大纲。按照“考查基础知识的同时，注重考能力”的原则，加强能力和素质的考查。(2)根据“3＋X”高考科目的设置特点，适当调整学科内容比例，注重学科内部各部分内容的交叉和渗透，以及与其他学科的综合。(3)语文删除“文化常识”和“名言名句”的要求，减少文言虚词的数量。数学不分文、理科，所有考生使用同一试卷。英语增加听力，有关听力和口试，继续广东省已试行的方案，即：听力20％(占英语全卷分数)，口试由广东省自行命题。政治加大“经济”和“哲学”的内容。(4)各科题型相对稳定，略做调整，适当增加应用型和能力型试题，密切联系生产和生活实际，反应学科内容和社会发展、社会需求的关系。(5)各科难度参考广东省考生实际水平，略低于全国试卷。(6)编写“3＋X”科目方案的《考试说明》(包括地理、生物)，突出内容改革的新要求。

〔**调整全国高考考试时间**〕　教育部于1998年12月发出通知，对1999年普通高等学校招生全国统一考试部分科目考试时间作出调整。将原来安排在第二天下午的外语考试与第三天上午的物理、历史考试科目进行对调。具体考试时间安排如下：

日期 时间	7月7日	7月8日	7月9日
9：00—11：00	语文（11：30结束）	数学	外语
15：00—17：00	化学/政治	物理/历史	

这次部分考试科目时间的调整主要是为了适应当前和今后高考科目改革试点工作的需要。大部分地区执行的“3＋2”和局部地区试点的“3＋X”考试，语文、数学、外语3个科目都是其考试要求中的基本科目，为适应高考科目改革试点工作的安排和高考长远发展的需要，将3个基本科目安排在三天考试的上午，无论对考生还是对科目改革的试点都有利。广东省“3＋X”方案的考试时间定在7月7日～10日共四天，每天安排2至3门科目的考试，每门科目两小时（语文2.5小时），具体考试时间为：

时间	7月7日	7月8日	7月9日	7月10日
9：00—11：00	语文（11：30结束）	数学	外语	物理
15：00—17：00	化学	历史	政治	13：00—15：00生物 16：00—18：00地理

撰稿　任子朝
审稿　马金科

〔**高校招收保送生综合能力测试办法**〕　普通高等学校招收保送生制度，是对以考试入学作为主要选拔新生办法的补充和完善。为确保保送生质量，教育部决定1998年在上海、湖北、河北、黑龙江、四川5省(市)试行招收保送生新办法,即上述5省(市)的保送生必须参加由教育部考试中心命题的综合能力测试。考试中心组织有关专家对“综合能力测试”的目的、要求、目标及实施等进行了研究论证,设计编拟了试题。由此产生了中国教育考试史上的第一份综合考查各学科知识与能力的试卷。

测试要求及目标。3项要求是:(1)具备理解事物发展变化过程的能力;(2)具备综合运用知识的创新意识和能力;(3)具备基本的科学精神和人文精神;11项目标是:(1)了解基本的自然科学和社会科学现象、规则、定律、规律的意义。(2)理解自然科学和社会科学的重要概念与结论。(3)能通过简单实验观察自然现象;较完整地描述社会事物的面貌。(4)能认识数据、公式、图形之间的关系;认识社会科学资料的性质和理解社会事物之间的关系。(5)能阅读、选取、使用适当的资料;提取有效信息说明和阐释问题。(6)能通过数据、图表等认识事物的特征、规则或关系;应用知识的迁移和信息的储备对社会事物进行系统的分析和多角度的描述。(7)能分析自然现象和社会现象发展变化的原因;准确认识事物的基本特征。(8)根据图表、数据解释说明有关概念或能图示相关概念。(9)能根据事实作出科学判断、归纳、推理和结论;表现思维个性。(10)正确评价人与自然、社会的关系。(11)体现人类与环境之间协调发展的价值观念。

试卷内容结构。语文约占20%,数学约占20%,外语科未含在该项测试之中,其他各科(综合题)约占60%。

考试时间和考试形式。150分钟。闭卷,笔试。试卷满分100分。

试题特点:(1)试卷不分文理,考查内容覆盖语文、数学、物理、化学、政治、历史、地理、生物各学科知识。语文、数学考核内容及形式相对独立,其他科目综合设题。(2)试题注重理论和实际相结合,贯彻学以致用的原则和方法,以进一步激发学生的积极性、主动性和创造性,鼓励学生从多角度、多层面,运用多种能力和方法,分析和解决有关的理论问题和实际问题。(3)考查综合学习能力,强调各学科的渗透、交叉与综合。试题以学生所学的各学科的内容为知识载体或背景材料,考核的重点并不在于以往单一学科的“能力要求”,而在于学科之间的渗透、交叉与综合。(4)强调人与自然、社会协调发展的现代意识。试卷力图反映出人们在社会生产活动中、人类在生存与发展过程中所面临的问题和遇到的挑战,如对不同国家的产业结构的比较、调整和完善,环境污染的因素分析、历史变迁以及相应的对策等,强调人与自然、社会协调发展。

〔**高校联合招收华侨、港澳地区、台湾省学生考试命题工作**〕 普通高等学校联合招收华侨、港澳地区及台湾省学生的工作已开展15年。继1985年北京大学、清华大学等7所著名大学开始联合招生后,1998年参加联合招生的内地高校已达90所。教育部考试中心一直承接制定普通高校联合招收华侨、港澳地区及台湾省学生考试大纲和命制试题的任务。

联合招收华侨、港澳、台湾省学生考试是展示我国教育发展水平与方向的一个重要窗口。目前内地高校入学考试正在进行以考试内容为核心的改革,这种改革带来的变化也在联合招生考试中反映出来。

1998年10月，教育部考试中心委托香港考试局对部分考生进行问卷调查。调查结果显示，考生对目前的试题尚不能完全适应。问题集中在不同地域的教学内容方面。此外，由于在教学手段、方法、语言习惯等方面存在着差异，易造成考生因非智力因素造成失误。教育部考试中心已进一步加强联合招生考试命题的研究与评价工作。

撰稿 张亚南

审稿 马金科

自学考试

〔**专业调整与改革**〕 为充分利用高等教育自学考试制度开放、灵活的特点和优势，发挥发展中国家办大教育的独特办法和有效途径，更好地体现自学考试在中国高等教育宏观结构中的作用，适应面向21世纪社会发展和经济建设对专业人才培养的需求，科学合理地确定高等教育自学考试的培养目标和规格，提高学习和考试质量，原国家教委和全国高等教育自学考试指导委员会（以下简称“全国考委”）决定在全国范围内进行高等教育自学考试的专业调整与改革。

全国考委从1996年下半年起由各专业委员会组织了相关学科的600多位专家，对全国开考的410余种专业进行了汇集与整理、论证与审定、修订与规范的工作。在专业设置上，增强了社会需求的适应性，删减了不适合的专业，增设了社会急需的专业。同时，还兼顾了自学考试面向农村、面向基层发展以及满足人民提高自身文化素质需要的一些专业。在专业结构上，减少了专、本衔接的专业，增加了专科专业和独立本科段专业，体现了以专科为主、适当发展本科的要求。在课程体系和内容上，更加适应未来社会发展对不同类型的高等教育的专门人才在知识、能力和素质方面的要求。最后，经全国考委审定，教育部批准，制定出《高等教育自学考试专业目录与专业基本规范》。

原各地开考的410种专业经调整规范后，列入到《专业目录》中的有224种，分设23个学科门类。其中专科专业141种，占专业总数的63%，独立本科段专业61种，本科专业22种。与专业调整前相比，大大减少了分段或衔接本科的专业，较大幅度地增加了独立本科段专业，这将有利于满足社会对各类专门人才的需求。

为适应各类高等教育形式的专科毕业生继续学习提高和深造，在《专业目录》中增加和规范了接考本科段或独立本科段的政策规定。对于凡属国民教育序列、国家承认的各类高等教育形式的专科毕业生接考自学考试本科段专业条件的规定，统一按专业目录中的要求执行。

在《专业目录》确定的224种专业的基础上，全国考委又经调研和论证，征求各方面的意见后，提出制订全国开考专业考试计划92种专业，从中确定66种专业556门课程为全国统一组织考试。逐步分期分批进行上述大纲、教材的建设。

高等教育自学考试公共课的设置改革，也已着手进行。要把政治理论学习内容同思想品德课内容有机结合起来，并在课程自学考试大纲上体现这两方面的考核要求。在原设课程的基础上，增设邓小平理论概论课程作为必设课程。

教育部、全国考委还对各地的专业调整改革工作提出要求。在全国范围内，各地的专业调整、过渡工作必须在三年内完成，即从2002年起全部执行新的专业考试计划。对开考《专业目录》之外的专业，原则上不再审批。如确有需要开考的个别特殊专业，须严格按原国家教委的有关文件规定报全国考委审批。

撰稿 邱建臣
审稿 王建军

〔**中英合作自学考试课程**〕 1998年，中英合作自学考试“商务管理”和“金融管理”专业课程经过全国考委与英国剑桥大学考试委员会（UCLES）一年多的论证、设计，确定了两个专业的培养目标和专业结构。“商务管理”和“金融管理”专业是根据中国经济发展对商务、金融管理人才的需求，采用国际标准，结合中国的实际和自学考试的特点而设计的。这两个专业属专科层次，主要是培养具有实用商务、金融管理知识和实际操作能力的人员。该专业的设置主要是面向在职的中等工商、金融管理人员，以及有志于从事此项工作并具有高中毕业水平的人员。两个专业的课程各确定为15门，其中4门专业课，11门公共基础课。其中的哲学、政治经济学和大学语文3门课程直接采用中国高等教育自学考试中的公共基础课，英语选用剑桥商务英语证书（BEC）考试，BEC一级C等为合格标准，免口试。通过所有课程考试的考生，将按照中国有关规定获得自学考试毕业证书和英国剑桥大学考试委员会颁发的“剑桥高级商务管理证书”或“剑桥高级金融管理证书”。两个专业的毕业生如愿自费留学英国，剑桥大学考试委员会将向英国有关高等院校推荐。

〔**建立面向农村自学考试实验区**〕 1998年，全国高等教育自学考试指导委员会批复江苏省同意在江苏省建立面向农村自学考试实验区并开展试点工作。

江苏省建立面向农村自学考试实验区，坚持立足农村、面向社会、兼顾城镇的方向，实验范围重点为全省县及县以下地区。在专业课程的设置上，根据农村社会、经济发展的实际需求及人才类型规格的要求，强化技术职业课程，比例将占总课程60%左右；基础理论课的设置以必需和够用为度。专业课程实行模块组合方式，以培养农村复合型、应用型人才为出发点，强化职业岗位的针对性和实用性。

〔**主考学校“教考职责分离”改革试点**〕

截至1998年底，全国已有北京、天津、辽宁、吉林、浙江、山东、湖北、广东、四川、新疆、陕西、福建12个省（市、区）进行主考学校改革试点工作。

在高等教育自学考试制度建立和发展过程中，普通高等院校做为主考学校发挥了重要作用。但近几年来，在有的省开考的一些专业中，主考学校存在教考职责不分的现象，如主考学校既承担考试命题任务，又进行办班助学，个别命题人员参与辅导等，对自学考试的健康发展带来不利影响，已引起社会关注。为此，1997 年，原国家教委办公厅发出《关于进行落实“教考职责分离”原则，发挥主考学校作用试点的通知》，决定自学考试中的命题、组考、评卷等工作由考试机构全面负责，把主考学校调整为“专业指导学校”，让其在学科建设和助学中发挥示范和引导作用，使考试机构和普通高等学校成为支撑自学考试事业发展的两个支柱。并确定辽宁、吉林、山东、广东和陕西 5 省先行试点。

1998 年 6 月 13 日～15 日在长春召开落实“教考职责分离”原则，发挥主考学校作用试点工作经验交流会，全国考委副主任王明达、试点省和部分省（市、区）自考办主任及部分参加试点的普通高校院校长共 40 多人出席会议。会议明确提出：(1) 高等教育自学考试必须坚持“教考职责分离”原则，做到“办考者不办学，办学者不办考，命题者不辅导”。教考职责不分的专业，不能开考，已开考的，必须停考。(2) 实现“教考职责分离”原则，关键是健全考试结构。考试机构要增加工作人员，提高人员素质，从命题、组织实施考试、评卷和统计分析等环节加强管理，提高质量。(3) 参加试点的普通高校，应成立由分管院校长牵头的领导小组，分别建立承办省考委交办的工作机构和管理学校助学工作的机构。(4) 试点省的普通高校在不影响学校本部的教学任务的前提下，可以举办助学班，在自考的学科建设和助学上发挥指导作用，鼓励和支持普通高校面向农村和基层开展助学活动，助学形式可多样化。

会后各试点省认真贯彻会议精神，完善改革方案，部分省的试点工作取得新的进展。

〔纪念《高等教育自学考试暂行条例》颁布十周年〕 1998 年是国务院《高等教育自学考试暂行条例》颁布 10 周年。在北京市纪念《条例》颁布 10 周年大会上，教育部部长陈至立发表了讲话。她回顾了自学考试 17 年来所取得的巨大成就，对自学考试工作积累的丰富经验进行了总结：一是严格的质量管理，二是初步建立了适应社会主义市场经济的新机制，三是充分依靠普通高等学校的作用，四是调动了一切教育资源投入到自学考试的助学中去，五是学生以自学为主，自考生一旦掌握了必要的知识，又提高了自学能力，将终身受益。她指出：高等教育自学考试制度是国家整个教育的重要组成部分，也是高等教育的重要组成部分。要注意研究自学考试的教育规律，研究自学考试与其他教育形式的协调发展，要科学合理地确定自学考试的培养目标，针对国民经济和社会发展中迫切需要的一些专业来引导学生，提高学生，完成考试，要着眼于人才素质的全面提高，转变教育观念、教育思想，探索考试方法和手段的创新，要注重对考生个人学习能力和创新精神的培养，要严格管理，保证教育考试的公平、公正，维护国家考试的严肃性和权威。她强调：未来的教育是终身教育，高等教育自学考试作为发展我国终身教育的一条重要途径，将越来越发挥其独特的作用。

以《条例》颁布 10 周年为锲机，全国考办决定从 1998 年开始，每年定期在全国举办“自学考试宣传活动周”大型宣传咨询活动，使全社会更多的人关心、了解和支持自学考试，为自学考试的发展和考生自学创造良好的外部环境和条件。1998年“自学考试宣传活动周”的主题是“自学考试——宽广的成才之路”，宣传的重点是：高等教育自学考试是中国高等教育的重要组成部分，是符合中国国情、有中国特色的高等教育的一项创举，是开放、灵活、投资少、质量有保证的高等教育形式和以学历考试为主的国家考试制度，是宪法规定的“鼓励自学成才”的具体体现，自学考试制度的建立为全社会的公民提供了一条广阔的成才之路。北京、上海、天津、江苏、山东、山西、黑龙江、甘肃、青海、云南和湖北等十几个省、市都认真组织了首届“自学考试宣传活动周”活动，进一步扩大了自学考试的社会影响，取得了明显效果。

撰稿　崔邦成

审稿　王建军

社会考试

〔**全国计算机等级考试**〕　1998年全国计算机等级考试共命制试题9科225套。30个省、自治区、直辖市的601个考点开考，考生人数84万，核发合格证书46.8万份。

从1994年开考以来，全国计算机等级考试取得了迅速发展。1994年试点时报考考生仅1万余人，1995年4.8万，1996年21万，1997年51万，1998年84万，截至1998年底，考生人数累计已经达到161万人，70余万人获得相应等级的合格证书。该考试已经成为国内计算机类考试中规模和影响最大的考试。

为适应计算机应用技术的发展，1998年考试大纲对一、二、三级考试内容作了较大幅度的修改和调整，适当增加了网络、多媒体等内容。一级考试由原来的DOS版本增加为DOS和Windows两个版本，并对考试内容作了较大调整，二级考试停考BASIC程序设计语言，改为考QBASIC程序设计语言。其他开考的程序设计语言仍为C、PASCAL、FORTRAN和FoxBASE，总计仍为5种程序设计语言。

为配合1999年按新考试大纲实施考试，组织编写了全国计算机等级考试教程，研制了一级WINDOWS版考试软件，修订了考务管理软件，并对各省市考务管理和技术人员进行了业务培训和考核验收。对各省市进一步加强考务管理提出了具体措施。

1998年增强了合格证书的防伪功能，采取用具有教育部考试中心英文名称缩写“NEEA”的水印纸印制证书等一系列防范措施。此外，全国计算机等级考试一级B类无纸化考试系统也已通过有关部门组织的鉴定。

撰稿　孙显福

审稿　王建军

〔全国公共英语等级考试〕 教育部考试中心将在全国范围逐步推行公共英语等级考试。该考试是非学历性考试，着重考查考生的交际英语能力。凡愿参加考试的人，不论年龄大小和学历高低，均可在当地考试机构报名参加。考试的性质为标准参照性考试。全国公共英语等级考试共设五个级别，其中一级为初级水平，一级（B）为一级的附属级，略低于一级的要求，覆盖16个最基本的交际话题，600个最基本的交际英语词汇和听、说、读三种最基本的英语语言技能。该考试分口试和笔试，考试时间为每年3月的第二个周末，每年举行一次。

全国公共英语等级考试一级(B)于1997年举行了第一次考试，1998年仍处于试点阶段。参加1998年试点的有北京、山东、湖北、河南、浙江，报名人数近1万人。全国公共英语等级考试第一级至第五级将于1999年9月举行第一次考试。

撰稿 陈 宁
审稿 梁育民

〔海外计算机化考试〕 1997年10月，原国家教委考试中心与美国思尔文公司签订了在中国合作举办计算机化考试的协议。思尔文公司是美国教育考试服务处(ETS)计算机化考试的全球独家代理。1998年1月，计算机化考试报名中心和原国家教委考试中心海外计算机化考试北京考点建成，并首先开考GMAT(管理学研究生入学考试)考试。随后，分布在上海、广州、南京、西安、成都、武汉、大连、济南、厦门、哈尔滨、昆明的计算机化考点也陆续建成并开始考试。截至1998年12月23日，报名中心接待了26 896个有关计算机化考试的电话咨询并注册了3 400名GMAT考生。计算机化考试的特点是：报名快捷；考生根据自己的需要预定考试日期和座位；考题为自适应性；成绩在考试完毕后立即打印；考生像片在入场时用电子方式摄取；考场设有电子监控和录像设备每天24小时监控。

撰稿 张 进
审稿 应书增

干部管理与教师工作

教育行政学院培训

〔**高校干部培训**〕 根据教育部党组《关于高等学校干部培训工作的实施意见》精神，1998年，国家高级教育行政学院举办了第十三期高校领导干部进修班和第十期高校中青年干部培训班。来自全国213所高等院校的222名校级领导和后备干部参加了为期2～3个月的学习。本期进修班和培训班是在全党掀起学习邓小平理论新高潮和纪念党的十一届三中全会召开20周年的新形势下举办的，教育部党组高度重视，陈至立、张天保、周远清、陈文博等领导同志分别给学员作了报告。

整个培训共分三个阶段进行。第一阶段是邓小平理论学习阶段，学员主要围绕邓小平理论的科学体系、社会主义本质理论和社会主义初级阶段的基本路线和基本纲领进行了学习和研讨；第二阶段是围绕当前中国高等教育改革与发展的现实，学习高等教育理论以及高等教育政策法规，研讨高等教育发展中的重大问题等；第三阶段是结合形势任务和高校党的建设的现状，加强学员党性修养和党性锻炼教育。

通过自学、专题报告、研讨、交流、社会考察、书面考核，以及个人总结等教学活动的组织，学员们从战略角度认识到学习邓小平理论的重要意义，对十一届三中全会以来的路线方针和邓小平理论有了更加深入、全面的认识和理解，同时对高等教育管理理论以及中国高等教育改革和发展方针政策的认识更加清晰，明确了高校领导干部所肩负的责任，加强了党性锻炼和修养，增强了为进一步开创高校工作新局面和把中国高等教育改革与发展全面推向21世纪的自觉性和坚定性。

〔**地市教育行政干部培训**〕 为了加强地市教育行政领导干部邓小平教育理论、教育政策法规和教育行政管理业务知识的学习，进一步研讨和交流当前基础教育改革和发展中的重大现实问题，根据教育部干部培训规划，国家高级教育行政学院于1998年7月和9月分别举办了第三、四期地市教委主任研修班，来自全国30个省、自治区、直辖市的145名地市教委主任参加了学习研讨。

研修班以邓小平理论和党的十五大精神为指导，把邓小平教育理论学习作为培训的中心内容，紧紧围绕基础教育改革和发展主题，对实施素质教育，开展教育法制建设和建立现代化教育督导制度等基础教育改革和发展中的重大现实问题开展深入的学习、研讨和总结交流。

通过学习和研讨，学员们对实施素质教育有了全面的理解，充分认识到实施素质教育是教育“三个面向”的需要，是全面贯彻教育方针的需要，是全面实施义务教育法的需要；依法治教是党中央提出的依法治国方针在教育工作中的具体体现，教育法律法规为基础教育改革和发展提供了强有力的保障，教育行政部门要积极主动地推进依法治教的进程，加大教育执法力度，促进各地区的教育改革和发展。针对当前基础教育面临的主要问题，学员们认识到，要实事求是，克服困难，进一步深化基础教育改革。首先，要为实施素质教育创造一个良好的外部环境，加大改革力度尤其是考试制度的改革，转变观念，建立新的教育评价制度，全面贯彻教育方针，减轻学生负担；其次，打通基础教育和高等教育的瓶颈口，大力加强高等职业教育；第三，积极推进课程、教材的全面改革，建立面向21世纪的课程体系。

〔**学院基本建设**〕 为了加强国家高级教育行政学院的建设，进一步推动干部培训工作，原国家教委1994年决定在北京市大兴县黄村投资兴建新院址。学院党委重视新院址建设，提出了“高标准、高质量、高速度”的建设目标，组建精干的工程建设管理队伍，合理规划，公开竞标，科学施工。经过工程建设者们两年多的辛勤劳动，到1998年5月，新院址第一期工程顺利竣工，同年7月开始正式使用。

学院新院址总建筑面积为4万多平方米。由于办学条件的改善，扩大了办学规模，从1998年7月到年底，共举办各类培训班16期，培训人数达1400多人。新院址的建成，为国家高级教育行政学院今后全面完成干部培训任务，提高培训质量奠定了良好的基础。

撰稿　王治军

审稿　张仁贤

教 师 工 作

〔**实施“长江学者奖励计划”**〕 为加速高校中青年学术带头人队伍建设，1998年，教育部与香港爱国实业家李嘉诚先生及其领导的长江基建（集团）有限公司合作实施“长江学者奖励计划”。该计划包括实行特聘教授岗位制度和“长江学者成就奖”两项内容。李嘉诚先生及其领导的长江基建（集团）有限公司计划第一期投入港币6000万元，与国家支持的资金相配套，用于实行特聘教授岗位制度。李嘉诚先生另捐赠港币

1000万元，设立“长江学者成就奖”。

“长江学者奖励计划”是落实科教兴国战略，贯彻《面向21世纪教育振兴行动计划》，配合“211工程”建设，吸引和培养杰出人才，加速高校中青年学科带头人队伍建设的一项重大举措，旨在通过特聘教授岗位制度的实施，延揽大批海内外中青年学界精英参与中国高等学校建设，带动国家重点建设学科赶超或保持国际先进水平，并在若干年内培养、造就一批具有国际领先水平的学术带头人，以大大提高中国高校在世界范围内的学术地位和竞争实力。同时，通过特聘教授岗位制度的实施，对于推动高等学校的用人制度和分配制度改革，打破人才单位所有制、职务终身制，改变分配中存在的平均主义等弊端将起到促进作用。

实施“长江学者奖励计划”的第一期，教育部将在3年～5年内在全国高等学校中设置500～1000个特聘教授岗位，由获准设置特聘教授岗位的高等学校面向国内外公开招聘中青年杰出人才。学校遴选、推荐的特聘教授候选人经中国科学院、中国工程院院士参加的同行专家评审会议和由杨振宁、朱光亚等著名学者组成的“长江学者奖励计划”专家评审委员会评审通过后，由学校与受聘人签订聘约，规定聘期及聘任双方的权利和义务。特聘教授在聘期内每年享受人民币10万元奖金，同时享受学校按国家有关规定提供的工资、保险、福利等待遇。其中，对于任职期间取得重大学术成就、作出杰出贡献的人员，颁发“长江学者成就奖”，该奖项每年一次，一等奖每人奖励人民币100万元，二等奖每人奖励人民币50万元。

1998年8月4日，教育部召开“教育部实施‘长江学者奖励计划’工作会议暨新闻发布会”，“长江学者奖励计划”全面正式启动。

经高等学校申请，“长江学者奖励计划”专家评审委员会审定，全国已有113所高等学校的450个学科获准设置特聘教授岗位。首批73位特聘教授已经产生，并与设岗学校签订了聘任合同。其中，尚在海外工作的17位，其余特聘教授绝大部分具有海外留学或工作经历，近期回国；45岁以下的63人；具有博士学位的70人。

经高等学校推荐和专家评审委员会审定，决定首届“长江学者成就奖”设一等奖两名，分别授予夏家辉教授领衔的湖南医科大学“人类神经性高频性耳聋致病基因(GJB3)克隆”课题组和上海第二医科大学陈竺院士；二等奖一名，授予清华大学范守善教授。

夏家辉教授领衔的课题组在1998年5月28日克隆了人类神经性高频性耳聋的致病基因(GJB3)，并在国际权威杂志“Nature Genetics”上发表论文。该基因是在中国本土克隆的第一个遗传病疾病基因，是中国遗传学家在克隆遗传病疾病基因零的突破。陈竺院士在白血病研究以及人类基因组研究领域内获得了一批在国内外有影响的成果，其论文据SCI统计被引用达一千次以上。范守善教授1997年在国际上首次制备出氮化镓一维纳米晶体，并提出了碳纳米管限制反应的概念，著名的《Science》杂志选出1997年十大科学突破的第五项“碳纳米管的研究取得了重要进展”内包括这项研究成果。

撰稿　雷朝滋　王　磊

审稿　管培俊

〔**资助优秀年轻教师基金工作**〕 “国家教委资助优秀年轻教师基金”自1987年设立以来，到1998年已累计资助高校年轻教师达1270余人次，资助经费近7800万元，平均资助强度6万元。“基金”在加强高校骨干教师和学科带头人培养方面发挥了重要作用，主要体现在：(1) 支持和稳定了一批优秀留学回国人员在高校任教。提供独立承担国家基金研究项目的机会是稳定留学回国人员在高校任教的关键。该基金项目的资助，一方面提高了留学回国人员独立承担科研课题的能力，确定了他们在国内高校的学术研究方向，另一方面增加了国际学术交流的机会，加强了与海内外同行间的联系，提高了人选者的学术知名度，对于稳定优秀留学人员在国内高校任教，吸引留学人员回国服务作用明显。据对部分基金入选者和部分高校调查（下同），308名基金入选者在评价“本基金对个人的作用”时，认为“提高独立承担科研课题能力”的占80%，“扶持年轻人、加强发展后劲”的占67%，“提高学术知名度”的占60%，“提供开展国际交流机会”的占43%。在评价“本基金对学校的作用”时，认为“有利于稳定青年骨干、培养后备学术技术带头人”的占87%。(2) 培养、造就了一批年轻学术和技术带头人。许多学校和教师认为，该基金按照“自由申请、专家评审、公平竞争、择优资助”的原则，对年轻学术和技术带头人的成长起了促进作用。276名业绩突出的基金入选者在评价“本基金对个人发展的作用”时，认为“雪中送炭”的占76.1%，“提高了国内外学术界的知名度和地位”的占64.9%，“为获得其他基金打下了基础”的占78.6%，“获得本基金后得到了同行和领导的关注”的占60.5%。获得本基金前至完成本基金资助项目后晋升了专业技术职务的202人，其中由中级职务晋升为高级职务的66人，从副高晋升为正高的有122人；已担任校级领导职务的有32人；学术兼职从无到有的有124人，入选“国家教委跨世纪优秀人才培养计划”的有59人，入选“百千万人才工程”的有55人，入选“国家杰出青年科学基金”的有37人，入选“中国科学院”院士有2人。(3) 扶持一批研究项目取得了高水平的科研成果。通过入选者的辛勤工作，该基金资助项目已产生了一批有较高水平的科研成果。据对308位基金入选者调查统计：已发表论著165册，在国内外一级学术刊物或学术会议上发表论文2193篇，取得科研成果355项，通过鉴定的成果有174项，获国内外专利成果42项，达到国际先进或领先水平成果208项，获得国家自然科学奖3项，获得国家科技进步奖9项，获得国家发明奖1项，获得省部级奖207项。有一批研究成果开拓了基础研究的新领域，具有良好的社会效益，有的已取得显著的经济效益。(4) 推动了高校教学与人才培养工作，促进了高校学科发展和实验室建设。据不完全统计，仅参加308位基金入选者负责的基金研究项目的在职教师和学生就达2020人，其中博士后85人，博士410人，硕士872人，学士476人。在276位基金入选者中，指导研究生“从无到有”60人，“从指导硕士生”到“指导博士生”45人，国家重点学科102人，国家重点实验室64人，国家工程研究中心9人，国家教委开放实验室31人，省部级重点学科65人，省部级重点实验室25人。

为总结“基金”管理工作经验，进一步发挥基金在培养青年骨干教师和学科带头人方面的作用，1998年1月5日，原国家教委在清华大学召开了“国家教委资助优秀年轻教师基金设立十周年纪念会”。财政部、人事部、国家科委、卫生部、国家自然科委基金委、中国科协及基金领导小组成员单位，有关高校负责同志，基金评审专家，基金获得者代表等参加了会议。原国家教委副主任韦钰出席会议并讲话，对基金管理工作和基金的资助效益以及在人才培养方面所发挥的巨大作用给予肯定，并对“基金”今后工作以及如何把国内培养的优秀年轻教师纳入资助范围等问题提出要求。

撰稿　程剑平　朱保江
审稿　管培俊

〔**奖励全国优秀教师和教育工作者**〕
1998年1月8日，原国家教委颁布《教师和教育工作者奖励规定》，对全国优秀教师和教育工作者的表彰奖励政策作了调整：(1)奖励频率由每两年表彰一次调整为每三年表彰一次，表彰时间仍为表彰年的教师节期间。(2)根据国家的统一规范，原“全国教育系统劳动模范”调整为“全国模范教师”和“全国教育系统先进工作者”两种荣誉称号，享受省部级劳动模范待遇。“全国优秀教师”、“全国优秀教育工作者”的荣誉称号不变。(3)原“全国模范教师”、“全国教育系统先进工作者”和“全国优秀教师”、“全国优秀教育工作者”的推荐比例控制由教职工总数的万分之五调整为万分之二以内，其中“全国模范教师”、“全国教育系统先进工作者”的比例不超过教职工总数的十万分之六。

1998年，国务院教育行政部门会同有关部门开展第六次全国优秀教师和教育工作者表彰奖励工作。4月，教育部和人事部联合发出《关于认真做好一九九八年奖励“全国模范教师”“全国教育系统先进工作者”以及“全国优秀教师”“全国优秀教育工作者”评选表彰工作的通知》，决定1998年教师节奖励全国优秀教师和教育工作者2800人。其中，教育部、人事部联合表彰“全国模范教师”“全国教育系统先进工作者”800名，教育部表彰“全国优秀教师”“全国优秀教育工作者”2000名。为加强对奖励工作的领导，教育部、人事部会同全国教育工会、中国中小学幼儿教师奖励基金会组成奖励工作领导小组。教育部部长陈至立任组长；人事部副部长戴光前，国家总督学、中国中小学幼儿教师奖励基金会副理事长柳斌，教育部党组成员陈文博任副组长。领导小组下设办公室，负责具体工作。

经各地评选推荐、组织有关专家评审，领导小组审定，1998年，共表彰全国优秀教师和教育工作者2797人；其中，全国模范教师713人，全国教育系统先进工作者84人，全国优秀教师1803人，全国优秀教育工作者197人。

1998年9月10日教师节，教育部、人事部在人民大会堂召开了庆祝教师节暨优秀教师表彰大会。会前，李岚清副总理接见了全国模范教师代表，与教师代表合影留念、座谈，并作重要讲话。彭珮云、钱伟长、陈至立、宋德福等领导同志出席大会，并为全国模范教师代表颁奖。陈至立同志代表教育部、人事部讲话。

受表彰人选中，专任教师2508人，各级各类学校校长和教育行政部门工作人员289人，中学1305人，小学628人，幼儿园60人，高等学校339人，职业教育(含中师)217人，成人教育98人，特殊教育16人。其中，女性 975 人，少数民族 240 人。普通高校教授 229 人，副教授 105 人，讲师 14 人，中学高级教师 795 人，中学一级教师 604 人，小学高级教师 459 人。

1998 年暑期，长江中下游及松花江、嫩江流域遭受特大洪灾。为及时发现和表彰在抗洪抢险第一线作出突出贡献的优秀教师和教育工作者，全国教育系统奖励工作领导小组办公室及时进行了工作部署。湖南、湖北、江西、安徽、江苏、黑龙江、内蒙古、吉林等省（区），推荐上报了人选。经评审小组审核，奖励工作领导小组审定，决定将湖北省嘉鱼县牌洲镇光明村小学童方保、黑龙江省龙江县景星镇团山村小学鲁华才、江西省九江市彭泽县棉船乡金星完小潘长根、内蒙古赤峰市巴林左旗碧流台乡三道营子村小学张书义、湖南省桑植县澧源镇联校校长伍相丕、安徽省铜陵县老洲乡成德小学校长苏启能、吉林省镇赉县五棵树镇中学校长纪树民 7 人，纳入 1998 年全国优秀教师和优秀教育工作者表彰范围，进行表彰奖励。

撰稿　雷朝滋　黄　伟

审稿　管培俊

附

全国模范教师、全国教育系统先进工作者名单

北　京　市

全国模范教师

李　强　中国人民大学
徐更光　北京理工大学
程时端（女）　北京邮电大学
尹伟伦　北京林业大学
金铁林（满）　中国音乐学院
毛桂芬（女）　北京景山学校
濮存慧（女）　北京育才学校
刘凤云（女、满）　北京怀柔长哨营中学
张洪斌　北京密云第二中学
王志刚　北京西城黄城根小学
刘永胜　北京市崇文区光明小学
李文祥　北京朝阳安慧里中心校
王树燕（女）　北京市农业学校
朱小娟（女）　北京市第五幼儿园
王长林　大兴县成人中专学校
蓝先琳（女）　北京市西城区职工大学
符　松　清华大学

全国教育系统先进工作者

王义遒　北京大学
马振民（回）　北京市大兴县黄村一中

天　津　市

全国模范教师

藤建辅　天津大学
胡　钢　天津广播电视大学
王建华（回）　大港油田集团石油学校

贾玉芳(女) 天津市工程技术学校
吴世炎 天津市蓟县下营中学
张金英(女) 天津市统计职业中专
李寿康(女) 天津市 57 中学
杜蕴珍(女) 天津市南开区中营小学
曹秀明(女) 天津武清县三浅里小学
华　梅(女) 天津美术学院

全国教育系统先进工作者

赵麟祥 天津市滨江中学

河　北　省

全国模范教师

刘　静(女) 石家庄市第十七中学
牛春青(女) 石家庄市第十中学
郑建峰 辛集市第一中学
郭翠君(女) 赵县高村乡东大章学校
刘希贤 石家庄市第一中学
刘昌青 张北县第一中学
李　强 沽源县第四中学
王朝锋 邯郸市魏县一中
温秀梅(女) 武安市南关小学
张再香(女) 唐山市第一中学
李　兵(女) 唐山高等专科学校
姚清华(女) 唐山乐亭镇成人学校
吴国珍(女) 唐山遵化小厂杏峪小学
孙彦勋 邢台市一中
李兰敏(女) 宁晋县孟家庄校区
邢秀石 威县一中
马丽静(女) 保定市七一小学
贾彦婷(女) 唐县川里镇古道口小学
胡凤艳(女、满) 定兴县二中
张　思(满) 雄县中学
杨永安 蠡县中学
杨春平(女、满) 承德市围场县围场镇中
杜玉瑞(女、满) 承德市滦平西地乡中心
吕广政 衡水市武邑县东粉小学
高子芳 衡水市故城县高庄小学
鲁淑珍(女) 廊坊市四小
郭香荣(女) 任丘市第四中学
苏伯平 沧州农业学校
董秀莲(女) 吴桥县第一幼儿园
赵玉芹(女) 沧县特教中心
张　静(女) 张家口医学院
任爱国 华北煤炭医学院
焦桂芬(女) 廊坊市农业学校

全国教育系统先进工作者

何玉军 邯郸医学高等专科学校
王长军 井陉县教育局
牛永芳 邯郸市涉县文教体委
何龙祥 涿州师范学校

山　西　省

全国模范教师

李凤英(女) 阳泉盂县东山庄小学
李淑琴(女) 朔州右玉雨露希望小学
李玉海 临汾永和县贺家崖小学
丁继光 晋中太谷师范附小
许转英(女) 大同左云东街示范小学
田柱堂 忻州五台灵境乡联校
吴文周 太原理工大学
郑玲娥(女) 太原阳曲新阳街小学
张东锋 吕梁临县青凉寺寨小学
陈海鸿 山西省实验中学
黄永秀(女) 大同市实验小学
陈百年 运城地区康杰中学
郭乐静(女) 太原市桃园小学
李玉清 长治市实验中学
杨益民 临汾市第一中学

阎俊仁 忻州市第二中学
冯惠琴(女) 运城地区人民路学校
崔秋珍(女) 晋城高平市赵庄小学
张建明 山西省人民警察学校
李秋梅(女) 吕梁离石市第五小学

全国教育系统先进工作者

郝廷颐 晋中地区平遥中学
胡少峰 运城地区永济市教育局
李全生 孝义市教育局

内蒙古自治区

全国模范教师

闫萍萍(女) 呼和浩特市黄合少乡南地小学
邓粉梅(女) 武川县二中
刘淑琴(女) 包头市二中
翟丽艳(女) 赤峰市十二中
陈文太 宁城县西泉总校
王忠孝 赤峰市元宝山区小五家回族乡中心校
李同乐 海拉尔市二中
其木格(女、蒙古) 新巴尔虎左旗阿木古朗一中
龚淑华(女) 科右前旗大坝沟中心校
张永铭(蒙古) 科左中旗民族职业中学
丛桂琴(女、满) 多伦县二小
杜占军 商都县二中
化金莲(女) 乌盟师范学校
敖敦格日勒(女、蒙古) 勒鄂托克前旗蒙小
吉日木图(蒙古) 乌拉特中旗温更镇小学
张世杰 阿拉善左旗一中
王　旭 内蒙古大学
斯力更(蒙古) 内蒙古师范大学
柴金义 呼和浩特市交通学校

全国教育系统先进工作者

马　良 奈曼旗教体局
王　志(鄂伦春) 扎兰屯市师范学校

辽宁省

全国模范教师

王胜春(女) 沈阳市第三十一中学
田　野(女) 沈阳市第八十二中学
王　卫(女) 辽宁省邮电管理局幼儿园
奚家林 大连市老虎屯中心小学
王新丹(女) 大连市一零三中学
杜　欣(女) 大连理工大学附属小学
徐志友 鞍山市第八中学
李秉权(满) 抚顺市新宾县高中
王桂珍(女) 本溪市实验中学
姜忠琴(女、满) 丹东市东港市实验小学
鲍凤生(女、满) 丹东凤城蓝旗中心小学
王洁珍(女) 锦州市古塔区保二小学
才玲辉(女) 锦州市一高中
白　华(女、蒙古) 阜新市高级中学
赵建国 辽阳市白塔小学
尹国强 盘锦市大洼县高级中学
周玉玲(女) 铁岭昌图育才实验学校
王景钫 铁岭昌图县实验小学
孟凡柱 朝阳县大平房高级中学
刘瑞清(女) 朝阳建平县叶柏寿二中
魏向东(女) 葫芦岛市一中
王众托 大连理工大学
唐任远 沈阳工业大学
吴兆麟 大连海事大学
杨丽珠(女) 辽宁师范大学
王兆和 辽宁省实验中学

全国教育系统先进工作者

杜春山　辽中县于家房初级中学
陈守力　鞍山市教育委员会
李新生　抚顺市第二中学
李淑湘(女、锡伯)　铁岭开原市第三中学
常宝石　葫芦岛市二高中
张述禹　辽宁大学

吉　林　省

全国模范教师

丛　枫　长春市第二实验小学
窦桂梅(女)　吉林市第一实验小学
杜洪林　舒兰市法特镇中心校
杨　旬(女)　吉林市第一中学
王锡爵　四平市第四中学
何清哲(女)　双辽市第三中学
刘东梅(女)　通化市第十三中学
潘晓霞(女)　梅河口市实验幼儿园
高春清　东丰县第二中学
杜　平(女)　通榆县实验学校
谷莉迦(女)　洮南市第一中学
刘　臣　延边第二中学
李英淑(女、朝鲜)　延吉市第十三中学
李玉珍(女)　前郭县新庙镇中学
方春德(朝鲜)　延边卫生学校
徐如人　吉林大学
黄百渠　东北师范大学
尹　杰(女)　辽源师范学校
刘吉生　吉林化学工业公司中小学总校
王华珍(女)　八道江区市郊乡泉源小学

全国教育系统先进工作者

周恩芝(女)　长春市第四十八中学
李玉亭　长春市教育委员会
朴文一(朝鲜)　延边大学

黑 龙 江 省

全国模范教师

于　才　绥棱县第一中学
宋迎春(女)　庆安县新民乡新丰小学
王大千　甘南县第一中学
史学谦　克东县第一中学
郎德银(满)　齐齐哈尔市昂溪区大兴屯小学
尹国安　黑河市黑河中学
王春娟(女)　双鸭山市宝清县二中
忻建敏(女)　哈尔滨市南岗区69中学
吕晓兰(女)　哈尔滨市动力区122中学
王春晖　哈尔滨市宾县三中
崔丽华(女)　哈尔滨市太平区公园小学
夏元泰　哈尔滨市五常职教中心
刘贵和　大庆市教育研究院
张　雁(女)　虎林市逸夫中学
李桂芝(女)　佳木斯市第三中学
李　军　佳木斯市抚远县第三中学
高雅琴(女)　七台河市逸夫中学
周公钦　大兴安岭实验中学
韩丽波(女)　牡丹江市第一中学
邵景云(女)　伊春市铁力王杨乡爱林小学
雷廷权　哈尔滨工业大学
张奎良　黑龙江大学
孔凡平　黑龙江省农垦总局牡丹江农垦分局高级中学
高德莲(女)　鹤岗市第一中学
郭　侠(女)　鸡西矿务局第二小学
程　红(女)　哈尔滨市财贸职业大学

全国教育系统先进工作者

姜泽志 黑龙江省供销学校
王玉琴(女) 绥化地区行署教委
刘海疆 牡丹江市教育委员会
沙洪泽 哈尔滨师范大学附中

上海市

全国模范教师

钟家栋 复旦大学
陈玉琨 华东师范大学
石来德 同济大学
陈康民 上海理工大学
章宗穰 上海师范大学
曹家麟 上海大学
张维宾(女) 立信会计高等专科学校
钱君端(女) 上海敬业中学
张祝文(女) 奉贤育秀实验学校
杭顺清 闸北区教育学院
蒋耀琴(女) 浦东新区冰田厂幼儿园
沈巧珠(女) 闵行区启音学校
崔可嘉(女) 虹口区青少年活动中心
封莉蓉(女) 中福会宋庆龄幼儿园

全国教育系统先进工作者

赵家镐 上海位育中学
顾惠梁 静安区第一中心小学

江苏省

全国模范教师

李柯(女) 南京市第一中学
周小炎(女) 南京市中华中学
陈亭华 南京航空航天大学附中
胡兴奋(女) 江阴市澄江镇虹桥小学
蔡盘发 锡山市石塘湾中学
沙兴新 睢宁县睢宁中学
王怀祖 徐州市第一中学
宋继刚 铜山县郑集中学
姚秀华(女) 常州市兰陵小学
周堃敏 常州市工业技术学院
沈国明 常熟市中学
吕寅 太仓市沙溪中学
周俊美(女) 如东县靖海初级中学
陈锦铎 通州市平潮中学
潘新莲(女) 海安县沿口镇中心小学
张祥林 新海中学
莫立刚 连云港市赣榆中学
赵瑛(女) 金湖县白马湖渔业小学
吴鸿英(女) 滨海县东坎镇中心小学
王兆平 东台市中学
李志刚 射阳县第二中学
沈玉玲(女) 宝应县沿河乡刘堡小学
张天若 高邮中学
孔国娣(女) 丹徒县三山中心小学
陆玉平 靖江市靖城中学
唐月华(女) 泰兴市天星镇洋思初中
刘玉友 泗洪县中学
杨晓燕(女) 沭阳县中学
万德钧 东南大学
吴中如 河海大学
沈琪(女) 苏州大学
周儒荣 南京航空航天大学
张洪程 扬州大学
陈怀惠 南京师范大学
方成 南京大学
杨祖衡 苏州农业学校
吴涛波 张家港南丰成教中心
陆小华 南京化工大学

全国教育系统先进工作者

周良才 宜兴市教育委员会
孙伟 邳州市实验小学

张锡华　　　苏州市高级工业学校
胡　坤　　　盐城市教育委员会

浙　江　省

全国模范教师

黄黎明(女)　杭州市西湖小学
沈畹萌(女)　杭州市安吉路实验学校
徐晓芸(女)　余杭市高级中学
方晓华(女)　象山县高塘乡初中
潘舜英(女)　温州市第八中学
张连友　　　永嘉县金竹溪小学
皇甫涛　　　桐乡市高级中学
董　芹(女)　安吉县第二中学
赵素娟(女)　上虞市小越中学
胡时光　　　诸暨中学
王祥松　　　兰溪市芝堰乡十二曲小学
程金和　　　常山县东案乡初中
蔡素珍(女)　嵊泗县黄龙中心小学
任美琴(女)　临海市回浦中学
张乃华　　　龙泉市查田镇茶丰小学
瞿线花(女)　景宁陈村乡顺利完小
陈雪莲(女)　仙居县朱溪镇杨丰小学
吴承庚　　　淳安县叶家乡山脚小学

全国教育系统先进工作者

朱绣治　　　宁波中等专业学校
刘美英(女)　泰顺县三魁镇中心小学
高亚军　　　金华一中
朱启亮　　　台州农校
顾伟康　　　浙江大学

安　徽　省

全国模范教师

陈建生　　　巢湖庐江县庐江中学
马胜林　　　巢湖无为县牛埠中学
王和润　　　六安一中
左孝泉(女、回)　六安舒城县特殊教育学校
张好军　　　阜阳太和县第一中学
吴　奇　　　阜阳市第二中学
赵谊伶(女)　宣城中学
赵魁元　　　合肥肥东县一中
张　奎　　　合肥肥西县洪桥中学
江　涛　　　芜湖市第一中学
宋矿生　　　淮南矿业集团第一中学
宁广辉　　　宿县地区灵璧中学
魏世磊　　　宿县地区萧县中学
魏国勇　　　蚌埠市第二中学
胡荣喜　　　歙县呈村降高山小学
刘国平　　　马鞍山市十一中
钟爱琴(女)　马鞍山市健康路小学
陈扣成　　　池州地区石台县七里中学
罗永伟　　　亳州市一中
郑智荣(女)　滁州明光市横山中心校
陈学恕　　　滁州全椒县三圣中学
吴齐玲(女)　铜陵市有色建安小学
陈云华　　　淮北市朔里小学
何娟娟(女)　安徽医科大学
杨基明　　　中国科技大学
赵　韩　　　合肥工业大学
李培英(女)　安徽农业大学
宁健康　　　安徽大学
汪裕雄　　　安徽师范大学
王　庚　　　安徽机电学院
周　琦　　　淮南三中

全国教育系统先进工作者

吴定国　　　安庆桐城市教委

福　建　省

全国模范教师

林亚晶(女) 连城县实验小学
吕真儿(女) 漳平市实验幼儿园
潘希卿(女) 漳州市龙文区书厅中学
高养清 云霄县和平学区宜谷径小学
蔡坚基(女) 福安市潭头学区
阮爱平(女) 宁德一中
孙瑞芳(女) 宁化红旗小学
吴却示 三明二中
郑媛媛(女) 福州市第一中学
张顺花(女) 福州市第四中学
唐舒平 福建师大附中
林水滚 同安区内厝学区锄山小学
石清辉 南平市延平区夏道中学
赵志华(女) 南平市邵武实验小学
林国庆(女) 莆田市仙游一中
吴国根 莆田市莆田县南日西高小学
陈祖庆 惠安三中
黄明福(女) 泉州市第二实验小学
付贤智 福州大学

全国教育系统先进工作者

林秦生 福州第三中学
林培玲(女) 泉州市鲤城区实验小学

江 西 省

全国模范教师

聂水兰(女) 南昌市第三中学
何水明 修水县溪口镇高峰岭小学
魏寒柏 九江师范专科学校
谈 余 武宁县大洞中学
赖运明 萍乡市芦溪中学
易美华(女) 分宜县第二小学
陈增文 余江县杨溪乡松涧村小
章国富 江西师范大学附属中学
陈宗炫 兴国县平川中学
罗贤成 宁都县钓峰乡东山下完小
郑素华(女) 上饶市第一中学
严春晖 婺源县晓容中学
熊国显 德兴市第二中学
巢安海 景德镇市第二中学
杨艾芳 万载县西坑乡中心小学
晏竹兰(女) 宜春市飞剑潭乡塘源小学
范华平 宁冈县中学
肖文庆 永新县芦溪小学
陈林凡 安福县山庄中学
陈汀昌 临川中学
易连英(女) 广昌县教师进修学校
曾熙麟 东乡师范学校
扶名福 南昌大学
陈良运 江西师范大学
沈谦芳 江西财经大学
杨诗英(女) 南昌幼儿师范学校
余克坚 江西电机厂子弟学校

山 东 省

全国模范教师

彭实戈 山东大学
吴哲辉 山东矿业学院
万邦烈 石油大学
张瑞林 山东工业大学
张庆刚 山东师范大学
冯光廉 青岛大学
屠居贤(女) 烟台大学
任廷琦 烟台师范学院
于振文 山东农业大学
张忍让 曲阜师范大学
刘丽娟(女) 新汶矿业(集团)公司第一中学

许玉琴(女) 胜利油田五十八中学
张孝玉(女) 即墨市第一实验小学
傅宝瑞 平度一中
刘荣铁(回) 淄博十七中
崔佃金 桓台一中
李文才 山亭区北庄下十河小学
刘书龙 枣庄八中
李清玲(女) 东营市河口区义和中学
刘爱珍(女) 东营市垦利实验中学
徐永清(女) 高密一中
周　静(女) 潍坊十四中
张裕铢(女) 烟台芝罘工人子女小学
徐　杰 烟台二中
张广明 金乡第二中学
满昌美 微山一中
陈玉娟(女) 曲阜古泮池小学
刘克宽 泰安师范专科学校
李会民 莒县第二中学
傅　强 日照一中
栾贻玲(女) 莱芜常庄栾家庄小学
王洪明 陵县二中
王立村 沾化一中
石翠英(女) 滨州教育学院
李法军 沂水二中
董洪高 费县大田庄乡中心小学
孟令香(女) 临沂七中
张洪芝(女) 成武县实验小学
李敬岚 巨野县第一中学
毕公德 菏泽教育学院
李劲松 聊城第三中学
季一平 东阿县关山中学
张广祥 济南长清张夏于盘小学
刘荣中 济南信息工程学校
刘洪泉 文登第三中学
于维福 荣成市第二中学
汪人俊 青岛海洋大学
王　滨 潍坊医学院
王忠亭 莱州第二职业中专
解玉俊(女) 德州市德城区聋校
张　红(女) 济南商河实验小学

全国教育系统先进工作者

苗爱晶(女) 枣庄矿业公司教育培训部
胡恩荣 胜利油田一中
邹积经 青岛二中
王卫东 潍坊市教委
淳于家新 龙口市教委
李炳尧 冠县二中

河　南　省

全国模范教师

吴相臣 中牟县第一高中
朱旭红 郑州幼儿师范学校
白永峰(女) 郑州金水区纬五路一小
李书善 尉氏县大营乡黑凡小学
晁玉玲(女) 杞县聋哑学校
常逸民 汝阳县第一高中
杜小丽(女) 嵩县幼儿园
朱明弟 洛阳市一职高
郭玉凤(女) 洛阳市二十四中
王　转(女) 汝州市汝州镇中心小学
郭宝忠 汝州市第三职业高中
刘可钦(女) 安阳市人民大道小学
周太红 安阳滑县一中
张秀君(女) 鹤壁市聋哑学校
王桂荣(女) 焦作孟州市城关镇一中
鹿寿鹏 濮阳台前县第一中学
郭春霞(女) 灵宝市苏村乡田川小学
张文慧(女) 商丘夏邑师范学校
孙云山 商丘市睢阳区实验小学

赵亮东　商丘宁陵县教研室
胡俊甫　许昌县一高
赵建岭　许昌实验中学
曹爱枝(女)　漯河郾城县曹店小学
许明生　西华县第一高中
李天深　周口商水县第二高中
王文善　周口郸城县丁村乡三中
和　毡(女)　周口西华县柳城小学
胡春华(女)　南阳市西峡县岭岗小学
严金安　南阳市淅川县成人中专
徐金龙　南阳第五师范学校
陶金芳(女)　桐柏县黄岗乡成教学校
姚凤英(女)　驻马店市第二中学
任气么　上蔡县蔡沟大任小学
余　丽(女)　信阳息县县直幼儿园
夏远道　信阳地区商城县高中
廖镇友　信阳地区淮滨高中
杜建慧(女)　郑州粮食学院
赵大蕻　河南大学
袁爱梅(女)　洛阳农业高等专科学校
郭爱先(女)　新乡师范高等专科学校
高兰英(女)　河南省实验中学
杨建庄　中原油田油建第一小学
张新保　卫辉市唐庄乡石屏学校
庞美玲(女)　濮阳市一中

全国教育系统先进工作者

李大康(女)　新乡市第十中学
刘振杰　郑州师范学校
王勤林　驻马店地区上蔡县教委

湖　北　省

全国模范教师

陈桂新　鄂州市葛店镇葛店中学
董培德　应城市第二高级中学
程望财　大冶市第二中学
盛茂德　丹江口市第一中学
黄学英(女)　随州市东关学校
吴训臣　黄冈中学
庞金典　天门中学
曹相明　十堰市郧阳中学
肖自明　英山县第一中学
金振民　中国地质大学
王大明(女)　枣阳市第一实验中学
郑万平　枝江市第二高级中学
余建设　罗田县第一中学
张可儒　秭归县文化乡长坑小学
毛可春(女)　荆门市东宝区烟墩镇清凉庵小学
袁路平(女)　公安县实验幼儿园
黄德修　华中理工大学
王国香　崇阳县白霓高中
吴树林　通城县杨部中学
张大若　武穴师范学校
丁爱华(女)　武汉市洪山中学
蔡柏然　新州县辛冲镇中心小学
李世超　安陆市巡店镇牌坊小学
侯杰昌　武汉大学
郑启发　神农架林区阳日小学
张　监利中学
张克修　孝感高中
李忠国　武汉铁路司机学校
邹书德　阳新师范学校
谢向前　洪湖市第一中学
王　辉　利川市第一中学
宋德兰(女)　宜城市实验小学
王顺治　襄阳县第一中学
马德驹　武汉市第六中学
杨兰英(女)　潜江艺术师范学校
马　洪　黄石三中

全国教育系统先进工作者

沈　群　黄石市教委
杨家勤　松滋市八宝初级中学
王福海　十堰市教育委员会
樊友明　武汉市吴家山中学

湖　南　省

全国模范教师

曾海平　邵阳市第一中学
赵　林　洞口县第一中学
康中年　永州市第四中学
罗艳萍(女)　祁阳县浯溪镇第一中学
傅举连(女)　湘乡市教师进修学校附小
张巧明(女)　韶山市韶山乡毛家坳小学
郭巧云(女)　衡阳市第二中学
唐鸿鹄　常宁市洋泉镇黄洞完小
晏柏庭　益阳市第十一中学
周保民　沅江市第一中学
黄尧臣　桃江县花果山中学
孙首春　醴陵市第四中学
储吉华　通道县林业中学
向秀松(苗)　麻阳县板栗树中心小学
徐安玉(女、侗)　芷江县民族中学
郑传岩　澧县如东乡枫林完小
易化祥　汉寿县第一中学
李映明　岳阳县毛田镇道仁完小
邓持荣　平江县三墩乡公坪小学
唐吉庆　涟源市杨市镇联盟小学
陈碧焕　郴州市第一中学
李本忠　桂东县第一中学
彭秀珍(女)　浏阳市北圣中学
吴朴文　湖南省机械工业学校
张来仪(苗)　永顺县教研室
覃遵茹(女、土家)　张家界市永定区阳湖坪镇王家老村小学
彭大斌　长沙市第一中学
梁宋平　湖南师范大学
曹晨忠　湘潭师范学院
夏家辉　湖南医科大学
庚建设　湖南大学
刘少英(女)　吉首大学
蔡炎斌　湖南人民警察学校
潘长良　湘潭大学

全国教育系统先进工作者

杨道正　长沙市教委
汪诗训　中南工业大学
唐仲扬　湖南教育报刊社
周仲阳　岳阳第二师范学校

广　东　省

全国模范教师

张宏达　中山大学
卢谦和　华南理工大学
卢永根　华南农业大学
闵华庆　中山医科大学
柳柏濂　华南师范大学
罗丽纤(女)　广东省机电学校
孙　宁　广东医学院
邓婉球(女)　广州市第三十八中学
詹木英(女)　广州市东山文德路小学
华　荣(女)　深圳市园岭小学
蔡励珠(女)　珠海市香洲区第一小学
林弗尧　韶关市教师进修学校
李筱章　韶关市仁化县实验学校
李科韬　汕头教育学院
陈　宏　汕头市东厦小学
招雪梅(女)　佛山市石湾区莲塘小学
刘汝琪(女)　南海市桂城区中心小学

李荣协 台山市第一中学
杨 燊 湛江市第一中学
林 伟 雷州市第一中学
罗志林 高州师范学校
黄家祥 茂名市第一中学
欧瑞珍(女) 广宁县南街镇新城小学
梁日宏 高要师范学校
杨自强 惠州市第一中学
陈超明 梅州市梅县高级中学
罗国超 河源市龙川县第一中学
邱习名 阳山县阳城镇中心小学
李镜澄 中山市华侨中学
方展宜 揭阳市普宁第二中学
谢焕炳 云浮市郁南县西江中学
潘先锋 华南师范大学附属中学
蒋康炳 遂溪县第一中学
吴荣标 揭阳市揭东县第一小学

全国教育系统先进工作者

罗润涛 江门市新会第一中学
蔡裕忠 潮州市潮安县凤凰华侨中学
钟旭槐 广州市第十六中学
梁荣山 阳江师范学校

海 南 省

全国模范教师

吴 义 琼州大学
陈雪峰 海南第二卫生学校
卢文科 海南中学
王博成 海南铁路中学
吴多鉴 琼山小学

全国教育系统先进工作者

黎当贤 临高师范学校

广西壮族自治区

全国模范教师

陈桂娟(女) 横县第二高级中学
黄琳杰(女、壮) 天等县天等镇第一小学
沈艾军 鹿寨县中学
马星丽(女) 忻城县中学
陈义军(瑶) 恭城县恭城中学
蒋德秀(女) 全州绍水初中
陈戬谷 贺州市高级中学
岑巨昌(壮) 西林县中学
黄耀广(壮) 田东县中学
梁仁国(壮) 都安县高级中学
潘永钟(壮) 南宁市第二中学
刘振林 柳城县中学
莫光灵 阳朔县枫林小学
谢廷楷 藤县中学
钟 豪 苍梧县马王小学
王大萱 合浦县廉州中学
梁泽芳(女) 玉林师专附中
冯东武(女) 玉林市第三中学
覃月明(女、壮) 贵港市蒙公乡古山小学
黄日波(壮) 广西大学
林仲湘 广西大学
卢斯飞 广西师范学院
古天龙 桂林电子工业学院
李 宁(女) 桂平市桂平镇中心小学

全国教育系统先进工作者

冯忠德 宾阳县宾州中学
蒋礼生 资源县教育局
陆玉团(壮) 百色市百色高中

四 川 省

全国模范教师

黄树威 米易中学
古代坚 绵阳南山中学
傅成忠 北川县擂鼓镇中心校
叶秀芳(女) 德阳绵竹天池乡学校
余毅儒 德阳天山路中学
高耀光 遂宁第一中学校
伍晓娟(女) 遂宁市市中区裕丰街小学
张运生 南溪县第一中学
赵德芬(女) 宜宾师范附属小学
黄仁国 筠连县蒿坝镇齐心村小学
李炳青(女) 达县赵家镇中心校
陈国斌 万源市玉带乡小学
李文钦 宣汉县中学
马伦祥 青川县白家乡马村小学
虞业樵 旺苍县教师进修学校
严先元 泸州市教育学院
雷　力 泸州市泸县第二中学
邵培德 南充市南部县南部中学
陈联科 南充市蓬安县蓬安中学
张家和 南充营山中学
冯爱国 南充市嘉陵区李渡中学
李北星 自贡教育学院
李树立 眉山县太和职业中学
周伯昭 仁寿县教研室
何永海 天全县青石乡红星小学
张容生 邻水中学
闫翼明 通江县二中
陈临祎 巴中师范附属实验小学
解毅夫 成都石室中学
张祖群(女) 成都第七中学
李长明 成都树德中学
傅先蓉(女) 锦江区成师附小
邓惠英(女) 都汇堰市新建小学
韩章应 彭州中学
彭卫民 岳池师范学校
何重开 资阳中学
曾宗政 四川乐至中学
马笃行(回) 隆昌县师范学校
廖则全 内江市第六中学
刘国平 井研中学
何运昕(女) 犍为新城小学
陈开华 乐山市五通桥中学
周道伟 马尔康民族师范学校
王友富 西昌市一中
孙吞尔史(彝) 喜德县民族中学
陶永胜 石渠县洛须区中心校
荣廷昭 四川农业大学
邱　泰(女) 成都市机关幼儿园

全国教育系统先进工作者

王　琪(女) 成都市龙泉驿区教研室
王光俊 大竹中学
罗兴仁 内江市教育委员会
李自成 平武县坝了乡教育办

重 庆 市

全国模范教师

宋　璞 重庆南开中学
张秀琼(女) 梁平县梁山职业中学
黎家乾 彭水县靛水中心校
杨士中 重庆大学
李余才 涪陵工业学校
黄　葳 江北区教师进修学校
王蜀川 巴南鱼洞二小
傅启平(女) 渝北实验小学
尹述碧(女) 永川青城路小学
杨春喜 合川响水初中
陈厚发 万县一中
唐　红(女) 奉节师范附小
王慎远(女) 渝中区进修学校

刘善勇 重庆西藏中学
林作山 垫江高安镇新时民小
苏其湘(女) 重庆建设工业集团公司第一中学
陈惠人 重庆朝阳中学

全国教育系统先进工作者

王明复 重庆十一中学
周雅德 重庆医科大学

贵 州 省

全国模范教师

朱立军 贵州工业大学
李卓江 贵阳医学院
朱少奎 贵阳市清镇市犁倭乡香炉小学
王明智 遵义市仁怀市鲁班镇玉龙小学
黄学芬(女) 遵义市桐梓县楚米镇楚米小学
袁先泽 遵义市余庆县余庆中学
刘功盛 六盘水市三中
田应珍(女) 安顺地区平坝县逸夫小学
王学文 毕节地区大方县一中
郝忠政 毕节地区纳雍县一中
陈卫红(女) 毕节地区威宁县一小
胡国惠(女) 黔东南州镇远县镇远中学
陈玉先(女) 黔西南州兴义一中
滕建文 黔南州罗甸县民族中学
陈永寿(苗) 黔南州龙里县羊场镇木马小学
韩汝怀(土家) 铜仁地区思南县思南中学
陈文均 贵州省交通学校

全国教育系统先进工作者

肖国林(壮) 黔东南州丹寨县民族中学

云 南 省

全国模范教师

林钦昆 东川市第十中学
周文宣(女) 临沧地区临沧县凤翔小学
曹茂芬(女) 马关县第一中学
李光普 施甸县摆榔中心小学
戴炳雄(壮) 砚山县八嘎职业初中
陈淑萍(女) 昆明市第三幼儿园
秦国政 祥云县第一中学
张建华 景洪市第一小学
张如珑(白) 迪庆州维西县第二中学
党 颖(景颇) 德宏州瑞丽市第一中学
曹晓宏 楚雄师范专科学校
龙绍萍(女) 玉溪市红塔区第二小学
张之仪(女) 昆明市第一中学
吴荣美(女) 昆明市第八中学
王思有 楚雄市苍岭中学

全国教育系统先进工作者

周丕勇 思茅师范学校
王开铸 曲靖师范学校
杨思武 怒江州教委

西藏自治区

全国模范教师

达 珍(女、藏) 拉萨市实验小学
郭 胜 拉萨市第一中学

全国教育系统先进工作者

土登次仁(藏) 山南地区乃东县中学

陕 西 省

全国模范教师

郭　萍(女)　西安市未央区五一小学
刘　红(女)　西安市第七十中学
杜岳龙　西安市蓝田县北关中学
张淑莲(女)　西安高级中学
赵东平(女)　铜川市第五中学
毛仪秀(女)　眉县城关中学
丁继承　宝鸡市宝鸡中学
李　潇(女)　三原县城关镇中山街小学
谈宏霄　咸阳市旬邑县中学
路亚娣(女)　渭南市薄城城关镇古镇小学
李爱岚(女)　渭南市华县城关小学
孙建中　城固县第一中学
杜农学　汉中中学
陈　芳(女)　旬阳县城关小学
陈玉明　商州中学
贺光香　延安市延安中学
吴建莉(女)　延安市吴旗县中学
吴忠宝　绥德中学
王学智　陕西工学院
康绍忠　西北农业大学水建学院
李光瑶(女)　陕西省经济管理干部学院
刘建伟　西安市粮食职业中专
张文彩　陕西省冶金工业技工学校
张凤花(女)　吴堡县宋家川一完小
陶学英(女)　临渭区育红初中

全国教育系统先进工作者

翟　轰　咸阳机器制造学校
赵　瑾　咸阳市武功县教育局

甘　肃　省

全国模范教师

柏凤岐　会宁县第二中学
盛永荣　兰州市第六中学
杨国禄　榆中县第五中学
杨　丽(女)　金昌市金川公司第一高中
李燕萍(女)　天水市北道区建新路幼儿园
王占魁　天祝县安远镇三沟台小学
史振荣　陇西县双泉乡牛家门村学
石克鸿　陇南教育学院
崔静学(女)　平凉一中
郑森林　镇原县镇原中学
马正明(回)　东乡县锁南民族小学
吕凤珍(女、藏)　甘南州合作一中
高锦章　西北师范大学
王　文(女)　平凉地区卫生学校

全国教育系统先进工作者

杨作忠　张掖地区教育处
王　穆　天水市教委

青　海　省

全国模范教师

左光纪　青海民族学院
马康伯　西宁市湟川中学
李海萍(女)　格尔木市第一中学
赵文军　湟源县城郊学区

全国教育系统先进工作者

杨培发　互助县教育局

宁夏回族自治区

全国模范教师

王　银　西北第二民族学院
马少霞(女、回)　银川一中
毕玉明(回)　石嘴山市第三中学
芦　苇　中卫县第二中学
贾永宏　固原县第二中学

全国教育系统先进工作者

董传毅 银川市第九中学

新疆维吾尔自治区

全国模范教师

唐长焕(女) 石河子市第三小学
赵 莉(女) 伊宁市六中
阿不拉江.买买提(维吾尔) 喀什疏附县吾帕尔乡中学
布阿依夏木.买买提牙孜(女、维吾尔) 和田县罕艾日克乡小学
李正林 克拉玛依市第四中学
白山.赛依提哈孜(哈萨克) 托里县乌雪特乡哈图小学
阿不都拉.阿巴斯(塔塔尔) 新疆大学
卓然木.吐地(女、维吾尔) 阿克苏市喀拉塔勒镇小学
陈惠芳(女) 新疆实验中学
李国英 石河子大学
穆斯塔帕.穆罕默德(维吾尔) 阿图什市第二中学
张辅国 玛纳斯县兰州湾乡学区
海力且木.艾力木(女、维吾尔) 轮台县第一小学
陈庆霞(女) 喀什泽普县二中
苏白.阿那别克(维吾尔) 新疆工学院

全国教育系统先进工作者

艾则孜.祖库拉(维吾尔) 乌鲁木齐市第十四中学
王芬华 新疆兵团农一师教委

中国人民解放军

全国模范教师

徐玉凤(女) 空军直属机关蓝天幼儿园
鲁亚平(女) 36171部队幼儿园
王海英(女) 54642部队幼儿园
徐好珍(女) 南京军区政治部机关幼儿园
李 斌 89800部队第一子女中学

全国教育系统先进工作者

王绍友 西藏军区拉萨八一学校

全国优秀教师、全国优秀教育工作者名单

北 京 市

全国优秀教师

朱孝远 北京大学
宛素春(女) 北京工业大学
苍大强(满) 北京科技大学
程 源 北京化工大学
张大省 北京服装学院
田忠利(回) 北京印刷学院
鄂卓茂(满) 中国农业大学
彭聃龄 北京师范大学
舒 雨(女、满) 北京第二外国语学院
金宗廉 北京联合大学
曹永存(蒙古) 中央民族大学
马模贞(女) 北京医科大学
康振明 北京东城区教研科研中心

汪　艳(女)　北京市第八中学
高金英(女)　北京市广渠门中学
王传侠(女)　北京市第140中学
梁建新(女)　北京市陈经纶中学
陶昌宏　北京市第123中学
王维敏(女)　北京市第12中学
崔　伦　石景山区教师进修中心
诸葛梅(女)　门头沟区大峪二小
李志刚　昌平区南邵中学
刘振凤(女)　大兴县黄村一中
高玉军(女)　北京市良乡中学
程宝贵　北京通州区教师进修学校
李　冬　顺义县城关一中
高久海　怀柔县庙城中学
薛营顺　平谷县平谷中学
魏富春　延庆县延庆一中
赵志平(女)　延庆县职业高中
杨　娜(女)　北京第一师范学校
严立俊　北京无线电工业学校
刘云溪(满)　北京市人民警察学校
刘　云(女、满)　西城区果子市幼儿园
李玉英(女)　宣武区实验幼儿园
李　绮(女)　北京公汽公司幼儿园
王若阳　北京市人民警察学院
陈鹤鸣　北京财贸管理干部学院
马成奎　北京崇文区成教研究室
方洪泰　北京中华商科学校

全国优秀教育工作者

邢莉萍(女)　北京瑞利职业技术学校
于陆琳(女)　中华社会大学
蒋淑云(女)　中国科技经济管理大学
王金华　北方交通大学
林福智　北京师范大学第二附属中学
李淑香(女)　北京通州区培智学校

天　津　市

全国优秀教师

杨立珍(女)　天津市津南区培智学校
顾　沛　南开大学
徐大同　天津师范大学
樊顺厚　天津纺织工学院
宋万里　天津蓟县体育运动学校
沈　彬　天津市职工医学院
赵宝明　天津北辰区宜兴阜镇成校
陈浙闽　中共天津市委党校
张宏丽(女)　天津和平区万全道小学
谷明杰　天津市南开中学
李学琴(女)　天津河西区上海道小学
耿寿轩　天津河东区第四十五中学
乔锦铸　天津红桥区民族中学
古淑红(女)　天津红桥区邵公庄小学
严明净(女)　天津河北区第五幼儿园
张巾帼(女)　天津南开区口腔职专
刘　瑛(女)　天津塘沽区第十五中学
白正三　天津汉沽区第一中学
成华恩　天津大港区第一中学
田先钰　天津东丽区第一百中学
肖培芝(女)　天津青西区王稳庄中学
轧西发　天津宝坻县中登高级中学
李　民　天津北辰区王稳庄小学
罗龙强　天津静海县大曲河中心校
张克岭(女)　天津宁河县板桥乡小学
王玉来　武清县杨村镇第二小学
张红梅(女)　武清县下伍旗镇幼儿园

全国优秀教育工作者

郝希山　天津医科大学
孙宝源　天津市中德培训中心

张　景　　天津市蓟县一中

河　北　省

全国优秀教师

宋文龙　　廊坊香河一中
张政雄　　河北外贸学校
王维成　　河北省邮电学校
张　言(满)　　承德市第二技校
杨国群　　衡水劳动技校
刘　纯(女)　　石家庄市第十二中学
李金芳(女)　　石家庄市高新区留村小学
胡保文　　石家庄市井陉矿区职教中心
郝入会　　栾城县第二中学
曹从芬(女)　　晋州市东关小学
麻景仕　　元氏县第一中学
高锡琴(女)　　平山县平山镇孟堡小学
李存兰(女)　　平山中学
左书贞(女)　　灵寿县城内小学
郭树明　　赤城县第一中学
冯翠莲(女)　　康保县王生贵小学
苏广清　　阳原县第一中学
曹光英　　桥东区建国路小学
杨玉琴(女)　　怀来县沙城中学
李繁荣(满)　　青龙县第一中学
孟庆波　　秦皇岛市卢龙县中学
吴丹珠(女)　　秦皇岛市第一中学
于　峰　　昌黎县汇文中学
付　红(女)　　山海关区渝东街小学
周润玲(女)　　邯郸市广平县一中
董光志　　邯郸市鸡泽县职教中心
张慧聪　　邯郸市成安县一中
石进延　　邯郸市邯郸县一中
李淑景(女)　　邯郸市邱县一中
杜云波(女)　　邯郸市邯山区陵西小学
贾维秀(女)　　邯郸复兴区建设北小学
张付芹(女)　　邯郸市第二十三中学
张学君　　馆陶县路桥中心校
杨汝新　　唐山唐海县第二中学
赵无忌　　开滦第二中学
常志军　　唐山滦南县第一中学
田伶新(女)　　唐山迁安市职教中心
徐晓卿(女)　　唐山市路北区实验小学
刘秀红(女)　　唐山市第四幼儿园
林贯华　　唐山迁西县第一中学
刘庆芝(女)　　唐山市路南友谊里小学
李建雄　　邢台市二中
王文基　　临城中学
冯连萍　　邢台县教研室
孙绍郁(女)　　内邱县二中
关景良　　南宫中学
陈淑华(女)　　巨鹿县育红小学
党耕全　　临西县一中
邵俊英(女)　　定州市北环路中学
谭慧芬(女)　　清苑县清苑中学
王录珍　　清苑县清苑中学
李福云(女)　　满城县李家佐小学
陈占明　　安国中学
许砚儒　　曲阳县第二中学
张金霞(女)　　曲阳县独古庄小学
赵喜花(女)　　徐水县安肃镇中学
汪佐强　　涿州市第二中学
张静坤(女)　　顺平县蒲阳镇南街小学
刘志琴(女)　　高阳县邢南中学
冯彦松(女)　　承德市平泉县第二中学
赵振林(满)　　承德市平泉县下店中学
张淑琴(女、满)　　承德市兴隆县陡子峪中
李茂福　　承德市承德县实验小学
孙庆华　　衡水市衡水中学
武文荣(女)　　衡水市第八中学

王春芳(女) 冀州市第四实验小学
李兰京(女) 衡水市饶阳县饶阳镇小学
陈增奎 衡水市安平县第二中学
王文霞(女) 衡水市阜城中学
吴淑芝(女) 廊坊安次东沽港中心校
邹冠华(女) 廊坊永清一中
赵云江 黄骅中学
张焕芹(女) 河间市第一实验小学
肖永立(回) 孟村牛进庄肖庄子小学
张世锋 海兴县张会享小学
冯庆章 青县一中
陈树元 沧县实验学校
张继花(女) 华北石油沧州学校
米洪海 河北工业大学
李定禄 石家庄铁道学院
魏成文 河北师范大学
李殿斌 河北师范大学
李　勇 河北医科大学
杨欢进 河北经贸大学

全国优秀教育工作者

王志新 沧州市教育委员会
朱永泰 河北化工学校
段福义 秦皇岛市技工学校
韩永江 石家庄市第四十二中学
王善成 宣化区第四中学
常进录 唐山市第二十三中学
刘鸿基 承德市第二中学
刘世英 廊坊开发区新世纪中学
季茂武 南皮县教育局
任润生 东光县文教局
华筑信 河北大学

山　西　省

全国优秀教师

段步刚 太原五一路小学
段纯倩(女) 太原市第二十七中学
郭明思(女) 太原市成成中学
王喜德 太原师范学校
王亚丽(女) 太原市兴华街小学
戴秀媚(女) 太原古交市二中
陈天池(女) 太原五中
段润娥(女) 大同市城区第一小学
安振邦 大同市第一中学
李　燕(女) 大同市矿务局三中
康保祥(女) 大同市第十五中学
刘美玉(女) 大同市实验幼儿园
杨芝萍(女) 阳泉市郊区一中
段润平 阳泉平定县红育口小学
李旭明 长治市一中
景秀萍(女) 长治市城区梅辉坡小学
王　玲(女) 长治市六中
杨　诚(女) 长治壶关县实验小学
郭　娥(女) 长治市友谊小学
焦建中 长治市九中
刘范晋 晋城市第一中学
甄吉平(女) 晋城市城区第三小学
张全林 晋城阳城西河后山小学
宋正先 晋城市健健幼儿园
张玉仁 朔州山阴县三中
李玉兰(女) 朔州平鲁区二中
郭爱婵(女) 忻州定襄县实验小学
赵立桢 忻州地区偏关中学
陈晓荣(女) 忻州保德窑坪希望小学
邸怀忠 忻州地区原平农校
吴芳萍(女) 吕梁方山县城内小学
裴章生 吕梁地区兴县中学
贺平泽 吕梁地区卫生学校
郝奴兰(女) 吕梁地区中阳县二中
杨秀山 晋中地区太谷中学

张兆英(女)　榆次市东大街中学
贾海霞(女)　晋中地区第二幼儿园
贺建平(女)　晋中地区太谷实验小学
康有义　榆次市第一中学
程继莲(女)　临汾古县城镇小学
敬新翠(女)　临汾洪洞县东街小学
刘素华(女)　临汾曲沃县特殊教育校
李凤华(女)　临汾翼城县北关小学
侯春平　临汾汾西一中
郭三姣(女)　临汾市南街小学
程贵姣(女)　运城地区稷山中学
段宝森　运城河津张吴小张初中
程月琴(女)　运城平陆县部官中学
肖亚妮(女)　运城芮城县教研室
李冬英(女)　运城临猗示范小学
王麦青(女)　运城绛县城关乔村小学
侯晋川　山西师范大学

全国优秀教育工作者

王同化　太原市新建路小学
刘保福　阳泉市交通职业学校
仝　庆　怀仁县第一中学
高国顺　晋中师范专科学校
徐润福　大同市第一技工学校

内蒙古自治区

全国优秀教师

梁龙梅(女、蒙古)　呼和浩特市回民区教研室
李丛仁　呼和浩特市玉泉区恒昌店小学
包　海(蒙古)　呼和浩特市第二职业中等专业学校
郝天云　土默特左旗第一中学
刁桂梅(女)　包头市东河区公园路小学
任桂林(女)　包头市九中
杜凤英(女)　包头市郊区沙河镇一小
陶凤梅(女)　乌海市海勃湾区三完小
马凤良　翁牛特旗五分地总校
姚广栋　巴林右旗大板三中
韩　东　赤峰市松山区一中
马天文　林西县中学
张凤河(蒙古)　赤峰市林东实验小学
萨日娜(女、达斡尔)　鄂温克旗鄂温克中学
王殿起　满洲里市胜利小学
王爱群(蒙古)　牙克石市一中
王乃清　扎兰屯市二中
刘　露(女)　鄂伦春旗实验小学
常瑞平　乌兰浩特市一中
矫有庆　乌兰浩特四中
包金莲(女、蒙古)　扎赉特旗一中
宋立志(女)　突泉县一中
斯琴必力格(蒙古)　库伦旗一中
才　亮(女、蒙古)　通辽市逸夫小学
侯瑞云(女)　开鲁县一中
周玉清　奈曼旗平安地总校
王佩文　科左中旗希伯花总校
王玉琴(女)　扎鲁特旗巨日合新立屯学校
娜仁高娃(女、蒙古)　阿巴嘎旗蒙族实验小学
李瑞敏(女)　锡盟二中
林苏秀(女)　乌盟盟直幼儿园
白志锋　集宁市一中
翟正河　准格尔旗一中
刘明和　伊金霍洛旗新街镇农职中学
兰　明(女)　临河市三中
巴图苏和(蒙古)　杭锦后旗巴音戈壁学校

张俊英(女)　乌拉特前旗三小
朝格图(蒙古)　阿拉善盟民族中学
刘志璋　内蒙古工业大学
窦卫国　内蒙古农牧学院
姚云峰(蒙古)　内蒙古林学院
周　全　包头市师范学校
徐广洲(满)　赤峰市教育学院
吴伶娟(女、蒙古)　赤峰艺术学校
孙隆生　呼盟财政学校
乔月清　包钢教育处一中
任金梅(女)　内蒙古一机厂子弟三小
陈全莉(女)　包头市技工学校
张书义　赤峰市巴林左旗碧流台乡三道营子村小学

全国优秀教育工作者

吴云梅(女)　集宁市一中
吴云秋　包头市昆仑职业中专
胡青野(蒙古)　海拉尔市农牧职工中专
傅国山　包头市工业学校

辽　宁　省

全国优秀教师

于长征　东北育才学校
李　文　沈阳大学师范学院
田书珍(女)　沈阳法库县红五月中心校
郝秀芹(女、蒙古)　新民市于家窝堡中心校
孙绍唐　沈阳东陵教师进修学校
张德波　沈阳市第八十三中学
高　敏(女)　沈阳市第一四七中学
武秀芳(女)　沈阳市和平区南京一校
朱　庚　沈阳市第一二零中学
毕建松(女)　大连市金融学校
侯菊香(女)　大连市妇联六一幼儿园
许盛运　普兰店星台镇职业学校
刘淑英(女)　大连市第二十四中学
韩春荣(女)　大连甘井子区小辛寨子小学
安世伦　大连旅顺口区教师进修学校
贾学庸　大连庄河市高级中学
陈洪运(女)　大连市青少年宫
夏丽辉(女)　鞍山市华育中学
邢佩昌　鞍山市第四十三中学
张甲增　鞍山市第二十七中学
王明聪(女)　鞍山市第十三中学
李玉华(女)　鞍山海城教师进修学校
吴泽凤(女)　鞍山市台安县实验小学
李　巍(女)　抚顺市新抚区北台小学
张宝兰(女)　抚顺市第十三中学
林　晶(女)　抚顺顺城区五十二中学
周会英(女、满)　抚顺市清原县实验小学
王　昕(女)　抚顺市望花中心小学
宁钦阳　本溪市教师进修学校
郭黎岩(女)　本溪师范高等专科学校
白艳露(女、满)　桓仁四平乡横道川小学
曹姝妮(女)　本溪市平山区群力小学
丛培仁　丹东宽甸教师进修学校
邹新立　丹东市二十九中学
王丽琴(女)　丹东市金汤小学
官巧云(女)　丹东市十九中学
李素荣(女)　锦州市凌海市一高中
顾庆兰(女)　锦州凌河区解放路小学
曹玉梅(女)　锦州市实验小学
王淑珍(女)　锦州市第四中学
任水亮　营口鲍鱼圈区实验中学
曹兴科　营口大石桥市高中
王雅莉(女)　营口市七中
张继文　阜新县东梁镇中学
赵凤双　阜新市彰武县高级中学

王淑云(女) 阜新市第七中学
郑玉环(女) 辽阳市辽化高级中学
王雅娟(女) 辽阳刘二堡镇河北小学
张希恕 辽阳市第一高级中学
国庆波(女) 盘锦市盘山县高级中学
刘 红(女) 盘锦市双台区实验小学
杨晓伟(女) 盘锦市第三中学
于常娥(女、满) 铁岭市铁岭县凡河中学
齐玉芝(女) 铁岭师范高等专科学校
崔 杰(女、满) 铁岭市第十五中学
刘 杰(女、满) 铁岭市西丰营厂中心小学
牛树发 朝阳喀左六官营子中学
阚玉华(女) 朝阳凌源市第三中学
徐淑文(女) 朝阳北票市第六小学
于再坤 朝阳市育红小学
苗艳芝(女、满) 葫芦岛市兴城碱厂中学
卢 东 葫芦岛市绥中县一高中
刘文田 葫芦岛建昌县实验小学
杨素杰(女) 葫芦岛市炼化总厂一中
马星国 沈阳工业学院
刘孝义 沈阳农业大学
周正任 中国医科大学
张维平 沈阳师范学院
刘仁杰 鲁迅美术学院
关明恕(满) 沈阳音乐学院
于 立 东北财经大学
赵颖华(女) 沈阳建筑工程学院

全国优秀教育工作者

邓沛林 锦州市实验中学全
哈玉文(回) 铁岭市第三中学
范永义 朝阳中等职业技术学校
陈丽华(女) 辽宁省教育基金会办公室

吉 林 省

全国优秀教师

王 彪 松原农村成人高等专科学校
李正礼(女、朝鲜) 长春市少年宫
綦文霞(女) 长春教育学院
张宪琪 长春市实验中学
曹丽娟(女) 长春市第一外国语中学
曹冬梅(女) 长春市第八十一中学
张凤兰(女) 长春朝阳区教师幼儿园
邵 伟(女) 长春朝阳区安达小学
高 举 长春南关区育智学校
李淑清(女) 长春市第七十二中学
王桂琴(女) 长春绿园区正阳小学
艾亚丽(女) 长春市第一五六中学
刘新平 榆树市实验中学
王常光 农安县第四中学
王淑贤(女) 德惠市第四中学
张彩霞(女) 九台市第三中学
王淑敏(女) 吉林市外国语中学
吕艳杰(女) 桦甸市榆木桥子镇中学
程立仁 吉林市第五中学
高 原(女) 磐石市实验小学
季方秋(女) 蛟河市第二十二中学
范丽晶(女) 吉林市幼儿园
王冬菊(女) 吉林市第三十二中学
李志杰(女) 吉林市第三十一中学
高玉华(女) 永吉县第五中学
赵蕴华(女) 吉林市第二十九中学
魏兰鹏(女、满) 伊通县第九中学
黄 岩(女) 四平市第十二中学
王家中 公主岭市教师进修学校
王英华(女) 公主岭市岭西小学
胡晓明 梨树县第一高级中学

张雅玲(女)	四平市第十五中学
吴玉兰(女)	二道江区铁厂镇一心小学
陈丽娜(女)	通化县实验小学
李淑珍(女)	柳河县第二中学
李占德	辽源市第五中学
王运华	临江市第一中学
薛宇广	镇赉县第七中学
孙晓梅(女)	大安慧阳第一小学
朱山玉(女、朝鲜)	延边第一中学
朴玉姬(女、朝鲜)	珲春市教育进修学校
李盛石(朝鲜)	延边教育学院
元今英(女、朝鲜)	龙井市龙井中学
孔令贤(女)	宁江区实验小学
宫明君	扶余县教育局
任希渌	乾安县第七中学
刘玉吉	长岭县第三中学
杨志文	前郭尔罗斯县毛都站镇毛都锡伯村小学
赵宜权	吉林市轻工业职工中等专业学校
罗　平	丰满电子工业学校
怀玉霞(女)	吉林石油集团公司实验中学
李凤华(女)	辽源矿务局第一中学
纪树民	镇赉县五棵树镇中学

全国优秀教育工作者

李晓波	靖宇县教育局
王术兴	通化市教育委员会
于学仁	白山市教育委员会
侯绪国	白城市教育委员会
毕　荣	白城市教育学院干训班

黑龙江省

全国优秀教师

初元芝	哈尔滨市道里区113中
邵玉琴(女、满)	明水县永兴镇中心小学
赵雅智(女)	安达市逸夫小学
于源淼(女)	兰西县第五小学
郭玉琴(女)	绥化市尚志小学
李景玲(女)	肇东市人民小学
祝承权	青岗县第六中学
马广明	望奎县第一中学
董爱国	泰来县第一中学
缪秀英(女)	富裕县第二中学
董力果(女)	拜泉县第一中学
韩雪颖(女)	依安县实验中学
刘桂英(女)	讷河市同义镇庆宝学校
李杰力	齐齐哈尔市第二十八中学
温淑华(女)	克山县实验小学
史安娜(女)	嫩江县第三中学
田　成	五大连池市第三中学
高继红(女)	双鸭山市师范学校
韩桂兰(女)	双鸭山市师范附属小学
关英利(满)	哈尔滨市道外区107中学
吴桂顺(女、朝鲜)	哈尔滨市阿城第四中学
谢立新	哈尔滨市双城农丰中学
龙　萍(女)	哈尔滨市第一中学
刘金库	哈尔滨市第三中学
田金星(女)	哈尔滨市第九中学
赵守文	哈尔滨市教育研究院
彭　晖(女)	哈尔滨市第六中学
谭艳华(女)	哈尔滨市呼兰第六中学
李玉秋(女)	哈尔滨市南岗区花园学校
邹淑君(女)	大庆市实验中学
赵立军	大庆市石油高级中学
李晓光(女)	大庆市肇州一中
魏艳秋(女)	鸡西市第二中学
栾丽霞(女)	鸡西市密山连珠山乡中心小学

张立泰 鸡西市鸡东县第二中学
马丽娟(女) 佳木斯市第三小学
刘晓镛(女) 佳木斯市第二中学
张云江 佳木斯市桦南县第一中学
宫玉禹 佳木斯市富锦县第一中学
闫胜利 绥阳林业局第一中学
丁原岩 黑龙江省山河屯局一中
杜淑贤(女) 牡丹江市林业局第一中学
王秀芹(女) 黑龙江省笔架山前卫小学
程锦章(女) 大兴安岭新林区第三中学
薛 艳(女) 牡丹江市宁安江东乡双富小学
袁玉福 牡丹江市海林高级中学
李爱杰(女) 牡丹江市穆棱第五中学
邹玉琴(女) 牡丹江市绥芬河第一中学
张新标 伊春市第一中学
苗颖杰(女) 伊春市南岔区东方红小学
李 欧(满) 佳木斯农业学校
张聚昌 黑龙江省委党校
李洪明 黑龙江省华安工业集团公司第三中学
宋春芳 哈尔滨医科大学
张显友 哈尔滨理工大学
王焕定 哈尔滨建筑大学
李殿璞 哈尔滨工程大学
葛剑平 东北林业大学
张锦池 哈尔滨师范大学
杨增明 东北农业大学
李 冀 黑龙江中医药大学
姚志军 黑龙江省农垦总局查哈阳农场高级中学
白继昌 黑龙江省农垦总局九三农场一中
吉凤芝(女) 鹤岗市日新小学
时吉芬(女) 鹤岗市第三中学
辛绍杰 大庆市职工大学
鲁华才 龙江县景星镇团山村小学

全国优秀教育工作者

刘克勤 海伦市第一中学
杨可允 大庆市石油管理局教育培训中心
张 凤 牡丹江师范学院
李洪泉 七台河市勃利县教育局
肖世雄 牡丹江林业学校
苏滨强 东北工程学校
邢中光 鸡西矿业学院
于海峰 柴河林业局教育局
刘远鹏 哈尔滨铁路分局教育处
徐 发 安达市万宝山镇教委办

上 海 市

全国优秀教师

朱卡的 上海交通大学
田 禾 华东理工大学
葛文雷 中国纺织大学
查锡良 上海医科大学
厉曙光 上海铁道大学
王立民 华东政法学院
王鸿利 上海第二医科大学
刘 平 上海中医药大学
黄丹枫(女) 上海农学院
奚天敬 上海南洋中学
秦 璞 长宁区建青实验学校
王 立 普陀区新会中学
崔乐美(女、回) 华东师范大学第一附属中学
何曾豪 上海市六十中学
刘宝珍(女) 闵行区第五中学
陶德明 上海市文建中学

黄国泰 南汇县中学
张 婷(女) 松江第二中学
杨卫国 崇明中学
马晓明(女) 卢湾区七色花小学
丁 莉(女) 普陀区武宁路小学
张纪梅 金山区朱行中心小学
陈文芳(女) 青浦县重固中心小学
法勇青(女、回) 黄浦区南京东路幼儿园
林 黎(女) 南市区学前幼儿园
俞慧珍(女) 静安区南京西路幼儿园
李惠芳(女) 嘉定区曹王中心幼儿园
柏树德 杨浦区教育学院
蔡德娟(女) 宝山区三门路职校
卫宝弟 浦东新区工读学校
邬宪伟 上海市化学工业学校
孙天福 上海商业会计学校
周裕新 上海轻工业职工大学
解 军(女) 上海职工医学院
杨敏民(女) 上海市劳动局第三高级技校
马锡京 华东电力建设局技校

全国优秀教育工作者

吴友富 上海外国语大学
卞松泉 杨浦区打虎山路一小

江 苏 省

全国优秀教师

杨建萍(女) 淮阴市第九中学
高兴伟 徐州高级技工学校
鲜 正 南京市下关区小市小学
秦国俭(女) 南化公司职工子女总校
严必友 溧水县中学
吴治明(女) 江浦县中学
孟继中 南京市聋哑学校
乔春源 无锡市第一中学
许玉铭 江阴市工商学校
凌 虹(女) 锡山市实验小学
路久昌 宜兴市教研室
章红燕(女) 无锡市南长街小学
邱 娥(女) 丰县赵庄中学
张建东 丰县第二中学
夏兆惠(女) 铜山县棠张镇中心小学
王占平 邳州中学
张建芳(女) 新沂市新安小学
马连义 徐州市二十七中学
郭爱英(女) 徐州市公园巷小学
王惠娟(女) 徐州市少华街小学
李修路 徐州贾汪汴塘中心中学
张 诚 徐州市岔城矿校
朱瑞芳(女) 金坛市实验小学
沈小平(女) 溧阳市第二中学
吕荣法 武进市湖塘桥实验小学
章国楠 常州市高级中学
陈遂江 常熟中学
张敏华 昆山市蓬朗中心小学
徐蓓韵(女) 吴江市震泽中学
王海赳 木渎高级中学
蒋志明 苏州市昇平中心小学
杨万斌 苏州实验中学
范 晖 启东中学
江建华 海门中学
洪德生 如皋中学
严建萍(女) 南通师范学校
褚嘉耘(女) 南通市实验小学
王爱华(女) 南通市港闸区实验小学
卞宗元 南通职业大学
耿开英(女) 连云港云台花果山中学
包建伟 连云港连云区海滨中学
刘亚波 灌南县中学

刘丽丽(女) 连云港新浦区临洪中学
冯仰松 东海县中学
郭永芳(女) 淮阴市洪泽县三河中学
辜金星 涟水县中学
洪　波 淮安市中学
王业国 淮阴县淮海中学
沈厚国 盱眙县旧铺大朋村小学
崔廷余 响水县海安集中心小学
李志爱(女) 盐城市城区实验小学
任冠华 盐都县时杨中学
徐天国 大丰市中学
陈　远 阜宁县中学
肖秉林 建湖县中学
熊仁娣(女) 盐城中学
马祖萍(女) 射阳县聋哑学校
刘　岚(女) 扬州市梅岭中学
顾春明 邗江县中学
李白兰(女) 江都市高汉中学
张如凯 仪征市工业学校
孙晓仙(女) 丹阳市导墅中学
管小成(女) 句容市下蜀镇洪桥小学
高月琴(女) 扬中市高级中学
张玉玲(女) 镇江中学
肖林元 姜堰市第二中学
房立宏 兴化市舍陈中学
朱菊兰(女) 泰州市刁铺镇中心小学
郭冬梅(女) 泰州职业技术学院
邵　鑫(女) 泗洪县实验小学
闵孟斌 宿迁师范学校
卓维恒(女) 宿迁市实验小学
胡茂斌 泗阳县中学
陈德俊 宿豫三棵树中心校
朱德书 华东船舶工业学院
崔广心 中国矿业大学
张孝羲 南京农业大学
陈建伟 南京中医药大学
朱文元 南京医科大学
张凤真 徐州医学院
李忠正 南京林业大学
张学贤 中国药科大学
郑文灏 南京机电学校
蒋婉求(女) 盐城鲁迅艺术学校
周志德 无锡机械制造学校
陈国平 常州会计学校
刘小中 扬州市职工大学
牛步翠(女) 淮阴市电视大学
纪何云(女) 盐城工业学校灌河集团分校
毛泽夫 常州武进卫生职工中专
赵顺意(女) 金陵石化职工培训中心
王锡坤 宜兴市洋溪成人学校
崔友华 扬中市丰裕镇成教中心
宋经权 如东县岔南成教中心
徐淑君(女) 无锡市商业技工学校

全国优秀教育工作者

王加发 镇江市技工学校
杨祖恒 南京市金陵中学
荣心兰(女) 无锡市河埒中心小学
张同礼 新沂市第四中学
陈永康 张家港市沙洲中学
陈　炜 南通市第一中学
程启祥 淮阴市清江中学
何　生 东台市教育局
曹有信 扬州市广陵区教育局
陈建卿 泰州市寺巷中心小学
吕春绪 南京理工大学

浙　江　省

全国优秀教师

张国明 肖山中学
慎祖佩(女) 杭州市九堡小学
叶 蔼 富阳市南安中学
计 翔 杭州师范学院
俞晓兰(女) 杭州二中
黄小波 洞头县教师进修学校
胡如及 温州市瓯海中学
谢作黎(女) 平阳县第一中学
张茂松 瑞安市瑞安中学
胡寿泉 乐清市乐清中学
郑银凤(女) 温州市第二十中学
郑春华(女) 温州市幼儿师范学校
洪 滨 嘉兴市第一中学
王小林 海宁市农技校
赵如观(女) 平湖市实验小学
姜鹤峰 湖州市湖州中学
唐学忠 湖州市德清县第三中学
丁品林 湖州市练市镇第一中学
高渭明 绍兴县钱清镇成人技校
裘洪波 嵊州一中
黄 林 新昌中学
宣培才 绍兴文理学院
贾馥仙(女) 金华五中
姚荣辉 浦阳县浦阳镇中心小学
徐春兰(女) 东阳市实验小学
童天恩 永康市第一中学
徐时龙 衢县工贸职业技术学校
郑书香(女) 江山市贺村镇河东完小
江 晖 开化中学
钱金铎 舟山市舟嵊小学
嵇仲韶 舟山市岱山中学
包中新 椒江区人民路小学
方云生 台州市路桥中学
徐良福 玉环县陈屿镇中心小学
沈元耕 天台县苍山中学
叶云鹏 台州师范专科学校
陈志勇 缙云县盘溪中学
杜树英(女) 丽水地区实验学校
陶 安 杭州市交通技工学校
陈偕雄 杭州大学
姜 槐(女) 浙江医科大学
姚克俭 浙江工业大学
陶其高 浙江财政学校
陆丽君(女) 浙江纺织工业学校
卢 方 浙江广播电视大学
傅玲琳(女) 浙江供销社职工学院
胡功尧 宁海县梅林镇中心小学
喻伯军 余姚市实验小学
叶镇源 慈溪市掌起镇东安初中
张国昌 鄞县姜山中学
张玲萍(女) 宁波市曙光中学
王雪浦(女) 宁波卷烟厂教育科

全国优秀教育工作者

陈纪钢 绍兴市元培中学
王光明 杭州商学院
王家祥 宁波市效实中学

安 徽 省

全国优秀教师

张献斌 阜阳临泉一中
徐 勇 安庆市岳西县店前中学
陈大文 巢湖市槐林中学
王英俊 巢湖和县历阳一小
孙儒元 巢湖含山中学
李 锐 六安市丁集镇中心小学
潘礼贵 六安霍山中学
方友根 六安师范学校
韩声韵 六安皖西联合大学
孙 丽(女) 六安霍邱县三里逸夫小学

徐道奎 六安金寨龚店初级中学
葛玉峰 六安寿县一中
张建廷 阜阳蒙城二中
张　勇 阜阳市涡阳四中
董景礼 阜阳临泉张集中学
孙海燕(女) 阜阳颍上县六十铺中学
李　境 阜阳市第三中学
殷龙娣(女) 阜阳市颍州区清河小学
崔兴嘉 阜阳市阜南一中
陈廷云 阜阳市利辛一中
陈友生 阜阳市界首一中
宋　毅 阜阳蒙城高级职业中学
尤光雷 阜阳市颍上县第二中学
程梦辉 宣城旌德中学
李红云(女) 宣城宣州实验小学
范如意 宣城广德下寺中心小学
童友斌 合肥长丰县第一中学
陈晓霞(女) 合肥市第四十五中学
周德霞(女) 合肥市第二十八中学
孟益群(女) 合肥市第十九中学
方立伟(女) 合肥市第十六中学
陈旭东 芜湖市南陵一中
邹　霞(女) 芜湖市利民路小学
杨大有 芜湖市育红小学
孙大勇 淮南凤台一中
崔　剑 宿县地区砀山中学
丁浩月(女) 宿县地区宿州市三中
姚瑞文 宿县地区泗县一中
娄彩龙 宿县地区灵璧师范
苏爱功 宿县地区砀山二中
宋文华(女) 蚌埠市职教中心
林晓燕(女) 蚌埠市第一中学
陈长亚 蚌埠怀远县第一中学
郭德书 蚌埠市固镇县实验小学
汪国春 黄山市休宁中学
刘长庆 黄山市中华职业学校
刘世贵 马鞍山当涂县新卫小学
崔执昌 安庆桐城市孔城职高
王代益 安庆市第一中学
王金全 安庆市宿松县花凉中学
徐达宏 安庆市望江武昌初中
吴　玲(女) 安庆市枞阳横埠西亭小学
蔡伯通 池州地区东至铁炉中学
郭　华 亳州市二中
夏效模(女) 滁州市琅琊路小学
梁　靖(女) 滁州市凤阳县城西中学
戴忠诚 滁州市第四中学
李树全 定远县岱山沙坝小学
张云凌 铜陵市第一中学
池永平 淮北市第一中学
陈传荣 淮北濉溪县教研室
徐　明(女) 华东冶金学院
谢广祥 淮南工业学院
梁赤民 马鞍山钢铁总公司职大
娄　梅(女) 安徽财贸学院
马成仓 淮北煤炭师范学院
左从现 安庆师范学院
张登岐 阜阳师范学院
黄雪玉(女) 皖南医学院
徐淑秀(女) 蚌埠医学院
吴　约 安徽建工学院
曹杰旺 安徽农技师院
戴结林 安徽教育学院
李宁辉 安徽广播电视大学
刘　洪 黄山高等专科学校
苏启能 铜陵县老洲乡成德小学

全国优秀教育工作者

李培效 阜阳市教委
徐六如 中国科技大学附属中学

陈神州 蚌埠市教委
汪名山 安庆市怀宁县教委
温中发 铜陵有色金属(集团)公司职工大学

福建省

全国优秀教师

黄本立 厦门大学
王章煌 福建省团校
卢仲兰 龙岩二中
林晓城 武平县武东学区袁畲小学
邱维新 龙岩市松涛小学
林娜娜(女) 漳州市芗城中学
高卫东 漳州市东山一中
黄惠珍(女) 漳州市龙溪师范附小
张银寿 漳州市漳浦县赤土学区
林 琳 厦门市技工学校
谢联辉 福建农业大学
吴春生 明溪一中
苏鸿炎 永安一中
许金花(女) 梅列洋溪学区
陈建尧 尤溪一中
蓝郑永(畲) 福鼎市桐城学区
刘家雄 霞浦县水门学区
张长应 屏南县屏城学区
林 晋(女) 福州幼儿师范学校
谢基贻 罗源县霍口琅坑小学
董锦菁(女) 福州岳峰中心小学
沈 群 福州第十八中学
郭成德 福清第一中学
毛新巧(女、仡佬) 福州市儿童学园
庄小荣 厦门市第六中学
刘 瑛(女) 厦门师范学校第二附属小学
黄晖霞(女) 厦门师范学校附属幼儿园
陈梅钦(女) 福建省建材工业学校
夏锦铸 南平市建阳第一中学
杨新玲(女) 南平市建阳实验小学
范贞祥 南平市南师附属小学
吴云姬(女) 南平市实验幼儿园
陈清仙 中共漳州市委讲师团
方加雄 莆田市中山中学
林元景 莆田市实验小学
赵秋霖 莆田忠门中心小学
俞雪芬(女) 莆田市莆田县实验幼儿园
蔡金发 福建省委党校
方和荣(女) 厦门市委党校
郑安娘(女) 泉州第一中学
陈国良 泉州市泉中职业中专学校
高 英(女) 石狮市新湖小学
林德珠(女) 泉州市肖厝南埔幼儿园
林鸿平 泉州幼儿师范学校
任志聪 福建高级工业专门学校
蔡登闳 南平师范学校
魏子钦 福建省供销成人中专学校
谢树森 福建师范大学

全国优秀教育工作者

陈致然 龙岩市新罗区教育局
吴木宾 漳州市龙海第二中学
柯全章 宁德地区教育委员会
孙立东 福建财会管理干部学院
赵珽清 南平市武夷山市教育局

江西省

全国优秀教师

刘晓毅 大余县职教中心二分校
陈梦雄(女) 南昌市实验中学
徐相萍(女) 南昌市站前路小学
熊世芳 新建县石埠乡龙岗中学

罗明贵 南昌县蒋巷中学
蔡报刚 瑞昌市第二中学
汪漫珍(女) 都昌县北山乡中心小学
胡德喜 九江市第三中学
孙普根 德安县第一中学
陈 思 萍乡市中学
谢菊华(女) 萍乡市上栗区桐木镇小学
万水生 新余市渝水区良山中学
周秀珍(女) 鹰潭市第一中学
杨 芳(女) 贵溪市实验小学
王旺霞 乐平市中学
黄栋背 石城县屏山镇瓦子陂教学点
冯蔚秩 南康市唐江中学
林智灵(女) 赣州市厚德路幼儿园
刘伦浩 崇义县小学
钟春兰(女) 信丰县第一小学
欧阳少英 瑞金市第一中学
戴优书(女) 上犹县城区小学
乐以城 玉山县第一中学
赖正财 弋阳县叠山镇高扬村小
黄云仙(女) 铅山县第三中学
黄风金(女) 广丰县岭底乡中心小学
盛春信 余干县石口镇中心小学
叶 青(女) 波阳县站前乡松桥村小
江汉淮 波阳县第一中学
游国金 丰城市拖船中学
刘建杰 上高县第二中学
陈鹏飞 宜丰县第二中学
温声林 奉新县第二中学
王仁昌 铜鼓县三都中学
舒 磊 高安师范学校
傅腊生 新干县中学
刘生根 吉水县丁江小学
王国彬 井冈山市中学
朱 平 吉安师范专科学校
尹素之(女) 吉安师范学校
李国英(女) 南城县实验小学
吴福喜 资溪县泸阳中学
彭国芳 临川市第二中学
高国水 东乡县榆怡乡中心完小
黄 瑛(女) 黎川县幼儿园
王港元 南昌大学
潘晓华 江西农业大学
温和瑞 赣南师范学院
张庆兴 江西公安专科学校
郭年琴 南方冶金学院
闵佩珍(女) 南昌航空工业学院
孙占学 华东地质学院
秦夏明 江西经济管理学院
石南平(女) 南昌林业学校
韩 玮(女) 南昌飞机公司工学院
潘长根 九江彭泽县棉船乡金星完小
蒋晓红(女) 宜春师范专科学校

全国优秀教育工作者

杨轼琴(女) 南昌市百花洲小学
游华新 九江市第一中学
杨文庆 新余市第一中学
卢字会 景德镇市教科所
高志刚 于都县教育委员会
杨丕祥 上饶县教育委员会
石瑞新 泰和师范学校
万西康 江西省中医药学校

山 东 省

全国优秀教师

程 新 山东建材工业学院
曹文芬 山东财政学院

姓名	单位
傅　洵	青岛化工学院
李永秋	青岛建工学院
盛国军	中国煤炭经济学院
韦忠礼	山东建筑工程学院
尹卓容(女)	山东轻工业学院
孙衡山	山东中医药大学
刘志华(女)	山东经济学院
魏　平	山东体育学院
王　瑶(女)	山东艺术学院
高金康	山东工艺美术学院
赵金鹏	山东工程学院
宋希云	莱阳农学院
高慧英(女)	泰山医学院
山长武	济宁医学院
高美华(女)	滨州医学院
孟广武	聊城师范学院
杨凤花(女)	淄博矿务局第二中学
张国春	胜利石油学校
程天祥	青岛高科园二中
王　环(女)	青岛四流中路第三小学
王燕彬(女)	青岛市商业职工中专
娄尧华	胶州一中
林忠家	城阳三中
刘铁魂	青岛台东六路小学
徐如平(女)	青岛洛阳路第二小学
李同彬	青岛莱西第四中学
王克学	胶南市教学研究室
班长江	张店区马尚镇班家小学
王治芳(女)	淄川第二职业中专
蔡　辉	高青县实验中学
张俊爱(女)	淄博十八中
刘智平(女)	淄博市农机技工学校
徐承治	滕州实验小学
郁高顺	枣庄二中
宗秀银	枣庄一中
褚衍广	枣庄第四十一中学
贺成金	枣庄师范附属小学
燕兰奎	东营市广饶县第一中学
王晓钟(女)	东营市东营区第三中学
李汝中	东营师范学校
刘作安	潍坊市经济学校
仲启维	诸城一中
李建民(女)	潍坊一中
王芝兰(女)	潍坊师范学校
沈镜亮	益都师范学校
崔效杰	寿光市教师进修学校
刘同德	寿光市二中
张建美(女)	昌邑市实验中学
都金莲(女)	安丘一中幼儿园
张迎之	昌乐县教研室
韩中玉	安丘市第四中学
魏丰堂	临朐县教研室
俞守能(女)	烟台农业学校
聂振成	蓬莱教学研究室
孙　明	烟台市莱山区解家一中
赵堂健	烟台牟平宁海二中
王瑞丰	莱阳市古柳中学
赵连玉	招远第一中学
王月杭	栖霞市第四中学
张宝胜	烟台赫尔曼中学
王艳荣(女)	鱼台县实验中学
王汉岭	济宁市实验中学
李　丽(女)	济宁市师专附中
张玉奎	济宁市育才中学
解朝霞(女)	济宁市师范附小
林　昌	汶上一中
李金锋	泗水一中
朱怀璞	邹城一中
武海燕(回)	肥城一中
王作印	宁阳一中

范双潮(女)	宁阳第四中学
刘新贵	泰安市英雄山中学
张泽春	泰安肥城潮泉孙楼小学
高景珂	泰安郊区职业中专
刘锦贤	五莲县教师进修学校
李茂坤	日照市东港区两城中学
董汉金	五莲县潮河中心小学
田玉艾(女)	莱芜师范学校
朱从迎	莱城区凤城高中
张江印	山东农业大学德州专科部
吕正强	禹城一中
刘桂英(女)	陵县陵城西关幼儿园
张玉魁	德州市实验中学
周景孟	博兴县闫坊镇中心小学
于善梅(女)	北镇中学
刘　刚	邹平县实验中学
杨玉东	惠民一中
李吉业	无棣实验中学
孙培飞	河东区芝麻墩中学
傅用信	临沭一中
王瑞印	郯城师范学校
朱崇军	罗庄一中
马保东	郯城一中
郭存起	苍山实验中学
汲长柱	莒南三中
张华功	蒙阴三中
孙德成	平邑实验中学
刘玉广	沂南一中
刘湘梅(女)	沂南二小
秦四海	临沂农校
陈秀玉(女)	东明县第一实验小学
石孟池	郓城县第一中学
杜　卉(女)	曹县教师进修学校
孔德孝	鄄城县第一中学
朱瑞典	单县实验小学
程相义	定陶县第二中学
张　雷	菏泽市第三中学
丁玉莲(女)	菏泽地区盲聋哑学校
张君战	菏泽地区实验小学
王连彪	冠县一中
姬广存	莘县一中
刘胜云	阳谷三中
单海波	茌平一中
杜友松	临清二中
杨海素(女)	莘县师范
袭艳秋(女)	济南章丘一中
刘长生	济南济阳一中
焦兴旺	济南六十三中
罗肖荔(女)	济南市天成路小学
李新生	济南市历城第二中学
于国贞(女)	威海市第一中学
康玉华(女)	乳山市第一中学
孙淑丽(女)	威海市第三中学

全国优秀教育工作者

王守营	潍坊市第七中学
徐玉柯	淄博六中
张永钦	枣庄师范学校
李绪宝	兖州市教委
张振云(女)	乐陵市教委
安书臣	聊城六中
张良升	临朐县教委
魏敬元	安丘市教委
郭玉亭	泰安第一职业中专
王龙学	日照工业学校
王乃信	滨州教委
张学新	临沭县教委
潘长庆	菏泽电教馆
王汉锦	济南师范学校
许好万	威海乳山教委

田奎存　宁津一中

河　南　省

全国优秀教师

李陆军　焦作市特殊教育学校
崔凤俭(女)　濮阳南乐县第二实验小学
王仕慧(女)　新乡市封丘县第一中学
王希顺　郑州工业大学附属中学
王秉章　郑州市第八中学
闫遂德　郑州市中原区第一中学
赵美娥(女)　管城工人第二新村小学
张继拴　巩义市市直高中
高长安　荥阳市高中
耿清祥　郑州市第十一中学
周清顺　开封县大关头小学
于秀霞(女)　通许县教师进修学校
张自明　杞县高阳镇中心小学
刘秀芬(女)　尉氏县洧川镇纸坊小学
殷素琴(女)　开封市实验中学
曾宪新　新安县一高
王仁平　新安县五头镇三中
武鹏高　宜阳县实验中学
朱乃立　洛阳大学
陈景森　汝阳县教师进修学校
梁发寿　孟津一高
李本中　嵩县一高
张志甫　鲁山县第二高级中学
张国强　鲁山县直中学
孙德林　叶县高中
薛枝娥(女)　宝丰县木中营学校
王东申　郏县西街学校
肖百贵　安阳县曲沟镇一中
李钟璇　安阳市实验中学
董长生　安阳市第一中学
张瑞娟(女、回)　安阳市第八中学
黄世杰　林州市河顺镇一中
朱效真(女)　鹤壁市浚县实验小学
田根宝　鹤壁市第九小学
刘瑞凤(女)　辉县市第一高级中学
韩喜云(女)　新乡市老道井小学
雍春华(女)　新乡市第一师范附小
穆景寅　辉县市峪河镇第三中学
王希霞(女)　卫辉市实验中学
张为民(女)　焦作教育学院
郭玉珍(女)　武陟县实验中学
卢香花(女)　焦作市第十九中学
李保东　武陟县第一中学
李红彦　濮阳县雷庄中心校
安梅娥(女)　范县城关镇金村中心校
张素华(女)　清丰县大流乡三庄小学
强小琴(女)　卢氏县实验小学
贾　红(女)　三门峡市外国语中学
张建勋　灵宝市第一高级中学
王兴国　永城市职业技术学校
朱新光　永城市陈集乡成教学校
卜宪明　夏邑县太平中心校
陈景莲(女)　虞城县高级中学
张焕君　商丘梁园区第二回小
范金祥　许昌机电工程学校
胥永章　长葛市第一高中
陈泉涌(女)　许昌实验幼儿园
张盘铭　鄢陵县安陵镇建新中学
张菊英(女)　漯河源汇区东大街小学
师富兰(女)　郾城县实验中学
周新友　漯河艺术师范学校
刘西中　项城市第二高中
侯美丽(女)　沈丘县教师进修学校
司明广　太康县五里口乡三中
邵士忠　郸城县吴台镇四中
闫继魁　淮阳县教师进修学校

李科众　　沈丘师范学校
何咏梅(女)　郸城县实验中学
张太立　　方城县城关镇第三中学
王邦屏(蒙古)　镇平县李家庄小学
王学章　　社旗县第一高中
苏全华(女)　南阳市第十三中学
樊桂芳(女)　社旗县苗店乡苗店学校
杨　磊(女)　唐河县聋哑学校
胡胜林　　新野县职业中专
尹清涛　　南阳市第五中学
冯顺祥　　西平县职成教研室
路新静(女)　驻马店市第二中学
赖洪新　　汝南县和孝乡二中
刘月丽(女)　上蔡县第一高中
侯军国　　上蔡县华陂镇一中
刘法水　　驻马店地区基础教研室
刘　歌(女)　泌阳县泌水镇一小
方应斌　　新县职业高中
武文潢(女)　信阳高中
李　剑　　信阳县一高
张正霞(女)　光山城关镇吕围孜学校
李　欣(女)　罗山县一中
汪定安　　信阳师范学校
孙立霞(女)　淮滨县沙湾小学
张绍谦　　郑州大学
刘立新　　郑州工业大学
周丽芬(女)　华北水利水电学院
葛　玻(女)　洛阳工业高等专科学校
万陵德(女)　河南师范大学
徐黎玲(女)　河南财经学院
周正民　　郑州大学
庄　雷(女)　郑州大学
杨丽徙(女)　郑州工业大学
吴来安　　河南城建高等专科学校
吴玉娥(女)　河南职业技术师范学院
史厚敏(女)　商丘师范高等专科学校
李桂明　　空军第一航空学院
张　琪(女)　河南农业大学附中
徐　漫(女)　郑州人民警察学校
王素梅(女)　濮阳市技工学校
楚慧丽(女)　河南石油勘探局一小
张宝珍(女)　郑州铁十小

全国优秀教育工作者

张德宗　　河南大学
黄建军　　确山县靖宇小学
关玉娥(女)　安阳水冶镇东北街学校
朱　青　　商丘市教研室
王维池　　洛阳市新安县一高
闫清泉　　平顶山鲁山县第一高中
杨宗荣　　济源市济水办事处
李建华　　驻马店师范学校
李　明　　郑州牧业工程高等专科学校
曾慧芳(女)　信阳地区教育委员会
张学海　　卫辉市教育委员会
王　忱　　郑州市高校招生办公室

湖　北　省

全国优秀教师

刘则奇(女、土家)　恩施市沙地乡初级中学
宋艳秋(女)　襄阳县张湾潘台小学
梅一丛(女)　崇阳县天城三小
张永学(土家)　同济医科大学
李春华(苗)　来凤县第一中学
曹诗权　　中南政法学院
朱知慧(女)　黄石中山小学
姚源波(侗)　宣恩县第一中学
陈　虹(女)　湖北商业专科学校

柯善定	阳新县浮屠中学	梁师稳	阳新县第一中学
刘永刚	随州市第一职业中学	吴和清	鄂州市五里墩小学
袁日新	黄梅第一中学	项锦华	麻城市第二中学
方康玲(女)	武汉冶金科技大学	马　敏	华中师范大学
邓绍汉	潜江中学	胡昌雄	汉川市泵站中学
俞良早	湖北大学	刘丙元	孝昌县小悟林中学
余晓明	仙桃中学	陈生年	襄樊市第二十四中学
王晓红(女)	江汉油田广华中学	徐启贵	鹤峰县第一中学
朱庆祝(女、土家)	五峰县民族小学	马松林	天门师范学校
何　星	沙洋监狱二中	冯中山	荆州市北门中学
汪自云(女)	湖北师范学院	谭明书(土家)	巴东县第一中学
曹　曼(女)	湖北省教育学院	宋清龙	襄樊市师范学校
刘建平	沙市航空路小学	张艳萍(女)	武汉市江汉区红领巾学校
陈碧桃(女)	通山县实验幼儿园	朱宗葵	保康县第一中学
方坤河	武汉水利电力大学	韩裕龙	神农架林区朱洛中学
易振秀(女、土家)	长阳县实验中学	方胜兵	湖北省旅游学校
王　奕	沔城高级中学	杨汉梅(女)	武汉市汉阳区钟家村小学
林成城	郧西县第一中学	乔淑清(女)	宜昌县龙泉镇中心小学
周时富	红安县第一中学	尹汉宜(女)	长航集团公司幼儿园
余正权	荆门市白石坡中学	刘德宝	黄陂县蔡店刘家山小学
宋志猛	黄州区第一中学	邓正平(女)	枝城市陆城第一小学
田学真	郧县城关第一中学	赵瑞云(女)	大冶市第五中学
胡光焱	武汉市武昌文华中学	刘中国	武穴市龙坪职高
黄家礼	监利县新沟镇新兴中学	陈俊生(女)	荆门市京山一中
黄玉卿	十堰市第一中学	唐西胜	荆门市沙洋中学
万国庆	咸宁师范高等专科学校	冯甫兰(女)	巴河镇中心小学
胡　雁(女)	孝感市直属机关幼儿园	庞大权	潜江市实验小学
王守洪	云梦县实验中学	丁武刚(回)	房县一中
明瑞林	大冶市第一中学	李爱梅(女)	湖北省服装技校
熊长鹤	荆门市龙泉中学	郝传宝	远安县第一高级中学
邓新华	荆州市江陵区滩桥中学	谢国斌(女)	建始县县市幼儿园
黄三元	孝南区三叉埠中学	张　勇	孝感教育学院
孙金荣	荆门市钟祥二中	杨晋森	蒲圻市车埠中学
江兴楚	竹山县实验中学	曹　玲(女)	华中理工大学汉口分校
方水娥(女)	蕲春县一中	陈贻祥	嘉鱼渡普镇渡普小学

冯举芝(女) 南漳县马家咀小学
刘明英(女) 葛州坝实验小学
王绍卜 黄冈农业学校
巫丽莎(女) 武汉市第一师范学校
戚文正 武汉第一职业教育中心
吴云汉 老河口市袁冲中学
秦成坤 随州市三里岗镇中学
李学政 石首一中
周和敏 广水市余店镇界河小学
杨胜荣(土家) 咸丰县尖山乡袁界小学
涂丽云(女) 湖北公安高等专科学校
童方保 嘉鱼县牌州镇光明村小学

全国优秀教育工作者

张少华 汉川市马口镇教育组
陈立人 黄冈市教委
韩洪双 华中理工大学
徐家森 当阳市实验中学
郭道扬 中南财经大学
任远能 武汉市汉南沙帽中学
严相成 仙桃市陈场镇教育组
毛柏青(女) 同济医科大学
朱国祥 咸宁市高中

湖南省

全国优秀教师

李迪军 望城县雷锋学校
邓梅秀(女) 宁乡县横市镇雪峰小学
李志宏 长沙市开福区教研室
肖福昌 长沙县金井镇联校
李俊年 长沙市正园中学
邓顺川 长沙民政学校
温清午 长沙市明德中学
李应忠 长沙市芙蓉区育英学校
王京卉(女) 长沙市岳麓区望月村二小
魏降祥(女) 长沙市天心区新兴路小学
李 钧(女) 长沙市雨花区教师进修学校
刘新才 茶陵县尧水中学
龙 战(女) 株洲市石峰区龙头铺镇双丰小学
黄国雄 株洲市二中
丁怀德 攸县一中
易经华 湘乡市一中
马格印(女) 湘潭县河口镇月形小学
肖云辉(女) 湘潭市雨湖区金庭小学
陈瑞文 湘潭电机厂子弟中学
田 浩 临湘市白云中学
张万奎 岳阳大学
凌庆升 株洲市一中
李永荣(女) 长岭炼油化工总厂子弟学校
江立中 岳阳师范高等专科学校
万紫华(女) 岳阳市一中
程立新(女) 衡山县岳云中学
罗育鳌 耒阳市一中
廖文银 衡阳县一中
莫文敏 衡南县一中
王安德 祁东县灵官镇中心小学
肖功佑(女) 衡阳市江东区泉溪村小学
田新建 衡东县一中
郑世英(女) 衡阳市城南区环城南路小学
谭邦菊(女) 衡阳市城北区蒸湘北路小学
郭凌云 常德市一中
应雨田 常德师范高等专科学校
伍满枝(女) 常德市鼎城区谢家铺镇桂花完小
周友枝(女) 常德市武陵区育英小学

陈宏政 石门县楚江镇一完小
李汉生 桃源县太平桥乡跑马岭小学
刘莲香(女) 邵东县双凤中学
杨乐群 新邵县三中
吴才录(瑶) 绥宁县二中
闫明元 城步县一中
陈立潭 武冈市二中
黄大柳 新宁县一中
刘和平 邵阳县塘渡口三完小
姚荣华 邵阳市双清区云水中学
刘晓华(女) 张家界市永定区崇实实验小学
王国章 南县华阁镇联校
曹永卿 湖南城建高等专科学校
秦忠翼 益阳师范高等专科学校
皮良才 益阳市张家塞乡联校
王纪仁 临武县武源乡新塘小学
段定智 郴州市二中
范郴兴 汝城县一中
周邦全 安仁县一中
吴绪意 桂阳县三中
廖金兰(女) 娄底市双江中学
伍贤慧 新化县一中
毛晓蕊 涟源县一中
蒋松珍(女) 永州市五中
何清长 道县一中
汪祚志 江华瑶族县沱江五小
贺锦志 蓝山县二中
唐能璋 新田县门楼下乡中心学校
罗丽菊(女) 宁远县一中
曾爱莲(女) 靖州县鹤山小学
李振棠(瑶) 洪江市黔阳一中
王鹏飞 怀化铁路一中
唐冬桥 会同县一中

许 杰(女) 怀化市委机关幼儿园
向莉莉(女、土家) 龙山县实验小学
张菊英(女) 吉首市第二小学
沈德耀 中南工业大学
罗大庸 长沙铁道学院
李宇峙 长沙交通学院
施兆鹏 湖南农业大学
胡景初 中南林学院
余 麟(女) 衡阳医学院
余秉彬 长沙电力学院
蒋兰香(女) 湖南政法管理干部学院

全国优秀教育工作者

杨林峰 临澧县三中
张宗富(苗) 湘西自治州民族中学
彭长首(土家) 张家界市教委
周乐苏 隆回县教委
欧宏权(土家) 沅陵县麻伊伏区教育办公室
曾德康 新化县桑梓镇教育办公室
丁联池 中南工学院
方伟杰 桃源师范学校
何彬生 湘南医学高等专科学校
刘先捍 湖南省教育科学研究所
陈连生 湖南省第一师范学校
伍相丕 桑植县鄄源镇联校

广 东 省

全国优秀教师

杨启光 暨南大学
詹德华 广东外语外贸大学
王建华 广州中医药大学
章超桦 湛江海洋大学
王先庆(土家) 广东商学院
李 晓 星海音乐学院

刘如意 广东工业大学
张景中 广州师范学院
温育元 嘉应大学
刘 沛 湛江师范学院
苗丽痕(女) 广州市荔湾区华侨小学
简栋梁 广州市聋人学校
游彩云(女) 广州天河区体育东路小学
谢小萍(女) 广州市第七中学
梁国球 番禺市大岗中学
丁广兰(女) 广州市白云区广园小学
张水平 广州市执信中学
方 兴 深圳市华侨城中学
赵雄英(女、瑶) 韶关市乳源县东坪镇中心小学
胡永梅(女) 新丰县丰城镇龙围小学
郑志枢 北江中学
曾晓红(女) 韶关市第一中学
刘雪霞(女) 韶关市武江区红星小学
尹辛禄 珠海市第一中学
陈俊才 汕头市金山中学
黄如钊 汕头市第一中学
郭胜芳(女) 澄海市凤翔中心小学
谢素娃(女) 潮阳市棉城镇第六小学
张如南 潮阳市西胪镇埔美小学
霍浩宽 佛山市第三中学
黎瑞华(女) 顺德市伦教中学
李 芳(女) 三水市西南镇健力宝中学
张琼芳(女) 高明市荷城中学
霍洁贞(女) 佛山市第十八小学
余艳娟(女) 恩平市鳌丰中学
张燕飞(女) 开平市长师附小
英玮予(女) 江门市第一中学
易柏成 江门市鹤山鹤华中学
梁 哲 湛江师院附小
李华荣 徐闻县徐闻中学
许 戈 廉江市安铺镇中心小学
李 坚(女) 吴川市第一中学
庚宝材 湛江市第七小学
刘小蔚(女) 湛江市第九小学
邱肖荣 信宜市第二中学
彭明强 高州市第一中学
刘积强 化州市第二中学
潘 广 电白县第一中学
樊七妹(女) 茂名市第十二中学
崔华龙 高州市高州中学
龚竟聪(女) 肇庆市第一中学
唐祥云 高要市新桥中学
王志先(女) 四会市地豆中学
姚可新 怀集县连麦中心校
邢建勇 肇庆教育学院
李曾明 惠阳高级中学
李群棠 博罗县罗阳第五小学
巫卓煊 梅州市梅州中学
陈均昌 蕉岭县蕉岭中学
钟启育 大埔县虎山中学
陈春红(女) 兴宁市第一中学
张 友 平远县平远中学
黄佑喜 梅县东山中学
陈晓洪 梅州五华县田家炳中学
彭兴勤(女) 汕尾市城区新城中学
李文中 汕尾市陆丰市甲子中学
施志坚 海丰县海城镇中心校
程云英(女) 东源县蓝口中心小学
谢焕如 河源市连平县忠信中学
罗文锋 河源市源城区下城小学
黄炽均 河源市和平县和平中学
郑荣彪 阳江市第一职业高级中学
杨国凌 阳春市春城实验小学
陈玉娟(女) 阳江市江城区岗列玉沙小学

郑锡恩　清远市第一中学
郭海英(女)　清远市清城城区职业中学
李臣勉　英德市英德中学
江丽珍(女)　清远市连南县东芒小学
柯丽娟(女)　连州市连州镇中心小学
范秀祝　清远市佛冈县第一中学
何锦湖　东莞市望牛墩中学
石小红(女)　中山市第二中学
徐铭侃　中山市实验小学
刘世孝　潮州市金山中学
张　歆　潮州市饶平县第二中学
张新喜　揭阳市揭西县第一中学
邓木欣　惠来县葵潭镇小学
王细偶　揭阳市揭阳华侨中学
林建雄　云安县六都镇中心小学
邱裕兴　罗定市廷锴纪念中学
卢文芳　云浮市第一中学
黄春林　湛江市农垦总局广丰中学
赖乃敢　茂名市农垦总局红阳二小
袁佳杰　广州机电技工学校
钟栋林　广东轻工业技工学校
穆文耀　广东实验中学
罗　莎(女)　华南师范大学附属中学
刘　虹(女)　华南师范大学附属小学

全国优秀教育工作者

许　广　汕尾市海丰县澎湃中学
杨剑安　河源市紫金县教育局
袁奕强　揭阳市教育局
李名才　广州市第七十八中学
孙振东　深圳市元平特殊教育学校
李靄康　江门市工交职业中学
胡潭波　惠州市惠城区教育局
廖文仙　东莞市长安镇霄边小学

海　南　省

全国优秀教师

王圣智　临高县临高中学
梁启武　陵水县陵水中学
吴宏丰　定安县第一小学
王桂厅(黎)　白沙县第一小学
邓桂琴(女)　农垦东平中学
高中保　乐东县九所中学
蒋　敏(女)　屯昌县向阳小学
李盛华　儋州市那大二中
朱才芳　琼海市职业中学
周瑞英(女、壮)　海口八中
曾少平　海南二中
陈若芝(女)　保亭县民族中学
罗世番　万宁礼纪中学
庄仿汉　澄迈县二中
邝俊英　琼山市坡头小学
符世明　昌江中学
张蔚兰(女)　三亚一中
王升才(黎)　琼中县一小

全国优秀教育工作者

陈大万　海口十一小

广西壮族自治区

全国优秀教师

黄海兰(女、壮)　大新县桃城实验学校
张　宁(女、壮)　凭祥市第一小学
梁肖琼(女)　扶绥县实验学校
陆永平(壮)　龙州县龙州中学
梁美桂(女、壮)　兴安县直第二幼儿园
韦素兰(女、壮)　融水县白云乡中学
韦启平(壮)　来宾县二中
黄国宝(壮)　柳州地区民族高中

唐智民 全州县绍水高中
莫燕安 昭平县庇江乡黄胆小学
廖常运(瑶) 富川县富阳镇洋溪完小
谭延安(壮) 百色市龙合乡巴平小学
梁绍谷(壮) 德保县德保中学
韦日飞(壮) 田阳县中等职业学校
秦玉龙(女) 凌云县民族初级中学
兰素珠(女、瑶) 平果县二小
扈桂丹(女) 河池市高级中学
刘汉康(仡佬) 罗城县罗城中学
刘为群(女) 南宁市一中
韦　玲(女、壮) 南宁市四中
杨　捷(壮) 南宁市十四中
陆永宜(女) 南宁市二十中
钟成军 柳江县教育局教研室
陶　军(女、壮) 柳州师范学校
谭希仲(壮) 柳州市教育学院
李川扉 柳州市二中
李崇泰 柳州第一职业中等学校
黄成东 阳朔县福利镇成人技校
于丽萍(女) 桂林市解放西路幼儿园
韦　劼(女、壮) 桂林市第一中学
杨卓雅(女、壮) 桂林市凯风小学
黄少玲(女) 梧州市三中
黄家洪 蒙山县蒙山中学
翟　莲(女) 北海市西塘镇中心小学
梁思伦 北海市北海中学
李再红(壮) 钦州市实验小学
黄福莲(女) 钦州市第一中学
黄善侯(壮) 上思县上思中学
黄郁奎(女) 容县中学
黄松生 北流中学
刘成惠(女) 博白县博白镇第一小学
张达梅(女) 平南县六陈镇大冲小学
区世亮 贵港市教研室
张添华 贵港市江南中学
杨桂复 玉林师范高等专科学校
孟勤国 广西大学
冼　苏 广西医科大学
马祖贤(壮) 右江民族医学院
陆　云(女、壮) 广西师范学院
唐　凌 广西师范大学
蔡昌卓 广西师范大学
欧业林(壮) 广西民族学院
窦如意(女) 南宁铁路局二中
刘建昌 广西公安管理干部学院
周福兴(壮) 广西建筑工程学校
严丽丽(女) 柳州市卫生学校
黄琼念(壮) 广西航运学校

全国优秀教育工作者

朱袭南(女) 桂林市教育委员会
黄秉炼 广西工学院
郑德麟 广西右江民族师范高等专科学校
秦秋生 灵川县城关一小
顾若俊 柳州机械厂子弟学校
吴光文 广西水电学校

四　川　省

全国优秀教师

黄幼莹(女) 成都水力发电学校
刘德友 内江市第十三小学
付小红 崇州崇阳东郊中学
程晓江 泸州市国营炬化工厂
李子敬 邛崃市夹关中学
李晓路(女) 四川省直属机关实验婴儿园
卢明英(女) 巴中市乐丰小学
于清泉 平昌县中学

苟红平	平昌县江口一小	陈旭康	射洪中学
成永笔	南江县中学	王桂枝	国营八一一厂小学
李政福	蒲江甘溪小学	李自平	广元中学
王文兰	大邑沙渠乡小学	刘学明	剑阁中学
余新民	成都青羊区师培中心	何仁元	苍溪县城郊中学
杨支文	四川师范大学附中	向世平	泸州化工厂子弟中学
骆敦志	金堂中学	王贵武	泸州市纳溪区教研室
刘丽容(女)	绵阳四中	张　燕(女)	泸州市江阳区七中
赵德仁	三台中学	李祥远	泸州市古蔺县大村镇中乐小学
杨劲松	盐亭中学		
张丛林	梓潼中学	李家煜	南充市南部县建兴中学
羊伟明	江油中学	杨　明	南充市西充县西充中学
侯福选	安县永安镇小学	陈恩泽	南充阆中市天宫乡将军小学
胡贞贞(女)	攀枝花市第八中学		
卜珏佩(女)	攀枝花市十九治一中	李绍民	南充阆中师范附小
朱亚辉	屏山县屏山镇西城小学	付长林	南充市仪陇日兴镇小学
张选明	珙县中学	任德利	南充市第一中学
朱永长	江安中学	姚先林	南充教育学院
严瑞文	高县中学	王小惠(女)	自贡市蜀光中学
陈志友(女)	兴文县晏阳镇第一初级中学	李泽君	富顺第二中学
		张　平(女)	四川西南矿区教培中心小学
祝天虹(女)	宜宾市第一中学校		
刘全惠(女)	德阳市一小	袁和平(女)	荣县鼎新镇小学
魏庆禄	罗江中学	张燕如(女)	彭山县第一小学
袁德才	什邡聋哑学校	张大勇	青神县成人中专
王刚夫	中江永太职业中学	朱克勤	丹棱县中学
罗玉文	达川市第一中学	牟新建(女)	洪雅县实验小学
王绍礼	达县虎让乡中心小学	杨忠瑜(女)	宝兴县硗碛藏族中学
伍运友	开江县沙坝场乡河小学	刘德强	汉源县第二中学
毛成华	渠县中学	陈昌顺	华蓥市天池镇小学
周正大	达川水电学校	蔡六四	广安第二中学
杨中亚	大竹实验小学	蔡尚清	武胜县烈面中学
何海清	蓬溪中学	李先林	广安友谊中学
陈光贵	遂宁大英中学	严照宣	资阳师范学校
向小平	遂宁柳树中学	杨序华	乐至县良安中学

林光秀(女) 简阳中学
陈达彬 安岳县兴隆中学
秦际堂 安岳中学
陈加建 内江市中区四合镇中心校
左索华(女) 隆昌县第一中学
王诚强 资中县龙中学
曾建华(女) 资中县水南镇幼儿园
欧可翕 威远县威远中学
杨伯清(女) 乐山市县街小学
何正全 沐川职业中学
胡正权 峨眉一中
林如恺 夹江中学
黄兆伟 乐山一中
刘 汝(藏) 红原县藏文中学
刘 华(苗) 普格县中学
朱玉芳(女) 德昌县阿荣小学
沈长生(彝) 德昌县宽裕中学
吴鸿恩 会东县中学
张正秀(女、彝) 会东县直属小学
格乃降央(藏) 理塘县中学
何佳强 泸定县二中
陈星弼 电子科技大学
郑 虎 华西医科大学
连级三 西南交通大学
冯建成 四川省卫生干部管理学院
黎炳学 温江教委教研室

全国优秀教育工作者

林华玉 成都市盐道街中学
黄光成 双流县棠湖中学
戴高龄 成都七中
伍 俊 成都市新华职业中学
郝士昌 汶川县威州中学校
卢昌华 绵阳市游仙区教文体委
陈明义 泸州市第六中学
王池中 南充市高级中学
陈 黎 峨眉山教育局
陈明体 宜宾县第一中学
店开平 简阳市高级职业中学
杨新容 广汉中学
王 专 宣汉中学
熊家宁 遂宁市教委

重 庆 市

全国优秀教师

刘实权 垫江中学
李晓明(女) 万州红光小学
胡 松 酉阳一中
夏国祥 重庆三十七中
蒋梦宁 重庆十八中
傅贤维(女) 沙坪坝区新立小学
汪反修 重庆石桥铺中学
胡登富 重庆南岸教师进修学校
罗志惠(女) 北碚朝阳小学
赵素乾 万盛区教师进修学校
王新华(女) 巴县中学
牟守林(女) 双桥区双路小学
李本明 华蓥中学
兰召清 长寿中学
张家声 綦江郭扶镇中心小学
傅怀琼(女) 江津蔡家镇中心小学
谢祖菊(女) 永川中学
黄宏生 潼南中学
吴万瑜 铜梁中学
龙运海 大足中学
胡世寿 荣昌中学
张淑萍(女) 璧山中学
罗 卫(女) 万州五桥双流小学
杨意衡 开县中学
王于勋 云阳县红狮镇双梅小学

梁吉成　巫山中学
刘寿安　巫溪县尖山小学
王禹侯　梁平县合兴镇红日村小
王大宁　城口县中学
刘群朴　涪陵实验中学
王小琦　丰都中学
廖学超　武隆县桐梓镇小学
胡培华(女)　秀山县一中
张坤乾　南川中学
陈益清　黔江县灌西乡堰塘村小
李忠铮　重庆巴蜀中学
龙腾锐　重庆建筑大学
梁国明　重庆师范学院
向味诗　西南工业管理学校

全国优秀教育工作者

胡祖华　渝中区二实验小学
陈述祥　江津中学
傅世放　西南师范大学
李绍伦　合川市沙迁镇教育办公室

贵　州　省

全国优秀教师

吴道明　贵阳市修文县扎佐中学
冯光义　贵阳市开阳县第一中学
耿全香(女)　贵阳市息烽县下红马小学
韦兴德(女、布依)　贵阳市省府路小学
付志敏(女)　贵阳市南明区少年宫
宋志彬　遵义市遵义县二中
陈邦强　遵义市绥阳县儒溪中学
陈　红(女)　遵义市正安县一中
韩兴跃(仡佬)　遵义市道真县道真中学
孙廷华(土家)　遵义市凤冈县琊川镇联合民小
冯文敬(土家)　遵义市务川县濯水中学
周德芳　遵义市五中
彭楚忠　六盘水市水城县二中
聂志权　六盘水市六枝特区四中
董国芳(彝)　六盘水市盘县特区五中
吴超志(回)　安顺地区普定县一中
赵世贤　安顺地区一中
刘恩和(土家)　铜仁地区沿河县后坪乡茨坝小学
安世长(土家)　铜仁地区德江县桶井乡下坪完小
黄镇榕　黔东南州技工技校
杨秀乾(土家)　铜仁地区印江县木黄中学
韩　荻(女、土家)　铜仁师范高等专科学校
李安华　毕节市职业技术高级中学
宁俊文(女)　毕节地区黔西县二中
王宇智(女)　毕节地区金沙县一小
王文星　毕节地区织金县一中
韩德秀(女)　毕节地区一中
漆国江　毕节师范高等专科学校
杨通刚(女)　黔东南州剑河县二中
田应永　黔东南州施秉县一中
唐远霞(女)　黔东南州黄平县民族中学
彭晓萍(女、侗)　黔东南州天柱县教研室
孙人莲(女)　黔东南州凯里市三小
欧定隆(侗)　黔东南州锦屏县大同乡章寨小学
魏永建　黔东南州民族农业学校
朱一枝(女)　黔南州都匀市三中
陈学兴(布依)　黔南州惠水县二中
罗明光(布依)　黔南州长顺县思岗办学点
王玉珍(女)　黔南州都匀一中
徐宝灵(女)　黔南州都匀二中
袁子进　黔南州瓮安县瓮安中学
邓吉怀(苗)　黔西南州晴隆县民族中学
张忠琴(女)　黔西南州兴义市云南路小

学

刘玉川　黔西南州安龙县一中
刘　全　贵州省商业干部学校
江　萍(女)　贵州大学
屠玉麟　贵州师范大学
张实践　贵州省第二轻工业学校

全国优秀教育工作者

冯济夔　贵阳市师范学校
朱玉英(女、苗)　安顺地区镇宁县江龙中学
胡德尊　黔南教育学院
文向红(女)　贵州机械工业职工大学

云　南　省

全国优秀教师

杨天泽　临沧镇康县军弄中学
李发光(布朗)　临沧双江县忙糯完小
刘万堂　昭通威信县第一中学
陈金贵　昭通彝良县职业高中
王吉鹏　昭通巧家县第一中学
李玉昌(傈僳)　怒江兰坪县兔峨中学
高桂林(女、白)　怒江泸水县第三中学
戴志涵　思茅景东县第一中学
刘兰仙(女)　思茅普洱县小学
冯宝华　玉溪市第一中学
丁惠芬(女)　玉溪峨山县双江小学
张元琼(女)　玉溪新平县桂山中学
王佑军　华坪县永兴半寄制学校
丁昌立　东川市第一中学
曾兰芳(女、布朗)　西双版纳勐海县民族小学
朱妙忠　西双版纳勐腊县第一中学
龙德昭(女)　云南省中医学院
徐金官　云南农业大学
朱惠荣　云南大学
木　圣(纳西)　丽江县第五中学
徐声远　西南林学院
高　峰　云南工业大学
程赫明(蒙古)　昆明理工大学
刘惠琼(女)　昆明市西山区春苑小学
普明祥(彝)　文山县攀枝花中心校
孙群美(女)　文山马关县第四中学
杨光宗(白)　大理弥渡县第一中学
杨正彪　大理南涧县松南小学
赵凤新(女、白)　大理市第四中学
周琼芝(女)　楚雄永仁县永定小学
杨沛兴　迪庆中甸金江中心完小
韩天瑜　红河弥勒县第一中学
杨必俊　红河个旧市第一中学
李继福(彝)　红河元江县第二小学
李寿章　曲靖寻甸县第二中学
许洪彩(女)　保山腾冲曲石中心小学
赵少青　保山市实验中学
沙毓寿　楚雄大姚县职业高中
姜秀英(女、景颇)　德宏州盈江县昔马兴华小学
周苏华　德宏州潞西市芒市中学
杨　捷　云南省建筑材料工业学校
杨万银　水富县两碗乡新滩村大新小学
金明良　陆良县第一中学
范文英　东川市新村一小
杨汉谟　楚雄第一中学
苏履强　临沧地区中学
杨佳文　孟连县民族中学
梁富有　曲靖第一中学

全国优秀教育工作者

和克政(纳西)　丽江地区教委
杨和良　云南师范大学
戚建云　建水县第一中学

王　境　迪庆州教委
侯新华(傈僳)　云南省民族中等专业学校
钟其昌　文山州财贸学校
字绍昌　保山昌宁柯街乡教办

西藏自治区

全国优秀教师

王文寨　日喀则地区高中
陈江白(女、藏)　日喀则地区小学
郑淑娟(女)　林芝地区高级中学
江白加措(藏)　阿里地区噶尔县左左区小学
吴　萍(女)　拉萨市师范学校
罗布扎西(藏)　山南地区扎朗县吉林乡小学
刘树群(女、藏)　拉萨中学
尼玛扎西(藏)　西藏大学
乔根锁　西藏民族学院
申秋江村(藏)　班嘎县中学

全国优秀教育工作者

平措朗杰(藏)　西藏拉萨市当雄县教育局
江　村(藏)　西藏自治区商业学校
达　娃(藏)　西藏农牧学院

陕　西　省

全国优秀教师

唐　玫(女)　西安未央区东前进小学
舒　娟(女)　陕西师范大学附小
许艳玲(女)　西安阎良区第一学校
庄　力　西安市第九十中学
桑菊蓉(女)　高陵县第四中学
邹晓力　西安霸桥新建中心小学
严迪红(女)　西安市第八十九中学
李晓娟(女)　耀县城关中学
靳燕梅(女)　宝鸡金台区店子街中学
刘银科　千阳县千阳中学
康银丽(女)　岐山县中学
董金明(女)　扶风县绛帐候家小学
许春娟(女)　麟游县镇头实验小学
张彦斌　咸阳市渭城中学
王和平　乾县二中
杨志恒　礼泉县昭陵初中
韩　梅(女)　永寿县城关小学
强　新　彬县中学
赵　毅　长武县芋元乡南宫初小
张三存　淳化县官庄中学
刘林林　合阳县合阳中学
王英梅(女)　大荔县云棋小学
张亚勋　韩城市司马迁中学
姬榜学　澄城县澄城中学
高继平　白水县白水中学
李晓燕(女)　汉中市第四中学
曹卫国　西乡县第一中学
陈　宁　宁强县城关中学
高雪燕(女)　略阳县东关小学
彭文柱　汉中师范附属小学
梁荣春　平利县中学
喻　蓉(女)　紫阳县高滩九年制学校
周裕厚　安康市第一中学
朱云英(女)　洛南县西关中学
从定荣(女)　山阳县中学
张兆琪　镇安县中学
王东娥(女)　延川县城关小学
刘继高　志丹县市镇小学
张怀志　延安师范学校
白兰芬(女)　定边县第二中学
李海红(女)　定边县向阳小学
常如正　榆林中学
贾小琴(女)　吴堡县宋家川一完小

王芝银(女) 西安矿业学院
王国泰 渭南师范专科学校
刘 丁 西安理工大学
杨劲松 西安美术学院
王桂兰(女) 陕西财经学院
章竹君 陕西师范大学
刘鸿喜 宝鸡文理学院
孔庆燧 陕西省教育学院
邓银才 安康农业学校
王淑云(女) 空军西安航空工程学院
陆升武 陕西乡镇企业学校
张玉芳(女) 陕西建材技工学校
杨建民 陕西纺织技工学校
党福奎 渭南市临渭区瑞泉中学

全国优秀教育工作者

邓丽轩(女) 西北大学附属中学
杨勇承 陕西农业职工学校

甘 肃 省

全国优秀教师

董恕邦 靖远矿务局王矿中学
赵得璧 靖远县一中
胡馥萍(女) 兰州市四十三中
童克忠 永登县金咀乡农职业中学
火照财 皋兰县火家湾小学
刘彦博(女) 天水市秦城区玉泉中学
王明顺 清水县一中
王林子 甘谷县一中
冯学友 嘉峪关市新城乡中心小学
赵国龙 酒泉市上坝乡下坝学校
李崇灵 玉门市玉门镇小学
姚金花(女) 民乐县逸夫小学
李得桂(女) 临泽县沙河中学
屈海蓉(女) 肃南裕固族自治县红湾小学
刘璋元 民勤县一中
王登彪 武威市西苑实验小学
许贵瑛 古浪县四中
王恒太 通渭县鸡川中学
董 勇 定西县宁远中学
缪得林 临洮县二中
翟友鹏 武都县安化中学
李 耘 成县红川中心小学
魏海全 礼县王坝农业中学
蔡鸿玺 庄浪县二中
潘 鸿 平凉市白水初级中学
吴军亮 宁县一中
范慕侠(女) 环县环城小学
程昌寿 临夏县黄泥湾学区程家川小学
乔知布(藏) 玛曲县藏族小学
王廷彬 临潭县城关镇三小
李 莉(女) 兰州大学
马跃洲 甘肃工业大学
顾守淮 兰州铁道学院
纪 平 甘肃省广播电视大学
张承国 甘肃省农业机械化学校
冯永宁 兰州一中

全国优秀教育工作者

石培洁 临夏市折桥乡教委
李江存 兰州化学工业公司中小学总校
金 岩 甘肃省职工经济技术中专
鲍尔剑(哈萨克) 阿克塞自治县民族中学
高崴崞 静宁县一中
高 涛 正宁县三中

青 海 省

全国优秀教师

葛喜德 互助县东和中学
马国元(回) 化隆县巴燕民族小学
李风祥 同仁县第三完小
卓 玛(女、藏) 果洛州民族师范学校
苏文格 德令哈市逸夫民族中学
华 青(藏) 兴海县民族中学
喇玉祥(回) 门源县一中
王宁伦 青海机械电子工业学校
拜秀花(女、回) 西宁市回族中学
星长甲 大通县督导室
郭小琴(女) 湟源畜牧学校
三立军 民和县马营中学
仓洋多杰(藏) 曲麻莱县民族完小

全国优秀教育工作者

陈庆中 西宁市第七中学

宁夏回族自治区

全国优秀教师

赵秀珍(女) 银川郊区上前城小学
柳秀珍(女、回) 银川城区第二回民小学
芦梅花(女) 石嘴山市第六小学
郭凤虎 盐池县第一中学
马成义(回) 彭阳县沟口民族小学
慕金才 泾源县教研室
吴振刚 西吉县白城乡学区
王燕荣(女) 宁夏医学院
王千杰 宁夏大学
杨淑华(女) 石炭井矿务局第七小学
周海成 长庆石油局长庆六中

全国优秀教育工作者

吴允庆 青铜峡市第一中学
岳亚东 惠农县惠农中学
王世炜 宁夏农垦管理局教育处

新疆维吾尔自治区

全国优秀教师

姚 爽 乌鲁木齐市教育研究中心
刘 辉(女) 乌鲁木齐市铁路局一中
唐才平 乌鲁木齐市艾维尔沟煤矿一中
邓 琴(女) 克拉玛依市技工学校
艾合买提.阿不力米提(维吾尔) 吐鲁番市第一小学
陈爱明(女) 吐鲁番市第二中学
艾尔肯.玉努斯(维吾尔) 哈密地区一中
帕尔哈提.苏来曼(维吾尔) 哈密市天山乡二道沟中学
薛法正 昌吉市第二中学
任一鸣(女) 昌吉师范专科学校
阿丽腾图娅(女、蒙古) 温泉县第三中学
王 琦 且末县第二中学
金 莱(女、蒙古) 和静县巴音布鲁克区小学
黄华红(女) 阿克苏地区二中
阿米南木.尼牙孜(女、维吾尔) 新和县塔什力克乡小学
阿斯也木.马木提(女、维吾尔) 温宿县古勒阿瓦提乡中学
吾斯曼哈尔(柯尔克孜) 克孜勒苏柯尔克孜自治州三中
艾合买提江.阿不都拉(维吾尔) 疏勒县一中
再吐娜.司马义(女、维吾尔) 伽师县二小

布买热木.哈地尔（女、维吾尔） 叶城县江格勒斯乡小学
买买提斯提.沙迪尔（维吾尔） 洛浦县第三中学
买买提.哈力（维吾尔） 皮山县高中
买买提江.玉赛音（维吾尔） 霍城县第二高级中学
卡米拉（女、哈萨克） 昭苏县一中
赵世燕（女） 新源县二小
黄巨萍（女） 塔城市职业高级中学
张金堂 裕民县第二中学
王宏国 福海县第二中学
程学思（女、满） 哈密铁路局一中
姚惠敏（女） 石河子南山煤矿中学
张强林 新疆生产建设兵团农四师63团中学
武红欣（女） 新疆生产建设兵团农二师华山中学
程晓成 新疆生产建设兵团警官司学校
范碧辉（女） 新疆生产建设兵团五家渠一中
肖永孝 新疆生产建设兵团农三师中学
林　成 新疆农业大学
邬婉荣（女、土家） 新疆医科大学
司正家 新疆师范大学

全国优秀教育工作者

邵小林 米泉县第一中学
毕德溪 喀什地区技工学校
国　文（锡伯） 察布查尔县教育局
山广英（女） 新疆自治区教育工会

中国人民解放军

全国优秀教师

王金龙 通信工程学院
臧克茂 装甲兵工程学院
徐勇勇 第四军医大学
赵克增 海军指挥学院
王汉杰 空军气象学院
范正普 武警技术学院
朱克勤（女） 工程兵工程学院幼儿园
张荣秀（女） 89870部队幼儿园
罗　戎（女） 80310部队幼儿园
孟晓娟（女、满） 黑龙江省军区幼儿园
郭丽萍（女） 内蒙古呼伦贝尔军分区幼儿园
李惠兰（女） 青海省军区幼儿园
任　宏（女） 江西省军区机关幼儿园
冯翠萍（女） 38022部队八一小学
刘九如（女） 总政治部幼儿园
袁卫东 总后勤部青藏兵站部八一中学
冉崇森 信息工程学院

全国优秀教育工作者

彭亚兰（女、土家） 兰州军区空军子女教育办公室
何洪胜 海南军区幼儿园

教育财务、审计与基本建设

教育财务

〔**国家贫困地区义务教育工程**〕 1998年国家贫困地区义务教育工程在前两年顺利实施的基础上，又取得重大进展。二片地区13个项目省、市于1998年圆满完成“工程”建设任务，全部通过了省（市）政府的检查验收和“工程”管理组、专家组的抽查。三年来，二片地区共落实到位“工程”资金65.69亿元，完成规划的123%。其中：中央财政拨款15亿元；13个省、市本级财政共拨款10.82亿元；地、市一级财政拨款3.74亿元；县乡财政拨款14.82亿元；城乡教育费附加安排7.89亿元；非财政性配套资金13.42亿元。

“工程”共新建项目小学1 684所，完成规划的134%；新建项目初中740所，完成规划的115%；改扩建项目小学13 351所，完成规划的110%；改扩建项目初中3 989所，完成规划的113%。此外，单项改善办学条件的项目学校也基本上按规划完成了装备。“工程”共新建小学校舍138.46万平方米，新建初中校舍176.71万平方米，改扩建小学校舍503.82万平方米，改扩建初中校舍475.21万平方米，“工程”项目购置小学和初中课桌凳381.88万单人套，购置小学和初中图书6045.64万册；购置小学和初中教学仪器价值52 564万元；培训小学和初中教师26.96万人次；培训小学和初中校长4.59万人次。

二片地区“工程”实施工作取得了巨大的投资效益和社会效益，实现了各项预定目标。具体表现在以下几方面：(1) 改善了项目县中小学办学条件，改变了贫困地区教育落后的面貌。通过实施“工程”，二片地区项目县中小学办学条件有了十分显著的变化。小学校舍总面积由原来的5 767.35万平方米增加到8 667.65万平方米，净增50.29%；生均校舍面积达到4.37平方米，比1994年提高0.94平方米，校舍危房比重降低到0.54%；初中校舍总面积由原来的1 636.82万平方米增加到2 610.04万平方米，净增59.46%；生均校舍面积达到6.66平方米，比1994年提高1.7平方米，校舍危房比重降低到0.24%。已完成的“工程”项目学校，不仅校舍有了很大变化，教学设施也都比较配套，很多项目学校的装备水平在当地处于领先地位。(2) 促进了中小学布局调整，提高了教育资源利用率。通过实施“工程”，二片地区中小学布局更加合理，义务教育的质量和教育资源的利用率不断得到提高。项目县小学由原来的125 872所调整为118 524所，减少7 348所。在校学生增加302万人，校均规模达到167人，师生比达到1∶23.95，教师学历合格率达到95.45%，校长合格率达到100%；初中在校学生增加61.75万人，校均规模达到651人，师生比达到1∶18.73，教师学历合格率达到88.98%，校长合格率达到100%。项目学校的建成，对周围学校的建设发展等产生了较强辐射作用和示范作用。(3)提高了义务教育普及程度，加快了“两基”工作进程。到1997年底，二片省、市的项目县全部普及了六年义务教育，小学学龄人口入学率达到99.43%，较1994年提高2.2个百分点，小学在校学生辍学率降到0.46%，较1994年下降1.48个百分点；初中学龄人口入学率达到91.76%，较1994年提高14.38个百分点，初中在校学生辍学率降到1.77%，较1994年下降2.8个百分点。由于“工程”的促进作用，很多项目县提前实现了“普九”。13省、市中，有167个项目县通过普及九年义务教育验收，另有88个项目县基本达到“普九”条件，准备接受验收。(4)培养锻炼了一支“工程”管理队伍，提高了教育经费管理水平。在实施“工程”中，项目省、市、县十分重视对“工程”管理干部的培训。通过培训，项目管理人员不断掌握和丰富现代管理理论及管理手段，不仅使中央和地方政府出台的各项项目管理措施在项目县、项目学校得到正确贯彻执行，而且使各级教育部门管理教育经费的水平有所提高。

1998年，“三片”地区“工程”正式启动。教育部、财政部于1998年5月7日在人民大会堂举行“三片地区国家贫困地区义务教育工程项目责任书签字仪式”，教育部、财政部负责同志分别与三片地区的新疆、内蒙古、青海、宁夏、甘肃、西藏、云南、广西、贵州9个项目省、自治区以及新疆生产建设兵团的负责人签订了项目责任书。在今后三年内，中央和地方将投入54.9亿元，在9省、区的469个贫困县修建14 942所中小学。通过半年多的努力，三片地区“工程”项目进展顺利。截止1998年底，共落实到位“工程”资金16.8亿元，启动4 870所项目小学和868所项目初中的建设项目，共新建小学校舍61.8万平方米、初中校舍16.2万平方米，改、扩建小学校舍188.1万平方米、初中校舍66.5万平方米。此外，“工程”项目还购置71.9万余套课桌凳、775.7万余册图书，培训校长和教师3.6万人次。

撰稿 杨念鲁

审稿 许 琳

〔**筹集教育救灾资金**〕 1998年夏季，湖北、江西、湖南、安徽、黑龙江、内蒙古、吉林、广西、福建、重庆10个省（区、市）遭遇了严重的洪涝灾害。特高水位持续时间之长、受灾范围之广、灾害程度之重，都是历史上罕见的，给教育系统造成了巨大损失。据不完全统计，10个受灾省（区、市）受灾学校达5万所，损毁校舍面积300多万平方米，直接经济损失超过100亿元。

灾情发生后，党中央、国务院对灾区教育非常关注。江泽民总书记、朱镕基总理、李岚清副总理等党和国家领导人到灾区视察时，都亲临受灾学校了解灾情，慰问受灾师生，并对抗灾复学工作作了具体指示。教育部领导陈至立、吕福源、张天保也分赴湖北、湖南、江西、黑龙江、内蒙古等省（区）抗灾前线，指导当地教育系统救灾，部署灾后学校重建工作。

尽快修复水毁校舍，是灾后教育面临的最急迫任务。由于党中央、国务院的高度重视，以及各级政府和社会各界的共同努力，截止1998年底，多渠道筹集到的教育救灾资金共达15.5亿元。主要包括：(1)中央财政教育救灾专款9.5亿元，主要用于重灾省中小学水毁校舍的修复、杂费减免和灾区大学生路费补助及中央部属高校灾区学生生活困难补助。(2)解放军、武警部队官兵捐款1.3亿元，主要用于重灾省水毁小学的修复、重建。(3)教育部组织"教育赈灾义演晚会"，筹集捐款3.4亿元，主要用于灾区中小学水毁校舍的修复、重建。教育救灾资金的筹集，加快了水毁校舍的修复、重建进度，确保了灾区学校秋季如期开学和学生人人有地方上学。

撰稿　胡延品
审稿　许　琳

〔**利用世行贷款发展高等教育**〕　为支持北京大学等28所中央部门所属高等学校改善办学条件，深化本科教学改革，1998年，教育部利用世界银行贷款实施"高等教育发展"项目。项目总成本约为1.06亿美元，其中世行贷款7 000万美元(软贷款5 000万美元，硬贷款2 000万美元)，国内配套资金3亿元人民币。项目资金主要用于为项目学校组建的本科理工类教学实验中心购置实验仪器设备，配备图书资料和教学软件，培训行政管理和教学人员，改革基础课程体系和考试方法以及开发新教材等方面的活动。通过上述活动，使项目学校办学条件和教学管理水平有明显改善，教师队伍的素质和教学能力有显著提高，从而推动项目学校全面提高理工科本科生的培养质量，以适应经济和社会发展对高级专门人才的要求。本项目预计于1999年9月生效，2004年9月结束，执行期为5年。

撰稿　郁云峰
审稿　许　琳

〔**试行新的学校会计制度**〕　财政部、教育部于1998年3月31日正式颁布了《高等学校会计制度(试行)》和《中小学校会计制度(试行)》。新的学校会计制度主要包括如下一些改革内容：(1)立足于学校主体，实行事企分开，确立新的高校和中小学校会计核算模式。新制度将除国家基本建设投资、校办产业经营收支以外的事业资金，均纳入到学校的核算范畴之内，体现了"大收支"和"大预算"的观念。(2)取消预算内外资金割裂核算和使用的办法，比较真实地反映高校和中小学校的收支全貌。新制度基本按照收支两条线的原则，对学校的收入和支出进行重新分类，基本体现了"收入按来源，支出按用途"的管理思想。(3)确认会计要素，采用新的会计平衡公式。新制度确立学校的五大会计要素为：资产、负债、净资产、收入和支出；新的会计平衡公式为：资产－负债＝净资产。(4)改革核算基础。新制度明确规定，学校的会计核算基础采用收付实现制，但对经营性收支业务和实行内部成本核算的勤工俭学收支采用权责发生制。将事业收支活动和经营收支活动严格分开，分别采用不同的核算基础，有利于对经营性活动进行相对完整的成本核算。(5)改变记帐方法。新制度规定，学校的记帐方法采用借贷记帐法，这有利于学校记帐方法与国外学校接轨，也有利于会计人员的流动。(6) 简化和统一会计报表。以尽量简单、通用、易懂和可比为原则，规定学校会计报表所提供的会计信息应同时满足国家、社会和学校内部管理的需要。

这次学校会计制度改革是继1997年学校财务制度改革后的又一重大改革举措。通过此次改革，将基本形成包括四个层次的规范财务会计法规体系：第一层次——《会计法》；第二层次——《事业单位财务规则》、《事业单位会计准则（试行）》；第三层次——《高等学校财务制度》、《中小学校财务制度》、《高等学校会计制度（试行）》、《中小学校会计制度（试行）》；第四层次——学校内部财务管理办法、内部会计核算办法。

《中小学校会计制度（试行）》是建国以来第一部适用于中小学校的会计制度。新的《高等学校会计制度（试行）》是建国以来第二部适用于高等学校的会计制度，第一部高校会计制度是1988年由国家教委颁布的。

撰稿　田祖荫
审稿　崔邦焱

〔**部属企业管理**〕　1998年11月，党中央、国务院决定，中央党政机关必须在1998年底以前与所办经济实体和管理的直属企业完全脱钩，不再直接管理企业。11月8日，中央办公厅、国务院办公厅发出《关于中央党政机关与所办经济实体和管理的直属企业脱钩有关问题的通知》。根据中央脱钩工作小组的统一部署，11月12日，教育部办公厅和教育部部属企业管理委员会办公室召集部属有关企事业单位，对部属有关经济实体脱钩工作进行部署，并提出要把认识和行动统一到中共中央文件精神上来，切实加强脱钩工作的各项管理，严格脱钩工作纪律等具体要求。11月18日，教育部党组召开会议，听取教育部部属企业管理委员会办公室的汇报，同意汇报中提出的关于部属有关经济实体按照中共中央办公厅、国务院办公厅文件精神与部机关彻底脱钩的意见。部党组认为：中央党政机关与所办经济实体和管理的直属企业脱钩是党中央、国务院作出的具有战略意义的重大决策，有利于转变机关职能和杜绝不正之风，教育部党组坚决拥护中央这一决策。部党组要求，有关职能部门要做好拟脱钩部属企业的广大干部职工的思想工作，使大家充分认识中央党政机关与所办经济实体和管理的直属企业脱钩的必要性、重要性和紧迫性，把思想统一到中央精神上来。涉及脱钩企业债权和经营方面的遗留问题，要坚持按照中央有关政策处理。在整个脱钩工作阶段，要严防国有资产的流失，严格财经纪律，杜绝违法违纪行为的发生。

撰稿　王晓庆　迟玉收
审稿　李英惠

〔**中、初等学校校办产业**〕　1998年，全国共有64.38万所中、初等学校兴办了校办产业，有31.85%的中、初等学校办有不同类型的校办工厂和第三产业企业。全国中、初等学校共有各类勤工俭学基地71.58万个，其中，校办农业（农林牧副渔）基地46.39万个，工业企业6.49万个，第三产业网点18.69万个。全国中、初等学校校办产业资产总额768.01亿元，其中，固定资产净值

244.25亿元，流动资产年末占用数为497.01亿元。1998年，全国中、初等学校校办产业负债428.85亿元，资产负债率55.84%。校办产业中部分企业已逐步适应市场经济体制的要求，进入敢于负债经营的阶段。全国从事校办产业的职工158.60万人，其中教职工22.04万人。

1998年，全国中、初等学校校办产业总产值及营业额达1248.29亿元，其中工农业总产值923.79亿元，工业销售产值784.05亿元，工业产销率为90.88%；第三产业营业额及其他勤工俭学劳务收入324.51亿元。1998年，校办产业实现利税196.05亿元，其中总收益157.39亿元，分别增长3.07%和4.09%。校办产业已由“八五”期间的高速增长逐步走向稳步增长阶段。1998年，校办产业补充教育经费总计87.76亿元，占总收入的55.76%。1998年，中、初等学校校办产业接纳学生进行劳动教育的基地达50.63万个，占基地总数的70.73%，每学年在勤工俭学基地参加劳动教育的学生数达3.95亿人次。各类勤工俭学基地为学校全面贯彻教育与生产劳动相结合的方针，实施素质教育提供了重要的条件保证。校办产业、勤工俭学的发展还为学校安排教职工子女、家属就业做出了积极的贡献。近160万名校办产业职工中有相当一批是教职工子女和家属。其中有22万名教职工在校办产业、勤工俭学战线上工作，在客观上起到减轻学校分流人员压力的作用。

鼓励、倡导、扶持、发展骨干重点校办企业是1998年校办产业工作中的重要指导方针之一。各省市在巩固、提高原有重点骨干企业发展的基础上，又扶植发展一批新的重点骨干企业。1998年，年纯收入50万元以上的校办企业有2 280个，100万元以上的企业有841个；1 000万元以上的企业有21个；有校际联办企业741个；有学校与非教育机构联办企业1 237个。

1998年，中、初等学校校办产业继续坚持“科技兴企”的方针，不断增加产品的科技含量，企业主动适应市场需要，研制开发新产品，使用新技术，培养引进科技人才，兴办了一批产品科技含量高，市场前景好的企业。在校办产业中，仅经各级科技管理部门批准的高科技企业已有56个。

随着国有企业的改革和发展不断深入，校办企业加快了改革步伐，积极进行建立现代企业制度的试点，重点在股份制、股份合作制改造、吸引资金兴办合资合作企业等方面取得较大进展。1998年已有股份制和股份合作制企业680个，合资合作企业272个。

全国各省、市继续重视校办产业的发展。各省市按照本地制定、颁布的“九五”期间发展规划要求，把校办产业、勤工俭学纳入各级教育部门整体规划，采取有效措施，推动校办产业、勤工俭学的改革和发展进入新的阶段。全国已有27个省、自治区、直辖市及计划单列市年纯收益超过2亿元，其中有20个省、自治区、直辖市及计划单列市年纯收益超过3亿元；14个省、自治区、直辖市及计划单列市年纯收益超过5亿元；4个省市超过10亿元；最高的江苏省达18.43亿元。全国已有252个县（市、区）校办产业总收益超过1 000万元。各省、市注重加强校办产业的领导，做好对校办产业的管理、指导、监督、协调和服务工作，制定推动校办产业大力发展的指导性文件和支持校办产业大力发展的具体实施办法。

中、初等学校校办产业在发展中还存在

着许多亟待解决的困难和问题。(1) 税收优惠政策尚未全部落实，校办企业的实际负担较重。1998 年上缴税金达 38.65 亿元，相当于总收益的 24.56%。补充教育经费和上缴税金两项相加，共占总利税的 64.48%。(2) 发展生产资金紧缺。1998 年校办产业纯收入补充教育经费达 87.76 亿元，占总收入的 55.76%。用于发展生产的资金不足 40 亿元，仅占总收入的 25%左右。流动资金中大部分为负债资金，致使一部分市场前景好、技术含量高的项目无法进入规模性生产经营，失去发展的机遇。部分企业甚至因此出现萎缩和难以为继，直接影响了教育事业的受益。

撰稿　关　毅　王晓庆

审稿　崔邦焱

教育审计

〔**审计体制调整**〕　1998 年中央国家机关进行机构改革，对我国审计体制进行了调整：根据国务院批准的《审计署职能配置、内设机构和人员编制规定》，审计署在国务院各部门设置的派驻审计机构一律改为派出审计机构，派出审计机构受审计署垂直领导，其人财物由审计署统管，负责对指定的国务院部门及其在京下属单位的财政、财务收支进行审计监督，但不再对行业内部审计进行管理和指导；根据国务院批准的《教育部职能配置、内设机构和人员编制规定》，由教育部财务司负责教育系统内部审计的协调工作，即对教育系统内部审计工作进行指导，对在京直属企事业单位进行审计，对教育系统财经活动中重大的、带普遍性或倾向性的问题组织审计调查。根据上述调整，审计署派驻教育部审计局于 1998 年 7 月撤销，与此同时，审计署向教育部派出的审计机构——审计署教育审计局正式成立，教育部也决定在财务司办公室设置内部审计岗位，并分别于 8 月和 10 月开始工作。至此，1985 年初建立的教育部审计室及其后更名为审计署派驻国家教委（教育部）审计局的工作全部结束，其所具有的国家审计职能归于审计署教育审计局，并得到强化，其所具有的内部审计职能归于教育部财务司，也得到延续。

为了防止和避免教育系统内部审计工作因上述审计体制调整而出现大的波动，教育部办公厅于 1998 年 10 月 19 日发出《关于进一步加强教育系统内部审计工作的几点意见》，要求各级教育部门和单位进一步提高对内部审计工作的认识，加强对这项工作的领导；继续贯彻执行原国家教委第 24 号令《教育系统内部审计工作规定》，保持审计机构和审计队伍的稳定；不断提高审计工作的质量和水平，使教育系统内部审计工作在机构改革中继续得到加强而不致被削弱。

〔**全国教育审计工作会议**〕 根据审计体制的调整，为使教育审计工作承上启下，继续向前发展，原审计署派驻教育部审计局于1998年6月在大连理工大学召开全国教育审计工作会议，对教育审计工作开展近14年来所取得的主要成绩和基本经验进行总结。会议认为：教育审计工作自1985年初开展以来，在促进教育部门和单位加强内部财经管理、规范经济秩序、推进廉政建设、维护自身合法权益、保障资产安全完整、增加教育经费和提高资金使用效益等方面做出了显著成绩，发挥了重要作用，已成为各部门、各单位建立健全内部管理体制和监督制约机制的重要环节，以及领导和有关部门当家理财的得力参谋和助手，同时也积累了丰富经验，为今后的发展和提高奠定了良好基础。这些经验主要是：第一、要建立健全教育审计制度，包括按照有关法规设置独立的审计机构、配备专职审计人员，健全审计工作的领导体制，实现审计工作的法制化、制度化、规范化，为审计工作的开展创造必需的条件和外部环境等，以保证教育审计工作能独立开展；第二、要树立教育审计工作为教育的改革和发展服务、为领导的决策服务、为被审计单位加强管理和提高效益服务的思想；第三、要积极进行改革，不断提高教育审计工作水平，即要切实把“三个有利于”作为工作的出发点和落脚点，把工作的定位点确立在促进加强管理、提高效益和为领导当好参谋和助手上，把工作重点放到效益审计和内控制度的评审上来，不断改进工作方法，努力实现审计手段的现代化等；第四、要采取切实措施，不断加强审计队伍的思想、作风和业务建设，大力提高审计人员的思想政治素质、业务水平和工作能力；第五、要切实加强对教育审计工作的领导，不断提高教育部门和单位领导对审计工作的认识，增强他们的审计监督意识。

会议还分析了教育审计工作面临的新形势、新任务，要求与会同志做好迎接新的机遇和考验的思想准备。

〔**表彰教育审计工作先进集体和个人**〕 为表彰1994年至1997年度全国教育系统审计工作先进集体和先进工作者，总结、推广他们的先进事迹和经验，推动教育审计工作的发展，教育部于1998年6月25日做出了《关于表彰全国教育系统审计工作先进集体和先进工作者的决定》，对北京、上海、湖南等10个省市教委和天津市塘沽区、安徽省马鞍山市等4个市、区、县教委、教育局以及华中理工大学、西南师范大学、南开大学等6所高校共20个全国教育系统审计工作先进单位，安徽、贵州、新疆等15个省、区、市教委审计处和北京市朝阳区、广西南宁地区、四川省营山县等21个市、区、县教委、教育局审计科（股）以及北京大学、清华大学、郑州大学等45所高校审计处共81个全国教育系统先进审计机构，周长华、李永祥、徐艳丽等98名全国教育系统先进审计工作者予以表彰，并于1998年6月29日在大连理工大学召开了表彰会。

〔**贯彻教育审计规范**〕 原国家教委于1997年12月31日发布了《教育系统内部审计工作规范》。1998年，全国各级教育审计机构都把认真组织教育审计人员学习和贯彻教育审计规范当作全年的工作重点之一。原审计署派驻教育部审计局将规范汇编成册，同时专门撰写了《认真执行教育审计规范，不断提高教育审计工作水平》的宣传介绍材料，供广大教育审计工作者学习参考；举办了两期学习规范的审计骨干培训班，共300多人参加学习，并在年初举办的主管审计工作的领导干部学习班上讲解了规范，使他们了解规范，指导规范的贯彻。北京、天津、上海、湖南、湖北、河南、江苏、四川、陕西、黑龙江等省市教育主管部门都举办了以学习教育审计规范为主要内容的培训班，共18 000人参加了学习，基本上做到使每个教育审计人员轮训一遍。许多教育审计机构还对照规范，对过去的审计工作进行了认真检查，对不符合规范要求的做法加以改正，并建立健全了审计质量控制制度，使审计风险得以防止和减少，审计工作的质量、效率和效益明显提高。

〔**年度审计工作情况**〕 1998年，全国各级教育审计机构按照教育部办公厅下发的当年教育审计工作要点的要求，紧紧围绕管好用好教育经费、提高资金使用效益这一中心，强化了审计监督。原审计署派驻教育部审计局在撤销前，完成了对北京大学和中央教科所科研经费管理和使用情况的审计、对中育审计事务所财务收支及原负责人的经济责任的审计，以及对部属高校1997年预算执行情况和财务决算的审核批复。共查出违纪违规金额2 400多万元，大部分已处理完毕，提出审计意见和建议33条，基本上得到了采纳落实。

与此同时，各省、区、市教育主管部门，高等学校和企事业单位的审计机构和审计人员，在面临机构改革和审计体制调整的新形势下，坚持努力工作，认真执行全年的审计工作计划，积极完成领导交办的各项任务。据27个省、自治区、直辖市、计划单列市教育主管部门和34所部属高校提供的资料统计，1998年各级教育审计机构共完成各类审计项目56 906项，审计金额达18.19亿元，查出有问题的金额0.7亿元，提交审计报告15 487篇。

撰稿 刘 宜
审稿 覃立垣

教育基本建设

〔**教职工住房建设**〕 在党中央、国务院的高度重视和直接关心下，近年来教师住房工作被作为落实科教兴国战略的重大举措摆在了特殊位置。为继续推动教师住房工作的进展，1998年1月12日～15日国务院办公厅在江苏南京市召开了第四次全国教职工住房建设工作经验交流会。中共中央政治局常委、国务院副总理李岚清出席会议并发表了讲话，强调“各级党委、政府、中央各有关部门和高校的领导，要进一步提高认识，把解决教职工尤其是高校青年教职工的住房问题作为在教育领域贯彻党的十五大精神的一项重要内容”，“深化改革的重点，要放在建房资金多元化、建房方式多样化、住房管理社会化三个方面，建立由政府、学校、教职工个人多方负担建房投资的新体制”，提出“今明两年要集中力量重点解决高校青年教师的住房问题”，“要再接再厉，乘党的十五大东风，抓住机遇，继续解决好教职工住房问题”。会议要求，各地政府和有关部门要进一步深化对教职工住房问题重要性的认识，继续坚持并全面落实有关的优先优惠政策，把住房建设工作坚持不懈地抓下去；坚持住房建设同各项相关改革同步进行的方针，多渠道解决教职工的住房困难问题；高度重视高校教师特别是青年教师的住房问题，并争取在两、三年内有一个大的突破；认真落实“九五”住房建设规划，切实安排好年度住房建设工作；各地教育部门要积极主动开展工作，为教职工住房建设工作作出更大的贡献。

会议进一步促进了全国教职工住房建设工作，据初步统计，1994 年至 1998 年初，全国城镇教职工住房建设共投资 542 亿元，竣工建筑面积 8 012 万平方米，建成住房 105 万套，教职工家庭人均居住面积由 1993 年的 6.9 平方米提高到 1998 年初的 8.45 平方米，人均增加 1.55 平方米。其中城镇中小学教职工住房建设共完成投资 413 亿元，竣工面积 6 626 万平方米，中小学教职工家庭人均居住面积较 1993 年提高了 1.52 平方米。全国普通高校教职工住房建设共完成投资 129 亿元，竣工面积 1 386 万平方米，建成住房 18.5 万套，高校教职工家庭人均居住面积由 1993 年的 6.68 平方米提高到 1998 年初的 7.95 平方米，人均增加 1.27 平方米。

鉴于教师住房工作的特殊性，为更好地贯彻实施《国务院关于进一步深化城镇住房制度改革，加快住宅建设的通知》精神，巩固教职工住房建设工作成果，教育部、建设部于 1998 年 10 月联合发出《关于进一步深化学校住房制度改革加快解决教职工住房问题的若干意见》，就进一步深化教职工住房制度改革，继续巩固和发展城镇教职工住房改革和建设工作的成果，努力完成教职工住房建设九五规划，坚持对教职工住房的建、租、售实行优先优惠政策，继续加强对学校建房工作的领导和管理四方面问题提出意见，同时还提出了售房中须遵循的原则。

撰稿 李彦莉

审稿 韩 进

〔**部委属高校筒子楼改造**〕 在 1996 年底开始的清华大学、北京大学两校试点的基础上，1998 年中央部委属普通高校筒子楼改造工作全面启动。1998 年初，中央财政拨出专款 1.5 亿元，启动了部委属高校筒子楼改造工作。7 月中旬，国务院转发教育部、国家发展计划委员会、财政部（下称两部一委）《关于加快普通高校筒子楼改造，改善青年教师住房条件的意见》，决定进一步采取有力措施，在 1998、1999 两年内，集中力量对中央部委所属普通高校现存的青年教师家庭住用的无独立厨厕的筒子楼进行改造，以改善青年教师的住房条件。上述文件指出，普通高校青年教师关系到我国高等教育的未来，是我国实施科教兴国战略的一支重要力量，在我国的具体国情下，解决好他们的住房问题，具有重要的意义。目前普通高校青年教师收入偏低，在一段时间内很难有能力个人购房，绝大多数普通高校受本身条件的制约，在相当长的时间内，不可能提供足够的经济适用住房供青年教师购买，从每所学校的长远发展与需要来看，学校也应有一定数量的青年教师公寓和周转用房。因此，抓紧对现有筒子楼进行改造，尽快改善普通高校青年教师的住房条件，不仅是落实科教兴国战略为青年教师办的一件实事、好事，也是目前解决学校周转用房问题的一条可行、节约的路子。文件强调：中央部门所属普通高校要在1998和1999两年内完成全部筒子楼的改造工作，坚决不把中央部委属普通高校的筒子楼带入21世纪。地方所属普通高校也要努力实现这个目标。文件明确，筒子楼改造所需经费，按高等教育现行管理和投资体制，中央部门所属普通高校（包括省部共建、以省管理为主的普通高校）按每平方米800元的标准，由主管部门、学校和国家计委、财政部按各负担1/4的比例筹措，改造后的筒子楼，一律作为学校的公有住房，实行公寓化管理，不得向个人出售。地方普通高校筒子楼改造所需费用，原则上由地方人民政府和学校负责筹措。文件强调指出：由于筒子楼改造任务繁重，工作量大，涉及面广，各地政府和有关部门的领导同志必须充分认识这项工作的必要性、重要性和紧迫性，切实加强组织和领导，保证筒子楼改造工作的顺利实施。同时各地区、各有关部门要对筒子楼改造工作予以资金保证和政策优惠，专项资金必须及时到位，专款专用，所涉及的市政配套、水电增容等收费，地方人民政府应作为落实科教兴国战略的具体措施给予免除。

7月15日，国务院办公厅召开由各部主管部长参加的中央部委所属普通高校筒子楼工作会议，李岚清副总理到会讲话，要求各有关部委充分认识筒子楼改造工作的重大意义，努力加快工作进度。

7月16日，在先期进行调查摸底的基础上，两部一委印发了《关于下达1998年国务院有关部委所属普通高校筒子楼改造计划的通知》，确定1998年有关部委所属普通高校筒子楼改造计划959栋，208万平方米，改造资金16.6亿元（含学校自筹部分），并抓紧落实改造经费的拨付工作。7月24日前，财政部和国家计委共下达1998年部委属高校筒子楼改造专项资金12.4亿元（含代学校主管部门垫付部分），筒子楼改造工作进入全面实施阶段。

为给学校筒子楼改造提供良好政策环境，8月24日，建设部发出通知，要求各地建设规划等部门，认真贯彻落实国务院文件精神，对筒子楼改造工作在政策和管理上给予积极支持，所涉及规划、施工审批手续等要特事特办，优先优惠，从速从简，并免除有关收费。确保筒子楼改造工程按国务院要求如期完成。

9月30日，教育部在京召开京津地区60余所部委属高校筒子楼改造工作汇报会，听取了有关部委、学校筒子楼改造进展情况的汇报，国务院副秘书长徐荣凯同志莅会并作重要讲话，强调筒子楼改造工作要认真做好三个结合：与校园总体规划相结合，与房改经济适用房建设相结合，与统筹改善教师住房条件相结合，并提出筒子楼改造要认真贯彻科学规范、实事求是、讲求效益、快见成效的原则，在主管部门认真核实、严格把关的前提下，根据校园总体规划和功能分区以及筒子楼状况和所处位置，在保证不把筒子楼带入21世纪的总体目标及改造后周转用房性质的前提下，学校可以结合实际对改造计划适当调整，从而切实保证筒子楼改造工作的顺利进展。

为加强对筒子楼改造工作的指导，两部一委成立了由教育部主管部长为组长，教育部、国家计委、财政部有关业务司局领导参加的筒子楼改造工作小组，先后召开了20多次各种类型的会议，组织力量对一半左右的省市和200多所部委属高校进行了实地考察，及时解决实际遇到的问题。为有利于地方特事特办、优先优惠政策的落实，及时采取措施，委托学校所在地的省、区、市政府和教委，统一负责本地区部委属高校筒子楼改造工作的协调推动和督查，大大加快了工作进度。

1998年年初和7月，教育部、国家计委、财政部两次共下达筒子楼改造资金13.9亿元，筒子楼改造计划1 252栋，面积约300万平方米，经初步核实，到1998年12月底，筒子楼改造工程实际开工807栋，竣工316栋，其余也都在年底前后分别开工。

在抓紧1998年筒子楼改造计划落实工作的同时，为拟定1999年筒子楼改造计划，教育部还派出多个核查小组，对各有关高校陆续自行补报的筒子楼，几乎逐校逐栋地进行现场核实，从而达到“既消灭筒子楼，又不突破经费”的目标，为1999年筒子楼改造计划准确及时下达打好了基础。

1998年，筒子楼改造工作在全国范围内进展基本顺利，已取得阶段性成果，筒子楼改造工作已经成为部委属高校的一件大事，高校的广大教师特别是青年教师，深切感受到国家实施科教兴国战略的决心，亲身体会到党中央、国务院领导对青年教师的关怀，对跨世纪人才培养的远见卓识。其影响所及，已远远超过筒子楼改造工作本身。

撰稿　葛　华
审稿　韩　进

国际交流和与港、澳、台合作

留学工作

〔**出国留学**〕 1998年度各类出国留学人员17 622人，其中国家公派2 639人，单位公派3 540人，自费留学11 443人。留学回国人员7 379人，其中国家公派1 964人，单位公派2 446人，自费留学2 969人。

为贯彻国家“支持留学，鼓励回国，来去自由”的留学方针，在积极推进国家公费出国留学选派工作的同时，教育部继续支持和鼓励在外留学人员以多种形式为国服务，充分发挥“春晖计划”支持在外留学人员为国服务的作用。1998年“春晖计划”共资助在外留学人员423人回国参加国家的经济建设。

“春晖计划”在资助在外留学人员回国参加国际会议的同时，加大了对为国服务团组的支持。(1) 教育部与国家环保总局、国家自然科学基金委员会、国务院三峡工程建设委员会办公室、中国工程院、重庆市政府联合组织实施了98春晖计划——“重庆市环境保护和治理项目”。来自美国、加拿大、日本、英国、法国、德国、澳大利亚等11个国家的在外留学人员和清华大学、同济大学、华中理工大学的回国留学人员组成的98春晖计划——“重庆市环境保护和治理项目”工作团一行36人，于9月18日～29日在重庆深入工厂、农村、大专院校、科研院所以及三峡库区进行实地考察、交流和项目洽谈，共签定合作研究协议199项。经专家评审和建议，教育部首批启动了69个项目。(2) 教育部组织来自美国旧金山硅谷地区和西雅图—波特兰地区的13名留美博士组成企业家合作团，于1998年5月18日～6月1日赴沈阳、大连、上海、苏州等地考察、交流。在计算机信息技术、医学生物技术、新材料、化学和环保等领域，与当地的企业和高新技术产业区，进行了交流和洽谈，共达成合作意向和签订合作协议近60项。(3) 继续组织落实“留法人员支持西部建设”项目，对已开展研究的项目进行跟踪、总结，通过这一项目的实施，推进甘肃与在外留学人员的信息交流及高新技术产业的发展。(4) 结合国家经济建设的需要，教育部组织在外优秀留学人员，在北京举办了第一期“现代金融理论与实践”教师研修班和“现代金融政策”高级研修班。

做好留学回国工作，改进留学回国人员科研启动基金的评审和管理办法。1998年10月拟订了《教育部留学回国人员科研启动基金暂行规定》,发往中国驻外使、领馆教育处、组和国内有关单位，同时在中国留学服务信息网上发布了暂行规定的部分内容。1998年经组织专家评审，共有609位优秀留学回国人员获得了科研启动基金，总金额达到2194.60万元。

为了更有效地利用在外留学人员的人才、技术和智力资源，进一步扩大双向信息交流渠道和强化信息服务手段，教育部支持中国留学服务中心不断完善中国留学服务信息网，面向在外留学人员和国内单位，为双方提供交互式的动态信息服务。至1998年底，该信息网已发布2万余条留学人才、技术项目供需信息，此外还发布了大量的各地吸引留学人才回国政策、高新技术开发区招商引资优惠政策及其他各类动态性留学服务信息，共有近20多万人次上网访问。

将组织开发的“留学人员信息管理系统”软件发往中国驻外使、领馆教育处、组，用于掌握在外留学人员基本情况和优秀尖子人才库的建立。

加强留学工作的宣传力度，通过新华社、人民日报、光明日报、人民日报海外版、中国青年报、神州学人等报刊和中央电视台等主要新闻媒体，宣传国家有关留学政策、当前留学工作形式、留学人员以多种形式为国服务等，收到了良好效果。

撰稿　潘晓景　黄　勇

审稿　李东翔

〔**来华留学**〕　1998年，中国31个省、自治区、直辖市（不含台湾省和香港特别行政区）的339所高等学校，共接受来自164个国家的各类来华留学生43 084名。其中长期留学生29 346名，短期留学生（留学时间在6个月以内）13 738名。

1998年，受亚洲金融危机的影响，来自亚洲的留学生人数有所减少，而来自欧洲、美洲和非洲的人数则有所增加。按洲别统计，亚洲仍排名第一，计31 090名，占72.16%；欧洲为5 160名，占11.98%；美洲为4 688名，占10.88%；非洲为1 395名，占3.24%；大洋洲为751名，占1.74%。按国别统计，来自日本、韩国、美国、印度尼西亚和德国的留学生人数仍名列前五位，分别为14 524名、10 008名、3 832名、1 770名和898名，来华留学生超过500名的国家依次还有：法国783名、越南686名、俄罗斯651名、澳大利亚595名、马来西亚551名。

从留学生层次上看，1998年来华接受学历教育的留学生人数为11 362名，占长期留学生的38.72%，比上年增加5.58%。其中，大学本科生8 445名；高层次学生比例明显上升，博士生850名，比上年增长20.74%；硕士生1 907名，比上年增长9.10%。其他类别的留学生数量分别为高级进修生（已获硕士以上学位者）513名，普通进修生9 927名，语言生7 544名，短期生13 738名。按学科划分，以文科类学生居多，计35 588名；其次是医学类4 004名，工科类学生1 742名，理科类674名，农学类497名，艺术类383名，体育类196名。

1998年教育部根据中国与有关国家之间的教育交流协议和交流计划，共向152个国家提供了中国政府奖学金名额。1998～1999学年新录取了来自131个国家的1 711名奖学金留学生，加上已在校学习的学生，1998年共有5 088人享受中国政府奖学金在华学习，占全年在华留学生总数的11.81%。

其中长期生5 026名，短期生62名。来自亚洲的留学生2 247名，占奖学金生总数的44.17%；欧洲1 457名，占28.64%；非洲1 128名，占22.17%；美洲212名，占4.16%；大洋洲44名，占0.86%。从留学生层次上看，博士研究生282名，硕士研究生738名，本科生1 653名，高级进修生323名，普通进修生2 092名，高层次学生比上年有明显增加。

1998年有来自47个国家的152名留学生获得教育部长城奖学金（向联合国教科文组织提供）、优秀生奖学金、外国汉语教师短期研修奖学金、HSK优胜者奖学金和中华文化研究奖学金等专项奖学金。

1998年中国高等学校通过各种国际交流渠道接受了来自151个国家的37 996名自费留学生。其中，长期留学生24 320名，短期留学生13 676名。长期生中，博士研究生568名，硕士研究生1 169名，本科生6 792名。此外还有高级进修生190名，普通进修生7 897名，语言生7 544名，专科生160名。

1998年2月，原国家教委在北京召开了全国来华留学工作会议，总结了改革开放以来中国来华留学工作的经验，研究确定了把“深化改革，完善管理，保证质量，积极稳妥发展”作为今后一个时期来华留学工作的指导方针，讨论了进一步加强宏观管理的意见和办法，并对今后一个时期来华留学工作的改革进行了部署。

撰稿　胡志平　单丽洁
审稿　李海绩

〔**国家留学基金委工作**〕　一、设立国家留学基金管理委员会

在国家深化改革开放和建立社会主义市场经济体制的新形势下，为更好地贯彻中央“支持留学，鼓励回国，来去自由”的出国留学工作方针和“按需派遣，保证质量，学用一致”的公派留学选派方针，根据中央、国务院的指示，原国家教委在多年准备和广泛听取各方面意见的基础上，从1995年起对国家公派出国留学选派和管理制度进行改革，进一步将出国留学工作和来华留学工作纳入法制化管理轨道。1996年6月，经中央主管部门批准成立国家留学基金管理委员会具体负责改革工作的实施。

国家留学基金管理委员会的宗旨是：根据国家的法律、法规和有关方针政策，负责中国公民出国留学和外国公民来华留学的组织、资助、管理等工作，以利于发展中国与各国教育、科技、文化交流和经贸合作，加强中国与世界各国人民之间的友谊与了解，促进中国社会主义现代化建设和世界和平事业。基金委的主要任务是：根据国家的需要，按照公平公正的原则，用法制和经济手段管理出国留学和来华留学事务。具体负责管理、使用国家留学基金，确定有关资助项目与方式，制订管理规章，发挥基金使用效益；受委托管理各项与国外双边、多边交换或单项奖学金，并接受境内外有关组织、机构和个人的委托，管理有关教育交流和科技合作方面的其他事务，资助有益于发展中国教育事业和对外友好关系的项目；争取境内外捐赠、资助，拓宽基金来源，加强基金管理，增加基金积累；与境内外相应机构建立联系，开展交流与合作。

1998年12月16日召开了国家留学基金管理委员会第三次全体委员会。教育部副部长韦钰兼任留学基金委主任，并在第三次

全委会上对基金委的工作提出四项要求：(1) 继续坚持和深化出国留学工作改革，积极配合《面向21世纪教育振兴行动计划》，加强“强强合作”项目，拓宽派出渠道，为国家培养跨世纪创新人才发挥积极的作用。坚持“签约派出，违约赔偿”的原则不动摇，加强“派、管、回”三个环节的有机结合，进一步做好按新办法派出人员的回国工作，使国家公派留学管理工作更加制度化、法制化。在逐步完善规章制度、确保履约的基础上，要将工作重点向提高质量和效益倾斜。(2) 进一步贯彻落实全国来华留学工作会议的精神，提高来华留学生的数量和质量，积极探索有效的形式和措施，重点推动“中国高校国家研究基地外国学者研究资助项目”的启动工作。来华留学工作必须进一步明确工作的目的和重点，并据此规划来华留学项目。(3) 在管理好国家留学基金的基础上，拓宽资金来源，争取境内外的捐助和资助，加强基金管理，增加基金积累，加强国际交流与合作。(4) 进一步强化制度建设和人员培训，提高留学基金委秘书处人员的总体水平和素质。

国家留学基金管理委员会的委员单位由教育部、财政部、国家发展计划委员会、人事部、公安部、外交部、科学院、工程院、社会科学院、自然科学基金会、教育部科技委、教育部社科中心、外国留学生教育管理学会、出国留学工作研究会组成。基金委秘书处设6个部室，即办公室、出国留学事务部、来华留学事务部、项目合作和咨询部、法律事务部、基金与财务部。

二、做好国家留学基金资助选派留学人员工作

在1995年试点工作成功的基础上，自1996年来，对国家公派留学实行以国家留学基金资助方式选派和管理的新办法，即“根据国家经济建设和社会发展的需要，在政府宏观计划指导下，对国家公费出国留学的选派和管理实行个人申请、专家评审、平等竞争、择优录取、签约派出、违约赔偿的办法”。在各有关部门和社会各界的支持和配合下，改革已取得积极成效，国内外反映良好，一致认为新办法更好地体现了“公开、公平、公正”的原则。

申报留学人员人数逐年增加，选拔质量逐步提高，改革措施不断完善，留学效益明显提高。1998年全国咨询有关公费出国留学情况的人数达5万人次，各类留学项目申报人数5 000多人，涉及的行业和部门进一步拓宽，各类项目录取近3 000人，其中高级访问学者500人，访问学者、进修人员近2 250人，研究生250人。随着国务院机构改革和政府职能的转变，从1998年起，原来由政府负责管理的与国外政府间合作项目也转交基金委管理。这些合作项目每年向约100个国家选派700多名留学人员。1998年留学基金委进一步加强和细化了多个环节。在专家评审工作中，充分尊重专家的意见。实行严格的专家评审制度，更有效地保证了学科比例和留学专业符合国家需要，同时对重点行业及边远地区都有所侧重并适当给予倾斜。由于专家评审制度与个人积极性和单位、专家推荐的办法得到了较好的结合，选派质量进一步得到保证。1998年录取的国家公费留学人员中具有硕士以上学历者和副高职以上职称者分别为67.1%和66.5%。根据1998年专家评审会议的统计，出国研究课题属国家重点学科和国家级或省级项目的人员占50%以上，高校录取人员中约57%来自进入

"211工程"的院校。据统计，按新办法录取到美、加、英等国的著名或重点高等院校、研究机构的人员占赴这些国家留学人员总数的70%。

截至1998年10月底，以国家留学基金资助方式派出的留学人员已达4 776人，应到期回国的有1 178人，已回国1 089人，确定违约的71人，按期回归率92.4%，未按期回国人员均能按出国前签定的协议，进行"违约赔偿"，履约率达100%。留学基金委把做好按新办法派出留学人员的回国工作作为各项工作的落脚点，为增强国家公派留学人员的荣誉感，吸引留学人员按期回国服务，采取了一系列跟踪、奖励的措施，并开展了试点，效果良好，得到了专家学者、留学人员本人和工作单位的好评。

为更好地保证国家需要并满足部门、地方、单位急需，加强选派的针对性，国家留学基金委还试行了"成组配套项目"、"与地方合作资助项目"等。同时，积极开拓与境内外机构的合作，争取多种渠道的资金来源，以进一步扩大选派规模和提高留学基金的使用效益。基金委已与境内外的30多个友好机构、重点大学开展合作，设立了不同类型的项目，支持国内的一些部门和学科。

《面向21世纪教育振兴行动计划》对公派出国留学工作提出了新的、更高的要求。在认真总结前几年工作经验的基础上，要继续做好国家留学基金资助选派留学人员工作。在配合"高层次创造性人才工程"的实施，加快进行"211工程"建设，提高高等学校的知识创新能力，加强对国家跨世纪优秀人才培养的支持方面，国家公派留学工作大有可为。国家财政要加大经费投入力度，以保证高层次人员选派数量有所增加。在目前国家留学基金范围内，1999年将继续试行支持"强强合作"项目，提高资助力度，精选国内重点大学系主任和研究所、实验室骨干作为高级访问学者，有针对性地到国外一流大学进行研修交流，同时试行"中国高校国家研究基地外国学者研究资助项目"，吸引外国学者和优秀博士毕业人员来华进行合作研究，扩大国家重点实验室的国际影响，支持和促进中国国家重点实验室的国际交流与合作。紧密结合国家、部门、地方和单位经济建设和社会发展的需要，继续试行按项目选派和管理的办法，提高出国留学人员工作的效益，更好地适应和兼顾不同层次的急需。继续加强与境内外有关组织的合作与交流，积极拓宽渠道，进一步扩大选派规模，为国家培养急需人才。提高为留学人员服务的水平，加强思想教育，坚持依法管理和签约派出、违约赔偿的办法，并采取各种措施鼓励和支持按新办法选派留学人员按期回国为中国教育、科技及社会发展贡献力量。

三、积极配合政府，做好来华留学工作

(一) 1998年来华留学生简况。据统计，1998年1月1日至12月31日期间，在华学习的外国留学生人数共计43 084名，其中：奖学金生5 088名，自费生37 996名；长期生29 346名，短期生13 738名；学历生11 362名，非学历生31 722名。留学生来自世界五大洲的163个国家，分布在全国31个省市的339所高等院校。(注：长期生指在华学习时间超过6个月者，不足6个月者为短期生。)

(二) 1998年奖学金新生录取情况。与1997年相比，1998年申请奖学金来华学习的外国留学生的总人数增加了159人，增长幅度为9.4%；录取总数增加了122人，增长幅度为7.7%。1998年录取的来华奖学金新生的规模和层次均有所扩大和提高，硕士研究生以上学历的学生和学者共计471人，占录取总人数的25.1%，比1997年提高了3.5个百分点。1998年共收到新生申请材料2 031份，实际录取1 871名，录取率为92.1%。其中：(1) 政府间协议奖学金录取情况。根据中国政府与有关国家政府间签订的交流协议计划，共收到131个国家的1 848份申请材料，经审核，实际录取1 711名，录取率为92.6%。(2) 专项奖学金录取情况。1998年中国政府共对外提供中华文化研究奖学金、长城奖学金、优秀生奖学金、HSK优胜者奖学金、外国汉语教师短期研修奖学金5个专项奖学金。共收到123份申请材料，经审核，实际录取104名，录取率为84.6%。

(三)1998年奖学金年度评审情况。1998年继续试行外国留学生奖学金年度评审制度，通过学校对申请继续在华学习的奖学金生的学习成绩、行为表现、奖惩情况等方面的评估，决定是否继续对其提供下一学年的奖学金，鼓励学生努力学习，遵纪守法，充分发挥奖学金的激励作用。1998年共对79所高校的2 082名奖学金生进行了评审。经严格评审，共有2 053名学生通过了评审获得奖学金，占参评人数的98.6%。有20所学校的29名学生未通过评审被中止奖学金，占参评人数的1.4%。

撰稿　杨新育　黎　冰
张　健　丁炳善
审稿　张凤禧　江　波

交流工作

〔**双边交流**〕　积极开展高层互访与交流。1998年10月，教育部部长陈至立赴法国巴黎参加联合国教科文组织“世界高等教育大会”期间，作为法国教育部长的客人访法。这是10多年来中国教育部部长首次访法。陈至立部长会见了法国国民教育、研究和技术部长阿莱格尔等高级官员，参观了法国高等职业技术教育及远距离教育机构。中法双方就面向21世纪的两国教育发展及其合作与交流问题交换了意见。

1998年6月，教育部副部长吕福源赴美参加全球管理教育大会，发表了题为“走向21世纪的中国管理教育”的讲话，会晤了美国教育部长和美国新闻署署长；1998年7月，教育部副部长韦钰对英国进行工作访问，着重了解和研究知识经济对教育的影响，以及虚拟大学、虚拟工业园和高科技产业化等问题，探讨中英教育合作的发展问题；韦钰副部长1998年12月应明尼苏达大学的邀请访美时，获明尼苏达大学授予的荣誉博士学位以及明尼苏达州授予的荣誉州民的称号。

此外，教育部负责人陪同和出席中央领导同志接见重要的访华代表团，参加外国驻华使馆以及联合国组织驻华机构的庆典，对增进相互了解、扩大交流，也起到了积极推动作用。

1998年，教育部共接待外国教育界副部级以上代表团19个(如:斯洛伐克教育部长、罗马尼亚教育部长、白俄罗斯教育部长、瑞士联邦国务秘书、葡萄牙教育部长、比利时弗拉芒区教育大臣、日本文部大臣和次官、越南扫盲委员会主任、加蓬高教和科研部长、埃及教育部长、古巴教育部长等)，并协调安排美国总统克林顿在北京大学讲演等活动、授予罗马尼亚总统名誉博士学位、授予土库曼斯坦总统名誉教授称号等重要工作；接待大学校长一级的代表团组23个。

中国与世界各国的各类教育合作与交流在以往的基础上稳步发展,并有所突破。1998年，中国与美洲、大洋洲、拉丁美洲、欧洲、亚洲、非洲等国家共签署19个教育合作与交流协议或执行计划；与欧洲、亚洲和美洲地区的教育、科技合作有新的发展；与大洋洲、非洲地区等国不同层次和不同类型的教育合作与交流项目进展顺利。(1) 认真落实江泽民主席访美的后续工作。1998年3月，中国驻纽约总领馆代表教育部向哈佛大学赠书1 000册，为哈佛大学提供5个中华文化奖学金名额；协助安排克林顿总统访华期间涉及教育领域的活动；召开了由中美两国著名法学院院长参加的中美法学教育的未来研讨会，并利用政府互换项目，组织中国著名法学院和管理学院院长考察团访美。美国教育部门的高级代表团访华频繁：江泽民主席和李岚清副总理分别会见来访的美国著名的哈佛大学校长路登廷和宾夕法尼亚大学校长罗丹；教育部负责人与他们进行会谈，探讨双方在高教领域合作的前景和近期计划，并商定由北京大学和哈佛大学牵头，于1999年9月举办中美著名大学校长论坛,研讨21世纪中美两国大学面临的挑战以及双方如何加强高校合作等问题；韦钰副部长与来访的美国国家科学基金会主席探讨在远程教育、生物技术和学习思维研究等领域的合作；美国新闻署东亚局局长、富布莱特项目主任和联邦教育部国际教育中心主任以及匹兹堡大学、华盛顿大学、明尼苏达大学和康奈尔大学校长等也相继访华。教育部和美新闻署共同资助高校知识产权和技术转让合作项目，向哈佛大学派遣研究人员；密西根大学工程院和明尼苏达大学生化学院与中国高校合作有新的进展。根据富布莱特项目，1998年选拔23名学者赴美留学和进修,并安排23名美国学者来华任教。积极拓宽对美民间交流：派代表参加NAFSA'98年会;教育部负责人会见亚洲基金会主席、美中关系全国委员会主席和美中商会主席;两次接待陈香梅女士来访。(2)1998年是中加学者交流项目(CCSEP)实施25周年。5月初，教育部与加拿大大专院校联合会合作，在南京东南大学举办第三届中加大学校长会议,有34位中加大学校长出席了此次会议；正式确定由CIDA资助的中加大学与工业伙伴项目的加方合作伙伴，启动了在能源、通讯及财经领域的三个管理与培训的合作项目;10月22日在贵阳召开CIDA项目中方项目主任年度工作会议；同加拿大魁北克省国际事务部就续签双方合作协议文本达成一致意见。(3) 教育部职业教育与成人教育司负责人率中国职业教育代表团于1998年10月底访问澳大利亚，落实4个中国职教院校与澳方对口院校的合作；教育部参加澳政府为提高中国政府部门工作人员的政策及管理水平而设立的公共部门能力建设项目，双方将首先在职业教育领域进行一系列合作；中国教育国际交流协会组织召开了中澳大学校长研讨会，共有30多位中澳大学校长出席。(4) 墨西哥学院院长和墨西哥国立理工大学格拉斯特顾问组主任访华，探讨了与中方院校合作的可能性；厄瓜多尔大学校长代表团访华；协助北京大学同阿根廷国立科尔多瓦大学建立校际联系。(5) 中国与欧洲教育界的各类合作项目在原有的基础上稳步发展，并有所突破。值得一提的是，教育部负责人与来访的瑞士联邦国务秘书商定：将签署《中瑞教育交流协议》作为江泽民主席1999年访瑞的重要活动之一。中英高教质量管理合作项目向深层合作推进，并带动中英重点大学校长之间的定期对话，以及中国教育科研网（CERNET）与英国联合学术网（JANET）的联网。1998年10月7日，李岚清副总理和布莱尔首相在北京古观象台共同开通该互联网，使中国教育科研网向人口多元化迈出了一大步。与英国国际发展部商定，在3～4年内投资1 000万英镑，旨在提高甘肃省的职前师资培训能力，并为4个贫困县提高教学质量和改善教学条件。教育部开始评估中欧高教合作项目的中期执行情况。教育部与德国学术交流中心商定的生物工程博士后研修项目开始实施；与德国赛德尔基金会的职教合作项目开始向西北地区辐射。教育部与意大利职业学校合作培训教师项目开始启动。(6) 经国务院批准，教育部启动1998年以及今后几年的教育援非项目：援助科特迪瓦国家综合技术学院高等农学校果蔬保鲜和加工项目；巩固和发展纳米比亚大学项目；完成延续喀麦隆汉语中心项目；继续援助赞比亚大学项目；援助马里高等教育项目；在青岛市为亚非地区职业技术教育官员举办培训班。(7) 鼓励和支持中国著名高校、科研机构与国外著名大学、科研机构开展与国外教育机构之间的“强强合作”，为贯彻科教兴国战略服务。共派出3个大学校长代表团赴英国、法国、比利时、德国、意大利等国，与世界著名大学的校长们共同研讨面向21世纪的高等教育发展，探索开展合作的新思路；继续推进北京大学和筑波大学之间“大学群”的合作；北京大学与宾夕法尼亚大学签署了校际交流协议。

撰稿　戴继强

审稿　李东翔

〔**与国际组织合作**〕　1998年，中国与联合国开发计划署正在合作执行的项目有：以女童为重点，促进贫困地区九年义务教育项目，该项目涉及西北、西南的6个省区。

1998年，中国与联合国儿童基金会合作执行的项目有4个：“加强教育规划和管理”、“调整教育内容和过程”、“远距离教育”和“促进贫困地区初等教育”。根据项目协议，教育部向8个国家派出5个团组；接待来华团组3个；项目专家4名。

1998年，教育部还与其他国际组织，如联合国人口基金、亚太经济合作组织、亚欧基金等保持着密切的合作关系，并开展了一些实质性的合作活动：教育部派人出席了亚太经济合作组织人力资源工作组分别在印度尼西亚、台北、智利召开的人力资源第十七次、十八次、十九次工作会议，并协助人事部顺利接任人力资源工作组牵头人工作。受教育部国际司委托、由教育部职业教育中心研究所承担的“亚太经合组织职业技术教师标准的制订及方法项目”在顺利执行，并就此在北京举办了国际研讨会。

1998 年，教育部组织派遣了 10 个体育团组、共 227 人次赴海外参加了世界及亚太地区的大学生和中学生体育赛事，取得了 9 枚金牌、4 枚银牌、3 枚铜牌。此外，教育部协助上海市举办了 98 世界中学生运动会、协助北京市政府获得 2001 年第 21 届世界大学生夏季运动会承办权、协助上海市教委成功地获得 2000 年世界大学生乒乓球锦标赛承办权。此外，还争得了亚洲中学生体育联合会主席、秘书长、世界中学生体联共同主席的职位。

撰稿　肖　堰
审稿　张学忠

〔**国际学术会议**〕　1998 年教育部共批准部属高校在华举办国际学术会议 143 个，邀请外国学者约 5 500人次来华与会；共审批和派遣约 2 300 人次出国参加约 1 450 个国际学术会议，资助 288 位学者出国参加了 230 个会议。在华举办和出国参加国际学术会议，扩大了中国学者与世界各国学者间的交流与合作，为中国的教育、科技发展和社会进步发挥了积极作用。

撰稿　赵国成
审稿　李海绩

〔**聘请外国专家、教师**〕　1998 年，全国各类学校共聘请外国文教专家、外籍教师 13 538人次，其中长期专家及外籍教师 3 607 人，各类短期专家 9 931 人；教授语言的外国专家、外籍教师 4 134 人，其他各类专业人员 9 404 人。

为提高教育部所属高等院校聘请外国专家和外籍教师的效益，教育部通过组织专家评审，共确定 79 个由教育部资助的重点项目，这些项目的确定体现了对部属高校国家级重点科研项目和“211 工程”建设给予重点支持的原则。

为解决部属高校外国专家经费紧张、聘请高水平专家难的问题，教育部组织部属高校申请实施联合国计划开发署（UNDP）的高级技术顾问招聘（STAR）项目和旅外专家回国传授技术（简称 TOKTEN）项目。当年已有 8 所高校提出申请。

由教育部组织建立并已投入试运行的“教育部部属高校外国专家工作信息网”，为各校聘请专家工作提供了现代化的信息服务手段。网络的开通，为提高部属高校聘请外国专家工作的效率，加强入网高校间的联系，实现资源共享，奠定了基础。

撰稿　罗　平
审稿　李海绩

〔**对外宣传**〕　作为我国最早的互联网中文媒体之一的《神州学人》电子版，自 1995 年初创办以来，深受广大在外留学人员的欢迎。为缩短《神州学人》电子版的发行周期，加快频率，丰富内容，教育部拨专款重新设计主页，将每周一刊改为每周两刊，并增添了 20 多个新栏目。到 1998 年底，收视率已逾千万人次。

此外，还向驻 46 个国家使、领馆教育处（组）发送电影 6 部（228 个拷贝）、330 小时国内优秀电视节目录像带、《中国高校概览》VCD光盘2 000盘和《中国教育发展》2 000册。

1998年夏季，长江中下游及松花江、嫩江流域发生了历史罕见的洪涝灾害。为组织驻外使、领馆教育处（组）的工作人员和海外留学人员募集资金，自8月17日起，陆续向驻46个国家的使、领馆教育处（组）发送《我们万众一心》赈灾义演录像带、发出《关于开展“为了灾区的孩子”赈灾义演募捐工作的通知》和170套《98中国抗洪抢险纪实》图片；《神州学人》电子版刊登《为了灾区的孩子，请你伸出援助之手》专稿。据不完全统计，共收到我驻外使、领馆教育处(组)工作人员和留学人员的捐款折合人民币共计320多万元。

撰稿　单耀忠　戴继强

审稿　李东翔

〔**对外汉语教学**〕　1998年，世界各国的汉语教学继续呈现蓬勃发展的趋势，汉语学习者的学习动机从文化爱好向实际需要转变。为加强对外汉语教学工作的领导，推动对外汉语教学事业进一步发展，经国务院批准，新组建了国家对外汉语教学领导小组。新一届领导小组成员单位由原来的8个增至11个，增加了财政部、国家发展计划委员会和对外经济贸易合作部；组长由教育部长陈至立担任，教育部副部长韦钰任常务副组长，国务院侨务办公室副主任刘泽彭任副组长；小组成员由各部委的副部长担任。

1998年，对外汉语教学在学科建设方面取得新的进展。经国务院学位委员会批准，对外汉语教学专业列入1998年新版的研究生教育博士学位目录，使对外汉语教学专业培养高层次人才成为现实。北京语言文化大学自1998年开始招收该专业博士研究生。1998年制定了《1998年～2000年对外汉语教学科研课题指南》和《科研项目管理办法》。中国对外汉语教学学会在大连召开了以“对外汉语教学的回顾与展望”为主题的第六届学术讨论会。

1998年，对外汉语教材建设方面取得新成果。制定了《1998年～2000年对外汉语教材编写规划》和《教材项目管理办法》。由暨南大学编写的专门针对北美地区华人华侨子女使用的《中文》出版了三、四年级教学用书16册。由人民教育出版社编写的针对海外中国留学人员子女用的汉语教材《标准中文》全套33册已出版24册。供美国SCOLA电视网播放的《初级汉语—中国全景》已经正式播出。多媒体教材《大嘴学汉语》完成脚本。与新加坡合作的多媒体教材《有趣的汉字》完成编写工作。北京四校合编的《新编汉语教程》已全部出版；上海二校合编的《标准汉语教程》共12册，1998年出版了8册；南开大学编写的《初级汉语系列教程》一套5册已出版；北京外交人员语言文化中心编写的《交际文化汉语》已出版发行。

1998年，对外汉语教师队伍建设取得新成绩。经考试并经教育部对外汉语教师资格审查委员会审议通过，又有282名教师获得对外汉语教师资格证书，至此，全国获证教师达到1 746人。1998年毕业的对外汉语教学专业硕士研究生共26人，充实了对外汉语教师队伍。1998年北京、天津、上海、大连、长春、广州六城市设立了对外汉语教师培训点。

1998年，汉语水平考试（HSK）得到进一步推广。参加 HSK 考试的外国考生总计 41 400 多名（其中在国内参加考试的 35 000 名，在海外参加考试的 6 400 名），较上一年增加 20%。海外考点达到 34 个，分布在 18 个国家和地区，比上年增加 6 个考点，其中美国和澳门地区为新开设考点的国家和地区。1998 年汉语水平考试的基础级考试在 7 个国家试行并取得了成功，仅此一项增加考生 432 人。

1998 年，对外汉语教学方面的对外交往和学术交流更加活跃，自费来华学习汉语的留学生人数达 7 544 人。有来自 12 个国家的 34 名学生获得 HSK 优胜者奖学金来华学习；来自 11 个国家的 18 位学者享受中华文化研究奖学金来华研修中国语言和文化；来自 19 个国家的 44 位汉语教师来华参加暑期汉语教师进修班。年内通过国家公派渠道共向 29 个国家的 36 个学校派遣了 46 名汉语教师。其中新增派教师 7 人，分赴 6 个国家。至 1998 年底，教育部向国外派遣的汉语教师总数达到 84 名，分布在 42 个国家。教育部向 35 个国家赠送了 37 549 册汉语教材和图书，近 4 300 多盘音像资料。全年邀请 8 个国家的 10 位汉学家或汉语教学专家访华。中国对外汉语教学学会会员人数达 783 人，全国建有 5 个地区分会。世界汉语教学学会会员来自 40 个国家和地区，共 912 人，其中境外会员 544 人。世界汉语教学学会与法国汉语教师学会在巴黎联合举办了第二届法国国际汉语教学研讨会及国际汉字教学研讨会。中国学者应邀出席了美国中文教师协会的年会。

撰稿　赵国成
审稿　李海绩

〔与香港、澳门地区和台湾省的教育交流与合作〕　1998 年是香港回归祖国后的第一年。内地与香港的教育交流继续保持发展加快、不断深入、范围扩大的势头。据统计，当年由教育部邀请或参与接待的来访香港师生及其他教育工作者达 3 591 人次，比上年增加 139.4%。教育部直属高校及直属单位赴港访问交流的师生及其他教育工作者达 4 380人次，比上年增加 41%。双方交流的主要内容包括参观考察、讲学、合作科研、联合培养研究生及共同举办学术会议等。应香港教育界的要求，教育部委托高校举办了香港教师普通话培训班、中学校长培训班和高校行政管理人员交流研讨班。在北京举办了 200 人规模的京港学生交流夏令营活动。1 月，国家教委主任朱开轩应邀率团赴港出席了邵逸夫先生向内地教育界赠款的仪式。4 月，应教育部邀请，香港特别行政区政府教育统筹局局长王永平率代表团访问了内地。教育部还向香港中小学赠送了价值 80 万元人民币的教学设备和优秀课外读物。

1998 年，香港邵逸夫基金会、霍英东教育基金会、曾宪梓教育基金会、王宽诚教育基金会、田家炳基金会、香港电讯、方树福堂基金会、李嘉诚先生等基金及人士共向内地教育界赠款约合 3.2 亿元人民币，用以兴建大、中、小学校舍、资助和奖励优秀青年学者和教师、资助高等院校举办国际会议、邀请外国学者来华讲学以及帮助长江流域水灾地区的校园重建工作等。

1998 年，教育部直属高校及直属单位赴澳门出席学术会议、短期讲学、进修、合作研究及任教的人员为 700 人次，比上年增加 40%。当年，教育部接待澳门教育界来访人士500余人次，增加67%。在北京举办了京澳学生交流夏令营。应澳门政府的要求，教育部委托内地高校举办了澳门中小学教师暑期培训班，并选派优秀教师赴澳门任教和协助科研开发。12月，教育部韦钰副部长应邀访问了澳门，并出席98澳门科技周活动。澳门大学向韦钰副部长授予了名誉博士学位。

1998年，海峡两岸的教育交流更加频繁。教育部机关、直属单位及直属高校共派出赴台人员730人次，比上年增加60.8%，其中参加学术会议379人次，讲学176人次，合作研究60人次，进行考察、资料收集、体育比赛、文艺表演等其他访问115人次。教育部直属单位及高校共举办两岸学术会议或其他活动53个（其中5个大型学术活动），邀请台湾学者（含以民间身份来访的台“官方”人士）914人次，邀请来进行讲学的学者17人次，以上共计931人次（不含顺访人员数）。1月，东北师范大学主办了海峡两岸大学生冬令营，两岸80名大学生参加了活动。11月，应台湾十大杰出青年基金会邀请，东北师范大学组织祖国大陆50名师生对台湾进行了回访。6月底，台湾当局宣布无限期推迟承认祖国大陆高校学历。教育部发言人发表谈话，揭露了台湾当局将所谓“戒急用忍”政策推行至教育交流领域，将交流泛政治化的图谋，并指出这将阻挠两岸教育交流，并损害台湾青年到祖国大陆就学的利益。

1998年共招收港澳台研究生506人，其中香港学生117人，澳门学生194人，台湾学生195人；本科生1 206人（未含暨南大学、华侨大学两校联招学生），其中香港学生150人，澳门学生357人，台湾学生699人；预科生107人，进修生75人，共计招生1 894人。1998年，经批准可招收港澳台生的学校共有170所。8月，香港高校首次从内地招收了148名本科生。9月，教育部与国务院台湾事务办公室首次组织了祖国大陆台生夏令营，26名在祖国大陆高校就读的台湾学生参加了活动。

撰稿 刘建丰 阎 丽 张 栋

审稿 李海绩

民间交流

〔综述〕 1998年中国教育国际交流协会（以下简称“交流协会”）继续发挥民间组织优势，积极开拓，讲求实效，在巩固和完善原有交流合作项目的基础上，不断开辟新领域。

1998年，通过各种渠道聘请来华任教的外籍英语教师417人（其中，长期92人，短期325人）；派出学习进修人员57人（含学生41人），分赴美国等11个国家；派出国任教教师19人，接待外国教育考察团组19个，224人次；组派出国考察团组22个，350人次；组织各种国际学术研究会和项目评估会19个，出席学者、代表计1 346人次（其中境外代表385人次）。

〔传统项目的巩固和发展〕 （1）与美国英语学会和美中教育服务交流机构合作的暑期英语培训班项目已历时15年。1998年该两组织派来300多名教师对中国中学英语教师和学生进行了培训。（2）美中友好志愿者项目是交流协会承办的政府委托项目。1998年6月克林顿总统访华期间就此项目中美双方签定了政府间的协议，交流协会积极参与了政府协议准备工作。政府协议的签署标志着美中志愿者在华开展步入了一个新的阶段。1998年美方派遣第五批志愿者共25人来华任教，该项目在四川省实施五年，对该省外语教学师资水平的提高和促进中美关系向好的方面发展起到了一定促进作用。（3）国际文化交流协团（AFS）项目已进行了多年，为各地学校培养了700余名中学英语教学骨干。1997年首批派出的28名学生圆满完成交流任务，全部于1998年8月回国。他们在国外能积极宣传中国和中国文化及改革开放成果，给驻在国人民留下了较好的印象，同时对提高中国学生生活自理能力、独立解决问题和处理问题的能力都起到很好的作用。据初步评估认为，此项目开展，对增进学生的集体观念，尤其是爱国主义感情起到了很好的作用，在某种程度上促进了学生素质的提高。（4）中国职业技术教育交流中心于1995年成立。该中心为协会推动中国职教领域的对外交流，起到了牵线搭桥作用，在高等职业技术教育方面影响日益扩大，1998年底该中心召开第二届理事会议，理事成员学校由原来的29所发展到40余所。（5）为配合国家的艺术教育发展，推行素质教育，交流协会与澳大利亚新南威尔国际培训与咨询中心合作在华开展小学电子琴音乐教育项目。至1998年，已有北京、天津、广州、浙江、河南、四川、河北和长春8个省市的100余所学校，共计6万余名学生参加这一项目。由于此项目效果较好，1998年已被教育部体育卫生与艺术教育司确定为全国艺术教育实验项目。在实施中，坚持以我为主、为我所用原则，组织部分中国音乐教师和专家完成了对实验教材和磁带1～8册的改编工作，增加了中国民族音乐的内容。（6）华夏园丁迎99大联欢活动于1998年底在澳门、珠海、中山举行，内地教师代表百余人、澳门教师170余人，香港教师90余人参加了该活动。园丁们对学校教育、家庭教育与社会教育三者关系进行了专题讨论。此项活动促进了三地教师的感情交流和澳、港教师对祖国的认同感，对迎澳门回归祖国活动营造了良好的氛围。

〔交流与合作〕 （1）根据美国艾森豪威尔交流基金的多国项目计划，交流协会选派上海邮电管理局副局长张维华于3月16日～5月21日访问了美国。（2）5月16日～6月5日，暑期英语培训项目师资培训团一行25人访问了美国。（3）5月20日～6月8日交流协会副秘书长吴早凤率大学外事管理干部团一行32人访问了美国，并参加了NAFSA年会。（4）李滔会长率协会代表团一行13人于7月3日～10日赴日本参加第12回中日美加国际研讨会。（5）协会秘书长李顺兴率德育工作者代表团一行25人于9月

17日～23日赴俄罗斯参加德育研讨会，了解了俄罗斯学校德育教育的现状。(6) 李滔会长于8月17日～20日赴日参加庆祝日本霞山会成立50周年纪念活动。(7) 高校财务管理考察团一行11人于12月1日～19日赴英国、德国访问。(8) 为了培养和提高干部的管理水平，开阔视野，交流协会作为教育系统唯一有权开展境外培训的窗口，1998年共派了11个境外培训团。在组织这些团组的过程中，注意严格把关，注重培训质量。出境前做到目的明确，计划周密，准备充分；回国后能写出培训考察报告，并转发各地参考。经过两年多的尝试，收益明显，对借鉴外国经验，促进中国教育事业的发展起到一定作用。但培训专业的面尚有一定的局限性，在组织工作上还需进一步总结经验。(9) 应交流协会邀请，美国基督教大学学院联合会、国际文化交流协团（AFS）SPENCE主席、美国州立大学学院协会主席、英国中央学术交流局局长等重要代表团均来华访问，与交流协会签署了一系列旨在进一步发展关系的协议。(10) 交流协会为配合克林顿访华，在北京召开中美大学校长研讨会，就高校与企业合作的发展趋势进行了探讨。此外，还在北京举办了中澳大学校长会议、中韩大学校长会议、99北京中等教育国际研讨会等，并与这些国家的大学组织和机构，签署了面向21世纪高等教育发展与合作的相关协议。(11) 完成了中美双方对1999年在华实施美国艾森豪威尔学者交流基金单国项目的联合提名与选拔工作，初步选定20余位合格人员作为“艾森豪威尔交流基金学者”人选赴美。(12) 1998年，中国遭受百年未遇的南北水患，协会积极参与募捐活动，除协会自身积极参加外，还从美国、日本、澳大利亚等合作组织筹集了款物，积极支援了抗洪救灾工作。

〔**教育国际交流协会第四届理事会**〕 中国教育国际交流协会第四届理事会于1998年11月23日～24日在北京召开，会议选出了以柳斌为会长的新一届理事会，明确了今后五年协会的工作要点与规划。这是跨世纪的一届理事会，受到了教育部和各界的关注。教育部部长陈至立、副部长韦钰到会并讲话。

撰稿　吴淑洁
审稿　李顺兴

中国教科文组织活动

〔**年度工作方针任务**〕 中国教科文全委会1998年的工作方针是：贯彻党的十五大提出的“要积极参与多边外交活动，充分发挥我国在联合国以及其他国际组织中的作用”的基本方针，借助教科文组织的智力合作优势和资金支持，为“科教兴国战略”、“可持续发展战略”和“有中国特色的社会主义文化建设”服务，利用一切可能的国际讲坛宣传中国改革开放的经验和成就，参与和影响教科文组织重大问题的决策，促使其为发展中国家的教育和科技发展做更多的实际贡献。

全委会1998年的主要工作任务是：(1)准备和参与世界高等教育大会、文化政策为发展服务政府间会议等重要国际会议，充分发挥中国作用；(2)在政治上保持清醒头脑，努力防止教科文组织发生干涉中国内政事件；(3)准备和参与教科文组织执行局会议，妥善处理审议涉及中国人权来函问题；(4)落实教育方面的合作项目，支持中国西部省、区、市教育扶贫工作及保定农村教育研究和培训中心的工作；(5)落实科学、社会科学、文化、信息传播领域的合作项目，做好1998～1999年度参与计划项目申报和争取工作。

〔出席世界高等教育大会〕 1998年10月5日～8日，世界高等教育大会在巴黎举行，来自183个国家的4 000多人出席了会议，其中115个国家的教育部长亲自率团与会。中国派出由教育部部长陈至立为团长、教育部有关司局负责人和数名大学校长组成的政府代表团出席了大会。

这是教科文组织成立50多年来首次举办的一次世界高教界的盛会。大会举行了全体会议和专题会议，听取了各国代表团团长和非政府国际组织负责人对发展高等教育的看法和建议，对高等教育的质量、针对性、资金筹措和管理及国际合作等问题进行了专题研讨。大会认为世界高等教育近30年来发展迅速，但南北之间差距明显；世界高等教育在继续扩张的同时应强调针对性，提高教育质量，促进形式多样化；各国政府应继续发挥高教投入主渠道的作用，提高高校自治程度，增强社会责任；应进一步推动高教国际合作，缩小南北差距，解决发展中国家人才外流问题。大会最后通过了《面向21世纪高等教育宣言：观念与行动》和《高等教育变革和发展的优先行动纲领》，申明了21世纪世界高教发展的指导原则和行动指南。

陈至立部长当选为本次大会副主席，作为特邀嘉宾向全会作了题为“深刻变革中的高等教育”的专题演讲，并以中国代表团团长身份作了题为“共同的使命与责任”的发言，受到了与会代表的欢迎。会议期间，中国代表团举办了中国高等教育圆桌会议，30多个国家的近百人出席会议。会议介绍了中国高等教育发展状况，并涉及到中国政治经济等多方面问题，起到了对外宣传的积极效果。

〔参与国际人权活动，妥善处理政治敏感问题〕 1998年，教科文组织为纪念《世界人权宣言》通过50周年开展了一系列活动，中国派代表参与这些活动，相机宣传了中国对人权的基本主张和在促进人权、发展民主、加强法制建设方面取得的成果。教育部副部长、中国教科文全委会主任韦钰以专家身份出席了9月21日～23日在巴黎举行的“和平、人权、民主、国际了解和宽容咨询委员会”第四次会议，介绍了中国积极参与人权国际对话与合作的最新情况，宣布中国三所中学正式加入教科文组织“联系学校项目”网络。中国人权研究会和中国太平洋经济合作全国委员会的有关专家分别出席了3月5日

～9日及5月4日～5日在巴黎召开的人的和平权利宣言草案政府专家国际会议和国际民主与发展专家小组首次会议。

自1997年中国因“新闻自由奖”问题而暂时中断与教科文组织高层人员来往以来，该组织负责人开始注意谨慎从事，与中国在政治敏感问题上保持适当通气和磋商。1998年，经中国教科文全委会及时交涉和做工作，妥善处理了几起涉及中国政治问题。

〔**出席文化政策促进发展政府间会议**〕1998年3月30日～4月2日，教科文组织与瑞典政府合作在斯德哥尔摩召开文化政策促进发展政府间会议。这是继1982年墨西哥城文化政策会议以来，教科文组织讨论文化问题的规模最大的一次政府间会议。以文化部副部长李源潮为团长，由文化部、外交部、国务院新闻办、中国教科文全委会、中国驻瑞典使馆、中国常驻教科文组织代表团、中国作协、中国社科院、中国剧协有关人员组成的中国代表团出席了会议。

近140个国家和50多个国际组织的代表出席了会议，其中80多个国家的文化部长到会。会议举行了全会辩论、政府间论坛和非政府论坛，对文化多样性、文化与发展的关系、文化权利、国际文化合作等问题进行了讨论并表达了不同的见解。多数发展中国家主张保护民族文化个性，加强不同文化间的平等对话和均衡交流，西方发达国家则强调民主、言论自由和保护少数人权利。在国际文化合作方面，发达国家强调统一行动，发展中国家则要求尊重不同的发展模式。会议最后通过了《文化政策促进发展行动计划》。

中国代表团团长在全会发言指出，在把握世界文化多样性、平等性和协调性原则的基础上，应切实加强对于人类一切有形和无形文化遗产的保护，援助发展中国家发展民族文化及开发文化产业，在尊重国家主权、平等互利的基础上加强国际文化合作，反对文化霸权主义。发言得到了许多发展中国家的赞扬。中国代表团在会上散发了《中国文化发展报告》。报告阐述了中国文化的人民性、民族性、发展性和开放性特色，以丰富翔实的数据宣传了中国文化发展的巨大成就，从而证明中国文化政策是适合中国文化发展的正确选择。

〔**出席教科文组织执行局会议及其他综合性会议**〕1998年4月21日～5月7日，教科文组织执行局第154届会议在巴黎举行，中国作为58个执行局委员国之一派团出席了会议。会议对教科文组织1998～1999年计划执行情况、改革执行局工作方法、筹备召开世界高等教育大会和世界科学大会、向联合国大会提交《和平文化宣言》和《行动纲领》、建立世界科学知识与技术伦理委员会教科文组织统计研究所和人权来函等议题进行了审议。中国代表参与了有关讨论，介绍了中国为筹备高教大会和科学大会所做的工作及在教育、科学、文化领域开展的业务合作活动，强调加强执行局的决策和监督职能，支持建立科技伦理委员会和统计研究所。中国推荐的中国科学院院长路甬祥被正式任命为世界科学知识和技术伦理委员会成员，该委员会由世界18位著名科学家组成，将围绕能源、水资源和信息社会伦理等专题开展工作。执行局公约与建议委员会对涉及魏京生、强巴欧珠、阿旺平穷的所谓人权来函进行了例行审议。中国代表在会上要求撤销已保外就医的魏京生一案，介绍了另两案有关情况，批驳了美国国际人权法小组（来函作者）的无端指控和无理要求。会议对中国代表的对话与合作表示感谢和赞赏，决定将魏京生一案从来函清单中勾销。

1998年10月12日～11月6日，教科文组织执行局第155届会议在巴黎和乌兹别克的塔什干举行，对纪念《世界人权宣言》50周年、编制2000～2001年计划和预算草案、公约与建议委员会工作方法、任命下届总干事的程序、人权来函等议题进行了审议。中国代表发言肯定了《世界人权宣言》的历史意义，介绍了中国为促进人权、民主而取得的进展及积极参与国际人权合作的情况，并针对会上个别人攻击中国的讲话进行了答辩反驳，得到不少国家代表的同情和支持。对于2000～2001年计划草案编制，会议建议对全球化进程的影响、贫困和社会排斥及信息社会的挑战等问题进行了专题研究，继续开展基础教育、职业技术教育、师资培训、高等教育、环境科学计划、产学研合作计划、太阳能计划、物质遗产和非物质遗产保护、传播与信息能力建设等优先计划活动，继续实施“促进和平文化”跨学科项目。中国代表对此发表了意见，就公约与建议委员会工作方法问题提交了书面答复意见，并指出该委员会不是一个司法或准司法机构，应充分尊重会员国的主权。鉴于教科文组织现任总干事马约尔将于1999年11月14日任期届满，会议决定请参选下届总干事的各候选人向执行局提交书面竞选纲领并接受面试，由1999年10月召开的执行局会议秘密投票推举正式候选人，报随后召开的教科文组织大会选举确定。

1998年3月，中国教科文全委会在北京承办东亚国家教科文全委会秘书长会议，朝鲜、韩国、日本、蒙古四国全委会派团出席。东亚五国全委会讨论在教科文组织职责范围内开展彼此合作的会议，在教科文组织历史上尚属首次。1998年6月，中国全委会秘书长率团出席在曼谷举行的亚太地区教科文全委会关于编制2000～2001年计划与预算草案磋商会，表达了中国对教科文组织未来活动的基本意见。

〔**教育领域的合作**〕 1998年中国与教科文组织在教育领域的合作项目共96项。中国教育部门和机构围绕教育部工作重点，加强在扫盲和成人教育方面的合作，如出席1998年3月在新德里举行的第二届亚太地区国家扫盲论坛会议，在会议期间组织了一次中国扫盲专题会议，引起与会者强烈兴趣；1998年9月在中国河北保定召开基础教育和终身教育研讨会，亚太地区18个国家的代表参加了研讨；1998年9月在北京举行了大学在农村发展中的作用地区研讨会，亚洲6个国家农业院校校长及中国6所农业大学校长参加了会议；1998年12月在北京召开中国全民教育2000年监测评估国家评估组第一次会议，以落实世界全民教育大会制定的全民教育行动纲领，推动中国2000年全民教育目标的实现；1998年12月在北京召开“教育扶贫”项目实施工作总结会，该项目以1998年～2000年三年为期，在中国西南、西北和东北8个省区22个县45个乡镇实施。

积极开展职业技术教育、高等教育、环境教育、教育规划与管理等方面的合作。1998年5月中国举办亚非地区职业技术教育培训，组织来自12个亚非法语国家的职业教育高级官员实地考察了北京、保定和青岛三地职教发展状况，教科文组织教育助理总干事鲍威尔出席了培训活动。中国参加了21世纪高等教育地区研讨会、高等教育与大学作用国际研讨会、相互承认学历亚太地区会议、21世纪教育亚太地区会议、亚太地区环境教育研讨会；并在西安和深圳分别举办了大学与产业相结合国际会议和高等职业技术教育国际研讨会；参加世界教育指数实验项目第二次工作会议、教育统计与指标地区研讨会、教育规划与管理地区培训班。作为国际教育局理事国，中国还派人出席了在日内瓦举行的国际教育局理事会第44届会议。

〔**自然科学领域的合作**〕 1998年，中国科学院、国土资源部、水利部、科技部、国家海洋局、国家环保局及数十所高等院校积极参与教科文组织在环境科学、基础科学、应用科学领域的100个项目的合作。中国作为政府间科技合作计划理事国派团参加了国际地质对比计划（IGCP）、国际水文计划（IHP）、人与生物圈计划（MAB）、政府间海洋学委员会（IOC）理事机构的会议，参与并开展了有关项目活动，如在长春召开未来地下水危机国际学术会议，在南京成立国际水文、水资源与水环境培训研究中心，举行中国人与生物圈计划国家委员会成立20周年新闻发布会，浙江省南鹿列岛生物保护区成为中国第15个被批准列入“世界生物圈保护区网络”的国家级自然保护区，参加国际自然圣地研讨会、国际生物多样性国际会议，开展纪念1998国际海洋年大型宣传教育活动，出席全球海洋生态动力学开放科学大学和21世纪可持续海洋会议等。

根据教科文组织1997年11月通过的《世界人类基因组与人权宣言》精神，为反映中国在人类遗传资源方面的管理情况，中国向教科文组织提交了经国务院批准实施的《人类遗传资源管理暂行办法》。中国专家继续当选为国际生物伦理委员会成员并出席了该委员会第五次会议。中国还在能源、产学研结合等方面推进与教科文组织的合作，在中国煤炭工业洁净煤技术研究中心成立跨地区洁净煤技术论坛，举办新能源与可再生能源发展地区培训班，在清华大学设立中国继续工程教育教席，召开西北工业大学产学研计划网点规划研讨会，举办第四次教育与产业合作国际研讨会。

〔**社会科学、文化、信息传播领域的合作**〕 1998年，中国在这些领域的活动稳步发展，日益呈地区化态势。在社会科学方面，参加国际社科理事会第22届会议、第2次亚太地区移民研究网络会议、新千年哲学教育会议、国际中亚研究所学术委员会会议、冷战后和平问题国际研讨会及第33届国际青年营活动，在北京召开从中国伦理传统看普遍伦理国际会议。

在文化、遗产保护方面，参加了亚太地区文化论坛和文化联系网络会议、亚太地区文化工作者研讨会、世界遗产全球战略专家会议、保护水下遗产国际公约政府专家第二次会议，并以观察员身份列席世界遗产委员会第22届会议。北京的颐和园和天坛被批准列入《世界遗产名录》，使中国的世界文化和自然遗产地增至21处。教育部、建设部和国家文物局在北京联合举行中国世界遗产证书及标牌颁发活动，并表彰了中国世界遗产地保护管理先进单位，在苏州主办中国—欧洲历史城市市长会议，接待国际专家对中国五处世界遗产地进行了监测考察。

在传播、信息、出版方面，列席国际传

播发展计划理事会会议，参加政府间信息学计划及综合信息计划理事会会议、第二届信息伦理大会、亚太地区电子空间法律框架会议，在北京举办世界记忆计划亚太地区委员会会议。中国翻译出版的教科文组织图书、报告、期刊主要有：《世界高等教育指南》、《全民教育 2000 年》27～30 期、《世界教育报告》第四期、《世界科学报告》第二期、《中国与联合国教科文组织纪念画册》、《南南合作通讯》等。

撰稿　程小林

审稿　于富增

语言文字工作

〔**综述**〕 1998 年，国家语委根据 1997 年 12 月召开的全国语言文字工作会议提出的跨世纪语言文字工作奋斗目标，明确了指导思想，制定了年度工作计划，认真贯彻国家语言文字方针政策，在推广普通话，推行规范汉字，促进中文信息处理语言文字规范化，加强语言文字工作法律、法规建设，语言文字规范标准研制，以及实施经国务院批准的全国语言文字使用情况调查等方面取得了进展。

1998 年，国家语委配合全国人大教科文卫委员会就制定《中华人民共和国语言文字法》有关问题进行讨论和研究。《中华人民共和国语言文字法》(草案)已经全国人大教科文卫委员会第 49 次会议讨论通过，并正式报请全国人大常委会审议。

按照国务院统一部署，完成了机构改革、调整工作，加强了宏观管理职能。1998 年度，国家语委并入教育部，仍保留国家语委的牌子。

撰稿　周道娟
审稿　孟吉平

〔**纪念《汉语拼音方案》公布 40 周年座谈会**〕 1998 年 2 月 11 日，国家语委在北京召开纪念《汉语拼音方案》公布 40 周年座谈会。《汉语拼音方案》是全国人大 1958 年通过颁布的，作为汉字教学和检索的重要工具以及拼写人名、地名的国际标准，《汉语拼音方案》具有无可替代的重要作用和深厚的群众基础。国家语委主任许嘉璐在座谈会上充分肯定了汉语拼音在中文信息、自动化处理中的巨大贡献，指出推广普通话与推行《汉语拼音方案》相辅相成、紧密联系；继续推行《汉语拼音方案》，推进信息现代化是一项跨世纪的语言文字工作。与会专家一致认为，在飞速发展的信息时代，汉语拼音与现代技术的自然衔接显示出其无比的优越性和强大的潜能，在计算机应用方面前景广阔。同时指出，应进一步加强《汉语拼音方案》的应用研究，继续完善《汉语拼音方案》并扩大其使用范围。

〔**部分省市语委办负责人座谈会**〕 为深入学习、贯彻中央领导同志有关批示、讲话以及全国语言文字工作会议精神，进一步做好社会用字管理工作，1998 年 6 月 8 日～11 日，国家语委在福州召开了部分省市语委办负责人座谈会。会议的主要收获是，(一) 进一步明确了社会用字管理工作的政策。会议认为前一时期针对社会上汉字应用的混乱所进行的治理整顿是必要的，取得了明显效果，用字混乱现象得到初步遏制。但是随着工作的进一步深入，以往政策规定中一些较为模糊的部分也逐渐显现出来，遇到了一些难以把握的实际问题。就公共场所手书字的管理作出某些新规定，既是对原规定中较为模糊部分的澄清，也符合汉字自身发展的规律和语言文字工作的规律。(二)进一步突出了工作重点。社会用字管理的四个领域中，计算机用字是“源”，其他三方面是“流”。在“流”中也有个主次问题，出版物、影视屏幕代表国家的法定文字，辐射面广，社会影响大，是管理工作的重点。

〔**城市语言文字工作观摩研讨会**〕 1998年12月14日～17日，国家语委在上海召开了城市语言文字工作观摩研讨会。国家语委副主任朱新均及教育部有关司局负责同志出席了会议。代表们听取了上海市语委的工作情况介绍，并实地考察了静安、嘉定、浦东等11个区和出版、广电、工商等10个系统的语言文字工作情况。代表们认为，上海市的语言文字工作搞得扎实有效，尤其在语言文字工作宏观管理方面提供了新鲜经验，值得各地借鉴。朱新均作了题为《发挥城市的中心作用，积极稳步地推进跨世纪的语言文字工作》的总结讲话。他指出：第一，进一步提高对搞好城市语言文字工作的认识。城市工作对实现跨世纪奋斗目标至关重要。首先抓好中心城市语言文字工作，符合语言文字工作的特点和规律，同时要把城市工作和农村工作的关系摆好，发挥城市的辐射带动作用，从而全面推进工作。第二，要进一步明确各级各类城市语言文字工作的目标、要求和重点。为落实全国语言文字工作会议提出的到2010年“普通话在全国范围内初步普及”“汉字的社会应用基本规范”的跨世纪目标，国家语委提出三类城市分三步达标的总体构想。第三，采取有效措施，确保目标实现。各地要切实加强领导，做到统筹规划，突出重点，进一步健全工作机构，逐步开展城市语言文字工作综合评估。

撰稿 张映川

审稿 孟吉平

〔**开展普通话宣传周活动**〕 经国务院批准，自1998年起，每年9月的第三周为全国推广普通话宣传周。中宣部、原国家教委、原广播电影电视部和国家语委于1998年3月联合发出《关于开展全国推广普通话宣传周活动的通知》，明确规定了宣传周活动的宗旨、组织机构，对组织和开展宣传周活动提出了原则要求。宣传周活动的宗旨是：以党的十五大精神为指导，通过多种形式的宣传活动，向全社会广泛宣传大力推广普通话对于社会主义现代化建设的必要性、迫切性，进一步提高广大干部群众的语言规范意识和“推普”参与意识，在全社会形成说普通话的风气，推动推广普通话工作向纵深发展。4月，四部委召开了全国电视电话会议，就首届宣传周活动的基本要求做了部署。国家语委印发了首届宣传周的宣传提纲和宣传口号。

9月13日～19日，全国31个省、自治区、直辖市普遍开展了丰富多采的首届全国推广普通话宣传周活动。《人民日报》发表了题为《大力推广普通话》的评论员文章，《光明日报》、《法制日报》、《中国教育报》等报刊发表了多篇或以整版篇幅推出推广普通话理论文章，国家语委在人民大会堂召开了推广普通话座谈会，中央电视台《焦点访谈》、《实话实说》、《第二起跑线》等专栏和中央人民广播电台播出了推广普通话专题节目，北京电视台播出了《中华民族的通用语言——普通话》4集专题片，北京市各区县在繁华街头举办推广普通话宣传咨询活动。全国各大中城市举行了隆重、热烈、简朴的宣传活动，许多地方的政府领导发表电视讲话，各新闻媒体播发了数量可观的评论、新闻、消息、访谈、特写、通讯、图片、专题节目、理论文章以及宣传口号、公益广告等，使语言文字规范化宣传深入到社会各个层面。

推普周期间，各级各类学校，特别是师范院校和中小学，结合课堂教学和班会、升国旗仪式等集体活动，利用校内广播、闭路电视、板报、橱窗，组织朗诵、演讲、知识竞赛，广泛深入地进行普及普通话宣传。许多高校和中小学师生利用公休日走上街头，开展推普宣传咨询活动。

国家公务员在首届宣传周活动中发挥带动全社会推广普通话的作用。11月，教育部、人事部、国家语委、国家广播电影电视总局、广东省和广州市人民政府在广州市联合举办了第二届全国公务员普通话大赛，31个省、自治区、直辖市和新疆生产建设兵团，及广州市派出了代表队参赛，解放军代表队也应邀参赛。大赛及其省、市级选拔赛以生动活泼的竞赛形式，动员广大公务员积极学习推广普通话方针政策和普通话知识，努力提高普通话水平，对党政机关开展推广普通话工作发挥了促进作用。

在许多省市，社会各界群众踊跃参与语言文字规范知识竞赛、家庭普通话大赛和专题文艺晚会、推广普通话万人签名、推广普通话宣传教育读书等活动，上海市举办“我爱祖国语言美”普通话电视比赛，仅一天内就有万余名群众报名。

撰稿　袁钟瑞

审稿　孟吉平

〔**中文信息处理工作**〕　1998年，中文信息处理工作取得进展。

《信息处理用GB13000.1字符集汉字部件规范》实施。由国家语委主持制定的《信息处理用GB13000.1字符集汉字部件规范》于1998年5月1日实施，社会各应用领域积极响应遵循。该规范自1997年12月5日发布后，几种主要的汉字编码输入方案都先后依据该规范作了修改，如五笔字型、认知码、自然码、郑码、表形码等。为了配合该规范的实施，国家语委中文信息司组织课题组和主要编码人在1998年4月27日的《计算机世界报》发表专题系列文章9篇。

《GB13000.1字符集汉字笔顺规范》研制工作基本完成。由国家语委、新闻出版署联合主持制定的《现代汉语通用字笔顺规范》已于1997年4月7日发布，该规范满足了小字量汉字的教学与研究、信息处理、排序检索、辞书编纂等的基本需求，但还不能适应大字量汉字的信息处理、排序检索、辞书编纂等的实际需要。因此，国家语委决定研制GB13000.1字符集汉字笔顺规范。1997年下半年开始规范的研制工作。通过征求专家意见，于1997年12月初步确定了规范制定的基本原则，然后根据该原则制作了20902个汉字的序号式笔顺初稿，并形成一份疑难笔顺表。1998年4月17日在北京召开了专家研讨会，来自汉字教学与研究、信息处理、辞书编纂等领域的专家们认真讨论了规范制定的基本原则和疑难笔顺表，提出了一些建议。会后，根据专家意见，确定了疑难笔顺，修改了序号式笔顺初稿，形成了《GB13000.1字符集汉字笔顺规范》送审稿。该规范将于1999年通过审定并发布。

《GB13000.1字符集汉字字序规范》研制工作基本完成。汉字字序有两种：一种是按汉字读音排序，一种是按汉字字形排序。目前中国汉字字形排序的规范还不够完善，不能满足汉字信息处理、排序检索、辞书编纂等方面的实际需要。因此，国家语委中文信息司和中共中央办公厅信息中心决定联合制定《GB13000.1字符集汉字字序规范》。以国家语委《现代汉语通用字笔顺规范》、《GB13000.1字符集汉字笔顺规范》（初稿）和中央办公厅信息中心《办公自动化信息格式的研究与制定》为重要资料，对GB13000.1字符集中的20 902个汉字的排序问题进行研究，制定出汉字字序定序规则，形成20 902个汉字的字序表。由国家语委中文信息司和中共中央办公厅信息中心共同组成的汉字字序规范研制组于1998年1月开始研制工作，至1998年11月形成了大字符集汉字字序表征求意见稿。该规范将于1999年通过审定并发布。

建成了现代汉语核心语料库。由国家语委主持建立的现代汉语语料库是国家级通用型语料库，采用系统选材方式，共选取1919年～1992年的现代汉语语料7 000万字，后又补充1993年～1995年新语料1 050万字。该库由人文与社会科学类、自然科学类和综合类三大部分语料组成，可满足于语言文字信息处理、标准研制、学术研究、语文教学和社会应用等多方面的需要。该库自1993年开始建立，建库工作分两步走。首先建立核心语料库，然后在核心语料库的基础上完成7 000万字语料的建库工作。核心语料库由7 000万字语料中选出2 000万字语料组成。2 000万字的核心语料库已经建成，即将向社会提供使用。该库的实用系统可以根据用户要求进行汉字方面的言语统计及某些应用语言学课题的研究和开发。其余语料已基本录入完毕，正在进行校对工作。

《印刷隶体、印刷魏体字形规范》研制完成。近年来，随着印刷业的蓬勃发展和各种需求的不断扩大，除了宋体、仿宋体、楷体、黑体等几种印刷字体外，印刷书体（如隶体、魏体、行楷）在排版印刷、屏幕显示、电脑刻字等方面得到了广泛应用。印刷书体与书法艺术关系密切，但又不同于手书的书法字体，必须将印刷书体的书法艺术风格与印刷字体的规范要求有机、合理地结合起来，因此，国家语委中文信息司计划制定印刷书体的一系列规范。1998年已完成印刷隶体、印刷魏体字形规范的研制工作，这两项规范将于1999年通过审定并发布。

语言学科“九五”重大课题“信息处理用现代汉语词汇研究”启动。由国家语委承担的国家社科基金语言学科“九五”重大课题“信息处理用现代汉语词汇研究”已经启动。目前，汉语信息处理的难点首先集中在词汇层面上。因此，“九五”期间集中各个方面的力量开展面向中文信息处理的现代汉语词汇学的应用基础研究具有重要的战略意义和学术价值。这一课题的研究直接关系到大规模真实文本自动处理、机器翻译等目标的早日实现。该课题共分分词研究、词类研究和词义研究三个方面，下设10个子课题，子课题分别由清华大学、北京大学，中国人民大学、山西大学、上海师范大学、国家语委语用所、社科院语言所等单位承担。课题于1998年12月22日～24日在北京召开了研讨会，对研究中的重点和难点问题进行了讨论，并布置了下一阶段的工作。全国人大常委会副委员长、课题组组长许嘉璐主持了会议。

撰稿　陈　敏
审稿　傅永和

〔**语言文字使用情况调查准备工作**〕1998年，经国务院批准的全国语言文字使用情况调查工作进入准备阶段。调查实施机构制订、修改和上报了调查大纲、实施方案；研制、修改了调查问卷，其中包括入户调查问卷和公务员、教师、学生、窗口行业人员专项问卷。为了保证通过简单明确的问题就能获得必要而充分的信息，问卷经反复修改，并在北京等地多次召开了有社会语言学家、方言学家、民族语专家、统计学家、心理学家和语言文字工作者等参加的专家评议会，就调查目的、内容、范围、方法、数量及其他有关学术问题进行了研讨。调查实施机构还先后在河北、山西、广西3省（自治区）的城市和农村进行了实验性入户调查，获得了改进和完善调查问卷的有关数据，并增加了对实际操作的感性认识和具体经验。

撰稿　佟乐泉
审稿　孟吉平

教材建设与教学仪器研究

人民教育出版社

〔**中小学教材审查**〕1998年送全国中小学教材审定委员会审查的教材包括文字教材和音像教材。文字教材：审查的有九年义务教育小学语文写字教材钢笔字第五册和毛笔字（颜体、柳体、欧体）4种、高级中学思想政治教科书5种；审读的有九年义务教育初级中学思想政治教科书5种和教学挂图3种、九年义务教育小学思想品德教科书16种；评审的有九年义务教育初级中学劳动技术课教科书7种。音像教材：审查的有九年义务教育小学音乐录音带20盒、九年义务教育初级中学音乐录音带24盒、九年义务教育初级中学英语录音带20盒、高级中学英语录音带12盒、九年义务教育小学语文录音带20盒。

以上，送审的共计136种（其中文字教材40种、音像教材96种）。审查（审读、评审）后，经复核和复审有137种获得通过（试用），并列入教育部中小学教学用书目录，推荐全国中小学选用。

撰稿　张月仙
审稿　魏国栋

〔**课程教材研究15年**〕1998年6月，课程教材研究所作为中国专门从事课程教材研究的学术机构，迎来了成立15周年的纪念日。为纪念邓小平同志亲笔为该所题写所名15周年和“三个面向”题词15周年，课程教材研究所举办了专题学术报告会，并出版了《课程教材15年》论文集。

课程教材研究所与人民教育出版社合署办公。成立以来，课程教材研究所在邓小平教育理论指导下，遵照中国教育改革与发展的大政方针，紧密围绕国家基础教育课程与教材建设的主要目标，结合基础教育的实际，开拓进取，坚持不懈，为中国基础课程教材建设事业做出了应有的贡献。

课程教材研究所、人民教育出版社积极参加中小学教育与课程整体改革，致力于为教材建设提供坚实的科学研究基础。自1983年课程教材研究所成立以来，先后承担和参加了“六五”、“七五”、“八五”、“九五”课题，如《普通中小学学制、课程教材、教法改革与实验》、《普通中小学课程改革的试验与研究》、《普通教育整体改革研究与实验》、《面向21世纪中小学教育模式的研究与实验》、《面向21世纪中小学教材建设现代化的研究》、《21世纪中小幼教育现代化的研究与实验》等，取得了丰硕成果。其中，有的研究成果获得全国教育科学成果评比奖，并有大量成果正式出版。

在长期的课程研究和教材编写实践过程中，人民教育出版社、课程教材研究所形成了自己的研究特点和优势。

一、紧密围绕国家基础教育改革与发展的中心目标，坚决服务于基础教育事业，坚持正确的方向性；紧密结合我国中小学课程教材发展实际，注意将教材理论的研究与教材编写工作的实践联系起来，具有明确的针对性。力求将教材的编写建立在科学研究的基础之上，以科学研究带动教材的改革，最大限度地发挥课程教材研究的实际功效。

二、拥有一支专业稳定的课程教材研究队伍，形成了优良的课程教材研究传统和丰富的课程教材研制经验，使课程研究与教材编写紧密结合，注意课程研究的实用性。在充分继承已有经验的基础上，课程教材研究所还十分重视对中青年课程教材研制人员的培养，保证课程教材研制的连续性和高水平。

三、研究课题和范围涉及普通中小学教育、学前教育、师范教育、职业教育、特殊教育和成人教育等各个方面，形成了完整而系统的课程教材研究领域，具有广泛性、系统性和整体性。

四、重视与国内外教育学术机构、课程研究专家和教学实践工作者的密切协作与交流，积极吸收国内外基础教育课程教材研究成果,注重课程教材研究的先进性和适应性。人民教育出版社建社50年来,团结了一大批全国著名的课程研究专家和课程教材实践第一线的教育工作者，并且积极依靠他们进行课程研究与教材编写。在新形势下，为进一步加强同国内同行、专家的交流与合作，继续提高课程教材的研制水平，还在全国范围内聘请了一批学术顾问和兼职研究员，在更广大的范围和更深的层次上进行协作。此外，还与联合国教科文组织、儿童基金会、人口基金开发计划署、世界自然基金会和世界银行等国际机构，以及美国、俄罗斯、日本、英国、法国等20多个国家和中国香港、台湾地区的学者、专家和同行建立了友好的学术交流和业务合作关系。

五、紧紧依托专门的课程教材研究的学术窗口和出版阵地，及时推出自己的研究成果，服务全国基础教育事业，推动课程教材改革。课程教材研究所拥有全国最早的课程教材专业学术杂志《课程·教材·教法》(月刊)。它是中国第一家反映基础教育、师范教育和职业教育课程、教材、教法领域最新研究成果、改革动向和先进经验的学术性刊物。自1981年创刊至今，它已成为融学术性、指导性和实用性于一体，深受广大教育研究人员和教师欢迎的刊物。为更好地指导中小学教学实际，交流研究成果和经验，课程教材研究所又在原《教与学》(内部刊物)的基础上，创办了《中小学教材教学》(小学版、中学版)杂志，作为面向全国广大教研人员和教师的教研园地。

撰稿　石筠弢
审稿　魏国栋

〔**获奖图书及音像制品**〕　1998年人民教育出版社有11种图书、8种音像制品获奖。目录如下：

教育部普通高等学校第二届人文社会科学研究成果奖

教育学一等奖　现代教育论

教育学二等奖　高等学校教学原理与方法

中国近现代教育思潮与流派

教育学三等奖　中国义务教育学制改革大思路

比较教育丛书——国际环境教育的理论与实践

中国版协教育图书研究会第四届全国优秀教育图书奖

一等奖　发展心理学

社会心理学

二等奖　导读的艺术

比较教育导论——教育与国家发展

荣誉奖　邓小平论教育（第二版）

文化部、广电总局、新闻出版署、中国残联奋发文明进步奖

图书奖提名奖　聋校教学文萃

新闻出版署、教育部第二届全国优秀教育音像制品评奖

一等奖《加菲中国奇遇记》第一、二、三、四辑录音带

九年义务教育三、四年制初级中学《化学》（上、下集）录像带

二等奖　九年义务教育五、六年制小学《语文》第九册录音带

金盘英语系列九年义务教育三、四年制初中《英语》一至三册 LD 视盘

金盘英语系列九年义务教育五、六年制小学《英语》一至四册 VCD 视盘

三等奖　九年义务教育五六年制小学《音乐》第七至十同录音带

《中国近代现代史》（上、下）录像带

新闻出版署、教育部第二届全国优秀文艺类音像制品评奖

二等奖　中华五千年历史故事《大禹治水》动画录像片

撰稿　李　琳

审稿　魏国栋

〔**智力援藏**〕　应西藏自治区教委的要求，从 1996 年起，到 1998 年，人民教育出版社在已有一名同志长期（三年）援藏的情况下，又连续派出人员，分别由一名副总编辑带队，到西藏自治区培训教师。1996 年，在拉萨市培训了小学语文、数学，初中物理、化学四个学科的教师；1997 年，在拉萨市培训了中学语文、数学两个学科的教师，在山南地区培训了小学语文和数学两个学科的教师；1998 年，在拉萨培训了中学政治和英语两科的教师，在日喀则市培训了小学语文和数学两科的教师。三年来，小学两个学科、中学六个学科共培训教师 500 多人，其中不仅有拉萨、日喀则等中心城市的教师，还有来自几千公里之外高寒地区的教师代表，甚至远在青海省的藏族地区都派出了教师。三年中，人教社共派出三十多人次，向前来听课的西藏自治区教师代表讲解了九年义务教育各个学科教材的编写思想、主要内容，教材的难点和重点，介绍了一些学术动态，并在教学方法上进行了辅导，得到了当地教育主

管部门和教师的好评。

撰稿 邢克斌
审稿 魏国栋

〔**编写出版海外《标准中文》教材**〕 为了满足在美国及其他国家留学人员子女学习中文的需要，由课程教材研究所组织所内外教材专家编写，人民教育出版社出版了《标准中文》教材。

教材分三级，每级三册，供小学和初中程度的学生教学用书。主体是《标准中文》课本，还有配套的教师用《教学指导手册》，小学学生用的《练习册》，初中学生用的《语文读本》，以及汉语拼音教学录音带。

《标准中文》教材是基础中文教材，期望达到的学习目标是，学会汉语拼音，掌握2 000个常用汉字，3 000至4 000常用词，300个左右基本句，能读程度相当的文章，能写三四百字的短文、书信，具有初步的听、说、读、写能力，有一定的自学能力，能在使用汉语言文字地区用中文处理日常事务，为进一步学习中文和了解中国文化，打下比较坚实的基础。

教材编写注意加强针对性、实用性，增加趣味性。做到起步易，坡度缓，练习形式多样，注意反复，有效地培养听说读写的能力。编排注意体现第二语言学习的特点，符合学习中文的规律。编写中充分考虑在海外学习成长的中小学生学习中文的难点，重视对象国社会文化背景，注意结合学习中文适当介绍中国文化。

教材在美国中文学校已经开始使用，由于教材内容活泼、新颖，接近学生生活，受到师生的欢迎。

撰稿 李 琳
审稿 魏国栋

教材出版管理

〔**大学出版事业20年座谈会**〕 1998年11月27日，教育部社会科学研究与思想政治工作司召开了“大学出版事业20年座谈会”。来自全国各地的65家大学出版社的社长参加了座谈会。座谈会是为纪念党的十一届三中全会召开20周年而组织的一次重要活动。会议的主题是总结过去，规划未来，进一步学习和贯彻邓小平理论和党的十一届三中全会精神，把握正确的出版方向，深化出版改革，更好地贯彻党的十五大精神，以更加辉煌的成绩迎接21世纪的到来。

来自各出版管理部门的领导和大学出版社的代表回顾了大学出版社的发展历程，探讨了发展的经验。中宣部、新闻出版署有关部门的领导充分肯定了大学出版社取得的成绩和发展的潜力。教育部社政司司长顾海良在会上作了题为《继往开来，进一步推进大学出版事业的发展》的报告。北京大学出版社社长彭松建等在会上介绍了经验。

与会代表认为，大学出版社20年的发展与整个社会经济的发展有着直接的联系，并与高等教育事业的改革和发展同步。1978年国务院批转了《关于高等学校教材编写出版工作若干问题的暂行规定》，指出允许各高等院校、中央和各地出版社出版各种有特色的教材，有条件的学校也可以建立自己的出版社。这是第一次从原则上明确了发展大学出版事业的方针。1979年～1980年建立了北京大学出版社、清华大学出版社、复旦大学出版社、华中理工大学出版社、北京师范大学出版社、外语教学与研究出版社、上海外语教育出版社，随之恢复了中国人民大学出版社和华东师范大学出版社，第一批大学出版社的建立与恢复，是大学出版社创业历程的开端。

20年来，大学出版社积极探索适应社会主义市场经济和教育改革形势发展需要的办社模式，不少出版社办出了各自的特色，大学出版社也形成了整体优势和特色，即依托大学丰厚的出版资源——人才资源和知识资源，出版教育教学科研成果的出版物，进而服务于高校教学、科研和学科建设。在大学出版社20年来出版的近15万种图书中，各级各类教材占60%，国家重点大学出版社的教材比例达70%左右，大学出版社出版的学术著作占出书总数的10%左右。大学出版社主动服务于高校的教学和科研，有80%的大学出版社建立了教材、专著出版基金，资助出版本校教师高层次、高水平的教材。与此同时，各出版社也为学校的整体发展作出了突出的贡献，到1998年已为学校提供了3亿多元的办学经费。大学出版社还注重充分挖掘知识资源的潜力，进行多种媒体的立体开发，第一部电子版图书就出自武汉大学出版社，大量配合教材使用的音像制品提高了学校和社会的学习效果，尤其是促进了全社会外语和计算机的学习，提高了学习水平。大学出版社另一个比较突出的特点是积极进行对外交流，与世界一流的大学出版社以及其他著名出版社进行交流和合作，在版权贸易、图书贸易方面独树一帜，在全国出版社中名列前茅，也创造了一些新鲜经验。

在新闻出版署组织的评选活动中，北京大学出版社、清华大学出版社被评为全国优秀出版社（全国有30家），还有22家大学出版社被评为全国良好出版社（全国有150家），北京大学出版社社长彭松建、清华大学出版社社长王民阜、外语教学与研究出版社社长李朋义被评为全国出版战线百佳工作者。

20年来，大学出版社已成为教育战线和出版战线的重要组成部分。大学出版社能在改革开放中得以迅速发展的原因是多方面的，除了得益于党的十一届三中全会制定的路线、方针、政策的正确指导外，主要还有三方面的原因：一是国家出版管理部门—中宣部和新闻出版署给予重视和积极、有效的指导，为大学出版社的发展和改革创造了良好的环境；国家对大学出版社优惠的经济政策（建社初期的教材亏损补贴及目前仍执行的优惠的税收政策）为大学出版社的发展和改革提供了重要的条件；二是大学出版社所在的学校对出版社的正确认识和指导；三是出版社本身办社方向明确，做到四个坚持：坚持为教学、科研服务的办社宗旨，坚持遵守出版法规和出版纪律，坚持按照出版改革形势的要求深化改革，坚持因势利导办出特色。

纪念十一届三中全会的召开，回顾大学出版社发展历程，总结经验，大家一致认为今后应在以下几方面加强建设：(1) 要继续坚持党的十一届三中全会确立的解放思想，实事求是的思想路线，坚持以马列主义、毛泽东思想，特别是邓小平理论指导出版工作，要切实落实十五大对出版业提出的“加强管理，优化结构，提高质量”的要求。(2) 学校要加强对出版社的领导和工作上的支持。(3)要贯彻党和国家有关出版工作的方针、政策，遵守出版法规。(4) 坚持为教学、科研服务的办社宗旨。(5) 大学出版社应发挥整体优势，树立整体形象，可共同策划、集中组织一些重大的选题，展示大学出版社的实力。(6) 提高出版社整体素质。

撰稿　魏小波

审稿　阚延河

〔第二届全国优秀教育音像制品奖评奖〕

1998 年，国家新闻出版署和教育部联合举办了第二届全国优秀教育音像制品奖的评奖活动，这是继1996 年首届全国优秀教育音像出版物评奖之后的第二届评奖。在此期间，中宣部规范了全国各类出版物的评奖工作。在《关于全国性评奖立项的批复》中，设立了全国优秀音像制品奖，优秀教育音像制品奖是其子项奖。

评奖工作根据国家新闻出版署和教育部1996 年印发的《全国优秀教育音像出版物评奖工作暂行办法》进行。1998 年，新闻出版署和教育部又联合印发了《关于评选“第二届全国优秀教育音像制品奖”的通知》。上述两文件明确了评奖的目的、宗旨、组织领导、质量标准以及评审和奖励办法。评奖工作分为三个阶段：即申报阶段、初评阶段和终评阶段。

各有关音像出版单位按本单位出版制品的 10%申报参评制品，有 74 家出版单位申报了 300 种参评制品，其中录音制品 143 种，录像制品 157 种。参评制品涵盖了高等教育、基础教育、成人教育、职业技术教育和社会教育等各级各类教育，反映了教育音像制品在传播知识、推动教学改革和实现教学手段现代化方面的成果。初评工作完成了对所申报的 300 种制品的参评资格、内容质量、出版质量、制作技术水平的审查和获奖等级的推荐工作。从 300 种申报制品中评出 179 种制品，推荐参加终评，占参评制品的 59.7%。

终评工作是在评奖组委会的指导下，由终评委员会完成。终评委员会由高等院校、中小学校、科研单位、电视台、电教系统、出版单位、音像评价中心和音像出版行政部门遴选的专家组成，为广泛听取意见，还特别聘请了参加科技类和文艺类评奖工作的评审委员。评委们依据《全国优秀教育音像出版物评奖工作暂行办法》和《关于评选“第二届全国优秀教育音像制品奖”的通知》精神，按照组委会对获奖面和获奖等级比例的指导性意见，遵循宽严适度，两头过细，一等奖宁缺勿滥，二等奖严格审查，三等奖照顾全面，被淘汰制品要有令人信服的理由，实事求是，科学公正的原则进行了审评。并根据专家的建议，设立了优秀选题奖，以肯定和鼓励在教育和教学中具有良好效果的引进版制品。共评选出 159 种全国优秀教育音像制品，占初评后推荐制品的 88.8%，占参评 300

种制品的53%。其中：一等奖11种，占获奖制品的6.9%；二等奖42种，占获奖制品的26.4%；三等奖103种，占获奖制品的64.8%；优秀选题奖3种，占获奖制品的1.9%。在参评的74家出版单位中，有63家出版单位获奖，占参评出版单位的85%。

所评出的159种优秀教育音像制品，展示了近两年来教育音像出版战线所取得的成绩，对于今后音像出版单位进一步增强精品意识，优化选题结构，编撰、制作和出版更多高质量、高水平的优秀教育音像制品，将起到重要的导向作用。

撰稿　魏小波　林　丽

审稿　阚延河

教学仪器研究

〔**教学仪器研究成果**〕　1998年有4项教学仪器研究成果通过教育部鉴定。由沈阳大学完成的“验证基因互作标本”项目，在玉米染色体基因互作的理论基础上，利用玉米果穗上籽粒的粒色变化，准确、恰当地验证了基因互作的六种形式，突出了基因互作的产生原因、过程和实质。“验证基因互作标本”的应用，解决了高等学校讲授遗传学基因互作时，因缺乏直观教具所出现的教师难教、学生难学的教学难题，为学生深刻理解和掌握两对或两对以上基因共同控制某一性状的机理提供了可靠的实验验证，可作为较理想的遗传学教学标本。由山东建筑材料工业学院研制的“空间频谱演示仪”是一种光、机、电一体化的演示空间频谱的多功能教学仪器，其特点是：采用CCD摄像器件做光电转换，通过显示器输出空间频谱，大大提高了频谱的可视性；采用对称移动可调狭缝进行空间滤波；采用兼容性的可折叠式激光光路和白光光路，使仪器的体积大大减小，且操作简便。由教学仪器研究所研制的“HPCI—I物理实验微机接口及辅助教学系统”采用传感器、接口箱实时采集并转换信号，用计算机进行数据处理、分析及显示，实现了用计算机实验终端演示相关的物理实验。1998年，该新型实验仪器已在学校中试用。为解决中国目前仍在使用甲醛溶液制作浸制标本对环境和人身造成危害问题，一种新的不易挥发、无毒无害、－40℃不冻结的替代浸液经过长期试验和筛选已确定了主体配方，将进一步扩大试验，在生产浸制标本中试用。

此外，1998年教育部教学仪器研究所共获得2项实用新型专利：“二维空间一时间描迹仪”、“古币模型展示卡”。

〔**教学仪器质量监督检验**〕　1998年，教育部教学仪器研究所检测室及其指导下的各检测站对教育部下达的学生多用电表等58个品种，638个教学仪器产品进行了质量监督检验，参检产品的平均合格率为84.6%，但仍有372个产品未参检，占应参检产品的36.8%。教学仪器产品的质量形势依然严峻，对教学仪器产品质量的宏观调控和监督能力在下降，必须引起重视并采取相应措施。

〔**参与执行与联合国儿基会合作项目**〕　教育部教学仪器研究所（北京教具中心）参与执行了教育部与联合国儿童基金会合作的“改进贫困地区初等教育项目”，在1998年举办了“贫困地区自制教具骨干教师培训班”，为参加这一项目的12个省、自治区、直辖市培训了骨干教师60人，随后在实施该项目的12省区102个县开展了县级骨干教师的培训。

联合国儿基会、外经贸部和教育部联合对教育部与联合国儿基会合作的教育项目进行了审评。经过审评达成16点对项目执行情况的意见，其中为贫困地区改进办学条件被列为加强合作的领域，由教育部教学仪器研究所（北京教具中心）与湖南分中心合作为贫困地区教学点和不完全小学研制适用的教具包，被列为重点实施项目。

撰稿　顾　敏

审稿　冯振家

教育科研、学术活动

教育发展战略研究

〔**科教兴国与跨世纪教育研讨会**〕 1998年9月27日～29日，国家教育发展研究中心在京召开“科教兴国与跨世纪教育”研讨会。教育界内外的专家学者、地方或行业教育行政部门负责同志近50名代表参加了研讨会，教育部长陈至立出席会议，并向与会代表介绍了教育部制定《面向21世纪教育振兴行动计划》的基本思路和主要内容，随后听取了部分代表的发言。与会同志主要围绕科教兴国战略中教育发展与改革思路、教育结构体系优化、创新人才培养等问题进行了讨论。代表们提出的观点主要有：

知识经济时代教育将成为最重要的基础设施。在一定意义上说，知识经济正是教育支撑的经济，科教要兴国，兴国先要兴科教。

教育能否发挥科教兴国的作用，关键是教育自身是否具有创新精神和创新能力。为此，应当把创新作为制定教育发展战略和深化教育改革的重要核心价值，并在教育发展和改革的实践中去体现，包括教育制度整体存在形态的创新、教育发展机制的创新、教育活动形态的创新、教育知识及其存在形态的创新等各个方面。教育不仅要发展人的创造精神和能力，教育自身的发展也要靠创新来实现，只有把创新作为灵魂的教育，才能培养新型的创新人才。创造性培养的关键是使教育者掌握新的教育观念并在新观念指导下进行教育实践，使学校教育活动富有创造活力。

在市场经济条件下，教育科技都需要面向市场，面向服务对象，教育部门应当抓住目前中国经济发展以扩大内需为主的有利时机，寻找自身发展的机会。

代表们就积极发展高等教育的方针提出了一些建议，例如，放开多种社会力量办学，采取多种途径，加快发展高等教育；下放办学自主权，教育部门只管宏观政策；以高等教育的产业经营求发展，发展中心城市的高等职业教育，推迟就业时间，缓解就业压力。

撰稿　叶之红
审稿　张　力

〔**亚太地区“教育管理、政策和信息地区研讨会”**〕 1998年12月9日～11日，教科文亚太地区办事处在乌兹别克斯坦首都塔什干市召开了“教育管理、政策和信息地区研讨会”。中亚和东南亚十一国主管基础教育的负责人出席了会议。中国教育部也派代表与会。

研讨会的议程有3项：(1) 2000年全民教育评估；(2) 女童和妇女教育；(3) 教育早期预警系统。其中第一项和第三项内容引起与会各国的广泛重视。

关于2000年全民教育评估。1990年3月，世界150多个国家的元首、政府首脑和重要官员在泰国宗迪恩签署了著名的“全民教育宣言”。“宣言”要求2000年前，各国“要普及并完成初等教育，将成人文盲率减少至1990年水平的一半”。此次会议上，联合国教科文组织亚太地区办事处向与会者介绍了由联合国教科文组织、开发计划署、儿童基金会、人口基金和世界银行联合举办的《全民教育国际咨询论坛》通过的两个主要文件——“2000年全民教育评估大纲”和“2000年全民教育评估技术指南”，并进行了相应的培训。2000年全民教育评估是一项重要的全球性行动，它的目的是使各国对1990年宗迪恩会议以来，为实现全民教育目标取得的进展做综合分析，修订国家行动方案，加速满足基本学习需要的进程。这两个文件制定了测算和评估全民教育的18个核心指标，如毛入学率、净入学率、生师比、分年级复读率、15岁～24岁人口识字率等等。教科文组织希望各成员国参照此标准，采取积极、统一的行动来评估全民教育的进程并鼓励各国根据这些指标进行测算，采集标准化数据，作为向各国际组织提供年度统计问卷和报告的基础。

教育早期预警系统。教育预警系统概念的产生源于金融风险预警系统。该系统的主要作用是对国际、国内的金融动向进行跟踪监测，为决策者提供国家经济安全的警戒线和其他信息。亚洲金融危机爆发后，中国一些周边国家经济增长率大幅度下降，货币大幅度贬值，严重地打击了国民的信心。这些国家和地区不得不进行全面的经济调整，导致失业人数激增，从而进入了整体性的经济危机中。反映在教育上，一是教育经费被大幅度削减，二是就业市场萧条，毕业生难于就业，三是高等院校就学人数下降，学费上涨。要求建立教育风险预警系统的呼声日益强烈。教科文组织认为，现有的教育数据的收集不够客观，分析不足，信度不高，使用率低。各部门不信任教育数据，不使用数据，依靠政治决定议事日程。决策者面对紧急形势，无法及时应对危机。因此有必要建立一种预警机制对影响教育系统的危机和挑战及时作出应答。但教育早期预警系统仍应包括在现有的教育管理信息系统(EMIS)的框架范围之内。建立早期预警系统的作用是(1)阐释教育部门的规划；(2)提出高水平的咨询；(3)对影响全局与教育系统的社会和经济动荡作出现实和迅速的反应；(4)减少危机的消极影响，保护已取得的成果，争取进一步的发展。建立早期教育预警系统的思想引起各国教育决策和咨询部门的高度关注。

撰稿　周满生

审稿　张　力

〔**“21世纪初中国教育结构体系研究”进展**〕　国家“九五”哲学社会科学重大课题“21世纪初中国教育结构体系研究”，在1997年研究工作全面启动的基础上，1998年各项研究工作有较大的进展。

1998年初，课题组召开了阶段性工作会议，综合组和各子课题组的研究人员与代表

一、二、三个产业的电力、电子、建筑、铁路、冶金、金融、内贸和农业八个行业课题组的负责同志，回顾总结了建国以来人力与教育结构体系的发展变化的历史经验，交流了行业人力与教育结构现状调查的初步结果，探讨了行业未来发展趋势及其对人力与教育结构体系可能产生的影响与要求。

行业调查课题组于3月底开始，开展行业人力与教育结构典型调查和问卷调查，发放调查问卷6千余份，综合组分别到农业、建筑、电子等行业的典型企业进行个案调查，与各行业、企业的高级管理人员、高级技术人员等进行访谈，召开座谈会，撰写访谈报告。从7月份开始，综合组根据调查问卷，进行数据录入和统计整理工作，并形成了数据分析报告；并继续进行行业典型调查；同时，各行业子课题组开始撰写人力与教育结构的调查报告。

综合组和8个行业课题组在研究工作中，采用多种形式，深入研究，提出了阶段性研究报告。报告主要特点是资料比较详实，研究确立了基本的框架和思路，为课题的进一步深入奠定了基础，突出表现在以下方面：(1) 初步摸清中国不同行业、不同技术水平企业的人力结构现状，其分析大体符合中国社会主义初级阶段的基本国情。这是研究21世纪中国教育结构体系基本的出发点。通过对8个行业一些典型企业的摸底调查，对目前人力结构的现状有了比较清醒的认识。(2) 对各行业人力结构变动和教育结构调整的趋势进行了前瞻性的分析。各子课题组针对科学技术迅速发展和知识经济兴起的形势，对各行业产业结构、技术结构和人力结构已经和正在产生深远影响进行了分析，并对教育结构调整提出的挑战和要求等问题进行了探讨，这些认识虽然有深有浅，但比过去都有提高。(3) 在人力结构和教育结构体系的研究中，大家对一些问题已经达成了共识。第一，对中专和技校的关系以及发展趋势，对成人学历教育和普通教育的关系有了进一步的认识。第二，从目前的调查中了解到的行业对专门人才的需求看，高等教育发展的方针应把重点放在以提高质量上来，在发展观上注意数量规模、质量、效益和结构的统一。第三，要提高高等教育的质量，加强理论和实践的结合，适当拓宽专业面。许多行业的研究报告对培养复合型人才以及加强大学后规范化的继续教育，都提出了很好的建议。

历史比较子课题组在大量资料研究的基础上，初步形成了“我国近代学制和教育结构演变及其原因分析”，“1949年以来我国初中后学制和教育结构的历史演变和原因分析”和“我国教育结构历史演变定量分析报告”3篇研究报告，对学制与教育结构演变的过程和影响因素认真进行了分析。

教育分类子课题组在大量文献研究的基础上，于11月召开了交流会，介绍了国际最新教育分类的背景、方法、标准，初步分析了国际最新教育分类与原分类的异同以及国际最新教育分类与中国现行学制的差异，探讨了国际最新教育分类对调整中国教育结构的启示，为绘制中国的学制图打下了初步的基础。

国际比较子课题组进行了认真的资料收集工作，尤其是积累了一些初中后和高中后分流的国际比较的资料，并对各国教育结构和相关因素进行初步分析，完成了4个国家教育结构体系的国别研究报告。

课题组在进行文献分析、历史与国际比

较、人力结构与教育结构调查的同时，还认真探索了人力结构和教育结构的关系，社会需求与教育发展规律的关系，高层次专门人才的培养途径，人才的可替代性，经济发展和经济结构的变动性与专业设置、教育结构、学制系统相对稳定统一等一系列理论问题，为研究报告的最终完成打下了较好的基础。

撰稿 诸 平 管西亮
审稿 郝克明

〔亚欧高校交流论坛和亚欧官员对话〕 1998 年 3 月 16 日～19 日在马来西亚首都吉隆坡举行了“亚欧高校交流论坛”和“亚欧官员对话”。

根据 1996 年 3 月在泰国曼谷召开的首次亚欧首脑会议上发表的亚欧会议主席声明，亚欧国家除了在政治、经济领域促进对话之外，还将支持加强亚欧大学之间的合作，以促进学生和学者的互访和交流，加强对亚欧两个地区的文化、历史和经济传统的相互了解。为此，1997 年 1 月在意大利的罗马和那布勒斯举办了“欧亚高校交流论坛”。此次“亚欧高校交流论坛”和“亚欧官员对话”就是“欧亚高校交流论坛”的延续和对等活动。参加这两个会议的代表有来自欧盟 15 国、东盟 7 国以及中国、日本、韩国等国教育部和外交部的特使以及有关大学和研究机构的负责人和学者。

会议包括 4 项议题：（1）弥补亚欧学术交流的缺陷；（2）加强和促进亚欧高等教育和大学管理的国际化；（3）在全球化背景中促进远距离教学；（4）促进欧洲的当代亚洲研究和亚洲的从历史和跨文化角度的欧洲研究。

与会者普遍认为，欧洲与亚洲国家之间的高校交流，与美国、加拿大、澳大利亚等国的高校交流相比，存在严重的不平衡。据欧盟统计，亚洲赴欧洲和美国的留学生和学者的比例为 1 比 5，而且过分集中于科技等专业领域。造成这一状况的主要原因是：（1）亚洲缺乏欧洲高校课程及科研方面的信息；（2）欧亚高教体系及教育模式之间的差异；（3）学历无法得到相互承认；（4）缺少经费资助；（5）语言障碍（尤其是英语之外的其他欧洲语言）和文化差异。从亚欧国家的切身利益出发，留学生和学者的派遣与高校校际交流应该有更多的选择，而避免局限于某一超级大国。在意见趋于一致的基础上，两洲代表认为，为改善这种状况，应采取一些必要的措施，加强亚欧高校实质上的联系。这些措施包括：加强学生和教师的派遣与交换，开展更多的合作培训项目，在所有大学开设相关的共同课程，学分相互承认和学位认可，采用多媒体，国际互联网络和视频会议等手段来加强大学间的联系。

在“亚欧官员对话”中，马来西亚政府提出了建立亚欧大学中心（Asia Europe University Center——简称 AEUNIC）的建议。拟议中的亚欧大学中心的任务和职责包括：（1）开设灵活的欧亚研究博士生课程；（2）采用综合的评价方式加强高等教育的质量管理；（3）对跨国的课程、学分、学位进行资格认可；（4）最大限度地利用现有教育网络，设立信息库；（5）在国家间传播和分享知识，促进国际合作。马来西亚希望该中心设在吉隆坡的马来亚大学，建议欧亚首脑会议委任一些杰出人士组成理事会。该提议在亚欧官员对话中原则上获得通过，并同意提交给 4 月 2 日在英国伦敦召开的第二次亚欧首脑会议上讨论。

1998年4月4日，第二届亚欧首脑会议通过的《最后声明要点》中宣布："各国领导人欢迎在吉隆坡的马来西亚大学成立亚欧中心"。"亚欧大学中心"已经得到亚欧首脑会议的首肯，但究竟如何运做，还有漫长的路要走。该中心的筹备成立，预示着亚欧高等教育的交流与合作将迈上一个新的台阶。

撰稿 周满生

审稿 张 力

高校社会科学发展研究

〔综述〕 1998年，教育部高等学校社会科学发展研究中心(以下简称"社科中心")继续在国家教育行政部门与高校专家学者之间发挥桥梁和纽带的作用，工作主要集中在以下几个方面：(1)继续推动教育系统对邓小平理论的学习、研究和宣传，编写完成《邓小平教育理论学习纲要》，开展纪念党的十一届三中全会20周年理论研讨活动，不断拓展邓小平理论研究和宣传的深度和广度。(2)以马克思列宁主义、毛泽东思想和邓小平理论为指导，坚持"二为"方向和"双百"方针，响应党中央兴起学习邓小平理论新高潮的号召，做好《高校理论战线》杂志的办刊工作。(3)团结高校学者，发挥联系高校学者的纽带作用，组织课题组开展对哲学社会科学领域重大理论与实际问题的研究，开展经常性的跨学科、跨学校的学术交流活动，编撰学术简报。

1998年，教育部邓小平理论研究中心(以下简称"理论中心")主要开展了以下工作：(1)编写完成了《邓小平教育理论学习纲要》(以下简称《纲要》)，开展了《纲要》的学习和宣传活动。为配合《纲要》的学习，组织编写了《〈邓小平教育理论学习纲要〉辅导》，制作了学习《纲要》的辅导讲座录像带，组织召开学习《纲要》座谈会，并组织《纲要》编写组成员宣讲《纲要》。先后三次举办邓小平教育理论学习研讨班，来自全国200多所高校的近400名高校党政干部、理论课教师参加了学习。(2)纪念党的十一届三中全会20周年。5月，理论中心发出召开全国高校纪念党的十一届三中全会20周年理论研讨会的通知。8月，组建了论文评审组，召开论文评审会，评出参加研讨会的82篇论文。9月22日～24日，全国高校纪念党的十一届三中全会20周年理论研讨会在北京举行。教育部部长陈至立、副部长张天保分别出席了会议的开幕式和闭幕式，并发表讲话。会议代表围绕党的十一届三中全会以来中国政治、经济、文化、教育改革和发展中的重大理论和实践问题，进行了广泛、深入的探讨。12月，高校纪念党的十一届三中全会20周年研讨会论文集《在邓小平理论旗帜下》出版。此外，理论中心还开展了其他工作：组织撰写“有中国特色社会主义论丛”，计划于1999年出版；编辑出版了《用科学的理论武装人》(第二集)、《高扬旗帜在学府——高校邓小平理论研究基地经验交流》；举办学习邓小平理论和十五大精神高级讲习班；召开了学习《中共中央关于在全党深入学习邓小平理论的通知》和江泽民同志《在学习邓小平理论工作会议上的讲话》的座谈会。

〔**课题研究**〕 1998年，“西方经济学与我国经济体制改革”课题继续关注国有企业改革，赴山西、河南、浙江、内蒙古等地进行调查研究；针对一些地方出现的出售小企业成风的错误倾向，召开多次研讨会对其原因和危害进行分析，并向有关部门提出对策建议；结合亚洲金融危机，就经济全球化特别是金融全球化问题召开多次研讨会，分析经济全球化的实质及中国应采取的对策。

“苏联演变进程中的意识形态研究”课题于5月26日～27日召开“赫鲁晓夫以后特别是戈尔巴乔夫以来苏联、俄罗斯的经济改革与意识形态”大型学术研讨会，分析苏联、俄罗斯经济改革的人道主义哲学基础、西方新自由主义经济学的影响，以及俄罗斯私有化政策与实践。

“教育部高校社会主义理论与国外动态研究”课题于9月22日～23日召开“世界社会主义理论研究的新观点和新动向”大型学术研讨会，研讨苏联东欧剧变后各国共产党对社会主义的本质、特征与前途的认识和对马克思主义所作的理论思考。

“中国古代灿烂文化的研究和宣传”课题第一阶段工作已完成。1997年10月李岚清同志邀请在京高校6名教授座谈提出了这项任务，教育部党组确定由社科中心具体承担这项工作。一年来，课题组组织撰写并完成了6篇重点文章，其中3篇已陆续在《高校理论战线》刊出。

“建设有中国特色社会主义文化研究”课题在以往工作的基础上讨论、完成《有中国特色社会主义文化建设》的写作提纲，落实了写作计划。

“学校美育理论与实践研究”课题编写出版了《中国古代音乐教育》和《美国音乐教育概况》；“学校艺术教育实践研究”课题落实了23个专题，将推出“学校艺术教育实践研究丛书”14种；“艺术教育数据库管理系统”的第一版基本开发完成，容纳约1000条数据、300万字。

“法学热点问题研究”课题组召开多次研讨会，就修改宪法等问题进行深入研讨。“中国革命传统道德”课题的丛书编撰工作正式启动，并拟定了编写大纲，开始着手编撰工作。

〔**对外学术交流**〕 社科中心会同中国人民大学道德科学研究院，与英国威尔士大学开展了“传统文化与青少年品德教育”国际学术交流系列活动。

4月19日～22日，“传统文化与21世纪人才培养”国际学术交流活动在北京举行，来自中国、英国、瑞典、日本等国的数十名学者参加。《光明日报》、《中国青年报》、《中国教育报》、《北京日报》、《高校理论战线》杂志和中央人民广播电台教育节目、理论节目均给予报道。

会后，作为国际学术交流成果的《面向新

世纪的品德素质教育——中外学者纵论传统文化与青少年品德教育》编写出版。

〔**办刊工作**〕 1998年,《高校理论战线》杂志立足高校,面向全国,紧密联系当代世界现实和建设有中国特色社会主义的实践,反应高校理论研究和教学的最新动向,致力于哲学社会科学的繁荣和发展,为高校理论教学和科研服务。响应党中央兴起学习邓小平理论新高潮的号召,结合纪念真理标准问题讨论、十一届三中全会召开20周年、纪念周恩来同志诞辰100周年、纪念刘少奇同志诞辰100周年等重要活动,发表了一批有广泛影响的重要文章。设有"书记校长谈高校改革与发展"、"高校工作研究"、"学习研究邓小平理论"、"高校德育建设"、"学科建设"、"两课教学与改革"、"史海钩沉"、"经济理论研讨"、"中国古代灿烂文化"、"中国近代史研究"、"改革开放与人生价值观"、"国际论坛"、"人权论坛"、"马克思主义经典著作研读"、"传统文化与现代化"、"读书与评论"、"文艺评论"、"探索与争鸣"、"社科动态"、"高校文科学报文摘"等栏目。1998年,《高校理论战线》12期共发表200多篇文章,计120多万字。

撰稿　冯　琳

审稿　田心铭

中央教育科学研究所

〔**中央教科所庆祝重建20周年**〕 1998年10月19日，是中央教育科学研究所经国务院批准重建20周年纪念日，中央教科所举办了以"贯彻十五大精神，高举邓小平理论旗帜，进一步发展教育科研事业"为主题的纪念研讨会。教育部副部长吕福源出席了纪念研讨会，并在讲话中指出，教育科研只有紧密结合社会经济发展的全局，才能找到生存的位置和发展的空间，才能受到教育行政部门和广大教育实践工作者的足够重视。随着科教兴国战略的实施，教育行政部门和广大教育工作者对教育科研的需求将更加迫切，使教育科研具备了进一步发展的基础。同时，教育科研长期未能解决的问题和困难也会变得更加突出。对于这些问题和困难，教育部将按照正确处理改革、发展和稳定关系的思路，积极加以研究，逐步予以解决。中央教科所所长阎立钦在研讨会上作了题为《面向21世纪，搞好教育科研，为科教兴国的千秋伟业作贡献》的报告。中央教科所于1957年1月成立，"文化大革命"中被撤销，1978年经国务院批准重建。20年来，它始终围绕建立有中国特色的社会主义教育体系这个中心，着重研究中国教育发展和改革中的重大理论问题和实际问题，以宏观应用性研究为主，同时重视基础理论研究，加强学科建设，积极为社会主义现代化建设服务，为教育决策服务，为教改实践服务，为繁荣教育科学服务，作出了重要贡献。

来自北京、上海、天津等30余个教科所(院)以及东北师范大学、华中师范大学、陕西师范大学、南京师范大学的代表出席了纪念研讨会；一些地市教委和企业界的代表及国际上的同行也出席了所庆活动。与会代表认为，随着科教兴国战略的实施，教育科研面临良好的发展形势，但也存在问题和困难。主要表现为：教育科研工作在一些地方还没有受到各级政府和教育行政部门的真正重视，教育科研体制不顺、投入不足、队伍不稳、管理不力，教育科研地位得不到落实，作用难以充分发挥。在个别地方和单位甚至出现了教育科研工作日渐萎缩，机构处于进退维艰的窘境。中央和地方教育科研机构、广大教育科研工作者迫切希望这种状况能尽快得到改变，使中国的教育科研事业更加适应教育改革与发展的需要，为教育战线落实科教兴国战略作出应有的贡献。

〔中国教育信息资源网开通〕 为推动中国教育现代化、信息化的进程，更好地为教育决策、教育科研服务，中央教科所教育信息研究中心以教育部“九五”重点课题“教育信息资源的优化配置与高效开发”研究为龙头，组织协调全国各学科专家、教育科研机构和产业部门合作组建了“中国教育信息资源网”(含中国教育信息网导航台和中国教育教学网)，以促进中国教育领域内各专业资源局域网络优势互补、强强相联，实现教育信息资源的优选与共享。1998年5月14日，“中国教育信息资源网”开通仪式在中央教科所举行。中央教科所所长阎立钦在发言中说，中央教科所在各界人士的支持下，初步建成并开通了中国教育信息资源网，希望大家都来关心支持这一网络的建设，使之逐步发挥应有的效益。

1998年，中国教育信息资源网设置了教育新闻、政策信息、理论动态、学者论坛、素质教育、教学园地、校长春秋、教师之友、班主任天地、考试热线、民办教育、域外传真、热点透视、网络世界等栏目。

撰稿　华国栋

审稿　阎立钦

中国教育学会

〔开展学术研究活动〕 1998年，中国教育学会开展了形式多样的学术活动，主要包括：

一、认真学习、研究和宣传邓小平理论

1. 在《中共中央关于在全党深入学习邓小平理论的通知》下达后，中国教育学会召开在京常务理事扩大会，学习中央通知精神和江泽民同志在学习邓小平理论工作会议上的讲话，研究学会系统如何在学习邓小平理论新高潮中发挥作用。同时，印发了《关于组织学会干部、会员认真学习邓小平理论的通知》，强调在学会系统兴起学习、研究和宣传邓小平理论的新高潮是当前学会工作的首要任务。要求广大会员和教育工作者认真学习邓小平理论，完整、准确地掌握邓小平理论的科学体系和精神实质，学习邓小平同志运用马克思主义立场、观点和方法，解决中国社会主义事业发展的新情况和新问题的科学态度和创新精神，大力弘扬理论联系实际的学风。要重视加强邓小平理论的研究和宣传工作。在群众性学术活动中，要坚持以邓小平理论为指导，保证学术研究的正确方向。在《邓小平教育理论学习纲要》出版后，又举办了邓小平教育理论培训班，为学会系统学习邓小平理论培训骨干，收到良好效果。

2. “教育要面向现代化、面向世界、面向未来”是邓小平同志对中国社会主义教育提出的总体要求，是中国教育改革和发展的战略指导方针，也是邓小平教育理论思想的核心。1998 年 9 月 16 日，中国教育学会与北京市教育学会、北京景山学校联合召开首都教育界纪念邓小平“三个面向”题词发表 15 周年大会，总结 15 年来在“三个面向”指引下，中国教育改革和发展取得的巨大成就和丰富经验，进一步学习、领会“三个面向”的精神实质和深刻含义，更高地举起“三个面向”的旗帜，把中国的教育事业全面推向 21 世纪。全国人大常委会委员长李鹏为纪念会题词，全国政协主席李瑞环向纪念会发了贺信。全国人大常委会副委员长彭珮云、全国政协副主席孙孚凌出席了纪念会。

3. 学会各分支机构及各省、市学会十分重视邓小平理论的学习，采用不同形式开展了学习、研究和宣传活动。如教育基本理论专业委员会在第六届年会上围绕邓小平教育理论以及中国社会主义现代化与教育改革的深化问题开展了专题研讨。武汉市教育学会组织了两次邓小平理论学习专题报告会。江苏省教育学会对学习进行了全面部署，并编印了有关学习材料。

二、承办全国教育系统纪念党的十一届三中全会 20 周年学术研讨会

受教育部委托，11 月 26 日～27 日，中国教育学会与中国高等教育学会共同承办召开了全国教育系统纪念党的十一届三中全会 20 周年学术研讨会。教育部部长陈至立出席会议开幕式并作了题为《高举邓小平理论伟大旗帜，不断开创教育工作新局面》的重要讲话。会议全面回顾和总结了党的十一届三中全会以来，在邓小平理论指引下，全国教育系统在深化教育改革和推进教育事业发展等方面所取得的成就和实践经验，展示了教育科学理论发展的成果，深入探讨了面向 21 世纪建设有中国特色社会主义教育体系的若干重大理论问题和实际问题。来自全国教育系统代表 400 多人出席了开幕式。会议收到论文 69 篇，编辑出版了论文集。

三、推动教改实验和学术研究，促进素质教育的实施

1. 为促进素质教育的实施，中国教育学会自 1997 年 12 月开始对 10 多年来教育、教学改革中涌现的若干典型经验和模式进行总结、研究和宣传、推广。1998 年，此项工作已全面展开。如最先开展“愉快教育”实验

的7所学校于5月召开了愉快教育与素质教育研讨会，对7校愉快教育经验进行进一步总结和提高，11月又召开了愉快教育实验理论研讨会。参与“和谐教育”实验的20多所中小学校在1月召开了和谐教育实验工作汇报会，6月召开了和谐教育研讨会。12月，中国教育学会与中国发明学会中小学创造教育分会和天津市教科院联合召开了中小学创造教育典型经验研讨会。教学论专业委员会及“主体教育”课题组在12月召开了主体教育理论与实验学术年会。小学语文教学专业委员会举办了情境教育培训班和教学观摩会。通过以上活动，促进了中小学教师、校长思想观念的转变与更新。

2. 各分会、专业委员会和省市学会都结合本学科、本地方的实际，围绕课堂教学的改革，开展了丰富多彩的活动，推动素质教育的实施。如历史教学专业委员会以“推进我国基础教育历史课程的素质教育”为主题召开了学术年会；语文教学法专业委员会举办了中小学语文课程素质教育教学演示会；化学教学专业委员会举办了以“化学实验教学与素质教育”为主题的学术年会；福建省教育学会召开了全省第二次素质教育理论与实践研讨会；企事业教育分会召开了中小学素质教育经验交流会。中学语文教学专业委员会针对社会传媒对语文教育的批评，与有关单位联合召开了语文教学座谈会，对引导人们全面、客观地认识语文教学的现状发挥了积极作用。此外，教育学分会、中学德育专业委员会等都针对本学科的现状与问题，开展了形式多样的学术活动。

3. 根据教育改革和实际工作的需要，进行专题研究及其他形式的活动。(1) 与南宁市政府联合召开'98中国学生用品产业发展与提高学生素质研讨会。研讨学生用品市场存在的问题与产业的进一步发展。(2) 中青年教育理论工作者专业委员会面向实际，以社会转型期的基础教育改革为题召开了学术年会。基础教育的体制改革、课程改革与如何提高教师素质是研讨会关注的热点。(3)成立了中国教育学会国际青少年生命树中心。全国人大常委会副委员长彭珮云、教育部部长陈至立为中心题词。该组织将采取多种形式，通过多种渠道，发动各地中小学师生积极参与种树护树活动。(4) 与教育部关工委、光明日报社等单位联合举办华人少年作文比赛，有十几个国家和地区的华人少年约50万人参赛。

此外，中国教育学会与广西壮族自治区政协共同举办了教育家雷沛鸿诞辰110周年纪念会。教育史专业委员会举办了雷沛鸿教育思想第七次学术研讨会；广东省教育学会召开了广东教育现代化学术研讨会；黑龙江省教育学会召开了以素质教育与教师队伍建设为主题的第十六次学术讨论会。

4. 根据素质教育需要，开展师资培训工作。(1) 中国教育学会将扶贫列入工作计划，暑期与北京中教信巨艺文化教育有限公司联合为青海、宁夏两省、区培训中学语文、数学、外语教师300余人。考虑到贫困地区的实际困难，北京中教信巨艺文化教育有限公司出资10万元，为学员解决了食宿及授课教师所需的一切费用。(2) 暑期，在京举办了全国素质教育师资培训班。培训内容为中学语文、中学数学、小学语文、小学数学四科。培训班分别邀请了全国著名的教育专家、特级教师授课。参加培训的人员来自全国各地的教师、教研员、教育行政干部，不少企业办的学校也派教师参加了这次培训班。(3)暑期，中国教育学会华茂培训中心举办首届教育行政干部与教师培训班，主题是深入学习邓小平教育与生产劳动相结合的理论，与会同志就教育与生产劳动相结合的理论与实践展开了研讨。

四、推动群众性的教育科研活动

1. 抓好“九五”课题的落实工作。(1) 召开“九五”课题进展情况汇报会。部分课题组的负责同志就本课题的进展情况、下一步计划和研究过程中存在的问题在会上作了交流。从课题研究的进展情况看，大体可分为三类：一是已研究整理出阶段性研究成果，如复式教学专业委员会承担的“复式教学改革与社区建设实验研究”、福建省教育学会承担的“高等师范学校学生为基础教育服务研究”、西安市户县承担的“建立农村中小学素质教育评估制度的研究”、大连市教育学会承担的“架设起通向21世纪的教育立交桥——教育信息资源的充分开发与高效利用”、广西教育学会承担的“中华民族传统美德教育实验研究”等。二是课题已进入后期的总结、整理阶段，如哈尔滨市教育学会承担的“教师职业道德教育的研究与实验”、地理教学专业委员会承担的“学校地理学科能力结构与能力培养的研究”、浙江省教育学会承担的“东南沿海地区小学道德启蒙教育及小学生品德心理研究”、沈阳市教育学会承担的“家庭教育与中小学素质教育衔接研究”等。三是有的课题正在深入研究与实验过程中。(2) 继续资助部分课题的研究工作。1997 年中国教育学会利用华港集团总裁梁浩之赞助设立的“东方教育科研基金”扶助了29项课题的研究和1部学术著作的出版；1998 年又资助了10项课题研究。

2. 开展评选、评奖活动，展示教育科研成果。福建省教育学会受省教委的委托，组织了福建省第六次基础教育科学研究优秀论文评选活动，收到论文 3 900 余篇；河北省教委、教育学会举办教育科研成果评选活动，从各地和省属专业委员会报送的 1 051 项初评成果中评出一等奖 25 项，二等奖 176 项，三等奖 507 项；四川省教育学会承办了省教委举办的四川省第八次普教科研成果评奖活动，从 863 项申报成果中，评出一等奖 8 项，二等奖 20 项，三等奖 69 项，提名奖 34 项；成都市教育学会与市教委联合举办了成都市第七届普教优秀科学成果评奖活动，从参评的 648 项成果中，评出一等奖 2 项，二等奖 16 项，三等奖 76 项，另有 96 项获纪念奖；拉萨市教育学会进行优秀论文评选活动，在收到的 510 篇论文中，评选出一等奖 3 篇，二等奖 8 篇，三等奖 10 篇，并在《拉萨教育》杂志上发表了部分优秀论文。沈阳市教育学会也开展了一年一度的优秀论文评选活动。

〔**办好学术刊物**〕 理论刊物专业委员会召开如何进一步提高刊物质量的学术年会，就进一步解放思想、明确刊物定位、提高质量意识、促进教育科研成果转化等问题进行研讨。

办好《中国教育学刊》。一年来，《学刊》对邓小平理论的学习、党的十一届三中全会召开 20 周年、小平同志“三个面向”发表 15 周年作了重点宣传和报道；继续围绕素质教育、教育现代化、教育观念的转变等问题开展深入研讨，对知识经济与教育的关系问题做了初步探讨；继续关注教育热点问题，如遏制教育投入指标下滑、薄弱学校建设、民办教育、择校生问题等。因办刊过程中注意了理论导向、学术水平，又注意了面向基层、面向实际，因此深受广大读者的欢迎。

〔**开展对外和对港澳台学术交流**〕 1998年，中国教育学会加强了对台教育的交流与访问。10月，应台湾海峡两岸教育文化交流筹备委员会邀请，组织重点中学校长赴台访问团一行19人对台进行了访问与交流。在台期间，先后访问了8所普通高中和职业高中，在高雄和台北分别举办了两次教育座谈会，就面向21世纪中等教育的目标、体制、招生、课程、管理等共同关心的问题进行了交流。11月，应中国教育学会的邀请，台湾地区教师校长教育交流团一行22人访问北京、南京、杭州和上海。

10月下旬，中国教育学会与中国教育国际交流协会在京联合举办'98中等教育国际研讨会，研讨了中等教育的培养目标，校长、教师队伍建设及现代化教学手段等问题。

此外，各分支机构和各省市学会也根据自己的实际，以不同方式开展了对外和对港澳台的学术交流活动。如：比较教育分会举办了亚洲比较教育学会第二届年会；沈阳市教育学会于3月举行报告会，邀请美籍华人、美国阿巴拉契亚大学技术教育学院院长蓝敏慧教授做了教育改革与职业技术教育的报告；8月，外语教学专业委员会和日本国际文化交流中心联合举办了第三届中学日语教师研修会；9月，应美国跨文化交流中心的邀请，广西教育学会组团赴美进行教育考察；陕西省教育学会、云南省教育学会于4月和12月分别应台湾海峡两岸教育文化交流筹备委员会邀请赴台进行了访问与交流。

撰稿 赵闾先

审稿 郭永福

中国高等教育学会

〔**学术研究和交流活动**〕 1998年，中国高等教育学会及所属团体会员，配合各级教育行政部门，围绕高等教育改革与发展中的重大理论和实践问题，积极进行理论研究和实践探索，开展了一系列群众性的学术研究活动。在坚持学会一贯倡导的学术社团的活动要突出“学术性”和“群众性”的基础上，更加突出了“服务性”，即更加强调学术研究活动要为高等教育的改革与发展服务；更加重视高教科研成果的推广、应用工作；更加注重为教育决策机构提供咨询服务。

11月26日～27日，中国高等教育学会受教育部委托，与中国教育学会共同承办了全国教育系统纪念党的十一届三中全会召开20周年学术研讨会。会议回顾和总结了党的十一届三中全会以来，在邓小平理论指引下，全国教育系统在深化教育改革和推进教育事业发展等方面取得的成就和经验，展示了教育科学理论发展的成果，探讨了面向21世纪建设有中国特色社会主义教育体系中的若干重大理论问题和实践问题。教育部部长陈至立出席开幕式并作了题为《高举邓小平理论伟大旗帜，不断开创教育工作新局面》的讲话。中国高等教育学会会长何东昌在大会发言中阐述了20年来在邓小平理论指导下，中国教育思想发生的深刻变化。由中国高等教育学会组织推荐的潘懋元教授的《改革开放20年来高等教育研究的成就与展望》、北京大学党委书记任彦申的《关键在于指导思想的历史性飞跃》等16篇大会发言，既有理论深度，又不乏实践指导意义，在高教界引起较大反响。北京、上海、广州、江苏、四川、黑龙江等省、市高等教育学会，也都围绕党的十一届三中全会召开20周年，举行了一系列纪念活动。

9月25日，中国高等教育学会与清华大学联合召开纪念蒋南翔同志诞辰85周年学术研讨会。与会代表就蒋南翔同志的教育思想与教育实践展开了探讨，对蒋南翔同志为建设有中国特色的社会主义教育事业和清华大学的发展所做出的卓越贡献，给予了高度评价。全国人大常委会副委员长彭珮云在会上作了题为《学习蒋南翔同志教育思想》的发言。会后，中国高等教育学会与清华大学协作编辑出版了《蒋南翔教育思想研究与实践》一书。

8月28日，高等工程教育研究会在燕山大学召开以“面向经济建设，提高工程教育质量”为主题的学术研讨会。会议期间代表们就“国家经济与管理体制改革中的院校改革”，“新专业目录下的培养计划的制定”，“产学研合作教育与企校联合教育”，“工科院校教师队伍的现状与对策”等问题展开了讨论，并针对目前全国院校工程教育总规模已基本满足经济发展的需要，但在教育结构与质量方面仍不适应这一突出矛盾进行了探讨，提出了一些有价值、切实可行的改革方案，受到有关部门的重视。

教育发展战略研究会的学术活动密切结合学习与领会十五大报告精神，围绕当前教育界所普遍关注的教育思想与教育实践中的重大问题，进行了广泛研讨，并把研讨的重点放在教育决策咨询上。先后于1月和10月，在上海、北京召开了教育改革与发展专题研讨会。在1月的研讨会上，代表们就社会主义初级阶段的基本特征和教育的主要矛盾，教育面临的机遇与挑战，教育产业问题、市场问题，教育改革与发展的速度规模与布局结构等问题，多方面、多视角地进行了研讨，就教育机制转变和教育体制改革等问题交换了意见，提出了建议。10月，发展战略研究会围绕“科教兴国与跨世纪教育”召开研讨会。会议就科教兴国中教育改革与发展思路、教育结构体系、创新人才培养等重大现实问题进行了探讨。教育部部长陈至立出席会议并讲话。

〔国际交流与协作〕 中国高等教育学会在注重加强国内各学术团体的交流与协作的基础上，遵照邓小平同志“三个面向”指示，不断拓宽渠道，积极开展国际间的学术交流活动。如高校实验室工作研究会为促进中国高等学校计算机应用与网络事业的发展，积极学习了解美国、香港地区高校在计算机教育、管理、信息技术方面的研究与应用情况，加强中国高校与外国企业的联系，与美国

SUN 公司合作，举办了中国教育及科研计算机应用网络研讨大会。高校保卫学研究会赴美参加“国际校园执法者协会第 39 届年会”。中国高等教育学会 9 月接待了日本国际比较教育考察团，双方就共同关心的“面向 21 世纪，培养创新人才”，“加强国际间高等教育的交流与合作”等问题交换了意见。

〔**为教育行政部门服务**〕 中国高等教育学会及团体会员充分发挥拥有一大批专家、学者的优势，积极开展教育决策咨询研究，承担专项调查研究，参与部分重要文件的草拟，为教育行政部门出谋划策、提供服务。如：黑龙江省高教学会承担了对 7 省市 30 多所高校的调研任务，并先后完成了近 3 万字的调查报告；江西省高教学会主持全省的高教评估工作；青海省高教学会受省教委委托负责起草了《青海省高等学校教材工作评估办法》及《教材工作评估指标体系》等重要文件。四川省高教学会、美育研究会、高校保卫学研究会则分别举办了高校人事管理培训班、美育教师培训班、高校政保干部培训班等等。为推动高教战线认真学习，宣传贯彻《高等教育法》，中国高等教育学会受教育部高教司委托，在北京、桂林、深圳举办了“《高等教育法》与高等教育改革研讨班”。

〔**提高办刊质量**〕 中国高等教育学会办有会刊《中国高教研究》。1998 年，《中国高教研究》杂志坚持正确的政治方向和理论导向，贯彻执行党的十五大精神，积极宣传科教兴国和可持续发展战略，围绕如何在教育领域兴起学习邓小平理论新高潮、知识经济与高等教育改革、如何实现高等教育的两个重要转变、培养创新人材、认真学习宣传贯彻《高等教育法》等一系列重大现实问题和理论问题，发表了一批有质量的学术论文与调查报告。一些重点文章被各大报刊转载，在高教界产生了较大的反响，《中国高教研究》杂志的办刊质量不断提高。1998 年，编辑部还创办了《教育科研参考》，为教育界提供了一个小范围、高层次的理论探讨和学术交流的园地，受到读者的欢迎。

撰稿　王小梅

审稿　罗宏述

教育报刊

中国教育报刊社

〔概述〕1998年中国教育报刊社全体干部、职工认真学习党的十五大精神，高举邓小平理论的伟大旗帜，坚持正确的舆论导向，围绕全党、全国工作大局和教育部党组的工作部署，圆满完成了全年的宣传报道任务；社内党的建设和精神文明建设进一步加强，报刊社的经济效益和社会效益明显提高。

〔围绕全党全国工作大局做好宣传工作〕一报三刊的宣传工作围绕全党全国工作大局展开，不同阶段突出不同的宣传重点。

"两会"的宣传。1998年第一季度的宣传工作围绕"两会"进行。第九届全国人民代表大会和第九届全国政协会议，是一次换届大会，引起了全国人民和国际社会的普遍关注。报刊社认真研究部署，增加报道力量，《中国教育报》上会记者是历年来最多的，《神州学人》杂志首次派记者参加。与往年对"两会"的报道相比，1998年一报三刊对"两会"的报道不仅发稿量大，深度增加，而且形式多样，栏目丰富，图文并茂，社会反响好。另外，报刊社根据教育部党组书记陈至立在1998年中国教育报刊社宣传工作会上讲话的精神，为参加"两会"的代表、委员赠订6 148份《中国教育报》。会议期间，报纸通过20个邮局送到24个"两会"驻点的每位代表、委员手中。

贯彻党的十五大精神和宣传邓小平理论。《中国教育报》一方面充分宣传报道了各地教育行政部门和各级各类学校落实十五大精神的好做法好经验；另一方面发表了多篇阐述党的十五大精神和邓小平理论的文章，把整个教育系统的思想统一到十五大精神上来，把教育战线广大师生的力量凝聚到实现十五大确定的各项任务上来。《人民教育》第1、2、3期和第7～8期合刊，登载了教育部长陈至立《学习十五大精神，加快教育改革和发展》等文章。《中国高等教育》除在总体宣传上注重贯彻十五大精神外，还开辟"学习、宣传、贯彻十五大精神"专栏，每期都发表两三篇专题文章。在策划、实施对邓小平教育理论宣传方面，"一报三刊"联合发表社论《认真学好邓小平教育理论》。《中国教育报》发表了多篇重头报道，配发特约评论员文章，并及时发表中央、教育部领导的多篇重要讲话、学习体会、指导性文章；《人民教育》发表了柳斌同志文章《以邓小平教育理论为指导扎扎实实推进素质教育》；《中国高等教育》则结合教育思想观念改革大讨论，开辟专栏宣传邓小平教育理论。

北京大学百年校庆的宣传。《中国教育报》、《中国高等教育》、《神州学人》对于北京大学百年校庆的报道，很好地配合了中央和教育部的有关部署。校庆后，围绕宣传江泽民总书记的讲话精神发表了一系列文章。《神州学人》为迎接知识经济时代的到来，把全国青年的政治热情引导到实施科教兴国战略上来，在第8期发表了陈至立部长《知识经济和人才培养》一文。

抗洪精神的宣传。1998年我国发生特大洪水，中国教育报先后派出9名记者奔赴灾情最严重的湖北、湖南、安徽、黑龙江、江西、吉林等省，他们发回大量报道，反映教育工作者及广大师生抗洪抢险的英雄事迹，并为兄弟新闻单位提供了一批图片。《人民教育》、《中国高等教育》也突击采写了一批抗洪抢险的综合报道和抗洪救灾先进教师事迹的报道。

纪念十一届三中全会和改革开放20周年的宣传。1998年是党的十一届三中全会召开20周年，也是改革开放20周年。从6月份开始，《中国教育报》陆续发表12篇系列综述、8篇言论，全面反映20年来教育事业的伟大成就和经验；以此为主线，新闻版、专刊版相互呼应，形成了丰富多采的宣传战役。《人民教育》刊登了陈至立部长《改革开放20年的我国教育》和教育部《坚持以实践为标准，推动教育改革和发展》两篇重头文章。《中国高等教育》开辟专栏，着重宣传高教战线20年的成就和经验。《神州学人》6～9期，分别刊登了教育部副部长韦钰、原副部长李琦及中科院等单位和人士的纪念文章。

〔**为教育改革和发展创造良好舆论环境**〕

1998年，“一报三刊”配合教育部的工作部署，发挥各自的优势，为推动教育改革和发展做了大量的宣传工作。

《中国教育报》围绕“两基”这一“重中之重”，推出了“国家贫困地区义务教育工程”系列报道，持续一年，共发稿40篇，受到教育部领导和主管部门的肯定。

《人民教育》坚持正确导向，紧紧抓住素质教育的宣传，刊发各基层单位创造的新鲜经验，加大典型报道的力度。如成都12中开展心理素质教育的经验、湖南长沙9中培养学生创新素质的经验，7～8期合刊推出《实施素质教育，优化教学过程经验集萃》，编辑出版了《素质教育的理论研究与实践探索》丛书，与中央电视台联合制作了五集特别节目——“98《人民教育》素质教育专辑”，还开设了“语文教育世纪谈”专栏，对语文教改进行正确的舆论引导。

《中国高等教育》抓住1998年高教改革发展的重点——高教管理体制改革、教学改革、高等教育法的宣传、“两课”改革和“三进”工作的宣传、教育思想观念改革大讨论等，及时根据形势发展，发挥正确的舆论导向作用。

《神州学人》结合国家及教育部全年留学工作计划，重点宣传了教育部实施的“春晖计划”和留学人员创业园。大力宣传留学回国人员的工作业绩，倡导在外留学人员回国讲学、联合科研、引进项目和资金、提供信息服务和技术咨询，鼓励在外留学人员长期或短期回国工作，吸引他们以多种方式为祖国现代化建设积极做出贡献。

〔**中国教育新闻代表团访美**〕 在中国记

协支持下，由中国教育记协首次组织“中国教育新闻代表团”一行15人，于1998年5月31日～6月16日赴美国进行访问和交流，这也是中国第一次组织教育新闻代表团出国考察。在美期间，代表团先后到《洛杉矶时报》、《华盛顿邮报》、《波士顿环球报》，美联社、合众国际社，密苏里大学哥伦比亚新闻学院、哈佛大学埃默森新闻学院、哥伦比亚大学新闻研究生院，全美教育委员会、美中关系全国委员会进行访问、考察，并就新闻自由与新闻工作者的社会责任感、国际互联网出现后报纸发展的趋向以及商业化对新闻事业的影响三个问题进行了交流、探讨。

撰稿 王金重

审稿 刘川生 刘堂江

中国教育报

〔**做好重点宣传工作**〕 中国教育报1998年的宣传工作是围绕全党全国工作大局、教育部的工作部署展开的。主要内容有：“两会”的宣传报道，北京大学百年校庆的报道，邓小平理论学习纲要的宣传，抗洪抢险、抗灾复学的报道，纪念党的十一届三中全会和改革开放20周年的宣传等。在全年的宣传工作中，既分阶段突出了不同的主题，掀起不同的宣传高潮，又互相呼应，带动全年的教育改革发展宣传。

中国教育报1998年对两会的宣传报道与往年相比有显著进步。一是报道量增大，会议期间，共刊发教育报记者的稿件120多篇(幅)；二是形式多样，栏目丰富，图文并举；三是深度增加，相当一些阐述代表、委员独到见解的报道，引起良好的社会反响。

宣传十五大精神和邓小平理论。中国教育报及时宣传报道各地教育行政部门和各级各类学校贯彻十五大精神的好经验、好做法，并连续组织、发表质量较高的理论文章，有多篇文章被权威刊物转载。对邓小平教育理论的宣传，中国教育报除及时发表中央和教育部领导的指导性文章、学习体会和有关的重要讲话外，还发表了“一报三刊”联合社论《认真学好邓小平教育理论》及多篇重点报道，配发了7篇特约评论员文章。

关于北京大学百年校庆的宣传。中国教育报从3月底开始对北大百年校庆进行报道，逐步加大力度，到5月4日江泽民总书记在北京大学百年校庆大会上发表重要讲话，达到高潮。以后，又组织一批学习江泽民总书记重要讲话的文章，把宣传推向深入。据统计，中国教育报在“五四”前后，共编发自采新闻44篇，图片43幅，其间集中宣传有关内容的就有6个整版。

关于抗洪精神的宣传。编辑部先后派出

9名记者，赶赴灾情最严重的湖北、湖南、安徽、黑龙江、江西、吉林等省采访。他们克服了许多预想不到的困难，有时甚至冒着生命危险，在发回大量报道的同时，还积极投身于护堤抢险、捐款救灾、联系救助受灾师生等活动；中国教育报在一版开设了“来自抗洪一线的报道”专栏，昼夜等待前方来稿。在此期间，中国教育报不仅及时、全面地报道了江泽民总书记、朱镕基总理等党和国家领导人亲赴灾区，正确决策，鼓舞军民抗洪抢险的重大新闻，同时也刊发了来自第一线的报道60多篇，图片50多幅，还向兄弟新闻单位提供了一批新闻图片，充分展示了教育战线广大干部师生，在抗洪斗争中的英雄气概。

为纪念党的十一届三中全会和改革开放20周年，中国教育报早在年初就开始策划，从6月开始，各专刊、周刊纷纷发起征文活动，新闻版则按计划推出12篇系列综述和8篇言论，全面宣传改革开放20年来教育事业的伟大成就和发展经验。同时及时报道各地区各级各类学校的纪念活动。

〔配合教育部工作部署加强舆论引导〕中国教育报根据教育部党组的工作部署，确定1998年度的宣传计划。特别策划了突出重点报道，配合重点工作。“两基”工作仍是全年工作的重中之重，编辑部策划、实施了三片地区普九的重点报道。如，以“国家贫困地区义务教育工程”为栏头的系列报道，由“攻坚篇”、“经验篇”、“效益篇”等专题组成，从年初贯穿到岁末，共持续发稿件40篇。对于三片地区普九攻坚起了很大的推动作用。此外，关于素质教育，关于高等教育改革，关于高校党建和中小学德育工作，关于中小学语文教学改革，关于成人职业教育改革等等，中国教育报都予以适当的位置，进行了典型宣传和舆论引导。

撰稿　王金重

审稿　赵书生

《人民教育》杂志

〔宣传党的十五大精神和邓小平理论〕1998年，《人民教育》把宣传贯彻党的十五大精神放在首要位置，发表了一系列重要文章，在全国教育战线产生了很好的影响。如在第1期、第2期、第3期、第7～8期合刊，先后发表了教育部部长陈至立的《认真贯彻十五大精神，加快教育改革和发展步伐》、《深入学习贯彻党的十五大精神，开创城市教育综合改革的新局面》、《学习党的十五大精神，深化对教育战略地位的认识》等文章；第6期发表了教育部副部长张天保的文章《认真贯彻十五大精神，积极推进职业教育发展与改革》。这些文章理论联系实际，深刻阐述了十五大关于教育工作的精辟论述，对提高全国教育战线关于教育战略地位的认识，进一步明确教育改革和发展的方向，推动各地更好地贯彻落实十五大精神，具有重要指导意义。

1998 年是党的十一届三中全会召开 20 周年、关于真理标准问题的讨论 20 周年、纪念改革开放 20 周年。20 年来，在邓小平理论的指引下，教育事业取得巨大成就。为做好纪念上述重大事件的宣传报道工作，《人民教育》撰写、组织发表了一系列重要文章。如在第 6 期发表了教育部撰写的《坚持以实践为标准，推动教育改革和发展——纪念真理标准讨论二十周年》，第 7～8 期合刊发表了由《人民教育》等报刊联合撰写的社论《认真学好邓小平教育理论》，第 9 期发表了教育部总督学柳斌的《以邓小平教育理论为指导扎扎实实推进素质教育》，第 12 期发表了陈至立的《改革开放 20 年的我国教育》等。以上文章对指导全国教育战线深入学习邓小平教育理论，巩固和发展改革开放 20 年来所取得的辉煌成果，引导大家认清方向，坚定信念，鼓舞斗志，发挥了积极作用。

〔**传达教育部工作部署和指示**〕 1998 年，《人民教育》除发表原国家教委主任朱开轩《继往开来，把建设有中国特色社会主义教育事业全面推向 21 世纪》和教育部《关于中国教育经费问题的回顾与思考》等文章外，还先后刊登了教育部《关于当前积极推进中小学实施素质教育的若干意见》、《实行全国中小学校长持证上岗制度的规定》、《教师和教育工作者奖励规定》、《中小学德育工作规程》等重要文件。这些文章和文件，及时、准确地传达了教育部的最新指示精神，深受基层单位和干部教师的欢迎。

〔**宣传各地教育教学改革典型和经验**〕 1998 年，《人民教育》发表了一批由教育专家撰写的谈论教学改革的文章和反映基层教育改革的典型经验。如湖南省副省长唐之享的《正确处理五个关系，科学实施素质教育》，浙江省教委副主任黄新茂的《对高中招生考试制度改革的探索与思考》，刘道义的《坚持不懈，努力提高基础外语教学质量》，李吉林的《一个值得倡导的教学原则：美感性》，刘国正的《展开双翼才能腾飞》等文章，以及反映成都市第十二中学心理素质教育的长篇通讯《营造青少年“心的乐园”》。还宣传了江西省萍乡市上栗中学分流教育的经验，山东省青岛市嘉峪关学校的评语改革，湖南省长沙九中谭迪熬培养学生创新素质、实施素质教育的经验等。在第 7～8 期合刊中，以《实施素质教育，优化教学过程经验集粹》为总标题，集中介绍了天津、四川、黑龙江、山东、上海、江苏、浙江、安徽等省市十几所学校，在课堂教学中实施素质教育的经验。同时还与《湖南教育》杂志联合举办了“在课堂教学中实施素质教育”的征文活动，受到广大教师的欢迎，征文活动收到来稿 6 000 多篇。

〔**宣传校长和教师队伍建设**〕 1998 年，《人民教育》宣传了吉林市第一实验小学、河北省秦皇岛市等单位加强师资队伍建设的经验。在“校长治校”栏目，先后发表了 18 篇中小学校长介绍教育教学管理工作经验和体会的文章。在“当代师表”栏目，宣传报道了9名优秀教师的先进事迹；在“教师形象讨论”栏目，编发了25篇来稿，使刊物更加贴近教师生活。1998年继续举办“跨世纪教师风采”征文活动和“以高尚的精神塑造人”征文活动。上述栏目及征文的编发，因其短小精悍，内容生动，深受广大读者欢迎。

〔宣传教育战线抗洪救灾先进事迹〕 1998年，长江流域等地区发生了百年罕见的特大洪水。教育战线广大干部、师生奋勇抗洪抢险，涌现了一大批为保护人民生命财产不惜牺牲个人利益的先进典型。《人民教育》杂志在第10期以《沧海横流，方显英雄本色》为题，集中报道了工作在湖北、湖南、安徽、江西、黑龙江、吉林、内蒙古等地，基层中小学校的校长、教师抗灾抢险的先进事迹，并在这期的封面上刊登《为了灾区的孩子》宣传画，收到较好宣传效果。在第11期刊发了通讯《一曲悲壮的奉献之歌》，颂扬了在抗洪中英勇献身的优秀共产党员、重庆市海洋乡中心校校长张碧明的英雄事迹。

此外，为纪念刘少奇同志诞辰100周年，在第11期组织发表了《刘少奇与新中国的教育方针》一文。为迎接澳门回归祖国，在第1期发表了《建设跨世纪的教师队伍，共铸中华民族辉煌的明天——记“第四届海峡两岸暨港澳地区教育学术研讨会”》，并从第10期起开设了“澳门回归倒计时”专栏，陆续发表《人民教育》记者采访澳门教育的文章。

〔纪念《人民教育》出版400期〕 1998年第4期，是《人民教育》自1950年创刊以来出版第400期。这一期特别刊发了毛泽东主席1950年为《人民教育》创刊的题词，以及李鹏委员长、李岚清副总理1995年为《人民教育》创刊45周年的题词，并刊登了韩作黎、顾明远、章炼峰、敢峰、朱世和、刘堂江、李吉林、魏书生等教育家和曾经担任《人民教育》领导工作的同志撰写的纪念文章。

为纪念《人民教育》出版400期，编辑部与中央电视台《第二起跑线》节目组联合举办了5期“1998年《人民教育》素质教育专辑”特别节目。来自广东、海南、河北、上海等8省10个城市的500多名师生参加了节目的排练、演出及录制工作，中央电视台于5月和6月先后播出。节目内容丰富，生动活泼，集知识性、趣味性、娱乐性为一体，播出后在全国各地产生良好反映。

《人民教育》编辑部以纪念出版400期为契机，认真总结办刊经验，进一步规范了编辑业务流程，加强了“一读”、“审读”和“评刊”工作，提高了编校质量。同时，调整和新增了部分栏目，改进了四封和版面设计，使杂志更好地体现了“高雅、现代、清新”的特色。

继1998年1月《人民教育》杂志被评为“全国百种重点社科期刊”后，1998年10月，《人民教育》总编辑刘堂江又被评为“全国百佳出版工作者”。

撰稿　田菊影

审稿　傅国亮　翟福英

《中国高等教育》杂志

〔**概述**〕　《中国高等教育》编辑部在1998年的宣传工作中，抓住学习、宣传、贯彻党的十五大精神和《高等教育法》、兴起邓小平理论学习新高潮这个根本；主要突出了抗洪救灾，纪念十一届三中全会20周年、真理标准讨论20周年、“三个面向”题辞15周年，北京大学百年校庆的报导；加强了高教管理体制改革，教学改革，学习、宣传、贯彻《高等教育法》,“两课”改革和“三进”工作，教育思想观念改革大讨论等几项重点工作的宣传报道。

〔**宣传党的十五大精神和学习贯彻邓小平理论**〕　1998年上半年，《中国高等教育》的宣传工作紧紧围绕学习、宣传、贯彻党的十五大精神开展，除办好“学习十五大、宣传十五大、贯彻十五大”专栏外，各方面的宣传内容也都注重贯彻十五大精神。为推动高教战线学习、宣传、贯彻十五大精神的深入，发表了教育部党组成员陈文博的文章和中国教育报刊社党委书记、十五大代表刘川生学习十五大报告的体会文章。同时还邀请了教育部有关司局的领导和部分高校的党委书记撰写文章，结合高教改革发展的实际，谈落实、贯彻党的十五大精神。

从下半年开始，《中国高等教育》的宣传工作重点转向了兴起学习邓小平理论，特别是学习邓小平教育理论新高潮，开设了“学习邓小平教育理论”专栏，专门配发了社论，刊发了教育部有关同志和部分高校领导、专家的学习体会文章。

〔**学习、宣传、贯彻《高等教育法》**〕　1998年8月29日第九届全国人民代表大会常务委员会第四次会议通过了《中华人民共和国高等教育法》,这是高教界依法治教的大事。《中国高等教育》从第10期开始开辟“宣传贯彻《高等教育法》”专栏，除全文刊登《高等教育法》外，还发表了教育部高教司陈祖福、南开大学党委书记洪国起，北京工业大学校长左铁镛、兰州大学校长李发伸等一批高校的校领导及专家撰写的文章，保持了宣传的力度和针对性，在配合高校学习贯彻高教法中发挥了舆论导向和解惑释疑作用。

〔**宣传抗洪救灾**〕　1998年，我国长江、嫩江、松花江流域遭受了历史上罕见的特大洪灾，沿江数百万军民在党中央和各级政府的领导下，与洪水展开殊死搏斗，取得了决定性的胜利。《中国高等教育》从自身特点出发，克服困难，在版面、时间和人员都十分紧张的情况下，用10多个版面，采写了“热血与真情写就的答卷——长江、嫩江、松花江流域军队和地方高校抗洪纪事”、“深情的承诺，诚挚的关爱——各地高校为灾区大学生排忧解难”两个中篇的综合报道，在第10期上发表。并在第9期刊登了军队和地方高校师生抗洪救灾的彩色照片共计30余幅。

〔**宣传改革开放20年**〕　为纪念党的十一届三中全会召开20周年、真理标准讨论20周年、“三个面向”题辞15周年，编辑部进行了认真策划和组稿，并开辟“改革开放20年”专栏，刊发了一些有一定份量的文章，如教育部的署名文章“坚持以实践为标准，推动教育改革和发展——纪念真理标准讨论20周年”，并约请教育部思政司、高教司、科技司等有关司局撰写了改革开放20年来对中国高等教育不同方面的回顾与展望等，着重宣传了高教战线20年的成就和经验。

〔**宣传高教管理体制改革**〕　1998年初，教育部在扬州召开了高等教育管理体制改革座谈会，为贯彻党的十五大关于加快高教管理体制改革步伐的精神进行了动员和部署。《中国高等教育》刊登了教育部副部长周远清的署名文章，发表了《高教体制改革要驶入快车道》的评论员文章，在“高教体制改革”栏目陆续刊登了10余篇文章，重点宣传了同济大学模式，以及扬州大学、延边大学等新型综合大学的改革经验。随着国务院部委机构调整，90多所原部委院校实行和地方共建共管，编发了原机械部、上海市、河北省等部门和地方的改革经验。新浙江大学成立，是高教体制改革具有里程碑性质的大事，在各报刊集中报道的基础上，《中国高等教育》专门组织采访，进行了深度报道。招生并轨到位，毕业生就业面临新形势，经济困难学生的问题进一步突出，对此也进行了有针对性、导向性的宣传。

〔**宣传教学改革**〕　上半年，教育部召开了第一次全国高等学校教学工作会议，全面、系统地提出了高等教育教学改革的思路、方针和政策。《中国高等教育》在进一步宣传“面向21世纪教学内容和课程体系改革计划”和“加强文化素质教育”的基础上，把宣传全面推进教学领域的深化改革提到了更重要的位置，加大了力度。为此，刊登了周远清副部长访谈录《人才培养：质量意识要升温》，发表了《努力实现教学改革新突破》的评论员文章，并在“教学质量百校行”、“优秀教学成果展评”、“教改纵横”、“教学内容和课程体系改革”、“加强文化素质教育”等相关栏目发表了数十篇文章。

为配合高校普遍开设邓小平理论课并对“两课”设置进行调整，开辟专栏发表了系列文章，对高校党建与思想政治工作继续予以高度关注。

〔**开展教育思想观念改革大讨论**〕　《中国高等教育》1998年专门开辟了“改革教育思想观念”专栏，发表了10多篇有一定深度的文章，为更好地宣传“体制改革是关键，教学改革是核心，教育思想观念改革是先导”的重要指导思想发挥了独到的作用。在“科技与产业”、“队伍建设”、“高职教育”、“成人高教”等栏目，也加大了改革教育思想观念的宣传力度。在教育思想观念改革中，江泽民同志关于“加强创造性人才培养”、“适应知识经济时代挑战”、“建设若干所一流大学”的思想，朱镕基总理提出处理好“三个关系”的思想，是非常有远见、非常重要的教育思想，在有关文章中着重加大了宣传力度。

〔**照顾全面，拓宽领域**〕　作为全国高教界唯一的集工作指导、理论探索、信息交流于一体的综合性期刊，《中国高等教育》的宣传必须照顾到面，对有关高教改革和发展的各类问题保持一定的宣传力度，加大了对“211工程”建设的宣传；“加强文化素质教育”的宣传向深入方向发展：“国际交流与留学生工作”、“外国教育”、“后勤改革”、“师资队伍建设和人事制度改革”等方面，都有一定数量的文章；“校园英才”在持续五年的宣传中，其影响和作用是好的，继续保持了这一特色栏目的连续性。

为了把宣传的覆盖面扩大到大学生，1998年《中国高等教育》组织了“今日大学生”有奖征文，收到一定成效。另外，“服务窗”、“资料库”等服务性栏目，也办出了新意。

撰稿　李石纯
审稿　陈　浩

《神州学人》杂志及电子版

〔**工作方针**〕　1998年，《神州学人》杂志及电子版两刊坚持以对在外留学人员进行爱国主义教育和中华民族传统文化教育，吸引和鼓励留学人员回国工作或以适当方式为祖国服务为办刊宗旨，及时跟踪报道党和政府的大政方针，党和政府对留学人员的关怀和期望，各级政府和各用人单位对留学人员的有关政策，以及在外留学人员和留学回国人员刻苦学习、为国奉献的事迹，推动留学人员为国家的改革开放和社会主义现代化建设事业做贡献，继续为我国的留学教育工作创造良好的舆论环境。

〔**报道党和国家对留学人员的关怀**〕　《神州学人》杂志1998年第8期刊登了国务院总理朱镕基在中国驻法使馆亲切接见驻法使馆教育处全体工作人员和留学生代表的照片，朱镕基总理与留学生代表一一握手，并表示期待留学人员回国，使在外留学人员感到了祖国的温暖和期待。《神州学人》杂志1998年第12期报道了李岚清副总理接见参加教育部组织的“春晖计划”重庆环保项目团的讲话。李岚清在讲话中重申了国家欢迎在外留学人员以多种形式为国服务的政策，对“春晖计划”的模式予以肯定，并欢迎更多的在外留学人员从其宝贵的时间和精力中拿出一部分，从事国内的事业，表达了党和国家对留学人员的期待之情。

〔**围绕重大事件进行宣传**〕　1998年《神州学人》两刊的宣传报道主要在以下几个方面下功夫：（1）1998年《神州学人》首次派

记者参加“两会”，及时准确地通过电子版报道“两会”和出席“两会”的留学人员代表情况。《神州学人》杂志1998年第4期刊登的《’98两会上的留学话题》，也是国内外众多媒体报道“两会”时未曾有过的专门话题，受到两会新闻中心有关人士的肯定。(2)1998年是改革开放20周年，也是邓小平同志关于扩大派遣留学生讲话20周年。《神州学人》两刊重点围绕改革开放20年来在留学工作方面取得的伟大成就进行报道。《神州学人》杂志在第6、7、8、9连续4期发表了教育部副部长韦钰撰写的《出国留学工作二十年》、原教育部副部长李琦撰写的《赴美谈判留学生问题始末》、教育部国际合作与交流司有关人士撰写的《留学工作20年》、中国教育国际交流协会原会长李滔撰写的《邓小平同志对留学生的关注与厚爱》、国家留学基金委有关人士撰写的《实事求是与留学工作改革》、中科院教育局有关人士撰写的《中科院留学工作20年》及有关部委、高等院校、研究所等单位以及编辑部和各界人士撰写的纪念和回忆文章，推出了《开放留学二十年》栏目和《开放留学二十年回眸》系列报道，在国内外留学界引起了很大的反响。第6～9期集中报道了邓小平同志关于扩大派遣留学生讲话20年来全国留学工作发生的巨大变化和取得的巨大成就。其中第6期杂志被教育部国际合作与交流司作为驻外使领馆教育处(组)学习座谈纪念小平同志讲话20周年的主要学习材料。《神州学人》杂志发表的这组文章有些还被国内报刊和国外留学生刊物转载。电子版也在5、6月间开辟了《开放留学二十年回眸》专栏，详细报道这期间围绕开放留学二十年这一主题开展的有关活动和摘录有关这方面的文章。(3)积极组织对北京大学百年校庆的宣传。《神州学人》杂志第5期以北京大学校门为封面，并在同期中心彩页组织了北大老中青三代留学回国人员的图片，同期刊登纪念北大百年的文章，报道了一批北大优秀留学回国人员。第7期的中心彩页推出了党和国家主要领导人参加北大百年校庆活动的图片。《神州学人》电子版开设了《百年北大》专栏，详细介绍有关北大百年的内容。(4)大力宣传知识经济和科教兴国战略，鼓励留学人员为知识经济和科教兴国战略多做实事。《神州学人》杂志在第8期约请教育部部长陈至立撰写《知识经济和人才培养》一文，并在随后组织召开了“知识经济与科教兴国”座谈会，第11期刊登了座谈会的内容。(5)宣传抗洪抢险精神，电子版向海内外神州学人及时通报灾区抗洪抢险的情况以及教育部号召中华学子为灾区募捐的消息等，《神州学人》杂志及时向留学人员报道了全国人民团结抗洪的情况、专家对发生特大洪水原因的分析，以及海外学子为灾区献爱心的有关情况。(6)宣传中国的教育改革成就，扩大国际交流。《神州学人》杂志先后发表陈至立的《深刻变革中的高等教育》、《21世纪中国教育事业的全面振兴》和韦钰的《中国现代远程教育》等文章。

〔**为留学工作营造舆论环境**〕《神州学人》杂志1998年第1期刊登了该刊记者专访教育部和人事部主管留学工作有关人士的文章——《贵在效益》和《推动留学工作再前进》，对全国教育系统和非教育系统留学工作的思路和计划作了报道。第2期刊登了原国家教委主任朱开轩代表国家教委撰写的文章《为了祖国的明天》，给在外留学人员一个美好的新春寄语；刊登了该刊记者撰写的《走国家公派留学之路：你准备好了吗?》，大力宣传我国公派留学工作改革的作用与意义。第3期刊登了在外留学人员为辽宁国有大中型企业解决技术难题的报道，以及第二届全国留学服务工作会议的内容。第10期刊登了国内鼓励在外留学人员为国服务部分举措总揽。第12期刊登了在外留学人员组团回国为重庆市环境保护做实事的综合报道。上述这些报道一是紧密结合了一段时期内有关部门留学工作的重点，二是为这些工作的开展起了很好的舆论作用。

针对在外留学人员普遍需要加强对祖国优秀文化知识了解的愿望，《神州学人》1998年开设了《中华文化》栏目，每期利用一定的篇幅介绍中国的传统文化和民族文化知识；针对留学人员想了解国家各方面改革开放和现代化建设有关情况的要求，《神州学人》1998年开设了《权威访谈》栏目，专访一些重要部门和重要人士，请他们就留学人员关心的诸如国有企业改革、知识创新等有关问题进行解答。

〔**宣传留学回国典型人物**〕 宣传优秀留学回国人员一直是《神州学人》的传统，也是发挥《神州学人》宣传作用的重要方式。1998年，《神州学人》在典型留学人员的选择与报道上又有了一些新的做法。在人物的选择上有了更高更严的标准，力求人物对象新、年轻、贡献突出、事迹感人、有代表性，1998年《神州学人》推出的典型人物有：汪寿阳、彭实戈、王志新、李玉光、郑永飞、陈佐湟、沈保根、王锐、潘云鹤、哈木拉提·吾甫尔、李发伸、旭日干、闵维方、张彦仲、张军；其次是尽量把这些人物的报道在彩页与内文上进行结合，并把优秀人物推上封面，使《神州学人》杂志的封面恢复了以往的以人物为主的封面设计特点，这一改进也深受读者好评。

〔**更新电子版**〕 1998年是《神州学人》电子版全面更新主页和扩展内容的一年。针对网上信息和技术竞争日益激烈的情况，《神州学人》电子版及时重新设计了主页，使读者能在良好的视觉效果和快捷的操作程序下访问电子版；电子版的信息量较以前成倍增加，从以前的每周一刊变为至少每周两刊，从以前的每期10多个栏目变成了近40个栏目，从以前的新闻报摘为主变成了包括新闻报摘、图片新闻、《神州学人》月刊检索、留学政策信息库、留学服务信息库、留学生文学作品库、留学生摄影作品库、知名站点导航等在内的各种内容、各种频率、各种周期、服务于各种需要的网上期刊。读者访问量大幅跃升。

撰稿 朱国亮
审稿 张双鼓

北京市教育

概　况

〔基本情况〕

1998 年各级普通学校基本情况

单位：人

学校类别	学校数(所)	毕业生数	招生数	在校学生数	教职工数	
					计	其中专任教师
一、普通高等学校	63	58 440	76 016	250 651	101 442	36 559
研究生		9 118	13 752	37 667		
本　科		37 519	49 698	181 311		
专　科		11 803	12 566	31 673		
二、中等专业学校	118	23 078	38 003	117 965	14 253	6 334
中等技术学校	98	18 606	36 584	110 765	11 998	5 275
中等师范学校	20	4 472	1 419	7 200	2 255	1 059
三、普通中学	752	213 471	207 092	609 903	71 849	47 654
高　中	282	39 683	52 956	145 966		11 412
初　中	470	173 788	154 136	463 937		36 242
四、农业、职业中学	173	33 165	39 590	113 048	12 975	7 604
高　中	173	33 005	39 590	112 954		7 601
初　中		160		94		3
五、工读学校	6	500	445	889	414	183
六、小　学	2 511	156 194	100 415	919 531	74 916	61 802
七、特殊教育学校	30	1 310	858	7 567	925	644
八、幼儿园	2 662	99 279	93 819	245 046	30 362	13 841

1998 年各级成人学校基本情况

单位：人

学校类别	学校数(所)	毕业生数	招生数	在校学生数	教职工数	
					计	其中专任教师
一、成人高等学校	73	59 764	81 253	227 515	18 906	7 895
广播电视大学	2	2 058	1 711	5 261	1 121	363
职工高等学校	38	7 516	11 907	35 160	10 020	4 558
农民高等学校						
管理干部学院	30	7 468	11 165	23 980	6 436	2 405
教育学院	1	2 374	1 860	5 805	566	231
独立函授学院	2	734	465	2 427	763	338
普通高等学校举办：						
函授部		25 081	31 778	95 295		
夜大学		9 578	14 915	44 208		
成人脱产班		4 955	7 452	15 379		
二、成人中等专业学校	112	32 274	16 407	64 678	7 069	3 188
广播电视中专	1	9 218	800	9 810	823	450
干部中专	8	905	1 162	3 001	474	120
职工中专	63	15 022	9 138	31 006	2 824	1 120
农民中专	16	4 738	3 010	12 631	878	403
函授中专	1	1 586	1 940	5 520	204	97
教师进修学校	23	805	357	2 710	1 866	998
三、成人中学	40	3 507	3 154	6 347	467	215
职工中学	23	3 183	2 906	6 023	411	197
农民中学	17	324	248	324	56	18
四、成人技术培训学校	2 861	979 329	649 020	266 225	8 756	4 859
职工技术培训学校	461	613 901	382 602	184 885	7 537	4 263
农民技术培训学校	2 400	365 428	266 418	81 340	1 219	596
五、成人初等学校						
职工初等学校						
农民初等学校						
其中：扫盲班						

制表　任　彧

〔**年度工作方针及进展**〕1998年，北京市委、市政府确定“立足北京、服务全国、深化改革、优化结构、重在提高、争创一流”的总体思路，锐意改革，大胆创新，使教育工作跨入了历史新阶段。基础教育在全国率先普及了9年义务教育，向实现高标准义务教育迈进——全面实施素质教育；中等职业教育重心开始上移——大力发展高等职业教育；成人教育在完成历史补课性教育后，向岗位培训和继续教育过渡——构建终身教育体系；高等教育经过精英教育阶段，向中等发达国家的水平——高等教育大众化迈进。

1998年，北京市儿童入学率达到99.96%；小学毕业生升入初中入学率达到98.68%；初中毕业生升入高一级学校入学率达到92.2%，基本普及了高中阶段教育；高校入学率（含成人高校）已达30%，进入高等教育大众化阶段。

全面推进中小学实施素质教育。小学毕业生全部免试就近升入初中的改革全部到位；基础薄弱学校建设全部达到北京市一般办学标准；加大投入，山区教育工程迈出了新步伐；调整结构布局，示范学校建设迈出新步伐。

高等学校管理体制改革及结构调整取得进展。完成北京16所高校的体制转换工作；按照规模、结构、质量、效益原则调整北京地区高等学校专业设置，共减掉或合并专业253个；有18所大学进入“211工程”建设，其中有14所高校通过“211工程”专家组立项审核；高等职业教育形成了6所大学郊区分校为高等职业教育培养基地，其他普通高等学校、成人高等学校部分专业为补充的高等职业教育网络。

成人教育和中等职业教育迈上了新台阶。建立了北京市农村教育综合改革专项基金，从推广30个科技项目入手，使农村经济的科技含量有了大幅度的提高；对申报的20所职业高中和12所中专学校进行了骨干示范校评估，推动了中等职业教育骨干示范校建设；配合北京市产业结构调整，完成转岗人员培训9.63万人，经过培训已实现再就业的达到80%以上；建立终身教育体系，全面推进成人教育的改革和发展，支持朝阳区依托成人学校建立社区教育学院，推广了崇文区抓基地网络建设，发挥街道市民学校在终身教育体系中的作用，加强了县、乡、村三级办学网络建设。

〔**教师队伍建设**〕 1998年，按照北京市“教师队伍建设工程”规划的目标，加大师资培训力度。高校举办岗前培训班培训1 000余人，外语培训班三期共培训200余人，计算机培训230人，助教进修班培训50人。市教育学院专科层次招收中小学教师1 035人，招收续本科生825人。组织11 000名中小学教师参加高等自学考试，同时举办123所中小学校校长参加的研修班，110所民办高校校长、32所中专学校校长和70所示范乡校校长参加的校长培训班。

采用电视教学手段开设“教师职业道德修养”和“教育法规”两门必修课，中小学有教师13万人收看，200部“中特级教师说课”音像教材（配带文字讲稿）已制作完成。由高校知名专家教授和中学优秀教师为青年骨干教师研修班录制的400课时授课磁带已制作完毕，并向全市中小学推广。

在教师队伍建设中，重点加强中青年骨干教师队伍的选拔和培养。高等学校进行了第五次中青年学科带头人和青年骨干教师的选拔，选出青年学科带头人 114 名，青年骨干教师 580 名进行培养。至此，到 1998 年，全市已开展五次评选，共评出青年学科带头人 362 名，青年骨干教师 1 970 名，占 40 岁以下青年教师总数的 19%。

成人院校开展第二次中青年骨干教师的选拔评审工作，评出中青年骨干教师 148 名，至此成人院校已评出中青年骨干教师 282 人。对初次选拔的 225 名中小学青年骨干教师和 110 名中等专业学校的青年骨干教师加强了培养，举办了青年骨干教师研修班。

为重点培养一批跨世纪的优秀骨干教师，加强教师职评工作。在高校、中专学校、中小学等教师有关系列的职务评审中，有 2 605人取得不同级别的专业技术职务，其中高级职称 2 523 人，中级职称 76 人，初级职称 6 人。

撰稿 高福勤

〔**教育综合管理**〕 1998 年，为实现“九五”教育事业发展的目标，开展了对北京市教育事业发展“九五”计划实施情况的检查、监测工作，并形成了《1997 年北京市教育规划实施情况监测报告》。报告在总结成绩的同时，对北京市教育面临的困难、矛盾和主要问题进行了分析，并提出工作建议。在此基础上，召开区县教育规划工作会议，对落实教育规划提出了具体要求，依法要求落实区县政府的教育责任。对市属高校“九五”发展规划进行了论证，规范了学校规划内容，使学校发展建设有了依据。

加强校园规划和项目建设，配合学校布局结构调整，加强对现有校舍的管理，盘活资产，防止资源流失。全市教育系统校园用地面积 4 261 万平方米，校舍面积 1 485 万平方米。市教委每年投入近 5 000 万元用于校舍修缮维修，保证校舍的安全使用。同时还制定了北京市新建住宅配套教育设施管理办法，进一步加强校园校舍管理。

加强对校园周边环境的综合治理。召开了全市学校周边环境整治工作大会，制订《北京市环境综合整治方案》，对学校周边的卫生环境、道路交通、集贸市场、非法出版物进行调查，提出了整治方案，有关部门加大了资金投入和整治力度，已撤销集贸市场 3 个，清除固定商业摊点 4 个。

对中外办学机构实行了年检，对年检合格的学校在北京日报上公布；对尚未完全合格的学校限期整改，暂缓注册；对不符合办学条件且近期难有改观的学校撤消其办学资格，不再予以注册。检查的 30 家中外办学机构，合格的 25 所，缓注册的 2 所，吊销办学许可证的 3 所。

〔**确定 2000 年现代化教育基本框架**〕 年内，北京市教育工作会提出，以“规模、结构、质量、效益内在统一，相互协调”为标志的北京市 2000 年现代化教育体系基本框架。北京将不断完善以义务教育为主体，包括学前教育、普通高中教育在内的基础教育体系。学前教育要加强规划力度，加快办学体制改革，努力规范办学行为，做到服务家长、服务社会，3 岁以上学前儿童入园率达到 85%以上；把巩固、提高义务教育办学条件和办学水平放在“重中之重”的地位，进一步推动中小学实施素质教育，继续缩小校际之间的差距，为适龄儿童、少年提供较为平等的受教育机会；基本普及高中阶段教育，适当扩大普通高中教育规模，使普通高中在校生占高中阶段教育在校生的40%。将建立、健全职业教育体系。中等职业学校在校生达25万人，占高中阶段教育在校生的60%；高等学校在校生达3万人，年招生为1万人；建立100所骨干示范学校；改革管理体制和办学机制，调动行业、产业办学的积极性，制定相应政策，采用多种办学形式，引导一批骨干示范校走向市场。以“成人教育培训工程”为龙头，构建行业、区县、学校紧密联系的成人教育网络，建立成人教育制度和终身教育体系，使岗位培训、继续教育和其他职业培训年均达到300万人次。北京要逐步建立立足首都、服务全国、结构合理、规模适当、办学效益好、教育质量高、适应社会主义市场经济体制的高等教育体系，并适当提高高等教育入学率，使全市18～21岁年龄人口中接受普通高等教育和成人高等教育的比例达到35%。

撰稿　赵正元　时晓玲

〔**体育卫生工作**〕　4月，北京市召开全市学校体育卫生工作会议，会议就加强学校体育卫生工作，适应培养高素质人才要求进行研讨，对今后学校体育、卫生工作进行部署。市教委先后制定了“八五”、“九五”期间学校体育卫生工作规划，确定了学校群众体育工作标准，并将学校体育卫生工作评估标准纳入了学校整体评价，建立健全了各级各类组织；到1998年，体育教师学历合格率，小学为98%，中学为96%，普通高校为99%，初步形成一支具有较高思想觉悟、业有专长、热爱本职工作的跨世纪学校体育卫生教师队伍。学生健康水平提高。通过对办学条件相对较困难的农村山区学校给予倾斜政策，使其开足体育课，50%的农村学校有自编的体育卫生乡土教材。北京市规定，中小学把课外活动排入课表，学生每天要完成不少于25分钟的广播操和两套自编操。1998年学生每天参加体育活动一小时的中学达68.6%，小学达73.7%。北京市有15所学校成为体育后备人才试点校，143所学校成为体育传统项目学校，并在10所高等院校建立了高水平运动员试点校。学校卫生工作取得成绩。小学开展的“口腔卫生教育行动”，使80万学生受益。学生6种常见疾病的防治基本达到国家规定的检测标准，其中视力不良率明显下降。87%的小学开设健康教育课，70%的中学开设青春期教育课，40%以上高校开设了健康教育选修课。体育卫生工作条件得到改善。市政府拨专款1 200多万元，接受海内外知名人士资助合计800余万元，用于购置中小学体育器材。中心小学以上学校的体育卫生器材设备基本达到国家或市级配备目录要求，已完成30个塑胶田径场的建设任务。体育、健康教育的师资基本能满足教学需要。

撰稿　苐　子　任　彧

〔**赈灾义演募捐**〕　8月26日，北京市教育系统为支援长江、松花江流域等遭受水灾地区的教育，举行了赈灾义演音乐会，义演当天收到全市教育系统各单位和学校的捐款528万元。此后，根据教育部《关于在教育系统开展“为了灾区的孩子”赈灾义演募捐工作的通知》精神，于9月2日对全市教育系统广大教职员工、学生再次进行动员。截止9月9日，两次活动共募捐到人民币2 436万元，美元300元、港元40元、澳元50元、台币5000元，教学设备、图书及学习用品5万件（册）；生活用品22万件。

按照教育部指示，市教委把定向募捐款1527万元直接汇往受捐地区，其余交中国中小学幼儿教师奖励（教育）基金会，并报市民政部门备案；募捐生活用品已由募捐单位交当地民政部门指定的接收站；募捐的教学设备、图书、学习用品送往内蒙古自治区灾区。

撰稿 任彧

〔**教育投入与教职工住房建设**〕 1998年，全市财政拨教育事业费379 367万元。全市教育事业费支出373 102万元，其中，公用经费支出137 357万元，比上年增加19 516万元，比上年提高0.78个百分点。

加速高等院校教职工住房建设并重点解决中青年教师的住房困难问题，努力实现2000年北京市教育系统教职工人均住房使用面积15平方米，居住面积10平方米的目标。重点抓好"育新花园"二期工程和"望京花园西区"，已有30栋住宅楼和5栋配套房共40万平方米的建筑主体结构全部完工。高校筒子楼改造工作进展顺利，预计用两年时间改造55所高校的164栋筒子楼，决不把筒子楼带入21世纪。

撰稿 高福勤

基础教育

〔**综述**〕 1998年，北京市普通中学比上年增加17所；普通中学中有高级中学28所，完全中学254所，初级中学470所（不含79所职普并存校）。全市适龄儿童入学率为99.96%，小学生升初中入学率达98.68%。小学全部实行免试就近升入初中；初中生升高中阶段教育入学率为92.2%，全市基本普及高中教育。初中专任教师学历合格率达89.72%，高中专任教师学历合格率达81.69%，小学专任教师学历合格率达97.34%。

〔**素质教育**〕 北京3个实施素质教育实验联系区的中考、中招改革工作平稳推进。1998年在崇文、海淀、顺义3个实施素质教育实验联系区全面实施中考、中招改革。在市教委的宏观指导下，将初级中学毕业考试及高级中等学校招生考试权下放到区，并将各类高级中等学校招生指标分配到这3个实验联系区。各区根据区情做了不同形式和内容的改革尝试：一是崇文区将初中毕业考试权下放到各中学，并对毕业生的理、化实验操作及英语口语进行了测试，全区组织统一升学考试；顺义区实施全区初级中学毕业会考，会考科目除必修课程题目外，还包括美术、音乐、劳动技术考查，升学考试由全区统一组织。二是升学考试科目和分数权重不同，3个区都根据课程学时长短，相应加大了语文、数学、外语3个学科的分数权重，同时减掉部分学科的选拔性考试。三是顺义区进行了将重点高中部分招生指标分配到初中学校及先参加选拔考试再填报升学志愿的实验。3个实验区的实验证明，将考试、招生权下放到区县，不仅必要，而且可行。实验有利于摆脱“应试教育”的影响，减轻学生过重的课业负担，全面实施素质教育。1998年，市政府会同市教委对3个实验区的素质教育进行了综合评价。全市18个区（县）督导室和教育局也开始对小学素质教育实行新一轮督导、评价，推动小学由“应试教育”向素质教育转变。

〔**学校布局调整**〕 按照农村小学布局结构调整五年规划，1998年组织、指导、推动13个郊区县完成97所农村完全小学达标验收，全市已有55%的完全小学达到市颁完小建设新标准，学校总数从1996年的1 016所调减到847所，市教育部门抓住小学在校生递减期的机遇，优化资源配置，有计划地进行以学校群组为单位配置教育资源，统配共用、相互融通的试点，进行小班额教学实验，在城近郊区兴办寄宿小学近20所，满足不同层次的社会需求。通过学校布局结构调整，城近郊区105所基础薄弱学校中，停止招初中生的学校6所，撤销合并的学校15所，依托重点中学在基础薄弱学校进行办学体制改革试点的9所。经过结构布局调整，普通高中招生比原计划增加3 000人。

撰稿 宋宝璋

〔**教学改革**〕 市教委和各区县教育部门领导干部走进学校、走进课堂、走近教师，深入教学第一线，加强教学工作的领导和管理。

1998年，由于加强教师教学基本功训练，使差课有所减少，课堂教学质量稳步提高；有组织地开展“实施素质教育、深化课堂教学改革”的专项研究；开展多项教学改革实验，马芯兰教改实验已扩大到572所小学，6 700个教学班，23万名学生，参与实验教师6 060名。加强现代教育技术应用，有29所学校被批准为“首批全国中小学现代教育技术实验学校”，有10余所学校成立网上学校，西城、宣武两区已建立起教育管理网络；全市小学正式使用《小学质量综合评价手册》，以科学的评价指标体系及方法对学生全面发展进行引导。采取相应措施，加强小学质量管理、监控。

调整中小学教育教学内容。6月5日，市教委转发教育部《关于推进素质教育调整中小学教育教学内容、加强教学过程管理的意见》（此文件中将《北京市实施素质教育调整九年义务教育部分学科教学内容与教学要求的意见》作为附件下发）、《关于调整现行普通高中数学、物理学科教学内容和教学要求的意见》和《关于贯彻〈推进素质教育调整中小学教育教学内容、加强教学过程管理的意见〉中有关中小学健康教育若干问题的补充意见》等文件，结合北京市实际，提出贯彻执行的具体要求。（1）义务教育阶段的中小学已于1997年秋季开始执行《北京市实施素质教育调整九年义务教育部分学科教学内容与教学要求的意见》，不再另做调整。(2)普通高中的三个年级从1998年秋季开始，执行教育部关于数学、物理学科教学内容和教学要求的调整意见。(3)教育行政部门、教研部门和学校在贯彻落实教育部以及北京市关于调整教学内容和教学要求，要统一要求，避免出现课内减轻学生负担，课外增加学生负担的情况，切实做到减轻学生过重课业负担；要把优化教学过程作为现阶段教学改革的重点，加强对教学过程的指导和管理，鼓励开展多种教学组织形式、教学方法多样化的探索和实验，不断提高教育教学质量；要坚决摒弃仅以学业成绩作为评价学生的标准，以及损害学生人格的错误做法，建立有利于学生生动活泼、主动发展的评价体系，使每个学生在原有基础上得到充分发展。

撰稿　宋宝璋　熊　红

〔**改革初中入学办法**〕　1998年，北京市提出“小学毕业生全部免试就近升入初中”。印发了《关于1998年小学毕业生升入初中的工作意见》和《关于1998年初中入学几项具体工作规定的通知》。全市初中入学办法改革的主要内容是，坚持“三取消、一保留”的原则(取消重点初中、取消公办学校择校生、取消三好生保送制度、保留特长生)；不允许组织升学考试，特长生选拔比例在招生总数2%以下。除东城、西城、宣武、海淀及朝阳部分地区采取“电脑派位”入学外，其他区县均采用划片对口入学。

1998年，北京市教委批准18所中学实行“民办公助”试点，试点学校总数达到31所，招收小学升初中的有28所，招收初一学生7 000余人，占全市该年级新生总数的4%。全市招收初中生的40所重点中学中，1998年有14所停招初中生，有11所只招收特长生，有2所招收本校小学毕业生，有2所企业办的初中只招收本企业子弟生，有1所民族中学只招收少数民族生。

撰稿　乔树平　宋宝璋

〔**普通中学规范化建设**〕　3月和11月，市教委依据《远郊区县普通中学规范化建设达标要求(试行)》对11个区县及燕山地区申报的67所学校分两批进行验收。12月4日在顺义县召开了北京市远郊区县普通中学规范化建设工作经验交流会。会上，顺义县政府、延庆县教育局、通州区漷县镇政府、昌平县第二中学介绍经验，市教委对三年来验收达标的83所学校颁发了“北京市普通中学规范化建设达标学校”铜牌。

〔**基础薄弱学校建设**〕　1998年，北京市继续加强对基础薄弱学校的领导和资金投入。市教委提出要建立和完善重点和较好学校与基础薄弱学校“手拉手”合作办学制度。年内，62所薄弱校与重点校、较好校、高等学校及部分科研单位建立了合作关系。截至年底，城近郊8个区的基础薄弱学校共充实、调整校级和中层干部51人。充实到薄弱学校任课、兼课的骨干教师140人，其中一级教师72人、高级教师48人。配合示范高中建设，通过调整学校布局和进行办学体制改革，继续撤并基础薄弱学校。近三年共撤并30所，其中停招初中生6所，撤销合并学校15所，进行办学体制改革学校9所。基础薄弱学校小学升初中入学率达到95%。非正常流动减少，入学新生中担任过班干部的占

9.2%，小学被评为三好生的占3.4%。年内，市区政府继续加大对基础薄弱学校建设的资金投入，重点对8个区70所学校的339个项目进行投入共计投资近1.1亿元，其中，市财政拨补助经费3 000万元。

撰稿 任 虹

〔**社区与山区教育**〕 1998年，北京市成立了“东方德才学校”，标志着新的社区教育管理模式开始启动。东方德才学校由2所中学、6所小学组成，有425名教职工、5 600名学生。新的社区教育模式突破了过去以街道办事处或学校、地域为中心的传统模式，以教育资源的分布情况结合行政区域所辖范围，变原有的区教委集中统一管理为区教委和社区两级管理。在教育系统内部，建立社区管理机构，教委赋予其行政职能代为管理，统筹配置并使用社区内中、小、幼（学前）、职、成、各类教育的人、财、物，形成社区内各类教育互相融通，使资源有效配置，改善学校发展环境。在外部，强调为社会、经济发展服务，为完成社区内每个成员的终身教育创造条件，增强教育服务社会的实力。

1998年，市政府决定用三年时间，由市、区（县）政府筹措2.1亿元教育专项基金，用于改善山区中小学办学条件、教师队伍建设和保障贫困家庭学生完成九年义务教育，以彻底改变山区学校面貌，促进山区中小学教育整体水平的提高。为此，采取边远山区乡镇教育经费由区县财政预算单列，经乡镇财政拨到中小学、调整乡镇财政包干基数，加大对边远山区乡镇教育经费专项补贴等办法，保证教师工资、公用经费按时足额到位及乡镇教育经费“三个增长”。市政府每年安排不少于3 500万元，区县按1∶1的比例安排。

〔**德育工作**〕 1998年，北京市为提高中小学德育工作的针对性和实效性，制订了《关于推广中小学学科德育科研成果的意见》、《关于完善和发展我市劳动教育基地的意见》、《关于在我市中小学校建立学生思想状况调研制度的决定》，使德育工作走向规范化发展的道路。至年底，全市已建立51个德育市级青少年教育基地，500多个区（县）级教育基地，5 000多个校级教育基地。自1992年～1998年制定市级规章26个，区（县）级规章近500个；近4年来推出的“家庭教育指导行动”已建立3 000所家长学校；全市有少年军校、少年团校、中学生业余党校，使学生接受社会主义、共产主义教育。

撰稿 任 彧

〔**特殊教育**〕 1998年，北京市积极推进特殊教育“九五”发展规划阶段目标的落实。对通州、顺义两区县进行了重点评估。北京市适龄视力、听力、智力残疾儿童少年义务教育阶段入学率达到97.24%；残疾人的高等教育已经起步。按照市教委“构建现代化教育体系，优化教育结构和资源配置”的要求，对北京市特殊教育改革与发展的思路与对策进行调研，总结北京市残疾儿童少年随班就读经验。提出进一步加强对随班就读工作的领导和管理；提高随班就读的质量，增加经费投入，改善随班就读条件。

撰稿 李慧聆

〔**民族教育**〕 1998年，北京市有民族中学9所，其中普通中学8所；在校生3 989名，教职工660名，专任教师365名；职业中学1所，在校生1 022名，教职工121名，专任教师74名；民族小学42所，在校生15 742名，教职工1 379名，专任教师1 103名。幼儿园10所，在园儿童1 194名，教职工169名，专任教师75名。

北京市认真贯彻落实全国民族教育工作会议精神，逐步形成了学前教育、初等教育、中等教育、高等教育和职业教育有机结合的民族教育网络，基本能满足少数民族儿童少年入学需要。对民族教育的投入不断增加，教育教学条件逐步改善。1998年，市教委投资100万元，重点对未能达到办学条件基本标准的13所民族小学进行投入。为促进民族教育的发展，制发了《北京市关于进一步加强民族中小学、幼儿园工作的意见》，对下一时期北京市民族教育事业的发展做出规划。提出加强领导，加大投入，到2000年，全市民族学校要有40%达到一般标准，10%达到较高标准。在每个少数民族聚居区，至少办好一所符合市颁一级标准的民族幼儿园。要把民族学校的建设与中小学规范化建设、与农村1 000所完全小学建设相结合，合理布局，为此将设专项经费。同时要做好民族学校师资配备、培训和提高工作，优先考虑骨干教师的培养。要规范管理，严格执行课程计划，提高课堂教学质量。

撰稿 张永凯 任 彧

职业教育

〔**综述**〕 1998年，北京市普通中专学校招生比上年增长5.3%；在校学生比上年增长13.3%。职业中学中独立设置的职业高中94所。有技工学校141所，招生25 275人，毕业生18 895人，在校生64 878人，教职工7 900人，专任教师3 711人。全市中等职业学校招生、在校生分别占高中阶段招生、在校生总数的66%。高等职业教育招生2 126人，其中招收中等职业学校毕业生806人。

〔**教学改革**〕 1998年，市教委制订《北京市面向二十一世纪深化中等职业教育教学改革的意见》、《北京市中等职业学校德育工作纲要》，召开了职业教育教学改革经验交流会议。在部分职业学校试点创业教育，北京市农业学校等10所学校被确定为试点校。除使学生具备必要的知识技能、职业道德、身心健康等素质外，还使学生了解并初步具备独立开业的必要社会知识、本事，具备创业的意识，心理素质，学习掌握经营管理、社会道德、信息收集与处理等从业能力。中等职业学校教务管理软件编制完成，已经在全市重点职业学校启用，为全市职业教育教学工作网络管理准备了条件。

撰稿　时雅卿

〔**世行贷款项目工作**〕　6月，北京市组织世界银行贷款第二个职业技术教育发展项目的前期论证工作。11所备选学校经主管区县政府，局、总公司同意后向市教委提交申请书和可行性研究报告。市教委贷款办在市计委同意立项、市财政局作出对475万美元贷款承诺后，向国家教委、国家计委、财政部和世界银行上报了申请书和可行性研究报告及有关数据。北京市人民政府向教育部提出正式申请。11月教育部与国家计委、财政部同意申请。12月2日教育部、财政局和计委通过了北京市申请贷款的可行性报告。该项目国内配套资金3 965万元人民币，装备的11所中等职业项目学校是：北京无线电工业学校；北京市汽车工业学校；北京城市建设学校；北京市农业学校；北京市化工学校；北京市建筑材料工业学校；北京市信息管理学校；北京市黄庄职业高中；北京市求实中学；北京市昌平农村职业学校；北京市怀柔第一职业高中学校。

撰稿　李　敏

〔**规范学籍管理**〕　1998年，市教委组织、修改印发《北京市职业高中、职业中专学校学籍管理办法》。该办法规范了学籍管理文件表格；加强对学生转学、转专业的管理；建立毕业生验印，新生注册制度；加强区县初审制、专人负责制。办法的实施杜绝了随意性，突出了学校和区县的责任，使毕业生验印和新生注册工作顺利完成。

撰稿　高增茹

〔**评估骨干示范学校**〕　1998年，启动骨干示范职业学校评估工作。专家组对30所普通中专、职业高中进行评估，经评估，确定北京市骨干示范学校共20所，其中：中专骨干示范学校5所、示范学校3所；职业高中骨干学校8所、示范学校4所。

撰稿　任继文

〔**开发教务软件**〕　1998年，为促进各中专学校教务管理水平的提高，使中等学校教务管理科学化、规范化、现代化，北京市组织研制开发了教务管理软件。软件包括了教学管理中的计划管理、师资管理、质量管理、设备管理、教材管理、专业管理6个方面，能够依据任意条件自动生成近50种教务管理所需报表，具有一定的统计功能。软件已正式在中等职业学校推广应用。

撰稿　李　敏

高 等 教 育

〔**综述**〕 1998年，北京普通高等学校在校本专科学生比上年增长8.75%，其中，本科在校生比上年增长10.94%；本专科招生比上年增长9.46%，其中，本科招生比上年增长11.34%；高等学校具有高级以上职称的教师比上年增加518人，具有副高级职称以上的专任教师所占比例由上年的46%提高到48.32%；在校研究生、本科生、专科生之比为1：4.81：0.84。

〔**管理体制改革**〕 北京市为贯彻落实《国务院关于调整撤并部门所属学校管理体制的决定》，根据教育部、经贸部、国家计委、财政部《关于调整撤并部门所属学校管理体制的实施意见》，北京市与中央有关部委达成了协议共建和接收北京科技大学、北京化学工业大学、北京商学院、北京物资学院、北京轻工业学院、中央工艺美术学院、北京服装学院、北京机械工业学院、北方工业大学9所原部属学校，以北京市为主管理。这一调整，使北京高等学校的布局结构发生了较大变化，对首都经济和社会发展具有重要意义。

〔**教学改革与管理**〕 根据教育部印发的《普通高等学校本科专业目录》，及部署实施普通高等学校现设本科专业整理与设置数核定工作，市教委对北京地区普通高等学校本科专业基本情况进行了调查。在教育教学改革试点立项工作中，根据《北京市高等学校教育教学改革试点立项管理办法》，经学校申请和专家评审，决定批准39个项目为北京市高等学校第三批教育教学改革试点立项项目；同时在对第一、第二批教改立项项目进行检查的基础上，批准23项水平较高、特色突出的项目为北京市高等学校第一批教改立项滚动支持项目；在第三批教改立项项目和第一批教改立项滚动支持项目中有高等职业教育类项目11项。第三批教改立项项目共涉及24所高校，第一批教改立项滚动支持项目共涉及17所高校。通过三年的立项工作，全市教改立项共231项，涉及北京地区54所高校，共有2600多名教师和教学管理人员参加立项研究工作，各校的校级立项工作也开展起来，调动了广大教师关心教改、参与教改的积极性和主动性，对全面提高高校教育教学质量起了重要作用。同时，针对毕业教学质量滑坡的问题，对普通高校本科毕业教学环节质量状况进行检查。按照教育部的要求，把这一工作列入本年度重点任务，成立了普通高校毕业设计（论文）检查工作指导小组和专家组，具体负责检查实施与落实。共抽检28所工科学校15个专业的503份毕业设计，非工科类40所学校120个专业的毕业论文1 000份。通过检查，增强了学校对毕业环节的重视，建立健全了评价机制。另外，聘请专家组对北京工业大学等6所高校的大学英语教学工作进行检查，组织一年一次的非计算机专业计算机应用水平测试。

1998年，北京市组织了两次《高等学校教学管理要点》培训班，对高校45岁以下的教务处长和副处长和在高校教学管理第一线的同志进行培训；5月举办了教学副校长及教务处长共160人参加的教学工作研讨班。41所高校制订了学校教学工作的基本思路和措施。

〔**高等职业教育**〕　为优化高等教育结构。到1998年，市教委对北京联合大学、北京青年政治学院等市属高校举办高等职业教育实训基地教学设备经费投入达2 100余万元。已经建成并进入正常运转步入良性循环的实训基地1个，正在建设中的实训基地6个。年内投入建设的实训基地2个。在高等职业教育改革中加强了"双师"型师资队伍建设和高职教材的探索与建设。北京工业大学电子工程专业和计算机应用专业、北京联合大学信息工程学院计算机应用专业、中医药学院中药制剂专业当年的高职毕业生，就业率达到100%。

撰稿　王海平　林　虎　李同铮

〔**"211工程"立项**〕　1998年9月24日～25日，北京工业大学完成"211工程"专家组的立项论证和审核。市计委于12月16日正式批复该校"211工程"立项。同时，北京工业大学作为北京市属重点大学，将申请在国家"211工程"立项。至此，北京18所高校全部完成"211工程"立项，它们是：北京大学、清华大学、人民大学、北京师范大学、北京科技大学、北京邮电大学、北京理工大学、北京交通大学、北京化工大学、北京工业大学、中国农业大学、北京林业大学、北京医科大学、北京中医药大学、北京外国语大学、中央民族大学、对外经济贸易大学、北京航空航天大学(注：首都师范大学属于地方建设的"211工程"的学校，未包括在18所学校之内)。其中15所高校已完成在国家的立项。

市政府在"九五"期间，将投入2.9亿元，重点支持北京工业大学"211工程"办学条件及学科、教学等建设。

撰稿　李同铮

〔**教学状况调研与评价**〕　1998年，市教委组织专家对普通高校课堂教学状况进行调研和检查，促进学校以课堂为中心，强化质量意识，抓教学质量措施与制度的建立和完善。上半年选择4所高校进行试点，下半年组织各学科专家60名对48所普通高校的课堂教学进行调研，共听课1 997节次，收回专家和学生问卷13 000多份。调研结果是：总平均分为4分，其中4分以上的学校17所，4分的学校9所，4分以下的学校17所。教学质量总体情况较好，但也存在问题，如部分学校领导对教学工作不够重视，一些新建高校教师的数量质量与形势发展不相适应；部分学校课堂教学的硬件比较差等。有关方面正采取措施解决。

年内，教育部对中国人民公安大学、北京建筑工程学院、北方工业大学、北京农学院和北京物资学院进行本科教学工作合格评价。上述5所学校为此评价共投入7 161万元，其中，上级投资4 440万元，学校自筹2 721万元。通过专家评价，5所院校均已进入整改阶段。

撰稿　张树刚　任　彧

成人教育

〔**综述**〕　1998年，北京地区成人高等学校中有独立设置成人高校73所，普通高等学校举办函授夜大学63所；在成人高校中，有市属学校58所，其中独立设置39所，函授夜大学19所。北京地区成人高校在校生中，部委属成人高校学生15.14万人，市属成人高校学生7.6万人，其中独立设置成人高校学生2 633人，函授夜大学学生15.49万人。成人高校在校生中，本科生3.29万人，专科生19.46万人。

1998年，北京成人教育围绕发展首都经济，推动各项改革，促进社会全面进步对专门人才和劳动者素质的需求，积极开展各种形式的教育；以建立终身教育体系和成人教育制度为目标，加快成人教育的各项改革；努力建立适应社会主义市场经济体制的成人教育运行机制。

1998年，全市接受成人教育总人数达到430万人次。其中职工参加岗位培训、教育人数170万人次；农民参加各种培训70万人次；社会力量办学就学人数171万人次；全年高等教育自学考试报名32万人，共75万科次。其中，6 327人获专科学历，960人获本科学历。

撰稿　吴晓川　张有声

〔**启动培训工程**〕　2月，北京市印发《关于1998—2000年实施北京市成人教育培训工程的意见》，提出全面实施成人教育5项培训工程的具体目标和任务。有13个区、县召开了成人教育工作会，制定、印发本区、县三年成人教育培训工程实施方案。一些区、县还划拨了成人教育培训工程专项经费，增加了投入力度。各行业、部门也都制定了工程的年度实施计划。市工业系统培训大中型企业领导干部4 200余人，各区（县）成人教育部门开展中高层次管理干部培训和专业紧缺人才培训45 000人次；教育系统培训企业下岗、待业人员9.63万人，其中40所院校免费培训下岗人员6 783人；全市乡镇企业共有72 500人参加各类教育和培训，800余名大专文化层次的乡镇企业主要管理人员、技术人员和2 100名中等文化程度的乡镇企业专业技术骨干接受培训；30 000人次参加“绿色证书”培训，13 000人取得证书，对20万人开展了农村实用技术培训，其中1 400名农业技术人员接受提高培训；推广了崇文区抓基地网络建设，发挥街道市民学校在市民素质提高培训工作中的积极作用，以及组建师资队伍，进行教材建设等成功经验。全年参加全国计算机等级考试人数达19.5万人，其中11万人取得了国家1—4级等级证书。

撰稿　吴晓川

〔**学历与继续教育**〕　1998年，北京市报考各类成人高校人数达到94 000人，录取34 410人；各类成人高校招收第二学历大专生10 000人，广播电视大学招收注册视听生5 800人；成人中专全年招生26 000人，其中参与普及高中阶段教育，招收应届初中毕业生6 600人；成人高中招生6 000人。全市开展了工人的技术等级培训及各种类型的资格性培训；各企业、事业单位开展了对专业技术人员的知识更新、补充和知识结构调整的继续教育，全年参加继续教育的人数达48.3万人，占专业技术人员总数的80%。其中，培训成人教育管理干部450人次，培训教师2 400人次。

撰稿　刘金和

〔**教育教学改革**〕　1998年，北京市继续推动企业教育综合改革，以30家企业教育综合改革试点为龙头，在优化企业教育资源配置，完善企业教育运行机制等方面作了新的尝试。继续推动农村教育综合改革，结合实施成人教育培训工程，开展农村科技推广项目培训，完善了培训基地建设，促进农村地区三级办学网络的建设，加强示范乡校的建设。市教委、农林办、科委联合印发《关于进一步加强农村教育综合改革的意见》及《关于北京市村办成人学校的管理暂行规定》，促进农村地区“三教统筹”。

推进成人高等、中等学校的教育教学改革，成人高校高等职业技术教育改革试点专业扩大到109个，加快独立设置成人高校向高等职业教育方向发展，在培养目标，课程体系、教学内容以及教学方法上进行了多项改革试点，加强实践性教学环节，突出职业技能训练，推动教学、科研、生产（经营）紧密结合；以财务会计、计算机应用和企业管理3个专业为突破口，推进成人中等专业学校的教育教学改革，扩大试点学校，完善计算机管理系统，研制管理软件。

继续进行成人高等学校和成人中等专业学校管理体制和办学体制的改革，组织成人高等教育及成人中等教育结构调整和教育资源优化配置的调研，提出综合调整的初步方案。建立面向行业的紧缺人才培训网络，面向企业和农村的成人高等和中等职业教育网络，面向社区的成人高等和中等教育网络等，推进行业、企业成人高校向高等职业教育转轨，区办成人高校向社区学院转轨。

〔**教学管理与专业建设**〕　1998年，北京市进一步规范各类成人院校的办学行为。颁发了成人高校、成人中专15个专业的指导性教学计划，完善新增专业的审批论证制度；有计划地推出成人高校、成人中专部分专业的基础课和专业基础课示范性教学大纲；建立了学科专业教材编审委员会，完成成人高校、成人高中部分基础课教材的编写和修订工作；组织研制成人高校专业计算机管理信息系统；组织专家对成人高校、成人中专特色专业进行评估，共评出成人高校特色专业13个，成人中专特色专业14个，以特色专业建设为龙头，带动成人教育专业水平不断提高。

撰稿　吴晓川

〔**社会力量办学**〕 1998年，北京市制定印发了《关于民办高等学校的设置暂行规定》、《关于社会力量办学中等以下教育机构设置的规定》、《关于规范社会力量办学举办者资格的通知》等有关文件，使社会力量办学进一步做到有章可循。结合换发教育部统一印制的社会力量办学许可证，进一步规范了社会力量办学管理。在全市各区县普遍开展了对社会力量办学的评估工作，组织专家对上年民办高校评估中的基本合格校和缓评校进行了复评，共复评学校27所。对29所民办中小学、幼儿园的办学情况进行检查。组织编写了部分统考课程教学大纲，并研制了学历文凭考试学校学生学籍管理计算机系统。举办了助学性学历教育、职业培训和社会文化生活教育。

到1998年，有民办中小学、幼儿园共63所（个），民办公助学校31所。

撰稿 吴晓川 刘大立
审稿 袁贵仁

天津市教育

概　况

〔基本情况〕

1998 年各级普通学校基本情况

单位：人

学校类别	学校数(所)	毕业生数	招生数	在校学生数	教职工数	
					计	其中专任教师
一、普通高等学校	20	20 109	25 931	85 062	25 655	9 496
研究生	(13)	1 767	2 253	6 411		
本　科		11 125	17 556	61 542		
专　科		7 217	6 122	17 109		
二、中等专业学校	85	16 872	27 427	87 233	10 616	5 443
中等技术学校	75	14 026	23 853	77 735	9 243	4 765
中等师范学校	10	2 846	3 574	9 498	1 373	678
三、普通中学	731	168 768	197 559	523 111	52 134	37 223
高　中	198	25 410	37 726	100 081		7 534
初　中	533	143 358	159 833	423 030		29 689
四、农业、职业中学	139	22 852	28 069	75 643	5 777	4 785
高　中	139	21 721	27 762	74 725		4 753
初　中		1 131	307	918		32
五、工读学校	3				142	69
六、小　学	2 841	166 618	115 988	826 732	60 500	49 420
七、特殊教育学校	26（含特教班 5 个）	536	355	2 894	767	540
八、幼　儿　园	274	14 763	11 982	39 717	7 252	3 886

制表　李天芦　王光廷

1998年各级成人学校基本情况

单位：人

学校类别	学校数(所)	毕业生数	招生数	在校学生数	教职工数 计	教职工数 其中专任教师
一、成人高等学校	42	19 784	22 721	65 316	7 452	3 662
广播电视大学	1	3 882	4 769	12 994	1 116	407
职工高等学校	32	5 602	5 626	16 609	4 530	2 526
农民高等学校						
管理干部学院	8	2 213	2 101	4 791	1 389	500
教育学院	1	1 259	975	2 849	417	229
独立函授学院						
普通高校举办：						
函授部		2 786	3 524	11 639		
夜大学		3 102	4 147	13 494		
成人脱产班		940	1 579	2 940		
二、成人中等专业学校	102	18 209	25 597	56 910	4 365	2 185
广播电视中专	2	3 220	2 228	4 956	180	88
干部中专	15	3 891	6 624	14 071	634	240
职工中专	58	8 548	15 196	33 236	2 491	1 285
农民中专	9	2 550	1 549	4 647	115	82
函授中专						
教师进修学校	18				945	490
三、成人中学	26	4 087	6 464	14 630	253	118
职工中学	19	3 666	6 113	14 156	218	90
农民中学	7	421	315	474	35	28
四、成人技术培训学校	2 921	581 806	605 098	91 407	2 036	984
职工技术培训学校	66	39 726	44 734	15 540	525	298
农民技术培训学校	2 855	542 080	560 364	75 867	1 511	686
五、成人初等学校	3	851	879	253	17	13
职工初等学校						
农民初等学校	3	851	879	253	17	13
其中：扫盲班						

制表　李天芦

〔**年度工作方针**〕 1998年，天津市教育工作的基本思路是：高举邓小平理论伟大旗帜，全面落实党的十五大和市委六届八次全体（扩大）会议精神，解放思想，开拓进取，使教育改革实现大的突破，教育发展保持好的势头，推动天津教育改革和发展迈出新步伐，开创新局面，再上新水平。

市教委确定1998年度教育重点工作是：(1) 学习邓小平理论要形成新高潮。教育系统各级领导干部要带头形成认真学习邓小平理论的风气，发扬理论联系实际的好学风，突出重点，讲求实效。切实抓好邓小平理论"进教材、进课堂、进头脑"的工作。(2) 基础教育要深化改革取得新成效。继续大力推进素质教育，进一步调整农村学校布局，积极推进市区学校布局调整工作。要在深化办学体制改革同完成治理薄弱校三年规划任务及"民办公助"、"公办民助"学校财务、校园、校舍独立结合方面，实现新突破。(3) 积极发展各种形式的职业教育和成人教育。选择好办学体制改革试点，由教育部门同行业、企业对学校实行"共建共管"。推进职业大学与成人高校联合办学，发展高等职业教育。积极进行职业教育、成人教育"国有民办"试验，引入民办学校办学机制。加快结构调整，改革培养模式，努力建设好一批重点专业或骨干专业。(4) 高等教育要深化改革，办出新水平。要继续支持、推进南开大学、天津大学和天津医科大学的"211工程"建设，继续实施高校基础实验室建设等重点建设项目，大力推进高校间的联合与合作，积极与有关部委商定天津轻工学院、天津纺织工学院、天津商学院的领导和管理体制改革。要认真实施高校面向21世纪教学内容和课程体系改革计划，努力提高人才培养质量和办学水平。(5) 教育要主动服务经济建设主战场，为天津发展作出新贡献。加大、加快"产学研"结合的步伐，加快学校科技产业，首先是龙头产业的集团化建设，支持天津大学天财集团、南开大学允公集团和理工产业集团加快规模化、国际化的进程。校办产业要按照建立现代企业制度的要求，实行所有权和经营权分离，使校办产业由"校办"转变为"校有"。(6) 推进学校后勤服务社会化，继续加快高等学校供热集约化和管理专业化进程，加快教职工住宅和学生宿舍公寓化进程。(7) 尊师重教。继续为教师办好实事，加强教师队伍建设，建立有利于教师培养、凝聚和使用的激励机制。(8) 进一步深化教育机构改革，把教育服务工作提高到新水平。各级教育行政部门都要进一步转变职能，提高效率；转变工作作风，提高服务水平。进一步加强教育宏观管理职能，为建设全国教育先进城市创造新的条件。

1998年10月19日～22日，中共中央政治局常委、国务院副总理李岚清和教育部部长陈至立到天津视察天津大学、天津轻工业学院等校。李岚清要求要继续推进高校管理体制改革，提高教育质量。并说国家要大力投资，解决高校青年教师住房，使他们安居乐业，为教育事业作贡献。

撰稿 李霞理 研

〔**教育投入与支出**〕 1998年天津市各级各类教育总收入39.55亿元，其中，国家财政性教育经费26.97亿元（含预算内教育经费23.04亿，各级政府税收用于教育的税费2.57亿元，企业办学经费0.56亿元以及校办产业、勤工俭学和社会服务收入用于教育的经费 0.8 亿元)，社会团体和公民个人办学经费 2.45 亿元，社会捐集资办学经费 0.29 亿元，事业收入 8.26 亿(含学杂费 4.04 亿元)，其他收入 1.58 亿元。

1998 年，各级各类教育总支出 37.5 亿元，其中，预算内教育经费支出 21.7 亿元(含教育事业费拨款支出 20.37 亿元)，其他来源用于教育的支出 15.8 亿元(含学杂费支出 5 亿元)。

撰稿　闫学元　陈　林

〔**教育科研**〕　1998 年，天津市教育科研工作贯彻落实《天津市教育委员会关于加强教育科学研究工作的若干意见》精神，取得了良好的效果。年初，根据《天津市教育科学研究"九五"规划课题指南》，全市申报 373 项课题，经专家组审定、批准立项 192 项，其中重点课题 91 项(综合宏观性课题 24 项、基础教育研究课题 44 项、高等教育研究课题 13 项、成人职业教育研究课题 10 项)，规划课题 101 项 (综合宏观性课题 26 项，基础教育研究课题 54 项、高等教育研究课题 12 项，成人、职业教育研究课题 9 项)。各课题组正在组织实施课题研究工作。

市教科院 1998 年承担各级各类课题 52 项，其中国家部委级重点课题 17 项，市级重点课题 23 项，院级重点课题 12 项。全院年度完成各类教育科研成果 216 项，其中，公开发表论文 110 篇(核心期刊发表 36 篇)；出版专（编）著、教材 59 部。完成了一批颇具份量和影响的科研成果。《中小学生双休日状况调查与对策研究》等两项课题获 1998 年度天津市优秀调研成果三等奖；《关于进一步推动我市素质教育发展的调查研究》等 4 项课题获 1998 年度天津市哲学和社会科学联合会优秀成果奖；《多元化办学体制与导向问题研究》等 4 项课题获天津市委教卫工委优秀调研成果奖；《天津教育发展二十年》课题获天津市委宣传部优秀科研成果三等奖。

撰稿　余强基

〔**全市教育系统募捐支援灾区**〕　1998 年，长江中、下游地区，嫩江、松花江流域及部分地区遭受特大洪水灾害，天津教育系统及社会各界纷纷伸出援助之手，捐款、捐物支援灾区。

9 月 8 日，天津市委、市政府在教育系统举行赈灾音乐会。在音乐会上，全市各级各类学校踊跃捐款、捐物，支援灾区，共捐款 11 677 489.69 元。9 月 10 日在教育部组织的赈灾义演晚会上，天津市优秀教师杜蕴珍代表全市教育系统近 200 万师生员工将 700 万元（其中 650 万元为师生捐款，50 万元为天津市中、小、幼教师奖励基金会捐款）在演出现场捐出。根据教育部安排和市领导指示，将余款中的 200 万元用于由天津市对口支援重庆市万州区灾区，100 万元用于支援蓟县灾区学校的重建，120 万元捐赠给教育部指定对口支援的黑龙江重建 4 所小学。其余的全部用于支持在津学习的来自灾区的特困学生的日常生活和学习。

撰稿　田松君

基础教育

〔综述〕 1998年1月8日，天津市普教系统召开工作会议确定全年主要工作任务是实施“六优”工程（详见“基础教育”部分的“素质教育”条目），全面推进素质教育，以适应天津市经济建设和“科教兴市”的需要。到1998年，天津市小学适龄儿童入学率接近100％，小学毕业生全部升入初中。义务教育阶段的残疾儿童入学率继续保持在95％。高中学段入学率全市达到83％（其中市内6区入学率连续3年超过96％），普及率比1997年提高两个百分点。农村高中阶段入学率达到75％。1998年普通高中教育与中等职业技术教育结构比例调整为3.2∶6.8。为加快普及高中阶段教育步伐，市教育局又推出新措施，主要是实行高、初中分离办学，1998年又有14所完全中学改为高级中学，使全市独立建制的高级中学总数达到32所。

1998年，全市共有托幼园所3 528处，入托、入园幼儿总数为220 422人，入托、入园率为74.91％。其中3岁以下入托幼儿7 339人，入托率为4.30％；3岁以上入园幼儿213 083人，入园率为73.68％，比上年增长3.98个百分点。农村地区学前一年入园（班）人数为63 309人，入园率103.61％，学前二年入园（班）人数52 206人，入园率83.16％，学前三年入园（班）人数21 221人，入园率36.10％。

基础教育各级各类学校办学条件有新的改善。中学教育装备，城区基本达到国家一类标准；农村基本达到国家二类标准，其中有20％的学校达到国家一类标准。小学教学装备水平也有不同程度提高。全市中小学实验教学普及率，分别达到81.4％和87.7％。天津义务教育规范乡镇由上年建成的88个增加到1998年138个，占农村乡镇总数的62％。农村新建学校达594所，总建筑面积213.5万平方米；农村学校布局调整，总投入达到14.33亿元，乡镇中学的更新改造任务已基本完成。从1998年起，全市小学改革考核办法，取消百分制，实行等级评定，用“等级＋特长＋评语”全面评价学生。

基础薄弱校治理工作成绩显著，1995年确定的三年治理243所薄弱校的任务，到1998年底已全部完成。三年中，市、区、县对薄弱校共投资9 000余万元，派遣干部、教师近千名，基础薄弱校的面貌有了显著改观。

〔教育督导〕 截止到1998年底，全市18个区县全部建立了教育督导机构。全市有教育专职督学135人，兼职督学242人，特邀督导员71人。市教育局提出全面推进素质教育的工作部署，把落实素质教育列为全年督导工作的重点。根据天津市实施《区县素质教育工作评估方案（试行）》意见，对和平区、南开区、红桥区、塘沽区、汉沽区、东丽区、西青区、宝坻县、蓟县9个区县进行了督导检查。各区县在教育督导推进素质教育方面有以下共同特点：一是各区县政府把素质教育都纳入本地区经济和社会发展的"九五"计划和2010年远景规划。二是建立健全实施素质教育的保障机制。三是加大教育投入，基本做到以财政拨款为主，多渠道筹资为辅的体制。四是认真开展"两基"督导评估和"五查"验收工作。

为进一步加强督导评估工作，市教育局于3月13日在大港区召开了"构建督导评估机制，推动区域性素质教育工作现场会"，会上大港区政府、区教育督导室、中塘镇政府、公安局以及大港第一中学、油田第一中学等分别介绍了经验，10月6日～7日，又召开了"天津市第三届教育督导工作经验交流会"。有8个单位（个人）介绍了督导评估工作经验。1998年，河西区人民政府教育督导室、蓟县政府督导室被评为全国教育督导先进集体；和平区政府教育督导室副主任高志清、南开区政府教育督导室副主任王思敏、市教育局督导室副主任吴功森被评为全国教育督导先进工作者。

〔**素质教育**〕 1998年，市教育局从六个方面推出实施素质教育的改革措施，即"六优工程"：首先是优化教育思想，继续深入开展教育思想大学习、大讨论，使广大干部、教师明确素质教育的意义、内容和要求，将教育思想、教育观念真正统一到素质教育上来。二是优化招生制度，改革小学升初中办法，已有12个区县全部实行免试就近升入初中。取消市内6个区的小学毕业片内联考，小学毕业考试放到学校，毕业生免试就近升初中，公办校保证每个小学毕业生在初中都有一个位子，少量有择校愿望的学生只去民办学校；初中升高中根据天津市推动素质教育和基本普及高中阶段教育的实际，部分中专、技校和职业高中提前招生。三是优化教学过程。(1)减轻应试教育带来的学生课业过重负担，抓好课程教材建设。(2)推行"目标教学"，优化教学过程，提高课堂教学的质量效益。(3)大力开展教学科研活动，把科研成果带进课堂，提高教学质量。四是优化教育环境，加快学校布局调整，通过布局调整，使全市中小学尽快达到标准化要求。按照市政府"普九"新标准建设的规范化乡镇到1998年底已达到138个，占全市乡镇总数的62%。1998年底，农村地区的学校布局调整任务已基本完成。五是优化评估体系。按照市政府批转下发的《区县实施素质教育的督导评估方案》和《各类学校实施素质教育的督导评估方案》，建立和完善区县和学校实施素质教育的保障机制。评价工作突出三个关键环节，(1)对学校评价改革，广泛创建"三A"学校活动，保证每个学生德、智、体全面发展。(2)深化学生评价改革。取消小学低、中年级留级制度，严格杜绝排挤后进生的做法；推行"学生素质水平发展报告书"，取消百分制改行等级制；操行评定取消等级，改革评语。(3)在1997年市教育局制定的校长评价办法基础上，结合全员聘任制的试点制定教师评价办法。至此，学校、校长、教师、学生各个层面的评价体系已初步形成，素质教育的保障机制得到完善。六是优化干部和教师队伍。(1)突出抓师德建设，连续4年开展了以"敬业、爱生、奉献"为主题的师德建设活动，使教师真正成为学生做人的表率。(2)提高教师教学和科研能力的业务素质，培养一专多能的复合型青年骨干教师和学科带头人。(3)建立竞争上岗，能者多劳，多劳多得的激励机制。在全面推进校长负责制、岗位责任制、目标责任制、结构工资制的基础上，试行全员聘任制和校长职级制，明确校长作为法人代表的权利、义务和责任，促进干部能上能下、能进能出。继续举办校长高级研修班，对校长进行系统培训，大胆启用年轻干部，到年底，全市中小学都配备有40岁以下的校级领导干部。

〔**校长、教师队伍建设**〕 为加强全市中小学校长（幼儿园园长）队伍建设，连续数年把中小学校长培训工作列为“八五”、“九五”普九评估的一项重要内容。中小学校长实行持证上岗制度。到1998年上半年，中小学校长岗位培训工作全面辅开，全市共举办校长岗位培训班13个，培训新任校长和后备干部528人；举办继续提高培训班10个，培训校长440人。此外，根据需要对学校中层干部（包括人事、党务干部）262人进行了岗位培训。同时，市教育局与师范大学教育系联合举办了幼儿园园长研修班，请国内外专家、教授讲授学前教育新理论、新管理经验。参加研修班的园长132人。

1998年，全市普教系统中学、小学、职业学校任课小学教师学历达标率达到97%，高一层次学历教师的比例达到18%，还有12%的人正在进修专科学历；初中教师具有本科以上学历的和正在进修本科学历的占初中教师总数的26%。另外，参加硕士研究生进修班的人数由1997年的400人，增加到1998年的762人，还有107人参加教育部首次批准举办的在职教师攻读硕士学位招生考试，其中84人被天津师范大学录取。全市幼儿教师达到大专学历的占10.37%，达到中专学历的占56.12%。其中市内六区达到大专学历的占16.93%，达到中专学历的占68.62%。

为加速提高中小学教师的教育理论、业务水平、政治素质和学历层次，从以下几方面加强了工作：(1) 采取多种形式、多种类型培训教师。1998年，参加院校系统培训人数27 505人，其中小学教师13 036人，中学教师13 042人，幼儿教师800人。有1 826人参加了骨干教师培训，1 580人参加了计算机培训。另有1 312名小学教师参加成人高考被录取进修高师专科；511名初中教师被录取进修本科。截止到1998年底，参加第二周期（1996～2001年）继续教育人数已达64 096人，完成率为74%。(2)加强教师职业道德教育。市教育局制定印发了《关于优化教育思想，大力推进素质教育的意见》，教师培训开设了“素质教育理论与实践”课程和开展“素质教育基本知识”答卷活动。结合贯彻教育部《关于在教师继续教育中加强教师职业道德教育的意见》精神，采取新教师培训先抓师德；岗位培训必修师德；学科教学渗透师德，各项培训活动从师德抓起的做法。(3) 从加强基本功训练入手，提高教师学科教学能力。市教育局于4月和11月两次召开“学科教学基本功训练和课堂教学技能现场展示会”，组织各区县培训科科长、进修学校校长、中小学部分教师、校长参加观摩、研讨，以提高干部的培训管理水平及教师教育教学能力，促进教师队伍整体素质的提高。(4) 加强中青年骨干教师培训。依据教育部《21世纪园丁计划》精神，天津市在1998年对第二周期各级学科带头人进行初步评定，按照国家级、市级、区（县）级、校级四个层次确定各级培养人选，并在各进修院校对学科带头人等骨干教师进行重点培训。(5)加强教研工作，开展经常化教研活动。小学教研由小学教师培训中心牵头，成立了语文、数学、外语、自然、计算机和综合课等6个小学教师继续教育学科教研组，开展教研活动。(6) 健全培训制度。1998年，坚持教师职务评聘与继续教育证书挂钩的制度；建立和实行培训工作先进单位、先进个人评选奖励制度。

〔**德育工作**〕　1998年9月28日，市教育局召开了“天津市中小学贯彻落实《中小学德育工作规程》推动大会”，并制定发出《天津市贯彻中小学德育工作规程实施意见》和《天津市贯彻中小学德育工作规程实施办法》，使中小学德育工作更加规范化、科学化。1998年是周恩来总理、刘少奇主席诞辰100周年，以此为契机，在全市普教系统各级各类学校（幼儿园）开展了纪念周恩来、刘少奇诞辰100周年征文、演讲、座谈等活动；同时，在中小学生中开展“读书知识大赛”和以迎澳门回归为主题的“爱祖国、爱澳门”读书系列活动以及“心系灾区、情满校园”主题教育活动；还结合1月15日天津解放50周年，开展“爱我津城，立志成才”教育活动。通过以上活动，使中小学生从中受到爱国主义教育和革命传统教育以及热爱祖国、热爱家乡的教育。

在热爱家乡的教育中，把培养青少年绿色文明意识，列为教育的内容，教育学生为改善家乡的生态环境作贡献。武清县在县团委、县教委、县绿化委办公室的倡导下，组织青少年开展了“绿色未来行动”工作。发动学生植万株树，营造各种各样的纪念林。在绿化家乡、绿化祖国植树造林活动中，使学生受到教育，提高文明意识和素质。

加强对学生的法制教育。一是充分利用广播、校报、橱窗、展牌等宣传工具设立法制教育专版专栏，向学生宣传有关法律知识。二是利用课堂主渠道进行法制教育。要求教师不仅要向学生传授法律知识，还要教育学生自觉学法、守法、用法律维护自己的合法权益，规范自己的言行，同违法违纪行为进行斗争。三是聘请司法部门的司法人员到校作报告、开座谈会，利用典型案例剖析，有针对性地对学生进行法制教育。四是有些学校组成由学生干部参加的法制宣传小组，在学法的基础上深入街、乡村、户宣传法律常识，在提高当地群众法律观念和守法意识的同时，学生自身受到教育。

〔**民办教育**〕　天津市以政府办学为主，社会各界参与的民办教育办学体制改革进一步深化。一是进一步规范民办公助学校的办学行为，发挥民办公助学校的优势，落实“四独立”（独立的事业法人，独立的财务管理，独立的教育教学管理，独立的校舍）的办学原则。二是积极吸引社会力量办学，进一步发展多体制、多形式的办学模式，形成多体制办学格局。三是打破旧的办学格局，探索联合办学的路子。到1998年底，普教系统批准建立的197所民办学校中，有小学51所，在校生24 297人；中学112所，在校生66 344人（1998年批准建立4所民办公助高级中学）；职业学校34所，在校生9 967人。非义务教育阶段民办教育也在稳步发展，1998年底，民办幼儿园和学前班发展到2 557所（班），占全市幼儿园、学前班总数的72.48％。

市、区（县）各级政府和教育行政部门将民办教育学校法制化、规范化建设列为管理工作的重点。在规范化办学中，校舍独立和校园独立难度较大，但在各级政府大力支持下，到1998年底，市区民办初中校舍校园独立的达到92%。小学校舍和校园独立的达到77.8%。

〔**改善教师住房条件**〕 天津市委、市政府年年把加快教师住房建设、改善教师住房条件，作为尊师重教“科教兴市”的重点工作来抓。从1995年至1997年三年内普教系统累计完成建房投资8.68亿元，其中市财政安排专项补贴2.66亿元，累计建设教师住房94万平方米。1.31万户教职工迁入新居；另有6 600户教职工住房条件得到改善，人均居住面积由1994年底的6.35平方米，提高到1998年底的7.85平方米，有些区教师人均住房面积超过8平方米，北辰区已达9平方米。市委、市政府在完成解决教师住房问题第一步任务的基础上，提出了解决教师住房问题的第二步奋斗目标，到本世纪末，全教育系统再建教师安居商品房99万平方米。

〔**校办产业**〕 市教育局颁发了《关于进一步推进校办工业企业改革的意见》，根据国务院对工业企业“抓大放小”的方针，对骨干校办工业企业实行倾斜政策，在人才、场地、资金上给予扶植；对小型企业采取入股合办，委托经营、企业兼并等各种方式放开搞活。为了加强管理，市教育局下发了《关于组建区县校办产业管理委员会》的文件，要求各区县对校办产业加强领导，切实管好，积极推进校办产业的改革和发展。从1997年开始，对中小学校办产业的经济结构进行了调整，由1 236家，调整为1 012家。到1998年调整后的主要行业有机械加工145家，占总数的14.33%；印刷行业82家，占8.12%；塑料制品行业71家，占7.02%，化工行业75家，占7.4%；服装行业43家，占4.25%；汽车配件行业47家，占4.64%；食品行业21家占2.08%；电子仪表行业21家，占2.08%。此外，还有纺织、铸造、建材、医药、饲料等行业企业。全部企业职工总数为29 046人（包括集体工、临时工）。

1998年校办工业共完成产值达139 860万元，纯利润20 301万元，补充中小学教育经费4 960万元，向国家上缴税金4 155万元。农村学校校园经济发展较好，共有农业基地372处，占地面积343公顷；小果园324处，占地面积298公顷；小养殖场28处，占地面积39.8公顷。校园经济总产值1 324万元，纯收入323万元。

撰稿 王 挥 刘 津

审稿 张凤民

职 业 教 育

〔综述〕 到1998年，全市职业高中开设27个专业门类，192个专业，其中，示范性骨干专业有计算机应用、电工、电子、服务、财经等13个。在校生1 000人以上的学校有20所，其中1 500～2 000人的学校有8所。1998年，有20所职业高中增设26个短缺或新兴专业。

1998年，天津市普通中专学校中，天津大港石油学校、天津铁路工程学校、天津无线电机械学校、天津建材工业学校属于国家级重点学校；天津第一轻工业学校等19所学校属于省部级重点中专学校。国家级、省部级重点中专学校占普通中专学校总数的27%。学校门类包括工科、农科、林科、医药卫生、财经、管理、政法、艺术、体育等。全市普通中专学校共开设289个专业，基本适应一、二、三产业对中等专业人才的需求。

普通中专教育系统按照“重在改革、重在调整、重在提高、积极发展”的工作思路，主要开展了以下工作：(1) 办学体制、管理体制改革。按照市教委工作要点提出的选择少数普通中专学校，积极进行“国有民办试点”的意见，将天津国际商务学校、天津房地产管理学校由国办校整建制转为“国有民办”学校，实行产权和经营权的分离，引进民办学校办学机制。全市有46所普通中专学校建立了产教结合管理机构，各管理机构分别由学校主管单位的主要领导、行业企业负责人、工程技术人员及用人单位组成，主要帮助学校解决师生参加生产实践、安置毕业生就业、参与专业学校改革及办学过程中遇到的困难和问题。产教结合机构成为学校联系企业的桥梁和纽带，初步形成了学校服务企业，企业依靠教育的有效机制。(2) 内部管理体制改革。坚持以人事分配制度改革为重点，绝大多数学校普遍实行“校长负责制、目标责任制、全员聘任制、结构工资制”，初步形成“上岗靠竞争，收入靠贡献”的激励机制。(3) 招生就业制度改革。在市属普通中专学校“并轨”的基础上，1998年部委属普通中专学校也实行“并轨”，全市提前二年完成普通中专学校招生“并轨”改革任务。中专毕业生就业按照国家任务生由国家安排就业，委培生由委培单位安排就业，自费生自主择业的政策执行，初步打破了国家包分配的就业制度。(4) 职业教育布局结构调整取得进展。1998年5月，市教委在宝坻县召开农村地区职业教育布局结构调整工作座谈会。市教委批准天津西青区成人中专学校与市第一职业中专学校调整合并为天津市西青中等专业学校、宁河县中专学校与县教师进修学校调整合并。在行业办学中，天津化工学校与天津职工化工学院、天津护士学校与天津职工医学院、天津药科学校与天津医药职工大学、天津市政工程学校与天津市政技工学校的调整合并工作已取得实质性进展。

(5) 教学改革。重点推动专业教学改革。市教委印发了《普通中专学校骨干专业评选条件》和《天津市普通中专学校骨干专业评估指标体系》，在天津铁路工程学校召开了“专业教学改革现场会”。各中专学校分别确定一个重点专业作为教学改革的突破口，在专业的培养目标、教学大纲、教学计划、课程结构、编修教材、考试考核等方面进行了系列改革。(6) 市教委决定从1998年开始，由天津职业技术师范学院按照单独命题考试的办法，招收市属普通中专应届毕业生，为普通中专培养师资。通过择优录取，30名考生被录取为首批师资班学生。

撰稿　王　挥　岳腾仑　李　霞

〔**确定首批市级骨干专业**〕　1998年6月，市教委发出《天津市普通中专学校骨干专业评选条件》及《天津市普通中专学校骨干专业评估指标体系》等文件。在学校自评的基础上，市教委组织专家复评组对申报市级骨干专业的中专学校进行了复评。经专家复评组审议，市教委审核确定：大港石油学校石油工程、天津化学工业学校有机化学工艺、天津机电工业学校数控技术应用、天津第一轻工业学校轻工日用化工、天津国际商务学校经济贸易外语、天津司法学校经济法律实务6个专业，为普通中专学校首批市级(A等)骨干专业；天津工业学校工业企业电气自动化、天津仪表无线电工业学校无线电技术、天津第二轻工业学校机电技术应用、天津园林学校园林、天津建筑工程学校工业与民用建筑、天津交通学校汽车运用工程、天津铁路工程学校计算机应用、天津无线电机械学校自动控制技术、天津工艺美术学校装潢9个专业被确定为市级(B等)骨干专业。

撰稿　吴兴华

〔**技工教育**〕　1998年，天津市技工学校认真贯彻《劳动法》和《职业教育法》，落实“科教兴市”的战略，坚持以改革为动力，在创新中求发展，进一步解放思想转变观念，使技工学校办成兼有职业需求预测、职业培训、职业技能鉴定、职业指导并与职业介绍紧密联系的综合性职业技能开发基地，直接有效地为天津市劳动就业和经济发展服务，为全面提高全市劳动者素质服务。

1998年，全市有技工学校136所，其中，国家级重点技工学校3所，市级重点技工学校19所。在校生49 777人，招生20 417人，毕业生12 935人，专任教师4 192人，设置专业150多个，毕业生当年就业率达90%以上。

布局调整和优化工作取得初步成效。为适应全市产业结构调整和经济发展的需要，提出了《关于优化我市技工学校布局，提高办学质量的意见》。在各主管部门的配合下，推动了技工学校的调整和优化工作。一是各技工学校在发挥第二产业专业培养优势的同时，加大了第三产业和高新技术专业的培养力度，有70多所学校开设三产和高新技术专业50多个，招生达12 900人，占当年招生总数的65%；二是以加强重点校和局(总公司)及企业集团办校等骨干校建设为重点，通过挂靠、联办、撤并等，减少独立建制学校9所。1998年占学校总数20%的骨干校，招生数占全市技工学校招生总数的48%。

初步构建了技工学校教育教学质量保障体系。制定了《天津市技工学校教育督导评估暂行规定》及《督导评估标准和实施细则》。下发了《技工学校教学管理》。同时，建立了一支专兼结合的教育教学督导员队伍，并在劳动局职业技术学校等6所技工学校中进行了督导评估试点。通过试点，探索了在市场经济形势下进一步加强技工学校教育教学，保证教育教学质量的新途径，改进和完善了服务和管理手段；并且推动了技工学校主动适应经济发展和劳动力市场的需要，不断加大教育教学改革力度，完善办学条件，建立与市场经济体制相适应的教学体制。6所试点校开设新专业24个，用于改善办学条件的投入达1 200万元，新建、改建教学建筑设施11 000平方米，购置实习实验设备200台(套)。

努力提高学生整体素质，培养跨世纪合格人才。对语文、英语、计算机等核心技能课程，实行教学计划、教材、考核“三统一”，规范了教学秩序，提高了学生适应社会发展变化，自我学习、自我提高的能力。通过军训、第二课堂、篮球联赛等一系列活动，提高了学生的思想觉悟和组织纪律性，陶冶了情操，锻炼了意志、推动了素质教育的实施。

深化招生制度改革。1998年，共有134所技工学校录取新生20 417人，比上年增长9.5%。为保证招生工作的顺利进行：一是树立“技术工人也是人才”的观念，加大技工学校的宣传力度，提高了技工学校的市场竞争力；二是在总量控制下，扩大了学校自主招生的范围和专业；三是增强服务意识，简化录取手续，高效、快捷圆满地完成了招生任务。

加强教学研究和师资队伍建设。一是借鉴德国职业教育经验，在部分学校进行了“模块式”教学改革试点；二是在技工学校系统中开展了“十节示范课”的评选活动，调动了广大教师钻研业务的积极性，提高了课堂教学效果；三是加强教材建设，有3本、6套教材被选用为全国统一使用教材，并编写修订了部分地方教材；四是组织了教务和政教科长理论研修活动，促进了学校教学和学生管理水平的提高。

撰稿　李树岭

高 等 教 育

〔综述〕 1998年，天津市高等教育系统进一步加大改革力度，加快发展步伐，管理体制、办学体制、教育教学和学校内部管理等各项改革继续深入，各项基础性建设速度全面加快，办学条件进一步得到改善，办学水平和效益明显提高，全市普通高等教育开始步入良性发展的新时期。

根据国务院《关于调整撤并部门所属学校管理体制的决定》精神，教育部会同国家计委、财政部等有关部门协商，1998年已将原中国轻工总会所属的天津轻工业学院、原纺织工业总会所属的天津纺织工业学院、原国内经贸部所属的天津商学院等3所高等学校，以及原国家建材总局所属的天津建筑材料工业学校（普通中等专业学校）划转天津市管理。接交工作已完成，从9月起已按新的管理体制运行。

天津市委、市政府进一步加强对南开大学和天津大学的共建工作力度，为两校的“211工程”、学科建设、教学评价和学校基础建设等各项工作的顺利进行创造条件。全力支持两校争取进入国家高水平大学行列。上述两校的“211工程”建设已通过中期检查；天津医科大学“211工程”重点建设的26 000平方米的教学、科研综合楼和10 000平方米的学生公寓已开工。

高校学科建设工作取得重要进展。全市高校首批9个重点学科和16个重点发展学科于1998年上半年顺利完成第一个建设周期，9月～11月，市教委专家组对这批学科进行了评估和验收。

为推进高校教学改革，市教委采取了多项措施：首先是安排专项经费启动“面向21世纪课程体系与教学内容改革项目计划”，支持教师积极参与教学改革。经专家评审，批准全市高校270项课题立项，参加课题的教师和干部达4 000余人。其中有90个课题获得市教委的经费资助，其他课题也得到学校的经费支持。1998年教改计划全面启动，部分项目取得阶段成果。其次是组织召开“第二次普通高校院校长教学改革研讨会”，20余所高校院校长、主管教学工作的院校长和教务处长共50余人参加，交流论文20余篇。三是建立“大学生素质教育研究”课题组。全市近70名高等教育研究工作者参加本课题的研究工作，课题组先后两次召开专题研讨会，共撰写论文30余篇。同时，市教委按照国家教育部颁布实施新专业目录和本科专业整理工作的部署，统一组织并指导全市高校进行专业教学计划修订工作。到年底，各高校的本科专业对应整理和核定专业数的工作已全面完成，修订教学计划的工作正在加紧进行。

研究生教育稳步发展，学位授权申报工作取得突破。在第七批学位授权审核中，天津理工学院、天津城建学院和中国民航学院新增为硕士学位授予权单位；南开大学、天津大学有8个一级学科取得学位授予权；同时，南开大学、天津大学和天津医科大学等7所高校新增10个博士学位授权点；天津大学、天津理工学院和天津师范大学等15所高校新增47个硕士学位授权点。截至1998年底，全市20所高校中已有博士学位授予单位8个、硕士学位授予单位16个。

1998年是本市高校“九五”教学基础实验室建设规划实施的第3年，截至本年底市财政已投入专项经费11 807.9万元。对高校实验室建设连续3年的高强度投入，使各高校基础实验室及实验设备上了一个新的台阶，从而大大改善了学校的办学条件。

撰稿　张福中　王润昌

〔**教育科研网校园网建设**〕 天津教科网的建设遵循总体规划、分步实施的原则，1998年实施了天津师范大学、天津医科大学、天津理工学院、天津财经学院4校校园网一期工程，于1998年5月按时完成了网格的硬件建设工作。各校除建立网络中心外还建立35个二级结点，已有700多台计算机上网。与此同时，还对天津商学院、天津电视大学和市招生考试中心的网络建设进行了规划和论证，1998年下半年进入实施阶段。根据信息港建设的要求和实际需要，在网络建设的同时，网上资源的建设也同步展开。资源建设分为公共资源建设和各校资源建设两部分。公共资源建设已建立了“当代期刊光盘库”。各校资源建设包括学校主页资源、书目数据库（35万条）和特色资源库。

同时，市教委加强了网络管理和应用人才的培训工作，并成立了教科网培训中心。1998年仅校园网一期工程的4校就培训近1 000人。教科网培训中心已被市人事局批准为天津市网络培训基地之一，作为全市教育系统的网络培训基地，负责举办不同层次的网络管理、资源开发和网络应用培训工作。

撰稿 左 卫

〔**产学研合作**〕 天津市校有企业按照“科教兴市”战略的要求，主动推进产学研合作，大力发展高新技术产业，面向经济建设主战场。1998年，全市校有企业销售收入达32亿元，实现利润4亿元，上交学校补充教育经费达1亿元，上交税金0.9亿元，高等院校销售收入为12亿元。校有企业在不断发展中摸索出一套适合天津市的典型模式：(1) 挖掘利用社会企业的设备优势，实现产学研合作。天津理工学院产业集团在研制开发高品质H酸等项目中，与市硫酸厂合作，利用该厂闲置设备，采用先进工艺和人才管理优势，生产高品质H酸获得成功。全年销售收入1.7亿元，创汇1 300万美元，实现利润2 000万元。(2) 利用社会的资金优势，实现产学研合作。南开大学戈德防伪识别公司1998年与天津科技发展总公司合作，成立股份企业，注册资金由1995年的100万元，发展到1998年的2 400万元，产值由1995年底的588万元，发展到1998年的1.2亿元。(3) 借助大企业集团运作市场的优势，实现产学研合作。天津纺织工学院的膜技术具有市场开发潜力，是填补中国空白项目，但是，受场地、设备、资金等原因的限制，长期徘徊不前。1998年初与中纺集团合资成立股份公司，中纺集团注入1 000余万元资金，使产品迅速占领国外市场。(4) 利用行业优势，实现产学研合作。南开大学与大港油田合作开发的“微生物采油”技术，提高了油田产量，使每口井增产20%。(5) 高校与企业共建开发机构，实现产学研合作。天津大学与中国石油化工总公司共建天大石化中心，中石化投资1.8亿元，利用天津大学技术，研制开发出高纯双酚A的全流程新工艺，该产品目前市场前景极好，产品尽产尽销，经济效益显著。(6) 发挥工程中心的作用，实现产学研合作。天津大学利用世行贷款成立精馏技术国家工程研究中心，由于受资金等因素困扰，始终无法产生应有的经济效益。该中心与天津开发区泰达国际创业中心合作，按现代企业制度运行，共同组建北洋国家精馏技术工程发展有限公司，从而实现了科研成果小试、中试、产业化的飞跃。(7) 利用高校自身优势，自办高科技产业，直接为经济建设主战场服务。天津中医学院利用人才、技术优势，组建集制药、物业、金融、养殖业等为一体的石天集团，该集团年销售收入达

1 亿元。(8) 利用社会人才资源，组建开放型科研所，研制新产品。天津理工学院利用退下来的专家、教授或任务不足的现编专家、教授，以定向课题为龙头，进行技术攻关，开发新产品。在 20 个定向研究课题中，已出成果 12 项，其中 ATTBASE 和 DBD 酸等化工中间体，已被美国一家大垮国公司确认，并开始定货，使理工产业集团在国际市场竞争中再次争得了主动权。

撰稿　要忠明

〔**教师队伍建设**〕　全市 20 所普通高校副教授职称以上教师共有 4 564 人，占高校专任教师总数的 48%；1998 年积极采取措施，吸引博士生 60 人，硕士生 117 人。同时，在继续广泛提高教师队伍整体水平的基础上，强化后备学科带头人和中青年骨干教师的培养工作。高校在职教师中有 85 人获得博士学位，有 166 人获得硕士学位，有 115 人参加“以同等学力申请硕士学位教师进修班”的学习，有 11 人参加“博士水平研修班”的学习，有 44 人参加国内高级访问学者培训，239 人参加“教育理论”培训，65 人参加“助教进修班”学习，134 人参加“硕士课程进修班”学习，303 人参加外语培训，1 089人参加计算机应用培训。经教育部批准，南开大学、天津大学各设置 4 个“长江学者奖励计划”特聘教授岗位。

撰稿　李　霞

〔**高校基本建设**〕　1998 年，高校基本建设的工作重点是：抓紧、抓好天津师范大学教育中心大楼、天津理工学院一期扩建工程、天津美术学院教学楼等基建工程建设；支持、推进医科大学的“211 工程”总医院门诊楼建设。上述 4 项工程被市委、市政府列入年度重点建设项目总建筑面积为 7.3 万平方米，总投资 1.48 亿元，其中市财政专项资金 1.35 亿元。天津理工学院一期扩建工程中的第一栋学生宿舍、学生食堂于 1998 年 8 月竣工，9 月即投入使用，第二栋学生宿舍及天津美术学院教学楼、天津医科大学总医院门诊楼分别于年内竣工。

1998 年，天津医科大学“211 工程”一期扩建工程、天津师范高等专科学校的艺术体育教学楼工程、天津职业大学的教学楼工程等已经市计委分别批准立项，总建筑面积为 5 万平方米，总投资为 1.237 亿元，其中，市财政专项资金为 8 500 万元，市统筹资金 300 万元，其余资金由学校筹措解决。以上 3 个项目均于年内陆续开工。

撰稿　王立志

〔**高校筒子楼改造**〕　高校筒子楼改造工程是党中央、国务院落实“科教兴国”战略的重要举措。天津市委、市政府非常重视筒子楼改造，把它看作为教师办实事、落实科教兴市战略的具体措施之一。市建委及规划、消防、园林等有关部门，认真落实国务院办公厅转发教育部、国家计委、财政部《关于加快普通高等学校筒子楼改造　改善青年教师住房条件的意见》和市委、市政府领导的指示精神，主动上门服务，多次深入学校和现场，逐个项目进行研究落实，协调解决难点问题。为简化手续，按照“急事急办”、“特事特办”的原则，在征得有关部门同意后，先开工，后补办手续，提高了工作效率，为高校筒子楼教师宿舍改造工程创造了良好的外部环境。

天津市纳入教育部筒子楼改造计划的6所部委属高校共有29栋楼，总计6.3万平方米。截至年底，17栋3.4万平方米就地改造任务已全部完成。另外12栋2.9万平方米筒子楼，因楼质较差和座落区域等因素，需落地重建或异地新建，并已于9、10月相继开工。新楼峻工后，1 500多户青年教师将迁入新居，从此告别“筒子楼”。重建新建的教师公寓比原面积新增1.3万平方米。

撰稿：于宝生

成人教育

〔综述〕 1998年，天津市成人教育工作继续贯彻“重在改革、重在调整、重在提高、加强管理、促进发展”的思路，取得新的进展。

根据天津经济结构、产业结构和产品结构调整的需要，深化成人教育体制改革，促进调整合并，增强成人学校办学活力。天津市职工纺织学院通过系统内联合，使学校办学条件大大改善，学校现占地面积6.6公顷，建筑面积达50 000平方米，仪器设备总值5 000万元。天津职工医学院通过行业内教育资源重组，使学校在原占地1.2公顷基础上翻一番，通过改革增强了学校的办学实力和活力。积极探索“国有民办”办学机制。1998年对全市成人高校、成人中专办学投资渠道等情况进行了全面调研，对基本属于自筹资金办学的学校情况进行分析，为试行“国有民办”，引入民办学校的办学机制做好了充分准备。

推动成人教育层次结构调整，积极发展高等职业教育。1998年经教育部批准同意天津职工纺织学院与天津职工仪表学院合并转制为天津工业职业技术学院。发展、规范成人高等学校高等职业教育试点班工作，在上年的基础上，1998年进一步扩大试点规模，批准32所成人高校开办81个高职专业，录取新生2 450人。

推进成人教育布局结构调整，提高办学规模和效益。促进区属职工大学在调整的基础上发展为社区学院，制定了《天津市社区学院设置暂行标准》，塘沽区、河北区、和平区新华职工大学3所区属职工大学的社区学院筹建工作已经启动，3所学校办学规模均在1 200人以上，已初步具备社区学院的条件。促进部分郊区县在调整基础上建立职业、成教中心，上半年在广泛调研的基础上，市教委向郊区县发出《关于我市郊区县建立成(职)教中心的设置标准》，并于5月召开全市会议推动此项工作，已有3个区县职业、成教中心达到设置标准的要求。积极推进成人中专学校联合办学，促进调整、合并，天津市政干部中专学校并入天津市政工程学校、天津广播通信中专学校并入天津职工电子仪表工程学院。

深化教学领域改革，搞好重点专业建设。已有36所成人高校申报61个重点专业，33所成人中专学校申报33个重点专业。加强成人中专教材建设，市教委组织编写了成人中专政治、语文、数学3门基础课的统编教材，经秋季入学新生使用，效果良好。

加强成人教育管理。提高成人学校办学水平。规范发展高等自学考试社会助学管理工作，4月，颁发了《天津市高等教育自学考试社会助学管理办法》。并与市自考办协调，对助学的教育机构、申报的专业进行规范。经审核，批准天津大学等90个教育机构取得“高教自考”社会助学资格。搞好第二专业专科学历教育管理工作改革，根据原国家教委《关于加强第二专业专科学历教育管理的通知》精神，5月，制定了《天津市加强第二专业专科学历教育管理的实施细则》，8月，按规定组织了第二专业专科学历资格审查工作，2 745人被录取为第二学历班学员。加强函授教育管理，保证高等函授教育的质量，完善函授站登记、备案制度，10月底有20个函授站经审核后报教育部备案。推动《社会力量办学条例》的学习、贯彻和落实，指导社会力量办学健康发展。在调研基础上制定了《关于调整市、区（县）社会力量办学管理职责的意见》、《关于举办各类不同层次非学历教育机构的设置标准》。

积极开展转岗、下岗职工再就业培训工作。天津铁路分局探索出“下、选、学、比、上”的闭环式培训考核和管理的新思路、新模式，把职工教育基地办成安置下岗人员的“充电机”和“蓄水池”。

撰稿　李全奎

〔**成人高校重点专业建设**〕　1998年，成人高校教学改革的重点是学校重点(特色)专业建设。按照《天津市成人高等教育（专科）重点专业改革与建设的原则意见》（试行）精神，各成人高校结合天津市经济、社会发展需求进行分析研究，提出了远有目标、近有规划、操作具体的实施方案，已有36所成人高校申报61个重点专业。下半年，市成人教育主管部门制定出《天津市成人高等教育（专科）重点专业评审细则》，对学校办学历史、办学规模、师资队伍、专业教学设施、教学管理、毕业生质量、专业建设规划七个方面做出具体规定，并强调重点专业的五个特色：(1) 目标特色。培养目标适应经济社会发展需求，面向生产第一线，培养下得去、留得住、用得上的实用型、技能型人才。(2) 专业特色。专业设置与国家的职业分类、职业等级标准相适应，试行学历证书与上岗或职业等级证书并行的“双证制”。(3) 职业特色。根据职业岗位需要制定培养计划，合理配备基础理论知识和专业知识，突出职业技能和实际动手能力的培养。(4) 行业特色。适应行业需求，贴近经济发展，深化教学内容、教学方法的改革，直接有效地为用人单位服务。(5) 产教结合特色：走产教结合的办学路子，校内实验室及校外实训基地能满足实践教学的需要，请企业专家参与学校专业的论证。成人高等教育（专科）重点专业评估指标包括专业设置基本条件、教师队伍、专业建设与发展、办学效益等项目。

撰稿 王 宇

〔**成人高校试办高等职业教育**〕 1998年，经原国家教委批准，天津市共有32所成人高等学校81个专业开办高等职业教育试点班，试点校比上年增加11所，试点专业增加32个。全市共有9 000多人报名参加“3+2”（三门国家统考的文化基础课为政治、语文、数学，和两门地方组织考试的专业技能课）形式的高等职业教育入学考试，共录取新生2 450人，比上年增加1 458人。

天津市职工纺织学院、天津职工工业技术学院通过改善办学条件，经原国家教委批准试办普通高职班，职工纺织学院开办8个专业，共招生400人，职工工业技术学院开办2个专业，共招生96人。1998年下半年，成人教育主管部门对已开办和拟开办高等职业教育试点的成人高校进行调研，重点了解试点校的实践教学条件、实践教学以及实习基地的落实情况，提出改进要求和建议，对新一轮申报学校的培养目标、教学计划、教学场地、实践教学能力等进行全面考核，为1999年向教育部申报开办成人高等职业技术教育试点班做论证与准备。

撰稿 王 宇

审稿 赵宝琪 叶中瑜

河北省教育

概　　况

〔基本情况〕

1998 年各级普通学校基本情况

单位：人

学校类别	学校数(所)	毕业生数	招生数	在校学生数	教职工数	
					计	其中专任教师
一、普通高等学校	46	41 065	50 314	146 370	41 996	16 622
研究生	(12)	503	736	1 987		
本　科	26	13 990	22 741	79 116		
专　科	20	26 572	26 837	65 267		
二、中等专业学校	210	61 948	84 022	239 133	28 505	27 000
中等技术学校	145	43 587	63 075	182 926	21 906	20 527
中等师范学校	65	18 361	20 947	56 207	6 599	6 473
三、普通中学	4 984	1 165 236	1 498 448	4 160 891	271 672	225 655
高　中	4 338	140 596	216 105	558 748		36 513
初　中	646	1 024 640	1 282 343	3 602 143		189 142
四、农业、职业中学	459	114 501	187 611	446 580	34 286	24 544
高　中	376	98 251	169 089	392 718		21 510
初　中	83	16 250	18 522	53 862		3 034
五、工读学校						
六、小　学	45 343	1 326 795	1 282 365	8 954 408	326 132	302 870
七、特殊教育学校	89	1 038	1 612	11 312	2 090	1 400
八、幼　儿　园	4 947		1 173 357	1 337 126	56 413	48 870

注：四、农业、职业中学不含高中、初中合办的15所职业中学

1998 年各级成人学校基本情况

单位：人

学校类别	学校数(所)	毕业生数	招生数	在校学生数	教职工数	
					计	其中专任教师
一、成人高等学校	31	14 396	16 736	42 579	7 605	6 994
广播电视大学	1	6 148	5 567	15 468	1 253	1 251
职工高等学校	14	3 960	4 500	12 142	3 207	2 999
农民高等学校						
管理干部学院	7	2 762	3 876	8 223	1 855	1 469
教育学院	9	1 526	2 793	6 746	1 290	1 275
独立函授学院						
普通高校举办：						
函授部		(10 399)	(15 750)	(42 690)		
夜大学		(3 089)	(4 569)	(14 313)		
成人脱产班		(3 673)	(3 719)	(7 745)		
二、成人中等专业学校	239	48 850	47 292	133 975	10 216	6 012
广播电视中专	5	12 473	12 101	50 977	1 494	799
干部中专	9	2 217	1 896	6 142	677	361
职工中专	50	8 199	11 528	33 232	3 052	1 644
农民中专	13	802	1 495	4 621	437	285
函授中专	1	190	340	600		
教师进修学校	161	24 969	19 932	38 403	4 556	2 923
三、成人中学	2 177	189 477	200 933	203 511	3 070	893
职工中学	152	13 085	13 784	17 427	749	255
农民中学	2 025	176 392	187 149	186 084	2 321	638
四、成人技术培训学校		293 499	303 454	325 642		
职工技术培训学校		55 079	72 970	91 051		
农民技术培训学校		238 420	230 484	234 591		
五、成人初等学校	33 823	547 970	540 251	426 364	32 777	5 109
职工初等学校	169	11 409	9 594	8 451	395	150
农民初等学校	33 654	536 561	530 657	417 913	32 382	4 959
其中：扫盲班	23 282	176 291	183 267	186 436	23 407	3 416

制表 刘良业 王红卫 魏锡政

〔**年度工作方针及事业发展**〕 年初，省教委根据省委、省政府本年度工作的总体要求和下达给教育战线的基本目标任务，制定了《1998 年工作要点》。4月2日召开全省教育工作会议，提出全省本年度教育工作的指导方针是：高举邓小平理论旗帜，贯彻落实党的十五大精神，坚持探索，加快改革，全面推进，重点突破，各类教育事业要坚持规模、结构、质量、效益的内在统一，相互协调的深化教育改革与发展思路，抓“两优”(优化教育资源投入，优化教育要素配置)，促“两高”(提高质量，提高效益)，狠抓各项目标任务的组织实施，全面推进教育改革，使各类教育都有不同程度的发展和提高。1998 年各类教育事业继续发展。

——小学学校布局进一步优化，在校生已达到顶峰，今后将呈逐年下降趋势。

——初中招生 128.2 万人，在校生 360.2 万人。与 1997 年比较，招生增加 6.84 万人，在校生增加 19.6 万人。

——普通高中计划招生 18 万人，实际招生 16.9 万人，在校生达到 39.27 万人。与 1997 年比较，招生增加 3.3 万人，在校生增加 7.46 万人。

——普通中专学校招生 8.40 万人，在校生达到 23.91 万人(不包括职教中心、成人中专、普通中专班)。与 1997 年比较，招生增加 8 960 人，在校生增加 2.2 万人。

——职业高中招生 16.91 万人，在校生达到 39.3 万人。与 1997 年比较，招生增加 1.4 万人，在校生增加 1.9 万人。

——全省高中阶段教育招生 46.92 万人，在校生 119.06 万人。其中各类职业教育招生占高中段教育的比例达到 54%，在校生比例达到 53%。

——省属地方普通高校招生37 838人，在校生达到106 825人，比 1997 年增加5 500人，增长 5.4%。

〔**改革开放 20 年教育发展成就**〕 从 1978 年党的十一届三中全会到 1998 年，20 年来河北省各级各类教育大幅度增长。1978 年全省各级各类学校在校生 1 199.7 万人，到 1998 年发展到1 542万人，增长 28%。其中，普通高校由 3.01 万人增加到 14.63 万人，增长 3.66 倍；成人高校从无到有，发展到 4.26 万人；中等专业学校由 4.49 万人增加到 23.91 万人，增长 4.09 倍；农职业高中从无到有，发展到 39.27 万人；学前幼儿教育由 64.5 万人增加到 133.71 万人，增长 1.18 倍；初中由 263.64 万人增加到 360.21 万人，增长 36.6%；职业教育在校生占高中阶段在校生由 1978 年的不足 4%增加到 58%。研究生教育有更大发展，在校研究生由 91 人增加到 1 987 人，学位点由 6 个增加到 244 个，其中，博士授予单位 9 个，博士点 36 个，硕士授予单位 21 个，硕士点 208 个。

办学规模不断扩大。1978 年全省普通高校校均规模 1 285 人，如包含分校在内则仅校均 758 人。1998 年，全省高校校均规模达 3 135 人，相当于 1978 年学校规模的 2.44 倍。从 1978 年到 1998 年，初中校均规模由 217 人扩大到 830 人，扩增 3.8 倍；普通高中由 264 人增加到 865 人，扩增 3.2 倍；小学校均规模由 364 人增加到 1 143 人，扩增 3.2 倍。

〔**教育经费支出**〕 1998 年，全省全口径教育经费总支出 122.27 亿元，其中，(1) 国家财政性教育支出87.30亿元，比上年增加8.25亿元，增长10.44%（地方部分比上年增长11.6%）；(2)社团和公民个人办学经费支出3.30亿元，比上年增加1.91亿元，增长137.41%；(3)社会捐助集资办学支出7.37亿元，比上年减少3.99亿元，下降35.12%；(4)学费、杂费支出17.91亿元，比上年增加1.27亿元，增长1.53%；(5)其他教育经费支出6.38亿元，比上年增加3.01亿元，增长89.32%。

1998年全省财政性教育经费（地方部分）支出81.48亿元，占当年国民生产总值1.92%，比上年（1.85%）增长0.07个百分点，扭转了近年来连续下降的局面。各级各类教育公用经费所占比重为12.98%，比上年（16.97%）降低3.99个百分点。全省地方预算内教育事业费各类教育分配的比例为：高等教育占11.28%，中等教育（含职业教育）占45.63%，小学教育占36.72%，幼教、特教及其他教育占5.90%。

〔**教育科研及教学研究**〕 改革开放以来，各级政府和教育行政部门越来越重视教育科研及教学研究对促进教育改革和发展的作用，加强了对教育科研及教学研究的领导和支持；建立了省、市、县和有关高、中等学校两个系统的教育科研及教学研究骨干基地；群众性的教育科研及教学研究活动广泛开展；教育科研和教学研究领域及队伍不断扩大，培养出一批优秀的中青年人才，研究出一批高质量的成果。5月28日，省教委在石家庄召开了全省教育科研及教学研究工作会议。会上，省教委要求各级教育行政部门高度重视和加强教育科研及教学研究工作，规划、指导、协调教育科研及教学研究工作，进一步加强各级教育科研、教研机构的网络建设，抓紧配齐、配好人员，多渠道增加经费投入，使全省教育科研及教研工作更好地为教育决策服务和教育改革实践服务。会议讨论制定了《河北省教育科研管理办法（试行）》、《河北省中小学教学改革实验管理办法》，表彰了26个教育科研和教学研究先进集体和110名先进个人。

〔**语言文字工作**〕 8月21日，河北省第七次语言文字工作会议在石家庄召开。会议传达了全国语言文字工作会议精神，研究和部署了今后一个时期全省语言文字工作。会议要求，继续大力推广普通话，各级各类学校要继续加强普通话能力的训练，党政机关要发挥表率作用，新闻媒介要发挥示范作用，公共服务性行业要形成说普通化的良好风气。要进一步加强社会用字管理，做好《汉语拼音方案》的推行工作。要切实加强对语言文字工作的领导，组织开展好推广普通话宣传周和“推广普通话，促进语言文字规范化”的宣传教育活动。

年初，省教委和省语委联合对40所普通中小学普及普通话工作进行了检查评估，评估结果显示，全省中小学“推普”工作进展顺利，富有成效。被检查学校多数制定了普通话教师、学生考核、奖励制度，各校都设有“推普”专职或兼职教师，普遍开展了“推普”培训和结合教师基本功训练，积极推广普通话。

基础教育

〔**普及九年义务教育**〕 实施“普九”攻坚工程。年初，省政府下达20个县的普及九年义务教育的目标任务，经过全省教育战线共同努力，按期完成且超额完成了3个县。省教委针对各地经济基础和教育发展水平差异较大，工程实施的困难越来越大的实际情况，进一步加强了对“普九”县的过程性督导，特别是对困难较大的县派驻了工作组，与基层共同谋划，实施联合攻坚，加大了工作指导力度，从资金、政策等多方面采取配套性措施。1998年度，全省各级教育部门始终把“普九”的入学率、乡（镇）初中建设，贫困地区“普九”等作为重点难点来抓，积极采取对策：(1) 坚持把适龄儿童、少年全部入学受完九年义务教育为目标，采取扩大入学口，强化依法治教，狠抓基本办学条件改善，实行入学率一票否决制等措施；(2) 认真搞好乡（镇）初中规范化建设，搞好初中学龄人口的预测，规划乡（镇）初中建设规模，改革办学模式，调整乡中布局；(3) 着重抓贫困地区。从1995年起省政府每年召开一次贫困县“普九”工作会议，强化政府行为，落实国家义务教育工程资助款和世行贷款，上述措施收到成效，1998年省政府“普九”验收的23个县中有10个贫困县，其中6个比原计划提前实现了“普九”。1998年，全省实现“普九”的县级单位累计达到147个县（市、区），占总数的84%，人口覆盖率达到86.18%。石家庄市所辖24个县（市、区）全部实现“普九”，成为继唐山、廊坊之后，全省第三个实现“普九”市。

〔**规范教育集资行为**〕 上半年，省委、省政府为全面减轻农民负担，曾向全省各条战线发出通知。10月初，省委、省政府办公厅为处理“减负”与“普九”关系又发出补充通知，指出：教育集资仅限于普及九年义务教育，不得扩大集资范围，不得超过规定款额，不得变为经常性集资活动。要按程序审批，拟进行乡教育集资的经乡（镇）人民代表大会通过，报县人民政府批准；拟进行村教育集资的，经村民会议讨论后，可向本村集体经济组织和农民个人集资。教育集资只能用于实施义务教育学校危房改造和修缮、新建，不得挪作它用。补充通知下达后，少数地方一度因“减负”影响“普九”的现象得到解决，全省“普九”特别是贫困地区“普九”工作得以顺利进行。

〔**素质教育**〕 1998年，第四次全省素质教育经验交流会在石家庄市召开。会议对实施素质教育四年来的情况进行了总结：初步形成了区域性推进素质教育的良好局面，制定了一系列关于推进素质教育的文件；在升学制度、考试制度、师资培训等方面采取了一系列改革措施；教师队伍素质有了一定提高；涌现了一大批实施素质教育的先进典型。会议认为，把素质教育进一步深化，提高到一个新水平，必须充分发挥教育科研先导作用，大力实施科教兴教、科教兴校的战略。(1) 加强素质教育理论研究，研究素质教育实质、内容、表现形式及主要目标，构建素质教育内容体系；(2) 教育科研人员和广大教师加强基础教育理论和现代教育学的学习；(3) 增加教育科研投入，规划、确定一批素质教育课题，树立一批科研先导型学校；(4) 借鉴省外、国外先进素质教育经验，全面启动以县为单位区域性推进素质教育。会议组织参观了石家庄市长安区、正定、辛集、藁城县等 26 所中小学。石家庄市 28 中、丰宁县大阁镇实验小学介绍了科研为先导、推进素质教育的经验作法。

〔**调整教学内容与升学考试改革**〕 根据教育部有关要求，为推动素质教育，减轻学生课业负担，省教委决定自 1998 年 9 月 1 日新学期始，全省中小学一律使用新调整后的教学内容。学科类调整方案包括：适当删减教学内容，适当降低教学要求，将部分教学内容改为选学内容，适当缩小考试范围。本次调整涉及的学科有小学语文、数学、初中语文、数学、外语、物理、化学 7 科，对小学自然、社会和初中生物、历史、地理等学科暂不调整。活动类课程是九年义务教育课程体系，要求各地因地因校制宜，组织学生接触自然、社会，参与实践，通过动手操作，获得直接知识。人口教育、青春期教育、国际教育、环境教育、减灾教育等专题教育要加强管理，使之规范。调整中小学教学内容工作与升学考试改革同步进行，省教委规定，已经普及初中教育的地方，取消小学升初中考试，一律实行就近划片入学；小学毕业考试在城市由小学、在农村由乡中心校组织命题和考试。除初中毕业与升学继续实行统一考试外，取消义务教育阶段任何形式的统考统练。小学、初中期末教育及平时考查由学校组织任课教师命题。

〔**中小学德育工作**〕 为加强和改进中小学德育工作，6 月 9 日，全省中小学德育工作会议在石家庄召开。会议总结了近年来中小学德育工作的经验，认为学校德育工作受到各级领导重视，德育的领导体制和运行机制逐年健全，德育基本建设进一步加强，教育途径不断拓宽，形成了学校、家庭、社会“三结合”的育人网络和全社会齐抓共管中小学德育教育的良好局面。会议印发了《河北省德育示范学校评估标准〈试行〉》，表彰了辛集中学等 20 所德育示范学校和 40 名中小学德育课优秀教师。会议强调加强中小学德育工作要抓好四个方面：(1) 要把邓小平理论贯穿中小学德育工作的始终；(2) 注意教育的针对性，符合中小学生年龄特征和接受能力；(3) 发挥所有教师在德育中的作用，动员全社会关心青少年健康成长；(4) 全面推行素质教育，教育行政部门和学校第一把手都要亲自抓好德育工作。

〔**教师队伍建设**〕 4 月初，省教委、省人事厅、省教育工会联合颁发了《河北省教师和教育工作者奖励规定》。提出了教师和教育工作者获“河北省优秀教师”、“河北省优秀教育工作者”、“河北省模范教师”、“河北省教育系统先进工作者”荣誉称号，及向教育部、人事部推荐授予“全国模范教师”、“全国教育系统先进工作者”、“全国优秀教师”、“全国优秀教育工作者”荣誉称号的基本条件，对评审、推荐程序也作出明确规定，评奖自1998年起每三年进行一次。为表彰奖励在乡村第一线辛勤工作的教师，5月16日～23日省教委和省中小学幼儿教师奖励基金会联合在保定举办了优秀乡村教师“园丁之家”活动，全省50名乡村中、小、幼教师交流了经验，听取了有关专家素质教育学术报告和参加了表彰奖励活动。

〔**初中教师学历达标情况**〕 1998年全省初中专任教师学历达标率由上年的83.10%提高到86.94%，较1995年的70.7%提高16个百分点。国家规定，农村初中教师达到专科以上毕业学历的不低于80%，据此，从1995年10月开始，河北省各级教育部门采取了“三沟通”即函授、电视教育、自学考试三者相互结合的办法，对初中未达标的专任教师进行学历补偿培训，构建全方位、多层次、组织严密的教学网络，制定一系列教师培训的规章制度，为大规模培训工作提供条件。截止1998年8月，共有42 016名初中教师获得高等师范专科全国自学考试毕业证书。

〔**治理中小学乱收费**〕 为治理中小学乱收费，自觉接受群众和社会监督，教育部门不断加大工作力度，加强宣传，设立监督电话，严肃查处违法违纪案件。此外，还对县教育经费进行审计、实行责任追究制，提出在全省各级教育行政部门、学校推行政务公开、校务公开，并邀请各级人大、政协及其他有关部门及广大群众予以监督。省教委相继印发《关于乡镇教育行政部门、学校政务公开的实施意见》、《关于在全省县级以上教育行政部门推行政务公开的实施意见》和《关于在全省中小学实行校务公开的通知》，6月推广了唐山市和武安市实行校务公开的经验。全省共查处乱收费案件298件，处理责任人270人，中小学乱收费问题得到了有效遏制。同时，本年春、秋季开学伊始，省教委发出通知，要求各级教育行政部门实行“一级抓一级”的责任制，认真规范学校收费项目、标准；实行“一证一卡三统一”收费制度，严禁收费卡以外的一切收费。同时要求各学校严格选用教学用书和教辅用书并报县以上教育部门审批方能订购，坚决制止乱征订。《通知》还严禁学校代其他部门收费（税），教育费附加应由乡（镇）政府征收，不得通过学校向学生收取。各级教委组织力量在开学之后，对群众反映强烈的学校收费状况进行清查、纠正、清退，对问题严重的追究当事人责任。

〔**地震灾区学校修复重建**〕 1月8日，张家口地区张北、尚义县发生了严重地震灾害，需要重建学校325所，维修462所。一年来，各级领导带队数次深入灾区，与受灾市县共同制定学校重建方案，督促、检查和指导修复工作，省计划、财政等部门全力支持，中央有关部门、香港地区以及有关国际组织提供援助，共为灾区争取近5 000万元资金，截止9月开学前，重建面积104 420平方米，维修面积105 389平方米。

〔**中学生赴澳学外语**〕 应澳大利亚塔斯马尼亚州教育部门邀请，石家庄高中外语学校5名教师带领32名学生7月6日启程，前往澳大利亚进行为期一个月的语言强化学习，这在全省中小学是首次。石家庄高中外语学校始建于1997年，其主要任务是为高等院校培养外语水平较高、文化素质较好的合格高中生。该校除聘请外籍教师外，还采取“走出去”强化语言训练的办法，利用国外良好的语言环境，提高学生外语水平。1998年省教委又在唐山、张家口等市试办6所高中外语学校，全省共有7所。

职 业 教 育

〔综述〕 1998年，中等职业学校招生总数（不含中技学校）达到18.76万人，在校生数达到44.65万人。职业教育各项改革取得了进展，职业学校为经济建设服务的能力进一步增强，对下岗职工进行再就业培训、为农民举办实用技术的培训活动更加广泛；在全省范围实施的职业学校“一帮一”工程，使50个村实现了稳定脱贫。1998年4月28日省教委在望都召开了全省职业学校特色专业建设暨招生改革经验交流会，重点研究解决中等教育结构的宏观调控，抓紧建设职教中心特色专业，提出到本世纪末，百所骨干职教中心要分期分批地达到省级重点职业高中水平。会议要求，各级教育行政部门要坚定不移地做好中等教育结构的宏观调整工作，确保2000年各类中等职业学校年招生数和在校生数占高中阶段学生数的比例达到60%以上；职教中心要树立名牌思想，创办特色专业，在培养“合格加特长”人才上下功夫，要以当地支柱产业和基础为依托，围绕区域特色经济进行特色专业的设置和确定；要突出职教特点，积极推广“双证书”制度；各地职教中心要走产教结合、校企合一的办学路子。

〔特色专业建设〕 年初，在各市初选的基础上，结合全省经济建设和社会发展实际需要，确定30个专业纳入省级特色专业建设序列及省重点支持的专业，并按重点建设项目进行管理。根据国家级重点职业高中评估标准及有关专业建设标准，制定了“特色专业建设评估标准”。举办了两次GEB理论与特色专业建设研讨班，组织编写了农口专业教材，举办了农口特色专业建设培训班。举办了职业学校专业教师全员培训和全省职业学校6个专业（工种）的专业教师技能大赛。在全省各特色专业建设中，农学学科专业比较突出。该专业建设立足于教、学、用并举，突出地方特色。临西县职教中心根据当地乡镇企业及服务业的需求，设置了幼师、农学、财会、美术、医士等专业，并长年开设果树修剪、农村维修、大棚菜种植、食用菌等多种农村实用技术培训班；同时，将农学实验基地与良种场挂钩，承担了抗虫棉试种对比、小麦良种繁殖等项目，为农学专业提供了良好的实验基地。该校大部分回乡务农的毕业生，利用自身专业知识科学种田，走上了致富道路。

〔**职业教育产业化**〕 河北省职业教育座谈会12月11日～12日在石家庄召开。为全面推进职业教育的产业化建设，会议强调要把职业教育放入大的经济环境中去认识和把握，切实用邓小平理论来指导职业教育的改革和发展；要注意研究市场需求，突出产教结合特点，直接为下岗职工再就业服务；要投身市场，结合本地实际求发展，在改革中求生存；要研究生产结构调整对职业教育的需求，深化管理体制改革，调整专业及布局；会议决定，各县（市）职教中心都要集中力量办好一至两个与当地支柱产业和区域经济相吻合的特色骨干专业，构建覆盖当地产业的职教专业结构，逐步形成全省性的职教产业集团；要做好现有普通中专布局的调整，积极探索多种办法模式，增强办学活力；要大力提高职业教育的理论研究和教学水平，加强实习基地建设。

〔**教师队伍建设**〕 河北省职业高中（职教中心）专任在职教师5 867人中，学历合格者2 111人，不合格者3 756人（其中35岁以下3 201人，占85%；35岁以上555人，占15%），合格率只有36%，严重制约着河北职业教育的改革和发展。为此，省教委决定，从本年开始，依托河北师范大学、河北农业技术师范学院等院校对取得国家承认的专科及以上学历文凭的职业高中（职教中心）专业课教师进行为期三年的培训，争取到本世纪末，受训教师达到本科水平，操作技能达到高级工水平。在大力开展对学历不合格教师培训的同时，河北省严格限制县级职教中心补充教师，禁止学历不合格人员继续进入职业学校。培养教师专业技能方面，省教委同省劳动厅在全省范围内组织了6个大类专业（工种）、12个项目的专业教师技能比赛，对获奖教师颁发荣誉证书和职业资格等级证书。另外，还分别在河北农业技术师范学院、河北师范大学职业技术学校和邢台职业技术学院建立了省级职教师资培训基地，在办学条件较好的省级以上重点中专、职业高中中建立起教师技能培训点。

〔**中专校园网络建立**〕 本年初，省内首家中专学校校园网络——STSIS系统，在河北省交通学校建立。该系统由原国家教委职教司组织开发，是“基于校园网和校园卡的中专学校管理信息系统”的简称，目的在于进一步提高中专学校管理和教学的现代化水平，加强对国家级重点中专的宏观动态管理。省教委选择省交通学校为网络系统建设示范校并在该校召开了全省中等专业学校校园网络现场观摩会，推动了STSIS系统在中专学校的全面建立。

〔**中德农村职教合作**〕 1998年末，中德两国政府达成协议，决定由德国对中国河北省援助600万马克，用于促进农村职业教育，并通过对农业专门人才的培训，推广现代农业技术，改变农村落后的生产经营方式。项目执行单位为唐山市的迁安、丰南、滦南、滦县、乐亭5个职教中心，涉及农学、农副产品加工、农机电等专业。为达成此协议，中国农业专家和德国常驻中国河北省的专家，共同对5所承担项目的学校进行了职业教育体系的分析和调查，并对其所在县（市）的经济结构、人才需求和职教发展进行全面的综合分析。

〔**调整中等师范教育**〕 河北省共有65所中等师范学校，其中地（市）属31所，县（市）属34所。根据教育部要求到2000年民办教师将全部转为公办教师，及预测本省到2000年小学入学高峰将消失，现有小学教师将满足需求等情况，省教委制定调整中师教育方案，即升格一批，特色改造一批，稳定保留一批，任务转轨一批，并自1998年起开始实施。1998年选择了建校达百年之久的保定师范学校等10所师资、教学质量、地理位置较好的学校与大专院校联办大专班；涿州师范学校等6所中师调整为艺术、外语、幼儿师范学校，培养小学缺科和骨干教师；平山县等15所县办师范学校为山区培养教师，不做调整相对稳定；东光等20所县办师范学校完成民办教师培养任务后与当地教师进修学校合并。

高 等 教 育

〔**学习邓小平理论**〕 为了推动高等院校邓小平理论学习、研究，经省委同意，省高教工委在高校中普遍开展了“54321”活动。“5”是抓好5个环节：一抓核心，即加强党委中心组和中层干部的邓小平理论学习，把握好学校改革的方向；二抓队伍，即抓好党员队伍的学习，建立一支政治强、业务精、作风正的理论队伍；三抓阵地，即发挥党校、“两课”等渠道的作用；四抓学风，即坚持实事求是、理论联系实际，努力提高思想理论建设的实际效果；五抓焦点，即要及时回答广大师生所普遍关心的问题，用邓小平理论排除困惑和疑虑。“4”是开展四项活动：一是从全省高校抽调专家学者组成学习邓小平理论宣讲团，在省内高校巡回宣讲；二是“五四”前后，举办全省高校师生学习、研究、运用邓小平理论知识竞赛；三是拟在1999年“七一”前，举办学习邓小平理论报告会，评选优秀论文，表彰先进；四是结合庆祝新中国成立50周年，举办高校改革开放成果展。“3”是举办三个不同类型的研讨班：本年年底之前，分别举办高校领导干部、高校中层和后备干部、高校中青年骨干教师学习邓小平理论研讨班。“2”是做好两项重点工作：一是从本学年开始，全省高校要在学生中普遍开设“邓小平理论概论”课，做好邓小平理论“进教材、进课堂、进学生头脑”的“三进”工作；二是通过党日活动、政治学习等途径，在党员、干部、教师中集中开展学习《邓小平教育理论学习纲要》活动。“1”即完善一套理论学习的考核体系。继续完善领导干部理论学习档案管理制度，定期检查领导班子和领导干部的学习计划、学习纲要、讨论情况、辅导师生和论文获奖情况等，组织专家对领导干部的学习心得和论文进行评价，真正把理论学习的情况作为考核领导班子和领导干部的重要内容。

〔**学位工作与研究生教育**〕 经国务院学位委员会、教育部批准，河北省新增13个博士学位授权点、44个硕士学位授权点，是建立学位制度以来增幅最大的一次。河北农业大学、河北师范大学新增为博士学位授予单位。河北科技大学、河北经贸大学新增为硕士学位授予单位。此次新增博士、硕士授权点大部分是省基础产业、传统优势产业、高新技术产业和社会发展急需的应用学科专业。其中，新增博士学位授权点全部为自然科学技术类学科专业，实现了理学、农学两大门类零的突破和中西医结合、光学工程两个学科按一级学科授权的零的突破。学位授权点有较大增加，博士点分属于的一级学科由原来的7种增加到17种，二级学科由原来的7种增加到19种，所在学科门类由原来的5个增加到7个；硕士学科分属的一级学科由原来的5种增加到52种，二级学科由原来的70种增加到101种。至此，省属8所大学具有硕士学位授予权，5所大学具有博士学位授予权。省属高校博士、硕士学位授予点分别达20个和138个。8月2日～4日，省教委在北戴河召开了河北省高校学位与研究生教育工作研讨会。提出河北省研究生教育要围绕建设、改革、管理三个环节，努力做好两方面工作：一是大力提高研究生的培养质量。要以提高培养质量为中心，扎扎实实地做好各项基础性工作。制定学科建设与研究生教育发展规划，修订研究生培养计划和培养方案，加强导师队伍建设，加强教学科研条件建设，加强学风建设。二是切实搞好本科教育。按照“厚基础、宽专业、多方向”原则，调整专业修订教学计划，对大学生知识、能力、素质结构重新设计；面向21世纪，改革教学内容、课程体系和教学方法，加强学生创新精神和创造能力的培养；积极推进产、学、研结合，重点扶持、建设一批特色鲜明、水平较高的学科专业，为研究生教育创造良好的条件。

〔**省学位委员会成立**〕 为加强政府对高校学位和研究生教育的统筹管理，经省政府批准，河北省学位委员会于1998年底成立。其主要职责是：根据国家有关法律法规和方针政策以及河北省经济社会发展的需要，统筹规划全省的学位与研究生教育工作；统一管理学士、硕士、博士三级学位的授予工作；在国务院学位委员会授权范围内，审批学士学位授权单位及学士、硕士学位授权学科专业；研究制定全省学位与研究生教育工作方面的地方性法规及管理办法；协调解决学位与研究生教育工作中的重大问题；组织开展各级学位授予质量的检查评估；承办国务院学位委员会授权或委托的其他工作。河北省学位委员会组成人员由省政府聘任，每届任期四年。首届主任委员为副省长刘建生。

〔**专业调整和重点学科建设**〕 从全省经济和社会发展的实际需要出发，按照合并、改造、撤销、新上、重点发展和适当调控的思路，对全省14所普通高等学校本科专业进行调整。河北农业大学、河北医科大学、河北经贸大学完成院系专业调整，河北科技大学正在按规划实施。河北大学积极推进重点学科建设，使学科专业结构有了较大改观。主要是：(1) 以基础学科带动应用学科建设，内联外延，文理渗透，理工结合，改造了部分老学科专业，巩固和加强了应用学科专业，并增设了通信工程、旅游管理、法语等一批社会急需的应用技术类专业，覆盖教育部专业目录规定的11大学科门类中的10大学科门类。(2) 加强省、校两级重点学科专业建设。全校有校级重点学科21个，其中9个学科被确定为省级重点学科。汉语言文学、历史学两个学科被确定为省文科基础学科人才培养与科学研究基地。(3) 把学科建设与研究生教育结合起来。开展研究生学位点自我评优活动，对各点教师队伍、学术水平、课程设置进行摸底，做好新学位申报工作。本年，该校新增硕士学位点14个，博士学位点2个。(4) 建立了学科专业评估指标体系，制定了《河北大学本科专业评估实施方案》，分层次、有重点、有步骤地对全校49个本科专业进行了评估。通过评估，建立了本科专业档案信息库，及时掌握各专业的教学状态，分析了自身优势、特色，逐步形成了文、理、工、轻、法、教等多种学科综合、以基础学科为依托、应用学科为主体、重点学科为骨干，以培养适合全省经济和社会发展需要的高水平、应用型人才为主要目标的学科专业结构体系。

〔**管理体制改革**〕 经省政府与机械工业部等有关部委多次协商，按照国务院机构改革后部分部委属院校划归地方办的指示精神，从9月起，燕山大学、华北煤炭医学院、河北建筑科技学院等9所在冀部委院校，正式划转河北省与中央共建，以地方为主管理。燕山大学系原机械工业部所属学校，是一所以重型机械专业为龙头，以理工科专业为骨干，经济类、管理类为辅的综合性工科大学。该校机械工程学科为博士后流动站，机械设计及理论、材料加工工程等5个专业具有博士学位授予权；机械电子工程、控制理论等16个专业具有硕士学位授予权，是全省国民教育系列中层次最高、唯一有博士后流动站的高校。华北煤炭医学院是原煤炭工业部所属的唯一一所医学院校，具有硕士学位授予权，主要特色专业有预防医学（煤炭职业流行病及劳动卫生职业病两个方向）、创伤外科等。河北建筑科技学院地处邯郸市，是一所以矿井建设及建筑类专业为主的普通高校，其矿井建设、采矿工程2个专业具有硕士学位授予权。这些院校管理体制的调整，打破了条块分割、重复办学的局面，实现优势互补，资源合理配置，扩大了全省高等教育规模，有利于高层次人才的培养。

〔**远程教育网络**〕 远程教育是教育现代化的重要组成部分，也是世界教育发展趋势。自1996年起河北省高等院校开始引进并加快了建设。1997年在河北师范大学筹划了多媒体信息远程教学系统工程，1998年5月被教育部批准立项为重点课题。这项工程包括连接该校四个校区的多媒体教学网络建设和多媒体信息远程教学教室、多媒体信息教学教室、多媒体信息综合教室等三类共50间教室的建设。实施的三期工程完成了东西校区的多媒体网络建设和3间一类教室、4间二类教室及1间三类教室的建设。该项目建成后，将实现声音、图像、文字实时交互。它将有效地解决该校四个校区相隔给教学、管理等方面带来的诸多不便，使合并院校真正实现资源共享、优势互补，改变教师“一本书、一支粉笔、一块黑板”进行教学的模式，通过微机大屏幕进行教学，提高学生的学习兴趣，促进教学方法的改革，提高教学质量。

〔**体育、卫生、国防教育**〕 5月初，河北省高校体育、卫生、国防教育工作会议在河北经贸大学召开。会议针对全省各高等院校近年实际情况，确定了今后一个时期全省高校体育、卫生、国防教育工作的指导思想：高举邓小平理论伟大旗帜，全面贯彻党的教育方针，以《学校体育工作条例》、《学校卫生工作条例》和《国防法》为依据，以教学为中心，以群众活动、军事训练、养成卫生习惯为重点，以督导检查和评估为手段，加大行政管理力度，不断提高工作质量和效益。会议期间，举行了省第十届大学生田径运动会，共有43所高校的51支代表队、1 100多名运动员、教练员参加，设男子竞赛项目23个、女子竞赛项目20个。经过4天角逐，有17人次打破15项省高校田径运动会记录，4人达到一级运动员标准，164人达到二级运动员标准。

〔**设立“寒门学子基金”**〕 为使品学兼优的特困生完成学业，河北省实施了资助高校特困生入学和在校学习的一系列政策。设立了“寒门学子基金”，资助特困学生。被资助的学生须持高考录取通知书、家庭经济状况证明和高中阶段的品学情况鉴定材料，到户口所在地“寒门学子基金”管理办公室提出借款申请。入学借款额度为每生1 500元～3 000元。获取该基金资助的学生，原则上在毕业后两年内还清借款。其中考取省内重点骨干院校、毕业后留省内工作的，视学业情况可减半偿还借款；考取省外院校，毕业后回省工作的，免还全部借款；考取省内的部委属院校，毕业后留省内工作的，区别学业情况，可减半偿还或免还全部借款；毕业后到省内乡镇企业、山区边穷县乡及艰苦行业第一线服务并签订五年以上服务协议的，免还全部借款；毕业后继续深造的，其借款可延至毕业或完成学业后两年内偿还，回省工作的，免还全部借款。另外，还对特困学生实行奖学金、贷学金、勤工俭学、特困生补助金和减免学杂费的资助体制。自1996年以来，省政府每年拨专款100万元，直接资助贫困生；拨勤工助学周转金226万元，用于特困生勤工助学金的发放；普通高校按每生每年50～70元的标准，从事业费或学费中提取特困生补助金，用于解决特困生的生活和学习困难，帮助他们顺利完成学业。

〔**教职工住房建设和高校筒子楼改造**〕 中央、省领导同志提出高校教职工住房建设和筒子楼改造工作后，省教委在摸清情况基础上，研究制定了改造方案，组织人员到清华大学、北京大学进行实地考察，会同省建委共同召开会议，就筒子楼的规划审批、招标投标、施工管理、工程质量等进行了统一布置。有关学校确定了筒子楼改造的工作计划、日程及内容。7月，省教委在承德召开省属高校教职工住房建设工作汇报会，就住房建设的规划设计、税费减免、进度等作了安排，并就如何高质量、高标准地完成建设任务进行了部署。到1998年年底，省属高校住宅工程共完成7.5万平方米，其中河北大学、河北师范大学、河北职业技术师范学院3所高校完成11 331平方米的任务。全省省属普通高等学校截止1997年底，尚有2 177户教职工居住在8所学校的33座筒子楼中，还有81栋危旧住宅楼急需加固改造。为此，省委、省政府决定，2000年以前对全省普通高等学校教职工居住的筒子楼和危旧住宅楼集中进行改造。省财政厅、计委、教委、建委等部门成立了领导小组，并确定了改造的总体目标和时限，即在1999年9月底前完成筒子楼的全部改造任务，年底前完成危旧住宅楼的全部改造工作。本着抗震加固、适当增加建筑面积和满足功能要求的原则确定经济、适用的改造方案。改造筒子楼工程所需的6 370万元资金，省财政解决了3 660万元，学校自筹和青年教职工个人集资2 710万元。本项工程正在按计划紧张实施。

〔**校办产业**〕 1998年，全省高校校办产业283个，其中科技企业110个，校办产业从业人员6 708人；接纳实习学生人数20 219人，累计实习工时93万多小时；高校校办产业资产总额5.2亿元，校办产业总收入4.2亿元，利润总额5 738万元，净利润5 143万元，上交学校利润总额2 976万元，上缴国家税金2 385万元。燕山大学、华北电力大学、河北医科大学等10所学校的净利润超过百万元，另外，秦皇岛燕大汽车附件厂、河北医科大学生物医学工程中心、河北工业大学电工厂等11个校办企业净利润超过百万元。这些校办企业的特点是：依托学校自身的学科、人才、技术等综合优势，利用学校的研究成果进行转化，使其产业化、商品化，生产的产品具有科技含量高、附加值高、市场潜力大，形成了企业成长速度快、利润增长点多、经济效益显著的局面。

成 人 教 育

〔**扫盲教育**〕 1998年，全省扫除文盲5万人，脱盲后巩固提高37万人，各种文化技术培训834万人次。青壮年非文盲率为98.98%，脱盲人员巩固率保持在95%以上，完成了现阶段基本扫除青壮年文盲的任务，1997年10月通过国家教委组织的评估检查。受到国家教委、财政部联合表彰，被授予“全国扫除文盲工作先进地区”称号，平泉县、张北县被授予“全国扫除文盲工作先进县”称号。为推动全省扫盲工作继续深入开展，年初，省政府和省教委、省人事厅作出决定，表彰一批在扫盲工作中做出突出成绩的先进县（市）和先进单位、先进个人。省政府授予涉县等16个县（市）“河北省扫盲工作先进县（市）”称号；省教委、省人事厅授予安国市郑章镇成人学校等100所乡镇成人学校“河北省扫盲工作先进单位”称号，授予阮红彪等200名同志“河北省扫盲工作先进个人”称号。

〔**社会力量办学**〕 改革开放20年以来，河北省社会力量办学事业发展迅速。到1998年底，全省经教育行政部门批准开办的各级各类民办学校（含培训机构）达2 665所，在校生46.2万人。办学规模不断扩大，形成多层次、多门类、多形式的办学体系。全省社会力量举办各级各类学校资产总额达到16.2亿元，校舍建筑总面积达375.5万平方米，教学仪器设备总值达1.98亿元。石家庄市社会力量办的8所医学院和3所中学，投资改善办学条件就达1.3亿元。全省出现了一批投入较大，起步较高，办学条件较好，上规模、上档次的学校，形成社会力量办学事业快速发展的良好势头。为进一步搞好社会力量办学，3月3日，省教委在石家庄召开了全省社会力量办学工作会议暨社会力量办学协会一届二次全会。主要内容是：总结社会力量办学工作，依法加强对社会力量办学工作的领导和管理；会议提出本年社会力量办学工作指导思想：以十五大精神和党在社会主义初级阶段的基本路线为指针，坚持“积极鼓励、大力支持、正确引导、加强管理”。

〔**成人学历教育**〕 河北省成人大中专学历教育以用人单位、行业部门和社会团体为主，坚持谁办学谁管理，谁受益谁投资的原则，引入市场机制，实行创新改革，扩大培训规模，依托电大教育，实行宽进严出。1998年成人高等教育本专科基础班招生1.5万人；电大与自学考试双沟通招生6万人；专科第二专业教育招生6万人。全省成人中专学校78所，开办专业45个，在校生近10万人。独立设置的成人学校13所，省级电大1所，市级分校15所，县级电大工作站131所，教学点1 180个。26所普通高校举办了函授、夜大学教育，开设专业130个。成人高校在校生达4.25万人，毕业生1.44万人，中专毕业生4.88万人，专业证书结业10万人。

〔**自学考试**〕 河北省自学考试始于1984年。多年来，坚持为现代化建设服务的方向，发挥“开放、灵活”的优势，不断扩大、调整开考专业和课程设置。1998年已有15 517人取得高等教育本、专科毕业证书。为满足社会对计算机人才的需求，1998年又有21 296人获得国家计算机等级证书。全省自学考试还设考了工业经济管理、农业经济管理、商业经济管理、金融、会计、物价、英语、人口、气象、海关等专业，面向农村开考了农业推广专业，对不具备颁发毕业文凭资格的全日制民办高校学生进行学历文凭考试，组织乡村医生中专水平培训与资格考试等，收到良好的效果，为各行业培训了一大批留得住、用得上的专门人才。由于领导重视，管理科学，在成人教育生源普遍不足的情况下，河北省自学考试取得了较好成绩，已由开考初期的2万人、4个专业，发展到1998年的92个专业，在籍考生47万多人。15年来，共为社会培养各行各业专门人才近10万人。其中1997年就有1.3万人毕业，相当于全省46所普通高等学校当年毕业生总数的1/3多。基本形成了普通高等教育、成人高等教育并驾齐驱的格局。

〔**农村成人教育**〕 全省建立了以县级成人学校（职教中心）为龙头，乡镇成人学校为骨干，村成人学校（办学点）为基础的农村成人教育体系。1998年，县乡办学面达

98%，180多所乡镇成人学校达到国家、省示范校标准。农村实用技术培训成效显著，先后实施了“燎原计划”、“丰收计划”、“双学双比”活动、回乡中学生技术培训、农村剩余劳动力转移培训、农业产业化技术培训工程及农村全员培训等，年总培训量近千万人次。唐山市成人学校发展迅速，先后投入100万元发展乡镇成人学校，到1998年初，该市已建成省级示范校32所，占乡镇总数的15%。迁安市沙河驿镇投资20万元改建乡成人学校。丰南市胥各庄镇成人学校实施环境、教育、管理三育人，创办农技、农经、冶金和计算机等14个专业，为全镇培养7 856人，形成镇、村、企所需的技术、管理和财会三支人才队伍。

〔**乡（镇）成人学校建设**〕 乡（镇）成人学校是农村成人教育的基层学校，贴近农民，深受欢迎，已基本普及全省各个角落，辛集市新城镇成人学校、高碑店市章立庄镇成人学校是其中办得好的典型。新城镇成人学校坚持扫盲与科技培训相结合的办学方针，不但帮助全镇所有文盲摘掉了文盲帽，而且培养出了一批土专家。新城镇大李庄是果树专业村，过去由于村民不懂技术，每年花费大量人力和物力，换来的却是果品质量低下，丰产不丰收的结果。1996年，学校办起了果树管理培训班，聘请市林业局的果树专家到校授课，指导学员实践，到1998年，学校为大李庄培养了数名果树土专家，全村每户仅鸭梨一项年可增收1 500元。学校办的养鹅培训班，讲授饲养、综合开发和利用等知识，带动全镇出现了一大批养鹅专业户，该校把他们组织起来，成立了养鹅协会，使养鹅形成一定规模，基本实现养、供、销一条龙的产业化服务体系。根据市场需要，该校先后开设了食用菌栽培、肉牛喂养、池塘养鱼等培训班，为全镇经济发展注入了活力。1998年，全镇人均收入近3千元，比1990年增长3倍多。

〔**农村教育综合改革**〕 河北省农村教育综合改革始于1987年。到1998年，全省12个国家级教改实验县中，丰南、鹿泉、藁城、三河、任丘5个县（市）进入全省经济综合发展“十强”行列。首批确定的阳原、顺平、青龙3个教改实验县，工农业生产总值分别由1986年的0.98亿元、1.46亿元和1.57亿元，增加到1997年底的7.58亿元、23.3亿元和13.5亿元；农民人均收入分别由1986年的121元、250元和287元增加到1987年底的1 358元、1 753元和1 803元。农村教育综合改革促进了农村精神文明建设，涌现了一批无文盲、无超生、无迷信活动的村，学习文化、科技致富、健康文明的新风逐渐形成。11月2日～5日，全省农村教育综合改革经验交流会在任丘召开，会议提出下阶段农村教育综合改革的基本方针是：科研先导，试验示范，重点突破，区域推广。目标是通过深化农村教育综合改革，促进农村教育体制与制度不断创新，促进农村教育与农村经济的密切结合，促进农村教育的规模和数量不断增长，促进农村教育结构和布局不断优化，促进农村教育的质量和效益不断提高。

〔**参与再就业培训工程**〕 1997年底，全省国有企业下岗职工达14.2万人，省委、省政府要求全省确保培训下岗职工20万人以上，实施再就业培训工程。为此，省教委年初选定了400所学校为下岗职工再就业培训基地，其中，大中专院校100所，各类职业学校150所，社会力量办学单位150所(处)，承担7万名职工的培训任务。省教委规定：持高中毕业证，可受训参加广播电视大学与自学考试的“两沟通”形式举办的大专学历教育学习；参加当年成人高考的下岗职工照顾30分录取，其中专科升本科者照顾20分，报考农、林、水专业者照顾60分录取；参加成人高考未被录取者，在降90分的基础上，再降20分录取到预科班学习；初中毕业以上文化程度的下岗职工，可免试参加成人中专、职业中专的脱产或业余形式的中专学历教育学习。1998年，全省已有300多所定点学校举办各类培训755班次，培训结业14 720人，在校学员12 214人。涉及微机、医学美容、计算机、会计、财税、市场营销、家电维修、裁剪、汽车驾驶、摩托车修理、医士等近百个专业。秦皇岛市教育部门在上年培训2 000多人的基础上，本年又培训1 000余人。邯郸市对已免费培训结业的533人跟踪调查，就业率达70%以上。石家庄市经济管理干部学校与企业联办，定向培训60人。保定市职教中心举办了四期下岗职工服装裁剪制作培训班，共培训178名，还与已结业的学员建立了长期联系。衡水市赵新爱服装技术学校为下岗女工举办裁剪缝纫班11期，培训536人，已结业520人，其中近80%走上再就业岗位。唐山市下岗职工5.2万人，其中初中及以下文化水平者占67%，30～45岁者占74%。唐山市教委把再就业培训工作纳入工作日程，发挥专业、师资、设备、科研等方面的优势，为下岗职工提供初、中等层次文化、职业技能培训；同时指示各级各类学校对下岗职工子女减免学杂费、书费、住宿费，据统计，减免各项费用总额达57万元。全市投入再就业培训的学校已达90多所，开放专业近40个，累计培训下岗职工3.5万人，经培训合格的下岗职工90%实现了不同形式的再就业。

撰稿　李　铭　高智军　冯荣光　刘良业
审稿　刘永瑞　徐志卓

山西省教育

概　况

〔基本情况〕

1998 年各级普通学校基本情况

单位：人

学校类别	学校数(所)	毕业生数	招生数	在校学生数	教职工数	
					计	其中专任教师
一、普通高等学校	23	19 438	24 693	77 761	22 001	8 798
研究生		503	603	1 633		
本　科	11	8 676	13 213	45 708		
专　科	12	10 259	10 877	30 420		
二、中等专业学校	128	37 702	51 875	145 673	18 978	9 637
中等技术学校	105	29 239	40 462	116 409	15 429	7 828
中等师范学校	23	8 463	11 413	29 264	3 549	1 809
三、普通中学	3 292	516 897	628 882	1 774 007	150 670	120 427
高　中	379	66 395	91 818	240 276		18 598
初　中	2 913	450 502	537 064	1 533 731		101 829
四、农业、职业中学	373	39 467	54 762	133 688	14 225	10 000
高　中	269	29 738	42 845	99 153		7 540
初　中	104	9 729	11 917	34 535		2 460
五、工读学校	2	16	14	37	83	54
六、小　学	39 249	589 557	648 729	3 480 413	191 773	174 935
七、特殊教育学校	43	673	993	4 580	1 169	800
八、幼 儿 园	9 681		660 740	1 027 944	49 007	40 467

1998 年各级成人学校基本情况

单位：人

学校类别	学校数(所)	毕业生数	招生数	在校学生数	教职工数 计	教职工数 其中专任教师
一、成人高等学校	35	17 981	19 491	56 322	6 658	2 906
广播电视大学	1	2 625	2 441	7 315	853	336
职工高等学校	17	2 270	2 586	7 665	2 887	1 287
农民高等学校						
管理干部学院	6	1 625	2 124	4 730	1 079	443
教育学院	11	2 205	2 439	6 085	1 839	840
独立函授学院						
普通高校举办：						
函授部		5 995	5 835	19 291		
夜大学		1 715	2 765	8 314		
成人脱产班		1 546	1 301	2 922		
二、成人中等专业学校	189	17 360	22 056	54 923	5 400	2 833
广播电视中专	3	3 407	3 598	13 068	946	542
干部中专	4			174	40	17
职工中专	56	5 363	7 063	19 278	1 670	801
农民中专	2					
函授中专	6	1 618	1 297	5 292	222	56
教师进修学校	118	6 972	10 098	17 111	2 522	1 417
三、成人中学	860	47 406	38 404	24 725	1 073	300
职工中学	53	4 477	4 830	4 790	254	146
农民中学	807	42 929	33 574	19 935	819	154
四、成人技术培训学校	29 488	2 298 600	1 923 644	1 952 498	38 002	6 692
职工技术培训学校	330	49 496	54 481	54 481	1 263	662
农民技术培训学校	29 158	2 249 104	1 869 163	1 898 017	36 739	6 030
五、成人初等学校	10 996	164 141	153 738	154 569	11 925	1 509
职工初等学校	25	1 185	1 013	1 685	62	3
农民初等学校	10 971	162 956	152 725	152 884	11 863	1 506
其中：扫盲班	5 898	32 371	33 155	35 334	6 283	849

制表　秦志伟

〔**年度工作方针**〕 1998年全省教育工作的指导思想是：高举邓小平理论旗帜，认真贯彻党的十五大精神，进一步落实科教兴晋战略，坚持全面依法治教，继续实施“十大教育工程”，不断深化教育改革，全面贯彻教育方针，全面提高教育质量，继续进行教育系统精神文明建设，促进全省教育事业健康发展。

〔**教育投入与支出**〕 1998年，全省教育经费总支出为55.74亿元，比上年降低0.84%。其中，国家财政性教育经费支出(包括各级财政对教育的拨款、城乡教育费附加、企业办中小学校支出以及校办产业减免税等项）为39.67亿元，比上年增长1.3%。

落实《教育法》规定的“三个增长”的情况：(1) 中央和地方各级政府预算内教育拨款（不包括城市教育附加）为30.73亿元，比上年增长2.53%。其中，教育事业费27.67亿元，比上年增长6.1%。同年，全省财政收入比上年增长11.27%，全省预算内教育拨款低于财政收入增长速度的8.74个百分点。其中：教育事业费支出增长幅度低于财政收入增长速度的5.17个百分点。全省有太原、晋城、忻州、运城4个地市做到了预算内教育拨款增长速度高于财政经常性收入的增长速度。(2) 各级教育生均预算内教育事业费支出情况：普通小学为340.95元，比上年增长2.04%，其中，农村普通小学为315.56元，比上年降低0.62%。普通初中为516.57元，比上年降低1%；其中，农村普通初中为475.97元，比上年增长1.27%。普通高中为1 154.47元，比上年增长2.96%。职业中学为957.47元，比上年增长6.92%。中等师范学校支出1 984.86元，比上年降低9.55%。普通高等学校为5 653.75元，比上年增长13.5%。(3) 各级教育生均预算内公用经费支出情况：普通小学为28.65元，比上年降低7.04%，其中，农村普通小学为20.82元，比上年降低23.59%。普通初中为64.55元，比上年降低7.61%；其中，农村普通初中为41.08元，比上年降低27.47%。普通高中为215.74元，比上年增长4.68%。职业中学为211.49元，比上年降低2.97%。中等师范学校为600.08元，比上年降低11.66%。普通高等学校为2 573.23元，比上年增长18.2%。

1998年群众集资办学、捐资助学、勤工俭学及其它资金7.22亿元，各级财政部门预算内投入1.58亿元，共新建校舍132万平方米，维修校舍108万平方米，购置教学仪器27万套，文体器材32万件，购置图书资料425万册。教学仪器、图书资料、文体器材“三配套”的比例达92%。

1998年，山西省下达教育系统基本建设投资计划10 705万元，其中安排省属高校及省直教育事业单位6 745万元，安排补助地市普通教育3 960万元。年底高校及省直教育事业单位基建经费到位3 000万元，竣工建筑面积9.8万平方米，省补助地市普教基建经费到位3 460万元，竣工建筑面积34万平方米。

〔**成立省科技教育领导小组**〕 7月29日，山西省科技教育领导小组成立，省委书记胡富国、省长孙文盛为组长，副省长王昕任副组长，8月25日，召开省科技教育领导小组第一次会议，指出今后几年要大力发展基础教育，积极发展职业教育，有计划、有重点地发展高等教育。高等教育要注重内涵，在提高教学质量上下功夫，加大高校内部管理体制改革力度，山西大学、太原理工大学的设备、教学水平、校园环境都要成为一流。决定省财政从 1998 年到 2000 年每年增加4 000万元教育经费，支持高校开展科技工作。

〔**精神文明建设与德育工程**〕 1998 年，经检查验收，山西大学师范学院、山西省第二人民警察学校、太原外国语学校、太原市双塔西得寸进尺街小学等 193 所学校达到省级文明学校标准，全省省级文明学校总数达到 391 所；有 642 人被评为“山西省教育系统精神文明建设先进个人”，先进个人总数达到 1 158 名。

实施德育工程取得进展。1998 年，省政府命名潞城市、临猗县、洪洞县为“德育示范县（市）”；太原理工大学、大同煤炭工业学校、太原外国语学校等 36 所学校为“山西省德育示范学校”；省政府确定太原市万柏林区人民法院等 203 个单位为省级德育基地，省教委授予 80人为“德育工程建设先进工作者”称号；187 人被省教委评为“山西省校外教育先进个人”。

〔**教育法制建设**〕 1998 年教育法制工作主要从三方面开展普法和执法工作。(1)12 月，省教委、省司法厅和省普法办组织全省教育系统约 38 万名干部、教师进行“三五”普法考试，考试内容以教育法律、法规和国家颁行的其他法律、法规为主，推进教育法律知识的学习和普及。(2) 省教委与省司法厅共同举办全省大中学生法律知识竞赛，全省 12 万名学生参加竞赛活动。(3) 制定《山西省教委机关行政执法错案追究的规定》，对行政执法中错案追究的原则、范围、执法主体及其责任作出规定。

〔**治理校园环境**〕 1998 年，省教委会同省社会治安综合治理委员会、省公安厅对全省高校校园及周边的治安秩序进行了专项治理整顿。从 6 月至年底，全省高校、一些重点中专和中小学校周边治安环境的治理取得成果。共清理大、中、小学校园及周边的各种餐饮、娱乐、书刊、商业网点 1 201 家，取缔无证摊点 256 个，清理无证商贩 600 余人，取缔台球点 172 个，关闭歌舞厅、录像厅 12 个，拆除违章建筑 65 处，查处滋扰学校治安案件 12 起。形成了以校长为学校安全保卫工作第一责任人，分管领导具体负责，保卫部门专门抓和其他部门大力配合的校、系、处、科、年级、教研室、学生班的治安保卫综合治理网络。

〔**语言文字工作**〕 1998 年，省语言文字工作委员会组织省直有关厅局、太原市教委、语委和部分街道办事处、村委等 30 余个部门抽样调查 50户城乡居民的语言文字使用情况，为全面实施语言文字使用调查工作奠定了基础。9 月，举办了全省首届推广普通话宣传周活动；同时举办了第二届省直机关公务员普通话大赛，在此基础上选拔 6 名选手进行强化训练，参加 11 月国家语委举办的第二届全国公务员普通话大赛，获得团体优秀奖和组织奖。

基础教育

〔**义务教育**〕　1998年，全省普及九年义务教育进入攻坚阶段。全省小学适龄儿童入学率为99.65%，巩固率为99.9%，毕业率为99.32%。小学毕业生升学率为93.12%，小学生年辍学率为0.06%。小学专任教师学历合格率为97.72%，其中师范毕业生占合格教师数的86.25%。小学师生比为1∶20，校均学生85人。

初中阶段义务教育稳步推进。1998年底，经省政府组织验收，阳曲、浑源、广灵等23个县（市）基本达到普及九年义务教育要求。至此，全省达到普及九年义务教育要求的县（市、区）达97个，占全省县（市、区）总数的81.51%，人口覆盖率达87.24%。全省初中入学率达95.58%，辍学率控制在2.18%；初中专任教师学历合格率达82.52%，师生比为1∶14.9，校均学生为461.9人；八年制学校减为112所，占全省初中学校总数的3.53%；建成规范化初中学校1 962所，占全省初中学校总数的61.85%。

为进一步加强农村初中教育，提高全省初中教育整体水平，省教委在全省进行“山西省农村初中办学红旗单位”的评选工作。1998年3月，评选27所农村初中学校为“山西省农村初中办学红旗单位”。这27所农村初中都是乡（镇）办的独立初中，在办学实践中，面向农村，服务农村，办学思想端正、办学行为规范，成为当地培养高素质劳动者的重要阵地和社会主义精神文明建设的窗口。5月，省教委在太原市小店区召开全省示范初中工作会议，就示范初中学校建设中存在的问题进行了研究分析，并对示范初中发挥自身优势、全面推进素质教育进行了安排。会议认为，到1998年全省90%以上的县（市、区）有合格的省示范初中，在规范初中教育管理、推进素质教育实施、全面提高教育质量和效益等方面起了示范和导向作用。但也有一些示范学校近年办学条件有所降低，管理有所松懈，影响了办学质量。为此，省教委决定从1999年起，对省示范初中实行动态管理，对不合格的省示范初中，予以取消或调整。会后，省教委印发了《进一步加强省示范初中学校建设工作的意见》。

〔**中考招生改革**〕　按照原国家教委推进中等学校招生制度改革的要求，省教委印发了《山西省中等学校招生考试改革方案》（试行）。招生考试改革内容主要包括：（1）从1998年起，在中等学校招生考试英语科目中加考听力和加试体育。（2）实施步骤为：太原、阳泉、晋城3市1998年起实施，其他地、市先选择部分县（市、区）进行试验；临汾、运城两个地区和大同市从1999年起实施；2000年在全省普遍实施。（3）鼓励一些“两基”工作先进县（市、区）进行中等学校招生加试物理、化学实验操作的试验。（4）从

1999年起，中考考试科目在保持政治、语文、数学、物理、化学、外语6门课的基础上，要根据各科课时比例和教学大纲要求，对每科分值进行合理调整。

在中考招生录取办法上，从1998年开始进行升学指标分配与初中办学水平综合评价结果挂钩的试验。具体办法是：(1) 太原市、大同市继续坚持从原重点高中招生指标中划出一定比例分配到薄弱初中学校，并要扩大分配指标比例，完善配套制度。其他省辖市城区和具备条件的县（市、区）也要积极进行试验。(2) 从1998年起，每个地、市确定一个县（市、区）进行中考招生录取改革试验，即从本县（市、区）中师（幼师）、普通高中、职业高中招生计划中划出比例不少于20%的指标，按照各初中学校办学水平、教育质量情况，参考学校所属服务区人口总数，将划出的指标分配到各初中学校，各校从应届毕业生中择优录取。各县（市、区）要确定最低录取控制线，凡达不到规定最低控制线的，其分配指标由县（市、区）统一调配使用。从1999年起，各地市一半以上的县（市、区）要进行此项改革试验，从各类学校划出的分配指标不得低于30%；到2000年，在全省普遍实行此项改革。

此外，原定省、地、县重点中学提前单独招生全部停止。如因进行教改实验确需提前单独招生的学校，必须经省教委批准，要严格限制招生范围、招生人数。音、体、美特长生、科技小发明获奖者及三好学生、优秀学生干部继续在中考录取中予以适当照顾。

〔**素质教育**〕 1998年，全省基础教育阶段实施素质教育整体水平有所提高。省教委主任、副主任分别与阳泉市、怀仁县、忻州市、临猗县、孝义市、襄汾县等素质教育实验区建立了联系制度，并于3月中旬分赴实验区进行调研。4月27日，省教委在怀仁县召开全省素质教育实验区工作会议，总结经验，分析研究实验中的问题，安排部署今后的实验工作。全省1市22个县素质教育实验区领导及各地市教委领导参加会议。会后，实验区普遍成立了实验领导组，制定了实验方案，确定了实验项目，推出一些典型和经验。为充分发挥招生考试在实施素质教育中的正确导向作用，省教委在《中等学校招生考试改革方案》中，对招生考试科目、内容及录取办法等进行了调整，以引导学校开足、开全课程和注重学生能力的培养。同时，根据原国家教委《关于推进素质教育，调整中小学教育教学内容，加强教学过程管理的意见》，省教委对小学和初中部分课程的教学内容和教学要求作了调整，于9月印发全省执行，引导素质教育由较多地注重音、美教育向以课程教材建设和改革为核心方面发展。为进一步加强学校艺术教育和体育卫生教育工作，在全省推广了侯马市农村学校艺术教育的先进经验。教育部已决定将侯马市作为教育部农村学校艺术教育工作的实验基地。

〔**高中教育**〕 全省普通高中教育以新课程试验为契机，积极推进改革。全省普通高中学校数(含初、高中合设)比上年增加8所。招生比上年增加10 765人。在校生比上年增加23 485人。毕业生比上年增加10 353人。普通高中专任教师比上年增加458人。专任教师学历合格率62.91%，比上年提高8.42%。

高中新课程方案试验从1997年秋正式

启动以来，到1998年，各地各学校先后成立了试验工作领导组、指导组，建立健全了有关制度，并向社会进行广泛宣传，制定了试验工作的规章制度和评估考核方案。

1998年寒假期间，省教委分学科对第二学期教材进行了骨干教师培训。7月，对全省高二年级各学科教师5 150人进行全员培训，各地市对高一年级教师也进行了培训。在各地市推荐、学科指导组审定的基础上，省教委聘用12名有丰富教学经验，政治业务素质高，身体状况好的老同志为省高中课程改革视导员，对全省试验情况进行了两次全面检查和视导，并先后三次召开了经验交流与研讨会。

1998年山西省教委对高中毕业会考作出新规定：在考试内容上，适当调整了基础知识与基本技能的考核比重，加大对技能和能力的考核力度，并在英语学科会考中增加听力考试内容。对部分考试科目作了调整。高一开考地理、历史两科，高二开考语文、数学、外语、物理、化学、生物6科，高三开考政治。在考试方法上，允许提前学完某些学科的学生提前报名参加相应学科的会考，同时，允许部分等第成绩较低或不合格的学生参加重考，成绩按等第较高的一次计算。

〔**幼儿教育**〕 1998年全省幼儿教育工作继续深化改革，强化管理，推进幼儿教育与其他教育协调发展。针对国有企业改革过程中厂矿幼儿园出现的新情况，省教委深入部分厂矿企业幼儿园进行了调查研究，在此基础上，与省经贸委、省计委、省建委、省总工会、省妇联等单位联合印发《关于转发〈企业办幼儿园若干意见〉的实施意见》，保证企业办园的健康发展。为改善办园条件，提高保教质量，4月～6月，组织全省幼儿教师开展利用废旧物品自制玩具教具活动。在已经实现“两基”的县（市、区），积极发展学前三年教育。11月，对各地、市申报学前三年教育的县（市、区）进行了评估检查。经过验收，授予太原市杏花岭区“幼儿教育先进区”称号，授予太原市万柏林区、尖草坪区、晋源区、忻州市、代县、定襄县等13个县（市、区）“基本满足幼儿学前三年教育县（市、区）”称号。

1998年，全省幼儿园总数中有农村幼儿园7 989所，占幼儿园总数的82.52%；在园幼儿中，农村在园幼儿有73.09万人，占在园幼儿总数的71.11%；幼儿园教师中农村幼儿教师26 371人，占幼儿教师总数的65.17%。

〔**教育督导**〕 1998年教育督导工作在组织完成对阳曲等23个县（市）的“普九”达标的评估验收。首次对1995年前实现“两基”的太原市小店区等39个县（市、区）进行了复查，通过复查，保证了验收合格县在实现“两基”后工作不放松、不滑坡。按照教育部《关于在基础教育阶段开展专项内容督导检查的通知》，省教委印发《关于继续做好三项内容督导检查的通知》，结合“普九”验收、“两基”复查，对66个县（市、区）进行了基础教育经费政策落实、改造薄弱学校、执行新课程计划、制止中小学生辍学、减轻学生过重课业负担等专项内容的督导检查。取得了以下效果：一是督促政府完善机制，狠抓落实，加强了对城乡教育费附加的征、管、用工作；二是推动了各级政府改造薄弱学校力度；三是督促中小学严格执行课程计划，减轻了中小学生过重的课业负担；四是严格控制了中小学生流失；五是促进中小学加强了“三配套”管理和使用，促进了教学质量的提高。11月12日，省政府召开督学座谈会，副省长王昕主持会议，听取专兼职督学汇报工作。经过评比，1998年表彰教育督导32个先进集体，156名先进个人。永济市政府教育督导室、榆次市教育督导室和崔毅、杨万生、郝东光、靳贵明4人被教育部授予“全国教育督导先进集体”和“全国教育督导先进工作者”称号。为充分发挥教育督导机构履行“对下级人民政府的教育工作、下级教育行政部门和学校的工作进行监督、检查、评估、指导的职能”，6月，省政府决定将山西省教委督导室更名为“山西省政府教育督导室”。

〔**特殊教育**〕 1998年年初，在全省组织了调查摸底工作，掌握全省特殊教育的发展现状。9月24日～25日，在大同市召开了特殊教育工作座谈会，进一步明确了特教工作在整个教育事业和“两基”巩固提高工作中的重要地位，推广了临汾、大同等地的先进经验，研究了特教工作的任务及要求。10月，由省特教研究会组织，在全省开展了优秀教案和优质课评选活动，并将评选出的好的教案和课程，印发到各学校。1998年全省残疾儿童少年入学率达75%以上。6月，教育部和中残联组成评估小组对临汾和晋城两地的特教工作进行了检查。认为山西省的特教工作领导重视、基础扎实、措施得力，残疾儿童少年入学率稳步提高。同时也指出存在的问题和不足，要求进一步提高办学质量，加强随班就读的师资培训工作。

〔**普及实验教学**〕 1998年有30个县（市、区）通过省级普及实验教学验收，全省普及实验教学的县（市、区）总数达到71个，占全省县（市、区）总数的60%。通过验收，保证了物理、化学、生物等学科教学大纲的实施；全省小学自然实验开出率达62.55%，初中物理、化学、生物的演示实验与分组实验开出率分别达73.6%和67.1%，高中物理、化学、生物的演示实验与分组实验开出率分别达78.7%和76.5%。加强实验室建设，推动教育技术装备规范化工作。全省通过验收的规范化学校达12 005所，占总校数的28.3%。教学仪器管理人员培训率达38.6%。省教委于11月在长治县召开全省中小学普及实验教学现场会，推广长治县抓好普及实验教学，全面实施素质教育的经验，讨论研究了存在的困难和问题，安排部署全省普及实验教学工作。

〔**勤工俭学**〕 1998年，全省中、初等学校勤工俭学校办产业总产值11.1221亿元，实现利润2.2956亿元，补助教育经费1.7157亿元，利润达100万元以上的企业5个，中小学勤工俭学开展率91.5%，生均勤工俭学收益2.2元。在开展勤工俭学发展校办产业中涌现了不少先进典型，积累了一些经验。平遥县在开展勤工俭学、发展校办产业中，创造和形成六大模式：即新品种推广型、技术辐射型、示范科学种植型、荒山荒坡开发型、科技一体服务型、庭院经济型，被晋中地区命名为“校办产业示范县”。8月，省教委在平遥县和介休市召开中、初等学校勤工俭学工作座谈会，参观了平遥、介休两地校办企业和发展校园经济的做法，研讨了开展勤工俭学工作的突出问题和困难，寻求解决问题的途径和办法。

〔**教师工作**〕　1998年，省教委通过多种手段和途径，提高教师的政治业务素质和学历合格水平。中小学教师培训工作的重点由学历教育转移到继续教育上来，省教委制订印发了《关于全省中小学教师继续教育工作的意见》，对1998～2002年中小学教师继续教育工作作了规划部署。6月召开会议，全面启动中小学教师继续教育工作。全省有8 000余名中小学教师参加了省教委统一组织的高中后续本科自学考试培训。选拔确定了小学1 000名、初中800名、高中300名骨干教师，并进行了培训。11月，省教委召开中师标准化建设工作会议，决定用3～4年时间，使全省所有中师学校按照教育部评估方案的要求达到合格标准，并且一部分学校要达到优秀。全省共有20人获曾宪梓教育基金1998年中师奖，其中忻州师范学校任陆平获一等奖，运城幼儿师范学校许凤姣、太原师范学校赵玉兰获二等奖，隰县师范学校崔红章等17人获三等奖。

中小学教师待遇进一步提高。全省基本做到了按时兑现中小学教师工资。省政府办公厅印发《关于统筹解决我省民办教师问题的通知》，提出到本世纪末全省基本解决民办教师问题的方法、步骤。年内按计划完成1万名合格民办教师转正工作。根据省人事厅、省教委《山西省中小学、幼儿园教师专业技术职务岗位设置及高、中、初级职务职数结构比例控制意见》，1998年中小学教师的职称评审工作中，多数地、市已经采用了结构比例控制办法，实现了平等竞争，择优聘任，调动了广大中小学教师的积极性。1998年，建设城镇中小学教工住宅35万平方米，全省城镇中小学教工家庭人均居住面积达到8.8平方米。

〔**电化教育**〕　1998年，围绕贯彻落实省政府《山西省"九五"期间电化教育改革和发展的意见》，省教委先后印发《关于对地市级电教馆电教工作进行检查评估的通知》、《关于对我省各全国现代教育技术实验学校进行中期评估的安排意见》。经检查，长治、晋城2个市级电教馆达标，阳泉、大同2个市基本达标。推荐大同一中等15所中小学为第二批国家级现代教育技术实验学校。到年底，全省中心小学以上学校的电化教育开展率为：一类县（市、区）76%，比上年增加6%；二类县（市、区）51%，比上年增加1.4%；三类县（市、区）41%，比上年增加25%。

〔**治理中小学乱收费**〕　1998年，省教委先后印发《山西省治理中小学乱收费工作的实施意见》和《关于治理中小学乱收费工作的紧急通知》，重申了义务教育阶段不得招收"择校生"和高收费及坚持就近入学的规定。实行了"一次收费，三个公开（收费项目、收费标准、收支情况公开）"的收费办法，加强了对学校预算外资金的管理和检查。秋季开学后，省教委组织了入学收费大检查，绝大多数学校能严格执行新的收费项目标准。1998年共处理群众来信198件，处理违纪案件160起，通报批评42人、11个单位，给予党纪行政处分1人，撤销职务5人。查处违纪金额142万元，清退139万元，违纪金额比1997年下降68%。11月，国务院纠风办、教育部监察局对山西省治理中小学乱收费工作予以肯定。

〔**"义务教育工程"立项验收**〕　10月，由教育部、财政部组成的专家组对山西省实施“国家贫困地区义务教育工程”项目（以下简称“工程”）进行立项检查验收，采用随机抽查的办法对“工程”项目县榆社县、万荣县的17所项目学校建设情况进行了检查并通过验收。检查组肯定山西省在“工程”中采用公开招标竞价，统一订购图书、仪器的办法有推广价值。山西省制定了实施项目的规划，提出“先小学后初中，先农村后城镇，先新建后扩建”的思路，同时坚持实施“工程”与“普九”相结合，与农村中小学布局结构调整相结合，与农村教育综合改革相结合，与发展校办产业、勤工俭学相结合，与在中小学渗透职业教育相结合。

职业教育

〔**县级职教中心建设**〕 1998年，全省有17个县职教中心建成投入使用，23个县职教中心建设开始启动。12月，省教委召开全省县级职教中心建设工作座谈会，就进一步加强县级职教中心建设工作提出意见：(1) 要高度重视，态度要积极、措施要得力，工作要到位；(2) 要实事求是、因地制宜、分步实施、逐步完善，在校舍建设、办学模式上不搞一刀切，以适应、实用为标准，尽量发挥现有资源的作用，重点要扩大办学规模，提高办学效益和教育质量；(3) 办学模式上可以多样化，要在办学特色上狠下功夫，提高规模效益和质量效益；(4) 要坚持职教中心的学校性质，防止和纠正一些地方把职教中心搞成经济实体，或以新建职教中心的名义建设非教学用建筑的倾向。

1998年，全省22个职教薄弱县中有14个县的职业教育面貌发生明显变化。其中武乡、榆社、方山、岚县、阳曲、古县等6个县的招生数和在校生数均有较大幅度增长；高平、浮山、垣曲、山阴、应县、五寨、闻喜、天镇8个县正在筹建新校，有的已经建成。1998年，全省中等职业学校招生数和在校生数分别达到高中阶段招生数和在校生总数的59%和58%。

〔**中专教育**〕 4月1日，省政府办公厅转发省教委《关于普通中等专业学校全面实行招生收费和毕业生就业制度改革的实施意见》，批准全省普通中等专业学校全面实行招生并轨改革。并轨改革的范围包括1998年招生的省属、地属普通中等专业学校及在晋部属普通中等专业学校。所有招生计划统一为国家招生计划一种形式，不再实行国家任务计划和调节性计划（委托培养、收费生、自费生）两种形式，在一定期限内继续保留民办教师班、有实践经验青年班、乡村干部中专班的招生计划形式。招生并轨后：一是建立向学生收费的制度，毕业后多数人实行自主择业的机制。二是确定合理的收费标准。1998 年收费标准为平均每生一年 2 000 元。学校在收费总标准内根据不同专业制定具体标准。三是建立奖学金、贷学金、勤工助学基金制度和特困生资助办法。学校要从所收学费中划出 15%左右的比例用于设立优秀学生奖学金、专项奖学金、学生贷学金和勤工助学基金，以解决家庭经济困难学生的上学问题。各级财政也安排适当专款，在师范、农林、体育及其他艰苦专业、特殊专业和为贫困县培养人才的专业设立专项奖学金。为配合并轨改革，省教委对考生填报志愿和录取方法也进行了改革，增加了第一志愿的数量和志愿总量。

6 月～8 月，省教委组织专家对申报第二批省部级重点中专的山西省交通学校等 14 所学校进行了评估。评估后认为：14 所学校均符合省部级重点中专学校标准，报请省政府批准。

1998 年，继续实施中专学校布局、专业结构调整，撤销了山西省气象学校、山西省图书发行学校、晋中地区农业机械化学校、晋东南地区农业机械化学校、长治市师范学校；山西省文化艺术学校和山西省电影学校实行合并，同时新建太原市旅游学校、山西省临汾人民警察学校、晋城综合中等专业学校、晋城市艺术学校。对中专学校的专业设置进行了调整，共调整和新增专业 215 个，以适应经济和社会发展的需要。

10 月，省教委召开全省中专学校 CBE（以能力为基础的教育）理论教学改革研讨会，25 所省部级重点中专的校长参加了会议。省教委要求各中专学校要认真贯彻落实教育部《面向 21 世纪深化职业教育教学改革的原则意见》，树立以能力培养为本位的教学指导思想，从劳动力市场和职业岗位分析入手，开发课程，拓宽专业，更新教学内容，加强教学基础性工作建设。

〔**农村教育综合改革**〕 1998 年，省教委确定襄汾、平遥、襄垣、应县、河曲、文水 6 个县为农村教育综合改革实验县，全省农村教育综合改革实验县总数达到 46 个；介休市义安镇等 52 个乡镇为实验“燎原计划”示范乡，示范乡总数达到 457 个。省教委会同省陶行知研究会评选出 100 个科教兴村典型学校。

高 等 教 育

〔**综述**〕 1998 年，全省普通高等学校招生比上年增长 10.33%；毕业生比上年减少 1.88%；在校生比上年增长 7.01%。

全省普通高校专任教师中，具有高级职

称的教师占专任教师总数的32.96%，比上年提高0.87个百分点。具有研究生及以上学历的教师占专任教师总数的29.59%，比上年提高2.01个百分点。普通高校占地面积6 757 484平方米；校舍建筑面积330.87万平方米，生均校舍建筑面积43.46平方米；学生宿舍面积49.08万平方米，生均宿舍6.45平方米；教学科研仪器设备资产值37 351.26万元，生均4 906.38元；学校藏书1 009.48万册，生均132.6册。

1998年建设高校教工住宅7万平方米，高校教工家庭人均居住面积达到8.6平方米。

〔**管理体制改革**〕 1998年，新建的太原理工大学由山西省属太原工业大学与原煤炭部门所属山西矿业学院合并组成；山西财经大学由山西省属山西经济管理学院与中华全国供销合作总社所属山西财经学院合并组成。上述两所新组建的大学在9月新学期开学前全部完成了“三定”（定职责、定机构、定人员编制）工作，实现了合并后的“五统一”（统一学校主体、统一领导班子和管理机构、统一管理制度、统一学科建设、统一学校发展规划）。太原理工大学成立10个学院，其中9个学院实行实院虚系，一个学院实行虚院实系，使院（系）成为一级重要的办学实体。该校拥有教职工3 800余人，专职教师近1 700人，其中教授、副教授500余人，在校生规模达到1.5万人。学校占地91公顷，建筑面积57万多平方米。成为山西省规模最大、实力较强、学科门类较为齐全、专业覆盖面较广，以工为主，理、工、文、管相结合的新型理工科大学。山西财经大学有教职工1 438人，其中正副教授300余人，占地面积45公顷，校舍建筑面积24万多平方米，在校生规模8 000人。该校的目标是争取到2010年把学校建成一所学科门类比较齐全、层次较高、规模适当、效益较好、竞争力强，能主动适应现代经济以及21世纪人才培养需要，具有山西区域经济和供销合作经济特色的国内外有影响的财经大学。

6月，经教育部批准，大同高等专科学校和大同市教育学院合并改建为大同职业技术学院；9月，教育部批准晋中师范专科学校与晋中地区教育学院合并组建为晋中师范高等专科学校，忻州师范专科学校、忻州地区教育学院、忻州职工大学合并组建为忻州师范高等专科学校。根据国务院关于调整撤并部门所属学校管理体制的决定，原机械工业部所属的太原重型机械学院，原由煤炭部所属的原山西矿业学院、大同矿务局职工大学、山西煤炭职工联合大学、山西煤炭管理干部学院划转山西省地方管理。

〔**成立高校联合体**〕 2月28日，省城太原市14所高校组成的高校联合体成立。这14所高校是：山西大学、太原理工大学、山西医科大学、山西财经大学、华北工学院、太原重型机械学院、山西农业大学、山西中医学院、太原师范专科学院、太原大学、太原电力高等专科学校、山西财税专科学校、山西大学师范学院、华北工学院专科学校。联合体内14所普通高校占全省普通高校总数的48.3%，图书占全省高校图书库总量的64.55%，实验室占全省高校总数的64.5%，教学科研仪器设备值占全省高校总数的78.09%。“省城高校联合体”实行校际间资源共享、优势互补、师资互聘、图书资料和实验设施共用，学生跨校选课，学科联合，专业共建，科技合作，联合发展校办产业等，并逐步把联合体扩展到企业和科研单位，形成区域性的产、学、研联合体。高校联合体成立后将建设中国教育与科研计算机网络(CERNET)山西网络中心，联合体各高校建成校园网并通过山西网络中心互联，最终与国际互联网(CERENT及INTER—NET)联通，实现省城高校之间及与全国至国际间的资源共享。

〔**高校内部体制改革**〕　10月21日，省教委召开高校内部管理体制改革工作会议，全面部署高校启动内部管理体制改革。省教委、省高校工委印发了《山西省高等学校内部管理体制改革意见》。改革的指导思想是：按照"转换机制，优化结构，科学运行，提高效益"的原则，统筹规划，整体实施，逐步推进。改革基本目标是：到2000年初步建立起与山西经济建设和发展相适应的高校内部管理体制和运行机制，使高校成为面向社会、面向市场、依法自主办学的实体。

全省高校内部管理体制通过全面启动、全面铺开、全面深化三个主要阶段，在人事制度、分配制度、后勤管理上建立起三种机制：(1)改革人事制度。将教职工与学生比提高到1∶5左右，师生比提高到1∶10左右。调整精简高校党政职能机构。对党政机构工作人员实行岗位目标聘任制，对专业技术人员实行专业技术职务聘任制，对工人实行任务合同制。(2)改革分配制度。推行编制与工资总额动态包干制度，实行定编后增人不增工资总额，减人不减工资总额，编制内节余的工资可由学校、部门自主使用，超支不补，节余留用。对各类人员实行国家工资与校内津贴相结合的结构工资，按教职工承担的职责和工作实际拉开差距，与收入挂钩。对优秀人才实行岗位津贴，省教委制定了《关于增发高等学校在岗高级知识分子生活补贴费的通知》，对高等学校有突出贡献的专家、博士生、硕士生导师、省学科带头人、学术骨干、脱颖而出的青年人才，根据其贡献大小和考核情况，增发岗位津贴。(3)按照"小机关——多实体——大服务"的原则转变后勤管理的运行机制。建立"精干、高效"的后勤行政管理"小机关"和实行半企业化、企业化管理的后勤服务经济实体。改革拨款制度，将学校后勤主要靠拨款驱动的运行机制改为主要靠市场驱动的运行机制。改革劳动用工制度，打破工人和干部界限，实行干部聘行制和全员劳动合同制。改革分配制度。后勤"小机关"人员的工资、奖金由学校列支。后勤经济实体建立主要以岗位、贡献、效益为主的适应企业化的分配制度。

〔**重点工程建设**〕　1998年，全省高校"四重工程"(重点建设高校、重点建设学科点、重点建设实验室、重点科技成果开发)建设取得新进展。在"211工程"建设上，省委、省政府继续加大投入，为山西大学、太原理工大学各安排重点建设专项经费1 000万元；11月，省政府批准山西大学、太原理工大学两校"211工程"建设正式立项，并报送国家"211工程"办公室备案。加强对重点建设学科的管理，制订了《山西省重点建设学科评估办法》，12个博士点学科进行了自评。7月，山西省学位委员会第二次会议暨高校重点学科建设工作会议在太原召开，省委书记胡富国、副书记郑社奎、副省长王昕在会议讲话中要求把重点学科建设作为高校战略建设抓出成效。会上省教委授予山西大学、太原理工大学、山西农业大学、华北工学院4所高校“重点学科建设先进单位”称号；山西大学精细有机化工实验室、山西农业大学植物化学调控实验室被列为省重点实验室，分别获专项投资150万元和100万元；1998年，共组织两次基础课、专业技术基础课的89个实验室评估，其中合格84个；全省已有12所高校实验室全部结束评估，其中80%通过了评估。1998年，太原理工大学测试技术中试基地被列为省中试基地，获专项投资300万元；太原理工大学“双层辉光离子渗金属技术”中试基地获专项投资400万元。为加强重大科技项目的研究开发和成果转化，从近三年来全省高校的重大科技成果、重大科技项目中遴选出147项应用技术成果汇编成册，参加11月举办的’98山西省产学研合作交流洽谈会，高校与有关企业达成合同协议44项，合同、协议金额达到4 000余万元。太原重型机械学院在洽谈会上签订31项技术开发、技术服务及成果转化等合同，总经费达1 200万元。

〔**跨世纪人才培养**〕 经过专家评审，1998年确定青年学科带头人22人，中青年骨干教师166人。使全省高校青年学科带头人总数达到43人，中青年骨干教师总数达到996人。

〔**科技工作**〕 全省高校在科技工作“面向经济建设主战场，发展高科技及产业化，加强基础性研究”的三个层次上取得成绩。1998年，全省高校科技活动人员总数为14 826人；全省高校争取到省级以上科技项目265项，其中国家级36项，争取项目经费8 657万元；获省部级以上科研成果奖励156项，其中有2项获国家科技进步三等奖；在获得的65项省级科技进步奖中，有3项获一等奖，其中应用一等奖2项。全年签定技术合同95个，合同金额1 669万元，当年实现收入340万元；社会经济效益达7亿元。

5月，山西大学光电研究所承担的重点项目“压缩态光场的实验与理论研究”成果，通过国家自然科学基金委专家鉴定。专家组认为该项目整体研究结果达到国际先进水平。山西大学化学系教授黄逢春研究发明治理电镀废水处理办法，取得国家专利权。

1998年全省高校校办科技产业销售（经营）收入1.01亿元，占校办产业销售总收入的56%，比上年增长120%。高校科技企业利润总额为1 299万元，比上年增长21%。山西农业大学以发展农业经济为中心，依靠高校知识和人才优势，在1996年创办了山西农业科技市场。两年来，在此基础上，逐步发展成农业科技市场农资经营连锁店，是集“农业技术交易场，农资产品集散地，农技培训大学校，农副产品大市场”为一体的农业技术服务网络，已建有8个中心，8个分部和40多家经营连锁店，年贸易额达8 000万元，年营业额3 000万元，年利润达104万元。省长孙文盛和团中央有关负责同志先后考察了农业科技市场，了解网络中心收集全国各地的农业信息情况及市场为农民提供产前、产中、产后服务的情况，并拨专款50万元予以支持。7月，山西农业大学还组织了“千名大学生科技成果服务队”社会实践活动，1 000名学生、100名教师带着近100项技术和农业科技新产品，以偏关县黄龙池乡为中心，辐射全省大部分贫困乡村开展农业科技成果推广、咨询服务等活动。

〔**对外交流与合作**〕 1998年,共选派留学人员56人。其中,经教育部批准的国家公费派出23人;省筹资金派出33人,其中高级访问学者6人,普通访问学者27人。改革开放20年来,全省教育系统派出公费留学生1 493人,学成回国的831人,占公派留学生派出总数的55.66%。1998年,新批准6所学校具有聘请外国专家、教师资格,使全省具有聘请资格的学校总数达到34所。全年聘请长期外国文教专家、外籍教师61名,短期专家40名,批准招收长期来华留学生32人,在校留学生总数达42人;全省具有招收来华留学生资格的学校8所。有35位在外留学人员短期回国、回校讲学和开展科研合作。为吸引山西省在外留学人员回晋工作,省政府从1989年起,每年拨100万美元专款对归国留学人员进行科研资助,其中每年约60万美元用于教育系统归国留学人员。为了充分发挥资金效益,加强资金的使用管理,省教委对全省高校1991年以来归国留学人员科研资助项目进展情况进行了检查。检查结果表明,省政府共给教育系统归国留学人员科研资助专款325.3万美元,折合人民币约2 700万元,归国留学人员普遍受到不同程度的资助。其中,获重点资助的6所本科高校共申请科研项目350项,已完成146项,完成率为41.7%。

〔**教学工作**〕 为贯彻落实教育部第一次全国普通高校教学工作会议精神,省教委10月召开了全省普通高校教学工作会议,会议提出今后深化教学改革,提高教育质量的基本思路是:以转变教育思想和教育观念为先导,以教学工作为主旋律,以教学内容和课程体系改革为重点,以教风和学风建设为难点,更新思想观念,拓宽专业口径,改革教学内容和方法,加强素质教育,全面提高教育质量,努力开创教学工作新局面。深化教学改革的目标和主要任务是:经过几年努力,初步形成主动适应21世纪经济和社会发展需要的人才培养体系;充分调动学校和师生积极性的教学运行机制。会议对省教委《关于我省普通高等学校专业综合改革的意见》进行了讨论。会后,山西大学、太原理工大学、山西师范大学、华北工学院等高校都召开了教学工作会议,贯彻落实会议精神,制订了加强教学工作,深化教学改革,提高教学质量和教学管理水平的措施和办法。

为改变高校专业设置过多,专业划分过细过窄,培养出的学生知识面窄,适应性差的现状,省教委制定了高校专业综合改革的意见,将原有181种专业232个专业点调减为110种专业186个专业点。为加强和完善高校教学研究课题规范化管理,省教委制定了《山西省普通高等学校教学研究课题立项管理办法》,全省有近900名教师参加了这一研究工作,投入经费40万元。组织专家对1997年立项的194个省级教学研究项目进行中期检查。对项目的年度进展情况、经费匹配和使用、管理情况进行检查,对各校新申报的138个项目进行评选。省级教学研究项目总数达到235项,其中重点22项,一般113项,备案100项。省教委会同省政府法制局起草了《山西省教学成果奖励办法》,以省政府第131号令颁布。1998年扩大师范专科选拔优秀学生升入本科学习的专业和学校范围,增加了音乐、美术专业,并在全省所有师范院校的专科生范围实行中期选拔。有116名专科生经过选拔升入山西师范大学、山西大学师范学院、雁北师范学院对口专业。

同时，山西大学、太原理工大学、华北工学院也实行了中期选拔，167名专科生升入本校本科学习。此举调动了专科生学习的积极性。组织15所高校79个队参加1998年全国大学生数学建模竞赛，获全国一等奖2项，二等奖7项，三等奖17项，成功组织奖42项。

〔**高校党建工作和领导班子建设**〕 12月，省委召开全省高等学校党的建设工作会议，学习贯彻第七次全国高校党的建设工作会议精神，讨论《山西省贯彻〈中国共产党普通高等学校基层组织工作条例〉实施办法》，分析新形势下高校党建工作面临的新情况、新问题，研究部署高校党建工作。会议强调高校领导要把用邓小平理论武装师生员工头脑作为重要的政治任务抓紧抓好。要求领导带头学好邓小平理论，结合教育系统实际深入学习《邓小平教育理论学习纲要》。同时，省高校工委和各高校党委要把检查督促领导干部学习作为干部管理的一项重要内容。

加强高校领导班子和干部队伍建设。省教委与省委组织部制定了《山西省高校党委领导下校长负责制实施意见（暂行）》、《山西省普通高等学校校级后备干部培养选拔工作方案》；6月，对全省普通高校领导班子进行了较大调整，按照"两个三结合"（老中青三结合，党务、行政、业务三结合）的要求，调整选拔70名校级领导干部，其中，66名具有副教授以上职称，有2名博士生导师、8名博士生。

各高校根据《山西省贯彻〈中国共产党普通高等学校基层组织工作条例〉实施办法（讨论稿）》，对基层党组织的设置进行调整，完善了党总支和党支部按时换届选举制度。截止1998年底，省属高校教职工党员6 898人，占到教职工总数的37%；在校大学生党员占学生总数的5.6%。1998年共发展党员2 662名，其中青年学生2 338人，占发展总数的87.83%。

〔**思想政治教育**〕 1998年，全省高校组织干部、师生学习邓小平理论，实施以邓小平理论概论课为核心的"两课"（马克思主义理论课、思想品德课。下同）课程设置新方案。6月，省教委与省委宣传部联合发出《关于全省普通高等学校开设〈邓小平理论概论〉课的通知》、《关于全省普通高校"两课"课程设置的规定及其实施工作的意见》，对课程设置、学时安排、教材管理、队伍建设、经费保障、教学检查与评估等做出规定，各高校精心安排认真实施，秋季开学后本科一、三年级和专科一、二年级如期开设了《邓小平理论概论》课。

为支持和促进高校"两课"教学改革与理论研究，省教委成立了全省高等学校"两课"教学指导委员会暨教材编审委员会，实施"两课"重点课题攻关计划，并印发了《"两课"教学理论研究重点课题指南》和"两课"科研课题立项及科研经费使用办法。经个人申请，专家组研究、论证，有18所学校、63人中标，65个课题立项。省教委拨6万元专款予以支持。

以爱国主义为主旋律的爱国主义、集体主义、社会主义教育广泛深入开展。1998年上半年，各高校普遍开展了以爱党爱国爱山西为主要内容的校园文化节、艺术节。长江中下游发生特大洪灾后，各校以抗洪精神教育师生，开展向在抗洪抢险中英勇献身的喻祖栋学习活动。喻祖栋是华北工学院专科学校97级学生，暑假在家乡湖北省石首市东升镇连续7个昼夜奋战在抗洪抢险第一线，不幸被洪水冲走，年仅20岁。省教委、团省委号召大学生向他学习。

各高校以纪念党的十一届三中全会召开20周年为主题，举行报告会、座谈会、研讨会，回顾总结改革开放20年取得的伟大成就，使广大师生受到生动的党的基本路线教育。6月，省教委召开高校优秀大学生党员表彰暨先进事迹报告会，4名党员代表和1名预备党员做先进事迹报告。

〔**学位与研究生工作**〕　在10月召开的山西省学位委员会第二次会议上，通过了《山西省学位建设纲要》和《关于加快学位建设的实施意见》，提出到2005年学位建设发展规划和奋斗目标；组建了首届山西省学位委员会学科评议组。1998年，经国务院学位委员会评审，山西省新增博士授予单位2个（山西农业大学和华北工学院）；新增博士学位授予点13个，分别获省政府50万元奖励。使全省高校博士点总数达17个。新增硕士点41个，硕士点总数达到162个。经人事部和全国博士后管委会评审批准，山西大学物理学、太原理工大学化学工程与技术新设博士后科研流动站。经国务院学位委员会批准，授予太原理工大学、机械工程、材料工程、建筑与土木工程、化学工程、矿业工程5个专业具有工程硕士专业学位授予权；山西师范大学新增为教育硕士专业学位授予权学校。

1998年招收研究生603人，其中博士生37人，硕士生566人；在学研究生1 633人，其中博士生127人，硕士生1 506人；毕业生503人，其中博士生29人，硕士生474人。

成人教育

〔**扫盲与农村成人教育**〕　1998年，全省扫盲班毕业生32 000人，全省青壮年文盲率下降到1%以内。同时，对扫盲和扫盲后继续教育作出整体规划，制定了措施。省政府、榆次市政府分别获全国扫盲工作先进省、市称号，受到教育部、财政部表彰。郭焦顺（陵川县曹庄乡东谷村村民）获第三届“中华扫盲奖”特等奖，张秉让（省教委成教处长）、李百印（吉县教育局成教办主任）、袁保朝（平遥县教委成教办主任）获第三届“中华扫盲奖（锡山奖）”先进个人；中阳县教育局、屯留县教委获“中华扫盲奖”先进集体。农村成人教育坚持实际、实用、实效的原则，全年完成120万人次的农村实用技术培训任务。经全省统一评估验收，有80所乡镇成人文化技术学校达到国家示范性学校标准。

〔**职工岗位培训**〕　6月，省教委在太原召开全省各类学校开展下岗职工再就业培训动员大会，对全省下岗职工再就业培训工作进行安排部署，印发了《关于大力开展再就业培训工作的意见》,公布了第一批139所培训学校及专业名单，从中确定山西大学、太原理工大学等40所办学条件好，专业适应性强的学校，为下岗职工提供免费培训。省教委还就教育系统搞好再就业培训提出6条要求：(1) 在实施再就业培训中，尽量减免培训的相关费用，坚决杜绝“乱办学、乱收费、乱发证”的现象。(2) 积极鼓励下岗职工参加成人学历教育，并减免学杂费用。(3) 承担培训任务的学校要主动深入社会、行业和有关企业了解市场经济发展对人才的各种需求，积极走出校门，服务社会。(4) 加强与劳动社会保障部门等方面的协作和配合，解决好学校开展再就业培训遇到的困难，提高培训的整体效益。(5) 做好培训的试点工作。(6) 尽快制定培训的年度计划和今后三年规划。会后，各地市、各学校按照省教委安排部署，制订了培训规划及优惠政策。太原市组织全市100所高等院校、职业学校和职工学校，开办40多个专业，培训下岗职工12 000余人。阳泉市组织24所大、中专院校，7所职工学校，2所社会力量办的学校对全市国有企业下岗职工进行20多个专业的免费培训。山西大学开设了市场营销、公共关系、学前教育、文字处理等培训时间短、实用性强的项目对下岗职工进行免费培训。

1998年，全省共有2万余人次参加计算机应用能力培训，1万余人参加考核，其中有8 500余人获得了计算机能力初等级证书资格。

〔**自学考试**〕 全省高等教育自学考试已初步形成本科、专科、中专和非学历证书的文、理、外、体、艺多层次、多规格、多门类的考试结构体系。1998年，共有自考主考学校和专业指导学校9所，助学单位100余个，其中注册民办高校49所，普通高校助学单位16所。共开考专业67种，其中本科21种，专科46种。报考人数达45.4万余人，报考科次达121万余科次。至年底，全省自考累计报考人数112万余人，在籍考生44万余人；毕业生11.7万余人，其中本科生0.5万余人，专科生10.4万余人，中专生0.69万余人。

3月30日～31日，全省高等教育自学考试工作会议在太原召开。会议总结了15年来山西省的自考工作。副省长王昕讲话指出：要充分认识自学考试在两个文明建设中的地位和作用，切实加强领导，坚持改革，拓宽面向，严格管理，保证质量，确保自考事业健康发展。8月8日，省教委与太原市自考办共同举办首次“自学考试宣传活动周”，40多所民办学校和6所自学考试主考院校参加宣传咨询活动，解答了自考的有关政策、规定及专业设置等方面的问题，发放宣传单万余份，现场收集了社会各界人士对自学考试的意见和建议。

〔**社会力量办学**〕 到1998年底，全省共有各级各类社会力量办学机构1 386所，其中幼儿园413所、小学49所、中学109所，中等专业学校84所，高等教育学历文凭考试试点院校5所，社会力量办学助学院校65所，其他各级各类成人教育、职业教育培训机构661所。在校生总数达15万余人，毕(结)业人数共20万余人，教职工总数9 500余人，其中专任教师6 550余人。学校占地总面积近230万平方米，办学资金总投入约10亿元。全省已形成了多种办学主体积极参与的多元化投资办学体制和各级各类民办教育共同协调发展的态势。

5月9日，省政府发布《山西省社会力量办学管理细则》，对办学单位、办学目的、财务管理、举办者资格条件、学校管理体制、师资队伍和质量评估等做了具体规定。

6月至9月，省教委按照《细则》要求，对全省社会力量办学机构进行了全面检查。省教委直接检查了省属58所民办高校，各地市组织检查367所民办中小学和非学历教育培训机构。检查结束后，对达到优秀和合格标准的学校颁发了《社会力量办学许可证》。

为加强民办学校教师管理，3月，省人事厅转发省教委《关于山西省社会力量办学学校教师专业技术职务评聘的意见》。《意见》规定：各级各类民办学校中正式聘用，在本校任教一年以上，不满法定退休年龄的专任教师，均可参加评审专业技术职务任职资格，评审条件与山西省各类学校教师相应系列现行的评审条件相同。7月，省教委印发《关于加强当前民办学校教师队伍管理的通知》，对民办学校教师的聘任、解聘、工作职责、报酬等问题都作了规定。8月，省教委举办为期一个月的全省社会力量办学院校招生宣传暨执法检查活动，对国家社会力量办学的有关法律、法规、方针、政策进行了宣传，并以太原市为执法检查重点，各地市教委和民办学校配合进行，共查处违法违纪招生摊点59处，社会反应良好。

撰稿 张 为 刘月琴
侯文一
审稿 曹福成

内蒙古自治区教育

概　况

〔基本情况〕

1998年各级普通学校基本情况

单位：人

学校类别	学校数(所)	毕业生数	招生数	在校学生数	教职工数 计	教职工数 其中专任教师
一、普通高等学校	19	10 747	14 201	43 550	16 579	7 258
研究生	(9)	222	396	1 080		
本　科	13	5 326	8 514	29 659	13 837	5 801
专　科	6	5 199	5 291	12 811	2 742	1 457
二、中等专业学校	108	17 778	32 041	81 479	15 038	7 706
中等技术学校	86	13 068	26 336	65 604	12 057	6 076
中等师范学校	22	4 710	5 705	15 875	2 981	1 630
三、普通中学	1 731	338 950	422 456	1 178 950	103 506	77 031
高　中	334	59 000	76 075	207 330		14 733
初　中	1 397	279 950	346 381	971 620		62 298
四、农业、职业中学	459	45 831	89 863	212 737	19 195	14 335
高　中	176	18 613	35 273	79 110		6 347
初　中	283	27 218	54 590	133 627		7 988
五、工读学校	1	8		68	54	22
六、小　学	11 614	428 462	382 565	2 248 434	154 957	137 015
七、特殊教育学校	26	180	297	2 057	622	468
八、幼　儿　园	1 607		60 661	126 119	20 598	14 813

1998年各级成人学校基本情况

单位：人

学校类别	学校数(所)	毕业生数	招生数	在校学生数	教职工数	
					计	其中专任教师
一、成人高等学校	17	12 672	12 089	33 268	3 576	1 709
广播电视大学	1	3 012	2 689	6 158	1 068	402
职工高等学校	5	619	609	2 149	564	286
农民高等学校						
管理干部学院	2	945	1 319	2 296	387	165
教育学院	9	2 218	2 236	5 818	1 557	856
独立函授学院						
普通高校举办：						
函授部		3 220	2 764	9 367		
夜大学		1 715	1 338	5 219		
成人脱产班		943	1 134	2 261		
二、成人中等专业学校	116	22 811	20 134	51 745	6 411	3 453
广播电视中专	4	5 998	6 303	17 712	507	268
干部中专	6	872	690	1 684	230	99
职工中专	42	6 232	6 581	17 228	2 407	1 268
农民中专	2		101	101	29	23
函授中专	2	4 771	2 336	6 542	495	133
教师进修学校	60	4 938	4 123	8 478	2 743	1 662
三、成人中学	72	9 481	10 628	11 678	621	398
职工中学	45	3 210	4 528	5 198	478	320
农民中学	27	6 271	6 100	6 480	143	78
四、成人技术培训学校	9 029	1 510 100	1 273 107	1 423 412	8 877	3 654
职工技术培训学校	145	42 068	13 606	15 540	1 160	769
农民技术培训学校	8 884	1 468 032	1 259 501	1 407 872	7 717	2 885
五、成人初等学校	4 157	153 188	236 237	263 127	7 750	1 971
职工初等学校		408	1 177	1 177	92	52
农民初等学校	4 157	152 780	235 060	261 950	7 658	1 919
其中：扫盲班	3 378	47 442	52 278	63 214	4 123	1 436

制表　海丽斯

〔**年度工作方针**〕 1998年，内蒙古自治区教育工作的指导思想是：以邓小平理论和党的十五大精神为指导，加快实施“科教兴区”发展战略，大力培养高素质的劳动者和专门人才，使教育为全区经济建设和社会发展服务。坚持深化教育体制改革，推动全区教育事业持续、协调发展。大力加强教育法制建设，进一步落实《内蒙古自治区关于〈中国教育改革和发展纲要〉的实施意见》，优化教育结构，合理配置教育资源，增加教育投入，全面提高办学质量和效益。解放思想，实事求是，转变作风，开拓进取，积极探索和建立适应社会主义市场经济和自治区现代化建设、符合教育规律、具有民族特色、地区特点的教育体制和运行机制，努力开创全区教育工作的新局面。

〔**抗洪救灾工作**〕 1998年7月下旬以来，自治区东部呼伦贝尔盟、兴安盟、哲里木盟、赤峰市和锡林郭勒盟遭受特大洪涝灾害；西部地区也普降暴雨，山洪暴发，积水成灾。据统计，全区共有1 998所学校受灾，受灾校舍面积46.45万平方米，其中，倒塌校舍10.87万平方米，造成危险校舍35.58万平方米；受灾教职工2 944户，住房受灾面积17.24万平方米，其中，倒塌8.9万平方米，造成危房8.34万平方米；损坏教学仪器设备、图书及办公用品等价值1 406.33万元；有5 508公顷学校生产田绝收。全区教育系统共计造成直接经济损失2.78亿元。

洪灾发生后，自治区党政领导及教委负责同志及时赶赴灾区，指挥抗洪救灾工作。自治区教委印发《关于做好受灾地区中小学校舍重建、维修工作的紧急通知》、《关于尽快解决受灾地区中小学教材的紧急通知》等文件，部署教育系统救灾工作。灾区党政领导、人民群众及教育部门干部、教职员工积极投入抗洪救灾。经过艰苦努力，保证9月10日前受灾的27.21万名中小学生按时开学上课；其中校舍被冲毁的7.8万名学生得到妥善安排，灾区中小学的教学工作基本恢复正常。到1998年底，自治区东部灾区重建学校255所，重建校舍面积7.01万平方米，分别占需重建校数和重建校舍面积的62%和58%，维修校舍任务基本完成；新建教师住房555户，占教师住房倒塌户的30%。

〔**实施贫困地区义务教育工程**〕 1998年4月，经教育部、财政部批准，自治区11个盟市的51个旗县实施“国家贫困地区义务教育工程”，其中，有31个国家级贫困旗县、18个区级贫困旗县、2个少数民族自治区旗，共957个乡、镇、苏木。按照“工程”规划，从1998年～2000年，国家下达补助自治区专款2.39亿元，自治区各级政府配套资金4.30亿元，用于列入项目规划51个旗县的中小学建设。5月29日～30日，自治区党委、政府在呼和浩特市召开实施“国家贫困地区义务教育工程”启动动员大会，自治区党委书记刘明祖、自治区副主席宝音德力格尔到会讲话，自治区政府与11个盟市签订了“工程”项目责任书，“工程”项目建设进入全面实施阶段。

1998年，自治区按照“工程”规划，计划投入资金2.1亿元，其中中央专款7 000万元，自治区配套5 600万元，盟市及以下配套8 420.2万元。各项目盟市、旗县、乡、镇、苏木千方百计保证配套资金及时到位，全区实际到位资金27 279.2万元。据统计，1998年，“工程”共完成1 407所项目学校的土建任务，建筑面积59.2万平方米，分别完成年度计划的112%和119%；仪器采购1 330.3万元，完成年度计划资金的118%；图书采购692.5万元，计208.6万册，分别完成年度计划的115%和113%；购置课桌凳808.5万元，计12.3万单人套，分别完成年度计划的93%和101%；培训校长、教师4 413人次。1998年全区有8个项目旗县实现了“普九”，并通过自治区的“两基”达标验收。

〔**教育投入与支出**〕　1998年，全区地方教育经费总收入为45.51亿元，其中，国家财政性教育经费36.44亿元（预算内教育经费27.53亿元，各级政府征收用于教育的税费3.56亿元，企业办学经费4.10亿元，校办产业、勤工俭学和社会服务收入用于教育的经费1.25亿元），社会团体和公民个人办学经费0.23亿元，社会捐、集资办学经费1.16亿元，事业收入7.15亿元，其他收入0.53亿元。

1998年，全区地方教育经费支出总额为44.15亿元，其中国家财政性教育经费支出36.05亿元，占自治区生产总值的3.02%；在国家财政性教育经费支出中，自治区地方财政预算内教育经费支出27.15亿元，占全区财政支出的15.8%。按生均占有事业性经费支出分析：普通高中生均970.56元，比上年增长2.5%；普通初中生均619.08元，比上年减少0.4%；普通小学生均462.76元，比上年增长5.89%。全区教育部门财政补助支出中公用经费支出4.32亿元，生均公用经费支出：普通高中177.16元，比上年减少11.6%；普通初中109.40元，比上年减少8.1%；普通小学69.78元，比上年增长23.2%。

教育经费使用效益情况。1998年，全区用于改善办学条件的经费支出为3.2亿元，占教育事业费拨款的13.2%。其中：改造各级各类学校危房面积45.3万平方米，投资达1.4亿元；购置更新学生课桌凳30万单人套，支出金额达0.2亿元；购置各种专用设备支出金额达1.2亿元；购置图书资料519万册，支出金额达0.4亿元。

撰稿　陈　联　张润厚

基础教育

〔**义务教育**〕　按照自治区义务教育规划，1998年有13个旗县市区实现“普九”，涉及人口359.75万，加上年内提前实现“普九”的达茂旗、固阳县，人口覆盖率为17.16%。自治区派出考察指导组，从3月21日～4月22日，对规划年内实现“普九”达标的牙克石市、科右前旗、通辽市、开鲁县、宁城县、察右前旗、镶黄旗、苏尼特左旗、武川县、土右旗、东胜市、鄂前旗、阿右旗，以及提前达标的达茂旗、固阳县进行考察和指导，促进15个旗县市的“普九”达标工作。年内，自治区、有关盟市和15个旗县市积极采取措施，开拓进取，把工作重点放到创造达标的条件上，“普九”工作出现了真抓实干的局面。9月初至10月下旬，经自治区检查验收，进入“两基”的15个旗县市全部通过了自治区的检查验收。到1998年底，全区“两基”达标旗县市累计达50个，“普九”人口覆盖率累计达44.86%，中小学生辍学率控制在3%以内，学龄儿童入学率、小学毕业生升学率分别达99.54%、93.58%。

〔**中小学布局调整**〕 针对自治区中小学布点分散、规模偏小、办学效益低的实际，自治区继续坚持“分级负责、合理规划、适度集中、扩大规模、提高效益”的方针，实行撤校、并点，使中小学特别是边远的农村牧区中小学布局日趋合理。尤其是“国家贫困地区义务教育工程”全面启动后，抓住新建学校的机遇，自治区教委制定了《关于实施“国家贫困地区义务教育工程”进行中小学布局调整的意见》。要求凡进入“工程”项目的旗县，必须按以下要求调整学校布局：(1) 人口较多、居住相对集中的农区或半农半牧区，原则上每个行政村设立1所完全小学，校均学生数不少于100人。(2) 人口不足5 000人的农区、半农半牧区和牧区每乡（苏木）设立1所寄宿制中心小学。(3) 居住较分散的农区和半农半牧区，交通不便的山区、老区可设立初级小学，校均学生数不少于40人。(4) 人口较多的乡（苏木）或半农半牧区，原则上每乡（苏木）设立1所初级中学；人口较少、居住分散的边远山区、老区，可几个乡联合举办1所地区初级中学，校均学生数不少于200人；牧区原则上只在旗所在地设立1所初级中学。达不到上述要求的，将取消项目学校资格，不予拨付项目资金。各地结合实际，采取切实可行的措施，在一年时间里，全区共撤并初中55所，小学613所，教学点516个，使农村牧区中小学办学水平和效益明显提高。

〔**教师队伍建设**〕 1998年，自治区继续坚持把建设一支高素质的中小学教师队伍作为“普九”的重点工作来抓。根据全区“普九”达标师资需求，自治区教委制定了1998年～2000年中小学教师培训规划，并调整追加中等师范学校招生计划700人。年内，中小学教师合格率为：小学教师92.6%，普通初中教师78.9%，普通高中教师55%，分别较上年增长3.64、5.77和2.61个百分点。按照自治区的统一部署，全区各地认真开展了教师职称评审和民办教师转正工作。全区中小学教师职称评审通过高级教师职称1 123人；全区又有6 500名优秀民办教师转为公办教师，乌海市、呼市、伊盟、锡盟基本解决了民办教师问题，全区民办教师人数下降到15 000余人，占全区中小学教师总数的6.3%。6月30日，自治区教委会同自治区人事厅发出《关于加强教师队伍管理工作的意见》。9月28日，自治区教委发出《关于进一步加强中小学教师职业道德建设的意见》。各盟市相应制定了贯彻落实意见或具体实施办法，加强了师德建设和对教师队伍的管理。全区各地进一步加大中小学教职工住房建设力度，城镇以上中小学教职工住房建设共完成投资1.8亿元，建成住房28万平方米，城镇以上中小学教职工人均住房面积达10.4平方米。11月下旬，自治区政府在海拉尔市召开了全区第五次中小学教职工住房建设工作经验交流会，决定在继续加快城镇教职工住房建设的同时，集中财力物力，采取更加优惠的政策，用3～5年的时间，解决农村牧区教职工住房问题。

〔**素质教育**〕 1998年，自治区在推进中小学实施素质教育方面进行了探索和实践：(1) 自治区教委本着“全面展开，整体规划，区域推进，分类指导，重点突破，抓点带面，稳步提高”的工作方针，成立了实施素质教育领导小组，设立了办公室，对实施素质教育进行统筹规划和宏观指导，重点围绕素质教育区域实验，开展启动性工作。(2) 出台了一系列配套文件。4月6日，自治区政府印发《关于切实推进中小学实施素质教育的通知》。自治区教委先后颁发《普通中小学实施素质教育的评估指标体系（试行）》、《中小学教材编写、审查和选用的规定》、《关于素质教育区域实验工作的指导意见》和《关于改革义务教育学段入学、考试和普通高中招生办法的意见（试行）》。(3) 召开素质教育研讨会和培训会，开展大学习、大讨论、大宣传活动。8月，自治区教委组织承办了全国部分省市教委领导素质教育研讨会，邀请全国教育管理专业委员会的有关人士和学者，对全区1 000多名校长和教育行政干部进行了素质教育、学校管理理论和实践的专题培训；编印了大学习、大讨论、大宣传的《宣传提纲》和《推进中小学实施素质教育学习材料汇编》，为进一步统一认识奠定了基础。(4) 确定了素质教育实验区。5月13日～15日，自治区教委在山东省烟台市召开了内蒙古自治区推进素质教育现场学习观摩会议，通过现场学习烟台市实施素质教育的经验，重点研究布置了自治区素质教育区域实验工作。会后，各地根据会议精神，拟定了区域实验方案。自治区教委对各盟市的实验方案，进行了审核和修改、论证，最后确定根河市、乌兰浩特市、开鲁县、赤峰市元宝山区、阿巴嘎旗、集宁市、呼市新城区、呼市回民区、包头市昆都伦区、东胜市、临河市和乌海市海渤湾区作为全区首批素质教育实验区。各实验区在改造薄弱学校、减轻学生过重负担、改革招生考试制度、规范办学行为、加强德育工作、深化教学改革等方面做了有成效的工作，推进素质教育的良好氛围正在逐步形成。

撰稿 陈 联

职业教育

〔**综述**〕 1998年，全区普通中专（不含中师，下同）和职业高中招生分别比上年增长31.3%和12.9%；在校生分别比上年增长25.6%和17.7%。各类中等职业学校（不含成人中专）在校生数占高中阶段在校生的比例达51.53%。

〔**印发发展职业教育《意见》**〕 9月，自治区政府批转自治区教委《关于大力发展职业教育的意见》，提出职业教育发展与改革的主要目标是：到2000年，逐步建立起职业学校教育与职业培训并举、职业教育内部各层次相互衔接并与其他教育相互沟通、比较完整的职业教育体系的基本框架。全区各类中等职业学校在校生数占高中阶段在校生数的比例达到60%左右；少数民族在校生数占高中阶段少数民族在校生数的比例达到50%左右；中专、技工学校和职业高中的校均在校生规模分别达到1 000人、500人和600人。积极而有步骤地发展高等职业教育，全区接受高等职业教育的在校生规模达到普通高等学校在校生总规模的8%以上。全区建成国家级重点中等职业学校20所，省部级重点中等职业学校70所，其中5～10所跻身全国先进学校行列。旗县综合性职业高中或职业教育中心成为当地中初级实用人才培养、培训和实用技术示范、推广基地。到2010年，建立起完整的、结构更加合理、基本适应自治区经济建设需要的职业教育体系。采取的主要政策措施是：把建设综合性职业高中或职业教育中心的任务和调整中等教育结构比例列为旗县市以上政府和教育主管部门的责任目标，纳入自治区考核目标管理；自治区除每年新增高校招生计划外，再从农林牧院校划拨一定数量的招生计划指标用于发展高等职业教育；实行特殊政策，加快农牧职业高中的发展；坚持优先、重点的方针，积极发展民族职业教育；各级政府都要设立职业教育专项经费，并做到逐年增加；将城乡教育费附加和地方教育附加费按10%～15%的比例划出，从各级政府扶贫开发经费中提取2%～3%的经费，用于发展职业教育；自治区境内所有企业，按有关规定提取职工工资总额的1.5%的经费，用于本企业的职业教育或职业培训。

〔**骨干示范学校建设**〕 按照全区职业教育工作会议确定的每个旗县原则上要集中力量建设好1所综合性职业高中或职教中心的要求，1998年，全区50%的旗县基本上完成了职业高中布局调整。修订印发《内蒙古自治区级职业高中评估细则》，推动了各地创建重点学校的积极性。年底，全区有9个盟市17个旗县的学校申报参评自治区级重点学校。

〔**普通中专招生并轨**〕 年初，自治区政府批转自治区教委等部门《关于中等专业学校全面实行招生并轨改革的实施意见》，确定了具体的实施和配套政策。全区普通中专共录取新生 26 336 人，完成并轨后的招生任务。

〔**科教兴农兴牧**〕 各级各类职业学校充分发挥人才培养与培训、科技试验、示范和技术推广优势，开展科教兴农兴牧活动，取得较好经济效益和社会效益。全区职业学校共举办农牧民实用技术培训班 976 期，培训农牧民 47 327 人次，产生经济效益 3 338.07 万元。

撰稿 张 波

高 等 教 育

〔**管理体制改革**〕 1998 年，自治区贯彻全国高教管理体制改革经验交流会议精神，按照“共建、调整、合作、合并”方针，推进全区高等教育管理体制改革和布局结构调整。

年初，自治区教委向自治区政府汇报了全国高教管理体制改革经验交流会议精神，自治区领导高度重视，多次专题研究，作出具体部署。4 月～6 月，自治区教委组成调研组，就全区高教管理体制改革和布局结构调整进行专题调查研究，形成了《全区高等教育管理体制改革和布局结构调整总体规划》，并将《总体规划》上报自治区政府。10 月 19 日，自治区政府召开主席常务会议，决定先进行内蒙古农牧学院与内蒙古林学院的合并，成立内蒙古农业大学。其他改革方案成熟一个操作一个，积极稳妥地推进。年底前，经自治区教委批准，原内蒙古农牧学院和内蒙古林学院合并组成内蒙古农业大学，并建立筹备领导小组。

10月下旬，教育部专家组考察了两所高校。11 月底，自治区教委完成并上报了《农林两校合并论证报告》、《合并实施方案》和《内蒙古农业大学长远发展规划》。12 月中旬，在全国院校设置评委会上，两校合并成立内蒙古农业大学获通过。筹备工作基本完成。

按照国务院的统一部署，原冶金部直属包头钢铁学院从 1998 年 9 月 1 日开始实行中央与地方共建，以自治区管理为主的新体制。12 月 9 日，自治区政府组织召开了接收管理包头钢铁学院工作会议。

年初，自治区教委召开了院校领导座谈会，研究和部署高校之间开展合作办学工作。先后有 12 所高校之间签定了合作办学协议。合作的内容涉及互聘教师、共同开课、联合培养研究生、联合科研攻关、共用图书设备、联合建设大学生文化素质基地等。部分高校还与企事业单位签定了协作办学协议。

〔**教学改革与管理**〕 为了贯彻落实第一次全国普通高等学校教学工作会议精神，4月～6月，自治区教委进行了深入的调查研究，提出了《关于深化我区高校教学改革，提高教学质量的意见》和《全区高等学校专业布局结构调整的意见》。

根据教育部《普通高等学校本科专业设置规定》及其他有关文件精神，自治区教委根据各高校的申报，经自治区高校专业设置评议委员会审核，重新核定了高校专业控制总数。对照教育部新颁布的《本科专业目录》对高校现设专业进行了整理，全区高校本科专业由137种减少到88种。1998～1999年度全区高校新增15个本科专业，其中有13个专业是自治区高校空白专业。

开展教学评价和建设活动。自治区教委要求各高校对照教育部《普通高校本科教学合格评价指标体系》进行认真的自查自评，着力于改善办学条件，规范教学管理，提高教学质量，力争到本世纪末，在教学改革和管理等“软件”建设上创优，基本办学条件等“硬件”指标达到合格标准。各高校经过一段时间的评建活动，整体教学质量得到较大幅度提高。年内，自治区教委把高校学籍、学历和证书管理与教学改革紧密结合起来，在实行主辅修制、中期筛选制以及证书管理等方面提出了规范性要求。

〔**“211工程”建设**〕 1998年，按照国家“211工程”部际协调领导小组《关于对有关高等学校开展“211工程”中期检查工作的通知》要求，自治区教委对内蒙古大学“211工程”建设项目执行情况进行中期检查。内蒙古大学于11月底前完成了自查工作，形成了《内蒙古大学“211工程”中期检查报告》。12月，自治区政府召开汇报会，完成了对内蒙古大学“211工程”建设的中期检查。

内蒙古大学“211工程”建设于1997年11月由国家计委批准立项进入建设阶段。经过重点建设，内蒙古大学进一步确立了为自治区经济建设和社会发展服务的办学指导思想，加大了学校改革发展的力度，综合办学实力明显增强，学校面貌发生了深刻变化。建成了校园计算机网络系统；进一步完善了“学分制”管理，调整、优化了课程结构，为建立面向21世纪的课程体系、人才培养模式奠定了基础；整体教学科研水平和办学效益得到提高，特别是为地方经济服务取得了突破性进展。1997年内蒙古大学接收了破产企业包头锌冶炼厂，成立了内蒙古大学方圆冶金化工有限责任公司，依托本校科技成果，采用新工艺，新建了两条生产线，使负债累计达4 000万元的企业起死回生，盘活了原有资产。为实施自治区畜牧业“种子工程”，内蒙古大学依托“试管牛”生物高技术，成立了旭日生物高科技有限责任公司，利用澳大利亚良种牛遗传资源，工厂化生产试管胚，进行规模化移植，以加快家畜良种化进程，展示了高科技向现实生产力转化的良好前景。为了更好的为自治区经济建设和社会发展提供决策咨询服务，内蒙古大学成立了自治区经济与社会发展研究中心，完成了“内蒙古经济开发研究”等10余项国家和省部级重点科研课题。还先后参与了部分企业的现代企业制度改革、企业发展战略、股份制改造和股票上市及配股的策划工作，产生了较好的经济和社会效益。

〔**重点学科建设**〕 1998年，自治区教委重视加强重点学科建设。拟定了评估方案和评估指标体系，部署了对原有30个自治区级重点学科和包头钢铁学院两个部级重点学科建设水平的评估。同时部署了新增自治区级重点学科的申报工作。经各高校申报，自治区专家组评审，新增3个重点学科，使自治区级重点学科达到35个。每个重点学科有两个以上反映本学科特色、稳定的研究方向，形成了各自的学科优势和特色；通过学科建设，发挥了“稳定队伍，优化结构，培养骨干，建设梯队”的作用。各高校重视中青年学科带头人的选拔培养，有120名教师被列为自治区跨世纪人才培养的一、二梯队人选。通过学科建设促进了研究生授权学位点建设，自治区级重点学科中，34个学科具有博士或硕士学位授予权。年初，全区新增1个硕士学位授予单位，3个博士点、14个硕士点。全区博士点总数达10个，硕士单位9个，硕士点101个。学科建设促进了课程建设、教材建设、教学基本设施建设。年内，在参与教育部组织的“面向21世纪教学内容和课程体系改革计划”的同时，自治区教委制定了自治区级重点课程评价方案和评估指标体系，对高校申报的77门重点课程进行了审查，评定出20门自治区级重点示范课程。

撰稿 满 达

成人教育

〔**成人高等教育**〕 1998年，全区成人高等教育的主要工作是：(1) 认真总结1997年开展的成人高校办学水平评估检查工作，总结经验，表彰先进学校。(2) 组织进行成人高校管理体制改革调研活动，提出具体实施方案。(3) 改革成人高校原有的单一的办学模式，促进成人高等教育向多渠道、多层次、多规格、多形式的方向发展。在两所成人高校试办成人高等职业技术教育，在内蒙古经济管理干部学院新增本科教育；在内蒙古广播电视大学继续试行电大注册视听生制度。(4) 加大成人高校内部管理体制改革和教学领域改革力度。内蒙古广播电视大学开展管理质量年活动进入第二年，在师资队伍建设，旗县工作站建设和管理方面取得成绩。内蒙古经济管理干部学院开拓办学市场，走校企联合办学的路子，为自治区名牌企业伊利集团、伊化集团，以及其他中小企业开办工商管理培训班，共培训学员921人。自治区教委对区外成人高等院校函授站、第二专业专科学历教育管理等方面加大了工作力度，保证了成人高等教育的健康有序发展。

〔**成人中专教育**〕 自治区成人中等专业

教育1998年的工作方针是：加强管理，规范办学，增强活力，办出特色，按照市场需求培养应用型人才，满足自治区经济建设和社会发展的需求。自治区教委制订了《内蒙古自治区成人中等学历教育管理暂行办法》，规范各成人中专学校的办学行为，加强学历教育管理；制定了招生、办学优惠政策，加强专业审批和招生计划管理，调节生源流向，扩大了一些办学条件好、办学质量高的成人中专学校的办学规模，增强了这些学校的发展后劲。

〔**岗位培训**〕 1998年，自治区教委加强对岗位培训工作的宏观指导和统筹，全年各行业系统、部门共培训各类人员80多万人次。培训工作的特点是：(1) 成人高、中等院校积极主动承担任务，发挥龙头作用。内蒙古经济管理干部学院除继续办好厂长经理培训班外，全年共举办工商管理培训班12期，培训学员921人；包钢职工大学主动承担全公司各类岗位培训任务，提高企业在岗人员素质；呼和浩特管理干部学院经市政府批准，增挂呼市干部培训中心牌子，承担起全市公务员培训任务；呼和浩特市职工大学承担对全市科技干部的继续教育以及职称评定考试辅导工作。(2) 各行业、系统、部门进一步规范办学行为，保证岗位培训工作的正常开展。全区各行业、系统、部门共办培训中心32个，在机构、经费、师资、教材、任务等方面都得到落实。(3)各成人院校、培训 中心在抓好行业系统岗位培训工作的同时，主动开展下岗职工再就业培训。自治区教委成立了下岗再就业培训领导小组，全区各成人院校、各培训中心认真落实培训任务，全区教育系统共培训下岗职工15 000多人。

〔**社会力量办学**〕 自治区教委把学习贯彻《社会力量办学条例》，加大依法治教力度，作为1998年自治区社会力量办学工作的重点。自治区教委会同自治区法制局起草了《内蒙古自治区〈社会力量办学条例〉实施细则》、《内蒙古自治区高等非学历教育机构设置标准》，待自治区政府批准施行。同时，与自治区劳动厅联合转发原国家教委、劳动部《关于对社会力量办学实行许可证制度的通知》，明确自治区教委同有关业务部门的职责权限，并组织进行了全区社会力量办学单位的换证评估，经过评估整顿，全区社会力量举办的高等层次办学单位达28所，在校学生8 400多人；中等层次的办学单位达13所，在校学生1 400多人。

〔**农牧民教育**〕 1998年，自治区农村牧区教育重点抓的几项工作是：(1) 完成扫除青壮年文盲51 500人，使自治区青壮年非文盲率达到96.4%。推广巴盟、兴安盟狠抓扫盲教育的先进经验。全区有4个地区获得“全国扫除文盲工作先进地区”称号，4名个人获得中华扫盲奖，进一步调动了扫盲教育工作者的积极性。(2) 积极推进农村牧区教育综合改革，切实为发展农牧业经济服务。上半年，自治区教委组织调查组分赴呼盟、兴安盟、哲盟、赤峰市、乌盟、包头市的16个旗县（区），61个乡镇苏木，100个村嘎查开展调研，总结全区农村牧区教育综合改革经验，推动了农村牧区教育综合改革的发展。

撰稿　杨慧良

民 族 教 育

〔**综述**〕 1998年，全区有民族小学2 504所，民族中学384所；中小学少数民族在校生共787 826人，其中使用少数民族语言文字的学生达387 148人，占少数民族在校生总数的49.4%。通过对民族中小学结构布局进一步调整，全区民族中小学校总数比1997年减少89所，蒙语授课中小学在校生比1997年增加27 201人。全区中小学蒙语授课学生（加授蒙语学生）占蒙古族在校生总数的比例为：小学51.8%、初中51.75%、高中54.6%。全区有40多所普通中等专业学校招收蒙语授课学生，在校蒙语授课学生4 987人；有13所普通高校30多个专业设蒙语授课专业或民族班，在校蒙语授课学生3 880人；在校少数民族博士、硕士研究生372人，其中蒙语授课博士、硕士研究生78人。

〔**"三语"教学改革**〕 根据教育部民族教育司和国家汉语水平考试办公室关于从1998年起在内蒙古地区设立民族中学开展国家汉语水平考试试点的统一安排，1998年3月，自治区教委组织进行了汉语水平考试试点工作，确定内蒙古师范大学附中、呼市蒙校、哲盟蒙中、保康蒙中为试点学校，在内蒙古师范大学设立考点。为进一步深化民族中小学"三语"（蒙语、汉语、英语）教学改革，1998年10月，自治区教委召开全区部分蒙语授课中学"三语"教学研讨会，对内蒙古师范大学附中等5所蒙语授课高中英语理科实验班教学进行了阶段性总结和评估。为扩大实验范围，自治区教委决定，在科左后旗甘旗卡一中、科右前旗一中分别增设"三语"教学理科实验班和文科实验班。

〔**教材建设**〕 为了加强民族语文教材建设，年初，自治区教委成立内蒙古自治区大中专（中师）蒙文教材编审委员会办公室。1998年9月和12月，办公室先后召开全国第八次和第九次蒙文教材审查会，共审查104种蒙文教材。组织内蒙古大学等有关蒙英兼通人才，翻译出版了初中一年级使用统编英语教材，从1998年9月开始供学生使用。

〔**示范学校建设**〕 年内，自治区教委评估认定40所自治区级示范性民族中小学，促进了民族学校办学水平和管理水平的提高。

撰稿　胡春梅

审稿　张树逊　秦政奇

辽宁省教育

概　况

〔基本情况〕

1998年各级普通学校基本情况

单位：人

学校类别	学校数(所)	毕业生数	招生数	在校学生数	教职工数	
					计	其中专任教师
一、普通高等学校	61	49 871	63 745	209 118	58 078	27 118
研究生		2 314	3 443	9 895		
本　科		25 091	40 098	139 614		
专　科		22 466	20 204	59 609		
二、中等专业学校	170	37 850	45 681	155 459	24 387	12 282
中等技术学校	144	30 129	38 391	131 736	20 706	10 223
中等师范学校	26	7 721	7 290	23 723	3 681	2 059
三、普通中学	2 444	686 541	668 295	1 884 915	175 632	138 546
高　中	292	108 156	137 745	367 207		23 952
初　中	1 992	578 385	530 550	1 517 708		114 594
完　中	160					
四、农业、职业中学	523	66 788	75 897	207 315	20 291	13 983
高　中	449	64 762	74 432	201 712		13 811
初　中	69	2 026	1 465	5 603		172
初高合设	5					
五、工读学校	11	735	567	1 151	452	283
六、小　学	14 084	555 892	512 002	3 829 655	224 535	192 539
七、特殊教育学校	76	852	955	7 592	2 641	1 871
八、幼儿园	9 899		502 367	853 886	56 463	38 981

1998年各级成人学校基本情况

单位：人

学校类别	学校数(所)	毕业生数	招生数	在校学生数	教职工数	
					计	其中专任教师
一、成人高等学校	53	46 556	49 196	154 099	12 233	5 784
广播电视大学	3	8 431	8 706	25 669	2 778	1 386
职工高等学校	41	7 481	6 574	21 508	6 880	3 214
农民高等学校						
管理干部学院	7	3 860	4 184	10 406	1 716	740
教育学院	2	1 221	665	1 916	859	444
独立函授学院						
普通高校举办：						
函授部		14 944	14 550	51 864		
夜大学		8 070	7 085	27 118		
成人脱产班		2 549	7 432	15 618		
二、成人中等专业学校	247	30 637	29 332	91 497	14 315	8 806
广播电视中专	8	10 996	13 905	45 368	1 029	613
干部中专	1	24		35	106	20
职工中专	117	12 105	10 402	31 916	5 715	2 912
农民中专	30	6 085	4 382	12 298	1 373	856
函授中专						
教师进修学校	91	1 427	643	1 880	6 092	4 405
三、成人中学	265	16 521	23 210	26 103	2 693	1 818
职工中学	119	10 302	14 323	11 130	1 536	992
农民中学	146	6 219	8 887	14 973	1 157	826
四、成人技术培训学校	12 440	4 146 952	4 166 391	3 674 041	16 972	7 586
职工技术培训学校	381	220 365	204 494	176 224	3 724	2 300
农民技术培训学校	12 059	3 926 587	3 961 897	3 497 817	13 248	5 286
五、成人初等学校	1 057	35 655	35 813	28 176	1 600	506
职工初等学校	10	1 154	1 212	1 383	88	40
农民初等学校	1 047	34 501	34 601	26 793	1 512	466
其中：扫盲班	102	5 979	5 663	5 761	890	71

制表　崔志刚

〔**年度工作安排**〕 1998年度辽宁省教育工作的指导思想是：高举邓小平理论伟大旗帜，深入贯彻党的十五大精神，落实江泽民同志“教育要全面适应现代化建设对各类人才培养的需要，教育要全面提高办学的质量和效益”的指示精神，解放思想，转变观念，理清思路，全面实施质量战略，加大教育改革力度，推进教育事业的健康发展，努力实现辽宁教育工作的新突破。

按照上述指导思想，确定全年工作安排如下：(1)深入学习贯彻党的十五大精神，用邓小平理论，特别是邓小平教育思想武装教育系统全体党员、干部和师生，加强高等学校党建工作、思想政治教育和中小学德育工作，努力把全省教育系统社会主义精神文明建设提高到一个新水平。(2)巩固“两基”成果，提高“普九”水平，积极推动朝阳县实现“普九”，确保全省全面实现“普九”。落实在普及程度、办学条件和经费投入等方面的政策措施。强化督导工作，加大复查和抽查力度，确保“普九”质量，确保1.5万人达到脱盲标准。(3)积极推进实施素质教育进程，提高教育质量和办学效益。推进中小学升学考试制度改革和小学生学业成绩评定办法改革，取消百分制，实行等级制。深化重点高中招生指标分配到校的改革，招生指标分配必须与各初中的办学水平挂钩；中考继续实行全省统一命题，坚持考试命题的正确导向。坚持义务教育阶段区域内基本均衡发展，加强改造薄弱学校工作。进一步规范中小学办学行为，加大治理择校生力度。优化教学过程，构建素质教育的课程体系，切实提高教育教学质量。加强对素质教育实验县区的指导。(4)开展全省农村初等职业教育年活动，以发展初等职业教育为突破口，推进农村教育综合改革。改革农村初中单一的办学模式，实行农村基础教育、职业教育和成人教育的统筹，促进农科教结合。开展创建标准化农村初中活动，努力办好农村初中。推广初中阶段分流教育、渗透职业技术教育经验，研究建立符合素质教育的新的考核评价办法。继续开展辽宁省农村示范性初中创建活动。(5)抓好中等职业学校布局调整工作。适应辽宁产业结构调整的需要，继续进行高等职业教育试点，加强试点学校实习基地建设，深化教育教学改革，继续推进县级职教中心建设，为农村建设培养高层次人才。(6)学习、宣传、贯彻《高等教育法》，研究制定《辽宁省高等教育管理体制改革和布局结构调整总体规划》，积极稳妥地推进高等教育管理体制改革和布局结构调整，加大高等教育教学改革力度，实施面向21世纪教学内容和课程体系改革计划。加强高校内部管理和学科建设，加强高等学校校风、学风建设。按照国家新调整的本科专业目录和高层次人才的专业需求，调整和规范全省高等学校专业。(7)努力推动岗位培训和继续教育的深入开展，探索新形势下行业、地区、企业的岗位培训、继续教育、社会化培训以及对下岗人员再就业培训的新机制。进一步理顺成人教育管理体制，启动和推进成人高等学校布局调整，优化专业结构，规范招生、办学秩序。贯彻《社会力量办学管理条例》，制定和实施《辽宁省关于加强社会力量办学管理工作的意见》，建立健全管理机构，建立和完善学校依法办学、政府依法管理的运行机制。(8)加强教师队伍建设，深化学校内部管理体制改革。对全省普通高等学校、中小学人力资源配置状况进行综合调研，提出提高编制使用效益和深化人事管理制度改革的意见。进行学校教职工全员聘任制改革试点，积极探索建立新的用人制度和分配制度。构建激励和约束机制强化教师职业道德建设。(9)切实落实教育优先发展的战略地位，努力增加教育投入，提高教育经费的使用效益。推广沈阳市关于下达教育经费预算建议数的做法，有效解决教育经费预算安排不足问题，确保各级政府对教育的合理投入。建立教育经费管理、使用年度审查制度，保证教育经费的合理使用；建立教育经费执行情况监控制度，对全省及各地教育投入情况进行检查分析，并以公报形式向社会公布，落实教育法确定的教育经费“三个增长”的要求。

〔**教育投入**〕 1998年全省地方性教育经费总支出91.85亿元，比上年增长11%。其中，财政预算内教育经费支出55.08亿元，比上年增长17.3%；各级政府征收用于教育的税费9.92亿元，比上年增长2.2%；企业办学经费5.25亿元，比上年减少10%；校办产业、勤工俭学和社会服务收入用于教育支出1.81亿元，比上年减少40%；社会团体和公民个人办学支出1.51亿元，比上年增长70.5%；各级各类学校学杂费支出9.46亿元，比上年增长2%；社会捐集资办学和其他教育支出8.82亿元，比上年增长27.8%。

1998年财政预算内教育经费支出55.08亿元，比上年增长17.3%，高于财政经常性收入增长幅度7个百分点。1998年财政预算内教育经费支出(含城市教育费附加)60.97亿元，占财政总支出比重的15.6%。1998年各级各类学校生均预算内教育事业费比上年都有所增长。但生均预算内公用经费除普通高校和中等师范有所增长外，其他各类学校均出现负增长，具体为：普通高等学校生均事业费5 165.72元，比上年增长4.32%，生均公用经费2 323.36元，比上年增长13.61%；中等师范学校生均事业费为3 850.85元，比上年增长26.7%，生均公用经费1 338.4元，比上年增长15.21%；职业中学生均事业费为1 262.34元，比上年增长4.47%，生均公用经费270.74元，比上年减少13.34%；普通高中生均事业费为1 205.9元，比上年减少3.46%；初中生均事业费为752.88元，比上年增长8.15%，生均公用经费96.79元，比上年减少9.6%；小学生均事业费为461.52元，比上年增长6.37%，生均公用经费43.3元，比上年减少6.52%。

〔**教职工住房建设**〕 1998年底，全省教职工家庭人均居住面积已经达到8.5平方米。城镇中小学达到8.6平方米，高校达到7.9平方米，其中省属高校达到8.0平方米。1998年全省完成住宅建设投资4.3亿元，建成49万平方米教师住房。沈阳市“川江教师新村”一期工程全面竣工，有480户教师喜迁新居，该小区的二期工程也已经开工，准备再建设20 000平方米教工住宅。贯彻全国教师住房建设会议精神，加强高校筒子楼和旧房改造工作。9月，省教委和省计委、财政厅组成联合调查组，对全省省属高校筒子楼进行调查，在此基础上形成改造方案。10月30日，省教委、计委、财政厅、建设厅在沈阳联合召开省属高校筒子楼改造暨教职工住房建设工作会议。副省长张榕明出席会议并讲话。会上，省教委与各高校签订了筒子楼改造目标责任状。到年底已经开工建设了14万平方米，共39栋，其中改造2.3万平方米，10栋；改建11.9万平方米，29栋。

〔**“春晖计划”实施情况**〕 省成立“春晖计划”领导小组，副省长张榕明任领导小组组长，领导小组办公室设在省教委。加强宣传工作，开展实质性的技术交流活动，5月，组织13位美国硅谷地区留学人员，来辽宁解决企业技术难题，签订45个项目交流协议，已有25个项目正在实施。7月，组成赴硅谷地区工作团，做45个项目的跟踪落实，又与留学人员及美国公司新签署了正式合同和意向书40项，其中电子与信息领域19项、新材料领域8项、节能与环保领域2项、医药卫生领域5项，建立培训基地和长期合作关系协议8项。其中规模较大的项目是15位博士企业家在大连高新技术开发区建立硅谷留学人员创业园项目，首期投资为1 500万元，重点开发计算机软件、工业自动化、通讯与网络和数学摄像系统等18种产品，并建立信息产业岛，达成合作协议。

〔**自费出国留学管理**〕 1998年，为加强自费出国留学管理，省委办公厅、省政府办公厅印发了《关于改进出国留学和劳务输出审批工作的通知》，明确规定省教委为全省出国留学的归口管理部门，负责出国留学的组织、协调、服务和监督工作。为此，省教委设立了自费出国留学咨询中介服务机构资格审核办公室。在10月14日的辽宁日报刊发了“辽宁省教育委员会关于自费出国留学咨询中介服务机构资格审定的公告”，受理申报咨询资格单位134家。制定了辽宁省自费出国留学中介服务机构资格认定的具体办法、办理申请自费出国留学咨询中介服务机构资格程序等规定，使规范管理工作健康发展有章可循。

基 础 教 育

〔**“两基”工作**〕 1998年，教育部对辽宁省基本普及九年义务教育和基本扫除青壮年文盲工作进行了检查（基本扫除青壮年文盲工作已于1994年通过国家验收）。结果表明，辽宁全省100个县（市、区）全部实现现阶段“两基”目标，法库县、彰武县、昌图县、凌海市、兴城市、大连市中山区、鞍山市铁东区、抚顺市新扶区等14个县（市、区）被评为辽宁省普及九年义务教育、扫除青壮年文盲工作先进县（市、区）。

1998年，辽宁省小学和初中学龄人口入学率分别为99.38%和97.11%，在校生年辍学率分别为0.12%和2.25%，毕业生合格率分别为99.63%和98.86%。15周岁人口初等教育完成率为99.63%，17周岁人口初级中等教育完成率为93.86%。全省青壮年人口中非文盲率为99.01%，上述指标均达到或超过国家规定的现阶段验收标准。

辽宁省注意强化政府行为，依法治教，在财政十分困难的情况下，坚持以财政拨款为主、多渠道筹集教育经费为辅的体制，增加教育投入。省政府从1995年起从全省城市教育费附加中集中10%作为“普九”扶贫专项资金，到1998年已投入7 500万元。据统计，实施义务教育以来，全省100个县（市、区）多渠道筹集改善办学条件资金52.85亿元，平均每县（市、区）5 000多万元。

根据原国家教委“基本普及九年义务教育，基本扫除青壮年文盲”的有关要求，依据《辽宁省普及九年义务教育评估验收实施办法》，省教育督导团于4月21日～6月13日，对1995年省政府批准的24个“两基”合格县（市、区）进行了复查。复查表明：(1) 各级党委、政府重视教育，教育优先发展战略地位、基础教育“重中之重”地位进一步落实。(2) 各级党委、政府不断增加对教育的资金投入，中小学校办学条件明显改善。两年多来，24个县（市、区）新建、翻建、扩建校舍97.05万平方米，总投入60 964.3万元，其中财政投入30 978.8万元。购置教学仪器、设备、图书等投入10 505.6万元，其中财政投入4 209.4万元。中小学校舍生均面积，教学仪器、设备的达标率都有了明显提高。薄弱学校的办学条件也得到了很大改善。小学新建语音室61个，微机室216个，电教室264个；初中新建语音室136个，微机室163个，电教室227个。(3) 重视学校干部和教师队伍建设，学校管理、教育教学水平不断提高。对学校干部全面进行岗位培训，严格考核，能者上，平者让，庸者下。一些素质较高，业务能力较强的中青年干部，走上领导岗位，充实和加强了学校的领导力量。组织教师参加在职函授、“三沟通”培训，教师学历合格率有了很大提高。为提高教师的业务水平，各级政府拨出专款用于教师继续教育。(4) 依法制止学生辍学，取得了一定成效。各地县乡两级党政领导一方面带头学习、宣传教育的有关法律、法规，依法承担义务，落实执法责任，使政府制止学生辍学的执法力度得到加强；另一方面紧紧围绕《义务教育法》等法规，结合本地区实际，制定地方性法规。据统计，这些县（市、区）小学适龄儿童入学率已接近或达到100%，初中和残疾儿童、少年的入学率基本达到98%和95%。小学基本无辍学。初中在校生年辍学率在城区都控制在1%以下，城郊区和农村县（市、区），复查时也都能控制在3%以下。(5) 重视巩固扫除青壮年文盲工作的成果。这些地方在1995年“两基”验收合格后，把扫盲和扫盲后的继续教育同巩固“普九”成果并举并重、同步实施，24个县（市、区）青壮年人口中，非文盲率都巩固在99%以上。扫除青壮年文盲和科技培训相结合，对促进当地社会经济的发展，帮助农民脱贫致富奔小康，起到了很大的推动作用。在复查中也发现存在一些问题。一是各级政府对教育的投入仍不足，24个县（市、区）尽管政府财政对教育拨款绝对数逐年增加，但仍有18个地区1995、1996、1997连续三年，不能做到“用于义务教育的财政拨款的增长比例，高于财政经常收入的增长比例”，波动较大。个别县（市、区）教育拨款占当年财政支出的比例偏低。二是教师工资拖欠。在复查的县（市、区）中，一些地区仍不同程度地拖欠教师工资。三是要加大依法控制辍学工作力度。复查中发现，个别县（市、区）在验收合格后，农村初中学生辍学率有所回升。有的乡镇已超过3%。四是教育思想、观念还有待进一步转变。复查中发现，仍有一些县、乡党政领导单纯以升学率高低来评价学校的工作；仍有一些学校的校长以升学率和考试成绩来评价教师的工作；仍有一些教师以考试成绩来评价学生的学习。甚至在个别学校、个别班级，依然按学生考试成绩排名次。五是“两基”工作在一些地区仍不同程度的存在“死角”。有的校舍虽不是危房，但材料陈旧；有的教学仪器、设备短缺；有的学校图书质量不高，数量严重不足，难以满足师生阅读的需要。

〔**高中会考和初中升学考试改革**〕 1998年，辽宁省加强了高中会考工作中对命题、制卷、考试、登分、评卷、考籍等环节的严格管理。成功地组织了有33.7万人参加，总计97.2万科人次的高中会考。1998年，辽宁省对初中升学考试进行了改革，主要是：(1)全省升学考试继续由省教委统一组织命题和制卷，原则上各市均采用。单独进行考试改革实验的市，批准后方能实施。(2)考试命题继续坚持对初中教学工作的正确导向，有利于应试教育向素质教育转变；有利于面向全体学生；有利于普及九年义务教育；有利于减轻学生的过重课业负担；有利于推动初中教育、教学改革深入发展。考试命题坚持以纲（教学大纲）为纲，紧扣教材，同时适当考虑到重点高中和高中阶段各类学校对新生的选拔，在高分数段上有适当的区分度，但坚持选拔服从导向。(3)命题坚持以国家教委颁发的九年义务教育全日制初级中学学科教学大纲（试用）及对九年义务教育全日制初级中学学科教学大纲（试用）的调整意见和现行九年义务教育教材为依据，难度不超过大纲范围。试题注重考查基础知识、基本理论和基本技能，注重考查学生分析问题和解决问题的能力。(4)考试科目为6科，即语言、数学、外语、物理、化学、政治。各学科试题分数：语文、数学、外语各为150分，政治、物理各为120分，化学为100分。各市根据实际情况确定考试科目（不超过6科），非考试科目，各市采取适当方式进行质量监测。(5)命题范围。各学科均以初三年级所学内容为主。(6)初中升学外语考试，各语种均设听力测试，成绩占总分的20%。(7)有条件的地区，从今年起实行学生的实验操作能力考查。

〔**农村示范性初中建设**〕 根据《辽宁省农村示范性初级中学标准（试行）》和《辽宁省农村示范性初级中学评估验收细则（试行）》，省教委于1998年年底，对各市申报的第三批省农村示范性初级中学进行了评估验收。沈阳市东陵区139中学、于洪区高花乡初中、大连市114中学、庄河市82中学、鞍山市21中学等20所学校被评为辽宁省第三批示范性初级中学。这些学校的共同特点是：所在地区教育行政部门和乡镇党委、政府领导高度重视农村示范性初中评估工作；办学条件好，专用教室利用率高；为当地经济、社会发展服务的意识强，工作扎实、富有成效；控制辍学工作出色，学额巩固率高。到1998年，省教委已评出农村示范性初中100所。

〔**教育思想大讨论**〕 全省教育思想大讨论，基本实现了“转变观念，营造氛围，求得认同，推进改革”的目标，形成了实施素质教育“全省有氛围、各市有特色”的局面。在过去一年的大讨论中，紧紧抓住了更新观念、规范办学行为、改造薄弱学校、提高教师群体素质四个重点，抓住了实施素质教育的关键，提高了各层面的认识，推进了各项改革。教育思想大讨论取得的主要成绩：(1)更新观念。全省上下紧紧抓住人才观、质量观、教育观、教学观等几大观念深入开展讨论，对“应试教育”的弊端有了新认识，增强了实施素质教育的紧迫感。(2)提出了全省实施素质教育的基本思路：把握一个前提(更新观念)，抓住两个关键(教师校长队伍建设、评估和运行机制)，搞好三个突破(改造薄弱学校、减轻学生负担、改革考试制度)，强调一个落实(落实到深化教学改革，全面提高教育质量上)。(3)省及各市、县(市、区)都制定了许多措施，取消了义务教育阶段的重点校、重点班；下大力气克服在教育、教学过程中违反教育规律，增加学生过重课业负担，搞行业不正之风等问题；通过一次性收费两公开、治理择校热等问题，使乱收费、高收费得到缓解。(4)一批薄弱学校得到改造。全省 14 个市加大改造薄弱校的力度，收到了明显的效果，全省近 1/3 相对薄弱的学校得到改造，促进了义务教育的均衡化发展，提高了教育在全社会的声誉。(5)考试改革取得进展。不断完善初中升学考试招生制度，变升学竞争为办学水平竞争。(6)建立了一批素质教育实验县(区)。一些县(市、区)制定了区域性推进素质教育、深化教育改革的方案并付诸实施。(7)总结推广了一批先进典型和经验，在各地产生一定影响。

〔控制中小学生辍学〕 为控制中小学生辍学，省教委采取了以下措施：(1) 坚持“依法治教、以防为主、防治结合、综合治理”的方针，设立“减少分化、适时分流、避免离校、坚决找回”的四道防线，体现义务教育的强制性和法律的严肃性。(2) 建立目标责任制。全社会共同参与控制辍学工作，上级政府与下级政府、教育行政部门与学校、学校与教师、村委会与家长等层层签订责任状，把控制辍学作为考核干部和教师业绩的主要内容，作为评优、晋级、提升、解聘的重要依据。(3) 学校要端正教育思想，更新教育观念，改革教学模式和教学方法，减轻课业负担，真正面向全体学生，全面贯彻教育方针，实施素质教育，使学生“听得懂、学得会、留得住”，不断增强学校教育的吸引力和凝聚力。(4) 认真开展农村初级职业教育，做到文化教育与职业教育相结合，适时开展分流教育。开设与当地农村需求对路的职业教育班，强化分流班的管理，扎扎实实开展教学工作，使学生学有所得，以适应控制辍学和农村经济发展的需要。(5) 加强对学习困难学生的帮助教育。落实帮教计划，逐一做好帮扶工作。善于发现和调动他们的学习积极性，肯定他们的点滴进步，坚定他们坚持学习的信心。要以教育基金会资助、学校减免杂费等形式解决贫困生学习和生活上的实际困难。(6) 充分发挥班主任的作用。选择优秀教师当班主任，培训提高班主任的事业心、责任感和工作技能。(7) 加强学籍管理，建立辍学生报告制度。规范学生入学、转学、休学制度。各市坚持“入学通知书制度”，试行入学法律公证制度。做好中小学衔接工作，小学负责将毕业生全部送入初中，保证“小升初”百分之百的入学率。(8) 抓好典型。各级政府和教育行政部门建立健全表彰奖励制度，对控制中小学生辍学成绩显著的单位和个人给予表彰奖励，认真总结推广先进经验，利用电视、广播、报纸、杂志等新闻媒体广泛宣传先进事迹，以点带面，全面推进省、市、县、乡的控制中小学生辍学工作。(9) 开展控制辍学月活动。省教委决定做到把每年的9月作为控制辍学活动月，全省集中开展控制辍学活动。在活动月中，做到舆论宣传更广泛，工作力度更大，效果更明显。同时开展无辍学学校，无辍学乡（镇）活动。省教委将在每个新学年初对上年的无辍学单位进行表彰，对辍学严重的单位进行通报批评，并不能获得各种教育先进称号。

〔**中、初等学校校办产业改革**〕 1998年省教委、省经贸委和省体改委发出了《关于稳定持续发展中初等学校校办产业的通知》，要求：(1)稳步推进校办企业产权制度改革，原则上不出售校办企业，校办产业在产权制度改革中，要先搞试点，逐步推进。(2)坚持多样化的发展形式，校办企业要抓住机遇，不拘一格，选择自身的形式，不能使学校资产流失，主要采取以下几种形式：一是在保留学校所有者权益的基础上，依照《公司法》组建县（区）或乡镇校办产业有限责任公司；二是对各地的骨干企业，特别是利润在100万元以上的企业，鼓励跨地区、跨行业、跨所有制兼并、联合发展，具备条件的，可组建集团公司。三是对有一定经济效益的小企业，可改建为股份合作制，坚持按劳分配与按股分红相结合的原则，实行民主管理；四是对生产、经营情况好的校办企业，可继续保持原有企业组织形式，进一步加强管理，不断提高经济效益，也可对其按《公司法》改制，建立现代企业制度；五是鼓励校办小企业引资嫁接改造，合资合作，加快发展；六是可将管理混乱、经营不善的困难小企业委托给实力较强的校办骨干企业和集团公司管理；七是无能力管理的校办企业，通过公开竞价，可出售给各级教育校办产业企业公司；八是对亏损和扭亏无望，不能向学校提供补教经费，又建在校园之外的企业经过严格审计和评估，由市级教育行政部门批准，可以实行出售或依法破产。但对在学校校园内占用学校场地和房屋的校办产业，一律不得租赁与变卖，对其中长期亏损和管理不善的小企业采取注销等办法妥善处理，并收回学校的场地、房屋和资产。

职业教育

〔**普通中专教育**〕 1998年，辽宁省接收部委所属普通中等专业学校4所，实行以地方为主的管理体制。1998年是辽宁省中专招生全面推行改革的一年，按照教育部要求，辽宁省在上年招生并轨学校达到66%的基础上，1998年全部实行并轨，原招收高中毕业生的中专学校也都改招初中毕业生。此项改革实施顺利，实现了中专招生改革的平稳过渡。

〔“农村初等职业教育年”活动〕 根据省政府领导的倡议，省教委决定1998年为全省农村初等职业教育年。开展农村初等职业教育年活动的宗旨是：落实《中华人民共和国职业教育法》和《辽宁省人民政府关于加强职业教育的决定》，从进一步端正农村教育的办学指导思想入手，加速农村教育由“应试教育”向素质教育的转变，进一步加强对未能升入上一级学校的初中毕业生和青壮年农民的实用技术培训工作，全面提高农村劳动者和劳动后备人员的文化科学技术素质，为辽宁农村经济发展和社会的全面进步服务。农村初等职业教育年的活动内容：(1)在全省范围内继续深入开展教育思想大讨论，进一步转变教育观念，为开展全省农村初等职业教育年活动做好理论和思想准备。(2)召开全省农村职业教育工作会议。(3)在全省农村初中开展评选标准化初中活动，建立一批农村示范性初中。(4)充分发挥县(市、郊区)、乡(镇)、村三级成人学校核心作用，积极开展农村实用技术培训和“绿色证书”培训，年内培训青壮年农民600万人次，“绿色证书”培训10万人次，5万人获得“绿色证书”。(5)积极推进初中分流教育，农村初中阶段的职业教育分流人数，经济不发达地区、中等发达地区和发达地区分流人员分别占当年初三学生总数的30%～50%、20%～40%和10%～30%。未实行分流的普通初中(班)，创造条件加大职业教育因素，开设劳动教育课。(6)省、市、县教育行政部门认真组织有关高中等院校，开展送科教下乡活动。(7)县级职教中心及具备条件的成人学校和职业学校积极创造条件开展对县、镇企业下岗职工的培训工作，为再就业献爱心、做贡献。

〔职业教育中心建设〕 到1998年底，全省规划内的54个县（市）区全部建立了职教中心，规划外的大连市开发区也建起高水平的职教中心，提前两年完成省政府规划目标。

省委、省政府高度重视县级职教中心建设。省政府连续四年将职教中心建设列入政府工作报告，在省级财政非常紧张的情况下，共列支1 320万元奖励42所县（市）区职教中心。省教委加大对农村中等职业教育、中等成人教育改革力度，把县级职教中心建设作为工作重点，并采取一系列重大措施全面推进县级职教中心建设。

根据辽宁省农村教育发展实际，省教委制定了《辽宁省县（市、郊区）职业教育中心建设标准》，提出了建设职业教育中心的指导思想和工作思路。先后在昌图县桓仁县召开全省职教中心建设现场经验交流会，推广昌图县、桓仁县建设职教中心，实行科教兴省战略的经验。各县（市）区政府也把发展职业教育作为重要职责，纳入本地经济和社会发展总体规划，不断强化对职业教育的统筹和领导。针对农村中等职业教育、中等成人教育存在的重复办学、学校布局分散、规模小、投入少、办学效益低等问题，采取切实可行的措施，对本区域内中等职业教育、中等成人教育进行统筹规划，合理布局，建立县（市）区职教中心。职教中心实行政府统筹，部门联合，教委主管，一校多功能办学体制。融县（市）区内各类中等职业学校、中等成人学业校于一体，实行集中办学、集中管理、统一规划、分口服务。据统计，54所职教中心共合并学校201所，校均占地面积7.5万平方米，校均学农基地6.56公顷，校均在校生1 500人。职教中心的建立，使原来分散的教育资源得到更加合理配置，教育教学设施避免了重复投资、重复建设，办学条件得到极大改善，办学规模明显扩大，专业设置、人才培养同当地经济结合更加紧密，教育投资效益明显提高。

高等教育

〔**教学改革**〕（1）内涵发展道路的思想初步确立。许多高等学校已经从争招生计划指标，扩大招生规模转到了努力提高教育质量和办学效益上来，有些高等学校已经从不断申报增设新专业转向已有专业的调整拓宽和专业建设上来，一度重视基建工程而忽视教学实验设备条件建设的倾向有所克服，教师队伍建设和学科建设得到重视。（2）教学内容、课程体系的改革提上议事日程，有些高校已承担了“面向21世纪教改”项目，并取得了阶段性的成果。在国家教委的221个教改项目中，辽宁省高校承担了其中的8项。“面向21世纪教改”项目也得到了全省高校的积极响应，申请设立的项目达到400多项，也有些高校设立了校内的教改项目，课程体系、教学内容的改革已在全省启动实施。（3）教学评估既有重点又全面展开，以评促改，以评促建的局面开始形成。（4）教学成果奖励工作进一步规范化，获奖成果的水平有了提高。自从1989年国家教委设立教学成果奖励制度以来，已有三批近700个教学成果获得国家级和省级的奖励。教学成果的数量和质量有所提高。（5）学科建设水平有了一定程度的提高，重点学科建设开始启动，高层次人才培养的条件得到了改善。东北大学、大连理工大学、大连海事大学、辽宁大学分别通过了主管部门的“211工程”的预审和项目审核工作，确定了一批今后重点建设和发展的学科。在高层次人才培养上，又自主增列65个硕士学位授权点，增加了一些博士学位授权点。

〔**教育思想大讨论**〕 1998年辽宁省在全省高校中开展教育思想大讨论。这次大讨论的总体目标是：解放思想、转变观念、统一认识、加快改革、开创全省高校工作新局面。各校在大讨论中，注意与改革实践相结合，有明确的目的性和导向性，讨论涉及教育思想观念的各个层面。主要特点：（1）统一部署，精心组织。省教委、省委高校工委对全省高校开展教育思想大讨论工作进行整体部署，成立专门机构进行组织指导，对大讨论工作的安排意见进行分步实施。各市高校工委、教委和各高校结合本地和本校的实际做出相应的安排，明确讨论议题和要解决的问题，精心组织，不走过场。（2）领导带头，典型引路。各级领导带头学习，带头参加讨论，带头作报告，带头撰写文章，进行层层发动，深入动员。以此带动各层面参加讨论学习，抓好典型，重点突破。(3) 组织干部、教师认真学习邓小平理论，学习十五大和九届人大会议文件精神，学习十一届三中全会以来党的路线、方针、政策、掌握思想武器。各高校利用政治理论学习和党团活动的时间抓好理论学习，在学习的基础上开展讨论，边学习边讨论，用讨论促学习，以学习带讨论。(4) 坚持理论联系实际的原则，用正确的思想和理论指导改革，狠抓落实，逐步制定和完善改革举措，边讨论边落实，加快改革步伐，用改革的成果检验大讨论工作开展的成效。(5) 加强宣传，制造氛围。充分利用各种宣传舆论工具，做好大讨论的宣传工作，在校内，在社会上营造高校改革的良好氛围。为推动全省高校开展教育思想大讨论，省委高校工委、省教委召开了动员会，深入动员高校全体师生员工积极参加教育思想大讨论。还举办了培训班，利用暑假时间请在全国科技教育界有影响的专家、领导讲学，同时交流省内高校开展教育思想大讨论的做法和经验。在各市和各高校专题研讨的基础上，年底召开了全省高等教育思想研讨会，围绕办学体制、管理体制、科技体制、内部管理、人事制度改革、后勤改革、人才培养、教学改革等进行了专题研讨。

〔**党建工作**〕贯彻中央和省委的指示精神，坚持不懈地抓高校党建工作，努力提高高校党建工作水平，使高校党建工作整体水平有了明显提高。(1) 认真学习贯彻党的十五大精神，把用邓小平理论武装广大师生作为加强高校党建工作的根本任务，落到实处。一是采取多种形式及时传达学习十五大精神；二是针对全省高等教育改革发展实际，对高等教育战线学习邓小平理论工作做出总体部署；三是认真规划、精心组织、注重实效；四是强调党员领导干部做学习的表率；五是以马克思主义理论课和思想政治课（简称“两课”）建设为重点，做好邓小平理论“进教材、进课堂、进头脑”工作，把邓小平理论学习作为加强高校党建工作的根本任务落到实处，认真抓好。通过学习，全省高校广大师生对邓小平理论科学体系和精神实质加深了理解，对高等教育的改革方向更加明确，进一步增强了坚持以邓小平理论为指导，努力办好高等学校，为社会主义现代化事业培养合格建设者和接班人的历史责任感。(2) 制定了《辽宁省高等学校“九五”期间党的建设规划》，在思想、组织、作风建设上全面推进高校党的整体建设，取得了明显进展，有些规划目标已提前超额完成。普通高等学校均独立设置了党的基层委员会，全部实行了党委领导下的校（院）长负责制，为加强党对高校的领导提供了组织保证。全省高校教职工党员比例已占教职工总数的44.8%；青年教师党员比例已占青年教师总数的35.8%，在校大学生党员比例已达到6.54%；非党大学生中有58.85%的学生提出了入党申请。广大党员师生的思想素质不断提高，高校党的各级组织的作用不断增强。(3) 重点加强了高校领导班子建设，使领导班子结构得到了改善，工作水平有了新的提高。通过调整充实，一大批学历层次较高、年富力强、精力充沛、改革进取意识较强、勤奋务实的年轻同志走上领导岗位，给高校的改革发展和领导工作带来了新的生机和活力。(4) 认真贯彻《中国共产党普通高等学校基层组织工作条例》，切实加强高等学校党的基层组织规范化建设。制发了《中国共产党辽宁省普通高等学校基层组织工作细则》，使《条例》的贯彻更具操作性。(5) 注意总结宣传和树立高校党建工作的先进典型，以点带面，推动工作。在第七次全国高校党建工作会上，辽宁大学和东北大学被评为全国高校党建和思想政治工作先进普通高等学校。(6) 注重发挥高校所在市党委对当地高校党建工作的经常性指导作用，不断完善高校党建工作的指导体系。各市党委及有关部门都把高等学校工作列入重要议事日程，市委主要领导同志经常深入高校了解情况，及时提出指导意见，对加强所在市高校的党建工作起到了积极的作用。

〔**体制改革**〕 按照“以管理体制改革为重点，逐步扩大学校面向社会依法自主办学权，淡化隶属关系，加强省级政府统筹作用，变条块分割为条块有机结合”的思路，积极推进高等教育管理体制改革，取得阶段性成果。在原有5所部属高校实行省、部共建的基础上，又有8所部属高校实行省、部共建，其中7所实行以省管理为主的体制；有10所高校合并为5所；15所高校由企事业单位参与办学；20多所学校实行了校际间联合办学。按国家的总体部署提前一年实行了高校招生收费并轨改革，并建立健全了相应的收费管理制度体系。

〔**“文明校园”建设**〕 各高校本着“重在建设、意在育人”的原则，在硬件建设方面尽力而为，在软件建设方面全力以赴，使学校校园环境、学生学习和生活环境明显改善，校园文明建设工作成效显著。经学校认真自查和主动申报，专家组实地评估和认定，省委高校工委、省教委对1998年创建“文明校园”活动取得显著成绩的沈阳农业大学、辽宁财政高等专科学校、辽宁工学院等18所普通高校进行了表彰和奖励，并授予“文明校园”光荣称号。这些高校创建“文明校园”活动的共同特点是：党委重视，齐抓共管，切实做到认识到位、措施到位、工作到位；舍得投入，整体优化，着力改善学生的学习、生活环境和校园环境；强化管理，从严治校，不断提高学校的管理水平和办学质量；育人为本，注重实效，始终把提高广大师生的文明素质作为校园文明建设的出发点和归宿。

〔**“寒窗基金”工作**〕 1998年是辽宁省实施“寒窗基金”工作的第三年。三年来全省累计筹措“寒窗基金”7 580万元，资助特困学生5 400人，发放资助金1 100万元，其中1998年资助特困学生2 230人，发放资助金467.7万元。1998年“寒窗基金”工作重点放在资助金配套和发放审核环节上。往年由于省级财政资助金下拨较晚，各市、县配套资金不足，影响特困学生的资助金发放，有的学生入学后还没有领到资助金。1998年省教委狠抓一个“早”字，一是做到宣传发动早，继续加大“寒窗基金”宣传力度，采取各种形式宣传“寒窗基金”的意义、资助对象及发放请领程序，使其家喻户晓，考生人人皆知。由于有“寒窗基金”的资助，使一些特困学生减轻了来自家庭困难的压力，轻装上阵，并产生刻苦学习的动力。二是资助金筹措早，为了解决资助金及时到位的问题，省教委同省财政厅联合下发了《关于做好1998年实施寒窗基金工作的通知》，要求各市县积极筹措资助金，足额配套。在省财政厅的支持下，省拨给各市的资助金于5月底前已拨给各市。省拨资助金比上年增加85万元。各市积极筹措配套资金，保证足额配套，如抚顺市规定每年市财政配套30万元，县财政配套20万元，大大高于省、市配套比例1∶1的要求，为资助特困学生提供了资金保证。三是发放资助金早，1998年省教委推广了鞍山、丹东市的做法，在高三毕业生中建立特困生档案、依靠高中做好基础工作，把实施“寒窗基金”工作的出发点和落脚点放在高中，把管理工作体系延伸到学校，使“寒窗基金”资助对象准确。符合条件的学生只要收到录取通知书就可以及时领到资助金，保证按期入学。克服了过去学生上学后再补发资助金的问题。1998年12月20日省教委在鞍山市召开全省实施“寒窗基金”工作总结会，总结推广了鞍山、丹东和抚顺市的实施“寒窗基金”工作的经验。

〔**招生工作**〕 1998年全省高等学校共有122 641人报考，计划招生数为55 834人。杜绝了“变相双轨”现象的出现，巩固了招生并轨改革成果。扩大了高等职业教育招生试点工作，试点高校达26所，总计划增加3 892人，促进了高等职业教育的发展。加强考试环境治理和对录取工作的管理，创造了公正、公平、公开的招生考试环境，得到各级领导和社会各界的好评。

成人教育

〔**体制改革和专业结构调整**〕 1998年，辽宁省接收部委所属成人高等学校8所，实行以省管理为主的体制。进一步调整成人高中等专业学校的层次结构和科类结构。在计划安排上坚持向独立设置的成人高等学校倾斜，计划数占总数的2/3，压缩普通高等学校函授招生规模，在上年的基础上压缩30%。控制普通高校成人脱产班招生，以改善普通高校的办学条件，积极扩大成人高等职业技术教育，安排成人高职班计划1950人，比上年增加850人。利用计划的导向作用，积极扩大社会需求的理工类专业的招生规模，控制近年来规模增长过快的经济、管理、医药卫生类招生规模，压缩医药卫生类招生计划30%，推动全省成人高中等专业学校的科类、层次、专业的调整。

〔**招生工作**〕 1998年度全省面临国有大中型企业下岗分流人员逐渐增多，又逢初中毕业生的高峰期，就业压力增大。为了提高劳动者的素质，延迟就业时间，缓解就业压力，省教委改革了成人中专招生办法：(1)成人中等专业学校招收应往届初中毕业生和在职从业人员取消入学“门槛”。成人中等专业学校扩大招生规模和在校生规模，充分挖掘现有潜力，多渠道筹措办学资金，扩大教育的投入，改善办学条件，提高办学效益，为更多的初中毕业生提供良好的就学环境和条件。(2) 成人中等专业学校招收应届初中毕业生，继续实行中考一张卷，但全省不统一划定录取分数线，各学校按省下达的分校分专业招生计划以及考生志愿从高分到低分录取，并严格执行招生计划，对未完成计划的可调剂生源录取，录取工作由省教委统一组织。(3) 为扩大成人中等专业学校的办学自主权，成人中等专业学校在示范性成人中等专业学校单独命题考试的基础上全面放开。各校可自行组织生源，自行命题考试，招收往届初中毕业生和在职从业人员，由省教委按照学校的办学条件与能力统一下达单独命题考试的招生计划及生源计划。同时，取消初中程度的在职从业人员及社会青年参加全省成人中等专业学校的入学考试。(4) 农村成人中等专业学校招生对象主要是农村初中毕业生。继续实行单独命题考试、录取，报考大农业专业以及取得中考成绩的考生可免试入学，农村成人中专中大农业的专业可实行二年学制，其他的所有专业一律实行三年学制。(5) 广播电视中等专业学校继续发挥远距离教学的优势，面向广大农村，积极扩大农村初中毕业生的分流工作。同时，一些办学条件好的、办学质量高的广播电视中等专业学校列入普通中专招生计划，参加普通中专的招生录取，并发普通中专的毕业文凭。(6) 继续选拔成人中专应届优秀毕业生进入成人高校（专科层次）学习，选拔的优秀毕业生的数量控制在全省本年度毕业生总数的2%，计入当年成人高校的招生计划指标。

1998 年全省成人高等学校报考人数为102 398 人，在辽宁省招生的成人高校共 258 所，计划招生 47 572 人（调整后为 50 501 人），实际录取 48 167 人，完成计划的 96.1%。成人高等学校招生办法改革继续深化，加大向在职从业人员特别是劳动模范、生产业务骨干和作出突出、重大贡献者的政策倾斜力度，为他们提供更多学习阵地。继续推进成人高等职业教育招生试点工作。强化考生资格审查。为不断提高招生考试现代化管理水平，解决成人教育招生报名考试中替考报名问题，在大连和葫芦岛两市对“专升本”考生进行了利用计算机手段防舞弊试点工作，收到较好效果。

〔**自学考试和计算机等级考试**〕 高等教育自学考试在改革中加快了专业调整，加大了调整力度，新开考 5 个专业，在全省已开考的本、专科专业中增加了《思想道德素质修养》课程。截止 1998 年底，全省共开考本科专业 23 个，其中本科 14 个，独立本科 9 个；专科专业 38 个，其中专科 24 个，基础科 14 个。加大了规范教材使用和管理的工作力度，重新修订和编审教材 13 本，已出版 7 本。扩大了主考高校多元制。进一步扩展了自学考试功能，加强了对社会助学工作的指导和监督，加大了自学考试力度，上半年有 301 008 人报考，参加 737 941 科次的考试，下半年有 291 000 人报考，参加 706 531 科次的考试。全年办理本科、大专、中专毕业生 3 万多人，报考人数、参考科次和毕业人次均达到全省自学考试开考以来最高纪录。

非学历社会性证书考试迅猛发展。组织了两次计算机等级考试，其中，上半年全省共有 14 868 人报名考试，有 6 069 人获得各级别的合格证书。由于考生增加迅速，又增设考试点4个，培训点5个。全国计算机应用技术证书考试顶替自学考试实践环节考核的试点取得成功。其中，邮电管理和通讯工程专业共有1 531人参加该项考试，97%的考生通过考试并取得证书。

撰稿　李洪军

审稿　李树森　刘劲姿

大连市教育

〔基本情况〕

1998年各级普通学校基本情况

单位：人

学校类别	学校数(所)	毕业生数	招生数	在校学生数	教职工数 计	教职工数 其中专任教师
一、普通高等学校	13	12 684	18 260	59 627	15 555	5 669
研究生		937	1 597	4 395		
本　科		7 792	12 876	44 459		
专　科		3 955	3 787	10 773		
二、中等专业学校	85	11 911	11 957	35 232	6 807	3 388
中等技术学校	22	5 373	6 382	19 803	3 074	1 426
中等师范学校	2	902	431	2 036	527	278
中等技工学校	61	5 636	5 144	13 393	3 206	1 684
三、普通中学	273	94 771	83 107	252 798	23 079	18 560
高　中	63	16 157	21 361	56 544		3 730
初　中	210	78 614	61 746	196 254		14 830
四、农业、职业中学	85	12 857	13 877	37 556	3 161	2 118
高　中	85	12 857	13 877	37 556	3 161	2 118
初　中						
五、工读学校	1	140	60	102	61	31
六、小　学	1 457	62 127	59 486	494 922	27 379	23 161
七、特殊教育学校	8	160	161	1 287	373	282
八、幼儿园	1 944		50 091	138 360	8 334	5 422

1998年各级成人学校基本情况

单位：人

学校类别	学校数(所)	毕业生数	招生数	在校学生数	教职工数 计	教职工数 其中专任教师
一、成人高等学校	7	9 802	12 557	36 324	2 175	1 140
广播电视大学	1	981	1 175	2 921	497	277
职工高等学校	4	976	1 360	3 826	933	507
农民高等学校						
管理干部学院	1	648	1 091	2 335	337	170
教育学院	1	572	414	1 525	408	186
普通高校举办：						
函授部		3 770	3 593	13 126		
夜大学		2 164	1 809	6 881		
成人脱产班		691	3 115	5 710		
二、成人中等专业学校	38	4 893	5 739	14 307	1 798	1 085
广播电视中专	3	2 268	3 018	7 847	127	80
干部中专						
职工中专	20	1 369	1 714	3 745	662	339
农民中专	5	1 256	1 007	2 715	201	114
函授中专						
教师进修学校	10				808	552
三、成人中学	18	343	1 185	1 099	103	63
职工中学	14	343	1 116	1 012	84	46
农民中学	4		69	87	19	17
四、成人技术培训学校	1 364	810 135	860 641	473 620	2 390	1 486
职工技术培训学校	77	37 370	44 422	26 859	897	529
农民技术培训学校	1 287	772 765	816 219	446 761	1 493	957
五、成人初等学校						
职工初等学校						
农民初等学校						

制表　陈丕忠

1998年，大连市继续实施区域均衡化发展战略，巩固和发展“普九”成果，全面推进素质教育。全市幼儿入园率达77%，小学学龄儿童入学率达99.63%，其中4个区（不含甘井子区农村）为99.99%，小学毕业生升学率为99.38%，初中辍学率控制在1.09%，初中毕业生升学率为63.36%。城区普通高中办学规模有所扩大，入学率提高到38%，中等职业教育结构布局调整和教育资源的优化配置逐步展开。普通高中与中等职业学校在校学生数之比为4∶6，市内的4区达到3.5∶6.5。城区已基本实现了普及高中阶段教育，高中毕业生升学率为51.27%。高等教育校际间、校企间联合共建，在办学体制和形式的改革方面进行了有益探索，高等职业教育已开始起步。

1998年，大连市以财政拨款为主、辅之以多渠道筹措教育经费的教育投资体制进一步完善。随着教育投入的逐步增加，办学条件得到进一步改善，学校内部设施建设得到加强，中、小学校舍建设有较大进展。全市共新建扩建校舍26.8万平方米，维修校舍13.9万平方米，建成一批标准较高、设施先进的新校舍。加大校舍危房改造力度，危房率已低于1%。全市生均校舍面积，小学达4.14平方米，中学达6.42平方米。中小学教师住房建设投资4 999万元，新建住房5.4万平方米，人均居住面积已达10平方米。

1998年，全市中小学思想品质合格率达99%以上，初中毕业生学科成绩及格率达80%，体育合格率达97.7%。

1998年，中小学校长持证上岗制度得到认真落实，中小学教师继续教育全面推进。教师学历达标率不断提高，小学为97.7%，其中大专以上学历的占21.9%；初中为93.1%，其中本科以上学历的26.3%；高中为87.7%；职业高中为56.7%。

撰稿 陈丕忠

〔**基础教育**〕 1998年6月，大连市调整了市区普通高中教育管理体制，将独立设置的12所普通高中由区管改为市管，统筹解决城区普通高中教育发展的问题，从而在城区初步确立了市管高中阶段教育、区管九年义务教育的格局。城区普通高中由区管调整为市管，有利于对城区普通高中教育以至整个高中阶段教育的统筹规划和布局调整，有利于改变区际间普通高中教育发展不平衡的状况，有利于学校干部和教师的调配交流，有利于落实普通高中教育发展、改革、教改和日常管理的全面责任，也有利于巩固和发展基本普及九年义务教育的成果。1998年，城区初中毕业生达21 945人，比上年增加2 980人。为适应大连经济和社会发展需要，满足更多初中毕业生就读普通高中的愿望，市教委结合调整城区普通高中教育管理体制，采取新建大连育明高中，扩建与调整已有高中，发展民办或私立普通高中等措施，适当扩大了城区普通高中教育规模，在上年普通高中招生纯增850人的基础上，又扩大招生1 939人，使招生总数增至8 816人，初中毕业生升入普通高中的百分比达40.1%，比上年提高3.9个百分点。与此同时，按市政府有关规定，对新设置的普通高中实行公办民助，按市教委规定，其他普通高中招收自费生数额可扩大到招生计划数的20%，推动了普通高中办学体制与办学模式向多样化发展。

以实施素质教育为核心的教育教学改革继续深化。年初，市教委在市教育工作会议上提出，1998 年在继续实施基础教育区域均衡化发展战略，致力于办好每一所学校的同时，中小学校要进一步深化教育改革，加快实施素质教育的步伐，致力于教好每一个学生。其要点，一是树立素质教育基本观念。强调要承认学生个性差异，坚持因材施教；尊重学生的人格，建立平等、民主、和谐的师生关系；重视学生的情感培养，并同认知能力培养、操作能力培养有机统一于教学过程中；相信学生的自主发展能力，反对教师搞机械训练、包办代替。二是全面落实新课程计划。把普通高中开好选修课、初中和小学开好活动课作为实施素质教育的一个突破口。学科类课程、必修课更多地着眼于教学要求统一性和学生全面发展，选修课与活动课更多地着眼于学生的差异性和个性发展。在农村，要积极推行小学课程整合改革实验。三是改革课堂教学。从只注重认识能力提高，转变到全面实现认知能力、情感发展和操作能力的培养目标，探索实施以教师积极引导、学生主动学习为标志的科学化教学方式，逐步形成在“情·知教学”思想理论和实践要求下的各学科具体教学模式。四是进一步加强德育工作。继续推进“八心八德两意识”（“八心”：勤、俭、智、恒、奋、勇、群、重；“八德”：仁、义、孝、敬、公、廉、忠、诚；“两意识”：公民意识、爱国意识）教育，继续组织城区中学生到农村、部队、工厂参加社会实践活动，并按学生思想品德形成和发展规律，坚持把握方向性、体现基础性、注重实效性，特别是在落实上狠下功夫。五是继续改革招生考试办法，正确发挥招生考试的调控作用。在小学，全面铺开取消百分制，实行等级评价的改革。

1998 年，全市中小学实施素质教育迈出了新步伐。主要是：(1)学校领导干部和教师更新教育思想，对全面实施素质教育有了新的共识。多数学校把实施素质教育列入了学校发展规划和学年、学期工作计划之中，全面安排德、智、体、美、劳诸方面教育活动。(2)围绕实施素质教育不断深化教育教学领域改革。部分学校积极尝试办学模式的改革，如大连市第十一中学从本校实际出发，摸索办综合高中之路，实行高三年级预备升学教育与职业技术教育分流，并从高一年级起开办艺术特长班，面向市内各区招生。一些学校采取措施优化课程结构，如大连市第四十八中学初步建立了必修课、选修课、活动课和以社会热点、时事政治、学生兴趣为内容的“微型课”的课程结构，并在大力提高必修课教学质量的同时，分类上好知识类、科技类、技能类、文体类的选修课和活动课，开展科技、文艺、体育活动，使素质教育逐步得以落实。开发区第二中学等部分初中，在某些学科试行分层教学、分类指导，深化了因材施教的内容，使各个层次的学生都有所提高和发展。小学考试普遍取消了百分制，实行等级评价，部分学校对学生素质发展进行跟踪综合评价。学校德育工作规范化程度有所提高，突出了“八心八德两意识”的教育内容，重视发挥课堂教学的主渠道作用，进一步突出抓好社会实践教育，城区各区基本完成了区学农基地建设。城区中小学生 9 万多名参加了学军、学农、学工活动。1998 年，市教委召开了中小学德育工作经验交流会和中小学班主任工作经验交流会，还命名德育工作示范区 3 个、表彰德育工作先进集体 35 个、德育先进工作者 81 名、优秀班主任 113 名。

撰稿 汤启贤 李浩田

〔**职业教育**〕 1998年，大连市教委积极贯彻国家教委《面向21世纪深化职业教育教学改革的原则意见》。向各县市区教委和中等职业学校转发了《原则意见》，并结合本市实际提出了实施意见：(1) 要从本市经济发展和产业结构调整的实际需要出发合理设置专业，抓好示范性骨干专业的现代化建设。(2) 根据社会对人才规格要求的变化，适当调整课程和教学内容，酌情开设一些适应社会需求的选修课。(3) 认真执行教学计划，开齐学科，开足课时；严格执行实习教学有关规定，三年级下学期方可安排岗位模拟性和社会适应性实习。(4) 加强教师业务培训和师德建设，注意聘请有实践经验的专家做兼职教师，有计划地组织教师开展教育科研活动。当年，做了以下主要工作：

调整了中等职业教育布局结构。在城市，对部分同类专业的学校进行合并；针对职工中专招生对象改变的实际情况，将职工中专校名去掉"职工"二字，纳入职业中专统一管理，不改变学校类别，仍承担在职职工学历教育任务；调整改变了一些学校的专业设置。在农村，贯彻省教委关于建设职业教育中心的要求。推广了金州区在第二职业中专实行经科教统筹，建成职业教育中心的经验。各县市区都筹建了职教中心，有的已建成。经过布局调整，职业教育资源得到合理配置和利用，办学规模扩大了，办学活力和办学水平有了增强和提高。

为加强专业标准化建设，对职业高中、职业中专的195个专业，进行调研论证，拟合并为10大类，80个专业，写成调整报告报省教委；制定《专业评估标准》，要求各校对照标准进行自查整改，准备参加全市专业评估。

完善学校管理的规范要求。重新修订了《大连市职业高中（中专）教学常规》；为规范民办职业学校办学行为，制定了《民办职业学校办学水平评估办法》。

制发了《大连市职业中专、职业高中、职工中专教师继续教育实施方案》，当年已完成第一阶段82个学时共同学科授课任务，正在进行第二阶段专业学科的继续教育。

撰稿 谢谷林

〔**高等教育**〕 1998年，大连市为贯彻《中共中央关于在全党深入学习邓小平理论的通知》精神和第七次全国高校党建会议精神，各高等学校师生掀起学习邓小平理论的热潮。为使"两课"(马克思主义理论课和思想品德教育课）做到"三进"(进教材、进课堂、进学生头脑)，各高等学校坚持"两课"主渠道建设，调整"两课"教材结构与内容，建立以邓小平理论为中心内容的教学课程体系；在一些与"两课"相关的课程中，也注意贯穿邓小平理论的教育。各校还注意发挥第二课堂的作用，通过各种宣传教育方式，组织学生广泛学习邓小平理论。由师生组织参与的马克思主义理论学习小组、邓小平理论研究会等学习组织，开展经常性的学习活动。各校还经常组织学生开展各种社会实践活动，使学生在理论与实践的结合上加深对邓小平理论的理解，解决一些思想认识上的疑点问题。各校都重视"两课"教师的理论建设。年内，大连市委高校工委与各高校均举办了辅导员与"两课"教师培训班，提高教师做好"三进"工作的自觉性与教学水平。

撰稿 王九存

〔**成人教育**〕 1998年，大连市成人高等学校中有部委属学校2所，全市共有学历教育在校生10 607人，非学历教育在校生27 345人；有民办高校11所，在校生4 289人；办函授、夜大教育的普通高校13所，在校生25 717人；本、外埠院校办函授站28个，在校生3 000人；高等教育自学考试开考2次，参加考试52 103人，毕业4 974人。1998年，进一步加强学生的理论教育和德育工作，把邓小平理论列入教学计划、纳人课堂；对大连广播电视大学分校的办学水平进行复评，协助省教委、教育部分别对市电大及其分校的办学水平进行评估验收，皆达到合格标准，通过验收；加大对第二学历教育、函授教育、《专业证书》教育的管理力度，规范了办学行为，保证了教学质量；继续扩大试办7个专业的高等职业教育，招生812人，强化了成人高等教育的职业特色。

成人中等专业学校在校生中除学历教育在校生外，另有非学历教育在校生179 630人。中专教育自学考试开考2次，参加考试1 846人，毕业325人。1998年，成人中专教育继续调整职工中专的布局，其中与其他学校合并改为职业中专2所，与其他学校合并更改校名的4所，原校不动更改校名的7所。此外，在加强教学管理，进行教学改革，规范教学行为等方面取得一定成绩。

职工教育除职工高校、职工中专外，还有成人高中学校（班）34所（个），职工学校（培训中心）15所，教职工627人。职工岗位培训22.36万余人次（不含沈铁、东电、辽宁油田、东北输油等系统的人数），其中继续教育培训2.18万人。1998年，职工教育继续坚持以岗位培训和继续教育为重点，进行协调和指导，调动企业办学的积极性，使其继续保持稳定的局面。重点抓了下岗职工培训的指导工作，并召开两次经验交流会，有力地推动全市下岗职工培训工作的发展。

1998年，全市共有社会力量办学机构625个，其中公办368个，私办257个，专兼职教职工10 139人，共办班7 524个，培训各类学员27.86万余人次，其中成人学员占70%左右。社会力量办学已发展成为大连市教育的重要组成部分。为适应迅猛发展的办学形势，切实贯彻国务院的《社会力量办学条例》精神，加大了管理力度，坚持审批标准，严把办学、广告审批和表彰罚处关，大力开展法人代表培训，狠抓教学管理，有力规范了办学和教学行为，使社会力量办学取得较好的成绩。

农民教育中除有农业中专外，还有农民广播学校1所，下设分校7所，共有在校生4 586人，教职工119人；乡镇职业学校124所，专兼职教职工1 212人，培训各类学员35万余人次；村职业学校（亦称文化技术学校）1 466所，兼职教师2 241人，共培训45万余人次；乡镇企业职工教育有市培训中心1所，区市县培训中心7所，乡镇中心校和企业职工学校若干，共培训各类学员8.6万人次。1998年，农民教育紧紧围绕“规范化、实用化”目标要求，通过加强示范基地建设，狠抓乡镇职校建制工作，开展实施“燎原计划”示范乡镇工作评估，加强师资队伍建设和教学研究等，落实科教兴农战略，促进了各类成人教育和培训工作迅速发展，为农村两个文明建设做出重要贡献。

撰稿 杨乃昆

审稿 贾聚林 丛者恕

吉林省教育

概　　况

〔基本情况〕

1998 年各级普通学校基本情况

单位：人

学校类别	学校数(所)	毕业生数	招生数	在校学生数	教职工数	
					计	其中专任教师
一、普通高等学校	41	30 800	39 651	124 720	38 977	15 531
研究生	(14)	1 800	2 542	6 828		
本　科	25					
专　科	16					
二、中等专业学校	119	33 897	40 919	150 429	17 261	8 770
中等技术学校	95	25 686	32 770	121 179	13 892	6 952
中等师范学校	24	8 211	8 149	29 250	3 369	1 818
三、普通中学	1 756	427 591	462 562	1 278 945	121 134	92 482
高　中	285	69 432	86 612	224 359		16 898
初　中	1 471	358 159	375 950	1 054 586		75 584
四、农业、职业中学	308	59 185	65 153	154 155	13 767	9 399
高　中	250	46 897	42 354	113 161		7 418
初　中	58	12 288	22 799	40 994		1 981
五、工读学校	4	30	150	300	130	55
六、小　学	9 879	407 884	369 840	2 712 681	177 032	151 758
七、特殊教育学校	56	871	656	8 234	2 021	1 464
八、幼儿园	4 653		345 058	471 483	26 602	18 218

1998 年各级成人学校基本情况

单位：人

学校类别	学校数(所)	毕业生数	招生数	在校学生数	教职工数	
					计	其中专任教师
一、成人高等学校	33	31 286	35 958	104 712	6 446	3 023
广播电视大学	2	6 620	7 128	18 265	1 545	743
职工高等学校	21	4 236	3 845	12 885	2 190	1 084
农民高等学校	3	424	402	878	253	147
管理干部学院	5	2 019	2 422	4 933	1 505	444
教育学院	2	522	690	2 060	953	605
独立函授学院						
普通高校举办：						
函授部		14 370	16 234	51 730		
夜大学		1 867	1 659	6 078		
成人脱产班		1 228	3 578	7 883		
二、成人中等专业学校	146	22 736	19 512	63 070	10 352	6 165
广播电视中专	4	9 302	8 908	30 740	923	621
干部中专	2	285	124	304	68	34
职工中专	64	8 867	7 533	22 927	3 835	1 950
农民中专	13	2 625	2 445	5 211	581	311
函授中专	3	1 619	502	3 837	542	286
教师进修学校	60	38		51	4 403	2 963
三、成人中学	102	11 724	10 201	6 721	724	489
职工中学	45	3 454	7 198	3 841	433	301
农民中学	57	8 270	3 003	2 880	291	188
四、成人技术培训学校	8 418	2 444 084	2 358 234	1 746 083	15 117	4 704
职工技术培训学校	264	161 485	151 754	132 336	2 179	1 159
农民技术培训学校	8 154	2 282 599	2 206 480	1 613 747	12 938	3 545
五、成人初等学校	3 014	118 579	97 062	57 525	5 230	1 836
职工初等学校	26	30 482	9 467	9 639	348	184
农民初等学校	2 988	88 097	87 595	47 886	4 882	1 652
其中：扫盲班	1 593	11 465	9 822	8 008	4 150	1 202

制表　于世利

〔**“两基”工作**〕 1998年，吉林省重点加强了对国家级贫困县“普九”工作的指导，在财力上给予重点倾斜，同时充分发挥省支教工作队的作用，组织动员政府各部门关心支持贫困县的“普九”工作。从省直机关抽调64名干部，到5个国家级贫困县任副县长、副镇长，帮助和指导当地“普九”工作；从省属高等学校中选派100名教师到中小学校参加教学和教师培训工作；从省教委直属事业单位中选派20名干部到中小学任副校长。同时，支教单位在财力上也给予支持，共捐款物总价值2 965万元，使贫困县如期实现“普九”。至此，全省各县（市、区）已全部实现“普九”目标。10月，经教育部“两基”检查组对全省8个市（州）10个县（市）的“两基”工作进行验收检查，确认吉林省已基本实现“两基”现阶段目标。

〔**抗灾自救工作**〕 1998年入汛以来，吉林省西部地区遭受历史罕见的特大洪灾，给教育系统造成重大损失。全省有625所中小学校受灾，受灾校舍面积达40万平方米，其中倒塌校舍236所，面积达11万平方米，新增危房面积18万平方米，教师住宅倒塌面积15万平方米，直接经济损失达3.2亿元，严重影响了受灾县的正常教育教学活动和教师生活。

按照省委、省政府的统一部署，省教委把抗灾自救工作作为头等大事来抓，成立了全省教育系统抗灾自救工作领导小组；省教委领导分别带领机关干部多次深入受灾县（市）考察灾情，慰问受灾师生；及时召开全省教育系统抗灾自救工作会议，部署抗灾自救工作，实施教育系统对口支援；积极向国家和有关方面争取到抗灾资金近5 000多万元，救灾物资55卡车，并及时向灾区调拨，努力使受灾损失减少到最低程度。

在各方面共同努力下，教育系统抗灾自救工作取得了全面胜利。全省有12.7万名受灾中小学生全部按期开学上课，没有因灾造成学生流失；入冬前灾区有177所学校重建了校舍，共11万平方米；近1 000户教师住房得到修缮。灾后学校布局调整力度加大，成效较显著，仅白城地区各县就减少乡中学2所、村小53所、下伸点89处，节约重建资金2 000万元，提高了办学效益。受灾地区承诺1998年所有受灾县的“两基”水平将达到或超过灾前水平。由于抗灾自救工作成绩突出，省教委被省政府命名为“吉林省抗灾自救先进集体”。

〔**教育投入与支出**〕 1998年，吉林省教育经费各项指标均有所增长。全省教育经费总支出74.1亿元，比上年增长13.3亿元，增长21.2%；其中地方教育经费总支出62.8亿元，比上年增长10.5亿元，增长20%。来源构成如下：财政性支出42.8亿元；各级政府用于教育的税费5.9亿元；企业办学经费5.3亿元；校办产业、勤工俭学和社会服务收入用于教育的经费2.5亿元；社会团体和公民个人办学经费0.6亿元；社会捐集资办学经费2.4亿元；事业费收入12.9亿元；其他收入1.48亿元。

1998年全省财政收入166.6亿元，比上年增长7.5%；同期全省地方财政预算内教育事业费支出30.7亿元，比上年增长8.8%，高于财政收入的增长。各级学校生均事业费支出的情况：小学483元，比上年增长9.77%；中学854元，比上年增长9.35%；职业中学974元，比上年增长11.83%。各级学校生均公用经费情况：小学50元，比上年增长6.38%；中学119元，比上年增长4.39%；职业中学159元，比上年增长12.77%。

基 础 教 育

〔**综述**〕 1998年，吉林省学龄儿童入学率达99.82%，小学毕业生升学率达97.76%。有各类民办普通中小学39所，占全省普通中小学校总数的0.39%。在民办学校就读的学生有1.58万人，占全省中小学生总数的0.39%。

1998年，全省中小学校办企业，积极开发市场，实施规模经营，把养殖业作为新的经济增长点，走种、养、加工一体化，产、供、销一条龙的路子。全省中小学校办产业共创产值31亿元，纯收入5.3亿多元，产值利润分别比上年增长10%。仅吉林市龙鼎集团一年纯利润就达400多万元。

〔**素质教育**〕 1998年，吉林省在基础教育阶段全面实施《素质教育纲要》过程中，突出学科素质教育，抓了中小学语文学科改革。辽源市作为全国中小学语文教改的试点单位进展顺利，取得一定的成效。同时，总结推广了吉林市毓文中学语文教师赵谦翔、榆树市秀水二中语文教师李元昌、吉林市第一实验小学语文教师窦桂梅、省第二实验学校语文教师李靖伟等实施学科素质教育的经验，对广大教师起到了典型示范作用。

全省12个试验县区域推进素质教育取得成效，在省教委第三季度主任办公（扩大）会上总结推广了珲春市实施“主动发展教育”的经验。同时，强化了试验县的政府行为，加大整体实施素质教育的力度。

本着实施素质教育的原则，在中考命题中着重考查学生基本知识和基本能力，适当降低试题难度，减少考试科目。同时增加了体育考试，进行特长生认定和扩大高中指标生到初中学校的比例，发挥中考正确导向作用，使初中教学工作朝着有利于实施素质教育方向发展。

〔**办学体制改革**〕 1998年，在长春市召开了全省中小学体制改革研讨会，总结了长春市18所中小学改制试点经验，积极探索公办学校实行办学主体多样化的路子。在改革中采取名校办分校、强校并弱校、公办民助、国有民办、公有民办、社区联办或政企联办等多种形式，拓宽教育投资渠道，加强薄弱学校建设，改善办学条件，规范办学行为，增强学校的办学活力，取得了较明显的成效。此项工作在全省各地也相继开展。吉林市、松原市和延边州等在民办、公民合办、股份合办、中外合办等方面也都积累了一些经验，打破了国家独家办学的格局，社会力量办学呈现出好的势头。据统计，全省民办中小学校已发展到51所（小学12所，中学27所，中小学混校12所），改制学校40所，民办中专、职业学校50所。

〔**内部管理体制改革**〕 近几年，吉林省针对教师队伍存在的总量超编、机制不活等问题，在长春市进行了内部管理体制改革试点，主要内容是在“四定”（即定规模、定编制、定工作岗位、定工作量）的基础上实行“四制”（即校长负责制、干部教师聘任制、教育教学岗位责任制、职务等级工资制）改革。通过这项改革，长春市在196所学校中实行全员聘任，有13 666人竞争上岗，有2 301人落聘（其中退养1 100人）。1998年又落聘927人。在全省宣传推广长春市学校内部管理体制改革的经验后，各市（州）也有计划地相继展开。吉林市、辽源市、通化市及南关区、磐石市、安图县，西安区等也都取得了较好的效果。除长春市外，各地区共有4 400多名教师落聘。在改革试点校中，初步做到了减人增效，增强了学校办学活力。

职业教育

〔**综述**〕 1998年，全省除普通中等专业学校和职业中学外，还有技工学校160所，在校生4.4万人。有5所国家级重点学校和13所省部级重点学校。职业高中专任教师学历达标率达45%。开办了农村电视职业中专，初步形成了合理的职业技术教育网络。

全省职业教育事业发展呈负增长。据统计，1998年全省三类中等职业学校（职中、中专、技工）在校生总数为307 840人，比上年减少16 785人，减少5.2%。占高中阶段在校生总数的58.3%。加上成人中专，占62.3%。比上年下降3个百分点。

职教中心建设有新的进展。1998年，在全省40个农村县（市、区）中，已有31个建立了职教中心，占总数的77.5%。

全省独立设置的普通中专有93所，其中82所已通过办学基本条件评估，占88%，有57所通过了办学水平评估，占61%。

〔**布局调整**〕 在职业高中布局调整的同时，在适当增加非国办中等职业学校的比重上进行了尝试，1998年，全省非国办职业学校已有普通中专、职业中专、职业高中等办学形式，举办者有事业单位、群众团体、企业和公民个人，还有两所中外合作举办的学校。这些学校数量虽不多，但类型齐全。1998年，全省已有省批非国办职业学校10所，在校生近3 000人，加上各市（州）批准举办的，共有非国办职业学校50所，在校生约占职业学校在校生总数的5%。

〔**高等职业教育**〕 1998年，省属高等学校高等职业教育招收中等职业学校毕业生的试点工作又有较大进展，招生范围扩大到普通中专，招生规模比上年扩大，达960人。为使这项工作进一步规范化，省教委组织编写14个专业33个科目近24万字的考试纲要，保证了考试的顺利进行。

〔**中专教育评估**〕 1998年，全省开展了第二批普通中等专业学校办学水平评估复评工作。这是继1992年后又一次规模较大的中专教育评估。为此，制定了《办学水平评估指标体系补充说明》、《办学水平评估检测标准》，起草印发了《吉林省普通中专办学水平评估专家指南》。在28所参评学校中，有20所学校按评估指标体系达优秀标准即省部级重点中专的水平。据不完全统计，为此次评估，有关部门和学校共计投入约4亿元，校均1 400多万元，学校的教学手段现代化及校舍、宿舍、实验室等基本建设都有了改观。教育教学质量也有了很大提高，评估达到了预期效果。

高等教育

〔**综述**〕 1998年，全省普通高等学校中有中央部委所属院校11所，在校生5万人，占普通高校在校生总数的42%；地方所属院校30所，在校生6.8万人，占普通高校在校生总数的58%。科类结构比较合理，拥有工科、农科、林科、医药、师范、文科、理科、财经、政法、体育、艺术等11个科类，基本覆盖国民经济的各个部门。在层次结构上，研究生、本科生和专科生比例为0.12∶1∶0.62。重点学校和重点学科建设具有较好的基础。吉林工业大学、吉林大学、东北师范大学、延边大学通过了国家“211工程”立项，白求恩医科大学、长春科技大学在全国同类院校中也具有较高水平。全省高校中有国家重点学科13个；博士点100个；硕士点367个；博士后科研流动站15个。

1998年，全省高等学校校办产业全年总产值达7亿多元，纯利税6 000多万元。

〔**促进教育与经济结合**〕 1998年上半年，为加强高等学校与企业间的科技对接，省教委与省经贸委联合举办了长春高等学校与省内各市、县经贸局领导科技洽谈会，组织经贸局长走访高校，沟通并加强了高校与各地区企业的联系。下半年省教委又与省工商局联合举办了全省高校与省内民营企业科技洽谈会，15 所高校科研处长、专家与 30 多名企业家进行洽谈，推出 56 项科研成果与民营企业结合。两次洽谈会在企业与高校之间架起桥梁，促使科技人员进入经济建设主战场，促进了科技成果尽快转化为现实生产力。1998 年全省高校正在运行的科研课题共有 2 519项（其中基础研究课题 764 项），当年已鉴定成果 251 项，当年技术转让合同 62 项，申请专利 42 项。科技成果转化率为 35%。

〔**管理体制改革**〕 1998 年，吉林省高等教育管理体制改革取得新的进展。省政府召开了全省高教改革座谈会，对高教管理体制改革工作进行部署。省教委会同省计委、省财政厅等有关部门，在调研的基础上，拟定了《吉林省高等教育管理体制改革和布局结构调整方案》（草案）。《方案》经过多次讨论修改，省委、省政府和教育部已原则同意。这项改革本着先易后难、分步实施的原则正在进行。

1998 年完成了中央部委划转吉林省共建的 12 所普通高等学校和中等专业学校的交接工作。配合省政府有关部门同中央有关部门核定划转经费基数，每年增加基数 600 多万元。同时研究确定了调整后的学校管理体制，其中吉林工业大学由教育部主管，长春师范学院、长春建筑高等专科学校、长春工业高等专科学校、吉林电气化高等专科学校和长春建筑材料学校由省教委主管，其余学校由主管局和公司主管。由于部门和学校对划转工作认识统一，工作进展顺利，保证了学校的稳定和发展。

〔**“两课”改革**〕 1998 年，起草印发了吉林省《关于高校“两课”教学的实施细则》，督促各校结合本校实际认真贯彻中央精神。成立了吉林省高等学校“两课”教学指导委员会，加强对两课教学的检查和指导。重点抓了邓小平理论“三进”工作，编写了教材，进行任课教师培训，召开“三进”工作经验交流会，组织专家组深入高校检查指导“两课”教学工作。组织编写了“两课”系列教材共 7 本，已由高教出版社出版。这套教材是国内第一套完整的、成系列的新型“两课”教材，与“新课程设置方案”内容相吻合。

〔**教学工作**〕 1998 年，申报面向 21 世纪高等师范本科教学内容、课程体系改革研究项目，有 20 项获教育部批准立项。历时 3 年的世界银行贷款“师范教育发展项目”教学改革课题研究 1998 年已接近尾声，共有 34 项课题分别通过教育部和省教委组织的国家级鉴定和省级鉴定，其中通过国家级鉴定的有 4 项，分获国家级一、二、三等奖。通过省级鉴定的有 30 项。

1998 年省教委组织了第二批省重点学科评审，共评选出省重点学科 13 个，其中有 9 个面向吉林省支柱产业、优势产业和经济发展新增长产业。

长春邮电学院于 1998 年 11 月通过教育部组织的合格评价，吉林财税高等专科学校和吉林商业高等专科学校通过教育部委托吉林省组织的合格评价，3 所学校的办学条件、教育质量和管理水平都上了一个新台阶。研究制定了《吉林省高师教学工作评价方案》，印发到省内所有高师院校，至此，全省高校教学评价工作已拓展到各科类、各层次的普通高校。

1998 年，省教委组织了“全省高校第二届优秀CAI课件和试题库软件展评”活动，参评校数和项数分别比首届展评增加10%和35%，质量也有较大提高，其中有17项成果经省专家组评审，获得省一等奖。组织高校学生参加了全国数学建模竞赛，共获得国家级一等奖3项，二等奖7项。

成人教育

〔**综述**〕 1998年，全省有乡级农民文化技术学校1 019所，占乡镇数100%；村级9 863所，占村数98%。农村实用技术年培训超过227万人次。职工教育广泛开展，现有职工技术培训学校约可容纳学生13万人。除独立设置的成人高等学校和成人中等专业学校外，还有各类民办高等教育机构14所，在校生1万人。其他各类培训班137所（个），参加培训人数每年达3万人次。

〔**扫盲工作**〕 年初，分别就扫盲工作发出《关于加强扫盲和扫盲后继续教育工作的通知》、《关于开展创建“无文盲村”和“无科盲村”活动的通知》、《关于开展扫盲复查工作的通知》等文件，并向各地无偿提供扫盲和扫盲后继续教育教材79 000册。继全省基本扫除青壮年文盲后，1998年又扫除青壮年文盲11 465人（其中女性文盲6 414人），基本完成扫除有学习能力的青壮年文盲的任务。全省青壮年非文盲率达99.63%，复盲率为2.2%。

〔**农村教育综合改革**〕 制定了符合地方实际、具有地方特色的《吉林省农村教育综合改革示范县建设实施方案（1998—2000年）》，并且本着“突出重点，完善典型，注重实效，稳步推进”的原则，重点抓了安图、舒兰、农安等县（市）的农村教育综合改革深化工作。

科教兴县（乡）示范工程开始启动。先后制定了实施方案，培训农业实用技术，搞好项目立项，组织科技对接。省教委确定了安图县、双辽市和靖宇县龙泉镇为科教兴县（乡）示范点，探索建立教育与经济结合、形成良性循环的机制。省教委组织14所高校向安图县推出20多项有很高推广应用价值的科技成果。吉林林学院同靖宇县龙泉镇进行科技对接，投入经费10万元，确定5个项目。这在一定程度上为振兴县域经济提供了智力支持。

农村劳动力素质不断提高。省教委组织编写村级干部中专班教材和农村科技致富新户主培训教材共60种，有计划地对农村干部和农民进行系统科技培训。1998年共为农村输送大专以上毕业生1 647人（不含高师），中专和职高毕业生1.6万人；培训农村科技致富骨干 3 万余人；培训掌握实用技术的农民 150 万人次。

〔**企业教育综合改革**〕 继续推进 30 家企业教育综合改革试点工作，采取了点上深入，以点带面，抓大放小，以大带小的策略，重点推广了省电力公司企业教育一体化、实体化的经验；推广了石岘造纸厂校企联合、科技建厂的经验；推广了吉林化纤集团的职工素质教育、企业文化教育、岗位基本功训练和超前技术培训的经验。在推广经验的同时，开展了企业教育管理干部培训班。就经济体制改革、企业教育改革等举行了专题讲座。

〔**社会力量办学**〕 继续严格贯彻国务院《社会力量办学条例》，加强对民办高等教育机构的评估检查和管理，在保证其基本办学条件和教育质量的前提下，支持促进其发展。学历文凭考试试点从 1997 年的 3 所发展到 1998 年的 4 所，从 12 个专业发展到 20 个专业，在校生从 2 600 人发展到 6 000 人。非学历高等教育机构从 4 个发展到 10 个，在校生从 2 800 人发展到 4 000 人，从而在一定程度上缓解了高等教育的社会供需矛盾。

撰稿 刘德敏 于世利

审稿 于志凯

黑龙江省教育

概　　况

〔基本情况〕

1998年各级普通学校基本情况

单位：人

学校类别	学校数(所)	毕业生数	招生数	在校学生数	教职工数	
					计	其中专任教师
一、普通高等学校	38	32 329	42 226	132 335	40 564	15 505
研究生	22	1 774	2 345	7 195		2 328
本　科		14 814	24 677	81 837		
专　科		15 741	15 204	43 303		
二、中等专业学校	114	37 397	44 557	123 854	18 013	7 958
中等技术学校	84	26 665	34 779	95 414	14 117	5 918
中等师范学校	30	10 732	9 778	28 440	3 896	2 040
三、普通中学	2 712	586 482	816 060	2 151 522	180 066	138 968
高　中	461	86 053	113 234	292 464		22 845
初　中	2 251	500 429	702 826	1 859 058		116 123
四、农业、职业中学	267	45 472	53 150	120 185	13 897	9 331
高　中	224	32 396	35 959	86 281		8 516
初　中	43	13 076	17 191	33 904		815
五、工读学校	1	12	3	35	30	22
六、小　学	15 193	749 160	510 911	3 448 558	242 001	210 954
七、特殊教育学校	103	944	1 188	7 952	2 978	2 216
八、幼儿园	4 506		449 774	555 898	37 391	26 273

1998 年各级成人学校基本情况

单位：人

学校类别	学校数(所)	毕业生数	招生数	在校学生数	教职工数	
					计	其中专任教师
一、成人高等学校	56	35 560	40 842	111 239	12 219	6 057
广播电视大学	2	9 039	7 284	18 767	3 845	1 784
职工高等学校	40	7 223	7 591	21 941	5 918	2 963
农民高等学校						
管理干部学院	5	2 295	2 282	4 387	1 052	466
教育学院	9	1 919	3 386	7 603	1 404	844
独立函授学院						
普通高校举办：						
函授部		9 655	11 281	34 689		
夜大学		2 106	3 177	9 919		
成人脱产班		3 323	5 841	13 933		
二、成人中等专业学校	354	38 743	31 137	83 922	16 162	9 224
广播电视中专	20	4 261	4 111	7 672	491	240
干部中专	1			284	19	15
职工中专	179	21 277	18 906	52 520	8 959	4 667
农民中专	43	9 506	7 088	18 662	1 883	1 137
函授中专			27	27	8	5
教师进修学校	111	3 699	1 005	4 757	4 802	3 160
三、成人中学	128	7 228	10 950	13 936	1 776	1 082
职工中学	92	5 169	6 499	8 131	1 337	774
农民中学	36	2 059	4 451	5 805	439	308
四、成人技术培训学校	9 815	2 880 195	2 696 791	1 868 147	22 179	13 842
职工技术培训学校	660	456 454	420 272	179 049	6 364	3 597
农民技术培训学校	9 155	2 423 741	2 276 519	1 689 098	15 815	10 245
五、成人初等学校	7 002	82 336	75 009	99 845	10 937	6 933
职工初等学校	60	3 614	2 373	7 891	513	337
农民初等学校	6 942	78 722	72 636	91 954	10 424	6 596
其中：扫盲班	3 970	26 834	19 604	21 820	4 952	3 030

制表　李君明

〔**年度工作方针**〕 1998年全省教育工作总的指导思想是：高举邓小平理论伟大旗帜，全面贯彻党的十五大和省委七届八次全会精神，紧紧围绕全省经济、社会发展的总体思路，进一步贯彻实施《教育法》、《中国教育改革和发展纲要》，切实贯彻落实科教兴省的战略任务，努力实现教育的“两个根本性转变”，更新观念，抢抓机遇，深化改革，调整结构，优化队伍，提高教育质量和办学效益，促进两个文明建设，为搞好全省二次创业、实现富民强省的跨世纪目标服务。

联系教育战线实际，贯彻十五大精神，掀起学习邓小平理论的新高潮。围绕教育思想转变、教育观念的更新，搞好邓小平理论的学习。开展邓小平理论研讨活动，用邓小平理论武装教育战线广大干部和师生。各高校按照“两课”设置方案，进一步抓好“两课”建设，认真落实邓小平理论“进教材、进课堂、进头脑”的工作。

继续把“两基”作为教育工作的“重中之重”，大力抓好“普九”和扫盲工作，积极推进素质教育。按照教育部《关于认真做好“两基”验收后巩固提高工作的若干意见》的要求，做好已验收县（市、区、企）的巩固提高工作；建立“普九”工作年审制度，加强对已验收的（市、县、区、企）的监督、检查和指导；全面做好国家“两基”验收的各项准备工作；年内全省“两基”验收的人口地区达到85%以上，完成基本普及九年义务教育、高标准扫除青壮年文盲的目标。全面推进素质教育，贯彻实施省政府办公厅下发的《关于积极推进中小学实施素质教育若干意见》，加强薄弱学校建设，抓好18个素质教育实验区工作。

围绕省委确立的“搞好二次创业、实现富民强省”的目标，切实为全省经济、社会发展服务。继续搞好职教中心建设，重点发展中等职业教育，在农村和贫困地区积极发展初等职业教育，稳步发展高等职业教育，以产业为导向按着区域特色经济发展需要，调整专业课程设置，推进产教结合。成人教育要大力开展岗位培训，重点搞好下岗、待岗、转岗职工的再就业培训，为职工的再就业提供智力支持。进一步搞好农村教育综合改革，推进农科教结合，为农村经济发展服务。围绕全省经济对高科技专业人才的需求，加快高科技专门人才的培养。高等院校要主动参与国有大中型企业技术改造，大力发展高新技术产业；主动参与全省农业的深度、广度开发，促进农业产业化，为科教兴省、实现富民强省目标服务。

以提高质量和效益为中心，深化各级各类教育改革，加大教育结构调整的力度。全面做好各级各类教育的布局结构、专业（学科）结构、课程设置的调整工作。普通中小学要进一步做好网点布局调整工作；重点抓好中师和成人高校的布局结构调整工作，通过合并、转型、联合等多种形式，优化资源配置；稳步推进高等教育管理体制改革，在巩固和完善齐齐哈尔、佳木斯两地高校合并办学的基础上，做好同一地区省属高校的联合合并办学以及与部属高校的合作办学工作；进一步深化以“高等教育面向21世纪教学内容和课程体系改革计划”为重点的教学改革和以实施素质教育为中心的基础教育教学改革；结合贯彻十五大精神，积极探索各级各类教育的办学体制改革。

切实落实教育优先发展的战略地位，积极推动省财政性教育经费支出占国民生产总值的比例逐步提高。要努力争取财政主渠道投入，切实保证教育经费“三个增长”的要求；加大教育投入体制改革力度，协助省政府研究制定从财政超收收入和预算外收入中划出一定比例用于教育的办法和措施；会同有关部门继续加大城乡教育费附加的征收力度，做到足额征收，专款专用；管好用好教育经费，不断提高经费的使用效益。

抓好领导班子、干部队伍和师资队伍建设。加强和改善党的领导，抓住用邓小平理论武装全党这个根本，加强学校思想政治工作和党组织的思想建设；进一步加强和完善高等学校党委领导下的校长负责制和中等以下学校的校长负责制，加强学校党的组织建设。大力加强干部队伍建设，全面提高干部队伍的整体素质。加强教师队伍建设，大力弘扬尊师重教的良好社会风气，宣传优秀教师的先进事迹，倡导广大教师安心施教、教书育人。进一步提高教师文化业务素质，加大教师的继续教育力度；认真贯彻落实《中小学教师职业道德规范》，加强教师职业道德教育。进一步采取措施，解决教师工作、生活中的实际困难，继续提高教师待遇。落实好1998年的民办教师转公办工作。配合有关部门解决拖欠教师工资问题。结合房改，落实有关政策，推动教师住房条件不断改善。

〔**教育投入与支出**〕 1998年，全省教育经费总支出83.07亿元，比上年增加6.67亿元，增长8.73%；其中地方教育经费总支出65.45亿元，比上年增加3.61亿元，增长5.84%。

1998年，全省教育经费总收入86.90亿元，其中教育事业费拨款(含基建拨款)43.22亿元，占总收入的49.74%，比上年增加15.68%，城市教育费附加3.00亿元；农村教育费附加2.63亿元；学杂费收入9.55亿元；捐集资收入3.03亿元。

1998年全省地方财政经常性收入（一般预算收入和基金预算收入）157.90亿元，比上年增长5.41%，财政总支出280.80亿元，比上年增长20.10%。全省地方财政预算内教育事业费支出37.61亿元，比上年增长12.71%，高于财政经常性收入的增长。

各级各类教育预算内生均事业费支出：高校5 677元；中师2 369元；职业中学1 256元；高中1 201元；初中624元，其中农村初中474元；小学524元，其中农村小学453元。

各级各类教育预算内生均公用经费支出：高校1 678元，中师561元，职业中学224元，高中211元，初中83元，其中农村初中57元，小学51元，其中农村小学24元。

撰稿 李君明 梁秀海

基础教育

〔**综述**〕 1998年，黑龙江省在部分地区遭受特大洪灾给教育系统带来巨大损失的情况下，发扬抗洪精神，抗灾保学，继续把“两基”工作放在“重中之重”的位置，依法推进九年义务教育，实现了全省基本“普九”的目标，大力推进素质教育，由全面启动转向区域推进阶段，特殊教育和学前教育工作取得重要进展，加大改革力度，全面提高教育质量和办学效益，促进基础教育持续健康发展。

全省普通中学比上年减少40所，其中高中比上年减少13所；在校学生比上年增加170 617人，其中高中比上年增加22 188人。小学比上年减少184所，在校学生比上年减少256 501人。特殊教育学校比上年增加31所，在校学生比上年增加498人。幼儿园（学前班）比上年增加338所，在园幼儿比上年减少33 378人。工读学校1所，在校学生比上年减少20人。普通中学教职工比上年增加3 188人，专任教师比上年增加4 448人；其中高中专任教师比上年增加551人。小学教职工比上年减少4 443人，其中专任教师比上年减少3 853人。特殊教育学校教职工比上年增加199人，其中专任教师比上年增加262人。幼儿园（学前班）教职工比上年减少2 402人，其中专任教师比上年减少1 444人。工读学校教职工比上年增加10人，其中专任教师比上年增加8人。

提前完成“普九”工作规划目标。1998年通过“普九”验收的县（市、区）、企业19个，使全省通过“两基”验收的地区人口总数已达3 337.5万，占全省人口总数的90.6%。全省小学巩固率达到99.56%，初中巩固率达到97.53%。中小学实验教学普及县（区）已累计验收135个，占全省县区的93.1%；1998年又涌现出7个全国基础教育先进县（市、区）。幼教、特教工作取得重要进展。1998年，幼教工作认真贯彻原国家教委《幼儿教育事业“九五”发展目标实施意见》、《幼儿园工作规程》、《幼儿园管理条例》，积极发展学前教育，加强幼儿园、学前班规范化建设和目标管理，广泛开展幼儿园达标晋级活动，推广幼儿衔接实验，全省近1/3地区有实验点。进一步落实素质教育从娃娃抓起的战略思想，深化幼教改革，不断提高保教质量。全省开展了游戏活动试点，纠正幼儿教育小学化倾向，依法办园，规范幼儿园收费行为，对示范园，一、二级园收取的捐资助园费予以具体规定。1998年，学前三年入园班率已达61%，比上年提高6个百分点，农村学前一年入园班率达90%，规范化班达到75%。特殊教育深入贯彻落实《义务教育法》、《残疾人保障法》和《残疾人教育条例》，以“三残”儿童少年“普九”工作为重点，积极开展多种形式办学，不断提高“三残”儿童少年的入学率、巩固率和完成率。

截止1998年底，全省残疾儿童入学率达到85%以上，提前超额完成了国家下达给黑龙江省的80%任务目标，并创办5所特殊教育中心。1998年，在全省范围内开展了《黑龙江省实施残疾儿童少年义务教育"九五"实施方案的意见》落实情况中期评估；一些市、县政府对特教给予倾斜，特教特办，加大经费投入，积极改善办学条件，对接受义务教育的残疾儿童少年给予适当减免杂费、教材费，对住校的农村学生给予生活补贴。为进一步总结特殊教育教学经验，推动特教教学改革，提高教学质量，在全省开展了特教教学百花奖大赛，对各地109节特教优质课进行了首届百花奖评审。

以师德建设、业务能力、学历层次提高为重点，加强教师队伍建设。把加强跨世纪师资队伍建设作为重要工作来抓，全省中小学积极实施《黑龙江省关于"九五"期间加强中小学教师队伍建设的意见》，教师队伍职务结构得到改善，教师待遇不断提高，教师整体素质有很大提高，充分调动广大教职工积极性。

素质教育稳步推进，由全面启动转向区域推进阶段。各地将素质教育纳入政府行为并形成了素质教育的社会氛围，促进了教育质量和办学效益的提高。围绕素质教育实施，大力开展勤工俭学活动。中等以下教育加强学生劳动教育，充分利用学校的"三田一园"和校办工厂对学生进行劳动教育和德育教育。增强教育市场自我服务意识，围绕为教育服务开展勤工俭学活动。认真贯彻落实《黑龙江省中初等学校校办产业管理规定》，加强对勤工俭学工作的管理。坚持典型引路，推广在不同产业方面的先进典型，推动全省勤工俭学工作的开展。1998年，全省中小学勤工俭学创产值19.7亿元，补充教育经费2.7亿元。

治理中小学乱收费工作取得新进展。1998年，仍然把治理中小学乱收费工作作为教育系统反腐败的一项大事来抓，作为纠行风的重点来治理。一是确定了指导思想：坚持纠建并举的方针和谁主管谁负责的原则，标本兼治，重在治本，巩固成果，防止反弹，着重在深化上狠下功夫，力争有新的突破。二是制定了目标：大中城市择校生问题基本得到解决；乱收费问题基本制止；代收费问题得到规范。三是坚持往年形成的有效作法；加强领导，建立责任制；完善收费制度，规范收费行为；强化监督检查，加大查处力度；采取倾斜政策，加强薄弱学校建设。1998年继哈尔滨、大庆市取消择校生后，又有牡丹江、七台河、鹤岗、绥化、黑河、大兴安岭5个市地取消了择校生。全年择校生为1 258人，比上年同期减少517人。全省受理群众举报乱收费问题1 541件次，查处违纪案件130件，查结117件，在查13件，处理责任人81人，通报批评52人，给予党纪政纪处分29人。据哈尔滨市城市经济调查队问卷调查显示，家长评议学校执行收费规定满意率占93.8%，比上年调查满意率提高2.5个百分点。

〔**"普九"工作**〕 1998年，是黑龙江省"普及九年义务教育"攻坚的最后一年，贫困县和困难县区进入"普九"验收阶段，这些县区能否按照国家的标准保质保量的完成"普九"任务，关系到全省基本普及九年义务教育目标的实现。为此，全省各地强化政府行为，加大执行力度，在资金、师资等方面向这些县区倾斜，大力推进"普九"工作进程，1998 年通过“普九”验收的县（市、区）、企业 19 个，通过验收的地区人口占全省总人口的 12%，至此，全省通过“两基”验收的地区人口总数达 3 337.5 万，占全省人口总数的 90.6%，比原计划 85%的目标高 5.6 个百分点，提前完成“普九”工作规划目标。1998 年，在抓好普及工作的同时，把巩固成果、提高普及水平作为“普九”工作重点。一年来，从学额巩固、规范化学校建设、农村教育改革、开展兴乡奠基工程入手，全面做好“两基”的巩固提高工作。在抓学额巩固方面，把重点放在农村，通过教育、行政、法律的手段和对灾区采取特殊政策，对残疾儿童实行“两免一补”（免书本费、杂费，补助伙食费）等做法，有效地控制学生流失。重视灾区“普九”工作，采取多种形式保证受灾地区各中小学校按时开课，如通过二部制，组织教师巡回教学，有组织地转移学生到外地插班就读，或要求无灾地区无条件接收灾区学生在当地免费就读等，确保灾区学生不因受灾而流失，巩固“普九”成果。秋季开学后，为掌握和落实灾区中小学校学生就读情况，省教委派出两个调查组分赴灾区，专项检查学生的流失情况，并及时发出《关于做好洪涝灾区控制中小学生流失工作》的紧急通知，制订有力措施，发现问题及时解决，使灾区中小学生的流失降到最低点。在规范化建设方面，以补差为重点，加大改造薄弱学校的力度，把灾后重建与中小学校网点结构调整结合起来，撤并了一批规模小、条件差、质量低的农村学校，通过联合合并，提高办学效益和水平。1998 年全省中小学规范化学校达到 80%，高于年初下达的 78%目标。在农村义务教育方面，积极推进农村学校办学模式改革，实行初二后分流，“三加一”，引进农村实用技术，使学生留得住，学有所得，提高了普及程度。在已“普九”地区，开展兴乡奠基工程。以乡为单位全面巩固，提高“普九”标准，推动先期“普九”的地区达到较高的“普九”水平。

〔**素质教育**〕 1998 年，素质教育由全面启动转向区域推进阶段。贯彻落实省政府《关于积极推进中小学实施素质教育的若干意见》，坚持“全面启动，分类指导，点面结合，重点突破，区域推进”的指导思想，以教学工作为中心，以教育科研为先导，以提高教育质量和效益为宗旨，以督导评估为保障，大力推进中小学的素质教育工作。主要抓了三项工作：一是加强调查研究，注重宏观指导，牢牢把握素质教育的正确方向。二是抓住教学改革的关键环节，扎实、全面、科学地推进素质教育。三是抓好实验区的工作，总结经验，树立典型，推进素质教育的进程。通过对全省 21 个素质教育实验区的调查研究，发现优化教育资源配置已成为当前基础教育改革与发展的重大课题，涉及到体制、结构、布局、师资、投入、管理等诸方面。牡丹江市率先在全省依靠政府的支持，较好地解决了教育资源配置这一政策性强的难点问题，召开三次全省素质教育实验区工作汇报会和现场会，总结推广了牡丹江市在落实科技兴省战略，优化教育资源配置，深化人事制度改革，全面推进素质教育实施等方面经验。各地以牡丹江为典型，将素质教育纳入政府行为，形成良好的素质教育社会氛围，促进了教育质量和办学效益的提高。1998 年，全省高中会考通过率保持在 95%，学科竞赛取得优异成绩。齐齐哈尔市第一中学刘明钊在国际中学生化学奥赛中获金牌（总分第一名）。在全国中学物理竞赛中，黑龙江省获一等奖1名，二等奖4名，三等奖1名的成绩。

〔**提高教育教学质量**〕　1998年按照面向全体学生，使学生全面发展的指导思想，继续深化教学领域各项改革，改革课程计划，实行必修课、选修课、活动课相结合。改革教学方法，提高课堂教学质量，加大选修课与活动课的研究与实践，发展学生的个性特长，改革升学考试和评价制度，继续实行高中招生与初中学校的评估相结合的定校配额办法。在全省小学校取消百分制，小学生学习成绩评定办法实行等第加评语改革。召开全省中小学教学工作会议，明确了优化教学过程，提高教育质量是素质教育的根本任务之一。课堂教学是实施素质教育的主渠道。逐步改革中小学教材体系和教学内容，调整了九年义务教育阶段各学科教学内容和教学要求，为彻底改革课程结构和教学模式，实现由应试教育向素质教育的转变奠定了基础，制定发出高中阶段新的课程计划，为在高中阶段的教学工作中全面实施素质教育铺平了道路。

加强规范化学校建设，积极改造薄弱学校，提高中小学整体办学水平。1998年，全省改造薄弱中小学校785所，在全省建立了管理新机制。同时，大力推动现代教育技术和手段的应用，直接为提高教学质量服务。伊春市以小学计算机辅助教学为主要途径的“科教兴乡”工程全面启动，运行状况良好。

〔**教师队伍建设**〕　1998年，认真贯彻落实《教师法》，逐步完善教师法制建设。制定了《中小学教师继续教育实施方案》和《中小学教师继续教育规定》(草案)，积极开展骨干教师的评定和培训工作。教师职务结构得到改善。学历层次得到提高。小学、初中、高中教师学历达标率从1997年的94.66%、79.35%、62.04%分别提高到97%、81.22%、66.12%。加强教师职业道德建设，坚持用先进典型树立优秀教师的良好形象，组织中小学先进教师事迹报告会，评选了国家级优秀教师106人、省级优秀教师796人。加大教师队伍调整力度，在全省中小学推进校长选拔任用制、教师资格证书制、教职工全员聘任制，对队伍的调整工作。不断提高教师待遇，为教师创造良好工作和生活环境。积极争取指标，为教师解决评定职称的困难，1998年争取中小学高级职称指标2 800个，比上年增加1 000个；中级职称指标达15 850个，增加384个。努力做好民办教师转正工作，对民办教师进行最后一次考试，合格的民办教师分年度录用为公办教师，不合格的民办教师全部辞退，为2000年基本解决民办教师问题奠定了基础。加强教师继续教育和教学基本功训练，小学教师教学技能训练已开始步入综合训练的阶段。在先行试点的基础上，1998年全面启动初中教师教学基本功训练活动。加快全省教师住房建设步伐，加大工作力度，增加校舍和教职工住房投资，1998年建成各类校舍面积和教职工住宅面积80万平方米，为教职工创造了良好的工作和生活条件。

撰稿　毕德来

职业教育

〔**综述**〕 1998年，全省中等职业技术学校在校生占高中阶段在校生总数的43.2%。在1997年对全省第一、二批40所职教中心学校评估验收的基础上，又开展了对第三、四批职教中心学校验收评估工作，1998年共有62所职教中心学校通过了省政府验收。大力发展农业职业教育，实施“科教兴农的富民工程”。开展了农村教育综合改革实验县和实施“燎原计划”示范县评估检查，全省农村教育综合改革进一步深化。中等职业学校全面完成了招生并轨改革。根据全省经济和社会发展的需求，合理规划并调整了中专学校专业设置和布局。开展了普通中专省级重点专业评审工作，促进了规模发展。积极推进高等职业学校试点工作，确定黑龙江大学职业技术学院等10所学校为首批招收中等职业学校毕业生的高职招生院校，共15大类专业，招生1 070人。

〔**职教中心学校建设**〕 1998年初省政府召开黑龙江省职教中心学校建设经验交流暨表彰大会，总结交流了职教中心学校建设经验，表彰了先进集体和个人，提出了今后职业教育改革和发展思路。全省职教中心学校建设取得进展，又有22所职教中心学校通过了省政府验收，使全省合格职教中心学校达到62所，全省职业中心学校的合格率为84.9%。为推进职教中心学校的健康发展，切实发挥职教中心在人才培养、科技教育、信息交流中的作用，印发了《关于面向21世纪深化职业教育改革的原则意见》，在哈尔滨、齐齐哈尔、牡丹江、佳木斯、大庆、黑河、伊春、七台河市及农垦系统20个职教中心学校，创办了以财经、烹饪、旅游、计算机、汽车维修与驾驶、机电一体化、边贸餐旅等示范性骨干专业教研中心。省教委1998年从中专招生计划中单独划出1 000名，采取与有关中专联办，在职教中心培养的方式，支持职教中心学校建设。

〔**农村职业教育**〕 大力发展农村职业教育，为农业产业化服务。继续落实《关于进一步办好农林中等职业学校农业类专业的意见》，实施“科教兴农的富民工程”。结合再就业培训，完成了大县5 000人，中等县4 000人，小县1 000人的实用技术的培训和推广。开展了农村教育综合改革实验县和实施“燎原计划”示范县评估检查，批准五常市等6县（市）、绥化市兴福乡等52个乡（镇）分别为黑龙江省第三批农村教育综合改革实验县（市）、实施“燎原计划”示范乡（镇），以深化农村教育综合改革，有效实施“燎原计划”。

〔**中等职业教育**〕 1998年，认真贯彻落实省政府《关于黑龙江省普通中等专业教育改革和发展的意见》，普通中等专业学校除中等师范学校外，84 所中专招生一律实行并轨改革；在提高规模效益、改革教学模式、调整专业设置、优化课程结构、强化技能训练、改善办学条件、加强师资队伍建设等方面都取得了明显效果。

4 月中下旬，结合落实招生来源计划，针对全省各中专学校的专业设置、专业年限、学制和招生名额分配等方面存在着不合理的问题，进行了调整和规范。一是除允许司法、人民武装、公安警察学校可继续招收高中毕业生外，把原来既招收高中生又招收初中生的 34 所学校，调整为只限招初中毕业生；把原来只招收高中毕业生的 3 所学校调整为招收 50%的初中毕业生，从 1999 年起一律改招初中毕业生。二是规定未经评估的专业 1998 年一律不准招生，有 11 所学校被取消了这类专业的招生。三是按原国家教委发布的《普通中专学校专业目录》，进一步规范了各学校的专业名称。四是理顺了学制，除暂时保留文科类和财经类专业三年学制以外，其他专业从 1999 年开始全部改为四年制。五是针对各地初高中毕业生分布情况，对全省 13 个市（地）的招生数量进行了调整和平衡。六是加大了热门专业的调整力度。有 7 所学校被削减了计算机及应用、会计电算化、财务会计专业的招生数量及专业设置，减少招生 670 多人。七是充分发挥行业主管部门的宏观调控作用。八是对体育、艺术类学校校外办学点进行了整顿和调整。

为做好全省普通中等专业学校招生并轨工作，省政府办公厅于 3 月 16 日发出《关于做好全省普通中等专业学校招生并轨工作的实施意见》，对招生计划的编制与录取、加强收费管理、改革毕业生就业制度、完善奖学金、助学金和贷学金制度等方面作了明确规定。6 月 11 日省教委、省物价局、省财政厅联合发出《关于普通中等专业学校（不含中师）招生制度改革收费管理办法的通知》，按不同专业类别规定了收费标准。针对并轨前各学校宿舍收费标准不统一、管理不规范等问题，省教委又发出《黑龙江省普通中等专业学校学生宿舍建设与管理暂行标准》，对提高中专学校学生公寓化宿舍管理水平提出要求，对收费标准作了明确规定。

1998 年，对 43 所学校的 130 个限期整顿的专业进行了评估，确定 120 个为合格专业，9 个为准办专业，为调整和规范全省普通中专学校的专业设置、年限和学制、评定省级重点专业奠定了基础。对申报重点专业的 60 所学校的 152 个专业进行了认真评审，共评出 46 所学校的 74 个专业为第一批省级重点专业，8 月下旬发出《关于公布黑龙江省普通中等专业学校第一批省级重点专业的通知》。通过重点专业的评定，激发了各学校办骨干、重点专业的积极性，对专业水平的提高和学校的发展起到了促进作用。1998 年，全省有国家级重点中专学校 8 所，省级重点中专学校 12 所。

〔**高等职业教育**〕 1998 年，根据《国家教委关于招收应届中等职业学校毕业生举办高等职业教育试点工作的通知》的要求，积极推进高职试点工作。结合全省实际情况，确定了黑龙江大学职业技术学院、哈尔滨师范大学职业技术学院、哈尔滨工业大学职业技术学院、东北农业大学职业技术学院、黑龙江商业学院职业技术学院、牡丹江大学等 10 所学校为首批进行高职招生试点院校。开设了园艺教育、市场营销、旅游管理、物业维修管理、粮食工程教育等15大类专业，共招生1 070名学生。同时，加强了高职的专业设置、教学计划、教材、师资、基地等配套建设，于5月下旬在佳木斯大学召开了高等职业教育研讨会，成立了黑龙江省高等职业教育研究会。印发了《关于制定高职专业教学计划的原则性意见》和《关于高等职业学校专业设置的原则意见》，使全省高等职业教育的发展走上了规范化的轨道。

〔**学生职业指导教育**〕 1998年，加强了对中等职业学校学生的职业指导教育。省教委发出《关于在部分中等职业学校开展职业指导实验的意见》，确定哈尔滨市第一职业高中、尚志职教中心、大庆外事职业高中等16所国家级、省部级重点学校作为首批参加全国教育科学规划“九五”教育部重点课题“中等职业学校职业指导研究与实验”的实验学校。要求实验学校依据社会主义市场经济条件下对职业指导的需求和教育特点，突出实验研究的应用性、成果的推广性，使职业指导的理论转化为教学第一线的实践，形成中等职业学校职业指导工作模式。学生通过择业指导、学业指导、就业指导、敬业指导、创业指导、升学指导，稳定学生的专业思想，转变择业观念，使人的个性和职业的选择相匹配，发挥个人的潜能，提高职业能力，以适应未来社会发展的需要。

为把职业指导教育工作开展得更好，省教委委托黑龙江省教育科学研究院于1998年末成立学校职业指导中心（设在该院职业与继续教育研究室），管理和组织国家课题的研究和实验工作及指导学校职业指导工作。学校职业指导中心成立后，在全省市（地）部分教科所、教育学院、县教师进修学校建立13个“职业指导研究与实验”子课题组，实验学校在原有16所的基础上，发展为37所。同时，省教委组织编写了《黑龙江省中等职业学校职业指导教育纲要（试行）》、《黑龙江省职业指导实验教材》，省教育科学研究院职业与继续教育研究室研究开发了“中等职业学校学生职业心理倾向测试系统”软件，供实验学校试用。

〔**教师队伍建设**〕 1998年，根据《黑龙江省职业高中（职教中心学校）师资队伍建设意见》，借助高等院校优势，以东北农业大学、哈尔滨工业大学、省教育学院为依托，设立了一、二、三产业职教师资培训中心，开展对专业课教师和实习指导教师的培训和训练，一产和二产培训中心已运作多年，三产培训中心经省编委批准，于1998年1月15日正式挂牌开始工作。三个职教师资培训中心在1998年暑期已经开始对10个重点专业的近千名在职教师进行《专业合格证书》的培训工作。又在东北农业大学植物保护教育专业、黑龙江八一农垦大学会计学教育、粮食工程教育两个专业、哈尔滨师范大学装饰艺术设计专业、哈尔滨工业大学机电技术、汽车维修工程、应用电子技术、计算机应用技术教育4个专业、黑龙江商业学院烹调与营养、旅游管理与服务教育两个专业，对口招收职业高中应届毕业生390人，进行本科四年制职业学校教师专业教育。

〔**牡丹江职业教育**〕 1998年，牡丹江市在推进职教中心建设过程中，注重内涵建设，通过深化职业教育内部改革，整体办学质量和效益有了新突破。

调整结构，扩大办学规模。1998年要求

在市区初中毕业生1万人中招收普通高中（计划内与计划外）学生不超过3 800人，并规定各个初中学校控制报考普通高中的比例。计划到2000年，中等职业教育在校生比例占高中阶段在校生总数的65%以上。在大力发展中等职业教育的同时，积极发展高等职业教育。主要把电大、地方大学实体合并，成立高等职业学院；把5所行业、企业办的成人高校合并为成人高等职业大学。计划2000年这两所学校进行联合，在校生达到3 000人。从而逐步构建起规模适当、门类齐全、层次衔接、功能完善、职前与职后教育沟通、质量效益较高、具有地方特色的职教系统。

调整专业布局，规范招生区域，引导报考职业高中。根据全市经济结构调整和新兴产业开发的实际，在搞好调查研究基础上，统筹调整专业布局，每所学校的骨干长线专业不重复，由市教委统一制定专业招生计划。并对一些学校的长线特色专业实行跨区域招生。牡丹江市职教中心学校的汽车维修与驾驶专业、绥芬河市职教中心的国际旅游专业、宁安市职教中心的服装设计与加工专业都面向全地区招生。1998年通过调整、控制报考普通高中比例，开展初三毕业生职业指导教育、实施劳动预备制度等，市区有3 000多名初中毕业生第一志愿报考市职教中心学校。

加强教师队伍建设，突出教师技能培养。一是从1998年起在全市实行教师聘任制、岗位责任制、结构工资制、竞争上岗，调动教师工作的积极性。二是市教委每年拨出20万元用于专业课教师的培养、培训工作，提高教师的专业水平。

走专业办实体的新路。按照产教结合、校企结合的办学思路，通过职教中心学校与企业联合办厂（场）、店等方式，创建专业实体，形成专业兴企和实体兴校的良性循环。市职教中心学校汽车维修与驾驶专业被确定为骨干专业后，兴办了汽车修配厂和汽车驾驶学校，这个专业和所带的两个实体仅上半年就创收20万元。宁安市职教中心学校服装设计与加工专业被确定为骨干实体专业后，兼并了该市一个300多名职工亏损百万元的服装厂，通过加强管理，调整产品品种，仅生产中小学生校服一项就收入80万元。绥芬河市职教中心学校以国际旅游专业创办经济实体，成立教育旅行社，上半年办理去俄罗斯旅游的人员达1 000多人，创收近20万元。

坚持科教兴农，充分发挥职教中心多功能作用。本着县级职教中心学校面向农村、面向农业、面向农民办学的原则，上挂高校，横联牡丹江市农科所、农校，下辐射乡村户，落实科教兴农“富民工程”。宁安职教中心学校1998年派出7名专业教师深入兰岗、平安等乡，向农民传授科学种田、养殖新技术，帮助农民解决生产中的技术难题。宁安市在初级中学全面实行“双证制”即初中毕业生毕业前接受“绿色证书”教育，经农业部门考试合格发给“绿色证书”，1998年全市农村初中毕业生中有1 200人领到“绿色证书”。

撰稿　曲阜文　姚　丹

高 等 教 育

〔**综述**〕 1998年，全省普通高等学校本、专科招生比上年增加3 593人，增长9.9%；本专科在校生比上年增加9 373人，增长8.1%。研究生招生数为2 345人（其中攻读博士学位的研究生478人，攻读硕士学位的研究生1 867人），在学研究生为7 195人（其中博士研究生1 898人，硕士研究生5 297人）。继续调整办学层次与科类结构，在培养目标方面更注重高层次人才的培养，研究生、本科生招生人数有较大幅度提高。研究生招生数与本、专科招生数比率为1∶17（上年为1∶15.83），本、专科招生人数比率为1∶0.616（上年为1∶0.674），专科层次招生人数相对减少。同时，根据社会需求扩大经济学、法学、文学、教育学、历史学、理学、工学、农学、医学等专业的招生规模。

1998年，全省高等学校校舍建筑总面积为592.2万平方米（其中国家部委所属高等学校校舍面积为218万平方米，地方高等学校校舍面积为374.2万平方米），比上年增加23.8万平方米，生均47.32平方米。藏书1558.46万册，生均124.53册；教学仪器设备资产总值108 736.54万元，比上年增加25 158.36万元，增长30.1%。全省高等学校专任教师中，有教授1 628人，副教授4 817人，讲师5 390人；副高级职称以上教师6 445人，占专任教师总数的41.56%。

1998年，高等学校对外文化交流范围进一步扩大，智力引进工作力度不断加强。共派出访问团组276个，计553人。智力引进与合作项目7项，引进资金近千万元。

〔**管理体制改革**〕 为调整优化教育资源配置，全面提高教育质量和办学效益，坚持“共建、调整、合作、合并”的方针，与国务院部委建立了省部共建关系，1998年顺利接管了中央下放的哈尔滨理工大学、黑龙江矿业学院、黑龙江商学院、哈尔滨工程高等专科学校、鸡西煤炭医学高等专科学校5所普通高等学校；继哈尔滨理工大学、齐齐哈尔大学、佳木斯大学之后，黑河、哈尔滨等地的一些高等学校也在进行院校合并工作。在此基础上部分高等学校实行校、院（处、系）二级管理，大量裁减行政机构和人员，把后勤管理推向社会，使之以社会化服务求生存，以企业化管理求发展；实行现代企业股份制为目标的校办产业管理体制改革，使校办产业的运营完全纳入市场。办学模式趋于多元化。黑龙江大学等一些高等学校以合并、联合等方式，与其他学校、科研院所联合办学，使各办学主体的教育资源得以充分利用，办学效益明显提高。

〔**招生与毕业生就业**〕 进一步完善高等学校招生“并轨”改革措施，为经济困难的考生制定相应政策，保证他们不因经济困难而辍学。1998年，全省普通高等学校本专科招生39 881人中，地方高等学校招收新生28 816人，超出年初下达目标（2.4万人）的11.52%。为打开人才通往农村的渠道，1998年继续安排了定向招生计划，其中本科定向645人，专科定向1 715人。毕业生毕业就业仍然坚持“双向选择、自主择业”的原则。各高等学校以各种方式、通过各种渠道为毕业生推荐、介绍就业岗位，哈尔滨工业大学与瀛海威（哈尔滨）公司共同开发了“哈工大学生就业人才库”，将毕业生情况发送到互联网“瀛海威时空”主页“冰城之旅”栏目，供用人单位选择。

〔**学科建设与学位管理**〕 1998年，全省高等学校根据教育部指示精神，对各自院校现有专科专业进行了整理，使专业点由原来的204个、137种调整为266个、103种，同时，11所省属高等学校又新增本科专业27个。重点学校重点学科建设取得较大进展。1998年全省高等学校用于重点学科和重点专业建设的经费为500万元。另外，4个国家级重点学科和52个省级重点学科建设得到建设经费880万元。1998年新增列博士学位授权点26个，硕士学位授权点58个。全省（含省委党校）共有博士学位授权点108个，硕士学位授权点336个，分别比上年增长了33.7%和20.86%。学位与研究生教育进入了持续、稳步、健康发展的时期。

〔**“211工程”建设**〕 计划进入国家“211工程”的哈尔滨医科大学、东北农业大学，加强校园网络、重点学科和实验室建设。东北农业大学生命科学与生物技术中心已建设完成并投入使用，在教学科研管理方面发挥了积极作用。两校用于“211工程”的专项资金已累计拨款1亿元。

〔**教学改革**〕 为培养一专多能、复合型、应用型人才，使人才更适合市场经济的需要，全省高等学校根据《面向21世纪教学内容和课程体系改革计划》制定了各自学校的教学计划，打破单一人才培养模式，对人才培养规格、培养模式等进行了较大的调整，普遍加强了素质教育环节，加强实践教学环节，实行选课制、学分制（以弹性学制、主辅修制、重修重考制等为主要内容）、双学位制，充分调动教师和学生的积极性。对一些专业进行调整，取消已经过时、应用性弱的专业。哈尔滨理工大学将原有的34个专业裁并为26个；哈尔滨工业大学按照教育部的要求，将本科专业（四年制）由原来的57个归并成35个，调减幅度为38.6%；通过调整，使现有专业适用性加强，结构更为合理。教育教学质量得到提高。全省6所高等师范院校承担的30项世界银行贷款项目的教育、教学课题研究全部通过鉴定，其中1项获国家级教学成果一等奖，1项获省级教学成果一等奖。黑龙江商学院及齐齐哈尔大学通过了教育部的教学合格评价。

〔**科研工作**〕 1998年，全省高等学校认真贯彻落实科教兴省战略方针，切实把高等学校科研成果转化和科技服务摆上重要位置，强化科技意识，使高等学校的人才培养质量、科研水平和科技实力不断提高。1998年，全省高等学校科研经费近3亿元，其中有50%来自为企业承担科技攻关、技术改造和科技服务获得的经费。承担科研和推广应用项目4 100项，有近400项科研成果获地市级以上奖励。部分高等学校开展“科技扶贫（救灾）、振兴经济工程”。省教委代表高等学校与佳木斯市政府签定了技术服务协议，部分高等学校也与一些市、县签定协议，加快科技成果转化。为支持“二次创业、富民强省”战略的实施，省政府在一些高等学校重点建设机械、电子、电力、食品、应用化学、生物工程等工程（技术）研究中心或中试、工业性试验基地，以市场为导向，侧重高新技术、关键技术研究与开发，在哈尔滨工业大学、哈尔滨工程大学、黑龙江大学建立了全省软件生产基地。在抗洪救灾、重建家园工作中，东北农业大学把帮助灾区人民解决牲畜自救中遇到的农业技术问题，作为义不容辞的责任，采取多种方式为灾区人民提供各种技术服务。从8月下旬起，该校派出10余支小分队近30名专家、教授深入林甸、甘南、同江、佳木斯等受灾严重的灾区，了解灾情并帮助灾民解决生产中遇到的难题；同时，学校还成立了由农学、生物技术、畜牧、农业工程、土地规划等方面的专家组成了抗灾自救农业技术咨询小组，开通热线咨询电话，以随时提供咨询服务；还与省科委联合编写了《抗灾自救科技实用手册》并免费送到灾民手中。哈尔滨工程大学继续贯彻军用技术向民用转移，为地方经济服务的方针，把开展民用品科研作为学校发展的增长点，有700多名教师直接参与民品科研，覆盖了铁路、烟草、邮电、水泥、石油等10多个行业。他们设计的烟叶发酵微机监控系统取代了过去的烟叶人工监控发酵系统，不仅提高了工作效率，而且还减少了原料的使用，提高了烟叶发酵质量，该技术已在哈尔滨、绥化、穆棱等地应用，使各烟厂年增收节支1 000余万元；还为哈尔滨铁路局研究设计了客车（段级）多媒体企业网取代了铁路系统使用了60多年的调度大板和手写管理台帐；仅近3年，他们的民品科研成果共为黑龙江省创造利润3亿元。到1998年底，全省高等学校从事科学研究、技术开发推广和科技服务的人员达1.2万人。全省校办产业不断加速自身体制改革的步伐，大力发展股份制企业，逐步向规模化、规范化方向发展，市场竞争能力逐渐增强。全省高等学校校办产业全年销售收入达10亿元，比上年增长11%，实现利税1.2亿元，比上年增长20%，补充教育经费0.55亿元。

〔**高校党建工作**〕 全省高等学校党组织认真贯彻落实全国高等学校党建工作会议和党的十五大精神，高度重视大学生党建工作，采取“早选苗、早培养、早发展”的工作方法，努力培养和发展大学生党员，1998年全省共有学生党员10 166人，占学生总数的7.7%。其中研究生党员1 907人，占研究生总数的32%；本专科学生党员8 259人，占本专科学生人数的6.6%。申请入党的学生59 215人，占非党学生总数的44.7%，已形成一支以学生党员和积极分子为主的政治骨干队伍，在高等学校的稳定和教学等各项工作中起到了积极作用。

撰稿 崔多立

成 人 教 育

〔**综述**〕 1998年，成人教育事业持续、健康发展。职工大、中专学历教育教学改革进一步深化。学校通过增加投入、开展检查评估、加强规范化建设和实施计算机管理，建立起新的宏观控制下的管理体制，办学条件得到了改善，教育教学质量和效益进一步提高。1998年，全省成人高校校舍建筑面积150万平方米，成人中专校舍建筑面积133.28万平方米。1998年，报考自学考试有17.77万人次；总报考科次46.53万科；自学考试在籍生近45万人；教师自考毕业生3.4万人。报考电大注册视听生2.02万人，7.8万科次。岗位培训及继续教育已成为成人教育工作的重点。1998年，全省培训下岗职工60万人。社会力量办学已形成全方位、多层次、多规格的办学体系。1998年，全省共有民办高校67所，具有颁发国家学历文凭资格的17所；教职工1 176人，其中专任教师590人；在校生2.62万人。农村成人教育已纳入各级政府领导的工作日程和农村两个精神文明建设的总体规划中，实行目标管理，坚持面向农村、面向农业、面向农民的原则，以提高广大农民群众的科学文化素质为重点，为发展农村经济和农民科技致富服务，取得了显著成绩。1998年，全省有县级农村成人中专43所、乡镇成人文化技术学校1 137所、村成人文化技术学校1.4万所。1998年，全省青壮年文盲仅剩19.72万人，青壮年文盲率已下降到0.8%，低于国家规定的5%扫盲标准，是全国文盲率较低的省份之一。

〔**成人高、中等教育**〕 1998年，黑龙江省加大了职工大、中专院校的改革力度。继续增加了高等职业教育的试点学校和专业，在16所学校进行试点。根据教育部关于成人高等教育第二专科学历教育的有关政策，开展了第二学历教育并认真进行第二学历教育的入学资格审核工作。1998年，继续实行了成人中专优秀毕业生升入成人高校学习的改革试点，有384名学生进入成人高等院校深造。

为了调动办学单位的积极性，促进学校规范化办学，1998年省教委组织专家对省电大和哈尔滨电大进行教学评估检查工作。为了迎接中央电大的检查，省教委给省电大划拨120万元教学评估专款经费，用于改善办学条件。9月，省电大和哈尔滨电大顺利通过中央电大检查组复评，并得到较高评价。

1998年，省教委发出《黑龙江省成人中等专业学校规范化建设意见》，其宗旨是规范成人中专的管理机制，拓宽办学渠道。根据市场需求，成人中专及时调整了专业与课程设置，提高了计算机与外语教学的开课率。全省成人中专已形成了多学科、多层次、多功能的办学体制，具备了承担学历教育、继续教育和岗位培训的能力。

〔**职工岗位培训**〕 1998年,省教委在深入调查研究的基础上，草拟了《黑龙江省职工教育条例》,使全省的职工岗位培训工作有法可依。岗位培训工作已经从开展一般性培训向建立、完善岗位培训制度的方向发展。在石油、石化、邮电、铁路、财会等部门和行业,已逐步形成了岗位培训制度的基本框架,并在一些主要、关键岗位逐步实行岗位资格证书上岗制度。改革开放20年来,全省职工、工人累计参加培训及大学后继续教育达5 080万人次以上；全员平均培训率达37.48%，其中岗位培训3 440万人次以上,占各类学习培训人数的67.71%。

1998年，全省重点抓了下岗职工再就业培训工作。一方面，各市（地）普遍深入基层进行调查研究，及时发现问题，总结了一批培训下岗职工的好典型。佳木斯市提出“‘双再’人才服务工程”，其中一项就是“为下岗职工再就业做好培训工作”。在培训工作中,市教委做好统筹规划,宏观指导,使下岗职工培训工作减少了盲目性和重复性。全市各级各类成人学校、职业技术学校都承担了下岗职工的培训任务。佳木斯市已建立起以服装、计算机、美术等专业为龙头的培训体系。不少下岗职工通过培训脱颖而出,成为有一技之长的专业人才。另一方面，省教委加大了宣传先进典型的力度，在《黑龙江日报》以及有关会议上全面介绍了下岗职工再就业培训的成功经验，推动了职工再就业培训工作的进展。一年来，全省共培训下岗职工60万人。

〔**社会力量办学**〕 1998年,社会力量办学加大了教育执法力度。省教委在年初制定了《黑龙江省民办高校设置标准及审批办法(暂行)》,督促各办学单位根据《标准》办学,促进了民办高校的规范化建设。为使办学单位端正办学方向、改善办学条件、规范管理机制，省教委制定了《黑龙江省民办高校评估方案》。年内，省教委对全省67所民办高校进行了评估检查。其中优秀学校14所、合格13所、基本合格10所。省教委对符合要求的37所学校向社会进行了公告,允许其继续招生，同时接受社会的监督。对不符合要求的学校，作出了限期整顿的处理。通过检查评估，促进了社会力量办学规范化、法制化的进程。

〔**扫盲及巩固提高工作**〕 1998年是黑龙江省完成高标准扫盲工作的第一年，同时也是防止复盲现象发生的关键之年。一年来，省教委把扫盲后的巩固提高工作做为“重中之重”来抓，以“建设一批无青壮年文盲村(屯)”为目标，加大了扫盲工作的力度。各级政府已普遍建立了扫盲领导小组。1998年全省已形成了一支由2 700人组成的扫盲(农村成人)教育干部队伍，扫盲专兼职教师3.25万人，包教“小先生”12万人。省教委同省司法局联合发出《关于劳教人员文化补习事宜的通知》,让在押劳教人员在接受改造的同时学习文化、技术知识，彻底消灭了扫盲工作的死角。1998年，克山县又跨入了全国扫除青壮年文盲先进单位的行列。全省青壮年文盲率下降到0.8%。但是,由于受到特大洪水的影响，受灾地区无法组织文盲参加学习，给扫盲工作带来困难。1998年，全省共扫除青壮年文盲2.68万人,其中妇女文盲1.61万人。

各地利用多种形式开展扫盲后的巩固提

高工作。1998 年，脱盲人员巩固率控制在 95%以上；接受农村实用技术培训的青壮年农民和农村知识青年达 500 多万人次。通过“燎原之冬”活动，多数农民掌握了 1～2 项农业新技术。

〔**农村成人中专和文化技术学校建设**〕 1998 年，全省有农村成人中专 56 所（含企业办学 13 所），汤原县成人中专、龙江县农村成人中专已成为省部级示范校。成人中专设置农学、牧医、财会、商服、旅游等 40 多个专业。全省所有的乡镇和 90%的行政村都办起了农村成人文化技术学校，其中有 70%的乡校初步达到了实体校标准，有 20 所学校达到了省级示范校标准，有 6 所学校成为国家先进学校。

1998 年 4 月，省教委开始了对农村成人中专的检查评估工作。先后对黑龙江省成人中专、鸡东县成人中专、密山市成人中专等 16 个办学单位进行了检查评估，促进了学校改善办学条件、加强学校科学化管理的进程，为农村成人中专向深层次发展奠定了基础。评估工作将延续到 1999 年。全省形成的县办农民成人中专、乡办成人文化技术学校、村办成人文化技术学校三级培训网络，已是农民扫盲和实用技术培训的重要基地，为实施黑龙江省的“农业强省”战略方针发挥着巨大作用。

撰稿　单雪丽

审稿　郑吉南　张　民

上海市教育

概况

〔基本情况〕

1998年各级普通学校基本情况

单位：人

学校类别	学校数(所)	毕业生数	招生数	在校学生数	教职工数	
					计	其中专任教师
一、普通高等学校	40	40 456	56 126	184 622	62 145	20 071
研究生		4 253	7 281	19 499		
本　科		24 375	35 195	127 543		
专　科		11 828	13 650	37 580		
二、中等专业学校	87	27 272	42 914	123 838	13 598	11 993
中等技术学校	85	25 084	42 047	121 523	13 144	11 564
中等师范学校	2	2 188	867	2 315	454	429
三、普通中学	846	250 541	256 734	682 193	75 799	49 285
高　中	328	46 072	79 786	177 145		12 378
初　中	518	204 469	176 948	505 048		36 907
四、农业、职业中学	77	28 913	38 329	107 154	7 030	4 074
高　中		28 883	38 213	106 874		
初　中		30	116	280		
五、工读学校	13			2 522	645	340
六、小　学	1 382	176 557	113 886	961 367	66 733	49 553
七、特殊教育学校	36	656	722	5 168	1 580	953
八、幼儿园	944			249 055	26 016	16 021

1998 年各级成人学校基本情况

单位：人

学校类别	学校数(所)	毕业生数	招生数	在校学生数	教职工数	
					计	其中专任教师
一、成人高等学校	40	22 724	29 448	87 329	7 427	2 791
广播电视大学	1	1 331	1 367	3 944	345	86
职工高等学校	35	4 373	4 729	15 937	6 158	2 334
农民高等学校						
管理干部学院	4	766	802	2 082	924	371
教育学院						
独立函授学院						
普通高校举办：						
函授部	16	6 514	6 479	21 353		
夜大学	32	8 856	14 298	40 681		
成人脱产班	14	884	1 773	3 332		
二、成人中等专业学校	110	19 157	29 127	82 083	4 429	2 022
广播电视中专	2	10 206	14 648	40 553	73	34
干部中专						
职工中专	97	8 815	14 347	40 968	3 798	1 693
农民中专	1	71	35	219	66	22
函授中专						
教师进修学校	10	65	97	343	492	273
三、成人中学	274	112 398	203 034	148 441	3 789	2 306
职工中学	232	109 720	199 022	144 770	3 355	1 941
农民中学	42	2 678	4 012	3 671	434	365
四、成人技术培训学校	836	577 858	1 257 478	274 916	7 146	4 647
职工技术培训学校	652	454 027	1 114 500	236 624	5 975	3 852
农民技术培训学校	184	123 831	142 978	38 292	1 171	795
五、成人初等学校	62	2 533	2 591	1 864	26	20
职工初等学校	2	20	48	925	12	6
农民初等学校	60	2 513	2 543	939	14	14
其中：扫盲班	45	1352	1 366	468		

制表 冯静波

基础教育

〔**综述**〕 1998年，上海市以实施《建设一流基础教育“九五”规划及2010年远景目标》为新起点，进一步更新观念、开拓进取、突出重点、抓住难点，整体系统地推进基础教育事业的改革与发展。全市中学比上年增加34所，小学比上年减少151所，特殊教育学校数与上年持平；普通高中在校生比上年增加18.4%，普通初中在校生比上年减少6.7%，小学在校生比上年减少6.1%，幼儿园在园幼儿比上年减少3.1%，特殊教育学生比上年减少18.1%。义务教育阶段的适龄儿童、少年全部入学。16～18周岁青少年中，九年义务教育受完率持续保持在99%以上。普及九年义务教育的各项指标均达到或超过国家标准。1998年全市小学生生均支出2 305.94元(其中生均公用经费549.75元)，比上年增加501.82元，增长27.82%；中学生生均支出3640.14元（其中生均公用经费1 332.36元)，比上年增加962.78元，增长35.96%。

〔**素质教育**〕 1998年7月召开上海市中小学素质教育工作会议，提出“以学生发展为本”的教育观念，确立“以培养创新能力作为素质教育核心”的教育思想，并根据建设一流基础教育的要求，制定了《关于上海市进一步推进中小学素质教育工作的若干意见》和《上海市中小学素质教育工作三年目标和行动计划》,各区县均相继部署了区域性推进素质教育的实施计划与措施，并涌现了上海中学、宜川中学等一批实施素质教育的先进学校。全市推进素质教育10项措施是:(1)继续更新改造76所薄弱学校，缩小校际差距,进而实施中小学标准化建设工程；(2)启动课程教材二期工程，精简课程门类，删减30%左右的教学内容，减轻学生过重课业负担；(3)以建网、建库、建队伍为中心，建设全国一流的20个区县教育信息中心；(4)完成8所现代化和示范性寄宿制高中建设；(5)推进小学“小班化教育”；(6)完善素质教育督导评估体系和专项督导，发展社会评估，加强对学校办学质量的社会监督；(7)加强干部、教师队伍建设，扩大校长职级制试点，完善教师聘用合同制，建立合理流动的用人机制；(8)改进和加强德育工作，在高中学生中开展邓小平理论常识教育的学习活动、改革开放二十年的系列教育活动，使学生更多地接触实际、了解社会，强化爱国主义、社会主义和集体主义教育；在学生中推进心理健康教育；(9)重视教育科研，加强对素质教育理论、实践和成功经验的推广和研究；(10)协调学校、家庭和社会，形成以素质教育为共同目标的氛围和网络。

〔**解决高中阶段入学高峰问题**〕 1998年是近年来高中阶段入学人数持续递增的第三年，全年初中毕业生达21.2万名，是高中阶段新生入学峰值最高的一年。为落实市委、市政府提出的高中阶段入学率确保在90%以上的目标，市、区县各级政府和教育行政部门千方百计挖掘潜力，采取建设寄宿制高中、重点中学初、高中脱钩以扩大高中招生、开办民办学校、扩建校舍、鼓励职业技术学校增加跨区县招生、利用成人学校和开拓社会教育资源扩大招生等措施，落实招生任务。全市各类高中阶段学校共招生19.02万人，比上年增加4 000多人。全市入学率达91.7%，普通高中与职业高中学生比为4∶6。

〔**薄弱学校更新工程**〕 1998年是“薄弱学校更新工程”最后一年。列入更新改造计划的76所学校中，中学37所、小学37所、特殊教育2所。共计新征土地33.51万平方米，新建校舍20.59万平方米，新建教室664间，新建专用教室422间。更新后的76所学校占地面积达到109.44万平方米，比原来增加23.24万平方米，增长38.1%；教室增加176间，增长10.8%，专用教室增长139.2%。至此，历时三年的“薄弱学校更新工程”全面完成。共计改造230所学校，新征土地116万平方米，增加占地面积74万平方米，增加校舍43万平方米，增加教室1 593间，增加专用教室1 301间。

〔**寄宿制高中建设**〕 继上年进才、七宝、杨浦3所寄宿制高中招生后，1998年又新建育才、复兴、新中、位育、延安等5所寄宿制高中并已招生。5所寄宿制高中共占地55.4公顷，建筑面积为24.2万平方米，总投资为10.66亿元。为加强寄宿制高中管理，提高学校办学效益和水平，市教委制定《寄宿制高中规范管理实施意见》，开展了寄宿制高中办学方案研讨和交流，推动教育教学水平上新台阶。

〔**招生考试制度改革**〕 1998年全市市区小学五年级学生、郊县小学六年级学生，全部免试就近对口升入初中就读，重点中学实行初、高中分离办学，初中部停止招生。同时实行“小学毕业考试命题权下放学校”、“取消小学阶段留级制度”、“小学阶段学生成绩实行多元评价”等试点工作。高中阶段招生建立“多次机会、双向选择、多元评价、多元录取”的中招考试制度。1998年上半年，市教育考试院成立升学和职业指导信息中心，并在市区建立起相关网络，加强对初中毕业生升学和职业指导。同时推进中学生技能等级测试，着重对学生进行多元评价，发展学生兴趣、爱好、特长和培养动脑动手能力。继续试行部分优秀初中毕业生免试直升高中和推荐生的招生办法，直升人数为学校招生数的5%。适当提高普通高中收费生比例，市区控制在学校招生数的30%以内，郊县控制在50%以内。高中阶段学校招生综合改革试点扩大为闵行区、静安区、闸北区、青浦县和宝山三罗地区。

〔**教材课程改革**〕 1998年重新修订了中小学19门学科的《课程标准》。全市第一期中小学课程教材改革基本完成，已梳理和删减教学内容30%左右。第二期课程教材改革全面启动，中小学必修课突出了基本知识和能力要求，选修课和活动课增加了拓展性和探究性内容。计算机和外语教学已全面进入中小学校。在10多个区县的150所小学实验小班化教育。1998年组织全市6000多人次参与市、区县、校三级教学展示活动，1万名青年教师参加教学评优活动，共有320名教师获奖，其中105名教师获一等奖。

〔**流动儿童少年就学工作**〕 市教委专门成立“上海市流动儿童少年就读问题研究课题组”，对浦东新区、闵行区等10多个外来人口较多的区县作调查，与市公安局联合颁发《上海市外来流动人口适龄儿童少年就学暂行办法》，把解决流动儿童少年就学工作纳入依法管理的轨道。1998年，市教委采取提供借读机会、规范简易办学行为、将撤并的乡村小学转换成招收流动儿童少年借读为主的学校等措施，解决了近10万流动儿童少年的求学问题。1998年11月，教育部在上海召开“全国部分省市流动儿童少年就学工作总结及经验推广会议”，与会代表听取了上海市教委工作汇报和浦东新区经验介绍。

〔**体育、卫生、艺术、国防教育**〕 1998年世界中学生运动会在上海举办，来自28个国家和地区的1 380余名运动员参加田径、游泳、体操、艺术体操等4个项目的比赛，上海1 200余名志愿者为运动会服务，由7 500多名学生组成的开幕式文体表演、15 000多名中学生参加的火炬长跑，展示了运动会团结、友谊、奋发、向上的主题。学校体育工作以运动会成功举办为契机，加大工作力度，学生身心素质和体育运动水平进一步提高。中小学校健康教育得到加强，全市平均评价得分为89分。学生卫生知识认知率达90%，卫生行为形成率达81%，学生常见病防治也有显著效果。约有35万名中小学生接受贫血检测，其中3万名学生进行了贫血治疗。近百万名学生参加各类科普活动，在国际国内科技类比赛获金牌21枚、银牌31枚、铜牌15枚，46所中小学成为市科技教育特色学校。1998年，市教委与上海警备区联合在部分高级中学开展预备役军训试点，举办市首届青少年定向越野赛，并选拔20名中学生赴拉脱维亚参加世界中学生定向越野赛。

〔**教育科研**〕 1998年，上海市组织第六届教育科研优秀成果评奖和推广活动。参评的大量成果都关注当前教育改革与发展的热点、难点问题，其中“八五”重点项目“燎原计划与农村教育综合改革的理论与实践研究”获本届教育科研成果一等奖。该成果为上海实施农村教育综合改革提供了基本经验和教改方案。“素质教育区域性整体推进闵行模式的探索”、“中小学科技教育的研究”、“静安区教育十年改革”和“教育小区的构建与运转研究”等研究成果，对实施素质教育的途径进行全面探索，为上海基础教育发展提供了实践佐证。有一些区县对成果进行开发和推广，通过编写教材，组织观摩，召开报告会等形式，直接促进学校教育改革和发展，促进中小学幼儿园教师整体素质的提高。

〔**教师队伍建设**〕 1998年3月正式启动上海市中小学幼儿园骨干教师、骨干校长培养工程。根据“公开竞争、公平推荐、公正选拔”的原则，首届入选市级骨干教师培养对象111名、骨干校长培养对象33名，同时组织遴选一批由骨干教师、校长培养的导师138名，按“公开推荐，合理配对”的原则将导师与培养对象结成对子，并制定个别化的指导方案和培养计划。同时组建"市级骨干教师培养工程领导小组"和"市级骨干教师培养工程评估专家小组"，对骨干教师培养工程进行中期评价和对最终结果进行评价验收。继续抓好中小学教师高一层次学历培训工作。1998年招收高等学历培训本科段3 841人，专科段小学教育专业、学前教育专业8 833人；组织1 820名首届"三沟通"培训学员毕业审核工作。选送市、区县20名英语骨干教师赴英国兰卡斯特大学进行短期进修。

教师继续教育制度不断完善。全市中小学幼儿园干部教师中，参加各类培训人数已达"九五"培训总数的82.1%。已形成市、区(县)、学校三级培训网络，以及教师修养、专业知识和技能更新、教育教学实践研究、教育理论、教育科研5个模块的有特色的教研体系。

〔**教育督导工作**〕　1998年，先后组织有关专家200余人次，完成对上海市9所市重点中学办学水平的综合督导，并修订《市重点中学办学水平督导评估指标》，初步形成科学的评价量表和操作规范。

撰稿　袁玉棣　徐钦福

职业教育

〔**综述**〕　1998年全市共有职业技术学校295所，其中技工学校131所；在校生27万人，比上年增加12.5%；开设专业（工种）基本覆盖了各行各业，为上海经济建设和社会发展培养和输送了一批合格的技术、管理与生产、服务第一线应用型人员。

1998年高等职业技术教育试点取得新进展，共有10所院校开设46个专业，在校生4 355人，其中招收中专、职校、技校毕业生2 990人，占69%；招收应届高中毕业生1 365人，占31%。

〔**布局调整与体制改革**〕　各委、办、局在对本系统学校教育资源总体规划的基础上，进行了布局调整。轻工集团将3所中专及职业大学等合并为轻工教育中心；上海第二医科大学卫生学校与嘉定区卫生学校进行合并；港湾学校等与浦东新区实行共建。更多的行业正在根据市场经济发展、所有制形式改革，以及政府机构改革和职能转换，酝酿体制改革的举措。青浦县、奉贤县、虹口区集中本地区中专、职业学校办学资源，建设现代化标志性学校。卢湾区、南市区、浦东新区对本地区职业学校进行了调整合并。

职业教育办学体制改革已摸索出一定经验。有与境外合作举办的职业技术学校3所，民办职业技术学校1所。与澳大利亚合作举办的长乐——霍尔姆斯职校，在办学上取得了成效。

〔**全市职业技术教育工作会议**〕 1998年4月，市政府召开上海市职业技术教育工作会议，进一步贯彻党的十五大精神和全国职业教育工作会议精神。会议交流了经验，表彰了先进，对上海建设一流职业技术教育作了总体规划，提出了职业技术教育改革和发展的目标与任务。

上海职业技术教育的总体目标是：面向21世纪，建设与一流城市、一流教育相匹配的职业技术教育。在2010年前，分步实施《上海市建设一流职业技术教育总体规划》，使全市职业技术教育水平上一个新台阶。为此，一是将依据城市功能定位和产业升级要求，加大调整职业教育布局结构的力度。纵向上稳定发展中等职业教育，重点拓展高中后职教和高等职业教育；横向上以重点产业发展为目标，调整学校和专业结构；体系上探索建立普职渗透，职前职后教育相互沟通，初、中、高各层次职教相互衔接的新格局，建立比较完善的各类教育相通的新体系。二是按照发展社会主义市场经济的要求，加大职业教育运行机制的转变。充分发挥行业、企业办学主体的积极性，提倡条块结合，坚持办学投资实行成本分担原则。三是以构筑现代化职业教育为目标，加大课程教材、师资和装备建设力度。要求实现四大工作目标，即完善职业技术教育体系，建立职业技术教育制度，加快职业教育现代化建设步伐，提高职业技术教育水平和办学、教学质量。其中，职业教育现代化建设工程包括：建立10所现代化标志性职业技术学校，建立10个公共实训基地，建设50个重点专业（工种），装备150所中等职技校实验实训设备，培养2 000名中青年骨干教师，建设20个职教师资培训基地，建立上海职业技术教育信息管理网，完成职业技术教育课程改革与教材建设工程。

〔**课程改革与教材建设**〕 为办出职教特色，全市选择10门公共课、18个大类专业，实施课程改革与教材建设工程。课程改革与教材建设工程具有以下特点：一是10门公共课具有代表性，都是职教学生必修的基础性课程，如：计算机应用、基础英语、职业道德与就业指导等；二是18门专业课体现了上海支柱产业和新技术发展要求，选择都市农业、汽车、金融、现代护理、营销、外宾、美育、工程管理等专业；三是课程模式借鉴国外经验，参照CBE模式、双元制、MES模式进行课程改革和教材编写，根据职教门类多、要求不一的特点，按“宽基础、活模块”方式编写教材；四是加强实训和实习教材的配套建设。1998年已完成7门专业课、7门公共课课程标准，编写出6门公共课教材及部分专业课教材，88所学校的6万人次学生试用新教材。

〔**高等职业教育**〕 为适应产业调整和高新技术发展需要，提高上海第一线专业技术人才的整体素质，满足市民接受高等教育的需要，培养技术型人才，1998年在全市设10个点，进行高等职业教育试点。10个点分布于市经委、商委、建委、农委、教卫、交通等系统所属院校。共设46个专业，学生人数4 355人。

市教委会同有关部门进一步开展对全市大类行业人才要求结构的调查，调动行业、高校、区县举办高职的积极性。拟定上海市高等职业教育发展方案和高职考试改革方案。同时按照“实际、实用、实践”原则，进行高职内涵改革，加大教改力度，参与高职教学工作研讨，研究高职培养模式、教学内容、实践性环节、学生综合职业能力等内容。

〔**中等职业教育**〕 为了展示全市中等职业技术学校的办学成果，进一步促进学校素质教育，激励学生学习专业技术技能的积极性，1998年举办了上海市职业技术学校第七届“未来建设者”技术技能比武节。这届比武节的特点是规模大，参与面广，导向性大，包括旅游、商业、服装、卫生、机械、电子、汽修、园艺、计算机、通用性共10大类42个竞赛项目，135个学校组建825个参赛队共3 429名学生参加各项竞争，这些项目涉及的技术技能注重与行业需求相结合，与教学实际相结合，与考工考级相结合，体现了以能力为本位的“一张文凭，多张证书”的教改精神，也为学生毕业就业赢得良好的社会声誉。

〔**教师队伍建设**〕 贯彻落实《关于加强中等职业学校教师队伍建设的意见》，开展职教教师培训与管理的科研工作，了解教师文化、年龄、学科状况，制订教师培训基地规范运作意见。依托高等院校，采取合作制办法，建成15个专业教师培训基地，形成了专业教师培训网络。组织职教专业教师及校长岗位培训，开设80个课程，组织2 000名教师进行专业课程等职务培训。组织二期校长培训。开展骨干教师与管理干部研究生课程培训，共有300余人参加。继续开展合格教师培训，组织教师专升本学历培训。召开上海市职业技术学校德育工作会议，总结交流学校德育工作经验，评选出100名德育工作先进个人和34个德育工作先进单位。

〔**体育、卫生、艺术工作**〕 开展了以上海市第三届职教运动会为主线的各项体育活动，有田径、健美、跳绳、广播操、冬季长跑等比赛。对“体育与保健”教材进行了试点与研讨。1998年还举行了职教学生影视知识竞赛以及职教学生音乐节，结合上海市布谷鸟音乐节进行了职教3个专场演出，参赛学校20所，学生6 500人次。结合全国卫生城市检查，对学校卫生工作进行宣传、动员、落实检查，加强了健康教育、禁毒教育及预防爱滋病教育。

撰稿 顾剑华 徐钦福

高等教育

〔**综述**〕 1998年，上海高等教育事业稳步发展。普通高校本专科学生比上年增加7.4%；全市在学研究生比上年增加14.6%。专任教师中，正高级教师2 279人，副高级教师6 072人，中级教师8 246人，初级教师2 891人。本市报考普通高校生源5.6万人，比上年增加近6 000人，通过采取一系列措施，录取率达60.2%，与上年基本持平。

上海有关部门和高等教育机构认真学习宣传《高等教育法》，并抓住机遇，开展调研，为迎接新一轮的高等教育改革和发展作准备，先后对10所不同类型高校的综合改革情况进行重点调研，对38所高校的7 000名师生进行问卷调查，进一步提出高校综合改革的思路。开展了上海普通高校现状、问题的综合调研；围绕新一轮布局结构调整，开展了上海普通高校布局结构、建设一流高校、筹建上海综合性高等专科学校等调研。

〔**管理体制改革和布局结构调整**〕 1998年，上海教育学院、上海第二教育学院撤销建制，并入华东师范大学，组建华东师范大学继续教育学院。至此，历经两年左右的上海高等师范院校的调整工作顺利完成，为构建上海高等师范教育职前培养与在职培训一体化的体系打下了基础。根据国务院的部署，中国纺织大学划归教育部，由教育部和上海市政府实行“共建”，以教育部为主；上海理工大学划归上海市管理。自9月起，这两所学校已按新管理体制运作。经市政府批准，上海冶金高等专科学校、上海纺织高等专科学校、上海轻工业高等专科学校从市经委系统有关控股（集团）公司所属划归市教委管理。

合作办学促进了学校教育资源的优化组合。沪“西南七校”的环保合作科研已结出硕果；沪“东北九校”的跨校选课，从辅修课程发展成辅修专业，学分互为认可；重点建设的图书光盘检索中心成功开通。

〔**“211工程”立项建设**〕 已筹建上海市“211工程”协调小组；全面启动上海高校“211工程”立项建设工作，开展了上海第二医科大学、上海大学、华东师范大学、华东理工大学和上海外国语大学5校国家计委立项的申报工作；对复旦大学、上海交通大学两校的“211工程”建设配套经费基本到位，下达了上海大学和上海第二医科大学“211工程”第一期重点学科建设经费。上海大学新校区的教学楼群、图书馆、行政中心、学生公寓、食堂等工程全面开工，为1999年9月1日开学打下了坚实基础。

〔**重点学科建设**〕 上海高校有国家级重点学科52个，市教委重点学科78个。市教委重点学科中市属高校26个，部委属高校48个，联合学科4个。自1995年以来，市教委共下达经费4 950.6万元。1998年，46项部委属高校重点学科科研课题通过论证并予以立项，其中文科类课题12项，理工类课题30项，医学类课题4项。同时，对26个市教委重点学科进行中期评估，评估结果表明，全部学科均达到良好，其中7个学科被评为优秀。26个学科两年来共获得科研项目945项，科研经费7 000万元，其中国家级项目222项，获经费1 440万元，省市部级项目280多项，获科研经费1 500万元。在前两年设立7项联合课题的基础上，1998年又组织5项联合课题，涉及11个不同学科。市教委在市属高校重点学科前期研究的基础上遴选了具备转化条件的成果，投入185万元设立首期9项成果转化项目。

〔**教学管理**〕 面向21世纪高校教学内容和课程体系改革进一步深化。第一期市重点本专科教材建设项目中已有25本出版，40本付印，20本完成编写，第二批建设项目已完成审定工作。与此同时，已完成1997年度研究生教材建设12项，教材88本，批准1998年度研究生教材建设12项，教材73本。此外，开展了上海高校优秀教材评选和奖励工作，140本教材获奖。

专业设置得到调整。市属普通高校本科专业由200个调整到161个，专业数下降18.3%。

公共服务体系建设取得进展。上海高校国际商务实习中心完成扩容工作，上海高校集成电路设计中心揭牌，上海高校外国教材中心正式批准启动建设，上海高校电子电工实习中心筹建工作基本完成，上海高校虚拟图书馆第一期工程完成并实现网上开通，上海市研究生电子文献检索中心网基本形成，华东南地区图书情报信息保障体系中心设立运行，上海高校教育技术实习中心完成论证并启动建设。

上海教育和科研网建设取得成效。全市39所普通高校接入教科网，上海高校科研管理信息库、高校行政管理系统等专业数据库正处于前期开发阶段；在复旦大学、上海交通大学、上海大学、上海第二医科大学、上海电视大学建立远程教育点，开展五校联合远程教学试验。

〔**科技工作**〕 校企合作取得进展。以复旦大学、上海交通大学、同济大学、华东师范大学为代表的高校，以学校的无形资产和科技成果为资本，先后与有关企业及区政府签约，建立合作关系，实现科技成果产业化、市场化。

产学研结合进一步密切。1998年，全市高校中被列入市产学研计划的项目133项，占全市产学研计划项目的50.6%；在本市产学研颁奖中，高校有72项获得奖励，占全市获奖总数的61%，其中一等奖18项，占55.5%。在第十次上海市科技攻关招标会暨“四新”产品博览会上，20所高校推荐了160余项科技成果参与活动，有17所高校32个项目获得金奖。在市经委下达的上海市第十次重点产品开发、生产技术难题攻关项目计划中，高校承担了14项，占全市38项的36.84%。此外，市教委设立了科技成果转化重点项目，共支持50个项目，评选了首批10项市教委申美科技成果推广奖，这10项成果在社会上推广后，使有关企业新增产值19.2亿元，新增利税4.8亿元。在1998

年度上海市科技进步奖评选中，有17所高校117项成果获奖，占全市获奖数的42.1%，其中一等奖6项，二等奖40项，三等奖81项。

高校校办产业现代企业制度建设工作积极推进。在产业系统中初步形成了认识提高、重点明确、推进有力、稳步发展的格局。8家现代企业制度试点单位扎实推进试点工作，并已取得成效。

继续做好高校科技产业贷款贴息工作。向上年获贷款的11所高校企业的15个项目下发贴息475.5万元。此外，1998年8所高校企业的17个项目获贷款8 200万元。

〔**教师队伍建设**〕 高校中青年骨干教师培养工程继续实施。完成了市第四届248位高校优秀青年教师的年度考核工作。

“曙光计划”带动新人辈出。从1998年起，“曙光计划”资金投入从每年200万元扩大到400万元。根据高学历、高职称、高起点的基本要求，共接受24所高校99人的申请，成为历年之最，其中48人成为“曙光计划”的承担者。这些学者中，按学科分：社科经济类12人，生物医学类14人，理工类22人；按学历分：博士学历45人，双硕士学历1人，硕士学历2人；按职称分：正教授17人，副教授28人。此外，其中25人在学术上获得过包括中科院、上海市科技进步奖在内的多项成果或论文奖，27人获得过上海市新长征突击手等多项荣誉称号。本次“曙光计划”项目的选题充分显示了为社会经济发展服务，注重可持续发展战略，开展高新技术研究的特点。“曙光计划”从1995年设立以来，已资助83名学者。

改善教师办公条件的建设工作得到加强。市教委和市教育发展基金会共同筹资200万元，装修了全部高校教师休息室176间（套），新建56间。全市高校现有面貌全新的教师休息室232间（套）。这些休息室内有空调、沙发、饮水机等较好设施。

〔**学生工作**〕 全市高校高标准实施中宣部、教育部“两课”课程设置新方案，将《邓小平理论概论》作为重点学科来建设，不少高校还加强了马克思主义理论和思想政治教育专业硕士点建设。各校结合纪念党的十一届三中全会召开20周年，学习和发扬伟大的抗洪精神，深入开展爱国主义、集体主义和社会主义教育，广大学生思想觉悟不断提高，政治上积极要求上进。

高校勤工助学、帮困工作扎实有效。1998年，市政府共拨款1 883万元帮助高校贫困学生和来自洪涝灾害地区的困难学生。全市高校共发放困难补助585.2万元，发放勤工助学补助632.69万元，减免学杂费378.4万元，办理学生贷款672.86万元。为鼓励困难学生发扬自立自强、锻炼成才的精神，有27所高校设立了帮困奖学金，总计金额307.8万元，获奖人数达6 911人；有36所高校建立了勤工助学基地，参加勤工助学的学生达8.4万人，其中校内岗位11 147个，校外岗位24 741个。

高校毕业生就业工作进展顺利。1998年共有34 000余名毕业生顺利就业，占毕业生总数的96%。为适应上海社会经济的发展，建设人才高地，引进非上海生源优秀毕业生12 600人，比上年增加14.54%。

〔**后勤改革**〕 市教委制定了到2000年上海高校基本实现4人住一间学生公寓的目

标。学生公寓建设通过政府政策支持，学校提供土地，企业投资建设，银行给予贷款，学生房租还贷以及政治辅导员指导、学生自律和社会化物业管理相结合的投资体制和管理机制，加快了建设步伐。有20所高校的学生公寓开工，开工面积达36万平方米。

抓紧教师公寓建设。教师公寓建设目标是：决不让“筒子楼”和旧房带入21世纪。到2000年，实现有突出贡献的骨干青年教师居住三室一厅；骨干青年教师居住二室或二室一厅以上的住房或公寓；已婚在岗青年教师住独立成套公寓；未婚青年教师两人合住独立成套公寓，部分学校创造条件一人一套；建成或购置一批条件较好的公寓供国外留学或定居的学者回国讲学居住。解决青年教师住房的途径是：改、买、建、租、清。1998年，新建25万多平方米教师公寓工作已全面展开，筒子楼改造工程已经实施，利用校企合作、后勤社会化等购买让利优惠价空置房近20万平方米。

高校后勤社会化改革取得进展。形成政府重视、社会参与、校际联合、校企共建等多层次、全方位改革态势。1998年4月，由全市高校共同出资组建了上海高校后勤服务股份有限公司，以政府为主导，教育部门主管、学校联办、社会参与为体制模式，以市场连锁、统一核算为运行机制，已建成12家教育超市，为高校统一配送粮、煤、副食品总额1 148万元，实施高校学生宿舍家具和床上用品在全国公开招标，选择价廉质优产品。根据“后勤与学校规范分离，建立企业化后勤联合体”思路，采取“试点引路、整体推进”的办法，加快高校后勤社会化进程，已有8所学校开展了改革试点。通过“并入、托管、联办、连锁”等改革，实现了高校后勤跨出校门的改革初步目标。

〔**教育交流与合作**〕 1998年，全市有来自104个国家的长期外国留学生3 422人，累计短期留学人员2 000人左右。在上海报考高校的港澳台学生有111人，比上年增加27%，至此全市已有20所高校招收了港澳台学生，在校学生328人，比上年增加20%。

1998年教育系统有50多个单位共聘请长期外国专家263人、外籍教师193名，在沪任教的长期外国专家、外籍教师共计688名，短期外国专家1 183名。

为进一步做好中国留学生回国服务工作，颁布了《上海市教育系统引进海外高层次留学人员专项资金管理办法》，资助海外高层次留学人员来沪讲学、合作科研、联合培养研究生等。办法出台后，已审批29个项目，实施16个项目，基本达到预期效果。

〔**体育、卫生、艺术工作**〕 1998年，有8所高校被评为市爱国卫生先进单位，有98幢高校学生宿舍被市教委命名为文明卫生楼，有14所高校创建控烟学校。高校系统被评为上海市献血先进单位（完成献血任务14 000人次，并组建市大学生志愿献血者队伍）。有50%的高校成立了艺术教育委员会，上海交通大学、上海大学和上海师范大学成立了大学生艺术团，更多的高校办起了各具特色的社团和艺术团体，而且普遍开设了艺术课的选修课程。依据《体育工作条例》，完成了对全市所有高校的第一轮评估工作，这项工作对高校体育场地建设、高校体育师资配备和高校体育活动开展等都起了积极作用。在第十一届世界中学生运动会中，由上海高校上千名大学生组成的志愿者队伍乐作奉献，受到社会好评。此外，有7所高校被命名为市科普教育基地。

撰稿　王　庆　徐钦福

成人教育

〔综述〕　1998年，上海市全面推进成人教育各项改革，发挥成人教育的功能，为全面适应上海经济建设和社会发展的需要，提高市民素质和城市精神文明程度作出新贡献。全市成人高校中，专科17 663人，本科542人，大专起点本科班4 740人，高职班927人；广播电视大学高等教育“注册视听生”招生9 336人，其中专科7 732人，专升本1 604人；高等教育学历文凭考试试点学校21所，试点专业28个，在校生9 000余人，招生4 567人；成人中专中，“小中专”15 624人；区办业余高中78所，参加高中文化联合考试和自学考试12万人次，毕业9812人，结业100 550人次；乡镇成人中等文化技术学校200所，就学人数840 681人次；社会力量举办院校1 190所，就学人数180万人次；中外合作办学机构（班）74个，就学人数8万人；参加高等教育自学考试290 804人次，上半年专科毕业2 775人，本科毕业89人，在籍考生累计39.5万人；参加中等专业自学考试25 391人次，毕业1 881人；参加计算机应用能力考核38万人，其中获合格证书的211 110人；参加通用外语水平等级考试110 492人，其中获合格证书的78 904人；参加上海市紧缺人才培训中心考核后取得《上海市岗位资格证书》的有9 000余人。1998年全市接受成人教育总人数达230万人。

全市独立设置的成人高校专职教师中，高级职称的59人，副高级职称508人，中级职称1 709人，初级职称378人；全市成人中等专业学校专职教师中，副高级教师187人，中级教师1 183人，初级教师430人；乡镇成人中等文化技术学校有专职教师1 095人，其中全民编制专职教师921人；社会力量办学专兼职教师19 700人，专兼职员工4 791人。

1998年，上海市加强对成人教育的宏观管理，提出了《1998～2010年上海成人教育发展规划（草案）》、《上海市职工教育条例（草案）》、《关于推进本市现代企业教育制度建设的意见（草案）》等文件。同时加强规章制度建设，先后出台了《关于推进本市社区学院建设的意见》、《上海市社区学院设置暂行办法（试行）》、《上海市成人高校校外教学点设置暂行规定》、《上海市成人中等专业学校校外教学点设置暂行规定》、《上海市社会力量办学分院（校）、分部、教学点设置暂行规定》、《上海市老年教育机构设置暂行规定》、《关于本市高等教育学历文凭认定考试试点管理的规定》7个文件，将成人教育管理逐步纳入法制轨道。

1998年报考成人高校考生共计5.4万余人，创15年来最高记录，继续组织成人中等专业学校参与初中毕业生分流，招生1.6万人，并招收成人学生1.5万人。参加成人高中学习人数稳步上升，达6万人。积极发展高等职业技术教育，举办高等职业技术教育的学校从19所增加到22所，设置专业从49个增加到55个，全面启动经济、管理、机电、建筑类30门教材的编写工作。大力支持普通高校举办高层次继续教育和岗位培训。

〔**社会力量办学**〕 1998年市教委统一组织各区、县教育局依法对社会力量办学进行清理整顿，换发《中华人民共和国社会力量办学许可证》。经过清理整顿，有113所学院和550所学校领取了正式办学许可证，39所进修学院、218所进修学校领取了临时办学许可证，33所进修学院、135所进修学校领取了试办学许可证。领取正式、临时办学许可证的占全市社会力量办学总数的79%。不予换发办学许可证、取消办学资格或移交其他有关部门管理的进修学院23所、进修学校264所，占社会力量办学总数的21%。

〔**社区学院试点**〕 1998年，上海继续开展社区学院的试点，召开了上海市社区学院建设研讨会，深入探讨社区学院的性质、功能、体制和运行机制，加深对建设社区学院必要性和可行性的认识。制定了《关于本市推进社区学院建设的意见》和《上海市社区学院设置办法（试行）》，明确社区学院的性质、功能、任务，规范社区学院的管理。经市政府同意，批准试办南市社区学院、闸北社区学院。配合和指导杨浦、宝山、静安等区完善社区学院筹建方案。继续推动长宁社区学院、金山社区学院进行体制、机制、投资三位一体的改革，探索具有上海特点的社区学院办学模式。

〔**教育教学改革**〕 1998年，上海市进一步拓展成人教育功能，推动社区市民社会文化生活教育。全市95%以上的街道、乡镇开展了市民社会文化生活教育。继续推进成人中等教育改革。加强成人中等学校专业和学科（中心）组建设，完善学分制管理；完成11个成人中等专业教育指导性教学计划汇编；完成成人高中数学、语文学科试题库建设。稳步发展高等教育学历文凭考试。调整专业结构，适当扩大试点学校和招生规模，加强考纲和教材建设。

〔**岗位培训与继续教育**〕 1998年，上海市再就业培训有新进展。工业、商业、交通、建设等系统以行业、企业发展和劳动力市场的需求为出发点，充分利用各种教育资源，实施教育系统“三五”再就业培训工作。即：组织500所各类学校，培训5万名下岗人员，上海教育发展基金设立500万元再就业培训基金。全年有200多所普通高校、成人高校、中等职业学校、成人中等专业学校和社会力量办学参加“三五”再就业培训，已培训下岗职工39 600多人。商业系统进一步完善全系统持证上岗制度，15万名营业员经培训考核“持证上岗”，超市理货员、餐饮客房服务员等12个窗口行业主体工程“持证上岗”也已启动。干部培训制度化建设不断加强，开设局级以上领导干部双休日新知识、新科技讲座；对累计近万名企业领导干部进行工商管理课程教育；各种形式的公务员任职培训达1.1万余人。

〔**燎原计划实施情况**〕 1998年，上海市进一步规范燎原计划项目管理，起草了《上海市燎原计划项目评估指标（征求意见稿）》，组织了上海市第二届优秀燎原项目评奖活动，共有28个项目被评为上海市优秀燎原计划项目。1998年内，全市实施燎原计划项目384个，结合项目培训人数达7.6万人次，实用技术培训31.5万人次。

〔**成人教育评估**〕 1998年市教委先后对金山区等5所乡镇成人中等文化技术学校进行市级示范性乡镇成人学校评估；开展了对上海电视大学分校、工作站办学评估；组织对14所社会力量举办的进修学院进行设置评议，以及对交运集团公司职工大学、高化公司职工大学的复评。经评估，华东电脑进修学院、信息管理专修学院、对外经贸进修学院、锦江经济文化专修学院获优秀级，浦东新区蔡路镇成人中等文化技术学校等11所成人学校被评为“上海市示范性乡镇成人中等文化技术学校”。

撰稿　袁玉棣　徐钦福

审稿　张伟江

江苏省教育

概 况

〔基本情况〕

1998年各级普通学校基本情况

单位：人

学校类别	学校数(所)	毕业生数	招生数	在校学生数	教职工数	
					计	其中专任教师
一、普通高等学校	66	60 765	90 500	281 186	72 255	28 690
研究生		3 440	5 554	15 233		
本　科		27 425	54 391	176 969		
专　科		29 900	30 555	88 984		
二、中等专业学校	218	123 377	146 672	481 139	29 297	15 184
中等技术学校	182	109 582	129 199	430 550	23 781	12 213
中等师范学校	36	13 795	17 473	50 589	5 516	2 971
三、普通中学	3 870	1 056 299	1 176 754	3 242 352	260 836	196 917
高　中	895	176 775	259 144	693 215		46 340
初　中	2 975	879 524	917 610	2 549 137		150 577
四、农业、职业中学	445	86 151	80 474	229 070	33 240	23 583
高　中	444	85 859	80 286	228 551		23 521
初　中	1	292	188	519		62
五、工读学校	4	188	163	232	123	66
六、小　学	23 213	941 646	1 178 570	7 518 172	317 794	281 993
七、特殊教育学校	127	3 753	5 276	42 450	3 969	2 954
八、幼　儿　园	15 888		907 780	1 689 503	91 332	74 797

1998 年各级成人学校基本情况

单位：人

学校类别	学校数(所)	毕业生数	招生数	在校学生数	教职工数 计	教职工数 其中专任教师
一、成人高等学校	48	51 414	69 604	198 286	13 192	7 071
广播电视大学	2	10 738	12 483	30 922	5 897	3 223
职工高等学校	27	3 616	5 932	15 579	3 706	2 084
农民高等学校						
管理干部学院	9	2 342	3 189	2 034	1 446	681
教育学院	10	2 426	3 087	9 308	2 143	1 083
独立函授学院						
普通高校举办：						
函授部		20 126	26 000	84 758		
夜大学		5 123	8 532	26 973		
成人脱产班		7 043	10 381	23 712		
二、成人中等专业学校	246	56 087	53 714	173 944	13 660	7 011
广播电视中专	3	11 288	9 605	34 573	1 542	718
干部中专	6	1 473	1 376	4 366	503	202
职工中专	155	24 943	26 066	78 427	6 245	3 348
农民中专						
函授中专	2	6 985	7625	15 714	714	317
教师进修学校	80	11 398	9 042	40 864	4 656	2 426
三、成人中学	1 098	74 025	99 727	107 938	8 842	5 175
职工中学	335	30 762	36 077	40 933	4 973	2 403
农民中学	763	43 263	63 650	67 005	3 869	2 772
四、成人技术培训学校	30 713	6 094 712	6 157 651	5 358 641	27 339	15 522
职工技术培训学校	1 521	1 081 570	1 059 159	956 652	9 414	5 801
农民技术培训学校	29 192	5 013 142	5 098 492	4 401 989	17 925	9 721
五、成人初等学校	6 643	171 584	194 926	190 584	4 360	1 968
职工初等学校	341	37 477	40 987	37 301	664	232
农民初等学校	6 302	134 107	153 939	153 283	3 696	1 736
其中：扫盲班	4 596	46 885	40 964	35 433	1 489	667

〔**年度工作方针**〕 1998年，全省教育工作在邓小平理论指导下，进一步贯彻落实党的十五大精神，积极推进教育现代化，加大办学体制和管理体制改革的力度，深化教育教学改革，切实加强师资队伍建设，努力增加教育投入，全省各级各类教育发展良好，教育质量和效益提高。

1998年，列入省政府着重抓的25件实事中的教育项目如期顺利完成。改造义务教育阶段薄弱学校1 334所；普通高校增招1万人，完成招生计划93 578人；启动南京师范大学、苏州大学、扬州大学重点建设项目27万平方米；基本建成市、县职教中心10所；新建教师住房156万平方米。

1998年，全省继续实施教育现代化和教育促小康工程，推动教育改革和发展。继续开展省级实施教育现代化工程“示范乡镇”、“先进乡镇”的创建工作，创建重点由苏中转移到苏北地区。经省、市、县各级教育行政部门的努力，徐州、盐城、泰州和南京市又创建5个“示范乡镇”，使全省“示范乡镇”总数达到14个。同时，省教委还继续通过评估确认“先进乡镇”调动乡镇实施教育现代化工程的积极性，到年底，在评估基础上确认全省99个“先进乡镇”，使“先进乡镇”总数达到141个。苏州、无锡、常州三市至1998年底，所辖乡镇的50%左右已达到省颁基本实现教育现代化“建设标准”的要求。6月，省教委在苏州市召开由100多个乡镇领导参加的实施教育现代化工程现场观摩和经验交流会，推动“先进乡镇”再上台阶。9月，省教委又在南京举办由苏南、苏中地区9个“示范乡镇”领导参加的培训座谈会。1998年9个“示范乡镇”又投入1 600万元，用于配套建设。

江苏省从1998年开始，启动实施县域范围的教育现代化工程。拟定了《江苏省县(市)教育基本实现现代化建设标准》，并继续研究制定《江苏省教育现代化实施纲要》。1998年，在实施教育促小康工程中，省教委总结推广了淮阴市开展教育促小康、评估教育服务优秀项目的经验；4月，省教委在全国农村教育综合改革研讨会上，总结宣传了徐州市、铜山县推进教育促小康工程实施，为农村两个文明建设服务的经验。

1998年，为与教育现代化工程相配套，积极开展教育综合改革，制定了《江苏省深化教育综合改革方案》，推进了全省教育综合改革和教育现代化建设发展到省一级范围，年底前已将实施方案——提交教育部领导审议。

〔**教育投入与支出**〕 1998年，全省地方教育经费总收入201.90亿元；总支出为193.90亿元，比上年增加22.60亿元。全省预算内教育经费支出96.51亿元，比上年增加11.00亿元。当年财政预算内教育经费支出占财政支出的比例为22.71%。全省国家财政性教育经费132.01亿元，占当年全省国内生产总值的1.83%。

各级教育生均预算内教育事业费增长情况：(1) 全省普通小学生均预算内教育事业费484.96元，比上年增加30.40元，其中：生均公用经费28.50元，比上年增加2.50元。(2) 全省普通初中生均预算内教育事业费787.97元，比上年增加64.97元，其中：生均公用经费65.00元，比上年增加4.17元。(3) 全省普通高中生均预算内教育事业费1 410.00元，比上年增加114.29元，其中：生均公用经费184.34元，比上年下降

1.66元。(4)全省地方高校生均预算内教育事业费8 981.26元，比上年增加1 828.08元，其中：生均公用经费3 998元，比上年增加612元。按教育部新统计口径，将夜大、函授学生折合成本专科学生后，全省地方高校学生生均预算内教育事业费为5 847.02元，其中：生均公用经费2 726.58元。

〔**教职工住房建设**〕 1998年，在省委、省政府的领导下，各地进一步解放思想，加大工作力度，全年教职工住房建设工作进展顺利，共完成投资17.9亿元，开工282万平方米，竣工234.4万平方米，建成教职工住房26 127套，超额完成了省政府年初提出的奋斗目标。截至1998年底，全省中小学和省属高校家庭人均居住面积和住房成套率已分别提高到11.9平方米、73.9%和9.18平方米、83%。

〔**教育法制工作**〕 1998年，教育法制工作注重推广教育执法和执法监督试点经验，注重进行依法行政的宣传教育，注重在教育执法和执法监督及司法方面的制度建设。一是加强教育立法工作。年初，制定了江苏省1998～2002年地方教育立法计划，起草了《江苏省实施〈中华人民共和国职业教育法〉办法》和《职业教育管理办法》，以及其他规章和规范性文件。二是召开全省教育法制工作会议，贯彻省委推进依法治省的决定，总结教育法制工作经验，部署全省依法治教工作。会议要求全省各地依法确立教育优先发展的战略地位，依法保障广大教师、学生的合法权益，依法推进教育改革和发展。三是继续开展教育执法试点的指导工作，南京、常州、盐城、锡山、如东等市、县（市）的教育执法实体性、程序性制度已经基本形成。在《江苏教育》杂志开辟专栏，举办教育行政执法和执法监督系列讲座；举办了全省各市、县（市、区）教育行政部门负责人和省教委处级以上干部教育法制培训班，进一步增强了教育行政干部的教育法制意识。

〔**教师队伍建设**〕 1998年，全省开展师资工作“九五”计划中期检查。强化师德建设，省教委会同省委宣传部、省委教育工委、省教育工会联合发出《关于在全省实施“师表工程”的意见》。加强跨世纪学术带头人和骨干教师队伍建设，实施“青蓝工程”，评选出第二批学术带头人97名；实施“名师工程”，评选出第四批优秀青年教师281名；选拔培养对象121人；继续贯彻实施《教师资格条例》，开展教师资格认定试点。制定并已在全省试行关于高等学校、中专学校和中小学教师职务聘任管理办法等文件，为教师职务评聘工作提供政策依据。经评审，全省高校、中专学校中152人获教授资格，957人获副教授任职资格，486人获中专学校高级讲师任职资格。积极推进校长负责制、教职工全员聘任制、岗位责任制、校内结构工资制和考核奖惩制。印发了《关于我省以毕业研究生同等学力申请硕士学位高校教师进修班几个问题的通知》和《关于农村中小学教师浮动职务工资等有关问题的通知》。

1998年，全省获全国模范教师称号者42名，全国优秀教师和优秀教育工作者106名，获省优秀教育工作者称号300名。经教育部王丹萍教育基金评审委员会评审，南通师范第二附属小学李吉林、徐州市第二十四中学林华彬、苏州中学孙德霖获奖。获全省中小学、幼儿园第三届“红杉树园丁奖”金奖教师30名，银奖教师180名。

〔**教育评估**〕 为加强对教育宏观指导与管理，使教育评估科学化、规范化、制度化，江苏省于1997年4月成立教育评估院。该院作为省教委的直属事业单位，主要接受政府或教育行政部门及社会其他方面的委托，开展各种层次、类型的教育评估，组织进行教育评估方面的研究，指导各地的教育评估工作。1998年，组织了省级重点高中评估、职教中心评估、教师进修学校办学水平评估、省重点职工学校评估、普通高校基础课实验室评估，共评出合格职教中心24所、教师进修学校16所、省重点职工学校20所，9所高校51个基础实验室也通过了评估，42所学校参加了省级重点高中评估。

〔**教育交流**〕 1998年，省教委召开了邓小平关于扩大派遣留学生指示发表20周年理论研讨会，编辑出版了《探索与超越——江苏出国留学工作20年》，"围绕科教兴国战略，深入开展充分利用留学人才资源的策略研究"课题已经省科委、财政厅批准立项。全年审理并受理2 000余名外国留学生自费来江苏高校留学申请，接受近1 000名长短期外籍专家、教师任教、讲学；审核具有大专以上学历人员自费出国留学1 240人；组织400多名中学生赴境外修学旅行；接待来自10多个国家和地区的教育代表团26批共218人次；完成了"江苏高教现代化与对外开放"战略研究阶段性报告。

〔**语言文字工作**〕 4月，召开了全省语言文字工作会议，提出全省跨世纪语言文字工作指导思想、主要任务和工作措施，并表彰了先进单位和先进工作作者。至1998年底，全省普通话培训测试站已达103个，共培养国家级测试员140多人、省级测试员1 453人，共有8.3万人通过测试获得了普通话等级证书。9月中旬，在首届全国推广普通话宣传周中，江苏各地举办了大型宣传咨询活动，江苏省公务员普通话大赛、大学生语言文字规范知识竞赛、家庭普通话大赛等，在全省青少年中开展"推广普通话，促进语言文字规范化"读书教育活动。《江苏省社会用字管理暂行规定》已由省政府第144号令颁发，于1999年1月1日起施行。

〔**师范教育**〕 1998年，全省有高等师范本科院校5所，师范专科学校4所，中等师范学校36所，省级教育学院1所，市级教育学院9所，经省备案的县（市、区）教师进修学校74所。高等师范院校招生13 185人，其中本科8 906人，专科4 279人；中等师范学校招生17 036人，其中五年一贯制生5 000人。经省教委批准，南京师范大学与原南京市晓庄师范学校联合办学，成立南京师范大学晓庄学院，进行培养本科学历小学教师的试验。首期招收学生80人，其中三年制师范毕业生60人，应届高中毕业生20人，学制四年，教育部批准在南京师范大学增设小学教育专业，由南京师范大学安排招生计划，研究课程设置，并与晓庄师范学校共同负责教学管理和生活管理。

1998年，对盐城师范学校等15所中等师范学校进行了办学条件标准化评估验收，除南京市幼儿师范学校外，其余均达到良好等级。并对30所教师进修学校进行了办学水平评估。为检阅中师生艺术教育和创作成果，推动中师艺术教育开展，5月，省教委举办第三届中师生美术、书法、摄影作品比赛，共有181人获美术作品奖，103人获书法作品奖，138人获摄影作品奖。苏州、常州、盐城、无锡、扬州市教委荣获优秀组织奖。

全面启动和推进“面向21世纪初中教师培养方案”研究项目。省教委于1998年5月批准98个“面向21世纪初中教师培养方案”研究项目立项，其中重点项目25项，一般项目73项。项目研究内容主要包括：未来社会对初中教师素质的要求；本科学历初中教师的培养目标、培养规格、培养模式以及相应的课程方案；主要专业的教学计划和课程结构；专业主干课程的教学内容和体系等。承担项目研究单位主要是南京师范大学、徐州师范大学、淮阴师范学院、扬州大学和各师范专科学校，研究时间为1998年～2000年。1998年6月，省教委对项目研究工作进行了全面部署。

1998年，根据教育部师范教育司与贷款办的要求，省教委和8所项目院校把世行贷款“师范教育发展项目”教育教学改革课题的结项鉴定工作，作为一项重要工作来抓。各项目院校成立结项鉴定领导小组，负责协调和指导本校改革课题的结项鉴定工作。各课题组成员分工协作，密切配合，按时完成了课题研究和结项鉴定工作。全省32个改革课题共出版专著、教材59部，编写书稿（尚未正式出版）72部，形成改革方案67份，制作软件106种，发表论文1 030篇。有6项成果获全国改革课题优秀成果奖，其中一等奖1项，二等奖2项，三等奖3项；有18项成果获省改革课题优秀成果奖，其中一等奖3项，二等奖4项，三等奖11项。

加强中小学教师继续教育。省教委召开了中小学教师继续教育课程、教材建设研讨会。继续抓好中小学教师自学考试，共毕业考生1.28万人，其中本科2 800人。

加强中小学校长培训工作。1998年6月，省教委在江阴市召开了全省中小学校长提高培训试点工作经验交流会，研讨新形势下如何加快中小学校长提高培训步伐等问题，明确今后中小学校长提高培训工作的思路、方针、目标和任务。会后，省教委印发了《江苏省中小学校长培训工作管理规程》。

撰稿　陈宗伟　程光熙　王国强
鞠　勤　吴仁林　傅祝余

基础教育

〔综述〕　1998年，全省小学比上年减少1 548所；班级186 766个；在校生比上年增加19.76万人；小学适龄儿童入学率为99.82%。初中比上年减少157所；初中班级

49 254 个；在校学生比上年减少 3.67 万人。小学毕业生升学率为 97.47%，初中毕业生升入高中阶段学校升学率为 62.39%；在校学生的年巩固率，小学为 99.41%，初中为 97.23%。教师学历达到国家规定合格学历的比例，小学为 94.82%，初中为 85.83%。全省有民办中小学 82 所，比上年增加 8 所。招生 13 677 人，在校生 33 276 人。1998 年，全省小学教师中具有大专以上学历的比例为 17.98%，初中教师中具有本科以上学历的比例为 11.28%。

〔**初中教育**〕 省教委于 12 月 7 日～9 日，在海门市召开全省初中教育工作会议。与会同志考察了海门市海南、东洲、长春、树勋 4 所初级中学。13 个市、县（市、区）教委（教育局）介绍了开展初中教育工作经验。会议提出，到 2005 年全省初中教育发展的目标为：(1) 全省所有初中学校要达到或超过义务教育办学条件上限标准，其中 1 000 所达到示范学校标准。(2) 农村初中适龄少年的入学率要达到 98%以上，年巩固率达到 99%以上。(3) 造就一支教育思想端正、办学思路清晰、管理有方、教科研意识较强、办学有特色的校长队伍。形成一支数量充足、结构合理、学科配套、教育教学水平较高、相对稳定的教师队伍。专任教师学历合格率达到 90%以上，其中达到本科（或双专科）学历的不少于 40%。(4) 所有初中学校管理都达到省教委颁发的《中小学常规管理基本要求》，达到国家和省教育行政部门颁布的实施素质教育“双十条”要求。(5) 学生素质基本达到义务教育阶段发展目标，日常行为规范达到较高水平。初中教育质量得到整体提高，毕业年级学生全科合格率达到 70%以上。会议认为，鉴于初中教育仍是江苏省基础教育最薄弱的环节，在今后五六年间把基础教育工作的重点放在初中是完全必要的。会后省教委发出《关于加强初中教育的若干意见》和《江苏省实施教育现代化工程示范初中评估办法》。

〔**义务教育年审**〕 1998 年，省教育督导室组织省、市、县三级督学 95 人，分组对全省 22 个县（市、区）的义务教育普及工作进行了年审抽查。抽查重点内容包括，初中普及程度、改造薄弱学校情况、教育经费“三增长”及教育费附加征收情况等。共抽查 65 个乡（镇），察看 335 所中小学。从抽查的情况看，义务教育普及工作已成为各级政府行为；义务教育普及程度情况普遍较好；各地千方百计加大对教育的投入，改善办学条件，相当一批地区财政拨款做到了“三增长”；在改造薄弱学校、教师队伍建设、推进素质教育等方面都作了努力，发展健康。与此同时，通过年审也暴露出一些问题：有的县财政拨款没有做到“三增长”，教育费附加征收严重不足，教育经费严重不足；还有的县办学条件改善缓慢，初中班容量过大；有的地方代课教师比例偏大，专任教师学历达标率低于国家要求；初中流失生控制不严、数量上升的现象在部分地区比较明显。这些情况已经引起各级人大、政府的关注。各级政府和教育行政部门已经采取措施加以改进。

〔**薄弱学校改造**〕 1998 年全省共改造薄弱学校 1 334 所，其中小学 1 129 所、初中 205 所。1997～1998 年底共改造义务教育阶段薄弱学校 2 960 所，占全省规划改造总任务的 74%。

全省改造薄弱学校进展顺利的主要原因：一是各级政府和教育行政部门认识到位，把改造薄弱学校作为巩固义务教育普及成果、全面提高基础教育质量、实施“科教兴国”战略的重要任务来抓，列入年度工作目标加以落实。1998年4月，省教委在宿迁市召开了改造薄弱学校工作会议，部署当年改造薄弱学校的目标和要求。各级政府和教育行政部门落实会议精神，加强了工作指导和督导，做到责任到部门、到人，分校包干。二是各地在调查摸底的基础上，逐校分解工作目标，有计划、按进度地推进改造工作。三是立足于全面提高薄弱学校的整体办学水平，针对薄弱学校的具体情况，从干部队伍和教师队伍建设、学校管理、教学质量、办学条件等多方面同步采取措施。四是针对薄弱学校办学条件普遍较差的情况，进行布局调整，多渠道筹措经费，加大投入，在改善办学条件的同时提高办学效益。五是采取结对帮扶、对口支援、送教下乡等办法，提高薄弱学校的教学质量和办学水平。

〔**素质教育**〕 1998年，全省增加19个县级和1个市级素质教育实验区，逐步推进区域性素质教育实验。各地继续落实省中小学素质教育工作会议精神，落实教育部和省教委提出实施素质教育的基本要求。素质教育实验区、实验小学和试点初中带头，以科研为先导，在系统性、有效性、连续性上进行探索和研究，在发展小学素质教育现有成果的同时，积极进行小学素质教育与初中素质教育相衔接的探索；在扩展活动课程内容的同时，积极进行学科课程改革；在努力提高课堂教学质量的同时，积极进行课程设置、课程内容和教材的改革，取得了一批新的经验。1998年9月，省教委启动了缩短学科课程课时、增加活动课程课时的实验，力求提高学科课程课堂教学效益、增加活动课程课时，以利于学生外语、计算机学习和个性特长的发展。

〔**情境教育研究所成立**〕 江苏省特级教师、南通师范学校附属第二小学教师李吉林，在长期教学、教育工作中创立的“情境教学—情境教育”（以下简称“情境教育”）理论和方法，是教育部肯定的实施素质教育的有效途径，推广这一成果是推进素质教育的重要措施之一。为深入研究并完善情境教育的理论，全面总结和推广已有的经验，扩大现有实验的规模和范围，9月成立了江苏情境教育研究所。研究所由省教委委托南通市教委负责管理，是省教科所、省中小学教研室和南京师范大学教科院等单位进行业务指导的情境教育科研机构和教师培训基地。研究所的主要任务是：进行情境教育基本理论研究，完善其理论框架；进行情境教育课程、教材以及具体操作模式研究；进行情境教育省内外和国际交流；承担对小学教师进行情境教育专题培训任务。

〔**实验小学评估**〕 1998年，省级实验小学的确认从原来由省教委组织评估，改为由市教委组织评估，省教委抽查。各市教委根据省颁评估标准，对本市申报省级实验小学逐一进行了评估，省教委进行了抽查。全省共评估57所申报学校，其中重新确认的原实验小学有南京市天妃宫小学、江宁县实验小学、高淳县实验小学等22所学校；确认新申报实验小学有南京浦口区实验小学等35所学校。

〔**普通高中教育**〕 1998年全省普通高中比1997年减少24所，平均每校学生增加99人。高中招生比1997年增加1.87万人。高中教师学历达标率提高2.43个百分点。

全省民办高级中学38所，教学班216个，毕业生1 071人，招生5 226人，在校学生总数达到9 564人。任教教师653人。

国家级示范性普通高中建设。根据国家级示范性普通高中创建工作规划，省教委于4月对南京市第九中学、南京市宁海中学、无锡市第二中学、省宜兴高级中学等17所学校进行了评估验收。7月，经省政府同意，确认1997年首批试评估验收的南京师范大学附属中学、南京市金陵中学、省扬州中学、省丹阳中学、省常州高级中学、省锡山高级中学、省苏州中学、省梁丰高级中学、省盐城中学9所学校达到国家级示范性普通高中标准的省级重点高中。待教育部启动国家级示范性普通高中评估工作后再行申报。

4月和9月，省教委确认南京第十二中学等38所学校为合格省级重点高中。自1998年起，省级重点高中评估工作由省教育行政部门委托省教育评估院组织进行，已对南京市第四中学等33所申报学校组织了评估验收。

普通高中会考。1998年组织1995级考生175 755人参加考试。9门全科合格人数153 935人，全科合格率为87.58%。省会考办对各市会考办工作实行量化考核管理，淮阴、无锡、徐州、连云港、盐城、南通等6市会考办被评为量化考核管理先进单位。5月，举办了微机管理软件培训班，推广由靖江市会考办开发的会考考务管理软件。组织第二届普通高中会考论文评选活动和论文报告会，收到论文195篇，评出一等奖5篇，二等奖10篇，三等奖21篇，优秀论文奖29篇。

锡山市普通高中招生收费并轨。锡山市在1997年实行所辖范围内省级重点高中招生收费并轨的基础上，1998年扩大至全市范围所有普通高中招生收费实行并轨，省教委会同省物价局等有关部门，对该市的这项改革进行了两次专题调研，并给予肯定。

〔**幼儿教育**〕 1998年，全省3～6岁儿童在园人数为168.95万人。全省有民办幼儿园845所，比上年增加263所，招生31 303人，在园幼儿50 108人。省教委认真贯彻全省幼儿教育工作会议精神，在城市和农村积极推进幼儿教育体制改革的试点工作，进一步拓宽社会办园的渠道，加大农村幼教工作力度，推动全省幼儿教育事业的改革和发展。

推进办园体制改革。1998年上半年，对苏州、无锡、常州、镇江和盐城、徐州、连云港、扬州共8个市的幼儿教育体制情况进行调查；8月，省教委在南京召开城市幼儿园体制改革座谈会，与会者对扬中市玉器厂幼儿园实行承包经营责任制的经验、南京市长江路小学幼儿园试行股份合作制的做法、徐州驻军某部实行集团化规模办园的经验、南京市第一幼儿园等利用社会捐助和外资办园的经验、一些农村乡村办的幼儿园实行联办和规模办园等做法，予以肯定。同时，还对人事制度、工资分配制度、经费渠道、自主招生和收费等问题，作了分析和研究。会议认为改革的目的是增强幼儿园的办园活力，调动一切积极因素，应当积极稳妥、因地制宜，不能一阵风、一刀切。

推进幼儿教育现代化。江苏省幼儿教育事业发展已基本形成社会化的办园体制和素质化的教育模式。但是，还要实现在数量、质量和效益等方面协调发展。为此，省教委提出新一轮幼教发展战略是在全省推进幼儿教育现代化，并在实践过程中不断充实和完善幼儿教育现代化的内涵。鼓励在不同地区、不同经济和文化背景中，实施幼儿教育现代化的战略与措施可以有所不同，在发展目标、发展重点、政策措施和发展布局上可有不同选择，以体现不同的特点。实施一年来，幼儿园保教工作者的教育观念得到更新，尊重幼儿，保教结合，因材施教等原则得到进一步重视；幼儿园办园条件得到改善，幼儿园环境创设更加符合幼儿发展需要；幼儿园管理更加科学，教职工的积极性得到尊重和发挥；幼儿教育科学研究成果转为运用的速度加快。

〔**特殊教育**〕 1998年，全省特殊教育学校比上年增加2所，招生比上年增加100人，在校学生比上年减少300人。

为了进一步提高全省特殊教育学校的管理水平，省教委于7月9日～16日在常州市聋哑学校举办了全省特教学校校长培训班，全省80多名特教学校校长和特教干部参加培训，讲授特教学校的教育教学管理与改革、素质教育、加拿大特殊儿童个别化教学计划制定、特殊教育学校课程编制等。另外，邀请英国伦敦弗兰克巴尼斯聋校校长兼主任帕特·麦克在南京聋校举办聋校双语教学实验师资培训班，全省特教干部、特教教研员、试点学校校长、实验班教师共40余人参加培训。

召开江苏省教育学会特殊教育研究会第六届年会。为了发挥省特殊教育研究会的功能，健全和完善各地研究会机构，交流各地特教科研成果，配合教育行政部门全面提高特殊教育质量，5月21日～23日，江苏省教育学会特教研究会在徐州市沛县召开第六届年会，会议期间，进行了特殊教育现代化专题学术论文交流，举办了特殊教育发展的学术讲座，参观了徐州市沛县聋哑学校和铜山县聋哑学校。

评估验收省特教现代化示范学校。自省教委颁发《江苏省特殊教育“九五”发展意见》和《江苏省特殊教育学校基本实现现代化要求（试行）》、《江苏省特殊教育学校基本实现现代化要求评估方案（试行）》以来，全省各类特殊教育学校积极争创省特教示范学校，涌现了一批办学方向正、管理水平高、教育质量优、有一定特色的学校。在各市教委评估基础上，省教委对申报的特教学校进行了综合评估审核，决定批准南京市聋哑学校、无锡市聋哑学校、江阴市聋哑学校、铜山县聋哑学校、苏州市金阊区培智学校为江苏省特殊教育现代化示范学校。

撰稿 林 放 裘宗丞 殷天然
施邦晖 赵桂丽 杨九俊 程益基

职 业 教 育

〔**综述**〕 1998年全省中等职业学校中有中等专业学校182所，中等师范学校36所，职业高中444所，技工学校185所，学校总数比1997年减少9所；招生28.8万人（含成人中专招收初中毕业生2.3万人），在校生86.9万人（含成人中专招收初中毕业生在校生4.8万人），分别占高中阶段教育招生数、在校生数的52.7%和55.6%。

〔**骨干学校建设**〕 1998年，江苏省职业教育骨干学校建设取得进展。经评估认定江苏省江海贸易学校、南通农业学校等27所中专学校为省（部）级重点中等专业学校，认定沛县职业高级中学、泰兴工业职业高级中学等24所职业高中为第五批省级重点职业高中，至此，全省省（部）级以上重点中专校达69所（其中国家级重点17所），省级以上重点职业高中达132所（其中国家级重点33所）。

到1998年底，通过新建、扩建、改建、合并、合作等途径，全省已基本建成职业教育中心80所。与1994年相比，这批学校占地增加306公顷，校均占地由5.3公顷扩大到10.1公顷；校舍面积增加87万平方米，校均增加到26 500平方米；设备总值增加1.8亿元，校均由134万元增加到414万元；在校学生总数增加6.3万人，校均由936人增加到1724人，在校生规模占全省职业高中在校生总数的60%以上。经评估验收，1998年认定39所（其中首批23所，第二批16所）职教中心为合格职业教育中心校，由省正式命名、挂牌。

合格职业教育中心校校均建筑面积3.5万平方米，实验实习设备478万元，教师学历达标率72%以上，学历教育在校生达1 990人，学校管理水平和教育教学质量都有很大提高，为经济、社会发展服务的能力不断增强。苏州、无锡、镇江、徐州、江阴、吴江等地以市、县（市）职教中心为龙头组建了职教集团，集群体优势和各自特长，构建为适应当地产业结构、技术结构、产品结构和劳动力结构需要的，具有教学、科研、开发、生产、经营服务、信息咨询等多种功能的办学实体，不断提高职业教育的整体水平和办学效益。

〔**改革招生办法**〕 普通高校继续对口招收职业学校应届毕业生举办高等职业教育。1998年招生5 199人，招生专业涉及机械、电子、计算机、财会、旅游、烹饪、化工、建筑、养殖等20多个专业，招生学校覆盖部委属及省市属高校共26所。为规范这项工作，省高校招生委、省教委、人事厅联合发出《江苏省普通高校单独招生工作实施办法》，明确对口招生计划、招生对象、招生程序及毕业生就业政策等具体事宜，对1998年招生办法作了较大幅度的改革：(1) 改变普通中专对口升学办法，中专生实行免试保送，并制定了《江苏省普通高等学校对口招收普通中等专业学校保送生工作暂行办法》，1998年普通中专免试保送490人；(2) 专业课与文化课由原来高校招生考试改为全省统一命题、统一考试、统一阅卷；(3) 招生考试在省辖市设考点，各市教委职教部门为主组织整个对口招生的考务工作；(4) 招生录取工作实行计算机管理；(5) 考生填报志愿由一个志愿扩大为填报两个层次各一个志愿。5月29日～31日，全省普通高校对口招收职业学校毕业生单独考试在全省22个考点进行。

〔**五年制高等职业教育试点**〕 4月，省教委、计经委、财政厅、人事厅、物价局联合印发《关于我省重点中专校举办五年制专业班有关问题意见的通知》，决定继续在部分省级以上重点中专校举办社会急需的五年制专业班。五年制专业班学生均实行缴费上学，收费标准前三年按重点中专标准，后二年按普通高校专科生收费标准执行，所收费用按照预算外资金的有关规定进行管理；学生毕业时由办班学校发给经省教委统一印制和验印的五年制专业班毕业证书，毕业生就业后在省内享受普通大专毕业生待遇。1998年全省有26所中专校举办五年制专业班，招生3 180人。省教委重视五年制高职班的课程建设，组织人员编写出版了语文、数学、英语、物理4门公共课的教学大纲和教材，举办了公共课教材、教法培训班。参考中宣部、教育部关于普通高等学校“两课”课程设置的规定，制定了《关于江苏省中专五年制高职班政治课课程设置的意见》。12月，省教委组织专家对举办五年制高职的部分重点中专校进行视导，总结、交流经验，分析存在的问题，促进和推动试点的深入发展。

〔**专业现代化建设试点**〕 专业现代化建设试点启动两年多来，取得了初步经验和成效。先期试点的23所“机电一体化”试点学校投入设备建设资金1.17亿元，拥有加工中心和数控机床128台；16所“现代农业”试点学校中有6所学校建有计算机控制的大棚，不少学校建成了一批科技含量较高的种养殖基地。1998年试点扩大到商贸（含商业自动化、市场营销）、服装（含服装制作、设计、经营）、旅游（含中、西餐烹饪、饭店服务与管理）、建筑等类专业57所学校，至此，全省专业现代化建设试点学校近100所。专业现代化建设试点中主要抓7个环节：(1)社会需求和专业设置；(2) 素质教育和培养目标；(3) 岗位职业分析和教学开发；(4) 课程开发和教材建设；(5) 教学模式和产教结合；(6) 条件装备与教学手段；(7) 双师型教师培养与教学科研结合的师训方式。

在试点工作取得阶段性成果的基础上，跨出专业现代化建设的第二步——产学研结合。9月，省教委在苏州召开推进职业教育产学研结合工作座谈会，会议指出，中等职业学校参与研究活动的方向和指导思想是面向产业化、服务产业化、发展产业化，通过产学研结合，推动学校学科发展、夯实专业基础，培养双师型师资，探索创造型人才的培养方式，促进实验实习基地的建设。

〔**就业指导与创业教育**〕 9月，省教委发出《关于加强中等职业学校学生就业指导与创业教育的意见》。要求市、县教育部门和学校要成立就业指导机构，对学生进行就业指导，并落实必要的经费；全省中等职业学校1999年正式开设“就业与创业指导”课程，作为中等职业学校政治课和思想品德课系列中的一门必修课程，列入教学计划。6月在常州举办了江苏省职业学校优秀毕业生事迹报告会，杨兴华等7名优秀毕业生代表转变就业观念，发挥所长，在基层、农村、生产管理服务第一线艰苦创业并取得成功的感人事迹，在职业学校学生中引起强烈反响。年内，全省大多数职业学校成立了就业指导和咨询机构，常州、无锡等市成立了就业指导中心，泰州市委、市政府召开了全市职业教育工作会议，专门研究解决中等职业学校毕业生就业问题，制定了《关于中等职业学校建立劳动就业服务中心的办法》，并在全市各职业学校建立了劳动就业服务指导中心。

〔**职业高中管理与教学**〕 根据原国家教委1992年制定的《职业高级中学学生学籍管理暂行规定》，重新制定并颁布实施《江苏省职业高级中学学生学籍管理暂行规定》。《暂行规定》明确了学历文凭的发放权限、学生转学、转专业的审批权限。放宽了对农类专业学生入学和学制的限制。报考种植、养殖、多种经营等专业的学生，可凭初中毕业证书由招生学校免试录取，并可施行弹性学制。在学生奖励方面增加了“专业技术操作能手”和“学习标兵”等荣誉称号。对学生升留级、结业生换发毕业证书等也作了修改和补充，使《规定》更切合职业学校实际。

为培养具有综合职业能力和全面素质，直接在生产、服务、技术和管理第一线工作的应用型人才，根据教育部《关于制定职业高级中学（三年制）教学计划的意见》精神，结合江苏省职业高级中学的培养目标、任务及其特点，9月，省教委制定印发《关于江苏省职业高级中学（三年制）文化课课程设置意见》，规定从1998～1999学年度开始，全省职业高中各专业均应开设的文化课为：语文、数学、英语、计算机应用基础、体育。同时颁发了职业高中（三年制）语文、数学、英语、计算机应用基础、体育课程教学大纲。

〔**普通中专招生并轨**〕 根据原国家教委、国家计委《关于普通中等专业学校招生并轨改革的意见》要求，江苏省决定从1998年起在省内的部委属、市属普通中专学校同步实行招生并轨。4月，省教委等部门联合发出《关于普通中等专业学校招生并轨改革的通知》。《通知》要求各市做好并轨后招生计划的管理工作；建立健全招生并轨改革的配套政策，包括经费筹措机制、对经济困难学生的资助制度、改革毕业生就业制度等。5月，省教委、省财政厅、省物价局联合公布并轨后的收费标准，同时规定并轨中专学校收取学费后，不得再向学生另行收取培养费；学校要从学费收入中提取10%左右的比例，用于奖励优秀学生和资助家庭经济困难的学生。

在推进普通中专招生并轨的同时，省教委加快中专毕业生就业制度改革，对并轨前招收的学生采取逐步过渡、分步改革办法；对并轨后招收的学生按新的就业制度就业，力争用3～4年时间完成改革目标，即：并轨招生后的中专毕业生在国家方针、政策指导下，在一定范围内自主择业，除少数特殊专业的毕业生面向本行业就业、定向生按协议就业，大部分毕业生面向全社会通过双向选择、供需见面等形式，多渠道就业。毕业生主要充实基层和生产第一线，就业后按实际岗位确定身份。

〔**职业学校信息化建设**〕 根据原国家教委《关于推动重点中专校逐步实现计算机管理的通知》,省教委要求国家级重点中专校必须在1998年底前建立起校园计算机网络,省级重点中专校要积极创造条件在2000年前建成校园网，其他中专校应加快实现计算机管理。1998年底，全省17所国家级重点中专以及部分省（部）级重点中专校共40多所学校建成校园局域网。省教委组织开发的教学管理、学生管理、后勤管理3个管理信息系统，于1998年完成并通过专家鉴定，在近30所重点中专正式启用，逐步实现教案电子化、办公无纸化、管理信息化。同时，用于教学的多媒体课件在职业高中和普通中专逐步推广，为此，省教委举办2期多媒体课件培训班，108位教师参加培训并获得结业证书。

撰稿 马 斌 徐 萍

高 等 教 育

〔**综述**〕 1998年，全省普通高等学校中有部委高校24所，省属高校42所，在省属高校中有省直属高校29所，市属高校12所，县（市）属高校1所。全省普通高校校均在校生数达4 371人。全省高校有国家级重点学科42个，省级重点学科95个。国家级重点实验室18个，省级重点实验室17个，有国家、省级工程技术研究中心12个。有博士点238个，硕士点656个。成人高等教育有较大发展，在校生达20万人。公派留学人员375人，自费出国留学259人，接受来江苏高校留学的外国长短期留学人员2 947人。

〔**体制改革**〕 1998年，省教委制订《江苏省高等教育管理体制改革和布局结构调整方案》，按照“共建、调整、合作、合并”的方针，统筹调整普通高等学校和成人高等学校的布局结构，并探索构建以发展高等职业教育为主的市县共建、城乡一体化的社区高等教育网络。1998年，顺利完成南京化工大学、南京动力高等专科学校、连云港化工高等专科学校、江苏理工大学、南京机械高等专科学校、南京经济学院等6所部属高校划转江苏省管理的工作。新批准筹建民办南洋学院，在2所地方普通高校引入民办高校运行机制，进行国有民办的试点工作。

〔**教学改革**〕 1998年，召开了全省普通高校教学工作会议。会议明确今后高等教育教学工作的总体目标、改革思路以及相关对策措施，对跨世纪教学改革工作作出全面部署。制订了“江苏省普通高等教育面向21世纪教学内容和课程体系改革计划”，评审出省级立项项目279项，其中重点项目58项，一般项目138项，备案项目83项，下拨首批项目启动经费200万元。制订了“关于江苏省普通高校面向21世纪深化教学改革，提高人才培养质量的若干意见”。制订实施《江苏省高等职业教育指导性专业目录》，进一步规范高等职业教育发展。开展普通高校教学工作合格评估，对连云港化工高等专科学校、淮阴工业专科学校、南京市金陵职业大学和镇江高等专科学校进行了教学工作合格评估；完成了第三次江苏省普通高校优秀课程评审工作，共评出省级优秀课程208门，其中一类优秀课程62门，二类优秀课程146门。高校图书馆自动化应用系统软件的研制开发取得成效。全省高校进一步推进和完善学分制、主辅修、双专科、本科硕士贯通制等教学改革。

〔**科技工作**〕　1998年，全省高校进一步深化科技体制改革，加强科研基地建设和学科建设，积极推进高新技术产业化，大力发展人文社会科学研究，到1998年底，全省普通高校有科技活动人员57 802人，研究与发展人员20 009人，承担各类研究课题13 543项，获得科技经费8.64亿元，鉴定科技成果648项，获得省级以上科技成果奖4 794项，转让科技成果718项，成交金额10 362.1万元。南京大学在国际权威检索工具SCI上收录的论文和论文引文数，分别连续六年和四年居全国高校榜首。

1998年，高校科研基地和学科建设进一步加强。在无锡轻工大学、扬州大学、江苏理工大学分别成立了食品工程研究中心、转基因动物制药工程研究中心、中小功率内燃机工程研究中心，注入资金5 800万元，在江苏理工大学、南京邮电学院等院校增设动力机械及工程、信号信息处理等4个省级重点学科，增设江苏理工大学中小功率内燃机省级重点实验室。全年投入重点学科、重点实验室建设经费3 921万元。

1998年，省教委召开了全省普通高校人文社会科学研究工作会议；开展了普通高校人文社会科学研究成果奖评选工作，共有102项成果获奖。在苏州大学、扬州大学、徐州师范大学分别成立苏南发展研究院、苏中发展研究院和淮海发展研究院3个社科研究基地。省教委和省委宣传部对3个研究基地进行联合共建，促进高校人文社会科学研究更好地为地方经济和社会发展服务。

〔**学生工作与校风建设**〕　1998年，全省普通高校学生工作与校风建设取得较大成绩。召开了全省高校学生工作会议；颁布了“江苏大学生文明公约”。在全省高校开展了“展示青春风采，争做文明先锋”为主题的大学生综合素质大赛活动。高校认真贯彻中宣部、教育部《关于普通高等学校“两课”课程设置的规定及其实施工作意见》精神，进行了新一轮高校“两课”改革，切实加强邓小平理论“进教材、进课堂、进头脑”的工作，成立了江苏省高等院校邓小平理论研究中心。组织全省60多所高校的20多万名大学生参加学习邓小平理论知识竞赛。1998年，全省高校校风建设在总结近几年经验的基础上，积极开展校风建设理论研究，同时以典型示范为导向，全面启动校风创优工程。徐州医学院、江苏理工大学、华东船舶工业学院、南京中医药大学等4所高校率先通过校风创优评估。

〔**学位与研究生教育**〕 1998年,全省普通高校新增博士学位授予单位1个(南京邮电学院),硕士学位授予学位2个(南京建筑工程学院,南京体育学院),新增博士、硕士授权一级学科27个,博士点32个,硕士点106个。全省普通高校共有博士学位授予单位21个,硕士学位授予单位28个,博士点238个,硕士点656个。1998年,南京大学、东南大学、南京理工大学、中国矿业大学获得工商管理(MBA)硕士专业学位试点权,东南大学等8所高校获得工程硕士专业学位授予权,南京医科大学、南京中医药大学、苏州医学院获得临床医学硕士专业学位试点权,南京中医药大学获得临床医学博士专业学位试点权,南京大学获得法律硕士专业学位试点权,东南大学获得建筑硕士专业学位试点权,南京师范大学获得教育硕士专业学位试点权。南京师范大学等一批院校的25个专业增列为学士学位授予专业。1998年,全省普通高校共举办85个研究生课程进修班。

〔**招生工作**〕 1998年,江苏省共有193 958人报名参加高考,实际录取94 742人(含中专3 627人),升学率为46.6%。

1998年,进一步强化招生工作各环节的管理,加强考风考纪建设,严格考点、考场设置和监考人员选聘、培训,营造公平竞争的环境;严密阅卷程序和标准,确保阅卷质量;强化录取管理,做到严密组织、严格管理、严谨作风、严明纪律。在录取中,严格执行招生计划,认真把好投档关和退档关,确保公平、公正、择优录取,使招生工作在社会上赢得了较好信誉。

〔**高教自学考试**〕 1998年,全省高等教育自学考试继续扩大规模,全年有851 964名考生参加自学考试,比上年增加174 338人。1998年,全省新开考11个专业,其中本科专业9个。全年共毕业本、专科学生16 778名。同时,全年完成外语和计算机专业31万人次的培训和考核。面向农村的高等教育自学考试得到较快发展,制定了江苏省高等教育自学考试面向农村的实验区试点方案,全省共建乡镇自考服务站573个。1998年,为1 369名农业户口的自学考试毕业生办理了农转非手续。

撰稿 陈宗伟 夏成满

成 人 教 育

〔**综述**〕 1998年,全省成人教育以岗位培训和继续教育为重点,学历教育为基础,以提高国民素质为宗旨，努力提高办学质量和办学效益。全省农村成人年培训总量达848万人次，其中扫盲5.78万人，巩固提高8.6万人，实用技术培训达728万人（其中农业470万人，乡镇企业142万），各类学历教育37.5万人（其中业余小学、初等职业教育、业余初中24万人，成人高中8万人，大专2.3万人），99%的乡镇村建立了农民文化技术学校。1998年，全省成人高等专业证书教育招生29 218人。

〔**农村成人教育**〕 1998年，省教委组织检查组对江浦、海陵、睢宁、新沂、宝应、赣榆、淮阴、淮安、涟水、金湖10县市农村劳动力文化指数达8年的情况进行检查，随机抽查20个样本村和10个非样本村，进村入户实地调查2 619人，见面率达80%以上，通过检查予以确认。

1998年10月25日～29日，在沛县召开了江苏省提高农村劳动力素质交流会暨农村教育综合改革实验县（市）第十四次工作协作会议，提出农村教育为农村、农业、农民服务的方针、政策和要求。会议总结交流了工作经验，公布1997年1%人口抽样调查结果——《江苏省农村劳动力文化指数调查与研究》，明确了至2000年提高农村劳动力的目标与任务，部署农村成人教育培训工作任务。

继续推进教育现代化工程和教育促小康工程。在武进市召开了第三次全省农村成人教育现代化研讨会，总结乡镇积极推进成人教育现代化的经验；会议收到研究论文20余篇，分别从理论和实践等方面对农村成人教育现代化进行探讨。

加强农村成人教育学校师资队伍建设。改进省重点乡镇成人教育中心校评估办法，以市评估为主，省教委审核批准，1998年评出137所省重点成教中心校，编辑出版了《江苏省重点乡镇成人学校简介》，制订了《江苏省乡镇成人教育中心校管理规范》和《农村成人教育教师岗位规范》，有组织、有计划地对农村成人教育教师进行培训，提高农村成教师资的政治业务素质。

结合经济建设和社会发展以及农村成人教育的实际，开展科学研究，承担了教育部“九五”重点科研课题——农村成人教育目标、任务及发展趋势研究，已取得阶段性成果；同时还对农村成人教育现代化、面向21世纪农村劳动力素质、提高乡镇企业职工素质等课题进行了研究。

〔**成人高、中等教育**〕 1998年江苏省成人高中等教育以学校管理体制改革和布局结构调整为契机，以职业教育试点和注册视听生试点为突破口，以特色专业、骨干专业建设为重点，以评估和规范管理为手段，以评优和教学成果奖评审为激励措施，深化教育教学改革，扩大办学规模，提高教育质量，办出各类成人高、中等学校的特色。

根据国家教委和省教委统一部署，认真做好成人高教体制改革和布局结构调整的调研工作。在工作中注意发挥行业企业的优势，保护和充分调动成人高校主管部门的积极性，扩大教育资源，多渠道争取教育投入，以保证全省成人高等教育事业健康稳步发展。

开展特色专业和骨干专业建设。省教委制订了《关于启动成人高等教育特色专业建设的意见（试行）》，提出了培养目标和培养规格、教学计划、教学大纲　课程结构、教材建设、教学设施、教学管理、教学考核、师资队伍等方面的建设内容。全省共有30所高校申报60个特色专业，其中有14所成人高校申报31个，16所普通高校申报29个专业。经过三轮评议，最后初步确认14所高等院校的14个专业为江苏省成人高等教育特色专业予以建设，省财政拨款50万元予以资助。继续进行省级示范成人中专校的创建工作，制订了成人中专校骨干专业建设标准，确认了一批骨干专业。

开展函授站检查工作。1998年成人高教在校生中有函授生85 467人，占43%。根据原国家教委《关于调整函授站布局和加强函授站管理等问题的通知》的精神，省教委组织13个检查组，对全省函授站进行了检查。全省有函授站313个，普通高校函授、夜大学教育评估中通过的函授站以及校本部的函授站免检，实际检查238个，其中等级为优的68个，等级为良的123个，等级为中的36个，等级为差的11个。检查后，省教委印发了《全省高等学校函授站检查通报》，并在《江苏教育报》上公布具有招生资格的函授站名单，印发了《关于加强高等学校函授站管理的意见》，要求有关高校优化函授站布局，加强全面质量管理，提高本校主讲教师的派出率，实行教考分离，严肃考风考纪，提高教育教学质量，未经公布的函授站（办学点）将不允许招生，同时依托各市教育行政部门对函授站实行年审制度。

为加强成人高教质量监控，规范成人高等教育教学工作，逐步提高成人学生外语和计算机水平，省教委制订了成人高等教育公共课外语、计算机教学大纲和考试大纲，组织编写和选择了适用的教材和自学指导书，并以此为依据，对外语、计算机基础两门课程进行了全省统考（每年两次）。省教委还印发了《江苏省成人高等教育学生免修免考的有关规定》，组织编写了《普通高校成人教育管理》对加强教学及其管理规范化起到促进作用。

开展成人高等教育优秀教学成果奖评审和优秀成人教育教师、优秀成人教育管理工作者评选工作。1998年省教委进行了第二次优秀教学成果奖评审。全省共有54所高校申报112项优秀教学成果。经过专家评审共有67项成果获奖，其中一等奖5项、二等奖19项、三等奖43项；根据原国家教委《教师和教育工作者奖励暂行规定》，结合江苏省成人教育实际，制订了《江苏省优秀成人教育教师和优秀成人教育管理工作者奖励办法（试行）》，以此为依据，进行了全省优秀成人教育教师和优秀成人教育工作者的评选工作，评出优秀教师130人，优秀管理工作者82人。

〔**电视教育**〕 全省电视大学建设又上新台阶。(1) 完成了县级电大评估工作。全省64所县级电大，经过评估，综合等级为优秀的32所，良好的23所，合格的7所，尚有2所县级电大（兴化、沭阳）由于条件不成熟，未进行评估。据初步统计，全省县级电大自评估以来，已经累计增加投入近5亿元，增加校园面积近5.3公顷，增加师资1 100多人，添置计算机1 100多台、电视机410多台、图书近20万册，新建语音室18个、实验室42个，全省县级电大音像教材的使用率达到35%左右。县级电大建有卫星地面接收站的已占80%，建有各种音像资料库（室）的占74.3%，建有集中播放音像课程的电教中心的占62.9%，每校平均拥有5.3个视听教室，42.9%的县级电大建有语音室，82.9%

的县级电大建有微机室，平均每校拥有微机40台。(2)示范性县级电大建设开始启动。县级电大评估结束以后，为进一步加强电大的系统建设，引导和推动县级电大围绕现代化和开放性两大命题，进行新一轮建设，省教委拟订了示范性县级电大建设标准，印发了《关于启动江苏省示范性县级电大建设的意见》,《意见》突出电大现代化、开放性两大命题，具有比较鲜明的电大特色和现代远程教育特色。(3) 开展市级电大评估。先在经济基础比较薄弱的连云港电大进行试点。连云港电大以评估为契机，艰苦创业，开拓进取，基地建设、办学条件、管理水平、教育质量、校容校貌发生很大变化，省教委以此为现场召开了全省市级电大工作会议。1998年，全省市级电大建设取得初步成效，据统计，近一年多来已累计投入近亿元。苏州电大投入400多万元建设校园网并开通了苏州网上大学，其网络主页已挂上中国远程教育网。此外，在中央电大对全国省级电大进行的教学评估工作中，江苏广播电视大学被评为优秀。

〔**职工教育**〕 开展《江苏省职工教育条例》的执法检查工作。6月，省教委协助省人大科教文委员会、省人大代表对苏州、常州、南通、徐州、淮阴、泰州6市的《职工教育条例》执行情况进行了第二次抽查，并写出检查总结报告，提出了要进一步加强对下岗职工的再就业培训工作，进一步探索新形势下职工教育改革与发展的新模式，并建议对现行的《江苏省职工教育条例》进行修改，以适应新形势下经济社会发展对职工教育的要求。

积极组织开展再就业培训工作。(1) 印发《关于在全省开展对下岗职工再就业培训的通知》,要求各级教育行政部门高度重视对下岗职工再就业培训工作的组织领导，实行“一把手”负责制，有条件的地区和单位建立再就业培训领导机构，明确分工，落实责任；把再就业培训列入本地区教育发展的年度计划，作为成人教育工作的重中之重；广泛动员各级各类成人学校积极参与再就业培训工作，将此项工作列入学校工作的议事日程，充分利用学校现有培训资源为下岗职工做好事、办实事、献爱心、送温暖，在全社会形成了“一校百人、百校万人”的再就业培训工作局面。据初步统计，1998年全省教育系统培训下岗、转岗、待岗职工达45万人次，有900多所各级各类学校和教育培训机构为下岗职工义务培训近10万人次，提供的培训经费达800多万元，下岗职工经培训后再就业率达60%以上。(2) 开展“助您创新业”活动。3月，省教委与南京市教委、南京日报社共同举办“助您创新业”下岗职工义务培训活动，选择省总工会科技活动中心等10所学校开展20个专业的义务培训，共有600人参加培训。(3) 召开全省再就业培训工作经验交流会。1998年年底，省教委在南通市召开了再就业培训工作经验交流会，表彰了在再就业培训工作中取得显著成绩的省科技活动中心等30个单位和潘小芹等32位同志。

评估第二批省重点职工学校。根据省教委“九五”期间创建50所省重点职工学校的要求，省教委对第二批省重点职工学校进行了评估，共评出第二批省重点职工学校20所。

〔**社会力量办学**〕 加强社会力量办学的规范管理。根据《社会力量办学条例》中有关对社会办学管理的新规定，开展了对全省社会办学单位的逐项、逐校检查。1998 年省教委共对 1 600 多所社会办学机构进行了检查，对其中的 1 500 余所检查合格的办学机构重新核发了教育部制发的《社会力量办学许可证》。

抓好首批民办高等教育机构举办国家学历文凭考试试点工作。省教委成立了领导小组，省成人教育办公室与省自学考试办公室对全省申请试点的民办高等教育机构进行了办学资格审查，最终确定 13 个办学单位进行试点，共计招收 1 400 余人。为此，省教委制发了《试点工作方案》和《招生实施规定》；组织有关专家与试点学校共同制订专业教学计划、教学大纲；制订试点学校学生的学籍管理制度、学校自行考试课程的质量评估办法。

撰稿　张联华　经贵宝　裴东根

审稿　祭彦加

浙江省教育

概　　况

〔基本情况〕

1998 年各级普通学校基本情况

单位：人

学校类别	学校数(所)	毕业生数	招生数	在校学生数	教职工数	
					计	其中专任教师
一、普通高等学校	32	25 625	38 823	119 534	28 327	11 816
研究生		1 329	2 155	5 991		
本　科		13 001	21 712	72 342		
专　科		11 295	14 956	41 201		
二、中等专业学校	150	45 809	56 507	167 049	15 991	7 947
中等技术学校	121	35 059	50 135	139 874	12 950	6 280
中等师范学校	29	10 750	6 372	27 175	3 041	1 667
三、普通中学	3 128	754 930	762 306	2 176 695	151 096	125 201
高　中	603	107 132	173 769	433 203		26 583
初　中	2 525	647 798	588 537	1 743 492		98 618
四、农业、职业中学	552	68 227	119 280	268 744	18 457	13 549
高　中	552	67 649	119 028	267 889		13 488
初　中		578	252	855		61
五、工读学校	1	50	38	112	36	28
六、小　学	16 922	595 945	561 882	3 652 326	171 694	156 881
七、特殊教育学校	63	3 086	2 486	22 812	1 453	1 172
八、幼　儿　园	14 068		591 131	1 059 047	58 867	46 500

1998年各级成人学校基本情况

单位：人

学校类别	学校数(所)	毕业生数	招生数	在校学生数	教职工数	
					计	其中专任教师
一、成人高等学校	28	28 214	44 251	113 313	5 636	2 815
广播电视大学	2	9 524	10 763	28 394	2 203	1 113
职工高等学校	18	937	2 106	5 020	2 040	1 031
农民高等学校						
管理干部学院	2	322	360	728	513	190
教育学院	6	2 324	4 702	12 169	880	481
独立函授学院						
普通高校举办：						
函授部		7 102	13 630	34 287		
夜大学		4 769	7 303	21 992		
成人脱产班		3 236	5 387	10 723		
二、成人中等专业学校	151	33 129	43 899	107 974	5 132	2 741
广播电视中专	16	9 230	11 871	28 810	529	283
干部中专	1	819	494	520	93	42
职工中专	73	15 452	18 995	48 608	2 524	1 391
农民中专	3	156	442	1 325	124	83
函授中专	6	4 259	3 485	10 673	103	64
教师进修学校	52		355	355	1 759	878
普通中专举办成人中等教育		3 213	8 257	17 683		
三、成人中学	343	23 570	27 497	44 371	1 939	1 341
职工中学	110	9 541	10 596	16 968	724	427
农民中学	233	14 029	16 901	27 403	1 215	914
四、成人技术培训学校	24 690	3 636 263	3 774 076	2 464 398	14 403	5 716
职工技术培训学校	824	222 515	282 223	250 084	3 156	1 292
农民技术培训学校	23 866	3 413 748	3 491 853	2 214 314	11 247	4 424
五、成人初等学校	3 978	116 642	116 811	111 021	2 934	979
职工初等学校	41	2 996	3 507	3 821	46	12
农民初等学校	3 937	113 646	113 304	107 200	2 888	967
其中：扫盲班	3 177	83 896	83 461	76 904	2 279	758

制表　张其宏

〔**省科教领导小组成立**〕 1998年8月，浙江省科技教育领导小组成立。省委副书记、省长柴松岳任领导小组组长，省委副书记刘枫、副省长鲁松庭、叶荣宝、章猛进为副组长，省教委及省级有关部门主要负责人为成员。领导小组的主要职责是：负责对全省科技、教育工作的统一领导，研究、审议实施科教兴省战略，加快科技、教育事业发展的规划和重大政策措施；讨论、审议科技、教育的重要任务和项目；协调省级各部门及部门与地方之间的涉及科技或教育的重大事项；督促检查全省科技和教育发展战略、规划及政策措施的贯彻落实。

8月31日领导小组在杭州召开第一次会议，省委副书记、省长柴松岳作了讲话。会议听取了省教委主任侯靖方关于开展创建教育强县活动方案的汇报，并原则同意从1998年开始在全省开展创建教育强县活动。

〔**教师表彰奖励工作**〕 为进一步调动广大教师教书育人的积极性，1998年，省政府设立了“浙江省功勋教师奖”。首届有15名大中小学教师获奖。此后将每三年评选一次，每次15人左右。获奖人员由省政府授予“浙江省功勋教师”荣誉称号，享受省部级劳动模范和先进工作者待遇。省政府设立专项奖金，对获奖教师每人给予2万元的一次性奖励。

统一颁发任教30年教师《荣誉证书》。根据《浙江省实施〈教师法〉办法》有关规定，全省有10万余名教师获得《荣誉证书》，并规定他们能持证免费进入本省境内政府举办的公园、图书馆、科技馆、艺术馆。

1998年，浙江省共评选出全国模范教师18名，全国教育系统先进工作者5名，全国优秀教师52名，全国优秀教育工作者3名，全国教育系统巾帼建功标兵3名及先进集体2个，全国十杰中青年教师提名奖和王丹萍优秀教师奖各1名，首届“浙江省中小学师德楷模”22名，以及省春蚕奖299名、绿叶奖107名。兰溪市芝堰乡十二曲小学教师王祥松在全国庆祝教师节大会上发言，他的事迹受到与会领导和代表好评。

1998年浙江省又有33名高校教师和4名中小学教师获政府特殊津贴。至此，浙江省已有645名教师获得了政府特殊津贴。

〔**校校有校歌活动**〕 为进一步推动校园文化建设，繁荣校歌创作，省教委艺术教育委员会、浙江教育报社、浙江教育电视台共同推出了题为“五月的鲜花”万校校歌大赛活动。活动提出了“校校有校歌、校校唱校歌”的目标，期望用一年多的时间推动全省各级各类学校创作、教唱、交流校歌；并以校歌作为全省艺术教育普及化、艺术化、个性化的突破口，使素质教育得以深入发展。

在5月23日举行的示范演唱会上，浙江大学、杭州学军小学、杭州第四中学、浙江幼儿师范学校等12所各级各类学校的1 200多名学生演唱了自己学校的校歌。

〔**审计工作**〕 1998年，全省教育审计以积极推进对教育事业单位行政负责人的经济责任审计和继续抓紧抓实基本建设审计为重点开展工作。湖州、金华、舟山、嘉兴市等均推行了中小学校长经济责任审计工作，临安市教委为规范经济责任审计专门对有关人员进行了培训。教育系统基本建设项目实行必审制度已坚持了五年。1998年1月～11月，已审结项目44项，审核工程造价1.31亿元，核减 1 656.7 万元，核增 350.1 万元，净核减 1 306.6 万元，核减率 9.97%。

积极开展行业审计调查。在高校范围内组织开展了科技经费管理和使用情况专项审计调查；在普教系统安排了农村教育费附加的征收、管理、使用情况的专项审计调查。

规范内审工作，提高业务质量和工作水平。1998 年省教委组织了审计人员的业务培训，全省高校和市地县从事教育内审的专兼职干部近 100 人参加了培训；首次组织了全省教育系统优秀审计报告的评选工作，共收到各级教育内审机构选送的审计（调查）报告 56 篇，评出一、二、三等奖 16 个。

1998 年省教委审计处被国家审计署授予全国内部审计先进单位。

〔**抗洪救灾捐款**〕 1998 年长江、嫩江、松花江流域发生特大洪水，牵动了浙江省教育系统广大干部职工和全体师生的心，省教委高度重视，紧急动员，迅速部署在全省教育系统开展赈灾募捐活动，号召广大学生“节约一元零花钱，支援灾区小朋友”。全省共募集款物总价值达 1 700 万元。

除响应省教委的赈灾号召外，各地也自发给灾区以援助。绍兴县教委出资 50 万元，在九江建造了希望小学；杭州电子工业学院领导到九江大堤慰问，并与在那里抗洪的驻浙部队一起捐款在九江建造希望小学；省教委出资 20 万元支援九江建造希望小学。

浙江大学电机系 96 班学生周晓渊参加了他父亲所在的九江抗洪抢险武警支队的抢险工作，在抗洪抢险第一线跟随冲锋舟出巡抢救落水群众 23 次，抢救危难中的群众 130 余人。10 月 16 日浙江大学举行弘扬抗洪精神暨参加抗洪抢险学生表彰大会，授予周晓渊浙江大学学生最高荣誉奖章“求是荣誉奖章”。同时，共青团浙江省委授予周晓渊“浙江省新长征突击手”称号。

〔**教育投入**〕 1998 年，浙江省教育经费总投入 144.96 亿元，比上年增长 15.04%。其中：财政预算内教育经费投入 58.12 亿元，比上年增长 15.23%；各级政府征收用于教育的税费收入为 24.42 亿元，比上年增长 17.21%，其中城市教育费附加收入为 4.73 亿元，按同口径相比比上年增长 19.85%，农村教育费附加（含地方教育附加）收入为 17.27 亿元，按同口径相比比上年增长 15.38%。校办产业、勤工俭学等收入用于教育的经费为 1.82 亿元，比上年下降 39.76%，全省各市（地）除舟山有 1.88%的增长外，其余各市（地）都出现不同程度下降。主要是会计科目调整所造成，有一部分收入 1998 年已纳入事业收入科目中。

企业办学经费 1998 年为 2.91 亿元，比上年出现了较大幅度的下降，下降幅度达 30.88%，这主要是企业的普遍不景气以及为理顺教育管理体制，一部分由企业办学的学校由教育部门来接管等几方面原因所造成。

社会团体及公民个人办学热情异常高涨。1998 年共投入经费 7.12 亿元，比上年增长 31.16%。其中增幅最大的宁波市增长比例高达 559.91%。社会捐资、集资收入为 10.06 亿元。

基础教育

〔综述〕　浙江省于1997年顺利通过国家教委“两基”评估验收后，“两基”工作进入一个新阶段，1998年把探索运用教育督导评估机制，巩固、提高“两基”成果，促进教育事业的持续发展，作为一项重要工作。根据“积极进取、实事求是、分区规划、分类指导”的原则，建立了县（市，区）“两基”工作年审制度，对经济与教育基础不同的县（市、区）提出不同要求，以巩固提高“两基”的整体水平。1998年，浙江省小学毕业升学比例保持在99%，初中入学率和巩固率分别为94.99%和99.31%，均比上年有所提高。普通高中学校数比上年增加41所，招生数比上年增长17.39%，在校生比上年增长15.9%。对少数民族学生继续实行优先优惠政策，全省少数民族中小学在校学生3.1万人。抓好中小学创建文明学校工作，共有101所中小学校被命名为“省级文明学校”。

教师队伍不断壮大。全省普通高中和职业高中向社会招聘优秀青年教师680人，有1.67万名大中专毕业生充实到教师队伍中。全省中小学专任教师总数达29.56万人，比上年增加0.77万人。教师学历合格率又有提高：小学、初中、普通高中专任教师学历合格率分别达91.69%、89.36%、67.94%。小学专科毕业和初中本科毕业及以上教师比例分别为8.5%和11.7%，比上年分别提高2.5个和1.9个百分点。

教学设施进一步改善。全省中小学共有校舍建筑面积3 842.6万平方米，生均校舍面积小学为4.88平方米，普通中学为8.17平方米。中小学校藏书8 457.94万册，生均图书小学为11.29册，普通中学为18册。

〔创建教育强县强镇活动〕　为推动教育现代化，提高全省教育整体水平，在全省范围内开展创建教育强县、强镇活动。7月，省教委印发《关于做好1998年创建省级教育强镇工作的意见》；10月，省委、省政府办公厅发出《关于在全省开展创建教育强县活动的通知》。各地争创教育强县、强镇的积极性空前高涨，发展势头很好。1998年有63个镇（乡）被命名为省级教育强镇。教育强县的申报工作也已开始。

〔督导评估〕　为推动各级党政领导、教育部门和学校落实“两基”重中之重地位，解决或缓解群众普遍关心的热点问题，浙江省开展以教育经费政策落实、加强薄弱学校建设、执行课程计划、减轻学生过重课业负担为主要内容的基础教育专项督导检查。11月1日～7日，省人大常委会组织力量对温州市、丽水地区进行《义务教育法》实施情况的执法检查，检查结果表示满意。

1998年，浙江省制定了《浙江省小学办学水平督导评估指标体系》、《浙江省初级中学办学水平督导评估指标体系》、《浙江省普通高（完）中办学水平督导评估方案》，要求各地全面开展中小学办学水平督导评估工作，从1998年起，用三年时间完成一轮普通中小学的督导评估。据不完全统计，至年底，已评估的普通高中达137所、初中826所，小学1 829所。此外，还在温州、台州等市进行民办高中办学水平督导评估试点，为全省开展民办学校督导评估作准备。

〔**督导机构和队伍建设**〕 7月，经省政府同意，浙江省教育督导室更名为浙江省人民政府教育督导室。全省11个市（地）有10个市（地）更名或建立政府教育督导室，占全省市（地）总数的90.9%；全省88个县（市、区）中，有52个县（市、区）更名或建立政府教育督导室，占全省县（市、区）总数的59.1%。

6月，浙江省召开第五届省级兼职督学和第三届省级特约教育督导员颁证大会，副省长鲁松庭等领导参加大会，并向新一届督学颁发证书，对任期已满的上届督学颁发荣誉证书。全省有省总督学1人、副总督学2人，省兼职督学35名、特约教育督导员9名；共有督导人员1 380人，其中专职293人，兼职981人，特约教育督导员106人。

〔**推进素质教育**〕 推进素质教育是1998年浙江省基础教育的重点。省教委组织力量对全省素质教育实施情况进行了调查；确定素质教育实验县对口联系处室，建立实验县联系责任制；在1997年确定16个实验县的基础上，经过考察，又分两批确定15个素质教育实验县。至此，全省共确定31个素质教育实验县。

进一步完善中考改革、学业成绩评价制度改革。素质教育实验县已基本推行了两项改革，其余县市有1/3以上参与了两项（或其中一项）改革。鄞县钟公庙小学对学生学业成绩采用星级制评价办法的经验在《光明日报》、《教育文摘周报》上刊登。

4月，省教委在义乌市召开全省市（地）县（市、区）教委主任会议，省教委主任侯靖方在会上强调实施素质教育在思想上要重视，认识上要统一，要有扎扎实实的措施，一步一个脚印，一个时期一个台阶。

〔**普通高中教育**〕 1998年，继续开展示范性普通高中评估认定工作，认定省一级重点中学17所，二级12所，三级34所。从1995年起至1998年底，完成了第一轮认定评估工作，全省共命名省一级重点中学64所、二级22所、三级34所；省级综合高中15所、特色高中13所。根据教育部的要求，浙江省总结了普通高中多种办学模式，特别是综合高中建设的经验，在全国基础教育工作年度通气会上作了介绍。5月，教育部以浙江为现场召开了全国普通高中教育工作研讨会。浙江的这一经验先后在教育部《基础教育动态》和《中国教育报》上刊出；浙江湖州南浔中学、缙云盘溪中学等进行综合高中办学模式探索的经验也在《中国教育报》作了报道。

1998年，杭州第二中学学生吴欣安在冰岛首都雷克亚未克举行的第二十九届国际中学生物理奥林匹克竞赛中荣获金牌奖。

〔**幼儿教育**〕 1998年，针对全省幼教工作由教育部门管理的新情况，提出了加快全省幼儿教育事业改革和发展的意见，并以省政府办公厅名义下发各地。意见就幼教事业的发展目标、加强领导、幼教体制改革、教育教学改革、队伍建设、经费投入等方面提出了要求，将对幼教事业的进一步发展起到指导作用。

修订完善《浙江省示范性幼儿园标准》和《浙江省乡镇中心幼儿园标准》，对幼教管理、教研、队伍建设等方面提出更高要求。又有12所幼儿园通过省级示范性幼儿园的评估，全省示范性幼儿园总数达到68所。

加强学前班管理。通过颁发《浙江省学前班管理办法》，全省多数地区对学前班进行了整顿，宁波、湖州等市基本按规定撤销了城镇学前班，金华、台州等市提出了限期撤并学前班的要求。全省城镇学前班逐步减少，农村学前班办班条件有所改善，学前班管理得到加强。

幼儿园园长岗位培训工作全面启动。省幼儿园园长培训中心先后举办示范性幼儿园园长培训班和一级幼儿园园长培训班，受训201人，取得合格证书的有198人。

〔**普及实验教学**〕 1998年，全省又有21个县（市、区）通过省普及实验教学验收。至此，全省已有83个县（市、区）通过省级验收，占全省总县数的97%，实现了规划中提出的到1998年全省中小学基本普及实验教学的奋斗目标。

开展全省中小学第三届优秀自制教具评选活动。共有318件作品被选送参加省级评选，从中评出一等奖7件、二等奖30件、三等奖77件。

〔**校办产业**〕 浙江省校办产业坚持“发展是硬道理”的思想，培植发展骨干校办企业。省教委和省计经委联合命名了第二批120家骨干校办企业。为推进校办企业产权制度改革，制定了《关于进一步搞好中小学校办企业产权制度改革工作的意见》，对实施校办企业产权制度改革起了指导和规范作用。

全省校办产业保持持续发展。1998年全省校办产业总值达210亿元，实现利润12亿元，补充教育经费3亿元，上缴国家税金10亿元。

〔**教育科研**〕 1998年，加强了教育科学研究的调研工作，完成了《关于实施科教兴省战略研究》、《发展浙江省高中段教育的对策研究》、《关于推进浙江教育现代化的思考》、《经济欠发达地区职业教育改革与发展的调查》、《浙江省跨世纪学术带头人培养研究》、《浙江省（高校）人力资源开发利用》、《农村职业教育改革发展对策研究》等调研报告，为教育行政部门决策提供了依据。

加大力度统筹全省教育科研工作。10月，在浙江黄岩召开第四次市（地）教科所长会议，总结近两年来全省教育科研工作，讨论下一步工作思路；为加强职业教育、成人教育教研工作，成立了职教、成教教研室；制定了课题申报、成果评奖等方面实行政务公开的程序与办法；11月，组织了浙江省首届教育科研优秀成果奖的评选；对省“九五”教育科学规划重点课题进行了中期检查。

教育部“九五”重点课题“小学教师继续教育发展模式研究”、“经济发达地区社会力量办学的理论与实践”研究等课题取得阶段性成果；教育部“九五”重点课题“浙、港、澳、台义务教育课程比较研究”完成了部分资料的收集与整理工作；教育部“九五”重点课题“教育原理体系及其实验论证”已发表部分论文；省“九五”重点课题“浙江省实施素质教育策略研究（百校工程）”在全省近100所学校进行，并初步形成四个方面的研究内容。

〔**特级教师评选**〕 1998年浙江省开展了第六批特级教师评选工作。组建了省评委会和学科组，对各地推荐的人选进行了评选，共评出144名特级教师，并报经省政府批准。评出的特级教师平均年龄47岁，其中45岁以下的64名，35岁以下的10名。各类学校均有教师入选，促进了学科带头人队伍建设。至此，浙江省共评出特级教师443名。

加强对特级教师管理。对评选出的第六批特级教师进行了上岗培训；制定了《浙江省特级教师管理暂行办法》，结合教育教学改革和发展的要求，对特级教师的职责、权利和义务作了规定。此外，还在暑期举办特级教师夏令营，促进相互学习和交流。

〔**师资工作会议**〕 12月15日，省教委在绍兴市召开全省中小学师资工作会议。会议提出全省今后五年中小学教师队伍建设总体目标是：以全面提高教师队伍素质为中心，以培养骨干教师、学科带头人和教育教学专家为重点，依法治教，深化改革，优化结构，提高效益，加强管理，改善待遇，建立并完善适应市场经济体制的教师队伍管理模式和运行机制，建设一支面向21世纪的素质优良、精干高效、结构合理、相对稳定、充满生机与活力的中小学教师队伍。

实现上述目标，需要采取的措施：一是以实施教师聘任制为重点，深化中小学用人制度改革。二是以实施“2211”名师名校长计划为重点，加速培养中青年骨干教师和学科带头人，用五年时间，在全省重点培养中小学各200名“浙江省名教师”，各100名“浙江省名校长”。三是强化教师职业道德教育，开展师德师风建设。从1998年起全省将每三年评选一次“浙江省中小学师德楷模”。四是依法加强教师队伍管理，进一步完善教师管理制度。

〔**教育人事制度改革**〕 省教委把实行教师聘任制作为中小学用人制度改革的重点，对温岭等5市县进行专题调研，总结经验，并向全省各市地推广。召开会议研究部署教师聘任制工作，要求各地积极慎重地推进此项改革，建立竞争上岗、优胜劣汰的用人机制，优化教师队伍结构，调动广大教师的积极性和创造性，促进教师队伍建设和教育质量提高。

建立省级教育人事制度改革联系点。为进一步研究总结改革经验，明确改革思路，提高教育人事工作水平，确定了慈溪市等7市县为改革联系点，加强沟通和交流，在用人制度、分配制度和教师管理制度等方面进行改革试点，在实践中不断探索、总结和提高，指导面上的改革工作，争取在一些重点和难点问题上有所突破。同时，加强与教育部联系点东阳市的联系，指导该市的教育人事制度改革工作。

〔**中小学布局调整**〕 1月，省教委和省财政厅联合发出《关于进一步推进中小学布局调整工作的意见》。全省各市地均把调整中小学布局，加强薄弱学校建设，提高办学水平和办学效益作为年度工作重点。1998年，全省减少初中99所，小学2 811所；通过布局调整，中小学办学规模扩大，小学校均在校生由上年的187人提高到216人。

12月15日，省教委在绍兴市召开全省中小学布局调整工作会议，总结加强中小学布局调整和薄弱学校建设经验，分析存在的问题和面临的形势，要求各地用五年时间基本完成全省中小学布局调整和改造薄弱学校的任务。到2002年需撤并小学4 255所，初中245所。中小学建设要基本达到“教学用房标准，辅助用房配套，教学设备齐全，活动场所宽敞，校园环境优美，学校布局科学合理”的目标。

职业教育

〔**综述**〕 1998年，浙江省继续贯彻大力发展职业教育的方针，扩大中等职业教育招生能力，扩大高等职业教育招生数量。通过各地各部门和学校的努力，全省各类中等职业教育招生21.94万人，其中职业高中招生11.9万人，普通中专招生5.65万人，技工学校招生2.5万人，成人中专普通班招生1.85万人。中等职业教育与普通高中招生数之比为5.6：4.4。全省高等职业教育招生4 548人，其中对口招收中等职业学校毕业生3 285人。以普通本专科计划形式招收高职学生3 332人，在校生5 800人，比上年分别增长111.7%和131.6%；以电大普通班计划形式招收高职学生1 216人，在校生2 590人。普通中专校均在校生达到1 114人，生师比提高到21：1。

职业高中专任教师学历合格率为37.06%，比上年提高4.7个百分点。普通中专专任教师具有副高级及以上比例占教师总数的14.02%，本科及以上学历比例占77.19%。

职业学校办学条件进一步改善。全省职业中学生均校舍面积为10.39平方米，生均图书为15.13册，均比上年有所提高。普通中专校舍面积339.27万平方米，生均校舍面积为20.31平方米；藏书总数达827.62万册，生均图书49.54册；教学仪器设备资产值为2.35亿元。

〔**重点职业中学及骨干专业建设**〕 1998年全省共有19所职业中学申报省示范性职业中学，经专家评估，海宁职业技术学校等15所学校被确定为省示范性职业中学。至此，全省已有99所职业中学被授予省级示范性职业中学或重点职业中学。为推进重点职业中学建设，省教委制定了《浙江省省级重点职业高级中学的基本标准（试行）》。

为促进职业学校专业建设，充分发挥骨干专业的示范作用和规模效应，1998年省教委在各市地开展重点专业评估的基础上，在全省首次确定公布了杭州市中策职业高级中学电气专业等23所学校的24个专业为省级示范专业。省级示范专业经所在学校上级教育主管部门同意后，可自行确定招生办法，面向全省招生。

〔**教学管理**〕 6月，省教委制定了《关于开展全省中等专业学校教学管理评估的通知》及评估指标体系，举办了评估培训班，选择浙江机械工业学校进行评估试点。11月开始组织11个专家评估组在全省各地开展中专教学管理评估，以促进教育质量的提高。

继1996年审定颁布第一批16个职业高中专业指导性教学计划后，1998年又审定颁布了第二批18个职业高中专业指导性教学计划。

首次组织全省职业中学学生英语水平等级考试，全省共有2 900余名学生参加考核，有2 500余人达到英语一级水平。

〔**教师队伍建设**〕 浙江省职业学校的专业课师资与普通学校师资相比，较为薄弱。为加强职教师资队伍建设，提高职业学校教育水平，省教委制定了《关于加强职业高中专业课教师队伍建设的若干意见》；举办了职教师资一年制预科班5个专业5个班，招生195人，三年制预科班5个专业8个班，招生450人；安排职教师资本科班招生320人，其中对口招收职技校毕业生140人。年初成立了浙江省职教师资培训中心，对全省职业中学的专业教师情况进行调查摸底，并举办四期职教专业师资培训班。

高等教育

〔**综述**〕 1998年全省高校研究生招生比上年增长17.6%，在学研究生比上年增长12%，其中在学博士生1 802人，比上年增长12.7%；普通本专科招生3.67万人，比上年增长10.63%，在校生11.35万人，比上年增长10.9%，其中地方属院校招生2.77万人，增长10%。电大普通班招生3 820人，在校生1万人。普通高校通过合并调整，校均在校普通本专科学生达3 548人，生师比从上年的8.8：1提高到9.6：1。

对温州师范学院、杭州电子工业学院、宁波高等专科学校、台州师范专科学校、湖州师范专科学校等校进行了校园文明评估，全省获“文明校园”称号的高校达18所。

普通高校专任教师中研究生毕业比例为32.6%，比上年有所提高。具有副高级及以上比例占36.9%，比上年提高1.8个百分点，其中50岁以下的中青年教师中副高级及以上比例占18.7%，提高3.28个百分点。

普通高校办学条件进一步改善。校舍建筑面积448.29万平方米，比上年增加48.17万平方米。普通本专科生均校舍面积39.48平方米，其中生均学生宿舍6.7平方米；教学仪器设备值达7.51亿元，增长12.1%，生均教学仪器设备值6 613.3元；藏书1 524.81万册，增加84.73万册，增长

5.89%，生均图书134册。推进高校后勤社会化改革。开始在浙江工业大学进行后勤社会化改革试点。

〔**教育思想大讨论**〕 5月，省教委发出通知，要求全省高校开展教育思想大讨论。讨论的主题是高等教育的改革和发展如何适应和促进中国经济和社会发展的需要，高等学校教学工作如何适应21世纪对人才的要求。讨论期间，省教委组织两场报告会，在《浙江教育报》上开辟专栏，发表专题文章20多篇，在高校举办讲座6场。省高教学会以转变思想观念为主题组织第十届年会，安排16位专家教授发言。各高校的讨论形式多样，联系实际，内容丰富，促进了广大干部、师生教育观念的更新，推动学校的改革和发展。

〔**教学领域改革**〕 5月7日，省教委召开全省普通高校教学工作会议。会议主题为“转变教育观念、深化教学改革、加强教学建设、提高教学质量”。省教委副主任郑继伟就落实全国普通高校教学工作会议精神以及今后一段时期全省高校教学工作讲了话。

推进浙江省“高等教育面向21世纪教学内容和课程体系改革计划”。在学校申报的500个项目中初步评选出省级立项100个，省级备案项目150个。

调整专业目录，加强专业建设。根据教育部发布新的本科专业目录，形成了浙江省新的本科布点情况表，本科专业由原来360个减至246个。为加强对专业设置的宏观管理，经讨论、测算，确定了全省所有本科院校和新建专科学校专业设置的控制数。10月底，组织专业评审工作，设置新专业36个，撤销老专业19个。

开展大学生文化素质教育。原浙江大学、杭州大学是教育部确定的大学生文化素质教育试点单位，经过三年探索和实践，两校取得了不少成效和经验。为推进全省高校的文化素质教育工作，先后于5月、12月在原杭州大学、浙江大学举行了大学生文化素质教育成果推广现场会。会后省教委印发了《关于在全省普通高校开展加强大学生文化素质教育的通知》。

采取措施，促进大学生创新能力、动手能力的培养工作。一是适当集中补助经费，有重点地新建校内实习基地7个。二是鉴定教学成果，鼓励教学改革，通过鉴定的教学成果有浙江丝绸工学院的《机械设计课程主要机构教学实验系统的研制及实施方法的改革》、浙江农村技术师范专科学校的《职技高师农科类专业操作技能课程的改革与建设》。三是改进计算机教学和等级考试，组织编写相应的教材。四是组织参加全国大学生数学建模竞赛工作，全省有16所高校84个队参赛，其中6个队获全国一等奖，5个队获全国二等奖，获奖比例和等级均居全国首位。

〔**管理体制改革**〕 根据教育部要求，结合浙江省实际，组织省高校设置评议委员会专家，赴全省各地高校进行高教管理体制改革和布局调整的调研工作，并初步制订了全省高校布局调整规划。

经过酝酿，新浙江大学组建成立。该校由原教育部直属的浙江大学和隶属于浙江省的杭州大学、浙江农业大学、浙江医科大学四校合并组建而成，成为中国规模最大、学科门类最齐全的综合性大学。4月30日，教育部和浙江省委、省政府在杭州举行新浙江大学筹建大会，教育部长陈至立和浙江省省长柴松岳分别讲了话。9 月 15 日举行新浙江大学成立典礼，党和国家领导人李岚清、何鲁丽、钱伟长等出席大会。教育部长陈至立宣布新的浙江大学正式成立，并宣布了学校党政领导班子名单，中共中央政治局常委、国务院副总理李岚清在会上作了讲话。

经教育部批准，成立了民办金华职业技术学院，浙江水产学院与舟山师范专科学校合并成立浙江海洋学院。根据国务院文件精神，原中央部委属院校杭州商学院、浙江丝绸工学院、浙江经济高等专科学校 3 所高校和杭州应用工程学校 1 所中专学校实行部省共建，以浙江省为主管理的体制。12 月 11 日，省政府召开 4 所院校主要负责人和省级有关部门负责人参加的座谈会。副省长鲁松庭表示将全力以赴支持 4 校的改革和发展。

〔**“两课”教学**〕 调整了全省高校“两课”建设领导小组，修订编写了《邓小平理论教程》、《思想道德修养教程》、《法律原理》三本教材，并于秋季开始使用。正在编写的有《邓小平理论概论》、《毛泽东思想概论》、《马克思主义哲学基本原理》、《马克思主义政治经济学基本原理》等，将于 1999 年秋季使用。

暑期组织全省高校 100 多位“邓小平理论概论”课教师进行集体备课，邀请专家教授讲课，为秋季全省普通高校开设“邓小平理论课”打下基础。为提高“两课”教师队伍素质和学历层次，举办了以毕业研究生同等学力申请硕士学位高校“两课”教师进修班，并资助 25 名学员进班学习。同时，在浙江大学建立省“两课”教师培训基地，力争在 2000 年以前，使全省高校“两课”教师轮训一遍。

制定发出《浙江省高校“两课”建设工作检查评估标准细则》(试行)，决定从 1999 年下半年开始对全省高校“两课”工作情况进行全面评估。

〔**科研工作**〕 1998 年全省高校共向省教委申报项目 355 项，经筛选分两批共立项 246 项，其中自然科学项目 170 项(应用开发 135 项，基础研究 35 项)，社会科学与软科学 76 项。经省教委批准鉴定科技成果 38 项，批准评审科技成果 26 项。

1998 年全省高校获省教委科技进步奖 108 项（一等奖 19 项，二等奖 39 项，三等奖 50 项），省教委哲学社会科学优秀成果奖 56 项（一等奖 8 项，二等奖 18 项，三等奖 30 项）；浙江省科技进步奖 99 项（一等奖 1 项，二等奖 19 项，三等奖 49 项，优秀奖 30 项）；教育部科技进步奖 10 项（二等奖 7 项，三等奖 3 项）；教育部人文社科优秀成果奖 15 项（一等奖 1 项，二等奖 7 项，三等奖 7 项）。

对 1995 年评出的第一批攻关项目进行检查验收，由原杭州大学教授王绍民主持的“新光束激光器及其应用”和浙江工业大学研究员严巍主持的“低压液相催化加氢法制备对（邻）氨基苯甲醚”课题符合要求，同意结题，并向省政府作了报告。

对 1997 年下达的第二批攻关 4 个项目进行督促检查，项目进展顺利。

〔**重点学科建设**〕 重新组建了浙江省高校重点学科建设评估委员会，开展 1998 年度高校重点学科评优工作，共有 19 所高校 46 个学科点申请评优，经省高校重点学科评估委员会评审，评选出省级优秀重点学科 5 个，省优秀重点扶植学科 A 类 5 个、B 类 10 个，并予以表彰和奖励。

12月14日～15日在杭州召开浙江省高校重点学科建设和管理工作经验交流会议。会议总结交流高校第三批重点学科建设的成绩和经验，研讨下一阶段高校重点学科建设的基本思路和措施，明确了今后省高校重点学科建设的目标和重点：一是优先发展与高新技术及其产业相关的学科；二是积极发展有利于提高决策管理水平的社会科学学科和综合性学科；三是致力于选拔和培养中青年学科带头人。

〔**学位工作**〕 顺利完成了第七批全省硕士点的增列和调整工作。经国务院学位委员会第十六次会议批准，浙江省新增列浙江工业大学、浙江中医学院两个博士授予单位，宁波大学、杭州师范学院两个硕士学位授予单位；增列14个硕士、博士一级学科授权点，11个博士点和52个硕士点（包括省学位委员会增列的35个点和浙江大学自审的4个点），另外，浙江师范大学被国务院学位委员会批准为教育硕士试点单位。至此，全省已有博士点109个，硕士点263个，分别覆盖106个和206个二级学科，形成了具有一定规模、结构较为合理的学位与研究生教育体系。

制定了《浙江省学位委员会关于改革博士生指导教师审核工作实施办法》。

〔**教育交流**〕 为加强教育交流，开拓浙江教育领域的交流渠道，1998年经省教委审核报批的短期因公出访考察团组、学术访问、参加国际会议等有116批308人次，赴24个国家；赴香港、澳门、台湾学习、考察访问及参加学术会议的有61批100人次。1998年省教委办理单位公派出国留学人员102人；有53人被录取为国家公费出国留学人员，其中高级访问学者13人，普通访问学者40人；共办理自费出国留学资格审核551人。

1998年省教委共审批来自27个国家的418名自费来华留学生，其中本科生18人、专科生4人、硕士生5人、普通进修生245人、高级进修生2人、语言生20人，以及短期进修生124人，分别到浙江省院校学习工、农、医、文、理和艺术学科。招收香港、澳门、台湾学生共36人。浙江省已有55所院校具备聘请文教专家、外籍教师资格。随着办学条件、办学水平提高，浙江省民办学校聘请外籍教师的越来越多。

〔**试招农村中医专业学生**〕 年初，国家中医药管理局、原国家教委确定浙江省为农村中医专业（专科）招生试点省，浙江中医学院被列为试点院校。为做好这项工作，确保试点成功，招生部门和招生院校对招生对象、计划、考试组织办法等进行了认真讨论，制定了《浙江中医学院开办农村中医专业（专科）实施办法》。根据浙江特点，确定招生对象为乡村医生和中等医药、卫生学校毕业生和基层青年医务人员；招生计划列入普通高校年度招生计划；考生录取后享受其他新生同等待遇，毕业后保留城镇户口，由当地卫生局和人事局分配到乡镇卫生院工作，不允许个体开业。由于政策明确，准备工作充分，各项工作进展顺利，招收的新生整体素质良好。

成人教育

〔**综述**〕 1998年，浙江省成人高等学历教育招生比上年增长6.4%；在校生比上年增长9%。全省共有37所高等学校举办大专《专业证书》教育，共招收学员1.9万人。有260余万名职工、农民在各类城乡文化技术学校学习培训，扫除青壮年文盲8.4万人。浙江省成人高等教育打破传统办学模式，实行多形式、多功能、多层次办学，开展各种岗位培训、专业技术培训和继续教育，形成国家办学和民间办学相结合、学历教育与非学历教育相结合、脱产与业余相结合、面授与广播电视、函授教育相结合的办学体系。

〔**高等教育学历文凭考试**〕 3月，教育部批准浙江省进行高等教育学历文凭考试试点。省教委成立了试点工作领导小组，制定《浙江省高等教育学历文凭考试试点工作实施方案》，对试点工作的指导思想、组织领导、试点学校条件和审批程序、学校管理、招生、考试与发证等作了规定。首次确定浙江职业进修学院等15所专修学院进行试点，15所学校共开考英语等专业13个，招收新生2 760名。试点工作对推动浙江省民办高等教育发展，满足适龄青年接受高等教育的愿望，缓解了当前高等教育供需矛盾。

为促进各校之间的交流与协作，先后建立了试点学校校长联席会议制度，组织成立13个专业协作组，10个公共课教研组，使试点工作顺利健康发展。

〔**农村成人文化技术学校建设**〕 浙江省创建教育强镇活动给农村成人教育发展，乡镇成人文化技术学校建设带来了机遇。全省已有示范性乡镇成人文化技术学校83所，绝大多数学校已改变了一个专职干部、一间教室的面貌。不少学校已成为当地的农技培训中心、科技信息中心、自学考试联络站，为农科教结合，提高农村劳动者素质，作出了贡献。涌现出绍兴县杨汛桥镇成人文化技术学校、华舍镇成人文化技术学校、德清县士林镇成人文化技术学校、萧山市坎山镇成人文化技术学校、定海区白泉镇成人文化技术学校第一批先进乡镇学校。

〔**成人高校教学管理**〕 1998年省教委加大对成人高校教学工作的管理力度。召开成人高校教务主任会议，检查、指导各校的教学工作；组织对各成人高校各专业教学计划执行情况的检查，并对教学计划进行了修订；为提高教师队伍的业务水平，健全了各学科教研组并积极开展教研活动；加强对各校教学质量的监督检查，坚持对成人高校课程实行统考、抽考的制度。经过努力，浙江省成人高校已建立、完善了办学、教学、考试、管理、评估等规章制度，学校管理严格，教学秩序正常，教育质量不断提高。9月，全国电大教学评估复评组对浙江电大进行了复评，对该校大专学历教育工作的评价是：“学校非常重视教学各个环节的落实，在教学管理方面制度健全、规范、措施得力，重视对市（地）、县电大教学工作的指导，管理到位，注重队伍建设和教学设施的建设，教学条件得到了较大的改善。”

〔**社会力量办学**〕　积极鼓励社会力量办学，是浙江省1998年的工作重点。全省有各类民办教育机构10 800个，其中民办普通中学176所，在校生7.1万人；民办小学55所，在校生2.8万人；民办职业中学127所，在校生3.34万人；民办幼儿园6 459所，在校生28.4万人，均比上年有较大幅度增长。

12月，浙江省政府在温州召开社会力量办学经验交流会，与会代表参观考察了杭州、温州各类社会力量参与办学的学校，会议肯定了“国有民办”、“公办民助”、“民办公助”等多种办学形式的试点，统一了思想认识。省教委还制定了鼓励社会力量试办高职，在公办职校进行改制试点的意见；并制定《浙江省社会力量办学收费管理暂行办法》，按生均教育成本定标准，实行备案制，加强收费管理和监督。副省长鲁松庭在会上讲话，总结浙江省社会力量办学的经验：领导重视、政策扶持是推动社会力量办学的根本保证；自主办学、机制灵活是民办学校不断发展的内在动力；注重质量、办出特色是民办学校生存和发展的基础。他还对今后全省社会力量办学提出了具体要求，指出加快社会力量办学必须理清思路、明确方向、突出重点，采取切实有效的政策和扶持措施。

〔**自学考试**〕　1998年浙江省自学考试新开考电力系统及其自动化等9个本专科专业，开考专业总数达68个，专业规模达到历史最高水平。全省自学考试报名人数达56万人次，报考125万课次，仅下半年报名人数就逾30万，是1984年首次开考时的10倍。全年毕业生16 010人，其中高等教育毕业生达到10 588人。

在全国率先启动自学考试课程“学习包”建设工程，完成了建筑企业管理、国际贸易、文学概论三门课的“学习包”制作工作，拟定了今后若干年课程“学习包”建设具体方案。课程“学习包”的推出，为考生提供高质量的形式多样的自学材料，完善自学考试教学环节，提高了自学考试的人才培养质量。

首次在全省范围内推行“自学考试社会助学许可证”制度，规定所有参与高教自考社会助学的单位均需报省教委、省高教自考委审批，申领许可证，使考试机构对社会助学的管理职能大大加强。共审核助学单位148家，有118家助学单位获得许可证。在全国助学工作会议上，浙江省就如何加强助学管理作了大会专题发言。

面向基层，全面推进自学考试向农村发展，为农村培养新一代建设者、管理者、劳动者。3月，浙江省制定《关于进一步发展农村自学考试的若干意见》、《1998～2000年浙江省乡镇自考联络站工作目标及分类指导方案》及《浙江省自学考试联络站考评细则》等。1998年，全省共建乡镇联络站552个，占全省乡镇数的31.13%。乡镇考生因此迅速增加，1998年下半年，乡镇及以下考生占全省报考总数的32%，达89 624人，江山市农村考生数与建站初相比增长5倍。10月，全国自考办领导到浙江考察后对浙江自学考试向农村发展，尤其是乡镇联络站工作，给予肯定。

撰稿　钱晓芳

审稿　阮忠训

宁波市教育

〔基本情况〕

1998 年各级普通学校基本情况

单位：人

学校类别	学校数(所)	毕业生数	招生数	在校学生数	教职工数	
					计	其中专任教师
一、普通高等学校	3	2 815	3 956	12 473	2 142	1 104
研究生						
本　科		1 013	1 726	5 712		
专　科		1 802	2 230	6 761		
二、中等专业学校	38	9 242	12 814	33 866	3 043	1 770
中等技术学校	19	5 681	8 472	22 801	1 616	917
中等师范学校	4	1 174	730	2 696	373	222
中等技工学校	15	2 387	3 612	8 369	1 054	631
三、普通中学	365	92 166	82 525	247 393	18 028	14 247
高　中	70	14 196	21 633	55 118		3 519
初　中	295	77 970	60 892	192 275		10 728
四、职业中学	104	11 079	18 906	42 599	3 407	2 473
高　中	104	11 079	18 906	42 599	3 407	2 473
五、小　　学	1 454	61 249	68 740	439 116	19 759	17 789
六、特殊教育学校	7	140	100	720	223	175
七、幼　儿　园	2 090		73 307	139 147	8 822	7 039

1998 年各级成人学校基本情况

单位：人

学校类别	学校数(所)	毕业生数	招生数	在校学生数	教职工数	
					计	其中专任教师
一、成人高等学校	4	3 030	4 156	11 236	407	227
广播电视大学	1	1 032	1 455	3 096	220	111
职工高等学校	2	66	310	568	75	54
教育学院	1	514	580	1 989	112	62
普通高校举办：						
函授部	(2)	97	427	509		
夜大学	(2)	901	834	3 705		
成人脱产班	(3)	420	550	1 369		
二、成人中等专业学校	23	5 776	7 508	17 557	641	253
广播电视中专	1	2 343	2 721	5 767		
职工中专	13	2 961	3 687	9 926	194	118
农民中专	1	44	208	391	23	12
函授中专	1	428	892	1 473	12	4
教师进修学校	7				412	119
三、成人中学	93	4 979	6 098	10 528	642	463
职工中学	36	1 936	3 122	4 670	222	115
农民中学	57	3 043	2 976	5 858	420	348
四、成人技术培训学校	3 085	420 894	583 953	555 661	2 271	889
职工技术培训学校	374	77 213	115 004	82 528	672	284
农民技术培训学校	2 711	343 681	468 949	473 133	1 599	605
五、成人初等学校	338	11 453	11 729	11 204	278	192
职工初等学校	25	945	1 162	1 206		
农民初等学校	313	10 508	10 567	9 998	278	192
其中：扫盲班	168	3 255	3 047	2 003	205	148

制表　娄逢良

1998年，宁波市共有各级普通学校4 061所，在校生91.53万人，教职工5.54万人。全市九年义务教育人口覆盖率为100%，义务教育阶段的入学率、巩固率、完成率分别达100%、99.45%和92.5%；初中生毛入学率为105.09%；幼儿入园率达90.67%，学前一年入园率为100%；盲童、哑童和弱智儿童的入学率分别达87.31%、91.11%和91.89%；全市高中阶段招生5.34万人，占初中毕业生的68.43%，其中城区初中升学率达87.28%，已基本满足初中毕业生升入高中段学习的要求，职技教育与普通教育招生比例稳定在6∶4左右；高中毕业生升入全日制高校人数为7 600人左右，升入高校学生人数达同龄人比例的10%以上。

1998年，全市教育经费总收入为22.2亿元，其中国家财政性教育费为14.1亿元，分别比1997年增加3.6亿和1.8亿元；全市财政预算内教育经费支出为8.95亿元，比上年增加1.5亿元，占地方财政支出的15%。

1998年，宁波市大力深化教育改革。在办学体制上，积极探索“转制”、“国有民办”、“以公带民”等吸纳民间教育资源的办学新途径，全市社会力量办学（园）机构已达1 858家，呈现出较好的发展态势。在管理体制上，稳步推进校长职级制和教职工聘用合同制，拟订了《宁波市中小学校长职级制实施方案（试行）》和《宁波市教育系统教职工实行聘用合同制实施意见（试行）》，确定了北仑区、江东区和宁波中专、甬江职高、慈湖中学、东方中学等作为推行教职工聘用合同制工作的试点地区（学校）；并从1998学年开始，在市直属学校（单位）对新分配的大中专毕业生、从市外调入的教师和从非教师岗位上调入的人员等三类对象全部实行聘用合同制；并以全面素质为导向，以整体优化为中介，以高质量与高效益为目标，出台了对学校、教师的两个教育评估指标（试行），拟订区域教育的评估指标体系，努力在区域之间、学校之间、教师之间形成公平竞争的激励机制。在教育投入机制上，努力建立以政府投入为主体，教育费附加、校办企业减免税、职教统筹经费和社会各界捐集资等多渠道筹集教育经费的教育投入机制。

为加快教育发展步伐，宁波市坚持“两手抓”。一手抓基础薄弱学校建设：全面启动了基础薄弱学校的改造工程，从1998年开始，把“无基础薄弱学校”作为申报“两高”（高标准“普九”，高标准扫盲）县（市、区）和“教育强镇”的必备条件，在经费、政策上为义务教育阶段学校改善办学条件给予重点倾斜和扶持，使全市小学从1997年的1 664所减少到1 454所，普通中学从1997年的369所调整到365所，办学规模和效益进一步提高；建设希望学校25所，全年完成23所；全市已有90%的学校办学条件达到了《义务教育阶段学校合格标准》。另一手抓“两高”、“教育强镇”和现代化示范性学校建设，使全市“两高”县（市）、区达到6个，43个镇成为市“教育强镇”，其中39个镇（乡）获得了省“教育强镇”称号；78所学校成为省级以上的示范性学校。

1998年，宁波市认真贯彻落实《教师法》，切实提高教师的地位和待遇。全市新建及购置教工住宅9万平方米，其中城区共完成教工住宅1.49万平方米，计200多套，总投资3 300多万元，据初步统计，城镇教职工人均居住面积已从1997年的11.56平方米提高到12.6平方米。为提高师资队伍素质，宁波市认真开展中小学教师继续教育，强化全国和省的中小学继续教育实验区建设，在全省率先全面实施了中小学教师继续教育全员岗位培训工作，全市小学、中学教师的培训率分别在95%和93%以上（中学高级教师除外），至年底，全市幼儿园、小学、初中和高中教师的学历合格率分别达到70.2%、96.27%、91.45%和78.6%，小学教师专科、初中教师本科学历分别达到15.27%和20.11%。

撰稿　鲁焕清

〔**基础教育**〕　1998年，全市有7所幼儿园申报并通过了省级示范幼儿园的验收，使省示范性幼儿园总数达到18所；17所乡镇中心园通过了达标验收，使乡镇中心园达标数达到72所，达标率占65%。为贯彻落实国家教委印发的《全国幼儿教育事业"九五"发展目标实施意见》，宁波市制订了全市幼儿教育今后五年发展目标及实施细则，进一步推行多元化办园模式，并逐步建立健全了幼儿园（学前班）的评估体系，制发了《关于进一步开展幼儿教育督导评估的通知》、《宁波市幼儿教师培训的若干意见(1998～2000)》、《宁波市关于加强幼儿园保育保健工作的若干意见》等文件，加强对幼儿园工作的管理，推动了幼儿教育事业的改革与发展。

1998年，宁波市积极推进素质教育，教育质量和办学效益进一步提高。具体做法有：(1) 加强薄弱学校改造，努力办好每一所学校。各级政府和教育行政部门在经费上、政策上对基础薄弱学校给予倾斜，对这些学校加强领导班子和教师队伍建设；积极开展重点中学、实验（中心）小学、示范学校与基础薄弱学校结对帮扶活动，选派城镇优秀中青年教师去乡村学校支教；教研室、教科所定期组织力量到学校具体指导教学、科研工作。(2) 规范办学行为，优化教学过程。拟订了《宁波市城区初级中学强化教育教学管理十项要求》，对城区初中学校办学提出规范要求，建立常规管理制度；市、县（市、区）两级教研室积极发挥教学研究、过程管理、质量评估和业务指导等方面的作用，组织多层次、多形式的教学研究活动，研究教法和学法；开展首届基础教育教学成果奖的评选活动，引导教师重视教育科研，积极探索教育教学规律，总结、宣传"轻负担，高质量"的典型，向浙江省申报20个基础教学成果奖，编印出版了《宁波市基础教育教学成果集粹》。(3) 加强校园文化建设，营造健康向上的育人环境。3月，召开宁波市第九次中小学德育工作会议，提出"加强校园文化建设，开创德育工作新局面"，从育人的战略高度，全面规划校园文化建设。全市中小学在努力形成优良校风的同时，以建设整齐、优美、富有教育意义的校园环境为目标，优化校内育人环境。(4) 扩大实验联系范围，开展创特色活动。至1998年底，全市素质教育实验联系县（市）区已扩大到北仑、鄞县、余姚、慈溪4个县（市）区；素质教育实验联系学校已超过100所。市教委就学校的科技教育、劳技教育、书法（写字）教学、计算机教学等方面提出指导性意见后，一批学校积极开展创特色活动。全市已有市级科技教育试点学校38所，全国级书法实验学校3所，省级书法实验学校17所，市级书法实验学校18所。(5) 完善招生考试办法，构建素质教育的评估机制。1998年，宁波市提高了省一级重点中学高中招生的保送生比例，扩大了省二级重点中学和省综合高中校内保送生名额；对有体育、文艺、书画、劳技、科技等特长的初中毕业生，在高中段录取时予以加分，允许重点中学降分招收特长生；北仑区将省一级重点中学高中招生名额全部切块到各乡镇、初中，促使学校由升学竞争转为办学水平竞争；全市小学等级制试点继续扩大，全市已有70%以上的小学试行了用学生素质发展情况报告单代替以学科成绩为主的学生成绩报告单；出台了《义务教育段学校教学质量抽测评估制度》，从下半年起对小学四年级以上的义务教育段学生进行质量抽测，收到了预期效果。

1998年，宁波市高中毕业生升入全日制高校人数首次突破7 000人；在全国中小学文艺汇演中宁波市代表队荣获一等奖，组织参加全省教育系统第三届艺术节，获一等奖2个、二等奖15个；在全省首届中学生电脑纵横码汉字输入比赛中，获城市组一等奖，囊括学校特等、一等、二等奖；组队参加全省中学生田径运动会，荣登各地市团体总分榜首。

撰稿　丁翠地　高祖祥　邵忠新

〔**职业教育**〕 1998年，宁波市职业教育以《职业教育法》和《宁波市中等职业教育条例》为法律保障，重视数量发展与质量提高并重，积极探索从外延扩展向内涵发展的路子，得到了健康发展。

全年中等职业教育招生数达3.1万人，在校生数达到7.7万人，中等职业学校与普通高中的招生数和在校生之比，继续保持在6∶4。全市有普通中专23所，技工学校15所，职业中学104所。提前两年实现宁波市职业教育“2015”工程，即建成了20所省示范以上中等职业学校（其中包括5所国家级重点职业学校）和15个与经济建设密切相关的市级重点专业（其中4个为省示范专业），促进了职业学校专业建设和全市职业教育整体水平的提高。高等职业教育得到稳步发展。全市中等职业学校毕业生升入市内外高等职业院校的人数，已从1995年的192人增加到1998年的1 073人。中等职业学校毕业生可报考的专业已达到16大类50多个专业，覆盖了中等职业学校开设的绝大部分专业门类。

根据《宁波市加快发展社会力量办学的若干意见》，宁波市积极鼓励、支持、规范社会力量办学。全市有社会力量办的职业中学、普通中专27所，在校生近5 000人。1998年城区社会力量办职业学校的招生数已占当年城区招生数的一半，政府办学、社会力量办学、学校与企事业联合办学的格局已经形成。市政府及有关部门通过职教统筹经费返还和一系列优惠扶持政策，给社会力量办职业学校以有力的支持。

积极推进办学体制改革，加大布局调整的力度。下半年，省部级重点普通中专宁波中等专业学校改制为“国有民办”学校，由宁波经济技术开发区、市教委、宁波中专三方共同投资建设。下半年，民办宁波万里中等专业学校正式开学，成为浙江省第一所民办普通中专。慈溪市推出职业学校布局调整“138”工程，即建成一所以国家级重点职高为标准的，集职教、成教、电大、自考为一体的多功能、多层次、综合性的职业学校，建设好3所独立设置的规模较大的职业中学，并把全市乡镇划分成8个区域，建成8所有一定规模的职成教沟通的乡镇职校。

为提高师资水平，1998年市教委、劳动

局、教育工会等联合举行全市职业中学专业教师技能操作竞赛，共有128名专业教师参赛，由市相关专业技能鉴定所（站）组织考评员担任评委，对竞赛优胜的教师颁发相应的国家专业技能等级证书（中级工）。同时，积极鼓励教师参加“专升本”自学考试和各种进修，1998年有700多名教师报名参加省职教师资“专升本”自学考试。

撰稿　王旭峰

〔**高等教育**〕　1998年，宁波市高等教育事业稳步发展，高校办学规模继续扩大，本专科在校生达到12 473人，比上年增加925人；专任教师1 104人，专任教师中正高级职称教师43人，副高级职称教师249人，中级职称515人，初级职称教师251人。

1998年，合并后的新宁波大学本着“统一规划，分步实施，平稳过渡，三年完成”的总体思路，稳步推进了管理体制改革。至6月，行政管理机构的合并已全部完成，由合并初期的46个减少到19个；作为试点的外语学院、自动化与计算机技术系院系学科调整工作已顺利结束，成功完成合并。下半年又新组建社会科学系、管理学系和电子信息工程系。合并后的综合优势日渐体现，专业设置更加合理，学科建设和师范教育得到进一步加强。

6月6日，由香港著名科学家、医学家汤于翰博士捐资1 000万元人民币，省市政府配套1 000万元人民币的宁波大学医学院正式成立。6月，国务院学位委员会、教育部批准宁波大学为硕士学位授予单位，下设工程力学、国际贸易和水产养殖3个硕士点。

宁波高等专科学校进一步开展“示范性高工专”建设工作，5月24日，第四批申请为教育部教改试点专业的机械加工工艺专业通过教育部专家评估，第三批批准的教改试点会计专业通过中期考查。在1997年招收机械、外贸英语、秘书和计算机四个高职专业基础上，又新增建筑工程和服装工艺两个高职专业，其中建筑工程高职专业被教育部与建设部列为高职试点专业。

宁波大学、宁波高等专科学校在推进体制改革的同时，加强学科建设，科学配置资源，优化专业设置，重点发展应用学科。1998年又新增两个省重点B类扶植学科（宁波大学的英语应用语言学和宁波高专的语言学）；宁波大学的水产养殖学科和理论物理学科分获浙江省优秀省级重点学科A类和B类奖。正式启动宁波市市级重点学科建设工作，共评出首批市级重点学科4个，重点扶植学科3个。

撰稿　郑　瑜

〔**成人教育**〕　1998年，宁波市成人高校“专升本”及成人高职班招生人数较上年有大幅度增加，电大注册视听生招生人数也达到历史最高水平。为进一步发展高等教育，积极推进高等教育体制改革，全市批准设立了4所民办高校，其中宁波职业教育专修学院、余姚职业技术专修学院经浙江省教委批准，进行了高等教育学历文凭认定考试试点，并首次面向社会招生。此外，5所高校受10个市级委、办、局委托，举办了成人高等教育《专业证书》教学班。

1998年，成人中等专业教育继续稳步发展，农村基层干部岗位培训与中专学历教育衔接工作也正式实施。为切实提高教育质量，体现成人中专教育特色，市教委颁发了《宁波市成人中等专业教育加强实践性环节的意见》，要求成人中专学校注重学生的能力培养，体现成人中专教育应用型、职业型的人才培养特色。并规定从1998年秋开始，对计算机应用、机电、电工、服装设计等专业进行技术等级考核，毕业生实行“双证制”或“多证制”试点。

近几年来，宁波电大在增加经费投入，改善办学条件的同时，注重学校内部管理，狠抓教学质量。9月，宁波电大通过了全国省级电大的教学评估。

为扩大成人学历教育影响，加强社会信息服务，市教委首次组织14所成人高校、成人中专学校举行了1998年成人大、中专学历教育招生咨询活动。

1998年，全市扫除青壮年文盲2 433人，青壮年非盲率达到99.01%，成人识字率达到89.7%。乡镇成校招收成人中专、职业高中等高中段学生157班，计6 616人，开展“燎原计划”的示范乡镇达到65个，示范项目达到80个，全年围绕项目开展培训近4万人次，项目所辐射产业的年产值4.68亿元。全年开展农业“绿色证书”教育培训267班，计1.38万人，其中结业8 141人；开展“农函大”教育培训229班，1.19万人，其中结业3 993人；开展农村基层干部岗位培训7 433人，提前完成省统一的农村跨世纪基层干部岗位培训工作。全市农村成人教育总培训人数达到104万人，占农村劳动力总数的37.23%，其中50教时以上的培训达到20万人，占农村劳动力总数的7.25%。与此同时，农村成教的自身建设又上新台阶。县、镇、村的成教网络基本形成，149个乡镇均建立省定标准的成校，其中经评估认定合格的省示范性乡镇成校21所，省一类成校21所，省二类成校50所，省三类成校57所，均居于全省领先水平。全市149所乡镇成校总占地47公顷，建筑面积16万平方米，配备有电脑2 205台，图书11.5万册，有专职成教干部教师1 115人，全年农村成人教育经费支出2 450万元。

至1998年，全市已确定了8个职工教育重点基地，19个职工教育联系点和5个企业教育综合改革试点单位，职工全员培训率达到36.67%。

撰稿　黄明杰　周永明

审稿　华长慧　沈剑光

安徽省教育

概　　况

〔基本情况〕

1998 年各级普通学校基本情况

单位：人

学校类别	学校数(所)	毕业生数	招生数	在校学生数	教职工数	
					计	其中专任教师
一、普通高等学校	34	27 192	36 757	108 767	26 600	11 573
研究生	(17)	996	1 375	3 823		
本　科	20	11 571	21 111	69 106		
专　科	14	14 625	14 271	35 838		
二、中等专业学校	160	44 624	73 920	169 457	18 163	9 632
中等技术学校	119	32 650	57 964	135 639	14 023	7 297
中等师范学校	41	11 974	15 956	33 818	4 140	2 335
三、普通中学	3 841	971 002	1 165 977	3 224 086	181 060	149 080
高　中	635	107 858	152 342	400 982		24 158
初　中	3 206	863 144	1 013 635	2 823 104		124 922
四、农业、职业中学	750	137 368	166 297	465 209	24 746	19 287
高　中	383	61 786	59 867	185 506		9 038
初　中	367	75 582	106 430	279 703		10 249
五、工读学校	2	30	45	15	94	54
六、小　学	26 453	1 149 519	1 207 889	6 485 588	293 679	275 393
七、特殊教育学校	69	1 695	2 265	21 269	1 205	888
八、幼　儿　园	2 447		830 380	1 056 197	28 319	23 424

1998 年各级成人学校基本情况

单位：人

学校类别	学校数(所)	毕业生数	招生数	在校学生数	教职工数	
					计	其中专任教师
一、成人高等学校	26	24 656	31 768	85 445	5 051	2 424
广播电视大学	1	5 115	4 624	12 519	1 018	428
职工高等学校	14	2 333	2 934	8 554	1 950	1 045
农村高等学校						
管理干部学院	2	1 143	1 330	3 571	555	210
教育学院	9	3 726	5 185	13 245	1 528	741
独立函授学院						
普通高校举办：						
函　授　部		6 380	10 788	27 731		
夜　大　学		2 348	1 959	7 872		
成人脱产班		3 611	4 948	11 953		
二、成人中等专业学校	180	28 644	22 627	66 766	5 632	2 784
广播电视中专	14	6 487	3 780	12 530	496	214
干部中专	27	3 660	6 349	13 427	1 360	600
职工中专	84	10 911	7 282	23 759	2 444	1 270
农民中专	7	370	930	1 851	31	24
函授中专	5	1 211	971	4 694	96	61
教师进修学校	43	6 005	3 315	10 505	1 205	615
三、成人中学	67	12 512	10 227	11 505	300	179
职工中学						
农村中学						
四、成人技术培训学校	12 797	3 974 846	3 883 203	3 715 713	8 836	2 169
职工技术培训学校						
农民技术培训学校						
五、成人初等学校	8 310	391 680	372 300	433 858	3 417	1 971
职工初等学校						
农民初等学校						
其中：扫盲班	7 332	301 914	305 313	366 374	3 194	1 860

制表　吴金辉

〔**年度工作指导思想和基本思路**〕1998年全省教育工作的指导思想是：高举邓小平理论旗帜，全面贯彻党的十五大提出的教育工作各项战略目标和任务，切实落实“科教兴国”和“科教兴皖”战略，以全面推进“两个重要转变”为主线，以“全面适应、积极探索、加快改革、有所突破”和“规模、结构、质量、效益内在统一、相互协调”为目标，大力推进各类教育事业再上新台阶。1998年重点实施“三大工程”（质量工程、效益工程、改革工程），实现“五个突破”（教育服务于经济的新突破、素质教育的新突破、“两基”工作的新突破、职业教育的新突破、党建和精神文明建设的新突破）。

重点工作及其主要目标是：(1) 组织教育系统广大干部和师生认真学习邓小平理论和十五大文件，研究提出全省教育战线及本地区、本单位贯彻十五大精神的工作重点、改革思路和基本措施；抓好高校“两课”建设，推进邓小平理论“进教材、进课堂、进头脑”工作。(2) 确保省委、省政府提出的“两基”目标如期实现。年内完成11个县（市）的“两基”达标验收，全省实现“两基”的县（市、区）总数达到101个，人口覆盖率达到85%以上，青壮年文盲率下降到3%以下。推进已达标地区“普九”巩固提高工作。(3) 深化教育教学改革，切实提高教育质量和效益。①全面推进素质教育。制定《关于进一步推进中小学实施素质教育的意见》。修订中小学各学科素质教育标准，同时积极推进其他各类教育的素质教育。②加强教师队伍建设。继续抓好高校跨世纪骨干教师和学科带头人队伍建设。加快中小学教师学历培训，全面启动中小学教师继续教育。切实做好民办教师转公办工作，确保完成1998年9 000人的民办教师招生任务，争取达到1万人。进一步加强教职工思想政治工作和职业道德建设。③继续贯彻“共建、联合、调整、合并”方针，深化高等教育办学体制和管理体制改革。促进校际、校企（科研机构、事业单位）实行多种形式的联合、合作办学，逐步解决高教体制条块分割、力量分散的问题。④推动安徽大学“211工程”的实施，积极支持中国科技大学“211工程”建设和合肥工业大学争取进入“211工程”重点学科项目建设。做好第七批学位点评审工作，争取学位工作有新的突破。⑤加大中小学布局调整力度，对工作薄弱地区加强指导和检查；做好中等师范学校布局调整工作，努力实现调减目标。(4) 拓宽教育思路，主动适应并服务于经济建设。推进农村教育综合改革，选择2～3个地市作为省级农村教育综合改革实验点，并确定其中5～7个县作为省级联系点，落实“点上深化、面上推广”方针，着力抓好农村中学职教向普教渗透。加大农科教结合工作力度，力争乡镇一级开展面达到65%，开展实用技术培训和推广工作，重点抓好农科教电波入户试点工程和绿色证书工程。以农村职教和高等职教为重点，加快农村职教“二次创业”进程，加强高等职业技术学院建设。加大职业教育政府统筹力度，积极推动县级职教中心建设，以适应经济建设对一线建设人才培养的需要。争取全年自考规模突破100万人科次。坚持产学研结合，组织高校科技攻关，建立高校科技市场，并争取筹建1～2个科技成果中试基地，提高科技成果转化率。选择2～3个地市深入开展产学研“百十工程”活动。进一步发展校办产业，全年计划完成中小学勤工俭学纯收入5.6亿元，高校科技产业利润4 000万元。关心社会热点，加强职工培训。继续组织有条件的学校开展下岗职工培训，扩大培训规模，建立培训机制。成人教育由以学历教育为主，向以继续教育和岗位培训为主转换，适应经济结构调整及经济发展对在岗职工培训的需求。

〔**教育投入与支出**〕 1998年，全省教育经费收入共917 458万元，其中财政预算内拨款483 278万元，占52.7%；各级政府征收用于教育的税费115 605万元，占12.6%；校办产业、勤工俭学、社会服务收入中用于教育的经费9 359万元，占1%；社会捐集资29 755万元，占3.2%；事业收入231 954万元，占25.3%；其他收入47 507万元，占5.2%。1998年，全省全口径教育经费支出总额为894 256万元，比上年增加88 121万元，增长10.9%。按隶属关系分，中央部委所属在皖院校教育经费支出63 284万元，占7.08%；安徽地方各级各类学校经费支出830 972万元，占92.92%。按部门划分，教育部门教育经费支出777 433万元，占86.9%；其他部门、企业及社会团体、个人办学教育经费支出116 823万元，占13.1%。

1998年地方预算内教育经费安排和执行情况。全省地方教育部门各级财政预算内教育事业费实际支出数为380 855万元，比上年增长4.8%（同期财政支出增长13.1%）。地方预算内教育经费支出（含城镇教育费附加）为406 200万元，比上年增长2.58%，但预算内教育经费支出占财政总支出的比重由上年的17.23%下降到本年的16.97%。地方财政拨款（含预算内基建拨款和预算内专项资金拨款）为422 767万元，比上年增长8.3%，低于同期财政收入11.5%。1998年全省国家财政性教育经费支出622 085万元，占当年国民生产总值的2.2%，较上年下降0.04个百分点。

1998年各级各类学校生均预算内教育经费及公用经费情况：普通高校（不含在皖部委属院校）为4 299元和1 644元，比上年分别下降571元和118元；普通高中为840元和89元，分别增加41元和13元；普通初中为409元和37元，分别增加16元和下降6元；普通小学为281元和15元，分别增加26元和下降2元；职业中学为506元和62元，分别增加33元和下降22元；中等师范学校为1 511元和228元，分别减少108元和26元。

1998年教育基建情况。省属高校基建总投资12 987万元(其中省统筹3 746万元，中央补助1 062万元，补助教师住房建设350万元，学校自筹7 829万元)。经省计划部门批准，当年下达建设计划总面积387 849平方米，竣工142 623余平方米。全省普通中学、职业中学、小学校舍总面积比上年分别增加131万、34万和128万平方米。全省城镇中小学教职工住房建设完成投资37 451万元，完成建筑面积708 595万平方米，建成住房9 330套；省属高校完成投资3 817万元，建成住房建筑面积60 673平方米，建成住房758套。

〔**抗洪救灾、恢复重建工作**〕 在1998年夏季特大洪涝灾害中，全省教育系统有60多个县（市、区）的3 400多所学校受灾，倒塌校舍41万平方米，造成危房61万平方米，大量课桌凳、道路、操场、教学仪器设备、图书被毁，直接经济损失达5.2亿元。

灾情发生后，省及各地教育部门紧急动

员，组织抗洪救灾、护校保校。省教委及时成立救灾办公室，加强抗洪救灾、恢复重建和开学工作的组织与指导；前后共计投入近亿元资金和物资用于救助灾区学生和教育恢复重建，同时对受灾家庭学生实行免、减、缓交学杂费政策，做好资助灾区大学生入学和生活补助工作，在全系统组织开展“对口支援”活动和多种形式的献爱心活动。各地市教委、灾区学校普遍建立抗洪救灾工作岗位责任制，全省约6万多名教育系统干部、教师参加抗洪抢险第一线战斗，涌现出一大批模范先进人物。通过采用搭建简易教室，借用、租用民房，就近分流插班等办法，全省灾区中小学9月1日全部按时开学，高校灾区学生全部按时到校。省教委组织医科院校及其附属医院派出42支医疗队分赴灾区开展防疫治病工作。

省教委制订了《安徽省中小学灾后校园恢复重建规划纲要》，提出坚持恢复与发展并重，坚持高起点，着眼新发展，全面规划，分步实施，保证质量，标本兼治的指导方针，并于1998年11月召开全省教育灾后恢复重建工作会议，提出全省1999年全面完成恢复重建任务。各地党委、政府坚持把灾区教育恢复重建放在重要位置，把教育重建纳入灾区重建的总盘子，统一规划，统一指挥部署，统一组织实施，统一检查督促。截止1998年底，全省轻灾区的水毁校舍恢复重建任务全部完成，重灾区、特重灾区的恢复重建任务完成50%；省下达和纳入省教委灾后恢复重建项目管理的有100多个项目，新建教学楼114幢，建筑面积达15.1万平方米，项目总投入约8 035万元。省教委成立灾后恢复重建办公室，对重建项目全部实行项目管理。同时省教委、省财政厅联合成立专家组，具体负责恢复重建项目的检查、指导工作。

〔**开展落实科教兴皖战略大讨论**〕 7月和9月，省委教育工委、省教委先后在两委机关和全系统掀起“深入学习邓小平理论，积极实施科教兴皖战略”大讨论，总结改革开放20年特别是近5年来全省教育工作的成就和经验；进一步解放思想、转变观念，深刻认识现代教育的规律和功能，探讨新形势下教育与政治、经济、文化的关系；探讨深化教育体制改革，适应经济建设和社会发展需要的思路和措施。经过学习、讨论和交流，广大干部职工把握、运用邓小平理论的水平有了提高；提出了一系列发展安徽教育，落实科教兴皖战略的新思路和建议。

〔**改革开放20年教育成就**〕 20年间全省教育战线大胆探索，取得巨大成就。首先，教育体制改革有突破性进展。在管理体制上，打破了高度集中、统得过死、管得过多的旧体制，实行了分级办学、分级负责。在办学体制上，打破了由政府包办学校的单一体制，开始形成以政府办学为主体、社会各界共同参与、公办学校和民办学校共同发展，实现了办学主体多元化。全省社会力量办学到1998年已发展到1 000余所。在高校管理体制改革上，进入“九五”以来，通过“共建、联合、调整、合并”，已逐步打破过去条块分割的格局，并继续加速推进。在学校内部管理体制上，各地普遍引进了竞争机制，促进办学水平提高。在招生和毕业生就业制度改革上，打破了国家“包上学、包分配”的旧格局。安徽在1996年实行中专招生“并轨”，于1997年高校招生全面“并轨”，同时切实加快了高校毕业生就业制度改革，逐步完善毕业生就业指导体系，建立了毕业生就业市场。在教育投资体制上，改变了过去单靠财政拨款的局面，逐步形成了以财政拨款为主，辅之以征收教育税费，非义务教育阶段收取学费，发展校办产业，鼓励集资办学、捐资助学等多种渠道筹措教育经费的新体制。

其次，各类教育事业在改革中快步发展。(1) 全省已有102个县（市、区）实现“两基”目标，人口覆盖率达94.89%；小学适龄儿童入学率由1978年的89.1%上升到99.78%，小学毕业生升学率由60%提高到97.44%。20年间扫除文盲698.8万人，青壮年文盲率由1978年的36.5%下降到3%。(2) 中等职业教育异军突起，中等教育结构得到优化。1978年中等专业学校仅92所，没有职业中学，到1998年，中等专业学校、职业中学分别发展到160所和750所，在校生比1978年增长24.1倍。20年间，中等专业学校毕业学生48.14万人，职业中学毕业学生87.36万人。全省中等职业学校（含技工学校）招生数和在校生数占高中阶段的比例已分别达到49.5%和51.5%。(3) 成人教育迅速发展，全省基本形成了多层次、多门类、多形式的办学格局。20年间，成人高校毕业学生26.20万人，成人中专毕业学生27.21万人。1984年以来，高等教育自学考试逐步扩大规模，毕业本专科生8.19万人。(4) 高等教育办学规模明显扩大，办学水平显著提高。1998年全省有普通高校34所，比1978年增加13所；在校生数和招生数分别比1978年增长3.7倍和3倍。全省高校已建起博士点54个、硕士点265个，博士后流动站8个，同时建立了一批重点实验室和重点学科。20年间全省高校培养本专科毕业生34.67万人（其中省属高校培养25.23万人），培养博士、硕士研究生8 929人（其中省属高校1 919人）。

撰稿　吴金辉

基础教育

〔**义务教育**〕 1998年，全省小学适龄儿童入学率为99.78%，比上年提高0.06个百分点；小学在校生辍学率为0.42%，比上年降低0.27个百分点；小学毕业生升学率为97.44%，比上年下降0.48个百分点。1998年有12个县（市）通过省级“普及九年义务教育”验收。全省累计已有102个县（市、区）实现基本普及九年义务教育，占县（市、区）总数的97%，人口覆盖率达94.89%。2月，省教委在长丰县召开全省决战“两基”动员大会，副省长蒋作君到会讲话，要求坚定不移地按照省政府下达的规划进度，用最大努力完成全省1998年实现“两基”任务。省教委主任陈贤忠作工作报告，省教委副主任金汉杰作总结讲话。与会人员参观了长丰县和寿县“两基”工作现场。4月，省教委在繁昌县召开全省“普九”巩固提高工作现场会。会议提出，全省“普九”的重点要从全面普及向全面巩固提高转变。省委副书记方兆祥到会讲话，要求各级党委、政府继续发挥在“普九”巩固提高中的领导核心和指挥作用；要继续把“普九”作为年度工作目标之一，与经济工作一起部署和实施；要继续出台并实施有利于“普九”巩固提高的政策措施。

〔**“义教工程”和“贫三”项目执行情况**〕　为扶持贫困地区，国家拨专款实施“义教工程”（“贫困地区义务教育工程”）项目，包括安徽在内的“二片”地区项目规划执行期为1995年5月至1998年5月。全省项目原定资金量5.808亿元（中央专款1.48亿元，其余为省地县乡财政配套资金），实际完成7.167亿元。项目实际完成新建学校396所、改扩建学校930所、单项改善办学条件2 667所；“义教工程”项目仪器设备和图书实行全省统一招标采购，保证了质量，节约近千万元资金。项目还于1998年底通过国家专家组验收，国家给予1 000万元的奖励。世界银行贷款“第三个贫困地区基础教育发展”项目，安徽贷款额度为1 852万美元，折合人民币1.53亿元，共确定16个国家级贫困县实施项目。按规划要求安排国内配套资金1.35亿元，项目总资金为2.88亿元。截止1998年底，共开工土建项目880个，已竣工交付使用530个，完成土建投资1.08亿元，占规划投资额的80%以上；教学仪器和图书资料实行招标采购，第一标于10月19日开标，采购额度38.4万美元；培训项目县教育行政和中小学管理人员及师资1.2万余人次，完成规划任务的50.6%；在科研成果推广方面，“促进贫困地区女童教育项目”和“弱智儿童教育项目”获得推广；项目资金利息72.1万元用于资助贫困学生1.54万人，享受免减杂费就读的学生1.6万人。

〔**特殊教育**〕　1998年，省教委结合“两基”督查、验收和复查，检查了颍上县等15个县（市、区）的特殊教育工作；开展了全省特教工作评估。8月，在太湖县举办了全省特教管理干部培训班。11月，在宿州市召开全省特教学校劳动技术和职业教育经验交流现场会。年初，省教委与英国救助儿童会达成了初步合作协议。省教委检查了铜陵市、宿县地区、滁州市、和县、寿县等地的肢体残疾幼儿一体化教育工作，还选择4所幼儿园和4所小学分别开展一体化教育和一体化教育幼小衔接试验。

〔**幼儿教育**〕　1998年5月，在天长市召开全省幼儿教育工作会议。会议就实现全省幼教事业发展规划中“九五”后期发展目标作了部署。省教委与省妇联通过协商并报经省政府同意，将幼儿教育归口教育部门统一管理，理顺了幼儿教育的管理体制。开展了省级一类幼儿园和农村示范幼儿园的评审工作。举办了全省首次幼儿教师自制教玩具展评活动。

〔**高中教育**〕　1998年，省教委鼓励各地试办综合高中和特色高中（特色班），共审批特色高中（班）16所。省内有民办中学28所，国有民办学校1所。10月，省教委在马鞍山市召开全省示范高中评估验收现场会。经过评估，省教委认定马鞍山二中为省示范性普通高级中学。省教委主任陈贤忠在会上作题为《深化改革，适度发展，大力办好普通高中教育》的报告。会议提出，要坚持普通高中的适度发展，深化普通高中办学模式改革，积极创建一批示范高中。在本年度的全省普通高中毕业会考中，加强了实验课教学考查。组织了全省普通中学计算机竞赛，组队参加了全国青少年奥林匹克信息学竞赛并获第三名。

〔**教育管理**〕 1998年省政府办公厅转发省教委和省财政厅《关于进一步调整我省中小学布局的意见》，推动中小学布局调整稳步开展。全省小学比上年减少1 026所，校均在校生规模为245人，比上年增加11人，师生比由上年的1∶23.41上升到1∶23.55；初中比上年减少83所，校均在校生规模为869人，比上年增加48人，师生比由上年的1∶22.15上升到1∶22.60。

省教委印发了《安徽省示范初中评估验收实施方案》、《关于进一步规范义务教育阶段办学行为的通知》、《关于加强中小学教学用书管理工作的通知》和《关于进一步做好控制中小学流失生工作的通知》。加强了中小学安全教育，对部分市地学校的安全教育工作进行了检查。

〔**素质教育**〕 省教委制发了《关于进一步推进中小学实施素质教育的意见》，主要措施有：整顿教学秩序，加强常规管理；进一步规范义务教育阶段学校的办学行为；优化教学过程，全面提高教学质量；切实加强中小学德育工作；加强薄弱学校建设；积极稳妥地改革考试制度和招生办法，建立实施素质教育的正确导向机制；努力建设一支高素质的校长、教师队伍；加强中小学实践教学和现代教育技术应用；加强教育科学研究；建立素质教育的督导评估机制；区域推进素质教育，提高中小学教育整体水平。12月，省教委在合肥召开全省中小学素质教育工作会议，与会代表参观了合肥市部分中小学，观摩了部分省“教坛新星”的课堂教学，交流了实施素质教育的经验，探讨了一些难点和关键问题的解决办法。省教委主任陈贤忠作了题为《提高认识，抓住机遇，全面推进实施中小学素质教育》的报告。

〔**中小学教研、科研**〕 省教委制定的调整九年义务教育部分学科教学内容与教学要求的意见，经教育部审核批准，于1998年秋季新学期起在全省中小学正式实施。为加强常规教学业务管理，制订了《安徽省中小学各学科教学规范》。根据全省中小学课程教材改革的方案，组织了选修课、必修课和活动课教材的编写。制订了初中毕（结）业考试、升学考试，高中毕业会考以及职业高中对口升学考试等考试纲要。以“科教兴国，以研兴教”为指导，加强宏观教育科学研究。承担国家“九五”两项重点课题，已经开题研究。开展农村初中毕业生与当地经济发展适应情况的调查研究。1998年全省有54个课题确定为省级教育科研立项课题。开展各种业务培训，为基层和学校培训教研骨干400多人次，有上千人次接受了大纲和教材培训；组织全省中学数学青年教师说课评比，全省青年地理教师教学基本功比赛等。

〔**体育、卫生、艺术教育**〕 继续抓好学校体育、卫生两个《条例》的贯彻，对45所中初等学校贯彻两个条例的情况进行了检查评估。认真组织实施原国家教委颁发的《初中毕业生升学考试体育工作实施方案》,考试进展平稳。为防止夏季洪涝灾害之后疫病流行,省教委编印了《洪涝灾区中小学生防病知识问答》5万册,发到受灾地区学生手中。由于宣传到位,措施得力,灾区学校没有出现疫病流行。按照教育部的统一部署,在大中学校开展世界艾滋病防治宣传运动。组织开展了全省中小学生文艺汇演,并选送节目参加全国汇演。举办了全省中小学音乐、美术课教学评比活动。

〔**教师队伍建设**〕 为进一步提高教师学历层次和综合素质,省教委、省自考委向全省中小学教师开放10个师范类专业的专升本自学考试,已开考6门课程,参考教师4.97万人,计20万科次。另有小学教师报考大专1.34万人。全省高中、初中、小学教师学历合格率分别为63.54%、84.98%和97.45%。1998年,完成3万名民办教师转公办教师工作,选招1.2万名民办教师进中师学习,有1.5万名民办教师转为公办教师,全省民办教师总量降至2.74万人。开展第五批中小学特级教师评审,评出169名,其中第一线教师占59.2%。1998年,全省有7 521名中小学校长和教育管理干部接受培训,其中省级培训1 008人。省委组织部、省教委和省人事厅给14名优秀支教人员记二等功。教师节前夕,全省有481人获得国家或省优秀教师(先进教育工作者)称号。芜湖一中教师江涛入选第三届全国十杰中小学中青年教师,铜陵县成德小学校长苏启能获"十杰"教师特别奖。

〔**教育督导**〕 1998年10月~11月,对长丰等12个县(市)"两基"工作进行评估验收,均获通过或基本通过。组成"两基"复查组对1996年验收的东至等17个县(市)进行了复查考核;对1997年验收的涡阳等6个县(市、区)的"两基"遗留问题进行重点督查,完成了扫尾工作。省督导办组织有关专业技术人员研制出《安徽省"两基"监测考核数据管理系统》软件,并对全省教育督导人员进行操作方法培训。为指导各级政府和教育行政部门对学校的督导评估,省教委制定了普通高中办学水平督导评估实施方案、普通初中和完全小学办学水平督导评估指导方案。

〔**校办产业**〕 1998年,全省中小学校办产业实现总收益5.28亿元,用于补助教育经费2.71亿元,分别比上年增长1.2%和4%。教学仪器行业春秋两季订货会成交额2 600万元,比上年提高60%。省教委鼓励各地结合中等教育结构改革,发展校园经济与加强农职业教育相互推进,发挥校园经济的中心辐射作用,推动当地经济发展。11月,省教委召开了全省校园经济经验交流会。

〔**中小学条件装备**〕 到1998年底,全省有102个县(市、区)成为"中小学实验教学普及县",占全省县(市、区)总数的97%。全省共有理化生和小学自然实验室1.3万个、仪器准备室2.1万间,实验用房面积122万平方米,中学理、化、生和小学自然仪器总价值3.5亿元。制定了全省中小学实验室验收标准、图书室建设标准和图书室、语音室、计算机室规章制度。修订了中小学实验室配备目录,印发了中小学体育器材、劳动技术课配备目录和图书馆必备书目。

省教委制定了《安徽省中小学现代教育技术实验学校工作实施意见》。到年底，全省共有国家级现代教育技术实验学校 13 所。1998 年新增电教设备一类达标学校 170 多所，全省达标学校已有 600 多所。

〔**治理中小学乱收费**〕 3 月，在全省教育系统纪检监察工作会议上对治理中小学乱收费作出部署；6 月，召开全省电视电话会议作进一步部署。省教委会同有关部门制定了中小学学杂费最高限额，并就中小学用书和代收费用管理等问题作出规定。从省到县各级教育行政部门加大制止中小学乱收费的工作力度。据统计，1998 年全省共查出中小学违规收费 1 389 万元，清理违规收费补习班 154 个，清理强制学生购买的复习资料 1.3 万册，减轻学生费用负担 775 万元。全省受理反映乱收费问题举报 563 件次，查处乱收费违纪案件 348 件，有 62 人受到通报批评，15 人受到党纪政纪处分。

撰稿 赵钦波

职业教育

〔**综述**〕 1998 年，全省职业教育类学校招生数和在校生数分别比上年增长 7%和 6%，其中中专学校招生数和在校生数比上年增长 36.4%和 20.7%。但是，由于国家产业结构调整，企业减员，以及教育自身的问题，职业高中招生出现滑坡现象。全省职业高中招生数与在校生数分别比上年减少 1.26 万人和 1.3 万人。全省中等职业学校（指普通中专、职业高中和技工学校，不含职业初中）招生 14.9 万人，在校生 42.5 万人，分别占高中阶段的 49.5%和 51.5%，比上年下降 3.5 个百分点和 2.5 个百分点。

〔**全省职教工作会议**〕 5 月，省政府召开全省职业教育工作会议，省委副书记方兆祥、常务副省长汪洋、副省长蒋作君出席会议并讲话。会议总结了成绩与经验，明确了职业教育跨世纪发展的目标和任务，研究了进一步加快职业教育改革和发展的政策措施。9 月，省委、省政府作出《关于加快职业教育改革和发展的决定》，从落实职教战略地位、明确发展目标、深化体制改革、发展农村职教、提高教育质量、健全保障体系和加强领导七个方面提出具体要求。省教委组织开展了全省百所职业高中办学情况调查活动，进一步摸清职业高中办学基本情况，针对职业教育面临的困难和问题，提出解决问题、加快发展的意见。各地通过宣传贯彻全省职教会议和《决定》精神，进一步落实《职业教育法》，推动职业教育的改革和发展。

〔**教育教学改革**〕 省教委转发原国家教

委《面向21世纪深化职业教育教学改革的原则意见》,要求全省各职业学校严格执行教学计划，加强文化课、专业基础课、专业技术课的教学及考试、考核工作，保证教育教学质量。要求各校进一步加强教师队伍特别是双师型教师队伍建设，加强校内外教学生产实习基地建设。

年初,省教委召开中专教学改革研讨会,对贯彻落实《原则意见》作出安排；开展了中专教学论文评选、中专教学改革试点、中专学科教学研究等活动，年底召开中专学校教学改革试点工作汇报会，总结、交流试点经验。各职业中学按《原则意见》要求制定了教改计划和实施方案，并在办学模式、专业设置、教学内容和教学方法改革等方面进行探索。

省教委印发了《关于进一步加强骨干示范职业学校建设有关问题的通知》。经过检查评估,15所中专学校被认定为合格学校,9所职业高中被认定为县级、市级示范职业高中。

在各中专学校进一步推进《普通中专学校学生管理规范》、《普通中专学校教学工作管理规范》和《普通中专学校后勤校产管理规范》的贯彻实施。不少学校建立健全了校长负责制、岗位责任制和目标责任制；有些学校进一步完善了专业组承包制管理模式。

〔**招生制度改革**〕 省教委坚持《中国教育改革与发展纲要》规定的职业教育发展目标，加强职教招生宏观调控。在招生政策方面，将职业中专班招生计划审批权下放到地市，由地市统筹安排职业学校的专业设置和招生计划。扩大省级重点职业高中和农村职业高中招生自主权，允许省级重点职业高中单独举办招收普通高中毕业生的两年制职业中专班，应届、历届初中毕业生报考农科类专业的职业中专班实行免试入学。各职业学校把招生工作同就业服务工作结合起来，加强就业指导，拓宽就业渠道，增强职业学校吸引力。在中专招生方面，顺利实现招生录取与教育教学管理分离，招生工作平稳过渡到招生部门。

〔**中等师范教育**〕 1998年中等师范教育坚持为基础教育服务，全面贯彻全省师范教育工作会议精神，进一步落实师范教育在教育事业中优先发展的战略地位,深化改革,优化结构，促进教育质量和效益提高。

积极进行全省中师布局调整。省教委、省计委、省财政厅联合印发《关于进一步调整中师布局的决定》,计划将全省中等师范学校由41所调整为32所，各地已开始着手制订实施方案。加强教学管理，深化教学改革。全面修订中师教学计划，起草中师学科带头人和骨干教师培养、选拔的有关条例，组织对中师校长和分管教学副校长的培训。

〔**农科教结合工作**〕 全省农科教结合工作围绕农业和农村经济发展目标，省政府批转了《安徽省农科教结合1998～2010年规划纲要》。(《纲要》提出坚持以市场为导向，以县乡为重点，以村为落脚点，构建农村人才培养、科技推广、社会化服务“三大体系”,加速农村劳动者素质提高和科技成果推广应用，发挥农科教结合在兴农富民强省中的作用。全省县级单位已全部开展农科教结合,乡镇一级农科教结合开展面达65%，比上年提高4个百分点。

在继续抓好地、县两级农科教结合示范区的同时，制定了《安徽省农科教结合示范乡镇基本标准》，并确定了150个省级农科教结合示范乡镇。全省有28个省级农科教小康示范村被列入“全国科教兴村计划试点村”。宁国市、休宁县、阜阳市颍州区还被列入全国科教兴村计划试点县（市、区）。在9月召开的第四次全国科教兴村计划试点工作经验交流会上，安徽省农科教与科教兴村结合的经验被列为全国科教兴村的五种模式之一。

1998年，省教委重点抓了春秋两季“农科教培训月”活动，组织省、地、县、乡四级农科教讲师团2万多名成员，深入农业生产第一线开展培训工作。在沿江8个地区实施“农科教结合救灾行动”，组织100所职业和成人学校与100个村（组）挂钩结对，通过“一师带十户，一生带一户”，全年共举办实用技术培训班4万多期，科普赶集5 000多场次，解答科技咨询300多万人次，发放实用技术资料等1 000多万份，播放实用技术录像带5 000多场，累计培训农民和回乡知青1 200万人次，重点推广40项组装配套实用技术。

撰稿 朱乃韬

高 等 教 育

〔**高校教学工作会议**〕 1998年7月，召开全省第一次高校教学工作会议，传达贯彻全国高校教学工作会议精神，总结交流普通高校教学工作情况和经验，分析教学工作现状和形势，明确今后教学工作的任务、目标、思路、对策和措施。会后，省教委重点抓了全国和全省两个会议精神的贯彻落实工作。

〔**高教管理体制改革**〕 推进高教管理体制改革。黄山高等专科学校、芜湖职业技术学院挂牌，省市共建黄山高等专科学校协议正式签订。阜阳教育学院改制为阜阳职业技术学院完成论证和申报工作。原部委所属华东冶金学院、淮南工业学院、淮北煤炭师范学院划归省管，实行省部共建。合肥地区4所高校实行合作办学，在教学、科研、后勤等方面进一步形成合作方案。

〔**教学改革**〕 以教学内容和课程体系改革为重点的教学改革全面展开。一是高校教学改革研究立项工作。省拨出专项经费100万元支持立项，有1 000多名教师申请，共设立省级重点研究项目23项，一般项目109项。二是高校专业调整工作。各高校严格执行教育部印发的《普通高等学校本科专业目录》、《普通高等学校本科专业设置规定》、《新旧专业对照表》等，对学校专业进行调整。三是各高校加强“两课”建设与教学改革，把“两课”纳入教学计划并从1998年秋季开始全面开课。四是华东冶金学院、皖南医学院、安徽建工学院于10月～11月先后接受教育部本科教学合格评价。五是启动实践教学和实验教学基地建设。启动师范院校教育实习教学基地建设；11月，省教委会同省卫生厅、省中医药管理局共同成立评审领导小组办公室，组织开展医学院校临床教学基地评审；从1998年起，每年投入200万元用于基础课实验室建设；并启动安徽医科大学动物实验中心建设。

〔**研究生教育与学位工作**〕　1998年全省新增博士点18个、硕士点51个。其中省属高校中：安徽大学、安徽农业大学新增为博士学位授予单位；新增博士点3个，硕士点35个。博士研究生、硕士研究生招生数由上年的255人和290人，增加到326人和384人。

〔**教师队伍建设**〕　全省高校共选派549位教师进修，其中攻读博士学位的100人、硕士学位的61人。依托中国科技大学等4所高校举办以毕业研究生同等学力申请硕士学位教师进修班，共有360多位教师参加学习。开展新教师岗前培训，有600多人参训。在加强教师队伍建设同时，加强教学管理干部队伍建设，省教委依托省高校干部培训中心，开展首批高校教务处长培训班，有32位教务处长参加学习。

〔**科技工作**〕　1998年，全省高校共争取科研项目1 680项，获得科研经费1.86亿元，比上年增加8 100万元；其中，省部级以上科研项目678项，获科研经费3 600万元。全年共鉴定科研成果126项，获省部级以上科研成果奖励98项，其中获国家发明奖、国家科技进步奖等7项。与企业签订技术转让合同278项，成交金额3 640万元，到款2 650万元。1998年，省教委与省经贸委联手组织召开全省产学研合作交流洽谈会；组织高校与合肥、铜陵、郎溪、蚌埠、巢湖等地市县开展对口科技交流与合作；邀请合肥市、铜陵市主要经济管理部门和企业负责人参观考察中国科技大学、合肥工业大学、安徽大学、安徽农业大学、安徽中医学院等；组织中国科技大学、合肥工业大学、安徽大学、安徽农业大学、安徽师范大学、安徽机电学院6所高校有关人员赴郎溪、蚌埠、巢湖等地市县开展科技成果项目信息发布活动。

省教委成立科研项目立项专家评审委员会。经专家评审，共立科研项目317项，其中自然科学研究项目188项，人文社会科学研究项目129项，资助总经费258.1万元。

1998年，全省高校校办产业创造产值3.65亿元，实现利润4 900万元，分别比1997年增加6 500万元和1 300万元，增长21%和36%。

〔**招生工作**〕　1998年，省内外500多所高校在安徽招生，录取43 451人，录取率为28.34%，比1997年下降近2个百分点。定向生计划比1997年有所减少，定向计划分解到地、市，主要面向贫困县、山区县。具有保送生资格的学校仍为25所省级重点中学，保送生由招生学校自行组织测试、录取，并报省招办审批。

〔**毕业生就业工作**〕　1998年全省40所高校共有毕业生30 698人，纳入省分配调配计划的有27 556人。其中：省属高校22 164人，占80.4%，中央部委高校5 392人（含外省高校回皖2 480人），占19.6%。由于1998年的毕业生人数比往年增多，且专科层次占大多数，加上社会对高校毕业生需求减少，省属高校毕业生一次到位率（指毕业生在校落实工作单位）比1997年有所下降。本科一次到位率：安徽大学80%，安徽师范大学和安徽机电学院66%，安徽医科大学和安徽中医学院58%，安徽建筑工业学院57%，安徽农业大学仅30%。专科毕业生到位率最好的48%（芜湖职业技术学院），多数专科学校在10%左右。

1998年由省接收安排的毕业研究生605人，其中博士生119人，硕士生486人。其中，到高校370人，到省直、部属单位70人，到地市29人，到国有大中型企业40人，到其他单位96人。

1998年，省教委成立“安徽省高校毕业生就业指导中心”，负责全省高校毕业生就业指导工作，举办了“全省高校毕业生就业指导人员培训班”，编辑出版了《安徽省高校毕业生就业指南》一书。高校毕业生就业工作存在一些突出问题：一是传统的接收毕业生的主渠道，如党政机关、事业单位和国有企业由于紧缩编制和减员，使毕业生就业渠道变得窄小。二是教育学历层次和专业结构与社会要求不相适应。加上高校专业布点重复过多（如会计专业全省有34个点），培养过剩等，增加了就业难度；三是毕业生及其家长对毕业生就业乱收费反映较多。

〔**贫困生资助工作**〕 1998年继续加强“兴皖育才”奖学金管理，共有82名学生获资助。省教委等14个单位联合发起“育才关怀行动”，资助1998年考入大专以上院校的下岗特困职工子女入学。合肥天成食品有限责任公司总经理刘天成捐资10万元资助灾区考入合肥地区高校新生100名。合肥广厦建筑（集团）公司总经理沈文涛捐资60万元资助合肥五所高校80名大学生完成学业。

〔**党建和思想政治工作**〕 1998年着重抓第六次全省高校党建会的贯彻落实，加强高校领导班子建设。安徽机电学院、中国科技大学等5所高校选出了跨世纪党委班子。为使高校党建工作进一步规范化、制度化，省委教育工委出台了高校党委、总支、支部工作《实施办法（试行）》、《安徽省普通高等学校校长工作暂行办法》等文件；开展了《中国共产党高等学校基层组织工作条例》及其实施办法的检查工作。

1998年，省委教育工委加大邓小平理论“进教材、进课堂、进头脑”工作的力度。秋季开学后，各高校普遍开设了《邓小平理论概论》课。全省高校成立学习邓小平理论小组近3 000个，成员25 000人。多数高校成立了校级邓小平理论学习研究会。

1998年，长江流域发生特大洪水，全省高校加强了抗洪救灾精神的宣传学习活动。省委教育工委组织了近两万名大中小学生观看1998年抗洪先进事迹图片展，在合肥地区高校举办3场抗洪先进事迹报告会。

〔**教育交流与合作**〕 1998年省属院校有9人获得公费出国留学资格。省属高校及有关单位出国及赴港澳台地区进修、讲学，从事合作研究，参加国际会议的近百人。共办理自费留学人员服务期审核450余人。省属大、中专院校聘请外籍专家和教师52人。1998年来华留学生规模扩大，全省7所高校共接受长短期来华留学生100余人。

经教育部港、澳、台办公室批准，中国科技大学、安徽医科大学、安徽中医学院获得招收港、澳、台学生资格。各校正积极创造条件，广开渠道，争取多招收港、澳、台学生来校学习。

撰稿　夏业柱

成人教育

〔**扫盲工作**〕 1998年底，教育部组织扫盲工作组对安徽省扫盲工作进行检查评估，宣布安徽省已实现现阶段国家规定基本扫除青壮年文盲的标准。据统计，1998年全省共脱盲28.4万人，全省青壮年文盲率下降至3%；举办巩固提高班26 003个，组织脱盲人员92万人入学；全省乡镇成人学校1 961所，办学面达99%；村级成人学校（班点）28 555个，办学面达94%，乡、村两级参加实用技术培训人数达623万人。在抓扫盲迎检查过程中正确处理数量与质量、学文化与学技术、依靠政府和依靠群众、实现扫盲目标与减轻农民负担的四个关系，促进了农村两个文明建设。

〔**成人中专、高等教育**〕 组织开展了全省独立设置的成人中专学校合格评估工作，使全省125所参评学校办学条件有明显改善：一年内新增校园面积11 459平方米、校舍面积34 288平方米，增加图书109 113册、微机496台，办学经费302万元。全省扩大电大“注册试听生”规模，共招收学员7 000余人，省农业广播电视学校、省乡镇企业成人中专学校和省委党校试行招收免试注册生23 000余人。同时，坚持成人中专验考制度，1998年夏季29所成人中专学校验考人数7 000余人，冬季53所学校验考人数3万余人，共100多个专业，200多个学科。

省教委印发了《安徽省成人高等学校试办高等职业教育的实施意见》，面向基层和行业第一线培养应用型、技能型人才。全省共有11所成人高校举办“高职班”，开设专业15个，招生500人。继续举办第二专业专科学历教育，录取学员5 000余人。举办双专科毕业证书班，毕（结）业学员3 000余人。省教委与省人事厅制定试行成人高等教育《学业证书》制度，1998年底下达《学业证书》招生计划1 750人，1999年初面向社会正式招生。1998年省教委还制定了《安徽省成人高等教育函授站（教学点）管理办法》；表彰了9个省级成人高等教育先进单位和117名成人高等教育先进个人。此外，还进一步加强成人高、中等学历教育毕业证书审核验印工作，共审核验印成人中专毕业证书4万余份，成人高等教育毕业证书1.9万余份。

〔**社会力量办学**〕 经省编委批准，成立了“安徽省社会力量办学管理办公室”。大部分地、市也成立相应机构或确定归口管理科室，配备了专兼职管理人员。省教委印发了《安徽省社会力量举办的各级各类教育机构检查标准》，对归口教育行政部门审批的社会力量举办的教育机构，进行一次全面检查、登记和审核。首批检查、审核教育机构 600 个，其中合格 462 所，基本合格 9 所，暂缓通过 91 所，不合格 38 所，检查、审核结果已向社会公布。

〔**再就业培训**〕 1998 年初，省教委会同省总工会、省劳动厅在全省开展下岗职工再就业免费培训。参加学校为 195 所普通中专、成人中专、职业高中、技工学校及各级劳动部门所属的就业培训中心，共培训 9 782 人。同时于年内建成 121 个再就业培训中心。至此，全省共举办四期下岗职工再就业免费培训班，培训下岗职工 12 453 人。并逐步建立起教育、劳动、工会等部门分工合作，企业、社会共同参与，依托相关学校和培训中心实施的再就业培训机制。为进一步抓好这项工作，省教委等部门联合印发《关于进一步做好再就业培训工作的通知》，要求各地进一步完善措施，落实培训经费和人员，在全省分批建成 500 个再就业培训中心。

〔**自学考试**〕 1998 年全省自学考试共开考 65 个专业，报名人数达 55 万人，参考 114 万科次，全年毕业生 1 万人（不含全员培训毕业生 1 000 多人），全省参加成人高等教育《专业证书》班入学考试人数 15 000 余人，颁发《专业证书》7 000 余份。对全省全员培训初中教师进行了最后一次补考，补考课程 89 门、4 736 人。为加强全省高教自考助学管理，省教委印发《关于加强高等教育自学考试社会助学管理工作的实施意见》，规范社会助学名称，规定了申办条件和申办程序。对全省社会助学招生广告、办学过程等提出具体要求。

撰稿　刘新跃
审稿　陈贤忠

福建省教育

概　　况

〔基本情况〕

1998 年各级普通学校基本情况

单位：人

学校类别	学校数(所)	毕业生数	招生数	在校学生数	教职工数 计	教职工数 其中专任教师
一、普通高等学校	30	22 158	30 332	88 428	20 192	8 279
研究生		701	1 218	3 281		
本　科	12	7 837	14 295	48 089		
专　科	18	13 620	14 819	37 058		
二、中等专业学校	112	32 856	39 318	118 304	13 086	7 149
中等技术学校	87	20 293	32 641	91 948	9 650	5 099
中等师范学校	25	12 563	6 677	26 356	3 436	2 050
三、普通中学	1 902	587 513	771 552	2 200 452	137 324	111 986
高　中	427	55 987	101 835	253 677		16 394
初　中	1 475	531 526	669 717	1 946 775		95 592
四、农业、职业中学	274	58 566	63 112	168 461	14 432	10 636
高　中	270	57 065	61 390	163 446		10 368
初　中	4	1 501	1 722	5 015		268
五、工读学校						
六、小　学	14 824	686 294	635 019	4 019 701	195 251	180 587
七、特殊教育学校	86	5 305	6 914	45 984	1 337	1 079
八、幼儿园	12 612	553 451	497 144	837 753	49 440	41 771

1998 年各级成人学校基本情况

单位：人

学校类别	学校数(所)	毕业生数	招生数	在校学生数	教职工数	
					计	其中专任教师
一、成人高等学校	20	15 729	20 370	59 554	2 654	1 240
广播电视大学	2	6 029	6 028	16 372	872	321
职工高等学校	9	490	1 137	2 606	361	226
农民高等学校						
管理干部学院	4	1 656	2 438	5 900	692	332
教育学院	5	794	1 643	3 552	729	361
独立函授学院						
普通高校举办：						
函授部	(13)	2 915	5 263	19 940		
夜大学	(13)	1 619	1 794	6 514		
成人脱产班	(18)	2 226	2 067	4 670		
二、成人中等专业学校	216	26 842	23 650	66 846	7 165	4 484
广播电视中专	3	5 140	6 055	16 030	84	45
干部中专	31	2 315	2 259	5 888	1 059	702
职工中专	96	7 539	10 202	26 193	2 928	1 789
农民中专	12	1 027	1 250	2 574	278	187
函授中专	3	2 696	2 721	7 275	81	26
教师进修学校	71	8 125	1 163	8 886	2 735	1 735
三、成人中学	197	5 042	2 911	6 893	204	89
职工中学	26	1 474	764	2 292	138	71
农民中学	171	3 568	2 147	4 601	66	18
四、成人技术培训学校	11 774	2 479 425	2 344 585	1 980 892	7 192	2 331
职工技术培训学校	372	68 736	93 307	90 979	1 254	516
农民技术培训学校	11 402	2 410 689	2 251 278	1 889 913	5 938	1 815
五、成人初等学校	7 606	132 020	132 267	149 750	2 234	644
职工初等学校	17	1 899	1 147	1 723		
农民初等学校	7 589	130 121	131 120	148 027	2 234	644
其中：扫盲班	4 480	66 055	61 589	74 079	983	222

制表　陈玉钦　刘彦明

〔**年度工作方针**〕 1998年，福建省教育工作的总体思路是：以邓小平理论为指导，认真学习党的十五大精神，全面贯彻十五大提出的教育工作的各项战略目标和任务，切实落实教育优先发展的战略地位，在跨世纪进程中加快教育改革和发展步伐，按照省委、省政府和教育部的部署，本年度全省要全面完成“两基”工作，大力实施素质教育，积极发展职业教育和成人教育，深化高等教育管理体制改革，加强教师队伍建设，推进依法治教，实现教育持续快速健康发展和教育质量与效益的全面提高。

〔**教育投入与支出**〕 1998年，福建省多渠道筹措教育经费总收入86.6亿元，比上年增加5.08亿元，增长6.23%。其中国家财政性教育经费收入61.0亿元，占经费总收入的70.44%，比上年增加2.24亿元，增长3.81%。

教育经费收入的来源及构成为：(1) 财政预算内教育经费拨款50.8亿元(不含城市教育费附加)，比上年增加6.74亿元，增长15.27%，占总收入58.76%，比同期财政收入增长速度高3.43个百分点，比同期地方级财政收入增长速度高3.07个百分点，比同期经常性财政收入增长速度高4.77个百分点。(2) 各级政府征收用于教育的税费8.72亿元，比上年减收2.21亿元，占总收入10.07%。其中城市教育费附加征收2.18亿元，与上年基本持平。农村教育事业费附加征收6.2亿元，比上年减收2.04亿元，比上年下降24.8个百分点。农民人均征收23.72元，占农民人均纯收入0.81%，比上年下降0.32个百分点。(3) 企业办学经费拨款0.24亿元，比上年减收0.21亿元，占总收入0.28%。(4) 校办产业、勤工俭学和社会服务收入用于教育的经费收入1.17亿元，比上年减收0.59亿元，占总收入1.35%。(5) 学校事业收入15.38亿元，占总收入17.76%。其中由财政专户返回学杂费收入9.5亿元。(6) 社会捐、集资办学经费5.49亿元，比上年减少3.01亿元，下降35.4个百分点，占总收入6.34%。其中港、澳、台及海外华侨捐集资收入1.75亿元，比上年减少近1亿元。(7) 社会团体及公民个人办学经费收入1.33亿元，与上年基本持平，占总收入1.53%。(8) 其他教育经费3.39亿元，与上年基本持平，占总收入3.91%。

1998年全省国家财政性教育经费支出占国内生产总值比例为1.78%，比上年下降0.18个百分点。财政预算内教育经费拨款(含城市教育费附加) 占财政支出比例为20.77%。全省各级各类学校生均预算内教育公用经费全部下降，其中：普通高校下降22.10个百分点，中等师范学校下降12.1个百分点，普通中学下降19.57个百分点，普通小学下降7.05个百分点。

1998年，全省各级各类学校多渠道筹措教育经费改善办学条件达21.74亿元 (高等学校和中等专业学校2.42亿元，中小学校19.32亿元)，比上年减少5.06亿元，下降18.9个百分点。全省多渠道筹措改善中小学校办学条件经费19.32亿元，比上年减少6.28亿元。其中：各级政府拨款3.37亿元，占17.44%；乡村及城乡个人捐集资3.23亿元，占16.72%。全省中小学校新建、扩建校舍203.0万平方米，修复校舍139.2万平方米，购置课桌凳52.7万付。

〔**改革开放20年教育成就**〕 党的十一

届三中全会以来，福建省教育改革和发展取得的成就如下：

基本普及九年义务教育和基本扫除青壮年文盲的目标如期实现。1978年以来，全省共扫除文盲250万人，组织脱盲学员200万人参加扫盲后学习，全省劳动力人均受教育年限达到7年。1998年，全省小学学龄儿童入学率为99.88%，巩固率达99.93%，初中阶段入学率达99.06%。1997年底经国家教委检查组评估认定，实现了现阶段国家规定的基本扫除青壮年文盲的目标；1998年11月又顺利通过了教育部的“两基”检查验收，成为全国第9个实现“两基”目标的省。

中等职业教育发展迅速，高中阶段教育在持续增长中结构日趋合理。到1998年，全省高中阶段职业学校与普通高中招生数比由1978年的8.16∶91.84上升为53.92∶46.08，在校生数比由1978年的8.01∶91.99上升为56.29∶43.71。

以岗位培训和继续教育为重点的成人教育成绩显著。全省县一级农村成人教育中心已达52所，所有乡镇都建立了农民文化技术学校，村级文化技术学校办学面已占行政村总数的99%，形成了农村成人教育县、乡、村三级办学网络，1993年以来，每年完成农民实用技术培训230万人次以上。成人学历教育稳步发展，1998年自学考试报考人次突破百万大关。

高等教育规模在国家宏观调控中稳步发展，办学效益得到提高。1998年，全省普通高等学校在校本、专科生比1978年增长280%，在校研究生增长29.81倍，校均学生规模从1978年的1284人提高到2690人。高校学科、专业结构调整步伐不断加快，办学水平日益提高。

教师队伍建设不断加强，教师待遇逐步提高。1998年，全省各级各类学校教职工总数达45.05万人，比1978年增加21.84万人；小学、初中专任教师学历达标率分别由1979年的50.4%、19.2%提高到93.3%、93.1%；全省全面实行了中小学校长持证上岗，统筹解决了民办教师问题，城镇教职工家庭人均居住面积提高到10.1平方米，略高于全国平均水平。教师的工资、医疗等待遇也得到不断提高。

多渠道筹措教育经费体制基本建立。全省顺利进行了筹措教育经费体制的大胆改革和实践，逐步建立了以国家财政拨款为主，辅之以多渠道筹措经费的新机制，教育经费投入的总体水平明显提高。1986年以来，全省多渠道筹措用于改造基础教育办学条件的资金累计达140亿元，新建、扩建中小学校舍1915万平方米，维修中小学校舍836万平方米，全省中小学生均占有校舍面积达到5.6平方米，中小学危房率下降到0.23%。

教育改革不断深化。以联合办学和多形式共建为主要内容的高等教育改革取得重大进展；全面实现了普通高等学校和中等及中等以上职业学校招生“并轨”；学校内部管理体制改革和农村教育综合改革积极推进；教育教学领域改革进一步深化；中小学德育工作和高校党建工作不断改进；教育对外交流与合作日益广泛。

〔实现“两基”目标〕 1998年11月9日～21日，由教育部总督学柳斌率领的国家“两基”工作督导检查组对福建省“两基”工作进行了督导检查。检查组在听取了副省长潘心城关于福建省完成“两基”规划目标情况汇报后，分三路对5个市（地）的14个县

(市、区)进行了督导检查。通过督查,国家督查组认为,福建省82个县(市、区)全部达到国家现阶段“两基”验收标准要求,成为“二片地区”12省中率先实现“两基”目标的省,也是全国第9个实现“两基”目标的省。12月31日,教育部发函确认福建省全省达到现阶段“两基”目标。

为实现“两基”,福建省主要抓了十个方面的工作:一是加强领导,认真落实“两基”工作政府行为;二是依法治教,切实保证“两基”规划的实施;三是有关部门密切配合,形成实施“两基”工作的强大合力;四是增加投入,努力改善办学条件;五是采取措施,大力加强教师队伍建设;六是突破难点,加快解决“两基”的薄弱环节;七是深化改革,探索推进“两基”工作的有效途径;八是全面推进素质教育;九是并重并举,大力扫除青壮年文盲;十是加强督导,保证“两基”工作的扎实开展。

〔**抗洪救灾**〕 在6月下旬的特大洪灾中,福建省南平市有809所学校遭遇灾害,部分学校损失惨重,直接经济损失达1.73亿元。宁德地区和福州、三明等地部分学校也遭受到不同程度的破坏。全省各级教育行政部门想方设法争取各方面的支持,及时下拨救灾款项,先后落实救灾资金近2 000万元。省教委多次组织人员深入南平等地,配合当地教育部门,做好灾区学校的修复重建工作,保证了9月份灾区所有学校按时开学,还要求各级教育行政部门、各高等学校采取有效措施,对灾区困难学生实行特殊政策予以资助,确保无一学生因灾辍学。全省教育战线的广大干部和师生员工,广泛开展抗洪救灾募捐活动,大力支援闽北、江西、湖北、黑龙江等受灾地区的救灾复学工作,先后捐款1 200万元,捐物7万余件。

〔**教师队伍建设**〕 一是稳步推进师范教育体制改革,调整师范院校的布局和学制。8月,经省政府批准实现泉州师范专科学校、泉州教育学院和泉州师范学校3校合并组建为新的泉州师范高等专科学校;基本完成了师专学制向三年制过渡改革工作;调整并控制中师的招生规模,中师学制除特教专业外,全部改为四年制。二是全面部署中小学校长、教师的培训和继续教育工作。制定了《福建省“九五”期间中小学校长培训计划》和《福建省中小学校长提高培训学籍管理暂行规定》,干训工作重点转移为持证上岗的中小学校长提高培训和示范性小学及三级达标以上中学校长高级研修培训;认真组织调研和论证,拟定了《关于进一步开展中小学教师继续教育工作的意见》,各地不同程度地开展了中小学新教师培训、教师职务培训、骨干教师培训等继续教育。三是加强全省教师队伍的宏观管理和指导。制定并印发了《福建省中小学教师职业道德准则》,抓好教师职业道德的宣传教育;省教委会同省财政、编委、人事等部门联合发出《关于进一步加强教师队伍管理的通知》、《关于重申师范专业毕业生就业和中小学教师调离普教系统有关问题的补充通知》,依法管理教师队伍;清理、整顿代课教师队伍,辞退不合格代课教师,理顺了代课教师队伍的管理体制;认真处理、统筹解决了民办教师工作中的遗留问题;继续聘用300名省定点举办的职业中学体育、音乐、美术、幼教专业应届毕业生到农村小学、幼儿园任教。四是加强学科带头人和优秀骨干教师队伍建设。省教委、人事厅、财政厅联合制定印发《特级教师评选与管理工作意见》，规范特级教师的评选办法，加强了特级教师管理；组织评选了第三批特级教师194名，使全省中小学特级教师总数达549名。进一步深化职称改革，重新修订各类学校教师职称评聘办法，完善教师职称评聘制度，组织8个高级职称系列和6个中级职称系列的评审，通过826位高级职务和255位中级职务的任职资格；做好优秀教师的表彰奖励工作，表彰772名全国、省优秀教师（优秀教育工作者）。五是继续抓好教职工住房建设，改善教师待遇。省委、省政府继续将建设教师住房列入1998年为全省人民办的15件实事之一。省教委将住房建设任务分解下达，对建设工作实行目标管理，建立了教师住房建设的检查督促制度。1998年，全省教师住房建设累计完成投资4.71亿元，其中：中央补助投资240万元，省预算内投资1 199万元，地、县自筹5 241万元，学校自筹7 284万元，乡村自筹3 095万元，教师个人集资26 233万元，其他3 819万元。全年施工面积83.45万平方米、9 417套，竣工面积63.83万平方米、7 335套。教师家庭人均居住面积为10.12平方米，成套率为67.4%，分别比1997年底提高0.02平方米和4.7个百分点。

〔**规范学校收费管理**〕 1998年，省教委进一步规范各级各类学校的收费管理，制定并核准省属民办（私立）高等学校和普通中等专业学校的收费标准，协调并调整普通大中专学校住宿费的收费标准，积极推进全省各级各类学校收费工作制度化、规范化。同时，进一步加强中小学乱收费治理工作，制定并发出《关于进一步加强中小学收费管理的工作意见》和《关于进一步加强治理中小学收费工作的通知》，新学年开学前，专题召开全省治理中小学乱收费工作电话会议，对规范新学年开学初收费工作作了全面的部署。继续加大收费管理工作的监督和检查力度。上半年，省教委派出调查组赴漳州市、南平市进行专题调查，下半年秋季开学初又部署全省开展清理中小学乱收费工作大检查，省里组织联合调查组分赴3个地市9个区县进行重点抽查。据不完全统计，全省共查处中小学乱收费案件430件，处理责任者42人，清退各种违规收费899多万元，罚没违规收费46万元。

〔**教育对外对台交流**〕 1998年，省教委召开全省出国留学工作会议，进一步宣传国家公派出国留学新办法，积极组织好出国留学工作，全年共派出公派出国留学人员111人，1 800人办理了自费出国留学手续。其中，国家公派出国留学28人，由单位公派出国留学83人次。首次同新加坡合作，选派38名中学生赴新学习。开展教育交流活动，全省有271人次赴19个国家和地区进行广泛的交流合作，其中由省教委组团出国访问的团组达192人次，选拔23人参加世界级国际学术会议，39人出国讲学，12人赴国外进行合作研究；共接待美国、英国、加拿大、日本、菲律宾、马来西亚、芬兰、瑞典、古巴等国以及香港等地来访人员200多人次；与英国文化委员会合作在榕成功地举办了英国教育展览；接待日本冲绳县中学生体育交流团45人来闽进行交流竞赛活动；选派25位中学生赴日进行音乐艺术交流；接待古巴教育部长路易斯·古铁莱斯博士来闽访问。1998年，全省共聘请外国文教专家231人，在40多所院校任教、讲学、合作科研；共接收来自38个国家地区的长短期来闽外国留学生758人；在闽高校学习的专业进一步扩展到17个。积极开拓对台交流渠道，接收58位台湾学生来闽学习，接待台湾学者97人参加学术会议，全省教育系统84人赴台进行学术交流和考察，组织福建省教育访问团22人赴台参加海峡两岸职业技术教育研讨会。经教育部批准，福建省可单独招考台湾学生，福建中医学院、福建师范大学被列为单独招考台湾学生的试点院校。

基础教育

〔**综述**〕 1998年，全省小学比上年减少711所；招生数比上年减少11.27万人；在校生比上年减少2.95万人，每万人口小学在校生1225.52人；适龄儿童入学率99.80%；小学毕业生升学率为99.06%，比上年提高0.39个百分点。

全省普通中学比上年增加22所；初中招生数比上年增加0.47万人；在校生比上年增加8.71万人，每万人口初中在校生593.53人；毕业生比上年增加10.85万人；初中生年辍学率为1.47%。高中招生数比上年增加1.54万人；在校生比上年增加3.98万人，每万人口高中在校生77.34人；毕业生比上年增加0.65万人。

全省特殊教育学校比上年增加12所，在校生比上年增加0.47万人。

全省幼儿园比上年减少421所；在园幼儿比上年减少8.33万人；3至未满7周岁幼儿入园率达70.36%，比上年提高1.81个百分点，每万人口在园幼儿255.41人。

〔**义务教育**〕 1998年，为提高初等义务教育水准，省教委针对部分小学存在着管理不规范，不按课程计划安排课时，教育质量不高等问题，着重抓了小学的规范化管理。年初，省教委组织了全省小学落实《小学管理规程》和省《贯彻实施意见》的情况检查，召开了专题会议，要求各地增强依法治教和依法管理意识，将贯彻执行《小学管理规程》和省《实施意见》纳入学校工作计划，列入议事日程，充分运用规程，加强对学校教育教学工作的指导，提高学校的教育教学管理水平。同时，加强省级示范小学建设，充分发挥示范小学的示范和辐射作用，省教委分别召开了省级示范小学校长和全省南、北片农村示范小学现场观摩交流会议。由示范小学校长介绍学校认真贯彻落实《小学管理规程》，依法治教，提高管理水平的措施和经验，会议交流和研讨了加强农村小学的教育教学管理和开展素质教育等问题。1998年，全省又新评出省级示范小学13所，使省级示范小学达到37所。初中教育把初中学校建设和初中招生、控制流失生作为“普九”的三项主要工作。省教委年初认真测算，制定年度计划，进行工作部署；开学初组织下乡检查，深入乡镇和农村中学调查研究，了解工作进展，及时督促各地落实“普九”计划；年末按时汇总资料，进行分析综合，通报各地。特别是注重抓好计划1998年“两基”验收的16个县（市）“普九”攻坚任务的落实，针对薄弱环节，抓住重点，深入现场，加强指导，逐项落实初中普及程度和办学条件要求，确保全省82个县（市、区）1998年全部如期达到国家现阶段“两基”验收标准。对“普九”的巩固提高工作，主要抓了初中办学标准化建设，这项工作各地已经启动，并开始着手组织初中达标学校评估验收。

〔**高中教育**〕 1998年，全省普通高中按照“适度发展，注重质量和效益”的基本工作方针，积极挖掘现有普通高中的办学潜力，走以内涵发展为主的道路，适当扩大招生容量，全省重新审批了16所普通高中注册登记，并从1998年秋季开始招收高中新生。1998年全省普通高中实际招生数比计划数增加1.61万人，完成计划数的118.8%。普通完中各级达标工作继续推进，普通高中的整体办学水平有所提高。截至1998年底，全省共有151所普通中学达到三级以上标准，其中一级达标学校26所，二级达标学校73所，三级达标学校52所。在一级达标学校中有17所学校经批准免于参加全省高中会考，由学校自行组织毕业考试，为学校开展教育教学综合改革实验提供宽松的环境和有利的条件。

〔**特殊教育**〕 1998年，全省特殊教育继续发展，有特教班级533个，与上年比较，增幅为13.88%，其中盲聋哑学校324班，弱智学校209班，增幅分别为14.49%和12.97%。在特教学校（班）就读的学生由1997年的4 998人增加到6 147人，增幅为23.59%。1998年，盲童入学率达85.74%，聋和弱智儿童入学率均已达到97%以上。

〔**幼儿教育**〕 1998年，省教委充分发挥行政管理的宏观调控与导向职能，有效地促进了全省幼教事业稳步发展。主要抓了几项工作：一是下达《福建省幼教事业“九五”发展目标》，对全省“九五”期间幼儿园入园率、办园基本条件、省优质幼儿园数、乡镇中心园数、学前班达标数及园长持证上岗、教师学历合格率等，确定具体的量化指标，增强对幼教事业宏观调控的目标导向。二是在全省开展农村幼教检查，共抽查16个县（市、区）、32个乡镇中心园、37个学前班、31个村办幼儿园（班），重点对乡镇中心园、村办幼儿园、学前班的设置与管理，学区幼教辅导的配备与农村幼教教师队伍建设等方面进行检查。通过检查推动农村幼儿园（班）的规范化管理。三是完善幼儿园评估体系，提高办园质量。重新修订《福建省乡（镇、街道）中心园评定标准》，对乡（镇）中心园园舍设备的教育功能、教师队伍建设、中心园的管理和保教工作等提出更高的指标要求；实施1997年修订的《福建省各级实验幼儿园评定标准》和《幼儿园文字工作规范化草案》，要求申报“省优质幼儿园”和“省标准幼儿园”的园所，按照重新修订的标准和文字工作规范化要求，认真检查与整改；全面开展对农村学前班的评估工作，全省已评估学前班1 449个，占学前班总数的15%。四是开展幼儿园园长岗位培训。由福建师大教育系承担的省一级幼儿园园长岗位培训已开办两期，培训194人；全省各地（市）组织的二级园长培训，受训人数达450人，占全省园长总数的21%。

〔**素质教育**〕 1998年，全省从加强薄弱校建设，减轻学生过重课业负担，改革升学考试和考试测评制度等方面入手，加大工作力度，为中小学实施素质教育创造了良好的外部条件。为加强薄弱校建设，省财政拨出500万元作为改造薄弱校补助资金，各地也设立了相应的专项资金。为减轻学生过重的课业负担，省教委根据原国家教委有关文件精神，调整了中小学教育内容和教学要求。小学调整部分，从删减教学内容的教学时间计算，直接减少的教学时间约占学科课时总量的5%左右，对语文、数学两科的教学要求也有所降低。初中对语文等8个学科的教学内容和教学要求也进行了调整。对中小学生的用书也进行了认真清理，坚决查处了规定用书目录之外的辅导材料、练习册等。初中招生改革，积极推广三明市和福州市的做法和经验，要求各地尽早实行划片招生，免试就近入学的初中招生改革，同时进行测评制度改革的探索，逐步取消百分制，采取等级记分制加特长评价和激励性评语相结合的办法，淡化考试竞争意识，鼓励学生进行创造性的学习。据统计，1998年秋季全省已有40多个县（市、区）实现了小学升初中免试就近入学。

为总结实施素质教育经验，把实施素质教育引向深入。省教委在三明市召开了全省第三次素质教育工作会议；编辑印发《福建省中小学实施素质教育资料汇编》；开展小学素质教育理论研究，在各地送省评选的素质教育理论研究论文53篇中，评出优秀论文20篇，结集汇编为《小学素质教育研究》；组织编写了一套《中学生素质教育·学习丛书》，由省中小学教材审查委员会审定，从1998年秋季开始在全省中学使用。

〔**科技教育**〕 1998年，省教委发出《关于加强小学科技教育工作的通知》和《关于积极开展小学科技制作活动的通知》，要求各地要把加强科技教育作为学校工作的一项重要内容，认真抓好，强调各地要重视科技教育活动室的建设，按省制定的《福建省小学科技活动室器具配备目录》，分期分批配置科技活动器具。到年底，全省已有近800所小学按要求配备了科技活动器具。中学在组织学校开展科技活动的基础上，与省科协配合，继续组织学科奥林匹克竞赛及生物百态科学小论文和科学小制作的评选，永定一中学生江健森获第9届国际中学生奥林匹克生物学竞赛金牌。与省科委联合组织了省青少年“国际海洋年”活动。霞浦一中的陈颉作为中国中小学生代表之一（全国代表3人），参加了在葡萄牙里斯本举行的世界海洋博览会活动。

〔**中学计算机教育**〕 福建省普通中学计算机教育坚持普及和提高并举并重的方针，已经得到迅速发展。至1998年底，全省已有350多所普通中学开设计算机课程，计算机总量达1.5万台以上，有55所中学实现了网络化。1998年，全省参加福建省中学生计算机知识与操作等级考试的学校数达179所，参加考试的学生达3.1万名，有2.5万名通过考试，合格率达79.8%，比往年有大幅度提高。在加强计算机普及教育的同时，全省普通中学还致力计算机教育的实验与研究，先后确定16所普通中学为省级计算机研究与实验学校，其中4所被定为教育部现代教育技术实验学校，厦门市被教育部确定为全国中小学生计算机教育实验区。全省以实验区、实验校为基地，开展应用现代化教育技术实验，探索计算机学科教学、辅助教学和辅导管理的途径和方法，促进了学校现代教学技术建设和课堂教学模式的改革。1998年，全省组织开展了辅助教学课件评选，其中由实验学校自制的13个课件获得省级奖励。

〔**探索发展农村教育新路**〕 在不断推进"普九"进程中，针对农村初中办学规模日益扩大，在校生急剧增加，农村初中生源多样化和学生课业差距、志向差异突出的状况，福建省教委经过10多年的探索和实践，走出了一条以初中分流教育为主要形式，大力发展农村教育的新路子。初中分流教育改革的基本做法是：在坚持因材施教、按需设教、学生愿意、家长同意的基础上，将不同情况的初二后学生明确分成两个流向：一个主要是面向升学，另一个主要是面向就业。对那些并不准备升学或不可能升学的学生，将他们分流到技术班，适当调整其课程结构和教学要求，在组织他们继续学习必要的文化基础课的同时，增加农村生产发展所需要的生产经营技术的学习和训练，使之进得来，留得住，学得好，毕业后成为爱农村、有文化、懂技术、善经营的新一代农民。

为积极推进农村初中分流教育改革，省教委在认真总结80年代中期以来各地进行农村初中分流教育改革经验的基础上，从1996年起，加大了整体推进农村初中分流教育改革的研究与推广力度，明确将这项改革作为实施"两基"、巩固"普九"成果的一项重要工作来抓，成立了领导机构，制订了工作计划，并先后印发14份指导性文件，召开4场专题会议进行部署，还申请将这项改革列入世界银行贷款课题研究项目，成立了《福建省农村普通初中分流教育改革研究和推广》课题组，在全省确定16个县（市）为实验点，及时总结经验，指导全面。省教委切实加强对初中分流教育技术班的办学管理，加强教材建设，搞好教育质量监控，努力完善办学条件，加强专业课、文化课教师队伍建设，建立了一批教学实习基地，并在加大宣传力度的同时，着力加强教育内部普教、职教、成教"三教统筹"和教育与科技、农业等部门的合作协调，逐步构建了有利于改革发展的运行机制。

经过努力，全省农村初中分流教育改革取得初步成效。1998年，全省已有67个农村县（市、区）开展初中分流教育，占全省县（市、区）总数的80%；实施初中分流教育的学校达900所，占全省农村初中学校数的52.9%；初三技术班的学生达6.43万名，占农村初中同年段学生总数的14.5%。农村地区长期难以解决的初中辍学率居高不下的难点问题，随着这项改革的推进，也得到了有效解决，全省初中生年辍学率已从1987年分流改革之初的14%下降到1998年的1.47%。许多无法升学的学生经过分流技术班的学习和实践，毕业后在农村经济建设中发挥了作用。1998年5月底，《福建省农村普通初中分流教育改革研究和推广》课题顺利通过教育部组织的鉴定委员会的评估验收，鉴定委员会认定课题组完成了各项预期目标，同意结项，并评价这项改革具有重要的现实意义，很有推广价值。1998年10月，该课题获教育部改革课题优秀成果一等奖。

职 业 教 育

〔综述〕 1998年，全省普通中专（含中师）比上年增加5所，招生数比上年增加0.2万人，在校生比上年增加0.56万人，毕业生比上年增加0.26万人，职业中专（高中）比上年增加9所，招生数比上年减少0.3万人，在校生比上年减少0.27万人，毕业生比上年增加0.71万人。全省高中阶段职业学校招生数、在校生数分别占整个高中阶段总数的53.92%和56.29%。

〔管理工作〕 1998年，福建省教委制定实施了《关于加强普通中专学校辐射办学管理工作的通知》和《福建省普通中等专业学校学生管理工作暂行规定》，分别对普通中专辐射办学的资格条件、课程考试，普通中专学生管理等作出规定。为规范普通中专和职业中专毕业证书验印工作，省教委制定了《关于加强普通中专学校学生毕业证书验印管理工作的补充意见》，全年共有2万多名普通中专毕业生、4万多名职业中专毕业生办理了毕业证书验印手续。根据验印中发现的问题，又发出了《关于建立全省中等职业学校有关花名册造册及报送管理制度的通知》。省教委还继续开展普通中专学校的合格评估工作，组织力量修订了省级重点职业高中评估指标体系，积极推进重点中专学校计算机管理校园网建设，全省有10多所重点中专学校完成了计算机管理校园网建设。

〔举办西藏中专班〕 1990年10月，福建省开始接受举办内地西藏中专班任务。至1998年底，全省共有4所普通中专学校举办内地西藏中专班，招收藏族学生159名，已有130名学生毕业返藏工作。省教委、财政厅、民委、计委等有关部门和学校从学习、生活等方面关心藏族学生。增加办西藏班的经费投入，提高了西藏中专生的生活待遇；省有关部门领导每逢春节、藏历年均到学校慰问藏族学生，发过节费；学校对藏族学生既关心爱护，又严格要求，选派最好的教师为西藏班授课，使学生很快适应了在福建的生活，健康成长。1998年7月，全国中专西藏班招生会议在福建省长乐市召开，会议对福建省举办内地西藏中专班工作给予了肯定。

〔中专田径运动会〕 1998年12月，省教委在福州举办全省中专学校第六届田径运动会，共有54所学校的850多位运动员参加运动会。共决出78枚金牌，有44人50次打破全省中专学校田径运动会的36项单项记录，72人9次打破全省中专学校5项田径项目接力赛记录。

〔学习刘志珊活动〕 1998年，省教委在全省教育系统广泛开展“学习刘志珊、争当雷锋式好学生”的活动。刘志珊是莆田农业职业中专的学生，1997年7月为救落水儿童而献身。1998年4月，省教委发出了《关于在全省教育系统广泛开展向刘志珊同学学习活动的通知》,号召全省教育系统广大干部和师生员工学习刘志珊刻苦求知、立志成才、乐于助人、无私奉献、奋不顾身、舍己救人的精神。省教委在全省各级教育行政部门和学校进行学雷锋、学刘志珊的全面动员，并通过编印《刘志珊先进事迹》手册、在莆田农业职业中专学校建立刘志珊事迹展览室和组建刘志珊事迹报告团在全省巡回宣讲等一系列活动，广泛宣传刘志珊事迹，在全省教育系统中掀起学习刘志珊的热潮。

高 等 教 育

〔**综述**〕 1998年，全省普通高等学校在校研究生比上年增加508人；在校本专科生比上年增加7 065人；本、专科在校生比例为1∶0.77；每万人口普通高校在校生25.96人。全省普通高校专任教师中，有正高级职务教师536人，占专任教师总数的6.5%；副高级职务教师2 204人，占26.6%；专任教师中45岁以下的高级职务教师计1 122人，占13.6%；专任教师中研究生毕业1 923人，占23.2%。全省普通高校师生比为1∶10.3，其中省属高校师生比为1∶10.4。

〔**办学体制和管理体制改革**〕 1998年7月，交通部、农业部和福建省政府在北京签订集美航海学院、集美大学水产学院划转福建省管理协议书，确定两院成建制划归福建省管理。按照省委、省政府的工作部署，省教委协同省委宣传部、省计委、财政厅、编委、人事厅等部门组织工作组在集美大学开展充分的调查研究，提出“关于集美大学实行实质性合并的若干意见”,在机构设置和干部配备、经费计划和基建管理、学科专业结构调整等方面提出具体实施方案，经集美大学体制改革领导小组研究审定后，11月由省委办公厅、省政府办公厅批转实施。11月下旬，省教委分别与省财政厅、厦门市政府签订关于集美大学财经学院、师范学院办学问题协议书，并发出通知，将集美大学体育学院划归集美大学领导和管理，这标志集美大学实质性合并工作进入了全面实施阶段。

〔**协作共建**〕 1998年，省教委为推动高等学校校际间的协作和共建，促进资源共享、优势互补，积极组织福州大学、福建师范大学、福建农业大学、福建医科大学和福建中医学院等5所福州市区的本科高校开展教学科研等多方面的协作共建。5月，5所高校在福州签订了协作共建协议书，根据协议，5所高校将在以下方面进行协作共建：选择互补性强的学科专业，联合培养研究生、本科生；通过联合、共建和重组的形式进行学科建设，发展一批全省急需的学科或新兴学科、边缘交叉学科；对相同或相近的基础课和专业基础课教师进行联聘或互聘；利用教育科研计算机网络，建立高校资源信息数据库；共建实验中心、图书资料中心和实践教学基地；集中对新上岗的青年教师进行教育学、心理学等教学业务的培训；联合申请重大的科研课题，联合进行科技攻关和产业开发，建立高新科研产业联合体。

〔**教学改革**〕 1998年10月，省教委组织召开全省普通高等学校教学工作会议，总结交流全省高校五年来教学工作的成绩和经验，研究制定了关于进一步深化教学改革，加强教学建设，提高教学质量的意见及政策措施，讨论修订了省教委提出的《关于普通高等学校面向21世纪深化教学改革，提高人才培养质量的若干意见》，部署了全省跨世纪的高校教学工作。全省将从加大教学经费投入力度，加强学生文化素质教育，加强跨世纪学术带头人和骨干教师的培养等主要方面入手，初步建立与社会主义市场经济和科技发展相适应的普通高等教育教学内容和课程体系。

〔**办学水平**〕 1998年，福建省新增博士授权单位2个，新增按一级学科授权博士学位的学科4个，新增博士点20个，硕士点43个。全省重点学科建设累计完成1.2亿元的投资，取得一批阶段性成果，厦门大学经济学、福建师范大学经济学被教育部增列为国家经济学基础人才培养基地。至1998年底，全省普通高校已有博士点52个、硕士点216个；有化学、生物学、经济学、海洋学、农学等5个博士后流动站；有国家重点实验室1个、国家开放实验室2个、国家级重点学科7个；有国家理科、文科人才培养和科学研究基地10个；有中科院院士7人，工程院院士1人。

〔**高校科技**〕 1998年，全省高等学校科研计划管理体制实行全面改革，推行公开竞争、科学论证、选优立项的机制，积极鼓励高校组织横向多渠道资金投入科研活动，通过争取企业、社会横向合作，学校、教师和科研人员自筹资金，省里予以配套资助的办法，全年高校科技经费投入达11 131万元，比上年增长30.11%，首次突破亿元大关，其中自筹部分科研经费达229万元。全年共鉴定成果153项，其中达国际水平37项，国内首创的39项，国内先进的43项。获自然科学类各种奖104项，其中国家级奖3项，国务院各部门科技进步奖7项；省科技进步奖61项，占全省34.66%。获省第三届社会科学优秀奖200项，占全省67.34%。大力开展重大科研攻关，高校获得省政府确定的国家级科技重点项目32个，列入省计委重点科技攻关工业试验项目12项，获得的项目经费占省预算内经费60%以上。加强产学研和科技开发工作，组织参加福建省“五新”（新技术、新工艺、新材料、新设备、新产品）项目推介洽谈会，全省10所本科院校和省高校开发服务中心参展，签约项目118项，预计新增产值19亿多元。

成人教育

〔**综述**〕 1998年，全省成人初等学校在校生比上年增加0.5万人。参加成人技术培训学习的人数比上年增加5.56万人。全省各类成人中专招生数比上年减少274人，在校生比上年减少12 968人。全省成人高等学校招生数比上年增加720人，在校生比上年增加2 547人。

〔**农村成人教育**〕 1998年，福建省认真传达、贯彻全国扫盲重点省工作会议精神，及时部署扫除剩余文盲和巩固提高工作。7月，省政府发出《关于进一步做好扫盲工作的通知》，对全省今后五年扫盲及扫盲后继续教育提出具体的目标、任务、措施。省教委继续协同有关部门开展各具特色的活动，共同促进扫盲和实用技术培训工作，同省妇联联合开展“双学双比”（学文化、学技术、比成绩、比贡献）活动，同团省委联合开展大中专学生暑假扫盲与科技文化服务活动。1998年，加强了扫除文盲后的巩固提高工作，全省共巩固12万人，提高6.56万人。

同时，全省不断巩固农村县、乡、村三级成人教育办学网络。1998年，已有30所文化技术学校的办学条件达到省级示范性文化技术学校的标准，已有20%的村级文化技术学校达到必备的办学条件。1998年，全省农村三级成人教育网络共培训农村各类人员及推广实用技术达247万人次。

〔**成人中专、高校管理**〕 1998年，省教委根据全省经济社会发展需要，加强成人中专专业调控工作，继续停办师范类专业；严格控制财会类专业招生计划，删减其计划数的1/3；大力扶持工艺型的实践性强的专业和农业成人中专所办的种植、养殖、农产品加工类专业，实行初中毕业生免试入学；在龙岩财政学校开办乡镇财政管理专业函授；在省电大附属中专试点举办电视中专军人分校，开展智力拥军。同时，加强成人中专学校教育教学管理，1998年下半年，省教委组织力量开展全省性的成人中专办学条件、招生工作，收费情况、学籍管理、校园治安、宿舍食堂卫生等全面检查，进一步规范学校的办学管理。成人高等学校管理工作也进一步加强。1998年，省教委组织专家分别对9所院校18个成人高等专科学历教育专业、6所院校10个大专起点本科教育新专业和2所院校申办夜大学进行评审论证，并不断加强高等教育自学考试助学工作的管理，对助学单位办学情况进行检查监督；努力提高成人高等教育专业证书教育质量，进行全省专业证书班《现代公文写作》统考，参加统考人数达15 000人。不断完善成人学历教育招生工作。电大注册视听生达11 163人，成人高等教育专业证书班招生 8 820 人。全省还举办成人中专与成人高校联席会，促进有条件的成人中专支持和参与成人高校举办高职班改革试点工作。

〔**电大教育**〕 1979 年1月，省政府批准创办福建广播电视大学以来，福建电大已发展成为一所采用广播、电视、文字和音像教材、计算机课件等多媒体进行远距离教学的开放性新型高等学校，为福建的经济建设和社会发展培养了大批的人才。近 20 年来，学校已开设大专专业 116 个，中专专业 30 多个，招收大中专学生 13 万多人，培养出大专毕业生近 6 万人，中专毕业生 1 万多人。学校还举办 20 多个全省性非学历教育项目，培训从业人员 15 万多人次，有 100 万人次的农民接受省电大附属燎原广播电视学校的农村实用技术培训。1998 年，全省已有 12 所分校，58 个工作站，167 个基层办学点，形成以省电大为中心，覆盖全省城乡的广播教育网络。学校实行高层次、多规模、多功能、多形式办学，具有远距离、开放性、现代化、社会化及系统性、灵活性的办学特点，在举办中专学历教育的同时，还举办大学后教育、单科教育、“燎原”教育、岗位培训等非学历教育，并积极开展与系统、行业及其他院校联合办学。学校已初步建立起计算机校园网，开通电子信箱，建成多媒体视听阅览室和 VBI 数据广播接收系统，实现了全省电大计算机对点通讯。

〔**自学考试**〕 1998 年全省自学考试报考人数达 41 万，比 1997 年增长 46%。为促进自学考试事业健康快速发展，1998 年，主要抓以下几项工作：一是及时调整开考专业，优化专业结构和布局。根据全省经济建设和社会发展对人才的实际需要，及时调整、合并及开考新专业，停考社会工作与管理（专科）、医士、公安（中专），新开考国际贸易、计算机及应用、经济学、律师 4 个本科专业，乡镇管理、监所管理、电力系统及其自动化、林业生态环境管理 4 个专科专业，会计与统计核算 1 个中专专业。开考专业更趋科学，主考院校布局更为合理。同时对档案管理、小学教育、机电一体化专科、汉语言文学、法律专科本科段及英语本科段等专业考试计划进行调整，审定公布 132 门课程自学考试大纲，中专开考权下放给地市。二是拓宽服务面，各种考试并举。1998 年，实现计算机等级考试与职业技术教育、青年干部计算机考试、自学考试部分专业的计算机及应用基础课程考试“三个并轨”，全年计算机等级考试报考人数近 13 万，比 1997 年增长 118%。同时，继续做好电大注册视听生考试及民办高校的学历文凭考试试点工作。三是建立题库合理系统，完善质量保障体系。1998 年，全省积极采用全国统一命题，省级命题采用组建试卷库和委托外省命题等多元化方式。调整、补充题库，1998 年题库（卷库）已达 102 门。引进先进的通用智能题库系统，加快命题计算机化步伐，并加强试卷印刷的保密工作。四是推进自学考试向农村延伸，积极扶持助学。11 月，在南平市召开全省自学考试乡镇服务站经验交流会，推进自学考试向农村延伸。截至 1998 年，全省已依托乡镇成人学校、文化技术学校建立自学考试乡镇服务站 156 个。进一步加强助学工作的指导和监督，到 1998 年经审批的自学考试单位达 41 个，初步形成开放的助学体系。五是加强考务考籍管理，抓好考风考纪建设。1998 年，完成与教育部通讯网络的联接调试，编制相应接口程序并正式投入使用。实行光电阅读采集报名信息，保证数据准确性，促进考试管理进一步科学化和现代化。同时，切实加强考点建设，对全省考点全部重新进行申报审批，共批准设立考点62个，并对少数考风考纪差、管理力量差的考点予以黄牌警告。重新修订自学考试考务规程，印发《考场工作量化指标考评表》、《监考工作操作规程》、《巡视工作操作规程》等一系列规章制度，加强考风考纪建设。六是建立自学考试研究委员会，筹建福建省自学考试奖励基金。1998年，省自考办召开第一届自学考试研究会，贯彻落实全国考委各项科研任务，做好省科研课题的规划、组织、申报、审批、指导、管理以及教育考试理论的普及工作，积极筹建奖励基金，以奖励优秀考生和优秀自学考试工作者，1998年已筹措资金30万元。

〔**社会力量办学**〕 1998年，省教委继续做好国务院《社会力量办学条例》有关配套性文件的制定工作，先后制定实施《关于社会力量办学分级审批、分工管理的暂行规定》、《福建省社会力量办学财务管理暂行规定》，分别对全省各级教育行政部门分级审批、社会力量办学管理的职责分工，规范全省社会力量办学机构的财务行为等作出具体规定。发出《关于确定社会力量举办的职业中专、成人中专主管部门的通知》和《关于省内各级各类公办学校举办培训机构的办学性质的通知》，加强对社会力量举办的职业中专、成人中专和省内各级各类公办学校举办培训机构的管理。在全省部署开展社会力量办学审计，各级教育行政部门针对审计过程中发现的问题，帮助社会力量办学单位按照有关规定建立健全财务机构、财务制度，促进学校财务管理规范化。还根据教育部的部署，组织进行全省社会力量办学许可证的换发工作，对全省社会力量办学许可证进行统一编码、统一建档。

撰稿　吴仁华　张学强
审稿　朱永康

江西省教育

概　况

〔基本情况〕

1998 年各级普通学校基本情况

单位：人

学校类别	学校数(所)	毕业生数	招生数	在校学生数	教职工数 计	教职工数 其中专任教师
一、普通高等学校	31	23 230	29 234	95 384	24 237	9 577
研究生	(11)	292	498	1 281		
本科生		8 975	15 860	52 408		
专　科		13 963	12 876	41 695		
二、中等专业学校	105	41 151	49 623	145 253	14 512	7 576
中等技术学校	79	28 897	37 570	111 620	11 273	5 556
中等师范学校	26	12 254	12 053	33 633	3 239	2 020
三、普通中学	2 765	672 945	848 862	2 348 666	152 710	131 131
高　中	471	85 738	102 426	286 239		21 068
初　中	2 294	587 207	746 436	2 062 427		110 063
四、农业、职业中学	348	43 871	69 109	158 397	12 381	8 219
高　中	304	35 552	58 577	124 901		7 240
初　中	44	8 319	10 532	33 496		979
五、工读学校	1				9	2
六、小　学	23 389	803 463	817 813	4 528 949	242 279	228 828
七、特殊教育学校	28	898	1 132	6 126	390	327
八、幼儿园	6 626		518 683	619 048	26 879	22 321

1998 年各级成人学校基本情况

单位：人

学校类别	学校数(所)	毕业生数	招生数	在校学生数	教职工数	
					计	其中专任教师
一、成人高等学校	22	18 918	21 464	59 004	4 337	1 976
广播电视大学	1	5 582	4 898	13 753	768	374
职工高等学校	14	2 432	3 216	7 998	1 693	1 007
农民高等学校						
管理干部学院	2	1 075	1 220	2 848	1 024	185
教育学院	5	2 026	2 161	5 300	852	410
独立函授学院						
普通高校举办：						
函授部		4 161	5 555	16 695		
夜大学		2 091	2 418	8 623		
成人脱产班		1 551	1 996	3 787		
二、成人中等专业学校	144	20 830	21 392	54 573	5 441	2 980
广播电视中专	3	5 491	3 893	11 064	790	388
干部中专	45	11 370	14 660	30 890	2 363	1 136
职工中专	5	209	495	1 122	232	101
农民中专						
函授中专	2	3 760	2 344	11 497	36	12
教师进修学校	89				2 020	1 343
三、成人中学	93	8 799	7 408	9 243	331	202
职工中学	44	3 222	2 367	3 432	292	168
农民中学	49	5 577	5 041	5 811	39	34
四、成人技术培训学校	11 933	1 633 896	1 531 561	1 586 379	6 681	2 285
职工技术培训学校	132	20 009	15 977	17 972	974	715
农民技术培训学校	11 801	1 613 887	1 515 584	1 568 407	5 707	1 570
五、成人初等学校	11 160	246 101	224 703	264 929	4 815	988
职工初等学校	14	231	266	314	9	4
农民初等学校	11 146	245 870	224 437	264 615	4 806	984
其中：扫盲班	9 589	194 915	163 340	199 104	3 586	702

制表 周民武

〔**全省教育工作会议**〕　1998年6月13日～14日，全省教育工作会议在南昌召开。省政协副主席、省教委主任黄定元作了题为《高举旗帜，务实创新，把一个崭新的江西教育事业带入21世纪》的工作报告。省委书记舒惠国到会讲话。他要求各级党委、政府要关心教育、支持教育、采取切实措施，加快全省教育事业的发展；要进一步做好教育科技经费预算安排，建立和健全保障教育投入的机制，切实保证教师工资按时发放；把"两基"工作放在重中之重的地位，促进各类教育事业健康、协调发展；做好家庭经济困难学生的就学工作；要切实加强教师队伍建设，做好学校安全工作，增强师生的安全防范意识。省长舒圣佑也在会上讲话，要求各级领导高度重视教育工作，切实增加教育投入。

会议对五年来全省教育工作情况、积累的经验进行了回顾和总结，客观分析了在教育事业改革和发展进程中存在的困难和问题。对今后工作作了部署，提出了"两基"攻坚、推行素质教育、加大职业教育改革步伐的具体措施。

〔**救灾复校工作**〕　1998年，江西省遭受了百年不遇的特大洪涝灾害，教育系统遭受巨大损失。全省有79个县（市、区）的5 751所学校受灾，倒塌校舍52.08万平方米，直接经济损失8.45亿元。省教委成立了救灾复校领导小组，布置、指导全省教育系统进行抗灾护校、抗灾保考、抗灾复学、抗灾复校工作。灾后，把确保灾区中小学开学和重建校园，作为教育战线压倒一切的中心工作来抓。为了确保中小学秋季按时开学，省政府及时发出《关于切实做好灾区中小学秋季开学和确保贫困学生入学工作的紧急通知》。教育系统从实际出发，采取多种应急措施，保证了93%的受灾学校在9月1日如期开学，7%特重灾学校也通过修复水毁校舍、租借民房、搭建棚屋等方式，在10月1日前如期开学。同时，在灾区学校广泛开展卫生防疫教育，做到大灾无大疫。加大了对受灾家庭困难学生的帮扶力度，对中小学特困生收费实行减、免、缓的办法，对重灾区家庭有困难的学生，采取了先报到注册、先发课本上课，确保他们不因灾失学。各地区还加大了收费监管力度，严格把好收费关，坚决制止乱收费。并采取多种措施，资助高校来自灾区的特困生。

省教委还组织实施了"江西省救灾复校工程"，把中央、省的教育救灾专款和社会各界对教育救灾的捐赠等捆在一起，统筹管理，集中使用，充分发挥投资效益。对恢复重建校舍实行项目管理，以确保经费到位、网点调整到位、工程建设质量到位。

〔**教育投入与支出**〕　1998年全省教育部门预算内教育经费拨款为28.15亿元，比上年的25.38亿元增加2.77亿元，增长10.91%，增长速度高于财政收入2.91个百分点。各级教育生均预算内事业费和公用经费支出比上年均有不同程度增长。

预算内教育经费支出30.1亿元（含预算外收抵支部分和城市教育费附加），占1998年财政支出176.4亿元的17.06%。国家财政性教育经费支出为37.29亿元，占国民生产总值1 850亿元的2.02%。

全省教育经费总支出为50.58亿元，比1997年增长12.98%，其中国家财政性教育经费支出为37.29亿元，比1997年的35.70亿元增加1.59亿元，增长4.45%。

财政预算内教育经费支出28.70亿元，比上年的26.22亿增加2.48亿元，增长9.46%；各级政府征收用于教育的税费支出为6.57亿元，比上年的6.52亿元增加0.05亿元，增长0.77%；社会团体、公民个人办学支出2284.8万元，比上年的1489.3万元增加795.5万元，增长53.41%；社会捐资办学经费支出为12407.5万元，比上年的9127.2万元增加3280.3万元，增长35.94%；学杂费支出7.04亿元，比上年的6.38亿元增加0.66亿元，增长10.34%；校办产业、勤工俭学、社会服务收入用于教育的支出及其他教育支出共计6.79亿元，比上年的4.58亿元增加2.21亿元，增长48.25%。

1998年继续加大多渠道筹措教育经费的力度。省教委会同省地税局发出《关于进一步做好全省农村教育事业费附加征管工作的通知》，进一步明确了农村教育事业费附加的征、管、用职责，全省农村教育事业费附加收入为3.98亿元；进一步完善了专控附加的使用、管理；加强了城市建设维护税用于教育的经费管理。调整和制定了中等专业学校并轨收费标准；对普通高等学校、成人教育和社会力量办学的学校收费项目、标准进行了调整；制定了高招、中招、自考三个收费标准。

〔**教师队伍和教职工住房建设**〕 继续在全省实行了教师工资兑现情况定期报告制度，确保教师工资按时足额发放。1998年全省共有10 700名民办教师转为公办教师，民办教师占全省中小学教师的比例下降到5.6%；为4 000名中小学骨干教师的家属和子女解决了“农转非”；有93名教师和103名教师分别被评为部级和省级优秀教师；部分地市和学校积极推行教师人事制度改革，实行全员聘任竞争、上岗制度。全省确定了124名高校中青年学科带头人和294名中青年骨干教师。新评教授208人，副高职称教师502人。到1998年底，全省高校专任教师9 577人，其中，博士学位79人，副高职称以上的教师3 025人，占教师总数的32%。教职工住房条件进一步改善，建成城镇中小学教工住房4 827套；省政府安排省属高校青年教师住宅小区建设经费1 500万元。

基础教育

〔**综述**〕 1998年，全省小学适龄儿童入学率达99.57%，辍学率为0.58%；小学升初中阶段的比例达94.21%；初中阶段适龄人口入学率达90.16%，辍学率为2.31%；普通高中招生102 426人，比上年增加4 264人，增长比例达4.34%。共有9个县通过“两基”评估验收。素质教育全面启动，全省18个实验区在小学开展了取消百分制，用

“等级＋特长＋评语”来代替，促使学生朝着“合格＋特长”的方向发展。

〔**义务教育**〕 1998年，按规划接受“普九”评估验收的县大多数经济、教育基础比较薄弱，且大部分都不同程度遭受了洪涝灾害的侵袭，为了确保“普九”规划的落实，省教委一方面积极创造条件，克服困难，集中人力、财力、物力，加大对贫困地区义务教育的扶持力度，1998年世行贷款“贫困二”项目下达资金1 907万元，省、地、县、乡四级财政配套拨款3 127.5万元，全部用于国家贫困县和省挂钩扶贫县发展义务教育。另一方面，按照分类指导的原则，加强了对“普九”工作的过程督导。省教委组织了8个工作组多次到困难大、任务重的县、乡进行调查研究，及时发现问题，提出对策，帮助解决困难。各地普遍加强了对“普九”工作的领导，进一步强化政府行为，采取有力措施，实行县、乡两级一把手亲自抓，分管领导主要抓、县六套班子领导包乡镇、各职能部门具体包点的制度，努力加大教育投入，积极改善办学条件，确保了全年“普九”任务的顺利完成。1998年，全省有9个县通过了“普九”评估验收，通过“两基”验收的县（市、区）累计达到88个，当年人口覆盖率达到87.03%，比1997年提高11.6个百分点。

〔**实施贫困地区义务教育工程**〕 通过3年的实施，全省32个项目县新建学校92所，改扩建学校2 657所，覆盖618个乡镇，完成总投资46 598.3万元，完成规划的121.1%；加快了项目地区普及义务教育的步伐，改善了项目学校的办学条件，为贫困地区教育事业的发展奠定了基础；学校布局得到调整，规模效益得到提高，小学校均人数由“工程”实施前192人提高到210人，初中校均人数由469人提高到680人；培养和锻炼了一支“工程”管理队伍，提高了各级教育行政部门的管理水平。1998年10月，“工程”顺利通过教育部、财政部的检查验收，获中央奖励资金900万元。

〔**老区教育**〕 1998年，吉安地区切实加大“普九”力度，吉水、吉安、泰和3县通过了“普九”验收，泰和县被评为“全国‘两基’先进县”。全区“两基”人口覆盖率由1997年的35.4%提高到1998年的70%。1998年全区新建希望小学38所，救助失学儿童少年2 100多名。筹措建校资金10 836.3万元，修建校舍面积32.58万平方米，中小学生均面积达到5.66平方米，完成教工住房440套。年底，全区的“贫困地区义教工程”项目通过验收。进一步完善素质教育评估指标体系，以课堂教学为主进行素质教育。为促进办学水平全面提高，实施了“治防帮（治薄弱、防流失、帮后进）”和“创三名（名校、名校长、名师）”工程，开展了义务教育阶段办学行为的专项治理活动，改革了中小学考试和高中招生办法，推动了全区素质教育的深入开展。

赣州地区认真贯彻实施《义务教育法》，依法治教，“两基”攻坚进展顺利。1998年全区18个县（市、区）中有15个实现“两基”，人口覆盖率达到86%；全区18个县（市、区）全部达到基本扫除青壮年文盲要求，青壮年非盲率达到97.8%，1998年1月8日《中国教育报》以“用心铸就千秋基石”为题报道了该区实施“两基”的经验。

〔**素质教育**〕 1998年，省政府办公厅转发了省教委《关于积极推进中小学实施素质教育的意见》，确定了全省推进素质教育的总体工作思路，即：全面启动，区域推进，分类指导，重点突破，抓点带面，逐步提高。提出了加强薄弱学校建设，改革考试和测评制度，严格执行课程计划，优化教学过程等8个方面的具体要求。全省确定了18个素质教育实验区，各实验区按要求制订了实施方案，各项实验有序推进。各地（市）教委制订了改造薄弱学校的三年计划和实施方案，努力加强薄弱学校建设；改革考试制度和测评制度，选择部分县（市、区）进行普通高中改革试点；18个实验区在小学阶段取消了百分制，采用“等级＋特长＋评语”的做法来代替；在不改变现行课程结构、课时分配、教材体系的前提下，对义务教育阶段部分教材的教学内容和教学要求进行了调整，通过优化课堂教学，努力减轻学生课业负担，提高教育质量；积极推行教师人事制度改革，实行教师聘任制，充分调动广大教师教书育人的积极性。

中小学艺术教育、劳动技术教育和安全教育等也得到加强。

〔**高中教育**〕 根据《江西省普通高中改革和发展实施意见》，按照全省普通高中发展规划，在兼顾全省“两基”工作以及中等职业教育发展情况的前提下，省教委适度扩大了普通高中规模和招生人数，高一年级新招生102 426人，比上年增加4 264人，增长4.34％。普通高中新课程方案试验逐步深入，进一步加大新课程方案的宣传力度，树立法规意识，严格执行新计划；切实加强试验过程管理，认真做好引导、调控工作，努力规范普通高中教育教学行为，新课程方案试验取得了初步成效。各校增强了执行新课程计划的自觉性，教学管理得到加强，办学条件进一步改善，教学质量稳步提高。学生课业负担有所减轻，能力和素质得到全面发展和培养。活动课、任选课渐成体系，形成了各具特色的“两课”系列，总门类达200多门。

〔**幼儿教育**〕 1998年，省教委制订了《江西省幼儿教育事业“九五”发展目标实施方案》，对各地（市）提出了“九五”期间幼教发展指标。要求城市在基本满足学龄前三年教育的基础上，努力创建一批省级示范幼儿园；要求农村有条件的乡镇要办好中心幼儿园；村级普及学前一年教育，同时，发展学前2～3年教育。充分利用撤并后的农村中小学校开办幼儿园，发展农村幼儿教育事业。

为促进办园规范化、管理科学化，全省各地按照《江西省幼儿园评估定级方案》和《江西省学前班工作评估指导意见》的要求，开展了以“一级园”为目标的升级达标活动。发出《江西省示范幼儿园评估细则》，将于1999年开展对省级示范幼儿园的评估工作。开展幼儿园园长岗位培训工作，广大幼儿教师也积极开展岗位练兵活动，提高基本技能。

职业教育

〔**综述**〕　1998年，全省职业高中比上年减少3所；招生比上年增长9.7%；在校生比上年增长8.3%；毕业生比上年增长5.3%。普通中等专业学校招生比上年增长5.7%；在校生比上年增长5.2%；毕业生比上年增长21.7%。成人中等专业学校比上年增加10所；招生比上年增长23.6%；在校生比上年增长37.9%；毕业生比上年增长96.6%。此外，劳动部门主管的技工学校1998年招生14 413人，在校生44 310人。1998年各类中等职业学校招生数、在校生数占整个高中阶段的招生数、在校生数的比例分别为59.6%、56.9%；职业初中比上年增加6所；招生比上年增长9.3%；在校生比上年增长13.5%；毕业生比上年增长57.4%。

〔**职业教育改革与发展**〕　1998年4月9日，省政府发出了《关于加快职业教育改革与发展的决定》。《决定》明确了全省职业教育的指导思想和奋斗目标，要求在2000年前，各县（市、区）和有关部门、行业在现有学校、教育培训中心机构的基础上，改办好1所示范性的中等骨干职业学校或职教中心，经济发达的中心城市要改办好2～3所；到2000年全省各类中等职业学校年招生数和在校生数占整个高中阶段的比例要分别达到60%，普及高中阶段教育的城市达到70%，到2010年要建立比较完善的江西职业教育体系，中专、职高和技校在校生达到62万人，85%以上的从业者上岗前接受过职业学校教育或职前培训。

为实现上述目标，《决定》强调：要改革职业学校和职业培训机构的教学内容和方法，坚持为经济建设、社会发展服务和促进劳动就业服务的办学方向，努力提高办学质量；要改革内部管理机制，增强办学活力；要改革招生和毕业生就业制度；要扩大办学规模，提高办学效益；要改革政府包揽办学的格局，逐步建立以政府办学为主体，社会各界共同办学的体制。并要求各级政府要依法落实发展职业教育的政策，努力增加职业教育投入。

〔**推进“校长招聘”和“国有民办”两项改革**〕　1997年江西省出台公开招聘职业高中校长和在部分职业高中试行国有民办两项改革政策后，在教育界引起反响。教育部在全国职业教育会议上介绍和推广了江西省两项改革的做法。南昌县职业中学、萍乡宣风职业中学、南坑职业中学、高坑职业中学、莲花县职业中学、浮梁县高级职业中学等学校实行校长招聘后，使校长的人事管理权、工资、资金分配权、机构设置权等办学自主权都得到了充分的落实，激发了学校的办学活力，学校发生明显变化。

〔**中专招生并轨改革**〕　1998年4月10

日，省政府批转了省教委、省计委《关于江西省普通中等专业学校招生并轨改革实施意见》。《意见》规定：普通中等专业学校招生并轨后，不再实行国家任务计划和调节性计划（含委托培养和自费生）的计划形式，统一实行一种计划，并统一录取标准，学生缴费上学。学生毕业时依据国家就业方针政策，凡享受专项或定向奖学金的学生，毕业后按照与相关部门或单位签订的协议到相应的部门或单位就业，中等师范学校学生毕业后回所在县（市、区）小学任教，其余毕业生在一定范围内自主择业。《通知》还明确了收费标准以及对经济困难学生的资助制度等。

1998 年全省中专招生并轨实现了平稳过渡。全省参加初中升学考生396 642人，其中报考中专、中师的考生 146 582 人。招收初中毕业的普通中专共计 189 所，其中部属、外省中专学校 93 所，省属中专学校 42 所，地市属中专学校 54 所；共计划招生 44 713 人，实际录取新生 46 024 人，其中部属学校 4 032人，省属学校 19 218 人，地市属学校 22 774人。

高 等 教 育

〔**综述**〕 1998 年，全省高校招收研究生比上年增长 20%，（其中地方高校研究生招生 373 人，比上年增长 26%）；在校研究生比上年增长 19%（其中地方高校在校研究生 982 人，较上年增长 30%）；普通高校本、专科招生比上年增长 5%（其中地方高校招生 21 921人，较上年增长 14%）；在校本、专科生比上年增长 7%（其中地方高校在校生 71 455人，较上年增长 18%）；每万人口中大学生数为 22 人。完成了全省高校本科专业的整理工作。全省高校共有本科专业 151 个。

1998 年，全省高校新增博士学位授予单位 2 个（江西医学院、江西财经大学），博士学位授权学科、专业 3 个（其中地方高校 2 个），硕士点 35 个。全省已有南昌大学、江西财经大学、江西医学院、江西师范大学、江西中医学院、江西农业大学等 6 所高校获准开展在职人员以研究生毕业同等学力申请硕士学位工作。

〔**管理体制改革**〕 1998 年，省教委研究制订了《江西省高等教育管理体制改革和布局结构调整方案》，对全省高教管理体制和布局调整作出全面规划：（1）江西医学院、江西中医学院和赣南医学院从省政府卫生行政部门主管划归为省政府教育行政部门主管；（2）南方冶金学院、景德镇陶瓷学院由中央和省共建，以省管理为主。这两所高校已按新体制运行；（3）宜春师范专科学校、宜春医学专科学校、宜春农业专科学校和宜春市职业大学合并组建宜春学院。

〔**政治思想工作**〕　组织了全省大学生学习十五大文件精神的统考，并组织学习中宣部的《建设有中国特色社会主义若干重大理论问题》和教育部的《邓小平教育理论学习纲要》。全省大学生学习邓小平理论小组达1 600多个。召开江西省第九次高校党的建设工作会议，对全省34所高校实施《中国共产党普通高等学校基层组织工作条例》的工作情况进行了检查评估，评选表彰了6所高校，南昌大学被评为全国高校党建和思想政治工作先进高校。部署了《邓小平理论概论》课程的开设和“两课”新课程方案实施工作。在大学生中开展以“纪念改革开放20周年”为主题的教育活动，组织了“改革开放同龄人”演讲比赛。各高校以创“文明校园”为核心，开展了创“文明班级”、“文明宿舍”、做“文明大学生”的“三创一做”活动。全省共评选表彰了4所“文明校园”和一批“文明班级”、“文明宿舍”和“文明大学生”。

〔**教学建设与常规管理**〕　江西省加强教学常规管理，制定并实施了“江西省高校教学研究立项”、“优质课程评选”、“教师授课质量评价”三项制度。截止到1998年，全省共审核批准省级教学研究立项课题352项，评选出省级优质课程44个。为了实施“面向二十一世纪教学内容和课程体系改革计划”，省教委拨出专款10万元，直接资助100项教学研究课题（其中省级重点项目20项）。召开了全省高校第七届教学成果汇报会，评选出40项省级优秀教学成果奖，其中一等奖5项，二等奖10项，三等奖25项。组织高校学生参加全国数学建模竞赛，8个队获奖。全面完成了世界银行贷款“师范教育发展”项目36个改革课题的结题鉴定、优秀成果评优及抽样课题评估工作，7个项目通过国家鉴定，29个项目通过省级鉴定；4个项目被评为部级优秀课题，10个项目被评为省级优秀课题。

〔**高校扶困工作**〕　1998年，江西省遭受了历史罕见的特大洪涝灾害，致使高校经济困难学生达1.5万人，其中特困生约7 000人。为此，省教委组成5个“赈灾小组”，深入12个重灾县，直接为2 200多名灾区困难大学生发放了总计为90万元的上学路费和第一个月的生活费，使全省高校学生如期入学。各高校为困难学生开辟了“绿色通道”，让灾区学生先报到、上课，并采取奖、贷、助、补、减等措施，承担了扶助困难学生的主要任务，建立了“江西省普通高校特困生档案”。在扶助灾区困难学生工作中，千方百计多渠道筹集资金，社会各界对江西省高校来自灾区的大学生进行了援助。11月3日，省教委召开全省高校扶困工作经验交流会，又拨出专款1 000万元，资助家庭经济困难学生及补充重灾区院校的办学经费。

〔**科研工作**〕　1998年，江西省15所高校在全省科技成果对接转化展示会上，提供科技项目200多项，占展示会总项目的一半以上。省科委、省计委下达给高校科研项目126项，经费224.4万元；全省高校获得省自然科学基金项目70项，经费105.4万元。召开了全省高校科技体制改革座谈会，部署了高校科技体制改革工作。江西农业大学、南昌大学等高校组织师生到井冈山、上饶等地进行科技宣传，发放农业科技资料、接待农民科技咨询。

〔**教育交流**〕 1998年，全省教育系统共派出76批计118人赴美国、日本、澳大利亚等国家考察、访问和进行学术交流。公派留学生8人，自费留学生99人。31所院校具有外专（外教）聘请资格，其中26所院校聘请了长短期专家。江西师范大学与美国阿姆斯壮大学合作建立了“中美合作江西工商管理培训中心”。至此，全省合作办学机构已有5所。

成人教育

〔**扫盲工作**〕 1998年，于都、赣县、安远、寻乌、泰和、永丰、修水、余干、永新、吉水、吉安、遂川、波阳、都昌、横峰、金溪、莲花、乐安18个县（市、区）的扫盲工作通过了省政府的评估验收，全省99个县（市、区）全部完成“基本扫除青壮年文盲”的任务。1998年扫盲19.5万人，青壮年文盲已由第四次人口普查时的208.3万人减少为50万人，青壮年文盲率也下降到3%以下。

由于江西省遭受特大洪涝灾害，国家决定将江西扫盲验收抽查时间推迟到1999年春。12月24日～25日，省教委在南昌召开全省扫盲迎接国家验收再动员暨表彰会议，会议就今冬明春的扫盲及迎“国检”工作进行了再动员再部署，并要求全省各地不得松懈斗志，继续加大工作力度，按照倒计时方式，做好迎接国家验收抽查的各项准备。会议还向荣获1998年国家第三届“中华扫盲奖”的10名先进个人和5个先进集体，被评为1997、1998年省扫盲先进的100名个人和15个集体颁发了奖牌、奖状和奖金。

〔**社会力量办学**〕 省教委印发《关于加强社会力量办学教育机构招生工作管理的通知》，《通知》要求，应按照公平竞争、落实责任、严审广告、禁“挖”生源、统设场点、加强监督等6条原则，大力整顿民办学校、普通高校及成人中专举办的社会助学机构的招生秩序。并按照国家教委、劳动部印发的《关于实行社会力量办学许可证制度有关问题的通知》要求，为“年检”合格的民办院校办理办学许可证，并规范了校名。举办了民办学校财会人员培训班，93名财务人员系统学习了新会计制度和民办学校财务管理制度。

省教委加大对直属民办高校的管理力

度。修订《江西省民办高校年检评估指标体系》，对民办院校1997年度办学情况进行检查，共评出9所先进学校和5所单项优胜学校；批准新建江西九江专修学院等3所学校；确定在江西服装专修学院等6所民办高校进行学历文凭考试试点；全省民办高校增加到36所。省教委统一制发学生花名册及学业证书；印发民办高校学生转学、休学、退学、退费暂行规定；会同省物价局、省财政厅调整了民办院校收费标准；会同省公安厅每两月召开一次民办院校保卫工作会议，研究治安工作，维护学校正常秩序。

〔**成人高、中等教育**〕 1998年举办高等职业教育的职工大学增加到7所，共招生1 100多人。各校根据成人高等职业教育以及教学计划的特点，加大投入，办学条件得到改善。省教委制定印发《关于选拔优秀成人中专优秀毕业生升入成人高校学习的补充实施办法》，保送200名思想品德和学业成绩优良的成人中专毕业生升入成人高校。成人中专共招生2.1万人，在校生达到5.5万人，办学规模不断扩大。

省教委与省财政厅、省物价局联合发出文件，调整了成人高、中等学校的收费标准；制订成人高等职业教育教学计划，加强学生动手能力的培养；对101个成人中专远距离教育学校进行办学评估，提出了整改意见，对其下设的200多个办学点进行备案登记；制订《成人中专专业设置和审批暂行办法》；成立成人中专教育指导委员会，组织编写成人中专教学大纲、教材，并规范了教材的征订和使用。省教委多次对教学质量进行检测。

撰稿 邱泽忠 刘静俭 曹伴好
邓 弘 熊庆任 杜 侦
孙传烽 郭 强
审稿 黄定元 王占铭 李国祥

山东省教育

概　况

〔基本情况〕

1998 年各级普通学校基本情况

单位：人

学校类别	学校数(所)	毕业生数	招生数	在校学生数	教职工数 计	教职工数 其中专任教师
一、普通高等学校	49	52 952	65 016	193 221	50 261	20 581
研究生	(18)	1 475	2 022	5 748		2 885
本　科		25 059	36 613	126 438		
专　科		26 418	26 381	61 035		
二、中等专业学校	254	99 483	114 956	327 031	39 160	20 949
中等技术学校	194	79 830	96 454	277 154	30 871	16 435
中等师范学校	60	19 653	18 502	49 877	8 289	4 514
三、普通中学	4 635	1 599 080	2 012 792	5 715 420	404 824	322 785
高　中	669	228 092	318 157	832 630		53 425
初　中	3 966	1 370 988	1 694 635	4 882 790		269 360
四、职业中学	511	143 862	162 792	433 404	41 962	28 232
高　中	492	140 020	159 803	424 025		27 176
初　中	19	3 842	2 989	9 379		1 056
五、技工学校	305	59 292	55 668	188 493	33 806	14 035
六、小　学	34 480	1 739 153	1 463 441	9 513 397	467 987	435 156
七、特殊教育学校	143	1 847	2 717	17 030	4 858	3 091
八、幼儿园	41 072		1 225 112	1 804 424	118 715	98 551

1998 年各级成人学校基本情况

单位：人

学校类别	学校数(所)	毕业生数	招生数	在校学生数	教职工数	
					计	其中专任教师
一、成人高等学校	46	61 603	73 618	198 780	13 023	6 557
广播电视大学	2	11 501	13 115	33 942	5 889	3 195
职工高等学校	25	7 430	10 095	26 340	3 002	1 385
管理干部学院	5	5 349	6 783	13 863	1 351	497
教育学院	14	6 779	9 429	22 136	2 781	1 480
普通高校举办						
函授部		20 228	25 711	76 186		
夜大学		8 761	6 017	21 183		
成人脱产班		1 555	2 468	5 130		
二、成人中等专业学校	337	82 911	59 995	148 256	17 118	9 421
广播电视中专	16	8 098	5 586	12 712	1 161	615
干部中专	25	7 453	4 833	11 903	1 629	831
职工中专	139	40 360	27 506	70 646	5 880	3 102
农民中专	37	8 542	8 163	19 421	2 003	1 398
函授中专	7	1 807	1 335	2 581	372	166
教师进修学校	113	16 651	12 572	30 993	6 073	3 309
三、成人中学	103	16 891	10 980	11 435	984	475
职工中学	18	2 196	2 381	3 366	351	121
农民中学	85	14 695	8 599	8 069	633	354
四、成人技术培训学校	64 584	8 733 364	8 529 274	6 187 160	100 692	50 764
职工技术培训学校	936	260 304	321 929	151 791	31 472	20 332
农民技术培训学校	63 648	8 473 060	8 207 345	6 035 369	69 220	30 432
五、成人初等学校	22 902	406 667	317 439	329 986	24 503	10 492
职工初等学校	92	7 900	2 660	2 678	487	178
农民初等学校	22 810	398 767	314 779	327 308	24 016	10 314
其中：扫盲班	15 269	214 882	148 981	144 493	14 668	7 057

制表　刘振鹏

〔**年度工作方针**〕 1998年，山东省教育工作的指导思想是：高举邓小平理论伟大旗帜，立足社会主义初级阶段的基本国情、省情，遵循十五大关于教育改革发展的方针政策，努力做好十五大精神与全省教育实际相结合的文章。紧紧围绕经济建设和社会全面进步这个中心，解放思想，加快改革，积极探索和建立适应市场经济和社会发展需要，符合教育发展规律的教育体制和运行机制；继续推动《纲要》和教育“九五”计划的落实，努力提高教育质量和办学效益，开创山东教育事业的新局面，在工作指导上，着重把握好以下几点：

——用十五大精神统一教育系统广大党员、干部和师生的思想认识，运用多种形式，组织学好邓小平理论和邓小平教育思想，并用以指导教育改革发展的实践，牢牢把握社会主义办学方向，坚持全面贯彻教育方针，通过深化改革，促进教育事业持续、快速、健康发展。

——牢固树立服从大局、服务大局的观念，以十五大提出的培养同现代化建设相适应的高素质劳动者和专门人才为根本任务，按照省委、省政府的部署要求，统筹规划教育的改革与发展，加快教育工作的“两个重要转变”，推动教育优先发展战略地位的落实。

——正确处理好改革、发展、稳定的关系，高度重视、及时疏导、认真解决教育上的各种热点问题，确保教育战线的稳定，维护安定团结的大局。

——解放思想，更新观念，转变职能，对中等以下教育主要是宏观引导和指导，支持和鼓励各地结合实际，创造性地开展工作；对高等教育要加强统筹规划和管理，加大改革力度，力争在理顺体制、搞活机制、优化资源配置上有所突破。

——坚持“一手抓战线，一手抓机关”的方针，大力加强教育系统和委机关干部的思想、作风建设，加强学习，改进作风，依法治教，搞好服务，提高管理水平和工作效率。

按照上述指导思想和工作思路，重点抓好以下工作：(1) 继续把“两基”工作放在重中之重的位置，大力推进素质教育。(2) 适应市场经济要求和社会再就业的需要，积极发展多种形式的职业教育和成人教育。(3) 加快高等教育体制改革步伐，提高办学效益和办学水平。(4) 全面加强高校党的建设和思想政治工作。(5) 继续抓紧抓好教师队伍建设和教育行政干部队伍建设。(6) 进一步建立和完善教育投入机制，促进办学条件改善。(7) 扩大教育对外交流与合作，加强教育宣传工作。(8) 加强教育督导和法规制度建设，推进依法治教。(9) 切实加强机关自身建设。(10) 筹备开好市地教委主任会议、全省“两基”工作总结表彰会议、全省高等教育工作会议、教育法制工作座谈会。

〔**教育投入与支出**〕 1998年，全省地方教育经费总收入为165.98亿元。其中国家财政性教育经费投入120.99亿元，社会团体和公民个人办学收入1.26亿元，社会捐款、集资办学收入5.06亿元，事业收入32.61亿元，其他收入6.05亿元。全省地方教育经费总支出为161.98亿元，其中财政性教育经费支出120.12亿元。各级政府征收用于教育的税费支出（含城市教育费附加）为24.81亿元，企业办学教育经费支出2.23亿元，校办产业、勤工俭学和社会服务收入用于教育的支出2.28亿元，非财政性教育经费支出

41.86亿元，其中社会团体及公民个人办学经费1.37亿元，社会集资、捐资办学经费4.88亿元(其中农村集资2.45亿元)；学费、杂费支出22.13亿元，其他教育经费13.49亿元。1998年全省小学、初中、普通高中、职业中学、中等师范、普通高校生均财政补助支出分别为309.41元、541.15元、1060.37元、1314.34元、2809.29元、6019.28元；生均财政补助支出中的公用经费分别为14.82元、28.18元、114.77元、166.91元、524.23元、2545.60元。

〔**部委属学校划转**〕 按照国务院和省政府部署，省教委完成了山东矿业学院、山东建材工业学院、青岛建筑工程学院、青岛化工学院和中国煤炭经济学院5所普通高校，山东煤炭教育学院、山东铝业公司职工大学、新汶矿务局职工大学、兖州矿区职工大学、中国重型汽车集团公司职工大学和青岛冶金矿山职工大学6所成人高校，泰安煤炭工业学校、山东建筑卫生学校和山东煤炭师范学校3所普通中等专业学校划转的交接工作。

〔**教师队伍建设**〕 1998年，加强了全省各级各类学校师资统筹管理工作，大力开展了教师的思想政治教育和职业道德教育，全省高中、初中和小学教师的学历达标率，分别达到66.91%、82.89%和97.19%。全省80多万名教师取得了相应的教师资格，全省在职教师资格过渡工作基本完成。根据教育部部署，在全省高校首次开展了青年教师岗前统一培训工作，共有4000多名1994年后入校的中青年教师参加了《高等教育学》、《高等教育心理学》、《教师职业道德》、《教育法律法规基础知识》等4门课程的培训、考试。1998年5月省教委会同省人事厅、财政厅联合发出文件，规定连续从事教学工作满25年的中小学女教师，由省教委颁发《教师荣誉证书》，退休后其退休金可按原工资的100%发给；1998年，按照国家统一部署，全省5.9万名民办教师转为公办教师(其中，国家下达山东省的转正指标5.4万名，有关市地配套指标0.5万名)，到1998年底，全省已有5个市地（泰安、莱芜、济南、青岛、东营）解决了民办教师问题。另外，还加强了中小学教师提高培训和继续教育工作，下发了《关于开展小学教师学科基本功训练的意见》、《关于开展助学自考加快中学教师学历培训工作的意见》，与人事厅联合下发了《山东省小学教师继续教育证书与管理办法》，使全省中小学教师培训和继续教育管理走向制度化。

〔**教育交流**〕 1998年，省教委扩大和加强了与国外的交流与合作，组派出国考察素质教育、高等教育等团组5个，审核因公出国（境）506人，受理公费出国留学申请189人、自费出国留学人员597人。邀请外国文教专家、外籍教师来访347人。办理外国留学人员来华申请510份，审批全省院校与国外院校结成友好关系37对，审批中外合作办学机构20个。与新加坡驻华大使馆合作，从济南、青岛、烟台、威海、潍坊、泰安、临沂7个市的8所重点高中选拔40名高二学生赴新加坡留学，由新加坡提供奖学金。与南京爱德基金会合作，聘请外籍教师17人，为滨州、枣庄、泰安、潍坊4个市地举办暑期中学英语教师培训班，有500名中学英语教师参加了培训。办理赴台交流立项申请12批，23人次。经报教育部批准，山东中医药大学、青岛大学医学院共接受8名台湾学生入校学习。

〔**教职工住房建设**〕 1998年4月省政府在济南市召开了第四次全省教职工住房建设工作经验交流会，总结交流了全省几年来教职工住房建设的经验，按照全省推行职工住房货币化分配的新思路，研究部署进一步深化住房制度改革、加快工作步伐的政策和措施。制定发出《关于深化住房制度改革，进一步加快教职工住房建设意见》，推动了全省教职工住房建设。1998年，全省教职工住房建设完成投资8.2亿元，建成住房120万平方米。全省中小学教职工人均居住面积达到9.4平方米，住房成套率达到75%。

〔**教育系统赈灾募捐**〕 1998年全省教育系统广大干部和教师积极响应省委、省政府和教育部的号召，踊跃为灾区重建家园和孩子重返校园捐款捐物，据不完全统计，全省教育系统共捐款3259.70万元、捐物69370件，其中省教委机关集体和个人捐款32.38万元，捐献棉衣棉被等物品2884件。全省教育系统的救灾捐献工作受到教育部的通报表扬。

〔**教育对口支援**〕 1998年5月，山东省与新疆维吾尔自治区教委在济南签订了教育对口支援意向书，山东省副省长林书香和新疆维吾尔自治区副主席王怀玉出席签字仪式。山东省选定7个市地经济较发达的15个县区对口支援新疆维吾尔自治区的15个贫困县，确定在中小学教师和校长培训、高层次人才培养、教育教学管理、互派挂职干部、高校科技开发、卫星电视教育技术以及改善受援县教学设施等方面进行对口支援。为切实推动对口支援工作的开展，省教委成立了对口支援领导小组，建立了工作制度，及时交流工作情况，研究落实措施。省教委将《意向书》印发有关市地，要求按照执行。1998年山东省从省属学校计划中单列100名本科招生计划，安排在省属重点大学，免费为新疆定向培养人才。承担对口支援的济南、淄博、烟台、潍坊、济宁、威海、泰安7个市地均与受援市地签订了对口支援协议，其中大部分市地都由教委主任带队赴新疆进行了实地考察，支援项目均已安排落实。

撰稿 刘振鹏 巩守柳 薛立魁 李霞 孟令君

基础教育

〔**义务教育**〕 1998年，山东省又有1个县（市）通过“普九”评估验收，全省实现“普九”县市（区）总数达129个，占全省县市（区）总数的92.8%，覆盖人口总数的91.1%。

省政府于1998年12月在菏泽召开了“普九”座谈会，济宁、菏泽两市地及其11个县未“普九”的县市分管教育的领导汇报了当地“普九”工作进展状况。副省长邵桂芳听了汇报并提出了指导性意见，要求进一步加大工作措施，省政府也要加大资金扶持力度，组织经济发达地区对11个县市进行对口支援，确保1999年全面实现“普九”。为巩固义务教育实施水平，省教委发出《关于进一步巩固普及九年制义务教育成果的意见》，要求各地要充分认识巩固“普九”成果的意义和艰巨性，进一步加强对义务教育工作的领导，搞好教育规划，合理配置教育资源，提高入学率，降低辍学率，落实教育经费筹措政策，加强校长、教师队伍建设，深入实施素质教育，加强薄弱学校建设，加快残疾儿童少年教育的普及，完善义务教育工作制度，不断提高义务教育实施水平。

〔**普通高中毕业会考**〕 山东省自1991年秋季入学的高中一年级新生开始实行普通高中毕业会考制度以来，已组织7个年级、近1 300万人次的考试和考查，为85万名会考合格学生核发了合格证。省教委制定《山东省普通高中毕业会考工作管理暂行规定》及10个配套文件，明确规定学生必须9科会考科目及5科考查全部合格方可毕业；会考不合格学生不准报考高等院校。实行了普通高中毕业证书与会考合格证一体化管理；并把会考成绩纳入了规范化学校、省级三好学生、优秀学生干部的评估标准。1998年印发了《山东省高中毕业会考管理工作细则》，做到了项项工作有规范，事事处理有依据。通过抓考风、促学风、正校风，维护和提高了会考信誉。建立了全省点对点微机通讯网络，实现了从学生入学到学生毕业全过程的微机管理。1998年研制开发了新一代“山东省高中毕业会考管理系统”，实现了会考试卷卷面的全面采集，强化了会考成绩的综合统计分析，加强了对会考成绩和会考异动情况的监控，规范了管理过程。

〔**素质教育**〕 为指导全省中小学深入实施素质教育，省教委于1997年5月成立了“山东省中小学学生素质发展目标研究”课题组，集中了全省基础教育界的理论专家、行政工作者、优秀校长教师，对全省中小学实施素质教育的重大问题进行联合攻关研究。一年多来，课题组发表研究论文20多篇，引起国内教育界的普遍关注。1998年10月，省教委组织国内20多位教育专家，对课题组提出的《山东省中小学学生素质发展目标研究报告》进行了鉴定。专家组一致认为，该研究在国内同类研究中达到了领先水平，建议在全省中小学推广试行。省教委根据专家建议，将对该研究进一步整理，然后在全省中小学试行。

高密市第一中学围绕“志向高远、人格健全、基础扎实、特长明显”的育人目标，以“尊重学生选择，促进学生主动发展”为核心，完善了可供学生选择的、体现课程方案要求的课程体系，为学生提供了较为广阔的选择空间；从学生的主体地位出发，建立了新的学科教学模式，实施了以“语文实验室计划”为代表的分层教学，为学生提供了自修的机会；确立了实现学生主动发展的科研方向和科研体系，为学生的主动发展提供支持。

高密一中实施素质教育的改革经验,《中国教育报》、《山东教育报》等多家新闻单位进行了专题报道;1998年12月全省普通高中近600名校长在高密召开普通高中教育改革研讨会,进一步学习研究高密一中实施素质教育经验。

〔**学前教育**〕1998年省教委加强了对学前教育的宏观调控,验收公布了第八批省级实验幼儿园和第四批省级示范幼儿园共52处,并对1995年公布的113处省级实验、示范幼儿园进行了复评。省教委会同省财政厅、物价局调整提高了幼儿园收费标准,增加幼儿园政策性投入,增强了幼儿园对市场经济的适应能力。在青岛召开城市学前教育工作现场会,推广青岛等有关市地的经验,探讨在市场经济体制下改革发展城市学前教育的思路与对策,促进了城市学前教育事业发展。1998年,学前三年和一年的幼儿入园率分别为57%和90.4%;城市学前三年和一年幼儿的入园率为81.6%和95%;园长、教师的学历合格率和专业合格率为88.2%、60.5%。

〔**全国九年义务教育电视节目研讨会**〕1998年7月14日~16日,教育部电教办在山东召开全国九年义务教育电视节目研讨会,来自辽宁、四川、上海等6省市的教育电视台台长、总编室主任,教育部电教办、基教司、联合国儿基会等单位的负责同志及项目官员共100多人参加会议。会议肯定近几年来全国九年义务教育电视节目所取得的成就,对山东教育电视台的办台方向和为九年义务教育服务方面取得的成绩给予肯定。

〔**中小学校舍设施管理**〕 1998年,全省地方各级各类学校改造危房43万平方米,添置课桌凳95万套,购置教学专用设备金额4.19亿元,购置图书资料770万册,价值6 197万元。各级各类学校固定资产总值达380.5亿元,比上年增加37.4亿元;校舍建筑面积达到8 873万平方米。为加强校舍设施的维护管理,并充分发挥其使用效益,省教委会同省财政厅、国资局等部门先后制定发出《山东省中小学校舍设施维护管理暂行办法》、《山东省中小学财产物资管理暂行办法》、《山东省中小学校舍设施维护管理考核评估试行标准》等文件,提出了“家底清楚、产权明晰、设施完好、环境优美”的管理目标。各地根据省教委统一部署,成立了专门机构,配备专兼职管理人员,建章立制,形成了科学的维护管理新机制。1998年,全省完成了对各地中小学校舍建档和固定资产建帐设卡两项基础性工作的考评验收。采取随机抽查方式,考评了53个县,146个乡、779所学校。其中5个市地、30个县考评成绩达到良好标准,其余全部合格。这表明全省50 000余所中小学基本完成了两项基础性工作,实现了“家底清楚、产权明晰”的第一步规划。据统计,全省累计建立校舍档案25.1万卷、固定资产帐簿49.7万本,卡片7 000万张,清出帐外资产80亿元。1998年,省教委、省财政厅联合授予9个市地、24个县为“山东省校舍设施管理基础工作先进单位”,并安排专项奖励资金。

撰稿 杜希福 蓝岩世 冯俊华 司马义南 孟凡珍 刘振鹏 孟令君

职业教育

〔**综述**〕 1998年，中等职业学校在校生占高中阶段在校生总数的比例为53%。全省职业教育强化主动服务意识，调整、增设新专业，积极进行布局调整，进一步优化了教育资源配置，提高了教育质量和办学效益，加快了骨干学校建设。东部经济发达地区已建成了一批规模大、效益高、设施完善的“龙头”职业学校，西部欠发达地区也崛起了一批起骨干示范作用的职业教育中心。职业教育各项改革深入发展，推广了以实践为核心，以企业为重点，理论与实践、学校与企业密切结合的平度“双元制”办学模式；继续推行“双证”(即技术等级考核证书，毕业证书）制，强化实践性教学环节，提高学生动手能力。1998年全省普通中专全部实行招生并轨、缴费上学，中专教育全面走向市场。开展了省级以上重点职业高中重点专业建设评估工作和职业学校规范化管理工作，促使职业学校在办出水平、办出特色方面迈出了新的步子。高等职业教育开始起步，1998年各类学校举办高职教育，共招生6 000人，其中12所成人高校首次对口招收2 000多名应届职业高中毕业生升入高等职业教育班。全省第一所高等职业技术学院——日照职业技术学院经教育部批准正式成立并开始招生，一个以中等职业教育为重点，初、中、高等职业教育相互衔接、协调发展的职业教育发展体系正在逐步形成。

〔**高等职业教育**〕 1998年省教委在总结前段试点经验的基础上扩大了成人高校举办高等职业技术教育班的试点规模。全省30所成人高校（5所管理干部学院、11所职工大学、14所教育学院）均举办了高职班，招生5 000多人。1998年11月省教委召开了部分成人高校校长和有关专家参加的高职教育座谈会，就高职班培养目标的制定、教学计划和教学大纲的审定、教材建设、教学内容、教学方法等方面进行了研讨和部署，提出要尽快统一和规范高职班的教学基本要求，加大实践教学，保证教学质量，办出特色。各学校根据会议部署均开展了修订教学计划、大纲、教材，建立实验实习基地等工作。

〔**双元制办学模式**〕 平度市自1990年与德国汉斯·赛德尔基金会合作，建立了“平度双元制农业职业培训中心”。本着把握实质、吸取精华、探索规律、积极发展的指导思想，进行了双元制试点工作。从培养目标、课程结构到教学计划、教学内容、教学方法等进行了全方位改革，经过几年的实践，培养了一批具有较高素质的人才，初步形成了企业依靠职业学校、职业学校主动服务企业的联合办学新局面。1998年8月省教委在平度召开了全省职业教育双元制模式现场会，总结推广平度利用“双元制”办学模式，促使企业参与职业教育的经验，并在全省选择25个县市区进行双元制职业教育试点，真正做到“德国的经验平度化，平度的经验地方化”。

〔**职业学校布局调整**〕 1998年，全省职业教育本着优化教育资源配置，进一步理顺管理体制，提高教育质量和办学效益的原则，在认真调查研究、论证的基础上，积极进行职业学校的布局调整。各市地的布局调整涉及面广泛，既有职业高中（中专）、普通中专、技工学校，也有成人中专、职工中专、教师进修学校、农村广播电视学校。通过职业学校与普通高中合并、扩建职业学校；职业中专（高中）与技工学校、电大分校、教师进修学校、成人中专等合并建立职业教育中心；职业学校之间强弱合并扩大规模、土地置换、撤“小”建“大”等多种形式，调整合并40处职业学校，使其在规模、效益、师资、资金投入、办学条件等方面形成新的优势，成为职业教育的骨干学校。

撰稿 李兰香 孟令君

高等教育

〔**教学改革**〕 1998年6月，全省高校教学工作会议在济南召开。参加会议的有各高校校长、教务处长，省高校教学指导委员会成员。会议提出，要把教学工作的重点转到教学改革方面来，加强对教学改革的领导；强化质量意识，推进素质教育，改革教学内容和课程体系；推进教育思想观念的改革，使全省高校教学工作再上新的台阶。为全面推进教学改革，大规模开展了面向21世纪教学改革的研究工作。全省各高校确定教学改革项目1 000多项，参加研究人员5 000余人，经过严格评审，评出省级项目299项。专业调整工作取得进展，全省高校专业由243种调整到140种，为培养宽口径人才打下了良好基础。由世界银行贷款资助的52项教学改革项目，经过5年的研究及实验，于1998年全部完成并通过鉴定。

〔**管理体制改革**〕 1998年3月，省政府在泰安召开全省高校内部管理体制改革会议，副省长张瑞凤在会上讲话，要求各高校要加大工作力度，全面推进学校内部管理体制改革。会后，以精简机构、分流人员为主要内容的人事制度改革，以统一财务、开源节流为主要内容的财务管理改革，以完善承包、推进后勤服务社会化为主要内容的后勤管理改革，在全省高校全面展开。为促进改革的进展，省政府转发了省教委、省财政厅、省人事厅《关于深化高校内部管理体制改革的报告》，省教委、省财政厅联合印发了《关于做好高校内部管理体制改革情况调度和宣传工作通知》、编印了《高校内部管理体制改革情况通报》，并进行了检查。省财政还安排4 000万元专款对10所改革力度较大的高校给予经费支持。

1998年，青岛4所高校合并组建青岛大学的工作全面完成；新增设淄博学院、德州高等专科学校和日照职业技术学院3所普通高校；临沂师范学院、山东商业职业技术学院、民办万杰医学院3所学校的设置申请，已经全国高校设置评议委员会评议通过。

〔**高层次人才培养基地**〕 1998年山东省新增博士后培养单位3个(山东医科大学，山东工业大学，山东中医药大学)；新增博士后流动站11个(青岛海洋大学4个，山东大学2个，山东工业大学2个，山东医科大学、山东农业大学、山东中医药大学各1个)；新增博士学位授权单位2个(山东师范大学，青岛大学)；新增硕士学位授权单位11个(烟台大学，聊城师范学院，烟台师范学院，山东建材学院，山东工程学院，山东轻工学院，山东建工学院，山东艺术学院，山东财政学院，莱阳农学院，泰山医学院)，新增博士点18个，硕士点103个。1998年，全省高校共有博士学位授予单位11个，博士单位授权学科点73个；硕士学位授予单位31个，硕士学位授权学科点419个。全省的高层次人才培养能力有了较大提高。1998年，山东大学“211工程”建设已经国家批准立项，山东工业大学的“211工程”建设已经省政府批准立项。

〔**师范毕业生就业**〕 1998年，全省大中专学校师范类毕业生43 360人，其中，毕业研究生209人，本科毕业生7 419人，专科毕业生16 621人，中师毕业生19 111人。通过认真贯彻省政府下发的批转省人事厅、省教委《关于做好1998年全省大中专学校毕业生就业工作意见的报告》的通知精神，切实落实了师范类毕业生要在教育系统就业、坚持优生优分、加强毕业生思想教育工作、严格控制毕业生改行、坚决制止乱收费现象及择优录用自费生等原则规定，经过各学校、省直有关部门和市地各级政府的共同努力，全省绝大多数师范类毕业生已到岗上班。

〔**高校科研工作**〕 全省高校科研获国家级奖励15项；获教育部科技进步奖43项、人文社科优秀成果奖13项；获省科技进步一等奖72项、社会科学优秀成果一等奖12项。全省高校科技成果推广转化280多项，创经济效益6亿多元。

撰稿 刘德玉 陈国前 张 琳 孟令君

成人教育

〔**下岗职工再就业培训**〕 1998年，省教委加强了下岗职工再就业培训工作，印发了《印发关于开展下岗位职工再就业培训工作的意见的通知》，确定并公布100所省级定点培训学校，并要求定点培训学校对下岗职工培训减免学费。1998年5月省教委召开了全省下岗职工再就业培训工作会议，进一步推动教育系统实施再就业培训工作，各市地教委、四大企业教育处的主要负责同志、省直22个部门的负责同志与会，省教委主任和分管副主任分别作了讲话和工作报告。各地各单位认真落实省教委的部署，确定定点培训学校，使全省教育系统下岗职工再就业培训工作有了较快发展。据各级教育部门不完全统计，各级确定定点培训学校1 000多个，共培训约35万人次，总计减免学费120多万元。

〔**非学历高等教育机构设置**〕 1998年省教委制定了《山东省非学历高等教育机构设置暂行规定》，明确要求省内任何企业事业组织、社会团体及其他社会组织和公民个人，利用非国家财政性教育经费，面向社会举办不具备颁发学历文凭资格的高等教育机构，须先向省教委提出申请，由省教委组织非学历高等教育机构设置评议委员会按照有关规定进行设置评议后再行审批；教育机构设置的基本标准：有自己独立、相对集中的校园和校舍，校园占地面积达3.3公顷以上，校舍建筑面积达7 000平方米以上，生均建筑面积文法财经类学校每生10平方米，理工农医类学校每生16平方米；教学仪器设置总值50万元以上，适用图书期刊3万册以上，开办资金不少于50万元，专职教师与在校生人数的比例不低于1∶20；教育机构的名称须确切表示其类别、层次和所在行政区域；设置评议委员会每年4月底以前集中受理当年度的设置评议，经批准成立的教育机构由省教委发给《社会力量办学许可证》；教育机构的变更或调整，均按申报设置的程序处理。

〔**高等教育学历文凭考试试点**〕 1998年省教委根据原国家教委下发的《关于同意山东、浙江、江苏3省进行高等教育学历文凭考试试点的批复》，制订了高等教育学历文凭考试试点方案和试点学校评估标准，成立了学历文凭考试试点工作领导小组和试点学校设置评议委员会，对申报试点的学校进行了评估和审议，从全省105处民办高校中选出14处开展首批学历文凭考试试点，首批开设计算机应用、农村中医医疗、财会、法律等12个专业。招生对象为应届高中毕业生和部分职业中专、成人中专毕业生，实行宽进严出，实施正规的全日制学校教育，学制为三年。各专业70%的课程由国家和省自学考试机构组织考试，其余30%由学校考试，学生修完教学计划规定的全部课程和实践性教学环节，成绩合格，由省高等教育自学考试办公室核发高等教育自学考试毕业证书，国家承认其大专学历，享受国家规定的高等教育自学考试毕业生的同等待遇。全省首批招生 3 500 人。

〔农村成人教育〕 1998 年 4 月省教委组织 12 个调研组，分别到 350 处乡（镇）成教中心进行调研活动，采取了听取汇报、考察现场、查阅资料、座谈等形式，调查分析认为农村成教事业有了新的发展，办学水平有了新的提高。1998 年全省乡镇成教中心引进农业科技成果 350 项，培训学员运用农业科技成果创直接经济效益近 5 亿元，学校取得经济效益在 1 000 万以上，培训农民达 100 万人次。宁阳县伏山镇成人教育中心建立了人参果培育基地、一年两熟地瓜繁育基地、咖啡豆种植基地等，1998 年，该中心创收 50 万元。

撰稿 罗树华 李昌烟 管恩文 赵凤文 孟令君

审稿 马钊 陈光华 郭思民

青岛市教育

〔综述〕

1998 年各级各类教育基本情况表 单位：人

学校类别	学校数（所）	在校学生数	毕业生数	专任教师数
幼儿园	4 158	148 065		10 137
小学	1 697	625 308	81 118	32 316
普通中学	369	336 918	127 791	24 285
特殊教育学校	13	1 468	262	358
职业中学	61	65 989	17 331	4 401
中等专业学校	19	28 757	9 263	1 812
（其中中等师范学校）	7	6 153	2 129	442
成人中等专业学校	59	28 000	14 500	610
普通高等学校	4	42 192	8 257	2 901
成人高等学校	5	13 726	5 801	704
社会力量办学校	410			
成人技术培训学校	4 959	469 951	736 789	19 532

1998年5月，召开了全市实施“科教兴市”战略教育工作座谈会，研讨了新形势下落实教育优先发展，全面实施素质教育和“科教兴市”战略的对策，提出了构建具有青岛特点的现代化教育体系和推进教育现代化的构想。农村8市、区也根据全市的要求和当地经济、社会发展实际，研究制订出新的教育改革发展规划，为加快青岛市的教育现代化奠定了基础。

围绕“科教兴市”和全面实施素质教育，进行了一系列改革和探索：(1)调整学校布局，优化教育资源配置，提高办学规模效益。全面规划了市区中学布局，实行高、初中分离，集中力量加强初中，办好高中阶段教育，并有利于小学毕业生就近升学办法的实施。市、区也调整了学校布局，撤并258所村级小学及部分幼儿园。(2)加快办学体制改革，首次在职业学校尝试“民办公助”办学模式。各市、区也进行了“国有民办”改制试点。市区教育部门办幼儿园全面实行承办制。(3)深化中小学招生、考试及评价制度改革，创设全面实施素质教育的良好环境。市内4区小学毕业生通过电脑派位和整体调拨相结合的办法全部就近直升初中，历时11年的初中招生办法改革圆满完成。继续改革高中阶段招生考试办法，加强了对学生实际应用能力的考核；各市、区把高中招生指标的50%分配到乡镇和学校，变单纯的分数竞争为提高综合办学水平和学生整体素质竞争。教育评价机制进一步完善，继小学之后，市区初中全部启用“中学生素质发展评价手册”；在全市普通高中试行选修课学分制，引导学生全面发展。(4)为促进教育改革和素质教育实施，市教委评选出10所学校为“青岛市教育改革十面红旗”，开展了学习“十面红旗”经验、深化教育改革活动，为全市中小学和幼儿园树立了榜样。

继续加强依法治教，推动教育管理方式向法制化、制度化转变。《青岛市托幼管理条例》经省、市两级人大常委会审批正式实施。市教委制发了《青岛市中小学校依法治校规程》，规范学校办学行为。加强教育审计，发挥其监督作用，提高了教育经费的使用效益。制发了《青岛市教育督导工作制度(试行)》，青岛市所辖12市、区政府职能部门全部建立了教育工作目标责任制度。督导机构加大督政与督学力度，推动解决教育热点、难点问题。

教育科学研究有新进展。3项教育部“九五”教育科研规划课题已完成部分阶段性成果，并开始着手全国哲学社会科学“九五”重大课题《邓小平科技、教育思想和科教兴国战略研究》子课题《青岛市实施科教兴市战略研究》的研究。省级重点课题《小学“双语”教学整体改革实验研究》于6月召开了阶段性总结会，成效明显。青岛市“九五”教育科学规划课题增加到137个，大多进展顺利。各市、区也加强了教育科研网络建设和科研管理，制定规划，完善激励机制，确定课题。

中小学干部教师队伍建设成绩显著：(1)市教委通过举办校长岗位培训班、选派干部参加省教委举办的培训班、赴外地先进学校挂职锻炼等多种方式，提高学校管理人员素质，促使校长由“经验型”向“科研型”转变。(2)全市教师学历达标任务至10月全面完成，各级教育教师学历达标率为：幼教87%，小学97.85%，初中87.36%，高中66.77%；小学教师学历达大专水平的为23.4%，初中教师学历达大学本科水平的为

11.85%。(3)教师继续教育工作走向规范化、制度化。市教委制定了关于加强中小学教师继续教育的若干规定，加强学科基本功培训和职务培训，实行初中、小学教师职称评聘与继续教育挂钩的办法，对新教师实行上岗培训考核制度，与青岛海洋大学联合为在职教师举办化学专业研究生课程班。共有11个市、区建立了教师继续教育中心。(4)以"万名教师访万家"活动为主题，进一步加强师德建设。全市教师共家访学生27.5万人次，与困难学生结"对子"1964对，主动与家长携手对学生进行教育，赢得了社会的赞誉。(5)继续对青年教师优秀专业人才实行动态管理和年度目标考核制度。建立了委属学校人事信息库，对民办中小学教师聘用条件、待遇及流动等问题作出规定，促使民办中小学教师管理规范化。又有5400名民办教师转为公办。(6)在中师学校里开展了"千名中师生素质教育实践活动"和"应届中师生基本功展示会"，中师生素质全面提高。

全市教育经费总收入17.50亿元，其中预算内教育经费8.80亿元。青岛二中新校舍已竣工6.2万平方米，完成投资1.5亿元。市区小学取暖全部用上自动燃油供暖系统或空调。全市普通中小学教学仪器设备总值达2.42亿元，其中电教器材1.06亿元。各级教育部门把提高教育技术装备水平，加快教学手段现代化当作实施素质教育的一项重要内容，中小学理科实验开出率平均达90%以上；近年来全市教学仪器的增加值年均在20%以上，部分学校的教学仪器配备已达到国家标准。开展了多媒体教学与计算机辅助教学实验，已确立5所实验学校。全年接受计算机教育的学生达16万多人，参加计算机上机考核的人数达10万多人。由40多位优秀教师组成的网上学校和广播教学开始授课。

〔**基础教育**〕　1998年，青岛市学前教育共有省、市示范幼儿园95所，一类幼儿园近540所，占全市幼儿园总数的13%，其中市区一类幼儿园已占市区幼儿园总数的50%以上。全市学前三年幼儿入园率达93%。对市区具备招标条件的5所新建幼儿园面向社会公开招标。依据《青岛市托儿所、幼儿园卫生保健管理实施细则》，在全市各托儿所、幼儿园卫生保健、保育、炊事人员中实行持证上岗制度。加强了对三类幼儿园的指导管理和设施配套，深化"优化一日活动"，探索幼儿体、智、德、美全面和谐发展的规律。加强游戏研究，青岛市已被列为国家级幼儿游戏和幼儿园课程研究基地。8月在丹麦召开的第22届世界幼儿教育组织大会上，青岛市有4篇论文入选，山东省教委两次在青岛召开全省学前教育工作现场会和研讨会，推广青岛市深化办园体制改革，建立有效管理机制的经验。

普通中小学有省级规范化学校21所，市级规范化学校84所。全市初中生辍学率控制在1%以内。加强了村级小学建设，市教委制发了《青岛市农村村级小学办学基本要求》，市、区及各乡镇据此制定了规划和实施方案，加大投入，加强管理，改善办学条件，提高办学规模效益；加强村小师资力量，提高村小教师待遇；通过"巡回教学"、"送课下乡"、"教学联谊"等活动，提高了农村义务教育整体水平。将10所企业办小学移交给教育部门，以利于企业改革和提高全市义务教育整体水平。特殊教育重视残疾儿童少年的劳动技能培训和职业教育，办学条件得到改善。又有6名盲普高中学生升入高等院校。

〔**职业教育**〕 全市各类中等职业学校共有130个专业，招生人数占整个高中阶段招生总数的65%。14 833名毕业生通过双证考核（毕业证书和专业技能证书），合格率为95%。2.1万名学生参加山东省计算机应用操作能力考核，达标率为65%。为适应多种经济成分对人才的需求，对学生进行了系统的创业教育。由市教委组织编写的《小企业创业指南》已被列为职业学校必修课。在全市初中毕业年级增设了职业指导课，编写了职业指导教材，引导初中后合理分流。进一步强化教学管理，进行教学改革，扩大毕业答辩与学分制试点。市教委组织20名职校校长和教育行政干部赴加拿大辛迪加学院进行了为期两周的“CBE”职教模式专题培训，并开始择校试点。

联合办学又有新发展。由24所开设旅游服务专业的学校和30家旅行社、三星级以上宾馆联合组成了青岛市旅游服务产业教育集团，实现了校际之间、校企之间、不同所有制之间的结合；成立了青岛高级职业学校联合办学委员会，协调企业与学校联合办学。

6月，教育部召开了全国职业教育改革与发展青岛现场会，推广青岛市发展职业教育的经验。会后《中国职业技术教育》杂志增发专刊介绍了青岛市职教改革与发展的经验。受教育部委托，青岛市于5月承办了亚非国家职业教育培训班，联合国教科文官员及11个亚非国家职教专家听取了青岛市职业教育的报告。

〔**高等教育**〕 全市各高校专任教师中共有教授390人，副教授1 275人；具有博士学位的教师216人，具有硕士学位的教师1 269人。在校生中有普通本科生25 637人，研究生1 015人，成人教育本专科生20 915人。共有博士后流动站5个，博士点11个，硕士点78个，本科专业121个，专科专业129个；共有省部级以上重点学科29个，重点实验室24个。全年共承担省部级以上课题524项，科技成果达国际先进水平的24项、国内先进水平的39项。来自几十个国家和地区的40名外籍教师在青岛高校任教，有1 200名专家、学者来青进行学术交流，有454名外籍留学生到青岛高校留学深造，青岛高校也有276人出国访问、讲学。青岛大学与青大医学院、青大师范学院实现了实质性合并，成为拥有14个学院、40个教学系部、76个专业、1.6万名学生的综合性大学。

高等教育自学考试全年报考127 792人、261 747科次。各专业考试及格率达58.1%，比上年提高4个百分点；课程考试及格率为42.6%，与上年大致持平。

〔**成人教育**〕 农村成人教育继续实施“双五”富民工程，发挥乡镇成人学校在“双五”富民工程中的主力军作用，全年吸收工程户105 551户，户均增收1 278元，增长比例为17.8%。同时发挥农科教各部门的作用，加强科技致富项目的实验示范和推广，使科技进入千家万户，并通过各种优惠政策鼓励农民参加开发性生产。共确立130余项科技致富项目，大部分已初见成效。“双五”富民讲师团的专家先后到60余处乡镇技术指导约1.7万人次。

市教委制发了《关于进一步加强青岛市乡镇成人学校建设的意见》。市、区和各乡镇政府、各级教育行政部门也相继制定措施，加大投入，完善乡镇成人学校的培训和服务功能，扩大规模，提高办学水平。加强实验实习基地建设，突出基地的示范作用，为群众致富提供样板。同时，加强学校的师资队伍建设，充实专业教师，突出为农服务的特点。加大了管理力度，完善、规范成人学校的管理体系，又有14所学校达到省规范化学校标准，全市已有67所学校达省规范化学校标准，占乡镇总数的46%。

全市各类成人中专学校共招收新生1万余人，招生专业69个。市教委对成人中专学校校外教学点进行了全面检查，公布了检查合格的教学点。制定了成人中专政治课开设意见。完成了全国成人中专政治教学大纲的编写及全国成人中专政治教材的修订工作。

社会力量办学规模进一步扩大，年内共批准中等非学历教育学校55所、中等学历教育学校2所、非学历高校3处；省教委核准高等教育学历考试学院1处。5所民办高校经省教委批准为省级下岗职工定点培训单位，确立了近60所学校为市级下岗职工再就业定点培训单位。全市共有各级各类社会力量办学校（班）410处，其中公民个人举办的172处，中外合作办学校8所，国际学校2所。为加强管理，促使办学行为规范化，市教委先后制发了关于对社会力量办学学校奖励、督导评估、收费等一系列规定性文件，依法对全市社会力量办学校进行了年检，对年检合格的381所学校统一编号，全部换发原国家教委印制的社会力量办学许可证；在私立中小学推行董事会制，32所私立中小学全部建立起董事会。

撰稿 姜宏德 马 林 孙新兴
审稿 陈显青 翟广顺

河南省教育

概　况

〔基本情况〕

1998 年各级普通学校基本情况

单位：人

学校类别	学校数(所)	毕业生数	招生数	在校学生数	教职工数 计	教职工数 其中专任教师
一、普通高等学校	51	40 062	50 186	146 365	40 843	16 963
研究生		456	703	1 896		
本　科		14 479	22 693	76 546		
专　科		25 127	27 493	69 819		
二、中等专业学校	185	82 285	123 433	333 636	31 380	16 669
中等技术学校	140	51 311	84 197	234 482	23 501	12 007
中等师范学校	45	30 974	39 236	99 154	7 879	4 662
三、普通中学	6 069	1 458 781	1 896 722	5 125 128	326 566	276 028
高　中	643	149 336	187 216	511 275	52 048	37 473
初　中	5 426	1 309 445	1 709 506	4 613 853	274 518	238 555
四、农业、职业中学	722	172 320	235 607	600 968	37 724	27 617
高　中	702	167 641	232 055	587 900	36 930	26 967
初　中	20	4 679	3 552	13 068	794	650
五、工读学校	3	48	30	137	64	35
六、小　学	41 238	1 806 681	2 178 220	12 000 564	456 913	425 474
七、特殊教育学校	115	1 135	2 303	12 223	2 599	1 967
八、幼儿园	2 763		1 675 167	2 041 744	31 687	20 432

注：小学校数外，另有教学点 9510 处。

1998年各级成人学校基本情况

单位：人

学校类别	学校数(所)	毕业生数	招生数	在校学生数	教职工数 计	教职工数 其中专任教师
一、成人高等学校	45	47 719	51 150	145 168	8 626	5 425
广播电视大学	1	10 043	7 317	20 330	1 735	698
职工高等学校	22	4 495	5 238	14 546	2 674	1 343
农民高等学校						
管理干部学院	4	2 127	3 536	7 405	1 211	547
教育学院	18	5 218	5 693	13 065	3 006	2 837
独立函授学院						
普通高校举办：						
函授部		17 323	16 083	56 858		
夜大学		2 209	2 728	11 739		
成人脱产班		6 304	10 555	21 225		
二、成人中等专业学校	289	69 291	66 769	199 975	18 087	10 172
广播电视中专	4	11 655	19 390	63 977	1 970	777
干部中专	28	4 890	3 436	11 210	1 631	886
职工中专	78	11 122	9 747	30 523	3 297	1 733
农民中专	47	8 085	9 913	27 643	2 370	1 549
函授中专	2	9 938	10 472	23 885	2 994	1 613
教师进修学校	130	23 601	13 811	42 737	5 825	3 614
三、成人中学	40	14 933	15 410	14 920	122	84
职工中学	9	1 526	1 757	2 340	83	53
农民中学	31	13 407	13 653	12 580	39	31
四、成人技术培训学校	34 424	7 109 028	6 533 409	3 346 093	14 149	11 249
职工技术培训学校	787	330 135	331 171	123 801	3 027	1 539
农民技术培训学校	33 637	6 778 893	6 202 238	3 222 292	11 122	9 710
五、成人初等学校	18 146	462 651	468 678	391 242	2 345	1 913
职工初等学校	171	8 403	14 572	13 791	69	52
农民初等学校	17 975	454 248	454 106	377 451	2 276	1 861
其中：扫盲班	12 952	205 118	206 066	180 751	1 802	1 436

制表　刘相如

〔**年度工作方针**〕 1998年，全省教育工作总的指导思想是:高举邓小平理论旗帜，深入学习、贯彻党的十五大和省委六届五次全会精神,围绕河南经济发展和社会进步,全面实施“科教兴豫”战略，落实省委、省政府关于贯彻《纲要》的实施意见，大力培养各级各类合格人才。以提高教育质量和办学效益为中心，深化教育改革，合理利用现有教育资源，进一步调整、优化中、高等教育结构，合理布局中、高等学校。探索社会力量办学形式，规范社会力量办学行为。积极推进素质教育。加强教育系统社会主义精神文明建设。坚持解放思想，实事求是的思想路线，正确处理好改革、发展与稳定的关系，推进教育事业持续、健康、协调发展。1998年全省教育事业的工作重点是：(1) 继续把“两基”作为教育工作的重中之重，扎扎实实地推进“两基”工作。进一步搞好“义务教育工程”、“贫三项目”和“普九”扶持工程，按计划确保25个县“普九”。实现“普九”的县（市、区）达到128个，人口覆盖率达到71%左右。抓好“普九”后的巩固提高工作。全省完成扫除文盲的历史性任务，确保顺利通过国家验收。从河南省实际出发，提出落实国家教委关于实施素质教育的意见。继续抓好中小学乱收费的治理。(2) 积极改革和发展职业教育、成人教育。进一步贯彻落实《职业教育法》及河南省的实施办法，制订配套政策，加大政府对职业教育的统筹力度，推动职业教育的发展。研究职业教育面临的新情况、新问题，在稳定现有规模的基础上，重点抓好提高质量和办学效益工作。市地县集中力量抓好一批试点学校，对行业办的学校加强评估，以评促建。大力开展乡村干部培训、农民实用技术培训、职工转岗和再就业培训。完善支持、鼓励、规范、发展社会力量办学的措施和运行机制。(3) 深化高等教育改革，稳步发展高等教育。通过“共建、联合、调整、合并”等形式，加快高等教育体制改革步伐。落实“三改一补”的办法，积极发展高等职业教育。地方大学要在努力办出高职特色上下功夫,选择几所专科学校、成人高校进行试点，条件成熟时改办为高等职业学校。进一步做好课程和专业结构调整工作，大力加强工科建设。积极推进学校内部管理体制改革，落实高校办学自主权，增强高校办学活力。(4) 完善教育经费管理体制，加大教育投入力度，在落实教育经费“三个增长”的基础上，改革教育投入体制，完善多渠道筹措教育经费的办法。进一步加强城市和农村教育费附加的征收和管理。正确处理集资办学与减轻农民负担的关系，引导和保护好人民群众集资办学的积极性。要加强分担教育费用的舆论宣传，形成合理的教育消费观。(5) 认真学习贯彻十五大精神，掀起学习邓小平理论的新高潮。联系教育战线实际，深入学习邓小平理论特别是邓小平教育理论，努力掌握邓小平教育理论的基本内容和精神实质。进一步牢固确立邓小平理论在教育工作中的指导地位，进一步加强“两课”建设，大力推进邓小平理论“进教材、进课堂、进头脑”工作。

1998年2月23日～24日，省教委在郑州召开全省教育年度工作会议，总结1997年全省教育工作，部署1998年工作。并对1997年度全省教育系统社会主义精神文明创建活动中涌现出来的先进集体和先进个人进行表彰。会议印发了《河南省教委1998年教育工作要点》。副省长陈全国出席会议并讲话。省教委主任亓国瑞作了题为《以饱满的精神状态积极推进全省教育事业持续健康协调发展》的讲话。

〔**教育投入与支出**〕1998年全省财政预算内教育经费达到63.98亿元，较上年增长4.1%。国拨教育经费占全省财政支出324亿元的比例为19.74%，较上年下降1.86个百分点；国家财政性教育经费88.11亿元，占国民生产总值4 330亿元的比例为2.03%，比上年下降0.06个百分点。1998年各级各类生均教育事业费和生均公用经费情况见下表：

单位：元

	生均教育事业费	较上年增减数	生均公用经费	较上年增减数
普通高校	5 755	+20	2 497	+35
中师	1 359	−376	165	−306
职业中学	611	−2		
高中	898	+1	83	−38
初中	430	+19	38	−20
小学	196	+9	12	−6

继续做好多渠道筹措教育经费。1998年，全省多渠道筹措教育经费61.98亿元，比上年增加3.99亿元，相当于同期国拨教育经费的97.48%。各级政府征收用于教育的税费18.23亿元，其中城镇“三税”教育费附加3.9亿元，较上年增加0.12亿元，实际计征比例为2.08%，农村教育事业费附加14.1亿元，较上年增加0.91亿元，实际计征比例为1.38%。校办产业、勤工俭学、社会服务收入用于教育发展部分共计2.35亿元，比上年减少0.57亿元。社会捐集资14.38亿元，较上年减少2.8亿元。全省学杂费收入18.37亿元，较上年增加2.94亿元。其他渠道筹措教育经费8.65亿元。

教育投入增加促进了各级各类学校办学条件的改善。1998年，全省各级各类学校占地面积达3.9亿平方米，比上年增加1 000万平方米，校舍建筑总面积达8 632万平方米，新建校舍750万平方米。其中，普通中小学新建校舍696.4万平方米。全省普通高等学校固定资产总值达29.31亿元，比上年增加4.36亿元。其中，仪器设备总值7.02亿元，增加1.08亿元；拥有图书2095.59万册，生均143.2册。普通中专固定资产总值为25.62亿元，比上年增加4.55亿元，其中仪器设备总值3.66亿元，增加0.84亿元；图书总量1347.27万册，生均41册。普通中小学生均图书分别为：高中22.3册，初中14.7册，小学10.5册。

〔**“两基”评估验收**〕1998年，省教委围绕与省政府签订的责任目标，确保25个、争取34个县“普九”任务的完成。坚持抓典型，促后进，抓住重点，突破难点，本着多指导帮助、少施加压力的原则，注重过程督导，提高工作质量，推动全省“普九”工作顺利实施。(1)先后组织四批（次）过程督导。第一次在1月，省教委组织4个督导组，对计划1998年实现“普九”且困难较大的洛阳、平顶山、濮阳、商丘、新乡等5个市地的12个县（市）进行了以摸底调研为主的过程督导。第二次在3月，为筹备全省“两基”工作会议，组织9个“普九”督导组，分别对拟于本年“普九”的33个县（市）进行了过程督导，共检查86个乡（镇），260所中小学校。通过督导了解情况，发现问题，进一步宣传“普九”的重要意义，促进了这些县（市）的工作。第三次在5月中旬到6月中旬，先后组织7个（次）督导组，分别对信阳、商丘、驻马店、周口、安阳、新乡等“普九”任务重或工作难度大的市地的31个县（市）进行了督导调查，督促指导政府做到认识、行为、投入到位，帮助这些县（市）及乡（镇）正确处理教育集资与减轻农民负担的关系。8月下旬，对濮阳、南阳、开封及问题较大的新乡、周口、驻马店等市地的20个县，组织他们共同研究、制定解决问题的对策措施。第四次在9月，组织11个督导组，对全省已申请省里评估验收的36个县(市)开展了以审计教育经费为主要内容的全面过程督导。据不完全统计，通过过程督导，促使36个县（市）政府共追补1997年财政对教育拨款1.73亿元，教育费附加7 568万元。(2) 抓典型，促后进。在6月组织的过程督导中，省教委发现“普九”工作力度大、效果好的柘城、息县两个典型，及时要求工作较为落后的封丘、长垣、内黄、滑县、尉氏5县的主管县长、教委主任及所在市地教委负责同志前往参观考察，拓宽了思路，学到了经验，找出了差距，鼓足了干劲，取得了较好的效果。

10月15日，省教委根据省人民政府授权，印发了《关于1998年“普九”评估验收工作的通知》。10月22日～11月3日，省教委组织成立11个“普九”评估验收组，对已具备验收条件的34个县（市、区）的“普九”工作进行评估验收。经评估验收，嵩县、内黄县、陕县、渑池县、原阳县等34个县（市、区）“普九”各项指标均达到省定标准，完成了年初制定“普九”的工作任务。12月9日，省政府确认上述34个县（市、区）为普及九年义务教育和扫除青壮年文盲单位。至此，全省实现“两基”的县（市、区）达137个，占县（市、区）总数的86.7%，人口覆盖率累计达80.6%，比上年提高27.3个百分点。

为进一步做好扫盲工作，4月16日，省政府发出《关于进一步加强扫盲工作确保1998年按期实现扫除青壮年文盲规划目标的通知》,要求各地进一步加强对扫盲工作的领导，各有关部门继续支持扫盲工作，紧密配合齐抓共管，增加财政投入，加强对扫盲工作的检查督导。为了确保通过国家组织对河南省的扫盲验收，省政府决定成立河南省扫盲迎验工作领导小组，组长由副省长陈全国担任，副组长由省教委主任王日新、副主任李文成担任，省财政厅、公安厅、农业厅、林业厅、文化厅、统计局、团委、妇联、科协等单位负责同志为成员。领导小组办公室设在省教委。为确保顺利通过国家检查验收，省政府和省教委制定和采取了一系列措施。一是实行目标管理,加强对扫盲工作的领导。从省、市（地）到县（市）、乡（镇）各级政府都成立了扫盲迎验领导小组,一级抓一级，分级负责，层层落实。二是举办了全省扫盲管理干部培训班，对18个市（地）教委成人教育科长、34个贫困县的教委主管主任和成人教育股长进行有关国家扫盲验收标准和要求的培训。三是加强扫盲迎验舆论宣传工作，努力营造良好的扫盲迎验社会氛围。5月，省教委组织13个新闻单位17名记者分五路到全省各地采访扫盲迎验工作。《教育时报》开辟专栏，对驻马店、许昌、洛阳等地的扫盲迎验工作进行专题报道。四是确定5位处级干部分别联系嵩县、宁陵、息县、上蔡、淅川5县，责任到人。五是抽调各地经验丰富的扫盲干部，对有关贫困县的扫盲工作进行重点检查、督促和具体指导。六是组织得力人员认真整理完善1979年以来省级有关扫盲工作的档案材料；编印扫盲农村成人教育文件选编，摄制编录反映全省扫盲情况的录相片，举办扫盲成果图片展览。经省政府申请，8月16日～22日，教育部赴河南省扫盲工作检查组对本省扫除青壮年文盲工作进行了抽查评估。12月9日，教育部致函河南省政府，明确河南省扫除青壮年文盲工作已达到现阶段国家规定标准，实现了基本扫除青壮年文盲的目标。

1998年，河南省驻马店地区教委副主任赵香花等12位个人和新蔡县陈店乡成人学校等5所乡（镇）成人学校获“中华扫盲奖”。河南省政府和息县、嵩县、淅川、宁陵、上蔡等5县政府被评为全国扫盲先进单位。西峡县、汝阳县、信阳市平桥区、遂平县、新郑市等被教育部授予全国“两基”先进县（市、区）称号。省教委授予桐柏县、新安县、灵宝市、汤阴县、濮阳县、许昌县、夏邑县等为全省“两基”先进县（市、区）称号。

〔**教师队伍建设**〕　1998年，全省各级各类学校教职工总数达到102.75万人，比上年增长4.7%。其中，专任教师总数82.19万人，比上年增长4.9%。全省各类学校每一教师负担学生数（师生比）分别为：小学28.2，普通初中19.3，普通高中13.6，普通中等技术学校18.2，中等师范学校14.8，普通高校8.4。小学、初中、普通高中教师学历达标率分别为95.9%、81.4%、64.3%，分别比上年上升2、6.2、4.2个百分点；职业高中（含职业中专）教师学历达标率34.1%，比上年上升0.7个百分点；普通中等技术学校专任教师中本科及以上学历的占73.2%，中等师范学校占87.1%，分别比上年上升5.1和2.9个百分点；普通高校教师中研究生及以上学历的占20.9%。

认真做好中小学计划内民办教师工作。为了加快民办教师转正的步伐，4月22日，省政府常务会议决定从1998年开始，在每年由师范和进修院校招收民办教师15 000名和直接转正15 000名的基础上，增加13 000名直转指标，力争到2000年基本解决民办教师问题。8月10日，省人事厅、计委、教委印发《关于1998年度部分民办教师转为公办教师工作的通知》，年度内安排转正计划28 000名。同时，认真做好教育学院、教师进修学校招收13 877名民办教师工作。到1998年底，全省中小学计划内民办教师已减少为8.8万人，占中小学教职工总数的比率由上年的20.4%，下降为17.3%。其中中学民师由5.4%下降为3.8%，小学由31.1%下降为24.5%。

继续加强中小学校长培训。全年共培训高完中校长488名，初中校长1 729名，小学校长9 116名；启动了幼儿园园长岗位培训工作，培训幼儿园园长400名。至此，全省已有1.5万名校长接受过培训。

继续抓好中小学教师学历补偿教育，为全省普及九年义务教育服务。一是1998年初对本年及今后几年“普九”县的教师达标情况进行分析。根据分析结果，进行分类指导。二是继续抓好函授、电视、自学“三沟通”培训工作。通过培训、考试，本年有9 023名学员取得了专科毕业证书。三是继续抓好教育系统教师进修学历工作。全省教育学院共招收本、专科学员5 200名，教育学院系统学历进修本年度共有5 044名中学教师取得了教育学院本、专科毕业证书。继续实行教育学院招收中师毕业生制度，并将招生比例由10％扩大到20％。同时，有计划地开展中小学教师学历提高培训。在河南教育学院等7所教育学院开设小学教育专业（专科），开通了小学教育专业自学考试，培训具有专科程度的小学教师；积极组织和支持中学教师参加教育硕士考试，有172名教师被有关高等师范院校录取。

搞好教师职称评聘工作。8月20日，省人事厅印发了《河南省中小学教师中、高级专业技术职务任职资格申报 评审条件（试行）》、《河南省中等专业学校中、高级专业技术职务任职资格申报、评审条件（试行）》，对全省中小学、中等专业学校教师申报中、高级专业技术职务规定了申报和评审条件。11月3日～12月29日，河南省教师高级职务任职资格评审委员会共评审高等学校教授、副教授1 098名（含破格、单列岗52名），通过846名（含破格、单列岗27名）；评审中等专业学校高级讲师669名（含破格26名），通过494名（含破格8名）；评审中学高级教师5 091名，通过3941名；评审通过高校高级工程师21名，高校工程、卫生、图书、编辑、研究等5个系列192名中级职务教师任职资格和中小学54名中级教师职务任职资格。

9月9日上午，省委、省政府召开河南省庆祝1998年教师节暨表彰大会，省委副书记、代省长李克强代表省委、省政府讲话，省教委主任王日新宣读了表彰决定，省领导向100名优秀教师代表颁发了证书。教师节期间全省共有167名优秀教师受到国家表彰，有1 313名优秀教师和优秀教育工作者受到省表彰。

〔**廉政建设**〕 1998年，河南省教育系统的廉政建设坚持“一手抓机关、一手抓学校”的做法。召开全省实行党风廉政建设责任制工作会议后，省教委先后召开党组会和处级干部会，传达贯彻会议精神，全面分析研究了省教委党风廉政建设情况，并结合教育工作实际，制订印发了《关于省教委机关实行党风廉政建设责任制的规定》，成立了党风廉政建设领导小组，建立了省教委党风廉政建设责任制领导体制和工作机制。通过整顿，省教委干部的精神面貌和工作作风发生了很大变化，讲学习、讲政治、讲正气的风气进一步浓厚，廉政意识进一步增强，省教委被评为省直机关廉政建设优秀单位。

全省教育系统加大了违纪案件查处力度。3月，省教委、省监察厅联合印发了《关于对1997年高招中招违纪舞弊学生责任人进行查处的紧急通知》。各市地根据通知要求，采取一人一案、一人一卷的方法，对1997年发生在本市地的高等学校招生，中等学校招生违纪舞弊案件及责任人进行了查处。5月26日，省教委纪检组、监察室和省招办在驻马店市召开全省招生执法监察工作座谈会，听取了部分市地查案工作进展情况的汇报，对存在的问题提出了解决意见，各市地加大了查案力度。年底，全省共立案426件，查结384起，共处理有关责任人805人，其中给予党纪处分61人，开除党籍、留党察看各1人，党内严重警告26人，党内警告33人；给予行政处分148人。对于采取舞弊手段入学的433名学生，除取消其入学资格外，还按照原国家教委发布的《高等学校招生全国统一考试管理处罚暂行规定》有关条款，给予三年不准参加全国统一考试的处罚。

〔**语言文字工作**〕 为加强全省“窗口”行业推广普通话工作，4月6日，省语委与省建设厅、贸易厅、邮电局、旅游局、卫生厅、交通厅、公安厅、民航管理局、郑州铁路局联合发出了《关于进一步加强我省“窗口”行业推广普通话工作的通知》，要求凡1956年1月1日以后出生的干部、职工都应接受普通话水平测试；从1999年起，逐步实行持普通话合格证书上岗制度。1998年，全省各级各类师范生、职业学校的学生普通话测试人数为4.8万人，全省教师参加普通话测试人数16万人；对全省播音员、节目主持人进行普通话测试，并实行持证上岗制度，人数达900人。卫生、邮电、旅游、民航、铁路、公安等部门也开展了普通话水平测试。全省测试总人数达到21万人。

1998年9月的第三周为全国推广普通话宣传周。全省首届全国推广普通话宣传周活动丰富多彩，取得了较好的成绩和社会效果。9月13日，副省长陈全国，省教委主任王日新，省政府副秘书长、省语委副主任董豪等省市领导参加了省会的首届全国推广普通话宣传周活动。全省18个市、地近12万人参加了宣传活动，出黑板报2800余块，普通话文艺宣传队60多个，市区的主要街道都悬挂了标语、张贴宣传画，营造了浓厚的推广普通话的氛围。宣传周期间，全省县处级公务员普通话大赛的复赛在郑州市举行，有5位地厅级公务员、十几位县处级公务员参加了复赛。其中，省文化厅获得团体一等奖，漯河市、新乡市获得团体二等奖；新乡市政协副主席史玉璞获朗诵单项一等奖，濮阳市副市长周春艳、漯河市副市长覃业竣分别获得演讲比赛一等奖和二等奖。11月，在全国第二届公务员普通话大赛上河南省参赛的3位选手以635分的成绩夺得团体比赛一等奖(团体总分第二名)。

〔**抗洪救灾**〕 1998年，河南省濮阳、驻马店、安阳、信阳、漯河、商丘等市地遭受了不同程度的洪涝灾害，灾区许多校舍被毁，校园被淹。全省各市地、各高等院校的教职工积极响应党中央、国务院和省委、省政府的号召，踊跃捐款捐物，支援灾区人民。据不完全统计，全省教育系统师生员工捐款、捐物(折款)总计2 500多万元。这次赈灾捐赠活动主要有以下特点：一是发动迅速，广大师生捐赠热情高，捐赠数额大。郑州、南阳、信阳、商丘、三门峡、平顶山、许昌市和周口地区教委，河南医科大学、郑州大学、河南大学、郑州工业大学、河南农业大学、河南中医学院、平顶山师范专科学校、南阳师范专科学校、洛阳师范专科学校、安阳师范专科学校、郑州牧业工程高等专科学校等高校募捐工作做得好。特别是商丘市接到省教委关于组织教育系统再次募集救灾款物的通知后，于9月7日专门召开商丘市教育系统“为了灾区的孩子”赈灾募捐大会，各县(市、区)教委、各学校负责人参加，踊跃捐赠，一次捐款70多万元；物资1万多件，折款16万余元。二是工作扎实认真，善始善终。商丘、平顶山、三门峡等市地，受省教委委托，积极受理市地各级各类学校所捐物品，并将物品清理、分类、打包。平顶山市还积极备好车辆待运，捐款及时汇到省教委专设帐号。三是领导重视，带头奉献爱心。开封市教委积极动员并商请有关企业为教育系统捐款捐物，其中开封市新华书店捐赠22.8万多册、价值100余万元的图书；河南医科大学领导在全院处以上干部会上带头向灾区捐款，在领导同志的带动下，全院师生捐助现金33万多元，衣物、药品价值24万多元；华北水电学院邀请新闻单位参加了捐赠仪式。省教委机关领导带头，干部职工积极为灾区捐款捐物，两次为灾区捐款15万多元。

基础教育

〔**义务教育**〕 1998年，全省小学在校生1 200万人，比上年增长2.6%。普通初中在校生461.4万人，比上年增长6.4%。特殊教育学校在校生1.22万人，比上年增长3.7%。小学适龄儿童入学率为99.72%，比上年提高0.12个百分点；在校学生辍学率为0.43%，比上年下降0.03个百分点；应届毕业班学生毕业率为98.5%，比上年下降0.7个百分点；小学毕业生升入初中阶段学校的比率为94.8%，比上年提高2.1个百分点。初中适龄儿童入学率为96.51%，比上年提高2.4个百分点；在校学生辍学率为2.27%，比上年上升0.01个百分点；应届毕业班学生毕业率为99.5%，比上年提高0.1个百分点；初中毕业生升入高中阶段学校的比率为43.6%。

〔**高中教育**〕 普通高中教育在结构调整中稳定发展，规模效益提高。1998年，全省普通高中在校生比上年增加4.4万人；校均规模794.7人；平均每万人口在校普通高中学生55.7人，比上年增加4.8人。进一步完善普通高中会考制度，推行会考成绩报告等级制。3月3日，省教委印发《关于普通高中毕业会考报告成绩实行等级制度的通知》，决定从1998级起普通高中毕业会考报告成绩实行等级制度，会考科目的等级成绩分为“优秀”、“良好”、“及格”、“不及格”四个等级。对参加当年会考未达到“及格”标准的，补考成绩只按“合格”和“不合格”两个等级报告。

加强民办高中管理。3月，省教委制发《河南省民办普通高中基本设置标准》。依据该标准对当年申报的13所民办高中进行了评估，批准河南省科明外国语学校、开封清华中学、通许县杨坤中学、商丘师专外国语中学等12所民办高中从1998年秋季开始招生。

加强向高等学校推荐保送生的管理。1998年，省教委印发《关于对实行保送的普通高中资格进行评估认定的通知》，并随文发出《河南省实行保送的普通高中资格评估标准》，规定从1998年起对实行保送的普通高中进行年度评估认定。要求在每年保送工作结束后，原实行保送的普通高中应对照《标准》进行自查，写出自查报告和当年保送工作总结，经市地教委检查核实后报省教委，省教委组织有关人员进行检查评估后认定下年度保送生资格学校名单。按照规定程序，在对普通高中进行抽查评估的基础上，认定公布了河南省实验中学等36所学校1998年度具备推荐保送生资格。

〔**素质教育**〕 1998年，河南省加快素质教育实施步伐的工作思路是：全面启动、区域推进、分类指导、重点突破、抓点带面、逐步提高。要求全省各级教育部门和中小学要以积极姿态实施素质教育，要有行动，启动基础教育的各项改革，改革教育思想、教学内容、教学方法和教学手段等，形成素质教育整体效应。要求各地以市地或以县市、区为单位整体推进；省教委确定1个地级市（焦作市）、33个县（市、区）和103所中小学校为全省实施素质教育试点单位。各地、各校可根据实际情况，选准自己的突破口，再逐步推进。其主要做法是：

一、改革初中办学模式，实行一部分学生初三分流。一是在校内举办养殖、种植、电路等专业班，对学生进行农村实用技术培训，使学生具备适应就业的知识、技术和心理准备；二是在校内举办音、美、体等特长班，为学生升学和就业作准备。三是厂校联办岗位技术培训班，学校负责文化课教学，依托企业的技术人员和设备对学生进行生产技术和技能训练；四是和成人学校、职业学校打通，利用其师资、设备，对分流的学生进行职业技术教育。

二、全面提高校长、教师素质，造就一支精于从事素质教育的校长和教师队伍。一是加强中小学教师的学历培训，在完成学历补偿教育的同时，有计划地开展提高学历层次的培训，突出抓好小学教师专科学历培训工作。二是向全体教师进行以提高政治思想、师德修养和教育教学能力为主要目的的继续教育，引导广大校长和教师逐步形成符合素质教育要求的教育思想、观念，扩展和更新知识，提高学校管理和教育教学的能力和水平。三是抓好中青年骨干教师队伍建设，启动中小学骨干教师选拔培养工作，用5年左右的时间培养一批面向21世纪的骨干教师和教育教学专家。四是加强师德建设。认真贯彻执行《中小学教师职业道德规范》，加强教师的礼仪培训，使广大教师爱岗敬业，教书育人，为人师表，严禁体罚、变相体罚以及侮辱学生人格等一切违反教师职业道德的行为。五是师范院校从办学方针、培养目标、基本教育教学理论、课程结构、教育内容和教育方法、培养和提高教学能力等方面进行改革，努力为中小学输送符合素质教育要求的新师资。

三、加强教学用书管理，切实减轻学生过重课业负担。省教委决定：中小学教学用书国家规定列入目录的，由分管主任审批。用书目录以外的图书、资料、音像制品等等，凡需组织中小学征订的，由委主任常务会议研究决定，加盖用书专用章。按教育部的要求，各种专题教育，如人口教育、青春期教育、国防教育、环境教育、减灾教育、消防教育、交通安全教育、禁毒教育等，原则上不再编写学生用书。市、地、县教育部门编写的各种用书，包括地方教材和乡土教材以及非当地教育部门编写需进入中小学的教学用书一律由省教委审批。课后和寒暑假作业内容要精选，难度要适度，数量要适当，要严格执行有关规定，保证学生作业负担适量。

四、调整教学内容和教学要求。根据原

国家教委《关于推进素质教育调整教学内容、加强教学过程管理的意见》和教育部《关于调整现行普通高中数学、物理学科教学内容和教学要求的意见》精神，3月，省教委制定了《关于推进素质教育调整中小学教学内容，加强教学过程管理的实施方案》。按照这个方案，省教委组织中小学语文、数学等13个学科的30余名教研员，在市、地教研室的配合下，深入全省18个市、地120个县区的近千所中小学，就各学科的教学内容和教学要求进行调研。经过论证，最终确定各学科的调整方案。7月，省教委制发《关于调整中小学部分学科教学内容与教学要求的意见》，明确了调整的原则、调整的内容及要求。1998年秋季开始在全省小学、初中和高中各个年级同时实施；从1999年开始，小学、初中毕业考试，高中毕业会考和普通高校招生的命题均依据调整后的教学内容和教学要求组织实施。

12月29日～30日，省教委在河南油田召开了全省中小学素质教育经验交流会。副省长陈全国参加会议并讲话，省教委副主任马振海作主题报告，省教委主任王日新作总结讲话；河南油田、安阳市政府、周口地区教委和南阳市教委就深化教育教学模式改革、调整学校布局、招生制度改革和加强薄弱学校建设、积极推进素质教育的经验进行了大会交流；代表们还考查了河南油田中小学素质教育的情况。

〔**勤工俭学与校办产业**〕 1998年，全省中初等学校勤工俭学、校办产业完成总产值及营业额30.9亿元，勤工俭学总收益达5.52亿元，分别比上年增长8.54%和7.70%。校办产业资产总规模达10.78亿元。勤工俭学收益用于补充教育经费金额达3.44亿元，占总收益62.25%。全省开展勤工俭学活动的中初等学校达45 749所，占总数的95%。校办工厂4 032个，第三产业网点18 568个，农村试验园地28 275个，拥有土地17 299公顷。郑州、南阳、洛阳、商丘等4市勤工俭学、校办产业年纯收入在4 000万元以上，其中郑州市达7 082万元，南阳市达6 993万元。本年，省教委确定郑州、漯河两市为全省校办企业改制试点城市。在深入宣传和调查研究的基础上，两市分别发出《郑州市校办企业改制工作实施意见》和《漯河市校办企业资产经营责任制实施意见》，初步开展了校办企业清产核资和产权界定工作，为全省开展这项工作积累了经验。

〔**实施希望工程**〕 1998年，全省希望工程累计接受捐赠993万元，新建希望小学46所，资助和救助学生7 919名。1月和4月，香港“苗圃行动”两次共向河南省希望工程捐赠173.022万元人民币，援建8所希望小学，使得“苗圃行动”在河南省建校总数达21所。7月，香港陈廷骅基金会向省希望工程捐赠100万元人民币，援建5所希望小学，使香港陈廷骅基金会在河南省建校总数达25所。12月，海信集团向省希望工程捐赠60万元人民币，援建5所希望小学。10月，河南荣勋实业有限公司向省希望工程捐赠4万元人民币，在洪涝灾害严重的濮阳、台前县建成10个帐篷希望工程班。1998年，郑州太古可口可乐饮料有限公司、上海青基会、美籍华人周胜祝先生、香港何宝莲女士、美国信孚银行基金会、宝洁公司、北京市电信管理局等单位和个人共向希望工程捐资120多万元人币，在河南省7个贫困县援建了希望小学。在社会各界的支持下，省希望工程办公室先后为全省103所希望小学和农村小学配备了希望书库，为21所希望小学配备了电教设备。

〔**治理中小学乱收费**〕 1998年春季开学前，省政府召开电话会议，副省长陈全国在会上就全年治理中小学乱收费工作提出了新的要求。会后，省教委及时修订、印发《1998年河南省教委治理中小学乱收费工作实施方案》，并成立了专项治理工作领导小组。重点抓了代收费结算清退、“择校生”高收费、顶风违纪案件的查处等项工作。在巩固成果，防止反弹，规范管理上下功夫。各市地、县认真落实省制订的工作方案，不断改进工作方法，采取有效措施，坚持凭收费明白卡收费，收费项目公开，接受家长监督，发现问题及时查处。初步形成了一套比较有效的治理乱收费的工作制度，规范了收费项目和标准，社会对学校的摊派也明显减少。1998年，全省查出违纪收费金额502万元，处理违规收费金额436.6万元，清理违规收费“补习班”181个，减少学生交费62.34万元，清理强制学生购买复习资料66万册，减少学生交费355.3万元。受理群众举报788件（次），查处违纪案件579件（次），处理责任人357人。

〔**体育、卫生与艺术教育**〕 从1998年起，全省在前四年试点的基础上全面实施初中毕业生升学体育考试制度。为抓好此项工作，省教委印发《河南省初中毕业生升学体育考试实施办法》，确定全省初中毕业生报考中师、中专、普通高中、职业高中，体育考试成绩（满分为30分）计入升学总分。

1998年7月，省教委会同省委宣传部、省体委、省财政厅、省计委和共青团河南省委联合颁布《河南省中学生“晨光”体育活动实施办法》，决定从1998—1999学年度开始，每年在全省初中二年级、高中二年级全体学生中开展“晨光”体育活动，组织广大中学生“到阳光下，到操场里，到大自然中”去锻炼体魄，陶冶情操，把群体活动和竞技体育结合起来，全面提高全体学生的身心素质和体育竞技水平。

为加强对体育竞赛的管理，1998年2月，省教委颁布《河南省学生体育竞赛管理规定》，对全省学生体育竞赛项目、竞赛组织、资格审查、竞赛纪律、竞赛财务管理等各个方面提出明确要求。依照《管理规定》，省教委组织举办的河南省第十六届中学生田径运动会采取“申办制”。

1998年，为落实《全国学生常见病综合防治方案》，力争控制全省中小学生的龋齿患病率，结合健康教育，认真实施《河南省学生口腔保健大行动方案》，对全省县以上中小学校校医、保健教师进行口腔健康教育培训；为全省近40万小学生发放含氟牙膏和保健牙刷，为口腔健康教育提供保障。为开展经常性学生体质健康监测工作，掌握学生体质健康动态的发展变化，按照教育部的统一部署，制定有针对性的改善学生体质健康状况干预性措施。经过考核，确定郑州、新乡2市为全国学生体质健康网络点。该网络将结合学校体育卫生日常性工作，每年对辖区监测点校的学生进行健康状况检测，并汇总上报检测统计数据。

职 业 教 育

〔**中专招生改革**〕 1998年，全省普通中专招生全部实行并轨。为做好这项工作，主要采取了三项措施：一是组织人员到基层开展调研工作，多次召开座谈会，反复征求意见；二是制定了普通中专招生并轨改革意见及普通中专并轨生收费标准。三是编制了《河南省普通中等专业学校招生并轨改革宣传要点》，印发各学校，并通过河南日报、河南电台、河南电视台及河南信息电台等新闻媒介广为宣传，使广大群众了解招生并轨的政策和意义，保证了招生并轨工作的顺利实施。本年，全省普通中专招收新生比上年增加0.95万人；在校生比上年增长14.9%。全省普通中专平均每校拥有学生1 797人，中等技术学校平均每校1 673人，中等师范学校平均每校2 183人。与上年相比，普通中专平均规模增加228人，中等技术学校增加241人，中等师范学校增加187人。

〔**中专办学规模核定**〕 随着普通中等专业教育的迅速发展，学校办学规模与学校发展不相适应的问题日益突出，主要表现在以下两点：一是普通中专学校办学规模大多是80年代初核定的，规模小，教师编制、领导配备、经费、占地面积受到制约，影响了学校的发展和提高。二是部分学校受短期经济利益驱动，不顾自身办学条件和能力，随意扩大规模，举办“校外班”，影响了普通中专的教育教学质量和声誉。为解决普通中专在办学规模与发展上存在的矛盾和问题，保证普通中专教育健康、有序、协调发展，省教委依据原国家教委印发《普通中等专业学校设置暂行办法》、《全日制普通中等专业学校人员编制标准（试行）》、《全日制普通中等专业学校校舍规划面积定额（试行）》等文件，在全省开展了对普通中专办学规模的重新核定工作。将全省普通中专学校划分为工科、政法财经、农林医药和体育艺术等四大类别，分别就学校占地面积、校舍建筑面积、实验实习条件、图书馆条件、体育设施及场地和教师队伍六个指标作出规定。核定工作由省教委领导，市（地）教委牵头。省组织若干工作组，具体负责办学规模的复核工作。工作组全面考核各普通中等专业学校的办学条件，对各项指标数据进行认真核算，并向当地政府有关部门进行反馈。省教委根据工作复核意见，认定各普通中等专业学校的办学规模。

1998年，全省共有140所普通中专学校（不包括中师）参加这次规模核定工作。据对其中137所学校统计，通过本次办学规模核定，共增加投入3.1亿元，新增土地169公顷，新增建筑面积16.7万平方米。促进了普通中专办学思想的转变和服务经济意识的提高。通过这次规模核定工作，各学校的“忧患”意识普通增强，一致认为，市场经济的确立对普通中专教育影响较大，普通中专学校必须积极探索市场经济条件下的办学新路子，尽快转变办学思想，不断增强主动服务经济建设和社会发展的意识和能力，才能争取主动。同时，规模核定工作也引起了各主管部门的重视，加强了对所属学校的领导和支持，增强了市地利用普通中专教育资源为区域经济发展服务的意识。

〔**骨干学校建设**〕 1998年，省教委常务会议决定用三年左右时间在全省重点建好100所骨干职业高中（含职业中专）。省教委据此制定了骨干职业高中标准，并于1998年考察确定33所重点建设的学校，决定投入890万元，地方按1∶1配套，共投入1 780万元，直接为学校配置仪器设备，以提高实践性教学和培养学生的实际动手能力，提高学校办学水平。

1998年，省教委评估认定了河南省化工学校、河南省财经学校、河南省税务学校、郑州人民警察学校等10所学校为省部级重点普通中专学校。10所学校共增加投入2 776.97万元，新增土地13.2公顷，新增建筑面积16.65万平方米，调入教师219人。结合评选省级重点学校工作实践，省教委还重新修订了普通中专学校办学水平评估指标体系，为今后评估学校提供了科学依据。评估认定了通许县第一职业高中、兰考县第一职业高中、汝阳县第二职业高中、封丘县职教中心等9所学校为省级示范性职业学校。

〔**教材建设和教学评估**〕 为规范全省中等职业技术学校（含普通中专、职业中专、职业高中）教材选用工作，省教委根据原国家教委职教司发布的《中等职业技术学校教学用书信息（第八期）》和有关出版社的供书目录，编辑印发了《1998学年河南省中等职业技术学校教学用书目录》，公布1998年全省中等职业技术学校用书共28类448种。7月，河南省职业学校《就业指导》、《体育》、《书法》、《基础会计》、《基础会计学习指导与实验》、《实用英语同步训练》等省编教材出版发行；同时，修订再版了《计算机应用基础》、《实用英语》等教材。12月，省教委组织编写职业学校财会专业的《财务会计》、《财务会计学习指导》、《会计电算化》、《会计电算化学习指导》、《统计原理》、《统计实务》6种教材和配套辅助教学用书，计划于1999年初交出版社出版，以保证全省职业学校秋季的教学需要。

河南省职业学校教学评估首先在新乡、焦作、三门峡3市进行试点。从3月起在全省各市（地）全面展开。通过学校自评，市（地）复评和省抽评，对省级示范性职业学校、省级重点职业学校、国家级重点职业学校的教学工作进行客观、科学的评价。

高等教育

〔**综述**〕1998年，全省普通高等学校和科研单位共有培养研究生的机构19个，在学研究生比上年增加240人。普通高校中，中央部委属院校4所，地方所属院校39所，中央与省共建院校8所，另有4处普通大专班。实行招生并轨后共招收本专科学生5.02万人，在校生14.64万人，比上年增长7.65%。电大普通专科班招生4 013人，在校生10 616人。全省普通高等教育（包括普通高校、电大普通专科班和军队院校地方生）招生总数中，工科、财经专业所占比例达54.91%，其中工科占39.53%。在校生总数中，工科、财经专业所占比例达57.31%，其中工科占39.90%。全省普通高等教育招生数中，研究生、本科生、专科生三者的比例为1.3∶41.3∶57.4，在校生比例为1.2∶48.2∶50.6。本科生、专科生的比例，招生为41.8∶58.2，在校生为48.8∶51.2。全省普通高校平均普通本专科在校生规模2 870人，全省规模最大的是郑州大学（含升达经贸学院），在校生规模达14 169人。

1998年，省教委还在部分高校举办全国禁毒挂图展览，对在校大学生进行毒品预防教育。4月29日～5月4日，由洛阳师范专科学校申请承办的河南省第十届大学生田径运动会在洛阳举行，全省50所高等学校全部报名参赛。

〔**专业结构调整和教学改革**〕1998年，教育部修订颁布了新的本科专业目录。按照教育部的要求，省教委依照专业目录对全省普通高等学校的本科专业进行了调整。将全省高校本科专业数目由329个调减为268个，减少61个。同时，对专科专业名称进行了规范。4月，省教委批准洛阳师范专科学校等8所师范专科学校的36个专业从1998年招生起，学制由二年制改为三年制。另外，经教育部批准，郑州牧专在饲料工艺与动物营养、制冷与空调、食品加工与检验3个专业开设五年制高职专科实验班。

3月，省教委印发《关于组织实施河南高等教育面向21世纪教学改革计划的通知》，决定集中优势力量，开展集体攻关，用三年或稍长一些时间，在教学内容和课程体系改革方面出一批具有河南特色的标志性成果，使全省高等教育质量上一个新台阶。为把学科建设推向更高的质量层次，培养一批有一定学术影响的学科带头人，决定用三年时间，投资5 000万元，有关学校配套5 000万元，建设若干个河南省高等学校重点学科开放实验室，培养一批有一定学术影响的学科带头人。并制定了有关重点学科实验室建设的指导思想、建设目标、申请条件等文件。经学校申请、专家论证，省教委审核批准，在郑州大学、河南大学、河南农业大学、河南医科大学、河南师范大学和郑州工业大学6所高校建立7个重点学科开放实验室。

河南财经学院顺利通过教育部教学评价工作组验收。为做好迎验工作，省教委于4月初组织省专家组对河南财经学院进行了第二次预评。专家组深入学校进行全方位考察，对照评价指标体系在各方面进行把关，同时，对学校的自评材料进行认真审查，努力帮助学校做好自评自建工作。5月中旬，教育部专家组一行12人到河南财经学院进行教学评价。由于对自评工作高度重视，措施得力，工作扎实，各项准备工作充分，评价工作进展顺利，河南财经学院教学工作得到了教育部专家组的好评，顺利通过教育部教学评价。

〔**管理体制改革**〕 1998年7月，国务院办公厅转发教育部等部门《关于调整撤并部门所属学校管理体制实施意见的通知》，决定郑州粮食学院、郑州工业大学等8所学校实行中央与地方共建，以地方管理为主的体制；学校主要在本地区招生，一部分行业特色性较强的，需要保护的专业或专业点可以跨省招生。郑州磨料磨具职工大学、郑州煤田职工地质学院、郑州矿务局职工大学、平顶山煤矿职工大学、焦作煤矿职工医学院、郑州煤炭管理干部学院、长城铝业公司职工工学院、洛阳有色金属职工医学院划归地方管理。

8月，省政府成立河南省高校管理体制改革和调整领导小组。组长由副省长陈全国担任，副组长由省委组织部副部长王忠厚、省政府副秘书长董豪、省教委主任王日新担任，省财政厅、计委、人事厅、劳动厅、监察厅、审计厅、煤炭厅、冶金建材厅有关负责同志为成员。8月7日，河南省部属学校共建调整工作动员暨欢迎大会在郑州召开。按照国务院决定，驻豫31所部属学校按新的管理体制进行运作。其中，郑州工业大学、郑州轻工业学院、郑州粮食学院、郑州纺织工学院、焦作工学院、洛阳工学院、郑州工业高等专科学校、洛阳工业高等专科学校实行中央与省共建以省为主的管理体制，由省教委负责日常管理。郑州煤炭管理干部学院等8所成人高校和平顶山煤炭技工学校等12所技工学校、焦作煤炭工业学校等3所普通中专划归地方，由有关厅局或企业管理。河南省决定，对共建调整学校，中央划拨的经费如数拨付，省拨经费政策一视同仁，保证经费只增不减，学校行政规格、领导职数、教工待遇不变，内部机构和干部职数保持相对稳定；学校统一纳入全省教育改革发展规划，统筹考虑学校的学科、师资建设等问题；学校的招生和毕业生就业纳入省计划，执行河南省的政策规定；学校的专业设置、教学管理、科研外事等与全省同类学校同样对待。

〔**教师住房建设**〕 筒子楼改造。1998年1月12日和7月22日，国务院副总理李岚清两次来河南视察，亲自到河南农业大学、郑州工业大学了解教职工住房情况，对有不少青年教师住在阴暗潮湿、破旧不堪的筒子楼内表示极大的关心，指示要加快高校筒子楼改造步伐，为高校教师特别是青年教师解决后顾之忧。7月下旬，为落实《国务院办公厅转发教育部等部门关于加快普通高等学校筒子楼改造，改善青年教师住房条件意见的通知》要求和李岚清副总理的指示，省教委对全省普通高校筒子楼情况进行了调查。高校筒子楼基本情况为：全省普通高校共有筒子楼127栋，建筑面积25万平方米，居住在筒子楼中的教职工为6 630户。8月3日和11月19日，省政府两次召开常务会议研究高校筒子楼改造问题，决定投入 7 800 万元改造资金，该资金按政府补助 2/3，学校自筹1/3的比例筹措。11 月 25 日，郑州市副市长周建秋率领市直有关部门，并约请省教委副主任介新等到郑州工业高等专科学校、郑州纺织工学院、郑州航空工业管理学院现场办公，就普通高校筒子楼改造手续办理和落实有关减免、优惠政策进行协调。周建秋副市长代表市政府当场决定：一是市政府各有关部门用 10 天左右时间办完改造高校筒子楼的一切手续。二是坚决执行国务院、省政府的文件精神，在行政和事业性收费方面给予优惠和照顾。仅部属院校、省部共建院校首批筒子楼改造工程减免费用就达 200 万元。12 月 26 日，郑州大学第二批安居工程暨筒子楼改造奠基开工仪式举行。省教委主任王日新参加了奠基开工仪式并讲话。郑州大学拆除筒子楼及其他危、旧、老楼 15 栋，建筑面积 1.9 万平方米，开工新建楼房 11 栋，建筑面积 7.5 万平方米。郑州大学第二批安居工程暨筒子楼改造奠基开工仪式的举行，揭开了省直属高校筒子楼改造的序幕。

教师住宅小区建设。1998 年 2 月，国务院办公厅在南京召开全国教职工住房经验交流会（简称南京会议）后，省教委在调查研究的基础上决定在郑州市建设高校教职工住宅小区，并拟定了《省会高校教职工住宅小区建设初步意见》。教师安居小区建设将投资 2 亿多元、占地 13.3 公顷，建设两个小区、建房 2000 多套、建筑面积 20 多万平方米，竣工时间 2000 年。到本世纪末，通过小区建设，加上学校分散建房、社会综合解决等渠道，使省会高校教职工家庭人均居住面积超过 9 平方米，住房成套率达到 90%以上。10 月以后，小区建设工作已进入征地阶段。

〔**学位工作与研究生教育**〕 1998 年，全省高等学校新增硕士单位 3 个，新增硕士点 40 个，新增博士单位 3 个，博士点 7 个。全省普通高校共设博士后流动站 2 个，博士后培养单位 5 个、博士专业点 13 个，硕士生培养单位 15 个、硕士专业点 197 个。

经省政府批准，5 月成立了河南省学位委员会。12 月 8 日，河南省学位委员会第一次全体委员会议在郑州召开。会议由省教委主任、省学位委员会副主任委员王日新主持，副省长、省学位委员会主任委员陈全国出席会议并讲话。国务院学位办有关领导应邀出席了会议。会议讨论修订了《河南省学位委员会工作办法》，布置了下一年的学位工作。1998 年，国务院学位办批准河南医科大学为临床医学硕士专业学位试点单位，河南师范大学为教育硕士专业学位试点单位，郑州大学为法律硕士专业学位试点单位。河南师范大学数学、物理、化学 3 个学科教学方向被批准招收教育硕士专业学位研究生。省教委负责组织、指导学校办好试点班，并指导学校根据教育硕士专业学位的特点、指导思想和具体要求，制定了配套措施、培养方案和管理办法，使试点工作有章可循。

1998 年，经国务院学位委员会批准，郑州工业大学、河南农业大学、焦作工学院获得同等学力人员申请硕士学位授予权。至此，全省已有 11 所高校开展同等学力人员申请硕士学位工作。3 月，省教委印发《关于公布 1998 年举办研究生课程进修班备案专业的通知》，同意郑州大学等校 63 个专业 1998 年度举办研究生课程进修班。同时根据本省《关于异地举办研究生课程进修班审批暂行办法》，同意北京大学等 23 所高校在河南举办企业管理等30个专业的研究生课程进修班。为加强对研究生课程进修班的管理，省教委采取以下几项措施：一是要求各高校按照《河南省教委关于举办研究生课程进修班管理办法》严格管理；二是控制各专业招生人数，文科类不得超过80人，理工科类不得超过50人；三是严格入学资格审查和入学考试；四是严格教学管理，保证授课时数和授课质量；五是加强学籍管理，建立学员档案。

〔**"两课"建设**〕 1998年，省教委在切实抓好青年学生课余学习邓小平理论工作的同时，以开设邓小平理论课为重点，切实强化课堂教学在青年学生学习邓小平理论中的主渠道、主阵地作用。上半年，省教委印发《关于高等学校进一步做好邓小平理论"三进"工作的通知》和《关于高等学校开设〈邓小平理论概论课〉的通知》，提出要加快步伐，创造条件，重点建设，周密准备，及时开课。结合开设邓小平理论课的教学需要，组织全省高校研究和讲授邓小平理论的专家和学者，编写出版了全省高校邓小平理论课统编教材《邓小平理论概论》。全省51所普通高校和部分成人高校都按照要求开设了邓小平理论课。

1998年8月，省教委印发《关于加强全省高等学校马克思主义理论课和思想品德课建设的若干意见》，对河南省"两课"建设的指导思想、奋斗目标、基本原则以及课程建设、教材建设、教师队伍建设、教学科研工作、体制和保障进行了系统规划，为河南省今后一个时期全面搞好"两课"建设制订了一个指导性文件。5月，省教委印发《河南省高校"两课"教师1998—2000年培训规划》，加强对高校"两课"建设的指导。本年，全省高校落实毛泽东思想概论、思想道德修养和法律基础课骨干教师的培训工作，共培训教师97名。

〔**学生社会实践活动**〕 1998年全省的大中专学生社会实践活动，坚持"受教育、长才干、做贡献"的宗旨，以文化、科技、卫生"三下乡"为主要活动内容，突出"实践育人"的主题，近11万大中专学生志愿者参加了"三下乡"活动。组建各种服务队2 100余支，足迹遍及18个市地、110个县（市）的1 900余个村庄。其中，组建扫盲志愿服务队800余支，业余文化演出队30支，农业科技服务队800余支；卫生常识普及430个村，扶助乡镇企业300余个，举办农业科技讲座500余场，进行农民健康调查及检查50 000余人。在活动中，各志愿服务队还与所服务的乡村建立了长期、稳定的联系，签订了志愿服务长期协议，共建立乡村援助站25个，建立乡村图书站90个，巩固发展了一批活动基地。

成人教育

〔**成人高等教育**〕 1998年，全省除独立设置的成人高校外，还有普通高校附设成人教育机构61处。独立设置的成人高校中，在校生500人以下的22所，500～1 000人的11所，1 000～2 000人的7所，2 000人以上的5所。从学生的学习形式看，全脱产的比例，招生占55.96%，在校生占47.48%；业余的比例分别为44.04%和52.52%。从学科类构成看，招生总数中，工科、财经所占比例为41.48%；在校生总数中，工科、财经所占比例为47.28%。从层次结构看，成人本、专科生的比例分别为，招生4.3：95.7，在校生4.5：95.5。本年，成人高等教育主要做了以下工作：

一是成人高校高职试点工作。1月8日，省教委转发原国家教委成教司《关于成人高等学校试办高等职业教育几点补充意见的通知》，明确“高职班”的主要招生对象是从业人员，招收成人中专、职业高中、技工学校等学校毕业生等问题，本年，全省高等职业教育试点学校由上年的5所增至11所，专业由上年的9个增至23个，录取人数由上年的467人增至1 325人。

二是加强函授站管理。5月，省教委转发原国家教委《关于调整函授站布局和加强函授站管理等问题的通知》，并制定印发了《普通高等学校函授教育辅导站管理实施意见》，规定普通高校在校外设置函授站，应于每年5月底之前将《函授站备案表》、同函授站设站单位签订的协议书、教育部公布其举办函授教育的文件和专业备案情况送设站市、地教委，审核同意后于8月底之前报省教委，由省教委集中向教育部备案。1998年，经省教委审查同意，报教育部备案的有西安交通大学等24所高校设置的函授站。

三是搞好高等教育学历文凭考试。省教委于3月2日印发《关于我省高等教育学历文凭考试有关问题的通知》，要求有关市地教委和已取得试点资格的学校，认真开展试点工作的调查研究，及时反馈有关问题，上报新增专业和招生计划。申报试点学校的民办高校，经所在市地教委初审后于每年4月底前报省教委。7月3日和9月9日省教委先后发文公布河南省高等教育学历文凭考试试点学校及试点专业、招生计划。本年，新增郑州黄河医学专修学院、郑州中山医学专修学院等9所试点学校。新增物业管理、社区医学、旅游管理3个试点专业。全省共有16所学校12个专业，招收注册视听生5 000余人。

〔**成人中、初等教育**〕 1998年3月26日，省教委会同省科委等11个部门发出《关于下达1998年全省回乡知识青年培训任务的通知》，将全省100万人次的回乡知青培训任务按市、地和部门两个渠道分解下达。对

30万农民人口教育和200万人次青壮年农民和乡镇企业职工的实用技术培训的任务也分解到各市、地教育行政部门。全年实际完成167万初、高中回乡知青和643万人次的乡镇企业职工、青壮年农民的实用技术培训，对180万农民进行了系统人口教育，超额完成了各项预定指标。

加强对成人中等专业教育的管理。9月25日，省教委印发《关于加强成人中等专业教育管理的通知》，进一步明确了省、市教育行政管理部门和学校主管部门的职责和权限；对学校改善办学条件，提高办学效益，加强教师队伍建设，提高教育质量，严格执行政策，规范办学、招生行为等方面提出了明确要求；对校外设班、其他学校设置成人中专班以及广播电视、函授学校校外班的设置等有关问题作出明确规定，进一步规范了成人中等专业教育管理责任。

1998年，经省中等专业学校设置评审委员会评审，省教委批准建立郑州交通成人中专学校、郑州市财经成人中专学校、长葛市成人中专学校、许昌市政法成人中专学校等11所成人中专。

〔**社会力量办学**〕 1998年1月21日，省教委印发《关于实施〈社会力量办学条例〉的意见》，要求各级教育行政部门认真组织对《社会力量办学条例》（以下简称《条例》）的学习和宣传，明确职责分工，理顺管理体制。同时，对河南省社会力量举办的教育机构的审批、备案、名称规范、内部管理体制完善及财产、财物管理和应享受的待遇以及许可证换发等方面作了明确规定。8月，省教委会同河南电视台联合举办《社会力量办学条例》知识电视大奖赛，共有11个代表队参加复赛，有6个代表队参加决赛，新乡莘园高级中学获一等奖，濮阳保成学校、商丘立博学校获二等奖，郑州科技专修学院、南阳电子技术专修学校、洛阳商贸专修学院获三等奖。

为规范办学行为，省教委于3月30日印发《关于全面开展社会力量办学检查验收工作的通知》，对检查的对象、内容、方法和步骤及检查验收应注意的问题等方面作了明确规定。对检查验收合格的学校，由省、市（地）、县（市、区）教育行政部门分别按审批权限向社会公布。公布后设一个月的监督评议期。评议期内无重大不良社会反应的，由审批机关换发新的许可证。本年，省、市（地）、县（市、区）教育行政部门分层次共对3 000多所社会力量办学机构进行了检查评估，为合格的学校换发了办学许可证。

同时，加大对违纪办学行为的查处。5月～7月，省教委会同有关部门对社会上出现的部分中介机构与个别大中专学校、高等教育自学考试助学机构违规招生现象进行查处。6月1日，省教委印发《关于我省社会力量办学有关问题的紧急通知》，对郑州市二七司法培训学校以办学为名，乱招生、乱收费、滥发警服及司法工作证的行为，向全省通报。要求各市、地教委认真学习宣传《社会力量办学条例》，组织力量把已初审合格的各级各类社会力量办学机构的申报材料和实际办学情况重新进行审核；对审核合格的学校，必须向社会公布，接受社会监督；对违法办学者坚决予以取缔。6月5日，省教委在郑州召开了各市地教委、高、中等学校参加的招生管理紧急会议，印发了《关于加强教育招生管理有关问题的紧急通知》。7月27日，省教委对未经批准，擅自招生，许诺发大专毕业证书，进行欺骗招生的“郑州珠江装饰学（院）校”依法查处，责成郑州市和管城区教委立即取缔该校，并与公安、工商部门共同做好善后事宜。

〔**自学考试**〕 1998年，全省自学考试工作坚持“改革、完善、发展、提高”的办学方针，推进高等教育自学考试事业持续、健康地发展。利用全国命题、省际协作命题的优势，向全国自考委命题中心和部分兄弟省市征集试题，加大协作命题比重，并从本省非主考学校中选聘教师参与命题工作，缩小主考学校参与命题的比例，进一步促进教考分离。不断完善主监考员培训、考核、持证上岗制度，加强主监考员队伍建设，选好考点，加强试卷保密管理，严肃考试纪律。同时，加强评卷管理工作，打破主考学校界限，适当增加了实行集中评卷的课程。对59门分卷考试课程和部分适用专业较多的课程试卷，实行集中统一评卷，消除了不同学校之间的评分误差。全年自学考试开考专业达66个（本科21个，专科45个），其中新开考专业9个。考试课程239门，两次考试报名人数合计达100.2万人，比上年增加12.2万人。

〔**下岗职工再就业培训**〕 1998年4月，省教委印发《关于动员各类学校积极开展再就业培训的通知》，制定了鼓励、支持学校开展下岗职工再就业培训和对下岗职工子女入学的一些政策措施。4月30日，省教委召开全省教育系统下岗职工再就业培训电视电话会议，省教委主任王日新在会上部署了全省教育系统再就业培训工作。会后，各市地教委、各学校积极开展下岗职工再就业培训工作。主要措施：

一是建立培训机构，落实培训措施。各市地教委都成立了以主要领导为组长，成教、职教等部门参加的下岗职工再就业培训领导小组，统一组织指导全市教育系统开展培训工作，明确指导思想、培训目标、组织形式、教学计划、结业发证等，确保这项工作顺利开展。如郑州市和新乡市教委把下岗职工再就业培训与职工岗位培训、转岗培训一起列入年度工作责任目标。信阳地区教委认真向地区行署领导汇报省教委电话会议精神，帮助拟定全区下岗职工再就业培训工作规划。各高校也建立了由主管校长负责，成人教育学院承办的培训管理体制，使培训工作有机构、有专人、有基地。

二是广泛宣传，建立学校培训和下岗职工求学之间的信息渠道。各地通过电视、广播、报纸、广告及一条街活动等形式，广泛宣传发动，把教育系统开展培训的专业、培训时间、免减费政策、校址等向社会公布，由下岗职工报名，统筹安排培训工作。

三是主动配合有关部门开展培训。一些市地和高校结合本地、本校实际情况和专业优势会同财政、劳动、工会等部门齐抓共管，共同解决好下岗职工再就业培训和推荐安置工作。如安阳市教委与有关部门结合，办班20余期，培训人数达1 500多人。黄河科技学院主动承担培训任务，并获准建立“郑州市下岗女工再就业培训基地”，培训下岗女工，全年免费培训486名。漯河市教委还组织学校深入停产、半停产企业，送教上门。

四是加强检查指导，保证再就业培训落实到位。不少市地教委先后召开了所属成人中专、职业中专和普通中专校长参加的再就业培训工作会，要求各学校制定切实可行的再就业培训计划和工作措施，热情接纳下岗职工前来学习。为保证培训工作的落实，洛阳市教委组织了两次检查，全面了解学校再就业培训机构建立情况、培训计划实施情况、培训班教学质量和培训收费、学员结业后再就业情况等，确保再就业培训工作落到实处。

五是多方筹措培训资金，保证教师到位。各地、各学校在经费比较紧张的情况下，采取组织职工捐助等形式筹集资金，免费开展再就业培训。郑州大学校长曹策问多次召开会议研究下岗职工再就业培训工作，号召大家把工作任务落到实处。该校教职工积极为参加培训的下岗职工捐款、捐赠教材。在培训中，各校都挑选责任心强、教学经验丰富的教师任课，同时请社会上有实践经验的技术人员为培训班讲课，请劳动局领导讲就业政策，并与劳动部门结合开展工作，使教学的内容、方法更贴近下岗职工的实际，为其再就业创造条件。

1998 年，全省 51 所普通高等学校、近 200 所中等专业学校结合学校特点，安排学有专长的教师举办培训班，全年开展培训的有市场营销、会计、服装裁剪、家电维修、钳工、电工、汽车维修等 20 多个专业，共对 5 万余名下岗职工进行了实用知识培训。

撰稿 贾正国 高培华 韩 冰

审稿 王日新

湖北省教育

概况

〔基本情况〕

1998 年各级普通学校基本情况

单位：人

学校类别	学校数(所)	毕业生数	招生数	在校学生数	教职工数	
					计	其中专任教师
一、普通高等学校	55	53 154	70 784	225 830	66 905	26 148
研究生	(24)	3 522	5 782	15 711		
本　科	36	28 788	47 698	156 886	57 307	21 937
专　科	19	20 844	17 304	53 233	9 598	4 211
二、中等专业学校	248	110 274	119 049	403 883	33 776	18 536
中等技术学校	214	93 164	99 106	341 835	27 940	14 786
中等师范学校	34	17 110	19 943	62 048	5 836	3 750
三、普通中学	3 345	832 730	1 141 185	2 981 559	224 362	184 391
高　中	563	140 428	201 544	513 461		35 342
初　中	2 782	692 302	939 641	2 468 098		149 049
四、农业、职业中学	409	60 015	65 219	193 247	18 820	13 770
高　中	313	46 459	43 829	140 216		10 646
初　中	96	13 556	21 390	53 031		3 124
五、工读学校	2				28	16
六、小　学	26 369	1 037 486	1 073 431	7 173 374	313 993	283 444
七、特殊教育学校	67	835	1 217	7 767	1 516	1 155
八、幼 儿 园	3 690		721 731	902 542	43 111	31 629

1998 年各级成人学校基本情况

单位：人

学校类别	学校数(所)	毕业生数	招生数	在校学生数	教职工数	
					计	其中专任教师
一、成人高等学校	48	54 067	61 185	170 959	11 261	5 524
广播电视大学	2	10 192	11 020	25 223	4 140	2 326
职工高等学校	29	3 981	4 776	13 556	3 691	1 711
农民高等学校						
管理干部学院	8	4 171	4 272	10 204	1 828	748
教育学院	8	2 494	2 618	6 691	1 565	712
独立函授学院	1	757	1 120	2 975	37	27
普通高校举办：						
函授部		19 504	22 479	71 504		
夜大学		4 011	3 625	11 675		
成人脱产班		8 957	11 275	29 131		
二、成人中等专业学校	265	50 743	33 379	117 157	13 895	8 046
广播电视中专	3	8 160	6 783	22 045	464	280
干部中专	6	2 368	1 343	6 245	811	457
职工中专	166	25 507	17 117	60 882	8 726	4 910
农民中专	43	6 631	3 921	13 341	1 663	1 071
函授中专	4	793	412	804	80	45
教师进修学校	43	7 284	3 803	13 840	2 151	1 283
三、成人中学	106	10 379	12 109	13 500	599	333
职工中学	32	3 056	2 931	4 964	412	270
农民中学	74	7 323	9 178	8 536	187	63
四、成人技术培训学校	14 881	3 442 691	2 734 281	1 860 357	32 538	9 864
职工技术培训学校	348	112 583	75 349	73 517	3 574	2 115
农民技术培训学校	14 533	3 330 108	2 658 932	1 786 840	28 964	7 749
五、成人初等学校	6 976	154 564	161 610	157 364	9 648	4 639
职工初等学校	25	4 811	1 333	3 365	393	223
农民初等学校	6 951	149 753	160 277	153 999	9 255	4 416
其中：扫盲班	5 518	110 455	120 254	111 578	8 291	3 936

制表　李明霞

〔**改革开放20年教育成就**〕 党的十一届三中全会以来，湖北教育发生了巨大变化，取得了巨大成就。

一是各级各类教育在改革中持续、稳步发展。基础教育不断巩固加强，质量不断提高。全省现有普通高中563所，在校生达到51.35万人；普通初中2 782所，在校生达到246.81万人；小学26 369所，在校生达到717.34万人。小学学龄儿童入学率由1978年的96.9%，提高到1998年的99.5%，小学毕业生的升学率由1980年的82.6%提高到1998年的92.6%。职业教育、成人教育适应经济建设需要迅速发展。全省各类职业学校（普通中专、成人中专、职业中学）922所，在校生达到75.60万人。成人高等教育从无到有，独立设置的成人高校已达48所，在校生（含普通高校举办的函授部、夜大学、成人脱产班学生）达17.1万人。普通高校55所，在校研究生达1.57万人，是1978年的22.43倍；本专科在校生达到21.01万人，是1978年的4.25倍。普通中专在校生40.39万人，是1978年的7.53倍。

二是为经济建设培养大量中高级人才，通过推进“普九”和扫盲工作，提高了劳动者素质。20年来，全省共培养毕业研究生3.32万人，普通高校本专科毕业生61.88万人，普通中专毕业生85.61万人，成人高校毕业生56.17万人。“两基”工作也取得较大进展。1998年底，全省基本“普九”的县（市）已达到86个，人口覆盖率达到88%。经国家检查验收，全省已基本完成了扫除青壮年文盲任务。

三是发挥教育在“科教兴鄂”中的作用。1992年～1998年，普通高校与省内工业企业共同承担高新技术项目近300项，新增产值近20亿元。实施“大学—乡镇合作计划”2 843项，创利税3亿多元。选派1万多人次的教师和科技人员到农村开展科技活动，累计为农村增加收入30多亿元。1988年以来，向60多个县市派遣200多名科技副县（市）长，为县市引进项目和推广科技成果，直接经济效益20多亿元。成人教育实施扶贫攻坚活动，启动30多个经济效益好的工农业生产项目，年经济效益达2 000多万元。30余所成人高校和200余所成人中专学校免费培训下岗职工11.9万人。

四是不断深化教育改革。基础教育建立并逐步完善了地方负责、分级分工管理的体制，职业教育和成人教育直接面向经济建设，不断调整办学层次和专业结构；高等教育以优化结构，提高质量和效益为突破口，坚持走以内涵发展为主的道路，通过调整合并，学校数由63所调整为55所，提高了规模效益和整体办学水平。并逐步建立起以政府办学为主体、社会各界共同办学的多元化办学新体制。

五是全党全社会尊师重教形成风气。各级党委和政府在制定和实施社会和经济发展的总体战略中，坚持始终把发展教育摆在突出位置，切实加强了对教育工作的领导，并结合各地实际，采取了一系列重大措施，推进教育改革和发展。教师的社会地位也日益提高。

〔**年度教育工作方针**〕 1998年1月，省委高校工委和省教委召开全省地市州教委主任会议，研究和布置1998年全省教育工作，会议确定1998年全省教育工作的指导思想是：以党的十五大精神为指针，进一步解放思想，深化教育改革，促进教育事业发展，实施“科教兴鄂”战略。切实加强教育战线党的建设和学校思想政治工作，大力普及九年义务教育，继续扫除青壮年文盲，积极发展职业技术教育和成人教育，适度发展高等教育，加快管理体制改革步伐，努力提高办学质量和办学效益。

1998年要重点抓好以下工作：(1) 进一步加强教育战线党的建设和学校思想政治工作；(2) 切实抓好“两基”，积极推进素质教育；(3) 大力发展职业技术教育和成人教育；(4) 积极推进高等教育体制改革，提高办学质量和效益；(5) 深化农村教育综合改革，继续推进农（经）科教结合；(6) 加大教育执法、立法力度，推动全省依法治教工作；(7) 加快师资队伍建设和教职工住房建设步伐；(8) 面向市场改革毕业生就业制度；(9) 不断扩展教育国际交流与合作；(10) 加强机关建设，提高管理水平。

〔**学校党建和德育工作**〕 1998年，全省教育战线认真贯彻党的十五大精神，兴起学习邓小平理论的高潮。5月，召开学习邓小平理论座谈会，部署学习邓小平理论工作。以改革开放20周年为契机，开展纪念活动。召开省第七次高校党建工作会议，研究部署高校深入学习邓小平理论工作。改革高校“两课”教学，抓好邓小平理论的“三进”（进教材、进课堂、进头脑）工作。成立了全省高校“两课”教材编委会，组织专家编写“两课”教材，保证了秋季学生用书。建立了省“两课”教师培训基地，一年来，共举办“两课”骨干教师培训班4期，培训368人次。加强了对高校“两课”教改落实情况的检查，着手进行教学评估工作。

加强高校领导班子建设，领导班子整体结构得到优化，积极开展干部培训，全年共培训高校领导干部和中层干部66人。贯彻落实《中国共产党普通高等学校基层组织工作条例》，切实加强基层组织建设。进一步明确了高校系级党政分工合作，共同负责的体制，高校党的建设工作逐步走上规范化、制度化的轨道。

加强形势与政策教育。以弘扬抗洪精神为重点，各级各类学校广泛开展了热爱社会主义、热爱中国共产党、热爱人民解放军的教育活动。通过教育系统两个文明建设，全省涌现了一批精神文明建设先进集体。积极探索新时期德育工作，着力健全德育工作管理体制，加强了中小学时事政治课教学，加强了对中小学的爱国主义、集体主义、社会主义教育。

〔**抗洪抢险和灾后学校重建**〕 1998年，湖北省遭受特大洪涝灾害，全省共有7 500所学校受灾，其中1 291所学校遭受毁灭性破坏，共倒塌校舍72万平方米，受灾学生75万多人，受灾教师6万多人，教育战线直接经济损失达36亿多元。遵照江泽民总书记关于“三个确保”的指示精神，全省教育战线广大干部教职工全力以赴投入抗洪抢险斗争。省教委派出20多名干部到抗洪抢险第一线，坚守战斗50多天；在抗洪抢险的关键时刻，全省有8万余名中小学教师奋战在抗洪抢险第一线；高校有27万人次参加守护长江大堤、保卫武汉的战斗；有7所医学院派出70多人的医疗小分队到灾区开展防病防疫工作，为夺取抗洪抢险的胜利做出了贡献。

在抗洪抢险的紧张时期，省委高校工委、省教委成立两个工作班子，分别负责高校招生录取和救灾复校工作。

灾情缓解后，省教委及时编制《湖北省灾区学校重建规划》，对 1 291 所水毁学校，通过调整学校布局,合并减少校点 547 个。按“移民迁建、并校扩建、后靠迁建、原地重建”四种类型，将规划重建的 744 所学校（校舍面积 165 万平方米）规划到校，责任落实到人。制定了相应的项目管理、资金使用管理办法，与地市签订责任书，并加强指导、督办力度。截止 1998 年底，仅省一级筹措的学校救灾和重建资金达 2.47 亿元，其中用于开学前的救灾资金2 717万元，用于灾后学校重建资金 2.19 亿元。全省灾区共有 493 所学校 587 个工程开始施工,这些学校建成后,可解决灾区 43.2 万中小学生入学问题。

〔**教育体制改革和学校布局调整**〕 积极推进高等教育体制改革，省委高校工委、省教委提出组建“一流大学”的建议方案和在部分普通高校设立二级学院的意见。组建了襄樊学院等 3 所高校和武汉船舶职业技术学院等 5 所高等职业技术学校。完成了组建黄冈师范学院等 4 所学校的规划、方案，并完成了中央划转到省的 6 所普通高校、4 所成人高校、1 所中专的接收管理工作，推进了省部、省地共建高等学校工作步伐。1998 年，全省高校新增重点学科 85 个，新增一级学科博士学位授权点 21 个，二级学科博士学位授权点 21 个，硕士学位授权点 85 个。

为服务区域经济发展的需要，进行了成人教育、职业教育体制改革。撤消 6 所规模小、办学效益较差的成人高校。实行成人中等专业教育资源重组，推行分级办学、分级管理体制，将地、市、州属成人中等专业学校下放到地方管理。积极推进中等职业教育结构布局调整，制定并下发了《关于组建县（市）中等职业技术学校，实施“512 工程”的意见》。为推动职业技术教育由速度数量型向质量效益型转变迈出了重要一步。

进一步调整了中小学布局。1998 年，全省中小学校减少 1 265 所，在校生比上年增加 16.52 万人。

〔**教育投入与计划、财务管理**〕 1998 年，全省各级财政预算内教育经费支出为 44.69 亿元，比 1997 年增加 6.63 亿元，增长率为 17.42%。省级教育事业费预算安排 40 020.5万元，比 1997 年增加 6 443.8 万元，增长 19.19%，高于省级财政经常性收入（13.96%）5.23 个百分点，占省级财政支出 35.4 亿元的 11.3%。充分发挥计划的宏观调控作用，强化了综合管理职责。首次参与了全省普通中专招生计划管理，使中专招生计划投放趋向合理、科学。与省直有关部门共同下达了国家下拨的教育基建补助专款 2824 万元，使教育基建投资更好地得到统筹安排。调整高校支出结构，坚持保省本级教育支出，保人员工资政策性支出，引导学校支出向教学、科研方面倾斜。1998 年，高等教育财政拨款实际比上年增加 7 057 万元。高校内部支出向教学科研设备倾斜，据初步统计达 6 600 万元，比上年增加 1 800 万元，增长 37.5%。

通过增加教育投入，改革预算管理办法和专项资金管理使用办法，提高了投资效益，增强了教育整体实力。1998 年，全省高校校舍面积达到 989.4 万平方米，比上年增加 76.53 万平方米，生均校舍面积比上年增加 0.7 平方米。仪器设备价值达到 152 838 万元，比上年增加 17 562 万元。普通中专生均校舍面积比上年增加 0.75 平方米，仪器设备价值达到71 930万元，比上年增加7 771万元。中小学校舍面积达到6 237.57万平方米，比上年增加288.32万平方米，生均校舍面积比上年增加0.29平方米。

〔完成“国家贫困地区义务教育工程”〕1998年湖北省“国家贫困地区义务教育工程”于10月下旬通过教育部、财政部的检查验收。“工程”建设共投入资金60 167.8万元，建设学校237所，新建校舍255 770平方米；完成改、扩建学校项目994个，改、扩建校舍946 864平方米；购置教学仪器29万台（套）、图书资料200万册、课桌椅514 460套；培训中小学教师32 481人、校长4 911人；调整布局，减少中小学校点1 021个，在校中小学生增加38万人；小学生均校舍面积由4平方米增加到5平方米，初中生均校舍面积由7平方米增加到9.34平方米；1998年“工程”实施地区小学适龄儿童入学率由1994年底的99%提高到99.8%，初中适龄少年入学率由1994年底的84%提高到94.5%。“工程”建设项目均超规划完成任务。

撰稿　涂桂辛　何泽云　余国芳　金　戈　魏　班　马　志

基础教育

〔“普九”工作〕1998年3月31日～4月2日，省教委在竹溪县召开全省山区“普九”工作现场会。全省28个山区县（市）主管教育的领导及教委主任参加了会议，副省长王少阶及省教委主任余风盛、副主任周元武出席会议并分别讲了话。会议推广了竹溪县“普九”工作的做法与经验，现场参观该县4个乡（镇）15所学校。会上，省教委对贫困山区“普九”工作提出意见和要求：(1)要进一步提高对“普九”工作的认识，切实加强对“普九”工作的领导。(2)联系各地实际，认真学习和借鉴竹溪县抓“普九”工作的做法和经验。(3)各县（市）、乡政府要依法增加教育投入，多渠道筹措教育经费，充分调动社会各方面和广大人民群众大办教育、支持“普九”的积极性。(4)继续发扬艰苦奋斗、求真务实、开拓创新的精神。

4月上旬至5月中旬，省教委派出7个检查组，对1998年申请接受省政府“普九”验收的14个县（市）进行考察督导。全省山区“普九”工作现场会后，各县（市）加大了实施“普九”工作的力度，发展势头良好。(1)各县（市）及乡镇都成立了党政主要领导牵头、各有关部门参加的“普九”工作领导小组，召开“普九”攻坚动员大会，出台优先发展教育、保证“普九”顺利实施的文件，县、乡、村三级行政组织和有关职能部门层层签订责任状，明确工作制度，并把实施“普九”纳入各级党政领导任期目标和有关部门年度工作目标进行考核。(2) 强化政府行为，坚持依法兴教，努力提高适龄儿童少年入学率和巩固率。广泛深入宣传《义务教育法》，增强全社会依法治教的法律意识；综合运用行政、教育、经济、法律手段，保证适龄少年儿童全部接受义务教育。各县(市)先后制定了义务教育实施办法、严格控制学生流失的暂行规定等文件，普遍实行义务教育通知入学制度、流失生报告制度、完成义务教育证书制度和对不按规定完成义务教育的家长、监护人的处罚制度，普遍建立了学生入学、巩固的行政、教育“双线”包干制，许多乡镇还订有乡规民约、村规民约；广泛开展全社会救助贫困学生的活动。建立特困家庭学生救助基金或实行“减、免、缓”收费政策，帮助贫困家庭学生完成义务教育；抓好初中流失生补偿教育，通过插班就读或举办简易初中班，帮助复学流失生完成学业。(3) 建立和完善以财政拨款为主、多渠道筹措教育经费的投入体制，加快了改善办学条件的步伐。各地按照“依法、自愿、量力、受益”的原则，广开渠道、广泛筹措“普九”经费。除了坚持做到逐年增加财政对教育的投入，确保“三个增长”，征好、用好教育费附加、继续开展城乡集资办学和捐资助学外，各地还从实际出发，出台并执行了一系列切实可行的措施，不少县（市）还建立了人民教育基金。使各地的办学条件得到了较大改观，大部分县（市）土木结构校舍面积大幅度下降，危房基本消除，校舍建设规范化水平有了较大提高，教学仪器配套设施、图书资料等教育技术装备也在逐步到位。同时，各地以“普九”为契机，进行学校布局调整，基本做到了“乡镇办初中，联村办完小，初小不出村”，避免了因重复投资而造成的人、财、物的浪费，扩大了办学规模，提高了办学效益。(4) 认真贯彻落实《教师法》，加强教师队伍建设。绝大部分县（市）在财政很困难的情况下，优先保证教师工资基本按时发放。为解决教师子女就业、教师住房、就医等实际问题，各地都采取了一些积极的措施。并制订了师资培养培训和补充计划，通过进行学历补偿教育、开展教学基本功训练和教学比武活动，促进了教师业务素质的提高。绝大部分县（市）中小学教师学历已基本达到“普九”的要求，中小学校长已做到了持证上岗。

通过考察督导，也发现一些问题。一是“普九”工作发展不平衡。个别经济条件较好的二类地区的县（市）和少数民族地区的贫困县（市）的“普九”工作起步不快，差距较大。二是少数地方对“普九”的认识有待提高与统一，齐抓共管的有利机制尚未形成，政府行为有待真正落实。三是部分县(市)普及程度的有关指标尚未达到省定最低标准。四是部分地方经费筹措渠道不够畅通，“普九”所需经费缺口较大。突出表现是部分县(市)教育投入的主渠道，即财政拨款的“三个增长”没有达到国家及省规定的标准，生均公用经费呈下降的趋势；部分县（市）的教育费附加未能按比例全额征收，个别地方实际征收比例仅只有上年人均纯收入的0.6%左右，地方教育发展费尚未征收等；部分地方教师工资还不能做到全额纳入财政预算，也不能做到按时足额发放，且有拖欠现象。五是部分县（市）办学条件还有一定的差距。

〔**重灾区中小学开学情况**〕 截至9月20日，全省19个重灾县（市）的中小学已全部开学。其中，在原校舍开学的学校6 631所（小学6 279所，初中352所），在原校舍上课的学生218.6万人（小学生157.2万人，初中生61.4万人）；不在原校舍开学的学校有493所（小学472所，初中21所），不在原校舍上课的学生有13.98万人（小学生12.77万人，初中生1.22万人）。搭建帐篷开学的学校有183所，学生3.14万人；租借公、民房开学的学校279所，学生5.84万人；投亲靠友、异地借读的学生4.53万人。

19个重灾县（市）共流失学生4.83万人（小学生2.29万人，初中生2.44万人），辍学率为2.08%（小学1.4%，初中3.9%）。辍学率最高的是巴东县，初中辍学率为12.2%，小学为2.9%。辍学的主要原因，一是受灾后学生家庭经济困难；二是学生随家长迁移无法找到；三是受新的“读书无用论”的影响而厌学弃学。针对灾区中小学生流失率过高的问题，省教委进行认真研究，采取如下措施：一是坚持依法治教，督促地方政府和教育部门依法回收流失学生；二是检查落实对重灾区中小学生减免学杂费、书本费的政策，对流失特别高的县（市）派专人督查；三是抓紧做好重灾区学校修复重建的规划工作，管好用好救灾经费。

〔**完善会考制度**〕 6月11日，省教委发出通知，提出改革考试方法，进一步完善会考制度的意见。（1）实行学校自行组织会考制度。省级示范高中、办学模式改革试点学校、进行教学内容改革试点学校，经学校申请，地（市、州）教委审核，省教育考试院会考办批准，报省教委备案，可以自行组织普通高中毕业会考。（2）加强实验课与劳技课考查。近几年，不少地方的会考考查科目流于形式，有的甚至不组织考查。从1998年起各地都要按要求认真组织规定科目的考查，每年由省会考办会同有关部门进行检查，对达不到基本要求的学校必须责令限期达到。（3）对普通高中学生的体育课成绩进行考查。从1998年入学的学生起，在部分地区进行体育课考查试验，待取得经验后逐步推广。（4）调整发放证书标准，放宽补考次数限制。从1998年入学的新生开始，会考考试、考查成绩全部合格者（含补考合格），发给会考证书。领不到会考证书的学生，对不合格学科可以参加下届学生同学科的会考，合格后发给会考合格证书。

〔**中师办学水平评估**〕 为了加强中等师范学校的宏观管理和指导，促进中等师范学校的改革与发展，不断提高办学水平和办学效益，省教委组织专家组，分别于1997年11月22日～12月15日和1998年3月23日～4月22日，分两批对全省34所中等师范学校的办学水平进行评估。专家组根据《湖北省中等师范学校办学水平评估试行方案》，采取听汇报、查资料、组织座谈、实地考察等方式，对各校的办学条件、师资队伍建设、学校管理、办学效果等4项指标，逐项进行评分、评估，并经省教委批准认定沙洋师范学校、襄樊师范学校、广水师范学校等31校为优秀等级；枣阳师范学校、来凤民族师范学校、利川民族师范学校等3校为良好等级学校。

〔**小学骨干教师培训**〕 根据原国家教委

有关文件精神，省教委确定了小学骨干教师培训目标，研究制定《小学骨干教师培训课程计划》，并编写了《小学生个性差异与因材施教》等5本教材，供各地使用。为保证培训质量，采取了许多措施：一是加强培训辅导教师队伍建设。省教委举办5期骨干教师培训师资培训班，共培训405人。二是研究培训方法，采取“六个结合”，即集中培训与岗位自学相结合、专家讲授与学员研讨交流相结合、传统教学方式与现代教学方式相结合、指定教材与自选教材相结合、培训与科研相结合、理论考核与能力考核相结合。三是加强规章制度建设，建立培训业务档案和学籍、教学、考勤、考核等管理制度。到1998年底，全省共举办骨干教师培训班558期，培训教师42 340人，占小学教师总数的14.9%。

撰稿 雷方圣

职业教育

〔综述〕 1998年，湖北省高等职业技术教育迅速起步，有职业技术学院4所，一批普通高校和重点中专学校积极试办高职班，招收新生4 700多人，在校生超过万人。一个与普通教育相沟通，职业学历教育与大量职业培训并举的初、中、高职业技术教育体系框架初步形成。

中等职业学校办学条件显著改善，1998年，全省职业学校占地面积2 157万平方米，校均近2万平方米，教学设备总值10.8亿元。师资队伍建设不断加强。全省普通中专、职业初中、职业高中的专任教师中达到本科以上学历和相应任职资格的比例分别为55.7%、66.1%和26.7%。集中人力、物力、财力建成了一批骨干示范学校。先后有42所学校达到国家重点职业学校标准，省部级重点职业学校达到125所。

湖北省发展职业技术教育的主要经验是，坚持为经济建设和社会发展服务方向，构建主动适应经济发展的运行机制；坚持“三教”统筹，建造教育“立交桥”，发挥教育的整体效应；深化改革，增强职业教育活力；突出职业教育特色，不断提高教育质量；积极争取领导，加大政府行为力度，切实落实职业教育的战略地位。

〔优化学校布局〕 为实施《中华人民共和国职业教育法》和落实省政府《关于加快发展职业教育的决定》，针对中等职业教育存在条块分割、重复办学、规模小、效益低等问题，省教委提出了关于优化中等职业学校布局的意见。优化学校布局的原则是，通过调整、联合、合并、共建，减少校点，扩大规模，改善结构，办出特色，提高质量。优化目标是，学校数量适当减少，区域分布更加合理，平均在校生规模、整体质量和效益明显提高。到2002年，使中等职业学校数量减少1/3，全省控制在700所以内，除特殊行业学校外，单个学校的在校生规模不低于1 280人（普通中专三级规模）。

主要措施是：(1) 严格控制新增学校。近年内，暂停新建中等职业学校的审批；审批中等职业学校实行“增一减二”原则，即申报一所学校，必须调整、合并两所或两所以上学校；同时严格审批程序。(2) 调整现有中等职业学校布局。充分发挥地方政府统筹作用，打破条块分割，鼓励同一地区或同一部门、行业性质相同、重复设置的学校实行联合办学或者实质性合并。(3) 积极推进县（市）职教中心学校建设，实施“512”工程。(4)继续办好重点骨干学校。对现有的125所国家级、省部级重点中等职业学校重点扶持，促进这些学校再上台阶。同时，通过评估等手段，推进面上创建工作的开展，到2002年，使省部级以上重点学校达到200所。(5) 搞好专业结构调整。根据国家的产业政策和湖北区域经济发展的需要，大力加强第一产业类专业，调整提高第二产业类专业，积极发展第三产业类专业。(6) 规范中等职业学校办学和招生秩序。

〔**组建县（市）中等职业技术学校**〕 为优化县（市）职业教育资源配置，提高职业教育办学质量和办学水平，省教委从1998年起，计划用5年时间在全省县级范围内组建100所、在校生2 000人左右的中等职业技术学校，原则上每县（市）建1所，简称“521”工程。

新组建的县（市）中等职业技术学校，实行辖区内各类中等职业学校合并或联合，形成政府统筹、部门联办、教委主管，融职前教育、职后教育于一体，学历教育与职业培训相结合的办学实体。

“521工程”合格学校的基本条件是：在校生2 000人以上，其中接受学历教育的不少于1 200人，有相对稳定的骨干专业，占地约6公顷以上，建筑面积20 000平方米以上，60%以上的专任教师达到国家任职资格标准，具有高级职称的教师占专任教师总数的15%以上，中级职称的教师占专任教师总数的30%以上，实验、实习开出率达85%以上，建有微机室、语音室、电教室、图书室，图书不少于6万册，微机不少于80台，有不少于300米跑道的运动场，骨干专业有相应的实验实习基地，农类学校种养实习基地不少于3.3公顷。

〔**教材建设和教学管理**〕 根据全省“九五”期间职教教材建设规划，编辑出版了《英语》、《计算机应用基础》教材及大纲。《语文》、《数学》公用教材正组织编写，计划从1999年秋季入学新生开始使用。编写并印发了中等职业学校财经类10个专业教学计划，并与省农业厅等部门共同举办研修班，研究、探讨中等职校技能训练以及高职教学改革等问题。并对全省中等职业学校一年级学生进行了经济、政治课程抽考，省部属中专学校参考人数30 325人，及格率91.5%，地市州参考人数57 839人，及格率95%。组织专家对黄石市卫生学校等38所中专学校进行办学水平评估，对武汉市艺术学校等11所学校进行办学条件评估。通过评估，促进这些学校改善办学条件，提高教学质量和办学效益。

〔**提高学生职业技能**〕 1998年，省教委与省劳动厅联合发文，规范中等职业学校技能鉴定工作，先后对10所学校的电工、钳工、测量工、服装制作、计算机操作、化学分析等10多个工种进行专业技能鉴定，参加学生1 339人。

举办全省中等职业学校计算机应用技能竞赛。

作好试行英语、计算机应用水平等级考试制度的准备工作。为了加强实践教学，突出培养职业能力，决定从1999年起，在全省中等职业学校中试行英语、计算机应用水平等级证考试制度，1998年进行各项前期准备。今后，等级合格证书是普通中等专业学校、职业中等专业学校学生取得毕业证书的必备条件。

撰稿　刘维国　吴炳权

高等教育

〔**综述**〕 近20年来，湖北省以高等教育管理体制改革为重点，不断促进和推动高等教育规模、质量、结构、效益的协调发展。特别是遵循“共建、调整、合作、合并”的方针，积极稳妥地推进管理体制改革。全省普通高校由1991年的63所调整到1998年的55所，其中部属高校23所（含由部委属划转省管6所）。4所专科学校合并到本科院校，7所专科学校合并组建2所本科院校，改建4所职业技术学院。11所部属普通高校由有关部委与省实行共建；14所学校开展合作办学；协作办学的学校达30多所，涉及企业和科研单位数百家；8所学校已通过“211工程”建设部门预审和重点学科建设预审。同时，努力改善办学条件，办学效益明显提高。1998年全省普通高校在校本专科生，比1978年增加160 771人，增长2.26倍。在校生校均规模由1978年的933人增加到1998年的3 820人，增长2.1倍。研究生在校生15 711人，比1978年增加15 011人，增长20倍。20年来，本专科毕业生达56.8万人，毕业研究生达4.4万人。

加强教学基本建设。至1998年，全省高校共有27个国家级重点学科、30个部级重点学科、173个省级重点学科和23个省级重点专科专业。同时，面向经济建设调整、优化学科专业结构。加强师资队伍建设，全省已遴选出省级学科带头人444人、省级学术骨干308人。

改革培养模式，提高人才综合素质。各

高校从调整人才培养方案、改革办学模式、优化教学计划入手，注意处理好知识、能力与素质，以及统一性与多样性的关系，加强学生综合素质教育，努力培养和提高学生的基础理论水平和创新能力、实践动手能力。从80年代末开始，湖北省建立了每年一次的大学生科研成果奖励制度，10年来累计有近万名学生参加，1 500多项成果获得奖励。积极推进校际间的合作办学。到1998年，校际间已开设辅修专业21个、双学位专业7个、选修课67门；跨校辅修专业学习的学生967人，380人已获得专业证书；跨校攻读双学位学生194人，已有93人获得双学位。

深化高等学校教育教学改革，召开全省普通高等学校教学工作会议，明确全省高等教育教学改革思路和面向21世纪人才培养的规格、模式。提出了《关于加强高等学校教学工作提高人才培养质量的意见》，并制定高等学校教务工作和课程建设评价方案。

加强教改教研，建立教学成果表彰奖励制度。至1998年，全省有1 863个项目在省立项，参加研究的教师达6 700多人次，有72项成果获国家级教学成果奖。

1998年，全省普通高校招生来源计划为55 700人，实际录取新生64 650人，录取率为42%。接收计划内大中专毕业生15.2万人，本科毕业生一次就业率达80.34%，专科毕业生一次就业率达50.93%。

〔**研究生教育**〕 至1998年，湖北共有博士学位授权单位24个（其中部委属高校12所、军事院校4所、省属高校3所、科研单位5个）；硕士学位授权单位50个（其中部委属高校17所、军事院校5所、省属高校8所、科研单位20个）。此外，有16所高校和1个科研单位具有在职申请硕士学位授予权。在国家试点的工程硕士、法律硕士、工商管理硕士、教育学硕士、建筑学硕士、临床医学硕士等6个专业学位中，湖北已取得了除建筑学硕士专业学位外的5个专业学位授予权。全省研究生培养单位中，有中国科学院院士21人、中国工程院院士12人，其中双院士1人；有3所高校建立研究生院；全省高校有国家级重点学科27个、部省级重点学科203个，国家、部省级重点实验室30个，博士后流动站34个。

研究生培养规模不断扩大，质量不断提高。1978～1998年，共招收博士生6 526人、硕士生43 909人，共输送博士、硕士毕业研究生44 391人。1998年普通高校在学研究生15 711人（其中博士生2 917人）。

研究生教育改革取得进展。实行了免试推荐、单独考试招收研究生等措施；开展部委属高校、省属高校、科研单位和国有大型企业联合招收培养研究生的工作；进行了学士、硕士连读和硕士、博士连读试点；试行了研究生兼任“三助”（助管、助研、助教）的制度；完成了前四批学位点的检查评估及调整工作；重新修订了研究生培养方案，拓宽了人才培养的口径，强化了研究生培养过程的管理；实施了由博士学位授予单位的自行审定遴选博士导师制度；进行了两批自行审批硕士学位授予点工作，增设了一批新的硕士点，撤销、调整了20多个不适应形势发展的老学科专业点。这些改革促进了学位工作与研究生教育的快速健康发展。

研究生教育管理不断加强。绝大多数培养单位相继建立了独立的学位与研究生教育管理机构，并结合本单位的实际，围绕研究生的培养目标，制定了一系列行之有效的科学管理制度和实施细则，对学位与研究生教育实行规范管理。

但学位与研究生教育还存在一些较为突出的问题。主要是：区域整体优势和规模效益发挥不够，研究生培养类型和模式还比较单一；学科专业结构调整缓慢，传统学科比重较大，新兴学科、交叉学科以及其他某些社会急需学科比重偏小；地方高校研究生教育发展不够，管理水平有待提高；研究生教育经费投入不足，研究生培养条件亟待改善；人才培养质量特别是高层次、创造性人才培养与形势要求还有较大差距等。

〔**高校科技工作**〕 1998年，全省高校科技人员达4.8万人；科研经费超过4亿元，创历史最高水平，其中横向经费增幅较大，占总经费的半数以上；完成科研课题5 500余项，其中重大项目约300项；鉴定科研成果350多项，获省部级以上科技奖励310项，申请专利120余项。

进一步明确科研工作的指导方针，加强科研项目管理。8月省教委召开全省高校科研处长会议，提出科研工作“面向、联合、扶优、交叉”的方针。在科研计划中，强调“面向”，恢复和增设“创新萌芽”项目和国际合作两个计划类别。省教委全年立项329项，其中应用开发类占90%以上。采取“三个三”（即三个目标，三项条件，三项措施）的做法，抓好自然科学重大项目立项。省教委全年重大项目立项5项，单项投入10万元。

加速科技成果转化，促进高校科技为湖北经济建设服务。加大产学研合作基地建设的力度。高校已与10多家企业兴建工程中心、中间试验基地30余个。继续实施“大学——乡镇合作计划”，已有40余所高校与67个县（市）的1 000多个乡镇企业进行合作，1998年实施项目700项。组织联络高校主办、参加各种技术洽谈会、成果展览会20余次，促成科技合作协议100余项。同时，进一步引导扶持校办高新技术企业的发展。

加速计算机校园网建设，加强对学报、学术期刊管理。1998年新建校园网2个，3所学校校园网申请并入CERNET（中国教育和科研计算机网），并网高校已达22所。省教委下发《高等学校学报管理办法》，使高校学报、学术期刊走上了规范化管理轨道。

撰稿　罗成杰　韩习祥　肖慎刚

成人教育

〔**综述**〕 党的十一届三中全会以来，湖北省成人教育经历整顿恢复，逐步走上健康发展轨道，初步形成了包括扫盲和农民文化技术教育、职工教育、成人中等专业教育、社会力量办学在内的较为完整的办学体系。

成人高等教育以提高教育质量为中心，直接有效地为经济建设和社会发展服务。改革开放后，湖北省成人高等教育从整顿入手，恢复了职工大学和普通高等学校举办的函授、夜大学，创办了广播电视大学、管理干部学院。

成人中等专业教育发展迅速。至 1998 年，全省有各类成人中等专业学校 265 所，在校学生 117 157 人。成人中等专业教育的发展，弥补了中等专业人才的不足，使专业技术人才的层次，结构日趋合理。

〔**通过国家扫盲验收**〕 1998 年11月 20 日～28 日，以国家副总督学、教育部督导办主任郭振有为团长的验收团对湖北省扫除文盲工作进行检查验收。验收团分为 5 个小组深入到经济、教育基础相对薄弱的红安县、宣恩县、保康县、应城市、竹山县进行了抽查评估。经过评估，验收团于 11 月 28 日宣布：截止 1997 年底，湖北省扫除青壮年文盲 117.4 万人，非文盲率由 1990 年的 92.32% 提高到 96.75%，近 3 年脱盲人员巩固率达到 95%以上，全省 1 873 个乡（镇）均建立了成人文化技术学校，基本形成扫盲和农村成人教育办学网络，15 周岁人口中初等义务教育完成率达到国家要求，达到了现阶段国家规定的基本扫除青壮年文盲的目标。湖北省在扫盲工作中采取堵扫结合、不留死角的作法得到了验收团的肯定，并希望湖北省在高标准扫除剩余青壮年文盲、努力提高乡镇成人学校办学质量等方面，定出新目标，做出新规划，拿出新举措，创出新经验。

〔**下岗职工再就业培训**〕 1998 年，省教委确定 20 所成人高校、200 所成人中专学校和 1 000 余所职工学校为企业下岗职工再就业培训基地，一年来，全省共培训下岗职工 11.9 万人，近半数下岗职工经培训获得一技之长走上新的工作岗位。其主要作法是：（1）提供信息，免费培训。在省市新闻媒体上相继刊登免费培训择业技能的招生广告，介绍学校举办培训班的工种、招生人数、办班时间、学校地址等详细信息，便于下岗职工来校参加培训。（2）根据社会需要，确定培训工种。各成人学校根据社会需求量大、便于下岗职工再就业及学校自身条件确定了电脑操作、服装裁剪、家电维修等 90 多个培训工种。（3）选派骨干教师，保证培训质量。各学校都挑选教学经验丰富、实践能力强、工作认真负责的教师参加下岗职工再就业培训工作。（4）制定教学计划，编写培训教材，落实实习基地。（5）注意下岗女职工再就业培训工作。武汉职工大学等 5 所成人高校在女学生中开展“一帮一、助就业”活动。这些学校 560 名女学生与下岗女职工结成对子，向她们传授电脑、市场营销、卫生知识，帮助她们早日走上新的工作岗位。

〔**扶贫工作**〕 省教委确定 1998 年为成人教育“扶贫攻坚年”。省教委组织湖北教育学院、中国农业银行武汉干部管理学院等 12 所成人高校，对口扶持通山、利川等 12 个特困县；有 100 所成人大中专学校组建了 100 支科技扶贫服务队，分别在 1 000 个特困村开展对口扶贫；发动市、县教育行政部门、当地成人大中专学校及乡镇成人文化技术学校，分别开展对口扶贫，有 65 所县办成人中专学校和1 873所乡镇成人文化技术学校建立了科技培训基地，形成了全省成人教育系统自上而下，由点到面的扶贫攻坚格局。在扶贫攻坚中，全省共投入资金910万元，捐赠价值810万元的科教仪器设备；先后举办农民科技培训班23 226期，共培训333万人次，推广农村实用技术1 300余项，开发新项目、创办生态农业和高产高效种植养殖基地1 205个，年创利5 800万元。

〔**社会力量办学管理**〕 12月3日省政府批转了省教委、劳动厅《关于加强湖北省社会力量办学管理意见》，批准在省教委设立湖北省社会力量办学管理办公室，负责全省社会力量办学工作的统筹规划、综合协调和宏观管理，制定全省性社会力量办学管理规定并进行检查指导；审核和申报社会力量举办的高等学历教育机构，审批中等专业学历教育机构及实施高等教育自学考试助学的教育机构，审批省直属单位、社会团体举办的高中教育机构，并颁发办学许可证；审批教育机构面向全省或跨地区招生的广告和简章；对高等学历教育机构进行教学指导和管理；接受同级劳动行政部门审批社会培训机构的备案。《意见》对省劳动行政部门及地、县教育行政部门和劳动行政部门的职责作了明确规定，并对学习宣传国务院《社会力量办学条例》、国家教委《关于实施〈社会力量办学条例〉若干问题的意见》和劳动部《关于贯彻落实〈社会力量办学条例〉的通知》以及健全管理机构、认真做好检查评估工作提出了具体要求。

撰稿 罗成杰 雷礼全 姚 刚 严 萍 张明礼
审稿 郑年春 涂桂辛 胡学荣

湖南省教育

概 况

〔基本情况〕

1998 年各级普通学校基本情况

单位：人

学校类别	学校数(所)	毕业生数	招生数	在校学生数	教职工数	
					计	其中专任教师
一、普通高等学校	47	38 151	52 202	161 217	39 636	16 475
研究生	(17)	1 131	1 723	4 552		(2 111)
本 科	19	14 511	24 128	83 620	28 132	10 908
专 科	28	22 509	26 351	73 045	11 504	5 567
二、中等专业学校	165	65 053	88 733	259 242	24 989	12 406
中等技术学校	134	51 010	75 020	220 458	20 789	10 201
中等师范学校	31	14 043	13 713	38 784	4 200	2 205
三、普通中学	4 532	961 278	1 266 293	3 362 311	238 565	201 760
高 中	687	121 968	191 387	482 672		33 386
初 中	3 845	839 310	1 074 906	2 879 639		168 374
四、农业、职业中学	619	62 095	107 118	241 389	24 960	17 724
高 中	558	59 105	103 398	230 628		725
初 中	61	2 990	3 720	10 761		16 999
五、工读学校	1				8	
六、小 学	39 332	1 133 295	1 005 215	7 693 542	323 285	304 116
七、特殊教育学校	56	834	1 746	8 514	1 084	785
八、幼 儿 园	4 472		704 892	748 215	43 957	37 201

1998年各级成人学校基本情况

单位：人

学校类别	学校数(所)	毕业生数	招生数	在校学生数	教职工数	
					计	其中专任教师
一、成人高等学校	37	40 133	48 874	143 502	7 220	3 275
广播电视大学	1	7 416	10 435	33 602	1 233	507
职工高等学校	24	6 508	7 718	18 408	3 841	1 803
管理干部学院	4	2 740	2 944	7 089	904	421
教育学院	8	3 891	4 502	13 182	1 242	544
独立函授学院						
普通高校举办：						
函授部		11 128	14 362	45 301		
夜大学		6 507	6 461	19 906		
成人脱产班		1 943	2 452	6 014		
二、成人中等专业学校	261	45 251	35 326	108 003	10 266	5 834
广播电视中专	15	7 993	5 989	23 697	567	296
干部中专	23	2 693	2 791	10 417	666	330
职工中专	78	15 560	10 204	33 101	3 791	2 017
农民中专	39	5 191	6 551	14 170	1 812	1 189
函授中专	8	1 132	419	1 152	264	159
教师进修学校	98	12 682	9 372	25 466	3 166	1 843
三、成人中学	320	51 204	49 301	29 497	2 372	1 411
职工中学	66	4 229	6 442	10 036	961	558
农民中学	254	46 975	42 859	19 461	1 411	853
四、成人技术培训学校	36 595	2 885 239	2 297 501	1 865 878	47 890	12 082
职工技术培训学校	339	124 220	87 045	84 670	4 357	2 304
农民技术培训学校	36 256	2 761 019	2 210 456	1 781 208	43 533	9 778
五、成人初等学校	13 691	185 787	172 970	186 981	16 874	4 875
职工初等学校	75	3 849	2 779	4 588	470	195
农民初等学校	13 616	181 938	170 191	182 393	16 404	4 680
其中：扫盲班	9 822	109 472	106 008	120 057	11 509	3 181
六、普通中专举办的成人中专班		5 944	7 460	20 639		

制表　许胜如

〔**年度工作方针**〕　1998年全省教育工作总的指导思想是:高举邓小平理论旗帜,贯彻党的十五大精神,切实落实教育优先发展的战略地位,紧紧围绕湖南经济和社会发展的实际,以提高教育质量和效益为中心,进一步解放思想,深化教育改革,优化教育结构,拓展办学思路,改善宏观管理,加强法制建设,推动各级各类教育持续、稳定、协调发展。全年工作总体思路是:实现一个突破:高等教育改革务必有重大突破。确保两个重点:一是夯实基础,狠抓"普九";二是壮大支柱,大力发展职业教育。坚持三个整体推进:整体推进依法治教,整体推进素质教育,整体推进各级各类教育协调发展。全年主要抓好以下几方面工作:第一,继续打好"普九"攻坚战,完成扫盲歼灭战的扫尾工作。确保全年有27个县市区、1个农场完成"普九"验收,全省"普九"人口覆盖率达到85%以上。通过多方面努力,确保扫盲通过国家验收。第二,以示范性职业学校建设为龙头,加快改革和发展职业教育。扩大高职招生规模,鼓励有条件的学校通过改制、改建办成高等职业技术学院。第三,以高校管理体制改革为突破口,推动高等教育提高办学水平。实行"共建、调整、联合、合并"的高校管理体制改革方针,形成具有湖南特色的以省级统筹为主的高等教育新格局。全面启动《面向二十一世纪教学内容和课程体系改革计划》。抓好重大科学研究,积极发展科技产业。第四,加强教师队伍建设。继续抓好高校跨世纪学科带头人、中小学中青年骨干教师培养工作。以保证教师工资按月足额发放和教师住房建设为重点,进一步落实和提高教师待遇。第五,进一步强化教育法制意识,加强依法治校和行业治理,制止乱收费。加强执法检查。第六,掀起学习邓小平理论高潮,全面加强学校党的建设,推进学校精神文明建设。

〔**抗洪救灾保学工作**〕　从1998年3月开始，湖南湘、资、澧水流域及洞庭湖区发生特大洪灾。据统计，全省受灾学校20 978所,其中重灾学校7 371所,倒塌校舍109万平方米，新增危房417万平方米，损坏学农基地4 533公顷，冲走损坏课桌椅241万件、仪器设备527万件、图书1 137万册，50 415户教师家庭受灾,其中10 977户教师家庭财产损失严重，1 337户教师家庭房屋全部倒塌，62.5万名学生家庭严重受灾。

在家园被淹、校园被毁的危急时刻,全省教育工作者有8万多人上堤护堤,保护家园,保护校园。岳阳县教育局长王绍洲带病驻守在三合垸大堤上,尽管83岁的老母中风卧床不起,爱人患病,他上堤后40多天没有回家一次。汉寿县教育局长带领机关干部防守撇洪河烂泥湖3 000米大堤,挖导沟100多条,挑沙石300多吨,排除险情50多处。8月1日,城陵矶水位再次超过历史最高水位,达到35.5米,久经浸泡的长江大堤告急,许市镇教育组立即组织110名教师,扛着28 500条编织袋,赶赴抢险堤段,连夜筑起了一条长400米、宽1.2米、高1.5米的子堤,这条堤被誉为"教师榜样堤"。在抗洪救灾中,各级各类学校,自觉成为数万解放军和武警官兵的主要接待站,成为数十万灾民的主要安置地,为部队官兵烧水做饭,洗衣送药,成为一支重要的后勤服务队。常德、岳阳、益阳三地共腾出中小学校357所,教室3 166间,先后接待抗洪抢险解放军和武警官兵16 370人,安置灾民18万人,学校还挤出资金2 200万元,用于安排部队生活、救济灾民、购置抗洪抢险物资。

洪灾过后，省委、省政府多次召开会议，对救灾保学进行安排。要求各地做到：确保全省灾区学校9月1日按时开学，确保灾区不因灾害有一个学生辍学，确保教师安心教学。省教委先后派出近20批干部深入灾区了解灾情，看望受灾师生，指导救灾工作。各级教育行政部门把救灾保学作为中心任务来抓，采取修、搭、转、寄等办法解决灾区学生入学问题，对于因灾造成家庭困难的学生，分别采取减、免、缓缴学杂费的特殊措施。灾区广大教职工有的冒酷暑四处劝学，有的搭帐篷，租民房，开办临时学校。全省在大灾之年没有一个学生因灾失学，学校没有发生流行病和传染病。

在抗灾中，全省不断收到各方支援的救灾经费和物资。教育部、财政部联合下达救灾专款1 980万元，教育部机关捐赠50万元，教育部组织义演捐款安排2 000万元，人民解放军捐赠2 500万元，广东省教育厅捐赠850万元，上海市教委捐赠物资4 285箱，价值400万元；江苏悦达实业集团捐赠500万元，用于资助1 000名大学生完成学业；中保人寿保险公司捐赠400万元，资助8 000名灾区学生；香港邵逸夫先生捐赠530万元。还有很多单位为湖南捐款捐物。到1998年底，共收到救灾经费1.55亿元及价值800万元的物资。全省教职工也开展了救灾募捐活动。省教委机关干部每人至少损赠一个月的工资。省教委募捐办共收到全省教育系统捐款851万元、衣物26万件。非灾区和轻灾区募集2 300万元救灾款和46万余件衣物援助受灾教职工。

下半年，省委、省政府把学校恢复重建工作作为救灾保学的第二战役来打，要求帐篷内学生在入冬前全部搬入室内，危房学校和部分倒塌学校在1999年春季开学前完成维修加固任务，水毁学校和移民搬迁学校在1999年秋季开学前完成主体建筑，并投入使用。各级教育行政部门深入灾区学校，了解灾情，制订恢复重建规划。10月上旬和11月上旬，省教委两次召集受灾严重的8个地(州、市)、35个县(市、区)教育行政部门负责人，商讨受灾学校的恢复重建工作。省教委提出学校恢复重建必须坚持“六个结合”的原则，即学校恢复重建必须与“普九”工作、中小学布局调整、移民建镇、危房改造、小城镇建设和定点初中建设结合起来。特别强调，恢复重建工作必须着眼于提高办学规模效益，通过恢复重建，每个乡原则办一所初中，一所中心校。通过调整、合并，全省受灾地区在原有基础上减少学校384所，校均规模由295人增加到483人。12月17日，省政府在望城县召开全省灾后学校恢复重建工作现场会，及时推广望城县的经验。省教委还从全毁学校和移民搬迁学校中，选择100所布局调整力度大、规模效益明显的中小学进行重点投入，力争1999年秋季开学前，全省建设一批高标准、高质量、高效益的灾后重建“窗口”学校。

〔**教育投入与支出**〕 1998年，全省地方教育经费总支出为109.06亿元，比上年增加7.47亿元，增长7.35%。国家财政性教育经费支出（包括各级财政对教育的拨款、城乡教育费附加、企业办中小学支出以及校办产业减免税等项）63.98亿元，比上年增加1.03亿元，增长1.64%，农村教育费附加比上年减少0.52亿元，减少5%。地方各级政府预算内教育拨款（不含城市教育附加）为44.96亿元，比上年增加2.39亿元，增长5.61%，其增长速度低于全省经常性财政收入增长速度 18.78 个百分点。地方教育生均预算内教育事业费支出，普通小学为 367.59 元，普通高中为 776.35 元，职业中学为 918.71 元，中等师范学校为 1 318.75 元，普通高校为 3 691.26 元。1998 年全省各级各类学校完成教育基本建设投资 238 948 万元。资金来源：国家预算内拨款 14 098 万元，自筹资金 197 845万元，利用外资3 458万元，其他资金 23 547万元；投资方向：普通高等教育31 516万元，成人教育3 534万元，普通中专教育17 788万元，基础教育186 110万元（其中普通中学99 777万元，职业中学11 747万元，小学68 469万元，特殊教育1 226万元，幼儿园615 万元，其他4 276万元）。全年施工面积515 万平方米，竣工面积 397 万平方米，新增固定资产 21.1 亿元。

全省城镇中小学教职工住房建设完成投资 52 474 万元，建筑面积 99.4 万平方米，建成住房 10 993 套，使全省城镇中小学教职工家庭人均居住面积达到 11.05 平方米，比 1997 年增加 0.61 平方米。

〔**教育对外交流**〕　全省具有聘请外专、外教资格的学校达 50 所。省属院校聘请美国、英国、日本、法国、俄罗斯、加拿大、澳大利亚等国的外专、外教 80 余人。为进一步调动外籍专家外籍教师的工作积极性，组织评选了第三届“芙蓉奖”，共表彰优秀外籍专家、教师 26 名，组织新到任的外籍专家、教师举行湖南省经济建设和社会发展情况报告会，并组织到全省有关企业和经济开发区、农村和农民家庭参观考察，进行联谊活动。与英国 VSO 组织联合举办一次教学研讨会，促进双方的合作与交往。

1998 年组织国家公费留学人员选派工作，被教育部录取 16 人，审批高校公派出国人员 137 批 247 人，自费出国人员 232 人。为充分发挥留学人员回湘服务的积极性，成立了“湖南省教育系统留学人员联谊会”，并表彰了一批优秀留学回国人员；继续组织回国留学人员科研资助的申报工作，获得教育部资助 20 万元。全省有来华外国留学生和进修生达 430 余人，其中攻读硕士和博士学位的 30 余人。全年共招收港澳台学生 50 余人。

与“香港中国助学基金”建立了稳定的交流关系。通过商谈，该基金捐资 400 余万元人民币，在平江、岳阳、汨罗援建 3 所小学并建立助学基金。项目已正式启动。香港“环宇希望”组织提供资助并选派 50 名教师和大学生于 8 月初在湖南省张家界市民族中学举办一次“暑假英文培训活动”。

〔**《教育法》执法检查**〕　1998 年，由省人大教科文卫委员会牵头，省教委和省财政厅参与，在全省范围内开展《教育法》执法大检查。检查的重点对象是市（地、州）、县（市、区）两级政府及其相关职能部门；主要内容是依法落实教育优先发展战略地位的情况，依法保障教育投入的情况，保障教师合法权益，加强师资队伍建设与管理的情况，全面贯彻党和国家教育方针，提高教育质量和办学效益的情况。检查步骤分各市（地、州）、县自查，市（地、州）复查和省抽查三个阶段。10 月，省组织 4 个小组，分别对湘潭、株洲、衡阳、郴州、邵阳、娄底、怀化、湘西自治州等 8 个地、州、市进行抽查。

撰稿　雷桂平　舒凡卿
谢　民　王俊良

基础教育

〔**"两基"评估验收**〕 3月20日～4月20日，省教委分4组对1998年进入"两基"评估验收期的衡阳、耒阳、邵东、北塔区、隆回、洞口、新宁、邵阳等28个县、市、区和国有大型农场"两基"实施情况进行检查视导。对存在的薄弱环节提出改进意见。5月中旬，召开有28个县级行政区域教育局（科）长以及所在地市教委分管主任、督导室主任参加的"两基"视导通报会。会议对"两基"工作差距较大、问题较多的县市进行专门研究、座谈。其中安化县难以在短期内完成预定工作目标，经县人大研究，推迟到2000年验收。

对遭受特大洪灾的石门县、平江县、涟源市、慈利县、沅江市、桃江县、武陵源区、茶盘洲农场8个单位，省政府教育督导室两次派人了解灾情和抗灾保学情况。经过研究，省政府作出大灾之年"两基"验收计划不改变的决策。

9月和10月，省政府组织"两基"评估验收团，分两批对邵东等27个县级行政区域的"两基"工作进行评估验收。共检查334个乡镇（占这些单位乡镇总数的63.01%）、405所乡镇初级中学（占这些单位初级中学的43.13%），617所小学和104所乡镇农校。评估验收团认为，各县级行政区域"两基"普及程度、师资水平、办学条件、经费投入、教育质量等项目指标均已达到或基本达到国家和省定标准。经教育部审批确定为"两基"验收合格县。至1998年底，全省共有115个县级行政区域单位实现"两基"，占全省县级行政区划单位的85.92%，人口覆盖率达全省总人口的86.53%。

〔**中小学布局调整**〕 1998年全省共调减布局不合理的中小学校1 112所，其中小学1 071所，初中41所。中小学办学效益有了提高。全省小学在校生比上年减少18万人，小学平均班额稳定在36人，小学校均覆盖人口由1 580人增加到1 600人；初中校均规模由718人增加到749人，平均班额由53人增加到54人，校均覆盖人口由1.6万人增加到1.67万人。

〔**教师队伍建设**〕 1998年安排100名高级职数用于评聘35岁以下的中学优秀青年骨干教师，并决定从1998年～2000年，每年按中小学教师总数2%的比例专项增加农村中小学中级岗位职数，专项安排200名（按400名推荐）高级职数用于评聘乡镇初中优秀骨干教师。

年初，省教委召开全省教育人事工作会议，对中小学人事制度改革的目标、基本原则和内容进行部署，并向各地、州、市推介浏阳市中小学内部管理体制改革的经验。常德、长沙、郴州、岳阳、湘西等地加大了中小学人事制度改革。常德市全面推行以“校长负责制、教职工聘任制、绩酬挂钩制”为核心的“三制”改革。全省通过教育人事制度改革，共清退长期代课教师 24 975 人。

〔**支教工作**〕 全省从 1996 年 10 月开展支援基层教育工作。第一届支教工作于 1998 年 7 月 1 日结束，省、地、县三级共派出支教人员 3 611 人，其中省直机关派出 170 人，地（市、州）直机关派出 565 人，县直机关派出 2 876 人，到 629 个乡镇的 1 789 所中小学校任教。第二届支教工作截止 1998 年底，省、地、县三级共向 62 个县（市、区）派出支教人员 3 447 人，到 455 个乡（镇）的 1 680 所中小学校任教。支教工作取得了以下成绩：(1) 加强了中小学校长和教师队伍建设。据统计，两年内，省直 10 个支教组共组织培训校长、教师 30 651 人次；受援 10 个国家级贫困县的高中、初中、小学教师学历合格率分别提高 3.2、4.7、2.2 个百分点，学历不合格的教师中 94% 以上取得了专业合格证书；10 个县中已有 4 个县实现中小学校长持证上岗，其余各县校长持证上岗都达到 90% 以上。各地（市、州）、县支教受援点的高中、初中、小学教师学历合格率也分别提高 1.8、2.1、2.4 个百分点，大部分校长已持证上岗。(2) 提高了中小学教育教学质量。通过抓管理，使支教人员所在机关、学校职责明确，纪律严明，工作水平上了新台阶。通过开展教改教研活动，推行素质教育，大部分受援学校教育教学质量得到明显提高。(3) 控制了学生流失现象。通过支教队员劝学、促学、督学，各支教点学生辍学率、流失率年下降幅度平均在 0.8% 左右，巩固率年提高幅度平均在 1% 左右，小学、初中入学率平均提高近 1 个百分点。(4) 改善了办学条件。据统计，两年内，省、地（州、市）、县各级支教组共援助受援点资金 2 708.62 万元，捐献教学仪器、图书资料、电脑、课桌椅、体育器材等物资价值 1 065.55 万元。利用这些物资，为受援学校改造了危房，修建了一些配套设施，建立了实验室、图书室等。(5) 锻炼了干部。在首届支教工作中，有 72 名同志加入了中国共产党。省直 170 名支教队员中，有 65 名被评为优秀支教队员。

〔**民族地区、贫困地区教育**〕 省教委、省财政厅筹集资金6 000万元，决定从 1998 年开始，实施新一轮民族县和贫困县寄宿制初级中学建设，用 5 年时间建设好 200 所乡镇初中。实施范围限定在经国务院和省政府批准的 32 个少数民族县和贫困县。省财政对每所定点学校给予 30 万元补助，地、州、市、县设立相应专项经费，用于定点学校建设的补助。其中 5 年安排给全省 18 个民族县、市（区）共 96 所定点学校的省级投入经费共 2 880万元。

1998 年，靖州苗族侗族自治县、城步苗族自治县和张家界市武陵源区 3 个民族县（区）通过省政府的“两基”验收，实现普及九年制义务教育的目标。加上 1997 年江华瑶族自治县验收合格，至 1998 年底，全省民族地区有 4 个县（区）“两基”达标，占民族县的 22.2%，占民族地区总人口的 17.26%。此外，湘西自治州有81个乡镇经州政府验收，达到“普九”标准，该州“两基”达标的人口覆盖率累计达到48.7%。

1998年，湘潭大学、湖南农业大学、吉首大学、武陵高等专科学校和怀化师范专科学校5所省内大专院校承担民族预科班的招生任务。计划招生600人。省教委积极协调各方关系，及时在校际间调整生源，实际招收654人。

撰稿 雷桂平 彭酉斌 张毅龙 吴跃辉 刘 静 宋裕国 樊国斌

职业教育

〔**综述**〕 1998年4月28日，省委、省政府印发《关于进一步改革和发展职业教育的意见》，《意见》强调要坚持大力发展、深化改革、分类指导、依法治教的方针，努力实现跨世纪职业教育发展目标，要进一步改革职业教育办学体制和管理体制，深化教学改革，建设一支高素质的师资队伍，努力提高教育质量和办学水平。《意见》下达后，全省各地积极贯彻落实。

全省普通中专、职业高中共招生19.21万人（不含技工学校，普通大、中专学校举办的职业高中、职业中专班以及成人中专学科招收的应届初中毕业生），比上年增加1万人，增长5.51%，普通中专和职业高中在校学生达48.99万人，比上年增加3.37万人，增长7.38%。其招生数、在校生数分别占高中阶段招生数、在校生数的50.10%和50.44%。普通初中毕业生升入普通中专和职业高中学校的升学率为25.35%。

〔**为农村经济建设服务**〕 为适应农村经济建设发展的需要，1998年省教委调整职业高中农业类专业设置，将原有农业类8个专业（农村家庭经营、农艺、园艺、畜牧兽医、淡水养殖、农产品加工、林木生产、园林绿化）调整、归并为3个专业（农村家庭经营、现代种植技术、现代养殖技术），重新颁发了《专业教学计划》，新编农业类专业课教材，于1998年秋季开始使用。

5月，省教委在全省组织实施“现代农业新技术推广示范工程”，将一批成熟的农业新技术以推广应用为纽带，以一批县农职业学校为基地，由湖南农业大学通过培训、指导等方式，将现代农业新技术传授给基地学校的专业教师，并在学校生产实习基地取得成效后，向乡村和广大农户辐射，从而加速科技成果转化，推进农业产业化进程。全省已确定26所基地学校，首批推广项目60多项，有些项目已初见成效。

12 月初，省政府在邵阳市召开全省职业教育为农村经济建设服务现场会。参加会议的有各地州市主管教育的副专员、副州长、副市长和市教委主任、示范性职业学校县级挂点领导，以及省直有关部门负责人近 300 人。会议学习贯彻中共中央《关于农业和农村工作若干重大问题的决定》的精神，推广邵阳市的经验，研究职业教育如何为农村经济建设服务。会议代表参观了邵东、武冈、隆回三县（市）的示范性职业中专和部分乡镇农校、专业村以及回乡创业的职业学校毕业生典型。省委常委秦光荣、省人大常委会副主任谢佑卿、副省长唐之享在会上讲话，省教委主任许云昭作工作报告。

〔**高等职业技术教育**〕　1998 年 3 月 20 日，原国家教委同意设立株洲职业技术学院与长沙航空职业技术学院。株洲职业技术学院是在原株洲冶金工业学校和湘潭钢铁公司职工大学的基础上合并设立的，是第一所省属职业技术学院；长沙航空职业技术学院是在原空军长沙航空工程学校和空军第二职工大学的基础上合并设立的，是第一所在湘部属职业技术学院。

〔**示范性职业学校建设**〕　1996 年以来，各地集中力量建设一批示范性职业学校。省教委于 1998 年 4 月对各地建成的示范性职业学校进行检查验收。认定长沙市财经职业中专等 64 所学校办学条件达到基本要求，教学管理比较规范，为经济建设服务有特色，在当地形成较好的声誉和吸引力，达到了示范性职业学校的基本标准。

年底，省教委对 1996 年至 1998 年示范性职业学校建设中涌现出的先进典型进行了表彰。经各地推荐，省教委审核，评选出武冈市等 9 个县（市）为示范性职业学校建设先进县（市），长沙县职业中专等 6 所学校为示范性职业学校先进学校，陈立耀等 19 位同志为示范性职业学校建设先进个人。

〔**中等师范教育**〕　11 月 23 日～12 月 3 日，省教委对全省 22 所中等师范学校的体育、美术两个学科进行教学评估。共听课 238 节，召开师生座谈会 22 个，并对 88 个班的 4 140 名学生进行了基础知识考试和技能测验。从评估情况看，(1) 中师体育、美术教师整体素质有明显提高。此次评估的 121 节美术课，其中优秀课 44 节，优秀率达 36%；评估的 117 节体育课，优秀课 55 节，优秀率为 47%。没有不合格的课。(2) 各校高度重视教学常规管理。有些学校已形成具有特色的教学模式。(3) 大部分学校的教学专用场地和设施设备已基本符合国家规定，其中常德师范学校等 6 所学校完全符合国家配备标准。(4) 学生基本知识和基本能力考核成绩良好。在基础知识考试中，体育及格率为 100%的学校有 9 所，美术及格率为 100%的学校有 10 所。在基本能力检验中，队列考核合格率为 100%的有 13 所，美术考核合格率为 100%的有 7 所。通过评估也发现一些问题：(1) 培养学术带头人的任务十分紧迫；(2) 部分教师教研教改意识不强；(3) 少数教师不注意教学示范性等。

为主动适应素质教育对小学教师的要求，全省进一步加强了学生教学基本功考核制度。规定中师学生在校期间必须通过 6 项教学通用基本功考核，即普通话、钢笔字、毛笔字、粉笔字、简笔画、现代教育技术。一项考核不合格，即视为一科必修课考试成绩不及格，影响升留级。毕业前，经过补考仍然不合格者，不发“教学基本功考核合格证”（“合格证”由地、州、市教委统一印制发放），缓发毕业证，一年后回校补考，补考合格后才能补发“双证”。这种考核制度将职前培养和职业培训有机结合，学生毕业后持证上岗，不再参加在职教师相同项目考核。

〔**校长培训**〕 从1997年9月开始，省教委组织职业学校校长以跟班学习方式进行培训。由各地市在现任职业中学的校长或副校长中，分期选派一批到办学水平较高的普通中专、职业中学跟班学习和挂职担任副校长，参与学校管理全过程，包括教学管理、学生管理、后勤管理、生产实习基地管理等。学习结束后，写出心得体会或调查报告，由省教委发给校长岗位培训证。到1998年底止，已有86所职业学校的校长或副校长参加了跟班学习。

〔**实验实习室建设**〕 1998年3月，省教委审定并颁发职业高中39个专业（学科）实验实习室建设标准。这套标准是对职业高中相应专业（学科）配备实验实习室和实验实习教学设施的基本要求，是教育行政部门规划职业高中学校实验实习室、装备实验实习设施、评估实验实习室的基本依据。《标准》分A、B两级。

撰稿 雷桂平 段志坚 田 刚 余军民 黄扬清 冯立兵 贺安溪

高等教育

〔**高校管理体制改革**〕 1998年成立以省委副书记郑培民为组长，副省长唐之享、省长助理许云昭为副组长，省直有关部门参加的湖南省高等学校管理体制改革和布局结构调整领导小组。组织专家深入各地市和大部分高校调研后，修订了《湖南省高等教育管理体制改革和布局结构调整规划》。6月底和7月中旬，省政府常务会议和省委常委会议先后通过该《规划》。9月，湘潭工学院、湘潭机电专科学校、衡阳有色冶金职工大学、湖南有色金属职工大学、中南工业学校、湖南化工机械学校、湖南工业学校7所国家部委所属大中专学校划归湖南省管理。省委、省政府为促进这些学校尽快步入新的发展路子，制定了一系列优惠政策。同时湖南大学、中南工业大学成为教育部直属高校。两校实行省部共建，重大事项以中央为主，日常管理以地方为主的体制，将对实施“科教兴湘”战略，推动和带动地方经济发展，提高湖南高等教育水平产生积极影响。

〔**教学工作**〕 省教委于1998年6月24日～27日在长沙召开全省第三次普通高校教学工作会议。会议提出，要进一步明确教学工作在学校工作中的中心地位，教学工作要在改革、质量、特色三个方面做好文章，争取改革有重大突破，质量有显著提高，特色初步形成，力争21世纪初湖南高等教育能跻身于全国高教的先进行列，建成几所在全国有影响的知名高等学校，形成一批有影响的知名学科专业，涌现一批知名教授。会后印发了《关于进一步加强教学工作，深化教学改革的意见》。

为组织实施1997年确定的“湖南省普通高等教育面向21世纪教学内容和课程体系改革计划”第一批立项项目，召开了全省普通高校教学改革重点资助项目主持人会议，交流项目立项以来的工作情况。为了保证项目的实施，1998年安排教改专项经费56万元。1998年是教育部“高等师范教育面向21世纪教学内容和课程体系改革计划”启动实施的第一年，为配合实施这一计划，组织了教育部委托的高等师范本科课程方案和培养模式的研究与实践、历史学教育专业教改、化学教育专业教改、现代教育技术应用研究和实践等4个专题大组的开题会议。

组织全省普通高校对本专科专业进行核查和整理，专业由原来的142个减少至127个。年内有7所本科院校申报21个新专业，经省高等学校专业设置评议委员会评审，报教育部备案的新专业12个，由教育部评审的专业5个；有17所专科学校申报32个新专业，经专家评审，省教委批准18个，将从1999年秋季起开始按新专业招生。

1998年组织专家对省内高校开展了教学评价和工作评估活动。对11所本科院校34个基础课教学实验室进行了评估，有33个被认定为合格实验室。参评的34个实验室由原来的68个实验室合并组成，共增加投入1 432万元。通过评估，促进了实验室建设与改革。

1998年全省有31所高校参加全国大学生数学建模竞赛湖南赛区竞赛，共评出39个获奖队。经省级推荐，全省有2个队获得全国一等奖，9个队获得全国二等奖。

〔**科技工作和重点学科建设**〕 全省高校有科技活动人员29 356人、研究与发展全时人员5 006人，有科研机构179个；10个博士后流动站，91个博士学位授权点，326个硕士学位授权点；全省共有博士生指导教师300多人，硕士生指导教师2 000多人，两院院士16人。

全省高校建设国家级重点学科6个、国家级重点实验室4个、国家工程（技术）研究中心2个，省级重点实验室7个。先后有5所高校通过“211工程”建设部门预审，4所高校正式立项。省教委先后在省属本科高校重点建设53个学科，共投资3 000多万元。1998年在建重点学科26个。部委院校也建设了一批部委级重点学科。

1998年全省高校共鉴定科研成果254项，其中达国际水平60项，国内首创59项，国内先进100项。提出45项专利申请，有29项获专利授权，其中发明专利6项。1998年高校共获各类科技成果奖励404项。其中国家级奖励4项，省部级奖励244项。湖南农业大学研究的“苎麻新品种湘苎3号选育”获国家发明四等奖；长沙铁道学院参与研究的“预应力混凝土结构设计基本问题的研究”获国家科技进步二等奖；中南工业大学“图-154M飞机国产粉末冶金刹车副（盘）研究与开发”和国防科技大学“银河超级小型仿真计算机系统”均获国家科技进步三等奖。1998年度湖南省科技进步奖，教育系统获103项，占奖励总数334项的30.8%，其中一等奖11项，教育系统获5项，占45.5%。省教委评审出1998年度科技进步奖69项，其中一等奖21项，二等奖40项，三等奖8项。

1998年全省高校签订技术转让合同120项，合同金额2 406.5万元，当年实际金额1 320万元。

据27所高校79个企业和企业集团统计，1998年实现销售收入4.2亿元，其中科技型企业50个，销售收入2.7亿元，占总额64.3%，出口创汇266.1万美元，实现利润总额3 126.9万元。利润过百万元的院校达7所，其中：中南工业大学534.3万元，岳阳师范专科学校450万元，湖南农业大学418.9万元，湖南医科大学386.9万元，长沙铁道学院230.4万元，湖南大学193.9万元，零陵师范专科学校120万元。

〔**招生工作**〕 1998年，全省共有159 332人报名参加全国高校招生统一考试。实际录取59 335人（其中文科类22 842人，理科类36 493人）。研究生报名15 953人，实际录取2 078人（其中硕士1 670人，博士408人）。高考期间，全省大多数地方遇到特大洪涝灾害，为确保考试和各项招生工作顺利进行，省教委同地市教委负责人签订了高考组织管理责任状，制定了安全组织考试方案，灾情严重的常德、岳阳、益阳、长沙4市制订了详尽周密的组考方案和应急措施，保证了高考各项工作井然有序。

针对全省成人高等教育招生对象大部分是应届高中毕业生的实际，湖南提出统筹安排普通高等教育和成人高等教育招生计划改革试点方案。改革试点首先安排在普通高校内部进行，即将普通高校的成人高等教育招生计划划转一部分为普通高等教育招生计划，全省共划转计划2 200人，进一步提高了普通高校的规模效益。省属普通高校在校学生第一次超过10万人，比1997年增加1.59万人。

〔**毕业生就业工作**〕 1998年，全省接收和派遣普通高校统分（含定向、委培）毕业生36 895人（省外院校回湘4 256人，省内院校32 639人），其中研究生1 007人，本科生16 300人，专科生19 588人；另有国家计划内普通高校自费毕业生和电大普通专科班毕业生8 067人（本科2 110人，专科5 957人），总数达44 962人。

1998年是湖南有史以来毕业生人数最多的一年，就业工作矛盾较突出、任务更艰巨。在湖南就业的高校毕业生有36 221人，其中统分生28 304人，计划内自费生7 917人。统分生的就业去向：省直单位3 143人，中央在湘单位2 824人，地州市22 337人。到年底，高校毕业生到位就业率达91.2%。

高校毕业生就业工作存在以下突出问题：(1) 教育结构性矛盾比往年更突出。毕业生的科类、专业分布、学历层次分布和专业知识结构与社会对毕业生的规格要求不相适应。(2) 就业主管部门缺乏调控手段和法制手段。毕业生就业主管部门必要时要运用行政手段安排毕业生到一些用人单位就业，而用人单位则强调用人自主权拒绝接收，就业主管部门处于用人单位与毕业生之间，工作压力大。(3) 就业行为自由度偏大。如毕业生择业只讲个人自主权，不讲责任与义务；用人单位选人片面强调单位主观意志，使择优的就业政策难以落实；少数地方不顾全局，搞地方保护，任意设关设卡，影响毕业生顺利就业。(4) 中央部门与地方“条块关系”不顺。一方面，少数中央部门垂直管理的在湘单位，不接受省里派遣的毕业生。另一方面，这些中央部门又将所属院校专业性很强的毕业生派往地方，而地方又无法对口安排，造成教育资源和人才智力浪费。

〔**高校筒子楼改造**〕 省委、省政府提出，把高校筒子楼改造工作作为本世纪末全省教育工作的一件大事来抓，1998 年重点抓在湘部委院校，1999 年重点抓省属院校，通过改造 41 万平方米的筒子楼，解决全省普通高校教师，特别是青年教师的住房问题。1998 年省政府成立了普通高校筒子楼改造工作领导小组，召开了两次省长办公会和一次现场会，专题研究部署和推动这项工作。同时拨 4 000 万元专款支持省属高校改造筒子楼。省政府办公厅批转了省教委等部门《湖南省普通高校筒子楼改造工作实施意见》，对筒子楼改造的原则、方式和进度提出具体要求，并决定此项工作特事特办，减免 20 项税费。长沙市政府到高校现场办公，为筒子楼改造办好事、办实事。到 1998 年底，10 所中央在湘部委院校共开工改造（建）筒子楼 68 栋，面积 18.8 万平方米，其中竣工 31 栋，面积 7.4 万平方米，121 户青年教师告别筒子楼，住进了单元房。省属高校试点单位湖南师范大学筒子楼改造工程也已启动。

〔**后勤工作**〕 省教委鼓励具有一定实力的建筑公司、房地产开发公司等社会团体与高校按照“平等互利，共同发展”的原则联建教学设施。省教委、省建委两次联袂组织洽谈会，为建设双方牵线架桥。一年来，高校后勤社会化工作，特别在高校与社会力量联合建设学生宿舍和教职工住宅取得进展，联建校舍 5 万余平方米。其中湘潭大学与湘潭日晟物业有限公司在校外联建 11 300 平方米的教学生活区，由公司出资建设，学校安排 1 500 人生活学习，按每生每年 600 元付给公司，租期 20 年；湖南师范大学与省安居房地产开发有限公司在校内联建学生宿舍 20 500 平方米，由公司出资建设，学校每年付给公司一定费用，12 年后收回房屋产权；湘潭师范学院与湘潭信泰物业公司、长城建筑公司分别在校内联建学生公寓 3 600平方米，学校每年付给公司一定费用，8 年后收回房屋产权。湖南农业大学、长沙大学等高校以不同合作形式联建教学设施 10 000 余平方米。

〔**教师队伍建设**〕 1998 年省教委全面启动高校学科带头人选拔与培养工作，并进一步完善了高校青年骨干教师的选拔与培养工作。在调查研究的基础上，印发了《湖南省普通高校学科带头人培养对象管理暂行办法》、《湖南省普通高校青年骨干教师培养对象管理暂行办法》，并选拔了首届学科带头人培养对象和 1998 年度青年骨干教师培养对象。

〔**精神文明建设**〕 从 1997 年开始，湖南省高校广泛开展了创建文明高等学校的活动。1998年10月，省高校工委、省教委印发了《湖南省文明高等学校评估方案（试行）》，从“党委对创建文明高校的领导”、“教职工思想政治工作”、“学校德育工作”、“校园文化与环境建设”、“教学与科研效果”五个方面对文明高校内容进行了量化。11月上旬，组织专家分5个小组对申报学校进行评估，中南工业大学、湖南大学、湖南师范大学等11所高校被评为“湖南省文明高等学校”。

5月，由高校担任马克思主义理论课、思想品德课教学和研究及高教管理的专家、教授组成湖南省高等学校学习邓小平理论讲师团。讲师团成立后，制定了“时代的发展与邓小平理论”、“邓小平‘第一生产力’理论与知识经济的兴起”等14个授课专题。6月，讲师团在长沙举行了首场报告会，来自长沙20所高校的400多名师生代表听了报告。省高校工委党校和长沙电力学院等16所高校先后请讲师团成员作报告。

5月26日，湖南省大学生文工团成立。文工团成员以湖南师范大学艺术学院的学生为主，同时吸收其他高校优秀学生文艺骨干参加。其主要任务是到高校巡回演出，以健康、高雅、积极向上的文艺节目活跃高校校园文化生活。同时根据需要，到工厂、农村、部队和老少边穷地区进行慰问演出，参加全国性大学生文艺调演。

自1月至4月，各高校采取措施，对校园内部环境进行整治。省高校工委、省教委就违章建筑的清理、商业摊点、餐饮馆、文化娱乐场所、外来人口管理以及学生宿舍管理等6个专项内容，对全省48所普通高校进行了检查评估。中南工业大学、湖南大学、长沙铁道学院、吉首大学、湘潭大学、湘潭师范学院、衡阳师范专科学校等7所高校被评为“湖南省高等学校校园内部环境整治先进单位”。

撰稿　雷桂平　郭建国　丁志成
杨承玖　王文斌　彭立威
刘积成　刘　静　杨志红

成人教育

〔**社会力量办学**〕　到1998年底，全省共有社会力量办的各种层次、类别的学校和教育机构2 016处（个），比上年增加21处（个）；在校生301 268人，比上年增加61 268人；校舍建筑面积4 388 712平方米，比上年增加2 860 712平方米；仪器设备价值2.33亿元，比上年增加1.29亿元；固定资产总值13.9亿元，比上年增加4.1亿元。

省教委引导和鼓励社会办学校增加投入，改善办学条件。实行社会力量办学年检和平时评价，都将征地建校、添置教学仪器设备给予高分值比重，从政策上给予引导。在校园、校舍建设方面，要求凡是租赁校舍的应独立成院，自成体系，不搞“四分五裂”；租赁校舍要相对稳定，租期至少五年以上。1998年由省教委审批的150多所学校，其中独立成院的达60%，自己征地建校的达15%。全年新建校舍286万平方米。在仪器设备等方面，要求除满足开设实验、实习课对仪器、设备的要求外，重点抓好电脑室、语音室、图书阅览室的建设。据不完全统计，仅这三项投入即达1.29亿元。同时抓社会办学校校长培训，实行持证上岗制度。全年共举办校长培训班20多期，培训1 200多人；规定所有社会办学校的招生广告都按办学审批权限归口审批。各地根据省教委统一制订的年检评估办法完成了对所辖办学单位的年检，注销10所不合格学校。1998年社会办学校积极参与“教育为再就业工程服务”活动，免费培训下岗职工3 000多人。

〔**电大分校办学水平评估**〕 自1996年12月省教委印发《关于开展湖南广播电视大学分校办学水平评估的通知》后，各地州市政府、教委和省直有关单位对评估工作十分重视，进一步加强了对电大分校的领导，采取一系列措施促进电大分校的建设和发展。据统计，1996年至1998年，全省电大分校累计增加投入1.59亿元，新增校园面积19.7公顷、校舍面积7.99万平方米，固定资产1.39亿元，其中电教实验设备（价值）1 411.08万元，计算机设备615.25万元，新增图书资料6.73万册。1998年11月，省教委组织专家对21所分校进行了复评，共评出优秀学校5所、优良学校3所、合格学校6所。暂达不到省颁标准的学校7所（限期一年内整改达标）。并对优秀学校各颁发2万元奖金。

〔**成人中专教育**〕 省教委于5月颁布了《湖南省省级示范成人中专学校标准》。《标准》共20条，对省级示范成人中专学校的办学方向、办学条件、学校管理、教学质量、办学效益等提出了明确具体的要求。1998年全省开展了省级示范成人中专学校的评选活动。

全省第二届农村成人中专协作会于11月1日～4日在常德市召开。会议分析了农村成人中专面临的形势和任务，探讨了农村成人中专改革和发展的有关问题，并以桃源、临澧两所县办成人中专学校为现场，总结交流了农村成人中专教育的成绩和经验。会议提出，当前和今后一个时期，农村成人中专教育主要任务是：(1) 在进一步挖掘内涵的基础上，有计划地发展新的学校，力争三、五年内，全省基本实现每个县市办起一所成人中专学校，在校生总规模达到8万人以上，其中学历教育4万人以上。(2) 在尽量面向在职从业人员的前提下，积极主动地承担初中后教育的分流任务。(3) 在适应社会多元化需求的同时，牢牢把握服务农业和农村经济的主旋律。(4) 在抓好自身建设的基础上，充分发挥成人中专在农村成人教育体系中的“龙头”作用。

〔**扫盲工作**〕 1998年6月22日～29日，教育部扫盲工作检查组对全省扫除青壮年文盲工作进行了评估验收。检查组采取听汇报、查资料、实地考察、召开座谈会、个别访谈以及当场测试等方法，抽查了经济基础相对薄弱、1990年第四次人口普查时青壮年文盲比例相对较高的永顺、沅陵、隆回、宁远、石门5县及所属的15个乡镇、44个行政村。认定湖南已经实现了现阶段国家规定的基本扫除青壮年文盲的目标。检查组在肯定湖南扫盲工作所取得的成绩的同时，也指出存在的问题，并对今后如何进一步搞好扫盲和农村成人教育工作提出了建议。针对检查组提出的问题和建议。省政府要求：第一，要进一步提高对扫盲和农村成人教育工作重要性的认识。把扫盲和农村成人教育事业纳入各地经济、社会发展规划和各级政府工作的重要议事日程，作为“科教兴农”的战略措施来落实。第二，要进一步坚持“一堵二扫三提高”的方针，巩固扩大扫盲工作成果。第三，要进一步加强乡镇农校建设，努力发挥其典型示范作用。第四，要进一步加强领导，落实经费投入，抓好扫盲和农村成人教育队伍建设。

为进一步查清全省青壮年文盲底数，制订扫盲工作规划，9月，省教委、省公安厅、省统计局联合发文部署核查全省剩余青壮年文盲状况的工作。各地教育部门在公安、统计部门的支持与配合下，组织专门班子，进行核查。核查结果：(1)至1998年9月30日止，全省年满15周岁至49周岁的人口总数为3 507.4万人，其中男1 819.5万人，女1 687.8万人；文盲、半文盲23.4万人，其中丧失学习能力的9.5万人；应予扫除的剩余青壮年文盲、半文盲为13.9万人，青壮年文盲率为0.4%。(2)至1998年9月30日止，全省年满13周岁以上至15周岁以下人口总数为245.2万人，有文盲、半文盲7 885人，其中丧失学习能力的4 959人。全省1999年至2000年新增应予扫除的文盲、半文盲为2 926人。(3)本着不把有学习能力的青壮年文盲、半文盲带入21世纪的原则，1999年至2000年，全省有待扫除的剩余青壮年文盲、半文盲约为15万人，计划1999年扫除文盲8万人，2000年扫除文盲7万人。

〔**职工教育和再就业培训**〕 全省广泛开展了职工教育调查研究，提出了改革和发展的对策。省教委印发了《关于加强教育培训中心、职工学校管理的通知》，决定对培训中心和职工学校进行定期检查评估。

5月，省教委动员各类大、中专学校和职业学校在各级政府统筹和教育部门的组织下，积极开展再就业培训，到2000年为全省培训40万下岗和转岗人员，使他们成为精一门、会两门、学三门专业技能的劳动者，为他们在产业间、行业间进行流动创造条件。湖南广播电视大学、湖南石化职工大学长沙分校、湖南前进医药职工中专等10所成人高、中等学校率先为下岗职工开展再就业培训。这些学校开展培训工作的特点：(1)培训内容具有广泛性。主要是开展以第三产业为主的实用技术培训，如电脑操作、家电维修、汽车修理、服装制作、保健按摩、保险营销、烹饪、摄影等，根据下岗职工再就业的不同要求设置培训项目，基本上做到“有求必应”；(2)培训时间具有灵活性。坚持短周期、快运转的原则，少则10天半个月，多则一到两个月，时间安排因人因培训内容而异；(3)培训形式多样性。有脱产班、半脱产班、业余班等。对培训内容相同但分散于不同行业企业的下岗职工，就近集中到校内培训。对下岗职工相对集中的行业企业，由学校派出教师到行业企业上门培训；(4)培训目标具有实效性。坚持以学会为原则，突出实践教学环节，着重应用能力培养，使下岗职工听得懂、学得快、用得上。湖南广播电视大学、湖南石化职工大学长沙分校等校开办的再就业短期培训班，免收一切费用，受到社会欢迎。

撰稿　雷桂平　黄承瑜　蒋维加
　　　石灯明　张晓春　马仲明
　　　何建农
审稿　许云昭

广东省教育

概　况

〔基本情况〕

1998 年各级普通学校基本情况

单位：人

学校类别	学校数(所)	毕业生数	招生数	在校学生数	教职工数	
					计	其中专任教师
一、普通高等学校	43	51 159	64 066	193 090	42 683	17 053
研究生		1 889	3 090	8 043		
本　科		18 836	31 308	104 873		
专　科		30 434	29 668	80 174		
二、中等专业学校	252	75 071	84 896	279 141	26 558	14 730
中等技术学校	206	55 588	67 892	221 428	20 289	10 705
中等师范学校	46	19 483	17 004	57 713	6 269	4 025
三、普通中学	3 879	1 178 665	1 544 097	4 236 128	256 390	208 977
高　中	900	142 876	226 833	590 404		35 778
初　中	2 979	1 035 789	1 317 264	3 645 724		173 199
四、农业、职业中学	442	66 825	79 054	198 146	19 110	14 816
高　中	434	64 134	75 761	188 829		14 395
初　中	8	2 691	3 293	9 317		421
五、工读学校	5	46	60	135	62	37
六、小　学	24 724	1 374 593	1 493 285	9 180 153	404 037	347 886
七、特殊教育学校	55	2 092	3 116	31 224	1 157	934
八、幼　儿　园	10 147	1 127 380	1 323 611	2 036 463	111 288	73 096

1998年各级成人学校基本情况

单位：人

学校类别	学校数(所)	毕业生数	招生数	在校学生数	教职工数	
					计	其中专任教师
一、成人高等学校	57	36 125	51 290	146 335	11 846	6 041
广播电视大学	3	8 862	10 368	28 509	3 217	1 657
职工高等学校	27	4 367	6 726	17 753	3 287	1 748
农民高等学校						
管理干部学院	14	5 536	7 758	19 697	2 664	1 281
教育学院	13	3 502	4 432	12 835	2 678	1 355
独立函授学院						
普通高校举办：						
函授部		5 451	7 993	26 747		
夜大学		3 898	7 594	24 641		
成人脱产班		4 509	6 419	16 153		
二、成人中等专业学校	315	65 638	72 274	204 490	13 347	8 242
广播电视中专	5	5 290	8 327	18 315	30	6
干部中专	29	6 044	5 181	15 367	1 467	936
职工中专	136	27 729	36 360	88 992	5 305	3 410
农民中专	41	7 861	10 199	27 550	2 585	1 711
函授中专	2	3 314	2 912	8 291	349	153
教师进修学校	102	15 400	9 295	45 975	3 611	2 026
三、成人中学	465	41 181	36 824	61 479	2 258	1 169
职工中学						
农民中学						
四、成人技术培训学校	20 411	10 240 743	10 900 101	9 965 002	16 685	3 947
职工技术培训学校						
农民技术培训学校						
五、成人初等学校	1 225	253 813	275 205	214 991	3 447	644
职工初等学校						
农民初等学校						
其中：扫盲班		2 933	2 913	4 355	169	40

制表 方树生

〔**年度工作方针**〕 1998年，广东教育工作的指导思想是高举邓小平理论旗帜，学习和贯彻党的十五大提出的教育工作的各项战略目标和任务，继续落实《中国教育改革和发展纲要》和广东省委、省政府《关于教育改革和发展的决定》，坚持“稳中求进，有效增长”的工作方针，切实巩固、提高“两基”，稳步发展高中阶段教育，积极发展职业教育和成人教育；加大依法治教的力度，进一步深化教育改革，全面推进素质教育，努力提高教育质量和效益；解放思想，开拓进取，求真务实，有所突破，把一个健康、协调、持续发展的具有广东特色的社会主义教育全面推向21世纪。11月25日，中共中央政治局常委、国务院副总理李岚清考察了广东省实施素质教育的情况，深入华南师范大学附属中学和广州市执信中学课堂，与教师和学生交谈，了解学校实施素质教育的情况，并与省委、省政府有关领导和省教育行政部门及部分学校负责人进行了座谈，要求广东省在实施素质教育方面要整体突破，全面推进。中共中央政治局委员、广东省委书记李长春表示广东将做好实施素质教育整体推进的试点工作，并力争有一个整体的突破。

1998年，广东省高等、中专教育工作的指导思想是：高举邓小平理论旗帜，贯彻落实党的十五大确定的教育事业发展方针，深化科技和教育体制改革，促进科技、教育同经济的结合，继续贯彻“积极发展，优化结构，提高质量，注重效益”的总体发展战略，以提高教育质量和办学水平为中心，加强精神文明建设、党的建设和德育工作，为建设教育强省打下坚实基础。2月20日，广东省委高校工委、省高教厅召开1998年广东省高等教育工作会议。提出广东高等、中专教育在1998年着重抓以下主要工作：(1) 深入学习贯彻十五大精神，学习邓小平理论，加强精神文明建设和党的建设；(2) 深化教育教学改革、高校科技体制改革、高校人事分配制度改革、投资体制改革、招生就业体制改革、高教管理体制改革；(3) 继续抓好提高教育科研水平的几项工程建设，包括国家的“211工程”和省的教学工作“一三五二工程”(即在“九五”期间，编写出版100门有广东特色的、具有国内先进水平的教材，建设300门达到国内先进水平的省级重点课程，建立500个教学、科研、生产三结合的校外教学基地，完成20个在全国有较大影响的、对提高教育质量有较大促进作用的教学改革项目)、学科建设“五四一工程”(即“九五”期间，在全省高等学校建设50个国家级重点学科和重点实验室，建设40个省重点学科和重点扶持学科，建设10个与重点学科布局相配套的地区性中心实验室、学科群实验室和新兴学科、交叉学科实验室)、电教工作“五个一百工程”(即“九五”期间，建设100个多媒体综合电教课室和CAI教室，开发100门课程配套系列化多媒体教学软件，编制100本系列电视教材，完成100门优秀电化教育课程试验，培养100个中青年电化教育业务骨干)和跨世纪人才培养的“千百十工程”(即在全省高校选拔1 000名校级学术骨干、100名省级学术骨干、10名国家级学术骨干的培养对象)等建设；(4) 加强教育和科研计算机网建设，提高管理水平和使用效率；(5) 全面推进依法治教，加强高校审计工作。

〔**教育投入与支出**〕 1998年，广东省普通教育经费总支出为223.07亿元，比上年增加18.72亿元，增长9.2%。其中，国家财政性教育经费支出134.16亿元，比上年增加10.21亿元，增长8.24%；社会团体和公民办学经费为10.08亿元；社会捐资办学经费为18.38亿元；学费、杂费39.38亿元；其他教育经费21.08亿元。

1998年广东省财政投入高教经费11.83亿元。其中，高教专项资金预算安排5.68亿元，由于受亚洲金融风暴的影响，压缩3%，调整为5.51亿元，比1997年增加0.83亿元，主要用于部分院校“211工程”的建设。当年预算仍以达标建设为重点，并继续向教师住宅建设倾斜，同时加强重点学科、重点实验室、重点课程、重点师资的投入。其中：校舍达标1.65亿元，教工住宅0.75亿元，“211工程”建设投入1.36亿元，图书资料970万元，生活设施1 455万元，重点学科2 425万元，其他项目6 702万元。1998年，省直属高校基建投资为3.09亿元，其中省级财政预算内投资为2 221万元，高教专项资金2.39亿元，其他投资1 584万元，学校自筹约2 300万元，华侨捐资约800万元。省下达的基建投资项目建筑面积约53.3万平方米，全年施工面积达48.96万平方米，完成各类校舍24.9万平方米，其中达标校舍22.3万平方米（教学用房15万平方米，学生宿舍5万平方米，学生食堂2.3万平方米），教工住宅2.6万平方米。湛江海师公司承建湛江海洋大学学生宿舍近4万平方米，并实行公寓化的管理，初步做到校企分开。当年，全省共投入约1 410万元，对高校食堂进行改造，新建10个食堂全部按达标食堂的要求进行建设。

〔**语言文字工作**〕 广东省语委认真贯彻执行国家有关语言文字工作的方针、政策，大力推广普通话，促进社会用字规范化。1998年，全省已有国家级和省级普通话水平测试员164名；组织测试员对华南师范大学中文系应届毕业生65人及广东、广西、海南、福建的对外汉语教学教师35人进行了普通话水平测试，为在全省教育系统全面开展普通话水平测试积累了经验。

继续抓好各级各类学校的普及普通话工作。根据省语委、省教育厅的部署，各市普遍开展了乡中心小学普通话（第一阶段）的检查工作，并努力做好已验收合格学校的巩固成果工作。县城以上中小学校正朝着使普通话成为校园语言的目标努力，并出现了一些基本实现普通话成为校园语言的学校。全省师范学校为迎接普及普通话(第二阶段)达标的检查验收，加大了工作力度，部分学校进行了初步自查。

积极做好首届全国“推广普通话宣传周”活动。9月13日晚，省语委主任、副省长卢钟鹤通过广东卫星电视台向全省发表电视讲话，动员全省各级领导和各行各业齐心协力把“推普周”活动搞好，各地级以上市主管语言文字工作的领导也在“推普周”期间发表了电视讲话或出席“推普”宣传座谈会；省语委和广州市语委还联合召开“推普”宣传周动员大会，并对全省和广州市各行各业开展“推普”宣传周活动提出要求。9月7日，省语委召开全体委员会议，省教育厅、省委宣传部等部门的领导就如何搞好语言文字工作，特别是如何搞好首届“推普周”活动提出了要求。为迎接在广州市举行的第二届全国公务员普通话大赛，省委宣传部、省语委、省人事厅、省广播电视厅于9月

24 日～25 日联合举办了全省公务员普通话大赛，全省各市和省直机关共 21 个代表队的 63 名选手参加了比赛。各地在“推普周”期间还开展了表彰推广普通话优秀领导干部、举办推广普通话宣传咨询等活动，各中小学校也开展了形式多样的校园活动。

撰稿　方树生　石勰平　吴华明
审稿　李小鲁　李学明　陈　健
许学强

基础教育

〔**综述**〕 1998 年，广东省基础教育进入了由速度和规模的发展向提高办学质量和效益转折的时期，体现了规模、结构、质量、效益相结合的基础教育发展新趋势。全省小学比上年减少 6 所，在校生比上年增加 7 万人；初中比上年减少 28 所，在校生比上年增加 17 万人；普通高中比上年增加 18 所，在校学生比上年增加 7 万人；特殊教育学校比上年增加 1 所，在校生比上年增加 0.1 万人；幼儿园比上年增加 722 所，在园幼儿比上年增加 1 万人。全省适龄儿童入学率达 99.73％，初中学龄人口毛入学率达 99.48％；小学辍学率为 0.57％，比上年降低 0.15 个百分点；小学、初中、高中的毕业生升学率分别为 96.07％、59.59％、48.17％。

〔**义务教育**〕 1998 年，义务教育工作重点已转移到巩固提高普及九年义务教育的质量和水平上，认真贯彻落实省政府转发的《关于巩固提高普及九年义务教育的意见》，以改造薄弱学校、建设规范化学校为中心工作，全面贯彻教育方针，全面提高教育质量，积极推进素质教育，基础教育出现了新的局面。

实施改造薄弱学校、建设规范化学校工程，促使基础教育全面均衡发展。8 月 25 日，省政府在新兴县召开全省改造薄弱学校暨教师住房建设工作会议。省政府印发了《广东省小学、初中改造薄弱学校，建设规范化学校实施规划》，并与 124 个市、县（区）签订改造薄弱学校责任书，在全省掀起改造薄弱学校、建设规范化学校的热潮。在核定的 8 926所薄弱学校中，1998 年完成改造2 000所。

积极开展素质教育区域性实验工作。全省在 1997 年确立 12 个区域性素质教育实验市、县（区）后，为积极推动素质教育区域性实验工作开展，1998 年 4 月，省教育厅在仁化县召开全省区域性素质教育实验工作会议，提出实验工作的 9 项任务；9 月底，结合全国“构建督导评估机制，推动实施素质教育”研讨会，省教育厅召集 12 个实验县教育局主管领导举行实验工作汇报会。为推动小学考试制度改革，全省选择 7 所小学进行试点。

加强义务教育阶段学籍管理，严格控制中小学生辍学。针对一些地方在“普九”验收后，对义务教育阶段学生的“防流控流”工作有所松懈，非正常流失学生增多，中小学生辍学率有所回升的情况，5月～9月，广东省教育厅相继发出《关于我省义务教育阶段辍学情况的通报》、《关于严格控制中小学生辍学问题的通知》，10月，在鹤山市召开全省义务教育阶段学籍管理工作会议，确定从本学年开始，在全省义务教育阶段学生中实施学籍电脑化管理，使学籍管理走向规范化、科学化。

〔**普通高中教育**〕　全省基本普及九年义务教育后，高中阶段教育的改革和发展问题日益突出，特别是普通高中规模发展较快，社会对进入高质量普通高中学习的要求日益强烈，对此，省教育厅提出了《广东省高中阶段教育发展问题与对策》。加强宏观指导，抓好省重点中学的示范作用。召开省重点中学校长年会，提出重点中学在新的历史时期要提高教育质量、培养创新人才，并逐步扩大省重点中学规模，会议提出了省重点中学发展到200所的工作计划。

结合广东省高中教育发展的需要，以及进行高考“3+X”科目改革的情况，省教育厅提出了普通高中教学计划的调整意见。积极参与高中综合课程试验工作，提出了有利于试验工作开展的政策措施。

省教育厅按时高质量完成全省初中毕业水平与高中阶段学校招生考试“两试合一”的组织工作，制发了《广东省中学考试违纪行为处罚暂行办法》。及时采取措施，组织受水灾地区学生补考，保证参考人员和各级各类高中阶段教育学校的招生录取工作顺利进行。顺利组织了三个年级9门学科的高中毕业会考。改革完善普通高中毕业会考制度，修改了普通高中毕业会考补考办法，与省招生办联合印发了《关于加强高中会考，严格普通高等学校招生考试报考资格的通知》；发挥高中毕业会考在促进全省高中阶段教育发展中的积极作用。

〔**特殊教育**〕　根据《广东省残疾儿童少年“九五”实施方案》的目标任务，对全省特殊教育进行了评估，并向教育部提交了中期评估报告；注重骨干学校建设，进一步完善特殊教育格局。举办特殊教育学校校长学习班，提高管理水平和教育质量，促进了特殊教育的稳步发展；宣传特殊教育事业，推动社会关心和支持特殊教育，举办“心连心，同欢乐”晚会和残疾学生暑期夏令营。

〔**幼儿教育**〕　以贯彻实施《全国幼儿教育事业“九五”发展目标实施意见》和《幼儿园管理条例》、《幼儿园工作规程》为中心，积极开展城市幼儿园办园体制改革，办好教育部门幼儿园，大力发展农村幼儿园，进行乡镇中心幼儿园的规范化建设，抓好幼儿园园长岗位培训工作，积极稳步地推进幼儿教育事业的发展。在大中城市、珠江三角洲地区及县城坚决取消学前班，大力发展幼儿园，逐步普及学前三年教育；积极推进农村幼儿教育的发展，在办好乡镇中心幼儿园的同时，发展村办园，努力促进幼儿教育数量与规模的发展。修订《广东省一级幼儿园等级评定标准》，对部分省一级幼儿园进行评审和复评。

加强幼儿教师队伍建设。根据教育部的

要求，印发了《关于实行幼儿园园长“持证上岗”制度的通知》和《广东省幼儿园园长培训基地资格认定暂行办法》，为2001年全省幼儿园园长持证上岗作好准备。

〔**德育工作**〕 按照党中央和广东省委的部署，各级教育行政部门和中小学校认真组织学习贯彻党的十五大精神，学习邓小平建设有中国特色社会主义理论，在全省范围内对中小学教师和中学生普遍进行了有关邓小平理论的学习宣传和教育活动。组织学习宣传优秀教师许美云的先进事迹，省教育厅作出《关于开展学习宣传许美云先进事迹活动的决定》，并组织了学习抗洪英模先进事迹的活动。召开了全省中小学法制宣传教育工作座谈会，以禁毒教育为重点的法制教育得到进一步加强。全省中小学校教育教学秩序稳定，中小学生违法犯罪现象得到有效控制。《中小学德育管理规程》得到贯彻实施，“两课”(小学思想品德、中学思想政治课)改革实验有序进行。1998年投人180万元专项资金加强中小学德育基地建设，1998年全省已建、在建的地级以上市教育部门主管的综合性德育基地达到16个，比1997年增加4个。

〔**治理中小学乱收费**〕 巩固1997年各市县已基本达到治理中小学乱收费工作的9条标准的阶段性成果，防止中小学乱收费反弹。6月，省政府召开广东省普教系统加强考风考纪和中小学收费管理电视电话会议，重申九年义务教育阶段取消择校生，学生原则上就近入学。10月12日～20日，省教育厅、省纠风办组织10个联合检查组对全省21个地级市中的44个县区、46个镇、93所中小学的收费和贯彻省教育厅关于小学一至四年级取消教学辅助资料规定的情况进行了抽查。因违反规定乱收费处理责任人59人，其中通报批评49人，行政记过或党内警告以上处分7人，撤职3人。并将检查结果通报各市县，对存在的问题限期改正。

〔**对口支援与扶贫**〕 在继续做好对口支援三峡库区巫山县迁建学校和扶持广西壮族自治区少数民族地区发展教育工作的同时，又组织发动学生开展扶贫捐资活动。春节后，全省中小学生共捐资658万元，除广州、深圳、珠海、佛山、东莞、中山等6个市的128万元安排对口扶持16个贫困县外，其余各市的捐款由各市自行安排扶持贫困家庭的子女就学。

积极开展抗洪救灾工作，全省中小学生共捐资1 866.9万元。11月底～12月初，广东省教育厅厅长江海燕率领考察团赴湖北、湖南灾区考察灾后学校重建工作，并分别与两省教委签订了对口援建学校的协议。按照协议，广东省普教系统捐赠560万元援建湖北省21所灾区学校，捐赠850万元援建湖南省13所学校。另外，捐资100万元支援新疆地区发展教育事业。

重视对内地西藏初中班的领导。积极争取有关部门和社会各界的关心支持，广东省举办的西藏初中班的教育逐步走向正规化。

〔**中小学师资培养和培训**〕 广东省普教系统跨世纪教育人才的“百千万工程”(力争在“九五”至“十五”期间，全省培养出100名教育专家、1 000名名校长、10 000名名教师）取得初步成果，1998年全省共选拔出第一批省级培养对象教育专家43名、名校长64名、名教师85名。全年有115名中小学教师在职攻读教育硕士研究生。

积极开展中小学教师继续教育和中青年教育教学骨干的培养。第一轮面向全体中小学教师的全员培训任务，分别由市级教育学院和各市、县、区教师进修学校承担。据统计，1998 年已在训的初中教师 12 833 人，占初中教师总数的 7.98%；在训小学教师有 66 161人，占小学教师总数的 19.56%。全省培训中学学科带头人 4 609 人，占中学学科带头人总数的 6.6%；小学学科带头人5 600 人，占小学学科带头人总数的 23.17%。

积极推进校长提高培训工作。根据教育部召开的校长培训会议精神，制定了广东省校长提高培训指导意见和试点计划，并对中小学校长培训基地进行资格认定。经考核评估，全省有 6 所教育学院、18 所教师进修学校达到培训基地条件要求，被认定为省第一批培训基地，并开展了校长提高培训试点工作。组织举办 12 个素质教育试验县（区）中小学校长培训班 24 期，共有 3 311 名试点学校校长参加了培训。

〔**教师住房建设和待遇**〕 中小学教师住房建设又有重大进展。省政府召开全省第四次教师住房建设工作会议，各级逐步建立了教师住房数据库和教师住房档案。到 1998 年底，全省 80%以上县（区）基本解决了教师住房困难问题；全省城镇中小学教师家庭人均住房面积由 1994 年底的 8 平方米提高到 12.6 平方米，住房成套率由原来 60%提高到 80%以上。全省教师住房总竣工面积和建成住宅数，已提前一年完成了省委、省政府提出的教师住房建设的目标和任务。

各地落实“关、招、转、辞、退”五字方针，基本完成民办教师转公办教师工作。全省参加“民转公”考试的教师有 23 200 人，有 17 042 人转为公办教师。完成中学高级教师和中师、进修学校高级讲师以及第五批省特级教师评审工作，共评审通过中学高级教师 1 909 名，通过率 49.66%；通过高级讲师 103 名，通过率 54.78%；评出第五批特级教师 200 名。教师节期间，全省评选并表彰了“南粤教坛新秀”599 名，“南粤优秀班主任”300 名，全国模范教师、全国教育系统先进工作者 35 名，全国优秀教师、全国优秀教育工作者 96 名。

〔**督导评估**〕 围绕实施素质教育，以巩固提高“两基”工作为重点，积极探索构建符合广东教育改革和发展的督导评估机制。一是建立和完善“两基”督导评估复查制度，推动了“两基”巩固提高工作；二是以构建改造薄弱学校的督导评估机制为重点，推进改造薄弱学校工程实施；三是完善经学校自评为基础的等级评估制度，推动等级学校实施素质教育，带动面上学校；四是制定了区域性教育现代化督导评估标准；五是以番禺市为试点，制定学生个体素质评价体系，促进学校实施素质教育。

3 月，教育部在深圳市召开全国督导室主任会议。广东省教育厅在会上介绍了教育督导工作的思路和框架，即“三个体系两个制度”。“三个体系”是：区域性基础教育综合水平的评估，以学校自评为基础的等级学校评估，对学生、教师、校长个体的评价；“两个制度”是：“普九”复查制度和实施“普九”过程的监测制度。9 月，全国构建督导评估机制，推进实施素质教育实施联系县工作研讨会在番禺市召开，与会代表对番禺市构建两大督导评估机制，即以中小学为重点对象的分类督导评估和以乡镇教育综合水平的督导评估机制，推动实施素质教育的做法给予肯定。

加强督导机构建设，抓好督导队伍业务素质提高。据统计，在21个地级市督导机构中，已有8个是政府督导室，在121个县（区）中，有117个成立了督导室；全省各级教育督导部门共聘任400多名兼职督学，其中有近200名各民主党派人士担任特约教育督导员。

〔**体育、卫生、艺术工作**〕 学校体育工作以构建学校快乐体育园地，促进全面实施素质教育为突破口。3月份，在湛江市召开了广东省体育卫生工作会议，推广湛江市以建设学校快乐体育园地，促进全面实施素质教育的做法和经验。省教育厅会同省体委、省卫生厅联合表彰贯彻《学校体育工作条例》、《学校卫生工作条例》的先进单位和个人，共表彰先进单位70个，先进个人394人。1998年7月19日～31日，广东省举行第六届中学生运动会，共有21个代表队3 000多名运动员参赛，在65个田径项目中，有17个队94人140次破43项省中学生运动会记录。9月，组建女子中学生毽球队代表中国参加在德国举行的世界中学生毽球比赛，获团体亚军（男女队混合比赛）。

学校卫生工作以认真贯彻《学校健康教育评价方案》为重点，在全省已基本普及学校健康教育课、开课率达100%的前提下，各地通过学校健康教育师资培训和开展健康教育课评优活动，努力提高教育质量。9月7日～25日，结合第四次全国城市卫生检查评比，对全省51个城市学校健康教育评价工作进行了检查，并抽查48个城市的96所中小学校，据初步统计，学生健康知识知晓率和行为形成率均达到90%以上。积极开展青春期健康教育试点和口腔保健活动，口腔保健活动已由城市扩展到农村学校，全年约有140万名一至三年级小学生在活动中受益。

抓好学生常见病防治工作，提高学生健康水平。省教育厅在1997年自查和抽查的基础上，为实现《全国学生常见病综合防治方案》规定的2000年目标打下良好的基础，针对学生视力低下患病率居高不下的现状，继上年开展“保护学生视力、防治学生近视宣传周”活动之后，年初又制定了《关于继续做好全省中小学校“防近”工作的意见》，要求各地做好学生近视的综合防治工作。针对农村学生肠道寄生虫感染率较高的情况，许多地区根据本地实际，开展了集体驱虫或粪检阳性者驱虫治疗工作。加强中小学卫生保健所的管理，不断提高服务水平。制定了《广东省中小学卫生所等级评估标准（试行）》，在加强中小学卫生保健所的建设的同时，开展了职业道德教育和业务培训工作。建立了学校卫生监测点校网络。全省学校卫生监测点校网络由各地级市的6所中学及6所小学（城乡各3所）以及各县区3所中学和3所小学组成。到年底，监测点校网络已初步建成，监测工作正逐步展开。为此，举办了广东省学校卫生监测点校保健教师骨干培训班。

1998年5月28日～6月1日，广东省举办首届中小学生文艺调演，参加调演的中小学生2 300多人，调演节目经专家组评审，共评出一等奖10名、二等奖20名、三等奖30名、组织奖8个。

〔**电化教育与教学设备建设**〕 1998年，

广东省中小学实验室建设和教育技术装备工作持续发展。全省123个县（市、区，包括中山、东莞两个地级市）按规划已在1996年全部通过了中小学实验室建设和教学仪器配备的达标验收；全省4 327所中学按国家一、二类标准配齐或基本配齐教学仪器设备的有4 027所，占全省中学总数的93%；全省24 724所小学按国家一、二类标准配齐或基本配齐教学仪器的19 200多所，占全省小学总数的78%；全省中小学教学仪器设备总值达16.25亿元，其中有理、化、生、自然课实验仪器总值11亿元，比上年增加7 800万元；全省中小学拥有计算机室2 940间，有各类计算机11.07万台。实验场地建设也有很大发展。全省中小学拥有实验室23 853间，仪器室31 778间，相当部分市、区还建了一批标准高、设备先进的独立实验楼或科学馆，全省中小学已有2 484幢实验楼（馆），语音教学系统2 597间。

12月，广东省举办了第四届中小学优秀自制教具评选活动，21个市共选送242件优秀自制教具参加评选，评出一等奖6名、二等奖13名、三等奖64名，按得分排名，前五名分别是深圳、广州、佛山、珠海、江门市。

电化教育以《广东省关于普及中小学电化教育的意见》为指导，落实并提高“三个覆盖率”（即学科覆盖率、教师覆盖率、课时覆盖率）。据统计，全省中小学使用电教设备的学科覆盖率达58%，运用电教设备上课的教师达46%，开展电教的课时覆盖率达28%，均比上年有较大提高。

积极做好现代教育技术实验学校实验工作和电教示范县的工作。全省共有27所中小学校进入全国1 000所现代教育技术实验学校行列，中山、南海、高要、新兴等4个电教示范市（县）逐步有了辐射影响力。

〔**教学研究和教材建设**〕 按照原国家教委《关于推进素质教育调整中小学教育教学内容、加强教学过程管理的意见》，广东省对中小学部分教育教学内容和教学要求提出调整意见，得到教育部批复，并于8月17日～19日，在广州举办了中小学部分学科教学内容调整培训班，参加培训班的有200多名教研员和教师。全省中小学于9月已按调整意见进行教学。

认真抓好高中综合课程研究与实验。8月，教育部在广州召开广东省普通高中综合课程实验工作专题研讨会。与会专家和学者对广东省普通高中综合课程教材的建设和实验工作给予肯定，并提出许多意见。从9月起，省教育厅组织8所学校开展综合课程实验，参加综合文科实验的有7个班、学生403人，综合理科班实验11个班、学生611人。

按时编制并发出全省春、秋两季的中小学教学用书目录，完成教学用书的发稿工作。完善了中学劳动技术课系列教材。组织编写了适应建国50周年庆典和澳门回归形势教育的《半个世纪的辉煌——1949～1999广东》（小学版、中学版）和《'99·澳门》（小学版、中学版）。积极扶持、指导地方教材建设，协助做好沿海版教材和丁有宽小学语文教材的修订、使用工作。

〔**勤工俭学**〕 从全省实际出发，因地制宜，分类指导，积极培育新的经济增长点，使全省勤工俭学保持了持续、稳定、健康的发展态势。据统计，全年全省勤工俭学收益达到5.6亿元。

根据《广东省普教系统勤工俭学劳动安全卫生检查暂行标准》,对全省的校内企业进行了随机检查，合格率达 90%以上，对部分检查不合格的企业，限期整改。各校办企业严格落实安全防火责任制，确保企业安全第一落到实处。全省校办厂没有发生重大安全生产事故。

撰稿 方树生 石勰平

审稿 李小鲁 李学明 陈 健

职 业 教 育

〔**综述**〕 1998 年，广东省职业高中招生数 比上年增加 1 400 人，在校生比上年减少 1 200 人；职业初中招生数比上年增加 226 人，在校生比上年增加 544 人。省教育厅开展了重点职业高中的评估，成立了全省职业中学机械、电子信息、计算机、旅游、服装等 5 个骨干专业研究中心和两个职业教育师资培训中心，组织编写了职业高中 8 个专业的教学大纲和教材。重视推动贫困山区和农村地区职业高中教育的发展，龙川、和平、连山等县创办了职业高中并开始招生。

〔**抓职业教育空白点**〕 1998 年，广东省职业教育突出抓了空白地区（指至今尚未有一所县办职中的市）和贫困地区职业教育的发展工作。省教育厅多次到韶关、清远、河源等地现场办公，每到一个市、县，都与当地党政领导共商发展大计，推动当地职业教育发展。经过宣传发动，龙川县委、县政府已决定把 1 所县管的中学改办为职业中学，并于当年招收 5 个班 200 多名学生；和平县委、县政府投资 500 万元征地、建校，计划 1999 年开始招生；连山县也投资数百万元，新建了职业中学。东西两翼及粤北山区职业教育发展已初步走出困境。

〔**重点职业中学评估**〕 广东省到 1996 年初，有省级重点职业中学 35 所，其中国家级重点职业中学 11 所。随后，省教育厅作出新的规划，计划用三年时间，力争再有 30 所以上职业中学达到省级重点职业中学的标准。从 1996 年至 1998 年，省教育厅投入职教经费 3 000 万元，规划进入省级和国家级重点的职业中学所在市、县、区多渠道集资 2.8 亿元，用于改善办学条件。申报参评的学校近 50 所，经各市自评后，省教育厅同意其中的 29 所学校参加省级重点职业高中的评估，13 所学校参加国家级重点职业高中的评估。从 10 月 20 日起，省教育厅组成五个评估小组到各参评学校进行了为期一个月的评估。参评的职业中学是广东省的骨干学校，在校生占全省职业中学在校生数的 30%。省教育厅还结合贯彻党的十五届三中全会和省八届二次会议精神，积极筹建现代化农业职业中学，初步选定10所左右农业职业中学作为示范性学校，其中拟定2～3所分别为现代农业种植专业、养殖专业、多种经营研究专业中心，并组织了有关市县教育部门领导和学校校长到外省考察农业职业教育。

〔**建立毕业生就业机制**〕　积极开展职中招生和就业机制的研究，大力推广新会市政府统筹安排职业中学招生，中山、江门、佛山等地毕业生双证书和持证上岗等经验，尝试职业中学跨县（区）招生，并与劳动部门等共同商讨了中等职业学校毕业生的人才交流制度、优先录用制度及其待遇等；省教育厅还与省招生部门研究了职业中学毕业生的升学问题，要求高等职业技术学院注意招收中等职业学校的毕业生。通过一系列措施，广东省的职业教育事业基本保持稳定并略有发展。

〔**建立师资培训中心**〕　为解决职业高中的校长和专业教师的在职培训问题，省教育厅在1998年成立了两个师资培训中心，一个是与省农业科学院联合举办的广东省现代农业教育培训中心，设在省农科院，为全省农业职业中学和乡镇成人文化技术学校培训干部和教师（包括乡镇干部和社会青年），提供现代农业科学技术业务咨询和技术指导，并为有需要的职业学校提供学生实习基地和优良品种。1998年已培训50多名农业职业中学和乡镇成人文化技术学校的校长。另一个是广东省职业与成人教育师资培训中心，设在顺德梁銶琚中学，面向全省的职业中学教师开展培训，举办各类中、短期培训班和中等职业技术专业双证书班。

〔**设立骨干专业研究中心**〕　根据省政府颁发的《关于大力发展职业教育的决定》中提出的要建设一批骨干专业的要求，省教育厅于1998年成立了与全省支柱行业紧密配合的机电、电子信息、旅游、计算机、服装等5个专业研究中心（以下简称中心）。经研究、筛选，在顺德市梁銶琚中学设立机电中心，在广州市电子职业中学设立电子信息中心，在广州市旅游职业中学成立旅游中心，在江门市工交职业中学成立计算机中心，在东莞虎门威远职业中学建立服装中心。当地党政和教育行政部门十分重视，加大了对中心人力、物力、财力的投入。中心附设专业研究会，配备3～5名既懂专业又懂外语的研究人员，并聘请国内外同行业知名专家、教授为顾问。东莞市威远职业中学设立的服装专业研究中心聘请了香港葵涌工业学院院长谭伟珠博士担任名誉会长，聘请中国服装协会、省服装协会及香港有关院校的专家、教授为顾问，科研力量较强。中心开展并指导全省中等职业技术学校同类专业的教育教学研究工作如课程改革、教材建设等；编制教学、管理及应用软件，收集相关专业最新信息并跟其他学校交流，研究行业、企业在经济转型过程中引进的新科技的发展状况，转化、推广技术和科研成果，为其他中等职业技术学校和社会服务等；力争经过3～5年努力建成全省一流、全国有一定影响的骨干专业。

〔**普通中专教育**〕　加强中专教育教学改革。通过抓好办学水平等级评估、骨干专业改革建设、学校布局调整、英语和计算机课程统考、加强师资队伍建设等，增强中专办学活力，提高教育质量。根据原国家教委《关于面向21世纪深化职业教育教学改革的原则意见》和省高教厅《关于普通中专骨干专业改革与建设意见（试行）》等文件要求的精神，制定了《广东省普通中专骨干专业评估指标体系（试行）》，建立了第三批骨干专业，1998 年全省普通中专学校的骨干专业共 61 个。认真抓好 11 所学校共 15 个五年制高职班专业教学计划开发工作，指导有条件的学校试办五年制高职班和招收高中起点高职班。与省卫生厅就卫生类学校布局调整问题召开会议，决定对卫生类普通中专和成人中专 52 所学校进行撤并，保留了 26 所学校。全年共有 69 181 名学生报名参加英语三、四、五级和卫生等级考试，成绩合格人数为 45 401人，合格率为 65.63%。有 54 639 名学生报名参加 12 月举行的计算机应用课程统考及技能鉴定，成绩合格将由省劳动技能鉴定中心颁发劳动部的相应的等级技能证书。以此促进学校重视外语和计算机教学，加强教学管理，提高中专毕业生的就业竞争能力。

撰稿　方树生　石翘平　吴华明

审稿　李小鲁　李学明　陈　健　许学强

高　等　教　育

〔**教育教学改革**〕　1998 年，省高教厅召开了全省普通高校教学工作会议，总结交流了高校教学改革的经验，提出了进一步深化教学改革，提高教育质量的基本思路。会后，各高校制定了改革方案和措施，加强了对教学工作的领导，把教学内容的改革作为教学改革的重中之重。组织面向 21 世纪教学内容和课程体系改革研究，有 8 个项目被教育部批准立项为国家“高等师范院校面向 21 世纪教学内容和课程体系改革研究”项目，参与世界银行贷款“师范教育改革项目”改革课题的研究，有 22 个改革课题的成果通过了国家和省级鉴定验收。

〔**投资体制改革**〕　为促进教育资源的合理配置、办学条件的改善和办学效益的提高，实施了投资体制改革，即把省财政拨的高教经费分为人员经费和专项经费两部分。人员经费即是教职工的基本工资和各项政策性补贴，按各校办学规模核定的编制，全额拨给。这部分资金是维持学校正常运转所需的基本经费，其他均作为专项资金，包括学校基本建设，教学仪器设备和后勤设施，以及重点课程、重点实验室、重点师资、重点学科建设等。专项资金的划拨，不仅与办学科类、层次、规模挂钩，而且与办学质量、师生比等效益指标挂钩，优校优投，实行项目管理。

〔**人事分配制度改革**〕　1998 年，召开了全省高校人事分配制度改革经验交流会，各校结合本校实际，开始酝酿制定改革方案，不少学校在建立人才竞争机制，积极推行干部任期制、聘任制、责任制、轮岗制方面进行了改革尝试。华南理工大学在全校范围内公开选聘19名部处的正职(占机关部处单位的80%)和35名部处的副职领导干部，100多个科级干部，所有部处的科员、办事员也申请上岗，择优聘用。中山医科大学结合医学院校的实际，对教医研系列高、中级专业技术职务聘任工作进行改革，实行了任期考核、浮动竞争上岗制度。

〔**管理体制改革**〕 1998年，先后有中国石化总公司所属的广东石油化工专科学校和交通部所属的广州航海专科学校划转广东省。此外，因国务院机构改革，原煤炭部所属的佛山煤田职工地质学院、原轻工总会所属的广州轻工业学校、原冶金部所属的广州有色金属中专学校也由广东省接管。省修订了《广东省对粤共建普通高校办学统筹权的实施细则》，逐步向中央和省两级管理，以省为主管理体制过渡，不断完善“共建”体制。

〔**高等职业教育**〕 采用多形式、多机制发展高等职业教育取得了较好成效。一是通过学校调整、合并、改革、改制，发展高等职业教育。顺德永强成人学院与顺德工业中专、卫生学校合并，组建成为顺德职业技术学院；广州轻工业中专学校改办成广东轻工职业技术学院，广州民航中专改建为广州民航职业技术学院。二是鼓励和引导社会力量举办高等职业教育，将民办白云职业培训学院改为民办白云职业技术学院。民办白云职业技术学院、顺德职业技术学院、广东轻工职业技术学院以及民航总局所属的广州民航职业技术学院，已获得全国高校设置评议委员会议表决通过，列入普通高校系列。三是大力推动普通高等学校非师范专科专业改办为高等职业教育。召开了普通高等学校职业教育经验交流会，确定27个专科专业改革为高职试点专业。四是为了加强职业教育师资队伍培养，将广东民族学院改办为广东职业技术师范学院。

〔**教学科研工作**〕 继续实施一系列旨在提高教学科研水平的工程。在“211工程”方面，中山大学、华南理工大学、暨南大学、华南师范大学4所学校获国家计委批准，正式立项建设；中山医科大学、华南农业大学、广州中医药大学已获部省“211工程”或重点学科正式立项建设；汕头大学也将由省政府批准“211工程”立项建设。为保证“211工程”出成果，一方面加大经费投入力度，一方面加强管理，制定了《广东高校“211工程”建设管理办法(试行)》及《广东省高教厅对中山大学、华南理工大学“211工程”管理的若干意见》。同时强调将“211工程”与“五四一”工程、“千百十工程”相衔接，对这些“工程”进行中期检查评估，使这些工程相得益彰，相辅相成。在“一三五二工程”方面，对重点课程、教材和教学改革研究项目进行了中期检查，对师范院校155个教育实习基地进行了评估。进行了第五批省级重点课程评估工作，新建起80个校外实习基地。在“五四一工程”方面，石牌片院校共用的暨南大学现代电子技术实验室和华南农业大学现代生物技术实验室人员、设备已到位，前期使用，状态良好，达到了建设的预期目标，经专家组评审同意通过验收。华南师范大学的现代物理技术实验室和华南理工大学的现代化工技术实验室的投资已全部到位，正加紧实施。广东医学院的分析中心的二期投资已基本完成，第三期可在1999年下半年进行验收。在“千百十工程”方面，制定了培养对象考核暂行办法，召开了全省高校“千百十工程”重点培养对象中期评估会议，遴选部分培养对象在大会上进行述职，让同行专家进行评估，从中选出更为优秀者，加大培养力度，使他们能真正成为跨世纪的创新人才。

1998年，广东省高校“四重建设”（即重点学科、重点课程、重点实验室、重点教师的建设）产生较为显著的效益，重点学科建设格局已基本形成。当年全省高校有23个国家和省部委重点实验室，11个博士后流动站，15个国家重点学科。经国务院学位办批准，全省新增博士授权单位2个，即广东工业大学和汕头大学；新增硕士授权单位2个。新增一级学科博士点14个，新增博士点29个，增长28.7%。新增硕士点79个，增长21.2%。当年全省高校共有硕士点452个，博士点118个。1998年全省高校获教育部科技进步奖33项。

〔**对外教育交流**〕 积极开展与外界的教育信息交流和研讨活动。全年共接待来访团组32批126人次。接收17所院校582名外国留学生，其中学历生49人（本科生36人，硕士生7人，博士生6人），非学历生533人。全省当年共有外国留学生1 864人。自费出国留学人数1 329人次。继续支持和规范中外合作办学，全省共有26项中外合作办学项目正在实施，审批和管理机制日趋成熟。其中广东教育国际交流协会主办的广东国际文化专修学院与香港尚贤教育机构、澳大利亚梅铎大学合作举办的工商管理课程（中文教学）专修班办学效果显著。当年共批准6项中外合作办学项目，均为非学历教育。其中有：深圳大学与（英国）女王大学合作举办的职业教育培训部、广东省科技干部学院与（澳大利亚）新南威尔士州悉尼理工学院合作进行职业教育培训等。另外有两个项目，因原合作办学效果好，申请扩大合作范围，如深圳大学与（英国）兰开夏理工大学的合作新增机械制造与设计专业。

〔**学习邓小平理论**〕 根据中共中央宣传部、教育部关于马克思主义理论课和思想品德课课程设置的规定及其实施工作的通知精神，一是统筹规划，落实了新的“两课”教学方案。二是组织力量编写省统编教材《邓小平理论概论》，保证了从秋季开始，全省所有高校都按要求开设《邓小平理论概论》课。三是设立“两课”建设专项经费，各校也给予相应的投入。四是加强“两课”师资培训，结合实际组织社会调查和考察。

召开了全省高校党建工作会议，对学习邓小平理论和“三进”工作作了具体部署。会后，各个学校利用不同的形式组织学习邓小平理论。全省高校举办各类学习理论培训班96个，参加培训的党员干部4 960人。中山大学一年来除了办好入党积极分子培训班、党务干部培训班外，还举办中层干部理论学习班、党员教授学习班等，结合学校改革发展的实际情况进行研讨，取得了较好效果。华南理工大学在深圳建立了邓小平理论学习基地。暨南大学党校组织学员到珠江三角洲开展调研活动，并与当地干部、科研人员共同探讨一些热点、难点问题。广东工业大学发挥电脑网络的优势，尝试在学校电脑网络上建立邓小平理论学习专栏。

〔**党的建设和领导班子建设**〕 1998年，全省有29所高校领导班子得到了调整充实，占全省高校领导班子总数的67.4%。有23位45岁以下的优秀年轻干部进入学校领导班子，占新进班子总人数的66%。有17名干部在省内校际交流任职，从省外引进5名高校领导干部。新进学校领导班子38人中有31人是后备干部。1998年全省43所高校领导班子共有255位领导成员，平均年龄为51.8岁，比上年平均年龄（53.6岁）又有所下降。加强了对学校党委换届工作的指导和督促，全省共有10所高校召开了党代会或党员大会进行党委换届。

加强高校党风廉政建设，充分发挥纪检监察部门的作用，当年全省高校通过办案挽回经济损失135.03万元，党纪政纪处分52人，有效维护了高校的改革、发展和稳定的局面。

〔**精神文明建设**〕 成立了广东省高校精神文明建设领导小组，制定了《关于加强我省高校精神文明建设的若干意见》和《关于我省高校优化育人环境的若干意见》。许多高校组织开展了多种形式的群众性精神文明创建活动，制定出文明班级、文明宿舍、文明食堂、文明科室、文明教研室、文明家庭标准，组织评比活动，营造文明的工作、学习、生活环境。围绕党的十一届三中全会召开20周年、北京大学建校100周年和全国抗洪救灾等几件大事，各校开展了丰富多彩、主题鲜明、生动活泼的爱国主义、集体主义和社会主义教育活动。各高校发扬一方有难、八方支援精神，积极组织捐款捐物，宣传、学习伟大的抗洪精神。

〔**资助灾区特困生和募捐工作**〕 1998年，我国长江、嫩江、松花江等流域广大地区发生特大洪涝灾害后，为确保洪涝灾区在粤就学的困难学生顺利返校学习，特别是被广东省高校当年录取新生的顺利入学，省高教厅实行了如下三条措施：对灾区来广东省高校读书的学生一律免收学杂费；灾区学生的生活用品由省高教厅免费提供；来自灾区的学生生活有困难由省高教厅给予生活补助。这些资金直接从省奖贷学基金里开支，保证每一位来自灾区的学生都能安心学习，完成学业。中山大学制定了《中大特困生减免学杂费实施细则》，来自灾区的学生每年在减免学杂费1 500～2 000元的基础上可再减少学费，校学生处启动临时困难补助经费，每月每个学生能补助200元左右，时间3至6个月不等，并利用勤工俭学基金将一些助学工作岗位向灾区学生倾斜，还把每年0.5%的特困生减免学费比例适当突破，把名额提供给灾区学生，并争取社会支持，设立了受灾学生特困基金。华南理工大学特制了新生困难情况申请表，情况属实的受灾新生办理入学手续时免交学费、体检费，并领取价值近300元的床上和生活用品以及一个月的饭卡。

根据教育部统一部署，省高教厅在全省高等、中专学校对受灾地区恢复教育进行了募捐活动，其中：普通高校募捐420万元，成人高校62.48万元，中专学校100万元，省高等教育厅24万元。超过10万元的学校有18所。

〔**依法治教**〕 1998年，省高教厅认真抓好立法、普法和执法工作，积极推动高校依法治校。一是《高等教育法》的学习、宣传和贯彻实施。联合省直有关部门，邀请部分专家、学者，召开了学习宣传贯彻实施《高等教育法》座谈会，结合《高等教育法》的贯彻实施，对《广东省高等教育管理条例》提出了修订意见。同时要求学校积极开展学习宣传贯彻实施《高等教育法》。二是对社会力量举办非学历高等教育的教育机构进行登记和审核，对符合条件的发给办学许可证。修订了《广东省社会力量举办非学历高等教育的管理办法》，并报省法制局审定。三是总结交流高校依法治校的经验，探索依法治校方面的思路和经验，通过召开1998年度全省高校校办、党办会议，集思广益，获取一些有益的思路和建议。四是继续抓好教育执法和执法检查工作，加强执法监督。

〔**招生制度改革**〕 一是普通高考正式实施英语科目听力测试，其听力测试成绩占英语科总分10%。从全省的实施情况看，考试进行顺利。二是研究制定1999年普通高校考试科目改革方案。根据有利于高校选拔人才，有利于中学推行素质教育，有利于扩大高校办学自主权的原则，从1999年起，省内普通高考将实行“3＋X”考试科目方案，即每个学生必须考语文、数学、英语（数学不分文理科），招生院校根据专业要求在物理、化学、历史、地理、政治、生物6门中确定选考科目和兼收科目。考生可根据自己报考的专业需要选考其中的若干门科目。录取时以语文、英语、数学三科的综合分和选考科目的资格成绩确定录取标准。三是进行计算机网上录取试验。在全国普通高校联合招收华侨、港澳地区、台湾省籍学生的录取工作中进行计算机网上录取试验。省招生办公室通过中国教育科研网向招生学校投送考生的电子档案，招生院校通过计算机网索取考生相关资料，直接在本校计算机上进行录取与退档的操作。四是调整成人高校招生报考条件。在继续重视招收在职或待业人员考生的基础上，放宽对普通中专、成人中专、职业中学、技工学校应届毕业生的限制，允许他们报考各类成人高校（包括高职班），这对扩大成人高校招生生源提供了保证。1998年省成人高考报考人数是近年来增长幅度最大的一年。五是改进高职班的招生考试办法。1998年省各类成人高校高职班的招生统一考试实行“3＋1”的科目考试，即3门文化课（政治、语文、数学）参加全国成人高考，1门专业基础课由省统一命题考试。专业技能考核由学校自行组织进行。专业考试科目从上年的几十个科目减少为9个科目。在录取过程中，还模拟和试行了“3＋X”的录取模式，为1999年的“3＋X”高考科目改革的录取进行了探索。

〔**毕业生就业工作**〕 1998年，全省共接收省内外院校毕业生68 784人，其中本科生36 616人，专科生28 398人，毕业研究生3 770人。从毕业生流向看，在中央驻粤单位就业的2 303人，占3.35%；在省直单位就业的3 976人，占5.78%；到各市及其以下单位就业的62 505人，占90.87%。在接收的毕业生中，到高校就业的1 300人（毕业研究生690人），占1.89%，到科研单位就业的604人，有1 010人到高新技术产业就业。回各市县二次分配的有19 273人，占28.01%。在机关、事业单位机构改革，国有企业改制，社会需求减少的情况下，各级毕业生就业主管部门及高等院校加强毕业生的就业指导，拓宽就业渠道，提高毕业生的到位率。1997年底，就将1998年高校毕业生的专业、人数通过《粤港信息报》向社会公布，1998年，先后在中山大学、华南理工大学、中山医科大学、华南农业大学、广东外语外贸大学、华南师范大学6校举办6场分科类毕业生供需见面会，并召开了全省就业计划协调会；各高校也将毕业生资源信息发布给有关地市和有关单位，并组织人员深入到各市、县基层单位收集需求信息，推荐毕业生；建立了毕业生就业信息网络，利用教育网与广东省高校建立毕业生供需信息网络，将收集到的30 000多条信息分批通过网络及时发送给有关高校，让毕业生不出校门能了解到社会需求，提高了工作效率，受到高校和毕业生的欢迎。

撰稿　吴华明

审稿　许学强

成人教育

〔综述〕　1998年，广东省新增农村教育综合改革实验县（区）2个，新增燎原计划乡镇63个，全省农村教育综合改革实验县（市、区）达到73个，实施燎原计划示范乡镇达到850个；全省乡镇成人文化技术学校有1 746所，办学面达到99.6%。乡镇成人文化技术学校新增校舍建设面积为11.5万平方米，校园占地面积达到21.5万平方米；全省参加乡镇、管理区两级成人学校学习的达1 057万人次，其中学历教育和各类技术特长班学习人数为93.6万人次。全省经教育行政部门审批举办的社会力量办学成人教育机构达800多所，全年毕（结）业人数达11万多人。

〔扫盲巩固提高工作〕　通过建立“两基”复查制度和开展“两基”复查评估，提高了各级领导对扫盲提高工作长期性的认识，促进了全省扫盲工作的巩固和提高。全年参加扫盲学习的有7 288人，其中2 933人经考核达到脱盲标准。广州、清远、阳江、电白、乐昌等市、县开展了常住户籍人口的文化状况调查。据广州市首次万户居民调查的情况表明，该市成人教育文盲率仅为4.06%，文盲人数比1990年下降41.07%。

〔农村成人教育〕　为贯彻落实省委、省政府《关于教育改革和发展的决定》，各地采取新建、扩建、调整划拨等办法解决乡镇成人文化技术学校占地、校舍问题，各地还积极探索适合农村成人教育特点的办学机制，调动各方的办学积极性，提高办学效益。据统计，全省乡镇成人文化技术学校1 746所中，相当于高中建制的有43所，初中建制的558所，中心小学建制的732所，未建制的

413所。全省乡镇成人学校经费支出（不含人员经费）为22 257万元，其中事业公用经费7 128万元，基建经费为15 130万元。新增校舍建筑面积11.48万平方米。全省乡镇成人学校校园总占地面积达215.16万平方米，校舍建筑面积和教学行政用房面积分别达到100万平方米和48.6万平方米，比上年增加26%和21%。全省乡镇成人教育督导员（专职干部）1 968人，乡镇成人学校专兼职教职工总人数16 685人，其中专职3 947人，兼职12 738人。村级成人学校18 665所。经评估，有43所镇成人学校被定为省级示范性成人学校，全省示范性成人学校达到134所。参加乡镇、村两级成人学校学习的达到1 024万人次，其中学历教育和各类技术长班学习人数达93.6万人。

〔**成人高等、中专教育**〕 积极开展成人高校布局结构调整工作，对一些条件成熟的学校率先进行改制、合并工作，计划到2000年由现在的59所调减到40所学校左右，实行减数增量，即减少独立设置的成人高校之“数”，增加其在校生的“量”，提高办学规模和效益，达到成人高校教育资源的优化配置。

开展各项教学管理制度的建设和完善工作，不断提高教学质量。省高教厅先后组织专家对全省成人高等专科教育165个专业教学计划进行了重新修订，对54个成人专科升本科专业教学计划进行了评审，并及时印发各校参照执行，指导各校按照成人高校的规格要求进行教学活动，保证了人才培养规格。

学历文凭考试试点有较大增加，已成为发展省成人高等教育的一个突破口。招生学校由原来15所增加到45所，招生计划达到16 000多人。

广播电视大学正在朝建设开放大学的方向发展。针对过去“电大不电，远教不远”的问题，召开了全省电视大学工作会议，明确要逐步把广东省电大办成采用现代教育技术手段进行远程教育的大众化、终身教育体系的开放大学。

撰稿 方树生 石勰平 吴华明
审稿 李小鲁 李学明 陈 健
许学强

深圳市教育

〔**综述**〕 1998年，深圳市新建小学2所，扩建小学3所，共增加班级66个。全市有普通高校2所，学生8 497人；中专、中技学校10所，学生5 254人；普通中学78所，学生86 009人；职业中学16所，学生10 488人；特殊教育学校2所，学生503人；小学286所，学生215 652人；各类幼儿园505所，在园儿童70 000多人。另外，全市有成人高校2所，在校生8 550人，教职工309人；成人中专9所，在校生6 124人，成人中学9所。全市新增省一级学校5所，市一级学校12所，区一级学校23所。

1998年，深圳市共有教职员工31 342人，专任教师21 339人，其中，高校教师992人，中等学校教师8 161人，小学教师7 940人。“名师工程”已启动推荐出“名校长”候选人35人，“学科带头人”候选人130人，“中青年骨干教师”候选人818人。加强了对校长和教师的考核，并对校（园）长实行岗位轮换，1997～1998年度考核中，财政拨款的学校共有13 997名教职工参加考核（不含高校），其中被评为优秀2 114名，称职11 586名，基本称职13名，不称职1名；市教育局在直属幼儿园开展岗位轮换，罗湖区所属中小学也普遍实行校长轮换制度。1998年全市教育系统受到国家、省、市表彰的先进单位66个、先进个人316人。9月22日，市政府批准实施了《深圳市中小学教师进修暂行规定》，教师继续教育工作得到强化。

1998年，深圳市深化了招生考试制度改革。小学升初中在继续实行免试就近入学的同时，对重点中学初中的学位增加电脑派位的办法。中考实行会考和毕业考试“两试合一”的考试改革。普通高考实现了“教得好、考得好、录得好”目标，全市共有4 309名考生参加高考，共被高校录取3 098人，录取率达73%；成人高等、中专学校招生报名人数为13 952人，共被录取8 793人，录取率达63%；1998年全市参加自学考试的人数剧增到74 000多人，比上年增加24 000多人，创历史纪录。

1998年，深圳市教育经费基本实现了“三个增长”。据统计，1998年全市教育经费投入331 529.4万元；全年教育经费总额中，属于国家财政性教育经费支出245 230.3万元；财政性教育经费占全市国民生产总值的1.9%，预算内教育经费占财政支出的12.16%。调整财政生均公用经费定额标准，在1997年的基础上上浮10%。对市本级征收的教育费附加进行全市间转移支付，共支付给各区11 598万元，以改进中小学的办学条件。加强教育内审工作，搞好教育经费管理。市教育局与市审计局联合开展1997年度中小学校财务收支审计工作，对市教育企业公司经理进行了单位法人代表的离任审计；对7所市属公办幼儿园园长岗位轮换进行单位法人代表变更的离任审计，教育内审工作开始步入正轨。

1998年，深圳市学校体育卫生工作以提高学生全面素质和健康水平为目标，取得了长足的进步。全市大中小学校共有20.51万名学生通过了《国家体育锻炼标准》，达标率为95.17%，优秀率为25.33%，分别比上年提高1.39和0.54个百分点。以健康教育为基础的学校卫生保健工作有了进一步的发展，在校7～18岁男女生24个年龄组体质综合评价，有19个年龄组为优秀，5个年龄组为良好，学生体质健康水平仍然保持良好的发展势头。全市体卫经费的总投入达4 613.2万元，比上年增加1 378.8万元。全市学校拥有400米环形标准田径场36个，不同规格塑胶跑道田径场18个，室内体育馆152个，游泳池15个。

1998年，市政府教育督导室依法对下级政府及其教育行政部门、有关职能部门、办学机构的教育工作进行监督、检查、评估和指导。至1998年底，全市共有督导人员163人，其中专职督学25名，兼职督学130名，特约教育督导员8名。1998年，市教育督导部门对各级各类教育机构的等级评估工作继续进行。年内有23所中小学通过“区一级学校”评估，12所中小学（包括职业中学）通过“市一级学校”评估，3所镇成人文化技术学校通过“市骨干成人文化技术学校”评估，1所中专通过“省（部）级重点中专学校”评估，5所中小学通过“省一级学校”评估。至1998年底，深圳市已有省一级幼儿园10所，市一类一级幼儿园51所，市一类二级、市二类二级幼儿园14所，合格园199所；省一级中小学17所，市一级中小学40所，区一级中小学88所；国家重点职业高中1所，省级重点职业高中1所，省级重点中专学校1所；省示范性成人文化技术学校2所，市骨干成人文化技术学校3所，成人教育市一级办学机构23个。督导部门还对部分省一级幼儿园、省一级、市一级、区一级中小学及成人教育市一级办学机构进行了复评检查，有1所成人教育被撤销市一级办学机构等级称号。1998年，市区两级教育督导部门对1997年效益评估确认的19所重点建设学校的资金到位、立项、建设及学校发展的思路等情况先后两次进行了专项检查。通过1998年的学校办学效益评估，40所学校获得1998年办学效益奖。市政府教育督导室会同市、区教育行政部门围绕教育经费政策落实情况、加强薄弱学校建设情况、九年义务教育普及情况及学生课业负担情况进行了专项督导检查，并从1998年起建立“两基”（即基本普及九年义务教育和基本扫除青壮年文盲）年度复查评估制度。

撰稿　张建中　洪其华　黄政才
叶书林　邱卫思

〔**基础教育**〕　截至1998年底，深圳市共有幼儿园505所，其中，公立幼儿园42所，占8.3%；私立幼儿园112所，占22%；5个班以上的幼儿园占44.8%，园舍独立的幼儿园占68.7%；在园幼儿总数约70 000多人，班级总数约2 300个；幼儿园专任教师约4 000人，教职工总数约9 000人；全市共有托儿所36所，其中公立托儿所2所，其余都是私立机构，共收托婴幼儿约2 000多人。市内3个区（罗湖、福田和南山区）幼儿园的数量能基本满足适龄儿童入园的需求，教育部门已采取相应措施控制小型或私立幼儿园的发展，适度放慢幼儿园的增速。针对社会办园占绝对多数的现状，教育部门继续运用严格登记注册手续、年度全面审核以及加强日常管理等手段，对全市幼儿园进行第三次年审，开展全市托儿所的第一次年审工作，对学龄前儿童的教育实行统筹管理。对全市300多所由社会力量开办的幼儿园和托儿所进行重新登记，颁发全国统一的《社会力量办学许可证》。进一步完善学前教育分级管理体系中的“牵头园”管理模式。对“牵头园”工作将定期进行表彰。教育行政部门继续对幼教机构工作人员开展多种形式的岗位培训，与市教育学院联合开办的第五期幼儿园园长培训班于12月结业；与新沙中学联合开办的第六期保育员培训班和第二期园长电脑培训班于12月结业。1998年，深圳市继续评选“南粤优秀幼儿教师”，市莲花二村幼儿园何红漫等6位教师获此殊荣；市教育局组织进行第四届幼儿教师技能（幼儿园体育活动）大赛，全市6个区约有300节（次）的幼儿园体育活动（课）参加了竞赛。市莲花二村幼儿园姜岩等33位教师分别获得个人一、二、三等奖和优秀配班奖，沙头角机关幼儿园等6个单位获创新奖，罗湖区和福田区教育局获组织奖。

1998年，深圳市中小学教育继续推进以培养创新能力为核心的素质教育，加大力度改造薄弱学校，努力办好每一所学校，提高中小学整体办学水平，切实减轻学生过重的课业负担，使每一个学生都得到主动、和谐、生动活泼的发展，个性、特长得到培养。当年全市小学在校学生比上年增加18 746人，中学在校学生比上年增加3 978人。

1998年，深圳市省、市重点中学分别与普通中学合并，以强带弱。深圳中学、实验学校分别与洪湖中学、华强中学合并，以重点中学的管理和资源优势带动普通中学提高办学水平。龙岗、宝安区合并了一批农村小学，以提高教育资源的使用效率。市教育局副处以上领导干部每人与一所薄弱学校挂钩，帮助薄弱学校改善办学条件，分析存在问题，指导学校管理和教育教学工作，提高管理水平，缩小校际间办学水平的差异。

1998年，深圳市继续大力推进以培养学生创新能力为核心的素质教育。12月下旬召开了第十届深圳市中小学素质教育研讨会，总结10所中小学实施以培养创新能力为核心的素质教育的经验。为了进一步减轻中小学生过重的课业负担，从1998年秋季起，全市小学一至四年级取消了所有的课外辅导资料和练习册，市教育局于9月组织了落实情况专项检查。下半年，市人大组织在深的省、市人大代表对全市中小学实施素质教育情况进行了专项视察，对深圳市中小学实施素质教育取得的成绩，给予了肯定。

在1997年全市中小学实施的《深圳市大中小学德育一体化方案》，对各级学校德育工作的总目标以及各学校年级的具体要求、内容、实施途径、方法及评价等都作了整体性的系列安排。1998年总结了这一方案的实施情况，下半年，召开了实施方案情况经验交流会。在全市中小学大力开展形式多样、注重实效的法制教育、禁毒教育等活动。组织禁毒教育图片展览，充分利用深圳市的自编教材《深圳市中小学法制教育读本》上好法制课，举办不同层次的《读本》理论骨干培训班，开展公开课评比活动，保证《课本》所需的课时。市教育局规定全市中小学每学年开学后的第一个月为法制教育月，保证每月一课时法制教育课。省人大组织检查组对深圳市中小学开展法制教育情况检查后，充分肯定了深圳市的做法和经验。

撰稿　马芹娣　黄建行

〔**职业教育**〕　1998年，深圳市中等职业教育继续深入贯彻《职业教育法》，以建设普教、职教、成教三教统筹，初、中、高三级协调发展的大职教体系为目标，巩固并发展多年来取得的办学成果，调整中等职业学校的布局和结构，建设一批骨干职业学校，拓宽并优化专业设置，加强规范化管理工作，逐步走出了一条内涵发展的道路。截至1998年底，全市共有中等职业学校24所，在校生16 000人，共开设专业60个，另有分段高中“2＋1”学制分流班学生1 463人，成人中专普通班学生2 452人。

1998年，深圳市财经学校被省政府确认为省部级重点普通中专，深圳市行知职业技术学校通过了国家级重点职业高中专家组的评估，华强职业技术学校和博伦职业技术学校通过了省级重点职业高中专家组的评估，并已分别向有关主管部门申请予以确认。市职业技术学校、新沙职业技术学校被评为市一级职业高中学校。深圳市中等职业学校注重培养学生的职业技能，以提高职业学校毕业生的就业竞争能力。加强了实践性的教学环节，加大技能课教学的比重，并开展一系列专业技能竞赛活动，包括深圳市职业学校学生计算机竞赛、深圳市职业学校财经专业技能竞赛、海峡两岸珠算通讯赛等等，促进了中等职业学校技能教学水平的提高。继续大力推行双证书甚至多证书制度，1998 年起，改革考试办法，试行了无纸化考试，并改过去每年举行一次考试为两次考试，使更多的学生因此而获得上岗就业的通行证。

1998 年深圳市教育局、劳动局在对职业学校毕业生进行问卷调查的基础上，针对毕业生在职业理想、择业观念、技巧等方面的问题，开展职校毕业生就业辅导讲座，举办了全体毕业生双向选择就业交流大会，组织近千名中专、职业高中和技校毕业生与 50 多家企业进行了供需见面，自主择业，促进了中等职业学校教育与劳动力市场的衔接。

撰稿　钟子荣

〔**高等教育**〕　1998 年，深圳市普通高校有 9 个硕士点（其中 6 个为 1998 年新增硕士点），开设 34 个本科专业（其中师范专业 6 个），47 个专科专业（其中师范专业 3 个）。成人高教开设 77 个专业。1998 年全市普通高校招生 3 208 人，其中硕士研究生 10 人、本科生 1 185 人、专科生 2 013 人。毕业生 2 126 人，其中本科生 729 人、专科生 1 397 人。在校生 8 689 人，其中硕士研究生 18 人、本科生 3 813 人、专科生 4 858 人。成人高校 1998 年招生 5 901 人，毕业 2 203 人，在校生 11 801人。全市高校教职工总数 1 890 人，专任教师中教授 37 人、副教授 226 人、讲师 383 人、助教 179 人。全市高校固定资产总额 38 305万元，其中教学设备 6 772.4 万元，图书馆藏书 110.4 万册。全市高校占地 1 541 909 平方米，建筑面积663 149 平方米。

1998 年上半年，市委、市政府成立了深圳大学规划领导小组，经 5 个月的调查论证，提出《深圳大学学科建设与发展规划（1998～2005 年）》。规划的总体目标是：努力增创深圳大学在观念、人才、学科、体制上的新优势，以学科建设为龙头，以“四重”建设为核心，加快学校的内涵发展。此规划已经省高教厅组织省市有关专家进行论证，获得一致通过，并报市政府批准，为深圳大学跨世纪的发展打下基础。深圳大学 1996 年经国务院学位委员会批准，有 3 个硕士点。1998 年，学校把加快硕士点建设作为一项大事来抓，并且抓出实效、抓出成果，经省高教厅批准，新增文艺学、金融学、信息与信号处理、国际法学、结构工程、行政管理学 6 个硕士点，硕士点总数达到 9 个，使深圳大学逐步形成一个以本科教育为主，积极发展研究生教育的多学科、多层次办学的综合性大学。

深圳职业技术学院 1998 年在进一步完善学校基础设施的情况下，加快学校改革的步伐。完善工业中心建设，一年来，学校集中一切力量加快工业中心建设，使工业中心 30 个车间的设备逐步充实，共投入设备费 3 000万元，其中财政投入 2 500 万元、企业捐赠 500 万元。建立校外学生实训基地，学校现有 31 个专业，要求每个专业建立 3 个实训基地，现已建立并挂牌的实训基地 68 个，基本满足学生实习的需要。进行“五专生”探索，经广东省招生办公室批准，1998 年在三个专业试行从初中毕业生中招收 120 名新生，实行五年一贯制教育，把高中课程与高职课程有机结合，探索高职教育的新路子。1998 年，深圳职业技术学院已被教育部列为高职教育的试点单位。经劳动部授权，列为《国家 INTERNET 证书考试》培训考点单位。1998 年，共有 756 名毕业生，全部顺利走上工作岗位，就业率达到 100%，深受用人单位的欢迎。

撰稿　张镇文

〔**成人教育**〕　1998 年，深圳市成人教育面向社会招生的办学机构 232 家，接受各类成人教育人数 25 万多人，其中，接受成人教育培训人数达 9.23 万人次，学历培训比上年增加 1 486 人。

1998 年，市教育局开展了对成人教育社会力量办学机构的年审。年审的特点，一是以抓两头带中间为主要方式，采用自查、抽查、复查相结合的方法，着重复查了在 1997 年检查中被确定为限期整改的 11 个办学机构。二是强化财务管理，年审中增加了财务审计内容。除此之外，还进行了成人教育社会力量办学情况的抽查工作。年审结果，有 144 家办学机构年审合格，予以核发《中华人民共和国社会力量办学许可证》；有 12 家办学机构因办学条件较差，或管理不善，或迁址后无法联系，或长期不在深圳办学等原因，年审未合格，被暂停办学。

1998 年，深圳市继续开展骨干成人学校和省示范性成人学校的创建工作。继沙井、龙岗两镇成人学校 1997 年成为省级示范性镇成人学校后，1998 年又有坪山、公明、西乡三镇成人学校被评为省示范性镇成人学校（省评估组已通过）。全市 20 所镇成人学校中已有 5 所省示范性镇成人学校、5 所市骨干性镇成人学校和 15 所合格镇成人学校。

撰稿　徐　晖

审稿　杨柏生　张建中

广西壮族自治区教育

概　况

〔基本情况〕

1998 年各级普通学校基本情况

单位：人

学校类别	学校数(所)	毕业生数	招生数	在校学生数	教职工数	
					计	其中专任教师
一、普通高等学校	28	18 369	25 958	78 796	16 175	8 043
研究生	(7)	250	503	1 313		
本　科	12	6 025	11 827	39 538		
专　科	16	12 094	13 628	37 945		
二、中等专业学校	127	31 282	47 071	152 284	15 853	8 808
中等技术学校	98	23 186	36 487	122 775	11 735	6 248
中等师范学校	29	8 096	10 584	29 509	4 118	2 560
三、普通中学	3 037	662 952	962 730	2 523 686	153 328	115 698
高　中	415	70 988	107 631	267 600		15 598
初　中	2 622	591 964	855 099	2 256 086		100 100
四、农业、职业中学	314	40 602	48 657	132 618	11 447	7 560
高　中	262	31 939	32 687	88 233		6 604
初　中	52	8 663	15 970	44 385		956
五、工读学校	3	9	9	12	39	21
六、小　学	16 182	928 369	843 560	6 036 176	228 138	195 964
七、特殊教育学校	43	1 101	1 950	15 601	1 636	1 256
八、幼 儿 园	2 957		701 619	842 453	30 199	23 240

1998 年各级成人学校基本情况

单位：人

学校类别	学校数(所)	毕业生数	招生数	在校学生数	教职工数	
					计	其中专任教师
一、成人高等学校	16	15 898	24 083	68 073	3 648	1 854
广播电视大学	1	3 571	3 920	11 324	836	330
职工高等学校	4	524	773	2 223	624	362
农民高等学校						
管理干部学院	4	1 336	2 833	7 262	847	421
教育学院	7	2 595	3 733	11 022	1 341	741
独立函授学院						
普通高校举办：						
函授部		4 083	9 070	25 459		
夜大学		369	850	2 345		
成人脱产班		3 420	2 904	8 438		
二、成人中等专业学校	147	35 562	28 725	91 194	7 546	4 012
广播电视中专	3	6 982	2 596	8 591	697	331
干部中专	24	7 757	7 345	21 477	1 528	821
职工中专	26	3 547	3 048	9 087	1 277	635
农民中专	20	2 602	4 517	10 679	763	420
函授中专	5	5 112	3 130	12 921	796	369
教师进修学校	69	9 562	8 089	28 439	2 485	1 436
三、成人中学	141	25 803	19 041	75 333	491	302
职工中学	19	739	887	967	43	23
农民中学	122	25 064	18 154	74 366	448	279
四、成人技术培训学校	14 498	3 771 209	3 707 092	3 597 628	16 922	4 866
职工技术培训学校	212	93 224	66 029	67 647	960	674
农民技术培训学校	14 286	3 677 985	3 641 063	3 529 981	15 962	4 192
五、成人初等学校	6 834	102 405	106 035	105 573	6 863	1 283
职工初等学校	1	75	11	11	1	1
农民初等学校	6 833	102 330	106 024	105 562	6 862	1 282
其中：扫盲班	5 857	74 334	65 609	60 053	5 700	1 022

制表　蒋仕松

〔**年度工作指导思想**〕　1998年，全区教育系统高举邓小平理论旗帜，全面贯彻党的十五大提出的教育战略目标、方针和任务，坚持“全面适应、积极探索、加快改革、有所突破”和“规模、结构、质量、效益内在统一、相互协调”的指导方针，坚持“解放思想，实事求是”的思想路线，进一步理顺体制、搞活机制、优化资源，落实国家和自治区教育改革和发展纲要及其实施意见，落实教育优先发展的战略地位，落实“科教兴国”、“科教兴桂”战略和可持续发展的战略。努力实现在教育思想、教育观念转变和在办学主体多元化方面有新的突破；在深化教育体制改革、深化教学领域改革，建立面向21世纪的课程体系、教学内容、教学方法方面，在大中专院校招生和毕业生就业制度改革方面，在深化教育投资体制改革方面，在建立和完善教育改革和发展的保障体系方面都有新的突破。

〔**抗灾保教**〕　1998年6月～7月，全区有8个地市遭受洪涝灾害，受灾学校近两千所，直接经济损失接近3亿元。各级教育行政部门及各级各类学校广大师生员工，发扬顽强拼搏精神，克服困难，战胜洪水，保障了师生的安全，保证了中考、高考的顺利进行，保证了新学年按期开学。在抗灾保教过程中，全区教育战线涌现出许多先进人物和先进事迹。自治区教育厅机关派出4个工作组深入各地市协调抗灾保教。在长江、松花江、嫩江流域遭受特大洪水灾害期间，全区教育战线广大师生员工和干部发扬“一方有难，八方支援”的风格，支持灾区的救灾助学工作，在中央电视台“为了灾区的孩子”的赈灾义演晚会上，全区教育系统捐赠200多万元。

〔**教育经费**〕　1998年是全区全面实施“国家贫困地区义务教育工程”的第一年，全年总投资2.8亿元，土建工程项目687个，预计1999年春季开学前基本可交付使用。1998年，自治区本级补助到各个地市县中小学教育事业各项专款总计达到1.9502亿元，其中投向50个贫困县1.7367亿元，占自治区本级补助专款的89%。全区勤工俭学收入用于补助教育经费4.59亿元。此外接受香港邵逸夫先生捐款200万元港币，接受邮电、希望工程、广东省对口支援扶贫款项数百万元。对申请“两基”达标验收的县进行教育经费审计，追回缺口、挪用、截流、拖欠资金8 573万元。

〔**教育交流与合作**〕　1998年，20多个国家和地区先后有560多名专家学者来桂作短期访问交流、讲学、合作研究。全年有70多名长期和短期外专、外教在全区高校从事教学、科研工作。有440多名外国人来桂留学。

全区全年派出访问团组及出国（境）参加会议、讲学、任教、培训和合作研究等170多批440多人次，遍及20多个国家和地区。18所高校的领导赴美国进行为期两个月的培训。通过各种渠道派出公费留学生25人，派出自费留学生190人。派出的留学生遍及美国、英国、日本等10多个国家和地区。

扩大对港澳台的教育交流，配合新华社香港分社接待香港大学生来桂考察，帮助港澳台青年学生增强对祖国和民族的认同感。

〔**语言文字工作**〕　1998年，大力开展宣传舆论工作，提高社会各界对语言文字工作的认识。大力推广普通话，举办省级普通话水平测试员资格考核培训班。设立普通话水平测试机构，开展中小学教师和普通话水平测试工作。强化规范社会用字工作，严格治理户外广告用字。积极组织开展推广普通话宣传周活动。

撰稿 唐春生 黄华吉

基础教育

〔**综述**〕 1998年，全区幼儿园在园在班幼儿比上年减少3.82%；小学在校生比上年减少3.70%；普通初中在校生比上年增长7.19%；普通高中在校生比上年增长11.60%。全区学龄儿童入学率98.80%，比上年提高0.26个百分点；初中阶段教育毛入学率为87.58%，比上年提高3.65个百分点。全区专任教师学历合格率：小学为93.07%，普通初中为77.65%，普通高中为64.3%，职业初中为72.2%，分别比上年提高1.39、5.3、0.86、2.54个百分点。

自治区级实验教学普及县的验收工作进展顺利，已有6个县（市、区）通过验收，已经普及实验教学的中小学分别为1 287所和4 389所。充分发挥全国、全区现代教育技术实验学校的带头、示范作用，推动全区中小学电化教育工作的开展，一个以中央、区、地（市）、县（市）四级的中小学现代教育技术实验学校网络正在逐步形成。

撰稿 周克依

〔**义务教育**〕 1998年自治区教育厅下发《关于做好贫困县“普九”工作的意见》。经过各族人民的共同努力，有来宾县等14个县（市、区），占全区总数的14.13%人口基本达到“普九”验收的各项指标，实现了“普九”。武鸣、灵山、象州、北流4县（市）获全区“普九”先进县（市）称号，凌云、罗城两县获全国普及六年义务教育先进县称号。截至年底，全区累计已有64个县（市、区）实现“两基”目标，累计覆盖人口3 176.47万人，覆盖率为68.56%。全区108个县（市、区）的小学教育已全部通过自治区级验收，实现普及初等义务教育目标。

自治区教育厅还印发了《关于做好“普九”达标后巩固提高工作的意见》，各地按照《意见》要求，做到“普九”达标后机构不撤，投入不减，人员不散，继续履行职责，采取措施，根据各地实际，寻找工作突破口，扎扎实实地抓巩固提高工作。1998年适龄儿童流失率为2.2%，比1997年下降0.14个百分点；适龄少年流失率为5.7%，比1997年下降1.32个百分点。自治区教育厅开展了春秋两次开学工作大检查，重点规范各学校开学的各种行为。制定《广西壮族自治区义务教育学籍管理办法》。

撰稿 孙国友

〔**“促进贫困县初等教育”项目执行情况**〕 1998年是广西实施中国—联合国儿童基金会合作“促进贫困县初等教育项目”第三年，全区各级教育部门继续开展社会宣传和动员活动，从当地实际出发，开展项目培训工作，认真管理和使用好援助设备，加强教学点和复式班的建设，抓好示范点的建设，总结推广成功经验，使项目工作取得显著成效。(1)推动了项目县义务教育发展。10个项目县的小学学龄儿童入学率平均值从1995年的94.49%上升到1998年的97.5%，辍学率从1995年的5.6%下降到3.8%。15周岁人口中完成初等教育率从1995年的78.96%提高到1998年的85.64%。(2)进一步缩小项目县男女儿童教育的差距。10个项目县男女童入学率差别已从1995年相差4.38个百分点下降到1998年的1.31个百分点，男女儿童辍学率差别已从1995年相差0.96个百分点下降到1998年的0.84个百分点。(3)提高了项目县教师业务水平。1998年，10个项目县小学专任教师学历合格率达到91.49%，代课教师学历合格率达到88.77%。(4)教育质量得到提高。项目培训促进了项目县教师和学校管理人员的实际工作能力，提高了项目县小学的教育教学质量，10个项目县小学毕业年级期末考试双科合格率从1995～1996学年末的78.02%提高到1997～1998学年末的80.04%。

撰稿 莫勇波

〔**素质教育**〕 为全面推进素质教育，促进学生全面发展，1998年全区调整中小学部分学科教学内容与教学要求，进行自治区级的培训，共举办9期培训班，培训各科骨干教师3 300人次。首次在高中毕业会考英语科加试听力。制定了《基础教育自治区级教学成果奖励实施办法(试行)》。全区各地积极开展中小学素质教育研究和实践，注重开展体育、卫生、艺术及国防教育活动。体育竞赛和文艺演出活动开展得有声有色。认真贯彻《中小学德育工作规程》。安全教育、卫生防疫教育常抓不懈。普及九年义务教育的地、市、县基本做到小学生就近免试升入初中就读。

撰稿 林 军 唐春生 黄华吉

〔**幼儿教育**〕 举办了全区幼教管理干部培训班，学习基本的现代教育管理理论，了解和掌握学前班教材的特点，进一步克服学前教育的“小学化”，推进学前班课程、教材和教法的改革，交流工作经验。全区有81%的儿童接受学前一年教育。

1998年，继续开展自治区示范幼儿园评估活动。经评估验收，有11个幼儿园被确认为自治区示范幼儿园。自1996年开展评估验收以来，全区共有23所幼儿园被确认为自治区示范幼儿园。

撰稿 俞妮亚

〔**特殊教育**〕 1998年全区有特教学校48所，附设在普通学校的特教班295个，大量残疾儿童少年被接收到普通小学随班就读，在校残疾儿童少年共计1.56万人。此外，行政部门在社会福利院举办残疾儿童特教班20个，在班学生210人。

特殊教育成效显著。平果县堆圩乡龙林小学盲童辅导教师吴卫国，潜心研究特殊教育理论和教学方法，创造了一套盲文字母点位直摸图和盲童数学算理器。盲童兰汝娥在他的辅导下，利用4年时间学完五年小学课程。兰汝娥不但能用盲文扎写作文、书信，还在《中国盲童文学》上发表诗文，能口算6位数以内的四则运算，能用算盘进行多位数四则运算。该项教学成果已被联合国教科文组织认定为全世界推行全纳学校的优秀实例，列入即将出版的《传播经验——全纳学校教师之声》一书和录像片。由香港盲人辅导会资助建立的南宁、柳州、桂林3个盲童教育资源中心，自1997年7月全部仪器设备安装调试完成以来，为全区视残儿童和随班就读盲生制作了盲文练习册、有声读物，组织盲生到中心学习电脑，进行学习交流，为提高全区视残儿童教育质量做出积极贡献。香港盲人辅导会聘请专家评估组，对南宁、柳州盲童教育资源中心及其服务区内的武鸣县锣圩镇立彰小学、柳州市箭盘山小学盲童随班就读点进行考察评估。专家评估组对盲童教育资源中心仪器设备管理、维护和使用，以及对视残儿童随班就读教学服务工作都给予充分肯定，一致同意广西盲教资源中心通过验收。

为期三年的广西视残儿童教育“金钥匙工程”1998年圆满结束。取得了良好社会效益。(1)推动了全区特殊教育事业的发展，三残儿童入学有大幅度提高。据统计，1998～1999学年视残儿童入学率从1995年的14.8%提高到81.8%，提高67个百分点；听力语言残疾儿童入学率从1995年的17.3%提高到63.8%，提高46.5个百分点；智力残疾儿童入学率从1995年的49%提高到79%，提高30个百分点。(2)培养和锻炼了一批管理干部和辅导教师。(3)全区视残儿童教育管理初步走向规范化、制度化，视残生教育教学质量有了很大提高，视残生心理康复效果显著，身心健康得到发展，社会适应能力和生活自理能力得到提高。大部分盲生的摸、读、扎写速度基本达到要求。(4)推动了社会助残活动，促进各地精神文明建设和视残生所在学校良好校风和班风的形成。

撰稿　饶洁芳

〔**教师队伍建设**〕　1998年，印发《关于全面开展中小学教师继续教育的意见》，进一步明确中小学教师继续教育的指导思想、工作目标、实施原则、组织形式、课程内容、工作步骤、保证措施。继续教育实行“三个转向”，一是对象上从面向部分骨干教师和新教师培训转向全体在职教师全员参加；二是内容上由教师职业技能为主培训转向面向整体素质提高的培训；三是地域上从主要面向城镇教师培训转向广大城乡在职教师的培训。第一轮中小学校长培训已结束，实现中小学校长全部持证上岗。新一轮中小学校长培训工作已起步。开展“贫困地区义务教育工程”工作，全区“国家贫困地区义务教育工程”用于师训、干训工作经费2 657万元。印发了《广西“国家贫困地区义务教育工程”校长和教师培训管理办法》，对培训工作的目标、内容和形式、培训基地和职责的落实、实施的程序、经费使用的要求等作出规定。教师进修院校开始由学历补偿教育向继续教育转移。中等师范学校以教学改革为核心，以提高教育质量和办学效益为目标，以推广现代化教育技术为突破口，培养合格的小学教师。

组织评选一批特级教师，实现中小学骨干教师的新老交替。评选、表彰了一批全国、全区优秀教师、优秀教育工作者，增强教师的荣誉感，激发广大教育工作者的工作热情。

1998 年召开了全区师资工作会议，确定加强全区教师队伍建设的 3 项具有战略意义的重大措施：一是在稳定提高师范教育质量的基础上，逐步提高中小学教师培养的学历层次；二是积极推进面向全体中小学教师的继续教育，实施"21 世纪园丁工程"，加快培养中小学骨干教师队伍；三是加强教师队伍管理，建立教师队伍优化机制。

撰稿　肖荣亮　唐春生　黄华吉

〔**勤工俭学**〕　1998 年，全区有 1.81 万所中小学校开展不同形式的勤工俭学活动，占中小学校总数的 91.78%。其中，拥有校办企业的学校 7 139 所。校办农业生产基地 24 419个，比上年减少 1 095 个，土地面积 43 417公顷，比上年增加 1 261 公顷；校办工业企业 1 361 个，比上年减少 276 个；校办第三产业网点 9 076 个；校办企业职工总数 3.04 万人（其中教职工 1.27 万人）。校办产业固定资产净值 3.69 亿元，流动资产 2.62 亿元，减去负债，所有者权益总数为 4.16 亿元。全年实现勤工俭学总产值 25.90 亿元，比上年增加 415 万元，增长 0.16%；纯收入 6.66 亿元，比上年减少 70 万元，下降 0.10%。学生人均纯收入 75.17 元，比上年增加 0.32 元，增长 0.43%。上缴税金 3 725 万元，比上年增加 270 万元，增长 7.81%。

勤工俭学和校办企业继续保持较强的整体实力。除防城港市外，全区 15 个地、市和柳州铁路局勤工俭学纯收入均超千万元，其中玉林市、贵港市超亿元。92 个县（市）区中有 91 个勤工俭学纯收入超 100 万元，其中超千万元的有 12 个。勤工俭学纯收入超 50 万元的学校有 63 所，其中超 100 万元的 20 所。校办企业纯收入超 50 万元的有 30 家，其中超 100 万元的有 3 家。

勤工俭学纯收入用于补助教育经费开支达 4.59 亿元，占纯收入总额的 68.91%，比上年减少 295 万元，下降 0.64%。其中用于改善办学条件 2.56 亿元，用于师生福利和政策性补贴 1.95 亿元。

撰稿　黄富雁

职 业 教 育

〔**综述**〕 1998年，全区职业学校认真学习、贯彻落实《职业教育法》和自治区政府《关于加快发展职业教育若干问题的决定》，做好职业教育面向市场经济，适应经济建设和社会发展需要的工作。自治区教育厅结合全区经济建设和社会发展需要，调整职业教育结构和专业结构，压缩了工商、银行、税务等类专业招生，增加了农业、第三产业等类专业招生，以适应第一和第三产业发展的需要。举办了全区职业教育成果展览，展现职业教育与先进科技紧密结合，对经济产生的巨大动力，达到了宣传群众、教育群众、动员社会关心并积极参与发展职业教育的目的。先后召开全区农村职业教育经验交流现场会和中心城市职业教育经验交流会，总结、交流全区近几年来发展职业教育的经验和做法，初步明确了农村职教面向农业、农村和农民的发展思路，肯定和推广了城市职教面向市场，灵活多样的办学模式。两会还总结推广了贵港、玉林、北海、柳州、桂林、南宁、博白、全州、都安、容县、田东等市、县发展职业教育，面向经济、面向"三农"，为当地经济发展服务的经验。

1998年全区高中阶段教育在校生达69.79万人（含成人中专），比上年增长0.79%。中专招生并轨改革进展顺利。由于普通高中、普通中专发展规模扩大，职业高中、技工学校和成人中专规模下滑。中等职业技术学校在校生规模（含成人中专）占高中阶段在校生的比重为61.66%，比上年下降3.71个百分点。

撰稿 郑安宁 唐春生 黄华吉

〔**职业教育典型县和职教中心建设**〕 根据自治区政府关于在不久的将来每地、市要建成一个职业教育典型县、50所职教中心和100所骨干职业学校的部署，自治区教育厅组织6个评估组，对全区10所省部级重点中专和8所省级重点职业高中进行复查评估，并对6所申报省部级重点中专和11所申报省级重点和示范职业高中的学校进行评估，促进了学校的发展，提高办学水平、办学质量和办学效益。通过调查研究和组织发动，全区有12个地市申报了建设职业教育典型县的报告及建设计划。已有20多个县（市）建成职教中心。

为落实国家《面向二十一世纪深化职业教育教学改革的原则意见》，自治区教育厅研究和部署了深化教育教学改革，培养面向21世纪中国现代化建设需要的高素质劳动者和专门人才的工作。强化了德育教育工作，开展"创业教育"，加强了对学生的操作技能训练，在全区职业高中开展了计算机、财会、电工、幼师等专业技能竞赛，激发学生学习专业技能的积极性。

〔**农科教结合工作**〕 在全区开展了"农

科教结合"工作，农业、科技部门与教育部门紧密结合开展各项科技活动。如把教育和科技计划及实施结合起来，促进了教育综合改革，把技术推广到农村，传授给农民。总结推广贵港、博白、容县、浦北、荔浦、全州、都安等县及柳州市教育综合改革的经验，促进全区教育综合改革进一步深化。继续推进、扩大南宁、柳州、桂林、北海等市骨干职业高中对周边地区和百色、河池地区职教的联系和支援，桂林旅游职业高中、柳州第一职业中学、南宁第一职业高中等校与少数民族、农村职校的联办已成惯例，柳州第二职业中学还独立支持融水县开办职业初中女童班。

撰稿 郑安宁

〔**中等师范教育**〕 中等师范教学改革坚持全面提高效益和质量的指导思想，对必修文化课实行会考和统考制度，文理渗透，注重拓宽学生知识面，培养学生综合素质，增强学生可持续发展的能力。加强现代教育技术的运用。加强了科技教育和英语教育，组织编写了《科学技术知识读本》和《中师英语》教材并制作了配套录音带。加强了中师德育工作，成立了"广西中师德育研究会"。根据教育部师范司印发的《三年制中等师范学校课程计划（试行）》和《中等师范学校教学工作评估方案（试行）》，调整了全区中师的课程计划，将从1999年秋季学期新生开始试行。制订了全区中师教学评估计划，各校根据评估方案的要求，积极做好评估准备，中师教学工作和地方办学积极性得到进一步加强。确立以研究促改革的指导思想，加大了教育教学研究力度。下达了一批研究课题。承担了教育部师范司下达的《中等师范学校教师继续教育》课题，由南宁民族师范学校等6所学校参与课题研究。各学科中心组的活动开展得有声有色，本年度参与评比的论文和课件，在数量和质量上都有较大提高。

1998年进一步加强师范院校自身师资队伍建设。举办了"现代教育技术中师校长培训班"，举办了以"走向新世纪的中等师范教育"为主题的"中师校长高级研修班"，邀请区外4位博士导师和区内的3位教授（副教授）讲学，共培训了中师校长近60人次，办班质量高、效果好。举办了"计算机硬件和网络培训班"，进一步为中师加强现代教育技术的运用培训了骨干。举办了教师进修学校校长培训班。师范院校通过在职进修、脱产或半脱产学习的形式选培教师，有的中师与高师院校联合，以研究学者和导师制的形式大量培训教师。

撰稿 肖荣亮

〔**技工学校**〕 根据市场经济对劳动力需求的变化和全区产业结构调整的情况，对技工学校结构布置进行调整，调整后的学校数113所(其中国家级重点技校和自治区重点技校共计18所)。1998年全区技校毕业生26 379人，有25 065人参加了相应工种的职业技能鉴定。技工学校积极承担对下岗职工的转岗或再就业培训，承担对社会待业青年的劳动预备制培训。截至年底，共有11所技校招收2 000多人进行了焊工、电工、美发等10多个工种(专业)的培训。另外，利用技工学校现有条件，面对社会开展军地两用人才、乡镇企业人员等多种人员培训，培训人员达23 170人。

撰稿 曾 文

高 等 教 育

〔综述〕 1998年，全区通过合并、改制、改革等办法，组建了广西职业技术学院、柳州职业技术学院和南宁职业技术学院等高等职业技术学院。

学科专业建设经评议和审批，1998年增设30多个本专科专业，并利用年度招生计划杠杆，压缩长线专业，加强短线专业的招生，促进学校办学性质层次定位。根据教育部颁发的普通高等学校本科专业目录，对全区高校本科专业进行整理、审核，本科专业点由原来190个减少到150个，减幅为20.53%。

制定并印发了《广西高等学校实施文化素质教育的意见》、《广西普通高校学籍管理的补充规定》和《关于在全区普通本科院校试行“优秀专科生选拔制”的通知》。举办各类研究生主要课程进修班，共培训中青年骨干教师500多人，并对400余名青年教师开展了岗前培训。

“211工程”建设取得新进展，1998年完成了自治区政府与教育部联合向国家发展计划委员会请示批准广西大学“211工程”正式立项的上报材料。自治区政府计划投资1.8亿元，进一步落实广西大学“211工程”建设项目及经费安排问题。

撰稿　唐春生　黄华吉　刘　冰　陈跃波

〔教学改革〕 继续在全区普通高校中开展“转变教育思想，更新教育观念，深化教学改革”的学习讨论活动。本、专科教学方案修订工作取得 初步成绩。本科总课时压缩到2 300～2 500学时，专科总课时压缩到1 800～2 000学时。大学外语教学改革进一步深入，上半年主要在5所本科院校进行民族地区本科大学外语教学模式改革的研究和试点，在3所专科院校试行教学模式由大学英语向实用英语的转轨试点。组织专家拟订了新的计算机教学内容改革计划，并组建了全区高校计算机教学指导委员会。师范高等专科教育12个专业全套教学方案的统编工作已全部完成，并已在全区师专98级新生中试行。完成了以面向21世纪教学内容和课程体系为核心的全区高校第四届教学成果立项工作，共确定228个区级立项建设项目，其中重点项目44项。全区承担的22个世行贷款改革课题全面通过教育部验收；在世行贷款“师范教育改革项目”改革课题优秀成果评奖会上，全区获两项二等奖，一项三等奖。全区师范院校在教育部组织的全国师范院校教改立项计划取得较好成绩，共获21项立项项目（其中独立承担项目4项）。

撰稿　刘　冰

〔科技工作〕 1998年全区各高校进一

步统一思想，围绕一个方针、二个结合、四个加强的整体思路开展科技工作，即面向广西经济建设和社会发展，依靠科技进步、攀登科技高峰的方针；搞好科技与教育、科技与经济的结合；加强研究、开发、应用集成，加强多学科技术集成，加强多渠道经费来源集成，加强基地、队伍、项目、成果一体化管理。具体措施是：以条件较好的学校或重点实验室为骨干单位，抓好基础科学研究；以市场需求为导向，面向农村，面向企业，面向广西地方经济建设和社会发展，抓好技术开发工作；以各校的工程研究中心和中试基地为骨干，抓好科技成果转化，大力促进产学研合作，加强以重点学科建设为核心的“三重工程”建设，促进学校科技水平和培养高层次人才能力的进一步提高。1998 年全区高校共承担科研项目 370 多项，科技经费约 2 200 万元，比上年增长 21%。其中国家自然科学基金项目 29 项，经费 276.76 万元。自治区教育厅进行了广西高校科技进步奖、人文社科优秀成果奖的评审工作，共评出科技进步奖一等奖 8 项，二等奖 17 项，三等奖 24 项。全区高校获自治区科技进步奖 19 项，占全部奖项的 13.9%。其中一等奖 1 项，占全部一等奖项的 50%，二等奖 4 项，占 15.4%，三等奖 14 项，占 12.8%。其中，获一等奖的广西医科大学的“心脏不停跳手术”在全国处于领先地位。各高校积极把科技工作的重点转移到科技与经济相接合上来，加强科技成果转化，取得了明显成绩。广西大学研制的甘蔗剥叶机整套生产技术已转让给马山县扶贫开发总公司投入生产。广西大学莫家让教授主持研究的“广西江河沿岸 50 万亩低产田避涝增产综合技术开发”项目通过自治区科技厅鉴定。各高校继续加强产、学、研合作的工作力度，广西大学在继续加强与明阳淀粉化工总厂、昌菱糖业股份公司、田阳芒果基地和贵糖（集团）股份有限公司等大型企业的产学研合作基础上，又与玉林市政府、柳州钢铁集团公司和柳州微型汽车厂签订了产学研合作协议书，进入了实质性的合作阶段。做好高校科研管理工作，在高校科研项目立项过程中，加大函审力度，将 80% 的立项申请书进行函审，并首次进行教育厅重点项目公开答辩会，增强了科研项目立项的科学性和透明度。各高等学校积极开展学术活动，积极营造校园科研氛围，进一步扩大全区高校对外交流和影响。全区高校举行了两百多场学术报告会，参加者达 1 万多人。

撰稿　陈跃波

〔**学位工作**〕　1998 年，国务院学位办批准广西大学为博士学位授权单位并设两个博士点（动物遗传育种与繁殖、结构工程），批准广西民族学院和广西师范学院为硕士学位授权单位，批准广西新增 23 个硕士点。1998 年，全区博士学位授权单位总数由 1 个增加到 2 个，硕士学位授权单位由 7 个增加到 9 个；博士点由 1 个增加到 3 个，硕士点由 87 个增加到 110 个。广西大学、广西师范大学、广西医科大学分别获得国务院学位办批准，具有向在职人员授予硕士学位权，广西师范大学和广西医科大学分别具有教育硕士专业学位、临床医学硕士专业学位授予权。

撰稿　唐春生　黄华吉

〔**招生与毕业生就业工作**〕　1998 年，召开全区整顿考风考纪会议，分析了上年全区高考考风考纪存在的主要问题，提出严肃考风考纪的具体措施。成立了区、地、市、县三级教育考试督考团，有权按规定直接处理教育考试中发生的违纪事件。区、地、市、县招生办主任、中学校长层层签订招生考试责任状。取消1997年高考作弊严重的陆川县的高考资格，由自治区招生考试院直接组织陆川县的高考工作。在高校录取新生中实施投档与阅档过程“无纸化”的网上录取工作。

1998年，全区接收普通高等学校毕业生、毕业研究生21 843人（不含中央部委垂直分配给厅局部分及国家计划内毕业的自费生）。其中，接收、分配中央部委所属高校毕业生5 939人、区属高校毕业生15 533人、毕业研究生371人。同时，国家计划内普通高校自费生、电大等普通专科班毕业生2 357人，通过择优录用到各地市就业。加强政府宏观调控，为高校毕业生就业提供多方面的服务。自治区除对50个老、少、边、山、穷县（市、区）急需的部分专业毕业生实行指导性计划保证外，全部取消了限制毕业生就业的计划指标、流向限制。通过组织全区性、专业性和地域性的供需见面和双向选择活动推荐毕业生，有组织地向区外推荐相对饱和专业的毕业生。同时广泛宣传，正确引导毕业生就业，引导用人单位接收毕业生。积极拓宽毕业生就业渠道：一是根据全区师资不足的实际，鼓励非师范毕业生到教育系统任教；二是鼓励和支持毕业生到非国有单位就业；三是根据有利于毕业生充分就业的原则，打破界限，主动推荐毕业生到区外就业。

撰稿　林　冰

成人教育

〔**扫盲工作**〕　自治区政府重视扫盲工作，召开了自治区扫盲工作协调领导小组会议和全区扫盲工作电话会议。举办扫盲业务培训班。对扫盲专业干部进行业务培训。组织20多个督查验收团对40多个县进行扫盲督查。全区共印制50多万份试卷，对1990年第四次人口普查时小学文化误登为文盲、半文盲的人员进行“以考代扫”文化测试，对1990～1997年脱盲人员进行脱盲巩固文化测试，对1998年脱盲人员进行脱盲验收文化测试。10月11日～21日，教育部赴广西扫盲工作检查组一行21人对全区的扫盲工作进行了为期11天的检查评估。重点抽查了“四普”时文盲人数较多、文盲率较高，经济、教育条件较差的凤山、德保、龙州、忻城县和富川瑶族自治县。通过听、查、看、谈、访、测等方法，全面检查了全区的扫盲工作，检查组认定：广西壮族自治区人民政府对各县（市、区）扫盲验收的结论符合实际，广西实现了现阶段国家规定的基本扫除青壮年文盲的目标。一是青壮年非文盲率在农村已达到95%以上，在城镇达到98%以上，全区青壮年文盲已减少到33.6万人（其中1998年扫盲7.4万人）；二是全区小学适龄儿童入学率、年辍学率、毕业率、15周岁人口初中教育完成率都达到普及初等义务教育的要求；三是近三年脱盲10多万人，据测试和验收，脱盲的巩固率达到95%以上；四是全自治区1 402个乡镇全部建立了乡镇成人文化技术学校，95%行政村建立了成人文化技术学校或教学点；五是自治区、地、市、县、乡、镇都设有扫盲与农村成人教育机构，配有专职成人教育干部，乡镇成技校配有专、兼职教师，基本达到国家要求；六是按中央和自治区的要求，较好地落实了扫盲与农村成人教育经费。1998年，自治区财政划拨扫盲专项经费200万元，其中安排扫盲补助经费125万元，重点扶持扫盲任务重的36个县，安排75万元扶持15所乡镇级成人文化技术学校。自治区被教育部、财政部授予“全国扫除文盲先进省（自治区）”称号，在全国5个少数民族自治区中率先实现了基本扫除青壮年文盲的目标。龙胜各族自治县、马山县、巴马瑶族自治县被评为“全国扫盲先进县”。本年度，全区有卢汝沦等6人获全国第三届“中华扫盲奖”先进个人，田阳县百育镇成人文化技术学校和巴马瑶族自治县燕洞乡同合小学被评为“中华扫盲奖”先进单位。

此外，在田东县祥周镇、布兵乡等，融水县拱洞乡、洞头乡等，龙胜县瓢里镇、马堤乡等实施联合国教科文组织教育扶贫项目，在田东、融水、龙胜县各选一个项目乡实施联合国教科文组织社区学习中心项目。在田东县和宜州、凭祥市实施联合国教科文组织女童科技培训项目，共资助104名失学女童重返校园学习。

〔**成人中专教育**〕 1998年全区成人中专教育稳步发展。主要体现在：（1）积极探索成人中等专业教育改革的新路子。在桂林市经贸干部中专学校、广西二轻成人中专学校、桂林市财贸干部中专学校、广西职工经济管理中专学校等开展以竞争上岗、全员聘任为主要内容的人事制度改革，加快了成人中专学校内部体制改革的步伐，收到较明显成效；在部分成人中专学校继续进行“双证”、“多证”、“岗位培训—专修班—全科班（三位一体）”的办学模式的试点，为经济建设第一线培养复合型、应用型的初、中级人才，探索在新形势下中等专业继续教育的新路子，受到各部门和社会的欢迎；继续进行成人中专招生制度的改革。（2）加强和规范管理，千方百计提高教学质量。组织编写了21个专业的指导性教学计划，为全区成人中专教学改革打下了良好基础；组织改版、修订了《语文》、《数学》等部分公共课教材，使之更适合成人中专教育的实际；继续开展对新办学校、新增专业、新设校外点的评审工作。在认真调查的基础上，根据有关政策对群众反映较大的个别成人中专校（班）乱登招生简章、乱设校外点等问题，予以严肃处理。为保证培养人才规格质量，对成人中专校（班）97级学生23 035人进行《语文》课统考，统考合格率为80%。举行业务技能比赛和开展学术活动，进一步活跃学习和学术氛围。

〔**成人高等教育**〕 组织专家组对普通高校函授、夜大学教育进行了检查评估，推动学校不断增加投入，改善办学条件。组织开展对广播电视大学的教学评估工作，广西广播电视大学通过了评估。加强成人高等教育教材建设，认真贯彻落实教育部高教司推广应用的100门成人高等教育规范教材，为全区成人高等教育今后统一使用规范教材打下了基础。对部分公共基础课进行全区统考，促进学校教风、学风的好转。开展全区广播电视大学"注册视听生"试点工作，首次招生1 500人。加强《专业证书》教育和岗位培训工作，大力支持有关部门委托举办成人高等教育《专业证书》班，使《专业证书》教育直接有效地为部门和行业提高人才素质服务。

〔**社会力量办学**〕 完成《广西壮族自治区实施〈社会力量办学条例〉办法》（草案）的修改工作，报请自治区政府审定。开始向全区审查合格的社会力量办学机构颁发全国统一的社会力量办学许可证。促进了全区社会力量办学事业的健康发展。

撰稿 钟宏有

民族教育

〔**综述**〕 1998年，全区在校少数民族学生情况：幼儿园儿童18.35万人，比上年增加0.30万人，占在园儿童总数的21.78%；小学217.94万人，比上年减少10.45万人，占在校生总数的36.11%；普通中学107.60万人，比上年增加24.17万人，占在校生总数的42.64%；职业中学2.03万人，比上年减少0.22万人，占在校生总数15.32%；普通中等专业学校5.94万人，比上年增加0.31万人，占在校生总数的39.03%（其中中等师范学校在校生1.29万人，比上年增加0.09万人，占在校生总数的43.83%）；成人中等专业学校3.54万人，比上年增加0.23万人，占在校生总数的38.78%；普通高等院校2.42万人，比上年减少0.05万人，占在校生总数的31.17%；成人高等院校0.63万人，比上年减少0.18万人，占在校生总数的19.35%。少数民族专任教师：幼儿园0.51万人，比上年增加76人，占教师总数的22.12%；小学7.40万人，比上年减少0.19万人，占教师总数的37.75%；职业中学0.20万人，比上年减少16人，占教师总数的25.89%；普通中等专业学校0.21万人，比上年减少168人，占教师总数的24.11%（其中中等师范学校0.06万人，比上年减少63人，占教师总数的25.35%）；成人中等专业学校0.16万人，比上年增加0.03万人；占教师总数的38.81%；普通高等院校0.16万人，比上年减少48人，占教师总数的20.49%；成人高等院校0.03万人，比上年减少170人，占教师总数的9.16%。

〔民族小学渗透职业技术因素教育实验〕 经过多年实验，民族小学渗透职业技术因素教育实验工作取得了显著成效：一是文化教育与职业技术因素教育协调发展。6所实验学校文化课教学的质量都较以前有了明显提高，在本县或本乡同类学校中名列前茅。象州县中平乡古磨小学两年来每学期期末考试的成绩均居全乡首位，毕业班学生参加柳州地区“普九”乡镇双达标测试的合格率达100%，先后有13名学生获得中南省区、地区的学科竞赛奖。通过早期渗透职业技术因素教育，培养学生养成良好的劳动观念，并掌握一定的劳动技能。二是对当地经济发展起到一定的促进作用。根据当地群众的生产和生活需要，6所实验学校先后开设了种植、养殖、手工技术等20多门生产技术的渗透教学。学生学到技术后，用于指导父母发展家庭经济，取得好的效益，激发了家长学习科学生产技术的热情，家长和周边群众纷纷参加学校举办的各类农村实用技术培训，掌握、运用科学技术发展生产，走上致富的道路。三是实验小学在当地教育改革过程中产生了以点带面的效应。融水苗族自治县开展渗透职业技术因素教育的学校从原来的3所扩大到15所。金秀瑶族自治县把实验小学的做法逐步推广到全县各级学校。

〔教育对口支援〕 自治区教育厅组织全区受援县的有关领导到广东考察，学习广东的先进经验，向广东有关市教育部门汇报受援县教育发展的情况，提出受援方案，落实受援项目。绝大多数受援项目已经实施，部分校舍建设项目已建成交付使用，产生了良好效益。自治区邮电管理局向教育部门捐赠人民币200万元，援助凌云、靖西、天峨、环江、融水、鹿寨、平乐、贺州、马山、临桂10个县（市）的一个边远乡镇各建一所邮电希望小学。自治区教育厅及有关县（市）教育部门认真抓好邮电希望小学的建设工作。

〔壮汉双语文教学工作〕 全区壮汉双语文教学工作继续贯彻积极、稳妥的方针，健康、持续开展。一是加强对有关县（市）和学校的管理和指导，促进该项工作深入开展；二是翻译、印刷教材，修改重印学前班教材，编写学前班教学参考书，满足教学需要；三是组织开展小学壮汉双语文教案和作文比赛，激发了有关学校的领导、教师和同学们搞好壮汉双语文教学的热情，促进了双语文教学水平的提高。

撰稿　慕朝京　黄耀强

审稿　余益中

海南省教育

概　况

〔基本情况〕

1998 年各级普通学校基本情况

单位:人

学校类别	学校数(所)	毕业生数	招生数	在校学生数	教职工数	
					计	其中专任教师
一、普通高等学校	5	3 519	4 354	13 605	3 456	1 362
研究生		15	30	73		
本　科	4	1 348	2 053	7 214	3 071	1 180
专　科	1	2 156	2 271	6 318	385	182
二、中等专业学校	33	7 224	10 398	26 757	3 407	1 729
中等技术学校	25	4 266	6 932	16 976	2 345	1 127
中等师范学校	8	2 958	3 466	9 781	1 062	602
三、普通中学	487	104 982	145 573	385 306	29 442	21 970
高　中	95	13 568	17 988	46 751		3 262
初　中	392	91 414	127 585	338 555		18 708
四、农业、职业中学	37	2 429	3 189	7 446	1 392	1 053
高　中	37	2 375	3 143	7 266		
初　中		54	46	180		
五、工读学校	1				6	
六、小　学	4 249	152 847	165 948	1 071 910	56 521	49 868
七、特殊教育学校	1	60	192	1 544	77	54
八、幼　儿　园	516		85 130	119 878	6 426	4 321

1998年各级成人学校基本情况

单位：人

学校类别	学校数(所)	毕业生数	招生数	在校学生数	教职工数 计	教职工数 其中专任教师
一、成人高等学校	4	3 289	3 952	9 604	429	221
广播电视大学	1	360	503	1 151	124	74
职工高等学校	2	47	120	225	142	67
农民高等学校						
管理干部学院						
教育学院	1	693	1 140	3 377	163	80
独立函授学院						
普通高校举办：						
函授部		409	920	2 040		
夜大学		135	131	520		
成人脱产班		1 645	1 138	2 291		
二、成人中等专业学校	26	2 990	1 676	7 080	996	515
广播电视中专	1		116	630	42	15
干部中专						
职工中专	5	602	574	1 547	131	73
农民中专	2		34	104	87	43
函授中专						
教师进修学校	18	2 388	952	4 799	736	384
三、成人中学	4	423	314	512	36	15
职工中学	4	423	314	512	36	15
农民中学						
四、成人技术培训学校	1 275	305 377	317 591	339 797	537	155
职工技术培训学校	41	9 853	6 706	7 535	55	40
农民技术培训学校	1 234	295 524	310 885	332 262	482	115
五、成人初等学校	260	6 622	6 719	7 718	201	53
职工初等学校						
农民初等学校	260	6 622	6 719	7 718	201	53
其中：扫盲班	210	5 506	6 273	7 090	134	32

制表 唐电润

〔**年度工作方针**〕　1998年，全省教育工作指导思想是：认真学习邓小平理论，深入贯彻党的十五大精神和省第三次党代会精神，从海南实际出发，推进全省教育改革和发展，为把一个与大特区建设相适应的、协调发展的海南教育推向21世纪打好基础。

坚持“全面适应，积极探索，加快改革，有所突破”和“规模、结构、质量、效益内在统一，相互协调”的思路，继续抓紧省委、省政府《关于贯彻实施〈中国教育改革和发展纲要〉的意见》、《海南省教育事业“九五”计划和2010年远景规划》的实施，进一步推动教育战略地位的落实，促进教育投入到位，深化各项教育改革，统筹安排各层次教育，正确处理好规模与结构、数量与质量、速度与效益的关系，增强教育的生机和活力。

加强教育战线的思想政治理论建设。高等学校要进一步抓好“两课”，使邓小平理论“进教材、进课堂、进头脑”。中小学要通过思想政治课、思想品德课、活动课及班、团、队活动，开展适合中小学生特点的学习教育活动，使学生从小接受基本观点的教育。

继续以“普九”工作为重点。将工作重点放在规划1998年“普九”达标的定安、屯昌、临高、保亭、乐东、通什、昌江、白沙（复检）8个市县，强化各级政府行为，加大资金投入，加快校舍危房改造。使全省实现“普九”的地区按县市（区）为单位计算，人口覆盖率达77.9%，以乡镇为单位计算，人口覆盖率达91.5%以上。同时抓好已“普九”验收地区的巩固提高工作，继续保证资金投入，特别要下大力气加强薄弱学校建设。计划1999年和2000年实现“普九”的市县、乡镇，也要有紧迫感，改善办学条件。已实现“普九”的市县要积极推行素质教育，出台海南省推行素质教育的整体方案，提倡和支持各种类型的素质教育改革实验，重点抓好海口、琼海两市中小学及省教育厅直属中学素质教育试点和成果推广工作。建设一支适应素质教育发展的师资队伍，建立科学的素质教育督导评估体系。改革升学考试制度，实现“普九”地区全面试行小学初中分区免试就近入学，抓好学生的“减负”工作，同时防止因“减负”而放松教育教学要求的现象。

加快发展职业教育。逐步实现中等职业教育在校生占高中阶段在校生总数60%的目标。促进“普九”达标的市县进一步加快发展职业教育，实施三级教育分流。抓好普通中专招生并轨改革。通过“三改一补充”途径和形式，因地制宜地发展高等职业教育，主要依托高校办好高职班。继续促进农（经）科教结合、“三教”统筹和“燎原计划”的实施，在更大范围、更高层次上推进。

稳步发展高等教育。进一步加强高校党建工作，抓好跨世纪的高校领导班子建设，深入进行讲学习、讲政治、讲正气的党性党风教育，组织上建立坚强的领导核心，作风上加强廉政勤政建设。贯彻高等教育管理体制改革“共建、联合、调整、合并”八字方针，进一步优化高等学校规模和结构，实现资源共享、优势互补，提高教育质量和办学效益。根据国家教委颁布的本科专业目录，结合海南产业结构，清理和调整高校专业设置。继续深化以“面向二十一世纪教学内容和课程体系改革计划”为重点的高等教育教学改革。促进大专院校与科研机构、企业的合作，走产学研结合的道路，推进高校科研工作。

积极发展成人教育。巩固扫盲成果，加强脱盲青壮年的继续教育和培训工作，做好新增青壮年文盲、半文盲的扫盲工作，堵住产生新的文盲、半文盲的缺口，迎接国家教育部检查验收。积极探索新形势下成人培训教育的新路子，加强乡镇、农村成人文化技术学校建设，扩大省级示范乡镇成人文化技术学校试点。加强成人中专招生改革力度，努力办好几所农民中专学校。在抓好成人高校举办学历教育的同时，要更多地举办非学历岗位培训和继续教育，充分体现成人高校的办学特点。

〔**全省教育工作会议**〕 1998年3月2日～4日，海南省教育工作会议在海口市召开。省委副书记、副省长王厚宏到会作了题为《合理配置要素，提高办学效益，为海南跨世纪发展提供人力资源和智力支持》的讲话，省教育厅厅长符鸿合作了工作报告。王厚宏在讲话中总结了海南自建省以来教育事业发展取得的成绩和存在问题，提出1998年几项工作要求：(1) 切实打好“普九”攻坚战。没有“普九”的市县要千方百计集中力量加紧实施，确保按规划如期实现“普九”。已实现“普九”的市县要切实加强巩固提高工作，加快教育现代化进程。(2) 加快发展农村职业教育。省里重点抓综合规划，抓信息，抓校长培训，抓师资培训和配备，抓示范性学校，抓政策上和投入上对农村职业教育的支持，抓编写通用、实用的职业教育教材；市县要抓经济、社会的综合调整，抓学校布点和专业布点，抓实践基地，抓农科教协调机制，抓经费筹措。(3) 素质教育必须全面启动，整体推进。1997年海口、琼海两市区域推进素质教育试点的经验，要在全省范围内推开，把素质教育引向深入。(4) 加大政府对教育工作的统筹力度。切实增加对教育的投入，足额征收教育费附加、多渠道筹措教育经费，进一步改善办学条件；要积极协调有关部门和社会各界对教育的支持，进一步促进全社会形成尊师重教的良好氛围，完善教师工资发放保障机制，加快教职工住房建设步伐；城区学校富余教师要分流到贫困乡镇帮助“普九”，决不允许再请代课教师，解决有些地方和有些学校教师超编的问题。

〔**教育经费投入**〕 1998年，全省财政预算内教育经费8.9598亿元，比上年增加0.2572亿元，增长2.95%。其中预算内教育事业费支出为8.2736亿元，比上年增加0.8616亿元，增幅为11.62%；财政预算内教育经费占省财政总支出的15.74%，财政预算内教育事业费支出占省财政总支出的14.54%。全省校办企业、勤工俭学收入用于补充教育经费2 789.2万元。

〔**“安居工程”建设**〕 1998年省教育厅加速教职工“安居工程”建设。年初组织人员深入各市县调查研究、分类指导、分步实施，多方筹措建房资金。为保证已上缴教师住房基金及时返还给教育部门安排使用，省教育厅与省政府办公厅、省财政厅一起组织联合检查组到各市县进行督查。据初步统计，1998年，全省高校教职工住房竣工面积达9 000多平方米，投入850万元；新建中小学教职工住房近15万平方米，投入8 888万元。

〔**教育对外交流**〕 1998年公派26人去美国、马来西亚、荷兰、新加坡、加拿大、澳大利亚、新西兰等国留学。共有20个单位聘请

53 名外籍教师。1998 年促成省外贸学校与美国伊利诺斯州东联学院举办双联两年制大专班;促成海南振发学校与加拿大安大略省多佛港中学合作;鼓励海南大学与太平洋国际学院、英国丹迪大学合作。1998 年省政府又审批华南热带农业大学招收外国留学生资格。到年底,全省已有 3 所高校具有接受来华留学生的资格。全省有日本、德国、美国、比利时、韩国、泰国、法国等国留学生 44 人。1998 年省教育厅组织 29 名教育行政管理干部分赴日本、加拿大、美国考察基础教育、高校教育行政管理以及合作办学的外方院校;同时审批高校 17 人次,分赴 8 个国家和地区进行各类访问、交流以及参加国际会议。

〔**“扶贫支教”工作**〕 1998 年,省教育厅与省监狱管理局联手扶持保亭县六弓乡。省教育厅主要领导多次深入该乡实地调查研究,在调查基础上制定具体扶贫方案,安排干部蹲点,半年来,投入 100 余万元,主要扶持该乡文化教育项目、基础设施项目和发展农村经济项目等。组织海南师范学院帮扶保亭中学;海南大学向保亭县民族中学捐赠教仪设备价值 20 万元、植物园建设资金 8 440元,支持该校改善办学条件。

基础教育

〔**综述**〕 1998 年,全省小学在校生比上年减少18 899人;初中在校生比上年增加 15 411 人;残疾儿童少年在校生:省聋哑学校在校生 438 人(其中初中生 110 人),特教班学生 22 人,随班就读1 084人,共1 544人,比上年增加 439 人;在幼儿园幼儿(含学前班幼儿)比上年减少 18 454 人。

全省学龄儿童 954 323 人,已入学 947 479人,入学率 99.28%,初中适龄少年 366 433人,在校初中生338 735人(含职业中学初中生),毛入学率达 92.44%。

全省小学毕业生升入初中就读127 631人(含职业中学普通初中班),升学率为 76.91%,比上年减少 3.89 个百分点;初中为 92.44%,比上年增加 11.56 个百分点。全省中小学教师与学生的比例为:小学 1:21.49,初中 1:18.09,高中 1:14.33。

〔**义务教育**〕 1998 年,根据调整后的“普九”规划,定安、屯昌、临高、保亭、乐东、通什、昌江、白沙 8 个市县要在年内实现“普九”,其中 5 个是民族市县。为此,省教育厅强化了“普九”在整个教育工作中的“重中之重”地位,及时召开“普九”通气会,组织人员深入调查,摸清底数,加大对“普九”难点问题的专项解决。各有关市县也高度重视，加大投入，全民动员，形成“一切为‘普九’，一切有利于‘普九’的社会氛围。经过各级政府和广大干部群众、教师的艰苦努力，8市县如期实现了“普九”。同时，省教育厅继续抓好已“普九”市县的巩固提高工作。至1998年底，全省已有17个县（市、区）及所有国营农场（单位）实现“普九”，普及地区人口594万，占全省总人口的81.98%。

〔**高中教育**〕 省教育厅召开部分重点中学校长和教育局长参加的“普通高中教育专题研讨会”，对如何提高全省普通高中教育质量进行探讨；同时组织有教学经验的教师和省教科所教研员组成报告团，到文昌、儋州、东方和三亚市作巡回报告，介绍办学经验。加强普通高中毕业证书管理。从1998年起，全省普通高中毕业证书由省教育厅统一验印，以推动普通高中教学质量的提高。召开第三届省重点中学校长协作会，有30多名校长参加，就提高教育教学质量等问题进行探讨，探索高中多样化办学模式。

〔**幼儿教育**〕 1998年2月20日召开海府地区省一级园园长座谈会。交流工作经验。座谈会倡议省一级园与少数民族地区幼儿园进行手拉手互助活动，帮助贫困地区、民族地区幼儿园提高教育质量。4月2日～3日在海口市召开全省特幼教育工作会议。会议提出：要加强对民办幼儿园的规范化管理，清理非法办园，取消城区学前班，大力发展农村学前班，发挥乡镇中心园的示范辐射作用。会后，各市县认真贯彻会议精神，琼山市对民办幼儿园进行整顿，对违反教学规律、办学条件较差的7所幼儿园予以撤销。9月，省教育厅对海口、琼山、定安、儋州4市县的民办幼儿园进行复查，并发出《关于做好私立幼儿园整顿工作及换发办学许可证的通知》，要求各市县教育局于1998年底前完成换证工作。1998年省教育厅开展全省性幼儿园优质课评比活动，促进幼儿园教学质量的提高。同时加强师资队伍建设，通过选派幼儿园教师参加中国福利会上海宋庆龄基金会举办的幼师培训班学习，举办幼儿园园长培训班，组织部分园长、幼儿骨干教师到江苏、上海、浙江等地考察学习等方式，提高其业务素质。

〔**民办教育**〕 1998年，全省民办中小学49所，其中中学20所，在校生6 045人（初中生5 249人，高中生796人）；小学29所，另有教学点3个，在校生12 391人。

5月21日，在海口召开全省民办中小学管理工作会议，参加会议的有民办中小学校长50多人。会上讨论修改了省教育厅制定的关于贯彻实施《社会力量办学条件》的文件。文件对民办中小学校的审批、备案、收费、广告、招生，以及民办教育机构的内部管理等方面作了规定。从5月开始，对全省民办中小学校的办学条件进行全面复查。经复查，全省有50所民办中小学校的办学条件基本合格，统一换发了新的社会力量办学许可证，对不具备办学条件的3所学校，或予以解散，或令其停办。

〔**德育工作**〕 1998年，全省中小学以“五爱”为主线，以日常行为规范教育为基础，以中小学思想政治课、思想品德课教育为主要内容，对青少年进行思想政治和道德品质教育，使中小学德育工作开始走上科学化、制度化、系列化的轨道。(1)认真开展五项专题教育，即：现代化建设的伟大成就和宏伟目标教育；中国近代史、现代史、中共党史教育；基本国情、省情教育；中华民族优秀传统和革命传统教育；民族团结和国家统一、国家安全教育。(2)广泛开展六项活动，即：“三个百”活动(看百部爱国主义优秀影片、读百部爱国主义优秀图书、唱百首爱国主义优秀歌曲)；通过参观爱国主义教育基地，利用书报、课堂，运用升国旗、唱国歌、演讲比赛等活动进行爱国主义教育；运用重要纪念日、重大历史事件对学生进行爱国主义教育；开展自强自理教育实践活动，培养学生艰苦奋斗精神和自理能力。

在思想道德教育中，着重采取以下措施：(1)以中小学生守则为主要内容进行经常性教育。(2)充分发挥党、团、少先队组织和离退休干部在教育青少年中的积极作用，进一步加强学校、家庭、社会“三结合”共同育人网络建设。(3)继续开展警、校，军、校共建活动，加强法制教育、禁毒教育、消防教育、安全教育，在法制教育中用个别学生的违法违纪案例和事故进行教育，增强师生的法制观念和安全防范意识。(4)继续开展“希望工程”、“青年志愿者”、“手拉手”活动和学雷锋，学赖宁，学抗洪英雄李向群等活动。(5)开展评选“优秀学生干部”、“三好学生”活动，开展创建“文明学校”、“文明班级”竞赛活动等。通过思想道德教育，学生中好人好事不断涌现。1998年有552名学生被评为省级“三好学生”、“优秀学生干部”。全省中小学生品德操行合格率达98%以上。

〔**教学工作**〕 (1)1998年，省教育厅制定了《海南省中小学素质教育实施方案》，印发各地执行。(2)8月中旬，省教育厅召开调整九年义务教育教学内容和教学要求的会议，并举办首次全省教研员培训班和教研室主任研修班，有350人参加。会议对初中语文、数学、外语、物理、化学、生物、历史、地理和小学思想品德、语文、数学11个学科调整教材的有关文件进行学习和讨论，对《目标、导学、评价系统实验研究丛书》的使用进行了操作培训，帮助教师提高教学水平。(3)检查各市县对省教育厅印发的《关于调整初中课程计划、教学大纲和教材内容的意见》的执行情况。(4)围绕推进素质教育，举办专题讲座、报告会等形式多样的学科教研活动：3月，邀请全国学校管理体制改革专业委员会有关专家来作关于中小学管理改革与素质教育的专题报告会；4月初，邀请美国华盛顿州Komachin学校的3位专家来琼举办“学校管理与教学改革报告会”；举办了“说、授、评”和优质课调教活动，全省有小学语文、数学，中学物理、历史、地理等课教师共6 300多人参加。(5)加强了音、体、美、劳等薄弱学科的教学工作；美术学科举办了“华兴杯”海南省中小学美术欣赏课评优活动；音乐科进行了“器乐课堂教学普及工作”培训。(6)小学语文学科召开了全省“情境教学”研讨会，推广吉林“情境教学”经验和组织“送教下乡”活动；幼儿教育邀请上海幼教特级教师来琼作示范课讲座和教学观摩课活动；中学政治、英语、化学、历史、地理、生物和小学语文等学科开展了以素质教育为主题的论文评选活动，英语学科继续推广“张思中外语教学法”。

通过以上一系列教学、教研、评优、调教活动，促进了学校教学水平的提高。在全国举办的各类学科比赛中，海南省都取得了优秀成绩：在全国中学政治教学论文评选中获二等奖一篇，在第二届全国初中青年数学教师优质课观摩评比活动中有2名教师分别获讲课和授课一等奖；在全国历史教学论文评选中，获一等奖3篇、二等奖3篇、三等奖3篇；在全国生物教学论文评选中，获二等奖2篇、三等奖6篇；在全国小学语文“情境教学”论文评选中，有1人获一等奖、2人获二等奖、22人获三等奖；小学自然在全国论文评选中获一等奖1篇、二等奖2篇。

〔**体育、卫生与艺术教育**〕　(1) 3月19日～20日，省教育厅在海口市召开全省学校体育、卫生、国防、艺术教育工作会议。会上传达贯彻全国学校体育、卫生、国防教育工作会议精神，布置1998年工作。会议重点研究如何抓好落实《学校体育工作条例》和《学校卫生工作条例》评估细则的宣传、实施工作。(2) 10月19日～26日，组织3个检查评估组对各市、县贯彻落实《“九五”期间农村学校体育卫生工作意见》的情况进行检查评估。(3) 11月2日～10日，在通什市举行全省中学体育课调教评优活动，推动了全省特别是农村学校体育课开课率的提高。(4) 受中国中学生体协委派，5月，省中学生男排队参加在希腊举行的世界中学生排球比赛，获第五名；7月，承办'98全国中学生排球比赛，还举行了全省中学生足球、篮球、田径等比赛。(5) 在抓好健康教育开课率的同时（海南省健康教育开课率城镇达90%以上，农村学校达60%左右），继续开展“学校健康教育评价方案”的验收，12月底验收琼海市、三亚市和儋州3个地区。(6) 在省选拔的基础上，8月赴京参加全国中小学文艺汇演，共选送10个节目参加评比，获一等奖3个、二等奖2个、三等奖3个。10月，举行全省中小学音乐、美术课教学（录像）评选，有10个市县和单位共选送35节课参加评比。(7) 1998年省教育厅依据《教育法》和《国防法》，认真抓好九年义务教育阶段的国防教育工作。9月，派检查组加强高等院校、中等专业学校军训工作的管理和指导。同时推行琼山市创办少年军校的先进经验。

〔**教师队伍建设**〕　1998年，省教育厅采取措施加强师资队伍建设。(1) 加强思想政治教育和职业道德教育；倡导敬业和奉献精神，提高教师政治素质，增强教书育人的责任感和使命感。(2) 加强师资培养和培训。选送200名优秀中师生到省内外高等师范院校进修，在中师学校举办小教大专班；成立海南省高校师资培训中心；举办中师青年教师硕士研究生课程进修班，参加的有校级领导、青年教师，共105名（其中中文专业70名，数学专业35名），由华中师范大学选派博士生导师授课，到年底，已授课10门，考试8门；10月举办全省小学教师一般基本功竞赛，21个单位105名选手参加普通话口语、三笔字、简笔画比赛。(3) 加强中小学校长培训。至年底，已有520名中学校长参加《素质教育理论和实践》、《邓小平教育思想》、《社会主义初级阶段理论》、《中学教育科学研究》、《学校法制基础》等专题培训。(4) 抓中小学教师学历补偿和提高学历层次培训。海南教育学院招收本、专科生1 269名；琼州大学成教部招收师范类专科7个专业551名学生；全省18所教师进修学校、东方师范进修部、省幼儿师资培训中心共招收学生1 020名。(5) 各培训单位还举办了小学新教师试用期培训班、小学一级教师岗位培训班、小学骨干教师培训班、小学教师学科提高培训班、民办教师岗位培训班等各种类型的短期培训，据不完全统计，共培训7 221人。海南教育学院与美国英语学会合办第九期暑期英语口语培训班，培训90名中学英语教师和本院在校生。通过多形式、多层次培训，全省小学、初中、高中教师学历达标率分别为97.1%、83.7%和59.2%，分别比上年提高0.3、3.0和2.7个百分点。(6) 做好民办教师转正工作和教师专业技术职务评聘工作。1998年有1 143名民办教师转为正式教师；完成315名高级教师、682名中级教师任职资格的评审工作，同时审核了授权由有关市县评审的1 215名中级教师任职资格。并做好19个市县共5万多名教师资格过渡工作。(7) 开展模范教师、先进教育工作者评选活动。黎当贤被评为“全国教育系统先进工作者”，吴义等5人被评为“全国模范教师”，王圣智等18人被评为“全国优秀教师”，陈大万被评为“全国优秀教育工作者”，徐应彬等56人被评为“全省优秀教师”；王光雷等38人被评为“全省优秀教育工作者”。

〔**督导工作**〕 1998年4月27日～29日在海口召开教育督导工作会议，传达全国教育督导工作会议精神，总结1997年海南教育督导工作，对各市县分管教育督导工作的局长及督导室主任进行业务培训，对进一步搞好1998年“两基”工作，并在全省范围内尤其是普及了九年义务教育的县（市、区）开展中小学办学水平等级评估工作进行了部署。10月20日～11月13日组织有省人大、省政府，省人劳保厅、财政厅、发展计划厅和教育厅有关处室及省督学共40人的评估验收团，分2个分团，对定安、屯昌等8个市县的“普九”、“普实”工作进行评估验收。进行普通中小学的办学水平等级评估工作。1998年对海口市教育局申报的“省示范学校”、“省一级学校”进行评审，确认海口市二十七小学为“省示范学校”，海口市九中、海瑞学园为“省一级学校”，并给3所学校颁发奖牌。抓督导机构和队伍建设。到1998年底，全省各市县和农垦总局都建立了教育督导室，有13个市、县配有专职督学（督导人员）。全省共有专职督导人员43人、兼职督学43人。

〔**勤工俭学**〕 1998年，省教育厅认真落实《海南省1997～2000年勤工俭学发展规划》，继续推动“百校万亩”项目的进展。1998年全省开展勤工俭学活动的中初等学校有4 670所，占中初等学校总数的95.5%；按照教学大纲要求安排劳动课，对学生进行劳动教育和生产技能教育的学校有4 200所，占中小学校总数的85%；接纳学生参加劳动的基地有4 596个，参加劳动的学生达112万人次。全省勤工俭学总产值及营业额达14 500万元，总收益6 000万元。

〔**治理中小学乱收费**〕 1998年8月，省教育厅召开全省教育系统纪检监察会议，对治理中小学乱收费工作进行全面部署。1998年，共查处违纪案件72宗，查出违规金额215.5643万元，处理责任人18人。10月，省教育厅与省监察厅、物价局、财政厅联合组成中小学收费工作检查组，分成4个小组，到海口、琼山、文昌、临高等8个市县进行秋季开学收费检查，在检查中做到边发现，边纠正，边处理，遏制了乱收费的现象。省教育厅又会同省财政厅、省监察厅、省物价局草拟了《关于进一步治理中小学乱收费的意见》报省政府转发各市县执行。各级政府和教育行政部门认真贯彻《意见》，加大了对违纪案件的查处力度。绝大多数学校做到收费制度化、规范化。

〔**教育设施建设**〕 1998年，海南省多渠道筹措教学仪器设备和实验设施资金达3 000万元，比上年增长15.4%。定安、乐东等8个市县和38个乡镇“普实”达标。全省中小学实验室开设率分别达到85%和73%。全省中小学新建实验教学校舍3.5万平方米，比上年增长62.7%。至年底，全省已有7所中小学被教育部确定为国家级现代教学技术实验学校；海口市二十七小学被评为全国电化教育先进单位；有23所省级电教示范学校的电教使用率达到80%，已有326所学校开展了计算机教学。电教教材建设有新发展，编制、收集、发行多媒体教材分别为323部（卷）、3 000课时、4 780小时。深入开展电教科研活动，承担中央电教研究课题8个，举办各种业务技术培训，提高了实验教学技术人员素质。

职业教育

〔**综述**〕 1998年，海南省中等职业中学与1997年相比，中等技术学校增加1所，招生增加1 365人，在校生增加2 371人，毕业生增加751人；中等师范学校招生减少77人，在校生增加482人，毕业生增加41人；农职业中学增加2所，农职业高中招生增加6人，在校生减少292人，毕业生增加14人。全省中等职业教育在校生人数占高中教育阶段在校生人数的比例为42.12%（不含技校和成人中专在校生），比上年提高0.64个百分点。

〔**中专教育**〕 1998年，省教育厅认真贯彻《职业教育法》，深化中等专业学校内部管理体制、教学、招生制度等改革，积极支持民办职业学校，加强对示范性职业学校的评估。主要工作是：

学校内部管理体制改革。5月，省教育厅召开全省中专学校内部管理体制改革研讨会，与会人员参观学习了海南省第二卫生学校、海南省工业中专学校内部管理体制改革经验，讨论研究了海南省中专学校实行校长负责制，教职工全员职责聘任制和岗位责任制、学校结构工资制、学校后勤服务社会化等问题。会后，学校内部管理体制改革在全省逐步铺开。

教学改革。年初，省教育厅继续在海南省农业学校、海南省工业中专学校试行CBE教学模式和卫生类中专学校实行目标教学模式，以及推广海南省外贸学校的教考分离等教改措施。10月召开全省中专教学改革座谈会,总结前段教改经验,进一步研究、探讨中专教学改革有关问题,促进教学改革全面开展。同时组织编写中专学校微机教材,举办微机教师培训,提高教师的计算机教学能力。

招生改革。年初,省政府转发《海南省教育厅关于我省普通中等专业学校招生并轨改革的意见的通知》。秋季招生除省警察学校外,全省22所中等专业学校和中等师范学校师范类的幼师专业都实行招生并轨改革。全省23所中专学校招生录取完成了招生计划的96.7%,实际到校生占录取生的90.7%。此项招生改革博得社会的欢迎。同时进一步深化农业类中专招生改革。1998年继续在海南省供销学校的市场营销专业招收往届高中毕业生,拓宽了中专人才通往农村基层的渠道。另外,还在海南省农业学校、通什农业学校等4所学校举办"小康班",从全省45个贫困乡镇招收具有初中以上文化程度的农村青年,学制2年,共录取436人,为贫困乡镇培养技术骨干和致富带头人。

1998年,还先后制定了《海南省社会力量办学以学历教育为主要培养目标的中等职校审批意见》、《海南省普通中专对口扶持职业中学实施方案》等文件。加强普通中专、职业技术学校管理;开展普通中专对口扶持职业学校14所;举办第三期职业中学校长岗位培训班,共有20名校长参加培训。年终,对15所中专学校办学水平进行评估,其中8所中专已被批准为省级重点中等专业学校。

〔**中等师范教育**〕 1998年,继续深化中师教学改革,围绕"提高培养培训质量,为基础教育服务"这个中心任务开展工作:(1)加强教师职业道德教育,加强对学生的教育管理,共塑"两代师表"。开展评选"琼州优秀中师生"活动,按德、智、体、美、劳全面发展的高标准,从8所中师和18所教师进修学校评出40名"琼州优秀中师生"。(2)5月初召开全省中师学校工作会议。会议提出以课堂教学为突破口,狠抓中师教学改革,提高中师教学质量。(3)分别在琼海师范学校、琼台师范学校、临高师范学校开展全省中师教育学、数学、小学语文3门学科的调教评比活动;组织全省中师化学教师知识能力竞赛。(4)在全省中师生中开展小学教师教学基本功训练活动,按不同年级提出要求加强训练。有2 400多名毕业生参加了"三字一画一话"基本功的考核,1 000多人获得合格证书。(5)推荐中师优秀应届毕业生上高等师范学院深造。1998年共选送200名,其中西南师范大学40名,华中师范大学20名,海南师范学院30名,琼台师范学校大专班80名,海南外国语师范学校大专班30名。(6)开展读书、写论文活动。各学校定时间、定内容,要求教师一年内读2~3本新教育理论著作、科技著作或业务专著,补充知识。组织全省师范教育论文评比,共有中师学校、教师进修学校教师撰写的312篇论文参评,评出一等奖12篇,二等奖40篇,三等奖122篇。(7)开展中师"教学能手"评选活动。有语文、数学、教育心理学3个学科,共有48位教师参加,经评选,有13名教师获得"中师教学能手"称号。(8)继续组织中师教师基本功训练,对象是1997年考核不合格的教师,进行强化训练,并采取评聘、评优挂钩。到年底进行考核验收,有191名合格,发给合格证书。(9)组织评选曾宪梓基金会中师进修学校教师奖,经教育部审批,有1人获二等奖、6人获三等奖。

高等教育

〔**综述**〕 1998年，海南省普通高校在校本、专科生，比上年增加749人，在校研究生比上年增加15人，专任教师比上年减少18人，专任教师中有正高级83人、副高级349人、中级542人、初级345人。

〔**党建工作与干部队伍建设**〕 (1)1998年，省高校工委、省教育厅党组协助省委组织部对海南大学、华南热带农业大学、海南师范学院、海南医学院、琼州大学、海南广播电视大学的领导班子，进行了调整。省高校工委还会同省委组织部、省人事劳动厅选送5名高校处科级年轻干部到地方挂职，支教扶贫；配合省委组织部抓好海南大学、海南师范学院、海南教育学院党委换届选举工作，健全了领导班子，使高校领导班子的知识结构、专业结构、年龄结构更加完善与合理。(2) 抓好领导干部理论学习。许多校领导在学习中带头结合实际撰写理论文章，向师生作学习辅导报告。华南热带农业大学党委坚持每年召开一次领导干部理论研讨会，研究学校的改革和发展。(3) 做好干部培训工作。1998年，全省高校有10名校级领导干部、近20名院级领导干部、12名处科级管理干部分别到国家高级教育行政学院、省委党校、中南干部培训中心接受培训。各高校还开展了校内培训。(4) 加强领导干部党风廉政建设。5月，省教育厅向各高校转发了中共海南省纪委、海南省委组织部《关于开好1998年党员领导干部廉洁自律专题民主生活会的通知》，要求各高校不断提高党员领导干部民主生活会的质量，切实加强领导班子的思想政治建设和党风廉政建设。广大领导干部认真学习中纪委的有关规定，经常对照检查，廉洁自律，勤奋工作。(5) 表彰先进。6月，高校工委按照中共中央组织部、省委组织部的指示精神，组织各高校对民主评议党员制度贯彻落实情况进行调查。调查结果表明，各高校都注重借助民主评议党员的工作，广大党员能在各项工作中起到先锋模范作用，成为高校中改革、发展、稳定工作的主力军。为了表彰先进，树立榜样。省高校工委对1996～1998年取得优异成绩的16个先进基层党组织、26名优秀共产党员、11名优秀党务工作者予以表彰。(6) 开展以“讲学习、讲政治、讲正气”为主要内容的党性党风教育。同时开展“三评”(群众评议党员、党员评议领导干部、基层评议机关)活动。据统计，1998年全省各高校共举办培训班15期，培训党员干部1 500人(次)，举行专题报告16场。通过这些教育活动，使基层党组织和党员队伍面貌发生明显变化。(7) 做好在青年教师和大学生中发展党员工作。1998年全省高校35岁以下青年教师党员占青年教师总数的32%；大学生党员比例从1997年底的3.8%上升到1998年底的4%。

〔**“两课”教学**〕 1998年，省高校工委印发《关于马克思主义理论课和思想政治课新课程设置方案的实施意见》，对高校“两课”课程设置、课程基本内容、课程时间安排等做了规定。各高校普遍开设了邓小平理论课程。8月中旬在海南省高校德育教学科研基地（设在海南大学内）举办了《邓小平理论概论》课师资培训班。同时组织召开海南省高校思想政治课教育研究会第三次代表大会暨1998年年会和成立“海南省高校德育教学科研基地”，推动“两课”教学科研向前发展。

〔**学生社会实践活动**〕 1998年，省高校工委会同省团委联合下发《关于组织开展全省大学生志愿者暑期文化、科技、卫生“三下乡”活动的通知》，组织各高校联手扶贫攻坚，开展“三下乡”活动。到保亭县六弓乡进行农业科技、文化教育、医疗卫生、家电维修等服务活动。据统计，1998年参加暑期社会实践活动大学生有13 000多人，约占在校生的93%，参与指导社会实践活动的领导、教师250多人，投入经费近30万元，收回论文、调查报告、心得体会文章9 000多篇，社会实践活动范围遍布全省19个市县乡镇、工厂、农场、企事业单位以及东南、中南、西南、华南的部分省市自治区。

〔**精神文明建设**〕 1998年，在广大师生中继续开展“讲文明、树新风”活动。在全省高校范围内，广泛开展了“六个三”教育活动，即：坚持“三讲”（讲学习、讲政治、讲正气），崇尚“三义”（爱国主义、集体主义、社会主义），树立“三观”（科学的世界观、人生观、价值观），抓好“三德”（职业道德、社会公德、家庭美德），建设“三风”（优良校风、教风、学风），促进“三提高”（思想道德素质提高、教书育人水平提高、管理服务能力提高）。活动注重结合学校争先创优的文明创建活动。在教职工中开展文明处室、文明家庭、文明职工的竞赛，在学生中开展文明班级、文明宿舍、文明学生的评比活动。在一年的“讲文明、树新风”活动中，涌现出一大批先进个人与先进集体。11月，海南师范学院宣传部、海南医学院基础部被省委、省政府评为“海南省文明单位”，高校中有2人被评为“海南省精神文明建设活动先进工作者”、5人被评为“海南省精神文明建设活动积极分子”。

〔**高校管理体制改革**〕 为进一步优化海南高校结构布局，充实并加强高师教育力量，实现师资培养、培训一体化，省教育厅从上半年就开始筹备海南教育学院与海南师范学院合并工作。9月初正式形成方案上报省委、省政府，年底已经省委讨论通过，待报教育部审批后执行。高校内部管理体制改革也取得了重大进展。海南大学已完成第三轮人事聘任，海南医学院与海南教育学院也开展了人事聘任工作。

〔**教学工作**〕 （1）8月底，省教育厅与省高校工委联合召开高校领导干部理论研讨会。请潘懋元教授到会作以转变教育思想、观念为主题的学术报告，受到与会者好评。(2)根据新出台的本科专业目录，7月，省教育厅召开全省普通高校专业整理、调整工作会议，作了布置。10月下旬又召开全省普通高校第二届专业设置评议委员会。根据评议会意见，批准海南大学增设计算机科学与技术本科专业，海南师范学院增设教育学、教育技术学2个本科专业，琼州大学增设环境保护与监测专科专业；同意海南医学院医学美容专科专业予以备案，海南师范学院筹建音乐学、美术学2个本科专业。通过这次专业整理及调整工作，进一步拓宽了海南普通高校专业口径，优化了普通高校专业结构，使高校专业设置更加适应大特区社会经济发展需要。(3) 通过走出去、请进来的方式，加强与兄弟省市的教学交流。5月，组织普通高校大学英语教学部负责人到湖南省考察该省高校大学英语教学情况；7月，利用上海市高校教学考察团来琼考察之机，与上海市教委联合召开“沪琼两地普通高校教学工作经验交流会”，互相学习；12月初，组织全省普通高校主管教学副校（院）长及教务处长赴上海、江苏考察高校教学情况。(4) 加强大学英语、计算机基础教学，增强学生适应人才市场的本领。9月，组织海南大学、海南师范学院、海南医学院3所高校联合向教育部申报“国家大学生文化素质教育基地”项目，以此带动全省大学生文化素质教育上新台阶。(5) 10月，成立海南省高等学校、中等专业学校教材建设委员会，指导各校的教材建设。(6) 经国务院学位委员会批准，海南大学获得硕士学位单位授予权，诉讼法学专业获得硕士学位授予权点，从而实现了海南省省属高校硕士点零的突破。

〔**科技工作**〕 (1) 根据李岚清副总理指示，着手实施“海南热带农业高新技术产业示范区”项目，10月，完成专家咨询论证工作；海南大学组建的信息“两院一园”（海南大学信息科学技术研究院和信息科学技术学院、信息科技园）已启动，并正式挂牌。这两个项目的实施，加快了海南省高校科研产业化进程。(2) 8月，省教育厅印发《科学研究项目管理办法（试行）》，进一步从制度上规范了海南省高校科研项目申报、中期检查及结题鉴定工作。(3) 批准1998年高校科研项目37项（其中自然科学23项，人文社会科学14项）；推荐省级科技进步奖2项，分获二、三等奖；推荐申报教育部“九五”人文社会科学规划项目5项，有1项获准立项。另外省教育厅推荐申报的教育部“高师教学改革计划”项目，有1项获准立项，“师范教育科研项目”有2项获准立项。1998年共完成6个项目的课题鉴定工作。12月初又对已经立项的79个项目进行了中期检查及验收工作。

〔**教师队伍建设**〕 6月，成立了海南省高校师资培训中心。中心成立后，即对全省高校青年教师开展了岗前培训工作，1998年举办了2期青年教师岗前培训班，有165名青年教师完成了学业，获得了中心颁发的岗前培训合格证书。11月下旬，省教育厅组织开展了全省普通高校大学英语青年教师课堂教学比赛。有5所高校的8名青年教师参赛。

〔**招生与考试工作**〕 1998年普通高校招生报考人数17 645名，比上年增加933名。实际录取数中，文史类2 021名，外语类403名，艺术类171名，理工类4 415名，体育类97名，高职班203名。1998年经省教育厅备案的省外高校来海南省举办的研究生课程进修班共有16个，涉及经济、管理、法律等多个学科。1998年6月，省教育厅举行在职人员以同等学力申请硕士学位外国语统一考试，报考人数共357人，其中英语345人、日语9人、德语3人。考试结果：英语有124人通过，日语有2人通过，德语有2人通过，通过人数占报考人数的35.8%。

成人教育

〔**综述**〕 1998年，海南省成人高等、中专学历教育继续稳步发展，非学历教育、岗位培训有所加强。据统计，成人高等学校本、专科招生比上年减少132人，在校生比上年减少1 143人；成人中专学校招生比上年减少1 460人，在校生比上年减少2 248人；成人中学招生比上年减少131人，在校生比上年减少3人；成人技术培训学校招生比上年增加26 658人，在校生比上年增加48 115人；成人初等学校招生比上年减少466人，在校生比上年减少735人。

〔**扫盲工作**〕 3月下旬和4月下旬，省教育厅会同省民族宗教厅、省妇联、共青团省委以及全省督学，分四批约40人次，对屯昌、临高、儋州、三亚、陵水、通什、保亭、琼中、乐东、东方等重点市县的扫盲工作和农村成人教育工作进行抽查。6月2日～10日，教育部检查组对东方市、通什市作了抽查评估，认定海南省政府对各县（市、区）扫盲工作检查验收基本达标。全省基本实现了现阶段国家规定扫除青壮年文盲的目标。即农村青壮年非文盲率达到95%以上，城镇企事业单位青壮年非文盲率达到98%以上，脱盲人员巩固率达95%以上。根据教育部对海南省扫盲工作抽查评估反馈情况提出的存在问题和建议，省教育厅提出8条整改意见，要求各市县认真贯彻执行。下半年又结合“两基”验收工作，到定安、屯昌、保亭、通什、乐东、昌江、白沙、临高等市县对扫盲工作进行了全面复查。为巩固扫盲成果，加强农村成人教育文化阵地建设，7月，省教育厅发出《建设乡（镇）、村示范性农民文化技术学校的通知》，要求每个市县认真筛选，建设好3个乡（镇）、9个村的示范性农民文化技术学校。到年底全省已办起57个乡（镇）及173个村级示范性农民文化技术学校。11月教育部、财政部授予海南省“全国扫除文盲工作先进省”、琼山市“全国扫除文盲工作先进市”称号；教育部审批了屯昌县、保亭县、白沙黎族自治县等为全国第五批基本普及九年义务教育、基本扫除青壮年文盲县（市、区）。

〔**成人大中专教育**〕 在1997年对成人高等教育实施教学质量抽考的基础上，1998年认真总结经验，在第一、第二学期末考试时，对高校、函授站新入学的学员抽取一门公共基础课和一门专业基础课进行统一考核，采取统一命题或交换命题的办法，集中检查各高校、函授站的教学管理、考风考纪和教学质量。通过抽考促进了成人高等教育教风、学风的好转和教学质量的提高。

积极开展成人高职试点工作。经过认真筛选，到1998年底，全省成人高校已试点开设应用型成人高等职业专业8个。同时鼓励和支持企业和成人高等学校联合办学，批准了海南珠江源汽车维修公司同海口职业大学联合举办“汽车维修”专业成人高职班，经双方协议，珠江源汽车维修公司投入办学资金300多万元，解决办学设备、实习场地问题。此外，该公司还在国内聘请高级技师16名，解决海口职业大学高职班专业教师不足的问题。由于海口职业大学走校企结合，联合办学道路，逐步增强了办学活力，1998年招收大、中专学历生400多人，使学校逐步形成规模。

经教育部批准，海南广播电视大学作为全国第四批试点单位，从1998年开始招收高等专科“注册视听生”2 000人，开设财务会计、法律、英语、乡镇管理、小学师资教育(文、理、史方向)、应用电子技术、会计统计核算，市场营销等9个专业，9月，开始招生，受到社会欢迎。

〔**社会力量办学**〕 海南省社会力量办学适应市场需要，采取多层次、多形式办学，为社会培养实用型人才。据不完全统计，1998年，全省社会力量办学单位举办300多个各类长、短期培训班，培训学员12 000多人次。培养出来的家电维修、电脑操作、服装裁剪、烹调、美容美发等中、高级技术人才，受到用人单位欢迎。1998年省教育厅组织人员对社会力量办学单位进行了一次抽查，通过检查发现问题，及时调整。如引导学校由短期、单一的办学行为向长远、规模方向发展；加大办学投入，注重教学基础建设和内部设施建设，提高市场竞争能力等。在检查中发现海南无线电培训中心等5个办学单位的培训设备陈旧，即提出整改意见，这些单位相应采取了措施，增加投入，更换了先进设备。省教育厅严格了社会力量办学的审批制度，规定凡申请办学单位，要有资金来源、有教学场地、有教学设备、有师资队伍、才予审批。1998年共审批社会力量办学机构10个，办学资金500多万元。

〔**自学考试**〕 1998年，高等教育自学考试开考专业32个，其中专升本科专业8个、专科24个。报考人数23 600名，报考科次75 600科。经严格贯彻“教考职责分离”原则，严抓考风考纪，年内，毕业生816名，其中本科毕业生94名，专科毕业生722名。

撰稿　唐和亲

审稿　符鸿合

重庆市教育

概　　况

〔基本情况〕

1998 年各级普通学校基本情况

单位：人

学校类别	学校数(所)	毕业生数	招生数	在校学生数	教职工数	
					计	其中专任教师
一、普通高等学校	22	23 441	27 170	86 913	23 667	9 498
研究生	(12)	862	1 389	3 726		
本　科	16	10 669	16 577	56 729		
专　科	6	11 910	9 204	26 458		
二、中等专业学校	81	20 661	34 200	91 479	9 955	4 615
中等技术学校	49	14 863	28 351	74 671	7 178	3 142
中等师范学校	32	5 798	5 849	16 808	2 777	1 473
三、技工学校	146	8 608	11 535	23 820	5 788	4 305
四、普通中学	1 555	324 230	454 083	1 083 691	93 907	72 333
高　中	279	34 959	67 910	160 805		11 569
初　中	1 276	289 271	386 173	922 886		60 764
五、职业中学	204	23 840	39 701	87 677	9 954	6 402
高　中	197	22 882	38 549	85 425		6 143
初　中	7	958	1 152	2 252		259
六、小　　学	15 737	418 707	441 575	2 884 385	136 551	121 062
七、幼　儿　园	5 412	343 207	420 822	613 298	25 914	20 962
八、特殊教育学校	37	218	385	2 325	502	400
九、工读学校	7	79	61	122	118	58

1998 年各级成人学校基本情况

单位：人

学校类别	学校数(所)	毕业生数	招生数	在校学生数	教职工数	
					计	其中专任教师数
一、成人高等学校	23	19 400	25 810	67 007	3 645	1 810
广播电视大学	1	2 824	5 433	12 907	593	241
职工高等学校	17	2 691	2 628	7 682	2 139	1 089
农民高等学校						
管理干部学院	2	299	242	655	182	83
教育学院	3	900	1 611	3 260	731	397
独立函授学院						
普通高校举办：						
函授部		5 073	7 871	23 008		
夜大学		1 368	1 000	3 327		
成人脱产班		6 245	7 025	16 168		
二、成人中等专业学校	99	15 769	29 847	77 836	3 308	1 692
广播电视中专	2	4 279	12 136	30 404	309	168
干部中专	8	895	442	1 275	239	108
职工中专	37	3 887	6 496	17 542	1 086	524
农民中专	10	1 715	2 444	4 684	301	185
函授中专	1	302	1 015	2 912	8	3
教师进修学校	41	1 146	1 052	4 773	1 365	704
三、成人中学	128	8 764	8 149	10 428	906	594
职工中学	29	1 369	2 284	3 009	335	190
农民中学	99	7 395	5 865	7 419	571	404
四、成人技术培训学校	16 753	4 382 639	3 172 700	3 199 745	4 662	2 953
职工技术培训学校	87	69 934	76 568	76 568	807	483
农民技术培训学校	16 666	4 312 705	3 096 132	3 123 177	3 855	2 470
五、成人初等学校	3 895	84 486	86 124	92 814	2 856	1 652
职工初等学校						
农民初等学校	3 895	84 486	86 124	92 814	2 856	1 652
其中：扫盲班	1 814	30 892	26 837	30 118	2 089	1 235

制表　唐明全

〔**年度工作计划**〕　1998年，全市教育工作的指导思想是：高举邓小平理论旗帜，深入贯彻党的十五大精神和“一纲四法”，大力实施科教兴渝、育人兴市战略，打好“两基”和高教管理体制改革攻坚战，加快教育改革和发展步伐，全面提高教育质量和办学效益，推动各级各类教育事业健康协调持续发展。

集中抓好4项重点工作：(1)深入学习党的十五大精神和邓小平理论，通过学习达到三点要求，一是实现四个增强和三个转变，即增强机遇、发展、改革和质量意识，使教育体制由计划经济向市场经济转变，教育管理由主要依靠行政手段向主要依靠法制手段转变，教育工作由应试教育向素质教育转变；二是理清新形势下重庆教育改革和发展的思路，完善重庆教育跨世纪发展规划；三是求实创新，把重庆教育不断推向前进。(2)坚持普九、扫盲“重中之重”的地位和“并举并重”的方针不动摇，大力推进“两基”工作。(3)以高等教育管理体制改革为重点，优化高等教育资源配置，提高高等教育质量和办学效益。(4)办好四件实事，一是新建教职工住宅6 500套45万平方米；二是将2 000名民办教师转为公办教师；三是培训青壮年农民450万人次，贫困户农民45万人次；四是建立扶助贫困学生“解困基金”。

其他主要工作是：加强高等学校党建和中小学德育工作；大力推进素质教育；调整高校专业目录和专业结构；做好大中专招生和毕业生就业工作；积极发展各种形式的职业教育和成人教育；制定普通高中办学体制改革方案；积极推进幼儿教育和特殊教育的发展；认真抓好学校体育、卫生、艺术和国防教育工作；努力建设一支高素质的干部教师队伍；认真落实已规定的教育投入政策，努力增加教育投入；抓好三峡库区、贫困地区和少数民族地区教育工作；加强教育督导机构、队伍和制度建设；认真实施教育法律法规，做好地方教育立法工作；加强重庆教育的对外交流与合作；大力发展校办产业；搞好教育纪检、监察和审计工作。

撰稿　邓朝喜

〔**教育投入与支出**〕　1998年，全市各项教育投入377 551万元。其中财政预算内教育事业费204 185.5万元，占全市财政预算内收入的23.86%，占全市财政预算内支出的14.83%。全市人均预算内教育事业费66.73元，科研经费（科技三项费）143万元。其他教育经费6 065.3万元。

各级政府征收并用于教育的税费41 063.2万元；校办产业、勤工俭学和社会服务收入用于教育的经费8872.9万元；社会捐集资28 857.2万元；事业收入62 905.5万元（其中学杂费收入22 278.6万元）。其他收入21 036.4万元。基建拨款4 422万元。

1998年，全市教育经费支出364 597万元，其中：财政补助支出21 203.2万元。人员经费支出216 889.2万元；公用经费支出106 354万元；基建经费支出41 353.8万元。

在全市208 056.2万元财政补助事业性经费支出中，公用经费支出27 975万元，占13.45%。其中：普通高校财政补助事业性经费支出12 860.1万元，公用经费支出5 045.7万元，占39.24%；中等师范学校财政补助事业性经费支出3 502万元，公用经费支出469万元，占13.39%；完全中学财政补助事业性经费支出25 936.8万元，公用经费支出

3 491.6万元，占13.46%；初级中学财政补助事业性经费支出40 540.3万元，公用经费支出4 531.3万元，占11.18%；农村初中财政补助事业性经费支出15 497万元，公用经费支出1 779.6万元，占11.48%；职业中学财政补助事业性经费支出9 579万元，公用经费支出1 993.5万元，占20.81%；普通小学财政补助事业性经费支出97 441.1万元，公用经费支出5 905.4万元，占6.06%；农村小学财政补助事业性经费支出39 597.1万元，公用经费支出1 396.8万元，占3.53%；幼儿园财政补助事业性经费支出2 978.8万元，公用经费支出304.7万元，占10.23%；特殊教育财政补助事业性经费支出623.8万元，公用经费支出148.6万元，占23.82%。

撰稿 邓 睿

〔**教育基本建设**〕 1998年，全市教育系统基本建设投资9.2亿元。其中中央投资0.23亿元，地方各级政府投资1.7亿元，教育费附加投入1.9亿元，学校自筹资金投入2.2亿元，教职工集资2亿元，其他经费投入(社会捐款等)1.17亿元。全年竣工基建项目1 427个；竣工校舍总面积207万平方米，其中教学行政用房102万平方米，生活及辅助用房99万平方米，其他用房6万平方米。建成教师住宅7 805套，68万平方米。城镇教师家庭人均居住面积达10.7平方米，比上年增加1.3平方米，教师住房成套率达69%，比上年提高7.4个百分点。现有校舍的建筑结构有较大改善。其中砖混结构占总建筑面积的69%，砖木结构占19.8%，其他结构占11.2%。

在渝部委属高校第一批筒子楼改造工程总面积9.36万平方米，国家投入5 616万元，学校自筹1 800万元，工程进展顺利，40%已竣工。市属高校筒子楼改造工程4.5万平方米已启动，市财政计划投入2 250万元，首批250万元专款已拨付学校。

撰稿 王华久

〔**移民迁校工作**〕 三峡库区各级政府和教育行政部门按照市教委《关于加强三峡库区学校迁建工作的通知》要求，结合本地实际，全面部署移民迁校工作，层层签订了责任书，研究了具体工作措施，开始了二期或三期水位学校迁、复建工作。1998年，全市已完成库区二期水位65所(个)学校和教育机构的迁、复建任务。其中中学18所，小学40所，幼儿园1所，中等师范学校2所，其他教育机构4个。新征校地83.1公顷，新建校舍建筑面积为18万平方米，总投资10 899.6万元，解决了移民新区35 300名学生的就学问题。

巫山、奉节和云阳3县是三峡库区移民的重点县。巫山县规划1998年迁建学校28所，建设项目33个，新征校地34公顷，校舍建筑面积8万多平方米，概算总投资5 343万元。到1998年底，已完成建设项目18个，新建校舍建筑面积6万平方米，完成投资4 475万元，迁校师生达8 500人。

奉节县1998年完成7所学校的迁建任务，征地2.3公顷，新建校舍建筑面积6 600平方米，投入资金464万元，迁校师生达2 000余人。

云阳县1998年对19所(个)学校和教育机构进行了规划，新征土地29公顷。到年底，有7所新迁学校校舍建设已竣工并交付使用，校舍建筑面积1.2万平方米，总投资913.62万元，迁校师生达2 600余人。

撰稿 陈源国

〔**抗洪救灾工作**〕 1998年4月以来，重庆市较大范围内遭受历史上罕见的大风、冰雹、暴雨和洪水的袭击，受灾区县（自治县、市）39个，受灾学校1 943所，受灾学生23.24万人，直接经济损失达2.464亿元。灾情发生后，各级政府和教育行政部门赶赴灾区，查看灾情，慰问教职工，组织抗灾救灾工作。受灾学校干部、教师全力以赴，排除危房，清理校园，修复校舍。一些部门和学校对受灾学生采取“减、免、缓、垫、助”等形式解决学生入学困难，保障了学生按时入学。

市教委在全市教育系统内开展了“一方有难、八方支援”等资助活动，并争取社会各界的援助。中国人民解放军和武警部队向重庆捐款500万元修建40所“八一小学”，市教委与重庆电视台举办“为了灾区的孩子”大型赈灾义演，市长蒲海清亲临演播现场。义演共筹款407万元、物资价值203.2万元，给灾区人民重建校园以极大的鼓舞。

撰稿 姚友明

〔**校办产业**〕 重庆市有校办企业3 658个，校办农业基地3 297个，1998年共完成总产值22.37亿元，实现利润2.6亿元，缴纳税金9 320万元，提供办学经费1.35亿元。全市中初等学校有校办工厂843个，农林牧副渔基地3 297个，校办农场土地面积1 863公顷，第三产业网点2 668个，实现产值16.86亿元，比上年增长7.56%；实现利润2亿元，比上年增长5.57%；上缴税金6 254万元，比上年增加685万元；提供办学经费1.14亿元，比上年增加351万元。万州区、沙坪坝区、九龙坡区、南岸区、江北区等5个区勤工俭学总产值分别超亿元；万州区、渝中区、沙坪坝区、九龙坡区、江北区等区利润超过1 000万元。全市校办企业中，利润上10万元的骨干企业有229个，其中，50万元以上的27个，100万元以上的16个。

撰稿 黄家庆

〔**教育国际交流与合作**〕 1998年，重庆市同11个国家和地区的20个政府和民间机构建立了交流与合作关系，其中有近10个官方机关和学术团体与市教委保持着固定和长期的交流与合作关系。全年组织与科教有关的访问、培训、考察团4次，协助上级机构和本地派出长短期公派出国人员237人，接待外国友人和教育代表团近15次、55人，就国际交流、联合办学、职业培训、继续教育、来华留学及美术、体育、文艺、教育援助等项目进行广泛的接触，达成各种意向性协议15项，招收来华留学生210人，聘请长短期外国专家共计36人。与澳大利亚国际发展援助署（AusAID）、日本、加拿大、联合国、北美英语教育交流协会及邵逸夫、曾宪梓等组织和个人有了长久的联系，并接受其教育项目的资助5 000万元人民币。

撰稿 傅明华

〔**教师队伍建设**〕 重庆市各级各类学校专任教师中，有教授777人，副教授2 783人，高级讲师 913 人，中学高级教师2 869人，小学高级教师26 745人。普通高等学校专任教师中，具有硕士研究生以上学历的2 546人，其中硕士2 135人，博士 411 人。基础教育专任教师的学历合格率为：幼儿园 73.6%、小学 92.3%、普通初中 85.2%、普通高中 65.0%、职业高中 32.2%。

抓好"民转公"和"工聘干"工作。年初，市里将完成2 000名民办教师转公办教师的任务列为市政府为民办实事之一。年底，实际完成"民转公"2 025名，为 2000 年基本解决民办教师问题打好基础。由于历史原因，市属高等学校和直属单位有 356 位人员在"工代干"岗位上工作，其中大多数是教职工子女，不少人工龄已达 20 年以上。市教委、市人事局通过严格考试考核、体检和政审，以"工聘干"方式从中聘用 154 位人员为干部，解决了他们的后顾之忧。

重庆大学采取措施加强教师队伍建设。重庆大学制订了本校的"八百人才计划"，推出了加强教师队伍建设的 19 条措施，实行"七个一"的优惠政策（即对高层次人才给一套住房、一万元安家费、一万元科研启动费、一部电话、一次特评高职机会、一次科研立项优先、给配偶安排一份工作），稳定了本校教师，吸引了大批人才。一年中，引进博士生导师、教授、副教授、博士 37 人，招引 39 名留学人员回校工作。重庆大学还重点培养跨世纪的青年学术骨干 110 名，其中 41 名被评为教授，7 名成为博士生导师，4 名进入劳动人事部"百千万人才工程"，3 名进入教育部"跨世纪人才工程"。该校还有 182 名青年教师正在攻读博士学位。

1998 年 9 月 9 日，市委市政府召开了庆祝教师节暨特级教师命名、优秀教师表彰大会。命名表彰了设立重庆直辖市之后的首批特级教师 100 名，表彰了市级优秀教师和教育工作者 146 名。市委书记张德邻、市人大主任王云龙、市政协主席张文彬、副市长王鸿举出席会议。张德邻在会上讲话。

撰稿　罗盛举

基础教育

〔综述〕 1998 年，重庆市积极推进素质教育，加大"两基"攻坚力度，不断深化基础教育教学改革，教育质量和办学效益稳步提高。至 1998 年底，全市有 31 个区县（自治县、市）完成了"两基"任务，累计普及九年义务教育人口覆盖数为2 242.49万人，人口覆盖率 74.18%。

结合普及九年义务教育的实施，重庆市调整学校网点布局，提高办学规模效益。1998 年，全市小学比上年减少 524 所；初中比上年减少 51 所；初中在校生人数比上年增加 5 万余人。全市普通高中校点中，省级重点中学41所。

〔**义务教育**〕 1998年，是重庆市完成“两基”任务的攻坚年，在计划完成“两基”任务的11个区县（市）中，有4个省贫、国贫县，占36%，市政府、市教委加大督导力度，全市组成6个过程督导组，多次深入区县（市）及乡镇、学校调查了解情况和现场指导。

1998年9月～11月，市政府组建了“两基”评估验收团，对永川市、荣昌县、大足县、璧山县、江津市、合川市、綦江县、天城、开县、武隆县、丰都县等进行了“两基”评估验收。11个县（市）完成了“两基”任务，人口覆盖数为1 034.53万人，人口覆盖率34.22%。

教育部教育督导团于6月对永川、大足、渝北、武隆、丰都等5个区县（市）的“两基”工作进行了督导检查，对重庆市各级党委、政府依法完成“两基”工作给予了肯定。

撰稿　杨　英

〔**高中教育**〕 1998年，各区县（自治县、市）教育行政部门和学校认真贯彻落实《重庆市普通高中教育改革和发展的若干意见》、《重庆市高中办学模式改革的实施意见》，对升学预备教育高中，综合高中、特色高中的办学模式进行了积极的探索，普通高中办学模式改革已开始迈出步伐。

对省级重点中学重新进行确认。全市41所省级重点中学按照市教委《关于做好重庆市重点中学资格确认工作的通知》要求，进行自查自评，并针对1995年省级重点中学检查验收后存在的问题进行了整改。重庆市将在1999年分三批对省级重点中学逐校进行评估验收。

撰稿　杨　英

〔**特殊教育**〕 1998年，重庆市7～12周岁视力、听力、智力三残儿童总数为31 945人，其中，视力残疾儿童319人，已入学人数218人，入学率达68.3%；听力语言残疾儿童2 026人，已入学人数1 500人，入学率达74.03%；智力残疾儿童29 600人，已入学人数26 111人，入学率达88.21%。重庆市根据教育部《关于在部分地区开展资助残疾儿童少年接受义务教育试点》的精神，选定大足、荣昌为“资助试点”县，制定了方案，提出了具体措施。通过一年的努力，大足、荣昌两县视力残疾儿童的入学率分别达85%、95.5%；听力语言残疾儿童的入学率分别达85.5%、95.5%；智力残疾儿童的入学率分别达88.3%、95.5%。

撰稿　廖绍良

〔**幼儿教育**〕 1998年9月和12月，市教委、市物价局、市财政局报经市政府批准，联合发出《关于印发重庆市幼儿园等级标准的通知》和《关于印发重庆市幼儿园收费管理暂行办法的通知》。新的等级标准将幼儿园从1992年的三个等级调整为四个等级，并对各级幼儿园的等级标准和工作要求均进行较大修改。为使幼儿园优质优价的收费政策得以落实，真正做到质价相当，各幼儿园均须在重新申报核定等级后，方能分别执行不同的收费标准。新的等级标准和收费标准公布后，许多幼儿园主动增加投入，创造条件，争取达到新的等级，促进了幼儿教育事业的发展。

为推动幼儿教育“示范学校”的建设，市教委对首批申报的示范幼儿园进行了检查验收，对渝中区巴蜀幼儿园等20所幼儿园命名为“重庆市示范幼儿园”。

为推动重庆市幼儿体操活动的开展，促进幼儿体、智、德、美全面发展，市教委、体委、机关工委联合举办1998年重庆“怡丰杯”幼儿基本体操比赛。比赛内容为幼儿站立姿态操和艺术性体操。比赛采取就近就地分地区的方式进行，全市共有352个幼儿园、38 997名幼儿参加。

撰稿 黄荣淑

〔**素质教育**〕 1998年6月，市政府召开了重庆市中小学实施素质教育工作会。市政府办公厅发出《关于积极推进全市中小学实施素质教育的通知》，对全市中小学实施素质教育的工作进行了全面部署。市教委确定渝中区、沙坪坝区等12个区（县）为素质教育实验区县，探索实施素质教育的有效方法和途径。实验区县结合本地区实际制定了规划和年度工作计划，并在端正教育思想，推进考试招生制度改革，加强素质教育课题管理，转化薄弱学校，组织教改科研，推广现代教育技术，全面提高课堂教学质量等方面取得了成果。按照《重庆市1997～1998学年度中小学素质教育工作目标和考核办法》及评价指标体系，对全市区县（自治县、市）进行了考核，有14个区县（自治县、市）获小学素质教育年度目标综合奖，20个区县（自治县、市）获中学素质教育优秀奖。全市1/2以上的城镇小学、1/5以上的农村中心小学实行了毕业考试自行命题，80%以上的小学对小学毕业生进行了综合评价，26个区县（自治县、市）的小学非毕业年级考试均由学校自行命题。1998年，学生综合素质和能力普遍有所提高。全市小学生参加市以上各种竞赛获奖6 425人次，其中获国家级奖2 093人次，国际奖44人次。南开中学被评为全国体育传统项目先进单位。组团参加全国中小学生文艺汇演，名列全国第二，获奖率达100%。市人民小学学生李默涵再次获全国茅以升少年科技奖、获首届重庆市市民争光奖，被选为中国少年科学院首届少年院士。

撰稿 张子元

〔**环境教育和教育改革**〕 为培养中小学生从小树立环保意识，1998年10月，市环保局和市教委联合召开了重庆市环境教育协调座谈会，发出《关于成立重庆市环境教育协调委员会的通知》、《关于开展创建绿色学校活动的通知》、《关于建立青少年环境教育基地的通知》、《重庆市环境教育协调座谈会纪要》、《重庆市环境教育实施细则》，全市中小学环境教育，深入开展。

重庆市进一步深化基础教育教学、招生考试改革，调整了小学、初中有关学科的教学内容和要求，降低了教学难度；重点中学联合招生考试减少了考试科目，由往年的升学考试6科缩减为5科；市教委召开了改为直辖市后第一届中小学优秀教改成果总结表彰暨经验交流会，认真总结了近三年来重庆市中小学教育改革所取得的经验和成绩，对195个获奖单位和个人进行了表彰奖励，并确定了一批教改成果在全市推广。

撰稿 杨 英

〔**国有企业分离所办中小学**〕　按照中央关于在国有企业进行现代企业制度改革的要求，过去在计划经济体制下由企业承担的办社会职能要逐步分离出来。分离企业所办中小学，交当地政府统筹管理是其中重要内容之一。在市政府的统一领导下，这项工作由“重庆市企业改革领导小组办公室”（设在市经委）牵头，市教委配合参与，负责企业分离所办中小学的协调和工作指导。1998年，全市13个国有大中型企业已分离中小学39所，这些分离的中小学在所在区县政府和教委的统筹管理下，平稳过渡，顺利转换，教育教学工作步入正轨。

撰稿　宋建英

〔**世行贷款项目执行情况**〕　1995年开始在重庆实施的“贫困及少数民族地区基础教育发展项目”，世界银行贷款约356.4万美元，国内配套资金3 479万元人民币，项目总投资为6 350.6万元人民币。主要用于开县、黔江县、彭水县、南川市4个贫困县（市）及涪陵师范学校基础教育事业发展。项目的目标为：所有项目县（市）基本实现普及初等义务教育；项目县（市）初中阶段义务教育达到或接近重庆市90年代初期平均水平（即初中入学率达到75%），涪陵师范学校达到办学条件标准化要求，并使学校规模扩大到规划水平。截至1998年12月底，世行贷款已投入306.4万美元，国内配套资金投入5 899万元人民币。项目县（市）建设效益指标已基本达到或超过了预期目标。1998年11月中旬，世行国内专家组到重庆检查了南川市和涪陵师范学校两个项目单位。通过检查，专家组指出：重庆市世行贷款项目学校提前完成了1998年度的各项效益指标；世行的管理模式在重庆市“国家贫困地区义务教育工程”中起到了示范作用，带动17个项目县“普九”工作的规范化管理。

“师范教育发展项目”世行贷款356万美元，国内配套资金1 925.8万元人民币，总投资额为705万美元。截至1998年12月底，世行贷款已投入188.527万美元，国内配套资金投入2 220万元人民币。项目建设中承担的16个改革课题已全部结题。重庆师范学院“高师增设特殊教育和师资培训实验研究”、“培养初中物理教师设计、制作与维修实验仪器能力的研究”课题分别获得教育部师范司优秀成果一等奖、三等奖。

撰稿　胡志铭

〔**干部教师培训**〕　1998年，全市16.5万名中小学教师参加了以基本功训练为重点的继续教育活动；5 000名教师参加了市、区县骨干培训；教育部授权西南师范大学举办的教育硕士研究生班1998年在西南各省市共招生102人，重庆市教师考取63人；500名教师参加了研究生课程进修班学习。受教育部师范教育司委托，重庆承担了中国—联合国儿童基金会“促进贫困县师资培训项目”的培训工作，举办了以复式教学为主要内容的校长培训班、骨干教师培训班和小学语文、数学教师培训班，培训干部、教师214人，提高了贫困地区小学师资水平。继续加强教师学历补偿教育，中小学教师8 161人参加了成人中专、大专、专升本（含地方学历教育）学习。全市开展了校长岗位培训、提高培训、研修培训三个层次的培训工作，分别培训中小学校长1 100人、幼儿园园长160

人、教育行政干部82人。

1998年，重庆师范学院特殊教育系2名毕业生被分配到重庆市盲人学校任教，接收了四川省乐山师范学校特教部8名毕业生充实区县特教教师队伍。市教委委托重庆师范学院智能发展研究中心举办了第三期“弱智儿童鉴定人员培训班”、两期“职业师资培训班”，委托重庆市聋童学校举办两期聋校新编教材培训班，全市102名教师受到培训。

撰稿 罗揆周 廖绍良

职业教育

〔**综述**〕 积极推进职业教育示范性学校建设。市教委组织中专办学水平复评专家组，按照原国家教委颁布的“评估体系”和重庆市的“补充说明”，对申报复评的重庆民政学校、重庆第二财贸学校、重庆工业学校、重庆电子工业学校进行了办学水平复评，4所学校均达到国家规定的“优秀级”。以副市长程贻举为团长的重庆市市级重点职业高中检查验收团，分5个组对巴南职中、奉节袁梁职中等15所申报市级重点职中验收的学校进行了检查验收。示范性重点学校的创建工作推动了职业学校办学条件和办学水平的提高。

城市职业学校为下岗职工再就业服务。全市有22所中等职业学校举办了多种形式和专业适用技术培训班，免费为2 000多名下岗职工服务。经过培训，不少下岗职工走上了新的就业岗位。农村职业学校坚持为农服务的方向，将职业学校教育与职业培训紧密结合，收到了良好的效果。

顺利实施了普通中等专业学校招生并轨。市政府办公厅印发了《重庆市人民政府办公厅关于做好我市普通中等专业学校招生并轨改革工作的通知》。市物价局、财政局、教委联合发文规范了招生并轨的收费工作。1998年全市中等技术学校招生比上年增加3 844人；校均在校生由上年的1 290人上升为1 524人。

〔**职业高中教育**〕 职业高中的教学管理进一步加强。1998年5月，市教委印发了《重庆市职业高中教学管理暂行办法》和《重庆市职业高中教学常规》，对教学管理的原则，教学计划和课程设置管理，教学大纲和教材管理，教学常规管理，师资管理，教学设施和实习场地管理，教学研究与教育教学科研管理以及文化课、专业课、实习课三类教学常规做出了明确的规定和要求，这些管理措施的实施，对进一步规范学校的教育教学及科研工作都起到了积极的作用。

调整、充实了职高教研网络。重新组建21个学科（专业）市级中心教研组，由51名具有高中级职称的教师担任组长。在1998年重庆市首届职教教改成果评选工作中，共收到教改论文和科研报告88份，有7个市级科研课题通过专家组评审后结题。

〔**中专教育**〕　调整、充实了重庆市中专教育学会。为做好1999年中专教育学会换届改选的前期工作，1998年，学会对所属二级研究会进行了调整改选，新设招生与就业指导、实践教学、教育教学3个研究会。中专教育学会下设6个工作委员会，23个研究会，负责组织普通中等专业学校的教育教学研究工作。

举办了重庆市中专学校管理体制改革经验交流会。全市48所中专学校的校长、书记100余人出席会议并参观了重庆民政学校和电子工业学校。民政学校、电子工业学校等4所学校在会上介绍了以人事制度、分配制度为突破口，改革管理体制，提高管理水平，提高教育质量和办学效益的经验。

举办了计算机多媒体教学现场经验交流会。全市40多所中专学校的领导和教师参加会议。重庆工程技术学校介绍了多媒体教学的基本要求与操作技术、设备的购置与安装维护、教师的培训等方面的经验并作了现场演示。会议推动了中专学校教学手段和技术现代化的进程。

举办了教务员和政治课新教材教师培训班。全市37所中专学校的教务科长、教务员参训，学习了学籍管理、教学运行管理、教材管理、师资管理等方面的知识；86名教师参加了政治课新教材教师培训，学习了党的十五大文件，听取了“民主与法制”的报告，分专题对新教材进行了研讨与集体备课。

中专校办产业将享受优惠政策。市政府办公厅于10月21日召集有关部门研究中专校办产业享受优惠政策问题，会后印发《关于在渝中专校办产业政策协调会议纪要》，明确了在渝中专校办产业应享受的4条优惠政策，支持中专校办产业的发展，解决了多年未解决的遗留问题。

撰稿　侯廷坚

〔**中等师范学校布局调整和管理**〕　结合师范教育资源优化配置的研究，重庆市停止了荣昌师范学校、长寿师范学校、潼南师范学校、铜梁师范学校、梁平师范学校的招生，使继续招生的中师减少到21所。在中等师范学校中开展教育思想大讨论，并结合学校实际学习贯彻教育部《中师课程计划》、《中师德育大纲》、《中师教学工作评估方案》，进行了中等师范学校办学水平评估，深化教育改革，规范中等师范学校办学行为，促进办学水平的提高。

撰稿　罗揆周

〔**高等职业教育**〕　1998年，为推动重庆市高等职业教育的发展，市教委与有关部门合作，进行了多种形式的探索。经教育部批准，重庆有5所成人高等学校面向社会招收8个专业的高职学生。此外，在6所职中、中专和2所高校中进行“3＋2”（职业高中、中专三年＋高职二年）高职接轨班试点；在4所建筑类职中和1所建筑类成人高校中进行“212”（职业高中二年＋职业中专一年＋高职二年）高职试点；在5所国家级和省部级重点中专校进行“五年一贯制”高职试点。共计招生1 400多人。

撰稿　张大中

高等教育

〔**综述**〕 在重庆市22所普通高等学校中有中央部委所属院校11所，市属院校11所。全市普通高校在校本专科学生和招生与上年相比分别增加2 622人和780人，毕业生减少94人。普通高等学校中有20所高校举办了函授教育，11所高校举办了夜大学，20所高等学校举办了成人脱产班。普通高等学校成人高等教育在校生42 503人，占普通高等教育在校生的51.09%，占全市成人高等教育在校生的63.43%。

1998年，重庆市共有博士授予单位8个（包括军事院校2个），博士学位授权点69个；硕士学位授予单位15个（包括军事院校3个），硕士学位授权点253个。

普通高校中，有国家级重点学科10个、省部级重点学科46个；国家级重点实验4个，省部级重点实验室17个；国家级重点课程3个；省部级重点课程64个。

重庆大学"211工程"建设，按照国家教委的统一部署，基本完成了预审、预备立项、评审和批准立项等四个阶段的工作。国家计委正在根据建设项目的具体目标和标准以及自筹资金落实情况，进行综合平衡和审核，批准并下达年度建设资金，批准开工建设。

撰稿 严欣平 王昌贤 曹振声

〔**体制改革和布局结构调整**〕 重庆直辖市成立后，按照教育部关于高等教育管理体制改革和布局结构调整的要求，市教委组织力量进行了"重庆高等教育发展战略思路"专题研究，为制定全市高等教育体制改革和布局调整方案作好前期准备工作。经过调查研究，反复酝酿，1998年5月拟订出重庆市高等教育管理体制改革和布局结构调整初步设想方案，听取各方意见后又对方案进行修改和调整，形成了"重庆市高等教育管理体制改革和布局结构调整方案"。1998年11月2日，市长蒲海清主持召开市科技教育领导小组第一次会议讨论审议并原则通过了方案；1998年12月，市委常委会对方案进行了讨论研究，原则同意报教育部审批。

方案中关于全市高等学校体制改革和布局结构调整的主要内容是：按照"共建、调整、合作、合并"方针，突破条块界限，普通教育与成人教育界限，统筹协调全市高等教育资源的优化配置。通过强强联合的方式，组建一所学科门类齐全、教学科研实力强劲的直辖市标志性综合大学；继续巩固强化一批有行业优势和办学特色的本科院校；调整合并一批科类相近、专业交叉、条件欠缺、规模偏小但彼此之间具有互补性和组合优势的院校；对原地市所在地相邻的师范专科学校和教育学院进行合并，建设职前、职后统筹协调的师资培养基地；不具备条件的成人高校或改制为高等职业学院，或并入普通高校，构建普通、成人、职业教育统筹协调发展的新模式。

撰稿　宋建英

〔**“两课”建设**〕　1998年6月，市委高教工委、市教委召开了市高等学校“两课”(马克思主义理论课和思想品德课)改革工作会。会议传达了教育部“两课”改革通气会精神，提出了重庆高校“两课”建设的思路，部署了重庆“两课”新方案接轨工作。会上还成立了重庆市高校“两课”建设领导小组、“两课”教学指导委员会、“两课”教材编审委员会。各高等院校建立健全了“两课”建设领导小组，形成了在党委领导下校(院)长及行政系统为主实施“两课”教学管理的体制。在市教材编审委员会的领导下，成立了“两课”教材编写组，分别由7名教授担任7门教材的主编，按照“要精、要管理”的原则，结合重庆高校实际，编写全市高校“两课”教材。其中，邓小平理论概论课教材已于1998年9月使用。市委高教工委举办了首期邓小平理论概论课教师研修班，对全市150名教师进行了统一培训；举办了“两课”青年教师优质课竞赛活动，评出“两课”优秀科研论文100篇。

撰稿　李光辉

〔**科研工作**〕　在渝高等学校认真贯彻“科教兴国”战略和国家科技工作方针，积极组织自然科学和哲学、社会科学的研究工作。实施“科教兴渝”战略，面向地方经济建设主战场，积极开展科技开发、科技成果转化推广、科技服务等工作。1998年参加科技活动总人数达19 023人，其中教授级983人，副教授级4 023人；各类科研机构202个，承担各级自然科学与哲学、社会科学科研课题2 917项；出版专著164部，发表学术论文6 827篇，其中在国际学术刊物上发表220篇；获省、部级以上科技奖87项；技术转让157项，合同金额1 554.3万元；申请国家专利22项，专利授权17项，出售专利2项。

撰稿　肖建国

〔**助学工程**〕　经济困难大学生就学问题已成为全社会关注的热点，市教委把这一问题作为一项工程来抓。1998年，市教委拨100万元专款用于资助在渝高校的受灾学生，使3 000名来自灾区的学生的生活、学习得到了保障。重庆周建南助学金每年出资100万元资助在渝高校的1 000名经济困难大学生，第一期100万元助学金已全部发放到了学生手中，第二期100万元助学金已正式启动。市政府拨出10万元专款用于资助、慰问春节期间留校大学生。各高校积极引资助学，从主管部门和社会各界争取奖、助学金500万元以上，同时通过减、免、缓、贷和各种勤工助学活动，资助困难学生。1998年各项助学资金累计达1 000余万元，保证了在渝大学生不因为经济困难而不能入学或辍学。

撰稿　奚弟超

〔**实施“春晖计划”**〕　1998年9月，由教育部、国家环境保护总局、国家自然基金委员会、国务院三峡工程建设委员会、中国工程院、重庆市政府共同主办，市教委和市环保局牵头组织，重庆大学具体承办的《’98

春晖计划—重庆环境保护和治理项目》开始实施。在市有关委、局的支持和在渝高校的积极参与下，中外专家分别就重庆市的水污染及治理、生态保护、大气污染及治理、固体废弃物及治理、环保产业等进行了广泛的学术交流与研讨，签定合作科研项目协议115项，促进了重庆市环境保护研究和治理工作。

撰稿 肖建国

成人教育

〔**综述**〕 1998年，各级独立设置的成人学校20 898所占各级各类学校的47.39%；在校生3 497 830人，教职工15 377人。重庆市电仪职工大学和重庆市北碚区职工业余大学因办学条件不符合国家规定的成人高校建制的要求，被教育部撤销建制使全市成人高校由上年的25所减为23所。1998年，在重庆的原部省属职工大学西南铝加工厂职工大学、重庆钢铁公司职工大学、重庆特钢集团公司职工大学划转重庆后，市属成人高校为20所，部属成人高校3所。重庆广播电视大学接受了教育部和中央电大组织的全国广播电视大学系统教学评估，并获得“全国电视教育先进集体”称号。

撰稿 张大中

〔**扫盲工作**〕 1998年，全市共扫除青壮年剩余文盲26 000人，使青壮年非文盲率的比例达到98.5%以上。同时，还采取学文化与学技术相结合、统编教材与自编教材相结合、区县统考与乡镇自考相结合等多种方式，狠抓了脱盲学员的巩固提高工作，使城乡的脱盲巩固率分别达到98%和95%以上。大足县、永川市、天城、开县、丰都县、武隆县、合川市、江津市、璧山县、綦江县、忠县11个区县（市）通过了市政府组织的扫盲复查验收。开县、武隆县、荣昌县被教育部、财政部授予“全国扫盲先进县”称号；渝北区龙溪镇成人学校和忠县乌阳镇成人学校被评为第三届“中华扫盲奖”先进集体，大足县周兴德、垫江县李纯辉、黔江开发区蔡光俊被评为第三届“中华扫盲奖”先进个人。

〔**乡镇成人学校建设**〕 全市已有合格乡镇成人学校419所，使乡镇成人学校的合格率达到65%以上；建成了长寿县石堰、綦江县古南、铜梁县侣俸、荣昌县双河、合川市钱塘等5所省级、21所地市级、41所县级乡镇成人示范学校。8所省、市级示范乡镇成人学校进行了大专学历培训试点，已招生700余人。对农村成人教育专职干部及成人学校教师进行了岗位培训，全市举办了岗培班两期，148名成人教育专职干部和教师接受了培训。

〔**再就业和岗位培训**〕　为配合企业改革，市教委选择了办学条件好、职业技能培训水平较高的46所院校(其中高校14所，中专5所，职高17所，社会力量办学10所)承担再就业培训任务，确定19个专业供下岗职工选择。有22所学校相继开班行课。培训下岗职工近4 000人。此外，全市有60多万名职工参加岗位培训及各种类型、各种形式的业务培训和其他内容的学习培训，占职工总人数的35%。

〔**成人中等教育**〕　完成第七、第八次成人高中统考工作，1 400多人获得成人高中毕业证书。针对各门学科中存在的问题，组织部分教师对教学质量和办学效益进行了研讨，并结合教育思想大讨论和课程教材改革，开展了相关的教研活动；积极探索成人中等教育引入职业技术教育、并与成人高等教育接轨的路子。召开成人中专校长会及教务科长会，探讨并解决成人中专发展中的一些热点、难点问题。为加强管理，市教委印发了《关于进一步加强成人中专教育管理工作的意见》、《关于加强成人中专校外教学点管理工作的有关规定》及《重庆市成人中专学籍管理的规定》。

〔**社会力量办学**〕　继续贯彻落实《社会力量办学条例》，年底，经有关部门协调，市政府办公厅发出《关于实施社会力量办学条例若干问题的通知》，要求继续深入开展对《条例》的学习、宣传，加大对社会力量办学的扶持力度，依法加强对社会力量办学的规范管理，并认真做好《条例》的执法监督。为了让办学者领会《条例》精神，举办“社会力量办学教育机构管理干部培训班”，70名社会力量办学人员参加培训。对高教自考助学混乱的情况进行了整顿、清理，并将结果在《重庆日报》等报刊上公布。对个别地方、少数学校不规范的办学行为，按《条例》规定，及时进行查处，保证社会力量办学的健康发展。

撰稿　吴之有

民族教育

〔**综述**〕　重庆市已初步形成了由幼儿教育、基础教育、中等教育、职业技术教育以及成人教育、特殊教育构成的少数民族教育体系。1998年，全市各少数民族地区共有中小学（含职业中学）2 060所（其中省级重点中学 3 所，重点职中 1 所），在校中小学生 26.04 万人，教职工 2.155 万人；有中等专业学校 7 所，其中中等师范学校 5 所、综合中专 1 所，在校学生近3 000人，教职工 500 多人；有教师进修学校 4 所，教职工近 70 人，在校学生近 170 人；有幼儿园 13 所，近 950 个班（含学前班），在园幼儿 3.56 万人，教职工 930 余人；有农村成人技术培训学校 1 768所，专任教师近 200 人、教学班2 300多个；有广播电视学校（站）6 所（个），在籍学生2 000余人。1998 年市教委设置了民族教育处。

〔重庆西藏中学〕 重庆西藏中学始建于 1985 年，是全市唯一的一所以援藏为主、藏汉合校的民族中学。学校占地 4.6 万平方米。有 22 个教学班，在校学生1 118名，其中来自西藏的学生 14 个班，学生 730 名，在编教职工 109 名，其中中学高级教师 9 名，中学一级教师 29 名。1998 年，学校开始同时招收西藏自治区拉萨市和昌都地区的学生。

学校自承担全市智力援藏任务以来，已先后招收西藏小学毕业生2 000余名，已毕业 1 300余人，历届初中毕业生的入团率达 95%，文化考试合格率近几年达到 95%以上，体育达标率为 100%，95%以上的学生升入全国内地西藏高中班和中专、中师班。学校先后被命名为省级“文明单位”、重庆市“文明礼仪示范学校”、“师德先进集体”、“园林式单位”、全国“军民共建社会主义精神文明先进单位”。

撰稿　肖　钢

审稿　欧可平　余恢毅

蒋国昌　彭智勇

王开达　周　旬

四川省教育

概　况

〔基本情况〕

1998 年各级普通学校基本情况

单位：人

学校类别	学校数(所)	毕业生数	招生数	在校学生数	教职工数	
					计	其中专任教师
一、普通高等学校	43	38 586	52 141	159 919	44 876	17 228
研究生	(16)	1 914	3 106	8 014		(2 794 名导师)
本　科	21	16 006	26 261	90 460	36 540	13 483
专　科	22	20 666	22 774	61 445	8 336	3 745
二、中等专业学校	210	71 263	91 062	254 187	27 397	13 309
中等技术学校	139	53 839	73 042	203 211	20 475	9 459
中等师范学校	71	17 424	18 020	50 976	6 922	3 850
三、普通中学	4 448	868 089	1 176 141	2 908 894	249 704	199 357
高　中	784	110 464	183 622	455 117	41 200	32 893
初　中	3 664	757 625	992 519	2 453 777	208 504	166 464
四、农业、职业中学	405	54 167	78 017	180 012	22 126	15 083
高　中	387	51 912	72 457	170 001	21 387	14 579
初　中	18	2 255	5 560	10 011	739	504
五、工读学校	4	13	7	53	73	48
六、小　学	46 092	1 069 005	1 293 404	8 438 446	374 753	334 999
七、特殊教育学校	62	1 036	1 232	10 104	1 261	987
八、幼　儿　园	11 385	1 005 466	1 260 703	1 860 762	69 393	61 079

1998年各级成人学校基本情况

单位：人

学校类别	学校数(所)	毕业生数	招生数	在校学生数	教职工数	
					计	其中专任教师
一、成人高等学校	49	46 060	49 067	136 438	9 943	4 799
广播电视大学	2	11 450	11 419	37 212	1 592	734
职工高等学校	26	2 913	4 221	10 597	3 088	1 710
农民高等学校						
管理干部学院	8	3 258	3 795	7 767	2 252	892
教育学院	12	6 890	8 299	20 740	2 491	1 171
独立函授学院	1	2 692	1 780	7 092	520	292
普通高校举办：						
函授部	(33)	7 922	9 416	27 902		
夜大学	(17)	1 701	1 554	4 567		
成人脱产班	(34)	9 234	8 583	20 561		
二、成人中等专业学校	260	52 502	59 213	190 591	11 459	5 449
广播电视中专	7	17 937	31 387	103 435	1 422	696
干部中专	17	2 535	3 262	9 372	1 069	482
职工中专	49	10 591	10 032	30 879	2 280	1 168
农民中专	23	7 176	5 838	16 856	1 239	737
函授中专	2	5 631	2 685	14 292	1 488	320
教师进修学校	162	8 632	6 009	15 757	3 961	2 046
三、成人中学	208	13 967	13 225	21 827	1 003	556
职工中学	29	2 666	3 040	4 152	441	132
农民中学	179	11 301	10 185	17 675	562	424
四、成人技术培训学校	35 746	8 019 197	5 289 477	5 467 044	17 925	7 566
职工技术培训学校	318	96 425	83 510	87 749	1 946	1 106
农民技术培训学校	35 428	7 922 772	5 205 967	5 379 295	15 979	6 460
五、成人初等学校	8 741	443 254	415 712	443 742	10 334	4 635
职工初等学校	300	8 170	8 443	8 443	373	61
农民初等学校	8 441	435 084	407 269	435 299	9 961	4 574
其中：扫盲班	6 302	258 737	238 531	255 127	7 159	3 721

注：成人中等专业学校另有其他成人学校、普通中专举办的成人中专班在校生124 958人。

制表　陈玲

〔**“三让一树”活动**〕 全省各级各类学校继续开展“让学生成才，让家长放心，让人民满意，树文明校风”的“三让一树”活动推动了学校全面建设。1998年在开展争创校风示范学校的活动中，涌现出120所省级校风示范学校。从1996年开展这项活动以来，已有320所中小学被省教委命名为省级校风示范学校。10月，省教委还召开了四川省中小学校风建设经验交流会。

继续加强中小学收费管理，切实纠正行业不正之风，使教育真正“让人民满意”。全省中小学普遍坚持了“一证一册一据”的收费管理制度，收费项目和标准逐步规范，教学用书与教辅资料的管理进一步加强。1998年，省教委组织了26个检查组对42个县(市、区)的124所学校进行重点检查，督促10所学校补办了“收费许可证”，155所学校补领了《收费登记册》，清退各种乱收费883.58万元，与上年相比，减少学生购买教辅资料交费161.60万元。10月下旬，国务院纠风办和教育部治理中小学乱收费工作联合检查组来川检查，对该项工作给予了肯定。

〔**为教师办实事**〕 省政府从1993年起坚持每年为教师办10件实事。2月，换届改选后的新一届政府召开1998年为教师办实事情况通报会，宣布“本届政府将继续坚持为教师办实事制度”。省教委会同有关部门全面落实了1998年省政府为教师办的10件实事。(1)四川教育电视台经过几年筹建，于7月1日正式试播。(2)贯彻全国第四次教师住房建设工作经验交流会精神，继续推进“广厦工程”建设，加大高校“筒子楼”改造力度，重点解决高校中青年教师住房问题。全年共投入资金7.4亿元，新建教职工住宅1.64万平方米，解决教师住房困难户16 753户。城镇中小学教职工家庭人均居住面积由上年的8.76平方米上升到9.54平方米，住房成套率由66.6%提高到69.35%。(3)加快“民转公”工作步伐，1.4万名合格民办教师转为公办教师。(4)评选表彰500名四川省优秀教师和优秀教育工作者，有165名全国模范教师、优秀教师、优秀教育工作者受到国家的表彰，举行了教师节庆祝大会，尊师重教的社会风尚进一步形成。(5)根据原国家教委关于省及以上表彰的劳动模范可免试进入成人院校学习的规定，有67名获省及以上表彰的优秀教师到高等学校进修深造。(6)继续举办青年教师研究生课程进修班，有计划地培养一批跨世纪的学科带头人和学术骨干，首期5个专业共招收学员500人。(7)举办了四川省第五届“园丁杯”教师普通话演讲比赛，促进教师职业用语的进一步规范。(8)组织100名优秀山村教师赴上海学习考察。(9)组织100所内地优秀大中小学校与老少边穷地区学校开展了“手拉手、结对子”活动，采取互派教师、对口支援、交流教育信息资料，推广教育教学成果等形式，推动老少边穷地区教育的发展。(10)按照《四川省教学成果奖励办法》，推广了一批优秀教学成果，促进教育教学改革的深化。

〔**教育投入与支出**〕 1998年，全省坚持用好用够各项教育筹资政策，多渠道筹措教育经费，全省教育经费总额（不含部委属学校）102亿元，比上年增长10.13亿元，其中财政拨款55亿元，比上年增长11.99%。

1998年，全省教育基金稳步增长，本金总额1.45亿元，比上年增长3.57%。

学校校办产业稳步发展。省教委与有关

部门联合下发《关于贯彻党的十五大精神，进一步搞好校办企业产权制度改革工作的通知》，推进学校校办企业产权制度改革，在各市、地、州分别选择3～5个不同类型的校办企业进行改革试点，在华西医科大学、四川师范大学等4所高等学校校办产业中开展现代企业制度试点，取得初步成效。1998年全省中初等学校校办产业实现总产值51.2亿元，纯收入5.9亿元。高校校办产业实现总产值12亿元，利税2.9亿元。

教育经费的增长促进了办学条件逐步改善，学校电化教学、实验教学取得新的进展。全省新建教学放像点308个，1 276所中小学电化教育达标，24个县配合“普九”完成了“艺体、卫生、劳动技术、图书”装备，10个县实现“普及实验教学”，至此，“普及实验教学县”累计已达120个。

省教委加强了审计工作，对教育经费的拨付、使用情况进行审计监督，同时对省属普通高等学校科研及基建经费使用情况进行了专项审计，确保了教育经费使用的高效益。省教委被教育部评为“全国教育系统审计工作先进单位”。

1998年全省地方教育预算内外教育经费支出总额达101亿元（不含中央属院校经费支出），比上年增长10.6%。

撰稿　陈　玲

基础教育

〔**素质教育**〕　1998年，省教委确定了双流县、郫县等28个县（市、区）为四川省素质教育实验县，开展素质教育区域实验工作。省教委对实验县的基本要求是：地方政府制定实施素质教育的方案，为实施素质教育营造良好的环境；学校坚持面向全体学生，改进教学方法，加强实践教学，提高教学质量。各实验县围绕在课堂教学中如何实施素质教育，减轻学生过重课业负担开展了系列科研活动，为全省中小学全面实施素质教育积累了经验。

为减轻义务教育阶段学生过重的课业负担，省教委对全省义务教育阶段小学、初中课程11个学科的教学内容和教学要求进行了调整。同时，改进了初中毕业会考和普通高中招生考试办法，决定从1999年起，初中毕业会考工作原则上由县（市、区）教育行政部门组织实施，考试或考查科目必须严格按原国家教委颁发的义务教育课程计划（初中部分）执行，考试内容严格控制在省教委新调整的教学内容内；高中招生考试，语文、数学、外语为必考科目，其他考试科目及考试组织办法由各市、地、州教育行政部门确定。

〔**义务教育**〕 在依法推进“普九”的进程中，省教委加强了对“普九”工作的宏观指导，通过督导调研，及时发现和掌握各地工作中的矛盾和问题，帮助基层解决困难，要求各地坚持“实事求是，量力而行，硬件从实，软件从严”的原则，进一步强化过程管理。为正确处理好减轻农民负担与普及九年义务教育的关系，根据省委关于停止一切达标验收活动的决定，省教委改进了“普九”认定方法，只搞工作督导评估，不搞验收，坚决简化形式，不扰民，不增加基层负担，社会反映较好。

国家贫困地区义务教育工程的“二片”项目基本完成，“二片扫尾（三片）”项目全面启动，其中国家投入资金 4 200 万元，工程覆盖 27 个县。其中，剑阁等 11 个项目县提前实现“普九”。

1998 年，三台县、广元市中区、攀枝花仁和区 24 个县（市、区）普及了九年义务教育，“普九”人口 1 325.7 万人，占全省总人口的 18.2%。至此，全省累计已有 101 个县（市、区）实现“普九”，覆盖人口达 5 902.3 万，占全省总人口的 71.4%，以乡为单位计，“普九”人口覆盖率达 87.5%，双流县、剑阁县、犍为县、绵阳市游仙区、内江市东兴区被评为“两基”先进县，受到教育部表彰。

〔**普通高中教育**〕 年初，省教委印发了《关于进一步办好普通高中的意见》，明确了到 2000 年乃至今后更长一段时间全省普通高中改革和发展的目标、措施及总体思路，即坚持“适度发展普通高中，办好每一所学校”的方针，加强薄弱学校建设，同时，建设一批实验性、示范性、高水平的普通高（完）中。

围绕《关于进一步办好普通高中的意见》的实施，省教委对普通高中建设采取了分层次稳步推进的方法。按照《四川省普通高（完）中办学基本要求》，继续对一般高（完）中办学条件、办学水平进行评估，经评估，81 所一般高（完）中达到省普通高中办学基本要求；继续依照《四川省重点中学达标检查验收细则》开展省重点中学评估。加快示范性高水平高（完）中建设步伐，制发了省评估示范校的细则，为启动示范校评估工作打下良好基础。

〔**幼儿教育**〕 10 月，省教委召开了全省农村幼儿教育工作会，交流农村幼儿教育工作经验，研究发展农村幼儿教育的政策措施。制定了《关于加强农村幼儿教育工作的意见》，提出要多渠道、多形式发展农村幼教事业，坚持正规教育与非正规教育相结合，逐步形成以示范幼儿园为骨干，乡村集体办园为主体，公民个人办园为补充的农村幼教发展格局。1998 年度，全省 3～6 岁幼儿入园率达 48%，比上年提高 1.5 个百分点。成都、绵阳、资阳、德阳、广安、宜宾、泸州等地部分示范性幼儿园通过了省教委组织的复查。省教委组织了幼儿教育学术研讨和学术论文评比活动，共评出优秀论文一等奖 10 篇，二等奖 43 篇，三等奖 67 篇。

〔**特殊教育**〕 在推进义务教育的同时，全省大力发展特殊教育。(1) 在成都市青白江区、龙泉驿区、仪陇县等地建立了一批特殊教育中心，帮助凉山州建立了两所特殊教育中心，实现了全省民族地区特殊教育零的突破。(2) 加强宏观指导，全方位提高特殊教育教学水平。省教委举办了特殊教育学校校长培训班，继续实施促进贫困地区特殊教育项目，建设了一批特殊教育骨干学校。(3) 重视总结残疾儿童、少年随班就读实验的经验，组织编写了《三类残疾儿童随班就读工作的探索与实践》。1998 年，全省除独立设置的特殊教育学校外，还有就读点近 2 万个。

〔**德育工作**〕 1998 年中小学德育工作继续贯彻落实德育大纲和《中小学生日常行为规范》，不断提高其针对性和实效性。通过中学思想政治课、小学思想品德课以及时事政策、活动课等形式，组织中小学生认真学习十五大精神，结合纪念党的十一届三中全会召开 20 周年，宣传改革开放 20 年来社会主义建设的伟大成就，对中小学生进行爱国主义教育，帮助学生逐步树立高举邓小平理论旗帜不动摇的信念。同时，把学习江泽民总书记在抗洪总结表彰大会上的讲话和宣传全国抗洪斗争取得的伟大胜利，作为学校思想政治教育特别是时事政治和形势任务教育的重要内容，广泛开展“学习抗洪英模，弘扬抗洪精神”的教育活动，以多种形式广泛宣传抗洪救灾斗争的先进人物和先进事迹，弘扬伟大的抗洪精神，组织广大师生以实际行动支援灾区，为灾区儿童捐款捐物，送温暖、献爱心，使广大师生受到了一次深刻的爱国主义、社会主义和集体主义教育。

与此同时，各校开展了“学先进、争做优秀中小学生”活动，省教委在各地评选表彰三好学生、优秀学生干部的基础上，分别评选出 10 名优秀小学生、初中生、高中生，在中小学生中宣传优秀学生的先进事迹，掀起了争先创优的热潮。省教委决定从 1998 年起，每两年评选一次四川省优秀中小学生。1998 年在全省普通高中共评选表彰 500 名省级三好学生，377 名优秀学生班干部，187 个先进班集体。

〔**体育、卫生、艺术、国防教育**〕 上半年，召开了全省学校体育卫生艺术与国防教育工作会，制定了《加强学校体育卫生艺术国防教育工作的意见》，明确了工作的指导思想和目标任务。围绕贯彻落实学校体育卫生工作两个《条例》、艺术教育《总体规划》和《中小学国防教育纲要》，加强农村学校体育卫生艺术场地、器材和设备建设，继续在全省推广岳池县农村学校体育教育经验和温江县学校艺术教育经验。

推广教育部《中小学生幼儿系列广播体操》，开展“为祖国锻炼，健康地奔向 21 世纪”活动，学生整体健康水平有所提高。省教委还召开了“培养体育后备人才及课余训练研讨会”，对 24 所全国培养体育后备人才试点学校进行了全面评估检查。

针对学生体质健康调研中发现的问题，省教委组织开展了以下活动：(1) 对60万小学一年级新生进行口腔卫生教育，并在企业的赞助下免费向学校提供教学模型，向学生提供牙具；(2) 加强对近视、龋齿、蛔虫、甲肝、乙肝等学生常见病和多发病的防治工作，重点加强了肠道传染病的防治工作；(3) 在 10 万初中一、二年级学生中开展青春期健康教育试点工作；(4) 实施了联合国儿童基金会“预防和控制艾滋病健康教育师资培训班”项目；(5) 结合教育部对健康教育的评价工作，开展了全省首届中小学健康教育评优活动，共评出一等奖 20 名，二等奖 30 名，三等奖 35 名。

学校艺术教育从加强教师培训入手，通过歌咏比赛、美术书法展、文艺调演等多种形式，全面提高学生素质。全省高中开设艺术欣赏课实验工作稳步推进，1998年共有485所学校的8万多名学生参加这项实验；组队参加全国中小学文艺调演，获一等奖4个，二等奖1个，三等奖5个，创作奖2个，四川省教委荣获优秀组织工作奖。

〔**教师队伍建设**〕　1998年随着《四川省跨世纪教师队伍建设纲要》的颁布实施，在调查研究的基础上，省教委制定了《关于全面开展教师资格认定试点工作的实施办法(试行稿)》并选择绵阳市进行试点，分阶段进行教师资格认定，颁发教师资格证书。

进一步实施全省中小学校长培训“九五”规划，全面开展中小学校长岗位培训和提高培训，并为中小学校长参加学历培训提供条件，共举办5期培训班，培训中小学校长5 000人；为加强骨干教师队伍建设，分别举办了青年教师研究生课程进修班，中小学特级教师、高级教师培训班，确定3 000名中小学教师作为省学术技术带头人后备人选，500名教师为中青年学科带头人后备人选，100名教师为中青年教育教学专家后备人选，分别由市(地、州)、省、国家重点资助培养；以七项基本职业技能训练为突破口，启动全省中学教师继续教育制度，建立了成都市武侯区、绵阳市涪城区两个全国中小学教师继续教育实验区，全省有1.42万名中学教师接受继续教育培训，小学教师继续教育登记制度实施面由上年的62%扩大到67%；1998年继续开展教师职务任职资格评审工作，进一步优化教师职务结构，共评审通过中学高级教师职务任职资格1 836名。

〔**教育科研**〕　1998年，四川省承担的全国哲学社会科学重点课题“面向21世纪中国基础教育课程教材改革研究”的一级子课题“中小学活动课及中学职业指导课的研究与实验”，教育部“教学与学生个性发展研究”等课题，以及62项全省普教科研资助金项目研究进展顺利，取得了初步成果。加强了教学质量监测，开展优质课赛课活动及优秀教学论文评奖活动，组织参加了教育部“第二届全国中小学音乐、美术录像课评比”，取得了较好的成绩。

〔**督导工作**〕　全省认真贯彻《普通中小学督导评估工作指导纲要》，稳步推进中小学督导评估制度建设，结合全省“普九”工作，积极开展督导评估和调研。1998年，全省已有11个市、地、州制定了评估方案，开始推行中小学督导评估制度，涌现出成都、内江等督导工作先进典型。

撰稿　陈　玲

职业教育

〔**综述**〕 1998年，全省职业教育在调整中巩固发展。中等职业教育规模基本保持稳定。全省有中等职业学校（含普通中等专业学校、中等师范学校、技工学校、职业高中）875所，当年招生19.42万人，比上年减少1.47%，在校生50.04万人，比上年增加3.28%，在校生占高中阶段学校教育在校生总数的比例为52.37%。

高等职业教育稳步发展。1998年，全省共有25所普通高等学校、1所高等职业技术学院和1所中专学校举办高职班，共招生2 406人，其中招收普通高中毕业生227人，对口招收职业高中和中专应届毕业生1 739人；五年制高职班招生440人，在校生达到6 033人。高职班由上年只招职业高中毕业生扩大到招收普通中专应届毕业生，考试科目分文化课和专业课两部分，文化课考政治、语文、数学，专业课分十二大类，内容涉及该专业类基础知识和应用知识，由省招委统一组织考试，纳入全省普通高等学校招生统筹安排，与普通高校招生同步。

召开职业教育现场办公会。4月，省政府在绵阳市召开了全省职业教育现场办公会，副省长徐世群出席会议并讲话。会议肯定了各地政府重视发展职业教育取得的成绩，就贯彻实施《职业教育法》、《四川省人民政府关于进一步加强职业教育工作的通知》进行动员，要求各级政府进一步认清形势，明确任务，落实措施，推动职业教育持续健康发展，确保全省本世纪末职业教育发展目标的实现。

制定了新的中等职业学校收费标准。6月，省教委、省物价局、省财政厅联合发出《关于印发四川省中等职业学校（班）收费管理暂行办法和四川省中等职业学校（班）收费项目和收费标准的规定的通知》，重新制定了全省中等职业学校收费项目和收费标准，并就加强收费管理的有关工作作出具体规定。10月，省教委会同省物价局再次发文，就中等职业学校学生公寓管理和住宿费收费标准问题作出规定，进一步规范了全省中等职业学校收费工作。

〔**职业高中教育**〕 1998年，全省职业高中招生比上年略有减少，专任教师中专业课教师占教师总数的55.52%；专任教师中具有本科以上学历的占33.77%，具有高级职称的占6.94%，中级职称占32.20%。

1998年，各地以重点学校建设为契机，加大学校布局和专业结构调整力度，通过合并、撤销、联合等多种形式，使学校办学效益得到提高；省教委继续开展了合格学校和重点学校评估，推动了学校规范化建设，同时以专业师资培养培训为重点，加强教师队伍建设。1998年普通高等学校共招收职教新师资470人，210名在职教师通过函授专升本进入高校学习，846 人参加了省教委组织的各类专业技能培训和专业技能等级考核鉴定。

〔**普通中专教育**〕　1998 年，全省普通中等专业学校招生数和在校生数均比上年增加 8.6%，其中招生数超过 1 000 人的学校有 17 所，在校生超过 1 500 人的 62 所；专任教师中本科以上学历的占 70.72%，高级职称占 18.36%。

全省中专学校全面实行招生并轨制度改革，适度扩大自主招生范围和规模。3 月，省政府发出《关于做好普通中等专业学校招生并轨工作的通知》，统一招生计划，统一新生录取标准和收费标准；建立完善奖、助、贷学金制度；改革毕业生就业制度；转换普通中专办学机制，不断提高教育质量和办学效益，以保证国家对中等专业人才的需求。

调整中等师范学校布局。1997 年 11 月，省政府办公厅批转省教委、计委、财政厅《关于调整全省中等师范学校布局理顺管理体制的意见》，要求自 1998 年起至 2000 年，用三年时间，将全省尚具有小学（幼儿园）新师资培养功能的 64 所中等师范学校分期分批调整为 37 所。1998 年，全省已确定 16 所中等师范学校转变办学功能，其中 5 所已停止招收中等师范专业新生。

撰稿　田星苍　何　浩

高等教育

〔**办学和管理体制改革**〕　1998 年，省委、省政府决定进一步推动全省高等学校办学和管理体制改革，加快高等教育结构调整步伐。经过调查、研究和论证，制定了《四川省高校布局结构调整方案》并进入实施阶段，初步完成以下工作：（1）完成了国务院部分调整部委所属院校的划转工作，原属国务院 5 部委（总公司）的 2 所普通高校（西南工学院、四川烹饪专科学校），5 所成人高校（成都冶金管理干部学院、成都煤炭管理干部学院、有色地质职工大学、第五冶金建设公司职工大学和攀枝花冶金公司职工大学）的管理权限下放四川省，根据其办学层次、类型和特点，分别实行不同的管理方式。西南工学院将纳入全省高校布局结构调整总体方案，与所在地其他高校通盘考虑，进一步完善其共建体制；成都冶金管理干部学院已经教育部批准并入电子科技大学。（2）决定将成都电子机械高等专科学校、成都纺织高等专科学校和四川商业高等专科学校由省级业务部门管理划转为省教委管理；（3）加强与在川中央部委属高校联合办学，包括与铁道部共建西南交通大学峨眉分校，与电子科技大学、成都理工学院联合培养急需的本科专业人才；(4) 积极争取将两所师范专科学校分别升格为师范学院，将一所成人高校改建为普通专科学校；高校内部管理体制改革进一步深化，四川联合大学通过调整机构设置，压缩行政编制，加快了学校工作的深度融合。年底，经教育部研究决定，四川联合大学更名为四川大学。

〔**教学改革**〕 1998年，全省继续推动“面向21世纪教学内容和课程体系改革”。审核批准92个省级项目，覆盖理工农医文各科类各专业，涉及本专科教育及高等学校教学各个环节。通过重点倾斜，项目进展情况良好，有的已取得阶段性成果。

全面实施新的《本科专业目录》。根据高等学校实际，省教委重新修订了《四川省普通高校专业设置管理和审批备案规定》，在本科院校的本科专业整理规范工作中，引导学校处理好专业调整同学科建设、教学内容与课程体系改革及教学管理体系调整的关系，同时，根据新的专业目录全面修订和实施新的教学计划及人才培养方案，促进了高校人才培养模式的改革。

专科专业教学改革进一步深入。经教育部专家组考察论证，新增全国高等工程专科学校教改试点专业8个，建立了一批有特色的专科专业教学改革基地；受教育部委托，省教委邀请全国专科改革咨询委员会专家，对四川工业学院、成都大学、成都电子机械高等专科学校的试点专业进行了中期检查。此外，省教委还组织力量，对23所高校的117个基础课实验室进行评估，推动了高校实验室规范化建设和实验教学改革。

实践和实习基地建设取得新的成绩。规划、建立了一批新的基地；开展了“全国高等师范教育实习优秀基地”评选工作，对63个优秀基地进行了表彰；在高等医学院校临床教学基地建设中，理顺了成都中医药大学附属医院的管理体制，泸州医学院建立了一所非直管的附属医院；同时，根据高等工程专科教改工作的实际，加强了校内实践实习基地建设，促进了学生职业技能和综合素质的提高。

10月，泸州医学院作为全省最后一所学校接受了教育部组织的教学工作评价。至此，四川轻化工学院、川北医学院、泸州医学院、成都气象学院、西南工学院均顺利通过了教育部组织的教学工作评价。通过评价促进了学校办学条件的改善和教学质量的提高。

高等学校外语、数学、计算机基础教育进一步加强。外语教学突出学生应用能力的培养，提高考试的规范化、现代化、科学化管理水平，专科英语教学改革取得新的突破；全省计算机等级考试参考学生大幅增长，合格率明显提高；1998年，四川高校参加全国大学生“数学建模”竞赛，取得了参赛组队、获奖总数、一等奖总数、获奖面四个全国第一。

大学生文化素质教育试点工作取得实效。1998年，全省以15所高等学校为重点，采取多种形式，加强大学生文化素质教育，在课程设置、教材建设等方面取得了实质性进展，形成了以3个国家级试点单位、15个省级试点单位为骨干，全省高校普遍推进的格局。

〔**重点建设**〕 稳步推动“211工程”建设。国家正式立项的四川大学、西南交通大学、电子科技大学、西南财经大学按照实施方案加紧建设；电子科技大学接受了国家有关方面组织的“211工程”建设中期检查；华西医科大学通过了由卫生部和四川省政府组织的“211工程”建设项目立项审核论证，四川农业大学通过了由四川省政府组织的立项审核论证。

加强高等学校省级重点课程建设。省教委制定了《四川省普通高等学校省级重点课程管理办法》和《四川省普通高等学校省级重点课程验收办法》，审核批准了省级重点课程50门，使全省省级重点课程总数达到258门。

继续开展基础学科人才培养基地和工科基础课基地建设。四川大学、西南财经大学、成都中医药大学经教育部批准建立了国家级文科、理科、医科基地5个，四川大学、西南交通大学、电子科技大学建立了国家级工科基础课基地3个。同时，积极申报四川师范大学建立国家级文科基地。

〔**党建和思想政治工作**〕 为贯彻第七次全国高等学校党建工作会议精神，进一步掀起学习邓小平理论新高潮，10月，省委组织部、省委宣传部、省教委党组联合召开第七次全省高校党建会暨高校领导干部学习会。43所普通高等学校、14所成人高等学校的党委书记、校院长参加了会议。会议总结交流了近年来高校党建工作的经验，集中研讨了当前工作中的热点和难点问题，部署了今后一段时间的高校党建工作。为进一步加强和改善对全省高校以及整个教育系统党建工作的领导，省委决定成立中共四川省教育工委。

“两课”建设进一步加强。根据中宣部、教育部“两课”课程设置新方案，省教委组织专家重新编写全省“两课”统编教材，其中《邓小平理论概论》已从1998年秋列入各普通高等学校和成人高等学校课程设置。按照《四川省高校“两课”建设评估指标体系》要求，省教委对西南石油学院、四川师范学院、绵阳师范高等专科学校、电子科技大学的“两课”建设进行了评估；组织了高校“邓小平理论概论”课师资培训班，举办了“两课”教师、辅导员岗前培训班及研究生课程进修班。同时，调整、补充了省“两课”巡视员，进一步完善了“两课”巡视制度。

学生思想政治工作注重理论联系实际，突出针对性和实效性，收到了良好效果。1998年，省教委在全省高等学校开展了“大学生学习邓小平理论优秀论文征集活动”，举办了专题报告会和学习交流会，各学校广泛开展了以“三下乡”活动为主题的暑期大学生社会实践活动，产生了良好的社会反响。为加强学生思想教育和管理，省高教学会成立了高校学生工作专业委员会，开展经常性的理论研讨和经验交流；举办了全省高校第六届心理咨询培训班，学生心理健康教育进一步规范化和科学化。

各高等学校重视对学生的形势政策教育，及时了解和掌握学生思想动态，健全和完善各项管理制度，有关部门和学校进一步密切配合，加大对校园及周边环境治理力度，确保了全省高校的政治稳定。

〔**队伍建设**〕 1998年，经省委、省政府批准，全省高校有126人被确定为四川省学术技术带头人，223人被确定为四川省学术技术带头人后备人选；选拔推荐国家级有突出贡献的中青年科学技术管理专家候选人4

名，省级有突出贡献的优秀专家候选人21名，享受政府特殊津贴候选人26名；继续开展高校专业技术职务评审工作，评审通过高级职务任职资格741名；继续组织了高校新师资岗前培训。教师学历层次、职务结构、年龄梯次趋于合理，较好地适应了高校教学、科研工作的要求。

〔**学位工作与研究生教育**〕 受国务院学位委员会委托，省学位委员会完成了对四川省、重庆市申报的硕士学位点的审核工作。经国务院学位办批准，两省市共增列硕士点45个；经国务院学位委员会批准，四川新增列2个博士学位授权单位（中国科学院成都计算机研究所、中国科学院成都山地研究所），2个硕士学位授权单位（西南工学院、中国兵器科学研究院第58研究所），增列11个具有博士、硕士学位授予权的一级学科，新增博士学位授权点10个，硕士学位授权点4个。1998年，全省有博士学位授权单位19个，博士、硕士学位一级学科授权点11个，博士点120个；有硕士学位授权单位41个，硕士点441个。

经国务院学位委员会批准，四川大学、西南交通大学、电子科技大学、西南石油学院的15个专业开展了工程硕士专业学位试点工作，华西医科大学、成都中医药大学的13个专业举办了临床医学专业学位试点，四川师范大学举办了教育硕士专业学位试点，西南交通大学举办了建筑学专业学位试点。此外，西南财经大学等4所学校举办了MBA教育。1998年，全省已有8所学校的34个学科、专业开展专业学位试点工作，扩大了研究生教育规模，优化了研究生教育结构，增加了培养模式，为全省高层次人才培养奠定了基础。

在职人员申请硕士学位工作进一步加强。经国务院学位办批准，四川师范学院开始接受在职人员申请硕士学位。1998年，全省已有11所高校和1个科研单位开展此项工作。四川大学、西南交通大学、电子科技大学、西南财经大学开始接受企业管理人员在职攻读工商管理硕士学位（EMBA）。

学士学位授予管理进一步规范。省学位办坚持对高等教育自学考试、成人教育本科毕业生与普通高校毕业生按同一标准授位，对申请学士学位人员实行外语全省统考，同时，按照《中华人民共和国学位条例》要求，进一步规范学位申请条件、程序，提高了学位授予质量。经审核，全年共有210名在职人员被授予学士学位。

根据国务院学位委员会有关文件精神及《四川省研究生课程进修班管理实施细则（暂行）》规定，1998年省学位委员会加强了对研究生课程进修班的管理，审核批准10个单位举办研究生课程进修班52个，其中在省外合作办班15个，与省外单位在川合作办班3个。同时，对少数违反规定乱办班的单位进行了严肃处理，规范了办学秩序，提高了办学质量。

为促进研究生培养质量的提高，省学位办要求在校博士研究生参加全国外语水平考试（WSK），在校硕士研究生参加北京地区硕士学位课程水平考试；制定了《四川省学位委员会审核优秀博士学位论文初评暂行办法》，开展了优秀博士学位论文的评选工作，共评出优秀论文16篇。

〔**招生与就业工作**〕 1998年，四川省普通高等学校招生工作进一步深化改革，巩固

"并轨"成果，在保持政策连续性的基础上，对有关招生政策进行调整，包括减少加分照顾对象，降低加分照顾幅度，调整政策照顾累加办法，调整定向招生政策，调整省属农、医、师专科计划管理与录取办法，对职教师资班和高职班招生对象进行调整等，使招生政策更加科学合理。通过规范考试管理，严肃考风考纪，强化服务意识，严明录取纪律，以及加强政策宣传，加大执法力度，运用现代化手段，提高录取工作的质量和效率。

全省 34 个硕士研究生招生单位共录取硕士生 2 444 名，14 个博士研究生招生单位录取博士生 646 名，有 12.4 万名考生参加全国普通高校招生统一考试，比上年增加 10.65%，普通高校在川录取新生 5.58 万名，完成计划的 101.94%。

1998 年全省普通高等学校共有本专科毕业生 3.7 万名，毕业研究生近 2 000 名，另有省外高校回川就业学生 7 000 余名。在毕业生总人数较上年有所增加、需求形势总体下降的情况下，省教委及各级毕业生分配部门切实履行归口管理职责，加强协调，调整和完善就业政策，同时，各高校切实加强毕业生思想教育和日常管理，广大毕业生顺利走上了工作岗位。进一步健全全省毕业生就业指导服务体系。经省教委同意，成立了四川省普通高校毕业生就业指导服务中心"四川大学会场"和"电子科技大学会场"。

〔**科技工作**〕 全省高等学校科技工作以经济建设为中心，多渠道争取科研项目和经费，加速科技成果的转化和推广应用，全年共筹集科技经费 2.76 亿元，46 项成果获省科技进步奖，54 项成果获首届四川省教委科技进步奖，成果转化产生经济效益 28 亿元。省属高校校园计算机信息网络建设取得新的进展，3 所高校与中国教育和科研计算机网 CERNET 联通，进入 CERNET 的省属高校已达 6 所。

为贯彻党的十五届三中全会精神，推动高等学校科技工作为农业、农村服务，省教委召开了部分农科院校座谈会，总结交流近年全省高校农业科技工作的经验和思路，提出了下一步工作的意见和措施。

〔**体育、卫生、艺术教育**〕 1998 年各高校积极开展群众性体育锻炼，学生体育锻炼达标率有所提高；第六届全国大学生运动会筹备工作进展顺利，场馆建设、会徽、会歌、吉祥物征集活动全面展开；成功举办了四川省第六届大学生艺术节，开展了班级歌咏比赛、青春风采大赛、交响音乐知识竞赛、美术书法、摄影作品展、文艺节目调演等，丰富了大学生业余文化生活；学生健康教育进一步加强，传染病、多发病得到有效控制。

〔**对外交流**〕 1998 年全省公派和自费出国留学人员共计 1 224 名，其中 22 名为国家留学基金管理委员会资助派出；聘请外国文教专家的院校适当增加，范围和专业有所扩大。4 所高等学校新取得聘请外国文教专家资格，至此，全省共有 51 个单位具有聘请资格。省教委共审批 12 所院校接受来华留学生 235 人，与北美中国教育交流组织、日本广岛县、美国华盛顿州教育厅、戈申学院、美中教育交流中心等机构、组织的交流合作进一步加强。

撰稿　何　浩

成人教育

〔**职工教育**〕 1998年，全省有223万职工参加各级各类学习培训，占职工总数的34.2%，参加岗位培训的职工占参学职工总数的80.8%，12万余人参加继续教育，占职工参学总数的5.4%。省政府将职工教育纳入政府目标管理的内容，省教委也将指标分解到各市、地、州教委，促进了全省职工教育的健康发展。全省共建成各类职工学校993所，校舍建筑面积近248万平方米，职工教育实际支出经费占当年工资总额的比例达1.29%。为配合实施再就业工程，做好下岗职工的培训工作，省教委发出《关于减免下岗特困职工子女学杂费和加强下岗职工培训工作的通知》，要求各地各学校积极开展多种形式的下岗职工的培训教育，产生了较好的社会反响。

〔**社会力量办学**〕 1998年，全省有各级各类社会力量办学机构6 387所（其中：幼儿园4 488所、小学360所、中学45所、中等专业学校7所、可颁发国家学历文凭的高等学校1所、学历文凭试点学校12所、高等非学历教育学校37所、其他学校1 437所），在校学生71.5万余人。1998年招生54万余人，毕结业32.8万余人。为加强管理，全省建立了严格的社会力量办学审批制度和年审换证制度，并根据教育部的要求，从5月1日起，全省统一换发了《中华人民共和国社会力量办学许可证》。

经过调研、论证，《四川省社会力量办学条例》于12月18日由四川省第九届人民代表大会常务委员会第六次会议通过并公布实施。为加强全省社会力量办学行政管理干部队伍建设，省教委举办了两期社会力量办学行政管理干部岗位培训班，培训合格者取得了《四川省社会力量办学行政管理人员岗位培训证》。

民办高等学校高等教育学历文凭考试试点工作取得初步成效。按照“积极试点、稳步推进”的原则，省教委在上年批准9所学校试点的基础上，又新批3所民办学校参与试点，试点学校发展至12所，专业设置增至18个，1998年共招生1 369人。

〔**成人高等教育**〕 全省成人高等教育以提高质量，深化教学改革为重点，在布局结构调整、教学管理和教师队伍建设等方面取得实效。年初，成立了四川省成人高等教育教学指导委员会，其主要职能是协助省教委审定评价全省成人高等教育工作的整体规划，制定部分课程的示范性教学计划、教学大纲，论证评价成人高等教育专业设置，指导开展教学评估活动及协助教材编审工作。

大力开展第二专科学历教育。根据原国家教委关于第二专业专科学历教育招生规定，1998 年全省共招收第二专业专科学员 1 万余人,招收广播电视大学“注册视听生”1.1 万余人。为鼓励全省从业人员提高文化素质和专业知识水平，培养复合型人才，全省启动了成人高等教育双专科学历认定工作。省教委、省人事厅规定：凡取得教育部批准备案的各类高等学校和高等教育自学考试以及经教育部认可的军队院校颁发的两个及以上跨专业专科毕业证书者,经省教委认定后,颁发成人高等教育双专科毕业证明书，在省内享受大学本科毕业生有关待遇。1998 年，共颁发成人高等教育双专科毕业证明书 1 000 余份。

成人高等教育改革进一步深化。开展了成人高教体制改革调研，完成了中央部委属 5 所成人高校的划转接收工作；扩大了成人高校高等职业教育试点，试点学校共 28 所，专业布点达 87 个，招生 2 000 余人；根据学校布局结构调整和科类调整的需要，调整专业设置，审核通过 29 所学校的 40 余个专业设置方案；按照《四川省成人高等教育办学站（点）管理暂行办法》，对全省 230 多个普通高校函授站、成人高校校外办学点进行审查，向合格站点颁发了办学许可证；组织编写了《应用文写作》、《计算机应用基础》和《基础英语》教材，初步实现这 3 门课程的全省统考。

加强教师队伍建设，组织了部分课程授课教师的教学研讨；举办了首期成人高等教育教学、教务管理干部培训班；开展成人高等教育教师职称评审工作，评审通过高级职务任职资格 137 人，中级职务任职资格 23 人。

〔**成人中专教育**〕 1998 年省教委开展了省部级示范性成人中专学校评选工作，评选出四川省交通干部学校、成都铁路成人中等专业学校、7 所学校为首批四川省示范性成人中等专业学校。

为加强对校外办学点的管理，省教委组织力量，对校外办学点进行了检查，督促学校对少数不规范的办学点进行了整改，取消不合格的办学点 2 个。

〔**扫盲教育**〕 1998 年，普格、甘洛、越西、雷波、泸定、康定 6 个民族县达到国家基本扫除青壮年文盲标准，通过了省级督导评估。至此，全省有占总人口 98%的 157 个县达到国家扫盲基本要求，全省青壮年非文盲率达到 95%以上。参加各种形式巩固提高学习的脱盲人员达 90.8 万人。熊家宇、杨志武、包且各等 14 人，金堂县赵镇成人学校、盐亭县柏梓镇成人教育中心校等 6 所学校被教育部授予第三届“中华扫盲奖”。双流、剑阁、南部、普格、荣县、马尔康、汉源 7 个县作为扫盲工作先进地区受到教育部、财政部联合表彰。

〔**农民文化技术教育**〕 1998 年全省有乡镇成人学校 4 471 所，村级成人学校 3.98 万所（个），全省农民高小班、初中班共毕业学员 2.5 万名，系统技术培训 312 万人，短期技术培训、法律知识培训、人口教育培训 799 万人次。

〔**自学考试**〕 1998 年，自学考试工作进一步适应社会经济发展,加快专业结构调整，全年常规自考新开考专业7个(本科6个，专科1个)，开考专业达到54个；应用性专业定点考试新开考专业10个(本科6个，专科4个)，开考总数达40个。全省报名参加自考的考生达46.74万人，比上年增加4.74万人，其中民族地区报考人数明显增加，1.4万人获得大专以上毕业文凭。各地进一步采取措施，加强管理，通过建设规范化考场，建立考试督察巡视制度和监考奖惩制度，保证了考试质量。

撰稿　韩春蓉　赖英莉　曹　译　陈　玲

民族教育

〔**综述**〕　1998年，全省50个民族自治县(市)中有幼儿园239所，在园幼儿6.19万人；小学6 537所，另有968个教学点，在校生65.64万人；普通初中223所，另有52个教学点，在校生10.95万人；普通高中88所，另有1个教学点，在校生1.95万人；职业初中9所另2个教学点，在校生3 305人；职业高中14所，另有1个教学点，在校生1 786人；中等师范学校8所，在校生5 413人，中等专业学校16所，在校生1.58万人；高等学校5所，在校生7 591人，民族预科270人；成人校点1.37万所，入校学员33.19万人次，小学、初中、高中、中师在校生中，少数民族学生分别为35.34万人、4.24万人、6 237人、3 192人。

1998年民族地区各级各类学校教职工达6.46万人，其中专任教师4.91万人，小学、初中、高中、中师教师的学历达标率分别为93.2%、88.27%、52.3%、53.81%，分别比上年提高0.7%、2.57%、0.9%和6.71%；高级教师、一级教师占各级学校教师数的比例：小学分别为12.39%、48.84%，初中分别为1.4%、19.17%，高中分别为11.89%、41.05%。

〔**义务教育和扫盲工作**〕　1998年，凉山州的西昌、德昌2县普及了九年义务教育，甘孜州的泸定、康定，阿坝州的汶川、理县、茂县，凉山州的会理、会东、宁南、冕宁，乐山的峨边、马边等县的20多个乡镇的“普九”工作通过了州(市)政府的检查验收。已“普九”地区的人口占民族地区总人口的比例累计达到18%。甘孜州的稻城、得荣，凉山州的越西、雷波4县及50多个乡镇实现了基本普及初等教育。累计已有33个县、100余个乡镇完成“普初”，“普初”地区人口占民族地区总人口的比例达90%。全省民族地区7～12周岁学龄儿童入学率达到93.25%，其中女童入学率为90.23%，少数民族儿童入学率为86.6%。小学学年巩固率为94.92%，毕业率为97.72%，初中的毕业率为96.96%。

1998年，民族地区共有近10万人脱盲，甘孜州的康定、泸定，凉山州的普格、甘洛、越西、雷波6县按国家规定标准扫除了青壮年文盲，并通过督导评估。民族地区累计已有27个县达到国家扫盲基本要求，覆盖人口占民族地区总人口的70%。职工培训和农牧民实用技术培训广泛开展；新建了一批农牧民文化技术学校。

〔**教育投入**〕 1998年，民族地区各级政府不同程度加大了对教育的投入，四川省民族地区第一、二期教育扶贫工程投入2 000万元全面实施。3个自治州人均教育支出达到120元，高出全省平均水平，其中教育税费占总支出的8.6%。甘孜、阿坝、凉山州的农村教育费附加征收比例分别占农牧民纯收入的0.28%、0.57%和0.87%。小学、普通中学、职业中学、中师、中专校舍建筑面积达到452万平方米，生均校舍面积为小学4.32平方米，中师23.15平方米，中专20.22平方米。藏书量达908万册。

〔**教育基础建设**〕教育基础建设得到加强，校点布局趋于合理。民族地区小学、初中、高中、职业中学校均覆盖人口分别为764人、2.08万人、6.44万人、22.03万人，校均在校生分别为88人、398人、196人、196人。寄宿制教育有新的进展。重点、普通和乡三类寄宿制中小学共达973所，在校寄宿学生10.21万人，占民族学生总数的25.39%。其中乡寄宿制小学达768所，寄宿学生6.94万人，占小学民族学生总数的17.25%。“双语”教学体制进一步完善。开展两类模式“双语”教学的中小学达2 265所，接受双语教学的学生达17.29万人，占彝、藏族中小学生总数的43.6%。其中，开展以汉语文教学为主模式“双语”教学的中小学1 838所，在校生14.58万人，占彝、藏族中小学生总数的36.8%；开展以民族语文教学为主模式“双语”教学的中小学427所，在校生2.71万人，占彝、藏族中小学生总数的6.8%。“双语”教师队伍总数达4 338人，此外委托西南民族学院培养双学历“双语”教师60名。开展以民族语文教学为主的“双语”教学学生由初等学校升入中等学校，再升入高等学校的政策及实施程序进一步完善，渠道更加畅通。

撰稿 张 生 何 浩

审稿 王可植 戴作安

贵州省教育

概　　况

〔基本情况〕

1998年各级普通学校基本情况

单位：人

学校类别	学校数(所)	毕业生数	招生数	在校学生数	教职工数	
					计	其中专任教师
一、普通高等学校	20	10 305	14 720	43 142	13 084	5 929
研究生	(7)	92	234	588		(266)
本　科	8	3 711	6 167	21 954	9 648	4 130
专　科	12	6 502	8 319	20 600	3 436	1 799
二、中等专业学校	109	29 073	37 619	108 436	12 444	6 864
中等技术学校	83	21 379	27 804	80 651	9 601	5 084
中等师范学校	26	7 694	9 815	27 785	2 843	1 780
三、普通中学	1 881	341 879	498 890	1 271 014	86 770	72 865
高　中	314	43 331	53 694	144 419		10 326
初　中	1 567	298 548	445 196	1 126 595		62 539
四、职业中学	282	27 001	32 855	78 972	7 242	5 409
高　中	186	18 618	17 827	42 654		3 428
初　中	96	8 383	15 028	36 318		1 981
五、工读学校	3	373	279	78	52	33
六、小　学	19 102	612 534	839 169	5 053 639	181 020	167 823
七、特殊教育学校	21	644	3 000	15 500	1 696	1 087
八、幼 儿 园	1 229		395 804	462 084	17 077	14 008

1998年各级成人学校基本情况

单位：人

学校类别	学校数(所)	毕业生数	招生数	在校学生数	教职工数	
					计	其中专任教师
一、成人高等学校	14	13 244	15 105	36 091	2 341	1 158
广播电视大学	1	4 081	4 928	10 969	689	325
职工高等学校	6	1 299	1 861	3 940	497	276
农民高等学校						
管理干部学院	3	1 655	1 372	3 809	517	251
教育学院	4	1 613	2 627	4 958	638	306
独立函授学院						
普通高校举办:						
函授部		1 221	1 015	3 226		
夜大学		123	82	301		
成人脱产班		3 252	3 220	8 888		
二、成人中等专业学校	33	15 194	11 329	41 584	2 354	1 216
广播电视中专	3	4 536	6 135	17 897	512	219
干部中专	9	594	707	1 745	383	172
职工中专	16	2 633	3 311	7 059	774	419
函授中专	2	7 368	980	14 579	604	353
农民中专						
教师进修学校	3	63	196	304	81	53
三、成人中学	5	211	1 312	1 527	109	91
职工中学	5	211	1 184	1 393	109	91
农民中学			128	134		
四、成人技术培训学校	10 604	2 560 365	2 471 598	2 496 826	9 636	3 300
职工技术培训学校	95	14 413	12 484	12 806	210	106
农民技术培训学校	10 509	2 545 952	2 459 114	2 483 020	9 426	3 194
五、成人初等学校	3 108	219 522	263 851	275 870	12 443	6 373
职工初等学校	2	300	210	1 700	43	38
农民初等学校	3 106	219 222	263 641	274 170	12 400	6 335
其中：扫盲班	3 080	218 254	261 540	268 850	12 279	6 234

制表　段志茹

基础教育

〔**义务教育**〕 1998年全省小学办学效益进一步提高。与1997年相比，全省净增15 395名小学生，小学校数减少1所，教学点减少899个，教学班减少497个，全省小学（含教学点）校均班数增加0.12个，校均学生增加5.4人，平均班额由34.63人增加到34.86，10人以下的班减少164个，11～20人的班数减少173个，21～30人的班减少223个。全省小学代课教师减少1752人，师生比由1∶29.9提高到1∶30.01。1998年，榕江、麻江、德江、黄平、施秉、正安、习水、兴仁、晴隆、三穗10个县经教育部验收达到国家基本普及初等义务教育标准，至此，全省已有19个县达到国家基本普及初等义务教育标准，占总县数的22.09%，人口覆盖率达20.26%；余庆、瓮安、天柱3县通过省政府“两基”评估验收，实现基本普及九年义务教育，全省实现“两基”的县（市、区）增加到17个，占全省总县数的19.8%，其人口覆盖率达16.9%；与1997年相比，全省适龄儿童入学率由97.38%提高到97.74%，其中适龄女童入学率由96.49%提高到97.11%。小学在校生505.36万人，增加1.54万人；三类残疾儿童入学率提高到29.7%，上升5.32个百分点，在校学生15 500人，增加730人；普通初中在校生112.66万人，增加5.31万人；初中阶段适龄少年入学率提高到58.83%，上升5.68个百分点；小学在校学生年辍学率下降到3.73%，下降0.12个百分点。但初中在校学生年辍学率则由5.73%上升到7.08%，上升1.35个百分点。1998年省教委对全省“普六”、“普九”工作先进单位和先进个人进行了表彰奖励，共表彰先进县18个，先进乡镇155个，先进个人200人。

〔**高中教育**〕 为推动普通高中全面贯彻教育方针、深化教育教学改革，进一步提高学校管理水平，1998年3月，省教委召开全省普通高中教育工作会议，制定了《关于办好普通高级中学的若干意见》，把加强高中管理、深化高中改革作为重头工作来抓。主要措施是：（1）端正学校办学指导思想，认真落实“两全”，严格执行课程计划；（2）加快升学考试制度改革，积极推进中等学校招生实行普通高中、职业高中中考一次性考试的做法；（3）调整中等教育结构，逐步实现办学模式多样化，在重点推进综合高中的基础上，有条件的地方积极创办特色高中；大力发展职业技术教育；（4）进行办学体制改革，提倡多种形式办学，逐步改变政府包揽的格局；（5）进一步完善分级办学、分级管理的体制，明确省地县三级政府和教育行政部门的职责，理顺纵横关系；(6) 加强学校管理尤其是教学常规管理，规范各项管理制度，强化各个管理环节，进一步提高管理水平。(7) 以分类评估为导向，实行挂牌管理，建立示范性高中的激励机制；(8) 积极推行校长负责制，进行学校内部管理体制改革，充分发挥校长管校治校的作用；(9) 进一步完善高中毕业会考制度，加强对会考考试科目、时间及命题的管理和研究，充分开发利用会考信息。为落实好《若干意见》精神，还制定了《贵州省省级示范性普通高中办学标准》、《贵州省省级示范性普通高中评估方案》及《实施细则》，并开展评估试点工作。通过结构性调整，全省普通高中比上年减少14所。在校生比上年增加2 548人。

撰稿　代其平　皮俊林

〔**幼儿教育**〕　全省幼儿园比上年增加17所；学前班9 562个，比上年增加330个；在园（班）幼儿比上年增加14 118人，增长3.15%。为提高幼儿园保教人员的素质，在新西兰幼教专家来省访问期间，请他们作了专题报告；对全省幼儿园园长进行了培训，并请北京师范大学学前教育专家作了有关幼小(幼儿园与小学)衔接的报告；举办了幼儿园医务人员、炊事人员培训班。1998年全省表彰奖励先进农村中心幼儿园30所。

撰稿　皮俊林

〔**素质教育**〕　1998年5月省教委制定《贵州省关于贯彻〈关于当前积极推进中小学实施素质教育的若干意见〉》，从提高认识转变观念、采取有力措施促进全省中小学素质教育的实施、建立素质教育的督导评估机制、确保中小学实施素质教育按目标进行、开展区域实验、以点带面等方面，制定了具体措施。

省教委将贵定县和贵阳市的乌当区、白云区确定为全省首批实施素质教育实验区，3个实验区（县）政府高度重视，制定了实施素质教育的方案，并结合实际加强薄弱学校建设、优化课堂教学、建立素质教育的评价机制等，使本地素质教育工作顺利有序地进行。8月，上海市部分教育专家、科研人员、教育行政部门领导以及中小学校长为全省9个地（州、市）及86个县（市、区）教育局长、教育科（股）长、教研室主任、督导室主任等300人做了6场“实施素质教育”的专题报告，对各地实施素质教育起到了积极的推动作用。12月，省教委又组织3个实验区（县）的有关人员到上海重点考察区域推进素质教育的经验及具体做法。通过考察和学习，各实验区（县）加深了对区域推进素质教育的认识，对已制定的素质教育实施方案进行反复研究和调查，理顺工作思路，加快了工作步伐。

撰稿　谢　旌

〔**新建县级特殊教育学校**〕　根据国家教委《残疾儿童少年义务教育“九五”实施方案》及《贵州省残疾儿童少年义务教育工作“九五”实施方案》中提出的：“30万人口以上，视力、听力语言、智力残疾儿童少年较多的县（市、区、特区）原则上应建立一所特殊教育学校”的原则，1998年贵州省加大了在县级建立特殊教育学校的力度。通过省、地、县各级政府及教育行政部门的努力，在中央及省特殊教育专项经费的扶持下，1998年贵州省在关岭、息烽、黄平、兴仁、榕江等县新建了特殊教育学校。在一年新建如此多的县级特殊教育学校是前所未有的。县级特殊教育学校的建立，使其成为该地区特殊教育教研、师资培训中心，同时带动本地区特殊教育的全面发展。

撰稿　高　琦

〔**师资培训**〕 贵州省从1993年开始，对不具备合格学历的在职初中教师开展高等师范专科函授、卫星电视教育、自学考试相沟通的培训（简称“三沟通”培训）。先后招生三届、12个专业，共有注册学员22 503人。截至1998年，毕业人数达19 382人，毕业率达86.1%；通过任职教师学历培训和新师资补充，使贵州省初中教师学历合格率从1992年的57.97%上升到1998年的85.2%，整体素质有较大提高。

小学教师培训工作也取得明显成效。贵州省中等师范函授广播学校为提高小学教师素质，采取措施深化教学改革，提高教学质量，1998年毕业生达9 000人，使小学教师学历达标率从1997年的82%提高到91.5%。

在小学教师继续教育方面，省教委制定《贵州省小学教师继续教育第一阶段实施意见》，在毕节、黔南等地区进行五项基本功验收试点工作，对全省23个县66所学校进行调研，并对下一步工作提出了明确要求。同时积极开展小学六年级思想品德、社会、自然、语文、数学等五个学科新教材培训，受训教师达450人。

撰稿　吴刚平　程　蓓

职业教育

〔**综述**〕 1998年，全省中等职业教育在校生数占整个高中阶段学生数的56.68%。普通中专学校有83所，其中在校生80 651人；有国家级重点中专2所，省部级重点中专18所。职业高级中学（含社办职业高中、职业中专）237所，在校生57 343人，其中国家级重点职高3所，省级重点职高22所。技工学校84所，在校生23 181人，其中国家级重点技校2所，省部级重点技校15所。

〔**高等职业教育**〕 1998年贵州省启动高等职业教育对口招收中等职业学校毕业生试点工作。省教委与省计委联合印发《关于1998年我省高等职业教育对口招收中等职业学校毕业生试点工作的通知》，并就报名、考试、考务、录取等工作做出部署。贵州大学、贵州工业大学、贵阳金筑大学、贵州商业高等专科学校 4 所学校的 9 个专业共招收两年制专科学生 380 人。

〔**中专招生并轨改革**〕 根据原国家教委、国家计委《关于中等专业学校招生并轨改革的意见》，省教委、省计委、省财政厅、省物价局制定了《关于普通中等专业学校实行招生并轨工作的意见》，确定从 1998 年新学年起，在全省 27 所中专学校开展招生并轨试点。各新闻媒体、招生并轨试点学校作了大量宣传工作。并轨学校生源较好，试点工作顺利，为今后普通中专学校全部实行招生并轨奠定了基础。

〔**实施职教项目**〕 为加强骨干职业学校建设，充分发挥中央、省职教专款的使用效益，集中建设一批与当地经济发展密切相关的骨干示范性学校，经教育部、财政部批准，1998 年～2000 年，在部分职业高中实施国家职教项目和省级职教项目试点。确定国家职教项目学校 7 所：贵阳市乌当区民族职业中学、凯里市第一职业技术学校、桐梓县职业高级中学、安顺市职业技术高级中学、瓮安县职业高级中学、盘县特区职业中学、石阡县农职业高级中学；省级职教项目试点学校 2 所：兴义市职业高级中学、毕节市职业高级中学。为支持此项目的实施，中央拨出专款 185 万元，省拨专项经费 170 万元，地方配套资金 541.56 万元。

通过实施职教项目提高了社会各界对职业教育的认识。学校硬件建设，特别是骨干专业教学、实验、实习设备得到加强，改善了学校办学条件。部分学校办学规模得到扩大。学校在抓好学历教育的同时，利用现有办学条件扩大短期培训规模，充分发挥职业学校办学灵活性，举办市场急需的各类专业短训班。通过项目师资培训，提高了专业教师水平。随着教学、实验、实习设备的逐步完善，提高了学生动手能力，学校教学质量有所提高。

撰稿 袁黔华 高 山

高等教育

〔**综述**〕 1998 年，全省普通高校招生人（不包括研究生数，下同）比上年增长 10%；在校生比上年增长 10.6%；新增本科专业 8 个，专科专业 15 个；举办研究生课程进修班 17 个。开展教育思想大讨论，探讨深化教育教学改革的新路子，改革人才培养模式,实施通识教育基础上的宽口径专业教育,加强学生创新能力的培养和思想道德素质的提高。

以政府投资为主,多渠道筹措教育经费,促进了高校建设。贵州工业大学校园网建设,全省省级、校级重点学科、重点实验室建设,中试基地建设,学科带头人、学术骨干队伍建设,教职工住房建设等均得到加强,为高等教育的改革与发展和教育质量的提高奠定了物质基础。

〔**重点学科建设**〕 滚动发展省级重点学科。在1992年省级11个重点学科建设的基础上,按照“学科发展方向意义重大,具有贵州特色和优势,具有良好的教学科研条件,有一定影响的学科带头人和合理的学术梯队”等原则,部署申报第二批省级重点学科,制定了《贵州省高校省级重点学科建设的意见》和《贵州省高校省级重点学科专项经费管理办法》等文件,加强了对重点学科的指导和管理,对申报的重点学科进行了论证。

〔**管理体制改革与布局结构调整**〕 1998年完成了贵州大学六个二级学院的论证组建工作,遵义师范专科学校和遵义教育学院合并为遵义师范专科学校。通过高等学校布局结构的进一步调整,全省高等学校数从1992年的44所减为34所,其中,普通高校由24所减为20所,成人高校由20所减为14所。合理配置了教育学院,改善了教学条件,提高了办学质量和效益,在合并调整的同时,加强与省外重点大学的联合与共建,贵州工业大学与浙江大学联合开办博士、硕士研究生教育,已培养博士2名、硕士15名,弥补了全省无博士研究生教育空白。

〔**教学管理**〕 1998年,对全省普通高校教学工作进行了检查,在遵义医学院召开了教学工作现场会,对各级教学管理人员开展《教学管理要点》培训,促进了教学管理的规范化、制度化。以贵州财经学院、贵州民族学院接受教育部教学合格评价为契机,加强教学管理,建立和完善教学质量保证体系。与省卫生厅、省中医药管理局共同开展全省高等医学院校临床教学基地评审工作,促进临床教学基地建设,加强临床教学基地管理,促进了医教研结合和临床教学质量的提高。召开了全省普通高等学校大学外语教学工作会,制定了《关于加强贵州省普通高等学校大学外语教学工作的若干意见》,力争大学外语改革上一个新台阶。

撰稿 赵 莉

〔**教学内容和课程体系改革计划**〕 1998年4月,省教委制定了《贵州省高等教育面向21世纪教学内容和课程体系改革计划的实施意见》、《贵州省人文社科教育、高等师范教育、高等理科教育、高等工程教育、高等农林教育、高等医学教育面向21世纪教学内容和课程体系改革计划立项指南和项目目录》等文件。在对各校申报的47个项目进行分学科分项目初审的基础上,省教委组织召开了全省高校面向21世纪教改立项项目评审会,确立第一批37项省级改革项目,专项经费40万元。5年内滚动发展立项,共计投入200万元,其中省教委拨款100万元,按1:1的比例配套投入。1998年9月省教委向各有关高校正式下达《贵州省“面向21世纪教学改革计划”立项项目通知》，与各校签订了协议书。至此，全省普通高校面向21世纪教学内容和课程体系改革计划全面启动。

撰稿 龚 宁

〔**高校科研工作**〕 1998年，召开了全省高校科研工作会。制定了《加强贵州省高等学校科研工作的意见》、《贵州省高等学校科学技术1999～2003年工作计划》，修订了《贵州省教育委员会科学研究项目管理办法》。

充实了科研队伍。一些高校相继选拔、培养了一批校级学术学科带头人和中青年学术骨干，保障了高校科学研究力量的持续、健康发展。1998年底，全省普通高校科技活动人员达11 399人，其中，科学家和工程师10 628人。

全省普通高校承担各类科研项目1 022项，获资助经费976.4万元；其中，省教委科研项目30项、经费36.8万元，并加大对高等教育理论研究项目的资助力度，“贵州省农科教三结合的产学研模式研究”、“贵州高等教育现状对策研究”、“贵州经济建设、科技进步、社会发展与研究生教育协调发展战略研究”等宏观高等教育理论与实践研究的重大课题已开题并进入实质性研究阶段。

全省普通高校共出版著作、教材120部，发表论文3 631篇；获省部级奖51项，其中，贵州大学王一波教授主持完成的“分子间相互作用的量子化学研究方法及其应用”、金道超教授主持完成的“水螨系统分类学和体态演化理论研究”获省科技进步一等奖，贵州大学宋宝安研究员主持研制的“新农药甲基立枯磷和除草净的开发及应用”获教育部科技进步三等奖，贵州师范大学余怀彦教授的专著《王阳明与贵州文化》获教育部人文社会科学优秀成果三等奖。

产学研联合和农科教结合有重大进展。贵州大学年产30吨超高效杀虫剂吡虫啉顺利投产；贵州大学组织实施的粮食百万亩工程和烤烟百万亩工程按计划圆满完成，取得显著的社会经济效益；贵州工业大学“预应力钢网结构的研究与应用”、“多层与高层楼盖结构体系——空腹夹层板系列研究开发与应用”等项目大范围得到推广应用。

撰稿 万 山

〔**高师教育教学改革**〕 为进一步深化贵州省师范高等专科学校教育教学改革，1998年贵州省教委对全省师专进行调研，制定了《贵州省师范高等专科学校十四个专业三年制教学计划》，并于1998年9月施行。省教委批准黔南、遵义、安顺3所师范专科学校的音乐教育、美术教育、体育教育专业由二年制改为三年制；10月，批准贵州教育学院、安顺师范专科学校等6所师范高等院校开设小学教育、计算机科学教育等12个新专业。

撰稿 程 蓓 吴刚平

成 人 教 育

〔**成人高、中等教育**〕 全省加强了第二专业专科学历的管理，经审批，30所院（校）200多个专业获举办第二专业专科学历教育资格；4所成人高校获准举办成人高等职业教育班；30所普通（成人）高校设立函授教育站，并实行函授站年度审核检查制度；指导省级电大教学评估工作；加强对各类高校函授站审核、备案和管理工作。

同时，进一步深化成人中等教育改革；加强对成人中专教学管理及成人中专校外所办班（点）的整顿和清理工作；选拔推荐成人中专优秀毕业生进入成人高校学习深造。

撰稿 钱光祥 何秀黔
雷忠勇 孙永红

〔**扫盲工作**〕 1998年，全省青壮年人口非文盲率达90.7%，比1997年上升0.8个百分点。麻江、榕江、施秉、晴隆、德江、正安6县通过了基本扫除青壮年文盲检查验收。全省有6个县荣获教育部、财政部颁发的“全国扫盲先进单位”，并有4所先进学校和13名先进个人获教育部第三届“中华扫盲奖”。

〔**社会力量办学**〕 为贯彻国务院《社会力量办学条例》，加强和规范社会力量办学管理，成立了贵州省高等（中等）教育自学考试社会助学机构检查评估组，对社会助学机构进行审核和检查评估，确认了贵州大学高等教育社会助学中心等14所具有办学资格的社会助学机构，并颁发《中华人民共和国社会力量办学许可证》，作为办学的合法凭证。

为进一步规范社会力量办学活动，制定了《贵州省实施〈社会力量办学条例〉的意见》。主要内容：加强《社会力量办学条例》的学习和宣传；严格按照各类教育机构设置标准，规范审批、备案程序，实行分级管理的原则；建立健全教育机构各项管理制度，加大管理力度；加强领导，明确职责，提高管理水平。

撰稿 何秀黔 孙永红

民 族 教 育

〔**规范管理民族预科生**〕 1998年，贵州民族学院、贵州农业学院、贵州师范大学共招收少数民族预科生2 788名，专业包括师范、经济、法律、工程、农业、林业、医疗等。为提高预科教育质量，省教委制定了《贵州省普通高等学校少数民族预科学生管理规定》，加大了对全省少数民族预科教育的管理力度。对阅读与写作、数学、英语3门基础课实行全省统一大纲，统一教学要求、统一考试；成绩合格者才能升入本科学习、成绩优秀者还可调整专业。

〔**办好高中寄宿制民族班**〕 省教委在办好现有的民族中小学同时，在黔南州、黔东南州、黔西南州、毕节地区、六盘水、铜仁地区的重点中学或条件较好的民族中学中举办高中寄宿制民族班，主要招收边远贫困乡村中优秀的少数民族初中毕业生，实行定向定点定名额的招生办法，保证边远民族贫困乡村的少数民族学生能进得来、留得住、学得好，为21世纪培养较高层次的少数民族专门人才奠定良好的基础。截至1998年底，毕业人数达2 000多人。

〔**对口支援**〕 为帮助贵州省贫困地区发展教育，提高人口的科学文化素质，尽快脱贫致富，深圳市近几年来援助贵州省教育方面的资金达7 000余万元，与黔南布依族苗族自治州和毕节地区结成了帮扶对子，这些地方接受援助后，教育状况发生显著变化，步入新的发展阶段。(1) 帮助贫困县改扩、新建中小学校舍、改善办学条件。近几年来，黔南州三都、荔波、罗甸、独山、平塘、长顺、龙里、都匀8个县（市）接受深圳市捐资共计3 566.59万元，其中，用于土建3 020.01万元，共改、扩、新建中小学84所（中学12所、小学72所），总建筑面积达68 470平方米。毕节地区毕节市、大方、织金、纳雍、威宁、赫章6个县(市)接受深圳市捐资3 794.8万元，共改、扩、修建68所中小学校。到1998年底深圳在黔南州、毕节地区援建中小学152所，在很大程度上改善了这些贫困地区基础教育的办学条件。(2) 帮助补充教学设备、图书。向黔南州捐赠图书2 200册，并援助三都县、鹏城希望学校、毕节地区一些学校一批教学设备。(3) 救助贫困生入学。面对贵州省适龄儿童入学率低，特别是女童入学率偏低，中小学生流失现象严重的情况，深圳市有关部门出资300余万元，救助黔南州适龄、失学儿童3 423人，毕节地区适龄失学儿童5 000人，使这两个地州适龄儿童入学率特别是女童入学率显著提高。(4) 建立教育奖励基金，奖励优秀教师、学生。深圳市援助1 280万元（其中毕节地区850万元，黔南州430万元）在两地分别建立了教育奖励资金，用以表彰考取本科以上的贫困学生及受到县级以上表彰的优秀教育工作者、优秀教师。(5) 为贵州省贫困地区培训了师资和教育行政管理干部。1998年深圳职业技术教育学院为贵州省培训了职业技术骨干教师20人，使他们掌握了先进的教学方法、管理经验和技能。(6) 为展示深黔“希望学校”的教学成就，帮助贫困山区学校提高教学质量，深黔两地开展了中小学作文竞赛，加深了两地间中小学生相互了解。

撰稿　王晓红

审稿　鲁源安　宋广强

云南省教育

概况

〔基本情况〕

1998 年各级普通学校基本情况

单位：人

学校类别	学校数(所)	毕业生数	招生数	在校学生数	教职工数	
					计	其中专任教师
一、普通高等学校	26	15 592	20 918	63 814	18 320	8 143
研究生		297	568	1 446		
本　科	12	6 821	11 159	36 980		
专　科	14	8 474	9 191	25 388		
二、中等专业学校	142	33 242	39 399	122 358	15 648	8 400
中等技术学校	114	23 920	29 812	91 774	12 113	6 362
中等师范学校	28	9 322	9 587	30 584	3 535	2 038
三、普通中学	2 245	401 710	563 046	1 521 496	116 791	92 736
高　中	419	58 248	65 620	178 432		13 003
初　中	1 826	343 462	497 426	1 343 064		79 733
四、农业、职业中学	211	31 662	73 100	125 120	9 166	6 319
高　中	190	29 756	37 447	83 947		5 795
初　中	21	1 906	35 653	41 173		524
五、工读学校	1	4	4	26	9	9
六、小　学	23 249	618 537	757 977	4 854 469	209 755	193 900
七、特殊教育学校	17	757	2 039	15 878	544	403
八、幼儿园	1 500		435 097	543 729	24 563	18 272

1998年各级成人学校基本情况

单位：人

学校类别	学校数(所)	毕业生数	招生数	在校学生数	教职工数	
					计	其中专任教师
一、成人高等学校	16	11 236	14 588	39 280	2 431	1 206
广播电视大学	1	2 504	4 035	10 986	841	378
职工高等学校	10	443	516	1 514	1 007	503
农民高等学校						
管理干部学院						
教育学院	5	384	280	675	583	325
独立函授学院						
普通高校举办：						
函授部		4 620	5 933	15 671		
夜大学		1 348	2 123	5 965		
成人脱产班		1 937	1 701	4 469		
二、成人中等专业学校	142	15 604	20 586	59 206	3 864	1 906
广播电视中专	4	9 711	13 522	40 258	638	216
干部中专		44	704	2 103		
职工中专	10	2 630	3 100	7 662	332	147
农民中专						
函授中专	2	1 946	1 904	6 606	811	425
教师进修学校	126	1 273	1 356	2 577	2 083	1 118
三、成人中学	9	6 745	11 148	11 198	190	184
职工中学	8	6 589	10 147	10 197	187	184
农民中学	1	156	1 001	1 001	3	
四、成人技术培训学校	12 514	5 378 472	2 362 851	2 411 733	2 866	1 487
职工技术培训学校	38	19 255	8 738	8 804	833	256
农民技术培训学校	12 476	5 359 217	2 354 113	2 402 929	2 033	1 231
五、成人初等学校		502 457	41 184	426 278	548	267
职工初等学校		51	51	51		
农民初等学校		502 406	41 133	426 227	548	267
其中：扫盲班		415 222		374 748	461	191

注：成人技术培训学校的有关学生数以“人次”为单位。

制表　谢冰　唐家华

〔**教育投入与支出**〕　1998 年，全省教育经费总收入 80.1 亿元(不含中央直属院校经费)，其中：国家财政性教育经费 66.8 亿元，社会办学、社会捐集资、事业收入等 13.3 亿元；全省教育经费总收入中教育部门教育经费总收入 71.7 亿元。其中：国家财政性教育经费 60 亿元，社会捐集资 3.7 亿元，事业收入 6.4 亿元，其他收入 1.6 亿元；全省教育经费总收入中，财政预算内教育经费 58.3 亿元，占教育经费总收入的 73%；全省教育部门预算内教育经费拨款 53.32 亿元，比上年增加 4.04 亿元，增长 8.2%。高于地方一般预算收入 6%的增长率。

1998 年全省教育经费总支出 77.2 亿元，其中：国家财政性教育经费支出 65.08 亿元，比上年增加 2.28 亿元，增长 3.63%；国家财政性教育经费支出占国内生产总值比例为 3.63%，比上年下降 0.23 个百分点。财政预算内教育经费支出 56.05 亿元，比上年增加 2.26 亿元，增长 4.2%；预算内教育经费支出占财政支出比例为 17.25%，比上年提高 0.08 个百分点。

全省教育事业经费总支出中教育部门支出 69.3 亿元，其中：国家财政性教育经费支出 58.7 亿元，社会捐资集办学、学杂费等其他支出 10.6 亿元。

“国家贫困地区义务教育工程”专款投入情况：1998 年是“国家贫困地区义务教育工程”“三片”地区云南省项目实施第一年。全省共投入项目资金 23 394.36 万元，其中中央专款 8 923.08 万元，省级配套 8 923.08 万元，地县乡配套 5 071.26 万元，其他资金 476.94 万元。主要用于贫困地区中小学改善办学条件和师资培训等项目。1998 年改造危房校舍 41.4 万平方米，购置课桌凳 51.2 万套，购置图书 460.2 万册，购置专用设备价值 2.05 亿元；1998 年全省校舍总面积达 4 238万平方米，其中砖木结构占 21%，土木结构占 20%。

撰稿　俞绍钧

〔**全省教育工作会议及高校党建、中小学德育工作会议**〕　1998 年 2 月 25 日～27 日，全省教育工作会议、高校党建工作会议、中小学德育工作会议在昆明同时举行。会议提出，要加快云南教育改革和发展步伐，努力开创教育工作新局面。

副省长梁公卿到会讲话。要求教育系统认真学习贯彻党的十五大精神，以邓小平理论指导教育改革和发展。并强调必须抓好几项工作：到本世纪末实现“两基”目标是全省教育工作的重中之重，基础教育应由应试教育转向素质教育，要按照省政府转发的《云南省中小学素质教育实施意见》，加快实施步伐；各级领导要高度重视发展民族贫困地区的教育事业，组织力量，实施好一系列教育扶贫项目；要进一步加强高校党建工作，改善和加强学校德育工作，高度重视青少年的思想道德建设；要提高对高等教育管理体制改革重要性和必要性的认识，通过改革调整、优化高等教育的结构、布局，合理配置和充分利用教育资源，提高教学质量和办学效益；要积极推进中等专业学校联合办学，提高规模效益，拓宽服务面。要从省情出发，根据产业结构调整，发展特色经济以及社会再就业工作的迫切需要，大力发展职业教育和成人教育。

26 日，省教委主任杨崇龙在全省高校党建、中小学德育工作会上总结 5 年来全省教育工作的发展情况，并就如何做好 1998 年的教育工作作出部署和要求。省委副书记王天玺到会向为教育事业作出贡献的先进个人和先进集体颁奖并讲话。全省17个地州市县教育部门负责人、各大专院校领导及有关厅局负责人参加会议。

撰稿 潘丽华

〔**开展"推普"活动**〕 国务院决定，自1998年起，每年9月第三周为"全国推广普通话宣传周"。在首届全国"推普周"之际，省、市语委在昆明市主要街道、繁华地段布置了大型宣传标语，副省长梁公卿发表了电视讲话；召开了社会各界人士参加的语言文字规范化工作座谈会；省、市有关单位联合组成语言文字视察组，对世博会场馆、昆明市主要社会"窗口"单位语言文字使用情况进行视察；并组织在昆各大、中、小学校师生数千人上街检查不规范用字。9月下旬举办了"云南省省级党政机关公务员普通话大赛"。

撰稿 金 程

〔**推行党风廉政建设责任制**〕 为进一步加强党风廉政建设和反腐倡廉工作，1998年全省教育系统全面推行"党风廉政建设责任制"。制定发出《云南省教育系统关于加强党风廉政建设的意见》。要求加强党风廉政建设理论和党的十五大文件及法律、法规的学习；认真落实反腐败"三项任务"；建立健全规章制度；建立健全党风廉政建设领导体制。按照江泽民同志关于"党政主要领导干部要对本地区、本部门的党风廉政建设负总责"的指示精神，与地州市教委、各高校签订了《云南教育系统党风廉政建设责任书》，采用百分制计分方法进行考核，并将考核列入目标管理责任制的主要内容之一，每年进行一次。各地、州、市教委、各高校认真贯彻党风廉政建设的意见，将责任书逐级下签，层层抓落实。

撰稿 陈 琴

基础教育

〔**综述**〕 省教委把落实省委、省政府"到本世纪末实现"两基"目标"作为1998年教育工作的重中之重，加强对贫困地区实施"两基"的扶持。经过努力，全年实现"普六"县（市、区）15个、"普九"县（市、区）13个。使全省实现"普六"的县（市、区）总数达到105个，占全省人口覆盖率的84%；实现"普九"的县（市、区）总数达到47个，占全省人口覆盖率的35%。随着"两基"的深入推进，中小学在校生达637.5

万人，小学适龄儿童入学率达98.7%，辍学率为2.75%，比上年减少0.4个百分点；普通中学比上年增加5所，其中初中1 826所，比上年增加17所。普通初中在校生比上年增加9.7万；小学毕业生升学率82.6%，比上年提高6.5个百分点；普通初中的辍学率为4.6%，比上年减少0.3个百分点。

撰稿 李建福

〔**“两基”评估验收**〕 经省教委组织检查评估，省政府批准验收绥江县、罗平县、建水县、石屏县、巍山彝族回族自治县、鹤庆县、丽江纳西族自治县、华坪县基本普及九年义务教育和扫除青壮年文盲；普及九年义务教育的有元谋县、通海县、华宁县、腾冲县和保山市。陆良、澄江、弥渡3县被评为“全国‘两基’工作先进县”。

此外，省政府还批准验收了扫除青壮年文盲的禄劝彝族苗族自治县等24个县市。至此，全省共有77个县（市、区）通过扫除青壮年文盲评估验收，占全省人口总数的57.4%。

1998年通过普及六年义务教育评估验收的15个县市中，按省或地（州）规划2000年前普及九年义务教育而分阶段验收“普六”的县市有东川市、昭通市、盈江县、云龙县、永平县；2000年前只普及六年义务教育的有勐腊县、双江拉祜族佤族布朗族傣族自治县、耿马傣族佤族自治县等10个县。

撰稿 李晓南

〔**制定素质教育实施意见**〕 1998年初，省教委制定《云南省中小学素质教育实施意见》，由省政府办公厅下发各地执行。《意见》的主要内容是：（1）进一步转变教育观念，全面贯彻教育方针；（2）素质教育的实施目标和步骤；（3）改革课程、教材和课堂教学；（4）进一步推进办学体制、办学模式和学制改革；（5）改革升学考试制度；（6）建立素质教育督导评估制度，改革学校平时考试与测评办法；（7）加强薄弱学校建设；（8）建设好一支高素质的校长、教师队伍；（9）教研、科研要为实施素质教育服务；（10）各级政府要积极支持实施素质教育。

撰稿 李黎明 何开喜

〔**普及实验教学**〕 1998年1月，省教委召开“云南省实验教学普及县工作会”，提出坚持巩固“普九”成果与实施“实验教学普及县”的工作相结合，“普六”、“普九”验收与“实验教学普及县”要求相结合。力争2000年全省90个县实现“实验教学普及县”的目标。为此，制定《云南省“实验教学普及县”工作实施意见》和《量化评估标准》。6月，召开全省“实验教学普及县”工作现场会，要求各地、州、市确定和创建“实验教学普及”示范县，通过努力使示范县成为开展实验教学研究和改革的基地、优化教育技术装备资源配置的实验区。各地、县、乡通过多种渠道，加大对实验用房，仪器设备的资金投入。据省级验收20个县的统计，1998年投入资金达4 000多万元。宜良县、盘龙区、五华区、官渡区等20个县（市、区）被授予“实验教学普及合格单位”，成为云南省首批“实验教学普及县”。

撰稿 赵宝庆

〔**调整小学校点布局**〕 为优化教育资源配置，合理布局小学校点，2月，省教委在华溪乡召开全省小学布局现场会，把加强教育宏观管理，合理布局小学校点作为1998年的重点工作来抓。华溪乡是分散的山区民族乡，通过几年的探索和努力，全乡小学校点由42个收缩为9个，寄宿制学校增到6所，减少教学班59个，提高了小学入学率、升学率、办学质量和效益。会议认为：华溪乡的做法有利于减少辍学、推进义务教育的普及进程。省教委主任杨崇龙在会上提出，要经过五年的工作，使2.7万个办学点减少1/3左右。

据统计，1998年全省小学比上年减少475所；教学点26 593个，比上年减少1 083个，其中一师一点20 549个，比上年减少1 152个；在校生485.4万人，比上年增加1.7万人；小学适龄儿童入学率达98.7%，比上年提高0.37个百分点；小学辍学率为2.75%，比上年下降0.4个百分点。

撰稿 李黎明 何开喜 潘丽华

〔**中小学计算机教育**〕 省教委制定的《关于进一步加强中小学计算机教育的意见》，确定的全省中小学计算机教育的发展目标是：用2～3年左右的时间，计算机教育以必修课、选修课、活动课等多种形式，按城镇、农村分层次在中小学开展，范围逐年扩大。《意见》在领导机构、经费投入、教材及软硬件建设、师资队伍建设、考核评价等方面提出了政策保障措施。并制定了《云南省高级中学计算机教程纲要》、《云南省小学计算机教程纲要》。组织专业人员编写了云南省高级中学、初级中学和小学计算机教程实验教材。

撰稿 袁耘毅 常锡光 刘会平

〔**制定幼儿教育“九五”发展目标实施意见**〕 省教委制定发出《云南省幼儿教育“九五”发展目标实施意见》，对全省发展幼儿教育事业作了规定和要求。总目标是：到2000年，全省在园（班）幼儿达70万人左右，适龄幼儿入园（班）率提高到30%。其中，城市、县镇入园（班）率为70%，农村为20%。在经济不发达的农村和人口居住分散、交通不便的山区、半山区要利用多种形式和非正规教育方法进行学前教育。具备《教师法》规定的合格学历和教师资格考试合格的幼儿教师应达75%，园长（副园长）普遍接受一次县以上的培训学习，全部达到国家规定的任职资格要求，做到持证上岗。建立和健全幼儿园（学前班）评估体系，并付诸实践。采取的对策和措施是：(1) 提高认识，加强领导；(2) 依法治教，强化管理；(3) 进一步贯彻“动员社会力量，多渠道、多形式地发展幼儿教育”的方针；(4) 拓宽幼儿教育经费渠道，加大投入力度；(5) 建设一支素质优良、相对稳定的幼儿教师队伍；(6) 理顺幼教管理体制。加强宏观管理，全面提高保教质量。

撰稿 张晓村

〔**中小学勤工俭学**〕 据统计，全省中小学勤工俭学开展面积达90%，有勤工俭学基地20 372个，参加各种勤工俭学活动的学生1 944万人次。其中，农、林、牧、副、渔基地有18 567个，土地面积1.4万公顷。工业企业 311 个，第三产业网点 3 566 个，全省从事校办产业的各类职工达 9 003 人，其中包括教师 3 090 人。

1998 年，全省校办产业总产值及营业额达 67 757 万元，比 1997 年增加 9 888 万元；校办产业利润总额达 26 276 万元，比上年增加 3 023 万元；勤工俭学纯收益超千万元的地市增加到 9 个，昆明市达 7 188 万元，占全省纯收入的 27.3%。全省学生人均收入 39.65 元，比上年增加 4.17 元。

全省校办产业总收益中用于补充教育经费达 22 368 万元，比上年增加 3 242 万元。其中，用于改善办学条件的资金达 15 296 万元，比上年增加 2 546 万元。上缴国家税金 1 576万元，比上年增加 141 万元。

撰稿　刘建龙

〔**寄宿制民族学校建设**〕　从 80 年代初期，省委、省政府采取特殊措施，促进民族贫困地区教育的发展。1980 年，省拨款 550 万元举办 40 所寄宿制民族中小学；1984 年，省又拨款 1 500 万元（1986 年增至 2 100 万元），举办 3 000 所半寄宿制高小；全寄宿制学校学生每生每月补助 15 元生活费；半寄宿制高小学生每生每月补助 7 元生活费。不足部分，由地、县自筹资金解决。1988 年，云南省又决定在 33 个贫困县的中学举办民族部，拨款 495 万元作为开办费，同时每生每月由省拨给 10 元生活补助费。1995 年～1998 年，云南省又投入 4 015 万元，增办 219 所半寄宿制高小和初小。到 1998 年，全省半寄宿制高小发展到 3 219 所。这些寄宿制民族学校贯彻党的教育方针，加强教育教学管理，实施素质教育，在为民族地区培养人才、促进民族地区基础教育发展方面作了贡献。

〔**“双语”教学**〕　云南全省 4 000 人以上的 25 个少数民族中，除回族、满族、水族通用汉语外，其余 22 个少数民族共使用 26 种语言；在全省 4 100 万人中，还有 600 多万人不通汉语。为此，在民族地区大力发展“双语双文”教学，是云南发展民族教育，提高民族素质的一个重要举措。省政府和教育行政主管部门，切实加强对“双语”教学工作的领导，投入较大经费，加强民族文字教材和教学辅导读物的编译、出版，推进民族地区“双语”教学发展。到 1998 年，云南已有 14 个民族的 21 种民族文字在千余所中小学开展民、汉双语教学，接受“双语双文”教学学生约有 15 万人。

撰稿　赵松涛

〔**编辑出版《中小学常规管理手册》**〕　为加强全省中小学校的管理，配合《云南省中小学常规管理暂行规定》的贯彻落实，省教委编辑出版了《云南省中小学常规管理手册》，内容涉及中小学教育管理的各个方面，包括教育管理、教学管理、教职工管理及学生管理、校园后勤管理、安全管理、教育行政管理、图书馆（室）管理、实验室管理等，每项内容都紧紧围绕《云南省中小学常规管理暂行规定》的要求，具有权威性。是全省教育行政干部和中小学校长落实省教委“中小学常规管理一抓 5 年”所必备的工具书。该书的出版发行，为中小学校的管理提供了方便和依据，将促使中小学校的管理上一个新台阶。

撰稿　吕志雄

〔**印发《小学生素质发展评价手册》**〕为推进素质教育，全面客观评价学生，促进学生素质的全面提高，省教委制定了《云南省小学生素质发展评价手册》。《手册》的素质发展评估表分三个阶段：一、二年级段，三、四年级段，五、六年级段；以思想品德素质、文化智能素质、身体素质、心理素质、劳动素质、兴趣与特长六个方面评价学生；评价实行星级制：最好五颗星，良好四颗星，中三颗星，差二颗星或零星，显示小学生各项素质的发展水平。

撰稿　常锡光　刘会平

〔**制定《示范小学评估验收标准》**〕　省教委制定《云南省示范小学评估验收标准》。此《标准》是根据《中国教育改革和发展纲要》和原国家教委印发的《普通中小学校督导评估工作指导纲要》，借鉴各地学校教育评价的经验，在总结1991年全省示范小学办学水平评估工作基础上制定的。《标准》评估验收的对象是全省乡中心完小以上的示范小学，同时，也是对其他完全小学进行教育督导评价工作的依据。按照学校教育自身规律和管理学原理，提出办学目标、办学条件与办学过程、办学效益A、B、C三级共36个指标的综合评估标准体系。《标准》的指标体系，把办学的目标贯穿于办学的全过程，通过把办学任务分解，引导学校管理做到职责分明，行为可控，评有标准。

撰稿　吕志雄

〔**世行贷款项目执行情况**〕　1998年是"第一个贫困省基础教育发展项目"实施的最后一年。6月，省教委、省计委、省财政厅和审计厅及20个项目县和3所项目高校人员分为8组，对20个项目县的项目执行情况进行交叉检查，核实自查报告，按规定评议打分。

检查表明，"第一个贫困省基础教育发展项目"的各项活动和效益指标均完成了规定的目标任务。项目投资的基础教育部分共完成39 806.82万元人民币，占计划总投资的151%；世界银行贷款1 877.3万美元，占贷款计划总额的97%；配套资金完成23 543.9万元，占配套计划的146.8%；土建共完成84.69万平方米，占计划数的137.1%。教学仪器共采购4 370套，图书采购5 664 360册，分别占计划数的103%和103.9%；购买课桌椅265 701套，占计划采购数的151.31%；人员培训累计完成63 124人次，占计划的297.9%。全省采取分级培训方法，即省级培训县级，县级培训乡校级方法得到了世界银行和教育部的肯定。1998年，项目县适龄儿童入学率提高到97.97%；15岁人口中完成初等教育比例提高到73.08%；仪器达标率提高到94.79%；生均图书册数提高到7.15册；校舍中危房比例降低到2.54%，各项指标均已达到或超过计划要求。

撰稿　李亚琴

〔**教育对口支援**〕　1998年，上海市与云南省教育"对口支援"工作有突破性进展。云南省受援资金已达2 000多万元。3月，文山、红河、思茅3个地州以及31个贫困县教委负责同志，赴上海与对口支援的区、县签定新协议，"帮扶对子"从原来的19个县扩展到31个县和文山、红河、思茅3个地州。上海市政府捐助900万元资金，在思茅、红河、文山3个地州各援建一个培训中心，于9月全面竣工并投入使用。培训中心的主要职能是为贫困地区培养大批初中级管理人员和实用技术人才，以推动扶贫开发项目的实施，并进行与社会事业发展相关的教育、文化、卫生人员的培训。

撰稿 赵松涛 高朝寿

〔新建“口岸学校”〕 省级投入边境口岸学校建设专款500万元，在距中越、中缅、中老边境1～5公里内，新建15所口岸学校，到1998年底，国家一、二级口岸和重要通道已建成59所边境口岸学校。这些学校在硬件和软件建设上都达到了义务教育必备办学条件和标准，成为云南省对外开放的示范性窗口学校。

撰稿 赵松涛 吕昆池

职业教育

〔综述〕 1998年，全省已建立高等职业学校1所，在6所普通高校设置高职班；中等职业学校414所，其中有普通中专142所、职业高中190所、技工学校82所；初级职业学校及初中后“3+1”校点592个。并已建成国家级重点中专5所、职业高中1所、技工学校5所；省部级重点中专26所、职业高中9所、技工学校8所；合格中专32所；示范性职业高中28所；合格职业高中92所。1998年，全省职业学校在校学生33万多人。其中，中等职业学校在校生25万多人，与普通高中在校生之比为1.45∶1。

1998年，省教委印发《云南省分层次建设职业高中学校布局方案》。明确全省各级职业中学建设目标是，到2 000年，调动各地办学积极性，努力使学校上档次、上规模、上水平。1998年，经省教委评估验收，有9所学校晋升为省级示范学校，5所学校晋升为省级合格学校。

撰稿 杨 伟

〔管理体制和办学体制改革〕 为增强职业学校在市场经济体制下办学的适应能力、竞争能力和发展能力，1998年省教委提出发展中等职业技术教育，要“调结构、上规模、减校点、增效益”，鼓励和支持优化职教资源配置、合理利用职教资源、联合（合并）办学、走职教中心（职教集团）的办学路子，扩大办学规模，提高规模效益。并拟订了《关于加快云南省中等职业技术教育管理体制和办学体制改革的意见》。

1998年，曲靖市会泽县的两所职业中学、德宏州潞西市的两所职业中学、昆明市4所职业学校实施了合并办学；楚雄州将州属各部、委（办、局）举办的培训机构及干部学校合并成州立职教中心；省农垦集团总公司将所属农垦管理学校、热带作物学校合并，组建云南省热带农业工程学校；怒江州将农业、财贸、卫生3所中专校合并为怒江州民族中等专业学校。原地矿部所属昆明地质学校划转云南省地方管理，改建为云南省旅游学校。原中国有色金属工业总公司所属十四冶第二中等专业学校交云南省地方管理。1998年全省新增2所民办中等职业技术学校。

〔**贯彻落实《职业教育法》**〕 为推动职业技术教育的改革和发展，形成依法治教的局面，在征求有关部门意见的基础上，省教委草拟了《云南省职业教育条例（草案）》，于1998年8月报送省政府，并提请省人民代表大会审议。同时，全省各地积极推动和完善相应配套法规的建设；文山州、昆明市和广南县先后出台贯彻职业教育法的《意见》或《办法》。进一步增强各级政府依法办职教的意识，加大政府统筹的力度，明确各有关部门的职责分工，提高了社会参与、支持、兴办职教的积极性。

撰稿 段剑新

高等教育

〔**综述**〕 1998年，全省普通高等院校共设有443个专业点，其中本科专业222个，专科专业221个。博士点9个，硕士点142个。省级重点实验室6个，省级重点学科47个，省级重点课程48门。普通高校专职教师中有教授554人，占专职教师总数的6.8%；副教授2 286人，约占28%；在校本专科学生比例为1∶1.1。生均预算内教育费6 863.39元。图书848万册，设备总值已达2.8亿元，校舍总面积达到202.5万平方米。

各高校在基础研究、应用研究、高新技术研究等方面取得了成果。全省高校投入科学研究和开发人员5 599人，经费投入4 711.3万元，研究课题1 491项，出版专著145部，发表论文4 699篇。一批科研成果获国家级、省部级科研成果奖，科工贸结合的校办产业迅速发展，校办企业达180个，产值超亿元。

〔**管理体制改革**〕 1998年2月，省政府二次常务会议对云南省高等教育管理体制改革作出决策：云南师范大学与云南教育学院、云南体育进修学院合并，云南财贸学院与云南经济管理干部学院合并，云南大学与云南政法专科学校合并；理顺16所地州市高校管理体制，从原来的“省地共管，以地为主”调整为“省地共管，以省为主”；与林业部、中国有色金属工业总公司共建西南林学院、昆明理工大学。

撰稿 李 翔

〔**教育合作**〕 1998年省政府成立了“云南省省院省校合作协调领导小组”，由副省长梁公卿任组长。分别与清华大学、北京大学、上海交通大学、复旦大学、浙江大学、中国农业大学签订合作协议；并与中国科学院签订共建中科院昆明分院协议。合作协议包括科技、教育和人才培养与引进三个方面。科技合作包括高新技术的研究与开发，对传统产业的提升和改造；教育合作包括高层次人才培养，共建省级重点学科，人文社会科学项目等；人才培养主要是人才短期培训与人才引进。

1998年，有7人考取博士生并到合作的高校学习，从事博士后研究1人。云南大学、昆明理工大学、云南师范大学向清华大学、北京大学、浙江大学、复旦大学、上海交通大学免试推荐24名优秀本科毕业生攻读硕士学位；全省高校共选派遣6名中青年教师到清华大学、北京大学和云南师范大学共同举办“政治经济学”硕士研究生班；清华大学与昆明理工大学、西南林学院共同举办“通讯与信息工程”、“环境工程”、“生物资源保护与利用”研究生课程进修班；北京大学与省公安专科学校合作举办“刑法学”研究生课程进修班。由清华大学有关院、系、部参与咨询和建设云南省省级重点学科有：云南师范大学的光学、云南大学的材料物理与化学、云南工业大学的生物资源开发研究。由北京大学咨询的省级重点学科有：云南师范大学“环境生物学”、云南农业大学“动物遗传资源”，清华大学对云南大学“211工程建设咨询”已开始启动。云南大学、昆明理工大学、云南工业大学、昆明师范高等专科学校正式聘请清华大学、北京大学、中国科学院14位教授作为客座教授。此外，云南大学、云南师范大学与北京大学、复旦大学、浙江大学合作开展了人文社会科学研究项目，经费达400万元。与清华大学开展教育合作项目的经费达513万元，与北京大学开展教育合作项目的经费为458.1万元，与复旦大学、浙江大学、上海交通大学、中科院开展教育合作项目的首批经费为405.8万元。总计经费为1 566.9万元，首批为1 143.9万元，1998年实际使用经费901.3万元。

撰稿 邹 平

〔**“211工程”中期检查**〕 1998年11月21日～22日，由省教委等部门组成的检查小组对云南大学“211工程”“九五”建设进行中期检查。听取了云南大学校长朱维华作的《云南大学“211工程”“九五”建设中期检查自查报告》，实地考察了重点学科、公共服务体系及配套基础实施等。对项目的建设目标、进展情况、资金到位及使用情况、投资效益、标志性成果、存在的问题及需要解决的问题等进行了审查和评议。专家组认为，云南大学在“211工程”项目建设的整个实施过程中，较好地处理了改革和发展的关系。在管理体制改革、学分制改革和财务分配制度改革方面取得了阶段性进展和成果，从管理体制和运行机制上对学校的办学资源进行了重组和优化，增强了学校可持续发展的内涵和后劲，促进了学校“211工程”建设总体目标的实现。“211工程”建设总体进展顺利，效益明显，已形成和正在形成一批标志性成果，“九五”期间的建设任务和预定目标可以如期完成，为进入新一轮的“211工程”重点建设打下了良好的基础。

撰稿　于达林

〔**教育交流**〕 1998年，在面向东南亚地区开放的同时，努力扩大与欧、美、日、澳等发达国家的交流。全省教育系统短期出访900多人次。同时接待来访外宾1 000多人次。接受香港著名实业家、慈善家田家炳捐资600万元人民币用于兴建云南师范大学田家炳教育书院大楼；接受美国熊氏集团总裁熊德龙先生捐赠100万元人民币用于购买计算机。省政府批准云南财贸学院与香港顺成公司联合办学，在云南财贸学院金融系设立非独立设置的合作办学机构——“立德国际金融学院”。云南农业大学与韩国、泰国及埃及合作进行“高产优质多抗杂交粳稻新组合选育繁殖及示范推广”研究，与英国、爱尔兰、比利时和泰国共同研究“坡地作物生产系统生产力和可持续性的改善”，与菲律宾国际水稻所研究“水稻恶苗病的生物防治”等共十多个项目。全省共聘请长短期外籍专家外籍教师103名。与省委宣传部、省外办、省民委共同制定了《云南省接收外国学者进行民族学研究的审批暂行规定》，批准云南艺术学院、云南工业大学、昆明理工大学、云南教育学院具有留学生招生资格。全年共招收长短期外国留学生734人。

撰稿　胡　雷

〔**高校“两课”改革和建设**〕 为进一步做好邓小平理论“进课堂、进教材、进头脑”工作，提高“两课”教学水平和教学效果，省委高校工委、省教委主要做了以下几项工作：(1)印发《云南省普通高等学校“两课”课程设置的规定及其实施工作意见的通知》；(2)省委宣传部与省委高校工委联合举办全省130多名高校“两课”教师培训班，同时派出部分教师参加教育部组织的“两课”改革培训班；(3)对全省9所院校900名学生进行“两课”教学情况调查，摸清当前教学中存在的问题及学生中存在的难点、疑点，为“两课”教学改革和教材编写提供了重要依据；(4)组织有关专家成立“两课”教材编写组，于11月底完成了各门课程教材大纲的编写和审批工作；(5)印发《云南省高校“两课”建设评估标准（试行)》，并对西南林学院、思茅高等师范专科学校的“两课”教学工作进行督导检查。

撰稿　杨丽宏

〔**毕业生就业情况**〕 1998年全省共有省内外普通高等学校、中等专业学校毕业生5.3万人。其中，国家指令性计划招收的毕业研究生500人，本专科毕业生1.6万人，中专毕业生2.7万人。另外，还有国家调节性计划招收的计划内大中专自费生、委培生及电大普通专科班毕业生1万余人。从毕业生的供需情况看，社会对毕业生的需求总量有所下降，毕业生的供需比为1∶0.8，毕业生就业矛盾突出。主要原因是：学历层次、学科专业、学校层次、地区之间、行业之间，供求不平衡矛盾进一步加剧；国有企业减员增效，机关事业单位精兵简政，优化队伍结构，使原有接纳毕业生主渠道的国有单位需求量锐减；毕业生择业观念与实际需求也有较大差距等。针对这种情况，主要做了以下几方面的工作：(1) 科学把握就业形势，进一步加强领导，强化宏观调控职能；(2) 转变观念，积极拓宽就业渠道；(3) 深化改革，打好基础，积极培育和完善毕业生就业市场；(4) 强化毕业生思想教育，做好就业指导工作，健全服务体系。通过努力较好地完成了毕业生就业工作，绝大部分毕业生分配到了科研、教学及生产第一线。纳入全省就业计划的41 924人中，75%以上的毕业生分配到17个地州市，其中半数分到乡及乡以下单位就业。据统计，截止1998年底，按计划安置的4万余名毕业生中，还有3 453名毕业生(其中，本科488人，专科446人，中专2 519人）未落实就业单位，占计划总数的8.2%。

撰稿 卢宇辉 袁淑文 戴红兵

〔**高校贫困生助学工作**〕 1998年，云南省丽江、迪庆、楚雄等地不同程度地受到泥石流、暴雨、冰雹等自然灾害，使高校贫困学生的数量有所增加。以昆明13所高校为例，贫困学生(指家庭人均月收入100元以下者)占学生总数的20.1%。为确保困难学生进得来、留得住、学得好，省教委和各院校千方百计解决他们的困难。云南大学在新生报到时，专门设立灾区贫困学生接待咨询站，对贫困学生及时提供行李和生活费；昆明理工大学根据学生家庭受灾程度，给予学生一次性生活补助300～600元，并优先为贫困生提供勤工俭学岗位；云南工业大学为妥善安排灾区及贫困学生，推出“绿卡工程”，贫困学生凭卡可减免各种费用，学校为灾区学生及贫困生垫支资金达12万元。各校通过各种方式资助贫困学生，建立了奖、贷、勤、补、助、借的贫困生助学体系。一些单位和个人也纷纷以不同的方式向高校贫困生捐资或设立奖学金。省教委和各高校积极通过各种渠道筹集特困生(指家庭人均月收入80元以下者)基金，1998年，省高校特困生基金已达3 500万元，首期利息200余万元已全部下拨到有关高校，各高校建立的贫困生基金已达500万元。1998年，全省高校没有一名学生因贫困辍学。

撰稿 袁淑文 戴红兵

〔**教学内容和课程体系改革**〕 云南省高等教育面向21世纪教学内容和课程体系改革计划，于1998年全面启动。其主要内容是：研究未来社会发展对各类专门人才的素质要求、能力要求及专业要求，改革边疆民族地区高等教育人才培养模式，探索改革本科教育、专科教育及高等职业教育的培养目标和人才规格，研究和调整高等教育各层次的专业布点和学校专业建设，改革高校理论教学和实践教学的教学内容和课程体系，研究和改革基础课程、主干课程、素质课程的教学内容和体系，应用现代教育手段研究和改革传统教学模式、教学方式等。云南省高等教育面向21世纪教学内容和课程体系改革计划中省级立项38项，研究项目分为：综合类、专业类、课程类、自选类及其他类，研究领域覆盖面宽，辐射性强，成果的推广应用对解决全省高等教育改革与发展中的重大问题，构建面向21世纪人才培养模式及高等教育教学体系将发挥至关重要的作用。

撰稿 于达林

〔**成立省高校教学指导委员会**〕 1998年，省教委决定成立云南省高等学校教学指导委员会。高校教学指导委员会是省教委在高校教学管理、教学改革等方面的咨询、参与指导的机构。主要任务是为全省高校教学改革、教学管理中的重大决策开展咨询、论证；承担涉及高校教育教学活动中需要由省教委或上级部门审批的项目的审议和初评；接受经省教委委托的部分高校教学改革、教学管理文件制定的任务；参与高校教学质量和效益的检查、督导和评价。成立高校教学指导委员会，旨在加强全省高等学校的教学宏观指导，规范高校教学改革行为，使高校教育教学管理更加民主、科学、规范。

撰稿 叶 绿

〔**高校住宅小区建设**〕 为切实改善昆明地区高校教职工的住房条件，促进省高等教育事业的发展，昆明地区高校住宅北小区经省计委批准立项建设。该小区建设用地4公顷，建筑面积80 000平方米。小区已于12月开工，预计1999年12月竣工交付使用。小区建成后，将解决700余户教职工的住房问题。

撰稿 杨 玲

成人教育

〔**农村成人文化技术学校建设**〕 1998年省教委对47所乡镇成人文化技术学校进行省级评估认定，使全省示范性学校达到81所，有5个地、州、市填补了示范性学校的空白。据统计，全省共建成地、县成人教育培训中心17所，乡镇成人文化技术学校1 554所，村成人文化技术学校10 821所，乡级办学面达99%，村级办学面达80.5%。实用技术培训达535.9万人次，组织10万脱盲人员参加成人小学和巩固提高班学习。

〔**扫盲工作**〕 1998年，全省共扫除青壮年文盲41.52万人，青壮年文盲率下降到11.2%，低于国家对云南省的规划目标要求；验收基本扫除青壮年文盲县32个，完成了国家规定云南省现阶段77个县达到基本扫除青壮年文盲的目标任务，达标地区占全省人口覆盖率的59.8%，昆明市、保山地区实现全部达标。1998年，教育部向云南下达扫盲任务35万人，为确保如期完成任务，省教委及时召开全省成人教育工作会议，研究、布置扫盲工作，发出《关于确保完成1998年扫盲任务的通知》。并先后对16个地、州、市的52个县、市及部分乡、村扫盲工作的计划实施、经费投入、过程管理、进展情况等进行调查研究和检查督促。同时，扫盲经费投入按时到位，省级投入2 100万元，地、县、乡扫盲经费占教育经费支出的2%、农村教育费附加的10%，并对贫困地区、民族地区实行经费倾斜，使全省扫盲任务顺利完成。

撰稿　徐惠珠

〔**成人中专教育**〕　1998年全省成人中专教育取得进展：一是通过多种形式，加大宣传力度，提高各级领导对发展成人中专教育的认识，依法治教；二是将发展成人中专教育纳入各级政府和主管部门经济社会发展总体规划，学校积极争取当地党政领导和主管部门的支持，加强对学校工作的指导，增加办学经费；三是修订、完善“九五”及“2010年”成人中专教育发展规划；四是强化管理，创造条件，争取上档次、上台阶，建成示范性学校；五是发挥自身优势，改革办学体制，改变办学模式，改进教学方法和教学内容，实行联合办学，校企结合，增强适应性和吸引力，促进学校发展壮大；六是根据国家产业结构调整和国家企业改革、政府机构改革的需要，积极开展岗位培训和再就业培训，为经济和社会发展服务；七是加强师资队伍建设，把提高教师政治素质和业务素质作为一项重要工作，开展听评课、学生评教活动，实行教书育人测评，并将测评与评优评先、职称晋升挂钩；八是加强教学管理，强化实践环节，抓好专业建设和学科建设以及素质教育，开展创业精神教育，建立办学规范，保证培养规格和质量，实行“学历文凭与职业资格证书并重”制度，加快技能考核站的建设；九是开展成人中专教育研究，推动成人中专教育的发展；十是加强干部中专专业证书班管理，做好专修班转全科班招生考试工作，促进干部中专专业证书班规范化运行。

撰稿　霍云云

审稿　杨崇龙

西藏自治区教育

概　况

〔**基本情况**〕

1998 年各级普通学校基本情况

单位：人

学校类别	学校数(所)	毕业生数	招生数	在校学生数	教职工数 计	教职工数 其中专任教师
一、普通高等学校	4	1 151	1 385	3 447	1 762	834
研究生						
本　科		358	415	1 294		
专　科		793	970	2 153		
二、中等专业学校	16	1 352	1 300	5 579	1 320	765
中等技术学校	11	780	691	2 931	883	489
中等师范学校	5	572	609	2 648	437	276
三、普通中学	90	11 322	15 484	39 838	4 469	3 616
高　中	15	1 913	3 131	7 596		676
初　中	75	9 409	12 353	32 242		2 940
四、农业、职业中学	4	2 230	3 899	4 452	81	52
高　中	2	143	186	507	48	29
初　中	2	2 087	3 713	3 945	33	23
五、工读学校						
六、小　学	814	24 611	60 385	310 220	14 695	13 908
七、特殊教育学校						
八、幼 儿 园	31		3 597	4 583	343	193

1998年各级成人学校基本情况

单位：人

学校类别	学校数(所)	毕业生数	招生数	在校学生数	教职工数 计	教职工数 其中专任教师
一、成人高等学校		62	377	567		
广播电视大学						
职工高等学校						
农民高等学校						
管理干部学院						
教育学院						
独立函授学院						
普通高校举办：						
函授部			120	120		
夜大学						
成人脱产班		62	257	447		
二、成人中等专业学校		30	161	202		
广播电视中专						
干部中专		}30	}115	}156		
职工中专						
农民中专						
函授中专						
教师进修学校			46	46		
三、成人中学						
职工中学						
农民中学						
四、成人技术培训学校						
职工技术培训学校						
农民技术培训学校						
五、成人初等学校						
职工初等学校						
农民初等学校						
其中：扫盲班						

制表　杨治荣　次仁国杰

〔**教育投入**〕 1998年，西藏教育经费投入有较大幅度增加，办学条件进一步改善，学校规范化建设进程明显加快。全年自治区财政核拨教育事业费40 284万元，地县两级财政投入4 465万元，中央专款补助595万元。全区教育事业费比1997年增加6 000万元。教育经费的投资管理和效益有较大提高。全年教育基本建设投资达18 320万元，建设校舍约20万平方米。其中：国家贫困地区义务教育工程完成建设项目52个，投入7 360万元，建设校舍7.1万平方米；自治区地方预算内基建投入3 800万元；地县两级配套投入1 352万元；兄弟省市对口支援4 048万元；社会捐资480万元；中央无校乡校舍建设投入1 280万元。年内新建乡小学84所，改扩建中小学校55所、中等师范学校2所、高等学校4所。各地对教育基建工程项目加强管理，加大监测力度，确保工程质量，各项工程基本达到建设要求。至1998年底，全区基本合格学校达到100多所，还创建了现代教育技术实验学校。

〔**全区教育改革发展研讨会**〕 10月28日～30日，全区教育改革发展研讨会在拉萨召开。会议共收到论文56篇，其中大会交流论文20篇。会议期间，自治区党委副书记丹增到会并作了讲话。他指出，这次研讨会达到了预期目的，对今后全区的教育工作将产生积极的影响。西藏教育情况可用“成绩巨大，任务艰巨，改革迫切”来概括。西藏近几年取得了较大成绩，教育是看得见，摸得着的，任务艰巨表现在两个适应和两个服务上，即教育如何适应与全国接轨，如何适应全区经济建设；教育如何为全区市场经济服务，如何为农牧民致富服务。西藏教育要走出一条加快发展，提高质量，适应经济发展的路子，抓好各类教育的效益和质量。要解放思想，解决观念问题，跳出传统的办学模式；加强教育研究力度；加强各地市教育领导班子建设；各级教育部门要给各级政府起好决策和参谋作用，不断加大认识力度。

〔**教育对外交流**〕 西藏教育外事工作日臻完善和规范，教育合作交流逐渐增多，对外宣传工作得到加强。1998年，接收来自美国等国家的留学生24人，接待国外团组12个。联合国儿童基金会促进贫困县初等教育项目进展顺利，英国救助儿童基金会等援助教育项目工作正在进行。

基 础 教 育

〔**综述**〕 1998年西藏基础教育事业稳步、健康、持续发展，各级教育行政部门始终把规范管理和学校配套工作摆在突出位置，大力开展学校规范化建设，使大批学校的面貌发生了变化，学校管理、教育质量和效益进一步提高，学校教育规模与义务教育普及程度继续得到发展。至1998年底，全区有小学814所，其中完全小学612所，比上年增加68所，有初级小学（教学点）3 314个，比上年减少131个；共有小学在校生310 220人，比上年增加9 967人。全区适龄儿童入学率为81.3%，毛入学率为91.2%，已实现了适龄儿童入学率80%的基础教育目标。全区初、高中在校生分别比上年增加4 301人和1 386人。

自治区教委采取一系列措施，努力推进中小学由应试教育向素质教育转轨。按照学校马克思主义理论课和思想品德课新的课程设置方案，加强教材工作，编译和编写了爱国主义图书资料与小学德育教材，使维护祖国统一、增强民族团结教育和社会主义、爱国主义、集体主义教育在学校进一步得到加强。学校体育、卫生、艺术教育也得到加强。年内，举办了全区第六届中学生运动会和参加中学生全国文艺汇演选拔活动，还举办了卫生保健培训班，参加培训人员达300人。

〔**义务教育**〕 1998年，普及义务教育工作取得新进展，又有达孜、米林、波密、错那、琼结、贡嘎6县通过了自治区政府组织的“普六”评估验收，实现了“普六”目标，6县覆盖人口14.65万人。截止1998年底，全区已有17个县市区实现“普六”，覆盖人口68万人，占全区总人口的28%。此外，阿里地区噶尔县实现了基础教育“普三”的教育目标。

〔**教育督导**〕 1998年，教育督导工作继续以“两基”教育督导评估验收为重点，加大工作力度，努力推进教育督导制度建设。

3月12日，经自治区政府同意，自治区教委和自治区人事厅联合发布了《西藏自治区督学人员暂行办法》。10月7日，自治区政府印发了《西藏自治区普及义务教育评估验收暂行办法》和《西藏自治区扫除青壮年文盲标准和评估验收办法（试行）》等文件，进一步完善了教育督导规章制度。

4月23日～25日，在拉萨召开了全区教育督导工作会议。会议的主题是：高举邓小平理论伟大旗帜，全面推进西藏教育督导制度建设。出席会议的有自治区党委、人大、政府、政协的领导，西藏国家级督学，自治区教育督导委员会、自治区有关职能部门的同志，各地市分管教育工作的领导、自治区教育督导室的负责同志和部分拟聘任的自治区首批兼职督学等。会议期间，自治区领导、自治区教委领导和自治区教育督导委员会领导等作了讲话，有关地市介绍了近年开展教育督导工作的情况，进行了讨论交流。会上向1997年实现“普六”目标的5个县市颁发了自治区政府授予的奖牌和奖金，向全区已实现“普六”目标的11个县市区颁发了教育部授予的“普六”奖牌；并向由自治区政府首批聘任的13位自治区兼职督学颁发了督学证。这次会议的召开标志着西藏教育督导制度进入了全面推进的阶段。

5月～6月，自治区教育督导组对达孜县等6个计划“普六”县和洛扎县等4个计划扫盲县区进行了验收前的过程督导。9月～11月，由自治区政府组织评估验收组，分别对计划验收县区进行了“普六”或扫盲评估验收。

10月～12月，多数地市普遍开展了对所辖县的教育工作督导评估，加大了督政力度，取得了明显成效。自治区组织实施了自治区级合格中小学校的评估和自治区文明学校评估，确定3所中学和11所小学为首批自治区级合格中小学校，18所学校为首批自治区文明学校。

〔**素质教育**〕 1998年，全区继续推进素质教育，制定了《西藏自治区实施素质教育调整九年义务教育部分学科教学内容与教学要求的意见》，继续推行了小学毕业、升内地西藏初中班和区内初中统一考试，试题更注重基础知识和基本能力的考查，除内地西藏班外，城镇小学毕业生均实行了就近升学的制度。一些地市先后出台了《关于在中小学实施素质教育的意见》，并制定了相应的措施，确定了素质教育重点实施的学校。年内，自治区颁发了中小学劳技课和劳动课教学大纲，其教材正在编写之中。

〔**教师队伍建设**〕 1998年，《教师法实施办法》的颁布和《教师资格条例》的实施，使西藏教师队伍的建设走上了依法管理轨道，教师地位和权益得到保障，规范、拓宽了教师队伍的来源渠道，明确了面向21世纪师范教育改革和发展的基本思路。年内，各级教育行政部门高度重视中小学师资队伍建设，并始终把师资队伍建设作为教育工作的重点。大幅度增加教师培养、培训经费，加大工作力度，取得了明显成效。召开全区师资工作现场会，树立典型，推动了教师队伍建设。至1998年底，全区高中、初中、小学专任教师学历合格率分别达到60%、71%、59%。解决民办教师问题取得进展，加快了不合格民办教师的辞退和退养工作。年内共辞退及离岗退养民办教师900余人，民办教师经选拔考试直接转为公办教师272人，选送师范学校脱产培训1 173人，在岗民办教师从1996年的6 100人减少到2 600余人。全年又评出自治区级教学能手46人，其中中小学教学能手35人。对300余名中学校长、2 000余名小学校长进行了脱产岗位培训，使中小学校长持证上岗率达到85%。

〔**内地办学**〕 1998年，内地办学改革收费制度初见成效。为适应市场经济的需求，以培养适用于农牧业发展需求的专门人才为重心，非义务教育阶段招生计划重心不移，不断深化拓宽培养人才的思路。内地办学初中班扩大招生规模，录取新生1 855人，各内地办学学校管理进一步加强，教育质量进一步提高。

职业教育

〔**综述**〕 1998年，西藏中等职业教育稳步发展，全区各类中等专业学校招生人数和毕业生人数分别比上年减少16.2%和9.6%，占高中阶段教育的比例分别为29.3%和41.4%。全区有职业高中及高中阶段职业教育中心2所，共招新生186人，在校生507人，毕业143人；招生在校生和毕业生人数分别比上年增长16.8%和186%。高等职业教育迈出了可喜一步。年内在3所普通高校试办了不包分配职业大专班，共招生200人，学成毕业后自主择业，自谋出路。年内，全区有40多个县举办了职业技术培训，投入经费达400余万元，参加培训人数达2万余人。部分地县还举办了小学后、初中后实用技术培训班。

〔**普通中专办学水平评估**〕 11月2日～27日，自治区教委组织评估团，进行了第三次普通中专学校办学水平评估，评估团团长由自治区教委副主任群增担任。这次评估的目的是为了进一步深化全区中专学校的改革，加强管理，完善制度，加强交流，相互学习，取长补短；加强对全区中专学校的宏观管理，推动学校贯彻落实党和国家有关教育方针、政策的力度；检查学校日常教育教学和管理工作以及国家法律、法规、政策的落实情况；督促学校及其主管部门重视教育教学改革和增加教育投入；促进办学条件的改善和办学过程的科学化；不断地提高办学质量和效益。

这次评估的评价结果是，全区各中等专业学校以邓小平教育理论为指导，以“三个有利于”为是非判断的标准，不断地适应社会主义市场经济的需求，创新发展，开拓进取。各有关学校争取对口援藏单位的大力支援和国内外援助项目，经过自身不断努力，在办学指导思想、改革思路和办学整体水平方面都有较大提高。办学的基本条件具备，教学质量、管理水平和办学效益等方面上了一个新的台阶。各学校校园整洁、布局合理，教学秩序井然，学习风气浓厚。认真贯彻党的教育方针，爱国主义教育蔚然成风，广大师生员工反对分裂，维护民族团结和祖国统一，政治立场坚定、旗帜鲜明。

〔**农牧区教育综合改革**〕 年内，自治区教工委，教委认真贯彻党的十五届三中全会及自治区党委五届四次全委扩大会精神，认真组织实施了农牧区教育综合改革试点工作，确定了堆龙德庆县、乃东县、贡嘎县和日喀则市4个县市作为农牧区教育综合改革试点县市，组织编写了农牧区实用技术教材。制定了《西藏自治区九年义务教育全日制农区小学劳动课教学大纲（试用）》和《九年义务教育全日制初级中学劳动技术课教学大纲（试用）》。11月25日～27日，自治区教委组织召开了全区农村教育综合改革试点县市工作会议。在此基础上，自治区教委经过认真调查研究，制定印发了《关于贯彻十五届三中全会精神，深化我区农牧区教育改革的意见》。《意见》明确了西藏农牧区教育改革的指导思想是：在邓小平理论的指导下，全面贯彻党的教育方针，认真贯彻落实党的十五届三中全会和自治区党委五届四次全委（扩大）会议精神，使全区的农牧区教育转到主要为农牧区经济建设，农牧民脱贫致富服务的轨道上来，努力提高全区广大农牧民的整体素质，培养大批适应农牧区建设需要的四有新人。《意见》提出，西藏全面推进农牧区教育的改革和发展，要坚持全国农村教育综合改革工作会议提出的“点上深化、面上推广”的工作方针，努力抓好“点”上的成果，使之制度化、规范化，以“点”带“面”逐步把工作重点放到“面上推广”上来。《意见》指出了西藏农牧区教育改革的主要任务是：紧紧围绕农牧区经济的发展和农牧区市场经济体制的建立以及农牧民群众脱贫致富奔小康的目标，进一步落实教育优先发展的战略地位，调整和优化农牧区教育结构，坚持“三教统筹”和“农牧科教结合”，促进“燎原计划”与“星火计划”、“丰收计划”的有机结合，使农牧区教育与农牧区经济、社会协调发展，逐步形成具有西藏特色的农牧区教育体系。

为切实保障农牧区教育综合改革的顺利实施，《意见》还提出了近期拟采取的主要措施：要加强领导，加强师资队伍建设，教材建设，实验基地建设和农牧区教育规章制度建设，加大对农牧区教育综合改革的投入。实施“农牧民科技骨干培训”工程，“科教兴乡”工程，“农牧业科技推广”工程。

高等教育

〔**教育管理**〕 1998年，按照教育部的统一要求，自治区完成了对普通高等学校本科专业的调整工作。调整后，全区高校共有24个本科专业，专业口径较以往有较大拓宽，有利于培养高素质的复合型人才。

为全面贯彻党的教育方针，提高全区高校的办学水平，总结自治区高等教育改革的经验，检查高校各方面的工作情况，使各高校互相学习，互相交流工作经验，以不断提高教育教学质量和办学效益。1998年11月9日～11月30日，自治区教委高校办学水平评估团先后对西藏农牧学院、西藏大学、西藏藏医学院和西藏民族学院进行了评估。评估期间，评估团分别听取了各校的工作汇报和自评报告，召开了12次干部、教师及学生座谈会，听课70余节，参观了各校的实验楼

（室）、语音室、电教中心（电教室）、微机室或网络中心、图书馆、学生宿舍、食堂、附属医院以及学校的基本建设等，较详细地查阅了各校的教学计划、教学大纲以及教育教学、内部管理等方面的各项规章制度等一系列文件，严格按照评估标准对各校的办学水平进行评估。通过评估，总结交流了经验，发现了存在的问题和不足，达到了“以评促建、以评促改、评建结合、重在建设”的目的，促进了全区高校的教育教学改革与发展。

〔**德育工作**〕一是实行党委领导下的校长负责制，坚持和加强党对高校的领导，坚持社会主义办学方向，全面贯彻党的教育方针，高校党的组织建设、思想建设和作风建设逐步走上了制度化、规范化的健康发展轨道。高校领导班子建设和干部队伍的思想政治建设得到加强，按照干部“四化”标准，坚持“五湖四海”、德才兼备和公道正派原则，实行民主集中制，重大事情均由党委集体研究决定，领导集体讲团结、讲奉献，素质普遍较高。这是近年来搞好全区高校党建工作的一个重要因素。二是按照《中国共产党普通高等学校基层组织工作条例》要求，各校高度重视总支、支部等基层组织建设，坚持中心组学习、民主生活会等制度，成立业余党校以及组织“党章”和“特色理论”学习小组等，积极开展“双学”活动，在教师学生中培养入党积极分子，发展新党员，全区4所高校共有学生党员235人，占在校生数的6.8%；入党积极分子662人，占在校生数的19%，高校基层组织建设不断加强。三是在党建工作中，重视和加强思想政治教育工作，始终把培养社会主义事业接班人摆在首位，加强“两课”建设，并把“两课”列为重点建设课程，从师资、教材以及经费投入等多方面给予保障，如结合自治区实际，编写了高校“两课”补充教材，积极组织落实邓小平理论“三进”工作。充分发挥“两课”主阵地和主渠道作用，突出爱国主义教育、社会主义教育和邓小平理论教育。用马克思主义世界观、人生观、价值观和祖国观、民族观、宗教观教育和培养学生。坚持维护祖国统一，反对分裂，坚持不懈地开展反分裂斗争教育，努力使广大学生真正成为社会主义事业的建设者和接班人。西藏大学从清理教材入手，清除了教材中有关宗教和迷信等内容，并通过作专题报告会等形式，教育和引导师生，保持和维护了学校的稳定及正常的教学秩序。四是各高校高度重视学习邓小平理论，多次召开学习邓小平理论座谈会，对学习邓小平理论和党的十五大、区党委五届三次、四次全委扩大会议精神，进行了全面部署，坚持用邓小平理论武装党员干部和师生员工的头脑，效果较为明显，保证和推动了高校的改革、稳定和发展。西藏民族学院坚持以邓小平理论为中心，积极探索马克思主义理论课教学改革，积累了较好的经验，成效显著，被评为高校马克思主义理论课教学改革先进集体。西藏藏医学院始终坚持高举邓小平理论伟大旗帜，坚持党的基本路线不动摇，深入学习邓小平教育理论，结合学院实际，开展不同形式的形势政策教育和广泛的思想政治教育，收到了良好的效果。五是根据党的十四届六中全会精神，以校园文化建设为重点的高校精神文明建设全面推进，各校积极引导教育广大教职员工忠诚党的教育事业，发挥奉献和敬业精神，树立良好的职业道德和工作作风，做到教书育人、管理育人、服务育人，以自身的好思想、好作风、好道德为学生树立榜样，言传身教，为人师表。积极开展创建“文明校园”活动，全区各校涌现了许多文明系、科、处、室和文明班级、文明教师、文明宿舍等，如西藏藏医学院和西藏民族学院都被评为自治区“文明校园”。各校的育人环境得到了较大改善，对西藏社会主义精神文明建设起到了积极促进作用。

成人教育

〔**综述**〕 1998年，西藏成人高等、中专学历教育稳步发展。全区成人高校、中专招生分别为377人和161人，成人高校招生比上年增加238人，成人中专招生比上年减少640人；成人高校、中专在校生分别达到567人和202人。成人自学考试面向社会服务的意识增强，考试范围扩大，人数增加，开考专业进一步拓宽，共开考16个专业，比上年增加7个专业，专业层次得到提高，参加考试的人数由上年的1 538人增加到5 759人。成人扫盲工作进一步得到重视和加强，以岗位培训和继续教育为重点的成人教育步伐加快。

〔**扫盲工作**〕 自治区教委进一步加强了对扫盲工作的领导，继续采取签定年度教育目标责任书的形式，把扫盲指标分解到各地市，各地市再把目标分解到所辖县市区，层层落实扫盲责任目标。有的地市、县把扫盲责任目标完成情况作为评选先进、考核干部政绩的主要依据之一，极大调动了广大干部的扫盲工作积极性，促进了扫盲工作的稳步发展。

至1998年底，全区共有扫盲教学点（班）10 169个，参加扫盲学习的共达11.95万人，其中女性5.23万人，全年共脱盲8.74万人，其中女性3.58万人。全区仍有文盲人口89.88万人，其中15周岁以上人口中有文盲52.79万人，15周岁以上人口文盲率为40%；15～45周岁人口中有文盲40.49万，15～45周岁人口文盲率为34.8%，全年15～45周岁青壮年人口中新增文盲1.88万人，青壮年复盲率为2.5%。年内，承担扫盲教育的专、兼职教师达5 078人次。

1998年，全区各县级财政对扫盲教育投入达98.18万元，从教育事业费中列支扫盲经费39.65万元，乡村自筹资金70.58万元，上级有关部门对扫盲教育的补助经费达14.23万元，脱盲人均开支数为21.4元。自治区教委在扫盲经费筹措难度大，经费十分紧张的情况下，拿出70多万元，组织编写了新的扫盲教材，并制订了扫盲教育大纲。

自治区政府发布了《西藏自治区扫除青壮年文盲评估验收暂行办法》。9月，首次组织进行了对洛扎县、乃东县、拉萨市城关区和林芝县4县区的扫盲评估验收，4县区实现了扫盲目标。4县区在自治区的人口覆盖率约为10%。年内自治区政府和拉萨市城关区教育局干部洛桑土登等3人获得第二届“中华扫盲奖”。

〔**社会力量办学**〕　1998年12月23日，自治区主席列确发布人民政府第16号令，即《西藏自治区实施〈社会力量办学条例〉办法》。此办法共有三十四条，自发布之日起施行，这对鼓励和支持社会力量办学，维护举办者，学校及其他教育机构，教师及其他教育工作者，受教育者的合法权益，加强对社会力量办学的管理，促进其健康发展都具有重要的现实和长远意义，将发挥重要作用。《办法》规定，任何组织和个人不得以营利为目的举办教育机构。教育机构内不允许任何组织和个人进行宗教宣传和宗教活动。任何组织和个人不得举办宗教学校和变相宗教学校。《办法》指出，各级人民政府应当将社会力量办学事业纳入教育事业发展规划，实行积极鼓励，大力支持、正确引导、加强管理。依法保障社会力量举办的教育机构的合法权益。社会力量应当以举办实施职业教育、成人教育和学前教育的教育机构为重点。社会力量办学实行许可证制度，由审批机关对批准设立的教育机构发给办学许可证。

至1998年底，全区已批准设立的社会力量举办的各级各类教育机构有16所。其中幼儿园2所，其他学校14所。

撰稿　胡振华　李明文
审稿　群　增

陕西省教育

概　况

〔基本情况〕

1998 年各级普通学校基本情况

单位：人

学校类别	学校数(所)	毕业生数	招生数	在校学生数	教职工数 计	教职工数 其中专任教师
一、普通高等学校	42	36 862	49 462	162 512	49 279	19 250
研究生		2 494	4 185	11 635		
本　科		21 213	34 041	117 829		
专　科		13 155	11 236	33 048		
二、中等专业学校	114	32 980	42 932	131 156	17 769	8 033
中等技术学校	92	24 334	31 695	102 590	14 809	6 286
中等师范学校	22	8 646	11 237	28 566	2 960	1 747
三、普通中学	2 614	477 758	701 076	1 835 964	137 332	109 569
高　中	560	90 268	109 972	303 707		22 647
初　中	2 054	387 490	591 104	1 532 257		86 922
四、农业、职业中学	362	47 416	84 960	168 137	13 751	8 639
高　中	353	46 269	80 987	158 937		8 175
初　中	9	1 147	3 973	9 200		464
五、工读学校	1	12	110	122	41	23
六、小　学	34 634	659 976	773 138	4 965 813	193 177	175 173
七、特殊教育学校	32	1 918	2 274	13 070	667	454
八、幼　儿　园	1 662		588 936	697 114	20 558	14 841

1998年各级成人学校基本情况

单位：人

学校类别	学校数(所)	毕业生数	招生数	在校学生数	教职工数	
					计	其中专任教师
一、成人高等学校	36	30 037	38 357	107 878	6 623	2 980
广播电视大学	2	6 080	6 270	15 859	1 817	908
职工高等学校	23	2 472	2 932	8 271	2 343	1 022
农民高等学校						
管理干部学院	5	2 106	1 702	4 690	1 026	398
教育学院	6	2 828	3 309	8 268	1 437	652
独立函授学院						
普通高校举办：						
函授部		10 371	15 847	49 322		
夜大学		2 558	3 495	11 106		
成人脱产班		3 622	4 802	10 362		
二、成人中等专业学校	120	19 744	29 798	87 128	4 778	2 362
广播电视中专	3	8 654	17 803	57 496	820	323
干部中专	3	77	67	251	70	33
职工中专	30	4 439	5 433	15 696	989	464
农民中专						
函授中专	2	3 772	3 319	6 936	675	282
教师进修学校	82	2 802	3 176	6 749	2 224	1 260
三、成人中学	87	27 929	27 154	27 709	301	172
职工中学	14	1 364	1 811	2 236	150	110
农民中学	73	26 565	25 343	25 473	151	62
四、成人技术培训学校	27 565	2 495 239	2 280 313	1 726 009	18 949	6 618
职工技术培训学校	301	86 154	83 246	83 555	1 651	843
农民技术培训学校	27 264	2 409 085	2 197 067	1 642 454	17 298	5 775
五、成人初等学校	14 981	286 383	389 412	364 584	15 337	5 047
职工初等学校	14	705	842	367	57	11
农民初等学校	14 967	285 678	388 570	364 217	15 280	5 036
其中：扫盲班	13 724	191 773	293 295	268 196	14 148	4 437

制表　魏天纬

〔**年度工作方针**〕 1998年，全省教育系统高举邓小平理论伟大旗帜，学习贯彻党的十五大精神，积极实施科教兴省战略，切实落实教育优先发展的战略地位，大力推进教育改革和发展；按照省委、省政府提出的教育改革和发展的目标任务，进一步落实《陕西省人民政府关于〈中国教育改革和发展纲要〉的实施意见》，理顺体制，搞活机制，优化资源配置，全面提高教学质量和办学效益；大力推进依法治教，正确处理改革、发展和稳定的关系，突出重点，狠抓典型，不断探索改革和发展的新路子，抓住机遇，振奋精神，开拓进取，埋头苦干，为实现陕西省教育事业跨世纪发展目标而努力。(1) 切实落实全国和全省高校党建工作会议提出的各项政策措施，制定全省关于加强高校领导班子思想政治建设的意见。进一步抓好高校后备干部的培养培训工作，加快高校领导班子的年轻化步伐。积极探索民办高校党的建设的路子。(2) 坚持“两基”为重中之重的教育发展战略，全力推进“两基”实施工作，全面推进素质教育。(3) 大力发展各种形式的职业教育和成人教育。(4) 积极推进高教管理体制改革，按照“共建、联合、调整、合并”八字方针，制定全省高等教育管理体制改革和布局结构调整规划及实施方案，并抓好实施工作。(5) 尽快出台关于加强师范教育和教师队伍建设的意见，切实抓好实施工作，使全省中、小学教师学历合格率有较大提高。(6) 进一步加大教育为经济建设服务的力度。

〔**精神文明建设**〕 建立健全各级学习网络，把学习邓小平理论作为精神文明建设的先导工作来抓，有力推动了全教育系统的各项工作。(1) 省委印发了《关于在高等学校认真落实邓小平理论进教材、进课堂、进学生头脑工作的几点意见》，各高校认真贯彻执行，采取切实有效措施，充分发挥邓小平理论和马克思主义理论课、思想品德课在大学生思想道德教育中的主渠道、主阵地作用。(2) 广泛开展以“讲崇高师德，树敬业精神”为主题的教育活动，组织陕西省师德教育巡回报告团在各地市和部分高校进行巡回报告，听报告的师生达6 000多人。在全省中小学开展了“热爱我们的家园”读书活动，学生参与率达70%左右，把爱祖国、爱家乡、爱学校教育结合起来。(3) 年初，省委教育工委、省教委召开全省教育系统精神文明建设工作会，进行统一部署，同各高校和各地市教育局（教委）签订“创佳评差”目标责任书，深入开展创建文明校园活动。此项活动以育人为宗旨，突出“创佳评差”和创建文明校园活动的主题，狠抓思想道德建设，优化育人环境，规范办学行为，维护教育行业新形象，使师生的精神风貌和学校的校容校貌发生了显著变化。年底，咸阳师范专科学校、澄城县韦庄镇初中、渭南市临渭区北塘实验小学等27所大、中、小学获省级“文明校园”称号，6个地市教委（教育局）、17个县（区）教育局、21个大专院校的系处级单位获年度“创佳评差”工作“最佳单位”称号。(4) 开展纪念党的十一届三中全会20周年系列活动和抗洪精神宣传活动，增强了广大师生投身改革开放和现代化建设的自觉性，使邓小平教育思想深入人心，推动了全省教育事业的发展。(5) 省教委印发《关于做好今年高校安全保卫工作的几点意见》，对高校保卫工作的目标任务、队伍建设等作了明确规定和要求，并到20余所高校调查了解师生对当前社会和校内一些热点问题的反映，及时提出解决办法和对策。成立维护稳定工作领导小组，建立健全了维护稳定工作领导责任制。按照《省人民政府办公厅关于集中整顿学校周边环境秩序的通知》精神，集中时间进行整顿，并取得阶段性成果。

〔**以法治教**〕 1998年，陕西省以法治教工作取得较大进展。(1) 召开落实教育行政执法责任制工作会议，对全省教育法制工作进行了总结，提出了今后教育法制工作的指导思想、目标任务和落实教育行政执法责任制的具体要求。(2) 为贯彻《教育行政处罚暂行实施办法》，举办全省市、县教育部门负责教育行政执法工作人员培训班，并通过考试考核和资格审核办理行政执法证件，使教育行政执法更为规范。(3) 省人大于7月对全省实施《职业教育法》和《职业教育法》执法情况进行了检查，于9月对高等院校的法制教育情况进行了检查；全国人大教科文委副主任汪家璆于11月检查陕西《高等教育法》学习宣传情况，并与部分高校领导进行座谈，促进全省教育系统依法治教。12月，举办了两期高校中层领导法制学习班，学习《高等教育法》。(4) 对《陕西省实施〈中华人民共和国职业教育法〉办法》(草案) 进行重点调研，对《陕西省农村教育事业费征收管理使用办法》和《陕西省实施〈残疾人教育条例〉办法》进行再论证，经过广泛征求意见和修改，使之更符合全省实际。

〔**教师队伍建设**〕 1998年，陕西省加大教师队伍建设力度，狠抓教师队伍数量补充和质量提高两个方面的工作。(1) 贯彻落实《陕西省人民政府关于师范教育改革和发展若干问题的决定》精神，从贫困地区应届中师毕业生中选拔优秀学生1 073名，通过成人高考，选送到高校进行大专学历教育，从高考落榜生中选拔了800名学员，选送到省内6所师范院校的19个初中教师师资班进行大专学历教育，毕业后，充实到贫困地区初中任教。(2) 开展继续教育，提高在职教师的教育教学能力和教育教学水平。渭南市是教育部批准的西北地区唯一一个中小学教师继续教育区域性实验区，依据立足渭南、辐射全省的指导思想，制定了中小学教师继续教育实施方案，从师德素质、教育理论、教学方法、教学研究等方面全方位启动了实验区工作。11月，省教委在渭南市召开全省继续教育工作会议，推广了渭南、西安、宝鸡三市开展中小学教师继续教育工作经验。(3) 利用联合国儿童基金会国家级、省级、县级13个活动项目，为贫困地区培训小学骨干教师400余名。在凤翔、乾县、蒲城3所师范学校举办小学教师专科班，招收在职小学骨干教师，提高他们的学历层次。(4) 为省属高校、教育学院和中等师范学校举办4个专业的研究生课程学习班，录取60名中青年教师参加学习。(5) 根据《教师资格条例》，制定了《青年教师岗前培训实施意见》，编写、出版了培训教材，组织实施了青年教师岗前培训。(6) 举办全省第二届中等师范学校省级教学能手评选活动，评选出省级教学能手23名，并结合评赛召开全省会议，总结交流深化课堂教学改革经验，分析存在问题，研讨如何进一步深化，提高教学质量问题。(7) 表彰奖励工作向教学第一线教师倾斜。评选出享受部级劳模待遇的全国模范教师和全国教育系统先进教育工作者27人、全国优秀教师和优秀教育工作者59人、陕西省优秀教师和优秀教育工作者88人。有23名优秀教师获曾宪梓教育基金会奖励，其中1名获一等奖，22名获三等奖。(8) 全省先后五次评选出特级教师414名，为充分发挥他们在教学与科研中的带头作用，对全省特级教师进行了重新登记，同时修改了《特级教师评审管理办法》，充实了鼓励竞争，实行动态管理的内容。(9) 评选出省级教学能手中小学教师各100名。(10) 进行了大中小学教师的专业技术职称的评审工作，被评为教授职称的315人、副教授563人、高级讲师364人、高级教师174人、讲师和一级教师290人。

〔**教育投入与支出**〕 1998年，陕西省按照拓宽筹资渠道，实现规范管理，提高资金效益，服务各类教育思路开展工作，努力加大教育经费投入，促进教育事业发展。全省教育经费年支出达51.46亿元，其中省本级教育事业费支出4.82亿元，分别比上年增长11.64%和14%。全省有61个县区将预算内经费收归县管，有47个县区对农村教育费附加实行乡征、县管、乡用，理顺教育经费管理体制工作取得初步成效。另外，共为遭受特大洪水灾害的陕南灾区筹措资金累计达290多万元，全部及时下达，确保了受灾学校按时开学。

基础教育

〔**综述**〕 1998年，陕西省继续把“普九”做为重中之重来抓，全面推进素质教育，同时狠抓了高中教育、中小学德育工作、中国——联合国儿童基金会“促进贫困县初等教育”项目工作、幼儿教育、特殊教育等，使基础教育又有了新的发展。1998年，小学入学率达到99.30%，比上年提高0.05个百分点；在校生比上年增长1.36%。初中入学率达到93.32%，在校生比上年增长10.13%。小学专任教师学历合格率为91.45%，比上年提高2.39个百分点；初中教师学历合格率为74.23%，比上年提高3.66个百分点；普通高中专任教师学历合格率为56.52%，比上年提高1.25个百分点。

〔**义务教育**〕 为确保“普九”年度规划目标的实现，陕西省坚持往年成功的做法，于年初进行安排部署，对拟验收县、区的“普九”工作进行过程性检查指导，把带有倾向性的问题和重要情况及时与当地政府沟通，帮助地方政府和办学单位解决具体问题。1998年，全省又有宝鸡县等14个县通过评估验收。至此，全省累计“两基”达标县71个，覆盖人口2 560.17万人，占全省总人口74.04%。

陕西“国家贫困地区义务教育工程”第

一阶段实施工作已基本完成，进入最后扫尾阶段。这项工程全省总投入7.78亿元，覆盖9个地市、48个项目县、1 160万人口地区、6 649所中小学。10月下旬，通过了教育部、财政部检查验收，并受到表彰奖励。

加强“两基”评估复查工作。在总结近两年“两基”复查工作的基础上，陕西提出严格程序、确保质量的要求，加强了正式复查前的督导检查和地市初查工作，巩固了“两基”成果，提高了“两基”实施水平。1998年，先后对澄城县、蒲城县、大荔县、三原县、咸阳市秦都区等18个县（区、市）进行了评估复查。

〔**素质教育**〕 1998年，陕西省加快实施素质教育步伐。(1) 制定《陕西省中小学实施素质教育若干规定》，对素质教育的实施保障、条件、责任、义务、评价等作出具体规定。(2) 改革教育评价制度，在全省城区小学、乡（镇）中心小学和有条件的初中以及11个素质教育实验县（区）的中小学取消百分制，实行等级分制；在义务教育阶段推行“等级＋评语＋特长”的综合评价方法，一律停止使用学生成绩通知单，试行学生素质报告单。(3) 8月下旬，召开11个素质教育实验县和30所素质教育实验学校工作座谈会，交流经验，讨论存在问题和对策，部署了下一阶段的实验工作。(4) 在《陕西教育》杂志上举办“全省中小学素质教育百家谈”征文活动，多角度探索素质教育的理论和实践问题，推进全省中小学实施素质教育工作。(5) 把教师队伍整体素质提高作为推进素质教育的一项中心工作来抓。8月中旬，举行了全省小学教师基本素质展示会，并命名了15所素质教育示范学校。(6) 积极探索办学体制改革与薄弱学校改造、义务教育阶段择校生治理、规范办学行为的具体办法。(7) 以验收示范学校为推动力，促进基础教育骨干体系建设，共验收命名14所省级示范小学和7所省级示范初中。

〔**教育教学改革**〕 继续深化教育教学改革。(1)抓中小学常规管理不放松。9月下旬，对25个县（区）和105所学校开展“百人千校”两项常规管理工作大检查，促使中小学常规管理工作进一步规范化。(2) 统筹研究基础教育的课程、教材工作，调整现行义务教育部分课程教学内容，并将调整意见报教育部批准；发出《关于调整九年义务教育部分学科教学内容和教学要求的意见》，要求从1998年秋季执行。调整后的课程内容较为充分地体现了素质教育要求。(3) 为做好政治课新教材使用的衔接工作，省、地、县三级层层举办新教材教法培训班，共培训骨干教师1 080名。同时，对在新教材试验工作中做出突出成绩的西安市碑林区开通巷小学等5所学校和姜衫萍等66名教师进行了表彰。(4) 召开全省现代教育技术工作会，确定40所中小学作为现代教育技术实验学校，制定《实验方案》，以积累经验，再在面上逐步推开。(5) 坚持招生制度改革，强调在已经“普九”的地区继续推行小学毕业升初中免试就近入学。发出《关于城镇流动人口子女入学问题的通知》，较好解决了城镇流动人口子女入学问题。(6) 在对中小学教学用书情况进行检查、调查研究的基础上，发出《关于规范中小学教学用书情况的紧急通知》，要求全省中小学校做好这一工作。(7) 成立陕西省中学劳动技术课教学研究会，召开研讨会，开展劳动技术教育先进集体和先进个人评选活动，加强劳动技术教育。(8) 在制定颁发教研室工作《评估标准》的基础上，拟通过三年努力，使全省教研室基本达到合格标准，年内分别对宝鸡市和榆林地区教研室进行了验收。(9) 加强复式教学。召开全省复式教学经验交流会，表彰先进单位和先进个人；编写《复式教学与管理》丛书，解决了复式教学无参考书问题。

〔**高中教育工作会议**〕 4月27日～29日，陕西省召开普通高中教育工作会议，国家副总督学王文湛出席并讲话。会议确定了陕西普通高中教育改革与发展的总体思路和目标任务。总体思路是：在普及九年义务教育的基础上和继续调整中等教育结构的过程中，坚持分区规划，分类指导，适度发展事业规模；努力增加投入，加强教师队伍建设，改善办学条件；深化体制改革，促进办学模式多样化；加大教育教学改革力度，全面提高教育质量；初步建立起与各类教育相协调，适应陕西社会和经济发展需要的、面向21世纪的普通高中教育体制。今后五年发展的主要目标是：(1) 适度发展普通高中教育规模。已“普九”的中大城市的市区要逐步普及高中阶段教育，有计划按比例地发展普通高中；已“普九”的农村地区要从实际出发，以内涵发展为主，适度发展规模；尚未“普九”的地区首先要全力抓好“普九”，同时调整布局和结构，提高办学效益。到本世纪末，中等职业学校在校生与普通高中在校生比例达到6∶4。按初中生在校规模及中等职业学校应占比例科学规划，使全省普通高中招生控制到13万人以内。(2) 建立普通高中骨干体系。实施普通高中标准化建设工程，使全省50%左右的普通高中达到省颁标准，使一批薄弱学校的面貌得到改观，以提高普通高中教育的综合实力。在此基础上，积极加强示范高中建设，使一批学校达到国颁标准。(3) 形成有地方特色的办学体制和模式。适应社会主义市场经济改革的需要，改变政府办学的单一体制，逐步建立以政府办学为主，社会各界共同举办普通高中教育的多元化办学体制。继续完善分级办学、分级管理的体制，完善校长负责制、教师聘任制和岗位责任制。大力改革办学模式，实现普通高中办学模式多样化。(4) 全面提高教育质量和办学效益。加强学校管理，深化教育教学改革，提高普通高中办学水平，大力推进素质教育，全面提高教育质量，更多更好地为高等院校输送优秀人才，为社会各行各业培养素质较高的劳动后备力量。

〔**学前教育**〕 1998年，学前教育有了较大发展。除各类幼儿园外，小学附设学前班21 999个，在园(班)幼儿达到69.7万人。主要抓了以下工作：(1) 落实《陕西省幼儿教育工作“九五”发展规划》，加快省级示范幼儿园建设步伐。年内，有7所幼儿园通过评估验收，使全省省级示范幼儿园累计达到42所。(2) 制定《陕西省学前班工作评估标准》，对办班指导思想、办班条件、学前班的组织领导与管理、家园联系、保育、教育效果六个方面的工作进行全面量化，并要求各地市在实施过程中坚持分类评估、分类指导的原则，以使不同基础的学前班都有明显提高。(3) 省教委、省物价局、省财政厅联合发出《关于加强陕西省幼儿园收费管理适当调整收费标准的通知》，学前教育发展投入不足的矛盾得到缓解。(4) 举办幼儿教师基本技能技巧大赛，有10名教师获个人七项全能奖，2名获个人单项奖，35名获优秀奖。(5)继续抓好“中国——联合国儿童基金会‘早期儿童发展’”项目工作：一是加强检查、指导与评估；二是完善机制，实施目标管理；三是开展各类培训工作。年内，耀县、宜君两个项目县学前一年平均受教育率已高于项目实施前10.4个百分点，3～6周岁儿童平均受教育率高出20.9个百分点。

〔**特殊教育**〕　按照《陕西省特殊教育工作“九五”实施方案》要求，全省各地市、县区制订了具体实施方案或规划，落实总目标、分年度目标。6月，接受教育部对全省特殊教育落实“九五”规划执行情况的中期检查，各地成绩显著，咸阳、汉中两市4县残疾儿童少年入学率已由1995年的60%左右提高到近80%，得到教育部的肯定。1998年，全省新增特教学校7所，新建特教班10个，新增随班就读点1 000余个，残疾儿童少年入学率较上年提高3个百分点。

〔**举办中小学艺术节**〕　为提高学生审美能力，积极推进素质教育，加强文明校园建设，举办了全省首届中小学艺术节。要求自下而上层层举办，面向全体学生。各地市、县区认真组织实施，绝大部分学校举办了文艺演出和书画展览，由教育行政部门组织文艺汇演130多场、书画展览60多次，部分地市、县区进行了评奖活动。报送10个优秀节目录像带参加全国评奖，经教育部等4单位评选，获1个一等奖、2个二等奖、4个三等奖、3个优秀奖。

〔**体育卫生工作**〕　认真落实全国学校体育、卫生、国防教育工作会议精神，全面贯彻教育方针。(1)年初即召开各地、市教委(教育局)主管主任(局长)和专职干部会议，传达全国工作会议精神，并安排部署了当年工作。(2)采取有效措施，抓初中毕业生升学考试体育工作，较已往组织得更严密、更科学，推动了中学体育工作。(3)开展评选先进活动。全省评出先进县区教育局16个，先进学校35个，先进个人161人。(4)省教委与广州宝洁公司联合在全省开展了口腔健康教育活动。(5)编写小学与初中的体育、音乐、美术教材，解决陕西长期无地方教材的问题，《健康教育》课本已投入使用。

〔**电化教育**〕　为使电化教育更好地为教育事业服务，主要抓了以下几项工作：(1)制定了《陕西中小学电化教育规程实施细则》、《陕西电化教育示范学校（中小学）评估标准》，全省确定了40所国家级和省级中小学现代教育技术实验学校。(2)对地、县电教馆长，中小学微机教师及实验研究人员进行专业培训，共举办4期培训班，接受培训人员200余人。(3)开展中师优质课评奖和小学数学、中学化学优质课以及高校CAI课件、优秀电教论文评比活动，有41个课件和27篇论文获奖。(4)对与联合国儿童基金会远距离合作项目县和全国电化教育综合实验县进行检查评估，并配发了教材。

职 业 教 育

〔**综述**〕 1998年，陕西省认真贯彻落实《职业教育法》和全省职教工作会议精神，以县级职教中心建设和中等专业学校招生并轨改革为重点，积极发展高等职业教育，努力办好初等职业教育，大力推进全省职业教育的改革和发展。(1)省人大在听取省教委、劳动厅、人事厅、财政厅关于贯彻落实《职业教育法》的汇报和各地市自查的基础上，重点抽查了西安、汉中、延安3市，肯定了取得的成绩和经验，对存在问题提出意见和建议。通过执法检查，强化了各级政府在发展职业教育中的责任和义务，推动了全省职教改革和发展。(2)延安、宝鸡、汉中、咸阳、渭南等市相继召开职教工作会议，出台本市贯彻《职业教育法》和全省职教工作会议精神的规范性文件，层层落实了"九五"职业教育改革和发展的目标任务。(3)召开了有各地市教委(教育局)主管主任(局长)、各骨干职业中学校长参加的《职业教育法》实施两周年座谈会，进一步增强了依法治教的自觉性。(4)评选出省级职业教育工作先进集体70个、先进个人166人。

〔**县级职教中心建设**〕 1998年，省教委制定了《陕西省县级职教中心建设方案》，对建设县级职教中心(综合职校)进行了分年度、分县区规划，并提出建设的规范要求和政策措施。年内有府谷、蒲城、彬县、乾县、镇安、西乡、略阳、高陵、延安市宝塔区、渭南市开发区10个县区基本建成职教中心，全省建成县级职教中心累计达到26个；有榆林、眉县、武功、合阳等24个县市完成规划、项目审批、落实投资渠道等工作，使全省已建成和在建的县级职教中心达到50个。

〔**教育教学改革**〕 以提高办学质量和效益为目标，加强教学管理，深化教育教学改革。(1)在50余所中等职业学校进行小企业创业教育试点的基础上，编写《小餐馆创业技能》和《小农场创业技能》两本教材，并组织了相关的师资培训。同时要求全省职业学校必须开展创业教育，部分专业要列为必修课。(2)发出《陕西省中等职业学校教学常规管理工作基本要求(试行)》，规范了学校教育教学工作的各个环节。对省示范以上的中等职业学校以及所有的社会力量举办的中等职业学校的数学和政治两科，以闭卷形式进行了测试检查，收到一定成效。(3)修订了幼儿师范、电子、计算机应用、农学、畜牧等20个专业的教学计划，使其内容更加贴近市场经济要求。(4)继续在西安交通大学职教学院、西北农业大学等5所高校举办职教师资班，当年招生360人。(5)扶持社会力量举办中等职业学校。由省教委直接批准设立的达到46所，1998年招生9 803人，在校生总数23 119人，校均规模为503人。举办校长培训班，有45名校长取得岗位合格证。(6)继续在3所师范专科学校、4所重点中专学校和省职教中心、西安联合大学职业技术学院等校试办高职班，并就高等职业教育如何组织教育教学工作等问题召开了研讨会。(7)组织人员编写《邓小平理论基础》一书，作为中专学校的政治课教材。

〔**招生工作**〕 1998年，继续采取有效措施，狠抓职业学校招生工作：(1)和地市签订完成职业中学招生任务责任书，层层落实责任；(2)中专学校全面实行并轨招生；(3)坚持开展普通中等专业学校和重点职业中学联合办学；(4)在中专学校举办预科班；(5)职业中专免试录取高中毕业生。由于措施得力，中等专业学校招生数和在校生数分别比上年增长4%和9%；职业高中招生数和在校生数分别比上年增长10.9%和9.65%。加上技工学校，中等职业学校的招生数和在校生数分别占到高中阶段招生数和在校生数的56.7%和52.8%，比上年提高2.1和0.7个百分点。

对高等职业学校招生进行了改革，共招生1 300人，其中，从中等职业学校对口招生900人，占招生数的69%。高等职业教育在校生达到2 100人。

高 等 教 育

〔**教育思想、观念大讨论**〕 1998年，省教委在各高校开展教育思想、教育观念讨论的基础上，于10月初发出《关于在全省高校继续深入开展教育思想、教育观念讨论的通知》，要求各高校结合专业整理与整顿，把讨论深入到教学领域，把提高质量作为学校的永恒主题。全省高校根据《通知》精神，把讨论活动当作大事来抓，共请专家、教授作报告300多场次。西安交通大学不仅组织教职工参加讨论，还发动学生参与。讨论使高校领导和师生的教育观念得到更新，促进了教学改革的深化。西北大学进一步明确了为地方经济发展服务的观念；宝鸡文理学院、榆林高等专科学校等10多所高校召开全校第一次教学工作会议，出台一系列加强教学工作的文件，加大了对教学的投入。

〔**管理体制改革和布局结构调整**〕 从陕西高等教育发展的实际出发，对全省高等教育管理体制改革规划和布局结构调整方案进行了反复论证和修改，进一步理清思路，明确目标。完成5所中央部委属院校划转陕西的接收任务，这5所院校是：西安理工大学，西安建筑科技大学，西安矿业学院，西北纺织工学院和西北轻工业学院。实现省政府与卫生部共建西安医科大学，连同上年的3所，共建院校已有4所。实现延安大学与延安医学院的合并。通过管理体制改革和布局结构调整，高等教育长期存在的“条块分割”体制开始被打破，教育资源配置日趋合理，办学效益和教育质量得到提高。普通高校在校生均规模由上年的4 351.76人增加到4 938.19人，其中省属高校在校生均规模为3 621.38人，生师比由上年的9.69提高到10.77（按当量折合）。

〔**党建工作和领导班子建设**〕 陕西认真贯彻《中国共产党普通高等学校基层组织工作条例》，加强高校党建工作。一是制定《陕西省普通高等学校内设学院党的委员会工作暂行条例》，理顺了校、院、系三级党政之间的关系；二是开展“三学”、“三讲”党员教育活动和抓好“五个一”活动，不断提高党员的思想政治素质（“三学”是指学党章，学邓小平理论，学江泽民十五大报告；“三讲”是指讲政治、讲团结，讲正气；“五个一”活动是指高校党委要抓好一个党员教育联系点，办好一所规范化基层学校，总结一份党建工作经验或调查报告，编写一篇有说服力的党课教材，宣传一个在社会上有影响的优秀共产党员或先进基层党组织）；三是积极发展35岁以下青年党员，努力解决党员队伍年龄结构中青年党员比例偏低问题；四是全面实行党员组织生活制度，建立起有效、规范的党员参加组织生活、提高组织生活质量的约束机制；五是制定《关于陕西省高等学校共产党员出国、出境组织关系和党籍管理办法的若干规定》；六是印发《陕西省普通高等学校党的建设工作量化评估体系》，对西安理工大学、西安石油学院和西安音乐学院3所高校党建工作进行了评估试点；七是开展创先争优活动，表彰先进高校6所，先进基层党组织64个，优秀共产党员85人，优秀党务工作者44人。

加强学校领导班子建设，一是印发《关于加强高校领导班子思想政治建设的意见》，各高校也普遍制定了加强学校整体干部队伍思想政治建设的实施意见；二是坚持知识化、专业化、年轻化的标准，对32所高校领导班子进行了调整，一批学历层次高、业务能力强的中青年硕士、博士、有突出贡献的专家充实到领导班子，具有副高以上职称的占到89%；三是选送中青年干部参加研究生课程进修班、脱产培训班、短期轮训班，为陕西高校跨世纪发展培养干部资源；四是印发《陕西省教育系统党风廉政工作责任制的实施意见》、《关于执行党风廉政责任制的实施办法》，加强党员领导干部廉洁自律教育，促进高校党风与廉政建设。

〔**教学改革与专业学科建设**〕 启动面向21世纪教学内容和课程体系改革计划。计划用三年左右的时间，通过滚动立项方式，完成一批教学改革课题，出版一批面向21世纪的新教材和计算机课件。1998年教改计划启动情况是：组织全省高校11个专业大类26名专家，制定教改项目立项指南，确定了150个亟需解决的教改项目，面向全省高校招标；42所高校共申报课题558项，参加教师5 200多人，大部分课题牵头人是教授、博士生导师，一些院士也积极申报项目，表现出对教改的关注与支持。

专业整理、整顿与教学计划修订。按照教育部颁布的新专业目录，对省属15所高校的专业进行全面整理和整顿，将原有254种专业调减到204个，并报教育部。根据陕西经济和社会发展的需要，从省属高校的基础和条件出发，共审批申报新设专业42个，其中本科专业29个，专科专业13个；根据陕北陕南亟需人才和本地高校办学条件的实际情况，审批延安大学等13所高校开办38个本、专科班。专业整理、整顿为修订教学计划带来机遇。各高校按照省教委提出的"抓好课程整合、体系优化和学生整体知识结构的设计"要求，科学修订教学计划，合理设置各类专业，有力推动了整体教学改革和教学建设工作。

试行"浮动学制"。省教委在充分征求普通高校意见的基础上，发出《陕西省普通高校试行"浮动学制"有关问题的通知》，把浮动比例由原来本专业、本年级在校生的5%提高到10%，并对选拔程序作了严格规定。有33所高校的667名专科生升入本科，有2所高校的3名学生由本科转入专科。试行"浮动学制"，对于缓解专科生分配难的矛盾，调动学生学习积极性发挥了作用，受到学校、学生和家长的欢迎。

本科教学合格评价。西安工业学院、西北建筑工程学院、西北纺织工学院和陕西工学院4所院校接受教育部本科教学合格评价。为使4所院校顺利通过合格评价，省教委采取组织预评、专家会诊、每月检查等措施，帮助迎评院校改进本科教学工作。在各方共同努力下，4所院校全部通过本科教学合格评价。

建立陕西省高等学校教学工作专家库。为增强高等教育教学工作宏观决策的科学性，实现有效管理和指导，促进教学改革不断深化，省教委按11个学科门类，聘请长期从事教学与教学管理、专业水平高、学术造诣深、身心健康的正教授150名，组成陕西省高等学校教学工作专家库。省教委依靠进库专家开展专业设置评议、教改立项、教材和教学成果评审以及教学管理与教学改革咨询等工作。进库专家在本年的专业设置评议、教改立项中发挥了很好作用，受到各校好评。

"211工程"建设。1998年，陕西6所"211工程"院校进入全面建设阶段。为加强6所院校之间的交流与协作，建立了"211工程"办公室主任联席会议制度，每季度举行一次会议，6所院校轮流主持。西北大学是陕西进入"211工程"的唯一地方院校，实行了建设目标责任制，基本做法是：在校长同各项目负责人签订责任书的基础上，再同省教委主要负责领导签订责任书。有5所院校10个学科入选"长江学者奖励计划"行列，其中，西安交通大学、第四军医大学各3个，西北工业大学2个，西北大学和西安电子科技大学各1个。

〔**实验室建设与评估**〕 1998年，审批高校省级重点实验室7个，累计达到27个。审批高校省级工程技术研究中心4个，累计达到7个。

从1997年12月～1998年4月，陕西进行了第二次基础课教学实验室评估，涉及18所高校95个实验室，结果均为达标。评估工作促使参评院校重视和加强了基础课教学实验室建设，一是推动实验室管理体制改革，普遍实行校、系两级管理取代评估前的校、系、教研室三级管理，实验室数目由评估前的425个调整合并为231个，减少46%，大大提高了设备资源利用率；二是改变实验室设施条件，平均每个参评实验室增加投入30多万元，这为更新实验内容、提高实践教学质量提供了保障。

〔**学位工作与高层次人才培养**〕 审批第7批硕士点74个。西安矿业学院、西北核技术研究所、西安近代化学研究所、中国科学院盐湖研究所西安二部等4个单位获得博士学位授予权，延安大学获得硕士学位授予权；有19个一级学科、23个二级学科专业获得博士学位授予权，82个学科专业获得硕士学位授予权。审批研究生课程进修班24个。

1998年是陕西恢复研究生教育20周年，省教委组织了多项庆祝活动。举办首届学位与研究生教育研修班，有70多名研究生培养单位的管理干部参加；筹划出版《陕西学位与研究生教育20年》、《陕西研究生教育单位概览》和《陕西学位与研究生教育20年画册》，介绍陕西研究生教育发展历程、成就和现状；表彰奖励西安交通大学陈学俊等272名博士生导师；召开陕西恢复研究生教育20周年庆祝大会。

〔**体育与军训**〕 5月，在西安交通大学举办陕西省第21届大学生运动会，打破3项纪录。9月高校代表团参加了陕西省第11届运动会，获金牌43枚，银牌5枚，铜牌6枚，金牌数和总成绩名列第一。在全国大学生篮球循环赛中，西安交通大学夺得A组冠军，西北大学获得B组冠军。

下半年，省教委组织高校部分体育教授和军事教员编写、出版了《陕西省高校体育学》、《陕西省高校军事训练》教材，填补了这方面的空白。

〔**招生与毕业生就业**〕 对1997年陕西地区高校各专业毕业生需求信息进行了统计分析，指导高校结合经济建设和社会发展的需求来确定招生专业及招生人数，使招生计划更趋合理。在普通高校全面实行并轨招生的基础上，为了保证边远山区、贫困地区和艰苦行业所需人才和师资，继续保留定向招生计划，采取了招收民办教师大中专师资班、山区师资班以及将省属高校大部分招生指标分解下达到地市等办法。省教委发出《关于提高在陕部委属学校在陕招生数等有关问题的通知》，积极与在陕部委属高校协商，增加在陕招生数量。

1998年，陕西地区高校共有本、专科毕业生37 383人（含统分生，定向生、委培生和自费生），毕业研究生3 025人（含研究生培养单位培养的研究生），总计40 408人。由陕西接收安排的毕业生有24 938人（含外省院校回陕就业毕业生约3 000人），毕业生人数增加与有效需求减少的矛盾十分突出。面对毕业生就业的严峻形势，陕西采取的主要措施是：(1) 1997年11月～1998年1月，向省内外企事业单位发出3 000多份毕业生需求、资源信息和往届毕业生使用情况调查表，获取2万余条信息，以此为依据，制定出1998年毕业生就业工作安排意见。(2) 加大毕业生就业政策宣传力度。召开毕业生就业工作安排意见和需求情况新闻发布会；在《陕西日报》开办“大学生择业窗”，宣传就业政策，发布供需信息，报道就业动态。(3) 建立供需信息库，为毕业生和用人单位牵线搭桥，共接待供需双方2万余人次。(4) 2月14日～25日，组织举办综合、土建、医药卫生、师范、机电五大类毕业生供需洽谈会。据统计，通过高校、高校毕业生和用人单位供需洽谈，由陕西安排的毕业生就业去向落实和基本落实的达到96.5%，其中6 350多名毕业生直接与用人单位洽谈并签订了协议书。(5) 加强宏观指导，拓宽毕业生就业渠道。积极引导、鼓励毕业生到非国有单位就业，共计1 000多人；对相对需求饱和专业的毕业生，邀请外地组团来陕招聘；采取减免贷款、表彰奖励等办法，鼓励和引导毕业生到急需人才的边远地区、艰苦行业去施展才华；扩大省级优秀毕业生和学生干部评选比例，将名单刊登在《陕西日报》上，促进优秀毕业生优才优用；把专科升本科的比例由5%提高到10%，缓解专科毕业生的就业压力；在西北大学设立后备军官办公室，为毕业生献身国防事业开辟渠道。(6) 坚持统筹安排，合理使用，加强重点，兼顾一般，面向基层，充实生产、科研、教学第一线，以及学以致用、人尽其才的方针和原则，兼顾生源分布为陕西经济建设和社会发展服务，编制出毕业生就业调配计划，共计13 591人。其中，安排到省级单位1 330人，中央驻陕单位2 348人，地市9 399人，高等学校514人。(7) 各高校普遍开设了毕业生就业指导讲座或课程，采取多种思想教育形式帮助毕业生树立正确的人生观、价值观和择业观。

〔**科研工作**〕 1998年，陕西高校有3.5万人从事科学研究和科技攻关（折合全时研究人员0.9万人），承担研究课题6 000余项（包括上年结转课题），投入科研经费4.1亿元。全省有15所高校承担、主持和参与国家自然科学基金项目，其中面上项目165项，获资助金额1 966.6万元；重点、重大项目7项，获资助金额1 365万元。由高校牵头承担省级科研项目的情况是：承担省科委自然科学基金项目123项，获经费240.5万元；承担省科委攻关项目，其中农业类18项，获经费166万元，工业类13项，获经费86万元，社会发展类19项，获经费75万元；省教委安排专项科研基金研究课题144项，经费143万元，安排重点科研项目18项，经费82.5万元。1998年，陕西高校共出版科学专著500余部，发表学术论文15 000多篇，鉴定科技成果250余项。获奖510项，其中获国家级奖11项，省部级奖252项，厅局级奖247项；省教委共授予科技进步奖123项，人文社会科学研究优秀成果奖100项。为促进科技成果转化为生产力，组织高校代表团参加中西部经济贸易投资洽谈会、杨凌农业博览会、西安市产学研技术洽谈会、澳门高科技发明博览会，成交一批技术合作项目。全年高校校办产业纯利润超过亿元，上交税费3 000万元，返还、上交学校5 500万元。帮助旬邑县店头村建成一个经济动物养殖场，为贫困户开辟了一条脱贫致富的新路子。

为推动高校基础性科学研究的发展，省教委于10月28日～29日在渭南市召开了全省高校科学基金制与大学科学研究研讨会，会议分析了科学基金项目的发展趋势，提出了基本对策。西北大学等9所院校代表介绍了本校提高基金项目申报质量和命中率的经验。

〔**教育交流与合作**〕 1998年，陕西按照广开渠道、扩大交流的基本思路，推动对外教育交流与合作稳步发展。

教育考察、访问和学术交流。全年9次选派教育代表团出国进行短期交流访问，接待国外来陕教育考察、访问代表团31批。与港、澳、台的教育交流与合作进一步扩大，省教委两次派团赴台湾进行教育交流，介绍陕西教育发展现状，就加强陕台教育交流达成协议；首次派团赴澳门参加亚太地区成人教育发展研讨会，宣传陕西成人教育发展成就；接待澳门地区来陕教育团组2批，促进了两地教育交流。

聘请外国文教专家来陕任教。年初，对全省53所具有聘请外国文教专家资格的院校进行了年度检验。针对陕南陕北高校出现的聘请难问题，积极与英国海外志愿者服务社、美国语言学会、香港晨星基金会等机构取得联系，及时疏通了聘请渠道。

招收留学生工作。全省共有15所院校具有招收境外留学生（含港、澳、台学生）资格。1998年，增加招收学位生比例，从单一的进修生向学位生拓展，共招境外留学生865人，其中长期生495人，短期生370人。

出国留学工作。全年公派出国留学59人，派出自费留学143人，审批大专以上的自费出国留学439人。公派出国留学从1996年开始进行重大改革，核心是运用法律和经济制约等手段，在选拔、派遣、管理、回国等环节上建立起规范的运行机制，从而使留学人员在层次上和回归率上明显提高。9月，陕西对88位优秀留学回国人员进行了表彰。

〔**高校基本建设**〕 为满足高校办学规模增长较快的需要，陕西加快高校基本建设进度。省教委多方筹资，保证基本建设正常运转：（1）全年安排省属高校基本建设投资4 000万元。资金来源，除从新增财力部分拨款1 500万元外，2 500万元缺口由省教委向省财政借支。（2）加强各个建设项目的设计、招标、工程监理和预算决算审核等主要环节的管理，尽可能降低工程造价，提高投资效益。（3）支持学校改变传统的投资观，强化自我发展意识，加大学校自身筹资力度。（4）按照逐步推行高校后勤设施社会化的要求，鼓励学校吸收社会资金，吸引房地产公司等企业来校建设学生公寓、食堂等项目。有5所院校就建设学生公寓楼吸引到社会资金。不论省属还是部委属高校自筹资金用于基本建设的力度都明显增强，建设面积与投资量超过往年2～3倍。

陕西把省属高校教职工住房建设纳入省广厦工程，制定了《关于广厦工程省属高校教职工住房暂行管理办法》，协调下达省属高校和委属事业单位教职工住房建筑面积15.9万平方米，1 848套，总投资1.38亿元，其中由省广厦工程安排补助资金1 666万元（包括466万元各高校原上交款），年内全部拨付各院校，其余投资按房改政策由学校和个人筹措解决。

陕西把高校筒子楼改造作为“科教兴陕”和关心青年教师生活的一项政治任务来抓。7月，发出《关于加快我省普通高校筒子楼改造的通知》。9月，召开筒子楼改造工作协调会，组织有关部门到18所高校现场办公。10月，省政府印发《关于加快我省普通高校筒子楼改造实施意见》，制定了4项优惠政策。由于目标明确，措施落实，筒子楼改造进展顺利。部委属高校筒子楼改造总投资3.01亿元，施工面积共计38.24万平方米，年内全面动工，1999年底前全部完工，届时将有5 800多户青年教师迁入新居。省属高校筒子楼改造面积5.5万平方米，投资2 750万元。

〔**后勤服务社会化改革**〕 陕西高校按照“整体规划、分步实施、重点突破、稳步推进”的工作思路，继续深化后勤服务社会化改革。改革的重点是抓住招生并轨机遇，彻底打破后勤工作在计划经济体制下形成的旧有模式，改暗补为明补，把有偿服务改革作为机制转换的切入点，把餐饮、宿管、通讯、车队等部门作为改革的突破口，逐步按照现代企业制度的要求，明确管理和经营之间的关系，为全面推进后勤服务社会化创造条件。西安矿业学院、商洛师范专科学校、西安理工大学、西安交通大学、西北工业大学等院校除了基础设施建设之外，对后勤部门实行企业化管理，逐步减少学校投入，收到了较好的社会效益和经济效益。

成人教育

〔**完成扫盲历史任务**〕 1998 年是陕西扫盲工作的决战年，麟游县、长武县、永寿县、岚皋县等 18 个县通过了扫盲验收，连同“双基”验收的 11 个县（区），全省共有 29 个县（区）扫盲工作通过省政府验收。至此，陕西 107 个县（区）扫盲工作全部达到国家规定的基本扫除青壮年文盲的标准，文盲率下降到 4％以下，全面完成扫盲历史任务。陕西加强扫盲工作的主要措施是：(1) 下达任务，落实责任。省教委与各地市教育部门签订了扫盲目标责任书，通过层层分解，将全省扫除 20 万青壮年文盲的任务落实到县（区）、乡（镇）、村、组。(2) 召开会议，科学决策。召开省扫盲工作协调指导小组会议，建立了扫盲工作报告检查制度，实行省扫盲协调指导小组成员单位分工联系地市责任制；召开两次全省扫盲电话会议，对扫盲工作进行了安排部署。(3) 表彰先进，树立典范。表彰 1997 年扫盲先进集体 30 个，先进个人 30 名；推荐“中华扫盲奖”先进集体 4 个，先进个人 9 名。(4) 加强检查，积极指导。5 月 19 日，省政府发出《关于进一步加强扫盲工作的通知》，就加强领导，进一步完善落实配套政策；巩固义务教育成果，坚决堵住新文盲的产生；不断充实和完善教育内容，努力提高扫盲质量，切实做好扫盲后的巩固提高工作等，向各级政府提出明确要求。5 月下旬至 8 月下旬，省教委对 17 个单验县和 3 个申请“两基”验收县进行了检查督导，提出了改进工作的要求；对 8 个达标县进行了复查，以巩固扫盲成果。

〔**下岗职工培训**〕 省教委重视开展下岗职工再就业培训工作，全年共安排培训 5 万余人。(1) 成立下岗职工培训领导小组，组长由省教委常务副主任贺桂梅担任。(2) 召开主任办公会议，就组织各类学校积极开展国有企业下岗职工再就业培训工作进行了安排部署；印发《关于组织各类学校大力开展下岗职工再就业培训工作的意见》，明确了培训目标、任务、内容、方式，提出了保障措施。(3) 发挥各类学校优势，开展下岗职工培训。省教委于5月中旬组织普通高校、成人高校、社会力量办学学校与省机械、电子、煤炭、纺织等行业主管部门召开联合实施下岗职工就业培训座谈会。6月10日，召开全省各类成人学校开展下岗职工再就业培训动员大会。8月，部署了1998年各类学校开展国有企业下岗职工再就业培训任务，其中地市属学校25 000人，普通高校6 000人，成人高校9 250人，普通中专5 150人，省属成人中专4 350人，社会力量办学学校2 110人。12月初，省教委分三批召开了普通高校成教部门、成人高校、社会力量办学院校及中专学校开展下岗职工培训座谈会，总结经验，提出新的要求。

〔**社会力量办学**〕 1998年陕西社会力量办学实力进一步增强，规模持续扩大，西安外事服务培训学院和西安翻译培训学院在校生数达到万人。12月初，全国人大教科文卫委和在陕的全国人大代表，视察了西安外事服务培训学院、西安翻译培训学院和西安桑锐学校，给予了很高评价。陕西发展社会力量办学的主要工作是：(1) 狠抓法规建设。省教委草拟了《陕西省社会力量办学条例实施意见》、《民办非学历高等教育机构设置暂行规定》；协助省物价局制定了《陕西省社会力量办学收费管理办法及收费标准》；与团省委共同印发了《关于加强民办高校团组织建设的意见》。(2) 加大管理力度。抽调55人组成11个检查组，用40多天对省属民办学校逐校进行检查，给合格的133所学校换发新的《办学许可证》；严把招生质量关，共审查招生广告713份，对极个别学校擅自发布招生广告或自行篡改已审核的招生广告内容的行为予以坚决纠正，对跨地区招生加强了管理和协调的力度；对省属民办学校1996年和1997年的财务进行了审计；对高教自学考试主考院校举办的高教自考助学班的办学资格和招生计划进行了审查；实地考察申请建校的32所学校的办学条件并提出审批意见。(3) 深化教育教学改革。继续组织开展高等教育学历文凭考试试点工作，对申请参加试点的8所学校的办学条件进行了考察，试点学校由上年的20所增加到27所；对新增的5个专业进行了论证，制定了教学计划和教学大纲，试点专业由上年的15个增加到20个。(4) 加强宣传工作。组织办学水平较高的民办院校在报刊上发布招生广告；在《陕西日报》开辟“社会力量办学明星谱”专栏，宣传14所明星学校的办学成绩和经验；与省电视台、西安影视制作中心联合摄制5集电视连续剧《荒原足迹》，展示陕西社会力量办学的发展历程和成就。(5) 组织民办学校参加抗洪赈灾活动。西安外事服务培训学院向灾区捐助价值30万元的棉被，西安欧亚培训学院出资100万元，安排灾区学生到校学习。

〔**成人中专教育**〕 召开全省成人中专学校负责人会议，分析了成人中专教育面临的机遇与挑战，研讨促进成人中专教育发展的基本对策。在省农业广播电视学校组织召开成人中专教学计算机管理现场经验交流会，积极推进教学管理手段现代化。召开成人中专教学计划和教材审定会，提高教学工作的规范化水平。审批3所学校增设6个专业，继续推动专业建设。对省农业职工中专学校、临潼铁路成人中专学校、铜川市职工卫生学校和铜川矿务局职工中专学校4所成人学校进行了文明校园评价，促进各校改善教育环境，加强精神文明建设。

〔**成人高等教育**〕 1998年，陕西成人高校以加强教学工作管理力度为重点，不断提高办学规范化水平，全面提高教育教学质量。(1) 印发《陕西普通高等学校函授教育辅导站建设与管理实施要求》、《关于加强第二专业专科学历教育管理的通知》、《关于加强第二专业专科学历教育入学资格审核工作实施细则》，编印《普通高等学校成人高等专科文史财经类专业教学计划》。(2) 对18所成人高校教务工作进行了检查，主要项目是教学管理文件、学籍管理制度及执行情况；检查、整顿10所成人高校举办的近40个校外教学点；5月，召开全省成人高校教务工作会议，通报了教务和校外班检查的结果，提出了加强教务工作的意见，表彰西安航空发动机公司工学院等3所教务工作先进院校。(3) 审核陕西中医学院、延安大学、陕西经贸学院、陕西工学院举办成人本科教育的申报材料，并上报教育部；审核论证了陕西青年干部学院、陕西工运学院申报开设新专业的报告。(4) 对168个普通高校的函授教育辅导站进行了年检，核发了《办学许可证》。(5) 召开成人高等教育教材座谈会，研讨教材建设问题；组织编写了成人高校教材《经济数学》、《基础会计学》。(6) 组织评选普通高校成人教育工作先进集体和个人，通报表彰西安交通大学等7所先进院校和47名先进个人。

撰稿 魏天纬 杨建文

审稿 杨生枝

甘肃省教育

概　况

〔基本情况〕

1998 年各级普通学校基本情况

单位：人

学校类别	学校数(所)	毕业生数	招生数	在校学生数	教职工数	
					计	其中专任教师
一、普通高等学校	17	13 759	17 554	56 109	15 826	6 505
研究生	(8)	508	741	2095		
本　科	10	6 175	10 157	35 183		
专　科	7	7 076	6 656	18 831		
二、中等专业学校	113	20 950	24 083	70 518	13 042	6 618
中等技术学校	91	15 826	19 157	54 900	10 583	5 184
中等师范学校	22	5 124	4 926	15 618	2 459	1 434
三、普通中学	1 666	291 067	404 014	1 079 819	80 656	67 774
高　中	421	54 794	69 652	185 946		13 703
初　中	1 245	236 273	334 362	893 873		54 071
四、农业、职业中学	178	14 726	19 790	48 889	6 195	4 415
高　中	171	13 984	18 609	45 871		4 230
初　中	7	742	1 181	3 018		185
五、工读学校						
六、小　学	22 634	383 938	546 980	3 092 488	137 945	131 473
七、特殊教育学校	10	258	842	4 003	296	221
八、幼　儿　园	1 803		298 497	376 575	13 744	10 765

1998年各级成人学校基本情况

单位：人

学校类别	学校数(所)	毕业生数	招生数	在校学生数	教职工数 计	教职工数 其中专任教师
一、成人高等学校	19	10 829	14 311	37 608	2 363	1 271
广播电视大学	1	2 904	2 618	5 995	187	67
职工高等学校	13	1 494	1 595	4 352	1 157	707
农民高等学校						
管理干部学院	1	649	630	1 515	237	111
教育学院	4	1 041	1 410	2 710	782	386
独立函授学院						
普通高校举办：						
函授部	(13)	3 354	4 769	14 398		
夜大学	(13)	1 111	1 306	4 785		
成人脱产班	(13)	1 086	1 983	3 853		
二、成人中等专业学校	96	15 204	13 908	40 812	3 388	1 773
广播电视中专学校	2	7 520	7 221	24 367	538	260
干部中等专业学校	30	3 062	3 164	9 066	1 186	639
职工中等专业学校	6	442	244	890	223	76
农民中等专业学校	3	125	176	443	95	60
函授中等专业学校	1	3 020	1 995	3 971	264	105
教师进修学校	54	1 035	1 108	2 075	1 082	633
三、成人中学	2	128	107	120	21	7
职工中学	2	128	107	120	21	7
农民中学						
四、成人技术培训学校	12 272	1 881 245	1 868 836	1 356 997	14 540	1 489
职工技术培训学校	129	26 574	26 263	25 562	813	394
农民技术培训学校	12 143	1 854 671	1 842 573	1 331 435	13 727	1 095
五、成人初等学校	7 589	294 902	338 976	255 731	19 429	484
职工初等学校	7	14	167	167	55	30
农民初等学校	7 582	294 888	338 809	255 564	19 374	454
其中：扫盲班	7 080	276 448	309 809	224 641	17 943	341

制表　台衍博

〔**年度工作方针**〕 1998年，全省教育工作的指导思想是：高举邓小平理论伟大旗帜，贯彻党的十五大提出的教育工作的各项战略目标和任务，切实落实教育优先发展的战略地位。进一步理顺体制、搞活机制、优化资源、增加投入，积极推进《甘肃省教育事业"九五"计划和2010年发展规划》的实施，继续加强基础教育，积极发展职业技术教育和成人教育，稳步发展高等教育，大力提高教育质量和办学效益。

1998年全省教育工作的重点是：(1)深入学习邓小平理论，认真贯彻落实党的十五大精神，解放思想，实事求是，努力探索和建立适应社会主义市场经济和社会全面进步，符合教育发展规律的教育体制和运行机制，促进教育的"两个转变"。进一步加强高校党的建设，深化"两课"改革，加强和改善各级各类学校的德育和思想政治工作。(2)继续以"两基"为"重中之重"，打好普九和扫盲攻坚战。完成合水等6个县的普及初级中等义务教育和高标准扫盲任务，完成环县等5个县的普及初等义务教育和省颁标准的扫盲任务。抓好已实现"两基"县区的巩固、提高工作，做好对民族地区特别是牧区教育的帮扶工作，加强城市薄弱学校的建设。认真贯彻落实《关于当前积极推进中小学实施素质教育的若干意见》，大力推行素质教育。(3)贯彻落实省政府《关于加快改革发展职业教育若干问题的决定》，切实加强政府对职业教育的统筹规划，调动各方面的积极因素，认真落实各项政策措施，采取联合、改建和有条件的普通高校举办高职班等措施，积极发展高等职业教育，力争初步建成一所职业技术学院。开展普通中专招生并轨改革试点。按照河西地区抓完善，中东部地区抓发展，民族地区抓突破的思路，结合"重点示范性学校建设项目校"工作，积极推进骨干职业学校和县级职教中心建设步伐。(4)贯彻"共建、调整、联合、合并"八字方针，加快高等教育管理体制改革和结构调整步伐。加强对高等教育的统筹，将高等学校发展规模与宏观布局、结构调整及合理配置教育资源紧密结合，制定规划，逐步实施，使高等教育的规模更加适当，教育质量和办学效益进一步提高。(5)推进成人高、中等教育体制改革和教学改革，引导成人高校多形式的联合办学。探索新形势下行业、地区、企业的岗位培训、继续教育的新机制。结合本省再就业工程，积极开展对下岗职工再就业的培训。鼓励、支持社会力量办学，加强社会力量办学的规范化管理。(6)促进财政性教育经费支出的提高。加强教育费附加的征管工作，抓好"义务教育工程"、世行贫三项目等项目的实施工作，改进教育经费管理，不断提高教育经费的使用效益。继续推进城镇中小学教师"康居工程"建设，重点解决高校中青年教师住房问题。

〔**教育投入与支出**〕 1998年，全省教育经费总支出39.10亿元，比上年增长11.84%；其中，国家财政性教育经费支出31.69亿元，比上年增长5.81%。全省地方财政预算内教育经费拨款（不包括列入预算内管理的城市教育费附加）为24.79亿元，比上年增长11.52%；全省财政收入为97.51亿元，比上年增长7.73%，全省地方财政预算内教育拨款增长速度高于财政收入增长速度3.79个百分点。

〔**义务教育工程**〕 5月，省政府召开

“义教工程”启动会，工程总投资 6.85 亿元，其中国家投入 2.39 亿元，省地县乡四级财政配套 4.46 亿元，覆盖了全省 11 个地州市的 39 个“国扶”贫困县和 11 个“省扶”贫困县，944 个乡镇，用于1 800所学校的建设。1998 年计划投资23 948万元，实际到位23 724万元，到位率 99%。其中中央补助资金7 000万元，省级配套资金4 500万元，地、县、乡配套资金12 224万元。会后，各地、县、乡积极行动，健全机构，制定规划，落实配套，当年实际启动项目学校 556 所，完成计划的 101.5%。

〔**对外交流与合作**〕 全省高校对外交流与合作有新发展，具备聘请外国专家资格的高校有 16 所，聘请长期外专、外教 26 人。有 3 所高校具备招收留学生资格，当年招生 20 人，在校生达 40 人。有 16 人入选国家留学基金委。

撰稿　马正学

基础教育

〔**综述**〕 1998 年，全省小学在校学生比上年增加 9.95 万人；普通初中在校学生比上年增加 5.29 万人；普通高中在校学生比上年增加 0.59 万人；4～6 周岁幼儿入园（班）率为 31.3%，比上年提高 1.34 个百分点；特殊教育在校生比上年增加2 525人。小学适龄儿童入学率达到 98.2%，女童入学率达到 97.2%，分别比上年提高 0.52 个和 0.72 个百分点；小学年辍学率为 1.93%，女童年辍学率为 1.98%，分别比上年下降 0.76 和 0.56 个百分点；初中适龄少年入学率达到 79.04%，初中适龄女少年入学率达到 76.75%，分别提高 2.39 和 2.47 个百分点；初中学生年辍学率 4.74%，初中女学生年辍学率 4.03%。

〔**义务教育**〕 1998 年 4 月、5 月，省教委分别在永登和环县召开“普九”“普初”工作汇报会。9 月，进行“普九”“普初”达标验收。永登、合水、灵台、平川、北道、临夏 6 个县市区基本达到“普九”标准，环县、迭部、康县、礼县、夏河、张家川 6 个县基本达到“普初”标准，并通过教育部验收。截至 1998 年底，全省通过普及初等义务教育验收的县达到 74 个，人口覆盖率为 91.06%，通过“两基”验收的县数达到 43 个，人口覆盖率为 47.53%；全省有 10 个地、市整区域实现“普初”，4 个地、市（金昌、嘉峪关、酒泉、张掖）整区域实现“普九”。实现“普九”的“国扶”县达到 5 个，“省扶”县 9 个。

〔**中小学素质教育**〕 6月，省教委在张掖地区、酒泉地区、嘉峪关市召开全省中小学素质教育经验交流会，现场观摩、交流经验。8月，印发了《关于积极推进中小学素质教育的实施意见》，提出坚持“整体改革、统筹规划、分类指导、区域推进”的工作原则，通过加强中小学校长和教师队伍建设，改进和加强中小学德育工作，加强薄弱学校建设，深化课程和教材改革，加快考试制度改革，构建适应素质教育需要的教育督导评估机制和质量评价体系，积极开展素质教育区域实验等措施，稳步推进中小学素质教育。同时，对全省现行义务教育阶段小学语文、数学和初中语文、数学、物理、化学、英语等7个学科的教学内容及教学要求进行了调整。适当删减教学内容、适当降低教学要求、将部分教学内容改为选学内容、适当缩小考试范围。调整幅度大体在总量的10％～15％左右。

〔**中小学德育**〕 执行《中小学德育工作规程》，对青少年进行政治思想教育和养成教育，学校、家庭、社会三结合共同育人的网络正在形成。1998年有3名优秀德育教师获得教育部表彰，8名中小学生荣获第三届宋庆龄奖学金。

〔**初、高中会考**〕 1998年共完成高一年级地理、生物学科会考115 840人次；高二年级物理、化学、历史三个学科会考154 680人次；高三年级政治、语文、数学、外语四个学科会考208 500人次；审核普通高中毕业生资格51 568人，其中毕业47 142人，结业4 426人，结业数占毕业总人数的8.6％。

〔**幼儿教育**〕 根据全省幼教“九五”规划和1998年工作安排，6～9月，省教委组织评估组对兰州等12个地、州、市申报的30所幼儿园进行了第四次一类幼儿园分类评估工作。25所幼儿园为全省第四批一类幼儿园并颁发园牌。至此，全省一类幼儿园总数达到105所。1998年，全省经过培训并取得幼儿园园长岗位培训合格证书的达236人，占全省园长总人数的23.4％。对地、县幼儿园教师及项目县幼儿园长进行了观摩教学培训，培训人数达200多人次。

〔**特殊教育**〕 建立了全省第一所特殊教育职业中专——“兰州市特殊教育职业中专”。在普通学校随班就读的残疾学生占在校残疾生总数的73.34％。为做好残疾儿童少年入学工作，省教委提出在普及九年义务教育和普及初等义务教育中，实行残疾儿童少年入学指标“一票否决制”，凡残疾儿童少年入学率达不到验收标准的，不得宣布普及义务教育。并在全省开展了《残疾儿童少年义务教育“九五”实施方案》落实情况的中期评估。为保证全省聋校义务教育新教材的全面实施，提高特教学校的教育教学质量，于10月、11月分别举办了全省聋校义务教育新教材培训班和残疾儿童少年随班就读教师培训班。

〔**实施“未来工程”**〕 8月，副省长李重庵召集省教委、省科委、省科协和兰州市政府负责人会议，研究决定在全省规划、实施以城市小学开展计算机和英语教育为主要内容的“未来工程”。省科委、省科协分别向兰州实验小学和东郊学校赞助了设备。省教委对全省小学计算机和英语开设情况进行了调查摸底，并把兰州实验小学和东郊学校作为“未来工程”试点学校。决定从1998年秋季新学期开始，在各地区行署、市（州）政府所在地的小学逐步开展英语和计算机教育。在嘉峪关市召开了全省第一次小学英语教学观摩研讨会，并制订了《甘肃省小学“未来工程”七年实施规划》。10月，省委书记孙英、兰州市委书记陆浩等省市领导视察了兰州实验小学和东郊小学，为两校多媒体计算机教室启用剪彩，标志着“未来工程”正式启动。

〔**中小学安全工作**〕 1998年，开展了以“注重防范，自救互救，确保平安”为主题的中小学生安全知识有奖竞赛活动。在《甘肃教育报》上刊登竞赛试题，印发2万册《中小学安全须知》，供中小学校学习、辅导。全省参赛总人数达51.76万人。5月中旬至暑假前，还在全省开展中小学、幼儿园安全工作检查。

〔**落实“儿基会项目”**〕 围绕联合国儿童基金会“促进贫困县初等教育项目”实施总目标和省级年度活动计划，认真设计和开展省、县级活动，根据项目县的实际，加强对县一级工作的指导，采取集中培训、个别指导、请专家巡回讲座等方式进行。共派出5个专家小组，对6个项目县进行了重点指导，举办项目县乡镇长培训班、复式教学教师培训班、骨干教师培训班、幼儿园园长、教师培训班和残疾儿童少年随班就读教师培训班等6个省级培训班。

6～8月，各项目县开展了项目的中期自评活动，总结了项目实施三年来的经验，并向联合国儿童基金会提交了省级项目中期评估报告。

撰稿 吴亚白 何馨芳

职业教育

〔**综述**〕 1998年，全省职业中学、普通中专、技工学校三类中等职业学校共345所，年招生5.5万人，在校生14.7万人。各类中等职业学校与普通高中招生数之比为1∶1，与上年持平。

全省各类职业中学比上年减少4所，教职工比上年增加156人，专任教师比上年增加225人，在校生比上年增加778人。有6所职业中学晋升到A级，7所晋升到B级。全省职业中学中，国家级重点校4所，省级重点校（A级）13所，省级示范学校（B级）28所，合格学校（C级）55所。C级以上学校共94所，占全省职业中学总数的51%。普通中专学校（不含中师，下同）教职工比上年减少103人，专任教师比上年增加16人，在校生比上年增加2 760人，招生比上年增加432人。全省普通中专学校中，国家级重点校7所，省部级重点校16所，合格学校47所。合格以上学校共70所，占普通中专学校总数的78%。

普通中专“并轨”改革试点。省教委、省计委等5个部门联合发出《甘肃省非师范类普通中等专业学校招生并轨改革的意见》，1998年在12所中专开展试点。并轨后，不再实行国家任务和调节性计划（含委托培养和自费生）的计划形式，统一实行一种招生计划，统一录取标准，学生缴费上学，毕业后在国家就业方针政策指导下，在一定范围内自主择业。

1998年，高职班招生院校扩大到西北师范大学、甘肃农业大学、兰州医学院3所院校，招生专业扩大到计算机应用、高等护理、食品工程、旅游管理、实用电子技术5个专业。当年招收中等职业学校毕业生197人，比1997年增加38%。

〔**河西地区职教中心校建设**〕 河西地区已建成县级职教中心校的县(市)达到15个，占河西总县（市）数的71%。这些已基本建成的职教中心校不同程度地实行了“政府统筹、部门联办、教育主管、一校多制”的新型职教办学体制，有效利用了原来分散的教育资源，形成了具有河西特点的职业教育办学模式。1998年河西地区职业中学招生4 500人，在校生达到1.19万人，开设专业达48个。各职教中心校面向市场、面向农村劳动者和下岗职工，开展多种层次办学，促进了当地社会、经济的发展。

〔**中东部地区职业教育发展模式**〕 根据中东部地区经济相对欠发达，职业中学办学条件较差，地方财力有限的实际，提出全省中东部地区发展职业教育的基本框架：在条件相对好、人口多的县（区）办好一批重点职业中学；在条件较差的地方试办综合学校，试行普通高二、三年级分流，学分在职业中学通用，组织这部分学生到职业学校继续就读。为推动中东部地区职教发展，统筹使用中央和省级专项和地县配套资金，实行项目管理。省与有关地、县签订了重点示范职业学校建设责任书。已启动的华亭县职业学校、西峰职业学校和秦安县职业学校3个项目校工作进展顺利。

〔**“UNDP/CPR/401”项目**〕 甘肃省实施“中国——联合国开发计划署CPR/401”项目已两年。已在2所职业学校普通初中班和4所完全小学中，初步构建了九年义务教育阶段渗透和引进职业教育的模式。1998年3月和7月，项目国际技术顾问德怀特·爱伦教授等人到兰州地区、静宁县、通渭县项目学校考察、指导和讲学。项目学校和周边22所中小学校长、管理人员和教师500多人听取了专家的学术讲座，并组织静宁、通渭2所职业学校普通初中班，进行职业教育理论和实践的公开教学。接受培训的教师再进行巡回现场讲座，向周边学校扩散。

〔**职校毕业生参加自学考试试点**〕 为充分发挥自学考试的优势，为中等职业学校学生提供继续学习的机会，推进自学考试向农村延伸，省教委、省自考委发出《关于组织中等职业学校毕业生参加高等教育自学考试应用型专业（专科）考试试点的通知》，在兰州、天水等地的8所职业中专学校开展了试点。试点工作按照教学与考试职责分离的原则，利用地区职业教育中心（学校）教育资源，积极探索高等教育自学考试与中等职业技术教育有机衔接的途径，实行资源共享、优势互补、培养高等应用型人才的新机制。招收职业高中和其他中等职业学校的毕业生，学制三年，修完规定课程，经国家考试成绩合格，发自学考试专科毕业证书。毕业后不包分配，自主择业。

〔**专业课程调整**〕 为实现“厚基础、宽专业、高技能”的教育目的，要求先在职业中专和有条件的职业高中开设计算机、外语课。将“英语”和“计算机应用基础”课程列入全省统考和升学考试科目。同时根据实际情况，在有条件的学校，增设新专业。10月25日省教委召开了中专课程组会议，完成了对普通中专原有计算机应用基础课程等10个课程组的换届，新成立体育、财经、美育、英语、企业电器化、化学、物理7个课程组。

〔**职教干部培训**〕 3月18日～4月7日在西北师范大学举办了第四期职业中学校长培训班，30多人参加了培训。9月10日～30日和10月7日～11月3日，分两期组织UNDP/CPR/401项目学校及辐射单位负责人和重点职业学校校长共47人赴青岛、南京、上海和广东、湖南等地学习考察“双元制”教育教学改革经验。10月，派有关项目人员赴美、德、法等国家和香港考察教育教学。11月，组织部分职业学校校长和职教干部与德国赛德尔基金会共同举办了职业教育教学研讨会。三年来，采取多种培训方式培训职教干部529人次，全省C级（合格）以上职业中学校长全部接受了岗位培训。按期完成了1996年制定的《全省职业中学校长培训方案》中提出的培训目标。

〔**教师队伍建设**〕 职教师资培养基地除甘肃农业大学、甘肃联合大学外，又扩大到西北师范大学，同时在北京第二外国语学院、西安交通大学、西安统计学院进行了职教师资委托培养，招生专业与人数都比上年有所增加。9月，省教委、省自考委在西北师范大学举办了首期职业中学在职教师计算机和会计学两个专业自学考试独立本科段脱产学历进修班，学制二年。67名在职教师参加了进修。9月12日～28日，在兰州铁道学院举办职业中学计算机专业课骨干教师培训班，全省38所职业学校42人参加了培训班。

〔**德育工作**〕 11月5日，省教委在兰州市召开了部分中专学校政治思想工作座谈会，15所中专学校校长、书记参加了会议，与会者结合本校实际对学校存在的一些不良现象进行研究，交流经验，提出了相应的对策。各类职业学校都以创建文明校园或文明学校为重点开展活动，并在全省普通中专学校开展评选优秀班主任、三好学生及优秀学生干部的活动，评选出53位优秀班主任、60位三好学生、58位优秀学生干部；并追认兰州市商业学校因抢救失水儿童而牺牲的王军岐同学为“甘肃省普通中专学校三好学生”。

撰稿　马志荣　牛辉峰

高 等 教 育

〔**综述**〕 1998年，全省普通高等学校专任教师中，有正高级职称445人、副高级职称1 525人、中级职称2 682人、初级职称1 488人。其中省属高校专任教师中，有正高级职称261人、副高级职称1 073人、中级职称1 759人、初级职称1 131人。

全省普通高等学校招收本专科学生16 813人，比上年增长3.07%，报考人数与录取人数之比为4.56：1；在校生54 014人，比上年增长6.58%；毕业生13 251人，比上年增长1%。其中省属14所高校共招生12 506人，比上年增长3.8%，在校生38 996人，比上年增长8.6%，毕业生9 346人，比上年增长0.62%。省属高校在校研究生684人，共招收研究生253人，毕业137人。

〔**邓小平理论“三进”工作**〕 贯彻落实中宣部、教育部《关于普通高等学校“两课”课程设置的规定及其实施工作的意见》，结合本省实际，对高校“两课”改革工作作了全面的安排部署，提出了明确要求。

举办全省高校邓小平理论概论课教学研讨班，传达学习中央关于“两课”教学改革精神和要求，以及教育部邓小平理论研修班和全国高校马列教学部主任暑期讲习班主要内容和精神；结合《邓小平理论概论》课和其他课程教学中的重点和难点问题，学习了《普通高等学校马克思主义理论课教学基本要求》，全省高校邓小平理论课教师50多人参加研讨和学习。并组织“两课”教师考察北京、上海等省市高校“两课”的教学改革情况。1998年秋季，全省普通高校全部开设了《邓小平理论概论》课。

成立了甘肃省高等学校“两课”教材编审委员会，审定编写全省“两课”改革系列教材，此项工作被列为甘肃省社会科学重点项目，1999年秋季在省高校推广使用。

〔**管理体制改革和布局结构调整**〕 召开了全省高校体制改革座谈会，传达全国高教管理体制改革经验交流会议精神，副省长李重庵到会并讲话。

组织全省高校管理体制改革考察组，赴上海等省市考察、学习。按照“共建、合作、合并、调整”的方针，起草、修订全省高等教育管理体制改革和布局结构调整的总体方案，7月10日上报省政府。根据国务院7月1日下发的文件精神，甘肃工业大学、兰州商学院，由部属院校划归甘肃省管理，实行“中央与地方共建，以地方管理为主”的新体制。

〔**专业设置和重点学科建设**〕 根据教育部《普通高等学校本科专业设置规定》和《甘肃省普通高等学校专业设置暂行办法》，召开省高校1998年专业设置评议会，新增本科专业1个，专科专业2个。为了加强对专业建设工作的信息管理，开发了《甘肃省普通高等学校专业管理数据库》软件，提高了对高等学校的专业建设进行指导和提供信息服务的能力。拟定了1998年～2000年省级重点学科建设计划，力争到2000年，在省属高校和部委属高校各建成15个左右的省级重点建设学科；并在省属高校建设10个左右急需、薄弱的省级重点扶持学科，为下世纪省级重点学科的建设奠定基础。1998年，省财政安排“211工程”重点学科建设经费170万元。省教委对1992年～1997年以来在省属高校建成的22个省级高校重点学科，进行了全面检查评估。在此基础上，通过重新评选，在省属高校确定省级重点建设学科19个，下达建设经费170万元；部委属高校中确定19个；省属高校中评选省级重点扶持学科10个，由所在高校自筹经费进行扶持和建设。

〔**教学改革**〕 开展全省普通高校面向21世纪教学内容和课程体系改革计划的立项申报审批工作。各校申报170项，评审批准38项为省级重点项目，65项为省级一般项目，20项为省级备案项目。核发资助经费30万元。

举办高等教育理论系列报告会，邀请国内著名教育理论家作了关于高教理论和高教改革理论专场报告会，有3 600人次参加。

组织开展大学外语考试工作，将省计算机等级考试纳入全国高校非计算机专业计算机联合考试，要求高校在校生全部参加，其中，8 000多名考生中有4 500余人获合格证书。

9月，组织了全国大学生数学建模竞赛甘肃赛区的赛事。6所院校的8个代表队获甘肃赛区特等奖，7所院校的13个代表队获甘肃赛区一等奖。经全国评委会评选，天水师范专科学校代表队获一等奖，兰州大学、甘肃工业大学、西北民族学院、西北师范大学获得二等奖。

〔**科研管理**〕 9月中旬组织进行了全省高校1996年～1997年科技进步奖、社科成果奖评审工作。共评选出获奖成果260项，其中科技进步奖132项，社科成果奖128项。1998年，全省高校获得甘肃省科技进步奖64项，占全省获奖项目的37.8%。其中一等奖5项、二等奖18项、三等奖41项，分别占全省一、二、三等奖项目的71.4%、32.1%、38.7%。获得国家教委科技进步奖8项，其中，一等奖1项，二等奖2项，三等奖5项；人文社科成果奖5项，其中，二等奖1项，三等奖4项。

为加强高等学校与大中型企业的技术协作关系，促进高校的科技成果转化，省教委与省级有关单位联合召开经济、科技部门产学研工作座谈会、高校与机械行业大中型企业产学合作会，收到了预期效果。配合有关部门，筹措经费，在兰州大学、西北师范大学分别建立了“甘肃省教育科研计算机网络中心”和“甘肃省高校软科学联合研究中心”，此项工作已开始启动。

〔**教师队伍建设**〕 继续开展资助省属高校委培研究生的工作，共资助经费42.72万元、77人（次）。举办了高校青年教师岗位培训班，共培训青年教师134人。

组织开展第五届全省高校青年教师成才奖的推荐和评选工作，33名教师获得青年教师成才奖。在全省高校"园丁奖"的评选中，15人获优秀教师奖、2人获优秀教育工作者奖、4个单位获先进集体奖。

研究制定了《进一步加强我省普通高等学校教师队伍建设的意见（讨论稿）》。成立了甘肃省高校师资培训中心评估工作领导小组，筹措经费30多万元，为培训中心建成多媒体教室，配备30台计算机及教师实物演示台等设备。建立了高校教职工数据库，在高师培训中心建立省级库、在各高校建立校级库，加强了各高校教职工管理的基础性工作。

〔**学生管理工作**〕 召开全省高校学历证书工作会议，对学历证书管理人员进行培训，修订印发了《甘肃省普通高等学校学生转学、转专业的规定》。召开1998年全省高校资助困难学生工作经验交流会及学生工作研讨会，为高校困难学生发放40万元资助经费，副省长李重庵出席发放仪式并讲话。

〔**选拔培养跨世纪学科带头人**〕 组织实施《甘肃省省属高校跨世纪学科带头人选拔培养计划实施方案》。根据部委属高校的要求，省教委在全省高校评选确定跨世纪学科带头人46名，其中省属高校19名，委部属高校27名；省投入30万元，为跨世纪学科带头人配备硬件，帮助其改善工作条件。

〔**学位与研究生教育**〕 1998年，全省高校获准新增博士学位授权学科、专业6个，硕士学位授权学科、专业21个。西北师范大学获准在港、澳、台地区招收研究生，甘肃工业大学获准成为博士学位授权单位，兰州大学获准新增博士、硕士学位授权一级学科3个。

组织成人本科毕业生申请学士学位考试，考生218名，通过率59.6%，授予率10.39%。6月组织进行以同等学力申请硕士学位外语统考，通过率22%。对本省高校举办的26个研究生课程进修班进行严格的审查、登记和备案。

〔**实验室建设**〕 根据国家教委关于在"九五"期间进行全国高校基础课教学实验室检查评估的实施意见及指标体系，对兰州大学、甘肃工业大学、兰州医学院、兰州师专等4所院校的11个基础课教学实验室进行检查和评估，全部达到合格标准，并对1996年首批进人地区性评估达到合格标准的21个基础课教学实验室举行颁证授牌仪式。

撰稿 赵菊芳 李 晶
张东林 何玉娥

成人教育

〔**综述**〕　1998年，全省组织30.98万文盲、半文盲参加学习，脱盲27.64万人。农民文化技术学校发展到7 582所，培训184万人（次）。成人高等教育招生14 311人，毕业10 829人，在校生37 608人。成人中等教育招生13 908人，毕业生15 204人，在校生40 812人。自学考试开设98个专业，毕业6 793人，在籍考生25.5万人。广播电视大学注册试听生招生4 249人，广播电视中专与部队联合办学招生944人。

〔**教育扶贫**〕　3月17日～20日，省教委在兰州举办了"'中国——联合国教科文'教育扶贫项目省际合作计划"启动培训班。讲授了教育扶贫项目计划的目的、要求以及实施计划的步骤和方法；安排部署试点县、乡的启动工作；编制试点县、乡的工作计划；总结和讨论了扫盲在帮助脱贫工作中已有的经验，研究实施项目计划的具体方法，标志着全省教育扶贫项目正式启动。

〔**扫盲及农村成人教育**〕　1998年，全省又有6个县达到国家颁布的扫盲标准，达到省颁扫盲标准的县共达74个。1998年扫盲及农村成人教育的特点是：(1)各级党委、政府、教育行政部门对扫盲工作的认识不断加深，检查指导工作的力度不断加大，年底省政府召开了"全省普初扫盲攻坚现场会"，"两基"并重并举逐步得到了落实。(2)农村中、小学踊跃承担扫盲任务，主阵地和主力军的作用发挥得较好。(3)贫困地区、民族地区扫盲力度明显加大，脱盲成效显著，中东部地区高标准扫盲稳步推进。1998年，民族地区组织216 187名文盲参加学习，脱盲208 583人，占全省当年脱盲人数的75.46%。(4)扫盲统计工作得到普遍重视，档案建设工作上了新台阶。各地与公安部门和统计部门统一认识和标准，采取措施，摸清底子，查漏补缺，对统计中的误登、漏登做了更正，为解决遗留问题和第五次人口普查作好准备。(5)开展"教育扶贫"项目。项目把扫盲与学技术结合起来，把以学习实用、先进技术为主的巩固提高与脱贫致富结合起来，受到试点县、乡的欢迎。(6)以实用技术培训为主的农村成人教育得到进一步发展。技术培训和科技推广逐步走上规范化的轨道。

〔**成人高、中等学历教育**〕　积极推进成人高、中等教育体制改革和教学改革，进一步狠抓教学质量，深入开展经济干部管理学院，职工大学和成人中专学校的调研工作，推进成人高校联合办学，使成人高、中等学校布局、结构更趋合理、继续实行成人高等教育高职试点工作。

对成人高等教育第二专业专科学历教育

招生进行改革，扩大学校的自主权、学校自行招生，省教委审核，共招生497人。成人高校审批新增专业13个，成人中等教育审批新增专业16个。对外省市普通高等学校在甘肃函授站的工作进行了评估、审核。新设函授站5个，备案16个。

印发《甘肃省广播电视中等专业学校部队战士入学考试办法》和《关于加强部队电视中专教学管理的暂行规定》。有944名部队学员入学，部队在学学员达到4 075人，毕业1 752人。

对成人中专教育教学进行了研究，召开了成人中专工作研究会八届年会、全省医药成人中专教学研讨会和省广播电视中专邮电系统中专班教学工作会。草拟了《成人中专教育水平评估方案》、《成人中专教育若干意见》，进一步规范成人中等专业学校办学。

11月19日～20日，召开全省成人高校教学计划审定会，在各成人高校制定的教学计划的基础上，省教委统一编制60多个专业的教学计划。

〔**职工教育和社会力量办学**〕 继续抓好企业教育综合改革，推动现代企业教育制度建设进程；大力开展下岗职工再就业培训和企业职工岗位培训、全员培训工作。5月，印发《关于采取切实措施大力开展再就业培训的通知》，安排部署教育部门、高中等院校利用教育资源，配合有关部门对下岗职工进行再就业培训。

贯彻国务院《社会力量办学工作条例》，规范办学行为，严格审批程序，使其逐步走上了健康发展的轨道。1月～6月，对属于教育行政部门职责权限审批、管理的办学机构分级进行了检查评估，向社会公布了合格学校名单，颁发了国家统一印制的《社会力量办学许可证》，其中省教育行政部门管理的办学机构41个，地、县审批管理的学校305个。

撰稿 王毓兰 温攀玺

民族教育

〔**综述**〕 1998年，甘肃省民族地区有小学2 510所，学生345 412人，比上年增加17 417人；专任教师14 372人，增加299人；学龄儿童入学率91.45%，提高2.07个百分点；女童入学率86.88%，提高3.19个百分点；普通中学147所，在校生73 163人，专任教师5 629人；职业中学17所，在校生1 707人，比上年增加259人，专任教师221人；中等专业学校10所，在校学生3 738人，专任教师460人。教师学历合格率分别为，小学90.72%，初中71.06%，高中40.76%，比上年提高1.52、2.96、3.16个百分点。危房比重下降到中学8.03%、小学7.53%。社会各界群众捐资达763.9万元，征收农村教育费附加800.6万元。

到1998年，民族地区有4个县市普及了九年义务教育，7个县市普及了初等义务教育。

〔**牧区教育**〕 牧区教育是全省民族教育的重要组成部分，近几年牧区教育经过不断探索、实践，在河西走廊的肃南、肃北、阿克塞3个牧业县得到突破。6月，省教委召开了全省牧区教育工作会议，充分肯定了3个自治县率先在民族地区普及九年义务教育的经验。会议认为河西牧业县所走的教育发展路子，是未来全省牧区教育发展的趋势。

〔**"双语"教学改革**〕 甘肃省的藏族、蒙古族和哈萨克族有自己的语言文字。对有少数民族语言文字的地区，都实行了"双语"教学。在民族语文教学上继续采取"两个为主"的教学要求，即在以民族语言为主的地区，以学习民族语文为主，单科加授汉语文；在汉语和民族语言兼通的地区，以学习汉语文为主，单科加授民族语文。甘南藏族自治州在"双语"教学中，逐步形成和达到全日制中小学的规模和教学要求，教学质量有显著提高。

阿克塞哈萨克族自治县本着"多出人才，出好人才"的改革方针，大胆尝试在民族中小学开展以加强汉语文授课比重为中心的"双语"教学试验性改革工作取得成效。

全省民族地区进行民族语文教学的中小学达到300所，在校生近3万人。中学29所，在校生5 000多人。4所中专和2所大学开设民族语文课和民族语文授课专业。

〔**开设民族班**〕 甘肃省在3所高校、2所中师、7所重点中学开设了民族班。高等院校民族班在校生300人，中师民族班在校生130人，重点中学民族班在校生540人，1998年省内外普通高校录取13个民族成份的少数民族学生1 023人，占全省录取总人数的5.57%；录取民族地区学生1 136人，其中少数民族学生762人，占67.07%；在14所中专学校增招了少数民族学生。民族地区学生达到省高考录取分数线的158人，占录取人数的14.1%。

〔**教育对口协作**〕 1998年天津教育学院为本省民族地区，招收大专起点本科生25名。在天津师范大学等5所普通高校，为本省18个干旱贫困县定向招收学生36名。

内蒙古自治区为甘肃对等培养蒙语文授课的本科生6名，中专生5名；新疆维吾尔自治区为甘肃对等培养哈语文本科生4名。专业由原来的师范类扩大到财政、金融、医学、建筑等。同时为解决高中藏语文理科师资急需问题，与青海开展对等招生，为甘肃省培养藏文理科生10名。

撰稿 白天佑 王守斌

审稿 罗鸿福 黎志强

青海省教育

概　况

〔基本情况〕

1998 年各级普通学校基本情况

单位：人

学校类别	学校数(所)	毕业生数	招生数	在校学生数	教职工数	
					计	其中专任教师
一、普通高等学校	6	2 252	2 803	8 714	3 399	1 678
研究生		11	16	23		
本　科		944	1 602	5 209		
专　科		1 297	1 185	3 482		
二、中等专业学校	35	4 215	4 019	12 925	3 079	1 758
中等技术学校	24	2 378	2 644	7 755	2 211	1 206
中等师范学校	11	1 837	1 375	5 170	868	552
三、普通中学	449	58 703	72 987	195 037	18 884	16 009
高　中	163	14 707	16 594	46 846		
初　中	286	43 996	56 393	148 191		
四、农业、职业中学	32	7 298	6 563	11 370	1 014	735
高　中	27	5 029	5 195	8 548		692
初　中	5	2 269	1 368	2 822		63
五、工读学校						
六、小　学	3 465	63 389	91 363	486 648	29 433	27 702
七、特殊教育学校	2	60	146	3 106	125	86
八、幼儿园	192		62 637	70 908	2 643	1 883

1998 年各级成人学校基本情况

单位：人

学校类别	学校数(所)	毕业生数	招生数	在校学生数	教职工数	
					计	其中专任教师
一、成人高等学校	2	1 480	2 572	5 139	429	260
广播电视大学	1	404	616	1 305	250	124
职工高等学校	1	364	557	1 283	179	136
农民高等学校						
管理干部学院						
教育学院						
独立函授学院						
普通高校举办：						
函授部		87	433	925		
夜大学			31	61		
成人脱产班		625	935	1 565		
二、成人中等专业学校	23	3 506	3 396	10 698	849	464
广播电视中专	2	1 024	774	3 266	143	78
干部中专	4	290	364	1 152	216	90
职工中专	16	1 737	1625	4005	452	263
农民中专						
函授中专	1	455	633	2236	38	33
教师进修学校				39		
三、成人中学	8	410	410			
职工中学	8	410	410			
农民中学						
四、成人技术培训学校	1 633	402 002	291 050	259 257	383	169
职工技术培训学校	3	17 074	16 545	16 839	114	90
农民技术培训学校	1 630	384 928	274 505	242 418	269	79
五、成人初等学校	1 093	48 225	48 154	40 016	1 100	181
职工初等学校	3	1	12	1	1	
农民初等学校	1 090	48 224	48 142	40 015	1 099	181
其中：扫盲班	832	32 955	36 731	28 604	794	167

制表　张晓乐

〔**年度工作指导思想**〕 1998年，青海省教育工作的指导思想是：高举邓小平理论旗帜，坚持党的基本路线，贯彻落实党的十五大确定的教育事业发展方针和国家教委有关要求，积极实施科教兴青战略，推进依法治教，以落实全省教育事业“九五”计划和十五年长远规划为工作目标，以狠抓“两基”、促进“两全”为中心，协调发展各级各类教育；坚持“解放思想，实事求是”的思想路线，更新观念，深化教育体制改革，正确处理好改革、发展、稳定的关系，进一步优化教育结构，提高办学质量和效益，适应全省经济、社会发展对各类人才培养的需要。

工作主要思路和措施是：深入学习宣传和贯彻党的十五大和省第九次党代会精神，用邓小平理论武装师生、指导教育教学实践，加强中小学德育和高校思想政治工作；加大“两基”工作力度，完成“两基”年度目标任务；大力推进素质教育，积极稳妥地推行中考招生制度改革；大力发展职业教育和成人教育，深化职业教育教学改革，规范成人教育办学行为；进一步提高高等教育规模效益和办学质量，推动以教学促科研，以科研带教学工作；加强教师队伍建设和教育法制建设。

4月29日，省政府召开1996～1997年度全省实施地方教育事业发展目标《责任书》总结表彰会，湟中县、门源县、西宁市城北区、德令哈市被评为全省教育先进县(区)，互助县、湟源县、贵南县、刚察县、玛多县、玉树县、西宁市城西区、格尔木市被评为1996～1997年全省实施《责任书》先进县（区），受到省政府的表彰奖励。会上，省政府、省教委分别与各州（地、市）政府（行署）和教育局（教委）签订1998年～1999年度地方教育事业发展《目标责任书》，明确今后两年各地教育工作的目标、任务。各地认真落实教育发展目标责任制，各级政府之间、各级教育部门之间也层层签订《目标责任书》，分解任务，明确职责，并在政策措施、资金投入和工作安排上予以保证。

〔**教育投入与支出**〕 1998年全省教育事业经费总支出为7.21亿元；征收教育费附加0.51亿元。全省教育事业经费总支出中，人员经费为4.91亿元，占68.1%；公用经费为2.3亿元，占31.9%。各类教育的事业经费分别为：高校0.66亿元，占9.15%；中专0.2亿元，占2.77%；中学2.18亿元，占30.24%；职业中学0.14亿元，占1.94%；小学3.09亿元，占42.86%；特殊教育学校0.02亿元，占0.28%；幼儿园0.15亿元，占2.08%；其他0.77亿元，占10.68%。

1998年，全省地方所属各级学校共落实基本建设投资25 057万元，其中国家预算内投资4 932万元；截止年底，共完成投资22 335万元，其中，中央专项补助4 006万元（内中“国家贫困地区义务教育工程”专款2 700万元）；自筹资金13 379万元；利用外资2 271万元。全省教育项目施工面积47.11万平方米，竣工面积25.88万平方米，其中教职工住宅竣工面积12.7万平方米。

〔**支援洪涝灾区**〕 在长江、松花江嫩江流域的特大洪灾中，全省教育系统共捐资83.56万元，支持受灾地区的救灾复学工作。

撰稿 杨 忠

基础教育

〔综述〕 1998年，全省小学比上年减少8所，在校小学生比上年增加15 280人，适龄儿童入学率为92.10%，比上年提高1.65个百分点，小学毕业生升学率91.12%，比上年提高3.73个百分点。初中学校数维持上年规模，适龄少年入学率为63.91%，比上年增加1.73个百分点，初中升学率为60.13%，比上年下降7.79个百分点。高中比上年减少2所，在校生比上年减少2549人。幼儿园比上年增加7所，在园幼儿比上年减少2 829人。特殊教育学校2所，普通学校附设特殊教育班20个，比上年增加1个，残疾儿童入学率达到39%，比上年提高7个百分点。

〔义务教育〕 按照省委、省政府的规划要求，1998年将有11个县（区）“普九”、普六”或“普三、普四”，是实施普及义务教育工作以来任务最重的一年。各地加大了工作力度，在政策措施、资金投入和工作安排上向普及义务教育倾斜。乐都、湟中、湟源等县政府一把手亲自抓教育，经常深入第一线调查研究，现场办公，协调解决“两基”工作中存在的困难和问题；贵南县委、县政府针对牧区教育特点和寄宿制学校成本高、财政拨款不能满足办学需要的现实，制定了“以土地资源优势弥补教育经费不足”的保障机制，仅此一项就使学校每年从土地承包费中获得教育经费200万元；海东行署副处级以上领导干部，每人至少资助1名7～12岁失学儿童，并以读完小学为一个资助期；大通县坚持扶贫与扶教相结合，县28个直属单位与乡镇对口支援，实行“普九”不验收，结对帮扶不结束的责任制，受到群众欢迎；全省中小学普遍聘请了法制副校长和法制辅导员；互助县法院年内召开教育行政处罚执行大会13次，受理教育行政处罚强制执行案件516件，共督促义务教育阶段1 380余名辍学学生返校；长江、黄河沿岸各县、祁连山脉、109国道沿线地区建立4条义务教育宣传走廊，通过书写永久性标语、制作大幅宣传画、开辟普及义务教育宣传栏等形式，全方位宣传普及义务教育工作，为普及义务教育创造了良好的舆论环境。省教委加强了对“两基”工作监督、检查指导，2月26日和12月10日分别召开全省义务教育工作汇报会，总结推广经验，了解工作进度，督促各地加快工作步伐。

年内，湟中县、湟源县和西宁市城东区实现了“普九”目标，贵南县、共和县、海晏县实现了“普六”目标；玉树县、兴海县、同德县普及了三～四年义务教育。全省“普九”、“普六”和“普三、普四”地区人口覆盖率分别达到38.15%、64.21%和3.73%。

尖扎县、同仁县入学率、16周岁完成率、办学条件、教育经费等方面存在较大差距，未能按规划完成“普六”任务，省政府和省教委要求两县采取措施，狠抓薄弱环节，并于1999年再次对两县进行评估验收。

〔**素质教育**〕 省教委制定了《青海省中考招生制度改革的意见》，确定了“积极进取，实事求是，区域推进，逐步发展”的中考制度改革方针，推行“以评制考、考评结合”的多元化中考招生制度，并决定在西宁市和乐都县先期进行试点。

乐都县借鉴烟台经验，将重点高中和中专招生指标与各初中办学水平综合评估结果挂钩，变升学竞争为办学整体水平的竞争，调动了各类初中办学积极性，促进了薄弱学校的建设，发挥了良好的导向作用。全省全面取消了小学毕业生升初中考试，小学毕业生全部就近进入初中学习，义务教育阶段减少了考试次数，取消了留级制度，“等级＋特长＋评语”的教育评价改革范围进一步扩大；制定了素质教育的评价办法，删减了教材内容，降低了教学难度；在100所小学开设了英语和计算机课程，在西宁、湟中等地开展了初中毕业生升学加试体育的试点工作。

农村中小学素质教育和农村初中教育综合改革得到高度重视，省教委在湟中县部分乡镇初中启动了以“面向全体学生，根据学生的兴趣、爱好、特长及家长的意见，实行分类编班、分流教育，引入职业技术教育，拓宽初中办学路子”为内容的农村初中办学模式改革，以探索农村教育为农业和农村工作服务的路子。

〔**提高教育质量和办学效益**〕 全省中小学校积极学习、推广先进的教学方法，优化教学过程，全省高考各科成绩平均比上年提高20～25分；加强了薄弱学校建设，继续开展以改善办学条件、加强学校管理、提高教学质量、强化德育工作为内容的中小学“争先创优”活动，青海昆仑中学等31所中小学被评为1997、1998年度“全省争先创优活动先进学校”。西宁市朝阳小学、南川西路小学、北大街小学、晓泉小学、青海昆仑中学、西宁七中6所“争先创优”活动“先进学校”就社会关注的中小学收费、体罚学生、节假日补课、乱购教辅资料加重学生课业负担、教师职业道德建设等难点、热点问题，公开向社会作出承诺，自觉接受社会监督，以塑造良好的教育形象、学校形象和教师形象。此外，省教委命名青海铝厂小学为首批全省标准化学校并挂牌；评定格尔木市幼儿园等3所幼儿园为省一级一类幼儿园、玉树州机关幼儿园等5所幼儿园为省一级二类幼儿园并挂牌。

〔**教育项目工作**〕 世界银行贷款“第三个贫困地区基础教育发展”项目1998年完成贷款支出1 884.6万元，配套资金929.1万元。14个项目县全年共完成65所中小学（初中6所，小学59所）的土建工程，建筑面积2.67万平方米；配置课桌凳11 800单人套，采购仪器设备、图书867.4万元；培训各科师资1 750人，培训管理人员428人。1998年9月，世行工作团对青海省“贫三”项目的执行进展情况进行了中期检查评估，肯定了项目工作取得的显著成绩，高度评价了青海省项目执行中严肃认真的工作态度。

“国家贫困地区义务教育工程”项目1998年5月在全省27个县全面启动。该项目总投资3亿元，其中中央专款1.2亿元，省内配套1.8亿元。1998年到位资金6 069.31万元，其中中央专款2 700万元，省级配套2 212.54万元，县级配套1 156.77万元。年内开工建设项目学校119所，建筑面积76 069平方米，当年竣工面积占51.4%。同时，完成了课桌凳、教学仪器、图书采购配置计划和中小学校长及师资培训计划编制工作，培训中小学校长305人。

香港邵氏影业集团董事长邵逸夫先生1998年为青海教育事业赠款660万港币，省内配套714万元，共建设校舍项目17个，总建筑面积24 715平方米。

〔**教师队伍建设**〕 省教委召开首次全省教育人事工作会议，印发了《青海省中小学教师培训办法》、《青海省中小学校长持证上岗办法》；通过多种形式对教师进行了多层次、多规格的培训，全年培训教师1 168名，校长335名；全省小学教师学历合格率为91.89%，比上年提高2.7个百分点，初中为76.48%，比上年提高4.14个百分点，高中为44.94%，比上年提高1.54个百分点；建立了全省中小学中青年优秀教师数据库，首批入库数占专任教师总数的1.07%；认真落实省政府关于在2000年前解决民办教师问题的分年度计划，1998年有702名民办教师转为公办教师；19名教师和教育工作者分别获教育部、人事部的表彰奖励，11名教师获曾宪梓教育基金会中等师范教育奖，其中，黄南州民族师范学校教师旦正俄赛获一等奖。

〔**德育工作**〕 中小学德育工作从日常行为规范教育入手，开展丰富多彩的教育活动，进一步实现规范化、科学化、制度化。拓宽了"手拉手"活动的内容，大部分州（地、市）政府所在地的学校，都与县、乡薄弱学校结成对子，对口帮扶；评选青海湟川中学、西宁虎台中学等10所学校为"全省德育先进学校"；评选、表彰50名全省中小学"三好学生"、65名优秀学生干部和18个先进班集体；青海师范大学附属中学高洁等8名同学获"第三届宋庆龄奖学金"。

按中央和省委要求，落实邓小平理论"三进"工作，省教委与省委高校工作领导小组联合举办邓小平理论概论课骨干教师培训班，对50名教师进行培训；邓小平理论"三进"工作作为学校工作的重要内容，纳入了教学计划和教学常规管理；与团省委共同组织了全省大、中学校青年志愿者暑期"三下乡"活动，参加学生达10万多人次；组织了中小学生"学雷锋志愿者"活动，参加学生达10万人次。

〔**学校体育、卫生、艺术教育**〕 省教委对全省大中专学校和中小学进行了实施学校体育、卫生工作两个《条例》的检查评估；举办了全省大学生篮球赛，并组队参加了全国大学生CUBA联赛，女篮获第5名，组织大学生团参加了省第十二届运动会，获金牌10枚、银牌3枚、铜牌6枚，团体总分和金牌总数均列全省行业体协第3名；举办了地、市学生健康教育评价培训班，开展了学生健康教育评价工作；继续组织全省防治近视试点学校学生视力检测工作；对全省部分中小学进行了艺术教育检查评估，评出30所先进学校；举办了全省首届中小学、幼儿园学生电子琴大赛，并参加了全国比赛，3个节目获三等奖，省教委获组织奖。

撰稿 杨 忠 姚延洪 吴庆军

职业教育

〔**综述**〕 1998年全省职业教育工作的总体思路是：继续深入贯彻、落实《职业教育法》及1997年全省职业教育工作会议精神；深化教育教学改革，提高教育质量；加强职业学校规范化建设和教师队伍建设；坚持为农业和农村工作服务，办好农牧区职业教育。

1998年全省有各类中等职业技术学校(不含初中，下同)114所，在校生38 677人，占高中阶段在校生的比例为45.22%。其中职前各类中等职业技术学校91所，比上年减少2所，在校生比上年减少3 640人，其中普通中专在校生减少290人，职业中学在校生减少1 679人，技工学校在校生减少1 671人，占高中阶段在校生的比例为37.39%。

〔**贯彻《职业教育法》**〕 1998年全省大部分地区和省级部门召开了职业教育工作会议，成立了职教工作领导小组，制定了本地区、本部门职业教育发展规划，明确了促进职业教育发展的各项保障条件和具体措施。

10月，由省人大牵头，省经贸委、省劳动人事厅、财政厅组成两个职业教育执法检查组，用20多天时间，对海西州、海南州、海东地区、西宁市及省交通厅、机械厅、青海石油管理局贯彻落实《职业教育法》情况进行了检查。督促各级政府和各有关部门落实发展职业教育的责任和义务，切实兑现已制定印发的各项政策措施。11月，省人大常委会召开九届人大常委会第五次会议，专题听取并审议了检查报告，就全省职业教育的深入改革和发展提出了意见。

〔**教育教学改革**〕 年内省属中专学校全部实行了招生“并轨”改革，对贫困学生实行了学费“减、免、缓、助、奖、贷、补”等措施，以保证贫困学生顺利完成学业；省教委组织力量对中等教育结构、布局及专业设置进行了调研，提出了中等教育布局、结构调整的总体设想；扩大了职业中专招生规模，1998年全省职业中专招生1 838人，在校生3 563人。

为进一步提高教育质量，省教委制定了《面向21世纪深化职业教育改革的意见》，推广了青海湟源畜牧学校的模块教学法和省卫生学校的目标教学法；举办了全省职业教育优秀教学成果评奖活动。

在各职业学校推行毕业证书和职业技能鉴定证书的“双证书”制度。1998年毕业的291名职业中专学生中，有104人获得中级技术等级证书，39人获得初级技术等级证书，拿到“双证书”的毕业生占职业中专毕业生的49.14%。

〔**高等职业教育**〕　为加快青海高等职业教育发展，省教委制定了《青海省1998年普通高职班招生实施办法》，高等职业教育班的学生可从各类中等职业学校毕业生（包括符合年龄规定的往届生）中录取，年限放宽至27岁。入学考试采取“3+X”的形式，即考数学、语文、英语三门基础课，再加试1～2门专业基础课。年内，青海大学、青海师范大学、青海师范高等专科学校开设了计算机及应用、家用电器技术、工艺美术、电力系统及自动化、自动化、食品加工与烹饪6个专业的高等职业教育班，共招生180人。

〔**德育工作**〕　首次在全省中等职业技术学校开展了评选三好学生、优秀学生干部活动。共评选出三好学生、优秀学生干部114名。

积极推进邓小平理论“三进”工作，全省中等职业学校均开设了《建设有中国特色社会主义的理论与实践》课，年底在全省中等职业技术学校进行了该门课程的统考。

〔**农村教育综合改革**〕　全省各类职业学校认真学习贯彻《中共中央关于农业和农村工作若干问题的决定》，进一步端正办学方向，坚持为农牧区服务的指导思想，紧密结合当地经济建设需要开设专业，发挥自身优势，开展各种实用技术培训和推广，向农牧民传授农业科学技术。互助县职业学校给互助县省定贫困乡——东合乡每村订一份科技报，购置一台放像机，上一堂关键性的农技课，帮助该乡脱贫致富。该校与兰州大学化学系合作研究的“种子包衣”技术已取得成果，并向当地农村推广，该项技术可使当地小麦亩产增加13.3公斤。学校生产实习基地坚持“以产养教，产教结合”的路子，已累计为当地提供蔬菜3.5万公斤，鲜肉4万公斤，饲料40万公斤，出栏仔猪788头，孵小鸡13万只。同时，培养了一批致富带头人和“科技明白人”，仅养殖专业就培训农民技术员248人。西宁市城西区职业学校与彭家寨乡政府联合，举办种植、养殖培训班200多期，参加人员达2000余人次，并向西宁市场提供新鲜蔬菜10万公斤、鲜肉8万公斤，丰富了西宁市民的“菜篮子”。该校已发展成为项目多、规模大的种植、养殖基地和实行农科教结合实验中心。

此外，各职业技术学校积极配合实施“再就业工程”，利用自身优势免费开展企业职工转岗和再就业培训，先后有2 900多名下岗职工接受培训。

撰稿　宋绮辛

高 等 教 育

〔**综述**〕　1998年全省高等教育战线学习、宣传、贯彻《高等教育法》，深化“两课”教学改革，落实邓小平理论“三进”工作；加强高校党建和思想政治工作，维护高校稳定。深化高教体制改革，走内涵发展的道路；继续开展高校面向21世纪教学内容和课程体系的改革，强化教学管理，狠抓教学质量，提高规模效益，取得了新的成绩。年内普通高校在校生比上年增加494人，专任教师比上年增加91人。

〔**教学工作**〕　1998年，实施了全省高校教学实践研究项目立项工程，有27个项目被确立为省级教学实践研究项目；组织了全省高校公共必修课青年教师教学竞赛，共有15人获省级优秀教学竞赛奖；制定了《青海省普通高校非计算机专业学生实行计算机应用知识和应用能力等级考试大纲》，首次在全省高校开展了计算机等级考试；省财政拨付270万元，重点资助普通高校20个重点学科、重点实验室建设。由省教委、省财政厅组成调研组，对各重点学科、重点实验室建设工作进行了中期检查。

〔**师资建设**〕　省教委印发了《关于开展高等学校教师岗前培训有关问题的通知》，规范高校青年教师岗前培训工作，并举办两期高校青年教师岗前培训班，有34人参加培训。

〔**专业建设**〕　根据全省经济建设和社会发展的实际，调整专业方向，改造老专业，新增与经济建设紧密结合的专业。年内，青海大学新增计算机及其应用、电力系统自动化、工业自动化、城市规划、环境工程5个本科专业；青海师范大学新增计算机科学与技术本科专业和电子技术、风景园林、英语3个专科专业；青海医学院新增预防医学本科专业；青海民族学院新增经济法专科专业；青海医学院新增护理学、药学2个专科专业。此外，青海大学还开设了涉外文秘、市场营销、企业管理3个辅修专业。

〔**科研工作**〕　继续推动以教学促科研，以科研带教学工作，鼓励和引导高校科研工作者走出校门开展科技服务，促进科研成果向生产力转化。青海师范大学的实用化汉藏机器翻译系统在全国“863计划”项目立项并获资助；青海大学的“青海湖裸鲤种质资源及多态性研究”获全国自然科学基金资助；青海医学院张培建教授的学术专著《临床畸型与变异解剖学》、青海大学张中兴教授的学术专著《黄土概论》被纳入省科学技术著作出版基金资助项目；青海民族学院梅进才副教授主持的“中国当代藏族寺院经济战略研究获教育部普通高校人文社会科学研究资助。”

省教委组织开展了首届高校科技进步奖和人文社会科学优秀成果奖评选工作，共有45项成果获奖。

撰稿 宁 栋

成人教育

〔综述〕 1998年全省成人教育积极实施“科教兴青”战略，在农牧区进一步加大扫盲力度，努力提高农牧民的科技、文化素质，在城镇大力开展以学历教育为骨干、岗位培训为重点的各类成人教育，以适应广大职工在岗、转岗、再就业对教育的需求；加强管理，狠抓质量。全省成人高校在校生比上年增加1285人；成人中专比上年增加3所，在校生比上年减少1 193人；同时广泛开展了以在岗、转岗、再就业培训为重点的职工教育，社会力量办学进一步规范。

〔农牧民成人教育〕 年初，省扫盲领导小组召开第九次会议，印发了《青海省1998～2000年农村成人教育规划要点》；4月，省政府召开了全省扫盲工作会议，会议总结经验、研究对策，部署2000年前的扫盲工作，同时表彰了全省扫盲工作中涌现出的14名先进集体和50名先进个人。年内计划扫除青壮年文盲4万人，实际脱盲4.8万人，海北州门源县、海西州都兰县、海南州贵德县、海东地区化隆县达到省颁标准基本扫除青壮年文盲标准。至此，全省已有13个县（市、区)、8个县分别成为国家高标准和省颁标准无文盲县。大通县宝库乡农民文化技术学校、海南州藏语工作委员会、省少数民族科普工作队及乐都县下营乡扫盲干事孟春来、德令哈市宗务隆乡乡长初功、互助县教育局成教干事刁文光、玉树县玉树第一希望小学校长叶青获“第三届中华扫盲奖”，祁连县、贵南县、乌兰县、互助县、大通县被教育部、财政部授予“全国扫盲工作先进地区”称号。

〔成人高、中等教育〕 全省成人高、中等教育以改革促发展，进一步适应社会各方面的需求。省政府转发了省教委《关于加快青海省广播电视大学改革、发展若干意见》，就充分发挥广播电视教育资源的作用，完善具有地方特色的远程教育实施办法做了具体规定；成立了青海省广播电视中等专业学校直属分校、石油局分校、铁路分校、化隆县工作站、民和县工作站，全省广播电视教育网络进一步完善；在湟中县职业学校基础上成立了全省第一所县办成人中专——湟中县成人中等专业学校；对全省成人高、中等教育的专业设置进行了调整，在青海师范大学新增7个专升本专业，即：体育教育、美术学、音乐学、思想政治教育、物理学、化学、英语，撤销12所成人中专重复设置及与经济建设关系不甚密切的23个专业，在5所成人中专新增17个新专业，使成人高、中等教育专业布局趋于合理化；继续在省广播电视大学进行注册视听生教育，1998年注册新生1 479名；实行成人中等专业"毕业证书"与"专业证书"沟通教育，共录取760人；组织了全省成人高、中等教育1998届毕业生的毕业课统考，分别有1 500名和4 000名成人大、中专学生参加考试。

〔**社会力量办学**〕 共青团青海省委在省青年干部中专基础上成立了青海省五四中学，这是全省社会力量举办的第一所面向全省招生的寄宿制中学；成立了用藏汉双语教学，为青海省农牧区，特别是为少数民族地区培养中、初级专门人才的省藏蒙科技成人中等专业学校；从6月1日起，对全省社会力量举办的教育机构实行国家办学许可证制度，省教委对省属社会力量举办的26所教育机构从办学方向、办学条件、学校章程、招生广告、教学质量、学校证书、学校名称、学校财产财务及内部管理9个方面进行了评估，13所学校为合格学校；10所学校限期整顿、3所不合格学校被撤销。

撰稿 庞 青

民 族 教 育

〔**综述**〕 1998年，全省民族教育工作进一步明确重点，调整发展思路，完善保障措施，突出实干、狠抓落实，在加快民族地区"两基"实施步伐、合理布局、优化结构、提高质量和效益、保证教育经费投入等方面取得明显成绩。截至1998年底，全省普通教育中专设的各级各类民族学校1 588所，占全省普通学校总数的39.78%，其中民族高校2所，全省另有4所普通高校举办28个民族班，在校生1 139人；民族中专13所，另有8所普通中专学校举办25个民族班，在校生865人；民族中学74所，民族职业中学2所，民族小学1 497所。全省少数民族在校生约29万人，约占全省在校生总数的40.43%，其中：少数民族大学生3 458人，占全省高校学生总数的39.79%；少数民族中专生6 461人，占49.9%；少数民族中学生59 635人，占30.57%；少数民族小学生218 436人，占44.8%。民族中小学中用本民族语言文字授课的学校879所，在校生9.55万人。全省各级各类学校中少数民族专任教师15 096人。全省少数民族学龄儿童入学率

85.09%，比上年提高0.94个百分点，其中纯牧区学龄儿童入学率为59.98%，比上年提高2.56个百分点；女童入学率为86.93%，比上年提高2.92个百分点。

〔**全省民族教育工作会议**〕 为全面总结青海省民族教育工作的经验，研究解决民族教育面临的新情况和突出问题，进一步理清发展思路，省委、省政府于1998年4月26日召开全省民族教育工作会议，省主要领导和全省各州、地、市政府及教育和民族事务部门的负责人出席了会议。

会议确立本世纪末下世纪初，青海省民族教育改革和发展的总体思路是：以邓小平理论和党的十五大精神为指针，认真贯彻党的民族政策和教育方针，突出民族教育在全省教育中的重点地位，坚持低重心发展战略，着重抓好基础教育，全面实施义务教育；积极发展多层次、多形式的职业技术教育和成人教育，大力扫除青壮年文盲；稳步发展民族高、中等教育，培养少数民族各类专门人才；优化资源配置，注重质量效益，深化改革，加强发展，使民族教育从总体上与全省社会主义经济、政治和文化建设的需要相适应。到本世纪末在68%的人口地区普及九年义务教育，22%的人口地区普及六年义务教育，10%的地区普及三年或四年的义务教育。到2010年，在全省基本普及九年义务教育，全省中等职业技术学校少数民族在校生比例达到高中阶段少数民族在校生的45%以上；高等学校少数民族在校生比例达到45%以上；民族地区年均扫除青壮年文盲2.5万人，青壮年非文盲率达到95%以上。基本建立起规模适度、结构合理、效益较高、质量较好、功能完善，基本适应全省经济和社会发展需要，具有地方和民族特色的民族教育体系。会后，省委、省政府印发了《关于加快民族教育改革与发展的决定》。

〔**改革中专招生考试办法**〕 为了实现广大藏族初中毕业生参加普通中等专业学校招生考试时用本民族语文答卷的愿望，进一步提高藏族中小学教育教学质量和“双语”教学水平，从1998年开始，对从用藏汉双语授课的民族中学初中毕业，报考州民族师范学校和省属普通中专民族班的考生实行全省统一命题，即：藏语文和汉语文根据川、滇、青、甘、藏五省区协编教材单独命题，其余科目将全省普通中专统考试题翻译印制成藏汉文对照试卷，统一考试，单独划线，分别录取。这项招生考试制度的改革，提高了藏族地区中小学校用本民族语文教学的积极性。

〔**汉语水平考试试点**〕 根据原国家教委要求，省教委于1998年在青海师范大学民族部预科班、青海民族高等师范专科学校预科班、海南州民族高中进行了汉语水平考试(HSK)试点。5月，对上述3所学校181名少数民族学生进行了初、中级汉语文水平考试，有176人获得相应等级的《汉语水平证书》。其中达到4级以上的有169人，占考生总数的93.3%；达到6级以上的154人，占考生总数的85.1%。

〔**教材编译与师资培训**〕 随着民族教育事业的发展，省教委加大了民族文字教材建设力度。1998年共编译藏文教材18种，268.1万字。其中小学汉语文教材2种，16万字；中师汉语文教材3种，42.9万字，中师藏语文教材12种，189.2万字；牧区简易小学教材1种，20万字。针对牧区存在教师整体素质不高，教学活动不规范，大纲意识淡薄，教学观念陈旧等实际问题，1998年，省教委聘请西宁地区优秀教师、学科带头人组成讲师团赴果洛州开展讲学培训活动，近140名教师和教研员参加培训；为加强“双语”师资培训工作，先后举办了民族地区“双语”师资进修班、“贫三”项目数学“双语”教师培训班、“贫三”项目藏族小学汉语会话教师培训班，共培训教师80余人。

撰稿 贾忠平 蔺玉华 索南加

审稿 高 荣 庞晓玲

宁夏回族自治区教育

概　　况

〔**基本情况**〕

1998年各级普通学校基本情况

单位：人

学校类别	学校数(所)	毕业生数	招生数	在校学生数	教职工数	
					计	其中专任教师
一、普通高等学校	4	2 652	2 938	9 842	3 207	1 627
研究生	3	27	46	114	98	98
本　科	3	1 345	1 681	6 306	2 879	1 390
专　科	1	1 280	1 211	3 422	230	139
二、中等专业学校	25	4 006	5 135	14 812	3 017	1 509
中等技术学校	21	2 513	3 544	10 340	2 449	1 211
中等师范学校	4	1 493	1 591	4 472	568	298
三、普通中学	430	87 030	102 830	286 489	23 142	19 168
高　中	104	17 598	21 105	56 437		4 020
初　中	326	69 432	81 725	230 052		15 148
四、农业、职业中学	28	2 850	7 051	14 836	1 186	891
高　中	26	2 348	6 420	12 864		816
初　中	2	502	631	1 972		75
五、工读学校						
六、小　学	3 580	94 010	118 279	652 552	35 039	32 923
七、特殊教育学校	6	58	104	471	121	74
八、幼儿园	275		68 359	84 434	3 572	2 339

1998年各级成人学校基本情况

单位：人

学校类别	学校数(所)	毕业生数	招生数	在校学生数	教职工数	
					计	其中专任教师
一、成人高等学校	5	3 109	3 807	10 487	592	347
广播电视大学	1	871	1 089	2 912	167	74
职工高等学校	4	751	963	2 848	425	273
农民高等学校						
管理干部学院						
教育学院						
独立函授学院						
普通高校举办：						
函授部	(2)	819	968	2 636		
夜大学	(1)	210	177	766		
成人脱产班	(2)	458	610	1 325		
二、成人中等专业学校	26	3 686	4 685	11 712	1 049	584
广播电视中专	1	428	998	2 270	107	58
干部中专						
职工中专	9	2 715	2 615	7 229	458	247
农民中专	1	5	30	30	24	11
函授中专	1	358	560	1 314	7	2
教师进修学校	14	180	482	869	453	266
三、成人中学						
职工中学						
农民中学						
四、成人技术培训学校	1 191	390 101	365 864	350 374	1 286	226
职工技术培训学校	6	2 049	4 308	5 601	45	15
农民技术培训学校	1 185	388 052	361 556	344 773	1 240	211
五、成人初等学校	703	15 155	31 038	29 487	211	60
职工初等学校	1	43	48	48		
农民初等学校	702	15 112	30 990	29 439	211	60
其中：扫盲班	686	14 496	30 530	29 179	211	60

制表　殷　华

〔**教育投入**〕 1998年全区教育经费总支出10.28亿元。1998年，自治区获得第十二批邵逸夫赠款项目17个，赠款总额660万港币，香港洪逸挥先生捐款275万元。这些赠款对促进全区教育发展产生了积极作用。1998年，国家贫困地区义务教育工程在自治区全面启动，工程总投资7 500万元，建成项目学校366所，完成校舍建筑面积2.05万平方米，制作课桌凳9 826套。世行"贫困Ⅱ"项目已基本完成，树立了一批样板学校。"贫困Ⅳ"秦巴教育子项目完成投资629万元，新建、翻建和维修校舍1.7万平方米。1997～1998年自治区共投入教师安居工程建设资金825万元，建成一批教师住宅，改善了教师住房条件。

撰稿 张广平 宛国成

基础教育

〔**综述**〕 1998年，自治区加大普及义务教育力度，推动基础教育迅速发展。

普通中小学布点减少，学校规模扩大。1998年，本着提高学校办学规模效益，学生就近入学的原则，普通中小学校办学规模进一步扩大。全区普通小学比1997年减少258所，在校生比1997年增加6 729人；普通中学比1997年减少12所，在校生比1997年增加3 031人。

中小学办学条件得到根本性改善。随着全区中小学"一无两有六配套"工程、中小学办条件标准化工程、世界银行贷款"贫困Ⅱ"教育项目工程、世界银行贷款"贫困Ⅳ"教育项目工程、国家贫困地区义务教育工程、普及九年义务教育工程等诸项工程的实施，普通中小学办学条件得到根本性改善。校舍建筑面积进一步增加，危房不断消除，学校内部设施得到充实。1998年，普通中学建筑面积达到1 793 816平方米，比1997年增加53 732平方米；危房面积从1997年的114 403平方米减少到97 816平方米，危房率下降2.65个百分点；生均校舍面积达到6.26平方米，比1997年增加0.12平方米。普通小学建筑面积达到2 297 737平方米，比1997年增加139 402平方米；危房面积从1997年的210 868平方米减少到163 656平方米，危房率下降2.65个百分点；生均校舍面积3.52平方米，比1997年增加0.18平方米。中小学内部设施也不断充实，有466所中小学实现了办学条件标准化。

中小学教师队伍数量和质量都在不断提高。全区现有中小学专任教师52 091人，比1997年增加1 352人。小学、初中、高中教师的学历达标率分别为94.6%、88.7%和

66.8%。在中小学教师中开展了基本功大比赛活动和优质课评选活动。五年来有4 992名民办教师转为公办教师，提前实现了在本世纪末解决民办教师问题的目标。1998年，表彰奖励170多名优秀教师和优秀教育工作者，评选31名中小学特级教师，进一步激发了广大教师教书育人的积极性。

1998年，自治区教委全面开展了学校体育、卫生与艺术教育工作调研，明确了加强学校体育、卫生与艺术教育的工作思路。积极发展幼教、特教事业。全区随班就读残疾儿童已达2 200多人，比上年增长23%；城市已基本满足幼儿入托需要，农村学前教育也得到发展。

〔**义务教育**〕 1998年，全区小学学龄儿童入学率达到96.8%，比1997年提高0.1个百分点；初中阶段学龄人口入学率达71.29%。1998年完成了对丰罗、中卫、中宁、陶乐和灵武5县市的“普九”评估验收，引黄灌区全部实现了普及九年义务教育的规划目标。川区普及九年义务教育的16个县(市、区)，覆盖人口292.8万人，占全区人口总数的55.36%。一大批建筑一流、设施配套、管理良好、质量优良的中小学在川区拔地而起。川区“普九”规划目标如期实现的关键：一是自治区党委、政府重视义务教育，层层落实规划目标，建立“普九”领导机构，不断强化政府行为，坚持依法治教，增加教育投入；二是充分发挥义务教育评估验收作用，强化义务教育督查，依法督促地方政府强化政府行为，坚持评估验收标准，对普及程度、教育费附加等项实行“不让步指标”，不达到标准不进点，不评估验收；三是地方各级党委、政府努力实施义务教育，依法征收教育费附加，增加义务教育投入，改善办学条件；依法动员适龄儿童入学，制止学生辍学；发动全社会力量普及义务教育；实行目标责任制，实行“两基”工作“一票否决制”等，努力做到在义务教育方面认识、组织、领导、政策、投入、工作“六到位”。从1995年到1998年，平罗、中卫、中宁3县每县投入资金都在5 000万元，建成一批标准化和花园式学校。灵武县投入1 000多万元。2万多人口的陶乐县也投入210万元用于义务教育，保证了义务教育目标按规划如期实现。

1998年12月25日～28日，自治区政府在吴忠市利通区召开“国家贫困地区义务教育工程培训暨宁南山区‘两基’攻坚会”，全面部署宁南山区8县的“两基”攻坚工作，号召宁南山区8县各级政府、有关部门、社会各界和人民群众充分发扬“迎难而上、负重拼搏、背水一战”精神，誓夺“两基”攻坚战的胜利。自治区政府副主席刘仲在讲话中分析了宁南山区“两基”攻坚的形势，并就宁南山区8县“两基”攻坚提出6条具体要求：(1) 党政领导亲自挂帅，政府行为全面到位；(2) 大造“两基”舆论，实行全民动员；(3) 严格依法治教，确保“两基”工作纳入法制化轨道；(4) 多渠道增加“两基”投入，提高投资效益；(5) 采取有力措施，突破“两基”难点；(6) 加强管理，加强教师队伍建设。这次会议进一步增强了各级党委、政府和教育部门实现“两基”目标的紧迫感、责任感。固原行署、吴忠市和宁南山区8县的政府负责人都在会上表明了积极进取、迎难而上、务求必胜、完成“两基”目标任务的决心。各县领导还与乡镇干部签订了“两基”目标责任书。平罗县、中卫县、灵武市的党政领导和教育部门的负责人也在会上介绍各自按规划、按条件、按程序实施“两基”工作，特别是实施“普九”攻坚的经验。

〔**素质教育**〕 1998年，自治区教委转发原国家教委有关实施素质教育的文件，指导基层组织实施素质教育。调整了中小学教育教学内容。确定吴忠市、银川市城区为全区实施素质教育的试点单位，要求它们制定规划、采取措施、抓紧落实、总结经验、尽快抓出成效。其他县（市、区）也要作出相应部署，提出方案。自治区教委要求各地和学校严格按规定开设课程，组织考试和竞赛，管理使用教学用书，用正确标准评价学校和教师。对于单纯应付考试，片面追求升学率的做法以及以考试成绩作为评价学生的主要标准（甚至唯一标准）的行为要明令禁止，坚决纠正。针对一些地区和学校设立“重点班”、“尖子班”以及加重学生课业负担的一些突出问题，自治区教委要求教育行政部门采取措施，严肃处理。

〔**教育对口支援**〕 自治区本着扩大开放，寻求支援，优势互补，共同发展的宗旨，组织专人赴福建和江苏、浙江、上海等地进行教育合作交流洽谈，达成了一批合作交流项目。教育对口支援投资金额达1 300多万元。7月20日～28日，福建省教委组织由专家和骨干教师组成的11人教师讲学团，深入对口受援县固原、海原、西吉、隆德、泾源、彭阳和同心进行义务讲学，听课人数达1 000多人，受到当地教育行政人员和教师的欢迎。

撰稿 王玉林 张广平 宛国成

职业教育

〔**综述**〕 1998年宁夏职业教育工作围绕贯彻落实《职业教育法》和自治区政府《关于实施〈职业教育法〉，加快发展职业教育的决定》，按照深化改革、挖掘潜力、优化结构、提高质量、分类指导、依法治教的指导方针，加快职业教育的改革和发展。全区所有普通中等专业学校顺利实行了招生并轨改革；以改革保发展，通过挖掘普通中等专业学校、技工学校的办学潜力，发挥专业优势，在普通中专学校、技工学校举办职业中专班，推动中等职业教育走面向市场，联合办学，扩大规模，提高质量和效益的路子。1998年全区各类职业学校招生数和在校生数分别达到1.72万人和4.45万人，分别占高中阶段招生数和在校生数的45.3%和44.8%。

〔**中专招生并轨改革**〕 全自治区所有普

通中等专业学校于1998年秋季招生起，全部实行招生并轨改革。为确保招生并轨改革顺利实施，自治区政府《关于批转自治区教委、计委、财政厅、物价局〈关于做好全区普通中等专业学校招生并轨工作的意见〉的通知》发出后，各级教育行政部门以及各普通中等专业学校做了大量细致的前期准备和宣传工作。自治区教委利用各种传媒，以各种形式向社会广泛宣传普通中等专业学校招生并轨改革的目的意义、方针政策和具体措施；各普通中专学校到各县（市）深入当地普通中学，在应届毕业生中宣传招生并轨改革的政策，介绍本校情况和专业设置。一系列的准备和宣传工作使广大教职工、考生及家长提高了对招生并轨改革的认识。对缴费上学，上述《通知》明确提出："各普通中等专业学校要逐步建立和完善奖学金、助学金和特困补助制度。从学生缴纳的学费中，按10%的比例，设立奖学金和助学金，用于奖励品学兼优的学生；按10%的比例，设立特困生补助费，用于特困生生活困难补助。各学校可根据实际情况对特困生酌情减免学费。"据此，各学校还根据各自实际情况，制定了"缓"、"减"、"免"缴学费的具体措施。如宁夏财经学校制定了《学生奖学金评定发放暂行办法》、《学生特困补助评定发放试行办法》，并编印成册，在新生到校注册的同时发放到学生手中，稳定了家境困难学生的思想，激发了学生刻苦学习的积极性。实行招生并轨改革后，各校新生如期报到率明显提高，新生的思想、文化以及身体素质明显提高，为学校深入开展教育教学改革奠定了基础。

〔**发展职业教育**〕 1998年加大职业教育的宣传力度。自治区教委利用各地召开职业教育工作会、研讨会、座谈会的机会，指导地方发展职业教育，使各级地方政府、各级教育行政部门的领导对发展职业教育的认识不断提高，增加对职业学校的投人。同时自治区教委还通过结构调整，加强骨干学校建设等手段，不断挖掘职业学校的办学潜力，使职业教育资源得到充分利用和开发，促进了职业教育持续发展。1998年，各级教育行政部门都把完成中等职业学校招生任务、扩大职业学校的办学规模、提高职业学校的办学效益，摆上重要的议事日程。4月，自治区教委组织召开了全区职业学校校长会，进行动员，统一在《宁夏日报》上刊登招生广告。各级教育行政部门组织本地的职业学校加强自身的宣传，在招生开始前，即深入到本县（市）中学，发放宣传材料，对应届毕业生宣讲职业教育；组织职业学校的师生走上街头或利用乡（镇）集市开展职业教育咨询和便民活动，或表演专业技能，扩大职业教育的影响，提高职业学校的社会声誉和地位。自治区教委还组织动员普通中等专业学校、成人中专学校、以及有积极性的技工学校在完成国家下达招生计划的前提下，充分利用现有教育资源兴办职业中专班。核准一批具有办学能力的职业中学兴办职业中专班，使宁夏中等教育结构趋于合理。到1998年底，全区已有16所普通中等专业学校，5所技工学校（成人中专学校）开设了职业中专班，招生3 017人，28所职业中学（职业中专学校）招生6 080人。

撰稿 丁广兴 张广平 宛国成

高 等 教 育

〔**管理体制改革**〕 1998年，自治区教委积极慎重地做好宁夏大学合并后的调整工作。1997年年底，顺利完成宁夏大学、宁夏工学院、银川师范专科学校（含宁夏教育学院）的合并重组工作，成立了新的宁夏大学。1998年的重点是调整学校党政群机构设置，专业调整合并，制订学校整体发展规划。自治区党委、政府对此项工作极为重视，自治区党委书记毛如柏先后三次召开座谈会听取意见，并作了指示；自治区政府副主席刘仲也几次到宁夏大学实地解决合并过程中出现的问题。到年底，宁夏大学已完成处级机构设置和中层党政领导干部配备及校园总体规划方案。

〔**调整和整理高校本科专业**〕 1998年，按照教育部颁布的新本科专业目录，对全区普通高校本科专业进行了整理。为做好这项工作，自治区教委进行了部署和安排。首先，向学校传达教育部有关会议精神，提出全区高校本科专业整理的思路和具体意见。然后各校依照教育部有关文件精神和自治区教委的安排部署，进行研究、讨论，拿出本校的整理方案报自治区教委审核后报教育部备案。在整理过程中，学校统一思想、统一认识，从实际出发，从厚基础、宽口径的人才培养发展模式出发，做到能合并为一个专业的，必须合并为一个专业，能按教育部引导目录合并为大专业的，就合并为大专业，避免重复设置。经过整理，区属高校的本科专业由原来的43个调整为36个。在专业整理的基础上，核定了学校的本科专业总数，开展1998年新增本科专业的申报工作。各校共申报新增本科专业9个，自治区教委组织专家审阅上报材料，并到学校实地听取汇报，逐一进行考察。对新增专业，既考虑有利于学校的发展，也考虑有利于地方经济发展所需人才的培养，同时又注意克服以前新增专业工作中存在的问题。经过专家评议组讨论，同意宁夏大学新增美术学、音乐学、电气工程与自动化、经济学4个本科专业，宁夏农学院新增农业机械化及自动化、园林两个本科专业。

〔**教师队伍建设**〕 (1) 举办了英语语言文学专业在职人员研究生课程进修班。针对区内高校外语教师学历层次、水平亟待提高的现状，自治区教委根据与上海签订的教育对口支援协作项目，积极抓落实。1998年4月，派专人与上海市教委高教办、上海外国语大学洽商，达成了一致的办班意见。7月，在职人员英语语言文学专业研究生课程进修班开课，全区普通高校、成人高校的40名中青年教师被录取为正式学员。像这样集中对某一专业教师进行较大规模地培养，提高学历层次，在区内尚属首次，对提高高校外语教学水平有积极作用。(2) 举办“邓小平理论概论”备课研讨班。1998 年上半年中宣部、教育部发出通知，要求全国普通高校在秋季新学期开设“邓小平理论概论”课。为保证新学期开设这门课程的教学质量，8 月下旬，自治区教委利用一周时间，举办“邓小平理论概论”备课研讨班，采取集体学习、讨论，请专家讲解重点、难点等形式，对一些重大理论问题，统一认识和讲授要求，使教师从各方面加深理解，为开好课打好基础。教师普遍反映效果良好。(3) 举办第九期高校青年教师岗位培训班和高校计算机教师培训班。青年教师岗位培训班共培训教师 126 人。暑期用 10 天时间对全区高校近 30 名计算机专业教师进行以计算机辅助教学和计算机网络为内容的培训工作，收到较好效果。(4) 完成 1998 年度高校教师职称评审工作。为解决高校教师评审工作中一些带有普遍性和特殊性的问题，自治区教委与自治区人劳厅共同协商、研究后，就解决这些问题联合发出文件。共评审通过 147 人，其中教授 51 人，副教授 96 人(包括破格晋升教授 4 人，副教授 1 人)。

〔**科研工作**〕 1998 年，高校科研工作在抓基础研究的同时注重应用研究，为经济建设主战场服务。完成了教育部人文社会科学“八五”规划项目的终结工作，“九五”规划第一批项目的中期检查工作和“九五”规划第二批项目的申报立项工作(最后批准 4 项)，并组织该项目优秀成果奖的申报工作。确定 1998 年宁夏高校科学研究项目，从立项上优先考虑成果转化率高的应用项目和产学研结合的项目，从申报的 40 个项目中确定了 24 个立项项目，其中基础研究项目 7 项，占 29.2%，应用研究项目 17 项，占 70.8%，共下达科研经费 30 万元。组织编写了《宁夏高等学校科学研究成果汇编(第一辑)》，该书总结了近年来全区高校科研工作经验，展示了科研成果，促进了科技成果进一步转化。

〔**教育交流与合作**〕 1998 年 10 月，由区教委领导带队，宁夏大学、宁夏医学院、宁夏农学院 3 所院校派人组成高教代表团访问福建，就 1999～2000 年福建与宁夏在高等教育方面对口支援协作项目，与福建省教委及有关高校进行了协商，议定了协议书，内容包括：(1) 以优惠的政策，采取定向培养、联合培养硕士、博士研究生等形式，为宁夏高校培养 10 名急需的专业教师；(2) 接受宁夏高校 10 名骨干教师赴闽作访问学者或进修；(3) 聘请知名教授为客座教授来宁短期讲学或进行教学、科研指导；(4) 对个别紧缺专业的师资采取中期选优的方式到福建高校相同专业学习，毕业后回宁夏工作，同时厦门大学和福建省属高校每年从宁夏定向招收本科生各 20 名；(5) 建立校际间友好协作关系。

扩大聘请渠道，完成外籍教师聘请任务。按照“九五”聘请外籍教师的计划，“九五”期间，全区高校每年要聘 10～12 名外籍教师，原来聘请渠道主要来源于美国英语学会和英国海外志愿服务社，但近一、二年英国海外志愿服务社因招募志愿者困难等原因，派遣教师由原来的 4 人减到 1 人。为保证学校教学工作的顺利进行和“九五”聘请计划的完成，自治区教委积极扩大聘请渠道，先后与美国巴迪基金会、晨星基金会、中国之友基金会建立了联系，及时为高校聘请到合适的外语教师。1998 年度共聘请到外国文教专家和外籍教师 11 人，分别来自美国、英国和日本。与此同时，学校还积极创造条件接收外国来华留学生，来宁夏留学人员人数不断增长，1998 年已达 14 人，分别来自美国、日本、韩国、科威特等国家，提高了宁夏和学校的知名度。

1998 年，积极鼓励高校教师申请到国外进修学习。共有 8 位教师获国家留学基金资助出国留学。

〔**高校党建工作与思想政治教育**〕 11 月，自治区教委会同自治区党委组织部、宣传部召开了全区第七次高校党建工作会议，总结了高校近几年党建工作和思想政治工作所取得的成绩和经验；部署学习邓小平理论的任务；研讨健全党委领导下的校长负责制，加强基层党组织建设，保证高校改革和发展的政策措施。对 1995 年以来在党建和思想政治工作中成绩突出的 8 个基层党组织进行了表彰奖励。在全区高校党建会议前后，不少学校成立了邓小平理论研究会，学生中自发成立了学马列、邓小平理论小组。

加快"两课"改革和课程设置调整。根据教育部的要求，调整全区高校"两课"课程设置。分年度进行，从 1998 年秋季开始，到 2000 年秋季开学调整完毕。对课时、教学内容重新作了规定，全面推进"两课"教学改革。为加强对青年学生的形势与政策教育，自治区教委及时印发了《形势与政策教育要点》和《宣传提纲》，复制、复录有关形势与政策教育的录像带、录音带 200 多盘下发给学校，配合学校开展教育工作。通过加强形势政策教育，使学生增强了爱国主义信念，并对东南亚金融危机，印尼反华暴乱事件，中美、中俄关系等重大问题也有了正确认识。

这几年自治区教委在每学期开学前和有重大活动的时候，都召开学校有关领导参加的会议，对维护高校稳定提出要求，做好检查和防范工作。特别是涉及到学生生活和安全方面的工作，区教委经常派人到学校督促检查，发现问题，及时解决。由于工作细致，全区高校一直保持稳定。

撰稿 陈少娟

成人教育

〔**扫盲工作**〕 1998 年，扫盲工作加大宣传力度，坚持堵扫结合，坚持扫除文盲与扫盲后继续教育并举，加强督促指导，使扫盲工作取得成效。1998 年，全区共扫除文盲 14 496 人。至此，全区 24 个县（市、区）有 20 个通过高标准或基本扫盲单位验收，占全区县（市、区）总数的 83.3%。尚未达到扫盲标准要求的南部贫困山区的固原、海原、西吉、同心4个县94个乡镇中，已有56个乡（镇）通过县对乡（镇）的验收，占4县乡（镇）总数的59.6%。至年底，全区青壮年非文盲率达到89.5%。

为加快全区扫盲及扫盲后继续教育工作步伐，年初，自治区教委发出《关于利用冬春农闲时间在全区开展扫盲工作的通知》，要求各地对照1995年全国1%人口抽样调查中出现的一些情况，查原因，找差距，订措施。还要求已经通过验收达标的县（市、区），每年都要组织人力对历年脱盲学员进行巩固提高培训，同时，抽查人数不少于脱盲学员总人数的10%，努力降低复盲率，巩固扫盲成果。

1998年4月，在吴忠市召开会议，深入分析了全区扫盲工作形势及存在的问题，研讨了下一步扫除剩余文盲、控制复盲、南部山区县扫盲攻坚等措施和办法。

自治区教委增印5万册扫盲课本，无偿提供给南部贫困山区文盲学员使用。同时，又新编印发8.4万册扫盲后继续教育培训教材。至此，此类教材达到21种，30.4万册。基本满足农民扫除文盲、学习生产实用科技的需要。

1998年开展了评选扫盲先进集体和先进个人的工作。全区有4个先进个人、1所乡成人文化技术学校获“全国第三届中华扫盲奖”，5个县（市、区）获全国扫盲工作先进集体奖。

〔**成人高校、中专教育**〕 1998年，全区成人高校、中专认真贯彻《中国教育改革和发展纲要》，充分发挥成人高校，中专教育在自治区现代化建设中的作用和功能，使之逐步与经济和社会发展相适应，建立和完善多文化、多功能的成人高校、中专教育体系。到1998年，全区已初步形成多形式、多层次、多渠道，学科门类比较齐全的成人高校、中专学历教育与非学历教育并举的办学体系。

1998年，全区有独立设置的成人高等学校5所，普通高校附设的函授部2个，夜大学1所。外省区普通高校在宁夏设有48个函授站，在校生6 327人。宁夏广播电视大学从1998年开始招收“注册视听生”的试点工作，共招收1 343名学生。

成人中等专业教育稳步发展，积极参与初中后的分流，1998年全区独立设置的成人中等专业学校有18所，另有13所普通中专学校附设了成人中专班。成人高、中等院校积极参与下岗职工的培训和再就业工作。据不完全统计，全区各类成人高、中等院校免费培训下岗职工4 700多人次。

为提高成人高、中等教育的质量，提高办学效益，规范办学行为，1998年自治区教委先后制发了《关于宁夏广播电视大学开展“注册视听生”试点工作问题的通知》、《关于宁夏广播电视大学加强系院建设的意见》、《关于宁夏广播电视大学开展评估工作的有关问题的通知》、《关于坚决制止区外院校和个人在我区乱招生的通知》、《关于我区成人高等院校举办高等职业技术教育试点工作的通知》、《关于成人中等专业学校规范办学行为，加强教学管理的原则意见》等文件。同时，坚持对成人高校的教务和学籍实行计算机管理；坚持对成人高校、中专教育教学质量检查工作，坚持统一抽查制度。严把毕业证书关。1998年，全区成人高校、成人中专毕业证书均按规定审核验印。同时还对区外毕业生1 677人进行了学历审核，查处伪造毕业证书4本。

〔**社会力量办学**〕　1998年全区有社会力量办学单位164个，开设专业近百个，现有各类在校生22 389人，从事社会力量办学的专兼职人员和教师2 547人。根据教育部、劳动部关于实行社会力量办学许可证制度的有关规定，在全区开展了社会力量办学的年审的换证工作。为贯彻国务院颁布的《社会力量办学条例》草拟了《宁夏回族自治区实施社会力量办学条例的办法》。

撰稿　何开胜

民族教育

〔**综述**〕　1998年，由于自治区采取措施扩大全区普通高校录取少数民族考生的比例（达到25.74%），努力实施义务教育扶贫工程及其他教育项目工程，改善民族贫困地区中小学办学条件，使民族中高等院校回族在校生比例上升迅速，民族地区普及义务教育步伐加快，基础教育发展迅速。据统计，全区各级各类普通学校回族在校生有323 027人，占普通学校在校生总数的30.32%。其中：普通高等院校有回族学生3 045人，占普通院校在校生总数的29.57%；普通中等专业学校有回族学生3 250人，占普通中等专业学校在校生总数的21.94%；普通中学有回族在校生63 828人，占普通中学在校生总数的22.28%；普通小学有回族在校生230 286人，占普通小学在校生总数的35.2%。全区成人中高等学校共有回族学生3 031人，占成人中高等学校在校生总数的13.78%；职业中学有回族在校生1 936人，占职业中学在校生总数的13.50%；幼儿园回族在园儿童20 261人，占在园儿童的23.97%。

全区民族教育初步形成以各级各类普通民族学校和附设于各类学校的民族班、民族预科部（班）为骨干，以各级各类普通、成人、职业教育为依托的民族教育完整体系。

〔**民族学校及民族班、民族预科班情况**〕　1998年全区有民族高等院校1所，在校学生2 574人，教职工648人，专任教师338人。民族中等专业学校2所，在校生2 274人，教职工367人，专任教师178人。宁夏高校民族预科部和固原师范专科学校民族预科班，1998年招收少数民族预科生280名。宁夏高校民族预科部创办10年来，已累计为大专院校输送1 430名少数民族预科生。1993年，宁夏同心阿语学校设立初、高中、中专民族预科班，经过几年的扩充发展，1998年招收初、高中、中专预科生200名。

1998年，全区共办有回民中学21所、回民小学 101 所。21 所回民中学有在校生 23 985人，其中回族学生 14 173，占在校生总数的 59%；回族女生 5 772 人，占在校生总数的 24%。7 所寄宿制回民中学有在校生 9 667人，其中回族 8 098 人，占 84%；回族女生 2 964 人，占在校生总数的 31%。7 所寄宿制回民中学 1997 年高考升学率为 31%。101 所回民小学共有在校生 32 170 人，其中回族学生 24 466 人，占 76%；回族女生 10 957人，占在校生总数的 31%。

设在银川一中、吴忠中学、固原一中 3 所重点中学的民族高中班，每年招收农村回族学生 270 名。1998 年有在校生 788 人，其中女生占 20%以上。民族班自 1985 年创办以来，已毕业学生 2 600 多名，考入大中专院校的人数占毕业生总数的一半以上（其中 1997 年高考升学率达到 65%）。

〔**回民中学教育研究会成立**〕 1998 年 8 月 11 日～12 日，宁夏教育学会回民中学教育研究会在银川市召开成立大会。自治区政协副主席洪维宗以及自治区政府办公厅、民委等有关负责人出席了开幕式和闭幕式。全国民族中学教育协会向宁夏教育学会回民中学教育研究会捐款 2 万元。

根据宁夏教育学会回民中学教育研究会关于全区各回民中学要经常交流教育信息的要求，1998 年 12 月，银川市唐徕回民中学派 4 名优秀教师到固原进行英语、语文、数学、政治示范课教学，听课人数多达 130 人。

撰稿　王玉林

审稿　马凤虎　高　志　陈少娟

新疆维吾尔自治区教育

概　况

〔基本情况〕

1998 年各级普通学校基本情况

单位：人

学校类别	校数(所)	毕业生数		招生数		在校学生数		教职工数		其中专任教师	
		计	民族	计	民族	计	民族	计	民族	计	民族
一、普通高等学校	17	11 401	5 784	12 880	5 253	47 464	20 941	17 223	5 832	7 587	2 984
研究生		173	34	276	35	747	100				
本　科		5 775	3 209	8 071	3 269	31 975	14 354				
专　科		5 453	2 541	4 533	1 949	14 742	6 487				
二、中等专业学校	115	23 090	11 186	27 497	13 403	82 262	41 617	14 202	6 518	7 194	3 833
技术学校	94	16 561	7 013	20 621	9 126	63 118	29 809	11 319	4 701	5 473	2 670
师范学校	21	6 529	4 173	6 876	4 277	19 144	11 808	2 883	1 817	1 721	1 163
三、普通中学	1 763	259 910	151 172	365 234	239 336	958 420	611 820	89 728	47 899	69 845	39 361
高　中	517	49 702	20 341	71 302	35 435	183 230	87 326			15 374	7 289
初　中	1 246	210 208	130 831	293 932	203 901	775 190	524 494			54 471	32 072
四、职业中学	121	18 038	8 160	19 862	10 897	51 458	26 133	5 127	1 684	3 641	1 259
高　中	114	13 697	4 510	13 728	5 100	36 288	11 920			3 215	948
初　中	7	4 341	3 650	6 134	5 797	15 170	14 213			426	311
五、小　学	6 837	321 044	230 385	429 247	302 334	2 502 691	1 743 899	142 222	91 966	123 308	79 699
六、特殊教育学校	7	100	28	130	38	613	179	287	44	163	28
七、幼儿园	797	113 819	30 775	136 301	36 547	221 254	50 581	16 934	3 791	8 864	1 939

1998 年各级成人学校基本情况

单位：人

学校类别	校数(所)	毕业生数		招生数		在校学生数		教职工数		其中专任教师	
		计	民族	计	民族	计	民族	计	民族	计	民族
一、成人高等学校	27	20 301	5 183	20 279	5 575	51 903	11 876	5 598	1 620	2 626	847
广播电视大学	2	7 881	2 424	5 879	2 606	16 897	5 152	1 587	284	619	95
职工高等学校	12	2 646	379	2 601	471	6 884	1 299	1 198	212	645	104
管理干部学院	2	1 038	345	1 282	385	2 617	719	565	200	213	101
教育学院	11	2 994	1 279	3 067	1 085	6 794	2 256	2 248	924	1 149	547
普通高校举办：											
函授部		2 216	238	3 457	443	8 520	935				
夜大学		986	173	1 158	120	3 579	331				
成人脱产班		2 540	345	2 835	465	6 612	1 184				
二、成人中等专业学校	81	19 090	3 324	20 478	6 443	54 909	13 378	4 440	1 428	2 426	914
广播电视中专	4	7 748	645	8 028	2 345	24 413	5 578	1 284	402	711	292
职工中专	28	5 366	610	3 455	482	12 569	1 445	1 505	301	764	163
教师进修学校	49	2 368	843	1 965	1 040	4 465	2 083	1 651	725	951	459
普通中专成人班		3 608	1 226	7 030	2 576	13 462	4 272				
三、成人中学	23	16 843	14 934	23 663	19 549	25 177	19 729	163		117	68
职工中学		1 977	150	1 329	667	5 843	847	113		82	33
农民中学		14 866	14 784	19 334	18 882	19 334	18 882	50		35	35
四、成人技术培训学校	3 398	1 447 208	957 276	994 042	655 005	1 359 193	935 509	3 805		1 773	1 238
职工技术培训学校	52	78 757	48 071	85 298	56 074	87 496	56 286	604		385	133
											948
农民技术培训学校	3 346	1 368 451	909 205	908 744	598 931	1 271 697	879 223	3 201		1 388	1 105
五、成人初等学校	727	167 591	150 322	71 218	67 717	156 541	144 000	2 041		344	238
职工初等学校	8	619	588	50	35	238	134	16		2	
农民初等学校	719	166 972	149 734	71 168	67 682	156 303	143 926	2 025		342	238
其中：扫盲班		96 510	89 283	41 711	40 473	64 548	59 279	1 366		252	188

自治区教委计划财务处制表

〔**年度工作方针**〕　1998年2月11日，自治区高校工委和自治区教委召开教育工作会议，确定1998年自治区教育工作的总体要求是：高举邓小平理论旗帜，全面贯彻落实党的十五大对教育工作的部署和要求，切实落实教育优先发展的战略地位，坚持“科教兴新”战略。正确处理改革、发展、稳定的关系，继续推进教育体制和教育发展方式的转变，进一步理顺体制、搞活机制、优化结构、增加投入。继续抓紧落实《自治区党委、人民政府关于贯彻实施〈中国教育改革和发展纲要〉的实施意见》，以全面提高教育质量和办学效益为中心，以大力普及九年义务教育和扫除青壮年文盲为重点，以布局结构、专业调整为突破口，积极发展各种形式的职业教育和成人教育，稳步发展高等教育，促进各类教育健康、稳定、协调发展。努力探索和建立适应社会主义市场经济和社会全面进步，符合教育发展规律的教育体制和运行机制。

1998年的工作思路是：(1)认真学习贯彻十五大精神，坚持社会主义办学方向，进一步解放思想，转变观念，加快全区教育改革与发展步伐。要彻底转变完全依赖国家投资办教育，事事“等、靠、要”的观念，树立依靠人民办教育，自力更生、艰苦奋斗的观念；彻底转变就教育论教育的观念，树立教育主动为经济和社会发展服务的观念；彻底转变片面追求数量和速度的观念，树立注重质量和效益的观念；彻底转变大中专毕业生完全由国家统包统分的观念，树立适应社会主义市场经济体制的就业观念；彻底转变“应试教育”的观念，树立素质教育的观念。(2)要加快办学体制的改革，逐步形成政府办学为主与社会各方面参与办学相结合，多种办学形式并存、共同发展的新体制。(3)加快普通大中专院校招生和毕业生就业制度改革。区属普通高等学校招生1998年全部并轨。(4)积极推进农村教育和城市教育综合改革，促进教育同经济科技密切结合。(5)要以面向全体学生，全面提高学生素质为目标，以提高学校管理水平和课堂教学质量为重点，因地制宜地开展素质教育，切实克服忽视质量和条件，片面追求发展速度和数量指标，甚至弄虚作假的错误倾向，确保“普九”实效。(6)加强党的领导，坚持社会主义办学方向，把学校建成培养社会主义事业建设者和接班人的坚强阵地。

〔**支援灾区教育**〕　1998年，长江、松花江、嫩江流域发生的特大洪水，牵动着新疆400多万各族师生员工的心。8月17日，自治区高校工委、教委召开机关和直属单位抗洪赈灾募捐动员大会。8月22日，《新疆教育报》发表评论员文章《八方支援　抗洪救灾》，号召全区教育系统向灾区伸出援助之手。各级教育行政部门、各级各类学校的各族干部和师生员工慷慨解囊，捐资捐物。9月10日，在教育部、中央电视台举办的“为了灾区的孩子，98教育系统赈灾义演”晚会上，自治区教委代表新疆教育系统向义演晚会捐资204.931万元和价值26万元的教学仪器。新疆生产建设兵团教委代表兵团教育系统捐资100万元。据不完全统计，全区教育系统向灾区捐款270.5万元；捐赠仪器设备价值30万元。

9月初，伊宁市第六中学致电湖北省委、省政府，提出愿接收10名灾区学生来六中学习三年(初一至初三)，并负责学生的生活和医疗等费用。9月10日上午，自治区教委举行迎送仪式，欢迎湖北省公安县来新疆的10名学生赴伊宁市六中学习，并捐资2.5万元，以资助他们的学习与生活。

〔**教育投入与基本建设**〕 1998年全区教育经费总支出为43.75亿元(不含兵团),其中,国家财政性支出为37.39亿元。

全区教育经费投入来源分类情况是:(1)财政预算内教育经费拨款(包括教育事业费和基建拨款,科研经费拨款以及其他经费拨款)支出为29.29亿元,其中:财政预算内教育事业费拨款支出24.47亿元。(2)各级政府征收用于教育税费支出为2.77亿元,其中:城市教育费附加为1.19亿元;农村教育费附加为1.08亿元;地方教育附加费为5 068万元。(3)企业办学经费支出为4.03亿元。(4)校办产业、勤工俭学和社会服务收入用于教育的经费支出为1.3亿元。(5)社会团体和公民个人办学经费支出为3 697万元。(6)社会捐、集资办学经费的支出为3 246万元。(7)学、杂费支出32 574万元。

1998年,全区中、初等学校开展勤工俭学纯收入2.38亿元,生均达66.91元,用于补助教育经费1.83亿元。

1998年,自治区共安排教育基本建设投资2.97亿元。其中,中央及自治区补助5 750万元;邵逸夫先生赠款660万港元;世行贷款1 507万元;各地、州、市、县自筹资金2.18亿元。计划新建、扩建和更新改造各级各类学校校舍和新建教职工住房54.86万平方米,预计竣工面积35.66万平方米。

1998年共安排普通高校及直属单位建设项目26个,计划投资2 810万元,建筑面积47 710平方米,计划竣工建筑面积16 310平方米,实际竣工面积14 735平方米;中小学校舍八配套及其他建设项目计划总投资7 658.5万元,计划新建、改建、扩建校舍建筑面积12.72万平方米;国家扶贫教育工程建设项目安排自治区1 100万元投资,计划新建校舍17 920平方米,主要用于支持经济长期贫困,教育普及程度低的国家贫困县农牧区小学校舍建设;世行贷款"贫困二"土建项目安排18个项目县(市)新建、扩建和更新改造的学校291所,建筑面积13.5万平方米,总投资5 072万元。

邵逸夫先生第十二批赠款项目共获赠款660万港元,用于全区9个地、州、市及教委直属的17所学校的校舍建设。其中,中学3所、中小学6所、村小学8所,计划建筑面积35 735平方米。

教职工住房建设安排高等院校教职工住房建设投资7 134万元,计划完成建筑面积81 212平方米,建成住房1 085套。安排城镇中小学校教师住房建设投资750万元,计划完成建筑面积97 598平方米,建成住房1 538套。到1998年底,全区普通高校教职工人均居住面积达8.44平方米,成套率为89.5%;城镇中小学校教职工人均住房面积达8.30平方米,成套率为49.2%。

存在的主要问题是:(1)教育基建投入不足的矛盾仍然突出。全区中小学校舍短缺570万平方米。其中,贫困县短缺220万平方米,非贫困县短缺350万平方米,初步测算共需投资43亿元。(2)预算内资金到位率较低,影响基建计划正常执行。1997年全区直属院校基建投资到位率仅为47%,1998年到位率83%。(3)教育基建投资渠道和数量减少。1998年自治区将预算内教育基建投资500万元及专控附加费420万元作为"义务教育工程"配套款,这样,非贫困县、直属项目基建投资的数量就大大降低,影响教育事业发展的需要。

〔**依法治教**〕 为加强教育法制建设，1998年自治区教委完成了《新疆维吾尔自治区实施〈教师法〉办法（草案）》、《新疆维吾尔自治区实施〈职业教育法〉办法（草案）》的起草、论证、上报工作；制定公布了关于义务教育学校、普通高中、中等职业学校、高等学校的收费管理办法，进一步规范各类学校的收费管理行为；组织了教委机关和直属单位“三五”普法考试；完成了全区县以上教育行政部门申领“教育行政执法证”和“教育行政执法监督证”的审查、发证工作，向全区发出“两证”910件。

1998年自治区教委分别在南北东疆和乌鲁木齐、昌吉举办了五期教育法制干部培训班，对地、州、市和部分县（市）教育行政部门领导和申请教育行政执法证件的近300名同志进行了培训，使参加学习的同志进一步明确教育法制建设的主要任务和当前教育法制工作的重点，增强了依法治教的紧迫感和责任感。

〔**教育审计与纪检监察**〕 1998年，自治区完成教育审计项目1 086个，检查纠正各类违纪金额1 714万元，减少损失浪费资金506万元，促进增收节支2 056万元。为了提高教育系统财务人员和审计人员的素质。自治区教委分别举办了两期社会力量办学教育机构财会人员培训班，有160多人参加学习。

1998年，自治区高校工委、教委的纪检监察工作按照“一手抓廉政教育，一手抓案件查处”的思路，把党风廉政建设同党的思想建设和组织建设紧密地结合起来，坚持标本兼治，综合治理，履行纪检监察职能，全面落实反腐倡廉各项任务的原则，为教育改革和发展创造了良好的内部环境。一是认真贯彻落实《关于党政机关厉行节约制止奢侈浪费行为的若干规定》，严格控制会议数量，坚持会议审批制度。二是将治理中小学乱收费工作作为全年重点工作之一。年初，转发了教育部《关于进一步加强治理中小学乱收费工作的紧急通知》，制定发出《关于1998年治理中小学乱收费的工作方案》和《关于治理中小学乱收费工作进行检查考核的实施意见》，对全区治理中小学收费工作作出部署。城镇中小学使用了收费卡，农牧区中小学收费采用张榜公布的办法，从而规范了学校的收费行为。三是加大了高校招生执法监察工作的力度。狠抓考风考纪，维护公平竞争、公正选拔的招生考试原则。

〔**教师职务评定**〕 1998年，自治区教育系统职改工作采取了两项新的举措：一是实行了“四公开”，即公开职务限额；公开个人申报材料；公开考试、考核结果；公开推荐申报人员名单。二是改进评审手段，增设了答辩环节。通过改革，增加了职改工作的透明度，减少了人为因素的干扰，保证了评审工作的客观、公正，受到了广大教职工的好评。

1998年自治区教委职改办共受理评审材料1 095份。经过评审通过943人，通过率为86.1%，其中高等学校教授63人，副教授215人，讲师65人；中等专业学校高级讲师170人，讲师103人，助讲4人；中学高级教师133人，一级教师89人，二、三级教师2人；小学高级教师80人，一级教师17人，二、三级教师2人。

撰稿 王建德

基础教育

〔“义务教育工程”启动〕 1998年6月18日，自治区教委、财政厅与来自全疆9个地州和30个贫困县的负责人签订了为期3年的“国家贫困地区义务教育工程”(简称“工程”)项目责任书。

新疆维吾尔自治区30个贫困县共有面积111.7万平方公里，占全区总面积的70%。项目县总人口为440万人，其中少数民族393万人，占89%。“工程”总投资64 650万元，按照中央和地方1：1.5的比例配套，中央下达专项资金25 600万元，自治区财政配套20 740万元，地方财政配套18 310万元。“工程”完成后，项目县危房率将由1998年的小学17.9%和初中11.57%分别下降到1%；配置课桌凳22万单人套，达到学生人人有课桌凳；购置图书资料332.8万册，使项目县小学、初中生均图书将由1.35、4.7册分别提高到6.9册和10.9册；中小学教师和校长将全部培训一遍。

〔幼儿和特殊教育〕 1998年，自治区教委制定了《自治区幼儿园办园条件评估标准》、《自治区学前班管理办法》。6月初，在伊犁州伊宁市召开了“自治区城市幼儿园办园体制改革研讨会”，对如何进行办园体制改革，如何建立多元化学前教育发展机制进行了探索。年内，自治区教委与自治区人事厅、财政厅、残疾人联合会，共同发出《自治区特殊教育“九五”发展实施意见》，对全区发展特殊教育，保证残疾儿童少年接受义务教育提出政策性指导意见。

〔义务教育〕 1998年，自治区政府教育督导室全年赴13个地、州、市、32个县、市、区，200多个乡、镇、场，近1 000所中小学和农牧民文化技术学校进行督导检查。按照自治区“两基”规划，1998年有阿克苏市、哈密市等13个县、市的“两基”工作，经自治区验收合格。至此，全区已有43个县(市、区)实现“两基”，总人数为688.12万人，占全区地方人口的46.5%。在自治区规划中列入下世纪“普九”的22个县中，福海县经自治区政府批准将提前到本世纪末“普九”，其余21个县，有18个县1997年通过“普六”复查验收，1998年又有和田县验收合格，剩下伽师、塔什库尔干两县，正在千方百计克服地震等自然灾害带来的严重困难，创造条件，接受验收。

〔素质教育〕 1998年上半年，自治区教委印发《关于在我区中小学全面推进素质教育的意见》，确定乌鲁木齐市天山区、新市区、沙依巴克区和南北疆的库尔勒市、克拉玛依市、石河子市、奎屯市、玛纳斯县为素质教育实验区。4月中旬，召开全区素质教育工作研讨会，对全疆中小学实施素质教育工作进行研讨和交流。下半年，自治区教委派人赴南北疆16个地州市的200余所中小学进行素质教育工作调研，向自治区政协作了专题汇报。10月下旬，从喀什地区普教干部、中小学校长中选派34人组成“新疆素质教育内地考察团”，赴广州、上海、北京参观考察，为积极推进全区贫困地区中小学实施素质教育提供有益借鉴。另外，选编、翻译了《素质教育资料汇编》，于年内用维汉两种文字正式出版发行。

〔**教育教学管理**〕　(1)1998年，自治区教委对全区“双语”教学工作情况进行了调研，制定了全区民族中学生“双语”授课实验班评估标准，并对13个地、州、市的“双语”授课实验班进行了检查评估并形成报告。同时制定了实验班毕业生参加高考的相关政策。参与全国新疆“双语”研究的课题，组织开展了区内的“双语”教学研究工作，做到“双语”教学工作有计划、有落实、有检查，形成较为完整的工作机制。(2)年初，自治区召开中小学竞赛活动管理座谈会，审查公布1998年度自治区中小学生竞赛活动项目，进一步规范全区中小学生竞赛活动的管理。(3)在调查摸底的基础上，召开两次教委直属中学校长会议，针对存在的问题提出具体意见。(4)完成了全区义务教育阶段中小学课程内容、教学要求的调整工作，并用维、汉两种文字印发给各地。(5)进一步规范中小学教学用书管理等方面的工作。建立了教学用书的管理机制，初步形成由专任教师审定教辅用书，自治区教委有关处室参与意见，切实提高推荐教学用书的质量，以更好地为教学服务。(6)3月中旬，组织部分地、州、市教育行政部门的普教科长赴北京、吉林、内蒙古等地对教育改革和发展情况特别是发展民族教育情况进行了考察，并写出了专题调研报告。(7)6月中旬，分别对乌鲁木齐市、库尔勒市、伊宁市进行了汉、维、哈、蒙4种语言的中小学生课业负担调查，并形成调研报告。(8)加强小学管理。年底，印发了《自治区贯彻实施〈小学管理规程〉的暂行办法》。

〔**牧区寄宿学校建设**〕　牧区教育是全区实现“普九”工作的难点，办好牧区寄宿制学校是搞好牧区教育的关键。1998年4月～6月，自治区教委组成调查组先后对北疆地区8个县的牧区寄宿制学校情况进行了全面调查。10月中旬，在阿勒泰地区富蕴县召开“自治区牧区寄宿学校建设与管理经验交流现场会”。从1983年到1998年，富蕴县牧区寄宿制学校由原来的6所发展到8所，其中3所还增设了初中，校舍由原来的不到6 000平方米增加到10 443平方米，教职员工由原来的180多人增加到361人，教学班由原来的76个增加到148个，在校学生已增至4 336人。小学“四率”分别达到：入学率98.8%、毕业率99.6%、巩固率98.9%、普及率99.1%。该县领导重视发展寄宿制学校，在地方财政比较困难的情况下，自1986年以来想方设法筹集资金1 239万元用于寄宿制学校建设。同时动员社会力量，多途径多渠道筹措资金，走“一不等、二不靠、三不伸手向上要”的自力更生、勤工俭学的路子，使寄宿制学校的办学条件和管理水平均上了一个新台阶。会议推广了富蕴县的经验，对于南北疆牧区寄宿学校的建设和发展起到了推动作用。

〔**高中毕业会考**〕 1998年元月16日～17日举行的高三会考共有47 490人次参加。经审核共发放应届生合格证40 225人次，成绩证6 099人次，发证率97.8%。

5月中旬，由自治区会考办统一安排，各地、州、市会考办组织了全疆高一物理、化学、生物实验操作考查，全疆共有580多所中学152 187人次参加了维、汉、哈、蒙、柯5个语种3个科目的考查，有98%以上的学生获得通过。6月19日～21日，组织了全疆高一、高二会考考试，9月25日～27日，又组织了高一、高二会考5个语种共计6万科次的补考，各语种及格率达到95%。

会考工作存在的主要问题，一是仍有少数地区管理人员素质不高，人员更换频繁，对开展科学的考籍管理带来诸多困难；二是考风、考纪需进一步加强。1998年喀什麦盖提县政治课集体作弊案，自治区教委已对此案调查处理，并向全疆通报批评。

〔**教师队伍建设**〕 1998年4月24日～25日，自治区教委召开师范教育工作会议，讨论加快全区师范教育改革与发展，加强中小学教师队伍建设的总体思路，交流办好师范教育、加快中小学教师队伍建设的经验。会后，自治区教委发出《关于加强中小学教师队伍建设的意见》。并派员赴南北疆调查中小学教师继续教育和教师队伍情况，起草了《关于大力开展中小学教师继续教育和加强汉语教师队伍的意见》，提出中小学汉语教师培训的规划、方案、要求、措施，将继续教育同汉语培训结合起来，积极推行汉语水平考试。提高小学教师学历层次工作正式开展。1998年，小学教师大专班招生700人，并在昌吉师范学校、昌吉教育学院进行“3＋2”五年制大专学历师资班的试点工作。

〔**教育科研**〕 1998年，自治区以“科研兴教”、“科研兴校”为目标，针对以往工作中存在的弊端，强化了教育科研规划与研究，加强地州市教研室建设，建立起自治区教育科研课题研究、管理网络，使全疆教育科研向科学化、制度化的方向迈进。

1998年，召开了自治区第五届教育科研规划暨教育学会换届会议，制定了《自治区教育科研规划1998年课题指南》、《教育科研规划课题申报办法》等。组织全疆各地州市申报教育科研“九五”规划课题，并组织专家评审。“新疆九个民族教育的历史、现状及发展对策研究”、“关于降低维吾尔族儿童重读率与辍学率，提高初中入学率的实验与研究”已结题。正在进行的“提高新疆少数民族双语教学水平的实验与对策研究”、“城乡挂钩，提高农村学校教学水平为当地经济建设服务”、“提高民族地区教育科研人员素质”、“全国贫困地区农村幼儿教育现状与对策研究”、“提高西部贫困地区少数民族女童教育质量和效益研究”等课题，已取得阶段性成果。

〔**教材建设与教学法研究**〕 1998年，自治区教委组织人员共审查中小学（含中师）各科教学大纲、教材及音像教材、教学参考书共100种，全年共出版中小学教材1 433种，其中，维吾尔文364种（含新版68种）、哈萨克文341种（含新版60种）、柯尔克孜文188种（含新版23种）、蒙古文106种（含新版20种）、锡伯文24种（含新版1种）、汉文410种（含新版32种），共出书485 370册。

为大面积提高全疆汉语教学水平，结合新疆实际，并学习借鉴国内外先进教育思想和理论，组织了“建立新疆少数民族中小学汉语教学新教学法体系的研究”，对全区汉语教学的思想观念、教学体系、教材教法、考试评改以及整体设计提出了新构想。同时加强宣传力度，汉语教材编写、教师培训、考试研究等已开始实验启动。小学汉语教材按新教学法体系构想编写完毕，初中教材的编写已经开始，教师培训已进行。

撰稿 杨崇慧 王建德

职业教育

〔**布局结构调整**〕 1998年，自治区教委发出《关于贯彻自治区职业教育工作会议精神，推进职业教育布局结构调整工作的通知》，并到伊犁州、伊犁地区、伊宁县、察布查尔县、巴州、和田地区、皮山县、洛浦县、于田县等地(州)、县，会同自治区经贸委、水利厅、供销社等部分业务厅局督导检查贯彻自治区职业教育工作会议情况，积极推动中等职业教育布局结构调整工作。年内，昌吉州、博州对全州各类职业学校及培训机构进行了全面调查，提出了布局结构调整的初步方案。自治区经贸委、水利厅、供销社等业务厅局也提出了所属学校的布局调整方案。克拉玛依市进行城市综合改革实验，将电视大学、教育学院、师范学校、卫生学校等联合组建为社区文理学院，进行多层次、多形式办学。

〔**普通中专改革与发展**〕 1998年，由于机构改革，产业结构调整，国有企业减员增效等原因，自治区一些业务厅局明确要求所属中等专业学校停止招收普通班，只面向本行业、企业搞在职培训。面对这些新情况、新问题，自治区教委于11月同邮电、电力、气象、铁路、石油、银行等部门及所属中专学校领导进行座谈。围绕业务部门属中专如何适应经济体制改革，新形势下如何改革招生和毕业生就业制度，发挥学校优势，立足行业、面向社会培养人才，如何提高学校规模效益和办学水平，继续发挥中专学校骨干示范作用，行业中专学校今后如何发展等问题进行讨论，以进一步推动学校改革与发展。同时根据原国家教委《关于普通中等专业学校招生并轨改革的意见》和自治区职业教育工作会议精神，决定1998年全区部分普通中专学校实行招生并轨(试点)，在调查研究的基础上，制定了《关于1998年部分普通中专实行招生并轨的意见》和《关于1998年我区部分普通中专实行招生并轨的通知》，提出了编制1998年普通中专招生计划的建议。确定乌鲁木齐地区中专学校及巴州、克州部分中专学校实行并轨试点。试点进展顺利，运转正常。1998年，新疆电力学校、新疆轻工学校、新疆化工学校、新疆纺织学校等中专学校还开展了职工岗位培训，为下岗职工再就业培训作贡献。

1998 年 11 月 9 日～12 日，自治区教委召开普通中专教学改革研讨会。新疆石油学校、新疆农业学校、新疆化工学校在会上作了典型经验介绍。新疆石油学校推行“一书多证制”，实施“分类招生，宽口培养”的教学改革，不断提高办学质量和效益，走出了一条独具特色的办学路子。新疆农业学校、新疆化工学校围绕提高学生职业技能的培养，大胆进行教学改革实验。

〔**校长和教师培训**〕 1998 年 5 月 8 日～6 月 28 日，自治区教委委托湖南农业大学职业技术学院、河北昌黎职业技术学院，分别为自治区举办职业高中(职业中专)校长岗位培训班。至此，全区原有职业高中校长已培训了一遍，第一轮培训结束。

1998 年，西安交通大学在自治区招收职业高中(职业中专)在职教师班，为新疆职业学校培训师资。继续在新疆职工大学、新疆农业大学、乌鲁木齐职业大学等校举办职业教育师资班，开展教师技能培训。

〔**职业教育存在的困难和问题**〕 (1)各地、州、市政府统筹力度不够。中等职业教育布局结构调整工作进展缓慢，各类职业学校、培训机构重复设置、分散办学现象仍较严重。(2)对职业教育投入不足。许多学校办学条件达不到设置要求，职业教育整体基础很薄弱。(3)特困生问题没有得到解决。中等专业学校特困生约占在校总数的 15%，学校无特困生补助费，一些学生很难坚持学完学业。(4)自治区职教会议确定全区中等职业教育在校生占高中阶段比例应保持在 50%以上，但近两年，由于多方面原因，主要是“普高热”，致使中等职业教育占高中阶段比例下降至 46%。1998 年比 1997 年招生减少 18.8%，在校生减少 8.05%。(5)农村职业教育发展困难。面向农业、农村经济的职业学校数量少、质量不高，与当地经济结合不够。

撰稿 杨崇慧

高 等 教 育

〔**高校党建工作**〕 1998 年 9 月 15 日～17 日，自治区党委组织部、宣传部、自治区高校工委和自治区教委党组联合召开自治区高等学校党的建设工作会议，来自全区 24 所高校的 100 多名代表参加会议。会议对高校党建工作提出以下奋斗目标：(1)以邓小平理论武装党员和教育师生的工作要取得实质性进展，使师生素质继续得到提高；(2)高校领导班子建设切实得到加强，学校党委应成为带领广大师生员工推进改革和发展的坚强领导核心，党委书记和校长努力成为“社会主义的政治家、教育家”；(3)发挥党总支的政治核心作用、党支部的战斗堡垒作用和党员的先锋模范作用；(4)学校党委要围绕学校改革和发展这一中心，加速管理体制改革和教育教学改革步伐，提高学校主动适应社会主义现代化建设需要的能力；(5)继续保持高等学校的稳定，把学校建设成为反对民族分裂主义和反对非法宗教活动的阵地。

会议表彰了党建工作中做出突出成绩的34个高校基层党组织，并授予“自治区高等学校先进基层党组织”称号。会议期间，新疆大学、新疆师范大学、新疆农业大学、石河子大学、新疆财经学院、喀什师范学院6所高校分别介绍了加强党建工作促进学校改革与发展的经验。

〔**管理体制改革**〕 1998年2月，自治区教委根据《自治区普通高校结构布局调整意见》精神，提出了《新疆医学院和新疆中医学院合并组建新疆医科大学的方案》，经自治区政府同意和教育部批准，新疆医科大学于1998年9月10日挂牌成立。新疆医科大学经过调整后，开设临床医学、预防医学、药学、中医医疗、中医针灸等专业，拥有博士、硕士、普通本专科、成人本专科等6000多名在校生。下设4所附属医院、1个中医研究所和2所护士学校、2所中学，全校职工总人数达5 200多人，成为多民族、多学科、多层次、多功能的综合性医科大学。

1998年9月，自治区教委开展了对新疆财经学院、新疆经济管理干部学院、新疆财经学校合并组建新疆财经大学的调研论证工作，并提出了组建方案；审核了新疆大学法学院组建方案和建立校、院、系三级管理体制的意见以及新疆农业大学各分院更名为学院的报告。

〔**教育教学改革**〕 1998年，自治区教委针对高等教育急需解决的问题，重点推进专业设置结构调整，人才培养模式和培养规格的改革工作，取得较大进展。(1)草拟了《自治区普通高等学校专业设置现状调查报告》，并提出了解决问题的对策建议。(2)制定颁布了《新疆维吾尔自治区普通高等学校本科专业目录》和《新疆维吾尔自治区普通高等学校专科专业目录》。本科专业目录增设了哲学门类，分列了管理学门类，其学科门类由原来的9个增加到11个；专业类由原来的42个调整增加到57个；原有专业由142种调减为118种，新增专业35个。专科专业目录所列120种专业分属10个学科门类51个专业类。(3)完成了自治区普通高校现行专业设置的清理工作，启动了新专业教学计划的修订工作。(4)提出了《自治区普通高校专业结构调整实施方案意见》。通过计划杠杆、分工建设、相关系统协调等方法调整高校专业现有规模结构，使专业发展从数量扩张向质量建设转变，以集中现有条件和力量，着力建设好已有专业，真正提高已有专业的培养教育质量。(5)继续强化高校计算机基础教学和大学外语教学，增强学生计算机和外语的实际应用技能。计算机考试1998年实现了同全国的高校联考。在组织考试的过程中，促进了部分学校对硬件的投入，如高档计算机、语言设备，改善了教学条件。(6)制定了《自治区普通高等学校教学成果奖励工作实施办法》，使高等学校教学成果表彰工作规范化、制度化。

此外，自治区教委将民族本科多年一贯制的"一、四"教学模式改为"二、三"分段教学模式：即由过去民族本科生入学后学一年预科汉语，学四年基础、专业课改为学两年汉语、基础课，三年专业课的教学改革模式。此措施按照"削枝保干、突出重点、保证工具(工具课)、掌握基础"的方针将教学目标定为：进入大学三年级的民族学生应具备运用汉语听专业课、阅读专业书籍的能力，具备专业基础知识和技能，此举提高了民族教学质量。

〔**高校"两课"改革与建设**〕 1998年8月16日，自治区教委召开了新疆高校实施"两课"新课程设置方案工作会议。对高校"两课"改革和建设提出了意见和要求。为贯彻落实中宣部、教育部《关于普通高校开设〈邓小平理论概论〉课的通知》精神，要求全区普通高校从1998年秋季起在民、汉教学班同步开设《邓小平理论概论》课，并将此课作为学校的主干课程加强建设。自治区教委在新疆农业大学举办了高校《邓小平理论概论》课教师培训班，全疆30多所高校98名理论课教师参加培训。

为发挥"两课"主渠道作用，自治区教委提出邓小平理论"进课堂、进教材、进头脑"工作要与阅读原著、课堂讲授、座谈讨论、社会实践相结合，要结合国情、区情、历史讲透理论等项要求。

7月～12月，自治区教委组织开展了全区首届优秀"两课"教师评选工作，经评审，全疆有80余名优秀"两课"教师受到了表彰奖励。

〔**学位工作**〕 自治区教委根据国务院学位委员会有关文件精神和自治区学位教育工作实际，提出了成立自治区学位委员会的方案。

1998年，自治区有100多名中小学教师和管理人员参加了教育学硕士专业学位招生考试；并在全疆首次进行了MBA招生考试；组织了成人学士学位外语水平考试，参加考试的成人本科学生有228人；组织了在职人员申请硕士学位外语统考，分英、日、俄、德4个语种共336人参考。1998年，自治区新增博士授权单位和硕士授权单位各1个，新增博士点2个，硕士点17个。新增专业学位点1个。

〔**招生及毕业生分配工作**〕 1998年，自治区有研究生培养单位10个。招收研究生比上年增长17.95%，毕业研究生比上年增长9.49%，在校研究生比上年增长15.46%，有研究生指导教师674人，比上年增长20.14%。

1998年自治区普通高考录取新生22 410人，其中区外院校录取新生9 790人，区内院校录取新生12 620人。5月，自治区教委派员赴各地、州、市根据《普通高校招生全国统一考试考务管理水平评价指标体系》，对各地招生工作逐项检查，评分，并将评分结果及书面意见及时反馈，对存在的问题要求限期改进。编辑出版了《招生考试文件汇编》、印发了《新疆维吾尔自治区普通高等学校、中等专业学校招生考试指导手册》等，用以指导招生考试工作。6月13日，自治区教委在乌鲁木齐市八中举办大型高考咨询活动，区内外的30余所高校参与此活动，接待咨询考生3 000余人。7月4日，自治区教委召开全区县以上有关人员参加的考风考纪电话会议。针对新疆实际，自治区教委要求严打招生考试中的“四假”行为：即假考籍、假“民考汉”、假体检证明、假“体育尖子”。经各级考试机构与公安、民委、卫生部门协调配合，从严、从速查处了阿克苏地区假考籍等违规问题。

8月，普通高校招生录取工作开始前，自治区教委召开两次会议，确定录取工作的政策：一是为保证农、林、牧、地质、煤矿等行业的人才需求，上述专业考生录取时一律加20分；二是为鼓励少数民族学生学习、掌握汉语，1998年将国家汉语水平考试(HSK)与高考总计分挂钩，凡取得HSK三级证书者在高考总分中加5分，四级加者10分，五级者加15分，六级者以上加20分；三是少数民族“双语”实验班毕业生，汉语水平考试达到五级以上，又参加了自治区单独组织的外语考试且优秀，高考成绩达到了相应分数线的，可以直接进入区内院校用汉语授课的专业学习或在预科后进入内地有关院校学习；四是汉考民考生录取的计划单列，此举是为鼓励汉族学习、掌握少数民族语言；五是区内院校录取时，拿出招生计划的5%，用以解决南疆3地州及贫困县的考生上学问题，以保证这些地区人才的需要；六是认真落实中央有关文件，完成新疆生产建设兵团的定向招生计划；七是1998年全区所有高等院校一律实行并轨招生。由于招生部门和院校采用了各种形式进行并轨有关政策宣传，因而并轨招生对生源没有太大影响，社会反应平稳。

1998年，全区共分配高校毕业生9 995人，其中，毕业研究生176名，师范类本专科毕业生3 055名，区外师范类本专科毕业生208名，高等师范院校本科毕业生208名；中等师范学校毕业生6 556名。

〔**高校科技成果转化**〕 11月4日，新疆第一个高校科研成果转化中间试验基地——新疆大学GM32—50×3超临界二氧化碳萃取装置，经过两个多月的试运行，通过验收，使新疆高校在特色自然资源的开发利用，科研成果转化为生产力方面迈出了步伐。

新疆大学化学系教授刘奎钫教授主持并承担的“九·五”国家重点科技攻关项目“啤酒花浸膏的液态CO_2萃取及其异构化工艺中间试验”课题于1996年7月正式立项，总科研经费450万元。此课题的“四氢异α—酸的工艺流程试验”成果已被专家论证通过，认为是应用高新技术对啤酒花深加工研究新取得的高水平科技成果。应用超临界CO_2萃取这一新型的分离技术，解决了新疆啤酒花的深加工和综合利用的难题，为中国酒花制品的生产和应用开辟了广阔的前景，填补了自治区的空白。作为该项目的子课题，新疆大学校内建成的GM32—50×3的超临界二氧化碳萃取装置已通过验收，标志着新疆大学在“产学研”相结合一体化方面取得了成果。

〔**教育交流与合作**〕 1998年，自治区教委与有关部门发出了《关于加强自治区教育外事工作统一归口管理和规范化建设的若干规定》、《关于自费出国留学的有关规定》等一系列文件，完善了教育外事工作的规章制度，进一步规范了教育对外交流与合作工作。

1998年全区教育系统公派(包括国家和地方公派)出国留学70余人，自费出国留学80人，教育系统出访代表团组38批，共73人次。接待外国来访团组29批，252人次。为有关院校聘请长、短期外专、外教、外国合作科研人员52人(其中长期专家27人)；为有关高校招收外国留学生131人(其中已入学101人)。

1998年,自治区教委根据国家留学基金委出国留学改革工作基本精神,提出了《1998年和1999年地方公派出国留学工作改革实施方案》,对自治区地方公派出国留学生选拔派遣方式进行改革,本着“个人申请,学校推荐,主管部门审核,签约派出,违约赔偿”的原则和“按需派遣,保证质量,学用一致”的工作方针,1998年自治区选派12人出国留学。地方公派选拔工作改革的特点:一是注重业务素质和能力,与学校师资培养规划一致;二是注重思想政治素质和现实工作表现;三是规定了回国后的服务年限;四是建立回国制约机制,交付保证金、签定出国协议。同时在选拔过程中增加透明度,做到名额公开,条件公开,选拔程序公开,公正、公平选拔。

〔**“211工程”建设**〕 新疆大学“211工程”项目“九五”执行情况中期检查于1998年12月6日结束。检查组审阅了新疆大学“211工程”建设中期检查自查报告;实地考察了“中国新疆与中亚文化研究”、“应用数学、化工与材料”,“新疆资源、生存、环境与生物技术”、“新疆电子与信息技术”等重点学科;察看了语言实验室,演播室、计算机室校园网、网控中心等公共服务体系及配套设施以及各子项目建设情况;召开了师生座谈会,以国家计委《关于新疆大学“211工程”建设项目可行性研究报告的批复》为依据,对项目建设进展情况,资金到位及使用情况,投资效益,标志性成果,存在的问题及需要解决的困难等进行了严格的检查和评价。检查组认为新疆大学“211工程”项目“九五”中期执行情况良好。

〔**汉语教材建设**〕 1998年,自治区高校《汉语》教材建设打破过去的传统方法(即翻译法),贯彻了从汉语自身的规律去学习,而不是从民族语言的规律去掌握的强化教学原则,体现了汉语水平考试(HSK)的等级要求。自治区教委加强了民族预科《汉语》配套教材的编译出版工作。预科《汉语》配套教材突出了《汉语多功能训练》和《汉语水平考试(HSK)》等级要求,这对于提高汉语教学质量,尤其对提高民族学生的《汉语》听课能力、汉文阅读能力和理解能力起到了极大促进作用。

撰稿 石丽莹 王建德

成人教育

〔**成人高等教育布局调整**〕 根据国家教委和自治区对高校布局结构调整的工作部署,自治区教委提出了《关于自治区成人高校布局结构调整意见》,转发了教育部《关于撤销北京市纺织工业局职工大学等53所成人高等学校建制的通知》,其中包括新疆广播师范大学撤销建制。自治区教委配合有关部门做好该校撤销的后续工作。

在成人高等学校试办高等职业教育,对区内成人高校申报的高职专业进行了论证和筛选,上报了新疆职工大学等5所成人高校13个高职试点专业。对新疆经济管理干部学院拟开设的国际金融、酒店与旅游管理等4个专业进行了论证,同意试办开设专业一年。为规范自治区成人高校财经类专业教学,保证教学规格和质量,制订印发了《新疆成人高校财经类教学大纲》(试用)。

〔**规范函授教育**〕 1998年,为了进一步规范全区函授教育,加强宏观管理,保证函授教育的质量和培养规格,印发了《新疆维吾尔自治区普通高等学校函授教育辅导站暂行规定》。为加强建设和管理,自10月起,对限期整顿的函授站进行了复查。通过复查,对有健全的函授教育组织机构、规范了办学行为的函授站予以备案,对不符合条件的4所函授站不予备案。1998年对全区96个函授站予以备案,公布了允许设站办学的函授站名单。对乌鲁木齐职业大学、青岛化工学院、西北政法学院、吉林工业大学、武汉食品工业学院、中国计量学院等在新疆设立的函授站申请单位的办学条件、师资管理情况进行了实地考察,批准设站举办函授教育。

〔**成人高、中等教育教学质量抽查**〕 1月完成了全区1997年～1998年度成人高、中等教育教学质量抽查考试工作。全区有成人大、中专在校生46 151人次参加了考试,其中民族考生9 372人次。开考142门课程,其中民族文字课程41门;3月,完成了全区成人高、中等成人院校教育教学质量抽查补考工作,全区有19 052人次在校生进行了补考,其中民族考生3 626人;开考课程264门,其中民族文字课程82门;有81所区内外普通高校函授站的8 000余人次参加了1997年～1998学年函授教育教学质量抽查考试。

〔**自学考试**〕 1998年,自治区自学考试共设置开考专业62个(其中新开考专业10个),报考人数22万人次,报考科次达45万个。全年培养各民族本、专科毕业生共7 835人,其中自学考试本科毕业生818人,专科毕业生6 847人,中专毕业生170人;“三沟通”教师培训各民族本专科毕业生2 100多人。

1998年自治区加大自学考试改革力度,强化管理措施。制定或修订了《自学考试考务考籍管理实施细则》、《监考人员及其他工作人员遵纪处理暂行规定》、《毕业生审核办法》等一系列规章制度,使自学考试工作逐步实现规范化、制度化。调整和规范开考专业,对全区开考的62个专业(用维、哈、汉三种文字考试)逐步进行清理,并按国家自考专业的规范化要求调整和过渡。

〔**社会力量办学**〕 自治区教委印发了《1998年社会力量办学工作思路及工作安排》。并向教育部上报了《新疆社会力量办学的现状及发展思路》的调研报告和综合分析统计报表。

依照《社会力量办学条例》的要求,对全区社会力量办学机构进行了财务审计和教育教学综合评估,并向自治区政府上报了《关于实施〈社会力量办学条例〉的若干意见》(讨论稿),草拟了《新疆维吾尔自治区社会力量办学综合评估标准》(试行)、《加强和规范自治区社会力量办学机构内部管理的意见》。发出《关于对全区社会力量办学机构进行综合评估和更换(办学许可证)的通知》,各地教育行政部门按照统一部署,认真进行综合评估,至6月中旬,大部分地区已完成综合评估工作,合格率占80%以上。

年内,对全区社会力量办学机构管理人员进行了培训。全年共完成培训任务9期,参训300多人。

进一步加强社会力量办学招生工作和高等教育自学考试社会助学工作的管理。自治区教委印发了《关于高等教育自学考试社会助学有关问题的意见》,和《关于加强社会力量办学招生管理的紧急通知》,审核了自学考试社会助学招生计划,并向社会发布公告。查处并通报了区内外60多所院校违法招生的问题,有力制止了未经批准乱招生的现象。

年内,召开了首届社会力量办学工作会议。会议讨论制定了自治区《贯彻实施〈社会力量办学条例〉的意见》、《社会力量办学综合评估标准》、《加强和规范自治区社会力量办学机构内部管理的意见》等指导性文件;总结交流了各地社会力量办学工作的主要成绩和经验,表彰了全区社会力量办学的先进单位30个,先进工作者42名。

〔**职工教育**〕 1998年,自治区认真贯彻中共中央、国务院《关于加强职工教育工作的决定》,采取多种形式,开展了职工培训工作。如建立行业从业人员在岗和转岗培训制度,建立职工教育培训基地,对在岗、转岗、升岗干部、工人进行资格培训、技术等级培训和适应性培训以及成人学历培训等。1998年,接受各种形式培训的职工人数为804 278人,占职工总数的25.9%;毕、结业总人数695 529人,占学习培训总人数的86.5%。其中民族职工接受培训总人数为161 550人;毕、结业总人数134 197人。全区岗位培训面达职工总数的89%。全区有职工教育管理干部6 952人,专职教师7 665人,各级各类职工学校533所,校舍面积1 259 870平方米。

〔**扫盲及农村成人教育**〕 1998年,自治区教委起草了《自治区迎国检准备工作方案》,向自治区政府呈报了《关于做好扫盲工作迎接国家检查的请示》报告;印发了《关于填报扫盲农牧民教育统计报表的通知》,起草了自治区基本扫除青壮年文盲复查意见并修改了扫盲验收指标体系;3月底,自治区教委召开了"自治区'两基'工作会议",会议总结了1997年度全区扫盲工作情况,并布置1998年扫盲工作。

4月,自治区教委发出《关于制作扫盲专题录像片的通知》,与自治区公安厅、统计局联合发出《关于做好脱盲人员文化程度变更及办理身份证通知》。10月19日～12月14日,自治区教委对13个地(州、市)进行了扫盲和农村成人教育工作检查。检查组先后深入到38个县、87个乡(镇)和117个行政村听汇报、查阅文件档案,实地察看学校、掌握了扫盲工作第一手资料。

〔**成人高考工作**〕 1998年,自治区成人高校招生录取工作于6月20日～28日进行。全区成人高考报名人数60 082人,录取29 224人。

自治区招办组织了民族文字考卷的命题、译题工作。聘请20余名资深老教师,较好地完成了维、哈语数学、物理、化学、政治、历史、地理以及蒙汉语等10多个科目的命译题工作，共印制各专业科目各种文字考卷69万份，保证了全区民族考生应考工作的顺利进行。

3月，自治区教委还组织了2 032名预科生转正式生的考试工作。

撰稿 石丽莹
审稿 庄文举

新疆生产建设兵团教育

〔综述〕

1998年各级普通学校基本情况

单位：人

学校类别	学校数(所)	毕业生数	招生数	在校学生数	教职工数 计	教职工数 其中专任教师
一、普通高等学校	2	2 218	2 960	9 661	3 142	1 140
研究生		10	20	57	24	24
本 科	2	1 042	1 897	6 778	3 118	1 116
专 科		1 166	1 043	2 826		
二、中等专业学校	7	1 637	3 072	6 731	546	251
中等技术学校	5	1 256	2 159	4 680	415	172
中等师范学校	2	381	913	2 051	131	79
三、普通中学	306	31 617	38 762	105 485	14 419	9 065
高 中	107	10 430	10 696	31 332		2 811
初 中	199	21 187	28 066	74 153		6 254
四、农业、职业中学	31	2 465	3 339	9 155	905	577
高 中	31	2 465	3 339	9 125	901	573
初 中				30	4	4
五、工读学校						
六、小 学	466	27 906	49 713	278 634	16 692	13 806
七、特殊教育学校						
八、幼儿园	236	30 180	37 411	59 764	3 742	2 071

1998年各级成人学校基本情况

单位：人

学校类别	学校数(所)	毕业生数	招生数	在校学生数	教职工数	
					计	其中专任教师
一、成人高等学校	3	2 325	3 545	9 000	1 075	539
广播电视大学	1	730	1 231	3 522	585	233
职工高等学校		402	401	808	221	99
农民高等学校						
管理干部学院						
教育学院	1	169	461	1 155	269	207
独立函授学院						
普通高校举办：						
函授部		170	659	1 563		
夜大学		48		127		
成人脱产班		806	793	1 825		
二、成人中等专业学校	23	7 481	5 745	18 972	1 484	682
广播电视中专	1	5 049	3 921	13 573	623	290
干部中专						
职工中专	12	1 904	1 527	4 538	382	174
农民中专						
函授中专						
教师进修学校	10	528	297	861	479	218
三、成人中学						
职工中学						
农民中学						
四、成人技术培训学校						
职工技术培训学校	229	257 145	283 962	283 962		
农民技术培训学校						
其中：扫盲班	485	4 700		10 050		

注：职工文化技术学校主要开办扫盲、岗位培训、继续教育、实用技术等短期培训班。按有关文件规定，参加培训3天以上的人数即列入统计范围。

制表　李幸福

1998年2月24日～26日，新疆生产建设兵团（以下简称“兵团”）年度教育工作会议在乌鲁木齐召开。会议总结1997年度教育工作，安排部署1998年的主要工作任务。会议强调，1998年教育工作的指导思想是：以邓小平理论为指针，根据党的十五大的战略部署，进一步贯彻落实《中共新疆生产建设兵团委员会、新疆生产建设兵团关于〈中国教育改革与发展纲要〉的实施意见》以及《兵团“九五”计划和2010年发展规则》中关于教育的各项任务，坚持“全面适应、积极探索、加快改革、有所突破”和“规模、结构、质量、效益内在统一、相互协调”的原则，进一步解放思想，转变观念，理顺关系，增加投入，优化资源配置，努力探索和建立适应兵团事业发展和社会进步、符合教育发展规律的教育体制和运行机制。

会议确定1998年度的工作重点是：(1)将学习党的十五大精神与深入学习邓小平理论结合起来，用邓小平理论武装广大教育工作者，不断提高理论素养和政策水平。积极搞好邓小平理论“三进”工作和“两课”建设，进一步加强大中小学生的思想政治工作和德育工作。加强维护民族团结、祖国统一教育，保持教育系统的安定团结和稳定，促进各级各类学校的社会主义精神文明建设。(2)坚定不移地贯彻教育工作以“两基”为“重中之重”的发展方针，切实加强领导，多方筹措资金，努力完成38个农牧团场、24.2%人口地区的“两基”工作任务。全面启动和实施“国家贫困地区义务教育工程”(以下简称“工程”)，确保兵团、师、团三级配套资金按时足额到位。加大对少数民族教育投入，力争三年使少数民族学校办学条件有一个较大改观。(3)开好兵团中小学素质教育研讨会，制定并出台《关于积极推进兵团中小学实施素质教育的意见》和《兵团中小学素质教育评价方案》，抓好一批素质教育实验学校。(4)进一步完善师(局)成人教育系统建设，合理调整布局结构，优化教育资源配置。制定并出台《关于贯彻实施〈职业教育法〉，加快发展兵团职业教育若干意见》、《兵团职业教育“九五”计划和2010年远景目标》《兵团职业学校、职业培训机构毕(结)业生职业技能鉴定试行办法》，努力建设一批示范性职业学校。(5)切实加强高校“两支队伍”(干部队伍)建设，加强教学和管理工作，特别是抓好学科带头人及中青年学术骨干的培养。以实施“面向21世纪教学内容及课程体系”为重点，认真调整专业结构和专业设置，搞好教学改革。(6)坚持依法治教。依法保障教育投入的按时足额到位和合理使用，依法维护学校和教师的合法权益，依法规范各级各类学校和教育机构的办学行为。(7)加强教研工作。尽快健全兵团教研室和师局教研机构，建立起自上而下的教研网络。积极组织教师培训和新教材辅导，开展学科教学、教研活动。(8)加强中小学校长和教师队伍建设。制定《兵团中小学校长提高培训工作实施意见》和《兵团中小学教师继续教育暂行规定》，在继续开展中小学校长岗位培训的同时，将工作重点转移到提高培训上来；在继续开展中小学校教师学历补偿教育提高教师学历合格率的同时，逐步推开小学教师学历提高教育和部分骨干教师以及进入“工程”项目学校教师的继续教育。(9)成立兵团语委办公室和兵团普通话水平等级测试中心，开展推广普通话宣传周活动，抓好师范院校和中小学校的语言文字工作。(10)抓好教学仪器配备，保证电化教学和实验教学尽可能充分地运用现代教育技术手段。重点抓好《中小学电化教育规程》的落实和边远团场中小学电化教育手段的运用、电化教育的普及以及电教科研、电教试点等工作。加强实验室建设，提高实验开出率和达标率。(11)勤工俭学与学生劳动教育相结合，坚持“创收、兴教、育人”方向。

1998年，兵团成立了普通话测试中心，挂靠在兵团教育学院。该“中心”成立后，利用寒暑假举办两期省级普通话测试员培训班，为各师（局）培训了100多名省级测试员。在高校和兵团直属中小学以及部分师（局）所属中小学开展了普通话水平测试工作，共测试1 000余人，90%取得了相应的等级证书。根据中央宣传部和国家语委的统一部署，1998年9月13日～19日，兵团开展首届推广普通话宣传周活动。3月17日～19日，兵团举行首届普通话知识大奖赛，有16支代表队参加朗诵、演讲、计算机汉语拼音录入汉字3个项目的比赛，评选出一等奖2名，二等奖3名，三等奖6名，优秀奖5名，优秀组织奖和精神文明奖各2名。在此基础上，兵团组队参加了由中宣部、国家语委、教育部和国家广播电视总局等四部委主办的第二届全国公务员普通话大赛。兵团获得团体优秀奖、优秀组织奖，并有3人获单项奖。

〔**基础教育**〕 1998年，兵团完成34个农牧团场的“两基”评估验收。至此，兵团已有89个农牧团场、62.28%的人口地区实现“两基”目标。小学适龄儿童入学率为96.39%，比上年降低0.7个百分点；辍学率为0.11%，比上年降低1.25个百分点。初中生学龄人口入学率为76.42%，辍学率为0.72%，比上年降低1个百分点。小学专任教师学历合格率为90.7%，比上年提高2.2个百分点，其中小学高级教师和一级教师分别占小学专任教师总数的16.5%和38.6%。初中专任教师学历合格率为83.2%，比上年提高3.6个百分点；具有中级以上职称的初中专任教师占初中专任教师总数的29.93%，比上年提高3.23个百分点。高中专任教师学历合格率为29.3%，比上年提高7.2个百分点；具有中级以上职称的专任教师占高中教师总数的54.78%，比上年提高3.28个百分点。

1998年，兵团小学校舍面积95.62万平方米，比上年增加6.75万平方米，增长7.6%；小学校舍面积中有危房4.57万平方米，危房率为4.77%，比上年下降1.53个百分点。普通中学校舍面积为152.34万平方米，因彻底推倒部分危房，实际新建校舍面积为19.2万平方米；中学校舍面积中有危房7.16万平方米，占中学校舍总面积的4.7%，比上年下降1.2个百分点。新建教师住房3.6万平方米，基本建设总投资2.5 392亿元。

“国家贫困地区义务教育工程”实施顺利。1998年，兵团共16个农牧团场的22所小学、11所初中进入“国家贫困地区义务教育工程”，完成投资2 820.61万元，其中中央专款1 000万元，兵团配套资金800万元，项目师（局）、团（场）自筹1 020.61万元。截止年底，已基本完成土建工程。6月13日，兵团、兵团教委、兵团财务局分别与师（局）、师（局）教委、师（局）财务局签订了“工程”责任书，制定并发出《关于加强兵团“国家贫困地区义务教育工程”项目管理的通知》。各师（局）、团（场）党政领导坚持将“工程”作为“一把手”工程、德政工程抓紧落实，确保了"工程"投入。土建工程实行工程进度月报制度，确保了工程质量。以培训项目团场学校教师为主的"继续教育工程"全面启动，共有974名项目团场学校中小学教师参加了继续教育。

中小学素质教育有了良好开端。3月，兵团中小学素质教育研讨会在阿克苏市召开。6月，印发《关于积极推进兵团中小学实施素质教育的意见》，要求各单位认识兵团基础教育现状和存在的主要问题，实事求是地确定素质教育的目标；加强领导，转变观念，营造有利于素质教育的良好氛围；增加投入，改善条件，为实施素质教育提供硬件保证；适当调整教学内容和教学要求，优化教学过程；建立科学的评价评估体系，逐步改革考试与评价方法；调整教育结构，改革办学模式；加强和改进德育工作；建设一支高素质的校长、教师队伍；加强教学研究工作。

校长和教师队伍建设卓有成效。6月，印发《兵团中小学教师继续教育暂行规定》，7月和12月，委托兵团教育学院、石河子师范、农二师师范学校及各师（局）教师进修学校开办了两期继续教育培训班，共有1 800余名中小学教师参加了语文、数学、体育等科目的继续教育；4～6月，组织编写14个学科的继续教育教材；11月召开小学教师继续教育集体备课会；举办两期中小学校长岗位培训班和一期提高班，有120名校长参加了培训；9月、10月组织参加全国中小学劳动技术先进集体（学校）、先进个人的评选活动，有4个集体和4名个人获国家有关部门表彰。

1998年，不少师（局）举办了艺术节、体育运动会、体育单项比赛等校园文化活动；7月，获全国中小学生优秀文艺节目调演二等奖1项，三等奖1项，优秀奖4项，石河子市二小学生的歌伴舞节目代表兵团赴北京参加调演，获得好评；8月，组织兵团中小学生参加在香港举行的全国第九届青少年科技发明与论文展览，有3篇论文获奖。

加大教育督导力度。通过教育督导，解决拖欠教师工资420万元，纠正了个别团场年终一次性发放工资或欠发、缓发教师工资的错误做法；纠正了少数学校为追求升学率，在义务教育阶段留级或拒收适龄儿童入学的错误做法；纠正了个别单位党政领导认为教育法律法规是"软"法的错误认识；堵塞了教育经费中的漏洞，限期整改了个别单位挤占、挪用、克扣社政补贴的错误行为；帮助一些团场解决了因资金投向偏差造成的教育经费使用效益低的问题；帮助一些团场理顺了教育经费的管理体制，督促团场财务部门重视教育经费的收支预算，确保了教育经费的"三个增长"。

〔**职业教育**〕　1998年，兵团职业学校进一步端正了办学指导思想，加强了对学校工作的管理，通过采取调整专业与课程设置，积极组织生源，进一步改善办学条件等有效措施，基本稳定了办学规模。针对兵团初中后分流任务艰巨的现实情况，积极联系部属和内地省区的30多所重点中专，根据兵团需要选择若干专业，送培了1 400余名学生。1998年兵团有初中毕业生21 187人，普通中专、职业高中（含职业中专）、成人中专三类学校共招收初中毕业生一万余人，占当年初中毕业生总数的近50%。4月，印发了《兵团职业学校和职业培训机构毕（结）业生职业技能鉴定试行办法》，在兵团范围内开始实行学历证书和职业资格证书并重制度。9月，与自治区教委联合承办了北方15省、自治区、直辖市和兵团职业教育协作会第12届年会，就中西部地区职业教育改革和发展农村职业教育问题进行了深入研讨。12月，召开了兵团职业教育发展分析研讨会，会议就职业教育教学改革、中等职业教育布局调整、中等职业教育与高等职业教育对口升学等问题展开了探讨。

〔**高等教育**〕 1998年，兵团高校邓小平理论"三进"工作和"两课"建设继续深入。高校充分发挥教学主渠道作用，重点抓好邓小平理论"三进"工作，调整了"两课"设置，单独开设了《邓小平理论概论》，转发了《邓小平理论概论》教学计划。组织精干的德育师资队伍，提高了教学效果和育人质量。使邓小平理论深化为学生的精神支柱。

加快学科调整步伐。石河子大学将师范学院体育系与校体育部合并，将原基础部语文、数学、物理、化学、英语等教研室分别并入师范学院相应系，以原社科部为基础成立了人文社科学院；塔里木农垦大学将原设5系4部3个直属教研室调整重组为4个学院1系1部。

重视教师队伍建设。两所高校均与内地重点大学举办了研究生课程进修班。石河子大学举办了4期硕士研究生课程班，有318人参加了学习，有23人考取硕士研究生，有19人以同等学历申请硕士或博士研究生，40岁以下青年教师具有研究生学历比例已达48.5%。

科学研究和科技推广成果显著。石河子大学1998年新上兵团级以上科研项目26个，发表论文660篇，获兵团科技进步奖13项。塔里木农垦大学长期坚持科技推广，在南疆地区赢得声誉。

重点学科和课程建设初见成效。石河子大学成立了分子生物学实验室、药物研究中心，以经贸学院为依托成立了农垦发展研究所，以人文社科学院为依托，成立了兵团社会文化研究所，评选出了19门大学一类课程和5门扶持课程。

加大投入，改善了办学条件和教工居住条件。石河子大学5 700平方米体育馆已交付使用，10 400平方米的图书馆主体工程已经完工；筒子楼改造已完成投资400万元。塔里木农垦大学新建教师住房9 000平方米。

〔**成人教育**〕 1998年，兵团成人教育稳步健康发展。成人大中专院校计划招生10 467人，实际招生10 560人。有青壮年791 569人，青壮年非文盲781 346人，非文盲率为98.7%，复盲复为1.1%。职工文化技术培训面达90.5%。1998年成人教育主要工作如下：

按照"一堵、二扫、三提高"的方针，坚持不懈地扫除剩余文盲，有效地巩固了扫盲成果，取得显著成绩。农八师一二一团和农三师五十三团教育中心副主任黑力力·沙吾尔荣获第三届"中华扫盲奖"；哈什管局被评为全国扫除文盲工作先进地区。

5月，发出《关于进一步加强兵团广播电视大学系统建设的通知》，兵团电大校风校貌大有改观，系统建设卓有成效；7月，兵团电大顺利通过了中央电大的教学评估；8月，兵团召开了落实国务院关于加强农业广播电视学校建设文件精神暨农广校示范校授牌电视电话会议，兵团副司令员伯塔依·库平、兵团教委主任阎龙喜讲话，兵团办公厅批转了兵团教委等单位《关于办好兵团农业广播电视学校的意见》；10月，举办了兵团首届成人中专校长岗位培训班，来自各师（局）的成人中专学校及部分农广校示范校校长20余人参加了培训。12月，召开了成人中专教学工作研讨会。

撰稿 郑立峰

审稿 阎龙喜 宗文科

香港特别行政区教育情况介绍

〔**基本情况**〕 1997年7月1日中华人民共和国对香港恢复行使主权，历经150年兴衰荣辱的香港，终于回到祖国的怀抱。根据《中华人民共和国香港特别行政区基本法》中规定的“一国两制”、港人治港、高度自治的原则，香港教育行政机构与内地教育行政部门不存在从属关系。回归一年多来，香港的教育有了进一步的发展，教育投入迅速增加。正如香港特区行政长官董建华在1998年的《施政报告》中所说：面对全球日趋激烈的竞争，要推进香港社会的进步，必须将教育放在首位。因此，虽然经济不景气，但我们仍增加了教育投入。在1999年～2000年度，教育将继续是最大的经常开支项目，总额会接近440亿港元。

根据董建华的《施政报告》，香港教育改革的策略是：在基础教育阶段实施优质教育，努力提高教学水平，为此将有计划地培训师资；推进小学全日制；加强资讯科技教育和母语教学；在高等教育方面，鼓励全港高等教育院校精益求精，培养香港社会经济需要的优秀人才，使香港成为卓越的学术研究中心，在日趋激烈的国际竞争中立于不败之地；继续资助私立教育，扩大成人教育培训；资助和发展特殊教育。要使香港教育在“立足香港，贡献国家，面向世界，兼收中西文化所长，保持多元化特色”的方针指导下不断发展。

1998—1999财政年度，香港教育总开支532亿港元，比上年增加134亿，占当年公共开支总额的18.4%，占公共经常开支总额的21.7%。香港的学制是：小学6年，初中3年，高中2年（中4、中5），大学预科2年（中6、中7），大学3年（学士学位），研究生院3～5年。各类学校具体情况如下表：

类　别	学校（所）	学生数	教师数	毕业生数
1. 大学	8			
本科学额		53 000		5 500
副学位学额		14 500		17 000
2. 专上学院	1	2 434	100余位	
3. 中学	468		22 422	
中1～中3		246 713		
中4～中5		157 068		
中6～中7		54 337		
4. 小学				
官立及资助				
小学	846	461 911	19 634	
5. 特殊学校	70	8 825	1 516	
6. 幼儿园				
非牟利	447	177 462	8 619	
其他	288			

〔**基础教育**〕 香港的学校可分为三类，即：完全由政府办的官立学校，政府资助由办学团体主办的资助学校及私立学校，其中

部分私立学校接受政府的部分资助。1998年，香港650万人口中约20%（约130万人）就读于各中小学校和幼儿园。在1998～1999年度教育总开支中基础教育的投入为350.6亿港元，占教育经费总额的65.9%。

幼儿教育。香港的幼儿园均为私人团体、机构或慈善机构开办，大体分为牟利和非牟利两类。特区政府为促进幼儿园的发展，采取每年发还非牟利幼儿园所交纳的租金和差饷的办法补贴幼儿园。凡申办幼儿园者须向教育署注册，由教育署加以督导。

幼儿园招收3～5岁的儿童，全港入园率76%，幼儿园教师总人数8 619名。除此还设有“幼儿中心”（社会福利署主办），招收2～6岁的儿童。算上这部分儿童的入园，全港儿童的入园率达95%。为提高全港幼儿教育的水平，教育署先后制定了《学前教育课程指引》、《课程指引》、《幼儿园办园手册》等法规性条例，规范幼儿园的教学内容和办学条件。1998年教育署规定：对聘请合格教师高于先行标准的幼儿园，政府可提高资助额，这项计划将有利于幼教师资水平的提高，促进全港幼教事业的发展。

中小学教育。1971年起，香港实施小学6年免费义务教育，1978年推进中学3年免费义务教育，实现了6～15岁儿童9年免费义务教育。1998年小学入学率为98%，免费初中（中1～中3）入学率为95%。中小学教师总数42 056名。

80年代初，教育署为了解决择校问题，规定了“小一入学统筹办法”，以便于监督各官立及政府资助小学的入学情况，各校须按照“办法”的规定，公开公正地招收小学生。小学毕业生升入初中时，须按照教育署规定的“中学学位分配办法”进行计算机派位，即：根据学生校内考试成绩（须经中央统筹的学能测验成绩调整），并考虑家长的选择，按全港18个学校网分配学额。

由于中小学校舍的限制，大多数学校为半日制，分上、下午上课。为了改善学生的学习环境，特区政府决定自1998年起五年内兴建75所小学，加速实现小学的全日制；并在三年内耗资96亿元为360所学校进行改善工程，以期在2002年达到60%的小学生就读于全日制的学校；长远目标是：2007年～2008年全面实现小学全日制。此外，2000年以后，教育署将逐步取消中1～中5的“浮动班制”（1975年起，为满足新增学额的需求采取的临时措施，即：不固定教室的班级）。

优质教育。特区政府倡导优质（素质）教育，1998年拨款50亿港元设立“优质教育发展基金”，其宗旨是鼓励各校培养创新人才，提高教学水平。该基金主要用于奖励在教学和教育研究方面取得优异成绩的学校和教师；资助弱校提高教学水平和培训师资；鼓励及资助教育研究。到年底已有500多项计划获得资助，总额超过3.5亿港元，使50多万名中小学生和幼儿园园儿受益。

香港回归祖国之后，特区政府通过公民教育，加深学生对国家、民族归属感和对中国历史文化的认同。教育署积极修订《初中中国历史科课程纲要》，《纲要》在教育目标中，首次提出要加强学生的国家民族意识，让学生通过对民族文化及国家历史的认识，建立对民族、国家的认同感和归属感。新《纲要》已于1998年下半年开始实施。

〔**高等教育**〕 香港高等教育亦称为专上教育，由不同层次、不同类型的院校组成，主要任务是培养高级行政管理人员和高级技术人才。按照行政管理、经费来源及认可地位来划分，香港的专上教育分为三大类：第一类是由教育资助委员会（简称：教资会）拨款资助的8所大学，其中香港大学、香港中文大学、香港理工大学、香港科技大学、香港城市大学、香港浸会大学可自行评审资格和颁受学位，其余为岭南学院、香港教育学院和香港公开大学（政府一次性拨款后，财政自给自足）；第二类是根据《专上学院教育条例》注册认可的私立专上学院，如树仁学院；第三类是只授予专业文凭的学院，包括8所工业学院、香港演艺学院、恒生商学院和香港体育学院等。这三类学院所颁受的学历文凭和学位均为政府承认或认可。此外还有10多所注册的私立专上学院，但所颁发的学历证书均不被特区政府承认。

香港的大学学制为预科2年，大学3年。教会资助的院校总计提供全日制53 000个学位课程学额和14 500个副学位学额。香港每年17～18岁年龄组升入大学的升学率是18%，攻读副学位的人数占6%。1998年特区政府向高等教育的投入是181.4亿港元，占教育经费总额的34.1%。

战后香港高等教育的发展，始终紧密地结合香港社会、经济的实际特点和需要，及时主动地做出反映，为香港经济的发展提供了推动力量，因而高等教育本身也得到蓬勃发展。起步60年代的香港理工教育，以提高应用教育为目标，着重开展应用研究，香港的工业技术较少来自当地发明创造，而绝大多数来自于外国的技术转让，因而必须依靠开展大量的应用研究来解决技术改造、产品更新的问题，而且香港以外向型经济为主，企业生存的关键在于是否对市场有较强的适应能力，因此开展应用研究，不断更新产品和技术，就成为企业求生存的唯一道路。上述两种客观形势的要求，规定了香港高等教育的发展趋势。各大学的院系、专业、课程的设置和调整，科研题目的确立，都紧密结合应用性的技术需求。这是香港高等教育的显著特点。

香港社会的发展是多元的，要求各类人才的层次、数量合理搭配，香港高等教育顺应这一潮流，朝着多门类、多渠道、多形式、多层次的方向办学，使香港的高等教育显示出巨大的生命力。

〔**资讯科技教育**〕在日新月异的科技发展中，特区政府充分认识到信息科技的发展在未来教育中的重要作用，为此，1998年6月香港教育统筹局发表了题为《应用资讯科技发展优质教育：5年策略——1998至2003年度》咨询报告。报告中说：我们的目标是：把学校变为充满活力和创意的学习场所，而学生则成为主动性强、具有探究精神和创意的学习者。让学生有机会探索网上知识和资讯世界，使他们获得广阔的知识基础，培养广阔的世界观；培养学生有效地迅速地处理资讯的能力；培养学生自学的态度和能力。为实现上述理想和目标，特区政府积极提供资讯科技设施，包括网络设施，让学生和教师直接接触资讯；鼓励学校体制内部主要成员（尤其是教师）面对新角色所带来的挑战，努力使资讯科技的应用有效地融入学校教育，建立有助于改变学习文化的社会环境。截止1998年10月，优质教育基金已预留1.37亿港元拨款，资助81项资讯科技计划。根据该项计划，特区政府对中小学和大学的课程设置、硬件配置等方面制订了中长期规划。例如到2000年，平均每所小学配置40部多媒体电脑，每所中学配备 82 部。为此将为 3 万名教师提供培训等。

〔**师资培训与成人教育**〕 按照教育署的划分，香港的中小学教师划分为学位教师(具有港府认可的大学本科学位)和文凭教师(非学位或持有非英联邦学位）两大类。小学教师队伍以文凭教师为主，占 95%。中学教师队伍则有 65%是学位教师。全港的教师均须向教育署注册，分别成为注册教师（合乎学历和专业水平要求）和暂准教师（未达要求者）两类。后者需要通过进修方可转为注册教师。为此，教育署为教师进修提供了多元的进修课程和机会。

根据教育统筹委员会第五号报告书的建议，将原有的 4 所教育学院和语文教育学院合并，于 1994 年 4 月 25 日宣布成立香港教育学院，由教育署管辖。成立香港教育学院旨在提高香港的师资培训水平，促进教师的专业发展。成立初期主要以学位程度以下课程为主，计划发展成为可容纳 5 000 名全日制学生的规模。1998 年特区政府正式批准教育学院升格为大学，成为香港具有学位授予权的培养和培训专业教师的高等学府。1998 年 4 月注册学生 5 192 名，1998 年 10 月注册学生 5 469 名；全校在册学生 24 000 名。

此外，香港大学、香港中文大学、香港城市大学、香港理工大学和香港公开大学等均设有教育专业学位或短期课程，供大学毕业生和在职的中小学教师攻读。

香港各行业人员的进修风气亦较盛行，据统计，香港每年有近 50 万人参加各类成人课程，几乎占成人人口的 2～3 成。为了适应这一需要，香港的大学和各类成人教育机构纷纷举办正规教育和非正规教育的课程。

香港公开大学于 1997 年 5 月升格为大学，政府拨款 500 万港元建设该校，开办了不同学科的副学位、学位和研究生远程教育课程。1998 年有 20 000 名学生就读，已有 4 000多名毕业生。承担着香港成人教育的生力军作用。

〔**特殊教育**〕 香港特殊教育的主要政策目标是：为使那些有着特殊教育需要的儿童的潜能得到全面发展，鼓励让这些孩子尽量在普通学校接受教育，或在需要时就读特殊学校。到 1997 年，香港有 62 所特殊学校(包括一家医院病童学校)、2 所实用中学和 3 所技能训练学校，总共收录 8 656 名学生。另有千余名弱能儿童就读于普通学校。教育署为这些孩子提供特殊班、巡回教师、教育心理学家和听觉专家等支援服务。特殊学校则为孩子们提供与外界交流方面的服务。此外特区政府还从人员配备和改善硬件设备等方面提供援助，为肢障儿童提供更完善的服务。

撰稿　阎　丽

审稿　李海绩

文件选编

教师和教育工作者奖励规定

（1998年1月8日国家教委发布）

第一条 为了鼓励我国广大教师和教育工作者长期从事教育事业，奖励在教育事业中作出突出贡献的教师和教育工作者，依据《中华人民共和国教师法》，制定本规定。

第二条 国务院教育行政部门对长期从事教育教学、科学研究和管理、服务工作并取得显著成绩的教师和教育工作者，分别授予“全国优秀教师”和“全国优秀教育工作者”荣誉称号，颁发相应的奖章和证书；对其中作出突出贡献者，由国务院教育行政部门会同国务院人事部门授予“全国模范教师”和“全国教育系统先进工作者”荣誉称号，颁发相应的奖章和证书。

第三条 “全国优秀教师”、“全国优秀教育工作者”的基本条件是：热爱社会主义祖国，坚持党的基本路线，忠诚人民的教育事业，模范履行职责，具有良好的职业道德，并具备下列条件之一：

（一）全面贯彻教育方针，坚持素质教育思想，热爱学生，关心学生的全面成长，教书育人，为人师表，在培养人才方面成绩显著；

（二）认真完成教育教学工作任务，在教学改革、教材建设、实验室建设、提高教育教学质量方面成绩突出；

（三）在教育教学研究、科学研究、技术推广等方面有创造性的成果，具有较大的科学价值或者显著的经济效益、社会效益；

（四）在学校管理、服务和学校建设方面有突出成绩。

第四条 奖励“全国模范教师”、“全国教育系统先进工作者”和“全国优秀教师”、“全国优秀教育工作者”，每三年进行一次，并于当年教师节期间进行表彰。

第五条 各省、自治区、直辖市教育行政部门向国务院教育行政部门推荐“全国模范教师”、“全国教育系统先进工作者”和“全国优秀教师”、“全国优秀教育工作者”的比例控制在本地区教职工总数的万分之二以内，其中“全国模范教师”、“全国教育系统先进工作者”的比例不超过本地区教职工总数的十万分之六。解放军、武装警察部队奖励人选的推荐比例另行确定。

第六条　奖励“全国优秀教师”、“全国优秀教育工作者”的工作由国务院教育行政部门会同全国教育工会、中国中小学幼儿教师奖励基金会统一组织领导；奖励“全国模范教师”、“全国教育系统先进工作者”的工作由国务院教育行政部门会同国务院人事部门统一组织领导，负责组织评审和批准各省、自治区、直辖市和解放军、武装警察部队推荐的相应奖励人选。

各省、自治区、直辖市教育行政部门分别会同当地教育工会、教师奖励组织和政府人事部门负责组织本地区的“全国优秀教师”、“全国优秀教育工作者”和“全国模范教师”、“全国教育系统先进工作者”人选的评审和推荐工作。

解放军总政治部负责解放军和武装警察部队奖励人选的评审和推荐工作。

第七条　“全国模范教师”、“全国教育系统先进工作者”的奖章和证书，由国务院教育行政部门会同国务院人事部门颁发；“全国优秀教师”、“全国优秀教育工作者”的奖章和证书由国务院教育行政部门颁发，或者由其委托省、自治区、直辖市人民政府、解放军总政治部颁发，并在评选当年的教师节举行颁奖仪式。“全国模范教师”、“全国教育系统先进工作者”的奖章和证书由国务院教育行政部门会同国务院人事部门统一制作。“全国优秀教师”、“全国优秀教育工作者”的奖章和证书由国务院教育行政部门统一制作。

第八条　教师奖励工作应坚持精神奖励与物质奖励相结合的原则。“全国模范教师”、“全国教育系统先进工作者”和“全国优秀教师”、“全国优秀教育工作者”享受由国务院教育行政部门会同中国中小学幼儿教师奖励基金会颁发的一次性奖金。其中，“全国模范教师”、“全国教育系统先进工作者”按照人事部人核培发［1994］4号文件规定，享受省（部）级劳动模范和先进工作者待遇。尚未实行职务工资制度的民办教师，获得“全国模范教师”、“全国教育系统先进工作者”荣誉称号时，奖励晋升工资的具体办法由各省、自治区、直辖市制定。

第九条　“全国模范教师”、“全国教育系统先进工作者”和“全国优秀教师”、“全国优秀教育工作者”称号获得者的事迹和获奖情况，应记入本人档案，并作为考核、聘任、职务和工资晋升的重要依据。

第十条　“全国模范教师”、“全国教育系统先进工作者”或者“全国优秀教师”、“全国优秀教育工作者”荣誉称号获得者有下列情形之一的，由所在省、自治区、直辖市教育行政部门，解放军总政治部报请相应的授予机关批准，撤销其称号，并取消相应待遇：

（一）在表彰奖励活动中弄虚作假、骗取荣誉称号的；

（二）已丧失“全国模范教师”、“全国教育系统先进工作者”或者“全国优秀教师”、“全国优秀教育工作者”荣誉称号条件的。

第十一条　本规定适用于《教师法》适用范围的各级各类学校及其他教育机构中的教师和教育工作者。

第十二条　各省、自治区、直辖市和国务院有关部门、解放军总政治部可参照本规定，结合实际情况，奖励所属学校和其他教育机构的优秀教师和教育工作者。其具体办法由各省、自治区、直辖市和国务院有关部门、解放军总政治部自行制定。

第十三条 本规定由国务院教育行政部门负责解释。

第十四条 本规定自发布之日起施行。《教师和教育工作者奖励暂行规定》同时废止。

关于加快中西部地区职业教育改革与发展的意见

（1998年2月11日国家教委印发）

为贯彻落实全国职业教育工作会议精神，实施《中华人民共和国职业教育法》，加快中西部地区特别是西部地区、民族地区和边远贫困地区职业教育的改革与发展，现提出如下意见：

一、进一步提高认识，增强发展职业教育的紧迫感。多年来，中西部地区的职业教育工作取得了很大成绩，涌现出一批成效显著的地区和学校。但是，由于各种原因，与东部发达的地区相比，我国中西部地区特别是西部地区职业教育的发展还有较大差距。到1996年，西部地区仍有6个省（市、自治区）中等职业学校年招生数和在校生数占高中阶段招生数和在校生数的比例不足50%；职业教育的层次结构、学校布局、专业设置以及办学形式等方面还不能与经济建设和社会发展的要求相适应；职业教育的管理体制与运行机制需要进一步健全和改革；经费投入不足，教育设施、设备亟待改善，职业学校的教育教学水平有待提高；忽视职业教育的现象还程度不同地存在等。

江泽民同志在党的十五大报告中明确指出，中西部地区要加快改革开放和开发。中西部地区要逐步缩小与东部经济发达省市的差距，要实现经济增长方式从粗放型向集约型的转变，必须大力发展职业教育。全国都应关心和支持中西部地区职业教育的发展。但是，要根本改变中西部地区职业教育的面貌，最根本的要靠调动本地各方面的积极因素，自力更生，艰苦奋斗。因此，中西部地区要认真贯彻落实《职业教育法》，进一步提高认识，坚定信心，增强责任感和紧迫感，把改革和发展职业教育作为实现经济增长的重要战略措施，努力加快职业教育发展步伐，提高职业教育水平，为当地经济振兴和社会进步奠定基础。

二、探索符合中西部地区实际的职教模式。发展中西部地区的职业教育，既要认真学习借鉴其他国家和我国较发达地区的先进经验，更要坚持从我国社会主义初级阶段的国情出发，从中西部地区的实际出发，努力提高教育教学质量和效益，走有自己特色的职教发展路子。

在办学方向上，要坚持为当地经济和社

会发展服务，努力使职业教育在推动当地支柱产业、特别是“两高一优”农业的发展，推动产业结构的调整和经济效益的提高，促进劳动就业和农民脱贫致富方面发挥应有的作用。在满足当地人才需求的前提下，也可发挥自身劳动力资源丰富的优势，根据劳动力有序流动的需要，适当发展劳务输出型的职业教育。

在教育结构上，要实行三教统筹，大力发展多层次多形式的职业教育。根据目前经济和教育发展水平，西部地区特别是农村地区和边远贫困地区，职业教育层次结构的重心不能急于求高，应以中等职业教育为重点，积极发展多种形式的初中阶段的职业教育，广泛开展职前和职后的各种职业培训。同时，根据科技进步和经济发展的需求，积极稳妥地发展高等职业教育。

在专业设置上，应重点保证资源开发等支柱产业的需要。我国中西部的大多数地区农业仍是主要产业，必须把办好农村职业教育，特别是农业职业教育放在十分重要的位置。

在办学形式上，应该更加灵活。要坚持职前和职后沟通，学校教育和培训结合，全日制和部分时间制结合。特别是面向农村培养有创业精神的新型农民的农业职业教育，应以适应当地需要为原则，在灵活办学上求生存、求发展。

在教育资源配置上，要突出重点。中西部地区财力、物力紧缺，更要防止分散和重复办学，努力提高教育投资效益。县级以上各级人民政府应集中力量兴办骨干示范性中等职业学校，一般每个县应首先办好一所，在人口特别稀少和分散的地方也可每个地区办好一至二所。骨干示范性职业学校要在人才培养、科技推广、生产示范、信息服务、促进农民脱贫致富等方面发挥多功能作用，在当地职业教育发展中发挥示范和辐射作用。县级骨干示范性职业学校要与乡、村的职业学校、农民文化技术学校加强联系，分工合作，形成农村职业教育网络，提高职业教育的整体功能和效益。

三、建立有效的职业教育运行机制。要加大政府对职业教育工作的统筹力度。地方各级人民政府要把职业教育纳入当地经济建设和社会发展规划，统筹制定推动职业教育发展的政策措施，统筹配置各类职业教育资源，统筹安排招生就业工作，使实施同层次职业教育的各种教育机构之间公平竞争，促进提高教育教学质量和办学效益。鉴于职业教育的发展涉及教育、劳动、人事、计划、财政等诸多部门，建议地方人民政府根据当地的实际情况成立职业教育协调机构，研究制定推动当地职业教育发展的具体措施。

要加强职业教育与科技、经济的结合。在城市要加强教育与行业部门之间的合作，加强校企合作。职业教育要主动为促进劳动就业服务，积极开展转岗、转业培训，参与实施再就业工程；在农村要加强农科教结合，职教与扶贫结合，使教育发展目标与农村经济发展目标衔接配合起来，使经济开发、扶贫开发和“星火”、“丰收”、“燎原”计划项目的实施与人才培养和技术培训有机结合，统筹使用各方面拥有的技术力量和基地设施，统一筹措，合理安排各方面的资金。

要调动行业、企业及社会各方面兴办和支持职业教育的积极性。随着经济体制的转变和市场经济的发展，中西部职业教育的发展要更好地调动和发挥行业、企业及其他各种社会力量的积极性。要按照《职业教育法》的要求，进一步把各方面的职责具体化，落实企业承担对本单位职工和准备录用人员实施职业教育的义务。要积极鼓励和支持事业组织、社会团体和公民个人依法兴办和支持赞助职业教育，积极发展多种形式的联合办学。联合办学可成立校董会，对学校的重大事项进行决策。

要重视和支持职业学校发展校办产业。要充分发挥职业学校在人才、技术和信息等方面的优势，结合学校教育教学的需要、当地经济和学校自我发展的需要确定校办企业的发展项目。各级政府和有关部门要在发展校办产业所需的场所设施、起步资金、管理干部、产销渠道等方面给予支持，在税收政策上给予优惠。

要积极推进职业教育证书制度和毕业生就业制度的改革。从加快提高中西部地区经济发展水平出发，各级政府和有关部门要根据《职业教育法》的规定，制定具体措施，推进实施学业证书和职业资格证书两种证书制度，落实劳动者就业、上岗前必须接受必要的职业教育的制度，从而推动职业教育的发展。

四、国家鼓励东部地区与中西部地区之间积极开展多层次多形式的职业教育交流与合作，支持中西部地区的职业教育改革和发展。在继续搞好已往职业教育省与省之间合作的基础上，根据国务院关于组织经济发达地区与经济欠发达地区开展扶贫工作的精神和国务院确定的省（市、区）与省（市、区）之间的协作关系，国家教委将组织东部地区的部分省（市）与中西部地区的部分省（市、区）之间结成对子，进一步加强交流与合作，共同研究、确定合作内容和项目，帮助中西部地区改革和发展职业教育。建立合作关系的省（市、区）应鼓励双方的地区与地区、学校与学校之间加强合作。东部地区的国家级重点职业学校应带头与中西部地区的职业学校建立校际联系，一般应与中西部地区的一所职业学校建立校际联系。国家教委将认真总结交流与合作的经验，评估、表彰取得显著成效的典型。

五、切实加强师资队伍和职业教育管理干部队伍建设。地方各级政府和教育等有关部门要下大力气，通过多种渠道，培养一批有志于职业教育事业的教师。加强委属和地方职教师资培训基地建设，国家设立职教师资培训基地中央补助项目，扩大委属职教师资培训基地的服务功能和培训能力，更多地承担为中西部地区培训职教师资和管理干部的任务。为加强教师后备队伍建设，国家将在高等教育规划内安排一定的名额用于对职业学校学生的对口招生，将在干部和教师培训进修的名额安排上对中西部予以一定倾斜并在收取费用上给予一定优惠。各级政府要制定优惠政策，吸引普通高等学校本科毕业生到中等职业学校任教。职业教育应建立专兼结合的教师队伍，各地应选聘部分科技人员、能工巧匠等兼任职业学校教师。

六、多方采取有效措施，增加对职业教育的投入。国家继续多方面支持中西部地区职业教育发展，并根据中西部地区职业学校的承受能力，通过有关金融机构增加用于中西部地区的职业教育专项贷款数额。地方各级人民政府和有关部门要适应职业教育事业发展的要求，逐渐增加职业教育专款数额；有条件的地区，可以根据当地的实际情况，研究设立职业教育基金。

面向二十一世纪深化职业教育教学改革的原则意见

（1998年2月16日国家教委印发）

一、认真贯彻国家的教育方针，提高教育质量和办学效益，培养适应二十一世纪我国社会主义现代化建设要求的高素质劳动者和专门人才，是职业教育战线落实党的十五大精神的重要任务。我国正处在实现两个根本性转变、落实科教兴国和可持续发展战略的关键历史时期，社会和经济发展对职业教育的发展和改革产生了全面的、深刻的影响，并提出了更高的要求。职业教育的教育质量和办学效益，直接关系到我国二十一世纪劳动者和专门人才的素质以及社会主义现代化进程。因此，在世纪之交，推动职业教育教学改革，有着鲜明的时代特征和重大的战略意义。我们要坚定不移地按照《中国教育改革和发展纲要》及其实施意见，进一步调整教育结构、积极发展职业教育，深化职业教育教学改革，加强教学基础工作，努力提高教育质量，办出职业教育特色。这既是职业教育战线落实十五大提出的战略目标的重要措施，也是职业教育自身发展完善的需要。

二、职业教育要培养同二十一世纪我国社会主义现代化建设要求相适应的，具备综合职业能力和全面素质的，直接在生产、服务、技术和管理第一线工作的应用型人才。为此，在教学内容上应着重加强以下几个方面：第一，加强德育，提高学生的思想政治、职业道德和心理健康素质。第二，在打好扎实的专业知识基础上，要十分重视过硬的职业技能训练。同时，要学好必要的基础文化知识。第三，及时更新教学内容，学习相应的生产、服务、技术和管理领域的先进知识和技术。第四，加强综合职业能力和全面素质的培养。

三、推进教学改革，要更新教育观念。职业教育应确立以能力为本位的教学指导思想。专业设置，课程开发须以社会和经济需求为导向，从劳动力市场分析和职业岗位分析入手，科学合理地进行。要建立健全课程标准，优化课程结构。教材内容要密切联系实际，反映新知识、新技术、新工艺和新方法。要建立有利于调动学校、教师搞好教学工作积极性的有效机制。要采用各种先进、有效的教学模式和教学手段，发挥学生的主观能动性，以提高教学质量为目标，加强和改进教学管理工作。根据职业教育的特点，应加强创业精神教育，把增强学生的职业技术能力和就业能力放在突出位置，使职业教育的教育教学更好地适应经济发展和劳动就业需要。

四、职业教育教学工作必须贯彻产教结合的原则。要在实施职业教育的过程中，坚持理论与实践相结合，教育与生产劳动相结合。要建设好符合教学要求的实习基地，切实加强实验、实习、职业技能训练等实践性课程和教学环节。要增强职业学校和职业培训机构与行业企业的联系与合作，校董会、教学指导委员会或其他形式的决策、咨询组织中要有相关经济界、产业界专家参加，充分发挥他们在研究专业设置、培养目标、教学内容、教学方法等工作中的重要作用。积极吸引有丰富实践经验的生产技术、经营管理人员直接参与教育教学过程。

五、职业教育要从地区和行业发展的实际需要出发，合理设置专业，加强专业建设。国家教委将依托地方和行业，到本世纪末在高等职业技术院校、中等职业技术学校中建设一批示范性骨干专业。省地两级要加强对各类职业学校专业设置的管理，坚持专业设置的基本标准，在行业参与下统筹规划，合理布局，优化教育资源配置，提高职业教育的整体效益。

六、结合专业建设进行课程改革和教材建设。按照专业建设的要求，建立新的课程体系和与之相配套的教材系列。课程和教材门类繁多，更新要求快，改革和建设必须调动和充分发挥中央和地方、行业和企业以及学校各方面的积极性。国家教委要研究制定课程改革和教材建设规划。各地方和各部门、行业应根据专业建设分工，组织专家，下大力气做好相应的课程改革和教材建设工作。

七、加强教学研究和教改实验。省地两级要加强职业教育科学研究和教学研究，教育行政部门要支持职业教育研究机构的工作，充分发挥他们的作用。教学研究机构应当承担起职业学校教学研究、教学指导工作以及研究教学管理、师资培训和教育评价等工作。要学习国内外先进的职业教育理论与方法，针对教学工作中的重点课题进一步有组织、有计划地开展教学改革实验，做好教学改革成果的传播和推广工作。贯彻执行国务院《教学成果奖励条例》，认真开展职业教育教学成果评奖和表彰活动。

八、积极推行两种证书制度。实施职业教育应当根据实际需要，同国家制定的职业分类和职业资格制度相适应，职业教育的有关标准应当与职业资格标准相协调，积极推行学业证书和职业资格证书两种证书制度。通过学校学业考试和有关部门组织的职业技能鉴定两个方面的考核，促进职业能力的提高。凡所学专业与当地职业技能鉴定所开考专业（工种）相同的职业学校学生，应积极参加当地的职业技能鉴定。各有关部门之间应该加强协调，根据职业学校教育的特点，合理安排和组织考核、鉴定工作。有条件的职业学校应建立相关专业（工种）的职业技能鉴定站（点）。

九、提高教师素质，发挥教师作用。各地方和各部门、行业及职业学校要认真贯彻落实国家教委《关于加强中等职业学校教师队伍建设的意见》（教职［1997］8号），采取有力措施加强教师的培养培训和师德建设，切实提高教师素质。要采取教师到企事业单位进行见习和锻炼等措施，使文化课教师了解专业知识，使专业课教师掌握专业技能，提高广大教师特别是中青年教师的实践能力。要注意从企事业单位引进有实践经验的教师或聘请他们做兼职教师。要重视教学骨干、专业带头人和“双师型”教师的培养。要制定政策，把教师职务的评聘和对教师奖励与他们参加教学改革的实绩联系起来，调动教师参加教育教学改革的积极性。要提高广大教师对教学改革迫切性的认识，鼓励他们以积极的态度和饱满的热情投身于教学改革中去。

十、加强学校教学管理和改革工作。职业学校要加强教学过程规范化建设和教学常规管理。有条件的职业学校要建立有行业、企事业单位管理人员和生产技术专家组成的专业顾问委员会参与学校教学管理工作。职业学校应专人负责或建立负责招生就业指导工作的机构，了解生源情况和劳动力市场的供求信息，进行毕业生跟踪调查，以便及时改进教学工作，有针对性地做好职业指导，建立教育与就业的紧密联系。省部级以上重点职业学校要在专业建设和教学改革中发挥带头作用。职业学校要增加对教学工作的投入，要保证用于改善教学条件的经费支出，特别要加强操作能力培训所需设施的配备。要提高现代教育技术水平，加快计算机辅助教学和多媒体教学手段的推广步伐，促进教学手段的逐步现代化。今后对各类职业学校的评估，要把教学质量、教学改革成效作为重要内容。

十一、发挥行业的指导作用。部门、行业组织应该在职业教育具体目标的确定、专业标准和课程教材建设、开展教学研究和培养专业教师方面发挥重要的指导作用。建立和完善所属行业职业教育教学指导机构，从本部门、行业生产技术、经营管理、劳动就业的实际需要出发，促进职业教育教学内容与生产实际、行业职业资格标准的联系，制订各类职业学校的专业建设标准，指导职业教育教学改革。

十二、落实地方教育部门教学管理责任。省、自治区、直辖市教育行政部门应根据实际需要，组织有关人员负责对本地区职业教育教学规范的制定、教学过程的管理、教学质量的检查与评估。教学管理工作要体现改革精神、服务精神，要探索科学的方法，发挥专家队伍的重要作用，不断提高管理水平。

十三、国家教委将加强全国性职业教育教学指导，就职业教育教学改革的指导思想、专业建设、课程教材建设、质量标准、督导评估等重大问题进行研究，并对各地方和各部门、行业的教育教学进行指导。

普通高等学校人文社会科学研究成果奖励办法

（1998 年 2 月 25 日国家教委发布）

第一条 为奖励普通高等学校教师和研究人员在人文社会科学研究领域所取得的优秀成果，推动人文社会科学研究事业的发展，特制定本办法。

第二条 普通高等学校人文社会科学研究成果奖为国家教育委员会设立的奖项，每三年评选一次，设一等奖、二等奖、三等奖，对获奖者按等级颁发相应的奖励证书和奖金。

第三条 普通高等学校人文社会科学研究成果奖分为著作、论文和研究咨询报告三类。其中，著作类成果包括专著、编著（工具书等）、资料和古籍整理著作、译著等，但不包括教材；研究咨询报告类成果包括软件、音像制品等其他形式的成果。

第四条 普通高等学校人文社会科学研究成果奖的评审坚持科学、公正的原则。

第五条 申请评奖的成果，应具备以下基本条件：

（一）坚持以邓小平理论为指导，坚持为社会主义服务、为人民服务的方向，运用马克思主义的立场、观点和方法进行科学研究。

（二）学术上具有先进性，理论研究成果具有创新性和较高的学术价值，应用研究成果具有明显的实用价值和社会效益。

（三）观点正确，论证严密，资料准确、翔实，文风端正。

第六条 基础研究和应用研究成果奖励的具体标准：

（一）基础研究成果：学术上有所创新，理论上有所建树，提出了新思想、新观点、新概念，或在国情、社情调查、资料搜集整理等方面取得了突出成绩；填补了学科的空白，纠正了前人的错误观点，推动了理论发展和学科建设，受到学术界重视和好评。

（二）应用研究成果：在解决社会实践和改革开放中的重大问题方面有所突破，为党政有关部门、企事业单位的重大决策提供了具有重要参考价值的意见、建议和方案，产生了良好的社会效益，得到较高的社会评价。

第七条 国家教育委员会设立“普通高等学校人文社会科学研究成果奖励委员会”（以下简称奖励委员会）。奖励委员会的职责是：负责制定和修改奖励办法，确定专家评审组的组成，审定获奖成果名单，处理异议投诉等。

奖励委员会设主任一人，副主任二人，秘书长一人，委员若干人，由国家教育委员会领导、主管司负责人和国家教育委员会人文社会科学研究专家咨询委员会主任、副主任组成。

第八条 奖励委员会根据需要设立若干学科专家评审组，由学术造诣深、思想水平高、办事公正的专家组成，负责成果奖励的学科评审工作。

第九条 奖励委员会办公室设在国家教育委员会社会科学司，负责处理评奖工作中的日常事务，受理申报并对申报成果进行资格审查，组织专家评审工作，受理异议等事宜。

第十条 各类研究成果申请参加评奖的时限为：

（一）自上届评奖受理申报的截止期限始，至本届评奖受理申报的截止期限前，三年内公开出版、发表的研究成果。

（二）未公开出版、发表，但被政府、企事业单位等采用，对实际部门管理决策起了重要咨询作用或产生重大社会效益的调研、咨询报告等研究成果，不受采用时间下限限制。申报研究咨询报告类成果奖，不论其是否公开发表，必须附采用单位的证明材料。

第十一条 经国家教育委员会批准设立的普通高等学校的在编教师、研究人员，在人文科学、社会科学研究领域所取得的享有著作权的研究成果，均可向所在学校提出申请。其中，合作研究成果原则上由第一署名人向所在单位申报。

第十二条　各普通高等学校向国家教育委员会申报评奖成果，地方院校和其他部委院校以所在省、自治区、直辖市教委、高教(教育)厅为单位，国家教育委员会直属院校以学校为单位(以下简称申报单位)，集中向国家教育委员会推荐申报。不受理个人申报。

第十三条　各申报单位应根据本办法第五、六、十、十一条的规定，对申报成果进行初审推荐。

第十四条　奖励委员会办公室在对各申报单位推荐申报的成果进行资格审查后，组织专家通讯评审和学科专家评审组会议评审。

第十五条　学科专家评审组通过的获奖成果名单，经奖励委员会审核，报请国家教育委员会批准后予以公布。

第十六条　自获奖成果名单公布之日起，两个月内为异议期。在异议期内，任何单位或个人对公布的授奖成果持有异议，须以书面形式向奖励委员会办公室提出，并申明异议理由和事实依据，写明异议者的真实姓名、工作单位和联系地址。过期或不按要求提出的异议，不予受理。

第十七条　弄虚作假或剽窃他人研究成果获奖的，由授奖单位予以撤销，收回证书、奖金，并责成有关单位酌情给予行政处分。

第十八条　本办法自公布之日起施行。

流动儿童少年就学暂行办法

(1998年3月2日国家教委、公安部发布)

第一条　为使流动儿童少年依法接受规定年限义务教育，根据《中华人民共和国义务教育法》及其《实施细则》的规定，结合流动儿童少年实际情况，制定本办法。

第二条　本办法所称流动儿童少年是指6至14周岁(或7至15周岁)，随父母或其他监护人在流入地暂时居住半年以上有学习能力的儿童少年。

第三条　流动儿童少年常住户籍所在地人民政府应严格控制义务教育阶段适龄儿童少年外流。凡常住户籍所在地有监护条件的，应在常住户籍所在地接受义务教育；常住户籍所在地没有监护条件的，可在流入地接受义务教育。

第四条　流入地人民政府应为流动儿童少年创造条件，提供接受义务教育的机会。流入地教育行政部门应具体承担流动儿童少年接受义务教育的管理职责。流动儿童少年就学，应保证完成其常住户籍所在地人民政府规定的义务教育年限，有条件的地方，可执行流入地人民政府的有关规定。

第五条 流动儿童少年常住户籍所在地人民政府和流入地人民政府要互相配合，加强联系，共同做好流动儿童少年接受义务教育工作。流动儿童少年常住户籍所在地乡级人民政府、县级教育行政部门、学校和公安派出所应建立流动儿童少年登记制度。流入地中小学应为在校流动儿童少年建立临时学籍。

第六条 流动儿童少年父母或其他监护人应按流入地人民政府规定，送子女或其他被监护人入学，接受并完成规定年限义务教育。

第七条 流动儿童少年就学，以在流入地全日制公办中小学借读为主，也可入民办学校、全日制公办中小学附属教学班（组）以及专门招收流动儿童少年的简易学校接受义务教育。

第八条 流动儿童少年在流入地接受义务教育的，应经常住户籍所在地的县级教育行政部门或乡级人民政府批准，由其父母或其他监护人，按流入地人民政府和教育行政部门有关规定，向住所附近中小学提出申请，经学校同意后办理借读手续。或到流入地教育行政部门提出申请，由教育行政部门协调解决。

第九条 经流入地县级以上人民政府教育行政部门审批，企业事业组织、社会团体、其他社会组织及公民个人，可依法举办专门招收流动儿童少年的学校或简易学校。办学经费由办学者负责筹措，流入地人民政府和教育行政部门应予以积极扶持。简易学校的设立条件可酌情放宽，允许其租赁坚固、适用的房屋为校舍。

第十条 经县（市、区）教育行政部门批准，流入地全日制公办中小学可利用学校校舍和教育设施，聘请离退休教师或其他具备教师资格人员，举办专门招收流动儿童少年的附属教学班（组）。

第十一条 招收流动儿童少年就学的全日制公办中小学，可依国家有关规定按学期收取借读费。借读费标准按国家教育委员会、国家计划委员会、财政部联合颁发的《义务教育学校收费管理暂行办法》执行。

第十二条 专门招收流动儿童少年的学校、简易学校和全日制公办中小学附属教学班（组）收费项目和标准按国务院发布的《社会力量办学条例》中的有关规定执行。

第十三条 凡招收流动儿童少年就学的学校和全日制公办中小学附属教学班（组），均不得以营利为目的，不得违反国家有关规定乱收费、高收费。对家庭经济困难的学生应酌情减免费用。

第十四条 流入地教育行政部门和学校应维护就学流动儿童少年的正当权益，在奖励、评优、申请加入少先队、共青团、参加校内外活动等方面不得歧视。

第十五条 专门招收流动儿童少年的学校和全日制公办中小学附属教学班（组），应贯彻国家教育方针，努力提高教育质量。对完成学业，经考试合格的学生，应按流入地有关规定，发给相应的毕业证书或证明。

第十六条 流入地教育行政部门应对专门招收流动儿童少年的学校和全日制公办中小学附属教学班（组）教育教学工作进行指导和监督。

第十七条 违反本办法规定的，由流入地人民政府责令限期改正。对责任人员，由其所在单位或上级机关给予行政处分。

第十八条 省、自治区、直辖市人民政府可根据《流动儿童少年就学暂行办法》，结合本地区实际情况，制定具体实施办法。

第十九条　本办法自公布之日起施行。

教育行政处罚暂行实施办法

（1998年3月6日国家教委令第27号发布）

第一章　总　　则

第一条　为了规范教育行政处罚行为，保障和监督教育行政部门有效实施教育行政管理，保护公民、法人和其他组织的合法权益，根据有关法律、行政法规制定本办法。

第二条　对违反教育行政管理秩序，按照《中华人民共和国教育法》和其他教育法律、法规、规章的规定，应当给予行政处罚的违法行为，依据《中华人民共和国行政处罚法》和本办法的规定实施处罚。

第三条　实施教育行政处罚必须以事实为依据，以法律为准绳，遵循公正、公开、及时的原则。

实施教育行政处罚，应当坚持教育与处罚相结合，纠正违法行为，教育公民、法人和其他组织自觉守法。

第二章　实施机关与管辖

第四条　实施教育行政处罚的机关，除法律、法规另有规定的外，必须是县级以上人民政府的教育行政部门。

教育行政部门可以委托符合《中华人民共和国行政处罚法》第十九条规定的组织实施处罚。

受委托组织应以委托教育行政部门的名义作出处罚决定；委托教育行政部门应对受委托组织实施处罚的行为进行监督，并对其处罚行为的后果承担法律责任。

教育行政部门委托实施处罚，应当与受委托组织签订《教育行政处罚委托书》，在《教育行政处罚委托书》中依法规定双方实施处罚的权利与义务。

第五条　教育行政处罚由违法行为发生地的教育行政部门管辖。

对给予撤销学校或者其他教育机构处罚的案件，由批准该学校或者其他教育机构设立的教育行政部门管辖。

国务院教育行政部门管辖以下处罚案件：应当由其撤销高等学校或者其他教育机构的案件；应当由其撤销教师资格的案件；全国重大、复杂的案件以及教育法律、法规规定由其管辖的处罚案件。

除国务院教育行政部门管辖的处罚案件外，对其他各级各类学校或者其他教育机构及其内部人员处罚案件的管辖为：

(一)对高等学校或者其他高等教育机构及其内部人员的处罚，为省级人民政府教育行政部门；

(二)对中等学校或者其他中等教育机构及其内部人员的处罚，为省级或地、设区的市级人民政府教育行政部门；

(三)对实施初级中等以下义务教育的学校或者其他教育机构、幼儿园及其内部人员的处罚，为县、区级人民政府教育行政部门。

第六条 上一级教育行政部门认为必要时，可以将下一级教育行政部门管辖的处罚案件提到本部门处理；下一级教育行政部门认为所管辖的处罚案件重大、复杂或超出本部门职权范围的，应当报请上一级教育行政部门处理。

第七条 两个以上教育行政部门对同一个违法行为都具有管辖权的，由最先立案的教育行政部门管辖；主要违法行为发生地的教育行政部门处理更为合适的，可以移送主要违法行为发生地的教育行政部门处理。

第八条 教育行政部门发现正在处理的行政处罚案件，还应由其他行政主管机关处罚的，应向有关行政机关通报情况、移送材料并协商意见；对构成犯罪的，应先移送司法机关依法追究刑事责任。

第三章 处罚种类与主要违法情形

第九条 教育行政处罚的种类包括：

(一) 警告；

(二) 罚款；

(三) 没收违法所得，没收违法颁发、印制的学历证书、学位证书及其他学业证书；

(四)撤销违法举办的学校和其他教育机构；

(五) 取消颁发学历、学位和其他学业证书的资格；

(六) 撤销教师资格；

(七) 停考，停止申请认定资格；

(八) 责令停止招生；

(九) 吊销办学许可证；

(十) 法律、法规规定的其他教育行政处罚。

教育行政部门实施上述处罚时，应当责令当事人改正、限期改正违法行为。

第十条 幼儿园在实施保育教学活动中具有下列情形之一的，由教育行政部门责令限期整顿，并视情节轻重给予停止招生、停止办园的处罚：

(一) 未经注册登记，擅自招收幼儿的；

(二) 园舍、设施不符合国家卫生标准、安全标准，妨害幼儿身体健康或威胁幼儿生命安全的；

(三) 教育内容和方法违背幼儿教育规律，损害幼儿身心健康的。

具有下列情形之一的单位或个人，由教育行政部门对直接责任人员给予警告、一千元以下的罚款，或者由教育行政部门建议有关部门对责任人员给予行政处分：

(一) 体罚或变相体罚幼儿的；

(二) 使用有毒、有害物质制作教具、玩具的；

(三) 克扣、挪用幼儿园经费的；

(四) 侵占、破坏幼儿园园舍、设备的；

(五) 干扰幼儿园正常工作秩序的；

(六) 在幼儿园周围设置有危险、有污染或者影响幼儿园采光的建筑和设施的。

前款所列情形，情节严重，构成犯罪的，由司法机关依法追究刑事责任。

第十一条 适龄儿童、少年的父母或监护人，未按法律规定送子女或被监护人就学接受义务教育的，城市由市、市辖区人民政府或其指定机构，农村由乡级人民政府，对经教育仍拒绝送子女或被监护人就学的，根据情节轻重，给予罚款的处罚。

第十二条　违反法律、法规和国家有关规定举办学校或其他教育机构的，由教育行政部门予以撤销；有违法所得的，没收违法所得。

社会力量举办的教育机构，举办者虚假出资或者在教育机构成立后抽逃出资的，由审批的教育行政部门责令改正；拒不改正的，处以应出资金额或者抽逃资金额两倍以下、最高不超过十万元的罚款；情节严重的，由审批的教育行政部门给予责令停止招生、吊销办学许可证的处罚。

第十三条　非法举办国家教育考试的，由主管教育行政部门宣布考试无效；有违法所得的，没收违法所得。

第十四条　参加国家教育考试的考生，有下列情形之一的，由主管教育行政部门宣布考试无效；已经被录取或取得学籍的，由教育行政部门责令学校退回招收的学员；参加高等教育自学考试的应试者，有下列情形之一，情节严重的，由各省、自治区、直辖市高等教育自学考试委员会同时给予警告或停考一至三年的处罚：

（一）以虚报或伪造、涂改有关材料及其他欺诈手段取得考试资格的；

（二）在考试中有夹带、传递、抄袭、换卷、代考等考场舞弊行为的；

（三）破坏报名点、考场、评卷地点秩序，使考试工作不能正常进行或以其他方法影响、妨碍考试工作人员使其不能正常履行责任以及其他严重违反考场规则的行为。

第十五条　社会力量举办的学校或者其他教育机构不确定各类人员的工资福利开支占经常办学费用的比例或者不按照确定的比例执行的，或者将积累用于分配或者校外投资的，由审批的教育行政部门责令改正，并可给予警告；情节严重或者拒不改正的，由审批的教育行政部门给予责令停止招生、吊销办学许可证的处罚。

第十六条　社会力量举办的学校或者其他教育机构管理混乱，教学质量低下，造成恶劣影响的，由审批的教育行政部门限期整顿，并可给予警告；情节严重或经整顿后仍达不到要求的，由审批的教育行政部门给予责令停止招生、吊销办学许可证的处罚。

第十七条　学校或其他教育机构违反法律、行政法规的规定，颁发学位、学历或者其他学业证书的，由教育行政部门宣布该证书无效，责令收回或者予以没收；有违法所得的，没收违法所得；情节严重的，取消其颁发证书的资格。

第十八条　教师有下列情形之一的，由教育行政部门给予撤销教师资格、自撤销之日起五年内不得重新申请认定教师资格的处罚：

（一）弄虚作假或以其他欺骗手段获得教师资格的；

（二）品行不良、侮辱学生，影响恶劣的。

受到剥夺政治权利或因故意犯罪受到有期徒刑以上刑事处罚的教师，永久丧失教师资格。

上述被剥夺教师资格教师的教师资格证书应由教育行政部门收缴。

第十九条　参加教师资格考试的人员有作弊行为的，其考试成绩作废，并由教育行政部门给予三年内不得参加教师资格考试的处罚。

第四章　处罚程序与执行

第二十条　实施教育行政处罚，应当根据法定的条件和案件的具体情况分别适用《中华人民共和国行政处罚法》和本办法规定的简易程序、一般程序和听证程序。

第二十一条　教育行政处罚执法人员持有能够证明违法事实的确凿证据和法定的依据，对公民处以五十元以下、对法人或者其他组织处以一千元以下罚款或给予警告处罚的，可以适用简易程序，当场作出处罚决定，但应报所属教育行政部门备案。

第二十二条　执法人员当场作出教育行政处罚决定的，应当向当事人出示执法身份证件，制作《教育行政处罚当场处罚笔录》，填写《教育行政处罚当场处罚决定书》，按规定格式载明当事人的违法行为、处罚依据、给予的处罚、时间、地点以及教育行政部门的名称，由教育行政执法人员签名或者盖章后，当场交付当事人。

第二十三条　除依法适用简易程序和听证程序以外，对其他教育违法行为的处罚应当适用一般程序。

教育行政部门发现公民、法人或者其他组织有应当给予教育行政处罚的违法行为的，应当作出立案决定，进行调查。教育行政部门在调查时，执法人员不得少于两人。

执法人员与当事人有直接利害关系的，应当主动回避，当事人有权以口头或者书面方式申请他们回避。执法人员的回避，由其所在教育行政部门的负责人决定。

第二十四条　教育行政部门必须按照法定程序和方法，全面、客观、公正地调查、收集有关证据；必要时，依照法律、行政法规的规定，可以进行检查。教育行政部门在进行检查时，执法人员不得少于两人。

教育行政部门在收集证据时，对可能灭失或者以后难以取得的证据，经教育行政部门负责人批准，可以将证据先行登记，就地封存。

第二十五条　在作出处罚决定前，教育行政部门应当发出《教育行政处罚告知书》，告知当事人作出处罚决定的事实、理由和依据，并告知当事人依法享有的陈述权、申辩权和其他权利。

当事人在收到《教育行政处罚告知书》后七日内，有权向教育行政部门以书面方式提出陈述、申辩意见以及相应的事实、理由和证据。教育行政部门必须充分听取当事人的意见，对当事人提出的事实、理由和证据应进行复核，当事人提出的事实、理由或者证据成立的，教育行政部门应当采纳。教育行政部门不得因当事人的申辩而加重处罚。

第二十六条　调查终结，案件承办人员应当向所在教育行政部门负责人提交《教育行政处罚调查处理意见书》，详细陈述所查明的事实、应当作出的处理意见及其理由和依据并应附上全部证据材料。教育行政部门负责人应当认真审查调查结果，按照《中华人民共和国行政处罚法》第三十八条的规定，根据不同情况作出决定。

教育行政部门决定给予行政处罚的，应当按照《中华人民共和国行政处罚法》第三十九条的规定，制作《教育行政处罚决定书》。

《教育行政处罚决定书》的送达，应当按照《中华人民共和国行政处罚法》第四十条和《中华人民共和国民事诉讼法》第七章第二节的规定执行。

第二十七条　教育行政部门在作出本办

法第九条第（三）、（四）、（五）、（六）、（七）、（八）、（九）项之一以及较大数额罚款的处罚决定前，除应当告知作出处罚决定的事实、理由和依据外，还应当书面告知当事人有要求举行听证的权利。

前款所指的较大数额的罚款，标准为：由国务院教育行政部门作出罚款决定的，为五千元以上；由地方人民政府教育行政部门作出罚款决定的，具体标准由省一级人民政府决定。

当事人在教育行政部门告知后三日内提出举行听证要求的，教育行政部门应当按照《中华人民共和国行政处罚法》第四十二条的规定，组织听证。

第二十八条 听证结束后，听证主持人应当提出《教育行政处罚听证报告》，连同听证笔录和有关证据呈报教育行政部门负责人。教育行政部门负责人应当对《教育行政处罚听证报告》进行认真审查，并按照《中华人民共和国行政处罚法》第三十八条的规定作出处罚决定。

第二十九条 除依照《中华人民共和国行政处罚法》的规定可以当场收缴罚款外，作出罚款决定的教育行政部门应当与收缴罚款的机构分离，有关罚款的收取、缴纳及相关活动，适用国务院《罚款决定与罚款收缴分离实施办法》的规定。

第三十条 教育行政处罚决定作出后，当事人应当在行政处罚决定的期限内，予以履行。当事人逾期不履行的，教育行政部门可以申请人民法院强制执行。

第三十一条 当事人对行政处罚决定不服的，有权依据法律、法规的规定，申请行政复议或者提起行政诉讼。

行政复议、行政诉讼期间，行政处罚不停止执行。

第三十二条 教育行政部门的职能机构查处教育行政违法案件需要给予处罚的，应当以其所属的教育行政部门的名义作出处罚决定。

教育行政部门的法制工作机构，依法对教育行政执法工作进行监督检查，对教育行政部门的其他职能机构作出的行政处罚调查处理意见进行复核，并在其职责范围内具体负责组织听证及其他行政处罚工作。

第三十三条 教育行政部门及其工作人员在实施教育行政处罚中，有违反《中华人民共和国行政处罚法》和本办法行为的，应当按照《中华人民共和国行政处罚法》第七章的规定追究法律责任。

教育行政部门应当加强对行政处罚的监督检查，认真审查处理有关申诉和检举；发现教育行政处罚有错误的，应当主动改正；对当事人造成损害的，应当依法赔偿。

第三十四条 教育行政部门应当建立行政处罚统计制度，每年向上一级教育行政部门和本级人民政府提交一次行政处罚统计报告。

第五章 附 则

第三十五条 本办法规定使用的各类教育行政处罚文本的格式，由国务院教育行政部门和各省、自治区、直辖市人民政府教育行政部门统一制定。

第三十六条 本办法自发布之日起施行。

中小学德育工作规程

（1998年3月16日国家教委发布）

第一章 总 则

第一条 为加强中小学德育工作，依据《中华人民共和国教育法》及有关规定制定本规程。

第二条 德育即对学生进行政治、思想、道德和心理品质教育，是中小学素质教育的重要组成部分，对青少年学生健康成长和学校工作起着导向、动力、保证作用。

第三条 中小学德育工作必须坚持以马列主义、毛泽东思想和邓小平理论为指导，把坚定正确的政治方向放在第一位。

第四条 中小学德育工作要坚持从本地区实际和青少年儿童的实际出发，遵循中小学生思想品德形成的规律和社会发展的要求，整体规划中小学德育体系。

第五条 中小学德育工作的基本任务是，培养学生成为热爱社会主义祖国、具有社会公德、文明行为习惯、遵纪守法的公民。在这个基础上，引导他们逐步确立正确的世界观、人生观、价值观，不断提高社会主义思想觉悟，并为使他们中的优秀分子将来能够成为坚定的共产主义者奠定基础。

第六条 小学、初中、高中阶段具体的德育目标、德育内容、德育实施途径等均遵照国家教育委员会颁布的《小学德育纲要》、《中学德育大纲》施行。

第七条 中小学德育工作要注意同智育、体育、美育、劳动教育等紧密结合，要注意同家庭教育、社会教育紧密结合，积极争取有关部门的支持，促进形成良好的社区育人环境。

第八条 中小学德育的基本内容和基本要求应当在保持相对稳定的基础上，根据形势的发展不断充实和完善。

第九条 德育科研是中小学德育工作的重要组成部分，应当在马列主义、毛泽东思想和邓小平理论指导下，为教育行政部门的决策服务。

第二章 管理职责

第十条 国务院教育行政部门负责制定全国中小学德育工作的方针政策和基本规章，宏观指导全国的中小学德育工作、校外教育工作、工读教育工作。

第十一条 国务院教育行政部门和省级人民政府教育行政部门应设立或确定主管中小学德育工作的职能机构，地市级和县级人民政府教育行政部门根据本地区的实际，设立或确定主管中小学德育工作的职能机构，也可由专职人员管理。

第十二条 各级教育行政部门要充分发挥德育科学研究部门和学术团体的作用，鼓励德育科研人员与教育行政管理人员和中小学教师密切合作开展课题的研究，还要为德育科研人员参加国内外学术交流活动创造条件。

第十三条 各级教育督导部门要定期开展中小学德育专项督导检查，建立切实可行的德育督导评估制度。

第十四条 中小学校的德育工作应实行校长负责的领导管理体制。中小学校长要全面贯彻教育方针，主持制定切实可行的德育工作计划，组织全体教师、职工，通过课内外、校内外各种教育途径，实施《小学德育纲要》、《中学德育大纲》。

第十五条 普通中学要明确专门机构主管德育工作。城市小学、农村乡镇中心小学应有一名教导主任分管德育工作。

第十六条 少先队和共青团工作是中小学德育工作的重要组成部分。中小学校要充分发挥少先队和共青团组织协助学校开展思想政治教育工作的作用。

第十七条 中小学校应通过书面征询、重点调查、访谈等多种方式了解社会各界对学校德育工作的评价以及学生毕业后的品德表现，不断改进德育工作。

第三章 思想品德课和思想政治课

第十八条 思想品德课、思想政治课是小学生和中学生的必修课程。思想品德课和思想政治课的教材包括：课本、教学参考书、教学挂图和图册、音像教材、教学软件等。

第十九条 国务院教育行政部门指导思想品德课、思想政治课课程建设；组织审定（查）思想品德课、思想政治课教材。

第二十条 地方各级人民政府教育行政部门，具体指导思想品德课和思想政治课的教学工作，贯彻落实国务院教育行政部门颁布的课程教学计划、《课程标准》。

各级教学研究机构中的思想品德课和思想政治课教研员具体组织教师的培训工作、开展教学研究和教学评估，帮助教师不断提高教学质量，有计划地培养骨干教师和学科带头人。

第二十一条 中小学校必须按照课程计划开设思想品德课和思想政治课，不得减少课时或挪作它用。中小学校要通过思想品德课和思想政治课考核，了解学生对所学基本知识和基本理论常识的理解程度及其运用的基本能力。

第四章 常规教育

第二十二条 中小学校必须遵照《中华人民共和国国旗法》及国家教育委员会《关于施行〈中华人民共和国国旗法〉严格中小学升降国旗制度的通知》要求，建立升降国旗制度。

第二十三条 中小学校每年应当结合国家的重要节日、纪念日及各民族传统节日，引导学生开展丰富多彩的教育活动，并逐步形成制度。

第二十四条 各级教育行政部门和中小学校应切实保证校会、班会、团（队）会、社会实践的时间。小学、初中、高中每学年应分别用1～3天、5天、7天的时间有计划地组织学生到德育基地、少年军校或其他适宜的场所进行参观、训练等社会实践活动。

第二十五条 各级教育行政部门和中小学校要认真贯彻落实《小学生守则》、《中学生守则》、《小学生日常行为规范》、《中学生日常行为规范》，形成良好的校风。

第二十六条 中小学应实行定期评定学生品德行为和定期评选“三好”学生、优秀学生干部（中学）、优秀班集体的制度。评定的标准、方法、程序，依据《中学德育大纲》和《小学德育纲要》施行。学生的品德行为评定结果应当通知本人及其家长，记入学生手册，并作为学生升学、就业、参军的品德考查依据之一。

第二十七条 中小学校应当严肃校纪。对严重违犯学校纪律，屡教不改的学生应当根据其所犯错误的程度给予批评教育或者纪律处分，并将处分情况通知学生家长。受处分学生已改正错误的，要及时撤销其处分。

第五章 队伍建设与管理

第二十八条 中小学教师是学校德育工作的基本力量。学校党组织的负责人、主管德育工作的行政人员、思想品德课和思想政治课教师、班主任、共青团团委书记和少先队大队辅导员是中小学校德育工作的骨干力量。中小学德育工作者要注重德育的科学研究，各级教育行政部门要努力培养造就中小学德育专家、德育特级教师和高级教师，要创造条件不断提高思想品德课和思想政治课教师的教学水平。

第二十九条 中小学教师要认真遵守《中小学教师职业道德规范》，爱岗敬业，依法执教，热爱学生，尊重家长，严谨治学，团结协作，廉洁从教，为人师表。

第三十条 中小学校思想品德课和思想政治课教师除应具备国家法定的教师资格外，还应具有一定的马克思主义理论修养，较丰富的社会科学知识和从事德育工作的能力。

第三十一条 各级教师进修学校和中小学教师培训机构要承担培养、培训思想品德课和思想政治课教师的任务。

第三十二条 中小学校要建立、健全中小学班主任的聘任、培训、考核、评优制度。各级教育行政部门对长期从事班主任工作的教师应当给予奖励。

第三十三条 思想品德课和思想政治课教师及其他专职从事德育工作的教师应当按教师系列评聘教师职务。中小学教师职务评聘工作的政策要有利于加强学校的德育工作，要有利于鼓励教师教书育人。在评定职称、职级时，教师担任班主任工作的实绩应做为重要条件予以考虑。各级教育行政部门对做出突出成绩的思想品德课和思想政治课教师应当给予表彰。

第三十四条 中小学校全体教师、职工都有培养学生良好品德的责任。学校要明确确定教师、职工通过教学、管理、服务工作对学生进行品德教育的职责和要求，并认真核查落实。

第六章 物质保证

第三十五条 各级教育行政部门和中小学校要为开展德育工作提供经费保证。

第三十六条 各级教育行政部门和学校要不断完善、优化教育手段，提供德育工作所必须的场所、设施，建立德育资料库。中小学校要为思想品德课和思想政治课教师订阅必备的教学参考书、报刊杂志，努力配齐教学仪器设备。

第三十七条 中小学校应在校园内适当位置设立旗台、旗杆，张贴中小学生守则和中小学生日常行为规范。教室内要挂国旗。校园环境建设要有利于陶冶学生的情操，培养良好的文明行为。

第三十八条 各级教育行政部门应当会同有关部门，结合当地的实际情况和特点，建立中小学生德育基地，为学生社会实践活动提供场所。

第七章 学校、家庭与社会

第三十九条 中小学校要通过建立家长委员会、开办家长学校、家长接待日、家长会、家庭访问等方式帮助家长树立正确的教育思想，改进教育方法，提高家庭教育水平。

各级教育行政部门要利用报刊、广播电台、电视台等大众传媒大力普及家庭教育的科学常识；要与工会、妇联组织密切合作，落实《家长教育行为规范》。

第四十条 各级教育行政部门和学校要积极争取、鼓励社会各界和各方面人士以各种方式对中小学德育工作提供支持，充分利用社会上各种适宜教育的场所，开展有益于学生身心健康的活动；引导大众传媒为中小学生提供有益的精神文明作品；积极参与建立社区教育委员会的工作，优化社区育人环境。

第八章 附 则

第四十一条 本规程自1998年4月1日起实行。

关于实施《职业教育法》加快发展职业教育的若干意见

（1998年3月16日国家教委、国家经贸委、劳动部印发）

为贯彻落实党的十五大精神，贯彻落实《职业教育法》，加快职业教育的发展与改革，特提出以下意见：

一、进一步提高认识，加强领导，落实职业教育的重要地位

（一）改革开放以来，党和国家采取一系列措施大力发展职业教育，取得了显著成绩。到1996年，中等职业学校的招生数和在校生数已达415万和1 010万人，分别占高中阶段学生总数的57.4%和56.8%，中等教育结构单一的局面发生了根本性变化；初等和高等职业教育有了一定发展；职业培训规模日益扩大，年培训量达数千万人次；积极探索符合国情的职教发展路子，职业教育的各项改革逐步深化；努力提高教育质量和办学效益，建设了675所国家级重点学校和1964所省部级重点学校。职业教育培养的人才在社会主义现代化建设事业中发挥了重要作用。同时也要清醒地认识到，在职业教育的进程中还存在不少突出的困难和问题。一些地方和部门对职业教育的认识还没有达到应有的高度；社会各方面兴办职业教育的职责义务需要进一步明确和落实；职业教育的办学与管理体制、运行机制和层次结构等还不能适应建立社会主义市场经济体制的要求和经济社会发展、劳动就业的需要；职业教育的整体基础还相对薄弱，东西部之间、城乡之间、产业之间还有较大差距；职业教育的教育质量和办学效益还有待进一步提高等。对此，必须加以重视，逐步解决，保证职业教育的巩固和持续发展。

（二）发展职业教育是促进经济、社会发展和劳动就业的重要途径，不仅关系着经济发展的速度、产品的质量和服务水平，关系着劳动力资源的优化配置，而且关系着社会稳定和社会主义精神文明建设。职业教育作为我国教育事业的重要组成部分，对调整教育结构、广开成才之路，对促进义务教育的普及、提高教育整体效益，对全面落实教育方针、增进教育与经济的结合都具有重要的作用。当前，加快改革开放和现代化建设步伐、实行两个根本性转变和教育的两个重要转变、实施科教兴国战略的新形势，对职业教育提出了更迫切的需求。未来五年和十五年，职业教育改革、发展和提高的任务相当艰巨。全社会都要从国家发展的战略和全局出发，进一步提高思想认识，关心和支持职业教育；各级政府和有关部门要进一步加强对职业教育工作的领导，落实职业教育的重要战略地位，把调整教育结构、发展职业教育摆到突出位置，抓住机遇，开创我国职业教育工作的新局面。

二、努力实现跨世纪发展职业教育的奋斗目标

（一）根据我国社会主义现代化建设的迫切需要和《职业教育法》、《中国教育改革和发展纲要》提出的要求，本世纪末到下世纪初，我国职业教育工作的主要奋斗目标和工作任务是：

1. 进一步调整结构，推进以初中后为重点的不同阶段的教育分流，建立、健全职业学校教育与职业培训并举，并与其他教育相互沟通、协调发展的职业教育体系。到2000年，使各类中等职业学校招生数和在校生数占高中阶段学生数的比例全国平均达到60%左右，普及高中阶段教育的城市可达到70%；积极发展高等职业教育；通过多种形式，因地制宜地发展初等职业教育；普通中学普遍增加职业教育内容；在全国范围内有计划、有步骤地实施劳动预备制度，广泛开展各种形式的转业、转岗培训，使大多数新增劳动力上岗前和失业、转业、转岗人员再就业前都得到必需的职业训练。到2010年，使中等、高等职业教育和各级各类职业培训的规模和水平进一步提高，职业教育的结构更加合理，体系进一步健全。

2. 进一步深化办学体制和管理体制改革，逐步建立、健全有中国特色的、适应社会主义市场经济和社会进步需要的职业教育制度和有效的运行机制。要依法落实政府、行业、企业及社会各方面兴办职业教育的职责和义务，落实各部门对职业教育的管理职责分工，建立起稳定的、多渠道筹集职业教育经费的保障体系以及适应社会主义市场经济体制的招生和毕业生就业制度、学生缴费制度，建立和完善学历证书、培训证书以及职业资格证书制度。

3. 进一步加强职业教育内部建设，改善职业教育的整体基础和管理水平，提高教育质量和办学效益。到2000年，中心城市的各个大的行业及每个县都要建设一至两所骨干职业学校、职业培训机构，并使之相互沟通，努力巩固并提高已建国家和省部级重点职业学校的办学水平；中专学校的教师要基本达到任职资格标准，职业中学、技工学校教师的达标率也要有明显提高。到2010年，进一步发展职教特色明显、能起骨干示范作用的国家级和省部级重点职业学校的数量，并进一步提高质量；各类职业学校教师都要基本达到任职资格标准，使我国职业教育的水平登上一个新的台阶。

（二）为了实现我国跨世纪发展职业教育的奋斗目标，职业教育工作必须遵循大力发展、深化改革、优化结构、提高水平、分类指导、依法治教的指导方针。要认真贯彻党和国家有关教育工作的各项方针政策，贯彻实施《职业教育法》，正确处理好发展、改革与提高的关系。要进一步强化政府统筹职能，积极鼓励社会各方面兴办职业教育；要坚持按需施教，采取灵活多样的办学形式；要搞好产教结合，大力扶持和发展校办产业；要实行分区规划，特别重视农业和艰苦行业以及中西部地区职业教育的发展；要深化教学改革，努力探索职业教育办学规律，办出职业教育特色。

三、建立、健全职业教育体系

（一）各地要根据社会对人才的需求和教育普及的程度，因地制宜地实行以初中后分流为重点的小学后、初中后、高中后教育分流。在部分农村地区，特别是边远、贫困地区，应通过发展“三加一”（在初中三年基础上再加一段职业教育）、初二分流、四年制初中（其中安排一年左右的时间进行职业教育）以及其他多种形式，加强初中阶段的职业教育。在城市和有条件的农村，也可适量举办初中阶段的职业学校；大部分地区以初中后分流为主，大力发展中等职业教育。同时，随着经济的发展，还应积极地逐步推进高中后分流，发展多种形式的高中后职业教育。

（二）职业培训是职业教育的重要组成部分，也是促进劳动就业的重要手段，对提高劳动者的就业能力和工作能力发挥着直接有效的作用，要高度重视。要加强职业培训机构的建设，各级各类职业学校也应根据需要，开展多种形式的职业培训。要把职业培训与充分开发利用我国丰富的劳动力资源和自然资源紧密结合，建立与劳动力市场需求相适应的灵活办学机制，扩大培训规模，提高培训质量。在培训层次上，应根据培养目标和用人单位的要求，灵活确定培训专业和期限，使初、中、高级职业培训协调合理地发展；在培训内容上，要适应经济建设和生产经营的需要，突出操作技能培训，搞好生产实习基地建设；要结合实施劳动预备制度、“再就业工程”和“农村劳动力跨地区流动有序化工程”，大力开展对未升学的初、高中毕业生、失业人员和企业富余人员的转业、转岗培训和直接为农村经济服务的职业培训；要结合建立现代企业制度，指导企业建立和完善职工培训制度；要加强调查研究，改革学徒培训制度，探索建立具有中国特色的新型学徒培训模式。逐步形成根据经济发展和就业需要，覆盖城乡的职业培训网络。

（三）高等职业教育是高等教育的组成部分。要根据需要，积极地有步骤地发展高等职业教育。发展高等职业教育，要坚持统筹规划、合理布局、面向基层、办出特色、积极试点、逐步规范的原则。要充分利用现有的教育资源，主要通过对现有高等专科学校、职业大学、独立设置的成人高校改革办学模式、调整专业方向和培养目标以及改组、改制来发展高等职业学校教育。在尚不能满足对高职人才的需求时，根据地方和行业的需求和学校的办学条件，经国家教委审批，可以利用重点中专学校举办高职班或转制来补充。今后，国家每年新增的高校招生计划指标应主要用于发展高等职业学校教育。各类教育机构举办高等职业学校教育按国家教委有关规定审核批准。地方和部门要加强统筹规划，采取积极措施推动高等职业教育发展。

(四)要逐步规范和理顺职业学校教育的学制。初等职业学校教育招收小学毕业生，学习期限为三至四年；中等职业学校教育主要招收完成初中阶段教育的毕业生，学习期限一般为三年，有些可为两年和四年；高等职业学校教育招收中等职业学校和普通高中毕业生及有同等学力的人员，专科层次的学习期限为二至三年，少数经批准的学校，招初中毕业生，学习期限为五年。今后，除一些特殊专业（工种）外，要逐步实现中等职业学校不再招收高中毕业生。

要加强职业教育与其他教育的相互沟通与衔接。各地要采取措施，统一政策，加强中等职业学校与成人中等学校的沟通与结合；各地在发展普通高中时，要与发展职业学校统筹规划。要研究和采取一些具体办法，使中等职业学校毕业生有继续深造的机会。对这类学生的考试，要研究改革招生考试办法，突出对职业知识和职业技能的考核。

四、推动农业、艰苦行业和中西部地区职业教育的发展

(一)在职业教育发展中必须把办好农业职业教育放在重要位置。农村职业学校应坚持面向农村、面向农业、面向农民为主的办学指导思想，努力为发展高产、优质、高效农业服务，为农民脱贫致富服务，为农村产业结构调整服务。要围绕当地农业资源开发设置专业，教学内容要注重科学技术的实际应用，适当拓宽学生的专业知识面。农业职业教育的办学形式和学制应更加灵活多样，入学条件可适当放宽，有条件的地方可以凭初中毕业证书免试入学。各地应采取保护性政策，促进农业职业教育的发展。各级政府和有关部门要增加对农业职业教育的投入；各级政府用于农村科技开发、技术推广的经费，应适当安排用于农村职业培训。对志愿学农的学生可减免学费、给予专业奖学金；在农村要逐步推行“绿色证书”制度；对回乡务农的职业学校毕业生提供生产开发贷款并在承包土地、提供良种、化肥、农药等方面给予优惠。

(二)各地和各有关部门要采取保护性政策和措施，扶持办好面向苦、脏、累、险等艰苦行业（专业或工种）的职业教育。对这类专业，在招生上可适当放宽入学条件，经批准还可跨省市招生。有些可以实行易地培养。政府和主管部门也可通过实行奖学金、贷学金、减免学费等措施鼓励学生报考、就学。对开设这类专业的职业学校应在资金、设备等方面予以重点扶持。

（三）要采取措施加快中西部地区、少数民族地区职业教育的发展。中西部地区、少数民族地区的各级政府和有关部门要充分认识职业教育对于振兴经济和保持社会安定的重要性。为加快经济振兴的步伐，应推进实行就业前上岗前必须经过相应职业教育的制度；要加强政府统筹，农科教结合，协调和组织各方面力量兴办职业教育；要下决心建设一批起示范作用的职业学校和职业培训机构。要从当地实际出发，确定职业教育的层次结构和发展模式，办出自己的特色。要把教学与农业开发、农业技术推广和帮助农民脱贫致富紧密结合。要加强东部地区与中西部地区的交通与合作，鼓励东部地区对中西部地区职业教育的发展给予多方面的支持和帮助。国家应采取必要的倾斜政策，通过扩大投入、培训师资、组织对口帮助等形式扶持中西部地区、少数民族地区职业教育的发展。

五、推进办学体制改革，加强部门分工协作

(一)县级以上地方各级政府对所辖行政区域内职业教育的发展负有主要领导责任。地方各级政府应当把职业教育纳入当地经济和社会发展规划，在国家方针、政策指导下，地方政府应在制定职业教育发展规划，组织各方面力量办学，配置教育资源，安排招生就业工作等方面加强统筹领导，使各部门分工合作。上级各业务主管部门要大力支持地方政府的统筹和决策。县级以上地方各级政府要负责办好起骨干和示范作用的职业学校和职业培训机构；对企业事业组织、社会团体、其他社会组织及公民个人办学要给予必要的扶持。

(二)行业主管部门、行业组织应依法举办或与其他方面联合举办本行业的职业学校和职业培训机构。企业组织应依法建立职工培训制度，对本单位职工进行培训，并根据企业发展的长远需要和《职业教育法》的要求，承担对准备录用的人员实施职业教育的义务。企业组织可以单独或联合举办职业学校或职业培训机构，也可以委托学校、职业培训机构或通过社会统筹举办。所有企业应按照《职业教育法》的要求和省级人民政府或国务院有关部门制定的具体办法承担职业教育费用。有条件的企业应积极为职业教育提供教师、接纳职业教育学生和教师实习，按照国家有关规定和劳动人事制度改革的要求，录用职业学校和职业培训机构的毕、结业生等。各部门和行业组织在继续办好所属职业学校和职业培训机构的同时，还应对本系统、本行业的职业教育加强组织、协调和业务指导。

(三)实行多种形式的联合办学是我国发展职业教育的一条成功经验。要大力倡导联合办学并促进其向深层次发展，使合作各方均成为办学主体。合作办学的各方，应当签定正式办学合同，按合同承担经费、师资、设施等义务，享有参与学校决策和管理、优先录用毕业生等权利。部门办的中等职业学校应积极与地方联合办学，在保证部门人才需要的同时，发挥办学潜力，培养地方所需人才。联合举办的职业学校可由主管部门和办学各方的代表组成校董会以研究决定学校的重大事项。

(四)国家大力倡导和支持发展多种形式的民办职业教育，鼓励事业组织、社会团体、其他社会组织及公民个人依法举办职业学校和职业培训机构；欢迎国外、境外组织和个人依照我国法律同我国境内职业教育机构和其他社会组织联合举办职业学校或职业培训机构。对事业组织、社会团体、其他社会组织及公民个人举办、联合举办的职业学校和职业培训机构，各级政府和有关部门应在划拨土地、补助基建、调配教师等方面提供优惠条件，并在教师职务评聘、证书考核发放、招生和毕业生就业、发展校办产业等方面执行国家统一政策，与政府举办的学校一视同仁。

(五)要从有利于事业发展的前提出发，进一步改革职业教育的管理体制。要坚持在政府领导下，教育部门统筹协调，各有关部门分工协作，使各类职业教育能在统一、协调的政策下健康发展。

技工学校是中等职业学校教育的重要组成部分，按照国务院确定的职责分工，在国家有关职业教育的方针、政策和规划的指导下仍由国务院劳动部门管理。

要统一和协调对各类中等职业学校的政策。今后，不论是在教育方面还是劳动就业方面，调整现行政策和制定出台新的政策，都应统筹考虑各类职业学校。

六、贯彻产教结合的原则

（一）贯彻产教结合的原则，首先要进一步加强职业教育与经济的结合，增强职业学校和职业培训机构与企业的联系与合作。企业要依法承担实施职业教育的义务，积极关心和支持职业教育。职业学校和职业培训机构要坚持为经济建设和社会发展服务的办学方向，积极聘请相关经济、产业界人士参加校董会或其他形式的决策、咨询组织，共同研究专业设置、培养目标、教学内容、经费筹措等重要事项。贯彻产教结合的原则，要在实施职业教育的过程中，坚持教学与生产劳动相结合，切实加强生产实习、职业技能训练和实践性教学环节，使培养的人才更加适合企业与社会的需要。

（二）贯彻产教结合原则，要支持职业学校和职业培训机构发展校办产业。这既是提高教育质量的需要，也是增强学校自我发展能力的需要。举办校办产业和从事社会服务的收入，主要用于发展职业教育，同时要为产业的扩大再生产服务。发展校办产业，要符合国家有关政策，要结合当地资源情况和产业结构特点，运用职业学校在人才、技术和信息等方面的优势，不断增加产品的科技含量，提高产品质量和服务水平。职业学校之间、学校与社会之间可以组建生产经营联合体，各地应积极组建为校办产业服务的机构。

七、加快招生和毕业生就业制度改革，推行两种证书制度

（一）进一步加快职业学校招生和毕业生就业制度的改革。要积极推进中等专业学校招生、收费并轨改革，实行缴费上学，1998年绝大多数省、自治区、直辖市要实行并轨，2000年基本完成新旧体制转轨。随着劳动力市场的完善，所有职业学校和职业培训机构的毕（结）业生的就业应逐步转到面向社会、进入市场、公平竞争、自主择业的轨道。部门、地区或企事业等用人单位可以通过设立定向奖学金、承担培养费用等与学校及学生签订培养培训合同，学生毕（结）业后按合同到指定单位完成规定服务年限。毕业生就业制度的改革必须与劳动人事制度的改革相配套，保证各类中等职业学校毕业生就业政策的统一与协调。各地要进一步深化劳动人事制度改革，切实实行劳动者就业或者上岗前接受必要的职业教育的制度。要做好人才、劳动力市场需求预测工作，通过人才中介和职业介绍机构，为各类职业学校和职业培训机构提供需求信息。职业学校和职业培训机构及社会有关机构要加强对学生的职业指导，做好就业咨询和推荐工作。

（二）要逐步推行学历证书或培训证书和职业资格证书两种证书制度。接受职业学校教育的学生，经所在学校考核合格，按照国家有关规定，发给学历证书；接受职业培训的学生，经所在职业培训机构或职业学校考核合格，按照国家有关规定，发给培训证书。对职业学校和职业培训机构毕（结）业生，要按照国家制定的职业分类和职业等级、职业技能标准，开展职业技能考核鉴定，考核合格的，按照国家有关规定，发给职业资格证书。学历证书、培训证书和职业资格证书做为从事相应职业的凭证。从事国家规定的技术工种、特种作业的，应取得相应学历证书或培训证书，并取得相应职业资格证书。同层次、同培养目标的职业学校毕业生有相同的考证资格。

八、加强职业教育内部改革和建设

（一）要本着适应社会需要，办出职教特色，提高质量和效益的原则，进一步深化教育教学改革。各地应进一步调整学校（专业）布局结构，充分利用已有教育资源，努力扩大学校招生规模，走内涵发展为主的道路。职业学校和职业培训机构在教育教学改革中，要根据地方和行业、企业的需求，并按照与国家制定的职业分类、职业技能等级标准相适应的原则设置专业（工种），确定培养目标和教学要求，进行课程开发，改革教学方式和方法，加强实践性教学环节和职业技能训练，增强职业教育的适应性、实用性和灵活性。要积极学习和借鉴国内外职业教育的先进经验，努力探索有中国特色的职业教育教学模式。要注意及时把先进、实用的科学技术引入教学内容，积极采取现代化教学手段，加速提高我国职业教育的教学水平。

（二）要按照《教师法》、《教师职业资格条例》和国家其他有关规定的要求以及职业教育的实际情况加快师资队伍建设步伐。要加快建立和完善稳定的师资来源渠道。培养培训中等及中等以下职业学校教师的主要责任在地方、部门和行业。地方、部门和行业要根据需要统筹确定一批普通高等学校承担为本地区、本行业职业学校培养教师的任务，确定一批重点中等职业学校承担培养实习指导教师的任务。国家也要建立少量教师培训中心，逐步形成教师培养培训网络。地方、部门行业要保证相关招生计划的完成。根据需要，有些可实行单独招生。职业学校教师队伍实行专兼结合的方针，要开拓从专业技术人员和高级技术工人、技师、高级技师中聘任专兼职教师的渠道。要加速对现有学历不合格教师的培训工作，建立职业教育教师进修制度。普通高等学校举办的成人教育、独立设置的成人高等学校特别是广播电视大学和自学考试管理部门在制定招生计划和考试办法时，应把解决职业学校教师学历达标当成一项重要任务。要依托高校、部分中等职业学校、高级职业培训机构和有条件的企业建立一批职业学校教师的技能培训基地，使教师不断更新知识，提高技能水平。县级以上各级政府和有关部门要把职业教育教师的培养和培训工作纳入教师队伍建设规划，落实目标、机构、责任和专项经费。行业组织、企业事业组织应在为职业学校选送教师、提高教师技能水平方面发挥积极作用。各级政府和劳动、人事、财政等有关部门要在执行国家有关政策的前题下，根据职业教育教师工作任务和特点制定优惠政策，重视解决教师的工资福利、职务评聘中的问题，重视解决教师的住房、医疗等实际问题，提高教师待遇，稳定教师队伍。职业学校的专业课教师及实习指导教师可以评聘教师职务，也可以参评其他专业技术职务任职资格，学校可对具有双职务资格的教师在待遇上从优。

（三）加强职业教育服务体系建设。要切实加强教材建设，解决教材急需问题并不断提高教材质量。国家鼓励部门、行业组织、企业事业组织、科研机构和学校参与编写教材和编写补充教材，有关部门要做好组织工作，落实教材发展专项经费。要逐步完善教材信息服务体系，健全教材供应渠道。要着手研究高等职业教育教材建设工作，加强引进国外职教优秀教材的工作。要加强职业教育的研究工作。各级政府和各有关主管部门要采取措施，充分发挥研究部门的作用；省地教育行政部门要有专门机构负责职业教育研究工作，并保障必要的经费投入；提倡职业学校、职业培训机构、广大职教工作者及其他各方面力量积极开展职教研究。职教研究工作的重点是加强教学研究、比较研究和政策研究。开展职教研究工作，要面向21世纪，积极借鉴其他国家的经验，要注重与职业教育实际相结合，加强对教育教学工作的科学指导。

（四）地方各级教育行政部门、劳动行政部门要根据职责分工加强教学管理，逐步对职业学校和职业培训机构设置专业和教学计划的完成等进行规范和监督。要逐步建立和完善专业目录、实验仪器设备的配套标准、实习场地的建设标准和考试考核的程序方法等。职业学校和职业培训机构，在政府宏观管理下，可依照国家有关法律法规的规定，自主进行内部管理，自主开展教学和生产经营活动。要进一步深化内部管理改革，实施校长负责制、教师聘任制和目标责任制等，更好地调动广大教职工的积极性。各地要加强校长和职教管理干部的培训工作，提高干部素质，逐步健全各项规章制度，使职业教育步入科学、严格管理的轨道。

九、加强和改进德育工作

（一）各级各类职业学校要认真贯彻《中共中央关于加强社会主义精神文明建设若干重要问题的决议》、《中共中央关于进一步加强和改进学校德育工作的若干意见》和《爱国主义教育实施纲要》的精神，切实加强和改进职业学校的德育工作。要根据新时期的要求，认真对学生进行马列主义、毛泽东思想、邓小平理论和党的基本路线的教育，爱国主义、集体主义和社会主义思想的教育和国情教育，中华民族优良传统道德教育和民主法制等方面的教育，特别要加强职业道德教育，要教育和引导学生树立为人民服务的思想，增强敬业意识，养成良好的道德品质并能自觉遵守职业纪律。要根据新时期德育工作的新特点，改革政治课教学和德育工作的方式方法，努力拓宽德育的途径。

（二）各级党委、政府和有关部门要加强对职业教育德育工作的领导。学校党委或支部的书记与校长要负责领导学校德育工作。中等职业学校应当设置班主任。要加强学校德育工作队伍建设，积极创造条件组织政治课教师参加社会实践和业务进修培训，不断提高其政治思想水平和业务素质。各级政府和有关部门要采取措施，保证德育活动经费，解决好德育教师的职务评聘和其他待遇问题，为学校德育工作创造良好的环境和氛围，建设各种形式的德育基地。

十、多渠道筹集职业教育经费

（一）职业教育经费应通过各级政府财政拨款，行业组织、企事业组织及其他用人单位合理承担，举办者自筹，受教育者缴费等多渠道筹集。各级政府和有关业务主管部门应保证用于举办职业教育的财政拨款逐年增长。各级政府每年可安排一定数额的职业教育专款，专项用于扶持职业教育的发展。

（二）各省、自治区、直辖市政府和国务院有关部门应根据《职业教育法》“职业教育的保障条件”一章中的有关规定，制定执行相应条款的具体办法并加以检查、落实。

（三）职业学校和职业培训机构可按生均

培养成本的一定比例，对接受中等以上职业学校教育和接受职业培训的学生收取学费。收费项目、标准和管理办法由省、自治区、直辖市政府制定。对家庭确有困难的学生、残疾学生，以及农业专业或毕业后从事艰苦行业工作的学生应酌情减免学费，或提供贷学金。对成绩优异的学生，可提供奖学金。

（四）国家鼓励职业学校兴办校办产业，对校办产业实行税收优惠政策；国家提倡和支持金融机构为职业教育提供贷款，并应安排一定数额的政策性贷款；欢迎国外、境外友好组织和人士对职业教育进行资助和捐赠；鼓励企业事业组织、社会团体和公民个人捐资助学。

高等学校医疗保健机构工作规程

（1998年4月22日教育部发布）

第一章　总　　则

第一条　为贯彻《学校卫生工作条例》，加强对高等学校医疗保健机构的管理，提高医疗保健工作质量，提高师生员工健康水平，特制定本规程。

第二条　高等学校医疗保健机构指设在高等学校内、主要为师生员工提供医疗保健服务的机构，按学校规模大小及服务对象多少分别设置校医院或卫生科。

第三条　高等学校医疗保健机构应坚持面向全体师生员工、贯彻预防为主的工作方针，树立为教学服务、为提高师生健康水平服务的工作宗旨。

第四条　高等学校医疗保健机构的主要任务是：监测学校人群的健康状况；开展学校健康教育；负责学校常见病和传染病的防治；对影响学校人群健康的有害因素实施医务监督。

第二章　基本职责

第五条　负责新生入学健康检查，定期对学校各类人员进行健康检查；对各类健康检查资料进行统计分析，并根据存在问题及时采取有效防治措施。

第六条　对患病体弱学生实施医疗照顾；对因病不能坚持学习者，根据学籍管理规定，提出休、退学处理意见。

第七条　对学校社区内危重病例实施抢救。校内医疗保健机构不能处理的危重及疑难病例，应当及时转上级医疗机构诊治。

第八条　协助教务部门开设大学生健康教育课程（选修课或必修课）或定期举办健康教育讲座，增强学生自我保健能力，促进学生建立健康的生活方式和良好的卫生习惯。

第九条 开展学校社区内医疗服务，做好各种常见病和多发病的诊治、控制工作。

第十条 贯彻执行传染病防治法规，做好学校社区内传染病预防和管理工作。

第十一条 对学校教学卫生、体育卫生、劳动卫生、环境卫生、饮食与营养卫生等实施医务监督，并提供咨询和技术指导。

第十二条 根据国家有关规定，结合学校实际情况，积极协助学校有关部门对公费医疗进行改革和管理。

第三章 管 理

第十三条 高等学校医疗保健机构的设置，由各高等学校按《医疗机构管理条例》规定，报所在地卫生行政部门审批。

第十四条 高等学校医疗保健机构受主管校长直接领导，或由主管校长委托总务部门领导，业务上接受当地卫生行政部门的监督和指导。

第十五条 高等学校医疗保健机构人员编制，应根据服务对象的总人数及任务，结合学校的实际情况，参照国家有关规定具体核定。卫生技术人员应占其总编制的80%以上。其中，中、高级技术职务人员应达到卫生技术人员总数的60%左右。

第十六条 高等学校医疗保健机构的科室设置，除执行《医疗机构基本标准（试行）》中相应等级医院及综合门诊部的有关规定外，根据学校卫生工作的特点，应设立健康教育及心理咨询科室（组），或设专人负责该项工作。有条件的校医院可设置适当数量高知病房。

第十七条 校医院（卫生科）的管理，实行院（科）长负责制，院（科）长由所在学校任命。

第十八条 校医院（卫生科）应按照《医疗机构管理条例》的规定，建立以岗位责任制为中心的规章制度。应明确各科室人员职责权限，执行各项保健医疗护理常规和技术操作规程。

第十九条 高等学校卫生技术人员的专业技术职务聘任按国家有关规定执行，卫生技术人员的业务进修纳入学校工作计划。

第二十条 高等学校卫生技术人员的卫生保健津贴，按照国家有关规定执行。

第二十一条 高等学校医疗保健机构的基本建设应纳入学校基建总体规划。其建筑面积按《医疗机构基本标准（试行）》或《普通高校建筑面积标准》的有关规定执行。

第二十二条 高等学校医疗保健机构的基建与设备费、经常性经费、预防经费、健康教育经费，应纳入学校年度预算。

第二十三条 高等学校医疗保健机构要加强自身建设和管理，提高医疗技术水平和服务质量，减少转诊，降低公费医疗支出。

第四章 奖励与处罚

第二十四条 在高等学校医疗保健工作中有突出贡献或长期从事高等学校医疗保健工作成绩显著者，学校及教育行政部门应当给予表彰和奖励。

第二十五条 医风恶劣、工作不负责任而导致医疗事故者，应根据国务院发布的《医疗事故处理办法》予以处理。

第五章 附 则

第二十六条 本规程自颁布之日起实施。

全国职工自学成才奖励条例

（1998年6月11日全国总工会、教育部、科技部、人事部、劳动保障部发布）

第一章　总　则

第一条　为鼓励各行各业的职工自学成才，促进人才的培养和开发，提高职工队伍素质，加速社会主义现代化建设，根据《中华人民共和国宪法》第十九条中“鼓励自学成才”的规定，特制定本条例。

第二条　全国总工会、教育部、科学技术部、人事部、劳动和社会保障部共同组成全国职工自学成才奖评审委员会，负责全国职工自学成才奖的评审。

第二章　奖励条件

第三条　凡已经加入工会组织，拥护党的基本路线，努力做好本职工作，通过自学，在某一领域专业理论知识达到大学专科或相当于大学专科以上水平的职工，近五年内获得省级自学成才奖励并具备下列条件之一者，可以申请全国职工自学成才奖。

（一）在科学技术方面有重要创造发明，达到或超过国内先进水平的。

（二）在学术研究方面取得重要成果，有独创性见解，在省级以上专业性刊物或全国性学术会议上发表有重要价值的论文并获奖，或经省级以上出版部门出版有价值的专著或译著的。

（三）在推广、应用科学技术成果中，有创造性的贡献，并取得显著经济效益和社会效益的。

（四）有重大技术改进或合理化建议，经试验研究和实际应用，使某一单位的生产或工作取得显著成效，并具有较大社会效益的。

（五）有效地管理企业，使生产经营活动取得较大经济效益，并创立了一套科学的管理办法，有重要推广价值的。

（六）总结出本职、本行业系统性的有推广价值的经验，并做出较大贡献的。

（七）在生产中具有较高的技能和理论水平，做出突出贡献，在全国性技术比赛中获得突出成绩的。

（八）在其他方面有较高造诣，做出突出贡献并在全国有重大影响的。

第三章　申报程序

第四条　全国职工自学成才奖，由职工本人向所在单位工会组织申请，经所在单位工会组织按奖励条件核实同意、签署意见后，逐级向上一级地方工会申报，最后由省、自治区、直辖市总工会审核后向全国职工自学成才奖评审委员会办公室推荐。

第五条　申报全国职工自学成才奖，应附送以下材料：

（一）全国职工自学成才奖申报表；

（二）申请人自学事迹；

（三）申请人主要成果的证明材料和政治思想表现证明材料；

（四）省、自治区、直辖市总工会对申请人的全面审核意见。

第四章 评审奖励办法

第六条 全国职工自学成才奖每年评定、表彰一次，奖励名额根据评审委员会评审结果确定。

第七条 经全国职工自学成才奖评审委员会审定后授予“全国职工自学成才者”荣誉称号，同时颁发本年度全国职工自学成才奖。

第八条 全国职工自学成才奖获得者，由全国职工自学成才奖评审委员会颁发证书，中华全国总工会颁发奖章，进行表彰。

第九条 全国职工自学成才奖评审委员会办公室设在全国总工会，负责全国职工自学成才奖的初评及日常工作。

第五章 获奖者的使用、待遇

第十条 全国职工自学成才奖获得者是有真才实学、成绩显著、贡献突出的专门人才。对获得全国职工自学成才奖的工人，凡符合实行技师聘任制工种范围和任职条件的，可优先评聘技师或高级技师；对获得全国职工自学成才奖的专业技术人员，按照国务院专业技术职务聘任制度的有关规定，可聘任相应的专业技术职务，享受相应的待遇。

第六章 附 则

第十一条 职工获全国职工自学成才奖后，发现弄虚作假或剽窃他人成果者，经查明属实，撤销其奖励。

第十二条 本条例解释权属中华全国总工会。

第十三条 本条例自公布之日起施行，1994 年公布的《中华全国总工会全国职工自学成才奖励条例》同时废止。

普通高等学校党建工作基本标准

（1998 年 6 月 22 日中组部、中宣部、教育部党组发布）

为了加强和改善党对普通高等学校的领导，加强普通高等学校党的建设工作，适应社会主义现代化建设对各类人才培养的需要，提高办学的质量和效益，现按照党中央在新的历史时期关于加强党的建设的要求，根据《中国共产党章程》和《中国共产党普通高等学校基层组织工作条例》的规定，结合普通高等学校实际，制定《普通高等学校党建工作基本标准》。

一、党委对学校工作的领导

第一条　坚持党的基本理论、基本路线和基本纲领，执行党和国家的教育方针、教育法规，坚持社会主义办学方向。坚持把培养德智体等方面全面发展的社会主义事业建设者和接班人作为学校的根本任务。

第二条　解放思想，实事求是，切实领导学校的改革与发展。改革思路清晰，奋斗目标明确，有切实可行的改革和发展规划。主动适应改革开放和社会主义现代化建设需要，遵循高等教育规律，全面提高教育质量和办学效益。

第三条　不断深化和完善学校内部管理体制改革。建立了精干、高效的机构，运行机制有利于加强教师队伍、党政管理队伍和职工队伍建设，有利于吸引优秀人才、稳定骨干和有效地调动教职工的积极性，有利于提高教育质量和办学效益。在提高教师队伍、党政管理队伍和职工队伍政治、业务素质，提高管理水平和工作效率等方面有新的进展。

第四条　能够驾驭复杂形势和正确处理突发事件，努力维护学校安定团结的政治局面。

二、领导班子建设

第五条　重视领导班子的组织建设。按期召开党员代表大会或党员大会，审议工作，选举学校党委领导班子。党政领导成员思想政治和业务素质较高，年龄、知识、专业结构合理。

第六条　重视领导班子思想理论建设。认真组织领导班子成员学习马列主义、毛泽东思想特别是邓小平理论；学习党的路线、方针和政策。坚持党委中心组学习制度，有计划，有考勤，效果好。积极参加上级组织的理论培训。发扬理论联系实际的优良学风，不断提高领导成员的理论水平和政治素养，学会运用马克思主义的立场、观点和方法观察、分析和处理问题。

第七条　认真贯彻民主集中制。坚持集体领导与个人分工负责相结合，有健全的议事规则。党委领导成员正确处理个人与组织、少数与多数、下级与上级的关系。设常务委员会的党的委员会每学期至少召开一次委员会全体会议。对学校改革和发展中的重大决策，重要干部任免，人事、教学、科研、行政管理工作中的重大问题以及大额度资金使用等，坚持集体讨论决定。

第八条　重视领导班子思想作风建设。有勤政廉洁、监督制约的严格规定和措施。领导成员敬业爱岗，艰苦奋斗；作风正派，严于律己；坚持原则，勇于负责；深入实际，联系群众；敢于抵制不正之风，坚决同各种腐败现象作斗争。党政领导团结协调、勤奋努力、开拓进取。

第九条　重视领导班子制度建设。领导班子学习、议事、监督、管理等各项制度健全，坚持领导班子成员过双重组织生活和定期（一年一次）民主评议领导干部的制度，认真开展批评与自我批评。

第十条　重视干部队伍建设。坚持党管干部的原则，按照干部队伍革命化、年轻化、知识化、专业化的方针和德才兼备的原则选拔任用干部。在干部的选拔、教育、培养、考核和监督方面职责明确，制度健全，程序规范，措施落实。校、系（处）级后备干部建设符合上级规定和要求。

三、党的总支、支部建设

第十一条　党委重视总支、支部建设，责任明确。党委把总支、支部建设列入了重要工作日程；有明确的工作思路和具体的工作条规；建立了切实加强总支、支部建设的目标责任制；实行了分类指导，考核、检查措施得力。

第十二条　重视系（处）级单位党组织建设。系（处）级单位党总支（党委、直属党支部）能按时换届选举，特别是认真选配好党总支（党委、直属党支部）书记。系（处）总支（党委、直属党支部）能在本单位各项工作中充分发挥政治核心作用，积极参与讨论和决定本单位教学、科研、行政管理工作中的重要事项；支持行政负责人在其职责范围内独立负责地开展工作。

第十三条　定期进行党支部改选，特别是选配好党支部书记。党支部书记政治素质要好，群众威信高，热心于党的工作。支委会团结、协调，认真做好党支部工作。注意抓好对党支部书记的培训，不断提高他们的思想政治素质和工作能力。

第十四条　党支部委员会正确履行职责，党支部书记参与讨论决定本单位、本部门的重要问题，保证党和政府的方针、政策及学校各项决定在本单位、本部门的贯彻执行；积极开展群众思想政治工作，充分发挥战斗堡垒作用。

第十五条　加强和改进党员的教育管理工作。以提高素质和增强党性为目标，紧紧围绕学校根本任务和中心工作，结合改革、发展和稳定的实际，认真做好党员的教育管理工作。坚持党支部学习制度、组织生活制度和民主评议党员制度。积极探索对流动党员的教育管理办法。共产党员能够发挥先锋模范作用。在党内正确开展批评与自我批评，表彰先进，弘扬正气，严肃处置不合格党员。

关心离退休教职工党员的思想和生活，经常听取他们的意见和建议，发挥他们的积极作用。

第十六条　积极做好发展党员工作。按照《中国共产党章程》要求和“坚持标准、保证质量、改善结构、慎重发展”的方针，加强对申请入党积极分子的教育、培养、考察工作；发展工作有计划，重点突出，特别重视在优秀学生和青年教师中发展党员。

四、思想政治教育工作

第十七条　学校党委统一领导思想政治工作。同时，积极发挥行政领导和工会、共青团、学生会等群众组织的作用，共同做好思想政治教育工作。

第十八条　坚持对师生员工进行思想政治教育。开展马列主义、毛泽东思想和邓小平理论的教育，党的基本路线教育，爱国主义、集体主义和社会主义思想教育，帮助他们坚定走有中国特色社会主义道路的信念，树立正确的世界观、人生观和价值观。

第十九条　结合国内外形势，围绕学校根本任务和中心工作，针对师生员工思想实际，利用多种形式、多种渠道开展思想政治教育。注意改进思想政治工作的方法，不断增强思想政治工作的实效。有稳定、精干的教职工思想政治工作的队伍。特别注意加强对青年教师和学生的思想政治教育。

第二十条　学校德育体制、机构、队伍健全，适应工作需要，符合中央和省、自治区、直辖市要求。积极进行马克思主义理论课和思想品德课的改革和建设，教学效果好。重视教书育人、管理育人、服务育人工作，有制度，有要求，有措施。积极组织学生参加社会实践，列入教学计划，在人力、财力、场所上有保证，长期坚持，效果良好。日常思想政治工作开展经常、及时。

第二十一条　重视校园文化建设，积极开展安全文明校园建设活动。在校内形成健康向上的环境气氛，舆论导向正确，校内秩序良好。

第二十二条　重视德育工作队伍建设，中央和省、自治区、直辖市规定的各项政策落实。建立了一支以专职人员为骨干、兼职人员为主体、专兼职相结合的德育工作队伍。这支队伍具有干部、教师双重身份，具有教育管理等功能。

五、组织机构和党务干部队伍建设

第二十三条　党委办公室、组织部、宣传部、学生工作部、统战部等工作部门健全，职能作用发挥好。党的纪律检查机构健全，认真做好党的纪律检查工作。

第二十四条　重视党校建设。组织健全，办学方向明确，并有人员、设施和经费保证。

第二十五条　本着精干、高效原则，按规定和条件配备党务工作干部；落实党务干部的各项政策。

六、对工会、共青团、教代会、学生会和统战工作的领导

第二十六条　党委重视研究工会、共青团、学生会等群众组织工作中的重大问题，支持并指导它们依照国家法律和各自的章程独立自主地开展工作。

第二十七条　建立了教代会制度，支持教代会正确发挥其职能作用。工会组织健全，干部素质与能力适应工作需要，在维护教职工合法权益，开展教书育人、管理育人、服务育人活动，开展有利于教职工自我教育和身心健康的活动等方面发挥了应有的作用。

第二十八条　重视共青团工作。指导、帮助共青团搞好思想政治建设和组织建设，发挥共青团团结教育青年的作用和党的助手作用，积极创造条件支持共青团组织开展有利于青年学生健康成长、全面发展的活动。

第二十九条　关心学生会、研究生会建设，党委领导成员支持并经常参加学生会、研究生会组织的重大活动。

第三十条　加强对统战工作的领导，积极做好民主党派和党外知识分子的工作。

教育部关于义务教育阶段办学体制改革试验工作的若干意见

（1998 年 6 月 25 日国务院办公厅转发）

近年来，地方各级人民政府及其教育行政部门根据国务院的部署，采取多种有效措施，全面实施《中华人民共和国义务教育法》，积极普及九年义务教育，努力规范义务教育阶段公办学校的办学行为，使义务教育阶段公办学校择校生、乱收费现象得到遏制，大中城市推进小学毕业生就近免试升入初中的改革取得显著成效。同时，各地在党的十五大精神指引下，以《中国教育改革和发展纲要》及其实施意见为依据，进行了“公办民助”、“民办公助”等不同形式的办学体制改革试验。这对逐步建立以政府办学为主、社会各界共同办学的体制；对合理配置教育资源，吸收社会资金投入教育；对加强基础薄弱学校的建设，增强学校的办学活力；对规范义务教育阶段公办学校的办学行为，治理乱收费，缓解择校的压力等，起到了积极的作用。

但在办学体制改革试验过程中，也出现了一些值得注意的倾向和问题，主要表现在：将好的或比较好的学校转变为“民办公助”，在义务教育阶段高收费；依托办学水平较高的公办学校办“校中校”、“校中民办班”或“一校两制”；一些试验学校仍在较大范围招生并进行选拔性的文化课考试；一些学校乱收费、乱集资，有的甚至比较严重；各地仍然存在着不少薄弱学校，群众很不满意，也助长了择校行为。这些倾向和问题如不及时引导和规范，将会冲击我国九年义务教育的实施，妨碍素质教育的推进，甚至影响社会的稳定。因此，必须予以高度重视并认真加以解决。

为有效地解决当前义务教育阶段办学体制改革试验工作中出现的一些不良倾向和问题，促进中小学办学体制改革的健康发展，现提出以下意见：

一、中小学办学体制改革试验，是当前基础教育改革的一个新课题。要以党的十五大精神为指导，以《中华人民共和国教育法》、《中华人民共和国义务教育法》和《中国教育改革和发展纲要》及其实施意见为依据，积极、稳妥地进行以政府办学为主、社会广泛参与、多种形式并存的基础教育办学体制改革。试验工作要有利于九年义务教育的巩固提高；有利于推进素质教育的实施；有利于加强薄弱学校的建设，缩小义务教育阶段公办学校之间在办学条件和教学水平方面的差距。

二、在义务教育阶段必须坚持以政府办学为主。办好义务教育是政府义不容辞的职责，各级政府要下大力量办好公办学校，确保公办学校能够满足适龄儿童少年就近入学的需求。要按照义务教育九年一贯制的要求，进行义务教育公办学校的调整和挂钩，保证义务教育阶段的连续性。“公办民助”、“民办公助”等不同的办学模式是对义务教育阶段政府办学的适当补充，目前仍处在探索试验阶段，因此，义务教育阶段公办学校办学体制改革试验要从严控制。公办学校的办学体制改革试验，须经省级教育行政部门批准并严格控制进行办学体制改革试验的学校数量。同时，各地要抓紧治理“校中校”、“校中民办班”或“一校两制”等不规范的办学行为。

三、加强薄弱学校建设，努力办好每一所学校。加强基础薄弱学校的建设特别是领导班子和师资队伍建设，是解决择校生、条子生等问题的治本措施，也是提高教师队伍和中小学生整体素质的重要途径。各级政府和教育行政部门要把加强大中城市薄弱学校建设作为义务教育巩固提高的紧迫任务，下大决心，力争在尽可能短的时间内缩小义务教育阶段公办学校间过大的差距。要采取学校布局调整、加强教师队伍和领导班子建设、加快办学体制和管理体制改革等措施，进行综合治理。加强薄弱学校建设的关键是领导班子和教师队伍。应当从较好的学校中抽调校长、教师和管理人员到薄弱学校去工作，实行领导干部和教师的轮换、交流制度；可以从政府机构中选派政治素质好、组织能力强、文化水平高的青年干部加强薄弱学校的领导；可以动员或招聘一批大学生，包括非师范院校的大学生到薄弱学校任教；也可以选派一些大学教师到中学任领导职务或兼课。要调整不称职、不合格的学校领导。同时，要表扬、宣传那些有改革思想并作出突出成绩的学校领导和教师。

加强薄弱学校建设要尽快见成效。加强基础薄弱学校建设要与义务教育阶段公办学校办学体制改革试验工作相结合，统筹规划。鼓励好的和比较好的学校帮助和支持薄弱学校的建设，努力提高这些学校的教育质量。进行“公办民助”、“民办公助”等办学体制改革的试验，应该主要选择基础薄弱学校进行。这类试验学校必须是独立法人，有独立校园、校舍，独立核算，独立办学。

四、教育行政部门要抓紧研究、统一规范“公办民助”、“民办公助”等办学模式的名称、性质、标准、要求等内容，制定有关条例和管理办法。规范这类办学模式要严格遵守三条原则：一是教育是社会公益性事业，不得以营利为目的；二是收费要严格按照国家有关规定，严禁乱收费。教师的工资也要适当限制，与同类公办学校教师的工资不能差距太大；三是办学体制改革试验学校中的国有资产性质不变，要保证国有资产不流失，并努力改善办学条件。要加强财物管理，严格财会、审计制度。

五、各级政府及其教育行政部门要加强对办学体制改革试验工作的统筹规划和监督管理，及时研究解决试验过程中出现的问题。全国中小学要继续贯彻执行《国务院办公厅转发国家教委等部门关于1996年在全国开展治理中小学乱收费工作实施意见的通知》（国办发［1996］18号）及原国家教委《关于规范当前义务教育阶段办学行为的若干原则意见》（教基［1997］1号）等有关文件。对不按文件规定执行，有违纪违规行为的学校领导，要严肃处理，并追究有关人员的责任。

六、坚持正确的舆论导向，是搞好义务教育阶段办学体制改革试验工作的重要环节。地方各级人民政府及其有关部门，要充分发挥新闻舆论的正确导向作用，宣传义务教育阶段办学体制改革试验工作的措施、政策及符合正确方向的成功经验。对人们普遍关注的问题，要通过新闻媒体或举办家长学校等形式解疑释惑。对中小学推行素质教育培养21世纪创造性人才问题，要从科学、生理学研究的角度，广泛深入地开展宣传教育，使广大人民群众理解、支持、参与教育改革。

普通高等学校本科专业设置规定

（1998年7月6日教育部发布）

第一章 总 则

第一条 为了适应社会主义现代化建设的需要，促进高等教育规模、结构、质量、效益的协调发展，加强对高等学校本科专业（以下简称“专业”）的宏观管理，制定本规定。

第二条 普通高等学校的专业设置及其调整，应适应国家经济建设、科技进步和社会发展的需要，遵循教育规律，正确处理需要与可能，数量与质量，当前与长远，局部与整体，特殊与一般的关系。

第三条 普通高等学校的专业设置及其调整，应有利于提高教育质量和办学效益，形成合理的专业结构和布局，避免不必要的重复设置。

通过现有专业扩大招生，拓宽专业服务方向或共建、合作办学等途径，能基本满足人才需求的不应再新增设专业。

第四条 普通高等学校的专业设置及其调整，应符合教育部颁布的普通高等学校本科专业目录及有关要求，按规定程序办理。

第二章 专业设置条件

第五条 普通高等学校新设置专业必须具备下列要求：

（一）符合经学校上级部门批准的学校发展规划，有稳定的人才需求的论证报告，招生规模一般为每年60人（个别特殊专业如艺术类专业执行具体规定）；

（二）应有符合专业培养目标的教学计划和其他必需的教学文件；

（三）应有学校已设相关专业为依托，能配备完成该专业教学计划所必需的教师队伍及实验技术人员；

（四）具备该专业必需的开办经费和教室、实验室及仪器设备、图书馆及图书资料、实习场所等办学基本条件。

第六条 普通高等学校申请由原有专业改设新专业者，应符合新专业设置所需条件。

第七条 普通高等学校的专业设置实行总量控制，在学校主管部门核定的专业数内，学校年度增设专业数一般不超过3个。

第八条 普通高等学校原则上按其分类属性设置专业，以形成优势和特色，设置学校分类属性以外的专业数一般不超过本校设置专业总数的30%。

第九条 高等师范院校增设非师范专业（系指不以中等及中等以下学校教师为培养目标的专业），应依据本部门和所在地区的人才供求状况及学校所在地区的相关专业设置情况统筹考虑。凡学校所在地区义务教育任务重，中等学校教师数量尚供不应求的原则上不增设非师范专业。

第十条　未达国家规定标准或本科教学工作未达标准的普通高等学校，不得增设新专业。

第三章　审批权限

第十一条　普通高等学校专业设置，由学校、学校主管部门（指省、自治区、直辖市教育行政部门、学校所属的国务院有关部门，下同）和教育部分工负责审定、审批和备案。

第十二条　普通高等学校在专业目录所列的本门类所属的二级类范围内（如：理学门类的数学类内，工学门类的地矿类内）对原设专业进行调整，经本校学术委员会或其它相应组织讨论通过，由学校自主审定，学校主管部门核报教育部备案。

第十三条　国家重点建设的普通高等学校除可按第十二条规定自主调整专业外，设置、调整专业目录内的其他专业，按学校的分类属性，在学校主管部门核定的专业数和相关学科门类内，经本校教学指导委员会或其他相应组织讨论通过，由学校自主审定，学校主管部门核报教育部备案。本条所述相关门类专业的范围包括：

综合大学设置、调整哲学、经济学、法学、历史学、文学、理学门类专业的；

理工院校设置、调整理学、工学门类专业的；

农林院校设置、调整农学门类专业的；

医药院校设置、调整医学门类专业的；

师范院校设置、调整教育学门类专业或其他师范性质专业的；

外语院校设置、调整外国语言文学类专业的；

财经院校设置、调整经济学门类专业的；

政法院校设置、调整法学门类专业的；

体育院校设置、调整体育学类专业的；

艺术院校设置、调整艺术类专业的。

第十四条　普通高等学校设置、调整不属于第十二条、第十三条规定的专业，由学校主管部门审批并报教育部备案。

第十五条　中央部委所属普通高等学校设置、调整专业，须考虑所在地区人才需求和现有专业设置情况，学校向主管部门申报设置或调整专业时，须将申报的专业名称同时抄报学校所在省（自治区、直辖市）教育行政部门。

第十六条　普通高等学校设置、调整专业目录外的专业，由学校主管部门按规定程序组织专家论证后报教育部审批。

第十七条　普通高等学校设置、调整国家控制设置的专业，由学校主管部门审定后报教育部审批。

第十八条　普通高等学校设置、调整专业，其修业年限应严格按国家规定执行，涉及需由教育部确定的，由学校主管部门报教育部审批。

第十九条　普通高等学校根据社会特殊需要及自身优势和特点，可在完成基础课教学后，在现设专业范围内自主审定专业方向。

第二十条　由学校主管部门负责审批的专业，须经本地区（部门）设置的高等学校专业设置评议委员会（以下简称专业设置评议委员会）评议。

第二十一条　高等专科学校和高等职业学校不得设置本科专业，个别特殊情况确需设置的，由学校主管部门报教育部审批。

第四章　审批程序

第二十二条　专业审批每年集中进行一

次。

学校申请设置或调整专业，应按规定日期向学校主管部门提交以下书面材料：

（一）学校发展规划；

（二）普通高等学校本科专业核定数执行情况表；

（三）申请报告，简要说明设置或调整专业的主要理由和其他情况；

（四）申请表，按照教育部统一制定的格式据实详细填写；

（五）拟设专业的教学计划；

（六）其他补充说明材料。

第二十三条 凡由高等学校自主审定的专业，各校应于每年9月30日前将审定结果连同有关材料报学校主管部门；由学校主管部门按照统一表格于10月31日前核报教育部备案。

第二十四条 凡由学校主管部门审批的专业，学校申报时间及审批时间由学校主管部门本着及时处理的精神自行确定，但学校主管部门应于每年10月31日前将审批结果按照统一表格报教育部备案。

第二十五条 凡由教育部审批的专业，申报期限按第二十四条规定执行，学校主管部门向教育部申报时，须提交专门报告并附第二十二条规定的书面材料。

第二十六条 教育部于每年12月31日前统一进行备案和审批，并批复学校主管部门或有关高等学校。

第五章 专业设置评议委员会

第二十七条 专业设置评议委员会系学校主管部门的咨询、审议机构，接受学校主管部门委托，根据国家、部门和地方的人才需求、现有专业布点情况、申报专业的设置条件，对本地区（部门）所属普通高等学校申报设置的专业进行评议，为学校主管部门提供决策咨询意见。

第二十八条 专业设置评议委员会由本地区（部门）高等学校、教育行政部门、计划部门、人事部门及其他有关单位的专家、学者组成。委员由学校主管部门聘任，任期4年。

第二十九条 专业设置评议委员会对普通高等学校申请设置的专业进行评议，可采取会议评议方式，也可采取通讯评议方式。

第三十条 各地区（部门）专业设置评议委员会应根据本规定，制定工作细则，其工作细则、组成人员名单及变动情况须抄报教育部。

第六章 专业目录外专业的论证

第三十一条 申请设置专业目录外专业须经专家论证。

第三十二条 专业目录外专业的论证由学校主管部门邀请教育、科技、人事部门及有关单位专家、学者组成论证小组进行。论证小组的人数，一般为7至9人，其中申请设置该专业学校的专家、学者不得超过2人。

第三十三条 对专业目录外专业的论证应包括以下内容：

（一）对拟设专业人才需求的分析；

（二）拟设专业与国内外相关和相近专业的比较分析；

（三）拟设专业的培养目标、业务范围（主要指知识、能力结构）、主干学科（或主要学科基础）、基本课程、授予学位；

（四）拟设专业的教学计划；

（五）拟设专业的办学条件分析；

（六）其他需要说明的问题和情况。

通过论证须着重说明设置该专业的必要性和可行性。

第三十四条 论证小组对拟设专业进行论证后须向学校主管部门提交论证报告和专业介绍。

第三十五条 学校主管部门审定的专业目录外专业报教育部审批时，须附专业论证报告、参加论证的专家名单、专业介绍、教学计划、地区（部门）专业设置评议委员会评议情况及其他说明材料。

第七章 监督、检查

第三十六条 教育部对学校主管部门及其所属普通高等学校的专业设置实行指导、检查、监督。学校主管部门应指导督促其所属普通高等学校加强专业建设，适时对新增设专业进行检查、评估。

第三十七条 对违反本规定擅自设置和调整专业的，教育部和学校主管部门可视具体情况，令其限期整顿、调整直至撤销该专业。

第三十八条 对专业设置管理混乱，且领导不力的学校或学校主管部门，教育部将视具体情况予以通报批评或停止其按规定负责审批专业的权限。

第八章 附 则

第三十九条 普通高等学校专业设置审批和备案工作，由教育部高等教育司归口管理。

第四十条 普通高等学校举办的函授、夜大学和脱产班以及实施普通高等学历教育的民办高等学校、成人高等学校本科专业的设置及调整，参照本规定执行。

第四十一条 本规定由教育部负责解释。

第四十二条 本规定自发布之日起施行。

第四十三条 本规定自发布之日起，原国家教委1993年颁布的规定废止。

关于认真做好“两基”验收后巩固提高工作的若干意见

（1998年8月3日教育部印发）

党的十四大提出本世纪末在我国基本普及九年义务教育，基本扫除青壮年文盲（以下简称“两基”）。在党中央、国务院领导下，在各级党委、政府及有关职能部门重视下，经过广大教育工作者和人民群众共同努力，“两基”工作取得显著成绩。但我们也要清醒地看到，通过“两基”验收地区，仅是达到了我国现阶段“普九”和“扫盲”工作的基本要求，还不可避免地存在着标准低、基础薄弱、指标波动等问题，地区之间发展也不平衡；一些地方产生松懈情绪，出现了削减对“两基”的投入，辍学率有所回升，放松扫除剩余文盲等现象，这是应当高度警惕并及时防止和纠正的。

党的十五大明确提出要培养“数以亿计高素质的劳动者和数以千万计的专门人才”，并号召“发挥各方面的积极性，大力普及九年义务教育、扫除青壮年文盲”。为了贯彻党的十五大精神，进一步落实《教育法》、《义务教育法》、《扫除文盲工作条例》和《中国教育改革和发展纲要》，继续把“两基”放在教育工作“重中之重”地位，在积极推进实现“两基”目标同时，必须不断巩固“两基”成果，提高“两基”整体水平和质量。现对通过“两基”验收地区巩固提高工作提出如下意见：

一、坚持“两基”为“重中之重”方针，突出重点，抓好薄弱环节。实现“两基”是党中央、国务院确定的现阶段和今后一个时期我国教育事业发展的“重中之重”。已通过“两基”验收地区，标志着普及九年义务教育和扫除青壮年文盲工作（以下简称扫盲）达到一定水平，为今后教育发展奠定了基础。但评估验收是对“两基”阶段性成果检查，并不意味着实施义务教育和扫盲工作的终结。巩固提高是“两基”工作的一个重要阶段，是一项长期而艰巨的任务。各级政府、教育部门和其他有关部门要以党的十五大精神为指导，继续把“两基”放在“重中之重”地位，正确认识和处理教育与经济，“两基”与其他各级各类教育之间关系，以高度历史责任感和极大努力，不失时机地抓好巩固提高工作。这是新形势向我们提出的紧迫任务。

巩固提高必须从社会主义初级阶段国情坚持因地制宜，分类指导原则，突出重点，抓好薄弱环节。要以普及程度、师资队伍建设和进一步改善办学条件为重点，扎扎实实巩固提高“两基”原有评估项目及指标要求。省级人民政府和教育行政部门要立足于21世纪经济建设、社会发展以及人民群众对教育的需求，从本地实际和现有工作基础出发，实事求是地确定现阶段巩固提高重点内容，基本要求和期限，不同地区可有不同侧重和不同要求。对大中城市薄弱学校建设，农村初中阶段教育，特殊教育，流动儿童少年就学，扫除妇女文盲和流动人口文盲等薄弱环节应加大工作力度并实行倾斜政策。大中城市，经济和社会发展条件较好、“两基”基础较稳固地区，可提出切实可行的提高内容要求和指标，逐步实现学校布局“合理化”，办学条件“标准化”，教育管理“规范化”，办学特色“多样化”，全面提高教育质量和办学效益。

二、加强领导，优先保证“两基”巩固提高经费投入。“两基”巩固提高工作主要是地方政府责任，必须给予高度重视。各地要进一步明确省、地、县、乡级人民政府“两基”巩固提高工作的职责，完善义务教育和扫盲工作地方政府负责的目标责任制，加强县级政府统筹管理权，经济发展较快地区，要充分发挥乡财政的作用。要进一步发展和完善以财政拨款为主，其他多种渠道筹措教育经费为辅的教育投入体制。各级人民政府教育经费支出，按照事权和财权相统一原则，在财政预算中单独列项；在教育经费中优先保证“两基”巩固提高投入，并逐步增加比例。各级人民政府教育财政拨款依法做到“三个增长”，依法落实中央和地方已出台的“两基”投入政策，依法足额征收城乡教育费附加和依法规范农村教育集资，做到专款专用。

要按照省级人民政府制定的实施义务教育各类学校经费开支定额和生均公用经费开支标准划拨经费。各级人民政府机动财力、新增财力要有相应比例用于义务教育。要继续落实原国家教委、财政部《关于扫盲工作经费问题的通知》，保证扫盲教育经费。

采取减免杂费、书本费，建立健全助学金制度等办法，帮助贫困家庭儿童少年接受义务教育。有条件的地方，可逐步扩大义务教育阶段残疾学生的免费范围。

各级教育部门要与各级审计部门密切配合，每年进行一次教育经费的审计工作，加强财务审计和监督，提高经费使用效益。

三、继续巩固提高普及程度和扫盲水准。巩固九年义务教育尤其是初中阶段各项普及程度指标，进一步提高适龄儿童少年入学率、按时毕业率，进一步降低在校生尤其是初中在校生辍学率，杜绝产生新的文盲。对农村未读完初中的17周岁以下少年，应切实抓好补偿教育，保证其在主要学科上基本达到初中文化程度要求。在此基础上，可适当调整或重新制定一些指标要求，不断提高普及程度和人口覆盖率。巩固提高任务较重的地区，一般不提出普及教育新目标，普及高中阶段教育要十分慎重。大城市和沿海经济发展较快地区，努力普及高中阶段教育。

巩固原有各项扫盲指标，有效控制复盲率。加大扫除剩余文盲力度，使所辖基层单位都达标。按照学文化、学技术，脱盲、脱贫、致富奔小康的思路，采取有力措施，抓好脱盲后巩固提高工作，大力开展各类实用技术培训，提高劳动者素质，推动农村经济和社会的全面发展。

四、全面贯彻教育方针，积极推进素质教育。“两基”与“两全”是一个有机整体，推行素质教育最终要落实在全面贯彻教育方针，全面提高教育质量上。在巩固提高阶段，要以全面提高国民素质为宗旨，使实施素质教育初见成效，把“普九”提高到一个新水平。其主要标志是：党政领导干部、教育工作者、学生家长初步形成素质教育观念；大中城市薄弱学校建设取得明显成效；义务教育阶段办学行为基本规范，择校生乱收费得到治理；城市基本实现小学升初中免试、就近入学，中等学校招生制度改革初见成效；按照新调整的义务教育阶段教学内容和教学要求进行教学，积极推进教学改革，改进教学方法和考试方法，滥编、滥印、滥发复习考试资料得到遏制，学生过重的课业负担有所减轻；教师队伍师德建设取得新进展，整体素质不断提高；初步建立推进素质教育实施的督导评估制度和运行机制。

五、切实加强教师队伍建设。按照省级人民政府制定的义务教育各类学校教职工编制标准配备教师，不断提高小学、初中教师学历合格率和学历层次。高度重视并认真抓好教师职业道德教育，使全体教师热爱学生，尊重学生的人格和尊严。要坚持并完善教师培训和继续教育制度，增强教师培训的针对性，不断提高培训质量，培养提高教师运用现代教育技术的能力，使教师政治思想、职业道德、专业水平和教育教学能力提高到新水平。依法实施教师资格制度，面向社会认定教师资格工作开始后，所有教师必须具有教师资格。完善教师聘任、职务评聘和考核制度。优化教师队伍结构，扶持和培养中青年骨干教师和学科带头人，不断增加骨干教师比重，培养造就一批优秀教师。要组织优秀教师送教下乡，促进城乡教师互助合作，[illegible]同提高。

小学、初中校长都能达到国家规定任职条件和岗位要求。坚持和完善校长培训制度，进一步提高校长的政治、业务素质和管理能力。对新任校长要进行岗位培训，做到持证上岗，对已取得岗位培训合格证书的校长，要继续进行国家规定学时的提高培训。完善校长负责制，逐步试行校长职级制，加强校长队伍整体建设。抓好乡（镇）农民文化技术学校校长、扫盲与农村成人教育专职干部培训。

进一步改善和提高教师待遇。教职工工资足额预算，按时发放，保证教师工资水平随国民收入增长逐步提高。切实解决拖欠教师工资问题和医疗方面的实际困难，逐步建立医疗、退休保险等保障制度。本世纪内基本解决民办教师问题。大力推动教职工住房建设，逐步使城镇教职工人均住房面积达到或超过当地居民平均水平。

六、进一步调整学校布局，充实和改善办学条件。遵循方便学生就近入学和充分利用教育资源，提高办学规模、效益原则，合理调整中小学校布局。新建居民区和老居民区改造时，必须配套建设实施义务教育学校。

区别大中城市、县镇、乡村三类学校，按照省级人民政府制定的相应办学条件标准，采取措施促进同类学校共同达标。重点是教育教学设备、仪器，文娱、体育、卫生、劳动器材和图书资料（包括教师用书），并提高完好率、利用率，有条件地方可根据学校工作需要，配置现代教育技术设备，并分期分批建立学生劳动和社会实践基地。

加强乡（镇）、村农民文化技术学校建设，逐步增加学校数量，扩大培训规模，改善办学条件，配备必要教学设施，建立各种形式的实验、实习基地，办好一批示范性乡（镇）、村农民文化技术学校。

七、深化农村初中教育改革。农村普通初中要在学好文化科学知识基础上，依据当地经济建设、社会生活和学生全面发展需求，上好劳动技术课，有条件的学校可利用选修课、课外活动开设实用技术和职业技术课程等。要进一步加大农村初中办学模式改革力度，从实际出发，积极推进多种形式“分流教育”，还可根据需要附设职业班、劳动技术班，使每个学生都能得到充分发展，学有所得，为他们回乡生产打好初步基础。

八、大力发展特殊教育事业。要把残疾与正常儿童少年同步接受义务教育纳入巩固提高规划，统筹安排。要采取多种办学形式，确保“九五”残疾儿童少年义务教育目标实现。30万人口以上，残疾儿童少年较多的县（市、区），要形成特殊教育学校、普通学校特殊教育班和随班就读的残疾儿童少年义务教育格局，使残疾儿童少年能够较好地接受义务教育。

要在试点的基础上，逐步对有学习能力的残疾青壮年开展扫盲教育。

努力改善特殊教育学校和普通学校特殊教育班的办学条件，使县级以上特殊教育学校的校舍建设、教学仪器配备等达到国家或省规定的要求。特殊教育学校要有劳动技术和职业教育场地、设备和器材等。有条件的地方，要为特殊教育学校配备现代化的教学、康复设备。

深化教育教学改革，加强劳动技术教育和职业教育，培养和提高残疾学生适应社会生活的能力。特殊教育学校要开设适应当地经济发展和就业需要的劳动技术和职业教育课程，使学生真正掌握1—2门劳动或职业技能；普通学校的特殊教育班也要因地制宜开展劳动技术教育。

九、坚持依法治教，建立健全“两基”巩固提高工作的督导评估和监控、奖惩制度。进一步强化各级政府和职能部门执法意识，明确和落实各自法律职责、权限和行政程序，建立和完善“两基”执法监督机制，加强执法监督工作。制定并不断完善与《义务教育法》、《扫除文盲工作条例》相配套的地方性规章，建立健全教育行政执法机构、执法队伍和执法监督制度。认真贯彻国家颁布的有关学校管理规程，不断提高义务教育各类学校管理水平，使“两基”工作走上法治化轨道。

建立健全县级“两基”工作每年自查自评制度和上级政府对县级“两基”巩固提高工作督导评估制度。对通过“两基”验收的县（市、区）要有计划地进行复查，对特殊教育等薄弱环节要重点进行专项督导和抽查。连续两年不能保持“普九”和“扫盲”各项指标要求的，由省、自治区、直辖市人民政府撤销其“基本普及九年义务教育县”和“基本扫除青壮年文盲县”称号，并报教育部备案。对“两基”巩固提高工作取得显著成绩的县（市、区），省级人民政府可给予表彰和奖励。有条件地方，应建立九年义务教育实施水平监控制度，并在教育部统一规划下，逐步形成全国监控网络。教育部对“两基”巩固提高工作进行指导、监督、检查。

关于加强大中城市薄弱学校建设办好义务教育阶段每一所学校的若干意见

（1998年11月2日教育部印发）

加强大中城市义务教育阶段薄弱学校（以下简称薄弱学校）建设，办好义务教育阶段每一所学校，缩小学校之间办学水平上的差距，是全面贯彻《教育法》、《义务教育法》，依法维护我国义务教育的普及性，促进适龄儿童少年接受良好的义务教育，巩固“普九”成果，提高普九水平的有效措施；是推进小学毕业生免试就近升入初中，缓解“择校”矛盾，治理“高收费”、“乱收费”的治本之策；是全面贯彻教育方针，实施素质教育，全面提高教育质量的重要举措。近年来，各地在实施义务教育的过程中，加强了薄弱学校的建设，采取了许多有效措施，一批薄弱学校改变了面貌，加强薄弱学校的建设已经取得阶段性的显著成效。

但由于多方面的原因，彻底改变薄弱学校的面貌，仍需艰苦的努力。在大中城市的一些中小学校中，或因办学条件相对较差，或因领导班子力量不强、师资队伍较弱以及生源等方面的原因，使得学校管理不良，教学质量较低，社会声誉不高，学生不愿去、家长信不过。这类学校的存在，不利于义务教育阶段实现教育机会的平等；不利于从根本上解决择校高收费问题；不利于全面推进素质教育。这是大中城市实施义务教育中亟待加强的薄弱环节。因此，各级教育行政部门、学校必须充分认识加强薄弱学校建设、办好义务教育阶段每一所学校的重要性和必要性，增强加快薄弱学校建设步伐的紧迫感和责任感。要在各级政府的领导下，以对人民高度负责的态度，把加强薄弱学校的建设，办好义务教育阶段每一所学校，作为大中城市当前义务教育巩固提高工作中的一项紧迫任务。为切实加强此项工作，现提出如下若干意见：

一、加强对薄弱学校建设工作的领导

加强薄弱学校的建设首先是政府的责任，教育行政部门要在各级政府领导下，把加强薄弱学校建设，作为义务教育工作中的一项紧迫任务抓紧抓好。要建立各级领导干部联系薄弱学校的制度。联系学校的领导要深入实际，了解情况，帮助学校解决实际问题。要积极争取各方面的支持，调动和发挥各方面的积极性。从干部、师资、经费等各方面的政策和措施，向薄弱学校倾斜。要从当地教育、经济发展水平的实际出发，制定加强薄弱学校建设的规划和年度工作目标，提出加强薄弱学校建设的办法和措施，分期分批地改造薄弱学校。努力实现义务教育阶段公办学校办学条件标准化，学校管理规范化，办学特色多样化。力争在本世纪末基本消除大中城市义务教育阶段学校办学差距过大的状况。

二、加大薄弱学校建设投入，进一步改善办学条件

各级教育行政部门，要在各级政府的领导支持下，在经费投入上对薄弱学校的建设采取倾斜政策，加大对薄弱学校建设的投入。各级政府在每年的财政预算或教育费附加及地方开征的教育附加费中，要划拨一定数量的专项经费用于薄弱学校的建设。也可采取在一定时期内集中物力、财力推行“薄弱学校更新工程”的方式改造薄弱学校，使学校的办学条件和设施尽快达到规定的合格标准。

三、加强领导班子建设，提高学校教育管理水平

各级教育行政部门要在人事制度上采取配套措施，加强薄弱学校领导班子的建设。要为学校选拔和培养德才兼备、事业心强、有开拓进取精神、有组织领导能力的校长。帮助学校充实、调整领导班子，提高整体管理水平。

鼓励各地积极探索学校管理干部制度改革，积极推进校长职级制的试验。鼓励重点学校和办学水平较高学校的领导到薄弱学校担任领导职务，可以实行学校领导干部校际之间定期轮换任职的办法。对于那些在薄弱学校建设中取得突出成绩的领导，要给予奖励。

四、加强师资队伍建设，提高教育教学水平

拓宽师资来源渠道，要鼓励高等学校优秀毕业生到薄弱学校去任教，或每年安排一定比例的优秀毕业生充实薄弱学校的师资队伍。采取措施鼓励、安排优秀、骨干教师到薄弱学校通过长期任课、兼课或示范教学、推广教育教学经验等方式，帮助学校提高整体教育教学水平。也可面向社会招聘具有教师资格的优秀人才到薄弱学校任教。在国家机关机构改革、人员分流的过程中，要认真挑选适合到学校工作的优秀干部到薄弱学校去工作。

要加强对薄弱学校教师的业务指导，可

以通过选送薄弱学校的教师，到办学水平较高的学校去挂职工作的方式，帮助薄弱学校培养学科带头人。鼓励和支持教师通过在职进修、脱产培训等方式，提高教育教学水平。

要充分调动和发挥薄弱学校干部教师的积极性，鼓励他们在各级政府和教育行政部门的支持下，抓住加强薄弱学校建设的机遇，转变观念，振奋精神，主动打好改变面貌的翻身仗。

五、加强招生制度改革，改善薄弱学校生源

要进一步坚持和完善小学升初中免试就近入学办法的改革。已经普及初中的地方，最迟到本世纪末要基本取消初中的入学考试。义务教育阶段学校，除有特殊要求并经省级教育行政部门批准外，包括民办学校和“民办公助”等学校在内，均不得进行择优选拔考试。要让生源较为均衡地分布，改善薄弱学校的生源状况。入学的具体办法各地可进行积极探索和实验。

积极推进高中阶段招生制度改革，要创造条件，逐步推行普通高中招生指标分配与初中办学水平综合评价结果适当挂钩的办法，减少单凭文化课考试成绩择优的比例。要积极支持和鼓励有利于学校全面贯彻教育方针、有利于调动所有学校办学积极性的招生办法改革的探索与试验。

六、完善教育教学评估机制，深入开展教育教学改革

各级教育行政和教研机构要建立和完善学校的教育教学评估机制。地方教研机构要坚持每年对这些学校进行教学质量的监控。要深入实际，帮助学校加强教育教学管理，优化学校育人环境，树立良好的校风学风。要引导教师转变教育思想，更新教育观念，自觉遵循教育规律。根据时代要求和学生的思想实际、心理生理特点，努力改革教学方法和教学手段，加强思想品德教育和日常行为规范的训练，从内部管理和教育教学改革入手，改变薄弱学校的社会声誉。各地也可以通过组织高校、教育科研、教研机构的专家以咨询组、顾问组等形式，深入薄弱学校，帮助研究提高教育管理水平和教育教学水平。教育行政部门要积极帮助和支持这些学校聘请专家，指导学校开展教学研究，探索进行教育教学改革试验，指导学校开展学生艺术、体育、科技课外活动。

七、改革办学体制，增强办学活力

继续积极稳妥地推进办学体制的改革，要把办学体制改革与薄弱学校的改造、择校生的治理、规范办学行为及合理配置教育资源等五个方面更加有机地结合起来。

要对当前在部分地区进行的“公办民办”、“民办公助”等不同形式的办学体制改革试验加强指导、监督和管理。无论进行哪种形式的改革试验，都应坚持独立办学，独立法人，独立的校园、校舍，独立核算的方针。要严格审批制度，不要选择办学条件好、办学水平较高的学校进行改制试点，对已经批准进行试验的学校应逐步加强并完善管理，一般不宜再扩大这类学校的试点。

“公办民助”“民办公助”等不同形式改革试验学校的收费应依照国家有关规定，严格按当地财政、物价部门核准的项目和标准收费。上级教育行政主管部门可在收取的全部经费中按一定比例提取一部分经费，用于当地中小学薄弱学校的建设。

八、合理调整学校布局，开展协作办学活动

对一些办学条件和办学水平在短时间内

难以有较明显改变的薄弱学校，要通过合理调整学校布局，予以撤销或与办学水平较高的学校合并。要充分发挥重点中学和办学水平较高的中学的示范辐射作用，用签定协议的方式，建立和完善协作办学制度。要将是否帮助扶持薄弱学校建设，作为评估示范性高中的重要内容之一。每所重点学校和办学水平较高的学校必须承担帮、带一所或几所薄弱学校的任务，支持和帮助这些学校逐步提高办学水平。

九、加强薄弱学校建设的督导评估

加强薄弱学校建设是一项政策性很强、涉及面较广的复杂工作，各地一定要遵循《教育法》、《义务教育法》和国家的有关法律、政策以及《普通中小学校督导评估工作指导纲要（修订稿）》，把加强薄弱学校建设作为大中城市教育督导工作的一个重点，加强对此项工作的督导评估。督导评估的结果，要作为市（区、县）和校长政绩考核的重要依据。要对按规划完成年度薄弱学校建设任务的市（区、县）给予表彰奖励；对没有按规划完成任务的市（区、县），暂停各级各类学校和教育机构的省级评优活动。近年内，未通过普九验收、薄弱校尚未明显改变面貌的地区，暂缓示范性高中的评审工作。

十、发挥新闻舆论的正确导向作用

加强薄弱学校的建设，尽快缩小大中城市义务教育阶段公办学校间办学水平上的差距，是全社会普遍关注的热点问题。地方各级人民政府及其有关部门，要充分发挥新闻舆论的正确导向作用，要大力宣传各级政府及其教育行政部门在加强薄弱学校建设中所采取的措施及取得的成效；宣传加强薄弱学校建设的典型和薄弱学校改变面貌的典型。使社会和群众了解这项工作的意义，并对薄弱学校改变面貌逐步树立信心。

特殊教育学校暂行规程

（1998年12月2日教育部令第1号发布）

第一章 总 则

第一条 为加强特殊教育学校内部的规范化管理，全面贯彻教育方针，全面提高教育质量，依据国家有关教育法律、法规制定本规程。

第二条 本规程所指的特殊教育学校是指由政府、企业事业组织、社会团体、其他社会组织及公民个人依法举办的专门对残疾儿童、少年实施义务教育的机构。

第三条 特殊教育学校的学制一般为九年一贯制。

第四条 特殊教育学校要贯彻国家教育方针，根据学生身心特点和需要实施教育，为其平等参与社会生活，继续接受教育，成为社会主义事业的建设者和接班人奠定基础。

第五条 特殊教育学校的培养目标是：

培养学生初步具有爱祖国、爱人民、爱劳动、爱科学、爱社会主义的情感，具有良好的品德，养成文明、礼貌、遵纪守法的行为习惯；掌握基础的文化科学知识和基本技能，初步具有运用所学知识分析问题、解决问题的能力；掌握锻炼身体的基本方法，具有较好的个人卫生习惯，身体素质和健康水平得到提高；具有健康的审美情趣；掌握一定的日常生活、劳动、生产的知识和技能；初步掌握补偿自身缺陷的基本方法，身心缺陷得到一定程度的康复；初步树立自尊、自信、自强、自立的精神和维护自身合法权益的意识，形成适应社会的基本能力。

第六条 特殊教育学校的基本教学语言文字为汉语言文字。学校应当推广使用全国通用的普通话和规范字以及国家推行的盲文、手语。

招收少数民族学生为主的学校，可使用本民族或当地民族通用语言文字和盲文、手语进行教学，并应根据实际情况在适当年级开设汉语文课程，开设汉语文课程应当使用普通话和规范汉字。

第七条 特殊教育学校实行校长负责制，校长全面负责学校的教学和其他行政工作。

第八条 按照“分级管理、分工负责”的原则，特殊教育学校在当地人民政府领导下实施教育工作。特殊教育学校应接受教育行政部门或上级主管部门的检查、监督和指导，要如实报告工作，反映情况。学年末，学校要向主管教育行政部门报告工作，重大问题应随时报告。

第二章 入学及学籍管理

第九条 特殊教育学校招收适合在校学习的义务教育阶段学龄残疾儿童、少年入学。招生范围由主管教育行政部门确定。学校实行秋季始业。

学校应对入学残疾儿童、少年的残疾类别、原因、程度和身心发展状况等进行必要的了解和测评。

第十条 特殊教育学校应根据有利于教育教学和学生身心健康的原则确定教学班学额。

第十一条 特殊教育学校对因病无法继续学习的学生（须具备县级以上医疗单位的证明）在报经主管教育行政部门批准后，准其休学。休学时间超过三个月，复学时学校可根据其实际情况并征求本人及其父母或其他监护人的意见后编入相应年级。

第十二条 特殊教育学校应接纳其主管教育行政部门批准、不适合继续在普通学校就读申请转学的残疾儿童、少年，并根据其实际情况，编入相应年级。

学校对因户籍变更申请转入，并经主管教育行政部门审核符合条件的残疾儿童、少年，应及时予以妥善安置，不得拒收。

学校对招生范围以外的申请就学的残疾儿童、少年，经主管教育行政部门批准后，可准其借读，并可按有关规定收取借读费。

第十三条 特殊教育学校对修完规定课程且成绩合格者，发给毕业证书，对不合格者发给结业证书；对已修满义务教育年限但未修完规定课程者，发给肄业证书；对未修满义务教育年限者，可视情况出具学业证明。

学校一般不实行留级制度。

第十四条 特殊教育学校对学业能力提

前达到更高年级程度的学生，可准其提前升入相应年级学习或者提前学习相应年级的有关课程。经考查能够在普通学校随班就读的学生，在经得本人、其父母或其他监护人的同意后，应向主管教育行政部门申请转学。

第十五条 特殊教育学校对品学兼优的学生应予表彰，对犯有错误的学生应给予帮助或批评教育，对极少数错误严重的学生，可分别给予警告、严重警告和记过处分。学校一般不得开除义务教育阶段学龄学生。

第十六条 特殊教育学校应防止未修满义务教育年限的学龄学生辍学，发现学生辍学，应立即向主管部门报告，配合有关部门依法使其复学。

第十七条 特殊教育学校的学籍管理办法由省级教育行政部门制定。

第三章 教育教学工作

第十八条 特殊教育学校的主要任务是教育教学工作，其他各项工作应有利于教育教学工作的开展。

学校的教育教学工作要面向全体学生，坚持因材施教，改进教育教学方法，充分发挥各类课程的整体功能，促进学生全面发展。

第十九条 特殊教育学校应按照国家制定的特殊教育学校课程计划、教学大纲进行教育教学工作。

学校使用的教材，须经省级以上教育行政部门审查通过；实验教材、乡土教材须经主管教育行政部门批准后方可使用。

学校应根据学生的实际情况和特殊需要，采用不同的授课制和多种教学组织形式。

第二十条 特殊教育学校应当依照教育行政部门颁布的校历安排教育教学工作。特殊教育学校不得随意停课，若遇特殊情况必须停课的，一天以内的由校长决定，并报县级教育行政部门备案；一天以上的，应经县级人民政府批准。

第二十一条 特殊教育学校不得组织学生参加商业性的庆典、演出等活动，参加其他社会活动不应影响教育教学秩序和学校正常工作。

第二十二条 特殊教育学校要把德育工作放在重要位置，要结合学校和学生的实际实施德育工作，注重实效。

学校的德育工作由校长负责，教职工参与，做到组织落实、制度落实、内容落实、基地落实、时间落实；要与家庭教育、社会教育密切结合。

第二十三条 特殊教育学校对学生应坚持正面教育，注意保护学生的自信心、自尊心，不得讽刺挖苦、粗暴压服，严禁体罚和变相体罚。

第二十四条 特殊教育学校要在每个教学班设置班主任教师，负责管理、指导班级全面工作。班主任教师要履行国家规定的班主任职责，加强同各科任课教师、学校其他人员和学生家长的联系，了解学生思想、品德、学业、身心康复等方面的情况，协调教育和康复工作。

班主任教师每学期要根据学生的表现写出评语。

第二十五条 特殊教育学校要根据学生的实际情况有针对性地给学生布置巩固知识、发展技能和康复训练等方面的作业。

第二十六条 特殊教育学校应重视体育和美育工作。

学校要结合学生实际，积极开展多种形式的体育活动，增强学生的体质。学校应保证学生每天不少于一小时的体育活动时间。

学校要上好艺术类课程，注意培养学生的兴趣、爱好和特长，其他学科也要从本学科特点出发，发挥美育功能。美育要结合学生日常生活，提出服饰、仪表、语言、行为等方面审美要求。

第二十七条 特殊教育学校要特别重视劳动教育、劳动技术教育和职业教育。学校要对低、中年级学生实施劳动教育，培养学生爱劳动、爱劳动人民、珍惜劳动成果的思想，培养从事自我服务、家务劳动和简单生产劳动的能力，养成良好的劳动习惯；要根据实际情况对高年级学生实施劳动技术教育和职业教育，提高学生的劳动、就业能力。

学校劳动教育、劳动技术教育和职业教育，应做到内容落实、师资落实、场地落实。

学校要积极开展勤工俭学活动，办好校办产业；勤工俭学和校办产业的生产、服务活动要努力与劳动教育、劳动技术教育和职业教育相结合。学生参加勤工俭学活动，应以有利于学生的身心健康和发展为原则。

第二十八条 特殊教育学校要把学生的身心康复作为教育教学的重要内容，根据学生的残疾类别和程度，有针对性地进行康复训练，提高训练质量。要指导学生正确运用康复设备和器具。

第二十九条 特殊教育学校要重视学生的身心健康教育，培养学生良好的心理素质和卫生习惯，提高学生保护和合理使用自身残存功能的能力；适时、适度地进行青春期教育。

第三十条 特殊教育学校应加强活动课程和课外活动的指导，做到内容落实、指导教师落实、活动场地落实；要与普通学校、青少年校外教育机构和学生家庭联系，组织开展有益活动，安排好学生的课余生活。学校组织学生参加竞赛、评奖活动，要执行教育行政部门的有关规定。

第三十一条 特殊教育学校要在课程计划和教学大纲的指导下，通过多种形式评价教育教学质量，尤其要重视教学过程的评价。学校不得仅以学生的学业考试成绩评价教育教学质量和教师工作。

学校每学年要对学生德、智、体和身心缺陷康复等方面进行1—2次评价，毕业时要进行终结性评价，评价报告要收入学生档案。

视力和听力言语残疾学生，1—6年级学期末考试科目为语文、数学两科，其他学科通过考查确定成绩；7—9年级学生学期末考试科目为语文、数学、劳动技术或职业技能三科，其他学科通过考查评定成绩。学期末考试由学校命题，考试方法要多样，试题的难易程度和数量要适度。

视力和听力言语残疾学生的毕业考试科目、考试办法及命题权限由省级教育行政部门确定。

智力残疾学生主要通过平时考查确定成绩，考查科目、办法由学校确定。

第三十二条 特殊教育学校要积极开展教育教学研究，运用科学的教育理论指导教育教学工作，积极推广科研成果及成功的教育教学经验。

第三十三条 特殊教育学校应合理安排作息时间，学生每日在校用于教学活动时间，不得超过课程计划规定的课时。接受劳动技术教育和职业教育的学生，用于劳动实习的时间，每天不超过3小时；毕业年级集中生产实习每天不超过6小时，并要严格控制劳动强度。

第四章 校长、教师和其他人员

第三十四条 特殊教育学校可按编制设校长、副校长、主任、教师和其他人员。

第三十五条 特殊教育学校校长是学校的行政负责人。校长应具备、符合国家规定的任职条件和岗位要求，履行国家规定的职责。校长由学校举办者或举办者的上级主管部门任命或聘任；副校长及教导（总务）主任等人员由校长提名，按有关规定权限和程序任命或聘任。社会力量举办的特殊教育学校校长应报教育行政部门核准后，由校董会或学校举办者聘任。校长要加强教育及其有关法律法规、教育理论的学习，要熟悉特殊教育业务，不断加强自身修养，提高管理水平，依法对学校实施管理。

第三十六条 特殊教育学校教师应具备国家规定的相应教师资格和任职条件，具有社会主义的人道主义精神，关心残疾学生，掌握特殊教育的专业知识和技能，遵守职业道德，完成教育教学工作，享受和履行法律规定的权利和义务。

第三十七条 特殊教育学校其他人员应具备相应的思想政治、业务素质，其具体任职条件、职责由教育行政部门或学校按照国家的有关规定制定。

第三十八条 特殊教育学校要根据国家有关规定实行教师聘任、职务制度，对教师和其他人员实行科学管理。

第三十九条 特殊教育学校要加强教师的思想政治、职业道德教育，重视教师和其他人员的业务培训和继续教育，制定进修计划，积极为教师和其他人员进修创造条件。教师和其他人员进修应根据学校工作需要，以在职、自学、所教学科和所从事工作为主。

第四十条 特殊教育学校应建立健全考核奖惩制度和业务考核档案，从德、能、勤、绩等方面全面、科学考核教师和其他人员工作，注重工作表现和实绩，并根据考核结果奖优罚劣。

第五章 机构与日常管理

第四十一条 特殊教育学校可根据规模，内设分管教务、总务等工作的机构（或岗位）和人员，协助校长做好有关工作。招收两类以上残疾学生的特殊教育学校，可设置相应的管理岗位，其具体职责由学校确定。

第四十二条 特殊教育学校应按国家有关规定建立教职工代表会议制度，加强对学校民主管理和民主监督。

第四十三条 校长要依靠党的学校（地方）基层组织，并充分发挥工会、共青团、少先队及其他组织在学校工作中的作用。

第四十四条 特殊教育学校应根据国家有关法律法规和政策建立健全各项规章制度，建立完整的学生、教育教学和其他档案。

第四十五条 特殊教育学校应建立健全学生日常管理制度，并保证落实。学生日常管理工作应与社区、家庭密切配合。

第四十六条 特殊教育学校应按有利于管理，有利于教育教学，有利于安全的原则设置教学区和生活区。

第四十七条 寄宿制特殊教育学校实行24小时监护制度。要设专职或兼职人员，负责学生的生活指导和管理工作，并经常与班主任教师保持联系。

第六章 卫生保健及安全工作

第四十八条 特殊教育学校应认真执行国家有关学校卫生工作的法规、政策，建立健全学校卫生工作制度。

第四十九条 特殊教育学校的校园、校舍、设备、教具、学具和图书资料等应有利于学生身心健康。学校要做好预防传染病、常见病的工作。

第五十条 特殊教育学校要特别重视学生的安全防护工作，建立健全安全工作制度。学校校舍、设施、设备、教具、学具等都应符合安全要求。学校组织的各项校内、外活动，应采取安全防护措施，确保师生的安全。

学校要根据学生特点，开展安全教育和训练，培养学生的安全意识和在危险情况下自护自救能力。

第五十一条 特殊教育学校应配备专职或兼职校医，在校长的领导下，负责学校卫生保健工作和教学、生活卫生监督工作。

学校应建立学生健康档案，每年至少对学生进行一次身体检查；注重保护学生的残存功能。

第五十二条 特殊教育学校要加强饮食管理。食堂的场地、设备、用具、膳食要符合国家规定的卫生标准，要注意学生饮食的营养合理搭配。要制定预防肠道传染病和食物中毒的措施，建立食堂工作人员定期体检制度。

第七章 校园、校舍、设备及经费

第五十三条 特殊教育学校的办学条件及经费由学校举办者负责提供，校园、校舍建设应执行国家颁布的《特殊教育学校建设标准》。

学校应具备符合规定标准的教学仪器设备、专用检测设备、康复设备、文体器材、图书资料等；要创造条件配置现代化教育教学和康复设备。

第五十四条 特殊教育学校要特别重视校园环境建设，搞好校园的绿化和美化，搞好校园文化建设，形成良好的育人环境。

第五十五条 特殊教育学校应遵照有关规定管理和使用校舍、场地等，未经主管部门批准，不得改变其用途；要及时对校舍设施进行维修和维护，保持坚固、实用、清洁、美观，发现危房立即停止使用，并报主管部门。

第五十六条 特殊教育学校应加强对仪器、设备、器材和图书资料等的管理，分别按有关规定建立健全管理制度，保持完好率，提高使用率。

第五十七条 特殊教育学校对义务教育阶段学生免收学费，对家庭生活困难的学生减免杂费。特殊教育学校收费应严格按照省级人民政府规定的收费项目和县级以上人民政府制定的标准及办法执行。

各级政府应设立助学金，用于帮助经济困难学生就学。

第五十八条 特殊教育学校的校办产业和勤工俭学收入上缴学校部分应用于改善办学条件，提高教职工福利待遇，改善学生学习和生活条件。学校可按有关规定接受社会捐助。

第五十九条 特殊教育学校应科学管理、合理使用学校经费，提高使用效益。要建立健全经费管理制度，并接受上级财务和审计部门的监督。

第八章 学校、社会与家庭

第六十条 特殊教育学校应同街道（社区）、村民委员会及附近的普通学校、机关、团体、部队、企事业单位建立联系，争取社会各界支持学校工作，优化育人环境。

第六十一条 特殊教育学校要在当地教育行政部门领导下，指导普通学校特殊教育班和残疾儿童、少年随班就读工作，培训普通学校特殊教育师资，组织教育教学研究活动，提出本地特殊教育改革与发展的建议。

第六十二条 特殊教育学校应通过多种形式与学生家长建立联系制度，使家长了解学校工作，征求家长对学校工作的意见、帮助家长创设良好的家庭育人环境。

第六十三条 特殊教育学校应特别加强与当地残疾人组织和企事业单位的联系，了解社会对残疾人就业的需求，征求毕业生接收单位对学校教育工作的意见、建议，促进学校教育教学工作的改革。

第六十四条 特殊教育学校应为当地校外残疾人工作者、残疾儿童、少年及家长等提供教育、康复方面的咨询和服务。

第九章 附 则

第六十五条 特殊教育学校应当根据《中华人民共和国教育法》、《中华人民共和国义务教育法》、《残疾人教育条例》和本规程的规定，结合实际情况制定学校章程。承担教育改革试点任务的特殊教育学校，在报经省级主管教育行政部门批准后，可调整本规程中的某些要求。

第六十六条 本规程适用于特殊教育学校。普通学校附设的特殊教育班、特殊教育学校的非义务教育机构和实施职业教育的特殊教育学校可参照执行有关内容。

第六十七条 各省、自治区、直辖市教育行政部门可根据本规程制定实施办法。

第六十八条 本规程自发布之日起施行。

资料汇编

1997年全国教育经费执行情况统计公告

（教育部、国家统计局1998年9月2日发布）

一、全国教育经费支出情况

1997年，全国教育经费总支出为2 531.73亿元，比上年的2 262.34亿元增长11.91%。其中，国家财政性教育经费支出（包括各级财政对教育的拨款、城乡教育费附加、企业办中小学支出以及校办产业减免税等项）为1 862.54亿元，比上年的1 671.70亿元增长11.42%。

二、落实《教育法》规定的“三个增长”情况

1.中央和地方各级政府预算内教育拨款（不包括城市教育费附加）为1 357.73亿元，比上年的1 211.91亿元增长12.03%。同年，全国财政收入为8 642亿元，比上年增长16.7%，全国预算内教育拨款增长速度低于财政收入的增长速度4.67个百分点。

2.各级教育生均预算内教育事业费支出增长情况

1997年全国普通小学、普通初中、普通高中、职业中学、普通高等学校生均预算内教育事业费支出情况是：

（1）全国普通小学生均预算内事业费支出为333.81元，比上年的302.54元增长10.34%；其中，农村普通小学生均预算内事业费支出为275.06元，比上年的248.75元增长10.58%。增长最快的是北京市（23.90%）。

（2）全国普通初中生均预算内事业费支出为591.38元，比上年的549.24元增长7.67%；其中，农村普通初中生均预算内事业费支出为468.06元，比上年的435.36元增长7.51%。增长最快的是西藏自治区（705.96%）。

（3）全国普通高中生均预算内事业费支出为1 155.36元，比上年的1 088.05元增长6.19%。增长最快的是上海市（23.77%）。

（4）全国职业中学生均预算内事业费支出为1 084.80元，比上年的1 007.88元增长7.63%。增长最快的是青海省（35.71%）。

（5）全国普通高等学校生均预算内事业费支出为6 522.91元，比上年的5 956.70元增长9.51%。增长最快的是安徽省

(43.13%)。

3.各级教育生均预算内公用经费支出增长情况

1997 年全国普通小学、普通初中、普通高中、职业中学和普通高等学校生均预算内公用经费支出情况是：

(1) 全国普通小学生均预算内公用经费支出为 33.97 元，比上年的 28.46 元增长 19.36%；其中，农村普通小学生均预算内公用经费支出为 22.07 元，比上年的 17.98 元增长 22.75%。普通小学生均预算内公用经费支出增长最快的是湖北省（104.09%）。

(2) 全国普通初中生均预算内公用经费支出为 93.05 元，比上年的 81.93 元增长 13.57%；其中，农村普通初中生均预算内公用经费支出为 58.50 元，比上年的 47.98 元增长 21.93%。普通初中生均预算内公用经费支出增长最快的是西藏自治区（1 083.60%）。

(3) 全国普通高中生均预算内公用经费支出为 229.59 元，比上年的 208.73 元增长 9.99%。普通高中生均预算内公用经费支出增长最快的是北京市（79.01%）。

(4) 全国职业中学生均预算内公用经费支出 246.77 元，比上年的 232.77 元增长 6.01%。职业中学生均预算内公用经费支出增长最快的是安徽省（71.13%）。

(5) 全国普通高等学校生均预算内公用经费支出为2 865.60元，比上年的2 604.36元增长 10.03%。普通高等学校生均预算内公用经费支出增长最快的是陕西省（56.83%）。

三、预算内教育经费支出占财政支出比例情况

按财政支出扣除国内外债务还本付息支出，预算内教育经费支出包含城市教育费附加的口径计算，1997 年全国预算内教育经费支出占财政支出比例为 15.67%，同口径比较，比上年的 16.23%降低了 0.56 个百分点。从全国情况看，有近 20 个省、自治区、直辖市预算内教育经费支出占财政支出比例比上年有不同程度的下降。

四、国家财政性教育经费支出占国内生产总值比例情况

据统计，1997 年全国国内生产总值约为 74 772亿元，国家财政性教育经费支出占国内生产总值比例为 2.49%，与上年占国内生产总值的比例 2.44%相比，提高了 0.05 个百分点。

1997 年全国教育经费支出执行情况监测结果表明，各级政府通过贯彻《教育法》，落实教育优先发展的战略地位，政府教育投入的总量有了增加。但是，全国预算内教育拨款的增长仍没有实现《教育法》所规定的高于财政经常性收入的增长，全国预算内教育经费支出占财政支出比例比上年也有所下降，一些省、自治区已连续几年没有达到《教育法》规定的教育投入增长要求。

注：1. 公告中所列教育经费数据以教育行政部门进行的教育经费统计口径为准。包括国民教育序列学校所支出的经费，不包括党政工团的教育经费、职工培训费、党政群干训费和军事院校的经费。

2. 公告中所涉及的全国性统计数据，均不包括台湾省、香港特别行政区、澳门地区。

表一　1997年预算内教育拨款增长与财政收入增长幅度比较

地区	预算内教育拨款本年比上年增长(%)	财政收入本年比上年增长(%)	增长幅度比较(百分点)	地区	预算内教育拨款本年比上年增长(%)	财政收入本年比上年增长(%)	增长幅度比较(百分点)
总　计	12.03	16.70	—4.67	河南省	5.36	14.03	—8.67
北京市	23.31	15.40	7.91	湖北省	9.22	10.20	—0.98
天津市	16.56	8.81	7.75	湖南省	10.14	—1.94	12.08
河北省	14.87	17.83	—2.96	广东省	8.54	12.58	—4.04
山西省	10.15	9.01	1.14	广　西	6.77	14.33	—7.56
内蒙古	6.51	15.00	—8.49	海南省	—3.69	8.17	—11.86
辽宁省	9.15	8.60	0.55	重庆市	10.20	15.30	—5.10
吉林省	12.25	10.93	1.32	四川省	6.15	9.89	—3.74
黑龙江	7.87	7.31	0.56	贵州省	12.17	15.38	—3.21
上海市	22.15	19.45	2.70	云南省	15.73	10.26	5.47
江苏省	16.29	15.73	0.56	西　藏	—11.52		
浙江省	18.73	12.70	6.03	陕西省	11.09	16.82	—5.73
安徽省	17.61	18.44	—0.83	甘肃省	15.86	8.16	7.70
福建省	20.20	11.60	8.60	青海省	6.76	—2.21	8.97
江西省	12.32	—8.74	21.06	宁　夏	9.91	7.28	2.63
山东省	14.14	15.52	—1.38	新　疆	1.45	19.28	—17.83

注:预算内教育拨款不包括城市教育费附加。

表二 1997年预算内教育经费支出占财政支出比例情况

	预算内教育经费支出(亿元)			预算内教育经费支出占财政支出比例(%)		
	1996年	1997年	增长百分点	1996年	1997年	增长百分点
总　计	1 288.08	1 441.27	11.89	16.23	15.67	−0.56
北京市	37.89	47.14	24.41	20.21	19.23	−0.98
天津市	19.28	21.60	12.03	19.60	21.50	1.90
河北省	48.08	55.07	14.54	20.92	20.42	−0.50
山西省	29.06	31.78	9.36	21.92	22.49	0.57
内蒙古	24.37	26.24	7.67	19.49	18.52	−0.97
辽宁省	48.25	52.83	9.49	15.48	15.51	0.03
吉林省	29.44	32.82	11.48	20.25	19.21	−1.04
黑龙江	33.53	36.41	8.57	16.05	16.52	0.47
上海市	56.79	69.90	23.09	23.87	23.79	−0.08
江苏省	78.33	90.44	15.46	25.19	24.82	−0.37
浙江省	46.67	55.41	18.73	21.83	23.07	1.24
安徽省	36.44	42.87	17.65	20.39	20.27	−0.12
福建省	38.85	46.33	19.25	19.40	20.65	1.25
江西省	24.68	27.60	11.83	18.72	24.50	5.78
山东省	77.91	88.73	13.89	21.69	21.00	−0.69
河南省	62.47	65.08	4.18	24.45	22.88	−1.57
湖北省	36.78	40.42	9.90	18.63	20.73	2.10
湖南省	41.62	45.10	8.36	19.11	19.54	0.43
广东省	113.65	123.64	8.79	18.90	18.17	−0.73
广　西	31.66	33.81	6.79	20.16	19.44	−0.72
海南省	9.45	9.11	−3.60	20.92	19.04	−1.85
重庆市		20.76			18.03	
四川省	49.18	52.05	5.83	19.89	18.92	−0.97
贵州省	19.01	21.29	11.99	19.11	18.85	−0.26
云南省	50.19	57.09	13.77	17.30	17.20	−0.10
西　藏	5.01	4.43	−11.58			
陕西省	24.67	27.18	10.17	20.26	19.21	−1.05
甘肃省	17.64	20.40	15.65	19.39	18.99	−0.40
青海省	5.89	6.27	6.45	18.00	17.89	−0.11
宁　夏	5.44	5.95	9.38	18.43	17.68	−0.75
新　疆	25.85	26.35	1.93	22.50	21.08	−1.42

注:表中预算内教育经费支出含城市教育费附加。

表三(1) 各级教育生均预算内教育事业费支出增长情况 单位：元

地区	普通小学			普通高中			普通初中		
	1996年	1997年	增长率(%)	1996年	1997年	增长率(%)	1996年	1997年	增长率(%)
全国	302.54	333.81	10.34	1 088.05	1 155.36	6.19	549.24	591.38	7.67
北京市	998.57	1 237.27	23.90	2 536.29	3 003.39	18.42	1 505.85	2 273.68	50.99
天津市	724.43	839.27	15.85	2 254.81	2 508.26	11.24	1 197.85	1 275.65	6.49
河北省	187.25	214.23	14.41	967.89	999.58	3.27	408.62	425.24	4.07
山西省	302.50	334.15	10.46	1 052.72	1 121.30	6.51	497.86	521.77	4.80
内蒙古	399.75	437.05	9.33	904.27	946.60	4.68	552.14	621.55	12.57
辽宁省	405.55	433.87	6.98	1 056.53	1 132.22	7.16	647.52	696.16	7.51
吉林省	409.67	439.71	7.33	1 091.12	1 111.23	1.84	651.34	715.42	9.84
黑龙江	389.59	429.35	10.21	1 071.06	1 084.63	1.27	572.35	599.85	4.80
上海市	1 532.04	1 804.11	17.76	3 201.27	3 962.09	23.77	1 956.33	2 380.26	21.67
江苏省	412.69	454.56	10.15	1 231.67	1 295.71	5.20	636.26	723.03	13.64
浙江省	446.86	518.20	15.96	1 179.10	1 337.09	13.40	566.37	636.74	12.42
安徽省	228.43	255.10	11.68	763.17	799.28	4.73	355.37	391.42	10.14
福建省	387.78	458.05	18.12	1 054.12	1 207.34	14.54	625.43	674.84	7.90
江西省	239.19	251.31	5.07	658.46	652.43	−0.92	362.70	365.34	0.73
山东省	236.73	269.84	13.99	954.95	1 011.41	5.91	474.37	513.22	8.19
河南省	165.65	187.33	13.09	869.39	898.47	3.34	373.41	411.55	10.21
湖北省	169.06	192.68	13.97	701.82	716.44	2.08	439.68	487.25	10.82
湖南省	240.25	255.85	6.49	896.62	966.53	7.80	467.19	468.22	0.22
广东省	428.98	477.31	11.27	1 975.07	1 934.37	−2.06	707.13	718.77	1.65
广西	226.47	241.85	6.79	690.69	680.04	−1.54	348.86	353.11	1.22
海南省	344.69	361.02	4.74	1 228.53	1 035.26	−15.73	598.45	635.07	6.12
重庆市		314.18			1 185.97			541.82	
四川省		267.30			970.54			508.43	
贵州省	174.60	186.20	6.64	552.15	631.17	14.31	338.87	340.70	0.54
云南省	432.02	477.36	10.49	1 287.02	1 460.33	13.47	820.72	903.55	10.09
西藏	700.79	667.16	−4.80	582.73		−100.00	3 082.28	24 841.82	705.96
陕西省	193.99	198.48	2.31	772.22	758.99	−1.71	461.41	457.81	−0.78
甘肃省	246.73	270.41	9.60	806.10	847.02	5.08	442.39	485.21	9.68
青海省	468.04	500.12	6.85	1 395.30	1 284.49	−7.94	816.44	1 043.53	27.81
宁夏	314.89	328.95	4.47	674.95	733.89	8.73	502.23	529.27	5.38
新疆	505.82	542.63	7.28	1 533.88	1 378.36	−10.14	884.13	886.14	0.23

表三(1) 各级教育生均预算内教育事业费支出增长情况(续) 单位:元

地区	职业中学			普通高等学校		
	1996年	1997年	增长率(%)	1996年	1997年	增长率(%)
全国	1 007.88	1 084.80	7.63	5 956.70	6 522.91	9.51
北京市	2 585.15	2 877.01	11.29	10 010.69	12 127.41	21.14
天津市	1 950.78	1 963.05	0.63	6 714.00	7 673.43	14.29
河北省	742.81	701.88	−5.51	4 101.13	4 571.11	11.46
山西省	858.31	893.88	4.14	5 078.69	4 981.28	−1.92
内蒙古	757.92	749.62	−1.10	7 671.52	7 257.10	−5.40
辽宁省	1 000.74	1 208.31	20.74	4 491.76	4 951.80	10.24
吉林省	750.89	872.51	16.20	6 403.39	6 906.62	7.86
黑龙江	1 020.66	1 003.46	−1.69	7 314.65	7 406.10	1.25
上海市	2 751.25	2 994.92	8.86	12 745.85	12 687.85	−0.46
江苏省	990.03	1 158.99	17.07	6 200.71	7 153.18	15.36
浙江省	1 103.67	1 277.07	15.71	5 860.52	5 871.69	0.19
安徽省	399.33	473.16	18.49	3 402.48	4 869.90	43.13
福建省	1 013.14	1 167.63	15.25	5 525.53	6 876.49	24.45
江西省	688.97	712.65	3.44	3 703.68	3 849.76	3.94
山东省	1 144.21	1 212.18	5.94	6 076.02	6 832.38	12.45
河南省	603.23	599.60	−0.60	4 827.49	5 735.09	18.80
湖北省	601.11	737.53	22.69	4 840.00	5 701.67	17.80
湖南省	1 168.86	1 188.35	1.67	4 538.34	5 492.77	21.03
广东省	1 882.17	1 836.90	2.41	7 300.34	7 919.84	8.49
广西	827.90	919.62	11.08	4 519.01	4 768.47	5.52
海南省	1 850.58	1 511.73	−18.31	6 683.57	6 947.21	3.94
重庆市		1 203.17			3 690.42	
四川省		1 088.77			3 678.42	
贵州省	685.71	825.12	20.33	4 384.92	3 861.52	−11.94
云南省	1 399.87	1 653.32	18.11	6 470.44	6 863.39	6.07
西藏				14 991.21	16 509.69	10.13
陕西省	829.27	864.51	4.25	4 845.84	6 699.21	38.25
甘肃省	1 000.00	1 250.58	25.06	4 359.11	4 902.42	12.46
青海省	881.80	1 196.68	35.71	6 822.63	7 461.70	9.37
宁夏	1 221.58	1 158.34	−5.18	4 642.64	5 815.42	25.26
新疆	1 496.59	1 674.84	11.91	6 206.34	5 725.63	−7.75

表三(2)　各级教育生均预算内公用经费支出增长情况

单位：元

地　区	普通小学			普通高中			普通初中		
	1996年	1997年	增长率(%)	1996年	1997年	增长率(%)	1996年	1997年	增长率(%)
全　国	28.46	33.97	19.36	208.73	229.59	9.99	81.93	93.05	13.57
北京市	203.82	296.21	45.33	590.89	1 057.78	79.01	374.84	717.52	91.42
天津市	106.32	127.71	20.12	590.81	693.26	17.34	294.79	311.90	5.80
河北省	17.38	22.66	30.38	141.59	157.07	10.93	39.49	54.54	38.11
山西省	20.49	30.82	50.41	173.05	206.10	19.10	52.31	69.87	33.57
内蒙古	41.09	56.62	37.80	196.59	200.46	1.97	82.74	119.04	43.87
辽宁省	43.45	46.32	6.61	262.44	277.05	5.57	112.39	107.07	－4.73
吉林省	46.97	47.00	0.06	198.19	170.62	－13.91	101.21	102.98	1.75
黑龙江	37.15	43.10	16.02	195.02	157.86	－19.05	75.50	89.14	18.07
上海市	386.74	471.21	21.84	1 163.53	1 597.17	37.27	634.59	848.27	33.67
江苏省	23.73	26.00	9.57	191.28	186.02	－2.75	65.11	60.83	－6.57
浙江省	44.73	55.75	24.64	267.62	300.83	12.41	89.23	95.50	7.03
安徽省	13.59	17.25	26.93	72.20	76.07	5.36	33.76	43.31	28.29
福建省	44.11	44.53	0.95	187.50	208.98	11.46	149.99	138.09	－7.93
江西省	12.04	14.00	16.28	69.69	79.19	13.63	25.49	30.27	18.75
山东省	12.01	14.04	16.90	127.09	146.47	15.25	28.37	31.83	12.20
河南省	13.03	17.62	35.23	107.38	122.99	14.54	39.42	57.93	46.96
湖北省	9.79	19.98	104.09	64.69	72.61	12.24	22.83	63.55	178.36
湖南省	20.95	24.41	16.52	188.36	166.78	－11.46	76.78	69.27	－9.78
广东省	49.27	57.59	16.89	581.14	564.41	－2.88	148.25	126.15	－14.91
广　西	11.65	12.83	10.13	78.52	97.95	24.75	32.64	39.28	20.34
海南省	26.46	28.65	8.28	247.74	159.45	－35.64	74.22	76.24	2.72
重庆市		25.79			201.29			93.62	
四川省		17.87			154.38			69.08	
贵州省	8.45	10.38	22.84	60.04	74.14	23.48	23.42	30.37	29.68
云南省	62.46	66.97	7.22	302.33	339.69	12.36	193.54	204.23	5.52
西　藏	132.13	187.84	42.16	124.08		－100.00	800.36	9 472.72	1 083.60
陕西省	10.23	11.09	8.41	89.00	74.55	－16.24	41.06	47.34	15.29
甘肃省	18.33	23.03	25.64	86.26	112.76	30.72	39.20	56.46	44.03
青海省	40.79	52.45	28.59	207.47	221.49	6.76	96.62	145.17	50.25
宁　夏	24.74	21.81	－11.84	95.17	110.71	16.33	68.17	65.93	－3.29
新　疆	33.49	40.21	20.07	237.60	177.50	－25.29	78.77	94.14	19.51

表三(2) 各级教育生均预算内公用经费支出增长情况(续) 单位：元

地区	职业中学			普通高等学校		
	1996年	1997年	增长率(%)	1996年	1997年	增长率(%)
全国	232.77	246.77	6.01	2 604.36	2 865.60	10.03
北京市	966.53	1 151.39	19.13	5 334.90	6 621.45	24.12
天津市	705.80	632.70	−10.36	2 667.34	3 414.70	28.02
河北省	122.99	87.84	−28.58	1 395.12	1 898.96	36.11
山西省	183.75	217.70	18.48	2 092.91	2 177.02	4.02
内蒙古	133.78	140.28	4.86	3 706.29	3 128.14	−15.60
辽宁省	215.24	312.42	45.15	1 966.53	2 045.04	3.99
吉林省	122.80	140.87	14.71	2 940.71	3 208.31	9.10
黑龙江	158.73	166.05	4.61	4 131.32	4 021.55	−2.66
上海市	1 131.55	1 222.48	8.04	5 392.69	5 662.25	5.00
江苏省	181.37	179.97	−0.77	2 994.90	3 386.09	13.06
浙江省	262.01	324.89	24.00	2 701.73	2 710.14	0.31
安徽省	49.42	84.57	71.13	1 260.13	1 761.91	39.82
福建省	205.46	216.05	5.15	2 439.27	2 773.48	13.70
江西省	90.80	83.30	−8.26	1 564.67	1 558.20	−0.41
山东省	225.21	173.40	−23.01	3 027.41	3 604.77	19.07
河南省	104.86	101.23	−3.46	1 989.05	2 462.45	23.80
湖北省	42.03	66.36	57.89	2 566.88	2 733.58	6.49
湖南省	365.82	371.96	1.68	2 117.07	2 596.66	22.65
广东省	584.45	522.57	−10.59	3 566.65	3 722.88	4.38
广西	177.61	232.62	30.97	2 035.46	2 194.93	7.83
海南省	265.80	209.32	−21.25	2 726.83	2 483.48	−8.92
重庆市		214.02			1 262.43	
四川省		164.41			1 540.51	
贵州省	81.03	126.56	56.19	1 521.46	1 265.67	−16.81
云南省	468.82	542.74	15.77	2 816.26	3 180.40	12.93
西藏				3 587.34	5 323.40	48.39
陕西省	128.75	142.34	10.56	1 789.41	2 806.38	56.83
甘肃省	150.08	268.19	78.70	1 492.10	1 837.93	23.18
青海省	180.50	300.44	66.45	2 390.32	2 731.15	14.26
宁夏	320.39	341.88	6.71	1 758.98	2 672.81	51.95
新疆	320.53	286.95	−10.48	1 994.89	1 652.15	−17.18

1998年具有高等学历教育招生资格的普通高等学校名单

教育部按语：为加强高等教育的宏观管理，确保高等学历教育必要的规格和质量，进一步完善社会监督机制，现将1998年具有高等学历招生资格的1 028所普通高等学校的名单（截止到1998年5月10日）予以公布。

在公布的普通高等学校名单中，凡办学条件低于国家规定要求的，均在其校名前以"*"号"标注（共22所），表示1998年虽允许招生，但须适当控制招生规模，增加投入，充实办学条件。其中已连续两年办学条件低于国家规定要求的学校以"**"标注，希望引起学校及主管部门的重视。如果连续三年标注"*"的学校，按国家的有关规定将停止其招生资格。

本名单以地区、科类为顺序，分为三类，第一类是本科层次的高等学校；第二类专科层次高等学校，包括高等专科学校、高等职业技术学院（学校）、短期职业大学和民办高等学校；第三类是经批准设立的普通高等学校分校（院）大专班办学点（63个）。不含军事院校。除本次公布的高等学校名单外，任何其它机构均不具有招收参加全国普通高等学校统一招生考试的合格考生举办普通高等学历教育的招生资格。对于违纪招生的单位，国家均不承认所招学生的学籍，不允许发放毕业证书，并将严肃追究有关人员的责任。

一、本科院校（600所）

北京市（60所）

北京大学

中国人民大学

*北京联合大学

清华大学

北京航空航天大学

北京理工大学

北京科技大学

北方交通大学

北京邮电大学

北京化工大学

石油大学

北京工业大学

北方工业大学

中国农业大学

北京林业大学

中国协和医科大学

北京医科大学

北京中医药大学

首都医科大学

北京师范大学

首都师范大学

北京外国语大学

北京语言文化大学

对外经济贸易大学

首都经济贸易大学

中央财经大学

中国政法大学

中国人民公安大学

北京体育大学

中央民族大学

北京服装学院

北京轻工业学院

北京电子科技学院

北京建筑工程学院

北京印刷学院

北京气象学院

首钢工学院

北京石油化工学院

北京机械工业学院

北京信息工程学院

北京农学院
北京针灸骨伤学院
北京体育师范学院
北京广播学院
北京第二外国语学院
中国新闻学院
中国青年政治学院
北京商学院
北京物资学院
中国金融学院
外交学院
国际关系学院
中央音乐学院
中央工艺美术学院
中央美术学院
中央戏剧学院
中国音乐学院
北京电影学院
中国戏曲学院
北京舞蹈学院

天津市（18 所）

南开大学
天津大学
天津医科大学
天津师范大学
天津轻工业学院
天津纺织工学院
中国民用航空学院
天津理工学院
天津城市建设学院
天津农学院
天津中医学院
天津职业技术师范学院
天津外国语学院
天津财经学院
天津商学院
天津体育学院
天津美术学院
天津音乐学院

河北省（20 所）

河北大学
华北电力大学
燕山大学
河北工业大学
河北科技大学
河北农业大学
河北医科大学
河北师范大学
河北经贸大学
河北理工学院
河北建筑科技学院
石家庄铁道学院
河北建筑工程学院
石家庄经济学院
华北煤炭医学院
承德医学院
张家口医学院
河北农业技术师范学院
中国人民武装警察部队学院
河北体育学院

山西省（11 所）

山西大学
太原理工大学
山西农业大学
山西医科大学
山西师范大学
山西财经大学
华北工学院
太原重型机械学院
长治医学院
山西中医学院
雁北师范学院

内蒙古自治区（12 所）

内蒙古大学
内蒙古工业大学
内蒙古师范大学
包头钢铁学院
内蒙古农牧学院
哲里木畜牧学院
内蒙古医学院
包头医学院
内蒙古蒙医学院
内蒙古民族师范学院
内蒙古财经学院
内蒙古林学院

辽宁省（36 所）

辽宁大学
大连大学
沈阳大学
东北大学
大连理工大学
大连海事大学
沈阳工业大学
辽宁工程技术大学
沈阳农业大学
中国医科大学
大连医科大学
沈阳药科大学
辽宁师范大学
东北财经大学
大连民族学院
大连铁道学院
鞍山钢铁学院
大连轻工业学院
沈阳工业学院
沈阳化工学院
辽宁工学院
抚顺石油学院
沈阳建筑工程学院
沈阳航空工业学院
大连水产学院
辽宁中医学院
锦州医学院
沈阳医学院

沈阳师范学院
锦州师范学院
鞍山师范学院
大连外国语学院
中国刑事警察学院
沈阳体育学院
鲁迅美术学院
沈阳音乐学院

吉林省（25所）

吉林大学
延边大学
长春大学
吉林工业大学
长春科技大学
吉林农业大学
白求恩医科大学
东北师范大学
长春光学精密机械学院
吉林工学院
东北电力学院
吉林建筑工程学院
吉林化工学院
长春邮电学院
吉林林学院
长春中医学院
吉林医学院
通化师范学院
吉林师范学院
长春师范学院
吉林职业师范学院
四平师范学院
长春税务学院
吉林体育学院
吉林艺术学院

黑龙江省（20所）

黑龙江大学
哈尔滨工业大学
哈尔滨工程大学
哈尔滨建筑大学
哈尔滨理工大学
齐齐哈尔大学
佳木斯大学
东北农业大学
黑龙江八一农垦大学
东北林业大学
哈尔滨医科大学
黑龙江中医药大学
哈尔滨师范大学
大庆石油学院
黑龙江矿业学院
齐齐哈尔医学院
牡丹江医学院
牡丹江师范学院
黑龙江商学院
哈尔滨体育学院

上海市（25所）

复旦大学
上海大学
上海交通大学
同济大学
华东理工大学
中国纺织大学
上海理工大学
上海工程技术大学
上海铁道大学
上海水产大学
上海医科大学
上海第二医科大学
上海中医药大学
华东师范大学
上海师范大学
上海外国语大学
上海财经大学
上海海运学院
上海电力学院
上海农学院
上海对外贸易学院
华东政法学院
上海体育学院
上海音乐学院
上海戏剧学院

江苏省（40所）

南京大学
扬州大学
苏州大学
东南大学
南京理工大学
南京航空航天大学
中国矿业大学
河海大学
江苏理工大学
无锡轻工大学
南京化工大学
南京农业大学
南京林业大学
中国药科大学
南京医科大学
南京中医药大学
南京师范大学
徐州师范大学
南京气象学院
南京邮电学院
华东船舶工业学院
南通工学院
南京建筑工程学院
江苏石油化工学院
苏州城市建设环境保护学院
淮海工学院
盐城工学院
苏州医学院
南京铁道医学院
徐州医学院
南通医学院
镇江医学院

苏州铁道师范学院
常州技术师范学院
淮阴师范学院
南京经济学院
南京审计学院
南京体育学院
南京艺术学院
江南学院

浙江省（20所）

杭州大学
宁波大学
浙江大学
浙江工业大学
浙江农业大学
浙江医科大学
*浙江师范大学
杭州电子工业学院
浙江丝绸工学院
中国计量学院
浙江海洋学院
浙江林学院
浙江中医学院
温州医学院
温州师范学院
*杭州师范学院
绍兴文理学院
杭州商学院
浙江财经学院
中国美术学院

安徽省（19所）

安徽大学
中国科学技术大学
合肥工业大学
安徽农业大学
安徽医科大学
安徽师范大学
淮南工业学院
华东冶金学院
安徽建筑工业学院
安徽机电学院
蚌埠医学院
安徽中医学院
皖南医学院
淮北煤炭师范学院
安庆师范学院
安徽农业技术师范学院
阜阳师范学院
安徽财贸学院
合肥经济技术学院

福建省（12所）

厦门大学
福州大学
华侨大学
仰恩大学
福建农业大学
集美大学
福建医科大学
福建师范大学
集美航海学院
福建林学院
福建中医学院
漳州师范学院

江西省（14所）

南昌大学
华东交通大学
江西农业大学
江西师范大学
江西财经大学
南方冶金学院
南昌航空工业学院
景德镇陶瓷学院
华东地质学院
江西医学院
江西中医学院
赣南医学院
赣南师范学院
南昌职业技术师范学院

山东省（31所）

山东大学
烟台大学
青岛大学
青岛海洋大学
山东工业大学
山东农业大学
山东医科大学
山东中医药大学
山东师范大学
曲阜师范大学
山东矿业学院
青岛化工学院
山东建筑工程学院
青岛建筑工程学院
山东工程学院
山东轻工业学院
山东建材工业学院
莱阳农学院
潍坊医学院
济宁医学院
泰山医学院
滨州医学院
烟台师范学院
聊城师范学院
淄博学院
山东财政学院
山东经济学院
中国煤炭经济学院
山东体育学院
山东工艺美术学院
山东艺术学院

河南省（18所）

河南大学
郑州大学
郑州工业大学
河南农业大学

河南医科大学
河南师范大学
洛阳工学院
华北水利水电学院
焦作工学院
郑州粮食学院
郑州纺织工学院
郑州航空工业管理学院
郑州轻工业学院
河南中医学院
新乡医学院
河南职业技术师范学院
信阳师范学院
河南财经学院

湖北省（35所）

武汉大学
湖北大学
华中理工大学
中国地质大学
武汉水利电力大学
武汉测绘科技大学
武汉工业大学
武汉交通科技大学
武汉汽车工业大学
武汉冶金科技大学
华中农业大学
同济医科大学
湖北医科大学
华中师范大学
襄樊学院
中南财经大学
江汉石油学院
武汉纺织工学院
湖北工学院
武汉食品工业学院
武汉城市建设学院
武汉化工学院
湖北汽车工业学院
湖北农学院
湖北中医学院
咸宁医学院
郧阳医学院
湖北师范学院
湖北三峡学院
中南政法学院
武汉体育学院
湖北美术学院
武汉音乐学院
中南民族学院
湖北民族学院

湖南省（19所）

湘潭大学
吉首大学
中南工业大学
湖南大学
湖南农业大学
湖南医科大学
湖南师范大学
长沙铁道学院
长沙交通学院
中南工学院
长沙电力学院
湘潭工学院
株洲工学院
中南林学院
湖南中医学院
衡阳医学院
湘潭师范学院
湖南财经学院
湖南商学院

广东省（26所）

中山大学
暨南大学
深圳大学
汕头大学
五邑大学
华南理工大学
广东工业大学
华南农业大学
湛江海洋大学
中山医科大学
广州中医药大学
华南师范大学
广东外语外贸大学
佛山科学技术学院
仲恺农业技术学院
广东医学院
广州医学院
广东药学院
广州师范学院
湛江师范学院
韩山师范学院
广东商学院
广州体育学院
广州美术学院
星海音乐学院
广东民族学院

广西壮族自治区（12所）

广西大学
广西医科大学
广西师范大学
桂林工学院
桂林电子工业学院
广西工学院
广西中医学院
右江民族医学院
桂林医学院
广西师范学院
广西艺术学院
广西民族学院

海南省（4所）

海南大学
华南热带农业大学
海南医学院

海南师范学院

重庆市（16所）

渝州大学

重庆大学

重庆建筑大学

西南农业大学

重庆医科大学

西南师范大学

西南政法大学

四川三峡学院

重庆交通学院

重庆邮电学院

重庆工业管理学院

四川畜牧兽医学院

重庆师范学院

四川外语学院

重庆商学院

四川美术学院

四川省（21所）

四川联合大学

电子科技大学

西南交通大学

四川农业大学

华西医科大学

成都中医药大学

四川师范大学

西南财经大学

成都理工学院

西南石油学院

* * 四川工业学院

* 四川轻化工学院

西南工学院

成都气象学院

中国民航飞行学院

川北医学院

泸州医学院

四川师范学院

成都体育学院

四川音乐学院

西南民族学院

贵州省（8所）

贵州大学

贵州工业大学

贵州师范大学

贵阳医学院

遵义医学院

贵阳中医学院

贵州财经学院

贵州民族学院

云南省（12所）

云南大学

云南工业大学

昆明理工大学

云南农业大学

云南师范大学

西南林学院

昆明医学院

云南中医学院

大理医学院

云南财贸学院

云南艺术学院

云南民族学院

西藏自治区（4所）

西藏大学

西藏农牧学院

* 药王山藏医学院

西藏民族学院

陕西省（32所）

西北大学

延安大学

西安交通大学

西北工业大学

西安电子科技大学

西安理工大学

西安建筑科技大学

西安公路交通大学

西北农业大学

西安医科大学

陕西师范大学

西安工程学院

西安矿业学院

西北纺织工学院

西北轻工业学院

西安石油学院

陕西工学院

西安工业学院

西北建筑工程学院

西安邮电学院

西北林学院

陕西中医学院

汉中师范学院

宝鸡文理学院

西安外国语学院

陕西财经学院

西安统计学院

陕西经贸学院

西北政法学院

西安体育学院

西安音乐学院

西安美术学院

甘肃省（10所）

兰州大学

甘肃工业大学

甘肃农业大学

西北师范大学

兰州铁道学院

兰州医学院

甘肃中医学院

兰州商学院

甘肃政法学院

西北民族学院

青海省（4所）

青海大学

青海师范大学

青海医学院
青海民族学院

宁夏回族自治区（4所）

宁夏大学
宁夏农学院
宁夏医学院
西北第二民族学院

新疆维吾尔自治区（12所）

新疆大学
石河子大学
塔里木农垦大学
新疆农业大学
新疆师范大学
新疆工学院
新疆石油学院
新疆医科大学
喀什师范学院
伊犁师范学院
新疆财经学院
新疆艺术学院

二、高等专科学校

北京市（4所）

北京电力高等专科学校
北京医学高等专科学校
*北京青年政治学院
**海淀走读大学

天津市（2所）

天津师范高等专科学校
天津职业大学

河北省（26所）

承德石油高等专科学校
石家庄邮政高等专科学校
华北航天工业学院
防灾技术高等专科学校
华北矿业高等专科学校
河北工程技术高等专科学校
张家口农业高等专科学校
邯郸农业高等专科学校
邯郸医学高等专科学校
张家口师范专科学校
承德民族师范高等专科学校
石家庄师范专科学校
唐山师范专科学校
邢台师范专科学校
沧州师范专科学校
廊坊师范专科学校
衡水师范专科学校
保定师范专科学校
邯郸师范专科学校
保定金融高等专科学校
唐山高等专科学校
邢台职业技术学院
承德民族职业技术学院
*石家庄职业技术学院
张家口职业技术学院
邯郸职业技术学院

山西省（12所）

大同高等专科学校
运城高等专科学校
吕梁高等专科学校
太原电力高等专科学校
大同医学专科学校
山西职业师范专科学校
晋东南师范专科学校
忻州师范专科学校
晋中师范专科学校
太原师范专科学校
山西财税专科学校
太原大学

内蒙古自治区（7所）

集宁师范高等专科学校
呼伦贝尔学院
赤峰民族师范高等专科学校
包头师范高等专科学校
包头职业技术学院
河套大学
民办内蒙古丰州学院

辽宁省（24所）

阜新高等专科学校
辽宁交通高等专科学校
沈阳电力高等专科学校
丹东纺织高等专科学校
辽阳石油化工高等专科学校
本溪冶金高等专科学校
熊岳农业高等专科学校
朝阳师范高等专科学校
锦州师范高等专科学校
营口师范高等专科学校
本溪师范高等专科学校
辽宁外国语师范高等专科学校
辽阳师范高等专科学校
丹东师范高等专科学校
抚顺师范高等专科学校
铁岭师范高等专科学校
辽宁税务高等专科学校
辽宁财政高等专科学校
辽宁商业高等专科学校
辽宁警官高等专科学校
抚顺市高等职业专科学校
本溪市高等职业专科学校
鞍山市高等职业专科学校
营口市高等职业专科学校

吉林省（16所）

吉林电气化高等专科学校
吉林粮食高等专科学校
长春建筑高等专科学校
长春汽车工业高等专科学校
长春工业高等专科学校
长春水利电力高等专科学校
吉林农垦特产高等专科学校
长春医学高等专科学校

白城师范高等专科学校
长春金融高等专科学校
吉林商业高等专科学校
吉林财税高等专科学校
吉林公安高等专科学校
吉林交通职业技术学院
四平职业大学
吉林市联合大学

黑龙江省（18所）

大庆高等专科学校
黑龙江水利专科学校
黑龙江交通高等专科学校
哈尔滨工程高等专科学校
鸡西煤炭医学高等专科学校
绥化师范专科学校
克山师范专科学校
哈尔滨师范专科学校
呼兰师范专科学校
黑龙江农垦师范专科学校
哈尔滨金融高等专科学校
哈尔滨投资高等专科学校
黑龙江财政专科学校
黑龙江建筑职业技术学院
**哈尔滨大学
鸡西大学
牡丹江大学
民办黑龙江东方学院

上海市（15所）

上海医疗器械高等专科学校
上海轻工业高等专科学校
上海化工高等专科学校
上海冶金高等专科学校
上海电机技术高等专科学校
上海纺织高等专科学校
上海出版印刷高等专科学校
*上海医学高等专科学校
立信会计高等专科学校
上海海关高等专科学校
上海金融高等专科学校
上海旅游高等专科学校
上海公安高等专科学校
上海商业职业技术学院
民办杉达学院

江苏省（26所）

常熟高等专科学校
镇江市高等专科学校
南京交通高等专科学校
南京动力高等专科学校
连云港化工高等专科学校
南京电力高等专科学校
淮阴工业专科学校
南京机械高等专科学校
南京师范专科学校
南通师范专科学校
镇江师范专科学校
盐城师范专科学校
江苏财经高等专科学校
南京金融高等专科学校
*江苏公安专科学校
泰州职业技术学院
扬州市职业大学
*苏州职业大学
连云港职业大学
**南通职业大学
沙洲职业工学院
金陵职业大学
南京市农业专科学校
彭城职业大学
常州工业技术学院
民办三江学院

浙江省（15所）

浙江水利水电专科学校
杭州应用工程技术学院
杭州医学高等专科学校
台州师范专科学校
浙江农村技术师范专科学校
丽水师范专科学校
湖州师范专科学校
浙江广播电视高等专科学校
浙江经济高等专科学校
浙江公安高等专科学校
民办金华职业技术学院
宁波高等专科学校
嘉兴高等专科学校
温州大学
民办浙江树人学院

安徽省（15所）

蚌埠高等专科学校
六安师范专科学校
徽州师范专科学校
巢湖师范专科学校
芜湖师范专科学校
淮南师范专科学校
宿州师范专科学校
池州师范专科学校
滁州师范专科学校
安徽商业高等专科学校
铜陵财经专科学校
芜湖职业技术学院
皖西联合大学
合肥联合大学
淮南联合大学

福建省（18所）

莆田高等专科学校
福建建筑高等专科学校
宁德师范高等专科学校
三明师范高等专科学校
龙岩师范高等专科学校
福州师范高等专科学校
泉州师范高等专科学校

南平师范高等专科学校
福建商业高等专科学校
福建公安高等专科学校
黎明职业大学
鹭江职业大学
福建中华职业大学
漳州职业大学
三明职业大学
闽西职业大学
闽江职业大学
民办福建华南女子职业学院

江西省（17 所）

南昌高等专科学校
新余高等专科学校
萍乡高等专科学校
南昌水利水电高等专科学校
景德镇高等专科学校
宜春农业专科学校
宜春医学专科学校
九江医学专科学校
井冈山医学高等专科学校
九江师范专科学校
上饶师范专科学校
宜春师范专科学校
吉安师范专科学校
抚州师范专科学校
九江财经高等专科学校
江西公安专科学校
九江职业大学

山东省（18 所）

济南交通高等专科学校
山东电力高等专科学校
潍坊高等专科学校
山东水利专科学校
临沂医学专科学校
菏泽医学专科学校
德州高等专科学校
济宁师范专科学校
枣庄师范专科学校
昌潍师范专科学校
胜利油田师范专科学校
菏泽师范专科学校
临沂师范专科学校
滨州师范专科学校
泰安师范专科学校
山东公安专科学校
日照职业技术学院
济南联合大学

河南省（33 所）

郑州工业高等专科学校
河南纺织高等专科学校
河南城建高等专科学校
郑州电力高等专科学校
洛阳工业高等专科学校
河南机电高等专科学校
洛阳农业高等专科学校
郑州牧业工程高等专科学校
信阳农业高等专科学校
洛阳医学高等专科学校
开封医学高等专科学校
洛阳师范高等专科学校
许昌师范高等专科学校
开封师范高等专科学校
平顶山师范高等专科学校
新乡师范高等专科学校
商丘师范高等专科学校
安阳师范高等专科学校
南阳师范高等专科学校
驻马店师范高等专科学校
周口师范高等专科学校
河南财政税务高等专科学校
河南商业高等专科学校
河南公安高等专科学校
黄河水利职业技术学院
洛阳大学
中州大学
开封大学
焦作大学
南阳理工学院
平原大学
安阳大学
民办黄河科技学院

湖北省（20 所）

黄石高等专科学校
恩施医学高等专科学校
湖北药检高等专科学校
孝感师范高等专科学校
荆州师范高等专科学校
郧阳师范高等专科学校
咸宁师范高等专科学校
黄冈师范高等专科学校
湖北财经高等专科学校
武汉金融高等专科学校
湖北商业高等专科学校
湖北公安高等专科学校
孝感职业技术学院
武汉船舶职业技术学院
江汉大学
鄂州职业大学
武汉商业服务学院
荆门职业技术学院
沙市职业大学
十堰职业技术学院

湖南省（29 所）

武陵高等专科学校
湖南计算机专科学校
湘潭机电高等专科学校
邵阳高等专科学校
长沙工业高等专科学校
湖南纺织高等专科学校
湖南建材高等专科学校
湖南轻工业高等专科学校
湖南城建高等专科学校

常德高等专科学校
湖南医学高等专科学校
郴州医学高等专科学校
邵阳师范高等专科学校
怀化师范高等专科学校
衡阳师范高等专科学校
常德师范高等专科学校
郴州师范高等专科学校
娄底师范高等专科学校
益阳师范高等专科学校
零陵师范高等专科学校
岳阳师范高等专科学校
湖南财经高等专科学校
湖南税务高等专科学校
湖南公安高等专科学校
长沙航空职业技术学院
株洲职业技术学院
湖南女子职业大学
岳阳大学
长沙大学

广东省（17所）

韶关大学
嘉应大学
西江大学
广东石油化工高等专科学校
东莞理工学院
广州航海高等专科学校
惠阳师范专科学校
广州师范专科学校
广州金融高等专科学校
广东公安高等专科学校
中山学院
深圳职业技术学院
番禺职业技术学院
广州大学
民办南华工商学院
私立华联学院
民办培正商学院

广西壮族自治区（16所）

*桂林航天工业高等专科学校
梧州师范高等专科学校
柳州师范高等专科学校
河池师范高等专科学校
钦州师范高等专科学校
南宁师范高等专科学校
右江民族师范高等专科学校
玉林师范高等专科学校
桂林旅游高等专科学校
广西财政高等专科学校
广西商业高等专科学校
广西体育高等专科学校
广西职业技术学院
柳州职业技术学院
邕江大学
南宁职业大学

海南省（1所）

琼州大学

重庆市（6所）

重庆建筑高等专科学校
重庆钢铁高等专科学校
重庆石油高等专科学校
重庆师范高等专科学校
涪陵师范高等专科学校
重庆电力高等专科学校

四川省（22所）

自贡高等专科学校
四川烹饪高等专科学校
成都电子机械高等专科学校
成都纺织高等专科学校
绵阳经济技术高等专科学校
西昌农业高等专科学校
绵阳师范高等专科学校
宜宾师范高等专科学校
康定民族师范高等专科学校
*自贡师范高等专科学校
阿坝师范高等专科学校
内江师范高等专科学校
西昌师范高等专科学校
达县师范高等专科学校
乐山师范高等专科学校
成都师范高等专科学校
四川商业高等专科学校
成都航空职业技术学院
凉山大学
成都大学
攀枝花大学
民办四川天一学院

贵州省（12所）

黔南民族医学高等专科学校
贵阳师范高等专科学校
铜仁师范高等专科学校
黔南民族师范高等专科学校
安顺师范高等专科学校
黔东南民族师范高等专科学校
遵义师范高等专科学校
六盘水师范高等专科学校
黔西南民族师范高等专科学校
毕节师范高等专科学校
贵州商业高等专科学校
贵阳金筑大学

云南省（14所）

昆明冶金高等专科学校
**蒙自师范高等专科学校
玉溪师范高等专科学校
*思茅师范高等专科学校
昭通师范高等专科学校
**曲靖师范高等专科学校
**保山师范高等专科学校
昆明师范高等专科学校
*大理师范高等专科学校
文山师范高等专科学校
楚雄师范高等专科学校

云南政法高等专科学校
云南公安高等专科学校
昆明大学

陕西省（10所）

西安联合大学
西安航空技术高等专科学校
西安电力高等专科学校
陕西医学高等专科学校
商洛师范专科学校
渭南师范专科学校
咸阳师范专科学校
榆林高等专科学校
安康师范专科学校
西安培华女子大学

甘肃省（7所）

兰州工业高等专科学校
庆阳师范高等专科学校
兰州师范高等专科学校
合作民族师范高等专科学校
张掖师范高等专科学校
天水师范高等专科学校
* *甘肃联合大学

青海省（2所）

青海民族师范高等专科学校
青海师范高等专科学校

宁夏回族自治区（1所）

固原师范高等专科学校

新疆维吾尔自治区（5所）

新疆工业高等专科学校
新疆维吾尔医学专科学校
和田师范专科学校
昌吉师范专科学校
乌鲁木齐职业大学

三、分校（院）大专班办学点（63个）

中华女子学院	北京市	苏州教育学院	江苏省
北方交通大学大专部	北京市	浙江工业大学浙西分校	浙江省
北京理工大学大专部	北京市	安徽大学交通分校	安徽省
北京科技大学大专部	北京市	合肥教育学院	安徽省
北京人民警察学院	北京市	安徽经济管理干部学院	安徽省
天津市职工纺织学院	天津市	蚌埠教育学院	安徽省
天津市职工工业技术学院	天津市	北京邮电大学福州分校	福建省
中央司法警官教育学院	河北省	福建师范大学福清分校	福建省
东北大学秦皇岛分校	河北省	江西医学院抚州分院	江西省
秦皇岛市教育学院	河北省	江西医学院上饶分院	江西省
西南交大唐山分校	河北省	江西财经大学九江分院	江西省
太原理工大学阳泉煤专班	山西省	中国农业大学与烟台农校联办	山东省
内蒙古蒙文专科学校	内蒙古自治区	山东煤炭教育学院	山东省
		青岛远洋船员学院	山东省
辽宁青年管理干部学院	辽宁省	郑州教育学院	河南省
大连医科大学丹东分校	辽宁省	濮阳教育学院	河南省
吉林省经济管理干部学院	吉林省	焦作教育学院	河南省
长春市教育学院	吉林省	河南教育学院	河南省
黑龙江政法管理干部学院	黑龙江省	湖北省计划管理干部学院	湖北省
上海青年管理干部学院	上海市	武汉教育学院	湖北省
上海第二工业大学	上海市	华中理工大学汉口分校	湖北省
江南社会学院	江苏省	咸宁教育学院	湖北省
南京人口管理干部学院	江苏省	湖南大学衡阳分校	湖南省
无锡教育学院	江苏省	株洲教育学院	湖南省
连云港教育学院	江苏省	湖南农学院衡阳分院	湖南省

深圳艺术学校 广东省
广东省科技干部学院 广东省
顺德永强成人学院 广东省
桂林地区教育学院 广西壮族
自治区
广西公安管理干部学院 广西壮族
自治区
广西水电学校 广西壮族
自治区
广西大学梧州分校 广西壮族

自治区
重庆教育学院 重庆市
四川公安管理干部学院 四川省
川北教育学院 四川省
贵州省公安管理干部学院 贵州省
甘肃中医学院甘南藏医班 甘肃省
中国人民公安大学新疆警校班 新疆维吾尔
族自治区
伊犁州教育学院 新疆维吾尔
族自治区

1998 年具有学历教育招生资格的成人高等学校名单

教育部按语：为深化改革，加强国家对成人高等学历教育的宏观管理，保证成人高等学历教育必要的规格和质量，进一步完善社会监督机制，现将 1998 年具有成人高等学历教育招生资格的成人高等学校名单予以公布。全国现有成人高等学校1 090所，这次向社会公布 979 所，另有 111 所因办学条件远低于国家规定要求，或正在调整中，1998 年暂停招生。本次公布的成人高校中，凡办学条件低于国家规定要求的，均在其校名前以“*”标出（共 18 所），表示 1998 年虽允其招生，但须适当控制规模，促使其增加投入，充实改善办学条件。其中已经连续两年办学条件低于国家规定要求的以“**”标注，希望引起学校及其主管部门高度重视，连续三年被注“*”的，学校按国家有关规定将暂停招生。

北京市（76 所）

中央检察官管理学院
全国法院干部业余法律大学
中南海业余大学
中共中央党校成人教育学院
公安部管理干部学院
民政管理干部学院
中央政法管理干部学院
中央财政管理干部学院
对外经济贸易管理干部学院
北京农垦管理干部学院
中央农业管理干部学院
北京林业管理干部学院
华北电业联合职工大学
北京电力管理干部学院
北京水利电力函授学院
北京冶金管理干部学院
机械工业管理干部学院
北京成人电子工业学院
电子工业管理干部学院
北京煤炭管理干部学院
北京铁道管理干部学院
北京交通管理干部学院
邮电部管理干部学院

中国交响乐团社会音乐学院
中央文化管理干部学院
中央广播电视大学
国家建材局管理干部学院
民航管理干部学院
中国科学院职工科技大学
中国科学院管理干部学院
中国纺织机械工业总公司职工大学
中国纺织政治函授学院
北京船舶工业管理干部学院
北京燕山石油化工公司职工大学
石油化工管理干部学院
核工业管理干部学院
中国工运学院
中华女子学院
北京商业管理干部学院
中国记协职工新闻学院
北京市丰台区职工大学
北京市石景山区业余大学
北京市东城区职工业余大学
北京市化学工业局职工大学
北京市轻工职工大学
北京市机械工业局职工大学
北京市宣武区红旗业余大学
北京市总工会职工大学
北京市工艺美术品总公司职工大学
*北京市职工体育运动技术学院
北京人民警察学院
北京市西城区职工大学
北京市海淀区职工大学
北京市职工医学院
*北京市医药总公司职工大学
首都联合职工大学
首都钢铁公司职工大学
北京市房地产职工大学
北京市西城经济科技大学
北京汽车工业总公司职工大学
*北京市立信会计职工大学
北京市电子仪表工业局职工大学
北京市农工商联合总公司职工大学
北京市实验大学
北京市崇文区职工大学
北京市建设职工大学
北京市物资贸易职工学院
北京市朝阳区职工大学
北京市经济管理干部学院
北京市劳动管理干部学院
北京市政法管理干部学院
北京市财贸管理干部学院
北京市农业管理干部学院
北京市成人教育学院
北京教育学院
北京市广播电视大学

天津市（42所）

天津物资管理干部学院
中国旅游管理干部学院
中国农业银行天津金融管理干部学院
天津石油化工公司职工大学
大港石油管理局职工大学
天津市南开区职工大学
天津汽车工业总公司职工大学
天津市一轻局职工大学
天津市职工经济技术大学
天津市职工纺织学院
天津市机械工业管理局职工机电学院
天津青年职业技术职工学院
天津职工工业技术学院
天津市河北区职工大学
天津市渤海化工职工学院
天津市职工公用事业学院
天津市职工现代企业管理学院
天津市河西区职工大学
天津市医药职工大学
天津市职工医学院
天津联合业余大学
天津市河东区职工大学
天津市塘沽区职工大学
天津市交通局职工大学
天津市职工工艺美术学院
天津市和平区新华职工大学
天津市红桥区职工大学
天津市建筑工程业余大学
天津市建筑材料工业管理局职工大学
天津市冶金工业局职工大学
天津市职工化工学院
天津市第二轻工业局职工大学
天津市房地产局职工大学
天津市职工科学技术大学
天津市电子仪表局职工大学
天津市财贸管理干部学院
天津市政法管理干部学院
天津市经济管理干部学院
天津市管理干部学院
天津市工会管理干部学院
天津教育学院
天津市广播电视大学

河北省（31所）

中央司法警官教育学院
农业部乡镇企业管理干部学院
开滦矿务局职工大学
化工部石家庄管理干部学院
秦皇岛环境管理干部学院
轻工业管理干部学院

有色金属管理干部学院
管道局职工学院
华北石油职工大学
石油物探职工大学
华北石油教育学院
张家口市职工大学
唐山市职工大学
河北省职工医学院
石家庄市职工业余大学
邯郸市职工大学
保定职工大学
河北地质职工大学
河北冶金职工大学
河北省经贸管理干部学院
河北政法管理干部学院
河北青年管理干部学院
河北省衡水地区教育学院
河北保定地区教育学院
秦皇岛教育学院
廊坊市教育学院
河北邯郸地区教育学院
邯郸市教育学院
河北张家口地区教育学院
河北承德地区教育学院
河北省广播电视大学

山西省（33所）

大同矿务局职工大学
山西煤炭职工联合大学
山西煤炭管理干部学院
广播电影电视管理干部学院
山西兵器工业职工大学
忻州职工大学
山西职工文学院
山西省晋中地区职工大学
*山西机电职工学院
国营大众机械厂职工大学
太原重型机器厂职工大学
山西省职工二轻学院
太原化学工业公司职工大学
长治职工大学
山西省水利职工大学
山西职工医学院
太原钢铁公司职工钢铁学院
山西青年管理干部学院
山西政法管理干部学院
太原经济管理干部学院
山西经济管理干部学院
山西省吕梁地区教育学院
*晋中地区教育学院
山西省教育学院
晋城市教育学院
长治市教育学院
*临汾地区教育学院
**雁北地区教育学院
山西省大同市教育学院
*阳泉市教育学院
太原市教育学院
*忻州地区教育学院
山西省广播电视大学

内蒙古自治区（19所）

国营内蒙古第二机械制造总厂职工工学院
国营内蒙古第一机械制造厂职工工学院
呼和浩特市职工大学
包头市职工大学
内蒙古矿业职工大学
内蒙古水利职工大学
包头钢铁公司职工大学
内蒙古自治区管理干部学院
内蒙古呼和浩特管理干部学院
哲里木盟教育学院
内蒙古教育学院
伊克昭盟教育学院
赤峰教育学院
包头教育学院
乌兰察布盟教育学院
锡林郭勒盟教育学院
呼和浩特教育学院
巴彦淖尔盟教育学院
内蒙古自治区广播电视大学

辽宁省（53所）

海军舰船维修第一职工大学
空军第四职工大学
辽宁省金融职工大学
东北电业职工大学
鞍钢职工医学专科学校
鞍钢职工工学院
冶金部鞍山冶金管理干部学院
抚顺矿务局职工工学院
阜新矿务局职工大学
北票矿务局职工煤矿专科学校
阜新煤炭职工医学专科学校
抚顺石油化工公司职工大学
锦州石油化工公司职工大学
辽宁兵器工业职工大学
沈阳飞机制造公司职工工学院
黎明发动机制造公司职工工学院
沈阳新光动力机械公司职工大学
**新乐精密机器公司职工大学

辽宁财贸职工大学
辽宁卫生职工医学院
辽宁文化艺术职工大学
沈阳机械工业职工大学
辽宁省直属机关职工大学
鞍山职工大学
阜新职工大学
抚顺职工大学
铁岭职工大学
朝阳职工大学
本溪职工大学
沈阳重型机器厂职工大学
沈阳市联合职工大学
大连工人大学
辽宁建设职工大学
辽宁冶金职工大学
本溪钢铁公司职工工学院
辽宁职工体育运动技术学院
锦州职工大学
沈阳市二轻家具职工大学
辽宁轻工职工大学
沈阳市职工大学
大连职工大学
丹东职工大学
辽宁青年管理干部学院
大连管理干部学院
辽宁政法管理干部学院
辽宁经济管理干部学院
辽宁工运学院
辽宁农业管理干部学院
大连市教育学院
辽宁教育学院
大连市广播电视大学
辽宁省广播电视大学
沈阳市广播电视大学

吉林省（32所）

吉林电力职工大学
第一汽车制造厂职工大学
舒兰矿务局职工大学
长春煤炭管理干部学院
吉林铁路运输职工大学
中国工商银行长春金融管理干部学院
中国农业银行长春管理干部学院
长春市直属机关业余大学
长春职工医科大学
吉林省直属机关业余大学
**吉林市职工大学
吉林省建筑职工大学
通化市职工大学
长春市职工大学
吉林卫生管理干部学院
长春市成人文理学院
长春市建筑职工业余大学
通化钢铁公司职工大学
吉林职工医科大学
吉林化学工业公司职工大学
延边职工大学
吉林省油田职工大学
白城市职工大学
延边黎明农民大学
*扶余农村成人高等专科学校
梨树农村成人高等专科学校
吉林省行政管理干部学院
吉林省经济管理干部学院
吉林省教育学院
长春教育学院
吉林省广播电视大学
长春市广播电视大学

黑龙江省（57所）

黑龙江省电力职工大学
哈尔滨轻型车厂职工大学
鸡西矿务局职工工学院
鹤岗矿务局职工大学
双鸭山矿务局职工工学院
鸡西煤炭职工医学院
齐齐哈尔铁路运输职工大学
齐齐哈尔铁路教育学院
黑龙江省邮电职工大学
大庆石油化工总厂职工大学
大庆职工大学
大庆职工医学院
黑龙江兵器工业职工大学
哈尔滨飞机制造公司职工工学院
黑龙江省林业管理干部学院
黑龙江省科技职工大学
哈尔滨市教师体育学院
哈尔滨市职工医学院
哈尔滨化工医药职工大学
黑龙江省森林工业职工大学
哈尔滨市财贸职工大学
黑龙江省职工体育运动技术学院
齐齐哈尔市建设职工大学
黑龙江省直属机关职工大学
黑龙江省商业职工大学
鸡西市职工大学
哈尔滨市职工大学
黑龙江省物资职工大学
哈尔滨市成人教育学院
伊春市职工大学
牡丹江市联合职工大学
哈尔滨科技职工大学
哈尔滨职工轻工学院
黑龙江省社会科学院职工大学
哈尔滨市建设职工大学
黑龙江金融职工大学
黑龙江省二轻职工大学
齐齐哈尔市职工大学

黑龙江省牡丹江农垦职工大学
哈尔滨机电职工大学
佳木斯市联合职工大学
黑龙江省经济管理干部学院
哈尔滨市经济管理干部学院
黑龙江省农垦管理干部学院
黑龙江省政法管理干部学院
黑龙江省森林工业管理干部学院
佳木斯市教育学院
齐齐哈尔市教育学院
牡丹江市教育学院
哈尔滨市教育学院
黑龙江省绥化地区教育学院
黑龙江省教育学院
*五常朝鲜族教师进修学院
*大庆市教育学院
大兴安岭地区教育学院
黑龙江省广播电视大学
哈尔滨市广播电视大学

上海市（43所）

上海电业职工大学
上海海运职工大学
上海市邮电职工大学
高桥石油化工职工大学
上海石油化工总厂职工大学
国营第五七零三厂职工大学
上海航天职工大学
上海金融职工大学
上海市虹口区业余大学
上海海港职工大学
上海市建设职工大学
上海市普陀区业余大学
上海市徐汇区业余大学
上海职工医学院
上海纺织工业职工大学
上海财政税务职工大学
上海科技职工大学
上海市静安区业余大学
上海汽车拖拉机联营公司职工大学
上海市第二轻工业局职工大学
上海冶金联合职工大学
上海市长宁区业余大学
上海第二工业大学
上海市黄浦区业余大学
上海工商学院
上海市宝山区业余大学
上海市杨浦区业余大学
梅山职工大学
上海职工体育运动技术学院
上海机电工业职工大学
上海医药职工大学
上海市仪表电子工业职工大学
上海市卢湾区业余大学
上海市闸北区业余大学
上海市南市区业余大学
上海市轻工业职工大学
上海青年管理干部学院
上海市工会管理干部学院
上海市经济管理干部学院
上海市政法管理干部学院
上海教育学院
上海第二教育学院
上海市广播电视大学

江苏省（48所）

空军第一职工大学
江南社会学院
江苏电力职工大学
常州水电机械制造职工大学
铁道部工业职工大学
南京人口管理干部学院
南京航天管理干部学院
连云港市机械工业局职工大学
南京市职工大学
常州市职工大学
南京市机械工业职工大学
常州市电子工业职工大学
苏州市职工大学
无锡市职工大学
常州市机械冶金职工大学
江苏对外贸易职工大学
苏州市建工局职工大学
江苏省农垦职工大学
苏州市职工业余大学
常州市轻工业职工大学
江苏省卫生系统职工医科大学
江苏冶金职工大学
无锡市城建职工大学
南通市工人业余大学
淮阴市机械工业职工大学
扬州市职工大学
南通市职工大学
南京电子工业职工大学
苏州市轻工业局职工大学
江阴市职工大学
南京联合职工大学
徐州经济管理干部学院
江苏省青年管理干部学院
江苏省省级机关干部业余大学
江苏商业管理干部学院
江苏经济管理干部学院
南京金陵旅馆管理干部学院
盐城教育学院
南京教育学院
南通教育学院
徐州教育学院
连云港教育学院
扬州教育学院
无锡教育学院
苏州教育学院
江苏教育学院
南京市广播电视大学

江苏省广播电视大学

浙江省（27所）

浙江省电力职工大学
富春江水电职工大学
浙江省邮电职工大学
中国工商银行杭州金融管理干部学院
宁波市职工业余大学
杭州市工人业余大学
浙江省省级机关职工业余大学
宁波市纺织局职工大学
浙江省职工体育运动技术学院
杭州市业余科技大学
*温州市业余科技大学
浙江经济管理职工大学
浙江育才职工大学
浙江机械工业宁波职工大学
杭州钢铁厂职工大学
东海业余专科学校
杭州职工大学
浙江省供销合作社联合社职工学院
浙江省政法管理干部学院
浙江教育学院
浙江嘉兴教育学院
金华教育学院
温州教育学院
杭州教育学院
浙江省广播电视大学
宁波教育学院
宁波市广播电视大学

安徽省（26所）

安徽电力职工大学
安徽省地质职工大学
淮南矿务局职工大学
淮北矿务局职工大学
安庆石油化工总厂职工大学
铜陵有色金属公司职工大学
安徽省直机关业余大学
淮南市职工大学
安徽商业职工大学
合肥职工科技大学
马鞍山钢铁公司职工大学
蚌埠市职工大学
合肥市职工大学
安徽水利职工大学
合肥农村经济管理干部学院
安徽经济管理干部学院
淮南教育学院
宿县地区教育学院
安徽宣州教育学院
芜湖教育学院
安徽教育学院
合肥教育学院
淮北教育学院
阜阳教育学院
蚌埠教育学院
安徽省广播电视大学

福建省（20所）

福建金融管理干部学院
福建工人业余工学院
福建省直属机关业余大学
**福建省漳州业余大学
南平业余大学
福建省三明化工总厂职工业余大学
福州业余大学
三明业余大学
福州市工人业余大学
福建政法管理干部学院
福建财会管理干部学院
福建经济管理干部学院
福建教育学院
福州教育学院
泉州教育学院
漳州教育学院
福建省广播电视大学
厦门工人业余大学
厦门教育学院
厦门市广播电视大学

江西省（22所）

江西金融职工大学
萍乡煤矿职工大学
南昌飞机制造公司职工工学院
昌河飞机制造厂职工工学院
江西省国防工业职工大学
南昌市工人业余大学
南昌市业余大学
景德镇陶瓷职工大学
江西省纺织工业职工大学
宜春市职工业余大学
南昌钢铁厂职工大学
吉安地区职工大学
江西省机械职工大学
江西新余钢铁总厂职工大学
江西经济管理干部学院
江西行政管理干部学院
江西教育学院
赣南教育学院
九江教育学院
吉安教育学院
南昌教育学院
江西省广播电视大学

山东省（48所）

山东电力职工大学
青岛冶金矿山职工大学
中国重型汽车集团公司职工大学
山东煤矿教育学院

新汶矿务局职工大学
兖州矿区职工大学
青岛远洋船员学院
齐鲁石油化工公司职工大学
山东铝业公司职工大学
胜利油田职工大学
胜利油田教育学院
山东兵器工业职工大学
山东省职工体育运动技术学院
山东省商业职工大学
山东财政职工大学
潍坊市职工大学
山东省水利职工大学
济南市职工科技大学
山东外贸职工大学
山东省供销职工大学
淄博市职工大学
济南机械职工大学
济宁市职工大学
济南市职工大学
山东地质职工大学
烟台职工大学
泰山乡镇企业职工大学
山东省工会管理干部学院
山东省司法管理干部学院
山东省青年管理干部学院
山东省经济管理干部学院
山东省农业管理干部学院
山东省枣庄教育学院
山东省教育学院
山东省临沂教育学院
泰安教育学院
山东省聊城教育学院
潍坊教育学院
济南教育学院
山东省惠民教育学院
山东省菏泽教育学院
烟台教育学院
山东省淄博教育学院
山东省济宁教育学院
山东省广播电视大学
青岛市职工业余大学
青岛教育学院
青岛市广播电视大学

河南省（46 所）

河南金融管理干部学院
黄河职工大学
磨料磨具工业职工大学
平顶山煤矿职工大学
焦作煤矿职工医学院
郑州矿务局职工大学
郑州煤田职工地质学院
郑州煤炭管理干部学院
郑州公安管理干部学院
郑州铁路教育学院
洛阳有色金属职工大学
长城铝业公司职工工学院
河南石油职工大学
洛阳兵器工业职工大学
洛阳市重工局职工大学
郑州市职工业余大学
新乡市纺织职工大学
洛阳市职工科学技术学院
河南省化工职工大学
河南省建筑职工大学
河南省安阳钢铁公司职工大学
洛阳轴承厂职工大学
第一拖拉机制造厂拖拉机学院
开封市职工业余大学
焦作市职工大学
河南省漯河市职工大学
河南卫生职工学院
河南政法管理干部学院
洛阳教育学院
开封教育学院
鹤壁教育学院
安阳教育学院
河南教育学院
河南职业技术教育学院
濮阳教育学院
郑州教育学院
新乡教育学院
信阳教育学院
周口教育学院
平顶山教育学院
焦作教育学院
许昌教育学院
南阳教育学院
驻马店教育学院
商丘教育学院
河南省广播电视大学

湖北省（51 所）

国家科委武汉科技职工大学
华中电业联合职工大学
长江葛洲坝工程局职工大学
丹江口工程管理局职工大学
长江职工大学
第一冶金建设公司职工大学
*武汉冶金安全技术职工大学
第二汽车制造厂职工大学
汽车工业管理干部学院
长江轮船总公司职工大学
武汉交通管理干部学院
中国农业银行武汉管理干部学院
荆门炼油厂职工大学
江汉石油管理局职工大学
湖北兵器工业职工大学
荆沙纺织职工大学
湖北省城乡建设职工大学
大冶钢厂职工大学
鄂城钢铁厂职工大学
武汉市成人教育学院
湖北省纺织职工大学

武汉钢铁公司职工大学
湖北省地质职工大学
湖北省直属机关业余大学
东风轮胎厂职工大学
湖北国防科技职工大学
湖北省卫生职工医学院
湖北省金融职工大学
襄阳轴承厂职工大学
武汉市纺织工业职工大学
武汉市机械工业职工大学
武汉市职工财经学院
武汉市职工大学
武汉市职工医学院
武汉冶金管理干部学院
湖北省计划管理干部学院
武汉市经济管理干部学院
湖北武汉公安管理干部学院
湖北省经济管理干部学院
荆州教育学院
十堰教育学院
鄂西土家族苗族自治州教育学院
湖北教育学院
湖北省黄石教育学院
武汉市教育学院
宜昌市教育学院
咸宁教育学院
襄樊教育学院
湖北函授大学
湖北省广播电视大学
武汉市广播电视大学

湖南省（40所）

空军第二职工大学
衡阳工业职工大学
中国保险管理干部学院
衡阳有色冶金职工大学
湖南有色金属职工大学
湖南兵器工业职工大学
南方动力机械公司职工工学院
湘西仪器仪表总厂职工大学
湖南省卫生职工医学院
湘潭钢铁公司职工大学
衡阳市职工大学
湖南农村金融职工大学
湖南石化职工大学
涟源钢铁总厂职工大学
湖南省电子职工大学
湘潭电机厂职工大学
岳阳职工高等专科学校
湖南工业职工大学
湖南省工艺美术职工大学
湖南纺织职工大学
湖南省机械工业厅职工大学
湖南职工体育运动技术学院
株洲市职工大学
湖南省轻工业厅职工大学
湖南省二轻厅职工大学
湖南地质局职工大学
湘潭市职工大学
长沙市职工大学
湖南经济管理干部学院
湖南省政法管理干部学院
湖南省金融职工大学
湘潭市教师进修学院
衡阳市教师进修学院
湘西民族教师进修学院
益阳地区教师进修学院
株洲教育学院
郴州地区教师进修学院
湖南教育学院
长沙市教师进修学院
湖南省广播电视大学

广东省（52所）

佛山煤田职工地质学院
广州铁路运输职工大学
海关管理干部学院
茂名石油工业公司职工大学
广东省韶钢集团公司职工大学
广东省佛山职工医学院
广州市城建职工大学
韶关市职工大学
佛山职工大学
顺德永强成人学院
广东省国防工业职工大学
广州市联合职工大学
广州建筑总公司职工大学
广东成人财经学院
汕头市职工业余大学
广东省成人科技大学
南海成人学院
汕头市业余大学
广东社会科技大学
广州业余大学
南方成人经贸学院
江门市职工业余大学
华南文艺成人学院
广州市职工大学
广东省行政管理干部学院
广东青年管理干部学院
广东省科技管理干部学院
广东省政法管理干部学院
广州市财贸管理干部学院
广州市经济管理干部学院
广州金桥管理干部学院
广州市公安管理干部学院
广东农工商管理干部学院
广东省财贸管理干部学院
广东省经济管理干部学院
广东省农业管理干部学院
广州市乡镇企业管理干部学院
广州教育学院
珠海教育学院
广东省茂名教育学院
汕头教育学院

佛山教育学院
嘉应教育学院
广东教育学院
惠州教育学院
韶关教育学院
江门教育学院
肇庆教育学院
湛江教育学院
广州市广播电视大学
广东省广播电视大学
深圳市广播电视大学

广西壮族自治区（17所）

桂林市职工大学
广西建筑职工大学
广西直属机关业余大学
广西机电职工大学
广西政法管理干部学院
广西壮族自治区经济管理干部学院
广西壮族自治区卫生管理干部学院
广西公安管理干部学院
桂林地区教师进修学院
桂林市教育学院
梧州市教育学院
玉林教育学院
南宁市教育学院
钦州地区教育学院
广西教育学院
南宁地区教育学院
广西壮族自治区广播电视大学

海南省（4所）

海口市业余大学
海南铁矿职工大学
海南教育学院
海南省广播电视大学

重庆市（23所）

重庆电力职工大学
西南铝加工厂职工大学
重庆兵器工业职工大学
西南航天职工大学
重庆化工职工大学
重庆交电分公司职工大学
重庆职工会计专科学校
重庆商业职工大学
重庆市轻工业职工大学
*重庆市职工大学
重庆社会大学
重庆特殊钢厂职工大学
重庆职工医学院
重庆城建职工学院
重庆钢铁公司职工大学
重庆纺织工业局职工大学
重庆市机械工业管理局职工大学
重庆青年管理干部学院
重庆经济管理干部学院
重庆教育学院
渝州教育学院
涪陵教育学院
重庆市广播电视大学

四川省（51所）

成都水利水电职工大学
成都电力职工大学
攀枝花冶金职工大学
第五冶金建设公司职工大学
成都冶金管理干部学院
成都煤炭管理干部学院
中国科学院成都分院职工大学
成都有色地质职工大学
四川石油管理局职工大学
四川核工业职工大学
成都发动机公司职工大学
成都飞机工业公司职工工学院
中国工程物理研究院职工工学院
成都市职工大学
南充市职工业余大学
中国第二重型机械集团公司职工大学
国营涪江机器厂职工大学
四川省机械工业厅职工大学
四川省建筑职工大学
四川省职工运动技术学院
成都冶金职工大学
成都工业职工大学
红光电子管厂职工大学
广元职工医学院
成都电子职工大学
四川化工总厂职工大学
成都成人教育学院
四川省东方动力职工大学
四川科技职工大学
四川财贸管理干部学院
四川政法管理干部学院
四川卫生管理干部学院
四川经济管理干部学院
四川省公安管理干部学院
四川农业管理干部学院
四川省计划生育管理干部学院
川北教育学院
南充教育学院
四川教育学院
凉山教育学院
乐山教育学院
雅安教育学院
自贡教育学院
成都教育学院
内江教育学院
德阳教育学院
达县教育学院
泸州教育学院
四川干部函授学院

成都市广播电视大学
四川省广播电视大学

贵州省（14所）

贵州铝厂职工大学
贵州航空工业职工大学
贵州航天职工大学
〇八三基地职工大学
贵州机械工业职工大学
贵阳职工大学
贵州公安管理干部学院
贵州经济管理干部学院
贵州政法管理干部学院
黔东南州教育学院
贵州教育学院
毕节教育学院
黔南州教育学院
贵州省广播电视大学

云南省（17所）

云南电力局职工大学
云南有色金属职工大学
云南兵器工业职工大学
昆明工业联合职工大学
云南省公路局职工大学
个旧市职工业余大学
云南省文化厅职工大学
云南省地质矿产局职工大学
昆明钢铁公司职工大学
云南省经济管理干部学院
德宏教育学院
云南昭通教育学院
临沧教育学院
云南教育学院
丽江教育学院
曲靖教育学院
云南省广播电视大学

陕西省（34所）

西北电业职工大学
陕西煤矿职工医科大学
陕西煤炭职工大学
西安铁路运输职工大学
西安铁路工程职工大学
西安石油勘探仪器总厂职工大学
陕西兵器工业职工大学
陕西飞机制造公司职工工学院
西安飞机工业公司职工工学院
宝成通用电子公司职工工学院
陕西航空工业职工大学
陕南航空职工大学
西安航空发动机公司职工工学院
陕西航天职工大学
六三〇研究所职工工学院
陕西电子工业职工大学
西安电力机械制造公司机电学院
陕西省纺织工业公司职工大学
陕西省建筑工程总公司职工大学
西安市职工大学
西安市第一轻工业局职工大学
陕西省经济管理干部学院
陕西工运学院
陕西省政法管理干部学院
陕西省财贸管理干部学院
陕西青年管理干部学院
陕西省铜川教育学院
陕西省咸阳教育学院
陕西省渭南教育学院
西安教育学院
陕西教育学院
陕西省宝鸡教育学院
陕西省广播电视大学
西安市广播电视大学

甘肃省（19所）

兰州铁路工程职工大学
兰州石化职工大学
白银有色金属职工大学
金川有色金属公司职工大学
甘肃核工业职工大学
银光化学材料厂职工大学
兰州航空工业职工大学
甘肃服装职工大学
甘肃工业职工大学
甘肃省建筑职工工学院
酒泉钢铁公司职工大学
甘肃机械电子职工大学
甘肃省职工财经学院
甘肃省经济管理干部学院
兰州教育学院
酒泉教育学院
定西教育学院
甘肃教育学院
甘肃省广播电视大学

青海省（2所）

青海省联合职工大学
青海省广播电视大学

宁夏回族自治区（5所）

宁夏职工科技学院
宁夏石嘴山职工大学
宁夏煤炭职工大学
宁夏重工业职工大学
宁夏回族自治区广播电视大学

新疆维吾尔自治区（27所）

乌鲁木齐铁路教育学院
乌鲁木齐石油化工总厂职工大学
新疆有色金属工业公司职工大学
新疆兵团职工大学
新疆生产建设兵团教育学院
新疆生产建设兵团广播电视大学
新疆维吾尔自治区建筑职工大学

新疆石油局职工大学
新疆机械电子工业厅职工大学
新疆纺织工业公司职工大学
新疆维吾尔自治区卫生厅职工业余医科大学
新疆职工大学
昌吉回族自治州职工大学
新疆轻工业厅职工大学
新疆维吾尔自治区钢铁公司职工大学
新疆经济管理干部学院
新疆公安司法管理干部学院
新疆教育学院
阿克苏教育学院
新疆昌吉回族自治州教育学院
伊犁教育学院
喀什教育学院
和田地区教育学院
新疆维吾尔自治区哈密教育学院
新疆石油教育学院
乌鲁木齐成人教育学院
新疆维吾尔自治区广播电视大学

1998年度高等学校举办函授专科和夜大学本、专科教育的备案名单

国家民族事务委员会	西北民族学院	夜大本科
国家民族事务委员会	西北第二民族学院	函授专科
国家民族事务委员会	大连民族学院	夜大专科
公安部	中国人民公安大学	夜大本科
公安部	中国人民武装警察部队学院	函授专科
中国人民银行	西南财经大学	夜大专科
中国人民银行	西南财经大学	夜大本科
中国人民银行	南京金融高等专科学校	夜大专科
中国人民银行	保定金融高等专科学校	夜大专科
中国人民银行	广州金融高等专科学校	夜大专科
中国人民银行	哈尔滨金融高等专科学校	夜大专科
中国人民银行	上海金融高等专科学校	函授专科
中国人民银行	长春金融高等专科学校	函授专科
中国人民银行	长春金融高等专科学校	夜大专科
中国人民银行	中国金融学院	夜大专科
中国人民银行	中国金融学院	函授专科
国内贸易部	南京经济学院	夜大专科
国内贸易部	四川烹饪高等专科学校	函授专科
国内贸易部	四川烹饪高等专科学校	夜大专科
农业部	上海水产大学	夜大本科
农业部	华南热带农业大学	夜大专科
农业部	北京农垦管理干部学院	函授专科
煤炭部	北京煤炭管理干部学院	函授专科

民政部	民政管理干部学院	函授专科
冶金部	北京冶金管理干部学院	函授专科
电力工业部	西安电力高等专科学校	函授专科
电力工业部	山东电力高等专科学校	函授专科
电力工业部	重庆电力高等专科学校	函授专科
建设部	哈尔滨建筑大学	夜大专科
建设部	苏州城市建设环境保护学院	夜大专科
地质矿产部	长春地质学院	函授专科
地质矿产部	成都理工学院	夜大本科
地质矿产部	成都理工学院	夜大专科
机械工业部	湖北汽车工业学院	夜大专科
机械工业部	长春汽车工业高等专科学校	函授专科
机械工业部	太原重型机械学院	夜大本科
机械工业部	太原重型机械学院	夜大专科
机械工业部	太原重型机械学院	函授专科
化学工业部	青岛化工学院	夜大本科
交通部	上海海运学院	夜大本科
交通部	南通医学院	夜大本科
文化部	中央戏剧学院	夜大专科
文化部	中国戏曲学院	函授专科
文化部	中国戏曲学院	夜大专科
文化部	上海戏剧学院	夜大专科
文化部	中国美术学院	夜大专科
铁道部	北方交通大学	夜大本科
铁道部	兰州铁道学院	夜大专科
铁道部	苏州铁道师范学院	夜大专科
中国气象局	南京气象学院	夜大专科
新闻出版署	上海出版印刷高等专科学校	夜大专科
国务院侨务办公室	华侨大学	夜大本科
国务院侨务办公室	华侨大学	函授专科
中国轻工总会	北京轻工业学院	函授专科
中国轻工总会	天津轻工业学院	夜大本科
中国轻工总会	景德镇陶瓷学院	夜大本科
中国轻工总会	景德镇陶瓷学院	夜大专科
中国纺织总会	浙江丝绸工学院	夜大本科
中国纺织总会	武汉纺织工学院	夜大本科
中国有色金属工业总公司	北方工业大学	夜大本科
中国有色金属工业总公司	北方工业大学	夜大专科
中国有色金属工业总公司	浙江经济高等专科学校	夜大专科
中国石油天然气总公司	石油大学	夜大专科
中国石油天然气总公司	新疆石油学院	函授专科
中国石油天然气总公司	重庆石油高等专科学校	函授专科
中国石油天然气总公司	重庆石油高等专科学校	夜大专科
中国核工业总公司	苏州医学院	夜大本科

中国核工业总公司	华东地质学院	夜大专科
中国核工业总公司	中南工学院	夜大本科
中国航天工业总公司	桂林航天工业高等专科学校	函授专科
中国航天工业总公司	桂林航天工业高等专科学校	夜大专科
共青团中央	中国青年政治学院	夜大本科
国家旅游局	上海旅游高等专科学校	夜大专科
中国人民保险(集团)公司	中国保险管理干部学院	函授专科
中华全国总工会	中国工运学院	函授专科
国家计划生育委员会	南京人口管理学院	函授专科
中国人民解放军总后勤部	九江财经高等专科学校	函授专科
北京市	北京工业大学	函授专科
北京市	北京建筑工程学院	函授专科
北京市	北京建筑工程学院	夜大专科
北京市	北京联合大学	夜大本科
天津市	天津理工学院	夜大本科
山西省	大同医学专科学校	夜大专科
山西省	太原理工大学	夜大专科
山西省	长治医学院	函授专科
山西省	长治医学院	夜大专科
山西省	雁北师范学院	函授专科
山西省	太原大学	夜大专科
辽宁省	锦州师范高等专科学校	函授专科
辽宁省	锦州师范高等专科学校	夜大专科
辽宁省	营口师范高等专科学校	函授专科
辽宁省	营口师范高等专科学校	夜大专科
大连市	大连管理干部学院	函授专科
吉林省	四平职业大学	函授专科
吉林省	长春大学	夜大本科
黑龙江省	牡丹江医学院	夜大本科
江苏省	南通工学院	函授专科
江苏省	淮阴师范学院	函授专科
江苏省	盐城师范专科学校	函授专科
江苏省	南通师范专科学校	函授专科
江苏省	金陵职工大学	函授专科
江苏省	彭城职业大学	夜大专科
江苏省	沙洲职业工学院	函授专科
江苏省	常州工业技术学院	夜大专科
江苏省	淮海工学院	函授专科
江苏省	江苏经济管理干部学院	函授专科
浙江省	浙江师范大学	夜大本科
浙江省	杭州师范学院	夜大本科
浙江省	杭州师范学院	夜大专科
安徽省	安徽机电学院	函授专科
安徽省	徽州师范专科学校	函授专科

安徽省	滁州师范专科学校	函授专科
安徽省	滁州师范专科学校	夜大专科
安徽省	宿州师范专科学校	函授专科
安徽省	淮南师范专科学校	函授专科
安徽省	安徽农业技术师范学院	函授本科
福建省	福州师范高等专科学校	夜大专科
福建省	南平师范高等专科学校	夜大专科
福建省	鹭江职业大学	夜大专科
福建省	龙岩师范高等专科学校	夜大专科
福建省	漳州职业大学	夜大专科
福建省	莆田高等专科学校	夜大专科
福建省	福建经济管理干部学院	函授专科
江西省	江西医学院	函授专科
江西省	江西医学院	夜大专科
江西省	赣南医学院	夜大本科
江西省	九江师范专科学校	函授专科
江西省	抚州师范专科学校	函授专科
山东省	山东工艺美术学院	夜大本科
山东省	青岛大学	夜大本科
河南省	河南机电高等专科学校	函授专科
河南省	河南公安高等专科学校	函授专科
湖北省	湖北财经高等专科学校	函授专科
湖北省	武汉音乐学院	夜大专科
湖南省	湖南林业专科学校	函授专科
湖南省	湘潭师范学院	夜大本科
湖南省	常德高等专科学校	函授专科
湖南省	湖南建材高等专科学校	函授专科
湖南省	湖南公安高等专科学校	夜大专科
湖南省	岳阳大学	函授专科
湖南省	武陵高等专科学校	函授专科
湖南省	湖南商学院	夜大专科
广东省	广州师范学院	函授本科
广东省	中山学院	函授专科
广东省	广东工业大学	夜大本科
广东省	广东省经济管理干部学院	函授专科
广西壮族自治区	广西体育高等专科学校	函授专科
四川省	四川师范大学	夜大本科
四川省	四川师范学院	夜大本科
四川省	宜宾师范高等专科学校	夜大专科
四川省	阿坝师范高等专科学校	函授专科
四川省	攀枝花大学	夜大专科
四川省	四川商业高等专科学校	夜大专科
四川省	自贡高等专科学校	夜大专科
贵州省	贵州大学	夜大专科

贵州省	遵义医学院	函授专科
贵州省	遵义医学院	夜大专科
贵州省	贵州商业高等专科学校	函授专科
贵州省	贵州工业大学	夜大本科
贵州省	贵州工业大学	夜大专科
贵州省	贵州财经学院	夜大本科
贵州省	贵州财经学院	夜大专科
云南省	云南工业大学	夜大本科
云南省	昆明医学院	夜大本科
云南省	云南中医学院	夜大本科
云南省	云南中医学院	夜大专科
云南省	蒙自师范高等专科学校	函授专科
云南省	蒙自师范高等专科学校	夜大专科
云南省	大理师范高等专科学校	夜大本科
云南省	大理师范高等专科学校	夜大专科
云南省	云南财贸学院	夜大本科
云南省	云南艺术学院	夜大本科
云南省	玉溪师范高等专科学校	函授专科
云南省	玉溪师范高等专科学校	夜大专科
云南省	楚雄师范高等专科学校	函授专科
云南省	楚雄师范高等专科学校	夜大专科
重庆市	重庆医科大学	夜大本科
重庆市	重庆师范学院	夜大本科
重庆市	四川三峡学院	函授专科
重庆市	涪陵师范高等专科学校	夜大专科
重庆市	四川美术学院	夜大专科
重庆市	渝州大学	夜大本科
陕西省	陕西工学院	函授专科
陕西省	延安大学	函授专科
陕西省	咸阳师范专科学校	函授专科
陕西省	渭南师范专科学校	函授专科
陕西省	渭南师范专科学校	夜大专科
陕西省	榆林高等专科学校	函授专科
陕西省	商洛师范专科学校	函授专科
陕西省	安康师范专科学校	函授专科
陕西省	西安培华女子大学	夜大专科
陕西省	陕西商业专科学校	函授专科
陕西省	宝鸡文理学院	函授专科
甘肃省	甘肃农业大学	函授专科
甘肃省	甘肃农业大学	夜大专科
甘肃省	兰州师范高等专科学校	函授专科
甘肃省	兰州师范高等专科学校	夜大专科
甘肃省	甘肃政法学院	夜大本科
甘肃省	兰州工业高等专科学校	函授专科

甘肃省	兰州工业高等专科学校	夜大专科
河北省	承德医学院	夜大专科
河北省	衡水师范专科学校	函授专科
宁夏回族自治区	宁夏农学院	函授专科
内蒙古自治区	呼伦贝尔学院	函授专科
内蒙古自治区	呼伦贝尔学院	夜大专科
新疆维吾尔自治区	新疆工学院	函授专科
新疆维吾尔自治区	新疆财经学院	函授专科
新疆维吾尔自治区	喀什师范学院	函授专科
新疆维吾尔自治区	新疆中医学院	函授专科
新疆维吾尔自治区	新疆工业高等专科学校	函授专科

1998年度普通高等学校举办函授本科教育的名单

中共中央办公厅	北京电子科技学院	中国核工业总公司	华东地质学院
国家民族事务委员会	西北民族学院	共青团中央	中国青年政治学院
公安部	中国人民公安大学	国家教委	清华大学
公安部	中国人民武装警察部队学院	内蒙古自治区	内蒙古工业大学
		吉林省	吉林建筑工程学院
公安部	中国人民警官大学	吉林省	长春中医学院
劳动部	天津职业技术师范学院	吉林省	通化师范学院
国内贸易部	重庆商学院	吉林省	长春大学
农业部	华南农业大学	浙江省	温州师范学院
农业部	西北农业大学	福建省	漳州师范学院
农业部	石河子大学	山东省	山东中医学院
机械工业部	太原重型机械学院	山东省	烟台大学
机械工业部	北京机械工业学院	山东省	青岛大学
国家统计局	西安统计学院	广东省	广东工业大学
国家技术监督局	中国计量学院	海南省	海南大学
中国轻工总会	北京轻工业学院	云南省	云南农业大学
中国石油化工总公司	抚顺石油学院	云南省	云南中医学院

云南省	云南财贸学院	甘肃省	甘肃政法学院
云南省	云南艺术学院	黑龙江省	佳木斯大学
云南省	云南民族学院	山西省	雁北师范学院
重庆市	四川美术学院		

希望工程实施情况

1998 年，中国青少年发展基金会在全国开展'98希望工程志愿者劝募行动，广泛动员社会捐款，资助失学儿童，以实现希望工程在本世纪末累计救助失学儿童 300 万人，援建希望小学 7000 所的目标。1998 年我国特大洪灾发生后，中国青基会又迅速向海内外推出“希望工程救灾劝募行动”，呼吁社会各界伸出援助之手，帮助遭受洪涝灾害地区的儿童 9 月 1 日按时开学。

劝募行动继续得到社会各界的有力支持和积极响应，使希望工程的筹资业绩和资助规模在 1998 年均创历史最高记录。据统计，1998 年全国各级希望工程实施机构接受捐款 3.54 亿元，资助失学儿童 25.18 万名，新建希望小学1 855所；一次性资助灾区贫困家庭儿童53 907名，援建帐篷希望小学2 440所。截至 1998 年底，全国希望工程已累计资助失学儿童 209.88 万名，资助建设希望小学7 111所。

1998 年 8 月公布的对希望工程全面评估结果显示：希望工程已经成为中国 90 年代社会各界最广泛参与的公益事业。它保障了失学儿童的受教育权利，改善了贫困地区的办学条件，有力配合了“普九”和扶贫攻坚；同时也产生了良好的社会效益，唤起了全社会的爱心和重教意识。

高校四次专业目录调整

新中国成立后，我国共进行过四次本科专业目录修订工作。解放前，我国高校按学科招生，按学科培养，不设专业。我国高等学校的专业设置始于1952年，到1953年初，全国高等学校本科共设置215种专业。

1963年，国家第一次统一制订高等学校专业目录，共设置510种专业。这个目录的实施，适应了当时社会经济、科技、文化发展的需要，培养了大批国家急需的高级专门人才，为以后制订专业目录奠定了基础。虽然这个目录专业设置比较齐全，但也存在专业面过窄的问题。

从1982年开始，到1987年底结束，国家第二次组织了对普通高等学校专业目录的全面修订，从根本上解决了十年动乱所造成的专业混乱局面，专业种数由原来的1 343种减少到671种。这次专业目录修订推进了专业名称科学、规范化；使专业口径得到了一定程度的拓宽；增设了文科、财经、政法类长期比较薄弱的专业；加强了新兴、边缘学科的专业。

为更好地适应我国社会和经济发展的需要，原国家教委自1989年开始进行了第三次本科专业目录修订工作，历时四年，形成了体系完整、比较科学合理、统一规范的《普通高等学校本科专业目录》，并于1993年正式颁布实施。该专业目录分设哲学、经济学等十大门类，下设二级类71个，504种专业。

1993年颁布实施的专业目录对引导高等学校拓宽专业口径，增强适应性，加强专业建设和管理，提高办学水平和人才培养质量，起到了积极作用。但由于历史和现实的原因，专业划分过细、专业范围过窄，有的名称欠科学、不规范，门类之间专业设置重复等问题尚未从根本上得到解决。随着我国社会主义市场经济体制的建立和完善，现代社会、经济、科技、文化的发展和世界高等教育的发展，对我国高等教育人才培养提出了更高的要求，调整和改革专业设置已成为本世纪末一项紧迫而重要的任务。因此，原国家教委于1997年4月开始对现行普通高等学校本科专业目录进行全面修订，并于1998年正式实施新修订的《普通高等学校本科专业目录》。与原目录相比，增加了管理学门类，二级类也作了较大调整，专业种数由原来的504种减少到249种，调减幅度为50.6%。

教育部考试中心承办的国外考试简介

截至1998年底，教育部考试中心与国外合作举办的考试项目有：与美国教育考试服务处(ETS)合作的TOEFL(英语水平考试，1981年开始)、GRE(研究生入学考试，1981年开始)、GMAT(管理学研究生入学考试，1985年开始)、TSE(英语口语考试，1985年开始)，与英国剑桥大学考试委员会(UCLES)合作的BEC(商务英语证书考试，1993年开始)、KET(基础英语考试，1996年开始)、PET(初级英语考试，1997年开始)，与日本国际交流基金和日本国际教育协会合作的日本语能力测试，与美国法学院入学委员会合作组办的LSAT(法学院入学考试)和与韩国学术振兴财团合作举办的韩国语水平考试10个考试项目。

TOEFL/TSE、GRE考试是赴美国和加拿大等国家留学和读研究生院所必须的考试，1998年国内有近10万人参加考试。TOEFL和GRE考试都将在一二年之内停止纸笔形式考试而改为计算机化考试。

商务英语证书考试是由教育部考试中心与英国剑桥大学考试委员会于1993年合作举办，根据商务工作的实际需要，从听、说、读、写四个方面对考生使用英语的能力进行全面考查的一项英语水平考试。共分三个等级，其中一级是初级。考试时间为每年5月的第四周周六(BEC1)、周日(BEC3)，6月第一周周六(BEC2)；每年11月第二周周六(BEC1)、周日(BEC3)，第三周周六(BEC2)；上午笔试，下午口试。成绩及格的由英国剑桥大学考试委员会颁发证书。1998年，商务英语证书考试(BEC)进入第五年，考点已达到54个，分布在全国27个省、自治区、直辖市的38个城市中。1998年共计21 189人报名参加考试。

日本语能力测试是日本国际交流基金和日本国际教育协会建立的一套日语能力评价体系，由高到低分为一至四级。该考试在中国大陆的考务管理由教育部考试中心负责。1998年全国共设考点21个，考生人数达到33 480人，比上年增长32.9%。

撰稿 高 升 张 进

审稿 梁育民 应书增

台湾教育动态

〔**幼稚园教师任用资格提高**〕 为提高学前教育质量，扶助公私立幼稚园正常发展，1998年4月，台湾教育部门修正教育人员任用条例草案，将幼稚园园长及教师正式纳入教育人员任用条例规范，提高幼儿教育者的社会地位。台湾教育部门官员称，未来教育人员任用条例对幼稚园园长的任用资格将更加严格，须具有三年以上的幼稚园教师经验及一年以上的一级单位主管行政经验，或具有四年以上的幼稚园教师经验，才可以担任幼稚园园长。而幼稚园合格教师的任用资格，根据师资培育法规定，应与中小学教师一致，也就是必须具有大学毕业学历，并修过幼稚教育学课程。

〔**调整教师进修制度**〕 1998年4月，台湾教育部门宣布教师进修制度重大变革措施，规定包括幼教、国教和高中的在职教师都必须强制接受进修，为了能够结合终身学习的理念，教育部门将针对教师需求，开设能够结合实务训练课程的教育学硕士、学校行政硕士和特殊教育硕士班，逐步让所有在职教师都能够完成硕士学位的进修，提高教师的素质。

〔**大学政策要求质重于量**〕 台湾教育部门表示，由于前两年大学招生人数膨胀太快，不利于教学质量的提高，1998年起招生名额增长幅度将趋缓；未来高等教育的改革方向将从量的扩增转为质的提升，对教学质量提高不力的大学，将限制招生名额继续增长。教育部门将推出多项鼓励措施，激励各大学努力提高教学质量，让更多学校晋身国际一流大学之林，培育出卓越的学生。

〔**1 500亿元推动12项教改**〕 1998年4月，台湾“行政院”教育改革推动小组通过台湾教育部门所提“教育改革行动方案”，未来五年内将斥资1 500亿元优先执行12项教改项目。12项教改项目分别是：健全国民教育、普及幼稚教育、健全师资培育与教师进修制度、促进技职教育多元化与精致化、追求高等教育卓越发展、推动终身教育、加强身心障碍学生教育、强化原住民学生教育、畅通升学管道、建立学生教学、训导、辅导新体制、充实教育经费与加强教育研究及加强推展家庭教育。

〔**大学综合评鉴报告公布**〕 1998年6月，台湾教育部门公布大学评鉴报告。台湾大学、中兴大学、中正大学、清华大学等14所国立大学整体优势明显，发展条件优越，师资结构及师生比优于一般学校。但国立大学在享有较好资源的情况下，要达到国际一流大学仍有很大的距离。评鉴委员们建议，学校必须加强人文社会科学领域研究、产官学合作、跨领域研究及国内学术研究交流，并选择重点领域发展特色。私立大学，包括东海大学、东吴大学等8所早期设立的综合性私立大学，都存在学生人数较多，师生比高于30：1，校园空间普遍不足；一般教师和兼任教师上课时数过高，学生选修课程弹性较小；以及教授级人数较少，研究生人数与大学生人数不成比例等问题。评鉴结果表明，国立大学优于私立大学。

师范教育类学校重视生活、伦理及品德教育，但基础学术研究不足，9所师范院校教师博士学位比例偏低，校地、经费不足，以及英文、资讯教育质量太差等，都使师范教育质量无法有效提高。

医护教育类学校必须强化人文教育理念及医学伦理的培养，大部分院校整体教学时数偏高，使学校研究发展能力受限。

〔**加强旷课学生强制入学**〕 为减少国民教育阶段居高不下的中途辍学学生数字，1998年7月，台湾教育部门拟出具体方案，集中学校、县市教育局、民政局、社会局、警察局等相关单位力量，制定“强迫入学委员会作业规范”，对旷课三天以上的国中小学生强迫催告入学，执行不力的县市将受到严厉的行政处分。

为避免国民逃避义务教育，台湾教育部门多年前依“国民教育法”制定“强迫入学条例”，要求各乡镇“强迫入学委员会”对旷课达7天的国中小学生以对家长罚款的方式强迫入学，但因缺乏共同作业规范，各乡镇根本没有落实执行，强迫入学委员会形同虚设，以致中辍生人数节节攀升。为此，台湾教育部门初拟完成“强迫入学委员会作业规范”草案，在各乡镇强迫入学委员会全面实施。

据台湾教育部门1998年8月公布的资料，1997年8月1日～1998年7月31日，全台湾地区国民中小学中途辍学学生共计8 902人，寻回的共计2 047人，其中2 016人已安置到学校上课。

澳门教育讯息

〔**研究生奖学金申请人数增多**〕 澳门基金会1998年连续五年颁发硕士和博士学位奖学金，共有200人递交申请表格，比1997年增加28人，其中有20人申请博士学位奖学金。首次奖学金于11月颁发，每3个月发放一次，每学年发放3次。硕士学位奖学金每月3 500澳元，博士学位奖学金每月5 000澳元。

奖学金评委会由澳门教育暨青年司、澳门大学、澳门理工学院及澳门基金会派出代表组成。过去的四年里，共有519人申请澳门基金会研究生奖学金，其中134人获奖，59人已完成学业得到学位。

〔**教师培训法例受欢迎**〕 澳门教师培训法例规定，教学人员培训应采取多样化方式，并规定培训课程的计划或大纲应按照教育制度组织和发展的基本原则及目标而设计，从而使教师培训工作法律化和制度化。在职教师普遍认为，教师培训法令的制定、颁布与实行是必要的，是好事。

据对澳门近1/6教师的问卷调查表明：大部分教师是积极进取的，要求自己不断进修，不断接受培训，八成以上的被访者认为接受培训应该是终生或经常的。问卷共设有10项培训目标供被访者选择，先后次序为改善教学、增加知识、职业操守、教学实践、个人发展、发展能力、深化理论、教育科研、承担专责、工作调动。最后一项没有人选择，而选择前三项的人很多，说明教师非常注重个人德智的提高。

〔**公布艺术教育新法令**〕 1998年，澳门公布了有关"艺术教育"的新法令，指出：无论一个人日后选择何种职业，或接受何种人文、科技培训，艺术教育亦属全面均衡培训不可或缺的组成部分。

在这项法令内，明确规定：学校若发现学生在任一艺术教育范畴内有特殊才能或天份，应通知上级及该学生家长或监护人，以便将学生引导至更适合的艺术教育模式。甚至各教育机构要建议调整课程组织，以便于发展该学生的艺术培训。法令还对普通艺术教育、艺术才能教育、专业技术的艺术教育方式作出规定。

为鼓励教育机构实行这个艺术教育的方针，法令内还提出多项资助的方法。

〔**培训教师推广普通话**〕 澳教育部门为提高澳门学校的普通话教育，继续扩大普通话教师培训课程，提高普通话教师的素质，使学生受到更好的普通话教育。澳教育部门已与澳门大学教育学院合办了普通话教师培训课程，参加教师免交学费，课程讲师由澳门及北京大专院校的教授担任。在课程举办期间，澳教育部门不断跟踪课程内容，并且做出评估，以便更好地提高课程质量。培训班1998年继续开办，并扩大了招生名额。

〔**特定历史时期的公民教育教材**〕 随着澳门回归的临近，一本特定历史时期的公民教育教材——《澳门基本法课本》在澳门中小学及市民中开始普及。课本每页留有1/4空白，供记笔记用。课本共分13课，对《中华人民共和国澳门特别行政区基本法》的内容逐条进行了阐述，具有全面系统、深入浅出的特点。对青少年一代学习和认识基本法将起到积极的推动作用，为大面积开展基本法教育奠定了基础。澳门学校以各种形式组织学习、宣传《澳门基本法课本》。澳门中华教育会作为课本的组织编撰者更是在普及和推广上下了功夫。1998年，不仅公立学校，许多私立学校及教会学校也在课堂上使用这本教材。

〔**学校重视电脑教育**〕 澳门学校从70年代末开始引进电脑科技教学，近年大部分学校都开始尝试计算机辅助教学。澳门教育暨青年司调查统计结果表明，86.2%的高中、51.2%的初中、8.1%的小学开设电脑课程；

主要教授电脑基础知识、操作系统、中文输入法和流行软件应用等方面内容，近年来又增加了资讯教育和电脑在教学及理工科中应用方面的内容。1997 年共开办 40 多个推广课程班，1998 年又继续举办各种培训班，由澳教育暨青年司与澳门大学及内地大学合办有关课程。

〔实施协助青少年重返校园计划〕 据澳门 1997 年～1998 年统计资料显示，澳门平均每年有1 230名原在校学生被动离开校园。这一数字同澳学生总数约 10 万人相比较，显示出有 1%的学生失学，或需要重新选择新的学校读书。这表明，澳青少年失学问题严重。有鉴于此，澳有关社会团体计划从 1998 年起，每年动用 35 万元经费，开展一项名为“青少年重返校园辅导班暨基层先锋队奖励计划”，通过该活动的开展，每年能协助 40～60 名失学青少年重返校园，并帮助一些青少年学生重新建立学习信心。

〔中小学学额趋紧张〕 到 1998 年，澳门学额不足问题已出现近七年。有关教育部门在分析原因时指出，这一现象较复杂，涉及地区、人口等问题。澳学额不足问题以北区最为严重，主要是由于北区人口多，且以新移民为主，该区居民出生率较高。中区及南区年青人口相对较少，出生率相对偏低。近年虽有不少学校在北区落成使用，但仍不能满足需求，这同有些家长将原来在中葡学校就读的子女送到这些学校就读，还有些家长认为子女就读的学校环境差为子女转校等有关系。除地区性外，出生率也是一个重要原因。澳门 80 年代为出生率高峰期，由此造成 90 年代初学额严重不足。另还有一个难以估计的情况是外来人口。除上述原因外，留班率高也是造成学额不足的原因之一。澳门每年有数千学生留级，这些学生留级之余，还会占据现有学额。

澳教育部门有关负责人指出，学额不足问题近期有望缓解。进入 90 年代，澳门的出生率呈下降趋势，并开始进行批地建校计划，以兴建中小学为主，同时发展多元化教育，兴建职业中学，让学生及家长有更多选择；并缩减幼稚园班数，多出的课室用作其他用途。

（以上资料除署名外，均为编辑部整理汇集）

1998 年教育大事记

1 月 5 日 国家教委、财政部、人事部等部委及部分高校有关人士和资助优秀年轻教师基金获得者代表在北京举行纪念会，纪念国家教委“资助优秀年轻教师基金”设立 10 周年。国家教委副主任韦钰出席纪念会并讲话。

1 月 7 日 国家教委办公厅印发《普通高等学校体育教育专业九门主干课程教学指导纲要》。

1 月 8 日 国家教委发布《教师和教育工作者奖励规定》。

1 月 9 日 国家教委党组书记、副主任陈至立到北京西四中学和北京市第二聋人学校看望辛勤工作在第一线的教师，向师生员工致以新春问候。

1 月 10 日 河北省张家口西北的张北—尚义地区发生 6.2 级地震。张北县 684 所中小学共倒塌校舍1 000多间；尚义县 485 所学校共倒塌校舍 123 间。13 日，国家教委致信张家口市教委及张北、尚义两县各级教育机构、师生员工，向他们表示慰问。

1 月 11 日～12 日 国务院副总理李岚清在河南省视察教育工作。指出要大力推进素质教育，培养全面发展的跨世纪人才；加大高等教育管理体制改革的力度；进一步关心和改善教师住房特别是高校青年教师住房条件，使广大教师安居乐教。李岚清到郑州市部分高校和中小学及教师家庭，看望和慰问了教职员工；听取了省、市领导关于教师住房建设问题的汇报；并与郑州、新郑两市的 20 多名中小学校长和教师就素质教育问题进行了座谈。

1 月 13 日 国家教委副主任柳斌到北京市小汤山学校、北京明天幼稚集团塔院幼儿园看望教师，代表国家教委向工作在教育第一线的教职员工拜年。

△ 国家教委办公厅印发《1998 年教育审计工作要点》。

1 月 12 日～15 日 第四次全国教职工住房建设工作经验交流会在南京举行。会议总结交流了近年来教职工住房建设和房改工作的经验，进一步推动全国教职工住房建设，加快解决教职工住房问题的步伐，重点部署加快解决高校教师尤其是青年教师住房困难的工作。国家教委党组书记、副主任陈至立在开幕式上作了工作报告。国务院副总理李岚清在闭幕式上讲话，国家教委主任朱开轩等出席了会议。

△ 国家教委党组书记、副主任陈至立在东南大学和南京大学考察。指出要群策群力，改善高校教职工住房条件，特别要尽快解决青年教师的住房困难；同时希望高校科

研工作和科技开发工作寻求实现新的、更大的突破。

1月16日 国家教委1998年教育工作会议在南京举行。国家教委主任朱开轩在会上对1997年和5年来全国教育改革和发展的情况进行了回顾和总结，并对1998年教育工作的安排和工作重点作了说明。国家教委党组书记、副主任陈至立在会上作了总结讲话。国家教委副主任柳斌、周远清也分别就当前基础教育、高等教育的几个问题发表了讲话。

1月16日～18日 1998年全国招收攻读硕士学位研究生入学考试初试举行。1998年全国415所普通高等学校、330所科研机构、7所党校及解放军系统的研究生招生单位共计划招收硕士生5.8万人。全国报名总人数为27.4万人，再创历史最高纪录，比1997年增长13.1%。

1月17日 国务院副总理李岚清考察扬州大学，和学校领导、教师代表进行座谈，肯定了扬州大学管理体制改革取得的成绩，对学校未来发展提出希望。

1月17日～19日 全国高等教育管理体制改革经验交流会在江苏省扬州市举行。国家教委主任朱开轩、党组书记、副主任陈至立主持会议，副主任周远清作了报告，部分高校负责人介绍了管理体制改革的经验。国务院副总理李岚清在会上发表讲话指出，高教管理体制改革要加大力度、加快进程，以建立起与社会主义市场经济体制以及科技进步和社会发展相适应的高等教育管理体制。

1月21日 国家教委印发《1998年全国各类成人高等学校招生规定》、《1998年全国各类成人高等学校举办大学专科起点本科班招生规定》。

△ 国家教委副主任韦钰接受了法国“研究”杂志总编奥利维埃·鲍斯泰尔·维纳先生的采访，就中国高校人才选拔制度、高校在科技领域内的重要作用、现行留学政策以及留学生回国服务等情况作了介绍。

1月24日 国务院副总理李岚清看望了北京大学、首都师范大学两位老教授季羡林、齐世荣，并考察了北京大学教职工筒子楼宿舍改造工程。同日，国家教委党组书记、副主任陈至立、副主任柳斌等来到北京大学、清华大学和北京师范大学的一些著名老教授家中，向他们拜年。

1月25日 国家教委办公厅印发《关于1997年中小学健康教育检查评价工作的通报》。

2月4日 国家教委办公厅印发《1998年度经批准的全国中小学生21项竞赛活动项目》。

2月5日 国家教委公布《首批基本普及初等义务教育县（市、区）名单》和《第四批基本普及九年义务教育和基本扫除青壮年文盲县（市、区）名单》。

2月6日 《中国教育报》刊登国家教委党组书记陈至立为纪念邓小平同志批准成立电大20周年发表的文章，题目是《把充满活力的电大教育带入二十一世纪》。

△ 国家教委印发《关于推进素质教育调整中小学教育教学内容、加强教学过程管理的意见》。

2月10日 国家教委党组印发《关于贯彻落实党中央1998年反腐败斗争工作部署的实施意见》。

2月11日 国家教委印发《关于加快中西部地区职业教育改革与发展的意见》。

2月12日 由全国教育工会组织评选

的10名“全国师德标兵”产生，田沛发、刘让贤、黄静华、魏书生、韩晓悟、李红兰、孜来·吾甫尔、孙维刚、王树国、王舫10人当选。国家教委副主任柳斌、全国总工会书记处书记李永安出席评选会并讲话。

2月12日～13日　国家教委党组书记、副主任陈至立到南开大学、天津大学进行调研，并就教育改革和发展的有关问题与天津市委、市政府领导及教育行政部门交换了意见。

2月14日～16日　中国教育报刊社和中国教育电视台在北京分别召开1998年宣传报道工作会。国家教委党组书记、副主任陈至立在会上讲话，指出教育新闻宣传是推动教育事业改革与发展的一项重要工作，在教育改革与发展过程中具有不可替代的作用，各地教育部门要充分发挥教育新闻宣传在推动教育工作中的重要作用。

2月16日　国家教委印发《面向二十一世纪深化职业教育教学改革的原则意见》。

2月16日～18日　全国来华留学工作会议在北京举行。会议总结了改革开放以来我国来华留学工作的成就和经验，提出今后一个时期来华留学工作的指导方针：深化改革，完善管理，保证质量，积极稳妥发展。国家教委主任朱开轩、党组书记、副主任陈至立、副主任韦钰出席会议，陈至立、韦钰在会上讲话。2月18日，国务院副总理钱其琛会见了出席会议的代表并讲话。

2月17日　国家教委召开教育界纪念邓小平同志逝世一周年座谈会，国家教委主任朱开轩、党组书记陈至立、副主任张孝文、柳斌、张保庆，教育界知名学者、专家及部分学校的师生代表参加座谈会，畅谈对邓小平同志的深切怀念。

2月18日　《中国教育报》发表国家教委深切缅怀邓小平同志对教育的关心与支持的文章，题目是《光辉的典范　历史的丰碑》。

2月19日　国家教委办公厅发出《关于做好1998年普通中等专业学校招生工作的通知》。

2月23日　国家教委办公厅印发《全国学校体育卫生国防教育工作会议纪要》。

2月23日～25日　全国高校毕业生及研究生就业工作座谈会在海口市举行。国家教委副主任周远清出席会议，并在讲话中就如何大力推进毕业生就业市场改革提出具体要求。

2月23日～27日　1998年全国职业教育工作座谈会暨中等专业学校招生工作会议在湖南长沙市举行。国家教委副主任张天保出席会议并作了题为“认真贯彻十五大精神，积极推进职业教育发展与改革”的讲话。会议研究部署了1998年职业教育改革与发展及普通中等专业学校招生收费并轨改革工作。

2月25日　国家教委办公厅印发《普通高等学校人文社会科学研究成果奖励办法》。

2月26日　国家教委印发《关于做好1998年教育督导工作的若干意见》。

2月26日～28日　1998年全国高等学校招生计划工作会议在广州市举行。国家教委副主任张保庆出席会议并讲话。会议就如何深化高校招生计划管理改革进行研讨，同时对修订部分成人高校办学条件标准和扩大部属高校在当地的招生比例提出意见和措施。

△全国教育纪检监察工作会议在江西省九江市举行。国家教委副主任张天保出席

会议并讲话。会议总结了1997年教育系统党风廉政建设和反腐败斗争的情况，研究部署1998年的工作。

2月28日 国家教委在北京举行捐赠仪式，接受深圳市华为技术有限公司2 500万元人民币的捐赠，从1998年起设立“华为寒窗学子基金”，用以资助品学兼优、家境贫寒的在校大学生完成学业。全国人大常委会副委员长吴阶平、全国政协副主席钱正英等出席捐赠仪式，国家教委党组书记陈至立在仪式上讲话。

3月2日 国家教委、公安部印发《流动儿童少年就学暂行办法》。

3月4日 国务院副总理李岚清到西郊宾馆，看望出席全国政协九届一次会议的教育界委员，参加联组讨论，听取委员们的发言，并就有关教育改革和发展问题讲话。

△ 国家教委发出关于表彰奖励1998年全国教育系统“巾帼建功标兵”、“巾帼建功先进单位”和“巾帼文明示范岗”的决定。

△ 国家教委办公厅印发《全国幼儿园园长岗位培训教材培训班纪要》。

3月6日 国家教委发布《教育行政处罚暂行实施办法》。

3月10日 九届全国人大一次会议第三次全体会议表决通过了国务院机构改革方案。中华人民共和国国家教育委员会更名为中华人民共和国教育部。

△ 中国驻纽约总领事邱胜云代表中国国家教委，向美国哈佛大学赠送了包括中国古代典籍在内的1 092册中英文图书，并赠送了首次向哈佛大学提供的中华文化研究奖学金。这是江泽民主席1997年访美后，中国方面为落实中美《联合声明》，加强中美教育领域友好合作而采取的具体措施之一。

3月13日 国家经贸委、国家教委、中国科学院发出《关于表彰产学研联合先进管理单位、优秀项目和先进个人的通知》。

3月16日 国家教委颁发《中小学德育工作规程》。

△ 国家教委、国家经贸委、劳动部印发《关于实施〈职业教育法〉加快发展职业教育的若干意见》。

△ 国家教委办公厅印发《关于揭露和打击社会不法分子盗用、冒用国家教委名义进行违法活动的通知》。

3月17日 中宣部、国家教委、广电部、国家语委发出《关于开展全国推广普通话宣传周活动的通知》。

3月18日 江泽民主席签署中华人民共和国主席令第二号，任命新一届政府机构领导，陈至立为教育部部长。

3月19日 国务院总理朱镕基在九届全国人大一次会议举行的记者招待会上提出，科教兴国是本届政府最大的任务。他说，江泽民主席非常重视这个问题，多次阐明科教兴国的重要性。本届政府决心精简机构，减掉一半的人，同时制止重复建设，把钱省下来贯彻科教兴国的方针。同时他还宣布，中央已经决定成立国家科技教育领导小组。

3月20日 国家教委印发《普通中小学和中等职业学校落实〈学校体育工作条例〉检查评估细则》与《普通中小学和中等职业学校落实〈学校卫生工作条例〉检查评估细则》。

△ 国家教委办公厅发出《关于对全国培养体育后备人才试点中学和培养高水平学生运动员试点大学进行检查评估的通知》。

3月21日～24日 1998年全国普通高等学校招生工作会议暨先进集体、先进个人表彰会在厦门市举行。周远清出席会议并讲话。会议对普通高校招生改革和1998年招生工作进行研讨，对83个全国普通高校招生工作先进集体和279名先进个人进行了表彰。

3月23日 美国哈佛大学校长尼尔·陆登庭到北京大学、清华大学参观访问，与两校校长进行了会晤。同日，教育部部长陈至立会见并宴请美国客人，双方就如何进一步推动中美教育交流与合作交换了意见。

3月24日 国家主席江泽民、国务院副总理李岚清在北京分别会见了应教育部和北京大学的联合邀请来华访问的美国哈佛大学校长陆登庭一行。教育部部长陈至立等参加会见。

3月24日～26日 第一次全国普通高等学校教学工作会议在湖北省武汉市举行。周远清在会上作主题报告。会议围绕如何把水平和质量更高的、充满生机和活力的教学工作带入21世纪这一主题，进行交流和研讨。教育部部长陈至立在闭幕式上讲话。

3月25日～28日 全国广播电视大学教育工作会议在北京举行。中央广播电视大学校长韦钰在开幕式上作了题为《把一个充满活力的现代远距离教育带入新世纪》的讲话。

3月25日～29日 教育部部长陈至立在湖北省考察教育工作。陈至立先后考察了武汉大学、华中理工大学等8所高等学校和一些中小学校，并就师范教育、基础教育和推进素质教育等问题发表了意见。

4月1日 教育部办公厅印发《高等学校学报管理办法》。

4月3日 国务院副总理李岚清到中央美术学院考察，在与学校干部、教师座谈时指出，美育是素质教育中重要的组成部分，对培养跨世纪的德智体等全面发展的社会主义事业的建设者和接班人有着重要意义。

4月6日 教育部就山东菏泽地区部分学生因服用碘钙营养片出现不良反应一事，向全国各地发出《关于防止学校学生中毒事件发生的紧急通知》，要求采取有效措施，坚决杜绝学生集体性中毒事件的发生。此事件发生后，江泽民总书记明确指示有关方面采取措施，全力以赴抢救住院的小学生，保护少年儿童身心健康，并依法惩处那些见利忘义的不法分子。

△ 教育部发出《关于做好1998年普通高等学校招生工作的通知》。

△ 教育部发出《关于加强专业结构调整力度，尽快缓解部分科类本专科毕业生供求矛盾的通知》。

4月7日 教育部在北京召开全国电话电视会议，要求各地教育部门加强全国统一考试的管理工作，严肃考试纪律，保证考试顺利进行。张天保出席会议并讲话。

△ 教育部办公厅发出《关于确保学生春游和其他集体活动安全的紧急通知》。

△ 教育部办公厅发出《关于进一步加强治理中小学乱收费工作的紧急通知》。

4月9日 教育部部长陈至立在北京会见世界银行东亚及太平洋地区副行长塞韦里诺一行。自1981年以来，中国教育领域共实施和完成世行贷款项目14个，贷款金额近14亿美元。受益领域遍及高等教育、基础教育、师范教育、职业教育等多个方面，项目单位达10多万个。

△ 国务院决定，任命吕福源、韦钰、张天保、周远清、张保庆为教育部副部长。

4月12日～16日 国务院副总理李岚清在海南考察了海南大学等大、中、小学，与教师代表座谈，察看了教师居住情况，并同教师们座谈了素质教育实施情况。

4月13日 李鹏委员长在南京大学主持召开专题座谈会，就正在制订中的《高等教育法》听取了部分高校同志的意见。

△ 教育部发布《1997年全国教育事业发展统计公报》。

4月13日～16日 全国教育人事工作会议在重庆市举行。会议提出，1998年教育人事工作改革的重点是深化学校人事制度改革，加强高校教师队伍建设。

4月15日 教育部发出《关于动员各类学校大力开展再就业培训的通知》。

4月16日 教育部印发《教育部精神文明建设领导小组1998年工作安排》。

△ 教育部、卫生部发出《关于进一步加强普通高等学校招生体检管理工作的通知》。

4月16日～18日 全国高校干部培训工作会议在重庆市举行。

4月17日 教育部发出《关于1998年普通高等学校招收少数民族预科生的通知》。

4月20日 高等院校邓小平理论课教学座谈会在北京召开。国务院副总理李岚清出席座谈会并讲话。5月7日，教育部发出《关于学习、贯彻、落实李岚清副总理在高等院校邓小平理论课座谈会上的讲话精神的通知》。

△ 教育部致信给相继发生部分学生因服用碘制品出现不良反应事件的山东、辽宁、江西、安徽、河南、甘肃6省的教育行政部门，希望他们采取一切可能措施，确保学生的人身安全和健康，并防止事态进一步发展。

4月21日 教育部印发《关于调整现行普通高中数学、物理学科教学内容和教学要求的意见》。

△ 教育部印发《关于贫困地区普及初等义务教育评估验收工作的意见》。

△ 教育部办公厅发出贯彻《关于推进素质教育调整中小学教育教学内容、加强教学过程管理的意见》中有关中小学健康教育若干问题的补充意见。

4月22日 教育部部长陈至立在北京会见应邀来访的葡萄牙教育部部长格里洛一行。双方就职业技术教育合作、高等教育合作和澳门葡语学校等事宜交换了意见。

△ 教育部印发《高等学校医疗保健机构工作规程》。

4月22日～25日 中国教育工会第五次全国代表大会在北京举行。中共中央政治局常委、全国总工会主席尉健行出席会议。教育部部长陈至立、全国总工会副主席杨兴富在开幕式上讲话，中国教育工会主席蒋文良作工作报告。会议确定了今后五年各级教育工会的工作任务，选举产生了新一届全国委员会。25日，教育部副部长张天保与出席会议的部分代表、特邀代表座谈，听取代表对新时期如何加强各级教育工会组织和建设的建议与意见。

4月24日 教育部部长陈至立在北京与应邀来华访问的罗马尼亚国民教育部部长安德烈·马尔卡进行工作会谈，双方各自介绍了本国教育改革情况，希望继续加强两国在教育领域的交流与合作。

4月28日 教育部、卫生部、公安部联合在北京召开全国中小学安全工作电话会议，要求各地在近期对中小学安全工作进行一次全面检查。教育部副部长吕福源、卫生部副部长彭玉、公安部副部长牟新生出席会议并讲话（教育部办公厅于5月15日印发）。

△　中宣部、教育部发出关于普通高等学校开设《邓小平理论概论》课的通知。

4月29日　北京大学建校百年庆典前夕，中共中央总书记、国家主席江泽民到北京大学考察工作。江泽民先后参观了北京大学赛克勒考古与艺术博物馆、蛋白质工程及植物基因工程国家重点实验室、视觉与听觉信息处理国家重点实验室和计算中心、北大图书馆，并同师生代表进行座谈。他在讲话中强调，必须紧紧围绕经济建设中心，坚定不移地实施科教兴国战略。

4月30日　由浙江大学、杭州大学、浙江农业大学、浙江医科大学4所高校合并组建的新浙江大学筹建大会在杭州举行。教育部部长陈至立、浙江省省长柴松岳分别在会上讲话。新组建的浙江大学为教育部直属高校，实行教育部和浙江省共建共管。

5月2日　国务院副总理李岚清到北京大学考察，参观了北京大学百年校史展览和新落成的北大图书馆。

△　教育部在北京举行招待会，欢迎前来参加北京大学百年校庆的百余名中外大学校长。教育部部长陈至立、副部长吕福源、韦钰、周远清出席，陈至立在招待会上发表了讲话。

5月2日～3日　来自世界各国和地区的60余所著名大学的校长、国内30余所大学的校长在北京举行面向21世纪的高等教育—大学校长论坛。国务院副总理李岚清在开幕式上讲话，北京大学校长陈佳洱致辞，教育部部长陈至立等出席开幕式。大学校长们共同探讨了21世纪人类高等教育发展趋势，就大学的地位和作用、教学战略等问题发表意见。

5月4日　庆祝北京大学建校100周年大会在人民大会堂举行，江泽民、李鹏、朱镕基、李瑞环、李岚清等党和国家领导人出席。江泽民在会上发表讲话，祝贺北京大学百年校庆，并向北大同学和所有高等院校的大学生，向全国各界青年提出四点希望。教育部部长陈至立、北京市副市长林文漪分别宣读了教育部和北京市政府的贺信。清华大学校长王大中、牛津大学校长卢卡斯等也先后在会上致辞和发言。

△　中共教育部党组发出《关于深入学习江泽民同志在庆祝北京大学建校一百周年大会上的重要讲话精神的通知》。

△　《中国教育报》发表社论，祝贺北京大学建校100周年，题目是《坚定不移实施科教兴国战略》。

5月5日　教育部党组召开会议，学习江泽民同志4月29日考察北京大学时和5月4日在庆祝北京大学建校100周年大会上的讲话，研究部署教育战线学习贯彻江泽民同志重要讲话精神的意见和措施。

△　教育部部长陈至立在北京会见应邀来华访问的日本文部大臣町村信孝一行。双方介绍了各自国家教育改革及发展情况，并就今后双方全面开展教育交流与学术合作提出了建设性意见。

△　教育部和加拿大驻华使馆在北京举行庆祝中加学者交流项目实施25周年座谈会。教育部副部长韦钰出席座谈会并讲话。该项目自1973年执行以来，双方共派出近400名留学人员到对方国家学习。

5月6日　共青团中央、全国学联在北京召开座谈会，学习江泽民同志在庆祝北京大学建校100周年大会上的讲话。来自北京大学、清华大学等10多所高校的学生代表、青年学者代表等在会上发言，畅谈学习体会。

5月7日 教育部、财政部的负责同志在北京分别同新疆、内蒙古、青海、宁夏、甘肃、西藏、云南、广西、贵州9省、区以及新疆生产建设兵团的负责同志签订了“国家贫困地区义务教育工程”项目责任书。在1998～2000年三年内，中央和地方将投入54.9亿元，在9省、区的469个贫困县修建14 942所中小学。教育部部长陈至立、财政部副部长楼继伟分别在签字仪式上讲话。同日，国务院副总理李岚清与参加签字仪式的9省、区负责同志进行了座谈。

5月11日 教育部办公厅发出《关于1998年内地西藏班高中毕业生升学分流工作的通知》。

5月13日 《中国教育报》刊登教育部纪念真理标准讨论20周年的文章，题目是《坚持以实践为标准 推动教育改革和发展》。

5月14日 全国高等学校纪念真理标准20周年学术研讨会在南京召开。

5月15日 高等学校科技成果转化经验交流会在清华大学举行。会上，中国科技协作网宣告成立。教育部部长陈至立在会上作了题为“迎接新世纪挑战，科教兴国尽全力”的讲话。

△ 财政部、教育部印发《关于高等学校新旧会计制度衔接问题的通知》。

5月17日 国务院发出《关于做好1998年普通高等学校毕业生就业工作的通知》。

5月18日 教育部部长陈至立在北京会见应邀来访的瑞士联邦教科国务秘书克莱伯一行，向客人介绍了中国高教发展和改革情况，就有关问题交换了意见。同日，教育部副部长韦钰同克莱伯一行举行了工作会谈。

△ 教育部公布1998年办学条件未达到国家规定标准应减少招生（“黄”牌）的普通高等学校名单。

5月19日 教育部和北京市委在人民大会堂联合举办首都大学生形势报告会，邀请中国人民银行行长戴相龙为近万名学生作报告。

△ 教育部办公厅印发《1997年全国学生近视眼防治工作公告》。

5月20日 国务院办公厅转发财政部《关于进一步做好教育科技经费预算安排和确保教师工资按时发放的通知》。

△ 教育部办公厅发出《关于公布1998年度表彰奖励项目计划的通知》。

△ 教育部办公厅发出《关于以我国政府恢复对澳门行使主权为主题，在大中小学生中深入开展爱国主义教育活动的通知》。

5月20日～22日 国务院学位委员会学科评议组第七次会议在北京举行。会议审核了新增博士、硕士学位授权点；审定《授予博士、硕士学位和培养研究生的学科、专业简介》；研究组织编写和出版硕士研究生教育用书推荐方案。

5月21日 中组部、人事部、教育部、公安部发出《关于选拔录用部分优秀高校毕业生到基层公安机关工作的通知》。

5月22日 教育部召开知识经济和科教兴国专题座谈会。教育部部长陈至立、副部长吕福源等同出席会议的专家、学者一起就认识知识经济对教育的挑战和教育在科教兴国中的重要地位和作用，以及当前教育改革和发展的重大问题等进行了广泛深入的讨论。

△ 中宣部、教育部发出关于认真学习《邓小平教育理论学习纲要》的通知。

5月24日～26日　第三次全国高校加强文化素质教育试点工作研讨会在成都举行。教育部副部长周远清出席会议并讲话。会议决定，向全国普通高校推广试点院校的经验，成立高等学校加强文化素质教育指导委员会并建立大学生文化素质教育基地。

5月25日　教育部办公厅发出《关于贯彻中央领导同志重要指示，切实做好各级各类学校火灾防治工作的通知》。

△ 教育部办公厅印发《关于加强全国教育统一考试管理工作的意见》。

5月26日　教育部印发1999年春季普通中小学教学用书目录。

5月29日　国务院办公厅转发人事部、教育部《关于做好国务院各部门分流人员学习和培训工作的意见》。

6月1日　教育部部长陈至立在北京会见应邀来访的联合国教科文组织助理总干事柯林·鲍威尔及其随行人员，双方就教育领域内的问题进行了探讨。2日，李鹏委员长会见了柯林·鲍威尔一行，指出教育是中国与联合国教科文组织合作的重要领域，中国重视与联合国教科文组织的合作，并将继续积极参与教科文组织范围内的活动。

△ 教育部印发《高等教育自学考试汉语言文学专业（本科）考试计划》。

△ 教育部办公厅发出《关于重申中小学校不准代办学生保险规定的通知》。

6月2日　教育部邀请部分中国科学院、中国工程院院士召开座谈会，听取院士们对迎接知识经济挑战，全面实施科教兴国战略，建立知识创新、人才创新体系及教育改革和发展等重大问题的意见和建议。

△ 教育部、公安部发出《关于加强学历、学位证书管理和严厉打击伪造、买卖学历、学位证书的通知》。

6月8日　“211工程”建设工作座谈会在北京大学召开。教育部部长陈至立、国家发展计划委员会副主任郝建秀出席座谈会并讲话，教育部副部长韦钰作主题报告。“211工程”已基本完成“九五”期间各项任务的立项审核工作，进入全面建设实施阶段并初见成效。

△ 教育部部长陈至立在北京会见应邀来华访问的以教育部部长埃娃·斯拉夫科夫斯卡为团长的斯洛伐克教育代表团。双方签署了《中华人民共和国教育部和斯洛伐克教育部1998～2001年教育合作计划》。

6月9日　国务院总理、国家科技教育领导小组组长朱镕基在中南海主持召开国家科技教育领导小组第一次会议。会议讨论并通过了国家科技教育领导小组职责等事项，审议并原则通过了中国科学院关于开展“知识创新工程”试点的汇报提纲，讨论了1998年实施科教兴国战略的工作要点和安排。会议还听取了科技部部长朱丽兰、教育部部长陈至立关于1998年科技、教育工作的汇报。

6月10日　中宣部、教育部印发《关于普通高等学校“两课”课程设置的规定及其实施工作的意见》。

6月11日　中宣部、教育部在北京召开学习邓小平教育理论座谈会。国务院副总理李岚清出席座谈会并发表讲话，强调要认真学习邓小平理论，贯彻落实科教兴国战略，为教育的改革和发展多做实事。

△ 全国总工会、教育部、科技部、人事部、劳动保障部印发《全国职工自学成才奖励条例》。

6月15日　教育部副部长韦钰会见参加海内外青年制造科学会议暨第三届吴贤铭

制造科学研究会，赴京参观制造企业及进行学术交流的35名留学人员，表示教育部愿以多种渠道和形式支持留学人员为国服务。并向留学人员介绍了我国教育改革现状和发展趋势，听取了留学人员对我国教育改革和发展的意见和建议。

△ 中共教育部党组发出《关于高等学校干部培训工作的实施意见》。

6月17日～18日 国务院学位委员会第十六次会议在北京举行。国务院副总理李岚清出席开幕式并讲话。会议审议通过国务院学位委员会学科评议组第七次会议审核增列的博士、硕士学位授权点和部分新增学位授予单位名单；审议批准《关于授予具有研究生毕业同等学力人员硕士、博士学位的规定》；对《关于对外国学位进行认定的意见》等议题进行讨论。

6月17日～19日 首届中美著名法学院院长联席会议暨"中美法学教育的未来"学术研讨会在北京举行。60位来自中美两国30余所著名大学的法学院院长及著名法学家参加会议。

6月18日 教育部部长陈至立、副部长韦钰在北京会见应邀来访的加蓬高教和科研部长拉扎尔·狄贡见率领的加蓬高教代表团，双方进行了工作会谈。

△ 中国教育国际交流协会与美国州立大学学院协会在北京举办中美大学校长研讨会，共同探讨面向21世纪高等学校与社会、企业的合作。

6月22日 国家留学基金管理委员会召开座谈会和研讨会，纪念邓小平同志关于向国外扩大派遣留学生讲话20周年。教育部副部长、国家留学基金委主任韦钰在讲话中指出，留学工作应进一步为实施科教兴国战略作出积极贡献。

△ 中组部、中宣部、教育部党组印发《普通高等学校党建工作基本标准》。

6月22日～24日 第四次教育与产业合作国际研讨会在北京举行。来自国内教育界的代表，联合国教科文组织官员，及美国、澳大利亚、日本、德国等国的专家，共200余人参加研讨。

6月24日 中组部、中宣部、教育部党组做出《关于表彰1993～1998年党的建设和思想政治工作先进普通高等学校的决定》。

6月25日 国务院发出《关于成立国家科技教育领导小组的决定》。

△ 国务院办公厅转发教育部关于义务教育阶段办学体制改革试验工作的若干意见。

△ 教育部发出《关于加强普通高等学校高等教育自学考试社会助学管理工作的通知》。

△ 教育部发出《关于表彰全国教育系统审计工作先进集体和先进工作者的决定》。

6月26日 宝钢集团公司和东北大学软件集团共同组建宝钢东软信息产业集团公司签字仪式在北京举行。这是国内首家高校高科技产业与国有大中型骨干企业强强联合，共同投资组建的集团公司。教育部副部长韦钰等出席签字仪式。

△ 教育部印发《高等教育自学考试小学教育专业（专科）考试计划》。

6月29日 国家主席江泽民在人民大会堂会见香港青少年中华历史文化教育交流团，他在讲话中希望香港青少年学生用实际行动开创香港和中华民族的美好未来。

6月30日～7月2日 1998年全国教育审计工作会议暨全国教育系统审计工作先

进审计集体和先进审计个人表彰会在辽宁省大连市举行。

7月1日 国务院发出《关于调整撤并部门所属学校管理体制的决定》。

△ 教育部发出《关于成立教育部高等学校经济学学科教学指导委员会的通知》。

7月2日～9日 第29届国际物理奥林匹克竞赛在冰岛首都雷克雅未克举行。代表中国参赛的5名中学生全部获得金牌，荣获冠军，并获得团体总分第一名。

7月3日 国务院总理朱镕基在人民大会堂就国内和国际经济形势，向京津高校师生代表和出席第七次全国高校党建工作会议的代表近万人作了报告。

△ 国务院办公厅转发教育部、国家经贸委、国家计委、财政部《关于调整撤并部门所属学校管理体制的实施意见》。其中，东北大学、北京科技大学、吉林工业大学、湖南大学、中南工业大学、中国纺织大学、北京化工大学、无锡轻工大学、武汉工业大学、合肥工业大学成为教育部直属高校。至此教育部直属高校增至44所。

7月3日～5日 由中组部、中宣部、教育部党组联合召开的第七次全国高校党建工作会议在北京举行。胡锦涛、尉健行、李岚清、丁关根等会见与会代表并出席开幕式，李岚清在开幕式上讲话。教育部党组书记陈至立代表中组部、中宣部和教育部党组在会上作了题为《高举邓小平理论伟大旗帜，进一步加强高校党的建设，把有中国特色社会主义的高等教育事业全面推向21世纪》的报告。会议研究部署了高教战线掀起学习马列主义、毛泽东思想特别是邓小平理论新高潮，深入贯彻《中国共产党普通高等学校基层组织工作条例》，坚持完善党委领导下的校长负责制等工作，总结交流了近年来高校党建和思想政治工作的经验，表彰了北京大学、清华大学等37所党的建设和思想政治工作先进高等学校。

7月5日～13日 第30届国际中学生化学奥林匹克竞赛在澳大利亚墨尔本举行。代表中国参赛的4名选手全部获奖，其中黑龙江省齐齐哈尔市一中的刘铭钊获得金牌，并获个人总分第一。

7月6日 教育部发出《关于印发〈普通高等学校本科专业目录(1998年颁布)〉、〈普通高等学校本科专业设置规定(1998年颁布)〉等文件的通知》。

△ 共青团中央、教育部印发《关于实施青年志愿者支教扶贫接力计划有关政策的意见》。

7月7日 教育部办公厅发出《关于做好普通高等学校现设本科专业整理和本科专业设置数核定工作的通知》。

7月7日～9日 全国普通高等学校招生统一考试举行。全国报考普通高等学校的学生有320万人，比1997年增加34万人。7日，教育部副部长周远清查看了设在北京理工大学附中和中国人民大学附中的两处考场，听取了北京地区考试组织工作汇报，查看了考生答题情况。

7月9日 教育部办公厅发出《关于制订职业高级中学专业目录的通知》。

7月10日 教育部副部长周远清到北京医科大学、北京科技大学、北京林业大学，看望在教育教学管理岗位上工作的教师。

△ 教育部办公厅发出《关于确定1998年度和1999年度由教育部审批国际经济与贸易等十四种本科专业的通知》。

7月11日 国务院办公厅转发人事部、

教育部《关于国务院各部门分流人员学习和培训实施方案》。

7月13日 全国人大常委会委员长李鹏在吉林大学举行座谈会，听取在长春的部分全国人大代表和吉林13所高校党委书记、校长、教授对高等教育法草案的修改意见。

7月15日 国务院办公厅召开中央部委所属高校筒子楼和危房改造工作会议，国务院副总理李岚清出席会议并讲话，教育部部长陈至立在会上介绍了国务院办公厅将要转发教育部等部门关于加快普通高校筒子楼改造，改善青年教师住房条件意见通知的有关情况，教育部副部长张保庆、清华大学副校长孙继铭、卫生部副部长彭玉、农业部副部长白志健、北京市市长助理袁贵仁就筒子楼和危房改造工作通报了情况，发表了意见和建议。

7月18日 教育部部长陈至立、副部长吕福源、总督学柳斌与即将赴藏的特级教师讲学团全体成员座谈，勉励他们以优良的工作作风和高超的教学艺术，为西藏人民服务，为西藏教育改革与发展贡献力量。

7月20日 国家发展计划委员会、教育部发出《关于对普通高校毕业生收费有关政策问题的通知》。

7月21日 北京大学、清华大学为军队培养干部意向书签字仪式在北京举行。教育部部长陈至立、副部长周远清、解放军总政治部副主任唐天标出席签字仪式并讲话。

△ 教育部、公安部发出《关于加强对中小学生赴境外开展夏（冬）令营等有关活动管理的通知》。

7月22日 就台湾当局宣布冻结承认祖国大陆高校学历的政策，并无限期推迟开放台湾民众来祖国大陆求学的时间，教育部发言人发表谈话，回答了新华社记者的提问。

7月22日～24日 国务院副总理李岚清在郑州、石家庄考察了郑州工业大学、郑州粮食学院、河北师范大学等校，强调要抓紧改善高校教职工特别是青年教师居住条件，决不把高校筒子楼和危房带入21世纪。

7月24日 教育部部属高校筒子楼改造工作会议在北京召开。教育部副部长张保庆出席会议并讲话。

△ 教育部发出《关于积极做好国务院各部门分流人员学习和培训工作的通知》。

7月27日 教育部邓小平理论研究中心在北京召开座谈会，在京部分高校的学者出席座谈会，就如何结合高校及理论界的实际，贯彻《中共中央关于在全党深入学习邓小平理论的通知》精神，深入学习邓小平理论发表了各自的意见。

△ 教育部举行新闻发布会，有关负责人在会上说，在1998年上海等5省市进行试点的基础上，1999年全国所有高校招收的保送生都将接受“综合能力测试”，此举旨在鉴定“真保送”、“假保送”，并为高考科目改革提供示范，克服应试教育的弊端。

7月31日 中共教育部党组致电解放军某部，对在抗洪救灾中解救教师、保卫国家和人民生命财产安全的解放军官兵表示慰问和敬意。

△ 教育部办公厅发出《关于积极行动起来，进一步做好教育系统抗洪救灾工作的紧急通知》。

8月1日 由部分军队老同志倡议，国家和地方投资援建的革命老区70所“八一希望”学校已大部分竣工。国家发展计划委员会、解放军总政治部在江西省南昌“八一希望”学校举行挂匾仪式。江泽民主席为“八一希望”学校题写了校名。

8月3日　教育部印发《关于认真做好“两基”验收后巩固提高工作的若干意见》。

△　教育部印发《高等教育自学考试法律专业（本科）考试计划》。

△　劳动和社会保障部、国家经贸委、财政部、教育部、国家统计局、中华全国总工会发出《关于加强国有企业下岗职工管理和再就业服务中心建设有关问题的通知》。

8月4日　教育部宣布，将在3～5年内在全国高等学校国家重点建设学科中设置300～500个特聘教授岗位。特聘教授岗位的首批申报、推荐工作定于1998年下半年进行。建立特聘教授岗位制度，是教育部和香港爱国实业家李嘉诚及其领导的长江基建（集团）有限公司共同筹资设立的“长江学者奖励计划”的一个重要组成部分。

8月6日　《中国教育报》刊登教育部有关方面负责人就高校毕业生就业收费政策问题回答记者问。

8月8日　教育部党组召开党组扩大会议，集中传达学习江泽民同志在学习邓小平理论工作会议上的讲话；进一步贯彻落实《中共中央关于在全党深入学习邓小平理论的通知》精神，带动教育战线兴起学习邓小平理论的新高潮。

8月10日　教育部办公厅发出《关于当前加强教师队伍管理的通知》。

8月11日　教育部、国家新闻出版署联合发出《关于公布“第二届全国优秀教育音像制品奖”评审结果的通知》。

8月17日　全国高等教育自学考试指导委员会在北京宣布：目前高等教育自学考试专业已经调整为224个，新的专业目录和专业规范已经公布，从2002年开始，开考专业和有关要求必须按照新专业的计划、大纲、教材执行。

8月18日　教育部办公厅发出《关于切实做好洪涝灾区困难学生入学工作的紧急通知》。

8月19日　教育部向湖北、湖南、江西、福建、广西、内蒙古、安徽、江苏、黑龙江、吉林等省区发出紧急通知，要求这些地区的教育部门立即组织医科院校师生，积极参加灾区的防病防疫工作。

8月20日　教育部致电湖南、湖北、江西、安徽、吉林、黑龙江、内蒙古、广西8省（区）教委，向灾区教育战线广大干部和师生员工致以敬意和问候。

△　由北京市政府与清华大学共同组建的北京清华工业开发研究院，在清华大学科技园宣告成立。北京市委书记、市长贾庆林、教育部部长陈至立出席成立大会并讲话。

8月20日～24日　教育部党组副书记、副部长吕福源带领工作组赴湖北、湖南抗洪第一线，实地考察教育战线灾情，慰问教育战线干部教师，同省、市、县党政及教委领导同志共同研究抗灾复学有关工作。

8月21日　江泽民、李鹏、朱镕基、李瑞环、胡锦涛、尉健行、李岚清等党和国家领导人在人民大会堂会见20位杰出科学家和34位优秀教师。江泽民代表党中央、国务院向科学家和教师们致以问候，并通过他们向广大科技工作者和教育工作者致以敬意，祝他们在各自岗位上取得更大成就。会见结束后，李岚清等领导同志与科学家和教师座谈，请他们为科教兴国献计献策。

8月22日　为纪念国务院《高等教育自学考试暂行条例》颁布10周年，高等教育自学考试研讨会在北京召开。教育部部长陈至立出席会议并讲话。

8 月 24 日 教育部办公厅发出《关于加强灾区学校卫生防病工作的通知》。26 日，又发出《关于加强灾区学校卫生防病工作的补充通知》。

8 月 26 日 国务院副总理李岚清召集国务院有关部门的负责同志，检查研究解决抗洪救灾中防疫和教育问题。强调灾区教育部门的当务之急，是力争做好秋季开学的准备工作，各级党委、政府和教育行政部门要在不影响抢救险情的情况下，千方百计地创造条件，因地制宜地把开学工作做好。

8 月 27 日 教育部办公厅发出《关于千方百计，努力实现受灾地区中小学秋季开学的紧急通知》。

8 月 28 日～30 日 教育部部长陈至立率工作组到黑龙江、吉林两省考察灾情，慰问战斗在抗洪抢险第一线的师生员工。陈至立详细了解了两省教育系统受灾情况和灾区中小学秋季开学后校舍、教科书等有关情况，并分别同黑龙江、吉林两省负责同志就解决抗灾复学中面临的突出问题进行了研究。

8 月 28 日～9 月 2 日 国务院总理朱镕基在东北洪涝灾区考察工作。他在考察中强调，抓好中小学教育是实施科教兴国战略的重要基础。灾区各级政府要采取有效措施，切实解决受灾学校的困难，保证灾区学生不停学、不辍学。

8 月 29 日 九届全国人大常委会第四次会议表决通过了《高等教育法》。同日，国家主席江泽民签署第七号主席令，公布《中华人民共和国高等教育法》，自 1999 年 1 月 1 日起施行。30 日，《中国教育报》发表社论，祝贺《高等教育法》诞生，题目是《推进高等教育改革和发展的法律保障》，并全文刊登了《高等教育法》。

△《人民日报》发表题为《确保灾区如期开学》的评论员文章。

8 月 31 日 卫生部发出紧急通知，要求全国各级卫生部门加强学校卫生防病工作，全力以赴，再接再厉，确保广大师生的健康和生命安全。

8 月 31 日～9 月 3 日 教育部部长陈至立陪同国务院副总理李岚清到江西、湖南、湖北灾区，检查卫生防病防疫和中小学秋季开学工作。

9 月 2 日 教育部、国家统计局发布《1997 年全国教育经费执行情况统计公告》。

9 月 4 日 解放军和武警部队官兵支援灾区教育事业捐款仪式在北京举行。总政治部主任于永波等解放军四总部领导向教育部部长陈至立和来自湖北、湖南等 10 省、区、市的代表转赠 1.3 亿元捐款，用以支援灾区教育事业。

9 月 6 日 教育部师范司向全国师范院校和中小学教师发出公开信，向灾区教师和在基础教育战线长年奋斗不懈的师范教育工作者和中小学教师致以敬意和教师节的祝贺。

9 月 8 日 教育部副部长周远清到首都师范大学、中国人民大学和北方交通大学，了解新生报到特别是灾区学生入学情况，并看望正在报到的新同学和学生家长。

△ 第三届“国际扫盲日”。教育部举行庆祝活动暨第三届“中华扫盲奖”颁奖大会。国家总督学柳斌、全国妇联书记处书记华福周等为 106 个先进单位和 188 个先进个人代表颁奖。

9 月 9 日 由中国教育报刊社和上海宝山钢铁（集团）公司联合举办的第三届“全

国十杰中小学中青年教师”评选活动颁奖大会在北京举行。江苏省泗洪县临淮镇水上小学教师阎成米等10人获奖。为表彰在1998年抗洪斗争中奋勇争先的优秀教师，本届评选活动增设特别奖，湖北省嘉鱼县光明小学校长童方保等7名抗洪一线教师获特别奖。全国人大常委会副委员长彭珮云、教育部总督学柳斌等为获奖教师颁奖。

△ 教育部部长陈至立到北京十一学校慰问教师，向广大教师祝贺节日。

9月10日 教育部、人事部、中国中小学幼儿教师奖励基金会、全国教育工会在北京联合举行1998年庆祝教师节暨优秀教师表彰大会，共表彰2 797名教师。国务院副总理李岚清会见了参加表彰大会的全国模范教师代表并与他们座谈。他代表党中央、国务院向优秀教师代表、全国教育战线的广大教师和教育工作者致以节日问候。

△ 教育部和中央电视台在北京联合主办以“为了灾区的孩子”为主题的教育系统大型赈灾义演晚会。中央和全国各地的教育部门、中外企事业单位、海外华人和留学人员、机关团体和个人打来电话或现场捐款。晚会共募集到3.4亿元人民币和一批物资。

△ 教育部党组发出《关于做好秋季开学后高校师生形势与政策教育和思想政治工作的通知》。

△ 中央电大直播课堂开播。教育部副部长韦钰以“现代远程教育”为题，到直播课堂为全国电大教职工和学生讲了第一课。

9月11日 由教育部和中央电视台联合摄制的我国第一部反映邓小平为教育事业改革和发展所建立的丰功伟绩、全面展现以江泽民同志为核心的党中央确定科教兴国战略伟大意义的电视专题片《千秋基业——邓小平与中国教育》开机仪式在北京举行。教育部部长陈至立出席开机仪式并讲话。

9月11日～13日 国务院副总理李岚清赴黑龙江、内蒙古、吉林灾区考察，要求各地认真做好灾区卫生防病防疫和中小学复课重建工作。

9月15日 由原浙江大学、杭州大学、浙江农业大学和浙江医科大学4所大学合并组建的新浙江大学在杭州宣告成立。江泽民总书记、李鹏委员长分别为新成立的浙江大学题词。江泽民的题词是：“办好浙江大学，为科教兴国作出更大贡献”。李鹏的题词是：“发扬优良校风，培养建国人才”。国务院副总理李岚清、教育部部长陈至立等出席成立大会并讲话。

△ 教育部负责人就《高等教育法》审议通过回答了《中国教育报》记者的提问。

9月16日 首都千余名教育工作者和理论工作者在北京景山学校集会，纪念邓小平同志“三个面向”题词发表15周年。全国人大委员长李鹏为纪念活动题词，全国政协主席李瑞环致信祝贺。中国教育学会会长张承先等在会上发言。

9月17日 教育部副部长韦钰在北京会见应邀来访的以越南社会主义共和国教育和培训部副部长武玉海为团长的越南政府教育代表团，双方就两国进一步开展教育交流与合作事宜交换了意见。

9月18日 国务院办公厅转发建设部、国家计委、国土资源部、中国人民银行、科技部、教育部《关于支持科研院所、大专院校、文化团体和卫生机构利用单位自用土地建设经济适用住房的若干意见》。

9月20日 中国科技大学建校40周年，党和国家领导人江泽民、李鹏题词祝贺。

江泽民的题词是："面向二十一世纪，建设一流大学、培育一流人才。"李鹏的题词是："庆祝中国科技大学四十周年，为国家科技事业作贡献。"

9月22日 延安大学庆祝建校60周年。江泽民、李鹏等党和国家领导人题词祝贺。江泽民的题词是："用延安精神办学育人，为科教兴国造就英才。"李鹏的题词是："继承优良传统，坚持正确方向，办出自身特色，再创新的辉煌。"

9月22日～24日 全国高校纪念党的十一届三中全会20周年理论研讨会在北京举行。教育部部长陈至立出席开幕式并讲话。会议围绕党的十一届三中全会以来我国政治、经济、文化、教育改革和发展中的重大理论和实践问题进行了研讨。教育部副部长张天保在闭幕式上讲话。

9月22日～25日 国务院副总理李岚清在上海先后考察了上海交通大学慧谷信息产业公司、复旦大学网络公司、上海理工大学、上海音乐学院、中国科学院国家基因研究中心和上海血液学研究所等大学和研究单位，实地考察教育部、中国科学院与上海市科技教育合作的成果，并对深化科教体制改革等问题发表了意见。

9月25日 教育部部长陈至立受国务院副总理李岚清委托，前往上海华东医院分别看望了苏步青教授和谢希德教授。

△ 中国高教学会和清华大学联合举办的蒋南翔教育思想研讨会在清华大学举行。教育界知名人士及清华大学近300名师生参加研讨会。全国人大副委员长彭珮云、教育部副部长周远清出席了研讨会。

△《中国教育报》编辑部在北京举办学习《高等教育法》座谈会。来自北京大学、中国人民大学、北京师范大学等14所高校的领导、专家等参加座谈会。教育部副部长张天保出席座谈会并讲话。

9月27日～29日 由国家教育发展研究中心和中国教育发展战略研究会联合举办的"科教兴国与跨世纪教育"研讨会在北京举行。教育部部长陈至立出席会议并讲话。会议期间，代表们围绕实施科教兴国战略的形势、机遇和挑战，知识经济和创造性人才培养，落实科教兴国战略和教育改革与发展的任务等问题进行了研究和探讨。

9月28日 教育部副部长韦钰在北京会见应邀来访的缅甸联邦教育部副部长梭温貌雄一行，双方就进一步开展教育交流与合作事宜交换了意见。

9月29日 教育部在北京召开京津地区中央各部委属高校筒子楼改造工作汇报会。国务院副秘书长徐荣凯、教育部副部长张天保出席会议并讲话。10月16日，教育部办公厅印发了汇报会纪要。

△ 经湖北省教委批准，国内首家具有独立事业法人资格的企业教育实体——葛洲坝教育实业集团正式挂牌成立。

10月5日 教育部党组发出《关于深入学习江泽民同志在全国抗洪抢险总结表彰大会上的重要讲话精神的通知》。

10月5日～9日 由联合国教科文组织主持召开的世界高等教育大会在法国巴黎举行，教育部部长陈至立率中国代表团出席大会。陈至立在会上作了题为《共同的使命与责任》的发言，并作为大会的特别演讲人在全体会议上作了题为《深刻变革中的高等教育》的演讲。会议期间，中国代表团还举办了中国高等教育圆桌会议。在法期间，应法国教育部长的邀请，陈至立部长还对法国进行了正式访问。

10月6日 国务院副总理李岚清在北京会见我国赴11个国家的36名留学人员，并同他们座谈。李岚清在讲话中强调，期望越来越多的在外留学人员回国工作或以多种形式参加国家的建设，希望各部门、各地方党委和政府为他们以及已经回国的留学人员创造必要的工作和生活条件，更好地发挥他们的才能与作用。

10月7日 教育部副部长韦钰在北京会见应邀来访的日本文部事务次官佐藤祯一一行，双方举行工作会谈，就面向21世纪继续扩大中日两国教育交流等事宜交换了意见。

10月8日～10日 全国多媒体教学网络系统应用现场会在石家庄举行。会议总结推广了解放军陆军参谋学院多媒体网络教学经验，明确了我国教育信息化方向，以加快推进我国教育信息化工作进程。教育部副部长韦钰出席会议并讲话。

10月9日 教育部和北京市委在北京联合举办首都大学生学习抗洪抢险英模事迹报告会，近万名首都大学生参加报告会。

10月13日 远程教育卫星广播开播仪式在北京举行。教育部副部长韦钰、山西省副省长王昕出席仪式并讲话。远程教育卫星广播由中国教育电视台与山西人民广播电台联合举办。

10月13日～18日 ’98世界中学生运动会在上海举行，来自28个国家和地区的779名运动员参加了运动会。有15个国家和地区的运动员获得了奖牌。

10月13日～23日 国家总督学柳斌率领国家教育督导团对吉林省“两基”工作进行督导检查。检查组经过实地检查后认为，吉林省的“两基”工作在全省范围内按规划、按程序、按质量完成了任务，成绩显著。

10月14日～16日 教育部职业教育与成人教育司在北京召开职业教育改革和发展座谈会。教育部副部长张天保出席会议并讲话。

10月15日 教育部党组召开会议，出席中共十五届三中全会的中央委员、教育部党组书记、部长陈至立向在京的教育部党组成员、部领导、老部长、各司局及直属单位负责人传达了中共十五届三中全会精神，并对教育系统如何贯彻全会精神作了部署。

10月19日 全国教育科学研究界代表在北京集会，庆祝中央教育科学研究所重建20周年。中央教育科学研究所成立于1957年，1978年经国务院批准重建。教育部副部长吕福源代表教育部党组到会表示祝贺并讲话。

△ 教育部、建设部发出《关于进一步深化学校住房制度改革，加快解决教职工住房问题的若干意见》。

10月19日～20日 国务院副总理李岚清在天津考察，到天津大学、南开大学等校，了解学校改革情况，听取基层干部群众的意见，并视察了天津部委属高教筒子楼改造工程。

10月20日 由团中央、中组部、科技部、人事部主办的第四届“中国青年科学家奖”评选揭晓。17名获奖者中有12名来自高等学校：北京大学教授张继平、华中农业大学教授张启发、第二军医大学教授郭亚军、北京医科大学研究员王宪、中国科技大学教授郑永飞、西北工业大学教授魏炳波、哈尔滨工业大学教授周玉、北京邮电大学教授杨义先、电子科技大学教授唐小我获青年科学家奖；清华大学教授符松、北京大学教授赵新生、中国矿业大学教授孙恒虎获提名奖。

△ 教育部印发《关于搞好灾区教育恢复重建工作的若干意见》。

10 月 22 日～24 日 教育部直属高校毕业生就业工作总结会议在上海举行。1998 年全国高校毕业生就业形势良好，已有 90％的毕业生与用人单位签订了就业协议。会议对 1998 年高校毕业生就业工作做了全面总结，并对 1999 年的工作进行研究和部署。

10 月 24 日 教育部在北京成立高等学校文化素质教育指导委员会。委员会由 45 位著名学者组成，张岂之、顾明远受聘为委员会顾问，华中理工大学校长杨叔子任主任委员。为推动高校文化素质教育工作的深入开展，教育部还决定在普通高校设立国家大学生文化素质教育基地。

10 月 28 日 教育部部长陈至立在北京会见应邀来访的以教育部长斯特拉热夫为团长的白俄罗斯教育代表团，并代表中国政府与斯特拉热夫部长签署了《中华人民共和国政府和白俄罗斯共和国政府关于相互承认学历证书的协议》。

10 月 30 日 教育部印发 1999 年秋季普通中小学教学用书目录。

11 月 2 日 以“21 世纪东亚国家高等教育合作”为主题的中韩大学校长研讨会在北京举行。来自中韩两国的 40 余名大学校长参加了研讨会。教育部副部长周远清出席会议并讲话。

△ 中共教育部党组、共青团中央发出《关于普通高等学校共青团建设有关问题的通知》。

△ 教育部发出《关于加强大中城市薄弱学校建设办好义务教育阶段每一所学校的若干意见》。

11 月 3 日～5 日 1998 年全国普通高校招生工作总结会在广西南宁举行，截至 9 月底，全国各类普通高校共录取新生 115.6 万人，比 1997 年增加 7.6 万人，录取率为 36％。

11 月 5 日 由中国教育部和埃及教育部联合举办，以“面向 21 世纪的教育”为主题的第三届中埃高层次教育研讨会在北京举行。教育部部长陈至立在会上作了题为《面向 21 世纪中国教育的全面振兴》的主题发言，副部长韦钰介绍了中国现代远程教育的情况，埃及教育部长侯赛因·卡迈尔·巴哈丁作了题为《21 世纪埃及教育改革战略》的发言。6 日，国家主席江泽民、国务院副总理李岚清分别会见了埃及教育代表团。

△ 北京图书馆与北京大学、清华大学合作协议书签字仪式在北京举行，文化部部长孙家正、国务院副秘书长徐荣凯、文化部副部长徐文伯、教育部副部长周远清等出席签字仪式。徐文伯、周远清分别在仪式上讲话。

11 月 6 日 国家主席江泽民在北京会见应邀来访的美国宾夕法尼亚大学校长朱迪·罗丹女士，指出中国政府一贯高度重视教育发展，坚持科教兴国和可持续发展的战略；中国各级政府将继续加大对教育的投入，依法办教育，不断提高全民族文化教育水平。

11 月 9 日 国家体育总局、教育部、共青团中央联合公布 1997～1998 学年度全国“雏鹰起飞”小学生体育活动的评选结果。

11 月 9 日～10 日 ’98 中国大学校长论坛在上海举行。教育部副部长韦钰、上海市副市长周慕尧和中国大学校长联谊会 10 所会员大学及上海部分高校的校长出席会议。

11月12日 教育部与北京市委联合举办首都大学生形势报告会。国家发展计划委员会主任曾培炎在会上为1 200名学生作国内经济形势报告。

11月13日 中央统战部和教育部在北京联合举行座谈会，纪念伟大的爱国主义者、著名的民主革命战士和杰出的文学家、教育家朱自清诞辰100周年。全国人大常委会副委员长丁石孙、中央统战部部长王兆国、教育部部长陈至立等在座谈会上发言。

11月16日 中央统战部举行报告会。国务院副总理李岚清在会上为党外人士作了题为《实施科教兴国，迎接21世纪的机遇与挑战》的专题报告。

11月17日 '98宝钢教育奖评选在上海揭晓，77所高校和12个研究所的992位优秀教师和学生获得奖励，其中15位来自教学第一线的教师荣获优秀教师特等奖。

11月19日 教育部办公厅印发《关于进一步做好当前中初等学校校办产业工作的几点意见》。

11月20日～21日 全国部分高校本科教学工作优秀评价工作座谈会在南京举行。会议部署了全国第一批高校本科教学工作优秀评价工作，提出要以评促建、以评促改，推动高校的全面发展。教育部副部长周远清出席会议并讲话。

11月23日 教育部与北京市委举办大学生形势报告会，来自京津地区高校的1 200名学生听取了外交部长唐家璇所作的关于国际形势和我国外交政策的报告。

11月23日～27日 国务院副总理李岚清在江西、广东两省考察工作。在江西，李岚清到受灾严重的永修县、新建县看望灾区群众和学校师生。在广东，李岚清考察了华南师范大学附属中学和广州市执信中学实施素质教育的情况，与省市教育部门和部分中小学及师范院校的负责人举行座谈，并到深圳职业技术学院考察，和师生亲切交谈。

11月24日 国务院新闻办在北京召开新闻发布会，邀请教育部部长陈至立介绍中国教育改革与发展情况。会上，陈至立介绍了中国20年来在教育改革与发展中取得的成就，并和副部长张天保一起就高等教育体制改革、教育经费投入、社会力量办学、教育法制建设、现代远程教育等问题回答了中外记者的提问。

11月26日 教育部发出《关于实施高等教育自学考试专业调整有关问题的通知》。

11月26日～27日 全国教育系统纪念党的十一届三中全会20周年学术研讨会在北京举行。教育部部长陈至立在开幕式上作了题为《高举邓小平理论伟大旗帜，不断开创教育工作新局面》的讲话。研讨会上，专家学者就邓小平理论指导中国20年教育改革与发展的理论与实践问题进行了深入讨论。

11月27日 教育部、建设部发出《关于转发〈国务院办公厅关于印发李岚清副总理在陕西省人民政府办公厅关于陕西普通高校筒子楼改造情况上的批示的函〉的通知》。

12月2日 教育部部长陈至立签发教育部第一号令，发布施行《特殊教育学校暂行规程》。

12月4日 第13期高校领导干部进修班结业典礼在国家高级教育行政学院举行。教育部部长、党组书记兼国家高级教育行政学院院长陈至立出席结业典礼并讲话。

12月11日 联合国儿童基金会驻中国